# पलासी से विभाजन तक
# और उसके बाद

## *Praise for the First Edition*

"The best and most objective account of the period."

**Ramachandra Guha**, a author of *India after Gandhi: The History of the World's Largest Democracy*

"*From Plassey to Partition*...stands out as the very best of the recent batch of the general histories of modern India...[O]ne can only be struck by the impressive range and depth of Bandyopadhyay's scholarship."

**Toay Ballantyne**, *New Zealand Journal of Asian Studies*

"Accessible and thorough, this laudable textbook will find place in every undergraduate's essential reading list and in every history library."

**Partho Datta**, *The Book Review*

"[This book] takes into account the materialistic factors in [its] analysis, which makes [it] more comprehensive than many others."

**M. Abul Fazal**, *Dawn*

# पलासी से विभाजन तक और उसके बाद

## *आधुनिक भारत का इतिहास*

दूसरा संस्करण

शेखर बंद्योपाध्याय

अनुवाद
नरेश 'नदीम'

ओरियंट ब्लैकस्वॉन

पलासी से विभाजन तक और उसके बाद: आधुनिक भारत का इतिहास

**ओरियंट ब्लैकस्वॉन प्राइवेट लिमिटेड**

*मुख्य कार्यालय*

3-6-752 हिमायत नगर, हैदराबाद 500 029, (तेलंगाना), भारत

ई-मेल: centraloffice@orientblackswan.com

*शाखाएँ*

बंग्लुरु, चेन्नई, गुवाहाटी, हैदराबाद, कोलकाता,
मुंबई, नई दिल्ली, नोएडा, पटना



प्रथम संस्करण 2006; पुनर्मुद्रित 2007, 2008
प्रथम ओरियंट ब्लैकस्वॉन संस्करण 2009
पुनर्मुद्रित, 2011, 2012, 2013, 2014
दूसरा संस्करण 2015
पुनर्मुद्रित 2016, 2017, 2018, 2019, 2020, 2021, 2022, 2026

ISBN: 978 81 250 5850 2

*मानचित्र*
मानचित्र आरेखन विभाग
संगम बुक्स (इंडिया) प्राइवेट लिमिटेड, हैदराबाद

*लेज़रटाइपसेटर*
ए. एंड डी. कं., नई दिल्ली द्वारा वॉकमैन चाणक्य 12/14.5 में टंकणांकित

*मुद्रक*
ग्लोरियस प्रिंटर्स, दिल्ली

041436

*प्रकाशक*
ओरियंट ब्लैकस्वॉन प्राइवेट लिमिटेड
3-6-752 हिमायत नगर, हैदराबाद 500 029 (तेलंगाना), भारत
ई-मेल: info@orientblackswan.com

पुस्तक के मानचित्रों में चित्रित भारत की बाह्य सीमा तथा तटीय सीमारेखा न तो सही है, न ही वास्तविक।

सोहिनी
और
उसकी पीढ़ी के
नाम

# विषय-क्रम

# मानचित्र-सूची

# दूसरे संस्करण की भूमिका

यह पुस्तक पिछले दस वर्ष से प्रकाशित होती आ रही है, और इस पिछले दशक में हजारों छात्रों, विद्वानों और सामान्य पाठकों ने इसे पढ़ा है। मुझे दुनिया के अलग-अलग कोनों में रहने वाले विभिन्न लोगों की अत्यधिक सकारात्मक प्रतिक्रिया मिली है—सभी ने मुझे बताया कि उन्हें यह पुस्तक कितनी अच्छी लगी और उनके लिए कितनी उपयोगी सिद्ध हुई। मुझे यह जानकर खुशी हुई कि इतने लोगों को मेरे यह विचार पसंद आए कि भारत अनेक आवाजों का एक बहुलवादी देश है।

तथापि, मुझे यह शिकायत भी मिली कि पुस्तक 1947 में अचानक समाप्त हो जाती है। निःसंदेह यह वर्ष भारतीय इतिहास का एक परिवर्तनकारी काल था, किंतु इतिहास यहीं समाप्त नहीं हो गया; 1947 के बाद राष्ट्र-निर्माण की गाथा ने एक नए चरण में प्रवेश किया। मैं इस बात से पूरी तरह सहमत हूं। इस अपूर्णता को दूर करने के लिए, अब मैंने उपनिवेशवाद की समाप्ति के बाद के भारत पर एक नया अध्याय शामिल किया है। पुस्तक के नए कालानुक्रम को ध्यान में रखते हुए, मैंने इसके शीर्षक में थोड़ा परिवर्तन करके इसे पलासी से विभाजन और उसके बाद कर दिया है।

हालांकि, मुझे यह भी पता है कि कुशाग्र पाठक इस नए अध्याय में एक और असंतुलन को पकड़ लेंगे। शेष पाठ्य सामग्री के विपरीत, यह अधिक चयनात्मक है, क्योंकि इसमें लगभग सत्तर सालों के जटिल इतिहास को एक ही अध्याय में प्रस्तुत करने का प्रयास किया गया है। किंतु मेरे विचार से मैंने इस अवधि की सभी प्रमुख घटनाओं और ऐतिहासिक प्रवृत्तियों को शामिल कर लिया है। इसके अतिरिक्त, उस समय के बारे में लिखना कठिन होता है, जिसमें आप जी रहे हैं, और इसके कुछ ऐतिहासिक पात्र आपके समकालीन हैं। हालांकि पूर्ण निष्पक्षता बनाए रखना असंभव होता है, किंतु मैंने अपने वर्णन को अधिक-से-अधिक संतुलित बनाए रखने का प्रयास किया है। मेरा उद्देश्य किसी को चोट पहुंचाना अथवा किसी के प्रति द्वेष दिखाना नहीं है।

इस अवधि के बारे में लिखने की एक अन्य चुनौती यह थी कि हमारे पास इस काल की साहित्य सामग्री की भरमार है जिसमें केवल इतिहासकारों ने ही नहीं, अपितु अनेक क्षेत्रों के विद्वानों, विशेष रूप से राजनीतिक विज्ञानियों ने अपना योगदान दिया है। मैंने, मुझे मिले सीमित समय में अधिक-से-अधिक घटनाओं को शामिल करने का प्रयास किया है। मैं यह भी स्वीकार करता हूं कि मैं, सेंटर फॉर द स्टडी ऑफ डेवेलपिंग सोसाइटीज़, दिल्ली के प्रतिभाशाली राजनीतिक वैज्ञानिक, डॉ. हिलाल अहमद के सहयोग के बिना इस बौद्धिक मार्ग को तय नहीं कर पाता। वह 2013 में विज़िटिंग फैलो

के रूप में हमारे इंस्टीट्यूट में वेलिंगटन आए थे और उन्होंने इस अध्याय की योजना बनाने में—साहित्य सामग्री, व्यावहारिक स्वरूप के बारे में सुझाव देकर, और मेरे कथनों को अधिक स्पष्ट करके—मेरी मदद की। उनके सहयोग के बिना, मैं इस अध्याय को इतने कम समय में पूरा नहीं कर पाता, क्योंकि प्रशासन संबंधी अनेक जिम्मेदारियों के कारण इन दिनों मुझे गंभीर शैक्षिक कार्यों के लिए अधिक समय नहीं मिल पाता। मैं बौद्धिक और व्यक्तिगत मित्रता के लिए हिलाल का हार्दिक आभारी हूँ। मैं, परिशिष्ट को अद्यतन बनाने के लिए अपने छात्र, बेंजामिन किंग्सबरी का भी आभारी हूं।

मैं अपने प्रकाशकों का भी आभारी हूं, जिनके निरंतर दबाव, प्रोत्साहन एवं सहयोग के बिना, मैं इस अध्याय को लिखने का साहस नहीं कर पाता। हमेशा की तरह मेरे परिवार ने मेरी मदद की और मुझे अपना सहयोग दिया, जिन्होंने निरंतर मेरे काम में डूबे रहने की आदतों को सहन किया। हमेशा के समान, यदि पुस्तक में कोई त्रुटि रह गई हो तो इसके लिए पूरी तरह मैं ही उत्तरदायी रहूंगा।

**शेखर बंद्योपाध्याय**
न्यूज़ीलैंड इंडिया रिसर्च इंस्टीट्यूट
वेलिंगटन

14 अक्तूबर 2014

# भूमिका

प्रस्तुत पुस्तक आठ विषयवार अध्यायों में ब्रिटिश राज के अंतर्गत भारत के सामान्य इतिहास की प्रस्तुति का प्रयास है। यह उपनिवेशी राजसत्ता से या "भारत पर राज करने वाले व्यक्तियों" से अधिक भारतीय जनता पर केंद्रित है। यह शासित जनता की सोच, उनके सांस्कृतिक संकटों और सामाजिक परिवर्तनों को, उनके विद्रोह, उनकी एक पहचान की तलाश को तथा अनेक प्रकार की उपनिवेशी नीतियों के माध्यम से उन तक पहुँचने वाली आधुनिकता से दो-चार होने के प्रयासों को उजागर करती है। सबसे बढ़कर यह इस कहानी का वृत्तांत प्रस्तुत करती है कि पश्चिमी साम्राज्यवाद की वर्चस्ववादी उपस्थिति में अपने सभी अंतर्विरोधों और तनावों के साथ भारतीय राष्ट्र किस तरह जन्म ले रहा था।

हाल के वर्षों में इस क्षेत्र में शोध प्रकाशनों का एक बहुत बड़ा भंडार सामने आया है। इसलिए समय आ गया है कि शोध के इन विशिष्ट परिणामों और सैद्धांतिक हस्तक्षेपों को पूरी कहानी से जोड़ा जाए। दूर एक द्वीप में अपने आवास में रहते हुए—और अपने प्राथमिक स्रोतों से हज़ारों मील दूर बैठे हुए—मैंने सोचा कि यह मेरे लिए एक आदर्श परियोजना होगी। प्रस्तुत पुस्तक एक ओर तो इतिहास के पाठ्यक्रमों के छात्र-छात्राओं और सामान्य पाठकों के लिए आवश्यक पर्याप्त अनुभवाश्रित ब्यौरों के साथ एक कहानी को प्रस्तुत करने का प्रयास है। दूसरी ओर, यह बात स्वीकार करते हुए कि किसी ऐतिहासिक घटना की अनेक व्याख्याएँ हो सकती हैं, यह वृत्तांत सचेत रूप से उसके समुचित ऐतिहासिक संदर्भ में स्थापित किया गया है। दूसरे शब्दों में, यह पुस्तक शोध-साहित्य के उस विशाल भंडार के परिणामों और निष्कर्षों का एक निचोड़ पेश करता है जो भारत के उपनिवेशी इतिहास के बारे में पिछले कोई दो दशकों में सामने आया है। फिर भी, भले ही यह एक संश्लिष्ट इतिहास प्रस्तुत करे, यह कोई यदृच्छवादी दृष्टिकोण पेश नहीं करता। यह वृत्तांत भारतीय इतिहास-लेखन के ऊबड़-खाबड़ इलाकों के बीच से सावधानी के साथ अपनी राह बनाता चलता है। कभी-कभी यह एक पक्ष लेता है, कभी एक मध्यमार्ग पर चलता है, लेकिन कहीं-कहीं यह प्रवर्तनकारी (innovative) और रूढ़िमुक्त भी है। दूसरे शब्दों में, यह उपनिवेशी शासन के जन्म और कार्यकलाप के बारे में तथा भारत में एक बहुलवादी और बहुभाषी राष्ट्रवाद के जन्म के बारे में भी अपने निज के निष्कर्षों पर पहुँचने के लिए बहसों का उल्लेख करता है और उनकी आलोचनात्मक छानबीन करता है।

पुस्तक का आरंभ अठारहवीं सदी में भारत के राजनीतिक रूपांतरण की एक विवेचना

से होता है। एक ओर मुगल साम्राज्य का पतन और दूसरी ओर ब्रिटिश साम्राज्य का उदय इस काल के प्रमुख तत्त्व थे और इन दोनों के बीच अनिश्चितता का एक काल भी था जिसमें मुगल सत्ता के विकेंद्रीकरण के कारण जन्म लेनेवाले कुछ शक्तिशाली क्षेत्रीय, उत्तराधिकारी राज्यों का वर्चस्व रहा। फिर यह साम्राज्य-निर्माण के पीछे मौजूद विचारधारा की, ब्रिटिश साम्राज्य संबंधी ऐतिहासिक विवादों की, एक उपनिवेशी अर्थव्यवस्था की रूपरेखा के सामने आने के ढंग की ओर भारतीय समाज पर उसके प्रभाव की विवेचना करता है। उसके बाद आते हैं भारतीय जनता के प्रत्युत्तर, उनके सांस्कृतिक तालमेल, समाज-सुधार और अंत में उसका सशस्त्र प्रतिरोध जिसकी हिंसक अभिव्यक्ति 1857 का विद्रोह था। उसके बाद आनेवाले अध्याय भारत में आधुनिक राष्ट्रवाद के उदय, उसकी प्रकृति संबंधी विवादों, गांधीवादी नेतृत्व में उसके रूपांतरण और भारतीय राष्ट्रीय कांग्रेस के तत्वावधान में जन-राजनीति के उदय की विवेचना करते हैं। यह वृत्तांत राष्ट्रवाद की विवेचना को उस संकीर्ण क्षेत्र से बाहर ले जाने का प्रयास करता है जिसमें राष्ट्र-राज्य को केंद्र में रखा जाता है, एक समरस राष्ट्र के अस्तित्व को आलोचनात्मक ढंग से स्वीकार कर लिया जाता है और मान लिया जाता है कि उसकी बस एक आवाज़ रही है। प्रस्तुत पुस्तक उपनिवेशी शासन के खिलाफ़ जन-आंदोलन के ऐतिहासिक महत्त्व को स्वीकार करता है–यह आंदोलन अपने अपने पैमाने के ऐतबार से विश्व-इतिहास में अपने ढंग का सबसे बड़ा आंदोलन था–मगर दिखाता है कि जनता की एक आवाज़ शायद ही कभी रही हो। अगर कांग्रेस भारत में राष्ट्रवादी मुख्यधारा का प्रतिनिधित्व करती थी जिसकी पूर्णाहुति भारतीय राष्ट्र-राज्य की स्थापना में हुई तो वहीं अनेकों शक्तिशाली अल्पसंख्यक आवाज़ें भी थीं, जैसे मुसलमानों, गैर-ब्राह्मणों और दलितों की, स्त्रियों की, मज़दूरों और किसानों की आवाजें; इन लोगों की स्वतंत्रता के बारे में अपनी अलग धारणाएँ थीं जिनको मुख्यधारा का राष्ट्रवाद हमेशा खपा भी नहीं पाता था। इस राष्ट्रवादी आंदोलन में नागरिकता की शर्तों के प्रति दलितों की चिंता, स्वायत्तता के लिए स्त्रियों की तड़प, न्याय के लिए मज़दूरों और किसानों की हसरत राजनीतिक प्रभुसत्ता के प्रति कांग्रेस के सरोकार से दुखद सीमा तक टकराती रहती थीं। अगस्त 1947 में स्वतंत्रता के जश्न के साथ एक कष्टदायी और हिंसापूर्ण विभाजन की कराहें भी मौजूद थीं जो मुसलमानों में बढ़ती अजनबियत की निर्मम वास्तविकता की सूचक थी। दूसरे शब्दों में, प्रस्तुत पुस्तक एकता में विविधताओं के प्रति सजग है तथा एक बहुभाषी राष्ट्रवाद की वह कहानी पेश करती है जिसमें एक निरंकुश उपनिवेशी शासन के खिलाफ़ एक साझे संघर्ष में अनेक आवाज़ें एक जगह आकर मिलीं, और उस संघर्ष के दूसरे सिरे पर भविष्य की अलग-अलग दृष्टियाँ थीं। भारत में इस बहुलवादी राष्ट्र का निर्माण एक परत-दर-परत खुल रही कहानी है जो इस पुस्तक की समाप्ति के साथ, अर्थात् उपनिवेश के युग की समाप्ति के साथ, समाप्त नहीं होती। फिर भी उपनिवेशी शासन की समाप्ति एक महत्त्वपूर्ण विभाजक-रेखा अवश्य है, क्योंकि इसके बाद 'राष्ट्र-अंतराल' (nation-space) संबंधी प्रतियोगिता नए अर्थ और अलग ही आयाम ग्रहण कर लेती है। फिर भी

प्रस्तुत प्रयास विस्तार की दृष्टि से एक विनम्र प्रयास ही है और समायोजन, तालमेल और टकराव की इस निरंतर जारी कहानी के मात्र उपनिवेशी काल पर ही केंद्रित है।

यह पुस्तक लिखते हुए अगर किसी एक इतिहास-ग्रंथ ने मुझे सबसे अधिक प्रभावित किया तो वह था सुमित सरकार का *मॉडर्न इंडिया* (*Modern India*) *1885-1947* (1983), जिसका विस्तृत उपयोग मैंने सूचनाओं के और विचारों के भी स्रोत के रूप में किया है, हालाँकि उनके सभी विचारों से मैं सहमत नहीं रहा। पाठ में जहाँ तक संभव हुआ है, मैंने इस ऋण को स्वीकार किया है; फिर भी वह ऋण इतना बड़ा है कि औपचारिक रूप से मैं एक-एक ब्यौरे को शायद स्वीकार न कर सकूँ। एस. आर. मेहरोत्रा (1971), फ़िलिप लॉसन (1993), डेविड हार्डिमन (1993), गेराल्डाइन फ़ोर्ब्स (1998) और इयान कॉपलैंड (1999) की रचनाओं का उल्लेख भी आवश्यक है। लेकिन यह पुस्तक अंततः भारतीय इतिहास के बारे में मेरी अपनी समझ को ही सामने रखती है। अब चूँकि ऐतिहासिक ज्ञान का कोई तटस्थ दृष्टिकोण नहीं होता, इसलिए यह वृत्तांत भी मेरी अपनी वरीयताओं और अपने रुझानों से या सीधे शब्दों में, भारतीय राष्ट्रवाद पर मेरे अपने विचारों से ग्रस्त है जो वृतांत में अपने आप स्पष्ट होते जाएँगे। मुझे उसके लिए कोई क्षमा नहीं माँगनी। लेकिन जैसा कि आज हम सब स्वीकार करते हैं, कोई भी व्यवस्था परमसत्य नहीं होती। दूसरी व्यवस्थाओं के बारे में पाठकगण पुस्तक के अंत में दी गई संदर्भिका देख सकते हैं।

इस पुस्तक के लिए, जो एक लंबे अरसे से मेरे दिमाग में एक आकार ले रही थी, मैं बहुतों का कृतज्ञ हूँ। मैं सबसे पहले और सबसे बढ़कर भारत के कलकत्ता विश्वविद्यालय और वेलिंगटन, न्यूजीलैंड के विक्टोरिया विश्वविद्यालय में पिछले 25 वर्षों के दौरान अपने छात्रों का ऋणी हूँ। उन्होंने कक्षाओं में और ट्यूटोरियल संवादों में इस पुस्तक के अनेक अध्यायों के पिछले पाठों को सुना है। अपने प्रश्नों और उनकी टीकाओं के द्वारा वे हमेशा मुझे भारतीय इतिहास पर नए-नए ढंग से सोचने की चुनौती देते रहे हैं और इस प्रक्रिया में विषय के बारे में मेरी समझ को समृद्ध करते रहे हैं। यही समय अपने गुरुओं के प्रति पुराना ऋण स्वीकार करने का भी है जिनसे मैंने इतिहास के पाठ सीखे। यह मेरा सौभाग्य रहा कि मुझे आधुनिक भारत के कुछ सबसे यशस्वी इतिहासकारों से प्रशिक्षण मिला, जैसे दिवंगत प्रो. अमलेश त्रिपाठी और प्रो. अशिन दासगुप्ता से, प्रो. विनयभूषण चौधुरी, अरुण दासगुप्ता, वरुण डे, नीलमणि मुखर्जी और रजतकांत रे से, इन सबने मेरी भारतीय इतिहास संबंधी समझ पर अपनी छाप छोड़ी हैं। मेरे कुछ मित्रगण रुद्रांशु मुखर्जी, परिमल घोष, समिता सेन, शुभो बसु और रजत गांगुली ने पांडुलिपि के विभिन्न अंश पढ़े और अपने बहुमूल्य सुझाव दिए हैं। संदर्भों पर अपने अविश्वसनीय ज्ञान को मेरे साथ बाँटने में गौतम भद्र हमेशा की तरह उदार रहे हैं। मैं कलकत्ता विश्वविद्यालय के पिछले सहयोगियों का भी आभारी हूँ जिन्होंने मेरे अनेक विचारों के आरंभिक चरणों में उनकी विवेचना की। विक्टोरिया विश्वविद्यालय, वेलिंगटन के इतिहास कार्यक्रम में मेरे मौजूद सहकर्मियों ने मुझे एक अकादमिक और बौद्धिक दृष्टि से प्रेरक, कामकाजी

वातावरण दिया है जिसके बिना मैं यह पुस्तक न लिख पाता। मैं विक्टोरिया विश्वविद्यालय, वेलिंगटन के मानविकी और समाजविज्ञान संकाय की अनुसंधान समिति को भी धन्यवाद देना चाहता हूँ जिसने उदारता से अनुसंधान और यात्रा अनुदान देकर इस परियोजना को प्रायोजित किया। मैं विक्टोरिया विश्वविद्यालय के पुस्तकालय के स्टाफ़ को भी धन्यवाद देता हूँ जिन्होंने मुझको पुस्तकालयों के बीच पुस्तकों के आदान-प्रदान की व्यवस्था के ज़रिए इस पुस्तक में प्रयुक्त अनगिनत पुस्तकों और लेखों की आपूर्ति की। ओरियंट लाँगमैन के अनेक व्यक्ति विशेष रूप से धन्यवाद के पात्र हैं: सोनाली सेनगुप्ता जिन्होंने सबसे पहले इस पुस्तक का विचार मेरे मन में डाला; नंदिनी राव जिन्होंने इस परियोजना में अपनी आस्था बनाए रखकर वर्षों तक मेरे उत्साह को कायम रखा; और प्रीति आनंद जिन्होंने आखिरकार इस पुस्तक को संभव बनाया। मैं उस अज्ञात पाठक का भी ऋणी हूँ जिसने पांडुलिपि में छूट गई कुछ महत्त्वपूर्ण बातों की ओर इशारा किया और सुधार के लिए कुछ बहुमूल्य सुझाव दिए। अंत में मैं वीनू लुथरिया का अत्यधिक आभारी हूँ जिनके पारखी संपादन ने मुझे अनेक उलझनों से बचा लिया है।

मेरा परिवार हमेशा की तरह बेहद साथ देता रहा है। मेरे माता-पिता हमेशा मेरे लिए प्रेरणा के स्रोत रहे हैं। मेरी पत्नी श्रीलेखा ने किसी चिढ़ के बिना परिवार की देखभाल की जिम्मेवारी अपने ऊपर ले ली, मेरी अंतहीन भुनभुनाहटों को झेलती रहीं, लगातार मेरा हौसला बढ़ाती रहीं और इस पुस्तक की प्रगति पर गहरी निगाह रखती रहीं। इतिहास में अपनी बढ़ती दिलचस्पी के साथ मेरी बेटी सोहिनी मेरे लिए, जितना वह जानती है उससे कहीं अधिक प्रेरणा का स्रोत बनी रही। प्रस्तुत पुस्तक उसी को और दूसरे युवा मनों को समर्पित है जो भारत की जनता के ऐतिहासिक संघर्षों के बारे में जानने के लिए व्यग्र हैं।

मेरी बेहतरीन कोशिशों के बावजूद पुस्तक में अनेक गलतियाँ मिलेंगी। उनके लिए मात्र मैं ही ज़िम्मेदार हूँ।

—लेखक

# शब्दावली

| | |
|---|---|
| *अजलाफ़* | साधारण मुसलमान |
| *अतराप* | साधारण मुसलमान |
| *अबवाब* | ज़मींदारों द्वारा वसूल किए जानेवाले अतिरिक्त कानूनी महसूल (कर) |
| *अमला* | ज़मींदार के अधीन कार्य करने वाले अधिकारी |
| *अंजुमन* | स्थानीय मुस्लिम संगठन |
| *अशराफ़* | मुस्लिम कुलीनवर्गीय व्यक्ति (*शरीफ़* का बहुवचन) |
| *आज़ाद दस्ता* | छापामार दस्ता |
| *आमिल* | राजस्व अधिकारी |
| *इज़ारादार* | ठेके पर मालगुज़ारी की वसूली का अधिकार पानेवाला व्यक्ति |
| *इज़ारादारी* | ठेके पर मालगुज़ारी की वसूली का काम बाँटना |
| *उतार* | बेगार, जबरन श्रम |
| *उम्मा* | मुस्लिम समुदाय; उम्मत |
| *उल्गुलान* | मुंडों का विद्रोह |
| *उल्मा* | मुस्लिम विद्वान (*आलिम* का बहुवचन) |
| *कचहरी* | अदालत, ज़मींदार का दफ़्तर या दरबार |
| *कनामदार/ कन्नकारन* | कनाम जोत पानेवाला |
| *कुलीन* | बंगाल में ब्राह्मणों और कायस्थों की कुछ जातियाँ जिनको सर्वशुद्ध माना जाता है। |
| *कौम* | साझे मूल पर आधारित समुदाय |
| *खानाज़ाद* | मुगल दरबार के पुश्तैनी मुसलमान दरबारी अमीर (कुलीन) |
| *खालिसा* | शाही भूमि जिसकी आय राजपरिवार के काम आती थी |
| *खुत्बा* | जुमा (शुक्रवार) की नमाज़ के बाद का संबोधन |
| *खुदकाश्त* | दखली अधिकारों वाले किसान |
| *गर्भाधान* | रजस्वला होने के समय ही विवाह की परिणति |
| *गीरास* | परंपरागत देय शुल्क |
| *घटवाली* | गाँव के चौकीदार की सेवावृत्ति |
| *चाकरी* | सरकारी नौकरी |

| | |
|---|---|
| *चौथ* | राजस्व का चौथाई भाग जिसका मराठे दावा करते थे |
| *जत्था* | सिख योद्धाओं का दस्ता |
| *ज़ब्त* | मुगलों की ज़मीन की माप (पैमाइश) की पद्धति |
| *जन्मी* | जन्मम जोत पानेवाले |
| *जमा* | अनुमानित मालगुज़ारी से होने वाली आय |
| *जात (ज़ात)* | एक मुगल कमानदार या मनसबदार का निजी मनसब |
| *जात्र* | बंगाल का ग्रामीण नाट्य-रूप |
| *जोतदार* | मध्यवर्ती काश्तकार (खेतिहर) |
| *झूम* | किसी स्थान पर झाड़-झंखाड़ को जलाकर खेती करना और फिर दो-तीन साल बाद उस स्थान को छोड़कर कहीं और चले जाना |
| *डीकू* | संथाल आदिवासियों द्वारा बाहरी लोगों के लिए प्रयुक्त शब्द |
| *तनखा जागीर* | मुगलकाल में राजपूत सरदारों की पुश्तैनी जागीरें |
| *तालुकदार (ताल्लुकदार)* | अवध के बड़े भूस्वामी |
| *तिनकठिया* | एक व्यवस्था जिसके तहत किसान अपनी ज़मीन के 3/20 भाग में नील की खेती के लिए बाध्य थे |
| *तूफ़ान दल* | ग्रामीण क्रांतिकारी दस्ते |
| *दल* | गुट, समूह |
| *दल खालसा* | गुरु गोविंद सिंह द्वारा स्थापित सिख धार्मिक संगठन |
| *दलपति* | किसी दल या गुट का नेता |
| *दलम* | क्रांतिकारी दस्ते |
| *दलवई* | मैसूर रजवाड़े का प्रधानमंत्री |
| *दस्तक* | ईस्ट इंडिया कंपनी द्वारा जारी परमिट कि ये उनके माल हैं जिन पर कोई कर नहीं लगना है |
| *दादन* | अग्रिम राशि, पेशगी |
| *दादनी* | सौदागरों द्वारा उत्पादकों को अग्रिम राशि देकर उनसे माल तैयार कराने की व्यवस्था |
| *दीवान* | कोषाध्यक्ष, खजांची |
| *दीवानी* | मालगुज़ारी वसूल करने का अधिकार |
| *देशपांडे* | मालगुज़ारी वसूल करनेवाला |
| *देशमुख* | मालगुज़ारी का अधिकारी |
| *नकदी मनसबदार* | वह मनसबदार जिसे नकद वेतन दिया जाता था |
| *नाज़िम* | मुगल सूबेदार के लिए प्रयुक्त सरकारी शब्द |
| *नानकार* | मालगुज़ारी से मुक्त भूमि (माफ़ी की ज़मीन) |

*नारी वाहिनी* — स्त्री-दल
*पटनी* — शिकमी की ज़मीन लेने की प्रथा
*पट्टा* — किसान और भूस्वामी के बीच लिखित समझौता
*पट्टेदार* — भूस्वामी
*पाटिल* — गाँव का मुखिया
*पाहीकाश्त* — घुमक्कड़ किसान
*पीर* — मुस्लिम धर्मगुरू
*पेशकश* — एक स्वायत्त राजा द्वारा मुगल बादशाह को दी जानेवाली निश्चित रकम
*पेशवा* — मराठा शासक का प्रधानमंत्री
*पोडू* — आंध्रप्रदेश में आदिवासियों की झूम खेती के लिए प्रयुक्त शब्द
*प्रजामंडल* — भारतीय रजवाड़ों में राष्ट्रवादियों के संगठन
*प्रति सरकार* — समानांतर सरकार
*फ़ित्ना* — राजद्रोह
*फ़ितूरी* — आदिवासी विद्रोह की परंपरा
*बकाश्त* — वह भूमि जिसमें जोत के स्थायी अधिकार को संक्षिप्त अवधियों के अधिकार में बदल दिया गया हो
*भद्रलोक* — बंगाल के सवर्ण कुलीन
*मसंद* — सिख गुरु का सहायक या नायब
*महल* — उत्तर भारत में मालगुज़ारी की इकाई
*मालगुज़ार* — मालगुज़ारी वसूल करनेवाला ज़मींदार
*मिरासीदार (मीरासीदार)* — दक्षिण भारत में भूमि में पुश्तैनी अधिकारों (मीरास) का स्वामी
*मिस्ल* — नातेदारी के आधार पर सिख सरदारों द्वारा स्थापित संगठन
*मीर बख़्शी* — मुगल कोषाध्यक्ष
*मुट्टादार* — किसी भूखंड का स्वामी
*मुफ़स्सिल* — छोटा कस्बा या तहसील का मुख्यालय
*मुफ़्ती* — मुस्लिम विद्वान, फ़तवे देने का अधिकारी व्यक्ति
*मेली* — सामंतविरोधी प्रदर्शन
*मनसबदार* — मुगल कमानदार/ कुलीन
*मनसबदारी* — मुगल कुलीन वर्ग के संगठन की पद्धति
*रिसाला* — हैदर अली (मैसूर) की सेना की इकाई
*वकील* — मुगल दरबार में किसी राजा या कुलीन का प्रतिनिधि या पैरवी करनेवाला

| | |
|---|---|
| *वज़ीर* | प्रधानमंत्री (आधुनिक अर्थः मंत्री) |
| *वतन* | भूमि में पुश्तैनी अधिकार |
| *शरिया* | मुस्लिम विधिशास्त्र, शरीअत |
| *सज्ज़ादानशीन* | सूफ़ी दरगाह का प्रमुख |
| *सनद* | मुगल राजाज्ञा |
| *सरकार* | शासन, मुगलकाल की प्रशासनिक इकाई जो आज के ज़िला के लगभग समकक्ष होती थी |
| *सरदार* | मराठा, राजपूत या सिख वंश का प्रमुख; ठेकेदार जिसकी मार्फ़त उद्योगपति मज़दूरों को काम पर लगाते हैं |
| *सरदेशमुखी* | मराठों की मालगुज़ारी की माँग की राशि |
| *सरंजाम* | भूमि में हस्तांतरणीय अधिकार |
| *सवार* | मुगल दरबार की संख्यात्मक पदश्रेणी जिससे पता चलता था कि उसे कितने घुड़सवार सैनिक रखने हैं |
| *सहजधारी* | गैर-खालसा सिख |
| *सूड* | छोटानागपुर क्षेत्र के आदिवासियों द्वारा विदेशियों के लिए प्रयुक्त शब्द |
| *स्वराज ज़िलाधीश* | स्वतंत्र क्षेत्र का ज़िलाधीश |
| *हुंडी* | विनिमय का प्रमाण |

अध्याय 1

# अठारहवीं सदी का संक्रमण

## 1.1 मुगल साम्राज्य का पतन

मुगल साम्राज्य, जिसे जहीरुद्दीन बाबर ने 1526 में स्थापित किया था और जिसे सोलहवीं सदी के उत्तरार्द्ध में बादशाह अकबर ने उसकी ख्याति की चरम सीमा तक पहुँचा दिया था, अपने अंतिम महान बादशाह औरंगज़ेब (1658-1707) के शासनकाल के बाद तेज़ी से पतन की ओर बढ़ने लगा। सत्रहवीं सदी के पूर्वार्द्ध तक उसकी राजधानी दिल्ली पूरे पूर्वी गोलार्द्ध (hemisphere) का एक प्रमुख सत्ता-केंद्र मानी जाती थी, लेकिन आधी सदी के अंदर इस शक्तिशाली साम्राज्य के पतन के चिह्न असंदिग्ध रूप से दिखाई देने लगे। कुछ इतिहासकार इस पतन के लिए औरंगज़ेब की विभाजनकारी नीतियों को दोषी ठहराते हैं, विशेष रूप से दोष उसकी धार्मिक नीतियों को दिया जाता है जिन्होंने हिंदुओं को, जो आबादी का बहुमत थे, विमुख कर दिया। माना जाता है कि दक्षिणी भारत में दो स्वतंत्र राज्यों— बीजापुर और गोलकुंडा के विरुद्ध और मराठों के विरुद्ध उसके (औरंगज़ेब के) प्रसारवादी सैनिक अभियानों ने भी साम्राज्य की जीवन-शक्ति को चूस लिया। पर कुछ अन्य इतिहासकारों का विश्वास है कि मुगल साम्राज्य के पतन की जड़ें व्यक्तियों या विशेष नीतियों की बजाय मुगल प्रशासन की बुनियादी संस्थाओं और व्यवस्थाओं में थीं।

फिर भी, इस बात को लेकर कम विवाद है कि पतन की प्रक्रिया औरंगज़ेब के काल में ही आरंभ हुई और उसके कमज़ोर उत्तराधिकारी इसे नहीं रोक सके। उत्तराधिकार के लिए बार-बार होने वाली लड़ाइयों ने स्थिति को और बदतर बनाया। कथित रूप से योग्य कमानदारों की अत्यधिक कमी के कारण मुगल सेना कमज़ोर हुई; कोई सैनिक सुधार नहीं हुआ, न कोई नई तकनोलॉजी (प्रौद्योगिकी) ही आई। मुगल सैन्यबल के कमज़ोर पड़ने के कारण अंदरूनी विद्रोहों को बढ़ावा और विदेशी हमलों को आमंत्रण मिला। शिवाजी के नेतृत्व में मराठे बार-बार औरंगज़ेब के शासन को ललकारने लगे। उसके मरने के बाद मराठों की लूट-मार बढ़ गई; 1738 में उन्होंने दिल्ली के उपनगरों तक को लूटा। उसके बाद 1738-39 में नादिरशाह के नेतृत्व में फ़ारसी आक्रमण हुआ और दिल्ली में लूट-पाट की, जो साम्राज्य की प्रतिष्ठा पर भयानक चोट थी। थोड़े समय के लिए स्थिति सुधरी और 1748 में हुए पहले अफ़गान हमले को असफल कर दिया गया।

लेकिन अहमद शाह अब्दाली के नेतृत्व में अफ़गानों ने फिर हमला किया, पंजाब को हथिया लिया और 1756-57 में दिल्ली को नष्ट किया। अफ़गानों को पीछे धकेलने के लिए मुगलों ने मराठों से सहायता माँगी पर 1761 में पानीपत की लड़ाई में अब्दाली ने मराठों को भी मात दे दी। अफ़गान का खतरा बहुत दिनों तक जारी नहीं रहा, क्योंकि सेना में एक विद्रोह ने अब्दाली को वापस अफ़गानिस्तान जाने पर विवश कर दिया। लेकिन उत्तर भारत की राजनीतिक स्थिति निश्चित ही मुगल साम्राज्य की प्रतिष्ठा के समाप्त होने का आभास दे रही थी।

सर यदुनाथ सरकार (1932-50) जैसे आरंभिक इतिहासकारों का विश्वास था कि यह व्यक्तित्व का एक संकट था–कमज़ोर बादशाह और अयोग्य कमानदार शक्तिशाली मुगल साम्राज्य के इस पतन के लिए ज़िम्मेदार थे। लेकिन टी. जी. पी. स्पियर (1973) जैसे दूसरे इतिहासकारों का कहना है कि अठारहवीं सदी के भारत में योग्य व्यक्तियों की कोई कमी नहीं थी। यह सचमुच ही सैयद भाइयों, निज़ामुल मुल्क, अब्दुस्समद खाँ, ज़करिया खाँ, सआदत खाँ, सफ़दर जंग, मुर्शिद कुली खाँ या सवाई जय सिंह जैसे योग्य व्यक्तियों और सैनिकों की गतिविधियों का काल था। लेकिन दुर्भाग्य से ये सारे योग्य राजनयिक स्वार्थ-सिद्धि में लिप्त रहे और उन्हें साम्राज्य के भाग्य की चिंता कम रही। इस कारण संकट के काल में वे नेतृत्व प्रदान नहीं कर सके, बल्कि पतन की प्रक्रिया में उन्होंने सीधे-सीधे योगदान ही किया। लेकिन इसे व्यक्तिगत असफलता मानने की कोई आवश्यकता नहीं, क्योंकि मुगल संस्थाओं की वे अंदरुनी कमज़ोरियाँ इसके लिए कहीं अधिक ज़िम्मेदार थीं, जो सोलहवीं और सत्रहवीं सदियों में धीरे-धीरे बढ़ी थीं।

मुगल साम्राज्य को मूल रूप से एक "सैनिक राज्य" कहा गया है।[1] उसने एक केंद्रीकृत शासन-व्यवस्था के विकास की कोशिश की, जिसकी जीवन-शक्ति वस्तुतः उसकी सैन्य-शक्ति पर निर्भर थी। इस प्रशासनिक ढाँचे के शिखर पर (मुगल) बादशाह था, जिसकी सत्ता मुख्यतः उसके सैन्यबल पर निर्भर थी। इस ढाँचे में उससे नीचे सबसे महत्त्वपूर्ण तत्त्व था सैनिक कुलीनवर्ग। सोलहवीं सदी के अंतिम भाग में अकबर ने इस कुलीनवर्ग को अपनी **मनसबदारी** व्यवस्था के माध्यम से संगठित किया था, अर्थात् इसमें कुलीनों का एक सैन्य संगठन था, जो मूलतः बादशाह के प्रति निजी स्वामिभक्ति पर आधारित था। हर कुलीन को **मनसबदार** कहा जाता था और उसका एक दोहरा **मनसब** होता था–**जात** मनसब और **सवार** मनसब। जात मनसब का अर्थ उसका निजी **मनसब** था और सवार मनसब का अर्थ यह था कि उसे कितने घुड़सवार रखने थे। यह **दोहरा** मनसब यह भी बताता था कि पूरी मुगल नौकरशाही में किसी विशेष कुलीन की क्या स्थिति थी। कभी-कभी उन्हें नकद वेतन दिया जाता था (ये **नकदी** मनसबदार होते थे), लेकिन अधिकांशतः उनको भुगतान जागीर के रूप में किया जाता था, जिसकी अनुमानित (**जमा**) राजस्व आय उनके निजी वेतन के अलावा उनके सिपाहियों और घोड़ों के रख-रखाव पर खर्च होती थी। जागीरें दो प्रकार की थीं–हस्तांतरणीय यानी **तनखा** जागीर और अहस्तांतरणीय यानी **वतन** जागीर। अधिकांश जागीरें हस्तांतरणीय थीं।

अहस्तांतरणीय जागीरें स्थानीय स्तर पर शक्तिशाली राजाओं और ज़मींदारों के स्वतंत्र क्षेत्रों को उनकी वतन जागीरें घोषित कर उनको मुगल व्यवस्था में शामिल करने का उपाय मात्र थीं।

मनसबदारों की नियुक्ति, पदोन्नति और सेवा से निष्कासन और उनको जागीरों का आवंटन या उसका हस्तांतरण केवल बादशाह द्वारा किया जाता था और इस कारण कुलीनवर्ग के सदस्यों की केवल बादशाह के प्रति निजी वफ़ादारी होती थी। मुगलकालीन भारत में राष्ट्रीय, उपजातीय या धार्मिक, किसी प्रकार की निर्वैयक्तिक निष्ठा विकसित नहीं हुई और इसलिए पूरा साम्राज्यिक तंत्र बादशाह और शासक वर्ग के बीच मौजूद "संरक्षक-संरक्षित संबंध" पर आधारित रहा।[2] इस संबंध की प्रभावशीलता और स्थिरता बादशाह के व्यक्तिगत गुणों पर और संसाधनों के निरंतर विस्तार पर निर्भर होती थीं, और यह बात मुगलकालीन भारत में नए-नए क्षेत्रों पर अधिकार करने के लिए मुगल सेना के निरंतर युद्धरत रहने की स्थिति की व्याख्या करती है। लेकिन औरंगज़ेब के शासनकाल के अंतिम वर्षों के बाद कोई विजय-अभियान नहीं चलाया गया और माना जाता है कि इसके बाद का काल साम्राज्य के संसाधनों के निरंतर संकुचन का काल था। जैसा कि कुछ इतिहासकारों का तर्क है, साम्राज्यिक प्रशासन की दक्षता बादशाह और कुलीनों के जिस कार्यात्मक संबंध पर आश्रित थी, उसे इसी बात ने तोड़ा।

कुलीनों की निष्ठा में कमी ने किस तरह मुगल साम्राज्य को प्रभावित किया, इसे समझने के लिए इस शासक वर्ग की संरचना को गहराई से देखने की आवश्यकता है। मनसबदार-पद पर नियुक्ति जैसी बातों के लिए निर्णायक तत्त्व वंश या जातीय पृष्ठभूमि होती थी। मुगल कुलीनों का एक बहुत बड़ा हिस्सा बाहरी लोगों का था, जो मध्य एशिया के विभिन्न भागों से आए थे। लेकिन धीरे-धीरे उनका भारतीयकरण होता गया, हालाँकि यह भारतीयकरण साम्राज्य की किसी सुसंगत नीति के बिना ही हुआ। इसलिए कुलीनवर्ग विभिन्न जातीय-धार्मिक समूहों में विभाजित रहा, और उनमें तूरानी और ईरानी समूह सबसे महत्त्वपूर्ण थे। जो लोग मध्य एशिया के तुर्की-भाषी क्षेत्रों से आए थे, वे तूरानी कहलाते थे, जबकि वर्तमान ईरान, अफ़गानिस्तान और इराक के फ़ारसी-भाषी क्षेत्रों से आने वालों को ईरानी कहा जाता था। तूरानी सुन्नी और ईरानी शिया मुसलमान थे, और इस कारण उनकी आपसी शत्रुता और जलन को एक धार्मिक रंग मिल गया। यद्यपि मुगलों का संबंध एक तूरानी नस्ल से था, पर उन्होंने तूरानियों के प्रति कोई निजी कृपा दृष्टि नहीं दिखाई। कुलीनों में दूसरे समूह थे अफ़गान, शेखज़ादे या भारतीय मुसलमान, और हिंदू। हिंदुओं में मुख्यतः राजपूत और मराठे थे, जिनको साम्राज्य की विशिष्ट राजनीतिक आवश्यकताओं के कारण कुलीनवर्ग में शामिल किया गया था। दो दकनी राज्यों बीजापुर और गोलकुंडा पर औरंगज़ेब की विजय (क्रमशः 1685 और 1689 में) के बाद जो कुलीन इन राज्यों की सेवा में थे, उनको मुगल कुलीनवर्ग में शामिल कर लिया गया और फिर उनका समूह दकनी समूह कहलाया। मराठा और दकनी कुलीनों के शामिल किए जाने के कारण मुख्यतः औरंगज़ेब के अंतिम वर्षों में ही मुगल

कुलीनवर्ग की संरचना में एक नाटकीय परिवर्तन आया, जिसने उसके अंदर के प्रच्छन्न अंतर्विरोधों को उजागर कर दिया।[3]

इन कुलीनवर्गों की आपसी शत्रुता और प्रतिस्पर्धा, जैसा कि कुछ इतिहासकारों का तर्क है, अठारहवीं सदी के एक आर्थिक संकट के कारण चरम बिंदु पर जा पहुँचीं। भू-राजस्व से प्राप्त मुगल साम्राज्य की लगभग अस्सी प्रतिशत आय मनसबदारों के नियंत्रण में थी, पर इस आय का वितरण बहुत ही असमान था। सत्रहवीं सदी के मध्य में लगभग 8,000 मनसबदारों में से केवल 445 मनसबदार ही साम्राज्य की 61 प्रतिशत राजस्व-आय पर नियंत्रण रखते थे।[4] इस कारण कुलीनवर्ग के अंदर स्वाभाविक रूप से ईर्ष्या और तनाव पैदा हुए, खासकर तब जबकि साम्राज्य के संसाधन बढ़ नहीं रहे थे, बल्कि कम ही हो रहे थे। सतीशचंद्र ने इस आर्थिक स्थिति का, जिसे अठारहवीं सदी का "जागीरदारी संकट" कहा गया है, निरूपण निम्नलिखित शब्दों में किया है: "उपलब्ध सामाजिक अधिशेष (surplus) प्रशासन की लागत उठाने के लिए, हर एक प्रकार के युद्ध का खर्च उठाने के लिए और शासक वर्ग को उसकी अपेक्षाओं के अनुसार एक जीवन-स्तर प्रदान करने के लिए अपर्याप्त था।"[5] इसका कारण था ऐसे समय में मनसबदारों की संख्या में असाधारण वृद्धि, जब जागीर के रूप में दिया जाने वाला क्षेत्र (या **पायबाकी**) बढ़ नहीं रहा था, बल्कि घटता जा रहा था। राजस्व की उगाही अनुमानित आय से बहुत कम थी, खासकर दक्षिण में, और इसके कारण उपद्रव वाले क्षेत्रों में जागीरदारी की वास्तविक आय कम हुई। हालत इसलिए और भी खराब हो गई क्योंकि सत्रहवीं सदी के अंतिम वर्षों से ही कीमतें लगातार बढ़ने लगी थीं, क्योंकि विलासिता की वस्तुएँ यूरोपीय बाज़ारों की ओर जा रही थीं और मुगल कुलीनवर्ग की कठिनाई इस कारण और बढ़ रही थी।[6] अब चूँकि बहुत अधिक मनसबदार बहुत थोड़ी-सी जागीरों के लिए प्रतिस्पर्धा कर रहे थे, इसलिए बहुतों को वर्षों तक बिना जागीर के रहना पड़ा। फिर जब जागीर उन्हें मिलती भी थी, तो इस बात की कोई गारंटी नहीं थी कि थोड़े ही समय में उसे हस्तांतरित नहीं कर दिया जाएगा। इसलिए पूरा कुलीनवर्ग निजी असुरक्षा की एक गहरी भावना से ग्रस्त था।

फिर भी, जागीर का यह संकट कोई नई घटना (phenomenon) नहीं थी, क्योंकि राजस्व की वसूली (यानी राजस्व की वास्तविक आय) और किसी विशेष जागीर की अनुमानित राजस्व-आय में हमेशा अंतर रहता था। यह संकट औरंगज़ेब के शासन के अंतिम वर्षों में मुख्यतः दकनी युद्धों के कारण और गहराया। अब मनसबदारों की संख्या बढ़ चुकी थी और राजनीतिक उथल-पुथल ने राजस्व की वसूली को और मुश्किल बना दिया था। जे. एफ. रिचर्ड्स (1975) का तर्क है कि यह समस्या एक हद तक कृत्रिम थी और औरंगज़ेब की गलत नीतियों के कारण पैदा हुई, जो **खालिसा** (शाही ज़मीनों) के आकार को लगातार बड़ा करता जा रहा था। बीजापुर और गोलकुंडा की विजय के बाद राजस्व में 23 प्रतिशत की बढ़ोतरी हुई। लेकिन इस अतिरिक्त आय को अपने मनसबदारों में बाँटने की बजाय इन संसाधनों का उपयोग औरंगज़ेब अपने दकन-अभियान

में करना चाहता था। इसलिए नए-नए जीते गए क्षेत्रों को खालिसा में शामिल कर लिया गया तथा उनकी राजस्व-आय दक्षिण में युद्धरत सैनिकों को वेतन देने के लिए सीधे शाही खज़ाने में जाने लगी। इस तरह जागीरदारी के संकट को हल करने का एक अवसर जाता रहा और इसीलिए रिचर्ड्स मानते हैं कि यह संकट कृत्रिम था और संसाधनों की किसी वास्तविक दुर्लभता का परिणाम नहीं था। फिर भी, उन्होंने दिखाया है कि दकन में राजस्व की वसूली धीरे-धीरे कम हो रही थी, जबकि सतीशचंद्र का तर्क है कि दकन हमेशा एक घाटे वाला क्षेत्र रहा। इसलिए निर्णायक रूप से इस बारे में कुछ कह सकना कठिन है कि बीजापुर और गोलकुंडा की विजय जागीर संकट को वास्तव में कैसे हल करती।

कृत्रिम हो या वास्तविक, माना यही जाता है कि जागीरदारी संकट ने कुलीनों के बीच अच्छी जागीरों पर कब्जे के लिए एक अस्वस्थ प्रतियोगिता का आरंभ किया। मुगल दरबार में गुटबंदी की राजनीति आए दिन की बात हो गई; हर गुट अच्छी जागीरें पाने के लिए बादशाह को अपने प्रभाव में लाने की कोशिश करने लगा। 1712 में बहादुरशाह की मृत्यु के बाद समस्या ने संकट का रूप ले लिया, क्योंकि राजस्व की वसूली अधिकाधिक कठिन होती गई और इस कारण कम मनसब वाले अधिकारियों के लिए, जो कुछ उन्हें अपनी जागीरों से मिलता था, उसके बल पर अपने जीवन-स्तर को बनाए रखना सचमुच कठिन हो गया। यह समस्या जहाँदारशाह (1712-13) और फ़र्रुखसियर (1713-19) के शासनकालों में और गहराई। यह मुहम्मदशाह के शासनकाल (1719-48) में भी नहीं सुधरी, जब राजनीतिक कारणों से मनसबदारी के ओहदे दोनों हाथों से बाँटे जाने लगे, जिसके कारण कुलीनों की संख्या और बढ़ी। उनकी बढ़ती माँगों को पूरा करने के लिए खालिसा ज़मीनों के कुछ भागों को जागीरों में बदल दिया गया। इस कदम से मनसबदारों की समस्याएँ पूरी तरह हल नहीं हुईं, पर बादशाह पर गरीबी अवश्य आ गई। वज़ीर (प्रधानमंत्री) बनने के बाद निज़ामुल मुल्क ने भूमि के पुनर्वितरण के द्वारा समस्या को हल करने की कोशिश की, किंतु दरबार के अंदर से भारी विरोध के कारण वह इसे पूरी तरह लागू नहीं कर सका।[7]

उन दिनों शाही दरबार में जोड़-तोड़ अपनी चरम सीमा पर था। और अधिक सामान्य शब्दों में कहें तो मुगल कुलीनवर्ग तीन परस्परविरोधी गुटों में विभक्त था: असद खाँ और उसके बेटे जुल्फ़िकार खाँ के नेतृत्व वाला ईरानी गुट; गाजिउद्दीन खाँ, फ़ीरोज़ जंग और उसके बेटे चिन कुलिच खाँ (निज़ामुल मुल्क) के नेतृत्व वाला तूरानी गुट; और सैयद भाइयों, खाने-दौराँ, कुछ अफ़गान नेताओं और कुछ हिंदुओं के नेतृत्व वाला हिंदुस्तानी गुट। ये गुट जाति या धर्म पर आधारित न होकर पारिवारिक संबंधों, निजी मित्रता और सबसे बढ़कर साझे स्वार्थों पर अधिक आधारित थे। गुटों की यह लड़ाई न कभी शाही दरबारों से बाहर गई, न हिंसक टकरावों में बदली। तैमूर के शासकों के शासन करने के दैवी अधिकार को किसी ने चुनौती नहीं दी। लेकिन संरक्षण के वितरण को नियंत्रित करने के लिए हर गुट बादशाहों को अपने प्रभाव में लेने के प्रयास करता रहा। सत्ता के केंद्र से किसी विशेष गुट की निकटता स्वाभाविक रूप से दूसरे गुटों को उससे विमुख

करती थी और इसके कारण बादशाह और उसके कुलीनों के वफ़ादारी वाले निजी संबंध धीरे-धीरे प्रभावित हुए, क्योंकि असंतुष्ट गुटों को साम्राज्य के हितों का ध्यान रखने का कोई कारण दिखाई नहीं देता था। फिर इससे भी बदतर बात यह हुई कि इसके कारण सेना में भ्रष्टाचार फैला। अब कोई मनसबदार अपेक्षित संख्या में सिपाही और घोड़े नहीं रख रहा था, और न ही इसकी प्रशासनिक निगरानी की कोई कारगर व्यवस्था थी। सेना का इस तरह कमज़ोर पड़ना साम्राज्य के लिए घातक था, क्योंकि साम्राज्य का स्थायित्व अंततः उसके सैन्यबल पर ही निर्भर था। मराठों के नेता शिवाजी ने सफलतापूर्वक दिखा दिया कि मुगलों की सेना अब अजेय नहीं थी। चूँकि सेना में कोई नया प्रौद्योगिक तत्त्व या सांगठनिक प्रवर्तन-कार्य (innovation) सामने नहीं आया, इसलिए सेना का यह पतन और भी स्पष्ट होता गया। अब कुलीन अपने लिए स्वतंत्र या अर्द्ध-स्वतंत्र रजवाड़े खड़े करने में अधिक दिलचस्पी लेने लगे, जिसके कारण साम्राज्य एक तरह से विखंडित होकर रह गया।

सत्रहवीं सदी के अंतिम तथा अठारहवीं सदी के प्रारंभिक वर्षों में बार-बार होने वाले किसान विद्रोहों को भी मुगल साम्राज्य के पतन का एक प्रमुख कारण माना जाता है और शासक कुलीनवर्ग के संकट का इससे कुछ संबंध रहा होगा, यह भी संभव नहीं है। ऊपर से आरोपित एक साम्राज्य को और उसपर धीरे-धीरे बढ़ रहे आर्थिक दबावों को संभवतः ग्रामीण समाज ने कभी पूरी तरह स्वीकार नहीं किया था, और एक केंद्रीय सत्ता के विरुद्ध क्षेत्रीय भावनाएँ तो थीं ही। इस कारण मुगल साम्राज्य की स्थापना के आरंभ से ही किसानों का असंतोष उसके इतिहास का एक स्थायी तत्त्व बना रहा। लेकिन मुगलों का भय किसानों के लिए हमेशा हतोत्साहक का काम करता रहा और क्षेत्रीय असंतोष की समस्या को असाध्य बनने से रोकता रहा। सत्रहवीं सदी के अंतिम वर्षों और अठारहवीं सदी में जब केंद्रीय सत्ता की कमज़ोरियाँ स्पष्ट हो गईं और मुगल सेना को बार-बार मात खानी पड़ी, और साथ ही साथ जब मुगल शासकवर्ग का दमन बढ़ता गया, तब शाही सत्ता का प्रतिरोध व्यापक भी बना और अधिक दृढ़संकल्प भी। अधिकांश मामलों में इन विद्रोहों का नेतृत्व असंतुष्ट स्थानीय ज़मींदारों ने किया और दमन से पीड़ित किसानों ने उनका पूरा-पूरा साथ दिया। आखिरकार ज़मींदारों और किसानों का मिला-जुला दबाव इतना बढ़ गया था कि मुगल सत्ता उसे सहन नहीं कर पाती थी।

इन विद्रोहों की अनेक प्रकार से व्याख्या की जा सकती है। उन्हें एक अतिक्रामक केंद्रीय सत्ता के विरुद्ध क्षेत्रीय और सामुदायिक पहचानों (identities) कीराजनीतिक दावेदारी के रूप में पेश किया जा सकता है या औरंगज़ेब की धर्मांध नीतियों के विरुद्ध प्रतिक्रियाओं के रूप में भी। बाद वाली व्याख्या अधिक असंभाव्य लगती है, क्योंकि अपने शासन के बाद वाले वर्षों में औरंगज़ेब विधर्मियों (हिंदुओं) के प्रति अधिक उदारता दिखाने लगा था। वास्तव में वह ठंडे दिमाग से सोच-विचारकर अनेक स्थानीय हिंदू सरदारों को अपनी ओर मिलाने लगा था, जिससे उनकी वफ़ादारी पा सके और अपने

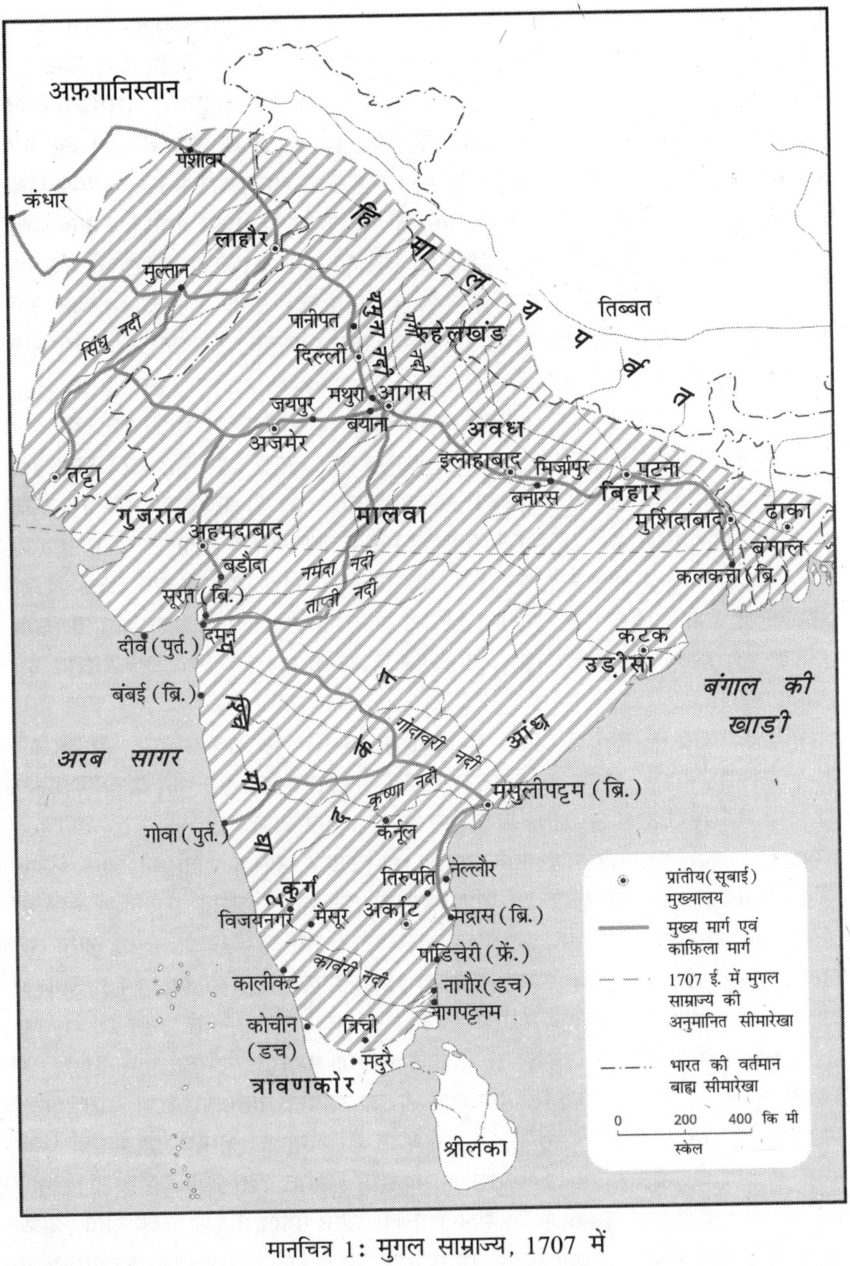


मानचित्र 1: मुगल साम्राज्य, 1707 में

शत्रुओं को अलग-थलग करके साम्राज्य की राजनीतिक समस्याओं को हल कर सके।[8] लेकिन दूसरी ओर, जैसा कि कुछ इतिहासकारों का तर्क है, इन विद्रोहों के पीछे वास्तविक कारण मुगल साम्राज्य के संपत्ति के संबंधों में पाया जा सकता है। बादशाह अपने साम्राज्य की ज़मीनों का मालिक था या नहीं था, यह एक विवादास्पद प्रश्न है। लेकिन राजस्व के रूप में ज़मीनों की जो आय वसूल की जाती थी, जिसकी राशि सुल्तानी काल में धीरे-धीरे बढ़ती ही गई, उस पर असंदिग्ध रूप से बादशाह का अधिकार था। इरफ़ान हबीब (1963) ने दिखाया है कि राजस्व की मुगल व्यवस्था एक समझौते पर आधारित थी: किसान के पास जीवन निर्वाह के लिए पर्याप्त अनाज छोड़ दिया जाता था जबकि, जहाँ तक संभव होता था, अधिशेष को राज्य राजस्व के रूप में ले लेता था। मुगलकाल के किसान के पास अधिशेष कुछ रहता ही नहीं था, यह बात सही नहीं है; उत्पादन जारी रखने के लिए उसके पास निश्चित ही कुछ छोड़ दिया जाता था। साथ ही, किसानों के अंदर विभेदीकरण (differentiation) भी इसका संकेत देता है। लेकिन कुल मिलाकर देखें तो जहाँ बड़े किसान इस बोझ को सह सकते थे, वहीं छोटे किसान अधिकाधिक अपने को उत्पीड़ित समझने लगे।[9] आम तौर पर **ज़ब्त** क्षेत्रों में (जहाँ ज़मीनों का विस्तृत सर्वेक्षण कराया गया था), भू-राजस्व की माँग उपज की एक-तिहाई होती थी, लेकिन वास्तविक माँग अलग-अलग क्षेत्रों में अलग-अलग थी। कुछ क्षेत्रों में यह फ़सल का आधा थी और गुजरात जैसे उपजाऊ क्षेत्रों में तो तीन-चौथाई तक थी। उसका खालिसा ज़मीनों से वसूल किया गया एक भाग राजकोष में जाता था, जबकि एक बड़ा भाग (औरंगज़ेब के काल में 80 प्रतिशत) जागीरदारों को मिलता था।

भूमि की आय पर एक दावा और भी होता था जो राज्य के दावे से कम और किसान के हिस्से से अधिक होता था, और यह दावा स्थानीय ज़मींदारों का होता था। इन ज़मींदारों में विभेदीकरण भी था।[10] राजस्थान के राजपूत सरदारों जैसे कुछ तो काफ़ी बड़े राजा थे, जिनकी स्थानीय राजनीतिक शक्ति भी काफी अधिक होती थी। एक नियत राशि (**पेशकश**) और बादशाह के प्रति वफ़ादारी की शर्त पर उनको मुगल नौकरशाही में शामिल कर लिया गया तथा उनके अपने **वतन** (क्षेत्र) पर उनकी स्वतंत्र सत्ता को मान्यता दे दी गई। सबसे नीचे **मालगुज़ार** या छोटे ज़मींदार थे, जिनका भूमि पर स्वतंत्र अधिकार होता था और अनेक मामलों में तो किसानों से मालगुज़ारी उन्हीं के माध्यम से वसूली जाती थी, जिसके बदले में वे **नानकार** या मालगुज़ारी मुक्त ज़मीनें पाते थे। इन दो समूहों के बीच मध्यवर्ती ज़मींदार थे जो अपनी ज़मींदारियों से और दूसरे, मालगुज़ारी ज़मींदारों से भी भू-राजस्व वसूल करते थे। ज़मींदारों के नीचे किसान थे और उनमें भी भेद थे: **खुदकाश्त** तो दखली अधिकारों (occupancy rights) वाले किसान थे, जबकि **पाहीकाश्त** घुमक्कड़ किसान होते थे। छोटे ज़मींदारों और किसानों के बीच जाति, वंश और धर्म पर आधारित गहरे सामुदायिक संबंध होते थे। यह अंतर्संबंध ज़मींदारों की शक्ति का एक महत्त्वपूर्ण स्रोत था; उनमें से अनेक तो छोटी-छोटी सेनाओं और

किलों (forts) के स्वामी थे। इसलिए उनके सक्रिय सहयोग के बिना अंदरूनी इलाकों में मुगल प्रशासन चल ही नहीं सकता था। अकबर ने इन ज़मींदारों को सहयोगी बनाने की कोशिश की थी, लेकिन औरंगज़ेब के अंतिम वर्षों से ही और विशेषकर उसकी मृत्यु के बाद (1707–08 में उत्तराधिकार के युद्ध के बाद) उत्पीड़ित ज़मींदारों की स्वामीभक्ति निसंदेह डगमगाने लगीं।[11] दकन में बहादुरशाह के शासन के अंतिम वर्षों में छोटे और मध्यवर्ती, दोनों प्रकार के ज़मींदार संकटग्रस्त किसानों के सक्रिय सहयोग से मुगल राजसत्ता के विरुद्ध हो गए।[12]

जागीरदारों का बढ़ता दमन स्थानीय ज़मींदारों की खुली अवज्ञा का एक प्रमुख कारण हो सकता है। पिछले बादशाहों ने परिक्रमण (rotation) की व्यवस्था के द्वारा उनको नियंत्रण में रखने की राजनीतिक कोशिशें की थीं। इरफ़ान हबीब (1963) का तर्क है कि इस मुगल व्यवस्था के कारण और इसका लाभ उठाकर जागीरदार किसानों को उत्पीड़ित करते थे। चूँकि अकसर उनका स्थानांतरण कर दिया जाता था, इस कारण जागीर से उनका कोई लगाव या उसमें दीर्घकालिक रुचि नहीं होती थी, और अपने थोड़े समय की जागीरदारी के दौरान वे किसानों का कोई ध्यान रखे बिना यथासंभव उन्हें लूटने–खसोटने की कोशिश करते रहते थे। उनकी स्वाभाविक उत्पीड़क प्रवृत्तियाँ निरंतर शाही निरीक्षण के कारण ही एक सीमा में रहती थीं, पर अठारहवीं सदी में निरीक्षण की यह व्यवस्था पूरी तरह धराशायी हो गई। जो शक्तिशाली जागीरदार प्रतिरोध या स्थानांतरण का विरोध कर सकते थे, उन्होंने शक्ति के अपने स्थानीय आधार तैयार कर लिए और उसके सहारे यथासंभव कर लूटने–खसोटने के प्रयास करते रहे। गोलकुंडा पर अधिकार के बाद वहाँ यह प्रवृत्ति एकदम स्पष्ट थी।[13] आगे चलकर बहादुरशाह के शासन के अंतिम वर्षों में दकन के अनेक जागीरदारों ने मराठा सरदारों से समझौते किए और इस बंदोबस्त ने उनको किसानों से यथासंभव कर वसूल करने की छूट दे दी। कभी–कभी वे **आमिलों** (राजस्व वसूलने वाले अधिकारियों) से पेशगी रकम भी लेते थे, जो फिर किसानों से यथासंभव वसूली करते थे।[14] दूसरी ओर, जिन लोगों का जब–तब स्थानांतरण होता रहता था, उनको स्थानीय परिस्थितियाँ इतनी उथल–पुथल वाली लगती थीं कि राजस्व वसूल नहीं किया जा सकता था। इस समस्या को हल करने और एक छोटी–सी अवधि में अधिकतम लाभ पाने के लिए उन्होंने **इजारादारी** व्यवस्था विकसित की, जिसके द्वारा मालगुज़ारी की वसूली का अधिकार सबसे ऊँची बोली लगानेवाले को दे दिया जाता था। इजारादार की माँग अकसर मालगुज़ारी की वास्तविक माँग से बहुत अधिक होती थी, और इसका दबाव अकसर छोटे ज़मींदारों और किसानों पर आ जाता था। फ़र्रुखसियर के शासन काल में खालिसा की ज़मीनें भी इजारादारों को दी जाने लगी थीं।

माना जाता है कि इस तरह मुगलों की यह समझौता नीति पूरी तरह टूट गई और छोटे ज़मींदार अधिशेष में अपने हिस्से के लिए मुगल प्रशासन का विरोध करने लगे। दकन जैसे बाहरी और अधिक उथल–पुथल वाले इलाकों में ज़मींदारों की अवज्ञा आए दिन की बात हो गई। अठारहवीं सदी में मुगलकालीन उत्तर भारत के केंद्र तक में ज़मींदारों

में केंद्रीय सत्ता की अवज्ञा, मालगुज़ारी का भुगतान रोकने और मुगल सत्ता अगर उसे बलपूर्वक वसूल करने की कोशिश करती तो उसका प्रतिरोध करने की एक व्यापक प्रवृत्ति थी।[15] किसानों से अपने सामुदायिक संबंधों के कारण वे लोग मुगल सत्ता के विरुद्ध किसानों को आसानी से लामबंद कर सकते थे। किसानों के लिए भी ज़मींदारों की यह पहल नेतृत्व की समस्या हल कर देती थी, क्योंकि एक केंद्रीय सत्ता को अपने बल पर चुनौती देना और अपने संघर्ष को बहुत लंबे समय तक जारी रखना अकसर उन्हें कठिन दिखाई देता था। इसलिए परवर्ती मुगलकाल में किसानों की शिकायतें अकसर धार्मिक और क्षेत्रीय पहचानों के आधार पर सामने आती थीं। मराठा सरदारों ने किसानों की इन शिकायतों का लाभ उठाया; उत्तर भारत में जाट किसानों को उनके ज़मींदारों ने संघटित किया; पंजाब में सिख विरोध में उठ खड़े हुए और राजस्थान में राजपूत सरदारों ने अपनी वफ़ादारी वापस ले लीं। इन सभी विद्रोहों के कारण साम्राज्य के विभिन्न भागों में स्वतंत्र रजवाड़े स्थापित हुए और इससे मुगलों की सत्ता और भी कमज़ोर हुई। इस तरह अठारहवीं सदी में अनेक प्रकार के क्षेत्रीय रजवाड़े पैदा हुए, जिनमें से कुछ ने "राज्य-निर्माण की पुरानी स्थानीय या क्षेत्रीय परंपरा (ओं)" को अपना आधार बनाया, तो कुछ ने अपने आधार के लिए अपनी नस्ली पहचान तथा उससे जुड़ी "'समुदाय' की अवधारणाओं" पर ध्यान केंद्रित किया।[16] इस सदी के अंत तक मुगल बादशाह का प्रभावी शासन राजधानी दिल्ली के आसपास के एक छोटे-से भाग तक सिमटकर रह गया। अंग्रेज़ों ने 1858 में जब अंतिम बादशाह बहादुरशाह द्वितीय को शासन से अपदस्थ किया, तो केवल इससे बादशाही का भ्रममात्र ही टूटा।

फिर भी, कुछ इतिहासकार निर्धनता और आर्थिक दबाव को इन विद्रोहों की और अंततः मुगल साम्राज्य के पतन की पर्याप्त व्याख्या नहीं मानते, क्योंकि स्थानीय अर्थव्यवस्थाओं के बीच महत्त्वपूर्ण क्षेत्रीय अंतर थे। इसलिए हाल का "संशोधनवादी" इतिहास-लेखन चाहता है कि हम इस केंद्रवादी दृष्टि से हटकर एक भिन्न परिप्रेक्ष्य में, इस स्थिति को देखें। इस नए इतिहास-लेखन के अनुसार मुगलों का पतन नए समूहों के ऊपर उठकर आर्थिक और राजनीतिक शक्ति पाने का तथा उनको नियंत्रित करने में एक दूर स्थित और कमज़ोर पड़ चुके केंद्र की असमर्थता का परिणाम था। मुगल साम्राज्य के पूरे इतिहास में पतन और संकट से अधिक समृद्धि और संवृद्धि के साक्ष्य मिलते हैं। इस बात को अस्वीकार करना संभव नहीं कि अठारहवीं सदी तक भी अतिरिक्त संसाधनों वाले क्षेत्र मौजूद थे, जैसे मुरादाबाद-बरेली, अवध और बनारस। लेकिन मुगल सत्ता स्थानीय ज़मींदारों के हाथों में जमा इस अधिशेष का और संसाधनों का अधिग्रहण नहीं कर सकी।[17] बंगाल अधिशेष वाला एक और क्षेत्र था। पूर्वी बंगाल में लगभग उन्हीं दिनों जंगली ज़मीन के बड़े-बड़े हिस्से साफ़ किए गए और इन नए क्षेत्रों में रहने वालों ने अपने नवस्थापित खेतिहर समुदायों को सुस्पष्ट धार्मिक व राजनीतिक दिशा प्रदान की, जबकि स्थानीय अधिकारी इन खेतिहर बस्तियों के आस-पास अपने लिए आसानी से राजस्व उगाही की नई इकाइयाँ बना सकते थे।[18] दूसरे शब्दों में, बढ़ते खेतिहर उत्पादन

और अर्थव्यवस्था के मौद्रीकरण (monetisation) ने ज़मींदारों, किसानों और स्थानीय शक्तिशाली वंशों को और अधिक संसाधन उपलब्ध कराए, जिनको साम्राज्य के केंद्र के सापेक्ष सुस्पष्ट रूप से अधिक लाभकारी स्थिति और आत्मविश्वास की प्राप्ति हुई।[19] उनको कमज़ोर पड़ रहे केंद्रीय नियंत्रण का लाभ उठाकर अब मुगल साम्राज्य के सांस्कृतिक और वैचारिक ढाँचे को बनाए रखकर भी केंद्रीकृत साम्राज्यिक सत्ता से अपनी निष्ठा तोड़ना और अपनी स्वतंत्रता का दावा करना अधिक सुविधाजनक लगा।

माना गया है कि मुगलकालीन भारत में शक्ति के ऐसे बिखराव (diffusion) की संभावनाएँ सदैव रहीं। ऐसे सामूहिक गुट (corporate groups) और सामाजिक वर्ग भी थे, जो एक तथाकथित अतिक्रामक केंद्रीय सत्ता के बावजूद विभिन्न प्रकार के अधिकारों से लैस थे, और सी. ए. बेइली के शब्दों में ये अधिकार उनकी "पोर्टफ़ोलियो पूँजी" थे, जिसका निवेश करके वे भारी लाभ कमा सकते थे।[20] इस विचार को मानने वाले इतिहासकारों के अनुसार पूरे मुगल काल में केंद्रीय सत्ता और क्षेत्रीय कुलीनों के बीच समझौते और तालमेल की एक प्रक्रिया निरंतर चलती रही। जैसा कि आंद्रे विंक ने कहा है, मुगलों की प्रभुसत्ता "निरंतर परिवर्तनशील शत्रुताओं और गठजोड़ों की एक संतुलनकारी व्यवस्था" पर आधारित थी। मुगल व्यवस्था **"फ़ित्ना"** (राजद्रोह) को समायोजित करने के लिए तैयार थी और अपनी सार्वभौम अधिकार क्षेत्र की धारणा में, (देशी हों या विदेशी) ऊपर उठ रही स्थानीय शक्तियों को शामिल करने की हमेशा कोशिश करती रही। समझौते और बलप्रयोग के इसी तंत्र के प्रभावी क्रियान्वयन पर उसके अस्तित्व का बना रहना निर्भर था।[21] दूसरे शब्दों में, मुगलों की केंद्रीकरण की प्रक्रिया में संगठन के परस्परविरोधी सिद्धांतों के बने रहने के लिए पर्याप्त संभावना बची रहती थी। इस संदर्भ में फ्रैंक पर्लिन ने "श्रेणियों और तकनीकों के एक 'पुस्तकालय'" के अस्तित्व की बात कही है; पुस्तकालय (library) से उसका अभिप्राय शासन की व्यवस्थाओं, मापन की विधियों तथा राजस्व-संग्रह की तकनीकों की बहुलता से था, जिनमें देश-काल के अनुसार व्यापक परिवर्तन आते रहते थे। अधिकारों की बहुलता भी थी, जैसे दकन में वतन की धारणा थी, जिसका अर्थ विरासत में मिलनेवाले ऐसे अधिकार थे, जिनको बादशाह भी छीन नहीं सकता था। अठारहवीं सदी में केंद्रीकरण के प्रयास भी उन अधिकारों को समाप्त नहीं कर सके।[22] इसलिए जैसा कि मुज़फ़्फ़र आलम ने स्थिति का सार प्रस्तुत किया है, विकेंद्रीकरण और व्यवसायीकरण के कारण इन्हीं दिनों "नए नवाबों" के एक दल ने साम्राज्य के संसाधनों पर इस तरह अपना एकाधिकार कर लिया कि वंशानुगत मुगल कुलीन अर्थात् **खानज़ादे** उनसे वंचित हो गए।[23] ये नए नवाब वे नए क्षेत्रीय सत्ताधिकारी थे, जिन्होंने प्रांतों में प्रमुखता प्राप्त की और मुगल साम्राज्य की केंद्रीकरण की प्रवृत्ति का सफलतापूर्वक सामना किया। इस समूह में ऐसे जागीरदार थे, जिन्होंने स्थानांतरण की अवज्ञा की और इस तरह स्थानीय शासक बन बैठे, और इसमें इजारादार अर्थात् नए "राजस्व संबंधी उद्यमी" थे, जिन्होंने "नकदी और स्थानीय व्यापार के प्रबंध की विशेषज्ञता के साथ सैन्यबल का समन्वय" किया।[24] इस तरह निर्धनता और

संकट की बजाय "सुसंगत आर्थिक संवृद्धि और समृद्धि ही स्थानीय राजनीतिक उथल-पुथल का कारण" थीं।[25] दूसरे शब्दों में, मुगल साम्राज्य में शक्तिशाली क्षेत्रीय राजनीतिक समूहों के उत्थान की संभावना सदैव थी तथा अठारहवीं सदी के महत्त्वपूर्ण आर्थिक और सामाजिक परिवर्तनों ने उस संभावना को और भी स्पष्टता के साथ उजागर किया। लेकिन वहीं इन नए विकासक्रमों को सही-सही समझा भी नहीं गया था, न व्यवस्था में समायोजित किया गया था, और इसलिए ही अंततः उसका पतन हुआ।

इन 'परंपरागत' और 'संशोधनवादी' इतिहास-लेखनों के बीच एक सुविधाजनक मध्यक्षेत्र (middle ground) की खोज कर सकना कठिन है; न ही इन दोनों में से किसी को रद्द कर सकना सरल है। संशोधनवादी इतिहास-लेखन की आलोचना उसके द्वारा मुगल साम्राज्य के सुगठित चरित्र को कम करके आँकने तथा केंद्रीकृत प्रभुसत्ता की समकालीन मुस्लिम धारणा को अनदेखा करने के कारण की गई है। दूसरी ओर, इन आलोचकों की आलोचना उनके एक ऐसी मानसिकता से चिपके रहने के कारण की गई है, जो मुगल साम्राज्य को केवल एक केंद्रीकृत ढाँचे के रूप में देखने की अभ्यस्त रही है।[26] संशोधनवादी इतिहास-लेखन (historiography) की समालोचना करते हुए जैसा कि अतहर अली ने माना है, अगर कोई साझी ज़मीन (या मध्यक्षेत्र) है तो यही आम मान्यता है कि ज़मींदार या मध्यवर्ती वर्ग मुगल ढाँचे में "एक अपकेंद्री शक्ति" थे।[27] फिर भी, निष्कर्षस्वरूप हम यह कह सकते हैं कि भारतीय इतिहास की अठारहवीं सदी को समझने के लिए 'पतन' की अवधारणा संभवतः एक अपर्याप्त विचार है। मुगल व्यवस्था साम्राज्य के वास्तविक पतन के बाद भी बहुत समय तक जारी रही, जब अनेक क्षेत्रीय शक्तियों का उदय हुआ। भारतीय इतिहास में अठारहवीं सदी कोई अंधकार का युग नहीं है, न ही कुल मिलाकर पतन का युग है। एक अखिल भारतीय साम्राज्य के पतन के बाद एक अन्य का उदय हुआ और बीच के काल में अनेक प्रकार के शक्तिशाली क्षेत्रीय राज्यों का वर्चस्व रहा। इस कारण, जैसा कि सतीशचंद्र (1991) का तर्क है, इस सदी को एक सुस्पष्ट कालगत समग्रता में समझा जाना चाहिए।

## 1.2 क्षेत्रीय शक्तियों का उदय

1761 तक मुगल साम्राज्य नाममात्र के लिए साम्राज्य रह गया था, क्योंकि उसकी कमज़ोरियों के कारण स्थानीय शक्तियों ने स्वाधीनता के दावे किए थे। फिर भी, प्रतीक रूप में मुगल बादशाह की सत्ता जारी रही, क्योंकि अभी भी उसे राजनीतिक वैधता का स्रोत माना जाता था। नए राज्यों ने सीधे उसकी सत्ता को चुनौती नहीं दी, और अपने शासन के औचित्य के लिए लगातार उसका अनुमोदन चाहते रहे। शासन के अनेक क्षेत्रों में इन राज्यों ने मुगल संस्थाओं और प्रशासनतंत्र को जारी रखा; परिवर्तन जहाँ आए–और निश्चित ही आए–वहाँ वे अपेक्षाकृत धीरे-धीरे, क्षेत्रों में शक्ति के बदले हुए संबंधों को समायोजित करते हुए आए। इसलिए अठारहवीं सदी में इन राज्यों का उदय राजव्यवस्था के पतन की बजाय उसका रूपांतरण था। यह शक्ति के विकेंद्रीकरण का सूचक था,

न कि शक्ति के शून्य या राजनीतिक अव्यवस्था का। ये नए राज्य विभिन्न प्रकार के थे और उनके अलग-अलग इतिहास थे: उनमें से कुछ की स्थापना मुगलों के सूबेदारों ने की, कुछ की मुगल साम्राज्य से विद्रोह करने वालों ने; और जिन थोड़े से राज्यों ने अपनी स्वतंत्रता का दावा किया, वे वही थे जो पहले से स्वतंत्र मगर निर्भर (dependent) राज्यों की तरह काम करते आ रहे थे।

बंगाल, हैदराबाद और अवध इस अर्थ में मुगल साम्राज्य के तीन उत्तराधिकारी राज्य थे जिनकी स्थापना उन मुगल सूबेदारों ने की, जिन्होंने केंद्र के साथ औपचारिक रूप से अपना संबंध कभी नहीं तोड़ा, लेकिन जो स्थानीय स्तर पर शक्ति के व्यवहार में लगभग स्वतंत्रता का प्रयोग करते रहे। 1717 में मुर्शिद कुली खाँ के सूबेदार बनने के बाद बंगाल सूबा या **प्रांत** मुगलों के नियंत्रण से धीरे-धीरे स्वतंत्र होता गया।[28] औरंगज़ेब ने आरंभ में उसे राजस्व-प्रशासन को चुस्त-दुरुस्त बनाने के लिए बंगाल का **दीवान** (राजस्व का संग्राहक) नियुक्त किया था। फिर 1710 में दो साल के छोटे अंतराल के बाद बहादुरशाह ने उसे उसी पद पर पुनः नियुक्त किया। जब फ़र्रुखसियर बादशाह बना, तो उसने इस पद पर मुर्शिद कुली खाँ की नियुक्ति को पक्का कर दिया, और साथ ही उसे बंगाल का नायब सूबेदार और उड़ीसा का सूबेदार भी बना दिया। आगे चलकर 1717 में उसे जब बंगाल का **नाज़िम** (सूबेदार) बना दिया गया, तो उसे एक ही साथ नाज़िम और दीवान जैसे दो पद सँभालने का अभूतपूर्व विशेषाधिकार मिल गया। नियंत्रण और संतुलन की जिस व्यवस्था द्वारा साम्राज्य के इन दोनों अधिकारियों को अंकुश में रखने के लिए पूरे मुगलकाल में शक्ति का जो विभाजन जारी रखा गया था, उसी को अब इस तरह समाप्त कर दिया गया। इससे मुर्शिद कुली को, जो अपने सुदक्ष राजस्व-प्रशासन के लिए पहले से जाना जाता था, अपनी स्थिति को और मज़बूत बनाने में सहायता मिली। औपचारिक रूप से मुगलों की सत्ता की अवज्ञा उसने निश्चित ही नहीं की और हमेशा शाही खज़ाने को राज़स्व भेजता रहा। सच तो यह है कि वित्तीय कठिनाइयों और अनिश्चितताओं के काल में संकटग्रस्त मुगल बादशाहों के लिए बंगाल का राजस्व अकसर आय का एकमात्र नियमित स्रोत होता था। लेकिन तैमूरी शासकों के प्रति औपचारिक निष्ठा के इस दिखावे की आड़ में मुर्शिद कुली अपने क्षेत्र में पर्याप्त स्वतंत्रता का आनंद लेने लगा और उसने लगभग एक राजवंशीय राज्य की नींव डाल दी। वह बल्कि बंगाल का मुगल बादशाह द्वारा नियुक्त आखिरी सूबेदार था।

मुर्शिद कुली की शक्ति का आधार निश्चित ही उसका बहुत ही सफल राजस्व-प्रशासन था, जिसने साम्राज्य में अन्यत्र राजनीतिक अव्यवस्था के दिनों में भी बंगाल को हमेशा नियमित राजस्व देनेवाला क्षेत्र बना दिया। यह निर्धारित कर सकना कठिन है कि क्या वह उत्पीड़क था या क्या उसके काल में राजस्व की माँग में महत्त्वपूर्ण वृद्धि हुई, पर 1700 और 1722 के बीच राजस्व की वसूली में 20 प्रतिशत की वृद्धि अवश्य हुई। वसूली की इस कारगर व्यवस्था को शक्तिशाली मध्यवर्ती ज़मींदारों के माध्यम से चलाया जाता था। मुर्शिद कुली ने अपने प्रत्येक राजस्वदायी क्षेत्र का एक विस्तृत सर्वेक्षण

कराने के लिए अपने अन्वेषक (investigators) भेजे तथा ज़मींदारों को और समय पर पूरा-पूरा राजस्व देने के लिए विवश किया। इसके लिए उसने छोटी-छोटी कुप्रबंधित ज़मींदारियों के स्थान पर थोड़ी-सी शक्तिशाली जमींदारियों के विकास को बढ़ावा दिया, जबकि उद्दंड ज़मींदारों को दंडित किया गया और कुछ जागीरदारों को दूर उड़ीसा प्रांत भेजकर उनकी जागीरों को खालिसा (शाही भूमि) में बदल दिया गया।[29]

इसलिए 1717 से 1726 तक के काल में थोड़े-से बड़े भूपतियों (landed magnates) का उदय हुआ। ये भूपति समय पर मालगुज़ारी की वसूली में नाजिम की सहायता करते थे और उसके संरक्षण में उन्होंने अपनी संपदाओं को भी बढ़ाया।[30] वास्तव में 1727 में मुर्शिद कुली की मृत्यु के समय तक पंद्रह सबसे बड़ी ज़मींदारियाँ प्रांत की लगभग आधी मालगुज़ारी दे रही थीं। लेकिन प्रांत में एक नए शक्तिशाली कुलीनवर्ग के रूप में ज़मींदारों के उदय के साथ-साथ इस काल में व्यापारियों और बैंकरों का महत्त्व भी बढ़ रहा था। बंगाल का व्यापार हमेशा से लाभदायी था, और मुर्शिद कुली के काल में राजनीतिक स्थिरता और खेतिहर उत्पादकता की वृद्धि ने ऐसे व्यापार-कार्य को और बढ़ावा दिया। सत्रहवीं सदी में बंगाल से रेशमी और सूती वस्त्र, शक्कर, तेल और मक्खन उत्तरी और पश्चिमी भारत के अनेक वितरण केंद्रों से होते हुए स्थल-मार्ग से फ़ारस और अफ़गानिस्तान जाते थे तथा हुगली बंदरगाह से होकर समुद्री मार्ग के रास्ते दक्षिण-पूर्व एशिया, फ़ारस की खाड़ी और लाल सागर के बंदरगाहों तक जाते थे। अठारहवीं सदी की राजनीतिक उथल-पुथल के दौरान स्थलमार्गीय व्यापार में अंशतः कमी आई, लेकिन यूरोपीय-डच, फ्रांसीसी और अंग्रेज़-कंपनियों के बढ़ते निवेश के साथ समुद्रमार्गी व्यापार फला-फूला। उस सदी के उत्तरार्द्ध में यूरोप निश्चित ही बंगाल के माल का प्रमुख गंतव्य बन गया, और इस बात का इस क्षेत्र के कपड़ा उद्योग पर महत्त्वपूर्ण प्रभाव पड़ा। बंगाल का व्यापार-संतुलन हमेशा से उसके पक्ष में रहा है, क्योंकि बंगाल का माल खरीदने के लिए यूरोप की कंपनियाँ काफ़ी कीमती धातुएँ (bullion) लेकर आती थीं, और इनको नकदी पर आधारित अर्थव्यवस्था और राजस्व भेजने के ढाँचे में आसानी से शामिल कर लिया जाता था। भारतीय पक्ष को देखें, तो इस व्यापार पर अनेक प्रकार के-हिंदू, मुसलमान और आर्मेनियाई-व्यापारियों का वर्चस्व था। उनमें से कुछ तो नगरसेठ थे, जैसे हिंदू व्यापारी उमीचंद या आर्मेनियाई लक्ष्मीपति (tycoon) खोजा वाजिद, जिसके पास जहाज़ों का एक बेड़ा था। राज्य और नौकरशाही से उन लोगों के बड़े हार्दिक संबंध भी थे, क्योंकि व्यापारियों को विवश करने की कोशिश कभी मुगल साम्राज्य की परंपरा नहीं रही।[31] दूसरी ओर, समय पर मालगुज़ारी के भुगतान के बारे में ज़मींदारों के अंतहीन दबाव और दिल्ली के शाही खज़ाने के लिए उसके नियमित प्रेषण (remittance) के कारण शक्तिशाली वित्तपतियों और बैंकरों की भारी माँग हो गई। वे सौदों में हर चरण पर जमानत देते थे तथा सूबेदार का अभूतपूर्व संरक्षण पाते थे, और इस तरह उसकी शक्ति के प्रमुख स्तंभ थे। ऐसे सहयोग की सबसे अर्थपूर्ण कहानी जगतसेठ के बैंकिंग घराने के उदय की कहानी है, जो अंततः 1730 में प्रांतीय सरकार

का खजांची बना और टकसाल पर उसका रणनीतिक नियंत्रण हो गया। ज़मींदारों, सौदागरों और बैंकरों के अलावा मुर्शिद कुली ने अधिकारियों की निष्ठा भी सुनिश्चित की। इसके लिए उसने महत्त्वपूर्ण पदों पर अपने मित्रों, संबंधियों और वफ़ादारों को नियुक्त किया तथा अपने संभावित शत्रुओं को प्रांत से बाहर खदेड़ दिया। मुगल साम्राज्य के स्वर्ण काल में इस स्थिति की कल्पना तक नहीं की जा सकती थी।[32]

मुर्शिद कुली ने मुगलों से अपने औपचारिक संबंध कभी नहीं तोड़े और बंगाल का वार्षिक राजस्व नियमित रूप से दिल्ली भेजता रहा। परंतु अपने क्षेत्र में वह एक स्वतंत्र राजा की तरह व्यवहार करता रहा और सच्चे वंशवादी ढंग से उसने अपनी बेटी के बेटे सरफ़राज़ खाँ को अपना उत्तराधिकारी नियुक्त किया। लेकिन सरफ़राज़ को उसके पिता शुजाउद्दीन मुहम्मद खाँ (मुर्शिद कुली के दामाद) ने ही बेदखल कर दिया। उसने 1727 में बंगाल और उड़ीसा, इन दो प्रांतों को अपने नियंत्रण में ले लिया और मुगल बादशाह मुहम्मद शाह से अपने पद का अनुमोदन भी करा लिया। उसने भी मुगल दरबार से संबंध बनाकर रखा, पर स्थानीय प्रशासन में स्वतंत्रता का व्यवहार करता रहा, जिसे बंगाल की राजनीति की नई शक्तियों, अर्थात् ज़मींदारों, सौदागरों और बैंकरों का समर्थन प्राप्त था। जैसा कि फ़िलिप कैल्किंस का तर्क है, 1730 के दशक तक "बंगाल की सरकार बाहर से आरोपित शासन से अधिक बंगाल की वर्चस्व प्राप्त शक्तियों के सहयोग से बनी सरकार नज़र आती थी।"[33] लेकिन यह बात भी सही है कि सौदागरों, बैंकरों और ज़मींदारों की शक्ति की इस क्रमिक वृद्धि का अर्थ नाज़िम की सत्ता का सापेक्षतः कम होना भी था। यह बात 1739-40 के एक तख्तापलट से एकदम स्पष्ट हो गई, जब शुजाउद्दीन के बेटे सरफ़राज़ खाँ को, जो अब नया नाज़िम बन चुका था, उसी के फ़ौजी कमानदार अलीवर्दी खाँ ने जगतसेठों के बैंकिंग घराने और कुछेक शक्तिशाली ज़मींदारों की सहायता से अपदस्थ कर दिया। सरफ़राज़ को इसलिए नहीं जाना पड़ा क्योंकि वह एक अकुशल प्रशासक था, बल्कि इसलिए कि उसने जगतसेठ घराने को नाराज़ कर दिया था तथा कुछेक शक्तिशाली अधिकारियों का समर्थन भी खो बैठा था। उसे अपदस्थ करने के बाद नाज़िम का पद एक सुयोग्य सैनिक अलीवर्दी खाँ को मिला, जिसने बाद में अपनी नियुक्ति के लिए शाही अनुमोदन प्राप्त कर लिया।

मुगलों से लगभग पूरा संबंध-विच्छेद अलीवर्दी खाँ के शासनकाल में हुआ। अब सभी प्रमुख नियुक्तियाँ बादशाह का कोई उल्लेख किए बिना की जाने लगीं और अंततः दिल्ली की ओर राजस्व का नियमित प्रवाह रोक दिया गया। हालाँकि मुगल सत्ता की कभी कोई औपचारिक अवज्ञा नहीं की गई, पर बंगाल, बिहार और उड़ीसा में सभी व्यावहारिक दृष्टियों से स्वतंत्र, हर तरह के मुगल नियंत्रण से मुक्त, एक प्रशासन पैदा हुआ। अलीवर्दी के लिए बड़ी समस्याएँ बाहर से आईं; उसे मराठों की लूटमार और अफ़गान विद्रोह का सामना करना पड़ा। एक अखिल भारतीय साम्राज्य की चाह लिए मराठों ने पश्चिम से कई बार बंगाल पर हमले किए तथा जान-माल को असीमित नुकसान पहुँचाया। अंततः 1751 में अलीवर्दी खाँ ने **चौथ** (राजस्व का एक चौथाई) देने का वादा

करके और उड़ीसा पर कब्ज़ा छोड़कर मराठों से समझौता कर लिया। पर इस बीच मुस्तफ़ा खाँ के नेतृत्व में कुछ विद्रोही अफ़गान दस्तों ने 1748 में पटना पर कब्ज़ा कर लिया और इस तरह उसकी सत्ता को एक और बड़ी चुनौती देने लगे। अलीवर्दी अंततः अफ़गानों को कुचलकर पटना को वापस पाने में सफल रहा। लेकिन मराठों के हमलों का एक प्रमुख परिणाम था बंगाल के व्यापार का छिन्न-भिन्न होना, विशेषकर उत्तरी और पश्चिमी भारत के साथ स्थलमार्गी व्यापार का। पर यह सब थोड़े दिन ही चला और यूरोपीय व्यापार में हुई भारी वृद्धि से स्थिति के सुधरने में सहायता मिली–कंपनियों के निगमबद्ध व्यापार ही नहीं, उनके अधिकारियों के निजी व्यापार में हुई भारी वृद्धि से भी। वे बाज़ार से भारतीय व्यापारियों को तुरंत तो विस्थापित नहीं कर सके, पर यह निश्चित ही बंगाल के व्यापार-जगत में यूरोप के वर्चस्व का आरंभ था, जिसने अंततः बंगाल प्रांत पर अंग्रेज़ों के अधिकार का मार्ग तैयार किया।[34] इसकी विवेचना हम आगे करेंगे। अलीवर्दी की अपने पोते सिराजुद्दौला को अपना उत्तराधिकारी घोषित करने के बाद 1756 में मृत्यु हुई। लेकिन सत्ता के दो और दावेदारों, शौकतजंग (पूर्णिया के फ़ौजदार) और घसेटी बेगम (अलीवर्दी की बेटी) ने, उसके उत्तराधिकार को चुनौती दी। इसके कारण दरबार में घोर गुटबंदी आ गई, क्योंकि अति-शक्तिशाली ज़मींदारों को और व्यापारियों को एक अत्यंत महत्त्वाकांक्षी और नवयुवक नवाब से डर लगने लगा था।[35] इसके कारण बंगाल के प्रशासन में अस्थिरता आई और इसका लाभ अंग्रेज़ ईस्ट इंडिया कंपनी ने उठाया। इसके लिए उसने उस चीज़ का सहारा लिया जिसे जनता पलासी का 1757 का षड्यंत्र कहती है, जिसने सिराजुद्दौला के शासन को समाप्त किया। बंगाल की राजनीति के एक और संक्रमण की इस कहानी पर हम थोड़ा आगे चलकर आएँगे।

हैदराबाद का स्वतंत्र राज्य 1724 में शाही दरबार के एक शक्तिशाली कुलीन द्वारा स्थापित किया गया था। यह था कि चिन कुलिच खाँ, जिसने आखिरकार निज़ामुल मुल्क आसफ़जाह प्रथम की उपाधि धारण की। उसे तूरानी गुट का नेता माना जाता था, और वह दरबार की राजनीति में कुंठा का अनुभव करता था, क्योंकि सैयद भाइयों के नेतृत्व वाला भारतीय मुसलमानों का गुट अहंकार के साथ अपना दावा जताता रहता था। इन सैयद भाइयों ने 1719 में बादशाह फ़र्रुखसियर को मरवाकर कठपुतली के रूप में मुहम्मद शाह को तख्त पर बिठा दिया था। इस तरह से तैमूरी शासन को नष्ट होने से बचाने के लिए निज़ामुल मुल्क ने सैयदों के विरुद्ध तूरानी और ईरानी कुलीनों को संगठित किया, और आखिर में वे 1720 में हराए और मार डाले गए। मुहम्मद शाह को सत्ता वापस दिलाई गई और 1722 से 1724 तक निज़ामुल मुल्क ने उसके वज़ीर का काम किया। पर अंततः उसने पाया कि अपने लिए दकन में एक स्वतंत्र राज्य बना लेना कहीं अधिक अच्छा होगा।

हैदराबाद में दकन का मुगल सूबेदार मुबारिज़ खाँ लगभग एक स्वतंत्र राजा की तरह ही शासन कर रहा था। 1723 में निज़ामुल मुल्क ने मुबारिज़ को हराया। अगले साल वह दकन का सूबेदार बन बैठा और हैदराबाद के आसपास उसने अपनी स्थिति को

मज़बूत किया। हैदराबाद की वास्तविक स्वतंत्रता का साल 1740 को माना जा सकता है, जब वहाँ स्थायी रूप से बसने के लिए निज़ाम ने उत्तर भारत को हमेशा के लिए छोड़ दिया। यहाँ आकर उसने उद्दंड ज़मींदारों को वश में किया और हिंदुओं के प्रति सहिष्णुता दिखाई, जिनके हाथों में आर्थिक शक्ति थी। फलस्वरूप हैदराबाद में एक नए क्षेत्रीय कुलीनवर्ग का जन्म हुआ जो निज़ाम का समर्थक था। 1748 में उसकी मृत्यु के समय तक हैदराबाद राज्य दकनी राजनीति की एक सुमान्य शक्ति बन चुका था और वह मुगलों की अधिराजी (suzerainty) को प्रतीक रूप में ही स्वीकार करता था। सिक्के अभी भी मुगल बादशाह के नाम से ढाले जा रहे थे; जुमा की नमाज़ के बाद **खुत्बे** में भी उसका नाम लिया जाता था। लेकिन सभी व्यावहारिक दृष्टियों से निज़ाम स्वतंत्र कामकाज करने लगा था तथा बादशाह का कोई उल्लेख किए बिना लड़ाइयाँ लड़ता था, समझौतों पर हस्ताक्षर करता था, मनसब देता और महत्त्वपूर्ण नियुक्तियाँ करता था।

पहले निज़ाम, आसफ़जाह प्रथम, की मृत्यु के बाद शीघ्र ही हैदराबाद एक के बाद एक संकटों से गुज़रने लगा। जहाँ मराठों की लूटमार अभी भी चिंता का एक बड़ा कारण थी, वहीं उसके बेटे नसीर जंग और पोते मुज़फ़्फ़र जंग के बीच उत्तराधिकार की लड़ाई छिड़ गई और उस फूट का लाभ दूप्ले के नेतृत्व में फ्रांसीसियों ने उठाया। फ्रांसीसी समर्थन के बल पर मुज़फ़्फ़र इस युद्ध में विजयी रहा और उसने फ्रांसीसियों को भारी नकद पुरस्कार और इलाके दिए। लेकिन इससे उसकी समस्याएँ समाप्त नहीं हुईं, क्योंकि बाद के वर्षों में मराठे, मैसूर और कर्नाटक सभी ने हैदराबाद से भूभाग संबंधी झगड़ों का हिसाब बराबर किया। 1762 के बाद निज़ाम अली खाँ के समय में स्थिति फिर सुधरी। उसने प्रशासन को अपने नियंत्रण में ले लिया और 1803 तक चलने वाले अपने लंबे शासनकाल में उसने पड़ोसियों के साथ सीमा विवाद हल किए। इससे हैदराबाद को बहु-इच्छित राजनीतिक स्थायित्व प्राप्त हुआ।

हैदराबादी प्रशासन-व्यवस्था ने राज्य में शक्ति की देसी संरचनाओं को नष्ट करने का प्रयास नहीं किया, बल्कि उनको केंद्रीय सत्ता के साथ "संरक्षक-संरक्षित संबंध" में समायोजित करने का प्रयास किया। स्थानीय स्तर पर हावी, अर्धस्वतंत्र शासकों को एक वार्षिक खिराज़ या पेशकश के बदले अपने पुश्तैनी क्षेत्रों पर शासन करने की अनुमति दी गई। हैदराबाद की शासन-व्यवस्था में स्थानीय स्तर पर शक्ति- शाली व्यापारियों, सूदखोरों और सैन्य कुलीनों ने भी निज़ाम को, जो शासन-व्यवस्था का प्रमुख संरक्षक बनकर उभरा था, मूल्यवान वित्तीय और सैनिक सहायता प्रदान करके उस शासन-व्यवस्था में एक अहम भूमिका निभाई। इस नए प्रशासन से पुरानी मुगल संस्थाओं को पूरी तरह निकाला तो नहीं गया, पर उनके अंत:तत्त्व (content) में काफी परिवर्तन किए गए। मालगुज़ारी शक्तिशाली इजारादारों के द्वारा जमा की जाती थी, लेकिन मुगल प्रथा के विपरीत उनको नियंत्रण में रखने का बहुत कम प्रयास किया जाता था। इस नई व्यवस्था में जागीरें पुश्तैनी बनती गईं और मनसबदारी व्यवस्था में कुछेक मुगल विशेषताएँ ही बचीं। कुलीनवर्ग की संरचना में भी एक उल्लेखनीय परिवर्तन आया; जहाँ पहले के

सैनिक कुलीनों ने अपनी शक्ति को कुछ सीमा तक बचाए रखा, वहीं राजस्व और वित्तीय प्रबंध के विशेषज्ञ कुछ नए व्यक्ति निचली श्रेणियों से उभरकर सामने आए। हैदराबाद की शक्ति-संरचना में कुल मिलाकर "शक्ति बहुत ही बिखरी हुई" रही।[36] अठारहवीं सदी के अंत तक हैदराबाद एक अपेक्षाकृत नई राजनीतिक व्यवस्था का सूचक बन चुका था, जिसके नए भागीदारों का एक पूरा दायरा था तथा जिनकी जड़ें और सामाजिक पृष्ठभूमियाँ भिन्न-भिन्न थीं।

अठारहवीं सदी में स्वतंत्र होनेवाला एक और मुगल प्रांत था अवध। 1722 में सआदत खाँ को अवध का सूबेदार नियुक्त किया गया और उसे स्थानीय राजाओं और सरदारों के विद्रोहों को कुचलने का कठिन दायित्व सौंपा गया। साल भर में उसने यह काम पूरा कर लिया और प्रशंसास्वरूप बादशाह मुहम्मद शाह ने उसे बुरहानुल मुल्क की उपाधि प्रदान की। इसके बाद सआदत खाँ शाही दरबार में अपनी स्थिति को मज़बूत बनाने के लिए राजधानी लौटा, पर मुहम्मद शाह के एक प्रिय से झगड़ा कर बैठा और फिर अवध लौटने के लिए मज़बूर कर दिया गया। दरबारी राजनीति से कुंठित होकर सआदत खाँ ने अवध में अपनी शक्ति का आधार बनाने का निर्णय किया और पहले कदम के रूप में उसने अपने दामाद सफ़दर जंग को बादशाह से अपना नायब सूबेदार मनवा लिया। अपने राजवंशीय शासन की स्थापना की ओर उसका दूसरा कदम दीवान के पद को शाही नियंत्रण से लगभग स्वतंत्र बना लेना था। उसके बाद अवध के राजस्व को एक पंजाबी खत्री अधिकारी को सौंप दिया गया, जो सआदत खाँ के अंतर्गत काम करता था और कभी शाही कार्यालय को कोई खबर नहीं भेजता था।

अवध में उद्दंड ज़मींदारों की समस्या भी कालांतर में हल कर ली गई और राजस्व का एक नया बंदोबस्त किया गया, जिसमें राजस्व की माँग डेढ़गुनी हो गई। जागीरदारी प्रथा में सुधार किया गया और जागीरें स्थानीय कुलीनों को दे दी गईं, जबकि व्यापार के एक समृद्धिकारी प्रवाह से प्रांत समृद्ध बना रहा। इसके कारण एक नया क्षेत्रीय शासक कुलीनवर्ग पैदा हुआ, जो मुख्यतः भारतीय मुसलमानों, अफ़गानों और हिंदुओं पर आधारित था और ये सब सआदत खाँ के प्रमुख समर्थक बन गए। पर सआदत ने शाही दरबार के साथ अपना संवाद सूत्र बनाए रखा। वास्तव में इस पूरे काल में उसने अवध की सीमाओं को लगातार फैलाया, पर ऐसा बादशाह की औपचारिक स्वीकृति के बिना कभी नहीं किया। वह दरबार की राजनीति में अपनी पुरानी महत्त्वाकांक्षाओं को भी बढ़ावा देता रहा, लेकिन 1739-40 में फिर एक बार कुंठा का शिकार हुआ, जब **मीर बख्शी** (शाही खजांची) का पद निज़ाम को दे दिया गया, इसके बावजूद फ़ारस के राजा नादिरशाह के हमले के दौरान भी उसने अपनी सेवाएँ दी थीं। उसने इसे धोखा माना और प्रतिशोध के लिए पाला बदलकर फ़ारसी आक्रमणकारी की ओर हो गया। लेकिन वह नादिरशाह के दंभ और अहंकार को नहीं झेल सका और दिल्ली पर अधिकार के अगले दिन घोर कुंठा और हताशा में उसने विष खा लिया। लेकिन 1740 में अपनी मृत्यु के समय तक सआदत अवध में निश्चित रूप से एक अर्धस्वतंत्र क्षेत्रीय राजनीतिक व्यवस्था विकसित

कर चुका था, जिसकी मुगल राजसत्ता के प्रति वित्तीय प्रतिबद्धता पहले से बहुत ही कम थी, पर जिसका उसके साथ औपचारिक संबंध-विच्छेद नहीं हुआ था।

नादिरशाह केवल दो माह तक भारत का बादशाह रहा और उसने सफ़दर जंग से पेशकश के रूप में दो करोड़ रुपए स्वीकार करके अवध में उत्तराधिकार का प्रश्न हल कर दिया। बाद में मुहम्मद शाह ने इस नियुक्ति की पुष्टि की और उसे एक शाही उपाधि प्रदान की। पर सफ़दर जंग के लिए अवसर वास्तव में तब आए, जब 1748 में मुहम्मद शाह और निज़ामुल मुल्क दोनों की मृत्यु हो गई और उसे नए बादशाह अहमद शाह ने वज़ीर नियुक्त किया। इस नए पद का उपयोग करके सफ़दर जंग ने अपने प्रभावक्षेत्र का विस्तार किया और पठानों से फ़र्रुखाबाद का छीना जाना इन लाभों में सबसे महत्त्वपूर्ण था। लेकिन दूसरी ओर वज़ीर की स्वार्थसिद्धि की इस मुहिम ने शाही परिवार को भी विमुख कर दिया और दरबारी कुलीनों को भी, जिन्होंने षड्यंत्र करके आखिरकार उसे 1753 में निकलवा दिया। जैसा कि रिचर्ड बार्नेट कहते हैं, "सिकुड़ रहे साम्राज्य के बचे-खुचे भाग से अवध और इलाहाबाद के सुस्पष्ट अलगाव"[37] के कारण वह साल उत्तर भारत के राजनीतिक इतिहास का एक महत्त्वपूर्ण मोड़ था। औपचारिक संबंध अभी पूरी तरह टूटा नहीं था। 1754 के अंतिम महीनों में सफ़दर जंग की मृत्यु के बाद फिर उसके ही एकमात्र पुत्र शुजाउद्दौला को कठपुतली बादशाह आलमगीर द्वितीय द्वारा दुबारा अवध का सूबेदार नियुक्त किया गया। शुजा ने भी मुगल बादशाह की प्रतीकात्मक सत्ता की कभी औपचारिक अवज्ञा किए बिना अवध प्रांत की स्वतंत्रता को सफलता के साथ जारी रखा। आलमगीर द्वितीय की मृत्यु के बाद दिसंबर 1759 में जब भगोड़े शाहजादे ने शाह आलम द्वितीय के रूप में अपना राजतिलक कराया, तो उसने शुजा को अपना वज़ीर बनाया। हालाँकि यह पद नाममात्र का था, पर शुजा ने अपने क्षेत्र में अपनी शक्ति को बनाए रखा और जब पानीपत की तीसरी लड़ाई (1761) में मराठों को उलझाने के लिए अहमदशाह अब्दाली फिर भारत में आया, तब दोनों पक्षों ने शुजा को अपना सहयोगी बनाने की जी-तोड़ कोशिश की। अपने स्थानीय विरोधियों अर्थात् मराठों को धूल चाटते और कमज़ोर होते देखने के लिए शुजा ने अफ़गान आक्रमण का साथ दिया; लेकिन इस पूरे टकराव के दौरान बराबरी के एक गठबंधन में एक स्वतंत्र सहयोगी की तरह व्यवहार करता रहा। उसके अपने क्षेत्र अवध और इलाहाबाद में उसकी स्वायत्तता और शक्ति को 1764 में अंग्रेज़ ईस्ट इंडिया कंपनी के साथ उसके टकराव तक, कोई चुनौती नहीं मिली।[38]

मुगल सूबेदारों द्वारा स्थापित इन उत्तराधिकारी राज्यों के अलावा भारत में अठारहवीं सदी में पैदा होने वाले दूसरे राज्य वे थे जिनको मुगल साम्राज्य से विद्रोह करनेवालों ने स्थापित किया, जैसे—मराठे, सिख, जाट, तथा फ़र्रुखाबाद और रुहेलखंड के अफ़गान रजवाड़े। इनमें संभवतः अकेले मराठा राज्य में ही इसकी संभावना थी कि मुगलों को विस्थापित करके वह एक नए अखिल भारतीय राज्य के रूप में विकसित हो सकता, लेकिन स्वयं मराठा राजव्यवस्था की प्रकृति के कारण वह संभावना कभी पूरी तरह

वास्तविकता नहीं बन पाई। उसका आरंभ सत्रहवीं सदी में पश्चिमी भारत में एक छोटे-से रजवाड़े के रूप में हुआ था, जिसकी स्थापना स्थानीय मुस्लिम राज्य बीजापुर के घोर विरोध और शक्तिशाली मुगल सेना के दबाव का मुकाबला करके दंतकथाओं के नायक, मराठा सरदार शिवाजी ने की थी। 1680 में उनकी मृत्यु के कुछ ही समय बाद खानदानों की गुटबंदी के कारण और मुगलों की दकन-विजय की नीति के निरंतर दबाव के कारण यह राज्य संकटों का शिकार हो गया। कभी मुगलों की ओर जाकर और कभी मराठों से हाथ मिलाकर स्थानीय **देशमुखों** (मालगुज़ारी के अधिकारियों) और ज़मींदारों ने इस स्थिति का लाभ उठाया। शिवाजी के दो बेटों, पहले शंभाजी और फिर राजाराम ने, थोड़े समय तक शासन किया, और मुगल सेना के साथ एक अंतहीन युद्ध लड़ते रहे। 1699 में राजाराम की मृत्यु हुई तो उसकी रानियों में एक अर्थात् ताराबाई अपने छोटे से शिशु शिवाजी द्वितीय के नाम पर शासन करने लगी। पर इस काल में औरंगज़ेब की सेना एक के बाद एक करके मराठा किलों को जीतती रही और इस तरह ताराबाई लगातार भागती रही। लेकिन 1705 के अंतिम महीनों में स्थिति औरंगज़ेब के विरुद्ध होने लगी और दकन में चालीस वर्षों के व्यर्थ के युद्ध के बाद जब वह 1707 में मरा, तो मराठे तब तक भी उसके अधीन नहीं आए थे।

फिर भी, मराठा राज्य निश्चित ही कमज़ोर पड़ा और यह प्रक्रिया 1707 में मुगल जेल से शिवाजी के पोते साहू की रिहाई के बाद और भी तेज़ हुई। सिंहासन के अब दो दावेदार थे और अगले आठ वर्ष तक महाराष्ट्र साहू और ताराबाई की सेनाओं के बीच एक व्यापक गृहयुद्ध में फँसा रहा; इनमें ताराबाई शिवाजी द्वितीय के नाम पर राज करना चाहती थी। मराठा सरदारों और देशमुखों की निष्ठा इन दो मराठा गुटों और मुगलों के बीच बराबर घूमती रही तथा अराजकता की यह स्थिति 1712-13 तक सर्वव्यापी बन गई। लेकिन नए स्वतंत्र सरदारों के एक समूह, अनेक ब्राह्मण बैंकर परिवारों और एक सुयोग्य चितपावन ब्राह्मण **पेशवा** (प्रधानमंत्री) बालाजी विश्वनाथ की सहायता पाकर साहू अंततः इस टकराव में विजयी रहा और 1718-19 तक उसने अपनी स्थिति को सुदृढ़ कर लिया। 1719 में सैयद भाइयों को दिल्ली में एक कठपुतली बादशाह बनाने में सहायता देकर बालाजी विश्वनाथ ने अपने मालिक के लिए एक मुगल **सनद** (राजाज्ञा) प्राप्त कर ली, जिसमें दकन के छह मुगल प्रांतों में चौथ और **सरदेशमुखी** (सरकारी राजस्व के क्रमशः चौथाई और दसवाँ भाग), मालवा और गुजरात में चौथ की वसूली के बारे में साहू के अधिकार को तथा महाराष्ट्र में उसकी स्वतंत्र स्थिति को मान्यता दी गई थी। ताराबाई गुट के साथ टकराव का समाधान आगे चलकर, 1731 में वारना की संधि में हुआ, जिसमें कोल्हापुर राज्य शिवाजी द्वितीय को दे दिया गया।

इस तरह मराठा गृहयुद्ध का समापन तो हुआ, पर राज्य का नियंत्रण धीरे-धीरे शिवाजी के वंश से हटकर पेशवाओं के हाथों में चला गया। बालाजी विश्वनाथ के समय से ही पेशवा का पद तीव्रता से शक्ति ग्रहण करने लगा और वह पूरे मराठा राज्य में सत्ता और हर प्रकार के संरक्षण का स्रोत बन गया। 1720 में उसकी मृत्यु हुई और उसकी जगह

उसके बेटे बाजीराव ने ली, जो 1740 तक शक्ति का केंद्र बना रहा। तब तक मुगल साम्राज्य के बड़े-बड़े भागों पर मराठा राज्य का नियंत्रण हो चुका था और उसका अकेला प्रमुख प्रतिद्वंद्वी हैदराबाद का निज़ाम था, क्योंकि कर्नाटक, खानदेश और गुजरात पर नियंत्रण के लिए दोनों बेचैन थे। जंग के पहले दौर में मराठों की हार हुई, लेकिन जल्द ही इसका बदला पालखेड़ में मराठों की शानदार जीत (मार्च 1728) ने ले लिया, जब निज़ाम को विवश होकर साहू को अकेला मराठा शासक स्वीकार करना पड़ा, जिसे दकन में चौथ और सरदेशमुखी वसूल करने के अधिकार थे। उसके बाद बाजीराव ने फ़ौजी अभियानों का नेतृत्व किया तथा मालवा के उपजाऊ इलाकों को जीतते हुए 1729 तक वह राजस्थान जा पहुँचा।[39] इस बीच गुजरात में मराठा दस्ते देहातों में करों की वसूली करते रहे, जबकि मुगलों का नियंत्रण केवल शहरों पर रहा।[40] बंदरगाह सूरत का एक समय का लाभदायी व्यापार इस राजनीतिक दबाव के कारण अब तेज़ी से गिरने लगा।[41]

बाजीराव ने अपने भाई की कमान में एक बड़ी मराठा सेना को जब गुजरात भेजा, तो मुगल सूबेदार ने उससे 1727 और 1728 में दो संधियाँ कीं और व्यवहारतः गुजरात का 60 प्रतिशत राजस्व साहू और उसके पेशवा के लिए छोड़ दिया। गुजरात के कुछ विरोधी मराठा गुटों (गायकवाड़, दभड़े और कदम बंदे) को साथ लेकर निज़ाम ने पेशवा को नीचा दिखाने की एक और कोशिश की, पर पेशवा की सेना ने 1731 में अंततः उनकी संयुक्त सेना को हरा दिया। कुछ समय बाद बाजीराव का ध्यान कोंकण के तटीय मैदानों की ओर गया, जहाँ उसने 1736 तक सीदियों (अबीसीनियाई मुसलमानों) के इलाकों पर कब्ज़ा किया तथा सलसट, बसाईं और चौल से पुर्तगालियों को बाहर खदेड़ा। उसके बाद वह फिर उत्तर की ओर बढ़ा, 1737 में दिल्ली पर आक्रमण किया और बादशाह को कुछ समय तक कैदी बनाकर रखा। अगले साल उसने निज़ाम की कमानवाली एक बड़ी मुगल सेना को हराया और उसके बाद भोपाल की जनवरी 1739 की संधि ने पेशवा को मालवा प्रांत देने के अलावा नर्मदा और चंबल नदियों के बीच के पूरे क्षेत्र का अधिकार भी दे दिया। लेकिन मराठों ने इन इलाकों में स्थानीय शक्ति-संरचना को उलटने की कोशिश नहीं की, और वार्षिक खिराज़ की अदायगी के बारे में स्थानीय ज़मींदारों से जल्दी ही वार्ताएँ करने लगे। इस नवविजित क्षेत्र में राजस्व प्रशासन की एक असैनिक व्यवस्था के उभरने में समय लगा, और यह सभी मराठा विजय-अभियानों की एक खास विशेषता रही।

1740 में बाजीराव की मृत्यु के बाद साहू ने उसके स्थान पर उसके बेटे बालाजी बाजीराव को नियुक्त किया, जिसे नानासाहब (1740-61) के नाम से अधिक जाना जाता है। फ़ौजी अभियानों[42] की अपेक्षा प्रशासन में अधिक निपुण होते हुए भी वह पेशवाओं में सबसे सफल सिद्ध हुआ। 1749 में साहू की मृत्यु के बाद नानासाहब मराठा शासन-व्यवस्था की सर्वोच्च सत्ता बन बैठा। यह वास्तव में मराठों के उत्कर्ष का चरमकाल था, जब भारत के सभी भागों को मराठों के हमलों का सामना करना पड़ा। पूरब में 1745 के बाद नागपुर के राघोजी भोंसले के नेतृत्व में मराठा दस्तों ने उड़ीसा,

बंगाल और बिहार पर, जिनपर तब अलीवर्दी खाँ का स्वतंत्र शासन था, नियमित रूप से हमले किए। इन हमलों को 1751 की एक संधि ने रोका, जब अलीवर्दी ने उड़ीसा का समर्पण कर दिया और तीनों प्रांतों (प्रांतों) की वार्षिक चौथ के रूप में 1,20,000 रुपए देने की बात मानी। मराठा सेनाओं ने पास के कोंकण में निज़ाम के इलाकों पर नियमित हमले किए, खिराज़ वसूला, पर उनको पूरी तरह अपनी ओर लाने में कभी सफल नहीं हुए। उत्तर में 1751 की भाल्के की संधि के द्वारा नए निज़ाम सलाबत जंग ने खानदेश का नियंत्रण लगभग पूरी तरह छोड़ दिया। और भी उत्तर में मराठा दस्तों ने जयपुर, बूँदी, कोटा और उदयपुर के राजपूत रजवाड़ों पर तथा देवगढ़ के गोंड रजवाड़े पर नियमित हमले किए। उन्होंने इनके उत्तराधिकार के युद्धों में भी हस्तक्षेप किया, उनके शासकों से सालाना खिराज़ी वसूली, पर क्षेत्र में स्थायी विजय के प्रयास कभी नहीं किए। लाहौर और मुल्तान को रौंदते हुए अफ़गानों के आसन्न हमले को देखकर 1752 में की गई एक संधि ने मुगल बादशाह को मराठों के संरक्षण में पहुँचा दिया और 1753 में उत्तराधिकार के एक विवाद ने मराठों को मुगल सिंहासन पर अपनी पसंद का व्यक्ति बिठाने का अवसर दिया। लेकिन पंजाब में मराठों की मुहिम छोटी रही और शीघ्र ही एक सिख विद्रोह ने इस क्षेत्र में मराठों की सत्ता का अंत कर दिया। जो भी हो, मराठे तब तक उत्तर भारत के बड़े-बड़े भागों पर अधिकार पा चुके थे, पर एक साम्राज्य बनाने का प्रयास उन्होंने कभी नहीं किया। उन्होंने एक प्रकार का प्रशासन खड़ा करने का प्रयास केवल खानदेश, मालवा और गुजरात में किया; दूसरी जगहों पर उनकी विजय लूटपाट से आगे तथा चौथ और सरदेशमुखी की वसूली से आगे शायद ही कभी बढ़ी। फलस्वरूप इस अधिकार को बनाए रखना कठिन हो गया और शीघ्र ही अहमदशाह अब्दाली के नेतृत्व में अफ़गानों के एक आक्रमण ने मराठों की प्रतिष्ठा पर घातक चोट की।

हालाँकि अब्दाली अपनी सेना में अनुशासन के अभाव से त्रस्त था, पर इस टकराव में रोहिल्लों और अवध के शुजाउद्दौला जैसी अनेक देशी शक्तियों का समर्थन उसे मिला। पानीपत की तीसरी, महत्त्वपूर्ण लड़ाई में, जो 14 जनवरी 1761 को लड़ी गई, अब्दाली ने सदाशिव राव भाऊ के नेतृत्ववाली मराठा सेना को हराया और लगभग पचास हज़ार मराठा सैनिक मारे गए। यह मराठा सत्ता के अंत का आरंभ था। पेशवा कुछ सप्ताहों के अंदर चल बसा और नौजवान पेशवा माधव राव ने जब शासन-व्यवस्था पर नियंत्रण पाने की कोशिश की, तो मराठा सरदारों के बीच गुटबंदी ने अपना घृणित सर उठाया। 1772 में माधव राव की मृत्यु के बाद गुटों की यह लड़ाई और तेज़ हुई। उसके चाचा रघुनाथ राव ने सत्ता हथिया ली, मगर अनेक महत्त्वपूर्ण मराठा सरदारों ने उसका विरोध किया। अपनी स्थिति को मज़बूत बनाने के लिए उसने तब बंबई में जमे हुए अंग्रेज़ों को अपना सहयोगी बना लिया, पर इसके कारण मराठा इतिहास एक पूरी तरह भिन्न रास्ते पर बढ़ चला, क्योंकि अठारहवीं सदी में भारत की उथल-पुथल से भरी राजनीति में अंग्रेज़ तब तक सत्ता का एक नया दावेदार बनकर सामने आ चुके थे।[43]

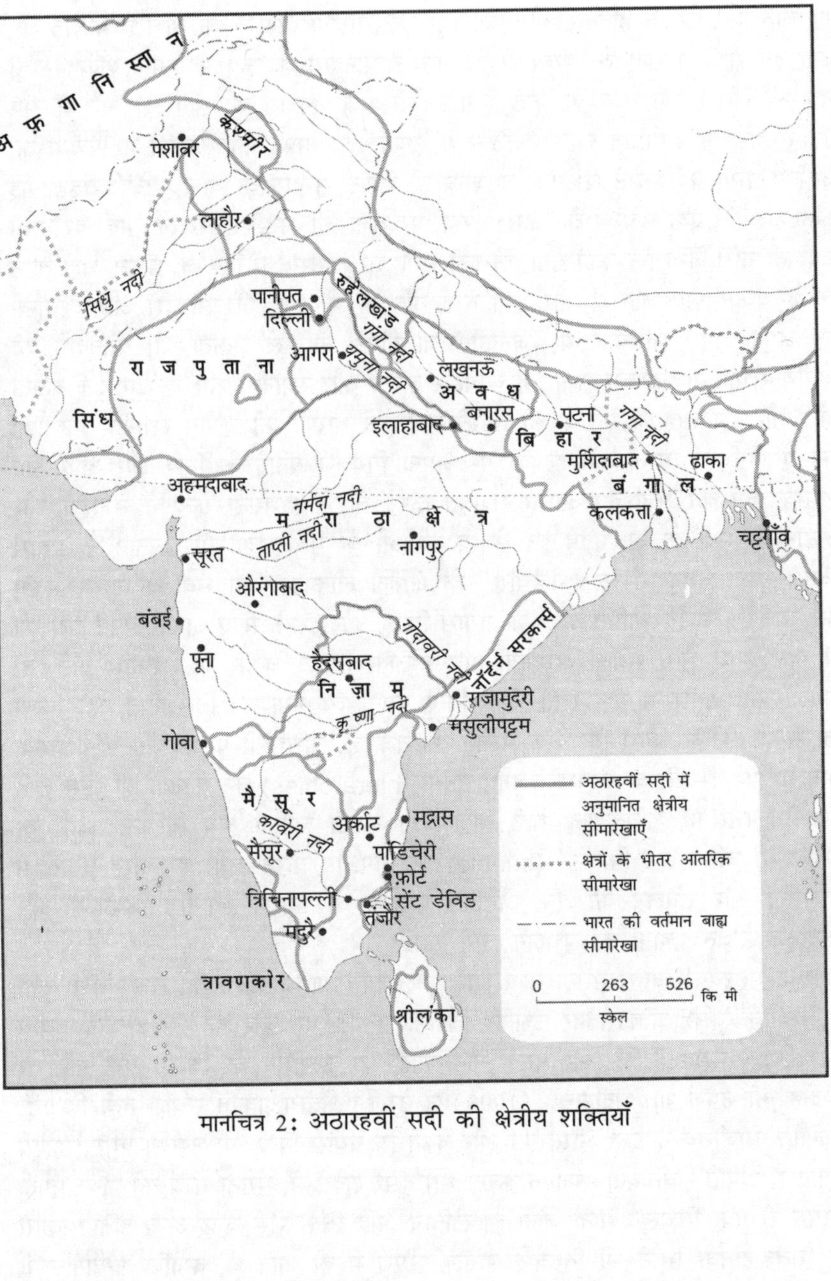


मानचित्र 2: अठारहवीं सदी की क्षेत्रीय शक्तियाँ

मराठा राज्य अपने ही ढाँचे के कारण मुगल साम्राज्य का विकल्प नहीं बन सका। उसकी प्रकृति एक महासंघ जैसी थी, जिसमें सत्ता नागपुर के भोंसले, बड़ौदा के गायकवाड़, इंदौर के होल्कर और ग्वालियर के सिंधिया (शिंदे) के बीच विभाजित थी, और इन सभी ने साहू के समय से ही सैन्य कमानदारों के रूप में अपनी शक्ति खड़ी कर ली थी। मराठा राज्य के कुछ भाग इन सैन्य कमानदारों को सौंप दिए गए थे और इन सरदारों को नियंत्रित करना कठिन था, क्योंकि वे अपने कार्यकलापों पर पेशवा का अंकुश पसंद नहीं करते थे। फिर तो शीघ्र ही मराठा सरदारों के बीच गुटबंदी बढ़ती गई और हालाँकि एक मज़बूत केंद्र हमेशा रहा, पर सत्ता की अंदरूनी संरचना पीढ़ी दर पीढ़ी बदलती रही। जैसा कि कहा गया, निचली सतह पर विरासत में दिए जा सकने वाले वतन के अधिकार पाए जाते थे और उसी तरह गाँव के मुखियों, **मीरासीदारों** और देशमुखों के अपने-अपने अधिकार थे, जिनको राजा वापस नहीं ले सकता था। वतनदारों की क्षेत्रीय सभाएँ राजनीतिक सत्ता का व्यवहार करतीं और स्थानीय स्तर के झगड़े निबटाती थीं, और इस तरह वे राजत्व की किसी केंद्रीकृत धारणा की बजाय स्थानीय निष्ठाओं का प्रतिनिधित्व करती थीं। इलाके पर अपना नियंत्रण बनाने के लिए और अपने नए शासक वर्ग की सत्ता का आधार मज़बूत करने के लिए मराठा राज्य ने सत्रहवीं और अठारहवीं सदी के आरंभ में इन क्षेत्रीय सभाओं के महत्त्व को गौण बनाने के प्रयास किए। उसने वतनदारों के "भाईचारा" के क्षैतिज लोकाचार को सेवा के ऊर्ध्व संबंध की व्यवस्था से विस्थापित करने के प्रयास किए, और इसके लिए अपने-अपने संरक्षितों में खुले हाथों भूमि संबंधी अस्थायी और हस्तांतरणीय अधिकार या **सरंजाम** बाँटे, जो मुगलों की जागीर से मेल खाते थे। लेकिन पुरानी व्यवस्था को विस्थापित नहीं किया जा सका क्योंकि, जैसा कि फ्रैंक पर्लिन का तर्क है, वृत्तिभोगी प्रभुता की नई व्यवस्था अकसर पद-स्थिति के परंपरागत सोपानक्रमों (hierarchies) को काटती थी। इस तरह स्थानीय स्तर पर शक्तिशाली वही ब्राह्मण या मराठा व्यक्ति अब विभिन्न प्रकार के अधिकारों की एक "पिटारी" (bundle) का उपभोग करने लगे। इस तरह दकन में तालमेल और संतुलन की एक अंतहीन प्रक्रिया के कारण स्थानीय निष्ठाओं और केंद्रीकृत राजत्व, दोनों का प्रचलन जारी रहा।[44]

एक महत्त्वपूर्ण बहस मराठा राज्य और मुगल व्यवस्था के संबंध को लेकर चल चुकी है, क्योंकि कुछ इतिहासकार उसकी विद्रोही प्रकृति पर ज़ोर देते हैं। इरफ़ान हबीब (1963) समझते हैं कि यह मुगल नौकरशाही के उत्पीड़न के विरुद्ध एक ज़मींदार विद्रोह की उपज था। सतीशचंद्र (1993) ने उसकी क्षेत्रीय प्रकृति संबंधी तर्क दिए हैं; हालाँकि बाजीराव ने उत्तर भारत की ओर बढ़ने के प्रयास किए, पर उसका प्रमुख उद्देश्य दकन में अपनी सर्वोच्चता स्थापित करना था। दूसरे शब्दों में, मराठा राज्य को प्रायः मुगल परंपरा से एक विचलन माना जाता है। लेकिन आंद्रे विंक जैसे कुछ अन्य इतिहासकारों का तर्क है कि मराठे भी बिल्कुल मुगल परंपरा में ही आते थे, क्योंकि उन्होंने उसी राजद्रोह या **फितवा** (शब्द **फित्ना** का विकृत दकनी रूप) की एक धारणा के आधार

पर अपनी सत्ता स्थापित की थी, जिसके लिए मुगल साम्राज्य में हमेशा एक जगह रही। अपने-आप में यह कोई "विद्रोह" नहीं हुआ, क्योंकि "सहवर्ती अधिकार ही ... प्रभुसत्ता की अभिव्यक्ति थे।"[45] यहाँ तक कि 1770 के दशक में भी मराठे मुगल बादशाह की प्रतीकात्मक सत्ता को स्वीकार करते थे और मालवा-खानदेश में और गुजरात के कुछ भाग, जहाँ उन्होंने एक प्रकार का प्रशासन स्थापित कर रखा था, बहुत कुछ मुगल व्यवस्था जैसा ही नज़र आता था। पुरानी शब्दावली जारी रखी गई और शहरी करों की भिन्न (differential) दरें भी मुसलमानों के पक्ष में रहीं। अंतर केवल यह था कि मराठा इलाकों में मालगुज़ारी वसूल करनेवाले असैनिक अधिकारी मुख्यतः ब्राह्मण थे, जिन्होंने कभी सैन्य कमान नहीं संभाली जैसा कि मुगल व्यवस्था का नियम था, जहाँ केवल एक अभिन्न असैनिक/ सैनिक नौकरशाही होती थी।[46] इसे छोड़ दें तो मुगल परंपरा मराठा शासन-व्यवस्था के सामाजिक और राजनीतिक जीवन का अंग बनी रही, हालाँकि, जैसा कि पहले हमने कहा, स्थानीय निष्ठाओं से उसका बराबर टकराव होता रहा। आपस में लड़नेवाले परिवारों के राजनीतिक टकराव बलप्रयोग और सुलह-सफ़ाई के एक समन्वय के द्वारा हल किए जाते रहे तथा देशमुख शासन-व्यवस्था में और राज्यों के निर्माण के लिए दिए जानेवाले अधिकारों में भागीदार रहे। मराठा राज्य का अंततः पतन हुआ तो गुटबंदी के कारण उतना नहीं हुआ, जितना कि दकन में अंग्रेज़ों की बढ़ती शक्ति के कारण हुआ। इस सुदक्ष सेना का प्रतिरोध कर सकना मराठों के लिए कठिन रहा।

अठारहवीं सदी में उत्तर भारत की ओर जाएं, तो हम देखते हैं कि पंजाब में सिख **पंथ** का इतिहास मुगल साम्राज्य जितना ही पुराना था। 1469 में जन्मे गुरु नानक ने जिन दिनों आंतरिक भक्ति का और सभी मनुष्यों की समानता का उपदेश देना आरंभ किया, उन्हीं दिनों बाबर यहाँ मुगल साम्राज्य की नींव रख रहा था। मध्यकालीन भारत की **भक्ति** और **संत** परंपरा के अंदर यही उस सिख मत का आरंभ था जो धीरे-धीरे लाखों श्रद्धालुओं को अपनी ओर खींचने लगा था, और बाद के गुरुओं के नेतृत्व में एक आकार और परिभाषा ग्रहण करने लगा था।[47] औरंगज़ेब आरंभ में सिखों के बहुत विरुद्ध नहीं था। लेकिन जब पंथ का आकार बढ़ा और उसने मुगलों की केंद्रीय सत्ता को चुनौती दी, तब बादशाह उनके विरुद्ध हो गया और नौवें गुरु तेगबहादुर को दिल्ली में 1675 में मृत्युदंड दे दिया गया।

दसवें गुरु, गुरु गोविंद सिंह ने 1699 में एक महत्त्वपूर्ण कदम उठाया; उन्होंने **खालसा** पंथ की नींव डालकर सिखों को एक सैनिक संगठन का रूप दे दिया। यह एक ऐसा अनुष्ठान था जिसमें स्वयं गुरु ने (न कि उनके किसी नायब या **मसंद** ने) शिष्यों को दीक्षा दी और उन्हें बिन-कटे केश और कृपाण समेत पाँच स्पष्ट पहचान धारण करने का निर्देश दिया, जो सार्वजनिक रूप से उनकी पहचान की घोषणा करें। उन्होंने ऐसा क्यों किया, यह अनुमान का विषय है। एक कारण संभवतः मुगलों के साथ जारी टकराव था जिसने गुरुओं को, पहले गुरु हरगोविंद और फिर गुरु गोविंद सिंह को, पंथ की रक्षा के लिए सशस्त्र संघर्ष की आवश्यकता का विश्वास दिला दिया।[48] इसका कारण

संभवतः सिखों में जाट किसानों का बढ़ता वर्चस्व भी था, और हथियार धारण करना या हथियारों के बल पर विवादों को हल करना, पहले से ही जाट सांस्कृतिक परंपरा का अंग था, जबकि सिख पंथ के दूसरे घटक, जैसे खत्री व्यापारी, भी संभवतः इसके बहुत विरुद्ध नहीं थे।[49] खालसा की स्थापना ने सिख पंथ को एक सैनिक संगठन के रूप में पेश किया, हालाँकि सभी सिख आवश्यक रूप से इसके सदस्य भी नहीं थे। पहले के खत्री नेतृत्व की कीमत पर सिख पंथ पर जाटों का वर्चस्व बना रहा। उनकी समानता की आकांक्षा की संतुष्टि इससे भी हुई कि गुरु गोविंद सिंह ने अपनी मृत्यु के बाद गुरु-पद को समाप्त करने का निर्णय किया; तय हुआ कि उसके बाद गुरु की सत्ता पंथ में और **ग्रंथ** में निहित रहेगी। इस तरह ग्रंथ जैसे सांस्कृतिक संसाधनों का उपयोग करके तथा **अमृत चखना** (initiation) और दूसरे कर्मकांडों का निर्धारण करके खालसा ने अठारहवीं सदी के अत्यंत अनिश्चय भरे काल में सिखों के जीवन में एक व्यवस्था पैदा की, और इस तरह एक सुस्पष्ट सिख सामाजिक और राजनीतिक पहचान के निर्माण का प्रयास किया।[50]

मुगलों के साथ गुरु गोविंद सिंह का खुला टकराव का एक जटिल विकासक्रम रहा। लगभग 1696 से ही उन्होंने आनंदपुर में और उसके आसपास एक स्वतंत्र क्षेत्र बनाने का प्रयास किया, जिससे हिमाचल प्रदेश के पहाड़ी सरदार उनके विरुद्ध हो गए और उन्होंने संरक्षण के लिए मुगल फ़ौजदार से संपर्क किया। 1704 में आनंदपुर पर एक संयुक्त सेना के घेरे ने गुरु गोविंद को स्थान छोड़ने पर विवश कर दिया; लेकिन उस समय दकन में व्यस्त औरंगज़ेब ने जल्द ही अपना रुख बदलकर गुरु से समझौते की कोशिश की। औरंगज़ेब की मृत्यु के बाद गुरु गोविंद 1707 में आगरा जाकर बहादुरशाह से मिले और उसने उनको आनंदपुर लौटाने का वादा किया। लेकिन नए बादशाह को पहाड़ी सरदारों को भी खुश करना था और इसलिए वह आखिरी निर्णय टालता ही रहा। इस बीच 7 अक्टूबर 1708 को एक षड्यंत्र में गुरु गोविंद की हत्या कर दी गई,[51] और उनका दायित्व फिर उनके एक अनुयायी बंदा बहादुर के कंधों पर आ पड़ा, जिसने सिख विद्रोह का नेतृत्व किया। अब टकराव के केंद्र माझा (व्यास और रावी नदियों के बीच का क्षेत्र) और दोआब (व्यास और सतलज नदियों के बीच का क्षेत्र) हो गए, जहाँ मुख्यतः जाट किसान रहते थे। उन दिनों मुगलों के दमन ने छोटे ज़मीदारों और किसानों पर भारी दबाव डाला। यह सही है कि उनमें से सभी बंदा बहादुर के समर्थक नहीं थे, जिसके मुख्य समर्थक जाट जाति के छोटे मालगुज़ारी ज़मींदार थे। साल भर के अंदर यमुना और रावी नदियों के बीच का एक बड़ा भाग उसके प्रभाव में आ गया। वहाँ उसने शीघ्र ही अपना प्रशासन स्थापित कर लिया; अपने फ़ौजदार, दीवान और कारदार नियुक्त किए; एक नया सिक्का ढाला तथा आदेश जारी करने के लिए अपनी मुहर का प्रयोग करने लगा।[52]

1710 में बहादुरशाह पंजाब की ओर बढ़ा पर सिख विद्रोह को कुचलने में असफल रहा। 1713 में जब फ़र्रुखसियर तख़्त पर बैठा तो उसने अब्दुस्समद खाँ को लाहौर का

फ़ौजदार नियुक्त किया, और उसे सिख विद्रोह को समाप्त करने के विशेष आदेश दिए। तब तक सिख पंथ के अंदरूनी झगड़ों के कारण बंदा बहादुर की शक्ति भी कुछ सीमा तक कम हो गई थी। हालाँकि जाट किसान आम तौर पर उसका समर्थन कर रहे थे, पर कुछ जाट ज़मींदार मुगलों की ओर हो गए। आगरा का चूड़ामन जाट इसका एक प्रमुख उदाहरण है। 1710 के आसपास से खत्री व्यापारी वर्ग भी सिख आंदोलन के विरुद्ध होने लगा था, क्योंकि राजनीतिक स्थिरता और व्यापार-मार्गों की सुरक्षा उनके कारोबार के सुचारू संचालन के लिए आवश्यक थी। साथ ही, मुगलों ने जब मालगुज़ारी की वसूली के लिए पंजाब में इजारादारी व्यवस्था को लागू किया, तो अनेक खत्री व्यापारी इजारादार बन गए और इस तरह स्वाभाविक रूप से उनके हित मुगल साम्राज्य के हितों से एकाकार हो गए। पंजाब के समाज के इन अंदरूनी टकरावों का मुगल बादशाहों ने भी लाभ उठाने का प्रयास किया, क्योंकि जहाँदारशाह और फ़र्रुखसियर के काल में अनेक खत्रियों को मुगल कुलीनों में ऊँचे पद दिए गए। फ़र्रुखसियर ने बंदा और उसके सिख अनुयायियों के बीच दरार डालने के लिए गुरु गोविंद की विधवा का इस्तेमाल करने का भी प्रयास किया। इससे बंदा का आंदोलन कमज़ोर नहीं हुआ, क्योंकि उत्पीड़क खत्री इजारादारों ने अकसर ही हताश जाट किसानों को बागी गुट की ओर धकेला। लेकिन बंदा को अंततः 1715 में अब्दुस्समद खाँ के आगे समर्पण करना पड़ा। उसे उसके कुछ घनिष्ठ अनुयायियों के साथ दिल्ली ले जाया गया और मार्च 1716 में उन सबको फाँसी दे दी गई।

बंदा की फाँसी का अर्थ पंजाब में सिख शक्ति का अंत नहीं रहा, हालाँकि तुरंत कोई ऐसा नहीं था जो नेतृत्व सँभाल सकता। लेकिन एक केंद्रीय नेतृत्व के न होने के बावजूद सिख बागियों के घुमक्कड़ दस्तों ने उत्तर भारत में शाही नियंत्रण की समाप्ति का लाभ उठाकर ज़करिया खाँ के प्रयासों के बावजूद, जो अपने पिता अब्दुस्समद खाँ के बाद लाहौर का मुगल फ़ौजदार (सूबेदार) बना अपनी स्वतंत्रता जता दी। अफ़गान आक्रमणकारी अहमदशाह अब्दाली भी पंजाब को अपने अधीन लाने में असफल रहा; उसके सूबेदार जल्दी ही खदेड़ दिए गए और सितंबर 1761 तक सतलज से सिंध नदी तक पंजाब के एक लंबे-चौड़े भाग पर सिखों का कब्ज़ा हो गया। 1765 में अब्दाली स्वयं पंजाब आया, लेकिन जल्दी ही, एक भी लड़ाई लड़े बिना वापस काबुल चला गया। भारतीय रंगमंच से अब्दाली के हटने के बाद सिखों ने पंजाब में अपनी राजनीतिक सत्ता फिर स्थापित कर ली। लेकिन इस चरण में सिख शासन-व्यवस्था में शक्ति का क्षैतिज वितरण हुआ, क्योंकि नातेदारी के संबंधों पर आधारित **मिस्लों** ने इकाइयों के रूप में अपने भू-भाग बना लिए। कोई मिस्ल जब कभी एक क्षेत्र को जीतती थी तो उसे विजय में हर सदस्य के योगदान की प्रकृति के आधार पर उसके सदस्यों में बाँट दिया जाता था। स्पष्ट है कि सबसे बड़ा भाग मिस्ल के प्रमुख को जाता था, लेकिन सबसे नीचे के सिपाही को भी एक पट्टी (ज़मीन का भाग) मिलती थी, जिसका उपभोग वह बराबर के एक भागीदार के रूप में पूरी स्वतंत्रता के साथ कर सकता था।[53] इस प्रकार इलाकों पर कब्ज़ा करने वाली मिस्लों की संख्या 1770 में साठ से अधिक थी। उन सबसे ऊपर था **दल**

**खालसा**, जिसका एक चयनित नेता होता था। कभी-कभी ये मिस्लें आपस में मिल भी जाती थीं, जैसे 1765 में अफ़गानों के खिलाफ़ मिल गई थीं।[54] लेकिन पंजाब में, कुल मिलाकर, राजनीतिक सत्ता इस काल में विकेंद्रीकृत ही रही और उसका क्षैतिज वितरण अधिक रहा, जब तक कि सुकेरचकिया मिस्ल के प्रमुख रणजीत सिंह ने अठारहवीं सदी के अंतिम वर्षों में कुछ अधिक केंद्रीकृत राज्य बनाने के प्रयास नहीं किए।

1798-99 में अब्दाली के उत्तराधिकारी ज़मान शाह के नेतृत्व में अफ़गानों द्वारा किए गए तीसरे आक्रमण को असफल बनाकर रणजीत सिंह सिखों के एक प्रमुख सरदार के रूप में उभरे और उन्होंने लाहौर को जीता। एक उन्नत तोपखाने और यूरोपीय अधिकारियों द्वारा प्रशिक्षित पैदल (**प्यादा**) सेना का नेतृत्व करते हुए उन्होंने 1809 तक पंजाब के पाँचों दोआबों में बड़े-बड़े क्षेत्रों पर अपना अधिकार जमा लिया। उस साल अमृतसर की संधि के द्वारा अंग्रेज़ों ने उनको पंजाब के एकमात्र प्रभुतासंपन्न शासक की मान्यता दे दी। इसके कारण उनको मुल्तान और कश्मीर से अफ़गानों को खदेड़कर और दूसरे सिख सरदारों में से अधिकांश को अपने अधीन लाकर अपनी जीत को चार चाँद लगाने का अवसर मिला; इन सिख सरदारों को अब खिराज़ देनेवाले सामंतों के स्तर तक गिरा दिया गया। उनकी मृत्यु के समय तक उनकी सत्ता सतलज नदी तथा लद्दाख, कराकोरम, हिंदूकुश और सुलेमान पर्वतमालाओं के बीच के क्षेत्र में मान्यता पा चुकी थी।

हालाँकि पंजाब से मुगल और अफ़गान शासन का विस्थापन कर दिया गया, लेकिन रणजीत सिंह या उनसे पहले के दूसरे सिख शासकों ने जो नया प्रशासन स्थापित किया, वह मराठा शासन-व्यवस्था की ही तरह मुगल व्यवस्था और स्थानीय परंपराओं का एक सुविचारित मिश्रण ही रहा। प्रशासन के विभागों के संगठन में, अधिकारियों के पद-नामों में और करों की वसूली की व्यवस्था में भी मुगल संस्थाओं की निरंतरता उल्लेखनीय थी। पंजाब में वाणिज्य और व्यापार फले-फूले, क्योंकि रणजीत सिंह के अंतर्गत एक मज़बूत राज्य व्यापारियों और उनके काफ़िलों को सुरक्षित मार्ग प्रदान करता था। इसके बावजूद भू-राजस्व राज्य की आय का प्रमुख स्रोत बना रहा। हालाँकि राजस्व की वसूली की रकम बढ़ी, पर उसका लगभग 40 प्रतिशत भाग जागीरों के रूप में निकल जाता था।[55] जहाँ शेष क्षेत्रों में मालगुज़ारी कारदारों के माध्यम से राज्य द्वारा सीधे वसूल की जाती थी, वहीं राज्य का यह दखल गाँव के स्तर तक ही सीमित था तथा वंशों और उनके प्रमुखों की शक्ति का अतिक्रमण नहीं करता था। स्थानीय परंपरागत सोपानक्रम और एक केंद्रीकृत राजतंत्र की अवधारणा के बीच इस तरह एक नाजुक संतुलन था; दूसरे शब्दों में, शासन की 'राष्ट्रीय' और 'स्थानीय' व्यवस्थाओं का एक द्वैत अस्तित्व में था। एक राजतंत्र के निर्माण के अंग रूप में समावेश और समायोजन की यह प्रक्रिया सांस्कृतिक स्तर पर भी देखी जा सकती थी, जहाँ एक अनन्य सिख पहचान बनाने की खालसा कोशिश ने धीरे-धीरे गैर-खालसा सिखों अर्थात् **सहजधारियों** को भी समेट लिया।[56] **दरबारी** राजनीति के केंद्रीय स्तर पर भी रणजीत सिंह ने एक ओर शक्तिशाली सिख सरदारों और दूसरी ओर मध्य पंजाब के किसानों में से नए-नए भरती किए गए

कमानदारों और जम्मू के डोगरा राजपूतों जैसे गैर-पंजाबी कुलीनों के बीच सावधानी के साथ संतुलन बनाकर रखा।[57] नाजुक संतुलन बनाने का यह खेल 1839 में रणजीत सिंह की मृत्यु तक लगातार चलता रहा। उनकी मृत्यु के एक दशक के अंदर पंजाब से स्वतंत्र सिख शासन समाप्त हो गया, क्योंकि शक्तिशाली सिख सरदारों के शक्ति-संघर्ष ने और शाही परिवार के झगड़ों ने अंग्रेज़ों को किसी खास कठिनाई के बिना अधिकार जमाने का अवसर दिया। इस ओर हम जल्द ही लौटेंगे।

अठारहवीं सदी में उपरोक्त बड़ी शक्तियों के अलावा, मुगल साम्राज्य की कमज़ोरी का लाभ उठाकर उत्तर भारत में कुछ छोटे राज्य भी उभरे। भरतपुर का जाट रजवाड़ा इसका एक महत्त्वपूर्ण उदाहरण है। ये जाट दिल्ली-मथुरा क्षेत्र में रहने वाले एक काश्तकार (खेतिहर) और पशुपालक जाति थे। अपने ज़मींदारों के साथ जातीय संबंध ने बिरादरी में एकजुटता को जन्म दिया और ये लोग जहाँगीर के समय से ही मुगल साम्राज्य के विरुद्ध विद्रोह करने लगे। जाट किसानों का पहला विद्रोह 1669 में हुआ और उसे कुचलने के लिए स्वयं बादशाह को जाना पड़ा। 1686 में जाटों ने फिर विद्रोह किया और इस बार मुगलों के शाही कमानदार बिशनसिंह कछवा को उनके विरुद्ध कुछ सफलता मिली, पर वह उनकी शक्ति को पूरी तरह तोड़ने में असफल रहा। इस तरह पहले तो स्थानीय ज़मींदार गोकल और फिर राजाराम और चूड़ामन जाट ने मुगल साम्राज्य के विरुद्ध अपने किसानों के असंतोष का उपयोग करके भरतपुर में जाट रजवाड़ा स्थापित किया। इस क्षेत्र में जाट सत्ता को सूरजमल ने अपने शासन काल (1756-63) में मज़बूत बनाया, और मुगल अधिकारियों को मज़बूर कर दिया कि वे उसे मान्यता दें। उसने अब्दाली की सेना की एक घेराबंदी का सफलता के साथ सामना किया और पानीपत की तीसरी लड़ाई में मराठों का साथ दिया। लेकिन जहाँ तक इस जाट शासन-व्यवस्था के संगठन का प्रश्न था, किसानों के सक्रिय समर्थन के आधार पर स्थापित होने के बावजूद जाट रजवाड़े ने अपना सामंती चरित्र बनाए रखा। यह राज्य ज़मींदारों पर निर्भर था, जिनके हाथों में प्रशासन और राजस्व, दोनों से संबंधित शक्तियाँ थीं, और उनकी राजस्व की माँग कभी-कभी तो मुगल व्यवस्था की माँग से भी आगे बढ़ जाती थी। 1750 के दशक में सूरजमल ने अपने अति-शक्तिशाली नातेदारों और अपनी जाति के सदस्यों पर अपनी निर्भरता को कम करने की कोशिश की, उनको सत्ता के पदों से हटाने लगा, विदेशियों की सहायता से एक सेना खड़ी करने के प्रयास किए और मालगुज़ारी की वसूली की मुगल व्यवस्था को लागू किया।[58] लेकिन शक्ति के केंद्रीकरण का यह प्रयास 1763 में उसकी मृत्यु के साथ ही समाप्त हो गया। उसके बाद जाट रजवाड़ा, जो एक चरण में पूरब में गंगा से लेकर पश्चिम में आगरा तक और उत्तर में दिल्ली से लेकर दक्षिण में चंबल तक फैला हुआ था, लगभग समाप्त ही हो गया।

मुगल साम्राज्य के कमज़ोर होने के साथ ही साथ उत्तर भारत में कुछ अफ़गान सत्ताएँ भी स्थापित हुईं। अफ़गान, जो पंद्रहवीं सदी से ही भारत में आने लगे थे, घुमक्कड़ लड़ाकू सरदारों के समूह थे, जो हमेशा एक से दूसरे खेमे में जाते रहते थे। पंद्रहवीं और

सोलहवीं सदियों में भारत में अफ़गान सत्ता की स्थापना के आरंभिक चरण में लोदी सल्तनत केवल "कबीलों के सरदारों का एक पशुपालक महासंघ" ही बनी रही। सोलहवीं सदी के मध्य में दिल्ली में अपने शासन (1540-45) के दौरान शेरशाह सूरी ने अफ़गान शासन-व्यवस्था के क्षैतिज ढाँचे को सैनिक सेवा और बादशाह के प्रति सीधी निष्ठा पर आधारित एक ऊर्ध्व संबंध में बदल दिया। इस तरह समानता और विरासत में मिले अधिकारों के कबीलाई सिद्धांतों की जगह केंद्रीकृत सत्ता, अधीनता और शाही विशेषाधिकारों की धारणा ने ले ली। पर शेरशाह का शासन अधिक नहीं चला और अफ़गान उत्तर भारत के सैनिक श्रम के बाज़ार में किराये के सिपाहियों का एक अस्थिर उपजातीय समूह ही बने रहे।[59] अठारहवीं सदी में अफ़गानिस्तान में राजनीतिक अस्थिरता और आर्थिक विस्थापनों के कारण भारत में अफ़गानों का आगमन बढ़ गया। नादिरशाह के हमले के बाद उत्तर भारत में सत्ता के विघटन ने अली मुहम्मद खाँ नाम के एक और अफ़गान सरदार को हिमालय की तराई में स्थित रुहेलखंड में एक छोटा-सा रजवाड़ा स्थापित करने का अवसर दिया। लेकिन इस नए रजवाड़े का शायद ही कोई प्रभाव रहा हो, क्योंकि यह मराठों, जाटों, अवध जैसी पड़ोसी शक्तियों के हाथों और आगे चलकर अंग्रेज़ों के हाथों बुरी तरह त्रस्त रहा। दिल्ली के पूरब में स्थित फ़र्रुखाबाद के आसपास एक और स्वतंत्र अफ़गान रजवाड़े की स्थापना अहमद खाँ बंगश ने की। रोहिल्लों और बंगश, दोनों ने पानीपत की तीसरी लड़ाई में अहमदशाह अब्दाली की सहायता की थी, लेकिन नाजिबुद्दौला को दिल्ली का भार सौंपकर जब अब्दाली भारतीय रंगमंच से हट गया, तो उनकी शक्ति का भी तेज़ी से पतन हो गया।

मुगल साम्राज्य के कमज़ोर पड़ने के कारण जो उत्तराधिकारी राज्य और विद्रोही राज्य अस्तित्व में आए, उनके अलावा राजपूत राज्य और मैसूर तथा त्रावणकोर जैसे कुछ छोटे-छोटे रजवाड़े भी थे, जिनको अतीत में पहले ही काफ़ी स्वतंत्रता प्राप्त थी और अब अठारहवीं सदी में जो पूरी तरह स्वतंत्र हो गए। मध्यकाल में उत्तर भारत के सैनिक श्रम के बाज़ार में घुमक्कड़ योद्धाओं के अनेक समूह फले-फूले और मुगलों की सेना ने सिपाहियों की भरती उन्हीं में से की। धीरे-धीरे पेशेवर विशेषज्ञता ने इन्हें उपजातीय पहचानें प्रदान कीं। इनमें से एक थे राजपूत, क्योंकि इस काल में किसान से राजपूत बनने की सामाजिक गतिशीलता अकसर देखी जा रही थी।[60] सोलहवीं और सत्रहवीं सदियों तक ये राजपूत लगभग बीस प्रमुख वंशों के रूप में संगठित थे और अप्रत्यक्ष शासन की नीति अपनानेवाले मुगल बादशाहों का संरक्षण पाकर इन वंशों के सरदारों ने अपने-अपने इलाकों पर अपने केंद्रीकृत नियंत्रण स्थापित कर लिए। अकबर के समय से ही विभिन्न राजपूत सरदारों को पेशकशी ज़मींदारों के रूप में मुगल प्रशासनिक ढाँचे में शामिल किया जाने लगा था। वे अधीनता के प्रतीकस्वरूप मुगल बादशाह को **पेशकश** (सालाना खिराज़) देते थे और आंतरिक प्रशासन में स्वतंत्रता का उपभोग करते थे। उनमें से अनेक को गुगल सेना में ऊँचे पद दिए गए थे, उन्होंने साम्राज्य की शक्ति बढ़ाने में योगदान किए, और बदले में उनको अपने रजवाड़े पर अपने नियंत्रण को मज़बूत बनाने के प्रयासों

में सहायता दी गई। इस तरह जब अनेक राजपूत सरदारों ने अपने-अपने क्षेत्रों में केंद्रीकृत सत्ता के दावे किए, तो भूमि के स्वामित्व पर आधारित राजपूत राज्यों के अंदर के शक्ति-संबंधों पर उसका महत्त्वपूर्ण प्रभाव पड़ा। इससे पहले भूमि की पात्रता वंशगत भ्रातृत्व या विवाह संबंधों से प्राप्त वंशगत अधिकारों पर निर्भर होती थी। लेकिन जिस चीज़ को नॉर्मन ज़ीगलर ने "सामूहिक समानतावाद" (corporate egalitarianism) की संज्ञा दी है, उसका स्थान सेवा और निष्ठा के वे सोपानिक सिद्धांत लेने लगे, जो संरक्षितों को ज़मीन के पट्टों के पात्र बनाते थे।[61] फिर भी, यह विस्थापन कभी पूरा नहीं रहा, क्योंकि सरदारों को और उनकी केंद्रीकरण की नीतियों को स्थानीय समूहों या वंशों के अंदर छोटे वंशों की ओर से बराबर चुनौती मिलती रहती थी। जब कोई विद्रोह करता था तो उसकी सहायता उसके करीबी नातेदार भी करते थे और उससे विवाह-संबंधों से जुड़े लोग भी, लेकिन विद्रोही जब असफल हो जाते थे तो प्रायः राज-व्यवस्था में समाहित कर लिए जाते थे और इस तरह विद्रोह राजनीतिक व्यवहार का एक सुस्वीकृत मानदंड था। उन्नीसवीं सदी के आरंभ तक सिरोही जैसे एक राजपूत रजवाड़े में दरबार "राजा और कुलीनों की शक्तियों का एक समन्वय" ही रहा और "एक भी ऐसा कुलीन न था जिसके वंश ने" तख्त पर बैठे शासक के विरुद्ध निकट या दूर के अतीत में "विद्रोह न किया हो।"[62]

इसे ही दूसरे तरीके से कहें तो, नॉर्बड पीबडी के शब्दों में, राजपूत शासन-व्यवस्थाएँ "घात-प्रतिघात के ताने-बाने पर, अनन्य राजनीतिक संबंधों पर आधारित थीं, जिन्होंने ऐसी राजनीतिक संरचनाओं को जन्म दिया जो न तो क्षेत्रीय अखंडता के आधार पर स्थापित थीं, और न ही पूर्ण और अनन्य राजनीतिक निष्ठाओं के आधार पर।"[63] स्थानीय निष्ठाओं, केंद्रीकरण करनेवाली नातेदारी और वंशों की शत्रुताओं के इसी जटिल ताने-बाने के अंदर राजपूतों ने मुगलों के साथ अपने संबंध बनाए। सत्रहवीं सदी में औरंगज़ेब के काल में लगता था कि दोनों के सौहार्द्रपूर्ण संबंध टूट रहे हैं हालाँकि, प्रचलित ऐतिहासिक मिथकों के विपरीत, इसका कारण न तो धार्मिक प्रतिक्रमण था और न राजपूत राष्ट्रवाद था। भरती के मामलों में औरंगज़ेब ने राजपूत सरदारों के विरुद्ध कोई भेदभाव नहीं किया, लेकिन दूसरे राजपूत सरदारों की कीमत पर, राजसिंह के नेतृत्व में मेवाड़ के निरंतर क्षेत्रीय प्रसार को वह शायद ही सहन कर सकता था, क्योंकि यह शक्ति-संतुलन की परंपरागत मुगल नीति को भंग कर देता। इसलिए उस पर अंकुश लगाने के लिए औरंगज़ेब पड़ोस के दूसरे राजपूत सरदारों को संरक्षण देने लगा। स्थिति वास्तव में तब बिगड़ने लगी जब उसने मारवाड़ के उत्तराधिकार के प्रश्न पर हस्तक्षेप किया। राणा जसवंत सिंह की मृत्यु के बाद रानी हरी को एक पुत्र पैदा हुआ, लेकिन औरंगज़ेब ने उसे नया राणा स्वीकार करने से इनकार कर दिया और इस पद के लिए इंदर सिंह को अपना उम्मीदवार बना लिया। ऐसा हस्तक्षेप अभूतपूर्व नहीं था, क्योंकि अतीत में भी मुगल बादशाहों ने वंशों की शत्रुताओं का तथा राजपूत राज्यों के उत्तराधिकारी नियुक्त करने के बारे में अपने अधिकारों का प्रयोग किया था। अब चूँकि मारवाड़ आगरा से अहमदाबाद के रणनीतिक

महत्त्व वाले मार्ग पर स्थित था, इसे एक बालक राजा के हाथों में नहीं छोड़ा जा सकता था। धार्मिक मतभेद का सवाल पैदा ही नहीं हुआ, क्योंकि महारानी शरीयत को मानने और अधिक पेशकश देने के लिए तैयार थी, बशर्ते उसके बेटे अजीत सिंह का दावा स्वीकार कर लिया जाता। लेकिन जब ऐसा नहीं हुआ तो मेवाड़ की भरपूर सहायता पाकर राठौर सरदार मुगल साम्राज्य के विरुद्ध उठ खड़े हुए।[64]

मारवाड़ के परस्पर संघर्षरत सरदारों को मेवाड़ की सहायता का उद्देश्य, जैसा कि सतीशचंद्र ने दिखाया है, राजपूत राजनीति में अपनी प्रधानता स्थापित करना था, न कि राजपूत राष्ट्रवाद को बढ़ावा देना। कछवाहों, हाड़ाओं, भट्टियों और बीकानेर के राठौरों जैसे दूसरे राजपूत वंशों ने 1680-81 के इस विद्रोह में भाग नहीं लिया; कुछ ने तो मुगलों का साथ तक दिया। वास्तव में आंदोलन राजपूत सरदारों के अंदरूनी टकरावों के कारण जल्द ही बिखर भी गया, क्योंकि उनमें से हर वंश दूसरों की कीमत पर अपने क्षेत्रीय नियंत्रण को मज़बूत बनाने या बढ़ाने की कोशिश कर रहा था।[65] अठारहवीं सदी में अनेक वंशों ने तो मुगल साम्राज्य के सापेक्ष अपनी स्वतंत्रता का दावा भी किया; उनका तरीका यह था कि दिल्ली से धीरे-धीरे अपने संबंध लचीले किए जाएँ और वास्तव में स्वतंत्र राज्यों की तरह व्यवहार किया जाए। इस काल के राजपूत सरदारों में सबसे शक्तिशाली था आंबेर का सवाई जय सिंह, जिसने 1699 से 1743 तक जयपुर पर राज किया और जो मुगल राजनीति में भी महत्त्वपूर्ण भूमिका निभाता रहा। अठारहवीं सदी के उत्तरार्द्ध में राजपूत राज्यों को मराठों और अफ़गानों की निरंतर लूटपाट का सामना करना पड़ा, हालाँकि इनमें से कोई भी इस क्षेत्र पर स्थायी वर्चस्व स्थापित करने में सफल नहीं हुआ।

दक्षिण भारत में अठारहवीं सदी के मध्य में एक महत्त्वपूर्ण शक्ति के रूप में मैसूर का उदय सबसे नाटकीय रहा। मैसूर मूलतः सोलहवीं सदी में विजयनगर साम्राज्य का एक प्रांत था, पर धीरे-धीरे वह वाडियार वंश का एक स्वतंत्र रजवाड़ा बन गया। उसकी केंद्रीकृत सैनिक शक्ति सत्रहवीं सदी के अंत में, चिक्कदेवराज वाडियार (1672-1704) के काल में, बढ़ने लगी।[66] लेकिन वह वास्तव में गरिमा के शिखर पर हैदर अली के काल में ही पहुँचा। गरीब परिवार में पैदा हुए हैदर अली ने अपना जीवन मैसूर की सेना के एक छोटे से अधिकारी के रूप में आरंभ किया और धीरे-धीरे प्रमुखता की ओर बढ़ता रहा। 1761 में उसने भ्रष्ट **दलवई** (प्रधानमंत्री) नंजराज को हटाकर मैसूर की बागडोर अपने हाथों में ले ली। नंजराज ने इस बीच वाडियार राजा को मात्र एक नाम भर का प्रमुख बनाकर वास्तविक शक्ति अपने हाथों में ले ली था।

हैदर ने अपनी सेना का आधुनिकीकरण फ्रांसीसी विशेषज्ञों की सहायता से किया, जिन्होंने प्रशिक्षण देकर एक सुदक्ष पैदल सेना और तोपखाना तैयार किया तथा मैसूर की सेना में यूरोपीय अनुशासन लागू किया। उसे **रिसालों** की व्यवस्था के रूप में यूरोपीय तर्ज़ पर संगठित किया गया और उसमें कमान की एक सुस्पष्ट शृंखला ऊपर सीधे शासक तक जाती थी। हर रिसाले में सैनिकों की एक निश्चित संख्या होती थी, हथियारों और यातायात के साधनों का प्रावधान होता था और उसका कमानदार सीधे हैदर द्वारा नियुक्त

किया जाता था। उसने अपनी शक्ति उन देशमुखों और **पालेगरों** जैसे स्थानीय सैनिक-सरदारों या पुश्तैनी सरदारों को अपना अधीनस्थ बनाकर और बढ़ा ली, जो तब तक खेतिहर अधिशेष और स्थानीय मंदिरों पर नियंत्रण के कारण देहातों के पूरे-पूरे मालिक बने बैठे थे। हैदर ने, और आगे चलकर उसके बेटे टीपू सुल्तान ने, किसानों पर सीधे-सीधे भू-कर लगाने की और ये कर वेतनभोगी अधिकारियों के द्वारा नकद में वसूल करने की व्यवस्था आरंभ की, जिसके कारण राज्य के संसाधनों का आधार अत्यधिक बढ़ा। मालगुज़ारी की यह व्यवस्था ज़मीनों के विस्तृत सर्वेक्षण और वर्गीकरण पर आधारित थी। विभिन्न प्रकार की ज़मीनों से, जैसे सिंचित और असिंचित ज़मीनों से कभी सुनिश्चित लगान और कभी-कभी पैदावार का एक भाग वसूला जाता था, और लगान की दरें ज़मीन की उत्पादकता के अनुसार अलग-अलग थीं। उसने जागीर नामक मुगल संस्था को पूरी तरह समाप्त नहीं किया, पर उसे उपलब्ध भूमि के एक बहुत छोटे-से हिस्से तक सीमित करके रखा।[67] टीपू की मालगुज़ारी व्यवस्था को बर्टन स्टाइन ने "सैन्यवित्तवाद" का एक रूप कहा है, जिसमें एक बड़ी सेना बनाने और बनाए रखने के लिए संसाधनों की लामबंदी के उद्देश्य से सरकारी अधिकारी सीधे एक व्यापक समूह से करों की वसूली करते थे। इस तरह यह केंद्रीकृत सैन्य वर्चस्व की स्थापना की एक राजनीतिक परियोजना का एक भाग था, जिसके लिए बिचौलियों को खत्म कर दिया गया, जो विजयनगर साम्राज्य के अंतर्गत एक पिछली विखंडित राजसत्ता में शक्ति के भागीदार थे।[68]

अपने संसाधनों का आधार बढ़ाने के लिए टीपू के शासन ने कृषि के विकास को बढ़ावा दिया, जैसे परती ज़मीनों पर खेती (काश्त) शुरू कराने के लिए कर की माफ़ी, और उसने कर वसूल करनेवालों की ज़्यादतियों से किसानों को सुरक्षा प्रदान करने का प्रयास भी किया। उसके कट्टर शत्रुओं तक को यह बात माननी पड़ी थी कि "उसके राज्य में खेती भारत में सबसे अच्छी थी और उसकी जनता सबसे सुखी थी।"[69] सिंचाई की पुरानी व्यवस्थाओं की मरम्मत कराकर और नए साधन बनवाकर, खेती पर आधारित विनिर्माण को बढ़ावा देकर और मैसूर में रेशम की पैदावार का आरंभ कराकर टीपू ने खेतिहर अर्थव्यवस्था के आधुनिकीकरण में भी रुचि ली। यूरोप की प्रौद्योगिकी लाने के लिए उसने अपने दूत फ्रांस भेजे, और समुद्रमार्गीय व्यापार में भागीदारी की आकांक्षा लेकर एक जहाज़ी बेड़ा भी तैयार किया। 1793 में उसने एक "राजकीय व्यापारिक निगम" स्थापित किया; और उसकी योजना मैसूर के बाहर फैक्टरियाँ स्थापित करने की थी। कालांतर में मैसूर चंदन की लकड़ी, चावल, रेशम, नारियल, गंधक आदि मूल्यवान वस्तुओं का लाभदायक व्यापार करने लगा। उसने मैसूर में, मैसूर से बाहर पश्चिमी भारत के दूसरे भागों में और देश के बाहर मस्कट में भी तीस व्यापार-केंद्र खोले। लेकिन आधुनिकीकरण की योजनाएँ उसके संसाधनों से बहुत आगे की चीज़ें थीं और इसलिए, जैसा कि इरफ़ान हबीब ने कहा है, "मैसूर एक आधुनिक सभ्यता के वास्तविक आरंभ से बहुत दूर रहा।"[70]

हैदर अली और टीपू सुल्तान के अंतर्गत मैसूर का राज्य एक केंद्रीकृत सैन्य वर्चस्व की स्थापना में रत रहा। उसकी भू-भाग संबंधी आकांक्षाओं और व्यापारिक रुचियों ने उसे निरंतर युद्ध में उलझाए रखा, जिसके कारण इस काल में उसके इतिहास के दूसरे सभी पक्ष छिप जाते हैं। हैदर अली ने 1766 में मलाबार और कोज्झिकोड पर हमला किया था और इस तरह मैसूर की सीमाओं को काफ़ी बढ़ा दिया था! दूसरी ओर मराठा राज्य की सीमाएँ कोंकण और मलाबार तट तक भी फैली हुई थीं, जिसके कारण उसके साथ मैसूर का टकराव अनिवार्य हो गया। इस क्षेत्र की दूसरी शक्तियों के साथ भी उसका टकराव हुआ, जैसे हैदराबाद और फिर अंग्रेज़ों के साथ, जिनको हैदर अली ने 1769 में मद्रास के पास करारी मात दी। 1782 में उसकी मृत्यु के बाद उसके पुत्र टीपू सुल्तान ने अपने पिता की नीतियों को जारी रखा। उसका शासन 1799 में अंग्रेज़ों के हाथों उसकी हार के साथ समाप्त हो गया; वह अपनी राजधानी श्रीरंगपट्टम की रक्षा करते हुए मारा गया। हम इस कहानी की ओर शीघ्र ही लौटेंगे, पर उससे पहले हमें याद कर लेना चाहिए कि टीपू का शासन अठारहवीं सदी की भारतीय राजनीति से एक महत्त्वपूर्ण अर्थ में अनिरंतरता का सूचक था। इसका कारण है कि, जैसा कि केट ब्रिट्लबैंक (1997) का तर्क है, एक शक्तिशाली क्षेत्रीय परंपरा में उसके राज्य की गहरी जड़ें थीं। अठारहवीं सदी के अन्य राज्यों के विपरीत, जिन्होंने मुगल बादशाह की राजनीतिक वैधता को चुनौती नहीं दी, अपनी स्वतंत्रता की घोषणा के प्रतीक रूप में टीपू ने मुगल बादशाह का कोई उल्लेख किए बिना अपने सिक्के जारी किए और जुमा (शुक्रवार) के खुत्बों में शाह आलम के नाम के बदले उसने अपना नाम शामिल कराया। अंतिम बात यह कि अपने शासन को वैध जतलाने के लिए उसने उस्मानी खलीफ़ा से एक सनद भी माँगा। लेकिन मुगल बादशाह से उसने भी अपना "संबंध पूरी तरह नहीं तोड़ा", जिसे अभी उपमहाद्वीप में प्रतिष्ठा प्राप्त थी। टीपू एक "यथार्थवादी" था, और इस कारण टीपू ने जहाँ आवश्यक समझा, मुगलों की सत्ता को स्वीकार किया और जहाँ नहीं समझा वहाँ उसकी अवज्ञा की।[71]

और भी नीचे, धुर दक्षिण के त्रावणकोर राज्य ने हमेशा मुगल साम्राज्य से अपने को स्वतंत्र बनाए रखा था। उसका महत्त्व 1729 के बाद बढ़ा, जब उसके राजा मार्तंड वर्मा ने पश्चिमी तर्ज़ पर प्रशिक्षित और आधुनिक शस्त्रों से लैस एक शक्तिशाली और आधुनिक सेना की सहायता से अपने इलाकों को बढ़ाना आरंभ किया। इस क्षेत्र से डचों को भगा दिया गया; अंग्रेज़ उसकी व्यापार की शर्तें मानने के लिए मज़बूर हो गए; स्थानीय सामंत सरदारों को अधीन बनाया गया और शाही परिवार की समानांतर शाखाओं द्वारा शासित छोटे-छोटे रजवाड़े जीत लिए गए। 1740 के दशक के आरंभ तक मार्तंड वर्मा एक शक्तिशाली नौकरशाही राज्य (bureaucratic state) बना चुका था, जिसके लिए और अधिक संसाधनों पर नियंत्रण आवश्यक था। उसने पहले तो काली मिर्च के व्यापार पर और फिर समृद्ध मलाबार तट के समस्त व्यापार पर राज्य के एकाधिकार की घोषणा करके इस समस्या को हल किया। इस तरह राज्य को जो लाभ मिलता था उसका

कुछ भाग सिंचाई, यातायात और संचार व्यवस्थाओं के विकास के रूप में और विभिन्न धर्मार्थ कार्यों के रूप में समुदाय को वापस दे दिया जाता था।[72] हाल के अनुसंधानों के आलोक में यह कदम स्वयं मौजूदा राजनीतिक परंपरा से कोई बड़ा अलगाव नहीं था। हालाँकि त्रावणकोर औपचारिक रूप से मुगल व्यवस्था का अंग नहीं था, फिर भी सत्रहवीं सदी से ही "शाही और कुलीनों का व्यापार" एक सुस्थापित मुगल परंपरा बनने लगा था।[73] त्रावणकोर ने 1766 में एक मैसूरी हमले का झटका झेला और मार्तंड वर्मा के उत्तराधिकारी रवि वर्मा के काल में उसकी राजधानी विद्वता और कलाओं का केंद्र बनने लगी। अठारहवीं सदी के अंतिम भाग में उसकी मृत्यु के साथ त्रावणकोर का पहलेवाला वैभव जाता रहा और शीघ्र ही उसने अंग्रेज़ों के दबाव के आगे समर्पण करके 1800 में एक रेज़िडेंट अपने यहाँ रख लिया। लेकिन राज्य का आंतरिक सामाजिक संगठन, जिसका विशेष तत्त्व प्रशासन, भूस्वामित्व और सामाजिक क्षेत्रों में नायर समुदाय का वर्चस्व था, अगले पचास वर्षों तक जारी रहा और फिर उन्नीसवीं सदी के उत्तरार्द्ध में परिवर्तन की शक्तियों के कारण समाप्त हो गया।[74]

इस तरह केंद्रीकृत मुगल साम्राज्य का कमज़ोर पड़ना और क्षेत्रों के बीच राजनीतिक शक्ति का बिखरना अठारहवीं सदी के भारत की प्रमुख विशेषता था। दूसरे शब्दों में, पूर्ण पतन की बजाय शासन-व्यवस्था का रूपांतरण हुआ।[75] मुगल सत्ता के प्रतीक अभी भी स्वीकार किए जाते थे, मुगल व्यवस्था भी जारी रही, हालाँकि कुछ क्षेत्रों में उसके अंतःतत्त्व में काफ़ी परिवर्तन आया। मुगलकालीन बंगाल के बारे में रिचर्ड ईटन का निष्कर्ष है कि "दिल्ली में जब केंद्रीय सत्ता का ह्रास हुआ और उसके कारण अठारहवीं सदी के दूसरे दशक के बाद से बंगाल व्यवहार में स्वतंत्र हो गया, तब भी मुगल साम्राज्यवाद के वैचारिक और नौकरशाही ढाँचे का बंगाल के डेल्टा क्षेत्र में फैलना जारी रहा।"[76] लेकिन अगर उत्तराधिकारी राज्यों ने जहाँ मुगल संस्थाओं को जारी रखा–और संभवतः उनकी कुछेक कमज़ोरियों को भी ग्रहण किया, तो वहीं महत्त्वपूर्ण प्रवर्तन (innovation) और सुधार के संकेत भी देखे गए–राजनीतिक कार्यशैली और संकेत चिह्नों में भी तथा कृषि और व्यापार से संसाधनों की वसूली की व्यवस्थाओं को पूर्णता प्रदान करने के मामले में भी। राजनीतिक स्तर पर ये सभी राज्य केंद्रीकृत राजत्व और स्थानीय निष्ठाओं के बीच, वृत्तिभोगी सामंती और पुश्तैनी अधिकारों के बीच, या और भी सामान्य शब्दों में कहें, तो अभिसारी और अपसारी शक्तियों के बीच बराबर तालमेल बिठाने के प्रयास करते रहे। यह राजनीतिक विविधता एक रंगारंग सांस्कृतिक जीवन के विकास के भी अनुकूल थी, जिसमें अवध में शिया और सुन्नी मुसलमानों के बीच के थोड़े से तनाव के बावजूद धार्मिक टकराव सामान्य सामाजिक जीवन का अंग नहीं था और जिसमें रूढ़िवाद के साथ-साथ चिंतन के प्लीबियन (plebeian), समन्वयवादी और बुद्धिवादी संप्रदाय भी जारी रहे, जिनको क्षेत्रीय शासकों का संरक्षण प्राप्त था। उदाहरण के लिए, बंगाल में वैष्णव पंथ नाम का भक्ति-संप्रदाय फला-फूला।[77] लखनऊ में इस्लामिक चिंतन के एक बुद्धिवादी संप्रदाय के रूप में फिरंगी महल का प्रचार हुआ[78]

और बीजापुर में अपने मुख्य केंद्र के ह्रास के बाद भी दकनी सूफ़ी परंपरा और उसकी साहित्यिक संस्कृति हैदराबाद और अर्काट में जीवित रही।[79] टीपू सुल्तान को अगर इस्लाम में शक्ति की एक स्थायी विचारधारा नज़र आई, तो दूसरी ओर वह शृंगेरी मठ और दूसरे हिंदू देवस्थानों जैसी हिंदू धार्मिक संस्थाओं को भी उसी सीमा तक संरक्षण प्रदान करता था।[80]

आर्थिक पक्ष को लें तो भी अठारहवीं सदी पूर्ण जड़ता का काल नहीं थी, क्योंकि इसमें पर्याप्त क्षेत्रीय विविधताएँ थीं। सतीशचंद्र (1991) ने व्यापार की जीवनशक्ति की बात कही है, क्योंकि आंतरिक और बाह्य, दोनों प्रकार का व्यापार निर्विघ्न जारी ही नहीं रहा, बल्कि फला-फूला। उस समय व्यापारिक अर्थव्यवस्था का प्रसार हुआ तथा इजारादारों और धनशक्ति से संपन्न व्यापारियों ने अपने राजनीतिक प्रभाव को बढ़ाया। देसी बैंकर बड़ी-बड़ी रकमों का लेनदेन कर रहे थे और **हुंडियों** के ज़रिये साख (क्रेडिट) के हस्तांतरण के लिए देश भर में लंबे-चौड़े वित्तीय तंत्र चला रहे थे। बल्कि एक विचार तो यह भी है कि वे कथित रूप से केंद्रीय मुगल सत्ता की बजाय क्षेत्रीय कुलीनों का पक्ष लिया करते थे।[81] दूसरे शब्दों में, "प्रांतों में नई संपदा और सामाजिक शक्ति का सृजन हुआ", जिसके फलस्वरूप, जैसा कि सी. ए. बेइली का तर्क है, केंद्रीकृत मुगल सत्ता का पतन हुआ।[82] अठारहवीं सदी के भारत के इतिहास के हाल के अध्ययनों से एक महत्त्वपूर्ण बात उभरकर सामने आती है—यह कि कुछ ऐसे क्षेत्र थे जिनके पास पर्याप्त संसाधन थे और इन्हीं संसाधनों ने अंग्रेज़ों और दूसरे यूरोपीय व्यापारियों को आकर्षित किया और उनके बीच इस उपमहाद्वीप पर अधिकार के लिए एक प्रतियोगिता को जन्म दिया।

## 1.3 ब्रिटिश साम्राज्य की स्थापना

अंग्रेज़ों की ईस्ट इंडिया कंपनी की स्थापना 31 दिसंबर 1600 के दिन एक शाही आदेशपत्र (रॉयल चार्टर) के द्वारा, लंदन के उन सौदागरों की एक संयुक्त स्टॉक कंपनी के रूप में हुई थी, जो पूरब के व्यापार में डचों की प्रतियोगिता का मुकाबला करने के लिए एक हुए थे। इस कंपनी को पूरब के साथ इंग्लैंड के समस्त व्यापार का एकाधिकार दे दिया गया और वणिकवादी विचारों के वर्चस्व वाले उस काल में भी अपने व्यापार का खर्च उठाने के लिए कीमती धातुओं (bullion) को देश से बाहर ले जाने की अनुमति दे दी गई। लेकिन इलाके जीतने या उपनिवेश बनाने की खुली अनुमति उसे कभी नहीं दी गई। कंपनी ने औपचारिक रूप से भारत में अपना व्यापार 1613 में आरंभ किया, जबकि वह अपने से पहले रंगमंच पर आए पुर्तगालियों के साथ हिसाब बराबर कर चुकी थी। मुगल बादशाह जहाँगीर के एक **फ़रमान** ने उसे भारत में अपनी फ़ैक्टरियाँ (गोदाम) बनाने की अनुमति दी और पहली फ़ैक्टरी पश्चिमी तट पर सूरत में बनाई गई। 1617 में जहाँगीर ने अपने दरबार में अंग्रेज़ों के आवासी दूत के रूप में सर टॉमस रो का स्वागत किया। यही वह विनम्र प्रारंभ था जिसके बाद कंपनी ने धीरे-धीरे अपने व्यापारिक

कार्यकलापों को भारत के दूसरे भागों में फैलाया, और बंबई, कलकत्ता और मद्रास सत्रहवीं सदी के अंत तक उसके कार्यकलापों के तीन प्रमुख केंद्र बन चुके थे। कंपनी का भारत में राजनीतिक प्रसार अठारहवीं सदी के मध्य से आरंभ हुआ और सौ साल के अंदर लगभग पूरा भारत उसके नियंत्रण में था।

पी. जे. मार्शल (1968) का कथन है कि 1784 तक (अर्थात् पिट्स इंडिया ऐक्ट के पारित होने तक) भारत की राजनीतिक विजय के बारे में अंग्रेज़ों की कोई सायास या सुसंगत नीति नहीं थी। इंग्लैंड में सत्ता ईस्ट इंडिया कंपनी के कोर्ट ऑफ़ डायरेक्टर्स और ब्रिटिश सरकार की कमज़ोर नियामक शक्ति के बीच बँटी रही और देखने में इनमें से कोई भी 1784 तक भारत में इलाके जीतने में रुचि नहीं ले रहा था, हालाँकि तब तक एक बड़ा साम्राज्य उनके हाथ आ चुका था। मार्शल के अनुसार "इस तरह भारत में साम्राज्य की वृद्धि न तो नियोजित थी और न ब्रिटेन से निर्देशित।"[83] कंपनी के भारत में कार्यरत अधिकारियों की पहल ने ही भावी कार्य-प्रक्रिया का निश्चय किया, इसके बावजूद विजय अभियानों (conquests) या उपनिवेशीकरण के पक्ष में लंदन से कोई नीतिगत निर्देश नहीं था। अपने पहले के एक लेख में मार्शल ने स्वीकार किया था कि अठारहवीं सदी के आरंभ में व्यापार का पर्याप्त प्रसार हुआ था तथा व्यापार और साम्राज्य के सुस्पष्ट अंतर्संबंध को भी अनदेखा करना कठिन था।[84] लेकिन फिर मुगल सत्ता के पतन से उपजे राजनीतिक विखंडन और अस्थायित्व ने कंपनी के क्षेत्रीय प्रसार को बढ़ावा दिया। इसलिए आवश्यक है कि उसके इतिहास को अठारहवीं सदी की भारतीय राजनीति के विकासक्रमों के संदर्भ में देखा जाए, जब अंग्रेज़ सिर्फ़ "इन विकासक्रमों पर प्रतिक्रिया कर रहे थे और अपने रास्ते में आनेवाले अवसरों का लाभ उठा रहे थे।"[85] दूसरे शब्दों में, मेट्रोपोल (metropole) यानी सत्ताकेंद्र की किसी प्रेरणा की बजाय उसके परिधिक्षेत्रों में होनेवाले विकासक्रमों ने ही कंपनी पर भारत में क्षेत्रीय प्रसार का एक अभियान लादा और सी. ए. बेइली का तर्क यह है कि 1780 के दशक के बाद भी साम्राज्य का प्रसार मुख्यतः कंपनी की वित्तीय और सैन्य आवश्यकताओं से प्रेरित रहा, न कि व्यापारिक हितों से; और "मुक्त व्यापारी पहिये के चक्के से अधिक कुछ भी नहीं" था।[86]

जहाँ क्षेत्र-विजय की चालक शक्तियों के रूप में क्षेत्र में उपस्थित व्यक्तियों (कंपनी अधिकारियों) के "उप-साम्राज्यवाद (sub-imperialism)"[87] के या सत्ताकेंद्र के दूर परिधि पर पैदा होनेवाले दबावों के महत्त्व को अस्वीकार कर सकना कठिन है, वहीं हम भारत में साम्राज्य-निर्माण की परियोजना में सत्ताकेंद्र (metropole)की भागीदारी के कुछ आँखें खोल देनेवाले साक्ष्य भी यहाँ पेश कर सकते हैं। पहले तो यह संकेत देनेवाले पर्याप्त साक्ष्य उपलब्ध हैं कि व्यापार को बढ़ावा देने के लिए बल का प्रयोग आरंभ से ही ईस्ट इंडिया कंपनी के कार्यकलाप का सुमान्य तत्त्व था; उसका व्यापार हमेशा हथियार-समर्थित व्यापार होता था।[88] फिर कंपनी और राज्य (ब्रिटिश राजसत्ता) के बीच आभासी अलगाव (apparent separation) के बावजूद इंग्लैंड के कूटनीतिक लक्ष्यों

को आगे बढ़ाने में दोनों के बीच गहरा संबंध था, क्योंकि स्वयं कंपनी का विशेषाधिकार, बल्कि उसका अस्तित्व भी, शाही विशेषाधिकार पर निर्भर था।[89] इंग्लैंड की राजनीति में कंपनी के कामकाज को स्टुअर्ट राजाओं, जेम्स प्रथम और चार्ल्स प्रथम के काल में, तथा गृहयुद्ध के दौरान भी, धक्के लगे, जब उसके विशेषाधिकारों पर तीखे हमले हुए। लेकिन इंग्लैंड के तख़्त पर चार्ल्स द्वितीय के पुनरुत्थान के बाद स्थिति में सुधार आने लगा। तख़्त (crown) के लिए धन और स्वतंत्रता की प्राप्ति के लिए उसने और उसके भाई जेम्स द्वितीय ने भी विदेशों में एक आक्रामक व्यापार-नीति का अनुसरण किया। वास्तविकता में इसका अर्थ हिंद महासागर में और भारत के तटीय क्षेत्रों में नौसेना का प्रयोग था; इन क्षेत्रों के फ़ैक्टरियों वाले बंदरगाहों में एक नियमित नीति के अंगरूप में किलेबंद आधार (fortified bases) और घेरेदार आवासी क्षेत्र बनाए गए और इसको फ़िलिप लॉसन के शब्दों में "इन स्थानीय बाज़ारों में इंग्लैंड के तोपखाने की नैतिक अर्थव्यवस्था" कहा जा सकता है।[90] इस काल में इंग्लैंड की नौसेना की तोपें पूरब के व्यापार के पूरे ढर्रे को तो नहीं बदल सकीं, लेकिन उन्होंने भारतीय राजाओं को स्थानीय बाज़ारों में अंग्रेज़ों के व्यापार में बाधा डालने या उसे रोकने से अवश्य रोके रखा।

तख़्त (crown) और कंपनी का यह संबंध दोनों के लिए परस्पर लाभकारी था। 1660 में कंपनी ने सम्राट (हिज़ मैजेस्टी) को 3000 पाउंड की चाँदी की प्लेट भेंट देकर स्टुअर्ट राजतंत्र की स्थापना का उत्सव मनाया। 1661 में क्रॉमवेल के चार्टर की जगह ब्रिटिश सम्राट के हस्ताक्षर वाले एक चार्टर ने ले ली और कृतज्ञतास्वरूप कंपनी के निदेशकों (Directors) ने 1662 में बादशाह के लिए 10, 000 पाउंड का ऋण स्वीकार किया। बाद के वर्षों में और भी ऋण दिए गए, जिनका कुल योग 1,50,000 पाउंड था और फिर अतिरिक्त विशेषाधिकारों के साथ और भी चार्टर जारी किए गए। जैसा कि जॉन की ने लिखा है, "बादशाह और कंपनी एक-दूसरे को भली-भांति समझते थे।"[91] भारत में प्रेसिडेंसी व्यवस्था का आरंभिक इतिहास भी देश के उपनिवेशीकरण में बादशाह की भागीदारी के संकेत देता है। 1661 में पुर्तगाल के बादशाह से चार्ल्स द्वितीय को जो बंबई द्वीप दहेज में मिला था, उसे 10 पाउंड के सांकेतिक वार्षिक किराये पर 1668 में ईस्ट इंडिया कंपनी को सौंप दिया गया और 1687 में पश्चिमी तट के प्रेसिडेंसी मुख्यालय को सूरत से हटाकर यहीं लाया गया। ध्यान देने की बात यह है कि बंबई चार्ल्स को व्हाइटहॉल की संधि के द्वारा दी गई थी, जिसमें एक गुप्त प्रावधान यह था कि उसका उपयोग भारत में पुर्तगालियों की बस्तियों की रक्षा के लिए किया जाएगा। उसमें आक्रामक और प्रसारमान डच ईस्ट इंडिया कंपनी के विरुद्ध एक आपातकालीन प्रतिरक्षा समझौता भी था, और अब इस हस्तांतरण के बाद भी पुर्तगाली ठिकानों की रक्षा का दायित्व बादशाह ने प्रसन्नता से अपने ऊपर ले लिया। इसके कारण अंग्रेज़ कंपनी के डायरेक्टर बेहद कृतज्ञ हुए और उन्होंने एक और ऋण पेश कर दिया।[92] मद्रास प्रेसिडेंसी का प्रसार भी एक सीमा तक क्रॉमवेल के चार्टर का परिणाम था, जिससे इस क्षेत्र के विकास को प्रोत्साहन मिला। कलकत्ता की प्रेसिडेंसी का विकास आगे चलकर अठारहवीं सदी में

हुआ तथा उसके विकास और उसकी प्रतिरक्षा में लंदन के सत्ताधीश सक्रियता से शामिल थे।[93] लेकिन उससे पहले, 1680 के दशक में भी, जब औरंगज़ेब साम्राज्यिक युद्धों में व्यस्त हो गया और इससे अंग्रेज़ों के व्यापार की स्थिरता और सुरक्षा के लिए गंभीर खतरे पैदा हो गए, तो सर जोशिया चाइल्ड के नेतृत्व में ईस्ट इंडिया कंपनी ने अपने व्यापारिक हितों की रक्षा के लिए आक्रामक नीति अपनाने का निर्णय किया। उस चरण में उसकी सैनिक कमज़ोरी घातक साबित हुई, हालाँकि यह कंपनी का सौभाग्य रहा कि औरंगज़ेब ने बदले की कोई कार्रवाई नहीं की तथा एक माफ़ीनामे और क्षतिपूर्ति की अदायगी के बदले उसके विशेषाधिकार उसे लौटा दिए। लेकिन इस पराजय ने कंपनी की आक्रामक नीति को छुपाया नहीं और कंपनी "दुनिया भर में उतनी ही साहसिक और एकाधिकारवादी साम्राज्यिक नीति अपनाने वाले स्टुअर्ट राजतंत्र के साथ जोड़कर देखी जाने लगी।" अठारहवीं सदी के मध्य में यूरोपवालों को भारतीयों पर "एक निर्णायक प्रौद्योगिक श्रेष्ठता" प्राप्त हुई और इसके कारण उस नीति की विजय का मार्ग प्रशस्त हुआ, जिसको फ़िलिप लॉसन ने "आक्रमण और परोक्ष रूप से राजकीय साम्राज्यवाद की नीति" कहा है।[94]

1689 में विलियम और मेरी द्वारा जेम्स द्वितीय के विस्थापन के बाद कंपनी पर इंग्लैंड में एक बार फिर अधिकाधिक हमले होने लगे। व्हिगों (Whigs) की राजनीतिक प्रधानता में कंपनी के इजारेदारी के अधिकारों और भ्रष्ट तरीकों पर संदेह किए जाने लगे तथा एक प्रतियोगी कंपनी खड़ी कर दी गई। लेकिन इस नई कंपनी की स्थापना की अनुमति देनेवाले विधेयक को हाउस ऑफ़ कॉमंस ने 1698 में जाकर पारित किया, जब नई कंपनी के प्रोमोटरों (Promoter) ने राज्य को 20,00,000 पाउंड के ऋण का प्रस्ताव दिया, जबकि पुरानी कंपनी अपनी इजारेदारी के चार्टर का नवीनीकरण कराने के लिए 7,00,000 पाउंड का प्रस्ताव दे रही थी। उस समय तक स्पष्ट हो चुका था कि पूरब में व्यापार करने का अधिकार "एक बिकाऊ माल" था और अगर संसद जब यह अधिकार देगी तो लाभ बादशाह और दरबार के बदले राज्य को मिलेगा।[95] 1709 तक विसंगतियों को दूर कर दिया गया, क्योंकि दोनों कंपनियों का विलय हो गया और लंदन में व्यापक रूप से इसे स्वीकार कर लिया गया कि राज्य को मज़बूत बनाने और यूरोप की राजनीति में उसके कूटनीतिक बल को निखारने में कंपनी की वित्तीय भूमिका का कितना महत्त्व था। इस तरह अठारहवीं सदी भारत में आत्मविश्वास से भरे क्षेत्रीय प्रसार के आरंभ का काल थी, जब कंपनी के साम्राज्यिक प्रसार और वित्तीय ताकत के बीच एक घनिष्ठ संबंध स्थापित हुआ।[96] इस विषय पर अठारहवीं सदी के आरंभ में ही चर्चा हो चुकी थी, न केवल कंपनी के अधिकारियों के बीच बल्कि व्यापक पैमाने पर लंदन की जनता के बीच, और राजनीतिक क्षेत्रों में भी। इस तरह भारत में कंपनी के साम्राज्य की स्थापना लंदन के निर्देशों से पूरी तरह वंचित नहीं थी। राज्य (ब्रिटिश सरकार) और कंपनी के संबंध 1770 के दशक में और भी प्रगाढ़ हुए, जब कंपनी ने भारत में अपने इलाकों के तथा 1765 के बाद प्राप्त होनेवाले राजस्व के बदले राजकोष

को वार्षिक 4,00,000 पाउंड देने की सहमति व्यक्त की और इस तरह भारत में अपनी स्थिति पर सरकार का अनुमोदन प्राप्त कर लिया। उस समय तक कंपनी को "एक दूरस्थ देश से सबसे अधिक राजस्व वसूल करने के लिए, जिसे वह देने में समर्थ हो, सरकार के हाथों में एक शक्तिशाली साधन" माना जाने लगा था। कंपनी के चार्टरों को "प्रत्यायोजित (delegated) प्रभुसत्ता" का आज्ञापत्र माना जाने लगा, जब व्यापार के एकाधिकार और इलाकों को "ब्रिटिश राष्ट्र के लाभ के लिए" ज्वाइंट स्टॉक कंपनी में किए गए सार्वजनिक निवेश और भरोसे का प्रतिफल समझा जाने लगा। 1773 के रेगुलेटिंग ऐक्ट ने प्रभुसत्ता के प्रश्न से जुड़ी अस्पष्टताओं को हल किया और विदेशों में विजित सभी भू-भागों पर राज्य के अधिकारों की पुष्टि की।[97] आगे चलकर अगर लंदन के सत्ताधीश क्षेत्रीय प्रसार के विरुद्ध हुए भी, तो इसका कारण सिर्फ़ लड़ाइयों का खर्च था। वे एक भारतीय साम्राज्य के संसाधनों में हिस्से तो ज़रूर पाना चाहते थे, पर उसे पाने की लागत या उसका प्रशासन चलाने का बोझ उठाने की शर्त पर नहीं।[98]

अठारहवीं सदी के उत्तरार्द्ध में भारत में साम्राज्य का प्रसार, पी. जे. केन और ए. जी. हॉप्किंस के शब्दों में, उस "सज्जन-समान पूँजीवाद" (gentlemanly capitalism) का विस्तार था जिसे भूस्वामी हितों और वित्तपतियों का वह गठजोड़ आश्रय दे रहा था, जिसको 1688 के बाद लंदन में वर्चस्व प्राप्त हुआ, और यही कारण था कि शाही नीति का मुख्य बिंदु "राजस्व बन गया और बना रहा।"[99] केन और हॉप्किंस ही साम्राज्यवाद संबंधी बहसों में मेट्रोपोल को वापस लानेवाले हैं, तथा इंग्लैंड के बढ़ते घरेलू और विदेशी व्यापार के लिए वित्त की व्यवस्था में भारत के राजस्व संसाधनों के महत्त्व को अस्वीकार नहीं किया जा सकता; विजय की प्रेरणा को निस्संदेह इसी चीज़ ने जन्म दिया। लेकिन अठारहवीं सदी के भारत में राजस्व और कंपनी के व्यापार के अलावा कुछ और महत्त्वपूर्ण हित भी थे, और क्षेत्रीय प्रसार के विशिष्ट विकासक्रम के निर्धारण में ये भी शामिल थे। आरंभ से ही कंपनी के एकाधिकारिक अधिकारों का अनेक प्रकार से उल्लंघन होता आ रहा था और यह उल्लंघन अठारहवीं सदी में तो एक संकट का रूप लेने लगा। सत्रहवीं सदी में "दस्तंदाज़ों" (interlopers) ने इंग्लैंड और हिंद महासागर के देशों के बीच अवैध व्यापार चलाकर और उसके लिए वित्त की व्यवस्था करके कंपनी के एकाधिकारिक अधिकारों का सीधे-सीधे उल्लंघन किया। उनकी शक्ति पर अंकुश लगाने के प्रयासों ने अकसर संवैधानिक संकट को जन्म दिया, जैसा कि 1668-69 में *स्किनर बनाम ईस्ट इंडिया कंपनी* वाले मुकदमे में हुआ, जब हाउस ऑफ़ लॉर्ड्स ने एक दस्तंदाज़ के अधिकारों को वास्तव में उचित ठहराया।[100] लेकिन अवैध व्यापार की समस्याएँ वास्तव में कंपनी के अपने संगठन के कारण गंभीर होती गईं। उसके कर्मचारी अपनी मामूली वेतनों की कमी पूरी करने के लिए भारतीय देहातों में निजी व्यापार करने लगे। फिर स्वतंत्र सौदागर भी थे, जो कंपनी के सेवक नहीं थे, पर उनको उसके प्रतिष्ठानों में बसने की अनुमति प्राप्त थी। जब तक ऐसे निजी व्यापारी इस या उस तरफ़ से यूरोप के साथ समुद्री व्यापार में सीधे-सीधे भाग नहीं लेते रहे, तब

तक कंपनी इस व्यापार को अनदेखा करती रही, बल्कि भारतीय सौदागरों के साथ तालमेल रखकर काम करनेवाले इन व्यापारियों को प्रोत्साहन भी देती रही।

शीघ्र ही, अठारहवीं सदी के उत्तरार्द्ध में, इन दो प्रकार की समानांतर व्यापारिक गतिविधियों के बीच टकराव हुआ। इन निजी सौदागरों के हित जब भी कंपनी के हितों के साथ टकराए, तो धोखाधड़ी का सहारा लिया गया और साख (क्रेडिट) तथा व्यापार के अवैध तंत्रों का एक पूरा जाल फैल गया, जिससे कंपनी के लाभ में गिरावट आई।[101] निजी सौदागरों और दस्तंदाज़ों के बीच अकसर साँठ-गाँठ होती थी और इस अवैध व्यापार से प्राप्त मुनाफ़े को कंपनी के लंदन कार्यालय या डच कंपनी के ऐम्सटर्डम कार्यालय के नाम जारी हुंडियों के सहारे बाहर भेज दिया जाता था। 1750 के दशक में केवल अंग्रेज़ कंपनी द्वारा जानेवाली राशि औसतन 1,00,000 पाउंड सालाना थीं और ये इन अधिकारियों को कंपनी की सेवा के लिए मिलनेवाले वार्षिक वेतन के साठगुने से भी अधिक थीं। लेकिन इससे भी नाजुक तत्त्व इन निजी व्यापारियों द्वारा ईस्ट इंडिया कंपनी को मुगल शासकों द्वारा दिए गए व्यापार संबंधी विशेषाधिकारों का दुरुपयोग था। कंपनी की स्थानीय परिषदें अपने मालों के लिए **दस्तक** (प्रमाण-पत्र) जारी करती थीं और फिर उन पर मुगल शासक कोई शुल्क नहीं लेते थे। लेकिन कंपनी के अधिकारी अपने भारतीय (कर्मचारियों) को अकसर ऐसी दस्तकें जारी करते रहते थे, जिससे मुगलों के कोष को राजस्व की भारी हानि होती थी। कोर्ट ऑफ़ डायरेक्टर्स ने इस कुप्रथा को रोकने के प्रयास किए, पर कोई लाभ नहीं हुआ और शीघ्र ही, 1750 के दशक में, यह कंपनी और बंगाल के स्थानीय मुगल शासक के बीच टकराव का एक बड़ा मुद्दा बन गया, जिसके कारण भारत में साम्राज्यिक शक्ति के रूप में कंपनी के उदय का आधार तैयार हुआ।[102] लेकिन चूँकि ब्रिटेन का भारतीय साम्राज्य एक लंबे कालखंड में-लगभग सौ वर्षों में-विकसित हुआ, इस क्षेत्रीय प्रसार के पीछे अनेक प्रकार के कारण थे। जब हम इस लंबी प्रक्रिया की विस्तृत छानबीन करते हैं तो यह बात स्पष्ट हो जाती है कि परिधि (यानी फैलते साम्राज्य के सीमा-क्षेत्रों) से आनेवाले दबाव और मेट्रोपोल से प्राप्त प्रेरणा, दोनों का घात-प्रतिघात लगातार चलता रहा तथा राजस्व की तलाश, व्यापार संबंधी विशेषाधिकारों की चाह और सैन्य विकासक्रमों की विवशताएँ, ये सब कारण बारी-बारी से साम्राज्य के प्रसार के लिए क्षेत्र-विजय की प्रक्रिया में तेज़ी लाते रहे। भारत में ब्रिटेन का सबसे शानदार साम्राज्य खड़ा करने में इन सबका योगदान रहा।

यह सब बंगाल में, आरंभ हुआ जो अठारहवीं सदी के आरंभ में पश्चिमी तट और विशेषकर बंबई, सूरत और मलाबार की कीमत पर कंपनी के व्यापार के ढाँचे में काफ़ी महत्त्व प्राप्त कर चुका था। इसका कारण था कि एशिया से अंग्रेज़ों के आयातों में लगभग 60 प्रतिशत भाग बंगाल के मालों का हो चुका था।[103] कंपनी इस स्थिति की ओर धीरे-धीरे बढ़ती आ रही थी। 1690 में औरंगज़ेब के फ़रमान ने 3000 रुपए की वार्षिक अदायगी के बदले कंपनी को बंगाल में शुल्क-मुक्त व्यापार का अधिकार दे दिया था। 1690 में कलकत्ता की नींव पड़ी और 1626 में इसकी किलेबंदी कराई गई जिसके

दो साल बाद कंपनी को कोलिकाता, सूतानाटी और गोविंदपुर नाम के तीन गाँवों की ज़मींदारी का अधिकार मिला। औरंगज़ेब की मृत्यु के बाद स्थिति में अस्थिरता आई, पर 1717 में फ़र्रुखसियर के एक फ़रमान से फिर उसे औपचारिक दर्ज़ा मिला, जिसने कंपनी को शुल्कमुक्त व्यापार करने, कलकत्ता के आसपास के अड़तीस गाँवों को लगान पर लेने और शाही टकसाल का उपयोग करने का अधिकार दे दिया। लेकिन यह फ़रमान भी कंपनी तथा बंगाल के नए स्वतंत्र शासक मुर्शिद कुली खाँ के बीच टकराव का एक नया स्त्रोत बन गया, जब उसने शुल्कमुक्त व्यापार के इस प्रावधान को कंपनी के अधिकारियों के निजी व्यापार पर लागू करने से मना कर दिया। इन अधिकारियों ने तब दस्तकों का जमकर दुरुपयोग करना आरंभ कर दिया और नवाब राजस्व की हानि पर विरोध व्यक्त करने लगा। इसके अलावा मुर्शिद ने कंपनी को अड़तीस गाँव खरीदने तथा टकसाल संबंधी विशेषाधिकार देना भी अस्वीकार कर दिया। इस तरह बंगाल के नवाब और अंग्रेज़ कंपनी के बीच 1717 से ही टकराव बढ़ता आ रहा था।

यूरोप में 1740 में ऑस्ट्रिया के उत्तराधिकार का युद्ध आरंभ हुआ तो भारत में अंग्रेज़ और फ्रांसीसी कंपनियों के बीच भी शत्रुता पैदा हो गई। बंगाल में नए नवाब अलीवर्दी खाँ ने दोनों को वश में रखा और उनको किसी भी खुली शत्रुता में रत होने से मना कर दिया। लेकिन दक्षिण भारत में फ्रांसीसियों की विजयों ने बंगाल में अंग्रेज़ों को चिंतित कर दिया, क्योंकि उनको किसी फ्रांसीसी हमले से रक्षा प्रदान करने के बारे में नवाब की क्षमता पर बहुत कम भरोसा था। इसके अलावा, जैसा कि हाल में दिखाया गया है,[104] एशियाई सौदागरों के साथ मिलीभगत से फ्रांस की प्रतियोगिता के कारण 1750 के दशक में अंग्रेज़ों के निजी व्यापार को भारी धक्का लगा। इस कारण अंग्रेज़ 1755 में नवाब की अनुमति लिए बिना कलकत्ता की किलाबंदी की मरम्मत कराने लगे और उसकी सत्ता की खुली अवज्ञा करते हुए उसके दरबार से भागनेवालों को संरक्षण प्रदान करने लगे। 1756 में सिराजुद्दौला जब नवाब बना और उसने दस्तकों के दुरुपयोग को एकदम रोककर अंग्रेज़ों के निजी व्यापार को पूरी तरह रोक देने की धमकी दी, तो यह टकराव एक निर्णायक चरण में पहुँच गया। मनमुटाव के और भी तात्कालिक कारण थे; कृष्णवल्लभ को शरणदान जिस पर नवाब ने धोखाधड़ी का आरोप लगाया था और कलकत्ता की नई किलाबंदी–ये दोनों ही बातें नवाब की सत्ता के लिए चुनौती थीं तथा प्रभुसत्ता के प्रश्न के लिए केंद्रीय महत्त्व रखती थीं। कंपनी ने जब चेतावनियों पर ध्यान नहीं दिया, तो सिराज ने कासिमबाज़ार की फ़ैक्टरी पर कब्ज़ा करके अपनी शक्ति का प्रदर्शन किया। गवर्नर ड्रेक का विश्वास था कि वह ताकत के सहारे अपनी हार का बदला ले सकता है और उसने कूटनीतिक सुलह-सफ़ाई के बारे में नवाब के संकेतों को अनदेखा किया। उसके बाद कलकत्ता पर सिराज ने हमला किया और 20 जून को उस पर अधिकार कर लिया।

इस तरह एक संकट पैदा हो गया, क्योंकि मद्रास से एक बड़ी सेना लेकर अब रॉबर्ट क्लाइव आ पहुँचा। फ्रांसीसियों से सिराज की मित्रता के डर के कारण और अपने

व्यापारिक एकाधिकारों में कटौती की आशंका के कारण हुगली को उन्होंने (अंग्रेज़ों ने) नष्ट कर दिया और चंद्रनगर में फ्रांसीसियों की हार हुई। अब्दाली के नेतृत्व में अफ़गानों के एक हमले की आशंका के कारण सिराज अंग्रेज़ों से एक संधि चाहता था, पर आत्मविश्वास से भरे क्लाइव ने तख़्तापलट कराने का निर्णय किया। कलकत्ता में कंपनी के आत्मविश्वास से भरे कर्मचारी एक ऐसे नौजवान निरंकुश नवाब को सहन करने को तैयार न थे, जो उनके व्यापारिक विशेषाधिकारों को समाप्त करने की धमकी दे रहा था और असीमित धन के एक स्रोत से उनको दूर करने के प्रयास कर रहा था।[105] नवाब के दरबार में एक असंतुष्ट गुट पहले से था, जिसमें सौदागर, बैंकर, वित्तपति और शक्तिशाली ज़मींदार शामिल थे, जैसे जगतसेठ बंधु (मेहताब राय और स्वरूपचंद), राजा जानकीराम, राय दुर्लभ, राजा रामनारायण और राजा माणिकचंद। अपने दरबार में शक्ति के संतुलन को नया रूप देने के लिए उत्साह से प्रयास कर रहे नौजवान नवाब के स्वतंत्रता के दावे से ये सभी लोग भयभीत थे। भारत के व्यापारी समुदाय और यूरोपीय व्यापारियों के बीच हितों की एक स्वाभाविक एकता भी थी, क्योंकि अनेक भारतीय सौदागर अंग्रेज़ कंपनी और निजी व्यापारियों के साथ मिलकर काम कर रहे थे, उनके **दादनी** सौदागरों की तरह काम कर रहे थे और **दादन** (अग्रिम राशियों) के बदले उनको अंदरूनी क्षेत्रों में तैयार कपड़ों की आपूर्ति कर रहे थे। अनेक भारतीय जगतसेठ अपने मालों की ढुलाई के लिए अंग्रेज़ों के जहाज़ों को प्राथमिकता दे रहे थे और वास्तव में इसी के कारण हुगली बंदरगाह का ह्रास हुआ तथा उसके सम्मानित स्थान को कलकत्ता ने हथिया लिया।[106] इस कारण इन दोनों समूहों का सहयोग असंभव नहीं था और इसलिए सिराज की जगह उसके सिपहसालार मीर जाफ़र को बिठाने का षड्यंत्र रचा गया। यह व्यक्ति उन जगत सेठों का प्रिय था, जिनके समर्थन के बिना तख़्तापलट लगभग असंभव होता। क्या मुर्शिदाबाद दरबार में पहले ही एक षड्यंत्र रचा जा चुका था और इसका लाभ अंग्रेज़ों ने उठाया या फिर षड्यंत्र अंग्रेज़ों ने रचा, यह प्रश्न जिस पर इतिहासकारों ने अपने व्यर्थ के वाक्युद्ध लड़े हैं, कम महत्त्वपूर्ण है। महत्त्वपूर्ण तथ्य यह है कि एक गठजोड़ था जिसका परिणाम पलासी की लड़ाई (जून 1757) था, जिसमें क्लाइव ने अंततः सिराज़ को हरा दिया। यह एक झड़प से अधिक शायद ही कुछ रहा होगा, क्योंकि नवाबी सेना का सबसे बड़ा भाग मीर ज़ाफर की कमान में निष्क्रिय रहा। लेकिन इसका गहरा राजनीतिक प्रभाव पड़ा, क्योंकि भगोड़े सिराज को जल्द ही गिरफ़्तार करके मृत्युदंड दे दिया गया और नया नवाब मीर ज़ाफर अंग्रेज़ों के हाथों की कठपुतली बन गया। इस तरह पलासी की लड़ाई (1757) भारत में अंग्रेज़ों के ईस्ट इंडिया कंपनी के राजनीतिक वर्चस्व का आरंभ बिंदु था।

उसके बाद जो कुछ हुआ उसे अकसर "पलासी लूट" कहा गया है। युद्ध के तुरंत बाद अंग्रेज़ सेना और नौसेना में से हरेक को अपने सदस्यों में बाँटने के लिए 2,75,000 पाउंड की बड़ी राशि मिली।[107] इसके अलावा 1757 और 1760 के बीच कंपनी को मीर ज़ाफर से 2.25 करोड़ रुपए मिले; स्वयं क्लाइव को 1759 में

34,567 पाउंड कीमत की एक निजी जागीर मिली। जहाँ तक कंपनी का प्रश्न था, उसके व्यापार के ढाँचे में एक बड़ा परिवर्तन आया। 1757 से पहले बंगाल में अंग्रेज़ों के व्यापार के लिए धन अधिकतर इंग्लैंड से आयातित कीमती धातुओं से मिलता था। लेकिन उस साल के बाद न केवल इन धातुओं का आयात पूरी तरह रुक गया, बल्कि बंगाल से कीमती धातुओं को चीन तथा भारत के दूसरे भागों को भेजा जाने लगा, जिससे अंग्रेज़ कंपनी को अपने यूरोपीय प्रतियोगियों पर श्रेष्ठता प्राप्त हुई।[108] दूसरी ओर कंपनी के अधिकारियों के लिए पलासी ने निजी संपत्ति जमा करने के रास्ते खोल दिए–न केवल सीधे-सीधे बलप्रयोग द्वारा, बल्कि निजी व्यापार के लिए दस्तकों के अनियंत्रित दुरुपयोग के द्वारा भी। इसी कारण मीर ज़ाफर को भी कुछ समय बाद कंपनी की वित्तीय माँगों को पूरा करना मुश्किल लगने लगा और उसे अक्तूबर 1760 में तख्त से हटाकर उसके दामाद मीर कासिम को बिठा दिया गया। लेकिन कंपनी के कर्मचारियों द्वारा व्यापारिक विशेषाधिकारों के दुरुपयोग के प्रश्न पर टकराव फिर पैदा हुआ। दस्तकों के दुरुपयोग को रोकने में असमर्थ होकर नए नवाब ने आंतरिक शुल्कों को एक सिरे से समाप्त कर दिया, ताकि वे ही विशेषाधिकार भारतीय सौदागर भी पा सकें। लेकिन स्वतंत्रता का यह प्रदर्शन अंग्रेज़ों को पसंद नहीं आया, और जवाबी कार्रवाई के रूप में वे उसे हटाकर फिर से मीर ज़ाफर को ले आए।

दिसबंर 1763 में मीर कासिम बंगाल से भागा और उसने मुगल बादशाह शाह आलम द्वितीय और अवध के नवाब शुजाउद्दौला के साथ एक महागठबंधन बनाने के प्रयास किए। बादशाह इस इलाके में 1758 से ही था, जब एक शाहज़ादे के रूप में दिल्ली दरबार की गंदी राजनीति से वह भाग खड़ा हुआ था और पूर्वी प्रांतों में उसने अपना एक स्वतंत्र राज्य बनाने का प्रयास किया था। दिसंबर 1759 में अपने पिता की हत्या का समाचार सुनकर उसने स्वयं को बादशाह घोषित कर दिया और शुजा को अपना वज़ीर बनाया। मीर कासिम भागकर उसके पास जब शरण के लिए पहुँचा, तो लंबी और टेढ़ी वार्ताओं के बाद ही दोनों के बीच अंग्रेज़ों के विरुद्ध कार्रवाई पर सहमति हुई; शुजा का समर्थन तभी मिला जब उससे सफलता के बाद बिहार और उसका खज़ाना, और साथ में 3 करोड़ रुपए देने का वादा किया गया। लेकिन उनकी संयुक्त सेना भी बक्सर की लड़ाई (1764) में रौंद दी गई, क्योंकि अठारहवीं सदी की विखंडित सामाजिक संगठन वाली एक भारतीय सेना एकजुट कमान वाली और तकनीकी दक्षता से संपन्न अंग्रेज़ सेना के मुकाबले गंभीर सीमा तक कमज़ोर थी। लेकिन बक्सर में अंग्रेज़ों की विजय के बाद जो कुछ हुआ, वह कहीं अधिक महत्त्वपूर्ण है। कंपनी ने पराजित मुगल बादशाह को सम्मान दिया, क्योंकि अठारहवीं सदी की भारतीय राजनीति में अभी भी उसका प्रतीकात्मक महत्त्व था। वास्तव में अंग्रेज़ों ने मुगल बादशाह की प्रभुसत्ता का औपचारिक निषेध 1857 से पहले नहीं किया। बदले में 1765 में इलाहाबाद की संधि के द्वारा शाह आलम ने कंपनी को बंगाल, बिहार और उड़ीसा की **दीवानी** (मालगुज़ारी वसूल करने के अधिकार) सौंप दी; दूसरे शब्दों में, समृद्ध बंगाल प्रांत के लाभदायक संसाधनों का

पूरा-पूरा नियंत्रण उसे सौंप दिया गया। उसके बाद मुर्शिदाबाद दरबार में नियुक्त अंग्रेज़ रेज़िडेंट धीरे-धीरे, 1772 तक प्रांत में वास्तविक प्रशासनिक शक्ति का केंद्र बन गया, और इस तरह कंपनी के साम्राज्यिक शासन की नीति के रूप में अप्रत्यक्ष शासन की व्यवस्था सबसे पहले बंगाल में आरंभ हुई।[109] कलकत्ता काउंसिल के पास संसाधनों के अभाव का दबाव अवध को झेलना पड़ा। संधि के अनुसार शुजाउद्दौला को 50,00,000 रुपए देने थे; यह निश्चित हुआ कि आगे से नवाब और कंपनी एक-दूसरे के भू-भाग की रक्षा करेंगे, उसके दरबार में एक अंग्रेज़ रेज़िडेंट रखा जाएगा, और कंपनी को अवध में शुल्कमुक्त व्यापार के अधिकार प्राप्त होंगे। यह एक ऐसी धारा थी जिसने बाद में नए तनाव पैदा किए और स्वयं अवध के अधिग्रहण की परिस्थिति तैयार की।[110]

इस तरह पूर्वी भारत जब 1765 तक कंपनी के नियंत्रण में आ गया, तो आंग्ल-फ्रांसीसी शत्रुता ने दक्षिण में कंपनी के प्रसार का आधार तैयार किया। यूरोपीय शक्तियों में फ्रांसीसी ही भारत में सबसे बाद में आए, पर इस उपमहाद्वीप में एक साम्राज्य स्थापित करने की महत्त्वाकांक्षी परियोजना सबसे पहले उनके ही मन में आई। पांडिचेरी में उनका मुख्य केंद्र 1674 में बना और दूप्ले ने, जो भारत में सबसे यशस्वी फ्रांसीसी जनरल था, उसे भारी राजनीतिक महत्त्व वाले दर्ज़े तक उठा दिया। सर्वप्रथम वह 1731 में बंगाल में फ्रांसीसियों की बस्ती चंद्रनगर का गवर्नर बना और दस साल के अंदर इस केंद्र से फ्रांस के व्यापार में उल्लेखनीय वृद्धि हुई। दूप्ले काम का मतवाला था और भारत से घृणा करता था, लेकिन एक लाभदायी निजी व्यापार में लगकर उसने भारी धनराशि कमाई। उसे 1742 में पांडिचेरी की ज़िम्मेदारी मिली और शीघ्र ही वह वहाँ के व्यापार को बढ़ाने में जुट गया। पर इससे भी अहम बात यह है कि उसने एक राजनीतिक खेल आरंभ कर दिया।[111] भारतीय राजाओं के विवादों में हस्तक्षेप करने और इस तरह बड़े-बड़े क्षेत्रों पर राजनीतिक नियंत्रण प्राप्त करने का रास्ता उसी ने दिखाया।[112] यह एक ऐसी तकनीक थी जिसे बाद में अंग्रेज़ कंपनी ने, जो भारतीय रंगमंच पर फ्रांसीसियों की प्रमुख यूरोपीय व्यापारिक प्रतिद्वंद्वी थी, पूर्णता तक पहुँचा दिया। यूरोप में 1740 में ऑस्ट्रिया के उत्तराधिकार का युद्ध आरंभ हुआ तो भारत में दोनों यूरोपीय प्रतियोगियों के राजनीतिक टकराव की परिस्थिति बन गई। बंगाल में उनकी शत्रुता पर अलीवर्दी खाँ के कारगर हस्तक्षेप ने अंकुश लगाकर रखा था। लेकिन दक्षिण में फ्रांस की स्थिति मॉरीशस से एक बेड़ा आने के बाद मज़बूत हो गई और फिर इसका परिणाम मद्रास में अंग्रेज़ों के ठिकाने पर आक्रमण था। मद्रास के समर्पण के साथ पहला कर्नाटक युद्ध आरंभ हुआ, क्योंकि अंग्रेज़ों ने कर्नाटक के नवाब से सुरक्षा के लिए प्रार्थना की थी। नवाब ने फ्रांसीसियों के विरुद्ध एक सेना भेजी, पर उसको बुरी तरह हार मिली। इस चरण में दूप्ले और एडमिरल ला बोर्दोनियर के मतभेदों से भी फ्रांस की स्थिति कमज़ोर हुई और ला बोर्दोनियर मद्रास के समर्पण के बाद मॉरीशस लौट गया। सितंबर 1746 में दूप्ले ने मद्रास पर एक और हमला किया, जिसने समर्पण करा दिया। उसके बाद फ़ोर्ट सेंट डेविड पर कब्ज़ा हुआ, जो पांडिचेरी से दक्षिण में एक गौण महत्त्व का अंग्रेज़ ठिकाना था। लेकिन

यह सब और लंबा खिंचे, इससे पहले ही यूरोप में ऐक्स-ला-शैपेल की संधि के द्वारा यूरोप में शत्रुताओं की समाप्ति ने भारत में आंग्ल-फ्रांसीसी टकराव के पहले दौर का भी समापन कर दिया। भारत में अंग्रेज़ों के स्वामित्व के क्षेत्र लौटा दिए गए, जबकि फ्रांसीसियों को उत्तरी अमेरिका में अपने क्षेत्र वापस मिल गए।

भारत में राजवंशों के टकरावों से पैदा हुई राजनीतिक जटिलताओं ने दक्षिण में आंग्ल-फ्रांसीसी टकराव के दूसरे दौर की परिस्थिति तैयार की। कर्नाटक और हैदराबाद, दोनों में उत्तराधिकार के विवादों ने फ्रांसीसी गवर्नर जनरल दूप्ले को भारतीय राजनीति में हस्तक्षेप करने और इस तरह महत्त्वपूर्ण क्षेत्रीय और वित्तीय रियायतें प्राप्त करने का अवसर दिया। फ्रांसीसियों ने कर्नाटक के तख्त के लिए चंदासाहब और हैदराबाद के तख्त के लिए मुज़फ़्फ़र जंग का समर्थन किया, जबकि अंग्रेज़ों ने उनके विरोधी उम्मीदवारों का साथ दिया। दोनों फ्रांसीसी उम्मीदवार विजयी रहे और हैदराबाद के नए निज़ाम मुज़फ़्फ़र जंग ने नॉर्दर्न सरकार्स में एक जागीर के रूप में, मसुलीपट्टम और पांडिचेरी के आसपास कुछ गाँवों के रूप में फ्रांसीसियों को काफ़ी क्षेत्रीय रियायतें दे दीं तथा एक फ्रांसीसी एजेंट की नियुक्ति के द्वारा उसने अपने दरबार में उनको महत्त्वपूर्ण नियंत्रण भी सौंप दिया। अंग्रेज़ इस कारण सचेत हो गए; रॉबर्ट क्लाइव के नेतृत्व में कलकत्ता से एक शक्तिशाली सेना आई और 1752 में दूसरा कर्नाटक युद्ध आरंभ हो गया। इस बार विजयी अंग्रेज़ रहे; अर्काट पर क्लाइव के कब्ज़े के बाद मुहम्मद अली को रिहा करके कर्नाटक के तख्त पर बिठाया गया।

दूप्ले ने फ्रांस की स्थिति को ठीक करने का प्रयास किया, पर फ्रांस की सरकार उससे अप्रसन्न हो गई, खासकर वित्तीय हानियों के कारण, और 1754 में उसे वापस बुला लिया गया। अंग्रेज़ों के मुकाबले उसकी असफलता की व्याख्या अनेक कारणों के आधार पर की जा सकती है, जैसे उसकी गलत चालें और गलत अनुमान, फ्रांसीसी सरकार और कंपनी का समर्थन न मिलना; फ्रांसीसियों की उत्तरी अमेरिका में अपने ठिकाने बचाकर रखने की चिंता, और साथ ही उपनिवेशों के संघर्षों में फ्रांस की बुनियादी कमज़ोरी, जो बाद के युद्धों में भी स्पष्ट हुई। लेकिन दूप्ले की नीतियों को और भारत में उसकी उपलब्धियों को पूर्णतया नकारा नहीं जा सकता। उसकी जगह गोदेहियो को लाया गया, जिसने 1754 में अंग्रेज़ों के साथ एक संधि कर ली। इस संधि के अनुसार पांडिचेरी और कराइकल के आसपास के इलाके, कर्नाटक में उनकी महत्त्वपूर्ण चौकियाँ, नॉर्दर्न सरकार्स के चार ज़िले और हैदराबाद दरबार में नियंत्रक प्रभाव फ्रांसीसियों के ही हाथों में रहे।[113] इस तरह दक्षिण में फ्रांस की शक्ति अभी भी समाप्त नहीं हुई।

यूरोप में इंग्लैंड और फ्रांस के बीच 1756 में सप्तवर्षीय युद्ध के आरंभ ने भारत में आंग्ल-फ्रांसीसी टकराव के तीसरे और निर्णायक दौर का आधार तैयार किया। वित्तीय कठिनाइयों के कारण अब तक फ्रांस की स्थिति बहुत कमज़ोर हो चुकी थी, क्योंकि सैनिकों को भी कई महीनों तक वेतन नहीं मिलता था। फ्रांस सरकार की उदासीनता यूरोप में शत्रुताओं के आरंभ के कारण जाती रही और काउंट दे लाली के नेतृत्व में एक

बड़ी सेना भेजी गई। फिर भी, भारत में फ्रांसीसियों के ठिकाने एक-एक करके निकल गए—पहले बंगाल में चंद्रनगर का पतन हुआ; फिर जब कर्नाटक में लाली की सहायता के लिए बुसी को बुलाया गया, तो नॉर्दर्न सरकार्स पर बंगाल की ओर से एक हमले का रास्ता खुल गया; इन **सरकारों** (ज़िलों) के और साथ में मसुलीपट्टम और यनम नाम की दो पुरानी बस्तियों के पतन के साथ दकन में फ्रांसीसियों का प्रभाव समाप्त हो गया। अंग्रेज़ी बेड़ा बंगाल से मुड़ा और अगस्त 1758 में उसने फ्रांसीसियों को भारी नुकसान पहुँचाए; कर्नाटक में फ्रांसीसियों के सारे किले ढह गए। लाली को मद्रास का घेरा उठाना पड़ा और इस मुहिम का खर्च कर्नाटक के नवाब ने दिया। तीसरे कर्नाटक युद्ध की सबसे निर्णायक लड़ाई जनवरी 1760 में वैंडीवाश की लड़ाई थी। मई में पांडिचेरी पर घेरा पड़ा और जनवरी 1761 में उसने समर्पण कर दिया; युद्ध का खर्च एक बार फिर कर्नाटक के नवाब ने ही उठाया। उसी साल मलाबार तट पर माहे और कर्नाटक के आखिरी दो किलों, जिंजी और ठियागार, का पतन हुआ। फ्रांसीसियों के पास भारत में अब पैर जमाने की जगह नहीं बची।

फ्रांसीसियों की इस निर्णायक हार के अनेक कारण गिनवाए जा सकते हैं, जैसे लाली की जल्दबाज़ी और घमंड, जिसने पांडिचेरी में लगभग सभी फ्रांसीसी अधिकारियों को नाराज़ कर रखा था; धन की भयानक कमी, जिससे सैनिक कार्रवाइयों में बाधा पड़ती रहती थी; दकन से बुसी का वापस बुलाया जाना; और सबसे बढ़कर अंग्रेज़ नौसेना की श्रेष्ठता, उनके लिए धन की तत्काल आपूर्ति और उनका नया-नया आत्मविश्वास। 1763 में पेरिस की संधि के कारण फ्रांस को भारत में वे सभी फ़ैक्टरियाँ और बस्तियाँ वापस मिल गईं, जो उसके पास 1749 से पहले थीं; शर्त यह थी कि वे अब कभी चंद्रनगर की किलाबंदी नहीं कर सकते थे।[114] लेकिन अंग्रेज़ कंपनी की शक्ति में निरंतर वृद्धि के साथ भारत में शक्ति-संतुलन अब तक निर्णायक रूप से बदल चुका था। फ्रांस की ईस्ट इंडिया कंपनी आखिरकार 1769 में तोड़ दी गई और इस तरह भारत में उनका (अंग्रेज़ों का) प्रमुख यूरोपीय प्रतिद्वंद्वी रहा ही नहीं। अंग्रेज़ कंपनी अब व्यवहार में कर्नाटक की भी स्वामी थी, हालाँकि पेरिस की संधि ने नवाब को उसका पूरा राज्य उसी के पास रहने देने का आश्वासन दिया था। उसकी नाममात्र की प्रभुसत्ता का 1801 तक सम्मान किया जाता रहा; फिर सत्तासीन नवाब की मृत्यु के बाद उसके इलाकों पर कब्ज़ा कर लिया गया और उसके उत्तराधिकारी को पेंशन दे दी गई। हैदराबाद भी अंग्रेज़ों पर लगभग पूरी तरह निर्भर हो गया और 1766 में निज़ाम ने अपने शक्तिशाली पड़ोसियों के विरुद्ध सैन्य सहायता मिलने पर बदले में कंपनी को नॉर्दर्न सरकार्स दे दिया। आंग्ल-फ्रांसीसी शत्रुता ने भारत में बड़ी संख्या में शाही फौजों को लाकर दूसरे भारतीय राज्यों के सापेक्ष अंग्रेज़ ईस्ट इंडिया कंपनी के सैन्य बल को बहुत बढ़ा दिया। भारत में शक्ति-संतुलन अब निर्णायक रूप से उसी के पक्ष में झुकने लगा।

इसी के साथ हम दूसरे भारतीय शासकों के साथ कंपनी के संबंध के प्रश्न पर पहुँचते हैं। अठारहवीं सदी में भारतीय राज्य लगातार आपसी टकरावों में उलझे रहते थे। उनकी क्षेत्रीय प्रसार की आकांक्षा नए-नए संसाधनों पर नियंत्रण पाने के लिए थी, क्योंकि

आंतरिक दृष्टि से देखें तो अनेक क्षेत्रों में राजस्व की वसूली अब अपनी लूट की स्थिति में पहुँच चुकी थी। राजनीतिक स्तर पर हर एक दूसरे पर श्रेष्ठता पाने के प्रयास करता रहता था और अंग्रेज़ों को सत्ता के इस खेल का बस एक नया खिलाड़ी समझा जा रहा था। अठारहवीं सदी के राजनीतिक संदर्भ में एक विदेशी शक्ति के विरुद्ध एक राष्ट्र के रूप में एकजुट होना भारतीय राजाओं की कल्पना से भी परे था। इसलिए आश्चर्य नहीं कि वे अपने पड़ोसियों के साथ अपने टकरावों में शक्ति का संतुलन अपने पक्ष में झुकाने के लिए अक्सर कंपनी के साथ कूटनीतिक गठबंधन कायम करते रहते थे। भारतीय राज्यों की इस आपसी शत्रुता ने अंग्रेज़ों को स्थानीय राजनीति में हस्तक्षेप का अवसर दिया, जबकि व्यापारिक हित इसके लिए पर्याप्त प्रेरणा के स्रोत होते थे। लेकिन जैसा कि आगे की कहानी से संकेत मिलेगा, कंपनी केवल अवसरों पर प्रतिक्रिया नहीं कर रही थी जैसा कि कुछ इतिहासकारों ने सुझाया है; वह हस्तक्षेप और विजय के लिए ऐसे अवसर पैदा करने के लिए भारी पहल भी दिखा रही थी, क्योंकि असुरक्षित सीमाओं या अस्थिर राज्यों को अकसर व्यापार के मुक्त प्रवाह के लिए खतरनाक समझा जाता था। यह सही है कि 1784 में पिट्स इंडिया ऐक्ट के पारित होने के बाद थोड़े समय तक साम्राज्यिक प्रसार पर संसद का प्रतिबंध लगा रहा और इस काल में बोर्ड ऑफ़ कंट्रोल और ईस्ट इंडिया कंपनी की नीति का विशेष बल भारतीय राज्यों के बीच सावधानी के साथ शक्तियों के संतुलन को बढ़ावा देकर और इस तरह (ब्रिटिश) सम्राट की सैनिक ज़िम्मेदारियों में कमी लाकर ब्रिटिश क्षेत्रों की रक्षा करना और व्यापारिक हितों को बढ़ावा देना था। लेकिन सावधानी की इस नीति को तब पलीता लगा दिया गया, जब 1798 में वेलेज़ली गवर्नर जनरल बनकर, विजय के सपने सँजोए और व्यक्तिगत गरिमा का लोभ लिए हुए भारत आया। यहाँ पहुँचने से पहले ही उसने तय कर लिया था कि भारत में शक्ति-संतुलन की नीति अब आगे जारी नहीं रखी जाएगी और इसलिए एक साम्राज्य की आवश्यकता है। 1798 की गर्मियों में मिस्र पर नेपोलियन के आक्रमण ने उसे प्रसार के प्रश्न पर लंदन के प्रतिरोध को कम करने के लिए एक उपयोगी अवसर प्रदान किया, हालाँकि एक पल के लिए भी उसका यह मत नहीं रहा कि मिस्र से स्थल-मार्ग से या केप ऑफ़ गुड होप होकर जलमार्ग से ब्रिटिश भारत पर फ्रांस के हमले का कोई खतरा नहीं था। फिर भी, लंदन की चिंताओं को शांत करने के लिए उसने 'सहायक संधि' (Subsidiary Alliance) की नीति विकसित की, जो सम्राट पर सीधे-सीधे कोई बोझ डाले बिना किसी भारतीय राज्य के आंतरिक मामलों पर कंपनी का नियंत्रण स्थापित करे। प्रसार के बारे में वेलेज़ली के निजी एजेंडे को आंग्ल-भारतीय कूटनीतिक सेवा के कार्मिकों के एक परिवर्तन ने भी बल पहुँचाया; अब नए कार्मिक 'आगे बढ़ो' की नीति के समर्थक थे। जैसा कि एडवर्ड इनग्रैम का तर्क है, वेलेज़ली "स्थानीय दशाओं के प्रत्युत्तर में एक नीति तैयार नहीं कर रहा था, बल्कि वह अपने उद्देश्यों की प्राप्ति के लिए आवश्यक परिस्थितियाँ पैदा करने का प्रयास कर रहा था...। अगर भारत की राजनीति उथल-पुथल से भरी थी तो उसने उसे खतरे से भरा बतलाया, अगर उसमें

शांति थी तो उसने उसे हलचल से भर दिया।" लेकिन लंदन में बैठे सत्ताधीश भी इस साम्राज्यिक नाटक के भोले दर्शक या मासूम नहीं थे। उन्होंने 1784 के बाद ब्रिटिश विदेश नीति के सबसे महत्त्वपूर्ण उद्देश्य की पूर्ति के लिए हमले की सभी कार्रवाइयों को स्वीकृति दी अर्थात् यूरोपीय प्रतिद्वंद्वियों के सभी खतरों से ब्रिटिश भारत की रक्षा करने के लिए। वेलेज़ली को 1805 में तभी वापस बुलाया गया जब उसके विजय के लिए किए गए युद्धों ने कंपनी के भारतीय प्रशासन को एक गंभीर वित्तीय संकट में डाल दिया।[115]

इस संदर्भ में यह समझना कठिन नहीं है कि हैदर अली और टीपू सुल्तान के शासन में मैसूर की राजनीतिक शक्ति को मद्रास और कर्नाटक में अंग्रेज़ों की स्थिति के लिए एक सुरक्षा संबंधी खतरा समझा जा रहा था। कुछ सालों के भीतर मैसूर की सीमाएँ उत्तर में कृष्णा नदी से लेकर पश्चिम में मलाबार तट तक फैल चुकी थीं, जिसके कारण निश्चित रूप से उसका टकराव उसके भारतीय पड़ोसियों से, खासकर हैदराबाद और मराठों से हुआ। और ये दोनों भी अकसर अंग्रेज़ों से मिले रहते थे, जो फ्रांसीसियों के साथ मैसूर की मित्रता के बारे में शंकित रहते थे। लेकिन खतरे की यह समझ वास्तविक कम और "भ्रामक" अधिक थी, क्योंकि अब भारत में फ्रांसीसियों के उत्थान की या बाहर से फ्रांसीसी हमले की संभावना नहीं के बराबर थी।[116] मलाबार तट के समृद्ध व्यापार पर मैसूर के नियंत्रण को भी अंग्रेज़ों के काली मिर्च और इलायची के व्यापार के लिए खतरा समझा जा रहा था। 1785 में टीपू सुल्तान ने अपने रजवाड़े की बंदरगाहों से काली मिर्च, चंदन की लकड़ी और इलायची के निर्यात पर प्रतिबंध लगा दिया। फिर 1788 में उसने अंग्रेज़ों से लेन-देन को पूरी तरह समाप्त कर दिया। अब कंपनी के निजी सौदागरों के हित निश्चित रूप से अपने व्यापारिक हितों की रक्षा के लिए प्रत्यक्ष राजनीतिक हस्तक्षेप की एक नीति की माँग करने लगे।[117] लेकिन सबसे अहम बात यह है कि टीपू सुल्तान मैसूर में एक सशक्त केंद्रीकृत और सैन्यीकृत राज्य बनाने के प्रयास कर रहा था, जिसकी भू-भाग संबंधी महत्त्वाकांक्षी योजनाएँ थीं और दक्षिण भारत की राजनीति को नियंत्रित करने की राजनीतिक आकांक्षा थी। इस तरह वह दक्षिण में कंपनी की अभी तक कमज़ोर स्थिति के लिए सबसे बड़ा खतरा बन गया। टॉमस मुनरो और अलेक्ज़ेंडर रीड जैसे युवा सैनिक अधिकारी देख रहे थे कि मैसूर का "वणिकवादी राज्य" (mercantilist state) दक्षिण में कंपनी के राज्य जैसी ही वर्चस्ववादी महत्त्वाकांक्षा का सूचक था, और इसलिए भारतीय राज्यों के बीच शक्ति-संतुलन के सिद्धांत पर आधारित किसी भी अप्रत्यक्ष शासन व्यवस्था के बारे में उसपर विश्वास नहीं किया जा सकता था। इसलिए मद्रास का असैनिक प्रशासन भले ही ढुलमुल रहा हो, वह गवर्नर जनरलों, पहले लॉर्ड कॉर्नवॉलिस और फिर लॉर्ड वेलेज़ली, से इस बात पर सहमत था कि मैसूर को समाप्त करना आवश्यक है।[118]

1799 में अंततः मैसूर के अधिग्रहण से पहले कंपनी और मैसूर के बीच लड़ाई के चार दौर (1767-69, 1780-84, 1790-92 और 1799) चले। पहले आंग्ल-मैसूर युद्ध में मराठे और निज़ाम हैदर अली के विरुद्ध अंग्रेज़ों के साथ थे; दूसरे में उन्होंने

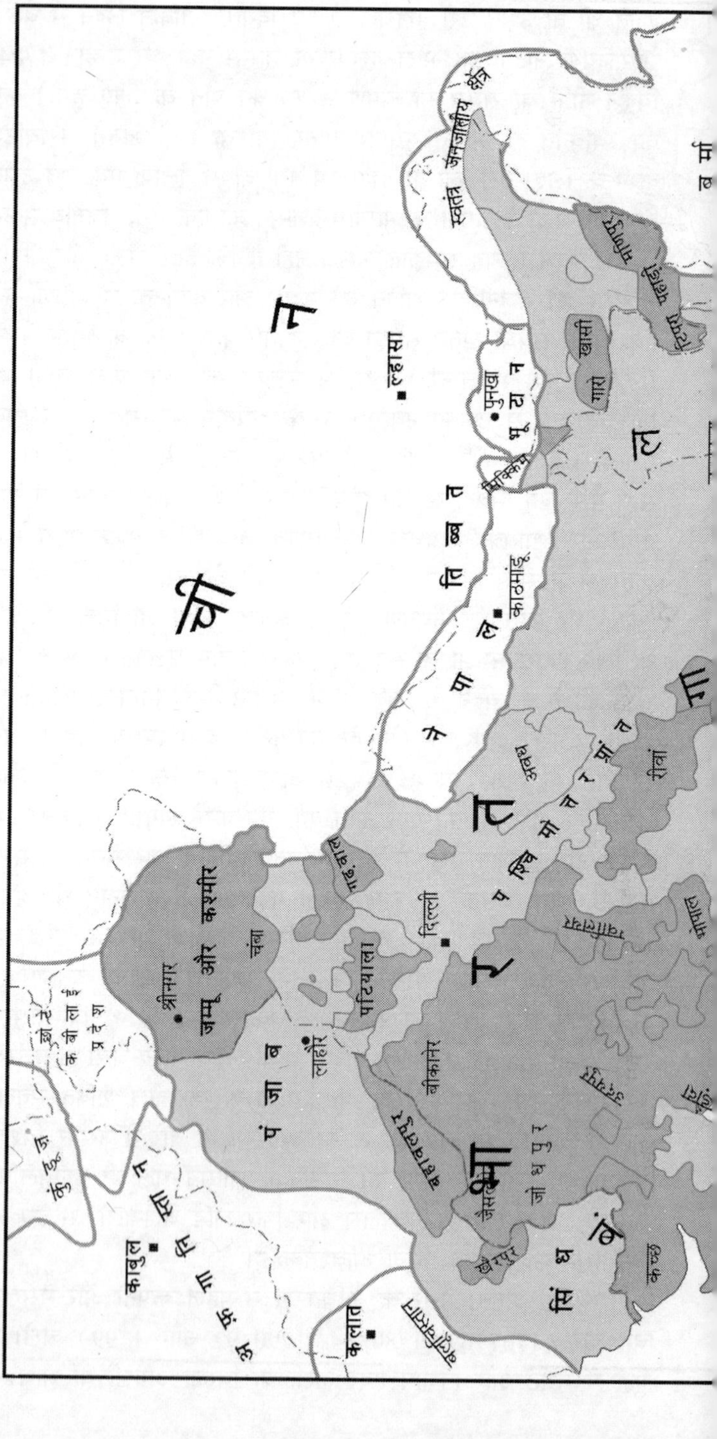
चीन
ल्हासा
नेपाल
काठमाडू
सिक्किम
पुनखा
भूटान
स्वतंत्र जनजातीय क्षेत्र
मणिपुर
खासी
गारो
अवध
रीवां
दिल्ली
गढ़वाल
पटियाला
जम्मू और कश्मीर
श्रीनगर
चंबा
लाहौर
पंजाब
बीकानेर
जोधपुर
बहावलपुर
खैरपुर
सिंध
कच्छ
उदयपुर
ग्वालियर
भोपाल
काबुल
कलात

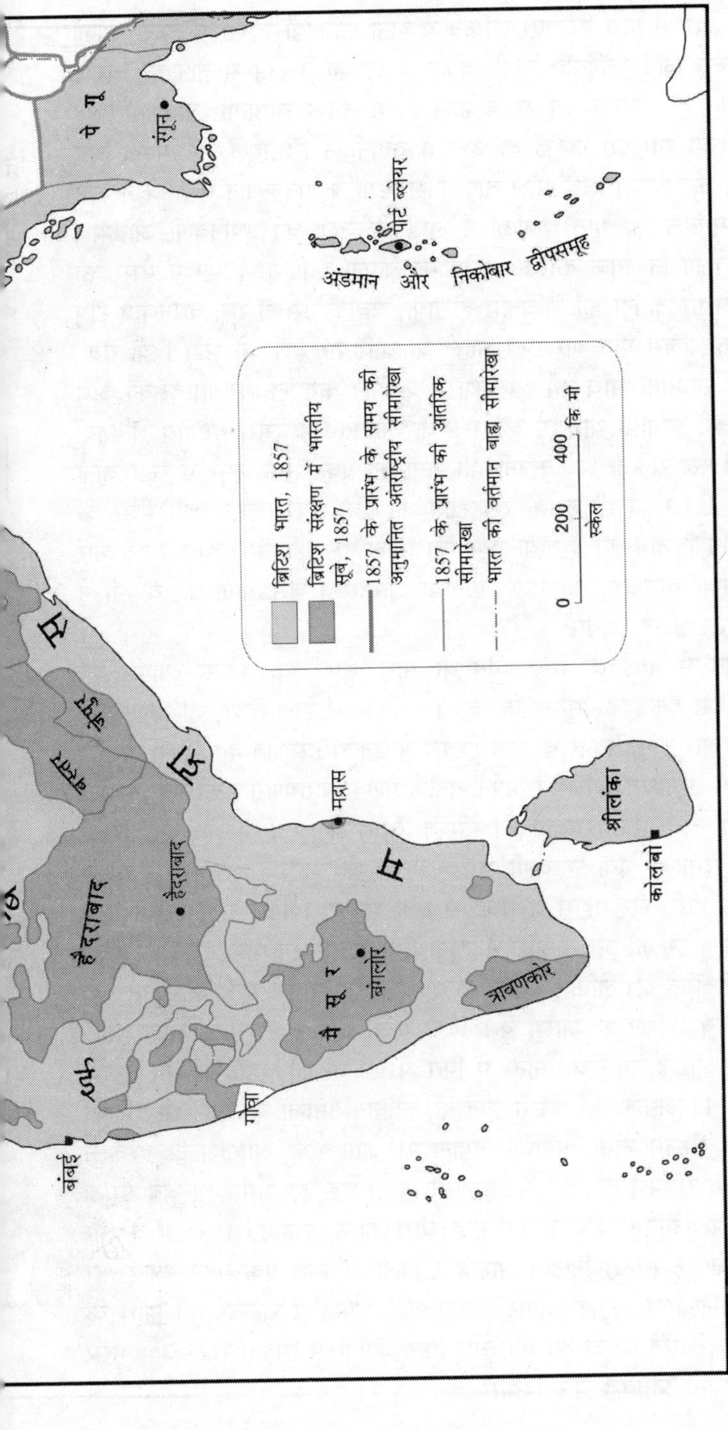


मानचित्र 3: भारत में ब्रिटिश अधिकार वाले क्षेत्र, 1857 में

अंग्रेज़ों के विरुद्ध हैदर से हाथ मिलाए। लेकिन ये दोनों शक्तियाँ 1790 में फिर अंग्रेज़ों के साथ हो गईं, जब लॉर्ड कॉर्नवॉलिस के काल में अंग्रेज़ों ने टीपू सुल्तान के विरुद्ध युद्ध की घोषणा कर दी, जिसने उस समय हाल ही में उनके सहयोगी, त्रावणकोर के राजा पर हमला किया था। इस लड़ाई के अंत में कंपनी ने डिंडीगुल, बड़ामहल और मलाबार पर कब्ज़ा कर लिया। कुछ साल बाद फ्रांसीसियों के पुनरुत्थान के हौवे ने और उनके साथ टीपू सुल्तान की गुप्त वार्ताओं ने लॉर्ड वेलेज़ली को उपनिवेशी आक्रमण के अंतिम दौर के लिए निर्णायक कार्रवाई करने का बहाना दे दिया। 1799 में मैसूर की राजधानी श्रीरंगपट्टम पर कंपनी का अधिकार हो गया, जबकि उसकी रक्षा करते हुए टीपू मारा गया। मैसूर को, जिसे एक बार फिर पहले के वाडियार वंश को सौंप दिया गया, लॉर्ड वेलेज़ली की सहायक संधि की व्यवस्था में शामिल कर लिया गया। इसका अर्थ स्वतंत्र मैसूर राज्य की समाप्ति था। इस व्यवस्था के अंतर्गत वह दूसरी यूरोपीय शक्तियों से कोई संबंध नहीं रख सकता था, कंपनी की सेना का एक दस्ता मैसूर में रखा जाना था, और मैसूर के खज़ाने से ही उसके रखरखाव का प्रबंध किया जाना था। मैसूर के इलाके का एक भाग निज़ाम को दे दिया गया, जो पहले ही सहायक संधि को स्वीकार कर चुका था, जबकि वायनाड, कोयंबटूर, कनाड़ा और सुंडा जैसे भागों को कंपनी ने सीधे अपने अधिकार में ले लिया।

इस तरह गुजरात से बंबई के रास्ते चीन के साथ कंपनी के कपास-व्यापार की अकस्मात वृद्धि ने उसे दकन की सुरक्षा के विषय में चिंता में डाल दिया, जो तब मराठा महासंघ के अंतर्गत था। उत्तराधिकार के एक विवाद ने उनको हस्तक्षेप का पहला अवसर प्रदान किया, क्योंकि रघुनाथराव, जिसने अपने भतीजे पेशवा नारायणराव को एक षड्यंत्र द्वारा मरवा डाला था, अब मराठा सरदारों का संयुक्त विरोध झेल रहा था और बंबई स्थित अंग्रेज़ों को अपना संभावित नया सहयोगी समझने लगा था। मार्च 1775 में गुजरात में रघुनाथराव की सेना हारी और मद्रास व बंबई से एक संयुक्त ब्रिटिश सेना उसके लिए पहुँच गई। 1776 में पुरंदर की अधूरी संधि ने रघुनाथराव से समर्थन वापस लेने के बदले कंपनी को अनेक रियायतें दी। लेकिन बंगाल के अधिकारियों ने इस संधि की पुष्टि नहीं की और 1777 में युद्ध फिर से आरंभ कर दिया गया। अब तक मराठा सेनाएँ नाना फड़नवीस, सिंधिया और होलकर के नेतृत्व में फिर से एकजुट हो चुकी थीं और उन्होंने वड़गाँव में (1779 में) अंग्रेज़ों को करारी मात दी। लेकिन अंग्रेज़ों को फिर भी दक्षिणी गुजरात का राजस्व मिलने लगा, क्योंकि बंगाल से आए एक शक्तिशाली दस्ते ने गायकवाड़ को उसके समर्पण के लिए मजबूर कर दिया। यह वह समय था जब मराठा शासन-व्यवस्था के राजनीतिक केंद्र में नाना फड़नवीस का उदय हुआ। 1781 में वे और भोंसले परिवार अंग्रेज़ों के विरुद्ध निज़ाम और हैदर अली के साथ एक महागठजोड़ कर चुके थे। लेकिन अनिर्णायक पहला आंग्ल-मराठा युद्ध 1782 में सलबई की संधि के द्वारा समाप्त हो गया, जिसने मराठों को एक बार फिर कंपनी से मित्रता रखने और मैसूर से टकराने के लिए भी प्रतिबद्ध कर दिया।

मराठा राज्य अब तक दुखद स्थिति में पहुँच चुका था, जिसका कारण सरदारों के बीच तीखा आंतरिक टकराव था। नाना फड़नवीस ने पेशवा को लगभग असहाय बना रखा था। 1795 में कुंठा के मारे पेशवा ने आत्महत्या कर ली और फिर उत्तराधिकार का जो विवाद उठा, उसने पूरी मराठा शासन-व्यवस्था को उलझाकर रख दिया। नया पेशवा बाजीराव द्वितीय नाना फड़नवीस से छुटकारा पाना चाहता था और उसने विभिन्न स्थानों पर सहयोगियों की तलाश की। 1800 में फड़नवीस की मृत्यु के बाद अफ़रातफ़री और गहरी हो गई। जहाँ दौलतराव सिंधिया ने पेशवा का समर्थन किया, वहीं होलकर की सेना ने मालवा में उसके इलाकों को लूटना शुरू कर दिया। निराश पेशवा ने सहायता के लिए एक बार फिर कंपनी की ओर देखा। इस बीच वेलेज़ली के आने के बाद भारतीय राज्यों के प्रति ब्रिटेन के रवैयों में एक उल्लेखनीय परिवर्तन आ चुका था, जैसा कि हमने देखा, हैदराबाद सहायक संधि को स्वीकार कर चुका था; जबकि 1799 में मैसूर को कुचला जा चुका था। इस तरह कंपनी को मराठों का अब सीधा सामना करना पड़ा, जो उपमहाद्वीप में अकेली बची महत्त्वपूर्ण देशी शक्ति थे। होलकर की सेना ने जब अक्तूबर 1802 में पेशवा की सेना को हराया और पूना को लूटा, तो पेशवा भागकर अंग्रेज़ों के पास बसाईं चला गया और उसे 1803 में एक सहायक संधि पर हस्ताक्षर के लिए विवश कर दिया गया। सूरत को कंपनी को सौंप दिया गया, जबकि पेशवा ने एक अंग्रेज़ सेना का खर्च उठाने तथा अपने दरबार में नियुक्त अंग्रेज़ रेज़िडेंट से सलाह-मशविरा करते रहना स्वीकार कर लिया। उसके बाद बाजीराव को पहरे में पूना भेजकर पद पर बिठाया गया। लेकिन इसका अर्थ अभी भी स्वतंत्र मराठा सत्ता का अंत नहीं था।

वास्तव में यही दूसरे आंग्ल-मराठा युद्ध (1803-05) का आरंभ था, क्योंकि होलकर ने शीघ्र ही पेशवा-पद के लिए एक विरोधी उम्मीदवार पेश कर दिया और सहयोगियों की खोज करने लगा। दूसरी ओर, लॉर्ड वेलेज़ली और लॉर्ड लेक ने एक बड़ी सेना उतारी और अगले दो वर्षों तक पूरे मराठा प्रदेश में विभिन्न मोर्चों पर लड़ाई चलती रही। अंत में मराठों के अनेक अधीनस्थों, जैसे राजपूत राज्यों, जाटों, रोहिल्लों और उत्तरी मालवा के बुंदेलों पर अधीनता की संधियाँ लादी गईं। उड़ीसा को नियंत्रण में ले लिया गया, जबकि सिंधिया के साथ की गई एक संधि ने दिल्ली और आगरा सहित यमुना नदी से उत्तर उसके सारे इलाके, गुजरात में उसके सभी इलाके और दूसरे मराठा घरानों पर उसके दावे अंग्रेज़ों को सौंप दिए। इस संधि ने दूसरे यूरोपीय को किसी भी मराठा सेना में सेवा करने से मना कर दिया और मराठा घरानों के किसी भी विवाद में अंग्रेज़ों को मध्यस्थ बना दिया। लेकिन यह भी मराठा सत्ता का पूर्ण अंत नहीं था।

दूसरी ओर लड़ाइयों का अर्थ कंपनी पर भारी आर्थिक बोझ था और कोर्ट ऑफ़ डायरेक्टर्स ने, जो लॉर्ड वेलेज़ली की 'आगे बढ़ो' की नीति से पहले ही असंतुष्ट था, उसे 1805 में वापस बुला लिया। अहस्तक्षेप की नीति अपनाने का सुस्पष्ट निर्देश देकर लॉर्ड कॉर्नवॉलिस को फिर से भारत का गवर्नर जनरल बनाया गया। इसके कारण होलकर और सिंधिया जैसे मराठा सरदारों को अपनी खोई हुई शक्ति को एक सीमा तक

फिर से पाने का अवसर दिया, जबकि उनके अनियमित सैनिक, जिनको पिंडारी कहा जाता था, मालवा और राजस्थान के गाँवों को लूटने लगे। यह स्थिति कुछ समय तक, 1813 में लॉर्ड हेस्टिंग्ज़ के गवर्नर जनरल बनकर आने तक, जारी रही। उसने 'सर्वोच्चता' की नई नीति आरंभ की, जिसमें भारत को दूसरी शक्तियों के हितों पर, सर्वोच्च शक्ति के रूप में, कंपनी के हितों को वरीयता दी गई और अपने हितों की रक्षा के लिए कंपनी किसी भी भारतीय राज्य का वैधता के साथ अधिग्रहण कर सकती थी या अधिग्रहण करने की धमकी दे सकती थी।[119] इन्हीं दिनों पेशवा बाजीराव द्वितीय ने मराठा सरदारों को लामबंद करके अंग्रेज़ों से अपनी स्वतंत्रता फिर से पाने का अंतिम असफल प्रयास किया। इसका परिणाम तीसरा आंग्ल-मराठा युद्ध (1817-19) था, जिसमें होलकर की सेना और पिंडारियों को बुरी तरह कुचल दिया गया। अंग्रेज़ों ने पेशवा के इलाकों पर पूरा नियंत्रण स्थापित कर लिया और स्वयं पेशवा-पद को समाप्त कर दिया गया। भोंसले और होलकर के इलाकों के काफी बड़े भाग भी, जब उन्होंने अधीनता की संधि पर हस्ताक्षर किए तो, कंपनी के को दे दिए गए।[120] अब विंध्य से दक्षिण के सभी क्षेत्रों पर कंपनी का पूरा-पूरा नियंत्रण हो गया।

उत्तर भारत में भी अब तक व्यापक पैमाने पर भू-क्षेत्र जीते जा चुके थे। बक्सर के युद्ध और इलाहाबाद की संधि के बाद से ही अवध बंगाल में कंपनी की स्थिति और उत्तर भारत की राजनीति के बीच एक तटस्थ राज्य का काम कर रहा था, और इस राजनीति को खासकर मराठों ने भँवर में डाल रखा था। 1773 में लखनऊ दरबार में एक अंग्रेज़ रेज़िडेंट रखकर और अवध में स्थायी रूप से एक ब्रिटिश सैनिक टुकड़ी रखकर, जिसका खर्च एक अनुदान के रूप में नवाब शुजाउद्दौला को उठाना था, अवध में ब्रिटेन के रणनीतिक हितों को सुरक्षित किया गया। लेकिन शीघ्र ही यह एक विवादास्पद प्रश्न बन गया, क्योंकि कंपनी द्वारा अनुदान की राशि की माँग धीरे-धीरे बढ़ती गई। इस बढ़ती माँग को पूरा करने के लिए नवाब को नए कर लगाने पड़े, जिसके कारण ताल्लुकदारों के साथ उसके संबंध बिगड़े। राज्य में राजनीतिक अस्थिरता के बढ़ने का मुख्य कारण यही था, जो अंततः सीधे-सीधे अधिग्रहण का बहाना बन गया। वॉरेन हेस्टिंग्ज़ ने, जो 1774 में गवर्नर जनरल बना, पहले तो यह तर्क दिया कि अनुदान का नियमित भुगतान सुनिश्चित करने का सबसे अच्छा उपाय यह था कि अवध के उतने इलाके का अधिग्रहण कर लिया जाए, जितने का भू-राजस्व अनुदान की राशि के बराबर हो। फ्रांसीसियों और मैसूर के साथ हुए युद्ध से परेशान कंपनी को उस चरण में धन की बहुत आवश्यकता थी। यह बात बनारस के चैतसिंह से की गई माँगों, उसकी दे सकने में असमर्थता और फिर अगस्त 1781 में उसके पदच्युत करने से पूरी तरह स्पष्ट हो गई। यही संकट सीधे-सीधे वॉरेन हेस्टिंग्ज़ के निर्देश पर अभी भी शुजा के खज़ानों को नियंत्रित करनेवाली अवध की बेगमों से धन ऐंठने की विचित्र कहानी में भी व्यक्त हुआ। स्पष्ट रूप से बहाना नवाब पर कंपनी के बढ़ते ऋण को चुकाने का था।

इस तरह स्पष्ट है कि अवध का अधिग्रहण कुछ समय से चर्चा में था और वेलेज़ली

ने इसे 1801 में एक ठोस रूप दिया, जब नवाब ने यह आशंका व्यक्त की कि हो सकता है वह अनुदान की अदायगी न कर सके; इस अधिग्रहण के और भी कारण थे। इलाहाबाद की संधि के बाद से ही नवाब शुजाउद्दौला निजी यूरोपीय व्यापारियों और उनके भारतीय **गुमाश्तों** (नौकरों) द्वारा कंपनी के शुल्क-मुक्त व्यापार संबंधी अधिकारों का जमकर दुरुपयोग किए जाने की शिकायतें करता आ रहा था। कंपनी के अधिकारियों ने आधे-अधूरे मन से ही उसे रोकने का प्रयास किया, क्योंकि इन सौदागरों पर अंकुश लगाना उनकी शक्ति से बाहर था। इसके अलावा, बंगाल से अंग्रेज़ों के समुद्रमार्गी व्यापार के प्रसार के बारे में अवध निर्णायक महत्त्व प्राप्त कर चुका था। अठारहवीं सदी के आखिरी दशक में लंदन में नील की माँग बढ़ रही थी और भारत से नील के कुल निर्यात का लगभग 3/5 भाग अवध से आ रहा था। उन्नीसवीं सदी के आरंभ से साम्राज्यिक व्यापार-संतुलन को ब्रिटेन के पक्ष में रखने के लिए अवध का कच्चा कपास चीन के बाज़ार में आपूर्ति की एक और प्रमुख मद बनता जा रहा था।[121] "मुक्त व्यापार" सुनिश्चित करने के लिए लॉर्ड कॉर्नवॉलिस के समय में जो संधि 1788 में की गई थी, उसके बाद भी अवध के निर्यात पर नवाब द्वारा लगाए गए करों की भारी दर इस संदर्भ में निश्चित ही चिढ़ का कारण थी।[122] लॉर्ड वेलेज़ली के आने के बाद कंपनी की नीतियों में जब ज़ोरदार प्रसार के पक्ष में झुकाव आया, तो अवध का अधिग्रहण निश्चित लगने लगा।

हस्तक्षेप का पहला अवसर 1797 में नवाब आसफुद्दौला की मृत्यु ने दिया, जो 1775 में शुजा का उत्तराधिकारी बना था। अंग्रेज़ों ने उसके बेटे के उत्तराधिकार के दावे को मान्यता देने से इनकार कर दिया और दिवंगत नवाब के भाई सआदत अली खाँ को तख्त पर बिठा दिया। इसकी कीमत के रूप में सआदत कुछेक इलाके सौंपने और सालाना 76 लाख रुपए का भारी-भरकम अनुदान देने के लिए तैयार हो गया। फिर भी, इससे समस्या हल नहीं हुई, क्योंकि अनुदान देने के लिए तत्पर होने के बावजूद नया नवाब अपने प्रशासन में अंग्रेज़ों का हस्तक्षेप स्वीकार करने को तैयार नहीं था। इसलिए 1801 में वेलेज़ली ने उस पर एक संधि थोपने के लिए अपने भाई हेनरी को भेजा, जिसका परिणाम अनुदान के स्थायी भुगतान के रूप में आधे अवध का अधिग्रहण था। वास्तव में इसका अर्थ रुहेलखंड, गोरखपुर और दोआब से हाथ धोना था, जहाँ से 1,35,23,475 रुपए का, अनुदान की रकम के लगभग दोगुने के बराबर, राजस्व मिलता था।[123] वेलेज़ली ने एक लंबा-चौड़ा नैतिक तर्क देकर अपनी कार्रवाई को उचित ठहराया, यह कि सड़-गल चुके देसी प्रशासन से अवध को बचाना उसका उद्देश्य था।[124] लेकिन साम्राज्यवाद की राजस्व और व्यापार संबंधी माँगों से इस प्रश्न को अलग कर सकना कठिन है।[125] इससे भी अहम बात यह है कि समस्या यहीं समाप्त नहीं हुई। 1801 के बंदोबस्त ने अंग्रेज़ों की लूट-खसोट को समाप्त नहीं किया, हालाँकि इसका उद्देश्य अनुदान का अंतिम भुगतान था। लखनऊ का रेज़िडेंसी कार्यालय धीरे-धीरे अवध में सत्ता का एक वैकल्पिक केंद्र बन गया, औरं उसने विभिन्न प्रकार के अनुग्रहों और

राजनीतिक संरक्षण के बदले खरीदारियाँ करके अपने दरबारियों, प्रशासकों और ज़मींदारों की पूरी एक सेना खड़ी कर ली। इस तरह रेज़िडेंट ने व्यवस्थित रूप से नवाब को सबसे अलग-थलग किया, उसकी राजनीतिक और नैतिक सत्ता को कमज़ोर किया, तथा उसकी सैन्य क्षमताओं को कम किया।[126] लॉर्ड डलहौज़ी ने कुशासन के आधार पर 1856 में जब बचे-खुचे अवध का अधिग्रहण किया, तो वह एक लंबी खिंच चुकी प्रक्रिया का मात्र एक तार्किक परिणाम था।

पंजाब के सिख अब उत्तर भारत में बची एकमात्र बड़ी शक्ति थे। सिख सत्ता को मज़बूती अठारहवीं सदी के अंतिम वर्षों (1795-98) में रणजीत सिंह के काल में मिली थी। उसके जीवनकाल में अंग्रेज़ों के साथ कोई बड़ा तनाव पैदा नहीं हुआ, पर उसकी मृत्यु के बाद पंजाब राजनीतिक अस्थिरता का शिकार हो गया। बहुत थोड़े-थोड़े समय के लिए अनेक व्यक्ति सत्ता में आए और पूरा क्षेत्र उत्तराधिकार की लंबी और खूनी लड़ाइयों में उलझ गया। लेकिन इन पारिवारिक संघर्षों और दरबारी षड्यंत्रों में योगदान उस संवेदनशील शक्ति-संतुलन की समाप्ति ने दिया, जिसे पुश्तैनी सरदारों और नवाबों के बीच, और शाही दरबार में पंजाबी और जम्मू के डोगरा कुलीनों के बीच रणजीत सिंह ने बनाकर रखा था। नौकरशाहों के भ्रष्टाचार और सरदारों के बीच के अंतहीन टकराव ने पंजाब की अर्थव्यवस्था को पंगु करके रख दिया। सेना के खर्च में वृद्धि के कारण 1839 के बाद गाँवों में राजस्व की माँगें बढ़ीं, जिसके कारण राजस्व-संग्रह का ज़मींदारों ने प्रतिरोध किया। दूसरी ओर, कारदारों ने भूस्वामी ज़मींदारों को लूटना और तेज़ कर दिया और केंद्रीय राजकोष को भी धोखा देते रहे। इन विकासक्रमों ने पंजाबी समाज के अंदर अपसारी प्रवृत्तियों को और बढ़ावा ही दिया।[127] व्यापारी वर्ग राजनीतिक बाधाओं के कारण त्रस्त था और यह पूरी स्थिति अंग्रेज़ों को हस्तक्षेप के अवसर दे रही थी।

संक्षेप में यह कि 1839 में जब रणजीत सिंह की मृत्यु हुई, तो उसने अपने बेटे खड़क सिंह को उत्तराधिकारी नियुक्त किया। वह बहुत योग्य प्रशासक नहीं समझा जाता था और अपने डोगरा वज़ीर राजा ध्यान सिंह पर निर्भर हो गया। यह संबंध शुरू में सौहार्द्र से भरा हुआ था, पर शीघ्र ही दरबार के डोगरा-विरोधी गुट को संरक्षण देकर महाराजा ने अपने वज़ीर के पंख कतरने का प्रयास किया। पर वज़ीर ने मुकाबला किया और महाराजा के बेटे नौनिहाल सिंह से गठजोड़ कर लिया। लेकिन यह सिलसिला बहुत आगे बढ़े, उससे पहले ही 1840 में खड़क सिंह की मृत्यु हो गई, और उसके कुछ ही समय बाद उसका बेटा एक दुर्घटना में मारा गया। तख्त पर दावे किए शेर सिंह ने, जो जीवित बचे छह शाहज़ादों में एक था, और खड़क सिंह की विधवा महारानी चाँद कौर ने, जिसने अपने अनजन्मे पोते की ओर से दावा पेश किया, जिसको नौनिहाल सिंह की विधवा हो चुकी पत्नी के गर्भ से पैदा होना था। इस टकराव में शेर सिंह का साथ डोगरा गुट ने दिया, जबकि महारानी के दावे को सिंधाँवालिया सरदारों ने समर्थन दिया, जो शाही खानदान की एक और शाखा थे। दोनों दावेदारों ने कंपनी से समर्थन की प्रार्थना की, पर कंपनी ने हस्तक्षेप न करने का निर्णय किया। शेर सिंह अंततः डोगराओं द्वारा रचे गए एक विचित्र

षड्यंत्र के कारण महाराजा बना और एक बार फिर अतिशय शक्तिशाली डोगरा वज़ीर राजा ध्यान सिंह पर निर्भर हो गया। फिर भी, जैसा कि पहले भी हुआ था, कुछ ही समय बाद महाराजा ने अपने वज़ीर की शक्ति कम करने की कोशिश की और दरबार में उसके विरोधियों से गठजोड़ करने लगा, जैसे सिंधाँवालियों से और अन्य पुश्तैनी सरदारों से। लेकिन यह रणनीति उल्टी पड़ी, क्योंकि सिंधाँवालियों ने 1843 में उसके बेटे के साथ-साथ उसे, और वज़ीर ध्यान सिंह की भी, हत्या करके अपना बदला ले लिया। लेकिन फिर बाज़ी को वज़ीर के बेटे राजा हीरा सिंह डोगरा ने पलट दिया, जिसने सेना के एक भाग को अपनी ओर कर लिया, सिंधाँवालियों को नष्ट कर दिया और रणजीत सिंह के सबसे छोटे बेटे, पाँच साल के दलीप सिंह को तख्त पर बिठाकर खुद उसका वज़ीर बन बैठा।

महल के षड्यंत्रों और सरदारों की आपसी शत्रुताओं का यहीं अंत नहीं हुआ। लेकिन अब तक खालसा सेना अपने आप में एक शक्ति बन चुकी थी, और वह पंजाब की राजनीति को नियंत्रित करने लगी। शेर सिंह के शासनकाल में सेना ने **पंचायतें** (रेज़िमेंटों की समितियाँ) बना रखी थीं, जिनकी महाराजा तक सीधी पहुँच थी। अब ये पंचायतें दरबार से अधिक से अधिक रियायतों की माँग करने लगीं और हीरा सिंह सेना को पहले से अधिक धन देकर ही अपने को बचाए रख सकता था। लेकिन यह बहुत दिनों तक नहीं चला, क्योंकि सेना और पुश्तैनी सरदारों में डोगरा-विरोधी भावनाएँ पैदा होने लगीं। हीरा सिंह का दिसंबर 1844 में कत्ल कर दिया गया, जिसके बाद दलीप सिंह की माँ महारानी ज़िंदाँ रीजेंट बनी और उसका भाई सरदार जवाहर सिंह वज़ीर बना। लेकिन व्यवहार में वह सेना के हाथों की कठपुतली ही बना रहा। खालसा सेना के इसी राजनीतिक उदय ने, उसके लोकतांत्रिक गणतंत्रवादी नए प्रयोगों ने और लाहौर में किसी स्थिर सरकार के न होने की संभावना ने ही अंग्रेज़ों को पंजाब के बारे में चिंतित कर दिया। उन्नीसवीं सदी के आरंभ में कंपनी सिख राज्य को एक ओर अपने उत्तर भारतीय क्षेत्रों और दूसरी ओर फ़ारस और अफ़गानिस्तान की मुस्लिम शक्तियों के बीच एक तटस्थ शक्ति के रूप में बनाए रखना चाहती थी। लेकिन निरंतर वर्तमान राजनीतिक अस्थिरता ने उस योजना को अव्यावहारिक बना दिया और इसलिए 1840 के दशक के आरंभिक वर्षों में बहुत से लोग एक आंग्ल-सिख टकराव को अपरिहार्य समझने लगे। अंग्रेज़ों की ओर से इसके लिए 1843 में तैयारियाँ आरंभ हुईं और जब स्थिति में स्थिरता नहीं आई और सेना ने सितंबर 1845 में जवाहर सिंह को मौत के घाट उतार दिया, तो लॉर्ड हार्डिंग्ज़ ने तय किया कि मुकाबले का समय आ चुका है। उसने 13 दिसंबर 1845 को लाहौर राज्य के विरुद्ध युद्ध की घोषणा कर दी और इस तरह पहला आंग्ल-सिख युद्ध आरंभ हो गया।[128]

नेतृत्व की असफलता और कुछ सरदारों की गद्दारी प्रचंड सिख सेना की हार का कारण बनी। मार्च 1846 में लाहौर की अपमानजनक संधि के फलस्वरूप अंग्रेज़ों ने जलंधर दोआब को हड़प लिया और कश्मीर जम्मू के राजा गुलाब सिंह डोगरा को दे

दिया गया, जो कंपनी के प्रति उसकी वफ़ादारी का पुरस्कार था। लाहौर की सेना की संख्या घटा दी गई और वहाँ एक अंग्रेज़ सेना रख दी गई। दिसंबर की एक अन्य संधि ने महारानी ज़िंदाँ को रीजेंट-पद से हटा दिया, एक रीजेंसी काउंसिल का गठन किया और लाहौर के अंग्रेज़ रेज़िडेंट को राज्य के हर विभाग के कार्यकलापों के निर्देशन और नियंत्रण का व्यापक अधिकार दे दिया। लेकिन अंग्रेज़ों का अंतिम उद्देश्य पंजाब का पूरा अधिग्रहण था, जिसे दूसरे आंग्ल-सिख युद्ध के बाद 1849 में गवर्नर जनरल लॉर्ड डलहौज़ी ने पूरा किया। दो सिख सूबेदारों, मुल्तान के दीवान मूल राज और सरदार चत्तरसिंह अटारीवाला और उसके बेटे हरीपुर के राजा शेर सिंह का विद्रोह हमले का तात्कालिक कारण था। लड़ाई के पहले दो चरणों नवंबर 1848 में रामनगर में और जनवरी 1849 में चिलियाँवाला में अंग्रेज़ों को भारी नुकसान उठाना पड़ा। लेकिन जल्द ही, फरवरी-मार्च में स्थिति पलट गई, क्योंकि विद्रोही सरदारों ने एक-एक करके समर्पण कर दिया। 29 मार्च 1849 को महाराजा दलीप सिंह ने अधिग्रहण के दस्तावेज़ पर हस्ताक्षर किया, फिर तो पंजाब भारत में ईस्ट इंडिया कंपनी के साम्राज्य का एक प्रांत बन गया।[129]

उन्नीसवीं सदी में भारत के दूसरे भाग भी धीरे-धीरे कंपनी के प्रत्यक्ष या अप्रत्यक्ष नियंत्रण में आए, क्योंकि स्वयं साम्राज्य–या और सही-सही कहें तो साम्राज्य का संरक्षण–और अधिक साम्राज्यिक प्रसार के औचित्य का तर्क बन गया। भारत के सत्ताधीश और खासकर सैन्य प्रतिष्ठान भारतीय साम्राज्य के लिए हमेशा बाहरी खतरे और अंदरूनी खतरे के भी अनुमान लगाते रहे, और तलवार की शक्ति का ज़ोरदार प्रदर्शन उनकी समझ में सुरक्षा की सबसे अच्छी गारंटी था। और आगे प्रसारवादी आक्रमण के विरुद्ध कंपनी के लंदन स्थित डायरेक्टरों के मन में सतर्कता की जो भी मंशा रही हो, इस तर्क ने उन सबको किनारे लगा दिया। शांति सुनिश्चित करने और खर्चीले साम्राज्यिक युद्धों से बचने का सुस्पष्ट निर्देश लेकर लॉर्ड एम्हर्स्ट गवर्नर जनरल के रूप में भारत आया, पर बंगाल की पूर्वोत्तर सीमा पर उसे बर्मा के साथ बढ़ते संकट का सामना करना पड़ा। बर्मा का राजतंत्र अठारहवीं सदी के उत्तरार्द्ध से ही प्रसारवादी प्रवृत्तियाँ दिखाने लगा था, जब उसने पेगू, तेनासरीम और अरकान को अधीन बनाया और फिर उन्नीसवीं सदी के आरंभिक वर्षों में मणिपुर, कछार और अंत में असम तक अपना प्रभाव क्षेत्र बढ़ा लिया। अधिग्रहण हमेशा अतीत की इन कार्रवाइयों का परिणाम नहीं रहा, और इसलिए आरंभ के गवर्नर जनरलों ने उनको अनदेखा करना ही उचित समझा। लेकिन 1822-23 में, लगभग छह वर्षों तक साम्राज्यिक युद्धों में ठहराव के बाद, आंग्ल-भारतीय सैनिक कुलीनवर्ग यह तर्क देने लगा कि साम्राज्य के अंदरूनी शत्रुओं की हिम्मत बर्मा की धृष्ठ घुसपैठों के कारण बढ़ रही थी। इसलिए ज़रूरी है कि बर्मा को एक सबक सिखाया जाए, और बेहतर हो कि ताकत का ज़ोरदार प्रदर्शन करके सिखाया जाए।[130] इस तरह 1824-28 में कंपनी का पहला बर्मा युद्ध आरंभ हुआ, जिसका परिणाम था पूर्वोत्तर भारत में असम और नगालैंड का तथा दक्षिणी बर्मा में अरकान और तेनासरीम का अधिग्रहण।

1830 में कछार कंपनी के इलाके में शामिल कर लिया गया; कुर्ग का अधिग्रहण आगे चलकर लॉर्ड बेंटिंक ने 1834 में किया।

बर्मा अगर उत्तर-पूर्व में एक खतरा था, तो क्रीमिया के युद्ध (1854-56) से पहले और बाद में रूस का डर उत्तर-पश्चिम में अंग्रेज़ों के प्रसार का प्रमुख कारण था। अफ़गान तख्त पर एक सत्ताच्युत अमीर को दोबारा बिठाकर अप्रत्यक्ष शासन करने के लिए लॉर्ड आकलैंड ने 1838-42 में पहला अफ़गान युद्ध लड़ा और लॉर्ड एलनबरो ने 1843 में सिंध पर कब्ज़ा किया। लेकिन कंपनी के राज में प्रसारवादी प्रवृत्तियाँ लॉर्ड डलहौज़ी के काल (1848-56) में ही सबसे स्पष्ट हुईं। उसके 'विलय सिद्धांत' (Doctrine of Lapse) का अर्थ एक नर उत्तराधिकारी को जन्म दिए बिना मरनेवाले भारतीय शासकों के इलाकों का अधिग्रहण था। इस सिद्धांत के सहारे उसने सतारा (1848), संभलपुर और बगहट (1850), उदयपुर (1852), नागपुर (1853) और झाँसी (1854) पर अधिकार किया। दूसरे बर्मा युद्ध (1852-53) का परिणाम पेगू का अधिग्रहण था, जबकि कंपनी की सेना के लिए अनुदान सुनिश्चित करने के लिए उसने 1853 में हैदराबाद से बरार ले लिया। इस तरह 1857 तक कंपनी भारतीय उपमहाद्वीप का लगभग 63 प्रतिशत क्षेत्र हथिया चुकी थी और उसकी 78 प्रतिशत से अधिक जनता को अधीन बना चुकी थी।[131] शेष क्षेत्रों को भारतीय राजाओं के पास छोड़ दिया गया, जिनका उपयोग 1858 के बाद ब्रिटिश राज से उनकी जनता की वफ़ादारी सुनिश्चित करने के लिए किया गया। कंपनी की नीतियाँ अब अधिग्रहण से हटकर अप्रत्यक्ष शासन के पक्ष में हो चुकी थीं।[132] लेकिन प्रायः इन रजवाड़ों को ज़बरदस्त ब्रिटिश हस्तक्षेप का सामना करना पड़ता था, हालाँकि औपचारिक रूप से आगे कोई और अधिग्रहण नहीं हुआ (इन रजवाड़ों और अप्रत्यक्ष शासन के बारे में और विस्तृत जानकारी के लिए अध्याय 2.4 देखें)।

संक्षेप में कहें, तो चाहे इसके पीछे ब्रिटेन की सरकार की मंशा रही हो या मौके पर उपस्थित, ईस्ट इंडिया कंपनी के कर्मचारियों ने यह षड्यंत्र रचा हो–जो माना जाता है कि अठारहवीं सदी के भारत के राजनीतिक संकट के कारण एक विजय-अभियान के चंगुल में फँस गए–पर अठारहवीं सदी के अंतिम और उन्नीसवीं सदी के आरंभिक वर्षों के भारत में साम्राज्यवाद की इस कहानी में व्यापारिक और राजनीतिक प्रसार के संबंध को देख पाना कोई कठिन नहीं है। ब्रिटिश साम्राज्यिक इतिहास की निरंतरताओं की पहचान करते हुए गैलगर और रॉबिनसन (1953) ने तर्क दिया था कि ब्रिटिश नीति को सूत्र-रूप में "व्यापार जहाँ संभव हो वहाँ अनौपचारिक नियंत्रण के साथ; व्यापार जहाँ आवश्यक हो वहाँ शासन के साथ" कहा जाना चाहिए। लेकिन यह बात कही जानी चाहिए कि ऐसे वैश्लेषिक प्रवर्गों के अंतर अपेक्षाकृत संदिग्ध होते हैं, प्रत्यक्ष शासन सुनिश्चित करने की आवश्यकता अधिकतर अनौपचारिक नियंत्रण के द्वारा व्यापारिक लाभ पाने के प्रयासों के ही कारण पैदा हुई। निजी व्यापार का विकास और स्वतंत्र सौदागरों के कार्यकलापों का प्रसार ब्रिटेन की शक्ति के बढ़ने पर निर्भर था और इसने

टकराव की संभावनाएँ पैदा कीं। भारतीय राजाओं को लगातार उन्मुक्ति (immunity) और रियायतें देने के लिए विवश किया गया और अंततः ऐसी उत्तरोत्तर माँगों ने भारतीय राज्यों की सत्ता को कमज़ोर किया। कंपनी को कारगर दबाव डालना इसलिए सरल लगा कि भारतीय राजाओं के बीच शत्रुताएँ थीं और उनके दरबारों में गुटबंदी थी, जिसने एक संयुक्त मोर्चे के निर्माण को बाधित किया। ब्रिटिश शक्ति के विरुद्ध भारतीय राजाओं का एक महासंघ बनाने के बारे में नाना फड़नवीस का सपना कभी साकार नहीं हुआ।[133]

इस तरह कंपनी के सिलसिले में व्यापार ने विजय की इच्छा को जन्म दिया और राजनीतिक वैमनस्यों ने इसका अवसर प्रदान किया; अब प्रश्न केवल एक साम्राज्य बनाने की क्षमता का रह गया था। मुगलों के पतन के बावजूद उत्तराधिकारी राज्य कमज़ोर नहीं थे, हालाँकि सैन्य संगठन और प्रौद्योगिकी की दृष्टि से उनकी सेनाएँ यूरोपीय सेनाओं के मुकाबले पिछड़ी हुई थीं। आंग्ल-फ्रांसीसी शत्रुता के कारण ब्रिटिश सम्राट की सेनाएँ बड़े पैमाने पर भारत में आईं और इसके कारण ब्रिटेन के सैन्यबल में वृद्धि हुई, जो भारतीय साम्राज्य के मामलों में मेट्रोपोलिस की पहले से अधिक संलग्नता का सूचक था। लेकिन इससे भी महत्त्वपूर्ण बात यह थी कि इस चरण में कंपनी ने भारत में अपनी एक सेना बनाने का निर्णय किया, जिसे यूरोपीय अधिकारी प्रशिक्षित और संचालित करते थे। कंपनी की इस सेना का आकार निरंतर बढ़ता गया और उसे उसके राजनीतिक विरोधियों पर एक निर्णायक सैनिक श्रेष्ठता प्राप्त हुई। दूसरी ओर, स्वयं यह नई सेना भारतीय राजाओं से नई-नई माँगों का कारण बन गई और इस कारण अनुदानों की राशि और भुगतान के बारे में बराबर तनाव जारी रहा। व्यापार के सुगम संचालन के लिए एक अनिवार्य दशा के रूप में स्थिर सीमाओं के प्रति कंपनी का सम्मोह विजय का एक और कारण बन गया, क्योंकि हर अधिग्रहण के बाद सीमाएँ फिर अस्थिर हो जाती थीं और इसलिए और विजय आवश्यक हो जाती थीं। लेकिन सेना के इसी प्रतिष्ठान ने, जो भारतीय राजस्व का सबसे बड़ा भाग हड़प जाता था, जानबूझकर भय का ऐसा वातावरण पैदा किया और उसे मज़बूत बनाया, जो लगातार या तो एक कथित रूप से सैन्यीकृत भारतीय समाज की ओर से या फिर बाहर से साम्राज्य की सुरक्षा के लिए खतरों का हौआ खड़ा करता रहता था। इस तरह विजय की प्रक्रिया स्वयं को स्थायी बनाने और वैध ठहराने वाली प्रक्रिया बन गई, जो सेना के एक विशाल प्रतिष्ठान के रखरखाव का औचित्य प्रदान करती थी (सेना पर और अधिक चर्चा के लिए अध्याय 2.4 देखें)।

ईस्ट इंडिया कंपनी की सफलता प्रतियोगियों की तुलना में उसकी अधिक संसाधन जुटाने की क्षमता पर भी निर्भर थी। कंपनी की सेना के लिए मोर्चे पर लड़नेवाले सैनिकों को मुगलों के उत्तराधिकारी राज्यों की सेवा कर रहे सैनिकों की तुलना में बेहतर भोजन मिलता था और नियमित वेतन भी। हुंडियों के माध्यम से बड़ी-बड़ी राशि का नियंत्रण और स्थानांतरण करनेवाले भारतीय साहूकार भी लगता है कि अस्थिर भारतीय रजवाड़ों की तुलना में कंपनी को अधिक विश्वसनीय देनदार समझकर उसे प्राथमिकता देते थे।[134] कंपनी ने इस निर्भरता को धीरे-धीरे कम किया और इसे उन राजस्व संसाधनों पर

नियंत्रण स्थापित करके पलट भी दिया, जो व्यापार चलाने के लिए तथा आगे के विजय-अभियानों के लिए अनिवार्य बन गए थे। राजस्व की चिंता ने कंपनी को प्रशासन के काम से लगाया और इस तरह सैनिक श्रेष्ठता से भू-भाग पर वर्चस्व की दिशा में, अप्रत्यक्ष शासन से प्रत्यक्ष अधिग्रहण की दिशा में, एक संक्रमण आया। भारत में ब्रिटिश साम्राज्यवाद के कार्यकलाप में राजस्व की प्रधानता के बारे में केन और हॉप्किस ने जो बातें कही हैं, वे उपरोक्त संक्रमण के बहुत निकट हैं। उनका तर्क है कि पीछे इंग्लैंड में भूमि और धन के बीच जो राजनीतिक गठजोड़ पैदा हो रहा था, उसने यह धारणा पैदा की कि शक्ति तो भूमि में केंद्रित होती है और यही कारण था "राजस्व जुटाने की और व्यवस्था बनाए रखने की आवश्यकता" के प्रति कंपनी-उर्फ़-राज्य के उस सम्मोहन का जिसने बाद के अधिग्रहण का और भारत में ब्रिटिश राज के सशक्तीकरण को एक बड़ी सीमा तक निर्धारित किया।[135] भारत में ब्रिटेन के साम्राज्यिक प्रसार की प्रक्रिया में राजस्व, व्यापार और सैन्य आवश्यकताओं का घात-प्रतिघात इतना स्पष्ट है कि उसे अनदेखा कर पाना असंभव है; उनके सापेक्ष महत्त्व पर बहस करना भी व्यर्थ है। इस बात को अस्वीकार करना भी मुश्किल है कि अठारहवीं सदी के अंत से ही जार्जी (Georgian) इंग्लैंड की विचारधाराओं और जीवनमूल्यों के हाथों उप-निवेशी राजसत्ता एक रूप ले रही थी और यह इंग्लैंड पूँजीवाद के लाभ उठाने के लिए, व्यापार की स्वतंत्रता के खुले लाभों को सुरक्षित रखने के लिए और देश-विदेश में मालों के बाज़ार पाने के लिए राजसत्ता का उपयोग करता आ रहा था।[136] विचार और कार्यकलाप, दोनों के स्तर पर भारत में साम्राज्य की विजय और प्रशासन में परिधि की तरफ़ से आनेवाले दबावों और मेट्रोपोल के हितों ने मिलकर काम किया। भारत में साम्राज्यिक शासन की पद्धतियों में इंग्लैंड की इन राजनीतिक बहसों की वास्तव में कितनी भूमिका रही, इसकी कुछ और विस्तृत विवेचना हम अगले अध्याय में करेंगे।

## टिप्पणियाँ

1. रिचर्ड्स 1993: 282.
2. पियर्सन 1976.
3. अतहर अली 1966.
4. कैसर 1965.
5. चंद्र 1973: xiv.
6. अतहर अली 1975.
7. मलिक 1977.
8. चंद्र 1993.
9. रायचौधुरी 1982.
10. हसन 1969.

11. रिचर्ड्स 1976.
12. आलम 1974.
13. रिचर्ड्स 1975.
14. आलम 1974.
15. सिद्दीकी 1973.
16. आलम और सुब्रमण्यम 1998: 59, 68.
17. आलम 1986.
18. ईटन 1993.
19. रिचर्ड्स 1993: 295-96.
20. बेइली 1983.
21. विंक 1986: 27, 34 और आगे।
22. पर्लिन 1985: 435, 452 और आगे।
23. आलम 1986.
24. बेइली 1987: 9.
25. आलम 1991: 68.
26. द इंडियन इकॉनमिक एंड सोशल हिस्टरी रिव्यू 1989, 26(1): 363-72 में विंक और इरफ़ान हबीब की बहस देखें।
27. अतहर अली 1993: 703-6.
28. ब्यौरों के लिए करीम 1963 देखें।
29. कैल्किंस 1970.
30. सिन्हा 1962.
31. व्यापार संबंधी और जानकारी के लिए प्रकाश 1976, 1988; चौधुरी 1995 और सुब्रमण्यम 2001 देखें।
32. कैल्किंस 1970; मार्शल 1987.
33. कैल्किंस 1970: 805.
34. सुब्रमण्यम 2001 देखें; विरोधी विचार के लिए चौधुरी 1995 देखें।
35. मार्शल 1987: 75 और आगे।
36. लियोनर्ड 1971: 575 और आगे।
37. बार्नेट 1980: 40.
38. ब्यौरों के लिए बार्नेट 1980 देखें।
39. ब्यौरों के लिए गॉर्डन 1993 देखें।
40. विंक 1986: 115-29.
41. दासगुप्त 1979.
42. जगदीश एन. सरकार 1976.
43. मराठों के बारे में और ब्यौरों के लिए गॉर्डन 1983 देखें।
44. पर्लिन 1985: 450-64 देखें।
45. विंक 1986: 31-33, 154.
46. गॉर्डन 1993: 145.
47. मैक्लियड 1968.

48. सिंह 1963: 1.
49. मैक्लियड 1976.
50. ओबेराय 1994: 66–69.
51. ग्रेवाल 1990.
52. आलम 1986: 134–55.
53. ओबेराय 1994: 73.
54. ब्यौरों के लिए ग्रेवाल 1990 देखें।
55. ब्यौरों के लिए बंगा 1978 देखें।
56. ओबेराय 1994: 86, 90.
57. मेजर 1996: 30–31.
58. बेइली 1987: 22, 152.
59. कोल्फ़ 1990: 32–37, 58.
60. उपरोक्त: 58, 71 और आगे।
61. ज़ीगलर 1998: 257–64.
62. वाइडल 1997: 46–47.
63. पीबडी 1996: 206.
64. अतहर अली 1961.
65. चंद्र 1993.
66. स्टाइन 1985.
67. हबीब 2000: xxi-xxiii.
68. स्टाइन 1985: 392–93, 402–05.
69. शेख अली 2000: 64 में उद्‌धृत।
70. हबीब 2000: xxxv और आगे; स्टाइन 1985: 403 भी देखें।
71. ब्रिट्लबैंक 1997: 73.
72. दासगुप्त 1967.
73. आलम और सुब्रमण्यम 1998: 26.
74. जेफ़्री 1994: xviii-xix.
75. आलम 1986.
76. ईटन 1993: 312.
77. ब्यौरों के लिए चक्रवर्ती 1985 देखें।
78. रॉबिनसन 2001: 14 और आगे।
79. ईटन 1978: 290–91.
80. हबीब 1999 देखें।
81. लियोनर्ड 1979.
82. बेइली 1987: 11.
83. मार्शल 1998: 498.
84. मार्शल: 1975.
85. मार्शल 1998: 506.
86. बेइली 1989: 10.

87. इस धारणा की और विस्तृत जानकारी के लिए गैलगर और रॉबिनसन 1961 देखें।
88. चौधुरी 1978.
89. हंटर 1899-1900, 1: 256.
90. लॉसन 1993: 49.
91. की 1991: 131.
92. उपरोक्त।
93. लॉसन 1993: 47-48.
94. उपरोक्त, 50-51.
95. की 1991: 182.
96. केन और हॉप्किस 1993: 323-24.
97. सेन 1998: 80, 126-27.
98. फिशर 1993: 13.
99. केन और हॉप्किस 1993: 321.
100. लॉसन 1993: 45.
101. वॉटसन 1980.
102. मार्शल 1976: 109-12; सेन 1998: 79-81 देखें।
103. लॉसन 1993: 66-70 और आगे।
104. चौधुरी 2000: 80 और आगे।
105. उपरोक्त; मार्शल 1987: 91.
106. देखें सुब्रमण्यम 2001.
107. मार्शल 1976: 165.
108. गुप्ता 1962.
109. फिशर 1991: 50.
110. बार्नेट, 1980; फिशर 1991: 378.
111. गार्डनर 1971: 54-55.
112. सेन 1971: 27.
113. ब्यौरों के लिए सेन 1971 देखें।
114. ब्यौरों के लिए उपरोक्त देखें।
115. वेलेज़ली के बारे में विस्तृत विवेचना के लिए इनग्रैम 1981: 115-91; 117-18 के उद्धरण देखें।
116. सेन 1971: 23.
117. नाइटिंगेल 1970 देखें।
118. स्टाइन 1989: 19, 24, 349.
119. फिशर 1993: 19.
120. ब्यौरों के लिए गॉर्डन 1993 देखें।
121. मुखर्जी 1982.
122. मार्शल 1975b.
123. बार्नेट 1980.
124. मार्शल 1975b.

125. मुखर्जी 1982.
126. फिशर 1991: 384-86.
127. ब्यौरों के लिए मेजर 1996: 53-57 देखें।
128. और विस्तार के लिए उपरोक्त: 40-74 देखें।
129. ब्यौरों के लिए सिंह 1966: 2, ग्रेवाल 1990 देखें।
130. इस तर्क के बारे में पियर्स 1995: 149-53 देखें।
131. ब्यौरों के लिए फिशर 1993: 21-24 और आगे देखें।
132. मेटकॉफ़ 1965.
133. रे 1998: 519-20.
134. सुब्रमण्यम 1995.
135. केन और हॉप्किंस 1993: 321-28.
136. सेन 1998: 130.

अध्याय 2

# भारत में ब्रिटिश साम्राज्य

## 2.1 साम्राज्यवादी विचारधारा

सोलहवीं सदी में आयरलैंड की विजय के बाद अंग्रेज़ धीरे-धीरे आयरलैंड से अमेरिका तक और भारत से अफ्रीका तक दुनिया भर में "पिछड़े जनगणों को सभ्य बनाने के लिए ज़िम्मेदार नए रोमनों (Romans)" की भूमिका में उभरकर आए।[1] ब्रिटेन के इस साम्राज्यिक इतिहास को दो चरणों में बाँटा जाता है। पहले चरण में "पहला साम्राज्य" बना जो अटलांटिक पार अमेरिका और वेस्ट इंडीज़ तक फैला हुआ था, और 1783 (पेरिस की शांति) के आसपास आरंभ होनेवाले दूसरे चरण में बने "दूसरे साम्राज्य" का प्रसार पूरब अर्थात् एशिया और अफ्रीका की ओर हो रहा था। यहाँ इन दोनों साम्राज्यों के बीच के ढाँचागत या वैचारिक अलगावों और संपर्कों की व्याख्या प्रासंगिक नहीं है। पर इतना कह देना पर्याप्त है कि अठारहवीं सदी के उत्तरार्द्ध से ब्रिटेन में सैनिक निरंकुशता, सोपानक्रम (hierarchy) और नस्ली असहिष्णुता जैसे रूढ़िवादी मूल्यों पर आधारित एक क्षेत्रीय साम्राज्य की स्वीकृति बढ़ी।[2] अठारहवीं सदी में ब्रिटेन में देशभक्ति की भावना धीरे-धीरे बढ़ी, तो इसका उसके समुद्रपार स्थित क्षेत्रीय साम्राज्यों के स्वामी होने की शान और गरिमा से गहरा संबंध स्थापित हुआ। ब्रिटेन में ज्ञानोदय (Enlighten-ment) के बाद के बौद्धिक वातावरण में अंग्रेज़ों ने स्वयं पूरब वालों के मुकाबले आधुनिक और सभ्य भी जतलाना शुरू किया और उनकी इस धारणा ने उन्नीसवीं सदी में उनकी साम्राज्यवादी दृष्टि को एक औचित्य प्रदान किया, जब तथाकथित 'सुधार का युग' आरंभ हुआ। दूसरे शब्दों में, अंग्रेज़ों की भारत संबंधी साम्राज्यिक विचारधारा उनके अपने यहाँ की ऐसी ही बौद्धिक और राजनीतिक धाराओं और जवाबी धाराओं का परिणाम थी। कभी-कभी मौके पर (विदेशी धरती पर) उपस्थित (अंग्रेज़) लोगों के 'उप-साम्राज्यवाद ने'[3] (जिनको कुछ लोग "ब्रिटिश साम्राज्य के वास्तविक संस्थापक"[4] मानते हैं) और शासित लोगों के दबाव ने, संक्षेप में साम्राज्य की परिधि पर पैदा हो रहे संकटों ने, उस साम्राज्यवादी विचारधारा के क्रियान्वयन में तालमेल और फेरबदल को भी जन्म दिया। इससे कालांतर में साम्राज्यिक संबंध की प्रकृति भी बदली, पर उसकी बुनियादी बातों में कोई बदलाव नहीं हुआ।

कहा जाता है कि ईस्ट इंडिया कंपनी की सरकार कई वर्षों तक एक 'भारतीय

शासक' की तरह काम करती रही, इस अर्थ में कि उसने मुगल बादशाह की सत्ता को स्वीकार किया, उसके नाम से सिक्के ढालती रही, राजभाषा के रूप में फ़ारसी का प्रयोग करती रही और अदालतों में हिंदू और मुस्लिम विधानों का व्यवहार करती रही। स्वयं लॉर्ड क्लाइव ने व्यावहारिकता के तौर पर "दोहरी सरकार" की एक व्यवस्था की अनुशंसा की थी. जिसके अंतर्गत फ़ौजदारी न्याय की व्यवस्था नवाबों के अधिकारियों के हाथों में छोड़ दी जाती, जबकि दीवानी और वित्तीय विषयों पर कंपनी का नियंत्रण होता था। शासन में न्यूनतम हस्तक्षेप की कंपनी की यह नीति, जो नागरिक उथल-पुथल से बचने के लिए विशुद्ध रूप से एक व्यावहारिक कदम थी, तब भी तेज़ी से समाप्त नहीं हुई जबकि ऐसी स्थितियाँ नहीं रहीं, हालाँकि तब कंपनी के अधिकारियों से प्रशासन में कहीं बहुत अधिक गहराई से भाग लेने की आशा की जाने लगी थी। तब इस प्रशासन के ढाँचे का आंग्लीकरण (Anglicisation) तो शुरू हुआ, पर लगता है यह प्रक्रिया धीरे-धीरे ही आगे बढ़ी। दूसरे शब्दों में, यह अधिकारी स्वयं को क्रांतिकारी परिवर्तक के रूप में देख रहे थे "जो कि प्रवर्तक नहीं बल्कि वारिस के, एक पतित हो चुकी व्यवस्था को दोबारा जीवित करनेवालों के, रूप में थे।"[5]

"पतित व्यवस्था" का यह विचार भारत के अतीत की एक प्रयोजनवादी (teleo-logical) पुनर्रचना की उपज था। पश्चिम में आरंभ में भारत की छवि एक गरिमापूर्ण अतीत और साथ में उसके पतन की छवि थी। वहाँ भारतीय संस्कृति और परंपरा को जानने की इच्छा भी पाई जाती थी, जैसा कि सर विलियम जोंस जैसे विद्वानों के प्रयासों से स्पष्ट था, जिन्होंने भारतीय भाषाओं का अध्ययन भारतीयों को उनकी अपनी विस्मृत संस्कृति और विधि-व्यवस्था को वापस दिलाने के लिए किया। ऐसे ज्ञानार्जन पर तब तक पंडितों और मौलवियों (हिंदू और मुस्लिम विद्वानों) का एकाधिकार था। जोंस ने संस्कृत, यूनानी और लातीनी के बीच एक भाषायी संबंध स्थापित करके, क्योंकि माना जाता था कि ये सब एक ही हिंद-यूरोपीय भाषायी परिवार के अंग हैं, भारत को पश्चिम के क्लासिकी युग की समकक्ष प्राचीनता का गौरव दिया। यहीं से उस प्राच्यवादी (orientalist) परंपरा की शुरूआत होती है, जिसने कलकत्ता मदरसा (1781), एशियाटिक सोसायटी ऑफ़ बंगाल (1784) और संस्कृत कॉलेज, बनारस (1794) को जन्म दिया; इन सबका उद्देश्य भारतीय भाषाओं और ग्रंथों के अध्ययन को प्रोत्साहन देना था। लेकिन यह भी याद रखना चाहिए कि मुख्यतः प्राचीन ग्रंथों के विश्लेषण के द्वारा ही भारत की खोज करते हुए ये प्राच्यवादी विद्वान इस क्रम में भारतीय "परंपरा" को एक खास ढंग से परिभाषित भी कर रहे थे, जिसे आगे चलकर भारत के बारे में सबसे प्रामाणिक विचार या सच्चा ज्ञान माना जाने लगा क्योंकि उसे उपनिवेशी राजसत्ता से वैधता प्राप्त हुई। एडवर्ड सईद (1978) की मान्यता थी कि प्राच्यवाद यूरोपवालों की शक्ति द्वारा ऊपर से थोपा गया ज्ञान था, इसके विपरीत यूजीन इर्श्चिक जैसे कुछ विद्वानों ने तर्क दिया है कि प्राच्यवाद का जन्म संवाद की एक प्रक्रिया से हुआ, जिसमें उपनिवेशी अधिकारी, भारतीय टीकाकार और देसी जानकार एक सहयोगमूलक बौद्धिक कार्य में भाग ले रहे

थे। पर इस बौद्धिक कार्य में भाग ले रहे भारतीयों का इसके परिणामों पर कभी कोई नियंत्रण नहीं रहा। फिर भी, भारतीयों की भागीदारी को महत्त्व देते समय ईर्श्चिक संज्ञान के इस उद्यम के सबसे अहम पक्ष को अस्वीकृत नहीं करते, कि प्राच्यवाद ने अतीत का यह ज्ञान वर्तमान की आवश्यकताएँ, अर्थात् उपनिवेशी राज्य की आवश्यकताएँ पूरी करने के लिए पैदा किया।[6]

व्यवहार में प्राच्यवाद अपने आरंभिक चरण में वॉरेन हेस्टिंग्ज़ के अंतर्गत कंपनी की सरकार की नीतियों में लागू होते हुए देखा जा सकता था। इस परंपरा का मूलभूत सिद्धांत यह था कि विजित जनता पर शासन उसके अपने कानूनों के आधार पर किया जाए। ब्रिटिश शासन को अपने को "एक भारतीय मुहावरे में वैध ठहराना" था।[7] इसलिए उसे भारतीय समाज संबंधी ज्ञान अर्जित करने की आवश्यकता थी; इसी प्रक्रिया को गौरी विश्वनाथन ने "उलटा परसंस्कृतिग्रहण" (reverse acculturation) कहा है। इसने यूरोपीय शासकों को देश के रीति-रिवाज़ों से परिचित कराया, ताकि वे अधिक सक्षम प्रशासन के हित में प्रजा के समाज में स्वयं को सम्मिलित कर सकें।[8] कलकत्ता में 1800 में फ़ोर्ट विलियम कॉलेज की स्थापना इसी राजनीतिक सोच के साथ, सिविल कर्मचारियों को भारतीय भाषाओं और परंपरा का प्रशिक्षण देने के लिए, की गई। लेकिन जैसा कि टॉमस ट्राउटमान (1997) का तर्क है, प्राच्यवादी संवाद का एक और राजनीतिक उद्देश्य था। प्राचीन काल में अंग्रेज़ों और भारतीयों के संबंध होने के विचार को प्रचारित करने के बाद यह बात "प्रेम" के एक गढ़े गए शब्दजाल के द्वारा भारतीयों को उपनिवेशी शासन से भी जोड़ देती थी। 1785 में वॉरेन हेस्टिंग्ज़ ने लिखा, "ज्ञान का हर संचय राज्य के लिए उपयोगी है ··· वह दूर (यानी अतीत) के प्रेम को आकर्षित करता और अपना बनाता है; यह उस बेड़ी को ढीला बनाता है जिसके द्वारा मूल जनता (नेटिव्स) को अधीनता में रखा जाता है, और यह हमारे अपने देशवासियों (ब्रिटेनवासियों) के दिलों पर परोपकार के भाव और दायित्व की छाप छोड़ता है।"[9] लेकिन अगर प्राच्यवादी संवाद आरंभ में प्राचीन भारतीय परंपराओं के सम्मान की भावना पर आधारित था, तो वहीं उसने अधीनस्थ समाज के बारे में ऐसा ज्ञान भी पैदा किया, जिसने आखिरकार शासन की नीति के रूप में प्राच्यवाद के अस्वीकार का आधार भी तैयार किया। इन विद्वानों ने यूरोप के दूर (यानी अतीत) के रिश्तेदार आर्यों द्वारा भारत को दी गई महिमा को उजागर ही नहीं किया, बल्कि एक समय की शानदार आर्य सभ्यता के बाद के पतन पर भी बल दिया। इसने कठोर शासन को इस तरह वैधता प्रदान की कि भारत को उसकी अपनी ही पैदा की हुई हालत से बाहर निकालना और यूरोप वाले प्रगति की जिस अवस्था को पा चुके थे, वहाँ तक भारत को उठाना आवश्यक था।

इसलिए हेस्टिंग्ज़ की नीति को लॉर्ड कॉर्नवॉलिस ने त्याग दिया और उसकी जगह उसने प्रशासन का और अधिक आंग्लीकरण करने का तथा ब्रिटिश सरकार के व्हिग (Whig) सिद्धांतों को भारत पर लादने का प्रयास किया। लॉर्ड वेलेज़ली ने इन कदमों का समर्थन किया, जिनका उद्देश्य भारतीय राजनीतिक परंपरा के तथाकथित निरंकुश

पक्षों को त्यागकर और इसके लिए न्यायपालिका और कार्यपालिका के बीच शक्तियों का पृथक्करण सुनिश्चित करके सरकार के हस्तक्षेप को सीमित करना था। राज्य की भूमिका केवल व्यक्तियों के अधिकारों और उनकी निजी संपत्ति की रक्षा करने तक सीमित थी। यह नीति उस "प्राच्य निरंकुशता" (Oriental despotism) के प्रति, जिससे भारतीयों को मुक्त कराना आवश्यक था, एक सुसंगत घृणा से पैदा हुई। यह निरंकुशता प्राच्य राज्यों को यूरोपीय राज्यों से अलग (और हीन) बताती थी। लेकिन विडंबना यह है कि इसी तर्क ने "(अंग्रेज़ी)राज की पैतृक सत्ता (paternalism)" को एक "निहित औचित्य" प्रदान किया।[10] अपने विजय-अभियानों के बहुत आरंभिक चरणों से ही कंपनी के शासन ने मुक्त व्यापार और राजस्व का अबाध संग्रह सुनिश्चित करने के लिए उन राजाओं और ज़मींदारों के स्थानीय प्रभाव को कम करने की कोशिश की, जो मुगल साम्राज्य के स्थानीय अवशेष थे। प्रत्यक्ष रूप से तो इसी उद्देश्य के कारण उसने पूरे इलाके के सर्वेक्षण और उसकी निगरानी का पूरा ध्यान रखा और शासन के चिह्नों, जैसे झंडा, वर्दी, बिल्लों और मुहरों पर पूर्ण नियंत्रण पर बल दिया।[11] यह एक मज़बूत राज्य के उदय के संकेत देती थी, जो इस मान्यता पर आधारित था कि यहाँ के मूल निवासी स्वतंत्रता के उपभोग के आदी नहीं थे और उनको उनके भ्रष्ट और दुर्व्यवहार करनेवाले सामंत स्वामियों से मुक्त कराना आवश्यक था। उस समय अनेक ब्रिटिश अफ़सरों द्वारा मूल जनता के प्रति दिखाए जा रहे पिता-समान रुझान के प्रतीक विलियम जोंस जैसे व्यक्ति थे। अपने देश में अतिवादी (radical) समझे जानेवाले तथा भारत के शानदार अतीत और उसकी सीधी-सादी जनता के प्रति आकर्षित ये लोग फिर भी भारत में कठोर शासन के समर्थकों में से थे।[12] फ़ोर्ट विलियम कॉलेज की स्थापना का एक उद्देश्य स्वतंत्रता के उन विचारों को फैलने से रोकना भी था, जिनकी प्रेरणा फ्रांसीसी क्रांति ने दी थी। इसीलिए विलियम जोंस के भारत-आगमन के बाद उनके विचारों में जावेद मजीद (1992) को कोई स्पष्ट अंतर्विरोध नहीं दिखता, बल्कि रूढ़िवादी विचारधारा का क्रमिक विकास ही दिखाई देता है। यह रूढ़िवाद, जिसके प्रमुख प्रतिपादक एडमंड बर्क थे, जैकोबिनवाद के खतरे का सामना कर रहे इंग्लैंड की घरेलू राजनीति से संबंधित था। जार्जियाई शासन के लिए आवश्यक था कि वह सरकारी समारोहों से अपने हित में लाभ उठाकर और राजतंत्र की लोकप्रिय-छवि को अच्छी बनाकर अपने देश में जनता का समर्थन बटोरे। उसके लिए (संस्कृतियों के संदर्भ में) परिवर्तन आवश्यक हो या न हो, संस्कृतियों के अनोखेपन के मुद्दे का असंदिग्ध संबंध उसके अपने देश में और भारत में सुधारों के प्रश्नों से था। कॉर्नवॉलिस और वेलेज़ली के काल में आंग्लीकरण की प्रक्रिया और नियंत्रणवादी प्रशासन उन दिनों के इसी रूढ़िवाद को प्रतिबिंबित करते थे।

जैसा कि एरिक स्टोक्स (1959) ने दिखाया है, ईस्ट इंडिया कंपनी के भारतीय प्रशासन में दो सुस्पष्ट प्रवृत्तियाँ धीरे-धीरे उभर रही थीं, हालाँकि वे पूरी तरह असंबद्ध न थीं। एक ओर तो कॉर्नवॉलिस की व्यवस्था थी, जो बंगाल-केंद्रित थी और मुख्यतः

'इस्तमरारी या स्थायी बंदोबस्त' (Permanent Settlement) पर आधारित थी। लॉर्ड कॉर्नवॉलिस ने इस्तमरारी (स्थायी) बंदोबस्त का आरंभ इस आशा से किया था कि कानून का शासन और निजी संपत्ति के अधिकार वैयक्तिक उद्यमशीलता को रीति-रिवाज़ों की जकड़न से मुक्त करेंगे और समाज व अर्थव्यवस्था को आधुनिक बनाएँगे। लेकिन मद्रास में टॉमस मुनरो तथा पश्चिमी और उत्तरी भारत में उसके माउंटस्टुअर्ट एलफ़िंस्टन, जॉन मैल्कम और चार्ल्स मेटकॉफ़ जैसे शिष्य यह सोच रहे थे कि कॉर्नवॉलिस की व्यवस्था ने भारतीय परंपरा और अनुभवों पर ध्यान नहीं दिया था। ऐसा नहीं है कि वे लोग कानून के शासन या शक्तियों के पृथक्करण के विरोधी थे, पर उनकी सोच यह थी कि ऐसे सुधारों में भारतीय संदर्भ के अनुसार बदलाव आवश्यक थे। उनका विश्वास था कि वैयक्तिक शासन की भारतीय परंपरा के कुछ तत्त्वों को बचाकर रखना आवश्यक था; कि कंपनी की भूमिका अतिक्रामक, नियंत्रक या प्रवर्तक की न होकर संरक्षक की होनी चाहिए। इसीलिए भारत के ग्राम समुदायों को सुरक्षित रखने के लिए मुनरो ने अपना रैयतवारी बंदोबस्त लागू किया। लेकिन अंततः उसका उद्देश्य दक्षिण में राजस्व के आधार को व्यापक बनाकर कंपनी के शासन को मज़बूत बनाना ही था; वहाँ ब्रिटिश अफ़सरों की एक बड़ी संख्या किसानों से सीधे भूमि संबंधी कर वसूल करती थी। कर-वसूली का यह विचार मुनरो ने टीपू सुल्तान के मैसूर के "सैन्य वित्तवाद" (military fiscalism) की व्यवस्था से उधार लिया था (अध्याय 1.2 देखें)।[13] इस तरह लगता है कि ये दोनों व्यवस्थाएँ केंद्रीकृत प्रभुसत्ता और निजी संपत्ति के उन्हीं बुनियादी सिद्धांतों पर आधारित थीं, जिनको ब्रिटिश कानूनों के सहारे सुरक्षित रखना आवश्यक था। जैसा कि बर्टन स्टाइन का तर्क है, मुनरो यह मानता था कि भारत के कुछ भागों पर अप्रत्यक्ष शासन होना चाहिए, हालाँकि उसका आग्रह था कि शासन के परंपरागत भारतीय रूप तभी अच्छी तरह काम करेंगे, जबकि "उसके (मुनरो के) जैसे ज्ञानवान और सहानुभूति रखने वाले लोग भारी और केंद्रीकृत सत्ता के साथ उनको निर्देशित करें।" यह अधिकारवादी पैतृक-वृत्ति भारतीयों की प्रत्यक्ष राजनीतिक भागीदारी के विचार को अस्वीकार करती थी।[14] इसलिए सम्मान-वृत्ति और पैतृक-वृत्ति भारत में आरंभिक ब्रिटिश साम्राज्य की दो पूरक विचारधाराएँ रहीं। अहम बात यह है कि शीघ्र ही यह पता चल गया कि साम्राज्यिक अधिकारवृत्ति भारत के ग्रामीण समाज के उन स्थानीय कुलीनों के साथ-बंगाल में ज़मींदारों और मद्रास में **मीरासीदारों** के साथ-मिलकर ही बखूबी काम कर सकती थी। इसी कारण उनकी शक्ति को कॉर्नवॉलिस और मुनरो, दोनों की व्यवस्थाओं ने शक्तिशाली बनाया और ये दोनों व्यवस्थाएँ निजी संपत्ति का निरूपण और संरक्षण करना चाहती थीं। जब अवध के ताल्लुकदार नष्ट हुए तो उनके आक्रोश ने 1857 के विद्रोह को जन्म दिया, और विद्रोह के बाद उनकी पिछली शानो-शौकत और शक्ति उन्हें वापस दिलाए गए।[15]

अगर कॉर्नवॉलिस थोड़ा संयमशील और रूढ़िवादी था तो अंशतः एक नवविजित क्षेत्र के प्रशासन की ज़रूरतों के कारण था, और साथ ही साथ इसलिए भी था कि कंपनी के वार्षिक निवेश का खर्च उठाने के लिए पर्याप्त राजस्व उगाहना ज़रूरी था। आगे

विजय के बाद और जनता को शांत किए जाने के बाद यह स्थिति बदलने लगी। 1800 के आसपास ब्रिटेन में हुई औद्योगिक क्रांति ने तैयार मालों के लिए भारतीय बाज़ारों के विकास और समन्वय की तथा कच्चे मालों की निरंतर आपूर्ति के सुनिश्चय की आवश्यकता पैदा की। इसके लिए एक अधिक चुस्त प्रशासन की तथा उपनिवेश को स्वामी देश की अर्थव्यवस्था से जोड़ना आवश्यक था। ब्रिटेन में ऐसी कई नई बौद्धिक धाराएँ थीं, जो सुधार की बातें करती थीं और इसलिए उन्होंने वहाँ और भारत में सुधार के मुद्दे को उजागर किया। ब्रिटेन में मुक्त व्यापार की लॉबी का दबाव भारतीय व्यापार पर कंपनी के एकाधिकार के उन्मूलन का पक्षधर था, लेकिन फिर भी भारत में कंपनी के प्रशासन की प्रकृति में बदलाव 'इंजीलवाद' (Evangelicalism) और 'उपयोगितावाद' (Utilitarianism) ने पैदा किया। इन दोनों विचार-संप्रदायों का दावा था कि भारत को पापों या अपराधों के सहारे जीता गया है। लेकिन इस पापी या अपराधी शासन के उन्मूलन का समर्थन करने की बजाय वे उसमें सुधार के लिए शोर मचा रहे थे, ताकि भारतवासी "अपने युग के बेहतरीन विचारों" के अनुसार सुशासन के लाभ पा सकें। यही दो बौद्धिक परंपराएँ थीं जिनसे "अंततः यह आस्था पैदा हुई कि इंग्लैंड को भारत में हमेशा बने रहना चाहिए।"[16]

इंजीलवाद ने अपना अभियान भारतीय बर्बरता के विरुद्ध शुरू किया और "हिंदोस्तान की प्रकृति" को ही बदलने के लिए ब्रिटिश राज के स्थायित्व का समर्थन किया। भारत में इस विचार के प्रवक्ता कलकत्ता के पास श्रीरामपुर के मिशनरी थे, पर ब्रिटेन में इसका मुख्य प्रतिपादक चार्ल्स ग्रांट था। उसने 1792 में ही कहा था कि भारत की प्रमुख समस्या वे धार्मिक विचार हैं, जो भारतीय जनता को अज्ञान में जकड़े हुए हैं। ईसाइयत की रोशनी फैलाकर इन्हें बखूबी बदला जा सकता है और भारत में ब्रिटिश राज का श्रेयस ध्येय यही होना चाहिए। अपने आलोचकों को शांत करने के लिए ग्रांट ने विरोध की आशंका के बिना या अंग्रेज़ों की स्वाधीनता की किसी इच्छा के बिना सभ्यताकारी प्रक्रिया और भौतिक समृद्धि के बीच की संपूरकता को भी दिखाया। संसद में उसके विचार को और अधिक प्रचार विलियम विल्बरफ़ोर्स ने 1813 के चार्टर ऐक्ट के पारित होने से पहले दिया, जिसमें ईसाई मिशनरियों को बिना किसी प्रतिबंध के भारत में आने की छूट दी गई थी।[17] मुक्त व्यापार के समर्थक सौदागर भी सुधार और परिवर्तन के विचार का समर्थन कर रहे थे, जो यह समझते थे कि अगर कंपनी व्यापारिक कार्यों से हटकर शासक के कार्यों पर ध्यान देने लगे, तो भारत ब्रिटिश मालों का एक अच्छा बाज़ार और कच्चे मालों का एक स्रोत सिद्ध होगा। एक सुशासन के अधीन भारतीय किसान सुधार का अनुभव करके फिर से ब्रिटिश मालों के उपभोक्ता बन जाएँगे। इंजीलवादियों और मुक्त व्यापारवादियों के गुटों में तालमेल और आंग्लीकरण की नीति को लेकर मूलतः कोई मतभेद नहीं था। वास्तव में इंजीलवादी चार्ल्स ग्रांट ही 1883 के उस चार्टर ऐक्ट के निर्माण में आगे रहा, जिसने भारतीय व्यापार पर कंपनी के एकाधिकार को समाप्त किया।

यह ब्रिटिश उदारवाद का युग भी था। ब्रिटिश प्रशासकों का कार्य विजय प्राप्ति की अपेक्षा सभ्यता का प्रसार था। टॉमस मैकॉले की इस उदारवादी दृष्टि ने ही सक्रिय

प्रशासन के माध्यम से भारत की मुक्ति का उदारवादी एजेंडा तय किया। एक और उदारवादी सी. ई. ट्रेवल्यान ने 1838 में कल्पना की थी कि "सुख और स्वतंत्रता के लिए हमसे प्रशिक्षण पाकर और हमारे ज्ञान-विज्ञान और राजनीतिक संस्थाओं से लैस होकर भारत ब्रिटिश परोपकार का सबसे गौरवान्वित स्मारक बना रहेगा।"[18] ब्रिटिश उदारवाद के इसी वातावरण में उसकी सभी विशिष्ट अधिकारवादी प्रवृत्तियों के साथ उपयोगितावाद का जन्म हुआ। जेरेमी बेंथम का उपदेश था कि मानव-सभ्यता का आदर्श अधिकतम व्यक्तियों का अधिकतम सुख है। उसका तर्क था कि अच्छे कानून, चुस्त और प्रबुद्ध प्रशासन परिवर्तन के सबसे कारगर साधन हैं, और कानून के शासन का विचार सुधार की ज़रूरी शर्त है। उपयोगितावादी जेम्स मिल जब ईस्ट इंडिया कंपनी के लंदन कार्यालय में आया, तो भारत संबंधी नीतियाँ ऐसे ही सिद्धांतों से निर्धारित होने लगीं। जैसा कि कहा गया है, उपयोगितावाद को एक "जुझारू विश्वास" बनानेवाला व्यक्ति मिल ही था। 1817 में प्रकाशित अपनी पुस्तक द *हिस्ट्री ऑफ ब्रिटिश इंडिया (The History of British India)* में उसने पहले तो भारत की आर्थिक और सांस्कृतिक समृद्धि के मिथ को तोड़ा, जिसे सर विलियम जोंस जैसे व्यक्ति की "भावुक कल्पनाशक्ति" ने फैला रखा था। बेंथम के समान उसका तर्क था कि भारत को सुधार के लिए एक अच्छे स्कूल मास्टर की आवश्यकता है, अर्थात् अच्छे कानून बनानेवाली एक बुद्धिमान सरकार की है। अधिकतर उसी के प्रयासों के कारण 1833 में लॉर्ड मैकॉले की अध्यक्षता में एक विधि आयोग बनाया गया, जिसने 1835 में एक भारतीय दंड संहिता (इंडियन पीनल कोड) तैयार की। यह संहिता "निःस्वार्थ दार्शनिकबुद्धि" से पैदा एक केंद्रीय स्तर पर, तार्किक और सुसंगत ढंग से तैयार की गई संहिता के बेंथमवादी मॉडल पर आधारित थी।[19]

उपयोगितावादी महत्त्वपूर्ण अर्थों में उदारवादियों से अलग थे, विशेषकर आंग्लीकरण के प्रश्न पर। यह वह समय था जब भारत में प्रारंभ की जानेवाली शिक्षा की प्रकृति को लेकर प्राच्यवाद और आंग्लवाद के बीच बहस चल रही थी। अपने 1835 के सुप्रसिद्ध एजुकेशन मिनट में उदारवादी लॉर्ड मैकॉले ने अंग्रेज़ी शिक्षा के आरंभ का ज़ोरदार समर्थन किया। लेकिन वहीं मिल जैसे उदारवादी अभी भी भारत की आवश्यकताओं के लिए अधिक उपयुक्त कहकर देसी शिक्षा का समर्थन कर रहे थे। दूसरे शब्दों में, भारत के प्रति साम्राज्य के दृष्टिकोणों की दुविधा उन्नीसवीं सदी के पूर्वार्द्ध में भी जारी रही। हालाँकि आंग्लवादियों और उपयोगितावादियों ने धीरे-धीरे अपना सिक्का जमा लिया, पर पुरानी दुविधाएँ पूरी तरह समाप्त नहीं हुईं और इस दुविधा का साकार रूप तो स्वयं लॉर्ड बेंटिंक था। मिल के इस पक्के अनुयायी ने कानून बनाकर सती-प्रथा और बाल-हत्या का उन्मूलन किया। वह इस उपयोगितावादी दर्शन को मानता था कि कानून परिवर्तन का एक कारगर साधन है और कानून के शासन की धारणा सुधार के लिए परमावश्यक है। पर साथ ही भारतीय परंपराओं में उसकी आस्था बनी रही और उसकी यह इच्छा भी पलती रही कि भारतीयों को उनका सच्चा धर्म वापस दिलाया जाए। इसलिए सती संबंधी सुधार पर आधिकारिक संवाद इस तर्क पर आधारित रहा कि प्राचीन

हिंदू धर्म ही उसके उन्मूलन की आवश्यकता बतलाते हैं।[20] 1835 में तैयार भारतीय दंड संहिता 1860 तक कानून नहीं बन सकी। भारत में ब्रिटेन के ध्येय को आक्रामक ढंग से आगे बढ़ाने के विषय में मिल के विचार को लागू करने के प्रति लॉर्ड डलहौज़ी के निश्चय के बावजूद उन्नीसवीं सदी के मध्य में ये दुविधाएँ निश्चित ही बनी रहीं।

1857 के बाद के भारत के विक्टोरियाई उदारवाद ने ही निस्संदेह पैतृक-वृत्ति को अंग्रेज़ी राज की प्रमुख विचारधारा का रूप दिया। सिपाही विद्रोह के दुःस्वप्न जैसे अनुभव ने इंग्लैंड और भारत में बहुत लोगों को विश्वास दिला दिया कि सुधार "निरर्थक भी है और खतरनाक भी"[21] और भारतीयों को कभी प्रशिक्षित करके अंग्रेज़ नहीं बनाया जा सकता। ऐसा नहीं था कि सुधार का जोश पूरी तरह ठंडा हो गया हो; 1858 की ब्रिटिश साम्राज्ञी की घोषणा* से, शिक्षा को दिए जा रहे संरक्षण से, 1861 के इंडियन काउंसिल्स ऐक्ट से और 1882 के लोकल सेल्फ़ गवर्नमेंट ऐक्ट से यह जोश पूरी तरह स्पष्ट था, जो हिंदुस्तानियों के साथ सत्ता की सीमित भागीदारी की दिशा में एक कदम था। लेकिन दूसरी ओर विजेता जाति की श्रेष्ठता की घोषणा ने भारतीय संस्कृति के सम्मान की भावना को निश्चित रूप से पीछे धकेल दिया। बेंटिंक के टालमटोल के रवैयों की जगह अब जेम्स फ़िट्ज़जेम्स स्टीफ़ेन के अधिकारवादी उदारवाद ने ले ली, जिसने वायसरॉय की काउंसिल में नए विधि सदस्य के रूप में मैकॉले की जगह ली। उसने न केवल भारत की भिन्नता पर ज़ोर दिया, बल्कि भारत की हीनता का दावा भी किया। उन्नीसवीं सदी में ऐसे विचारों को विक्टोरियाई इंग्लैंड में उन जातीय (racial) विज्ञानों के उदय से और बल मिला, जो जातीय पहचान के प्रमुख निर्धारकों के रूप में भाषाओं पर शारीरिक विशेषताओं को प्रधानता देते थे। यह जातीय मानवशास्त्र सभ्य, गोरी चमड़ी वाले यूरोपवासियों और काली चमड़ी वाले जंगलियों के विभाजन के सिद्धांत में एक प्राचीन भारतीय सभ्यता के विचार को समाहित नहीं कर सकती थी। इसी कारण यह सिद्धांत दिया गया कि काली चमड़ी वाले मूल भारतवासियों से टकराकर आक्रामक गोरे आर्यों ने भारतीय सभ्यता की नींव रखी; यह सिद्धांत साक्ष्यों के एक "सुसंगत अतिरंजित वाचन" पर और "बहुत हद तक शास्त्रों की पाठ-विकृति" पर आधारित था।[22] और भी स्पष्ट कहें, तो इस नए प्राच्यवादी संवाद ने–जिसमें केवल संस्कृतवादियों का ही नहीं बल्कि प्रेक्षकों, नृजातिशास्त्रियों और नागरिक अधिकारियों की एक पूरी श्रेणी का योगदान था–अंततः एक पिछड़े हुए, जातिबद्ध भारतीय समाज का एक सारवादी ज्ञान पैदा किया; भारतीय "सारतत्त्वों" का यही ज्ञान था जिसने कठोर उपनिवेशी शासन का औचित्य स्थापित किया।[23] भारत की स्वशासन संबंधी योग्यता की सभी बहसों को भावुकता कहकर रद्द कर दिया गया तथा समानता और मेलमिलाप के पहले वाले उदारवादी विचारों पर जातीय अलगाववाद और शासकों के विशेषाधिकारों की घोषणा की विजय हुई।[24] सुधार अगर लागू किए गए तो भारतवासियों की मुखर

* Crown Proclamation

राजनीतिक माँगों की प्रतिक्रिया के तौर पर अधिक लागू किए गए (अध्याय 6.1 देखें)।

यहाँ यह बात भी कह देना उचित होगा कि शासकों की जातीय श्रेष्ठता की घोषणा उन्नीसवीं सदी के मध्य में कोई पहली बार नहीं की गई। अगर हम साम्राज्य के वास्तविक कार्यकलाप को देखें, तो ये घोषणा अठारहवीं सदी के अंत से ही अपेक्षाकृत ज़ोरों से की जाने लगी थी, जब कॉर्नवॉलिस ने कंपनी की नौकरशाही को एक "तटस्थ कुलीनवर्ग" में बदल दिया, जो शासित जनता से अपना भौतिक अलगाव बनाए हुए था। ब्रिटिश सैनिक के भारतीय स्त्रियों से शारीरिक संबंध बनाने पर रोक थी और उन्हें सैनिक छावनियों तक सीमित रखा जाता था, जहाँ छूत के रोगों और पूरब की बुराइयों से उन्हें बचाकर रखा जाता था। इसके अलावा कंपनी के नागरिक अधिकारियों को भारतीय स्त्रियों से विवाह करने से हतोत्साहित किया जाता था, उन्हें अंग्रेज़ बीवियाँ लाने को कहा जाता था और इस तरह–जैसा कि एक अधिकारी ने 1830 में संसद की एक प्रवर समिति के सामने कहा था– "अंग्रेज़ों के प्रति भारतीय जनता के मन में जो आदर और सम्मान" का भाव है, उसे बचाकर रखने का आग्रह किया जाता था। बहुत पहले, 1793 में ही बोर्ड ऑफ़ कंट्रोल के अध्यक्ष हेनरी डंडस ने तर्क दिया था कि इस सम्मान के भाव को नष्ट करनेवाला कोई भी कार्य निश्चित ही "हमारे भारतीय साम्राज्य को नष्ट" करेगा।[25] साम्राज्य की विचारधारा के रूप में शासक और शासित के बीच के भौतिक अलगाव की ऐसी खुली घोषणा अठारहवीं सदी में साम्राज्य की राजधानी कलकत्ता नगर में सामाजिक परिवेश के विकास के ढंग से काफ़ी स्पष्ट हो जाती है। "यह प्रक्रिया गोरे और काले नगर के उस द्वैत्व के समग्र परिवेश में चली, जो बुनियादी रूप से ऐसे उपनिवेशी नगरों की विशेषता थी।"[26] प्रमुख द्वैत्व की यह प्रवृत्ति एक ओर तो सुरक्षा के प्रति विजेताओं (अंग्रेज़ों) की चिंता में व्यक्त होती थी, मगर दूसरी ओर उनके जातीय अहंकार और अलगाववाद में भी व्यक्त होती थी। अठारहवीं सदी के आरंभिक वर्षों में जातीय आधार पर यह दैशिक (spatial) अलगाव कम स्पष्ट था, क्योंकि एक तो गोरा नगर होता, एक काला नगर होता था और बीच में एक भूरा नगर भी होता था, जिसमें यूरेशियाई या ईस्ट इंडियन लोगों की प्रधानता होती थी, मगर जिसमें भारतीय (काले) लोग भी रह सकते थे। मिश्रित विवाहों से पैदा इन यूरेशियाई लोगों की स्थिति 1791 के मारक साम्राज्यिक आदेश के बाद लगातार गिरी, जब उनको कमीशनयाफ़्ता-सिविल या उच्च श्रेणी की सैनिक या नौसैनिक सेवाओं से वंचित कर दिया गया। उपनिवेशी समाज का जातीय ध्रुवीकरण अब पूरा हो गया। उन्नीसवीं सदी के आरंभ तक कलकत्ता के शहरी जीवन में जनता और शासक जाति के आपस की "सामाजिक दूरी" सरलता से नज़र आनेवाली वास्तविकता बन चुकी थी।[27]

फिर भी, उन्नीसवीं सदी के पूर्वार्द्ध में जातीय दंभ के साथ-साथ एक उदारवादी आशा भी पाई जाती थी जो कि लॉर्ड मैकॉले की इस महत्त्वाकांक्षा में व्यक्त होती थी कि अकर्मण्य भारतीय को एक काला साहब बनाया जा सकता है, जो सुरुचि और बुद्धि में तो यूरोपीय हो, पर एकदम यूरोपीय भी न हो; जो आशीष नंदी की सूक्ति का प्रयोग

करें तो "साहब से अधिक काला" हो।[28] 1857 के गंभीर झटके ने इसी आशावाद को चूर-चूर किया। उपनिवेशी संवादों में आरंभ से ही भारत की प्रजा की स्थिति की तुलना बचपन और स्त्रैणता से की जाती थी, जिसके लिए प्रशिक्षण और संरक्षण की आवश्यकता होती है, पर अब उसे आदिमपन के बराबर भी ठहराया जाने लगा, जो (अंग्रेज़ों की) संस्कृति की श्रेष्ठता की दंभ भरी मान्यता के आधार पर भारत में साम्राज्यवाद की स्थापना को उचित ठहराता था।[29] 1877 के शाही दरबार ने, जिसने महारानी विक्टोरिया को भारत की महारानी घोषित करके प्रभुसत्ता संबंधी अस्पष्टता को दूर किया, असंदिग्ध रूप से उस चीज़ को सामने रखा जिसे बरनार्ड कोह्न ने "भारत में अपनी सत्ता का ब्रिटिश निरूपण" कहा है।[30] उसने एक नई समाज व्यवस्था स्थापित की, जिसमें जनता से लेकर राजा-महाराजाओं तक हर कोई एक सोपान का अंग था और वायसरॉय सत्ता का शीर्ष (केंद्र) था। 1883 के इल्बर्ट बिल संबंधी विवाद अधिकारवादी प्रवृत्तियों और उपनिवेशकों के जातीय दंभ की परम विजय का सूचक था। भारतीय न्यायाधीशों को यूरोपवालों के मुकदमे सुनने का अधिकार देने के उद्देश्य से उदारवादी वायसरॉय लॉर्ड रिपन द्वारा प्रस्तावित इस विधेयक को गैर-अफ़सर अंग्रेज़ों के और नौकरशाहों के भी दबाव के कारण हल्का बनाना पड़ा। बीसवीं सदी के आरंभ में भारतीय राष्ट्रवाद को इसी अधिकारवादी साम्राज्यिक व्यवस्था का मुकाबला करना पड़ा।

## 2.2 संसद और साम्राज्य

अठारहवीं सदी के मध्य में, जबकि भारतीय उपमहाद्वीप में कंपनी का राज धीरे-धीरे स्थापित हो रहा था, इंग्लैंड के साथ संचार की कठिनाइयों ने कंपनी के सेवकों को भारत में खुली छूट दे दी कि वे स्वयं अपने मालिक की तरह काम कर सकें। ब्रिटेन में भारतीय मामलों के बारे में गलत सूचनाएँ भी थीं और भारत में दिलचस्पी का अभाव भी था। पी. जे. मार्शल (1975a) का मानना है कि इसके फलस्वरूप 1784 से पहले नई नीतियों का आरंभ शायद ही कभी लंदन से हुआ हो। लेकिन भले ही मौके पर मौजूद कंपनी के लोगों का "उप-साम्राज्यवाद" भारत में बहुत हद तक क्षेत्रों की विजय के पीछे एक महत्त्वपूर्ण प्रेरणा रहा हो, राज्य और कंपनी का संबंध जितना इस तथ्य से पता चलता है, वास्तव में उससे कहीं बहुत अधिक जटिल था। न केवल कंपनी का अस्तित्व चार्टर के नवीनीकरण पर निर्भर था, बल्कि सत्रहवीं सदी से ही भारत में कंपनी के नौकर भी "प्रत्यायोजित प्रभुसत्ता" (delegated sovereignty) की अवधारणा पर काम कर रहे थे और उन्हें इस बारे में स्पष्ट निर्देश थे कि अगर शाही सेना किसी संयुक्त अभियान में भाग लें, तो उनके और कंपनी के बीच लूट के माल का बँटवारा कैसे किया जाएगा। कंपनी को विभिन्न कामों के लिए लंदन की उत्तरोत्तर सरकारों पर निर्भर रहना पड़ता था, और ये सरकारें भी शाही खज़ाने में मोटी रकम दिए जाने के बदले मदद देने को तैयार रहती थीं। ब्रिटिश संसद में ऐसे कुछ सांसद हमेशा रहे जिनकी ईस्ट इंडिया में दिलचस्पी थी और ब्रिटिश सरकार के मंत्रियों ने कंपनी के संसाधनों का उपयोग अपने

संरक्षण के दायरे को फैलाने के लिए किया। कंपनी लंदन शहर की राजनीति में भी एक महत्त्वपूर्ण तत्त्व थी और सरकार इस राजनीति के बारे में गहरी चिंता में डूबी रहती थी। कंपनी के अंदर गुटों के टकराव अकसर संसद के अंदर के व्यापकतर राजनीतिक गठबंधनों से जुड़ जाते थे। जब कंपनी की बढ़ती संपत्ति के बारे में अफ़वाहें फैलने लगीं, तो उसमें हिस्सेदारी के लिए सरकार और भी बेचैन हो उठी। कंपनी के मामलों में सरकार ने 1763 और 1764 में हस्तक्षेप किए, और शाही सेना की सहायता से जीते गए इलाकों के राजस्व पर राज्य के अधिकार को लेकर 1766 में संसद के हस्तक्षेप का रास्ता तैयार हुआ। इसके परिणामस्वरुप कंपनी ने सरकार को सालाना 4,00,000 पाउंड देने की बात मानी।[31] इस तरह आरंभ से ही ब्रिटिश राज्य साम्राज्य में भागीदार रहा और उससे लाभ उठाता रहा; यह कहना भी कठिन है कि यह सब "अन्यमनस्कता के दौरे" (absence of mind) की हालत में प्राप्त हुआ। फिर भी, यह कहा जा सकता है कि साम्राज्य 'राष्ट्रीय संज्ञान' के बिना हासिल हुआ और "उन थोड़े-से अंग्रेज़ों के हाथों हासिल हुआ, जिनको इस बारे में थोड़ी-सी भी जानकारी नहीं थी कि वे क्या कर रहे हैं।"[32]

हालाँकि राज्य साम्राज्य से लाभ उठा रहा था, पर सवाल यह था कि उसे नियंत्रित कैसे किया जाए। कंपनी के मामलों पर संसद का नियंत्रण बढ़ाने की आवश्यकता पलासी की लड़ाई के बाद के दशकों में और बढ़ी, क्योंकि कंपनी के भ्रष्ट नौकरों द्वारा भारतीय मामलों में कुशासन के प्रति संसद की चिंता बढ़ रही थी। इस "भ्रष्टाचार" का एक कारण यह था कि ये अधिकारी अठारहवीं सदी के भारत में व्यापार और शासन के बीच आदान-प्रदान के एक जटिल जाल में उलझे हुए थे। राजनीतिक कृपा के लिए राजनीतिक कुलीनों और व्यापारियों के बीच उपहारों तथा व्यापार में रियायतों का आदान-प्रदान उनके बीच असमान शक्ति-संबंधों के स्वीकृत मानदंड थे। लेकिन उत्तर भारत के राजनीतिक वातावरण में जो कुछ स्वाभाविक था, वही साम्राज्यिक शासन के पश्चिमी नैतिक संवाद के लिए अभिशाप था।[33] अंग्रेज़ों के समाज में जबरन जगह बनाने के लिए ईस्ट इंडिया के "नवाब" जब दिखावे के उपभोगों का सहारा लेने लगे, तो अंग्रेज़ कुलीन उनसे जलने लगे और यह बहस और तीखी हो उठी। भारत में कंपनी का साम्राज्य फैला तो ब्रिटिश सरकार ने भी महसूस किया कि उसे राज्य के नियंत्रण से बाहर रहने की अब और अनुमति नहीं दी जा सकती। 1772 में एडमंड बर्क ने दावा किया कि "कंपनी के मामलों पर निगरानी रखना संसद का अधिकार भी था और कर्त्तव्य भी।"[34] भारत में क्लाइव या हेस्टिंग्ज़ जैसे गवर्नर जनरल भी सम्राट के साथ किसी न किसी तरह का औपचारिक संवैधानिक संबंध बनाने के इच्छुक थे, जिससे उनकी शक्ति बढ़े और सत्ता वैधानिक बने। भारत में कंपनी के मामलों पर कोई प्रत्यक्ष नियंत्रण लादने की राजनीतिक इच्छा निश्चित रूप से अभी भी नहीं थी, सिवाय प्रतिरक्षा और आंतरिक व्यवस्था जैसे विषयों के, और प्रभुसत्ता की स्थापना को तो अभी तक एक कठोर कदम माना जाता था। इसलिए दुरुपयोग के सुधार के लिए कंपनी के नौकरों पर हमले किए जाते रहे, पर स्वयं कंपनी पर नहीं। 1773 में लॉर्ड क्लाइव और 1786 में वॉरन हेस्टिंग्ज़

पर दुराचरण के लिए असफल मुकदमे चलाए गए और आगे चलकर 1806 में लॉर्ड वेलेज़ली को ऐसी ही विकट घड़ी से गुजरना पड़ा।

भारत की स्थिति की जाँच के लिए अप्रैल 1772 में संसद की एक प्रवर समिति बनाई गई। कुछ महत्त्वपूर्ण संवैधानिक समस्याओं का हल आवश्यक था; जैसे ब्रिटिश सरकार और भारत में इलाकों की मालिक कंपनी के आपसी संबंध कैसे तय होंगे; ब्रिटेन में कंपनी के अधिकारी भारत में अपने कर्मचारियों पर कैसे नियंत्रण रखेंगे; भारत जैसे दूरदराज के इलाकों के लिए सत्ता का एक ही केंद्र कैसे तैयार किया जाएगा। ऐसी सोच के लिए तात्कालिक अवसर कंपनी के ऋण संबंधी प्रार्थना पत्र ने दिया, जिससे भारत में संसाधनों के कुप्रबंध के बारे में शंकाएँ पैदा हो गईं। बंगाल के समृद्ध संसाधनों तथा कंपनी के अधिकारियों द्वारा वापस अपने देश भारी धन लेकर लौटने की कहानियाँ इस तथ्य से मेल नहीं खाती थीं कि कंपनी एक वित्तीय संकट का सामना कर रही थी। इसलिए नैतिक मानदंडों में गिरावट को लेकर चिंता पैदा हुई कि इससे तो ब्रिटेन की राजनीति में भी भ्रष्टाचार पैदा होगा। अपनी पुस्तक *एन इन्क्वायरी इनटु द नेचर एंड कॉजेज ऑफ द वेल्थ ऑफ नेशन्स (An Enquiry into the Nature and Causes of the Wealth of Nations)* में एडम स्मिथ ने अर्थशास्त्रीय चिंतन के एक नए संप्रदाय को जन्म दिया, जिसने कंपनी के शुद्ध एकाधिकार की निंदा की। मुक्त व्यापार के समर्थक भारतीय व्यापार के लाभों में हिस्सा पाने की कोशिश कर रहे थे और कंपनी के एकाधिकार को समाप्त करना चाहते थे। लेकिन संसद ने एक समझौते का निर्णय किया: भारतीय मामलों पर एक तरह का नियंत्रण तो स्थापित किया गया, पर पूर्वी व्यापार पर कंपनी का एकाधिकार जारी रहने दिया गया और कंपनी के डायरेक्टरों को भारतीय प्रशासन का नियंत्रण सौंप दिया गया।

इससे यद्यपि एक प्रवृत्ति तो स्थापित हो ही गई। भारत में कंपनी के प्रशासन पर नियंत्रण का अगला महत्त्वपूर्ण कदम 1773 के रेगुलेटिंग ऐक्ट के रूप में सामने आया, जिसने भारतीय मामलों पर नियंत्रण के बारे में संसद के अधिकार को औपचारिक मान्यता दे दी। अब आगे से कंपनी के कोर्ट ऑफ़ डायरेक्टर्स के लिए आवश्यक हो गया कि वे भारत में असैनिक, सैनिक और राजस्व के विषयों से संबंधित हर पत्र को ब्रिटिश सरकार के सामने पेश करें। इसके अलावा भारतीय इलाकों पर भी कुछ सीमा तक केंद्रीकृत नियंत्रण लगाया गया। बंगाल के गवर्नर का दर्ज़ा बढ़ाकर गवर्नर जनरल का कर दिया गया और उसकी सहायता के लिए चार सदस्यों की एक परिषद बनाई गई। उन्हें, आपात स्थितियों को छोड़कर, भारतीय रजवाड़ों के साथ युद्ध या शांति करने के बारे में मद्रास और बंबई प्रेसिडेंसियों पर निगरानी और नियंत्रण की शक्ति भी दी गई। गवर्नर जनरल और उसकी काउंसिल कोर्ट ऑफ़ डायरेक्टर्स के अधीन थे और उनसे उन्हें (कोर्ट ऑफ़ डायरेक्टर्स को) नियमित पत्र भेजने की आशा की जाती थी। कलकत्ता में एक सर्वोच्च न्यायालय स्थापित किया गया, जबकि विधायी शक्तियाँ गवर्नर जनरल और काउंसिल को दी गईं। यह अधिनियम किसी भी तरह संतोषजनक नहीं था, क्योंकि

यह भारतीय प्रशासन को कारगर बनाने में असफल रहा, जबकि संचार की समस्याओं के कारण ब्रिटिश सरकार की निगरानी अप्रभावी ही रही। काउंसिल में फूट तथा काउंसिल और गवर्नर जनरल के आपसी असामंजस्य के कारण भारत का प्रशासन प्रभावित होता रहा। अधिनियम की अस्पष्ट शब्दावली से जोड़तोड़ की जो भारी संभावना पैदा हुई, उसका प्रांतों के गवर्नरों ने खूब लाभ उठाया, जबकि सर्वोच्च न्यायालय और काउंसिल के अधिकार-क्षेत्र संबंधी अस्पष्टताओं ने प्रतियोगी अधिकारियों के बीच भारी टकराव पैदा किए। लगता है कि अधिनियम की इन अस्पष्टताओं और उसके अनिश्चयात्मक चरित्र का कारण भारत में प्रभुसत्ता के मुद्दे के ठीक-ठीक निरूपण करने के बारे में संसद की अयोग्यता थी। 1781 के एक संशोधन कानून ने सर्वोच्च न्यायालय के अधिकार-क्षेत्र का अधिक सटीक निरूपण किया, पर दूसरी विसंगतियों को उसने दूर नहीं किया।[35]

एक सही संशोधन 1784 में पिट्स इंडिया ऐक्ट के रूप में आया। पर यह भी एक समझौता था: कंपनी के इलाकों को छेड़ा नहीं गया, लेकिन भारत में उसके सार्वजनिक मामलों और प्रशासन पर सरकार का अधिक प्रत्यक्ष नियंत्रण स्थापित किया गया। छह सदस्यों का एक बोर्ड ऑफ़ कंट्रोल बनाया गया; ये सदस्य थे राज्य सचिवों में से एक, चांसलर ऑफ़ एक्सचेकर (वित्तमंत्री) और चार प्रिवी काउंसिलर्स। उसका (बोर्ड का) काम "ईस्ट इंडीज़ में ब्रिटेन के इलाकों के नागरिक या सैनिक शासन या राजस्व संबंधी सभी कानूनों, कार्यकलापों और सरोकारों की निगरानी, मार्गदर्शन और नियंत्रण करना था।"[36] इस बोर्ड के आदेशों को मानना कोर्ट ऑफ़ डायरेक्टर्स के लिए अनिवार्य था और उनसे अपेक्षा की जाने लगी कि अपने सारे पत्र-व्यवहार को विचार के लिए बोर्ड को भेजेंगे। वाणिज्य और संरक्षण पर कोर्ट ऑफ़ डायरेक्टर्स का नियंत्रण कायम रहा, लेकिन भारत में वह गवर्नर जनरल, गवर्नरों और कमांडर-इन-चीफ़ जैसे प्रमुख अधिकारियों की नियुक्ति सम्राट की सहमति से ही कर सकता था। भारत का शासन गवर्नर जनरल और एक तीन सदस्यों वाली परिषद के अधीन कर दिया गया, जिससे गवर्नर जनरल की शक्ति में वृद्धि हुई। मद्रास और बंबई प्रेसिडेंसियों को गवर्नर जनरल के अधीन कर दिया गया और उनपर उसकी शक्ति को और बढ़ा दिया गया तथा स्पष्टत: निरूपित भी कर दिया गया। इस तरह कमान का एक सुस्पष्ट सोपानक्रम बनाया गया और भारतीय प्रशासन पर संसद का और भी प्रत्यक्ष नियंत्रण स्थापित हुआ।

इस व्यवस्था में भी अनेक दोष थे। सबसे पहली बात तो यह थी कि गवर्नर जनरल के दो स्वामी हो गए, कोर्ट ऑफ़ डायरेक्टर्स और बोर्ड ऑफ़ कंट्रोल, जिससे मौके पर बैठा व्यक्ति (यानी गवर्नर जनरल) लगभग स्वतंत्र हो गया। गवर्नर जनरल सरलता से दोनों को आपस में लड़वा सकता था और अपनी इच्छा से काम कर सकता था। लेकिन दूसरी ओर गुटबंद परिषद थी और गवर्नर जनरल उसके निर्णयों को पलटने में असमर्थ था, जिसके कारण वह अकसर प्रभावहीन बनकर रह जाता था, खासकर इसलिए कि उसके सेना का उपयोग करने के अधिकार पर अंकुश लगा दिया गया था। 1786 के एक संशोधन कानून ने इन विसंगतियों को दूर किया। उसने गवर्नर जनरल को असाधारण

स्थितियों में अपनी काउंसिल को दरकिनार करने का अधिकार दिया और कोर्ट ऑफ़ डायरेक्टर्स को अधिकार दिया कि गवर्नर जनरल और कमांडर-इन-चीफ़ के दो पदों को एक में मिला दे, जिसके कारण वॉरेन हेस्टिंग्ज़ को पहली बार इन दो पदों के व्यवहार का अवसर मिला। इस तरह नियंत्रण का एक कारगर और निरंकुश ढाँचा बनाया गया, जो मामूली फेरबदल के साथ 1858 तक जारी रहा।[37]

1793 के चार्टर ऐक्ट ने कंपनी के चार्टर का बीस वर्षों के लिए नवीनीकरण किया और उसे इतने समय तक अपने भारतीय इलाकों पर पूर्ण अधिकार दे दिया। भारतीय प्रशासन में गवर्नर जनरल की शक्ति बढ़ी तथा बंबई और मद्रास के गवर्नरों पर उसका और भी निर्णायक नियंत्रण स्थापित हुआ। ऐसे सभी कानूनों के लिए, जो बंगाल में ब्रिटिश इलाकों के आंतरिक शासन के लिए बनाए जा सकते थे, उनके लिए एक संहिता बनाई गई। यह कानून भारतीय जनता के सभी अधिकारों और जान--माल पर लागू होता था और उसने अदालतों के लिए अनिवार्य बना दिया कि वे उसमें वर्णित नियमों और निर्देशों के अनुसार अपने फैसले सुनाएँगी। सभी कानूनों और उनके भारतीय अनुवादों का प्रकाशन अनिवार्य हो गया, ताकि जनता अपने अधिकारों, विशेष सुविधाओं और सुरक्षा-प्रावधानों के बारे में जान सके। इस तरह इस कानून ने भारत में दीवानी कानून (civil law) की एक धारणा पेश की, जिसे एक धर्मेतर सत्ता बनाएगी और जो सब पर लागू होगा। विलियम विल्बर फ़ोर्स इस कानून में दो और धाराएँ जुड़वाना चाहते थे: एक तो यह घोषणा कि भारत में ब्रिटिश राज का उद्देश्य भारतवासियों के नैतिक और आध्यात्मिक उत्थान के लिए काम करना था, और दूसरे यह कि इस साम्राज्यिक लक्ष्य की सिद्धि के लिए भारत में अध्यापकों और मिशनरियों जैसे योग्य व्यक्तियों को प्रवेश की छूट रहेगी। हालाँकि ये दोनों ही धाराएँ शामिल नहीं की गईं, लेकिन यह स्थिति चार्टर के अगले नवीनीकरण तक ही रही।

1808 में हाउस ऑफ़ कॉमंस ने एक जाँच समिति बनाई, जिसने अपनी रिपोर्ट 1812 में दी। इस बीच मुक्त व्यापार के समर्थक ब्रिटिश राजनीति पर हावी हो चुके थे और भारत में मुक्त प्रवेश की माँग कर रहे थे। उनका तर्क था कि उनसे भारत को पूँजी और कुशलताएँ मिलेंगी तथा उद्योगों की स्थापना और खेती में नई तकनीकों के व्यवहार के कारण भारत में विकास और सुधार संभव होगा। बेंथमवादी सुधारकों और इंजीलवादियों ने भी ब्रिटिश राजनीति और भारत में ब्रिटेन की नीतियों को प्रभावित करने के प्रयास किए और जब इंजीलवादी चार्ल्स ग्रांट कोर्ट ऑफ़ डायरेक्टर्स के लिए चुना गया, तो उनको (इंजीलवादियों को) एक निर्णायक आवाज़ मिली। 1813 के चार्टर ऐक्ट ने एक अर्थपूर्ण ढंग से ब्रिटेन की भारत-नीति में परिवर्तन की इन सभी आकांक्षाओं को शामिल किया। उसने कंपनी के चार्टर का बीस वर्ष के लिए नवीनीकरण किया और इस दौरान कंपनी को उसके इलाकों पर पूरा अधिकार प्राप्त रहा। लेकिन साथ ही साथ इस कानून ने भारतीय क्षेत्रों पर "यूनाइटेड किंगडम के सिंहासन की असंदिग्ध प्रभुसत्ता" का दावा भी किया।[38] कंपनी को भारतीय व्यापार के एकाधिकार से भी वंचित कर दिया गया,

हालाँकि उसका चीनी व्यापार का एकाधिकार अगले बीस वर्षों तक अप्रभावित रहा। इसके अलावा अब ईसाई मिशनरियों को भारत में प्रवेश की अनुमति दे दी गई; शर्त बस यह थी कि वे या तो कोर्ट ऑफ़ डायरेक्टर्स या बोर्ड ऑफ़ कंट्रोल से एक लाइसेंस प्राप्त करें।

इस तरह 1813 का चार्टर ऐक्ट भारत के पश्चिमीकरण की दिशा में एक मील का पत्थर साबित हुआ। 1833 में जब चार्टर के पुनर्नवीनीकरण की बात उठी तो ब्रिटेन में एक नया और अधिक व्यापक आंदोलन उठ खड़ा हुआ कि कंपनी का उन्मूलन करके सरकार भारत का प्रशासन सीधे अपने हाथ में ले ले। उस समय ब्रिटेन का राजनीतिक वातावरण भी सुधार के पक्ष में था, क्योंकि 1832 का सुधार कानून अभी-अभी पारित हुआ था। एक संसदीय जाँच हो चुकी थी और उसकी सिफ़ारिशों के आधार पर 1833 में पारित कानून भारत के संवैधानिक इतिहास में मील का पत्थर बन गया। चीन के साथ चाय के व्यापार पर कंपनी का एकाधिकार अब समाप्त कर दिया गया। अब आगे से उसके केवल राजनीतिक कार्य रह गए और इसमें भी कंपनी ब्रिटिश क्राउन का भरोसा पाकर ही अपने भारतीय क्षेत्रों को अपने हाथ में रख सकती थीं। बोर्ड ऑफ़ कंट्रोल का अध्यक्ष अब भारतीय मामलों का मंत्री बना दिया गया और बोर्ड को भारत में सभी प्रशासनिक मामलों की निगरानी के अधिकार दे दिए गए। बंगाल का गवर्नर भारत का गवर्नर जनरल बनाया गया, जो परिषद के परामर्श से पूरे भारत में सभी असैनिक, सैनिक और राजस्व के मामलों पर नियंत्रण रख सकता था। इलाके बढ़े और भारत में ब्रिटिश उपनिवेशी (settlers) आने लगे, तो एक समान कानूनों की आवश्यकता पैदा हुई। इसलिए गवर्नर जनरल-इन-काउंसिल को भारत में पूरे ब्रिटिश क्षेत्र के लिए कानून बनाने का अधिकार दे दिया गया, और ये कानून ब्रिटिश या भारतीय, सभी पर लागू होने थे। काउंसिल में एक विधि सदस्य (लॉर्ड मैकॉले) जोड़ा गया और कानूनों को संहिताबद्ध करने के लिए एक विधि आयोग बनाया गया। भारत में कंपनी की सेवाएँ मूल निवासियों के लिए खोल दी गईं, पर कमीशन-याफ़्ता सेवाओं में उनके नामित किए जाने का कोई प्रावधान नहीं था।

इस पूरी अवधि में हालाँकि भारत में कंपनी राज के उन्मूलन की माँगें उठती रहीं, पर ब्रिटिश सरकार ऐसे किसी कदम के बारे में अभी भी बहुत निश्चिंत नहीं थी। 1833 के चार्टर का 1853 में नवीनीकरण किया गया, पर इस बार अगले बीस वर्ष के लिए नहीं किया गया। कंपनी को अनुमति दी गई कि "अगर संसद अन्यथा कोई प्रावधान न करे तो महारानी, उनके वारिसों और उनके उत्तराधिकारियों का भरोसा जीतकर" कंपनी भारतीय इलाकों को अपने पास रख सकती थी। इस तरह भावी अधिग्रहण के लिए दरवाज़ा खुला छोड़ दिया गया। इस कानून ने विधायी उद्देश्यों के लिए नए सदस्य बढ़ाकर गवर्नर जनरल की काउंसिल के कार्यकारी और विधायी कार्यों का पृथक्करण भी किया। इंडियन सिविल सर्विस में प्रतियोगिता का प्रावधान करके नियुक्तियों पर कंपनी के नियंत्रण में कमी की गई। अपने व्यापारिक विशेषाधिकारों से पहले ही वंचित की जा

चुकी कंपनी अब मुश्किल से ही भारत में नीतियों की नियंता रह गई। चूँकि कानून ने उसे अगले बीस वर्षों तक शासन का अधिकार नहीं दिया था, इसलिए हाउस ऑफ़ कॉमंस ने बहुत आसानी के साथ 1858 में भारत में प्रशासन का औपचारिक अंत कर दिया; इस आखिरी धक्के के लिए तात्कालिक कारण निःसंदेह 1857 के विद्रोह ने उत्पन्न किया था। इसकी विवेचना अगले अध्याय में की जाएगी। विद्रोह से ब्रिटिश जनता में भारतीय स्थिति के प्रति जागरूकता बढ़ी तथा वहाँ ब्रिटिश राज को स्थायी बनाने और पुनर्गठित करने के प्रति जनसमर्थन पैदा हुआ। 1833 के बाद अनेक अंग्रेज़ व्यापारी और उपनिवेशी भारत में एक निहित स्वार्थ से लैस हो चुके थे और उनकी शिकायत यह थी कि कंपनी उनके हितों की उपेक्षा कर रही है। दूसरे शब्दों में, देश में और भारत में भी कंपनी राज के उन्मूलन और महारानी के राज की स्थापना के लिए बहुत दबाव पड़ने लगा था।

प्रशासन के ढाँचे की दृष्टि से देखें तो विद्रोह के कुचले जाने के बाद बना गवर्नमेंट ऑफ़ इंडिया ऐक्ट (1858) परिवर्तन से अधिक निरंतरता का सूचक था। उसने बोर्ड ऑफ़ कंट्रोल के अध्यक्ष की जगह एक भारत सचिव (सेक्रेटरी ऑफ़ स्टेट फ़ॉर इंडिया) की व्यवस्था की, जो "मंत्रिमंडल के अंतर्गत रहकर भारत संबंधी नीतियों का स्रोत भी बन गया और नियंता भी।"[39] उसे सलाह देने के लिए एक पंद्रह सदस्यों की परिषद बनाई गई, जिनमें से सात को अब समाप्त किए जा चुके कोर्ट ऑफ़ डायरेक्टर्स में से चुना जाना था। गवर्नर जनरल के हाथ में, जिसे अब वायसरॉय कहा जाने लगा, सारी शक्तियाँ रहने दी गईं, पर दोहरे नियंत्रण की जगह अब उसे केवल भारत सचिव के समक्ष जवाबदेह बनाया गया। सिविल सेवा के ढाँचे में भी निरंतरता बनाकर रखी गई और भरती के लिए उसी परीक्षा को जारी रखा गया, जिसे 1853 में आरंभ किया गया था। इस तरह भारत अब कंपनी की जगह महारानी के राज में आ गया, जिसका विडंबना से भरा अर्थ यह था कि भारत को स्वशासन के हेतु तैयार करने के लिए उसके सुधार का उदारवादी वादा भुला दिया गया। दूसरे शब्दों में, इसका अर्थ अब "भारत में ब्रिटिश स्थायित्व का प्रतीकात्मक अनुमोदन" था।[40] सुधार और परिवर्तन का उदारवादी जोश अब तक मर चुका था और विद्रोह के बाद भारत में ब्रिटेन की नीति के हर पहलू में वह चीज़ देखी जा सकती थी जिसे टॉमस मेटकॉफ़ ने "सावधानी और रूढ़िवाद का एक नया रवैया" कहा था।[41] अब दावा शासक जाति की जातीय श्रेष्ठता का किया जाने लगा जो, जैसा कि कहा जा चुका है, एक अधिक कठोर व्यवस्था को औपचारिक रूप देने के लिए अब शासित समाज से अपने आप को सावधानी से दूर करने लगा। अब भारतीयों को "परंपरा से बंधा हुआ" और इसलिए पश्चिम के उच्च नैतिक मानदंड को पाने में असमर्थ, सुधार के अयोग्य कहा जाने लगा। यह भरोसा किया जाने लगा तो उसके "स्वाभाविक नेताओं" अर्थात् भूस्वामी कुलीनों और अन्य कुलीनों पर, जिनकी वफ़ादारी पाने की आशा में अब फिर से उनका गौरव वापस दिलाया गया। इस स्थिति को आनंद यांग (1989) ने "सीमित राज" कहा है जिसमें उपनिवेशी राज्य अंदरूनी

भागों के प्रशासन के लिए ज़मींदारों जैसे स्थानीय कुलीनों पर निर्भर था। इस स्थिति ने एक अधिक कठोर राज की स्थापना में सचमुच योगदान दिया।

## 2.3 मालगुज़ारी का दोहन

1765 में बंगाल, बिहार और उड़ीसा की दीवानी मिलने के बाद अधिक से अधिक मालगुज़ारी वसूल करना भारत में ईस्ट इंडिया कंपनी के प्रशासन की प्रमुख चिंता थी। खेती अर्थव्यवस्था का प्रमुख आधार और इसलिए आय का प्रमुख स्रोत थी, और इस कारण वसूली बढ़ाने की जल्दी में मालगुज़ारी के अनेक प्रयोग किए गए, हालाँकि नवाबी प्रशासन मुहम्मद रज़ा खाँ के हाथों में ही रहा, जो कंपनी के नायब दीवान का काम करता रहा। अंग्रेज़ इस बारे में कोई खतरा उठाने को भी तैयार न थे। इसलिए हालाँकि वसूली के लिए देशी अधिकारी रखे गए, पर कंपनी के यूरोपीय अधिकारियों को उनपर निगरानी का अधिकार दिया गया तथा उनके भ्रष्टाचार ने और स्थानीय स्थिति के अज्ञान ने भी कुछ ही वर्षों के अंदर दीवानी वाले प्रांतों में खेतिहर अर्थव्यवस्था और समाज को पूरी तरह अस्तव्यस्त कर दिया गया। 1769-70 का विनाशकारी अकाल, जिसने बंगाल की लगभग एक-तिहाई आबादी को निगल लिया, फैली हुई अराजकता का बस एक सूचक था। अपने शेयरधारकों को प्रत्याशित लाभांश दे पाने में असमर्थ कंपनी के डायरेक्टर गिरती मालगुज़ारी और अकाल के विनाश के कारणों की तलाश करने लगे। उनको एक आसान "बलि का बकरा" रज़ा खाँ के रूप में मिल गया, जिसे भ्रष्टाचार और गबन के झूठे आरोप में गिरफ़्तार कर लिया गया। लेकिन उसको हटाए जाने का असली कारण बंगाल के नवनियुक्त गवर्नर वॉरेन हेस्टिंग्ज़ की यह इच्छा थी कि मालगुज़ारी प्रशासन को भारतीयों से एकदम मुक्त कराकर अंग्रेज़ों को प्रांत के संसाधनों का एकमात्र नियंत्रक बना दिया जाए।[42] 1772 में उसने फ़ार्मिंग के नाम से एक नई व्यवस्था का आरंभ किया। जैसा कि नाम से ही स्पष्ट है, ज़िलों के यूरोपीय कलेक्टरों को अब मालगुज़ारी की वसूली का नियंता बना दिया गया, जबकि वसूली का अधिकार सबसे बड़ी बोली लगानेवालों को दिया जाने लगा। बंदोबस्तों (settlements) की अवधि के बारे में अनेक प्रयोग किए गए, पर फ़ार्मिंग व्यवस्था आखिरकार स्थिति को सुधारने में असफल रही, क्योंकि फ़ार्मर (वसूली करनेवाले) उत्पादन-प्रक्रिया की चिंता किए बिना अधिक से अधिक वसूली की कोशिश करने लगे। फलस्वरूप किसानों पर मालगुज़ारी की माँग का बोझ बढ़ा और अकसर यह बोझ इतना कमर-तोड़ होता था कि उसकी वसूली की ही नहीं जा सकती थी। अंधाधुंध प्रयोगों की इस पूरी अवधि का कुल परिणाम खेतिहर आबादी की तबाही रहा। इसलिए 1784 में लॉर्ड कॉर्नवॉलिस को राजस्व प्रशासन को चुस्त बनाने का विशिष्ट आदेश दे कर भारत भेजा गया।

### *स्थायी बंदोबस्त*

कॉर्नवॉलिस ने अनुभव किया कि मौजूदा व्यवस्था देश को गरीब बना रही थी, खेती

को नष्ट कर रही थी और वह भारी और नियमित अधिशेष (surplus) पैदा नहीं कर रही थी, जिसकी कंपनी को आशा थी। कंपनी का व्यापार भी प्रभावित हो रहा था, क्योंकि यूरोप को निर्यात करने के लिए भारतीय माल प्राप्त करने में कठिनाई आने लगी थी। कंपनी के निर्यात की दो प्रमुख मदें थीं रेशम और कपास, जो मुख्यत: खेती पर आधारित थीं। मगर खेती की गिरावट से दस्तकारी (हस्तशिल्प उद्योग) का उत्पादन भी प्रभावित हुआ। इसलिए ऐसा सोचा जाने लगा कि मालगुज़ारी का स्थायी निर्धारण स्थिति में सुधार का एकमात्र रास्ता था। वास्तव में 1770 से ही, अर्थात् कॉर्नवॉलिस के आगमन से बहुत पहले से ही, कंपनी के अनेक अधिकारी तथा अलेक्ज़ेंडर डो, हेनरी पैटुलो, फ़िलिप फ्रांसिस और टॉमस लॉ जैसे यूरोपीय प्रेक्षक मालगुज़ारी के स्थायी निर्धारण की पैरवी करते आ रहे थे। अपने अलग-अलग वैचारिक रुझानों के बावजूद उस भू-अर्थवादी (physiocratic) विचार-संप्रदाय में उन सबकी साझी आस्था थी, जो किसी देश की भू-अर्थवादी अर्थव्यवस्था में कृषि को प्रधानता देता था। ये ही विचार 1793 के स्थायी (इस्तमरारी) बंदोबस्त के आधार बने, जिसने बंगाल में "हमेशा के लिए आकलन" की नीति लागू की।[43] आशा की गई कि इससे उस भ्रष्टाचार की संभावना कम होगी, जो अधिकारियों द्वारा आकलन में मनमाने फेरबदल करने से हो सकती थी। ज़मींदार भूमि के सुधार में पैसा लगाएँगे, क्योंकि राज्य की माँग के स्थिर होने के कारण उनको ही उत्पादन में वृद्धि और आय में बढ़ोतरी का पूरा लाभ मिलेगा। कंपनी को नियमित रूप से कर मिलते रहेंगे और कॉर्नवॉलिस की सोच थी कि आवश्यकता होने पर कंपनी व्यापार और वाणिज्य पर कर लगाकर अपनी आय बढ़ा सकती थी। चूँकि मालगुज़ारी को हमेशा के लिए तय किया जाना था, इसलिए उसे ऊँचे स्तर पर, अधिकतम संभव स्तर पर तय किया गया। इस कारण 1789-90 के आकलन को आधार बनाकर इसे 268 लाख रुपए (लगभग 30 लाख पाउंड) तय किया गया। जहाँ पी. जे. मार्शल की राय में 1793 में मालगुज़ारी की माँग 1757 की मालगुज़ारी से केवल 20 प्रतिशत अधिक थी,[44] वहीं बी. बी. चौधरी की गणना के अनुसार यह 1765 और 1793 के बीच "लगभग दोगुनी" हो गई।[45]

कंपनी के लिए दूसरी समस्या यह तय करने की थी कि मालगुज़ारी वसूल किससे की जाएगी। नवाब इसे ज़मींदारों से वसूल किया करते थे। उनमें से कुछ तो बड़े भूस्वामी थे, जिनके नियंत्रण में बड़े-बड़े इलाके थे और जिनके अपने हथियारबंद दस्ते होते थे; 1790 में बारह बड़े ज़मींदार घरानों ने बंगाल की कुल मालगुज़ारी के 53 प्रतिशत से अधिक भाग की अदायगी की।[46] दूसरे, छोटे ज़मींदार थे, जो मालगुज़ारी या तो सीधे राज्य को देते थे या बड़े ज़मींदारों के माध्यम से देते थे। किसान खेती (काश्त) करते थे और परंपरागत दरों से ज़मींदारों को भुगतान करते थे, जो अकसर अलग-अलग तहसीलों में अलग-अलग दरों से होता था; कभी-कभी **अबवाब** नाम से गैर-कानूनी वसूलियाँ भी की जाती थीं। लेकिन कंपनी का प्रशासन इनमें से कुछ ज़मींदारों को बनाए रखकर और दूसरों की जगह नए किसानों को लाकर 1790 तक स्थिति को बुरी तरह

उलझा चुका था। आकलन में भी पुराने परंपरागत अधिकारों की उपेक्षा की गई और जब कॉर्नवॉलिस आया तबतक इस क्षेत्र में पूरी तरह अव्यवस्था फैल चुकी थी। ब्रिटेन का एक कुलीन भूस्वामी होने और ज़मींदारी में सुधार की भावना से भरे होने के कारण वह स्वाभाविक रूप से ज़मींदारों को प्राथमिकता देता था। उनसे (ज़मींदारों से) आशा की गई कि उनके संपत्ति के अधिकार सुरक्षित रखे जाने पर वे कृषि के सुधार के लिए पूँजी लगाएँगे। कुछ दूसरे व्यावहारिक कारण भी थे: असंख्य काश्तकारों से मालगुज़ारी वसूल करना थोड़े-से ज़मींदारों से मालगुज़ारी वसूल करने की तुलना में आसान था, जिसके लिए प्रशासन का एक बड़ा तंत्र आवश्यक होता। और आखिरी बात, इससे स्थानीय जनता के एक शक्तिशाली वर्ग की वफ़ादारी सुनिश्चित होती। इसलिए 1793 का स्थायी बंदोबस्त ज़मींदारों के साथ किया गया। बंगाल, बिहार और उड़ीसा की एक-एक इंच ज़मीन अब एक ज़मींदारी का हिस्सा बन गई, और ज़मींदार को उस पर तय मालगुज़ारी देनी थी। ऐसा करके वह अपनी ज़मींदारी का मालिक बन सकता था: उसे बेच सकता था, रेहन रख सकता था, किसी को दे सकता था; उत्तराधिकारी भी विरासत में ज़मीनें पा सकते थे। लेकिन मालगुज़ारी देने में असफल रहने पर सरकार ज़मींदारी को ज़ब्त कर सकती थी और उसे नीलामी के रूप में बेच सकती थी; फिर तो उस पर मालिकाना हक नए खरीदार को मिलना था। ज़मीन में निजी संपत्ति का तथाकथित सृजन यही था; व्यापक रूप से यह आशा की गई कि निजी संपत्ति का यह जादू कृषि में वांछित सुधार लाएगा।

स्थायी बंदोबस्त ने ज़मीन का मालिकाना हक ज़मींदारों को दिया, जिनको पहले केवल मालगुज़ारी वसूल करने का अधिकार था। इसलिए इस बंदोबस्त में जो लोग घाटे में रहे वे थे किसान, जो अब ज़मींदारों की दया पर निर्भर हो गए। उनके परंपरागत दखली अधिकारों (occupancy rights) की उपेक्षा की गई, और अब वे काश्तकार (tenants) बनाकर रख दिए गए। ज़मींदार लोग किसान और ज़मींदार के बीच **पट्टा** (लिखित समझौता) के प्रावधान का शायद ही कभी पालन करते थे, जिसमें देय मालगुज़ारी दर्ज़ होती थी। न ही किसान इसे पसंद करते थे, क्योंकि अधिकारों और दायित्वों के किसी भी औपचारिक रिकॉर्ड से उन्हें हमेशा नुकसान का भय सताता रहता था। इस तरह मालगुज़ारी की भारी माँग का बोझ किसानों के सिर पर डाल दिया गया, जिनसे अकसर गैर-कानूनी करों की भी माँग की जाती थी। बाद में, 1799 और 1812 के कानूनों (रेग्युलेशंस) ने ज़मींदारों को अधिकार दिया कि लगान न देने की स्थिति में किसी अदालत की अनुमति के बिना भी काश्तकारों की संपत्ति ज़ब्त कर सकते थे। इसलिए आश्चर्य नहीं कि ज़मींदारों की इस असीमित शक्ति के समर्थन के संचयी परिणाम (cumulative effect) के रूप में स्थायी बंदोबस्त से वास्तविक काश्तकारों (खेतिहरों) की हालत बिगड़ी।

यह बंदोबस्त हालाँकि ज़मींदारों के पक्ष में था, फिर भी उनको अनेक कठिनाइयों का सामना करना पड़ा। जैसा कि डेनियल थॉर्नर का तर्क था, भूमि में निजी संपत्ति का सृजन एक गलत शब्द था, क्योंकि परम स्वामित्व तो साम्राज्यिक सत्ता के ही हाथों में

रहा।[47] ज़मींदारों को एक निश्चित तारीख तक तय मालगुज़ारी देनी पड़ती थी (तथाकथित 'सूर्यास्त' का नियम), और न दे पाने पर ज़मींदारी बिक जाती थी। अकसर उनके लिए लगान वसूल करना भी कठिन होता था, क्योंकि माँगें बहुत भारी थीं और प्रकृति का कोई भरोसा नहीं था। फलस्वरूप ज़मींदारियाँ अकसर बिकती रहती थीं: 1794 और 1807 के बीच बंगाल और बिहार में लगभग 41 प्रतिशत मालगुज़ारी देनेवाली ज़मीनें नीलामी में बिकीं; उड़ीसा में 1804 और 1818 के बीच नीलामी के कारण 51.1 प्रतिशत मूल ज़मींदार तबाह हो गए।[48] निश्चित ही इसका अर्थ अधिकांश पुराने ज़मींदार घरानों का पतन था, लेकिन पुराने गलत विश्वासों के विपरीत जिन्होंने ये जागीरें खरीदीं, वे बंगाल के खेतिहर समाज में एकदम 'नए' व्यक्ति नहीं थे। पुरानी ज़मींदारियों को उनके अपने **अमलों** (ज़मींदारी के कारिंदों) और धनी काश्तकारों ने या पड़ोसी ज़मींदारों ने आपस में बाँट लिया।[49] हाँ, बर्दवान राज जैसे कुछ पुराने घरानों ने अपने आपको **शिकमी** ज़मींदारी (subinfeudation) की नई विधि अपनाकर बचाए रखा, जिससे पट्टेदारी का ढाँचा बेतुका और जटिल हो उठा।[50] ये शिकमी **पटनी** पट्टेदारियाँ (जिनकी संख्या किसान और ज़मींदार के बीच कभी-कभी 12 तक चली जाती थी) किसानों के बोझ को बढ़ाती ही थीं। 1859 और 1885 में पट्टेदारी संबंधी कानून बनाए गए, जिन्होंने काश्तकारों के दखली अधिकारों को मान्यता देकर कुछ सीमा तक उन्हें सुरक्षा प्रदान की। यह वह समय था, जब कंपनी के राज ने अपने-आप को एक आत्मविश्वास से भरे राज्य में बदल लिया था तथा अर्थव्यवस्था और समाज में और भी गहरे पैठने की तथा जनता के और भी व्यापक हिस्सों को साथ लेने की कोशिश कर रहा था।[51] लेकिन ज़मींदारों की शक्ति अधिकतर अनियंत्रित बनी रही और राज के साथ उनका गठजोड़ अपरिवर्तित रहा।

नए कानूनी सुधारों ने गरीब खेतिहरों को कोई राहत नहीं दी। इन्होंने केवल शक्तिशाली धनी **जोतदारों** (किसानों) के एक वर्ग की स्थिति मज़बूत की, जिनके बारे में माना जाता है कि गाँव के स्तर पर जोतों पर वास्तविक नियंत्रण उन्हीं का था, जैसा कि रजत रे और रत्नलेखा रे (1973, 1975) का तर्क है। उधर ज़मींदारों को केवल मालगुज़ारी की वसूली के अधिकार प्राप्त थे। रे और रे का तर्क है कि उपनिवेशी नीतियों से आए परिवर्तनों के बावजूद इस वर्ग की शक्ति और ग्रामीण समाज पर उसकी पकड़ अप्रभावित रही और उपनिवेशी बंगाल के ग्रामीण सामाजिक ढाँचे की बुनियादी निरंतरता इसी बात में थी। लेकिन इस 'जोतदारी प्रस्थापना' (jotedar thesis) पर तीखा हमला सुगत बोस (1986) की एक रचना में किया गया है, जिन्होंने जोतदारों के ऐसे प्रभुत्व को उत्तरी बंगाल तक ही सीमित पाया। बाकी क्षेत्र में उन्होंने खेतिहर अर्थव्यवस्था की दो दूसरी सुस्पष्ट पद्धतियों का पता लगाया है–पश्चिमी बंगाल में किसानों की जोत और स्वधारक श्रमिकों की एक समन्वित व्यवस्था का तथा पूर्वी बंगाल में किसानों की छोटी जोतों की व्यवस्था का। दोनों क्षेत्रों में उन्होंने 1930 के दशक तक ज़मींदारों की शक्ति को अप्रभावित पाया, और इस रुख का समर्थन अकिनोबू कवई (1986-87) और पार्थ

चटर्जी (1984a) की रचनाओं ने भी किया है। 'जोतदार' के पक्ष में बाद के एक लेख में रजत रे (1988) ने यह बात मानी कि ग्रामीण बंगाल में ज़मींदारों का प्रभाव और अधिकार संभवत: लगभग 1930 के दशक तक बने रहे, पर फिर भी पूरे दौर में अच्छे मालदार किसानों का एक हिस्सा ऐसा रहा, जिनको बंगाल के गाँवों में अच्छी-खासी शक्ति प्राप्त थी। इस संशोधित रुख की आंशिक पुष्टि बाद की दो रचनाओं ने की है। नारियाकी नकाज़ातो (1994) ने उन्नीसवीं सदी के अंतिम और बीसवीं सदी के आरंभिक वर्षों में मध्य और पूर्वी बंगाल के कुछ ज़िलों में एक शक्तिशाली जोतदार-हवलदार वर्ग का अस्तित्व दिखाया है। पर उनका तर्क है कि इसका अर्थ पुरानी ज़मींदारी व्यवस्था का अंत नहीं है, क्योंकि इन दोनों वर्गों के हित निश्चित तौर पर शत्रुतापूर्ण न होकर एक-दूसरे के पूरक थे। दूसरी ओर, पश्चिमी बंगाल में, जैसे मेदिनीपुर ज़िले में, चित्त पांडा (1996) ने ज़मींदारों के केवल अविशेष (unqualified) पतन का पता लगाया है, जो भूमि के बाज़ार, ग्रामीण ऋण और व्यापार के तंत्रों को नियंत्रित करनेवाले धनी किसानों के एक वर्ग के हाथों बिके जा रहे थे। फिर भी, नकाज़ातो और पांडा, दोनों ने ज़ोरदार ढंग से यह तर्क दिया है कि स्थायी बंदोबस्त के बाद के बंगाल के खेतिहर ढाँचे में निरंतरता से अधिक परिवर्तन पाया जाता है। जैसा कि हम अगले अध्याय में देखेंगे, इन परिवर्तनों ने, जिन्होंने गरीब किसानों को लगभग हर जगह प्रभावित किया, और उनको भूमि और शक्ति के नियंत्रण से स्थायी रूप से वंचित रखा, किसान विद्रोहों को जन्म दिया।

## *रैयतवारी बंदोबस्त*

लॉर्ड कॉर्नवॉलिस को आशा थी कि उसके स्थायी बंदोबस्त यानी ज़मींदारी व्यवस्था को भारत के दूसरे भागों में भी लागू किया जाएगा। लॉर्ड वेलेज़ली जब भारत आया तब बंगाल की व्यवस्था में उसकी और बोर्ड ऑफ़ कंट्रोल के हेनरी डंडस की एक समान आस्था थी और 1798 में वेलेज़ली ने इसे मद्रास प्रेसिडेंसी में लागू करने का आदेश जारी किया। यहाँ समस्या बंगाल जैसे एक खासे बड़े ज़मींदार वर्ग को पाने की थी, पर फिर भी मद्रास के अधिकारियों ने 1801 और 1807 के बीच अपने नियंत्रण वाले बहुत बड़े क्षेत्र में इसे लागू किया। स्थानीय **पालेगरों** को ज़मींदार मान लिया गया और जहाँ ऐसे लोग नहीं मिले, वहाँ गाँवों को मिलाकर जागीरें बनाई गईं और सबसे अधिक बोली लगाने वालों को बेच दी गईं। इससे पहले की यह बात आगे जाती वहाँ के ब्रिटिश अधिकारी स्थायी बंदोबस्त से अधिकाधिक मोहभंग के शिकार होने लगे, जिसने सरकार की आय बढ़ाने का कोई साधन प्रदान नहीं किया, जबकि भूमि से होनेवाली आय की वृद्धि ज़मींदारों के पास जा रही थी। बड़े ज़मींदारों के प्रति यह अविश्वास कुछ-कुछ स्कॉटिश ज्ञानोदय की उपज था, जो कृषि की प्रधानता पर बल देता था और खेतिहर समाजों में भूमिधर कृषक (Yeoman farmer) के महत्त्व के गीत गाता था। स्पष्ट है कि ऐसे विचारों ने टॉमस मुनरो और माउंटस्टुअर्ट एलफ़िंस्टन जैसे स्कॉट अधिकारियों को

प्रभावित किया, जिन्होंने कंपनी के राजस्व प्रशासन को बदलने की पहल की।[52] यह ऐसा समय भी था जब उपयोगितावादी विचार भारत में नीति-नियोजन को प्रभावित करने लगे थे और डेविड रिकार्डो का लगान का सिद्धांत मौजूदा व्यवस्था में संशोधन के सुझाव देता हुआ प्रतीत होता था।[53] लगान ज़मीन से प्राप्त अधिशेष था अर्थात् उसकी आय से उत्पादन और श्रम की लागत निकालने पर बचा हुआ भाग था, और राज्य इस अधिशेष का वैध दावेदार था, जबकि गैर-उत्पादक बिचौलियों के दावे का अकेला आधार उनका स्वामित्व का अधिकार था। इस तरह इस सिद्धांत ने ज़मींदारों के उन्मूलन का औचित्य प्रस्तुत किया और ज़मीन के नए अधिग्रहणों से बढ़ी हुई आय के एक बड़े भाग के अधिग्रहण का भी।[54] एक नए बंदोबस्त का और भी महत्त्वपूर्ण कारण मद्रास प्रेसिडेंसी का स्थायी वित्तीय संकट था, जिसे युद्ध के बढ़ते खर्चों ने और भी बदतर बना दिया था। मद्रास प्रेसिडेंसी में रैयतवारी बंदोबस्त का मूल कारण यही था।

रैयतवारी का प्रयोग 1792 में अलेक्ज़ेंडर रीड ने बड़ामहल में आरंभ किया, और मुनरो को जब 1801 में समर्पित ज़िलों (Ceded Districts) का राजस्व प्रशासन संभालने को कहा गया, तो उसने इसे जारी रखा। ज़मींदारों की जगह अब ये लोग गाँवों से सीधे मालगुज़ारी जमा करने लगे और हर गाँव की मालगुज़ारी तय कर दी गई। इसके बाद हर खेतिहर (रैयत) की मालगुज़ारी अलग-अलग तय की गई, और इस तरह रैयतवारी व्यवस्था का जन्म हुआ। इसने ज़मीन में वैयक्तिक स्वामित्व अधिकार पैदा किया, पर इस अधिकार से ज़मींदार नहीं बल्कि किसान विभूषित थे। इसका कारण था कि मुनरो "चार या पाँच सौ बड़े भूस्वामियों की जगह चालीस या पचास हज़ार छोटे भूस्वामियों के हाथों में इसके होने को" बेहतर समझता था।[55] लेकिन मुनरो की व्यवस्था ने सार्वजनिक और निजी स्वामित्व के बीच एक महत्त्वपूर्ण अंतर भी किया। डेविड लडन के शब्दों में, "उसने स्वयं राज्य को सर्वोच्च भूस्वामी ठहराया और अलग-अलग किसानों को भूस्वामी बताया, जो सरकार को हर साल नकद लगान देकर या मालगुज़ारी का आकलन कराकर यह अधिकार प्राप्त करते थे।"[56] अपने अंतिम विकसित होनेवाले रूप में यह खेत पर आकलन की एक व्यवस्था थी, क्योंकि हर खेत की मालगुज़ारी का आकलन सभी ज़मीनों के एक आम सर्वेक्षण के द्वारा स्थायी रूप से किया जाना था। फिर सरकार और खेतिहर के बीच सालाना समझौते होने थे, तथा खेतिहर को समझौता करने या न करने का अधिकार था। अगर वह सहमत होता, तो उसे एक पट्टा दिया जाता, जो निजी संपत्ति पर उसकी पात्रता का प्रमाण होता, और अगर कोई खेतिहर न मिलता तो ज़मीन खाली पड़ी रहती थी। इसलिए इस व्यवस्था को आकर्षक और समतामूलक बनाने के लिए एक विस्तृत भूमि-सर्वेक्षण की आवश्यकता पड़ी जिसमें मिट्टी की किस्म, खेत का क्षेत्रफल, ज़मीन के हर आकलित टुकड़े की औसत पैदावार, और उस आधार पर मालगुज़ारी की मात्रा का आकलन होता। लेकिन यह सिद्धांत था, व्यवहार में तो आकलन हमेशा अनुमानों पर आधारित होते थे और मालगुज़ारी की माँग अकसर इतनी अधिक होती थी कि उसे बड़ी कठिनाई से वसूल किया जाता था, या वह वसूल

नहीं भी होती थी। इसलिए किसानों को ऐसे अनुचित बंदोबस्तों पर सहमति के लिए बाध्य किया जाता था। इसलिए 1807 में मुनरो के लंदन चले जाने के बाद जल्द ही रैयतवारी व्यवस्था को लगभग त्याग ही दिया गया।

1820 के आसपास स्थिति बदलने लगी, क्योंकि मुनरो मद्रास का गवर्नर बनकर वापस आया। उसका तर्क था कि रैयतवारी भारत की प्राचीन भू-व्यवस्था थी और इसलिए भारतीय दशाओं के लिए सबसे अधिक अनुकूल थी।[57] लेकिन अतीत की यह दुहाई साम्राज्य के हित में थी। उसका मानना था कि ब्रिटिश साम्राज्य को प्रभुसत्ता की एक समन्वित धारणा की आवश्यकता थी, और रैयतवारी व्यवस्था उसका आधार हो सकती थी। जैसा कि समर्पित ज़िलों में उसके अनुभवों से पता चला, साम्राज्य की सुरक्षा और प्रशासन के लिए अति-शक्तिशाली पालेगरों के उन्मूलन की और ब्रिटिश अधिकारियों की निगरानी में सीधे किसानों से मालगुज़ारी की वसूली की आवश्यकता थी। इसलिए उसने अपने कदम को यह कहकर उचित ठहराया कि इतिहास में भारत में भूमि राज्य की संपत्ति होती थी, जो सोपानक्रम में वर्गीकृत अधिकारियों को **इनाम** में ज़मीनें देकर उनके द्वारा किसानों से मालगुज़ारी की वसूली करता था। इस ज़मींदार-राज्य की सत्ता सैनिक शक्ति पर आधारित थी और जब वह ताकत कम होती, पालेगर ज़मीनें हड़पकर उसके माध्यम से प्रभुसत्ता में सेंध लगा देते थे। हस्तांतरण की इस प्रक्रिया को अब पलटने की आवश्यकता थी।[58] यह तर्क देते हुए उसने तेज़ी के साथ फ्रांसिस एलिस जैसे व्यक्तियों की विपरीत राय को किनारे लगा दिया, जिनका तर्क था कि परंपरा में संपत्ति का अधिकार समुदाय या कबीलों को दिया जाता था, और परिवार को सामुदायिक परिसंपत्तियों पर अनेक प्रकार के अधिकार प्राप्त थे। साथ ही, मुनरो ने इस बात पर ज़ोर दिया कि यह व्यवस्था किसानों के मालगुज़ारी के बोझ को कम करेगी, मगर राज्य को अधिक मालगुज़ारी दिलाएगी, क्योंकि अधिशेष में बिचौलियों का अब कोई हिस्सा नहीं रहेगा।[59] इसके साथ ही, लंदन को भी प्रसन्नता होगी, क्योंकि यह व्यवस्था सत्ता और शक्ति को सीधे अंग्रेज़ों के हाथों में इस तरह लाएगी कि कॉर्नवॉलिस की व्यवस्था इसकी आशा भी नहीं कर सकती थी।[60] मद्रास की सरकार पैसे की तंगी से बुरी तरह त्रस्त थी और इसलिए उसने प्रेसिडेंसी के अधिकांश भागों में रैयतवारी बंदोबस्त लागू करने का निर्णय किया। लेकिन मुनरो की जो कल्पना थी, धीरे-धीरे इस व्यवस्था ने उससे एकदम भिन्न रूप धारण कर लिए। उसने सरकार की आय तो बढ़ाई, पर खेतिहरों को भारी मुसीबत में डाल दिया। अनेक क्षेत्रों में कोई सर्वेक्षण नहीं कराया गया और किसी रैयत पर कर गाँव के कागज़ात के आधार पर मनमाने ढंग से तय किया जाने लगा। यह व्यवस्था **पुटचुट** के नाम से जानी गई, जिसमें एक रैयत की मालगुज़ारी हर खेत पर अलग अलग नहीं, उसके सभी खेतों के आधार पर तय की जाने लगी, जिन पर सिंचाई की सुविधाएँ अलग-अलग होती थीं और इसलिए जिनकी उत्पादकता में भिन्नता होती थी। जहाँ सर्वेक्षण कराया भी गया, वहाँ उसे अकसर "गलत योजना के तहत और जल्दबाज़ी में" किया गया, जिसका परिणाम अति-आकलन था।[61] मुनरो का आग्रह था

कि एक खेतिहर जितनी ज़मीन चाहे उतनी उसे लेने की स्वतंत्रता दी जाए, पर इसके विपरीत "सिमटाव (contraction) या भराव (replacement) का यह अधिकार" व्यवहार में 1833 तक त्याग दिया गया।[62] इस तरह खेतिहर किसान धीरे-धीरे गरीब होने लगे, अधिकाधिक कर्ज़दार होते गए, और खेती के विस्तार के लिए पूँजी नहीं लगा सकते थे। कोयंबटूर को छोड़ दें तो मद्रास में कोई भूमि-बाज़ार लगभग था भी नहीं, क्योंकि ज़मीन खरीदने का अर्थ लूट जैसी दर से मालगुज़ारी की अदायगी होता था।

रैयतवारी व्यवस्था ने ग्रामीण कुलीनों का उन्मूलन भी नहीं किया, जो सरकार और किसानों के बीच बने रहे। चूँकि मीरासीदारों के विशेष लगानों और विशेष अधिकारों को मान्यता दी गई और ब्राह्मणों के जातिगत विशेषाधिकारों को सम्मान दिया जाता रहा, इसलिए गाँवों में मौजूद शक्ति-संरचना शायद ही बदली, बल्कि नई व्यवस्था से वह और भी मज़बूत बनी।[63] वास्तव में, इस पूरी व्यवस्था को अधिकारियों और तमिल लेखकों के सहयोग से सृजित इस उपनिवेशी ज्ञान से बल मिला कि वेल्लाल जैसी अच्छी खेतिहर जातियों के मीरासीदार मूल उपनिवेशी और अच्छे किसान थे। ऐसे रूढ़ विचारों ने मीरासीदारों-जैसे परंपरागत ग्रामीण कुलीनों को एक स्थानबद्ध कृषक समुदाय के ब्रिटिश विचार की धुरी बना दिया।[64] इस तरह इन कुलीनों ने धीरे-धीरे मालगुज़ारी प्रशासन के निचले भागों में अपने लिए आराम की एक जगह बना ली, और उनमें से कुछ ने सरकारी नियुक्तियाँ पाने के बाद सिंचित ज़मीनों के लाभदायक और बड़े-बड़े टुकड़े खरीद लिए।[65] 1816 के बाद मालगुज़ारी के इन अधिकारियों ने गाँवों में मालगुज़ारी की वसूली और पुलिस के कर्तव्य दोनों सँभाल लिए। शक्ति में इस वृद्धि के कारण कलक्टरी कार्यालय (Collectorate) के निचले अधिकारियों के अत्याचार, रिश्वतखोरी और भ्रष्टाचार में निश्चित तौर पर वृद्धि हुई। यह बात 1855 के मद्रास टॉर्चर कमीशन (यातना आयोग) रिपोर्ट में भरपूर और निर्मम विस्तार के साथ सामने आई, जिसने कारगर सुधार की ज़रूरत के सुझाव दिए।[66]

यही वह साल था जिसके बाद भूमि का एक वैज्ञानिक सर्वेक्षण किया जाने लगा और मालगुज़ारी का आकलन नए सिरे से किया गया, जिससे कर के वास्तविक बोझ में कमी आई। यह तय हुआ कि मालगुज़ारी की दर ज़मीन की पैदावार के मात्र मूल्य की आधी होगी और बंदोबस्त तीस साल के लिए किया जाएगा। यह संशोधित व्यवस्था 1864 में लागू की गई, जिससे शीघ्र ही खेतिहर समृद्धि आई और खेती का विस्तार हुआ। 1865-66 और 1876-78 के दो अकालों ने इसमें विघ्न डाला। फिर भी, जैसा कि धर्मा कुमार का कथन है, "कुल मिलाकर प्रेसिडेंसी में वसूली (recovery) और अधिक तेज़ी से हुई।" वे यह तर्क भी देती हैं कि प्रचलित मिथकों के विपरीत "आँकड़े ... इस विचार का समर्थन नहीं करते कि ज़मीन अधिकाधिक धनी किसानों और सूदखोरों के हाथों में पहुँचती जा रही थी।" असमानता गोदावरी डेल्टा जैसे केवल समृद्ध और सिंचित क्षेत्रों में बढ़ी; अन्यथा इसमें कमी आई। उनकी राय में इस बात का भी कोई प्रमाण नहीं कि कर्ज़दारी व्यापक पैमाने पर बेदखली का कारण बन रही थी। कर्ज़ों

की प्रकृति में भिन्नताएँ थीं, जबकि तिरूनेलवेली को छोड़ दें तो दूसरे सभी स्थानों पर गैर-हाज़िर (absentee) ज़मींदारी में कमी आई। लेकिन पूरी प्रेसिडेंसी में जहाँ भी काश्तकार थे, उनको शायद ही कोई सुरक्षा प्राप्त थी।[67]

मद्रास के ग्रामीण समाज पर रैयतवारी व्यवस्था का प्रभाव अनेक कोणों से द्रष्टव्य है। जैसा कि हाल के अनेक लघुस्तरीय अध्ययनों (micro-studies) ने दिखाया है, संपत्ति के अधिकारों को पुनर्निरूपित करके उसने वास्तव में जहाँ भी ग्रामीण कुलीन थे, उनकी शक्ति को बढ़ाया और इस तरह सामाजिक संघर्ष तेज़ हुआ। पर यह बात भी सही है कि इस प्रभाव में व्यापक क्षेत्रीय भिन्नताएँ थीं, जिनका अस्तित्व वर्तमान मौजूदा सामाजिक ढाँचों और पर्यावरण की दशाओं पर आधारित था। उदाहरण के लिए, तिरूनेलवेली ज़िले पर डेविड लडेन के अध्ययन[68] ने दिखाया कि स्थानीय स्तर पर शक्तिशाली मीरासीदारों ने विशेष लगानों की सुविधा पाने और अपने सामूहिक अधिकारों को वैयक्तिक संपत्ति के अधिकारों में बदलने के लिए किस तरह इस व्यवस्था का गलत इस्तेमाल किया। 1820 के बाद मद्रास सरकार ने काश्तकारों द्वारा मीरासीदारों की शक्ति का सक्रिय मगर व्यर्थ का प्रतिरोध करने के बावजूद उनके अधिकारों की सुरक्षा में कोई दिलचस्पी नहीं दिखाई। लेकिन लडेन का तर्क है कि सिंचित क्षेत्रों के मीरासीदारों का हाल असिंचित या मिश्रित क्षेत्रों के मीरासीदारों से काफ़ी बेहतर रहा। तंजावुर (तंज़ोर) ज़िले के कावेरी डेल्टा पर विलेम वॉन शेंडेल के अध्ययन से भी मीरासीदारों के "स्वर्णयुग" का पता चलता है, जब उन्होंने भूमि और श्रम पर अपने नियंत्रण को मज़बूत बनाया और इस तरह "स्थानीय समाज का ध्रुवीकरण तेज़ हुआ।" उन्नीसवीं सदी के उत्तरार्द्ध में उनके समुदाय के अंदर सामाजिक और आर्थिक विभेदीकरण बढ़ने के कारण और पुराने परिवारों की जगह नए व्यापारिक समूहों के उदय के कारण उनकी शक्ति थोड़ी-बहुत कम हुई। लेकिन किसी भी तरह से इसका अर्थ स्थानीय समाज में मीरासीदारों की शक्ति का अंत नहीं था।[69] दूसरे तमिल ज़िलों में भी स्थिति काफी सीमा तक तिरुचिरापल्ली (त्रिचिनापल्ली) के सिंचित तालुकों से मिलती-जुलती थी, जबकि दक्षिणी अर्काट और चिंगलीपुट में वास्तविक खेतिहर भूस्वामित्व के ऐसे विशेषाधिकारों को अधिकाधिक चुनौती देने लगे थे। लेकिन तमिलनाडु के दूसरे विशाल क्षेत्रों में जहाँ खेती की ज़मीन की प्रचुरता थी, स्थिति पर बड़ी संख्या वाले मालिक-किसान और मझोले भूस्वामियों के छोटे समूह हावी थे।[70] मद्रास प्रेसिडेंसी के आंध्र ज़िलों में भी रैयतवारी व्यवस्था ने किसानों के विभेदीकरण को बढ़ावा दिया। बीसवीं सदी के आरंभ तक बड़े भूस्वामियों का एक समृद्ध समूह पैदा हो चुका था, जिनको ए. सत्यनारायण ने "किसान-बुर्जुआ" (peasant-bourgeoisie) कहा है; ये लोग बड़े-बड़े खेतों पर नियंत्रण रखते थे और फालतू ज़मीनें भूमिहीन काश्तकारों और बटाईदारों को लगान पर देते थे। बिचौलियों की हालत भी अच्छी रही और वे स्थिर आर्थिक दशाओं में रहते रहे। दूसरी ओर गरीब किसान, जो ग्रामीण आबादी में बहुमत में थे, फटेहाल जीते रहे; धनी रैयत, लेनदार और ज़मीन बँटाई पर देने वाले उनका शोषण करते रहे, अपनी

बदहाली के बावजूद वे मज़दूरी के लिए विवश रहे और ज़मीन के छोटे-छोटे टुकड़ों से बँधे रहे।

बंबई प्रेसिडेंसी में रैयतवारी व्यवस्था का आरंभ गुजरात से, 1803 में उसके अधिग्रहण के बाद हुआ, और फिर जब 1818 में पेशवा के इलाके जीत लिए गए, तो मुनरो के शिष्य माउंटस्टुअर्ट एलफ़िंस्टन की निगरानी में इसे उन क्षेत्रों में भी लागू किया गया। इन क्षेत्रों में अंग्रेज़ पहले देशमुखों और ग्राम प्रधानों अर्थात् **पाटिलों** की मदद से मालगुज़ारी वसूल करते रहे। पर इससे उनको आशानुरूप मालगुज़ारी नहीं मिलती थी और इस कारण 1813-14 के बाद वे सीधे किसानों से मालगुज़ारी वसूल करने लगे। जो दुर्व्यवहार मद्रास प्रेसिडेंसी की विशेषता बन चुके थे, वे जल्द ही बंबई में भी सामने आने लगे, क्योंकि मालगुज़ारी की तय की हुई दरें असाधारण सीमा तक ऊँची थीं। बार-बार फ़सल तबाह होने और दामों के गिरने पर किसानों को या तो सूदखोरों के पास ज़मीन गिरवी रखनी पड़ती थी, या खेती छोड़कर वे पड़ोस के रजवाड़ों में चले जाते थे जहाँ दरें कम थीं। इसलिए आर. के. प्रिंगल नाम के एक अधिकारी ने एक भू-सर्वेक्षण किया; उसने भूमि का वर्गीकरण किया और मालगुज़ारी की दर पैदावार के मात्र मूल्य का 55 प्रतिशत तय किया। इंदापुर तालुका में 1830 में पहले-पहल लागू की गई यह योजना जल्द ही दोषपूर्ण पाकर त्याग दी गई। उसकी जगह 1835 में एक संशोधित 'बंबई सर्वेक्षण व्यवस्था'(बॉम्बे सर्वे सिस्टम) लागू की गई, जिसे दो अधिकारियों जी. विंगेट और एच. ई. गोल्डस्मिथ ने तैयार किया था। यह एक व्यावहारिक बंदोबस्त था, जिसका उद्देश्य माँग को गिराकर ऐसे उचित स्तर तक लाना था कि उसका नियमित भुगतान होता रहे। हर खेत का वास्तविक आकलन निकट अतीत के भुगतान, प्रत्याशित मूल्य वृद्धि, मिट्टी की प्रकृति और स्थान पर निर्भर था। यह नया आकलन एक तीस वर्षीय बंदोबस्त के आधार पर 1936 में आरंभ किया गया और 1847 तक दकन के अधिकांश भाग में इसे लागू किया जा चुका था।

पश्चिमी भारत के खेतिहर समाज पर रैयतवारी बंदोबस्त का प्रभाव एक गहरे ऐतिहासिक विवाद का विषय है, क्योंकि इसने 1875 में बंबई दकन में एक ग्रामीण विद्रोह को जन्म दिया। नील चार्ल्सवर्थ (1985) जैसे इतिहासकार यह नहीं मानते कि वास्तव में 1840 और 1870 के बीच लागू किए गए विंगेट (Wingate) बंदोबस्तों ने पश्चिमी भारत में किसी बड़े परिवर्तन को जन्म दिया। उसने गाँव के पाटिल को एक मामूली किसान और सरकार का वेतनभोगी नौकर बनाकर रख दिया। लेकिन उसकी शक्तियों में कमी तो अंग्रेज़ों के पहले से ही आने लगी थी, और ब्रिटिश राज तो "बस उस प्रक्रिया को पूरा कर रहा था, जो पहले से ही पूरी गति में थी।" ऐसा भी नहीं था कि इन बंदोबस्तों ने हर जगह ग्रामीण कुलीनों को अपदस्थ किया हो; गुजरात में **भागदारों**, **नर्वदारों** और अहमदाबाद के ताल्लुकदारों के श्रेष्ठतर अधिकारों को सम्मान दिया जा रहा था और फलस्वरूप इन क्षेत्रों में "अधिक राजनीतिक और सामाजिक स्थिरता की गारंटी" रही। शक्ति-संबंधों में एक शून्य केवल मध्य दकन में पैदा हुआ, जिसने मारवाड़ी और

गुजराती बनियों को और भी सक्रिय भूमिका निभाने का अवसर दिया। किसानों के लिए ये नए बंदोबस्त "मालगुज़ारी के आकलन को कम बोझिल और असमतामूलक बना रहे थे।" वे अगर उन्नीसवीं सदी के मध्य तक कर्ज़ से लद गए, तो यह कर्ज़दारी वास्तव में "बहुत पुरानी" थी, मालगुज़ारी की माँगों का परिणाम न थी और अपने आप में वह बड़े पैमाने पर ज़मीनों के हस्तांतरण का कारण नहीं बनी, क्योंकि खेतिहरों की ज़मीनों के प्रति मारवाड़ी लेनदारों को कोई खास आकर्षण नहीं था।[72] इस व्याख्या का समर्थन एच. फुकाजावा भी करते हैं और कहते हैं: "इसका कोई प्रमाण नहीं है कि ज़मीनें व्यापारियों और सूदखोरों द्वारा अधिकाधिक खरीदी जा रही थीं।"[73] इयान का मानना है कि खेतिहरों की बेदखली और उनसे गैर-खेतिहरों को ज़मीनों का हस्तांतरण दकन में उन्नीसवीं सदी के मध्य में अवश्य हुए, मगर ये निश्चित रूप से दकन के दंगों के कारण नहीं थे।[74] मगर दूसरी ओर रवींदर कुमार और सुमित गुहा का तर्क है कि रैयतवारी बंदोबस्त एक महत्त्वपूर्ण सामाजिक उथल-पुथल को जन्म दे रहा था, जिसने गाँवों के मुखियों की सत्ता को कमज़ोर किया और इस तरह महाराष्ट्र के गाँवों में सामाजिक स्थिति संबंधी एक क्रांति को जन्म दिया, और यह कि इस असंतोष ने ही आखिरकार दकन के दंगों को जन्म दिया।[75] हम अध्याय 4.2 में इस विवाद की विस्तार से विवेचना करेंगे, जब हम 1875 के दकनी दंगों पर विचार करेंगे। यहाँ संभवत: जो बात कही जा सकती है, वह यह है कि मद्रास और बंबई, दोनों में रैयतवारी व्यवस्था के सामाजिक प्रभाव संभवत: स्थायी बंदोबस्त के प्रभावों से कम नारकीय थे। लेकिन "निरंतरता" के पक्ष में तर्क करना कठिन होगा, क्योंकि जो पुराने रूप जारी रहे वे अब "साम्राज्यवाद के हाथों अलग ढंग से ढाँचाबद्ध" हुए।[76]

### *महलवारी बंदोबस्त*

जिस 'ग्राम समुदाय' का चार्ल्स मेटकॉफ़ से लेकर हेनरी मेन तक कुछ आरंभिक पश्चिमी प्रेक्षकों ने खुलकर गुणगान किया था, उसे न तो स्थायी बंदोबस्त में कोई जगह मिली, न रैयतवारी बंदोबस्त में। लेकिन 1801 और 1806 के बीच जब ये दोनों व्यवस्थाएँ तैयार की जा रही थीं, तब उत्तर और पश्चिमोत्तर भारत के विशाल क्षेत्र उजाड़े जा रहे थे। हिमालय की तलहटी से लेकर मध्य दकन पठार तक और गंगा-यमुना के दोआब को समेटने वाला यह क्षेत्र, जो कभी मुगल साम्राज्य का केंद्र था, पश्चिमोत्तर प्रांत कहलाता था। इस क्षेत्र के खेतिहर ढाँचे में एक ओर तो थोड़े-से कुलीन थे, जो ताल्लुकदार कहलाते थे। नूरूल हसन ने उनको "बिचौलिये ज़मींदार" कहा है, जो "एक विशेष क्षेत्र की मालगुज़ारी की वसूली के लिए राज्य से करार करते थे।" दूसरी ओर, "प्राथमिक ज़मींदारों" का एक बड़ा समूह था, जो "खेतिहर और रिहाइशी, दोनों तरह की ज़मीनों पर मालिकाना अधिकारों के स्वामी" थे। इस समूह में छोटे मालिक-किसान भी थे और अनेक गाँवों के बड़े-बड़े स्वामी भी।[77] बंगाल के मॉडल को ध्यान में रखकर अंग्रेज़ों ने आरंभ में ताल्लुकदारों से मालगुज़ारी वसूल करनी शुरू की, जिनमें अठारहवीं

सदी के अंत तक दो सुस्पष्ट समूह शामिल थे। एक ओर तो "वंशगत प्रभुत्व वाले रजवाड़ों के" स्थानीय स्तर पर मज़बूत शासक थे और दूसरी ओर मुगल जागीरदार, मालगुज़ारी के अधिकारी और मालगुज़ारी वसूल करनेवाले किसान थे, जिन्होंने अपने आपको "यथार्थतः राजा या ताल्लुकदार" बना रखा था।[78]

ये आरंभिक संक्षिप्त बंदोबस्त, जिनको आखिरकार स्थायी बना दिया गया, नव-विजित क्षेत्रों की उत्पादकता के कृत्रिम और दोषपूर्ण आकलन पर आधारित थे, और इसलिए अनेक उदाहरणों में मालगुज़ारी का आकलन असामान्य सीमा तक अधिक था। अनेक बड़े ताल्लुकदारों ने इस नई व्यवस्था का और उसकी मालगुज़ारी की भारी माँग का विरोध किया, और उन्हें बड़ी निर्दयता से समाप्त कर दिया गया। बहुतों को खदेड़कर उनके गारे-मिट्टी के किलों को धराशायी कर दिया गया। दूसरे उदाहरणों में सरकार ने मालगुज़ारी न दे सकनेवाली जागीरों को बेच डाला। फलस्वरूप 1820 तक, जिनको एरिक स्टोक्स ने "उत्तरी भारत का अप्रतिष्ठित धनी वर्ग" कहा है, उसके बहुत से सदस्यों की "स्थिति या तो पूरी तरह समाप्त हो गई या फिर बहुत ही मामूली रह गई।"[79] नीलामी में बिकी ज़मीनें अकसर अमलों और तहसीलदारों ने खरीदीं, जिन्होंने अपने स्थानीय ज्ञान का प्रयोग करके और अपनी शक्ति के सहारे जोड़तोड़ करके इस क्षेत्र की कुछ बेहतरीन संपत्तियाँ खरीद लीं। उदाहरण के लिए, बनारस के क्षेत्र में उन्नीसवीं सदी के मध्य तक लगभग 40 प्रतिशत ज़मीनों के स्वामी बदले जा चुके थे और जैसा कि बरनार्ड कोह्न की सूची बतलाती है, वे "असैनिक कर्मचारियों और उनके वंशजों के तथा सौदागरों और बैंकरों (साहूकारों) के कब्ज़े में चली गईं।" यही लोग फिर "भूस्वामियों का एक नया वर्ग" बन गए, जो ग्राम समुदाय के लिए बाहरी होते थे और ज़मीन के प्रति अलग ही रवैये रखते थे।[80] लेकिन दूसरी ओर, जैसा कि टॉमस मेटकॉफ़ ने तर्क दिया है, चूँकि भूमि का बाज़ार अपूर्ण था (अकसर उसके खरीदार भी नहीं होते थे) और अकसर नए खरीदारों के लिए ज़मीनों को पुराने मालिकों की ही निगरानी में छोड़ना आवश्यक हो जाता था, ज़मीन का वास्तविक हस्तांतरण कुछ ही मामलों में हुआ। फिर भी, इस स्थिति ने एक भय खड़ा कर दिया कि ज़मीन गैर-खेतिहरों के हाथों में जा रही है और 1819 में होल्ट मैकेंजी ने इसे एक "विषाद क्रांति" (melancholy revolution) का नाम दिया, क्योंकि उसकी राय में केवल गाँव के सहदायी निकाय (coparcenary bodies) ही "भूमि के अकेले स्वामी" थे।[81]

इसलिए अंग्रेज़ अब ताल्लुकदारों की जगह 'प्राथमिक ज़मींदारों' और ग्राम समुदायों को प्राथमिकता देने लगे। मैकेंजी की सिफ़ारिशों को 1822 के रेगुलेशन सात (Regulation VII) में शामिल किया गया, जिसमें मालगुज़ारी के आकलन के लिए एक-एक खेत के विस्तृत सर्वेक्षण की व्यवस्था थी। बंदोबस्त एक ग्राम समुदाय के या उपलब्ध हो तो एक ताल्लुकदार के साथ किया जाता था, और मालिकाना अधिकारों के अलावा रिहाइशी खेतिहर किसानों से मिलनेवाले लगान का भी निश्चय और लिपिबद्ध किया जाना था। ताल्लुकदार पूरी तरह खत्म नहीं किए गए, लेकिन जहाँ भी संभव हुआ, भूमि

का संयुक्त मालिकाना अधिकार ग्राम समुदायों में निहित कर दिया गया। ताल्लुकदारों की दमनकारी और हठीली प्रकृति ने, यथासंभव मालगुज़ारी बढ़ाने की आवश्यकता ने और किसान मालिकों के अधिकारों की सुरक्षा की आवश्यकता ने भी खेती में सुधार के उद्देश्य से, महलवारी बंदोबस्त को अपनाने के लिए प्रेरित किया, न कि रिकार्डों के लगान सिद्धांत के प्रभाव ने। लेकिन आरंभ से ही यह नया बंदोबस्त गड़बड़ी का और भ्रष्टाचार का शिकार रहा, क्योंकि व्यवहार में इसे लागू करना लगभग असंभव था। जो सर्वेक्षण नए बंदोबस्त का आधार होता वही असफल रहा, क्योंकि वह इतना जटिल था कि मौजूदा प्रशासनतंत्र उसे लागू करने में असमर्थ था। इसका स्पष्ट परिणाम "सनक से भरे अनुमानों" पर आधारित अति-आकलन था।[82] 1828 की खेतिहर मंदी ने स्थिति को और बिगाड़ा। बकाये बढ़ने लगे, ज़मीनें बिना जुती रह जाती थीं, खरीदार मिलना मुश्किल होता था। स्पष्ट है कि कुछ सुधारों की आवश्यकता थी; ये ही सुधार 1833 के रेगुलेशन ग्यारह (Regulation XI) के द्वारा लागू किए गए।

संशोधित व्यवस्था में, जिसे एक और असैनिक अधिकारी आर. एम. बर्ड ने तैयार किया था, एक पूरे **महल** (राजस्व की इकाई) की मालगुज़ारी के आकलन के लिए एक विस्तृत सर्वेक्षण का प्रावधान था; इसका आधार खेत की संभावित उपज का मात्र मूल्य होता। इस तरह निश्चित कुल मालगुज़ारी को एक हिस्सेदार समूह के सदस्यों में विभाजित कर दिया जाता। राज्य भूमि की कुल आय का दो-तिहाई भाग ले लेता और बंदोबस्त तीस साल के लिए होता। लेकिन बर्ड द्वारा आरंभ किए और जेम्स टॉमसन द्वारा पूरे किए गए ये ग्रामवार बंदोबस्त भी अधूरे सर्वेक्षण, अ-सटीक गणना और इसलिए अति-आकलन पर आधारित थे। उनकी विशेषता ताल्लुकदारों के प्रति एक खुली शत्रुता भी थी, क्योंकि बर्ड उनको "गैर-उत्पादकों का एक समूह" मानता था। उनमें से अनेक बेदखल कर दिए गए और नकदी भत्ते के रूप में पेंशन देकर बिठा दिए गए और यह नीति इतनी सफल रही कि, जैसा कि 1842 में बर्ड की सेवानिवृत्ति के बाद प्रांत के लेफ़्टिनेंट गवर्नर ने टिप्पणी की थी, इसने "समाज की पूरी सतह को लगभग सपाट" बना दिया।[83] लेकिन इसका अर्थ ग्राम समुदायों के लिए एक स्वर्ण युग का आरंभ नहीं था, जिनको मालगुज़ारी की भारी माँग, कर्ज़ के बढ़ते बोझ, मालगुज़ारी के बकायों और फलस्वरूप उनकी संपत्तियों की बिक्री ने और दीवानी अदालतों के आदेशों के जरिये उनकी बेदखली ने नष्ट कर दिया। अनेक मामलों में ज़मीनें सूदखोरों और सौदागरों के हाथों में चली गईं, विशेषकर बढ़ते व्यापार वाले ज़िलों में। इस प्रश्न पर बहस संभव है कि क्या इसका अर्थ एक बुनियादी सामाजिक उथल-पुथल था, क्योंकि अनेक मामलों में संपत्तियों की औपचारिक बिक्री के कारण गाँवों में जोत की संरचना में कोई वास्तविक परिवर्तन नहीं आया, इसलिए कि नए खरीदार मूल स्वामियों के बिना शायद ही कुछ कर सकते थे। लेकिन, जैसा कि टॉमस मेटकॉफ़ ने स्वीकार किया है, "शायद ही कोई यह कह सके कि 'कुछ नहीं हुआ' है।"[84] उत्तर भारत के ग्रामीण समाज की शिकायतें शीघ्र ही 1857 के विद्रोह

के रूप में अपेक्षाकृत ज़ोरदार और हिंसक ढंग से व्यक्त हुईं, जैसा कि हम अगले अध्याय में देखेंगे।

इस तरह उन्नीसवीं सदी के मध्य तक कंपनी के प्रशासन ने भूमि में निजी संपत्ति का सृजन करते हुए और तीन अलग-अलग समूहों को मालिकाना अधिकार देते हुए मालगुज़ारी प्रशासन की तीन व्यवस्थाएँ पैदा कीं–ज़मींदारों के साथ स्थायी बंदोबस्त किया गया, रैयत अर्थात् मालिक किसानों के साथ रैयतवारी बंदोबस्त किया गया और ग्राम समुदायों के साथ महलवारी बंदोबस्त किया गया। जब पंजाब और मध्य भारत को जीता गया तो इस तीसरी व्यवस्था को इन क्षेत्रों में भी लागू किया गया, जबकि रैयतवारी बंदोबस्त को सिंध, असम और कुर्ग में लागू किया गया। ज़मींदारी व्यवस्था को मद्रास प्रेसिडेंसी के उत्तरी ज़िलों में लागू किया गया जहाँ ज़मींदार मिल गए। एक अनुमान के अनुसार 1928-29 में भारत में खेती-योग्य भूमि का लगभग 19 प्रतिशत भाग ज़मींदारी बंदोबस्त, 29 प्रतिशत महलवारी और 52 प्रतिशत रैयतवारी बंदोबस्त के अंतर्गत था।[85] जैसा कि हमने देखा, इन सभी बंदोबस्तों की एक साझी विशेषता थी अति-आकलन, क्योंकि मालगुज़ारी की आय को यथासंभव बढ़ाना कंपनी की सरकार का प्रमुख उद्देश्य था। इसके परिणाम थे बकाये, बढ़ते कर्ज़, ज़मीन की बढ़ती बिक्री और बेदखली। स्वीकृत मान्यता के विपरीत आधुनिक अनुसंधान ने साबित कर दिया है कि इन परिवर्तनों के प्रभाव कभी जितना समझा जाता था, उससे कम नाटकीय थे और उनमें महत्त्वपूर्ण क्षेत्रीय अंतर थे, क्योंकि भूमि के हस्तांतरण हर जगह भूस्वामित्व के ढाँचों में बुनियादी बदलाव नहीं ला सके। इस तरह कभी जितना समझा जाता था, खेतिहर समाज उससे कहीं अधिक लचकदार साबित हुआ। लेकिन उसकी मार से जो समूह और वर्ग बचे रह गए, उन्हें अत्यधिक भिन्न अधिकार, दायित्व और शक्तियाँ प्राप्त थी। उन परिवर्तनों और उनसे उत्पन्न शिकायतों की भरपूर अभिव्यक्ति खेतिहर उथल-पुथल में हुई, जो भारत में ब्रिटिश राज की पहली सदी की विशेषता थी। हम इसकी छानबीन अगले अध्याय में करेंगे।

## 2.4 शासन तंत्र

जब साम्राज्य का आकार बढ़ा और उसके संसाधनों का नियंत्रण आवश्यक हो गया, तो एक समर्थ और प्रामाणिक प्रशासन व्यवस्था की आवश्यकता भी बढ़ी। आरंभ में भारतीय परंपराओं का आदर किया गया और यूरोपीय आदर्शों को लादने का कोई प्रयास नहीं किया गया। लेकिन एक "बुद्धिवादी" एशिया की यह अठारहवीं सदी के मध्य वाली धारणा शीघ्र ही तिरोहित होने लगी, क्योंकि विजेता प्रभुसत्ता जताने और राजस्व का एक सुस्थिर प्रवाह सुनिश्चित करने के लिए नियंत्रण लागू करने की आवश्यकता महसूस करने लगे। इंजीलवादी हमलों और सुधार के उपयोगितावादी उत्साह के सामने सांस्कृतिक विशिष्टता का विचार धीरे-धीरे महत्त्वहीन समझा जाने लगा। सुधार के विचार के कारण और अंग्रेज़ों द्वारा संचालित एक सिविल सत्ता के अंतर्गत न्याय और एकरूपता के ब्रिटिश

सिद्धांतों को लागू किया जाने लगा। आशा थी कि अच्छे कानूनों और अच्छे प्रशासन के कारण वैयक्तिक पहल निरंकुशता, बुद्धिहीन रीति-रिवाज़ों और परंपराओं से मुक्त हो सकेगी। इससे पूँजी और श्रम को खुलकर काम करने का पूरा-पूरा अवसर मिलेगा और व्यक्ति के अधिकारों और स्वामित्व को महत्त्व प्राप्त होगा। भारत के लिए उपयोगितावादी 'कानून के शासन' का समर्थन करते थे, जबकि सभी विजित क्षेत्रों में प्रशासन की एकसमान व्यवस्था ब्रिटेन के हितों से भी मेल खाती थी। 1813 तक कंपनी अधिकतर एक परंपरागत भारतीय शासक की तरह काम करती रही और प्रवर्तन (innovation) या हस्तक्षेप करने से बचती रही, हालाँकि फिर भी वह खेती से अधिशेष की वसूली पर नज़रें जमाए रहती थी। लेकिन उपरोक्त बौद्धिक आंदोलनों के वैचारिक दबाव के अंतर्गत यह स्थिति धीरे-धीरे बदलने लगी और इसलिए भी कि ब्रिटेन की औद्योगिक क्रांति के कारण भारत भर के बाज़ारों का एकीकरण और खेतिहर कच्चे मालों के स्रोत के रूप में उसका विकास आवश्यक हो गए। इन सबके लिए प्रभुसत्ता के दोटूक दावे की, भारतीय अर्थव्यवस्था और समाज में पहले से बहुत अधिक घुसपैठ तथा ब्रिटेन ही नहीं, दूसरे देशों के साथ भी, भारत के व्यापार पर नियंत्रण की आवश्यकता पड़ी।

## *न्यायिक व्यवस्था*

1765 में ईस्ट इंडिया कंपनी को दीवानी मिलने पर उसे बंगाल, बिहार और उड़ीसा की मालगुज़ारी वसूल करने का अधिकार मिल गया, पर नवाबी प्रशासन और मुगल व्यवस्था अपनी जगह बने रहे। लेकिन इस दोहरे प्रशासन के व्यावहारिक निहितार्थ बहुत ही साधारण थे, क्योंकि कुछ समय तक मुगलों की प्रभुसत्ता को स्वीकार करने का दिखावा करते हुए भी कंपनी खुलकर और व्यवस्थित ढंग से नवाब की सत्ता को कमज़ोर करती रही। सूबे का न्यायिक प्रशासन आरंभ में, 1765 और 1772 के बीच, भारतीय अधिकारियों के हाथों में रहा और दीवानी व फ़ौजदारी न्याय, दोनों में मुगल व्यवस्था अपनाई जाती रही। क्लाइव ने मुहम्मद रज़ा खाँ को कंपनी के दीवानी प्रशासन का प्रतिनिधि नियुक्त किया; नायब नाज़िम के रूप में वह नवाब का फ़ौजदारी प्रशासन भी चलाता रहा। लेकिन इस देसी व्यवस्था को स्वीकार करना काफी हद तक उसके बारे में उपनिवेशकों की समझ और व्याख्या पर आधारित था। मुगल व्यवस्था का कभी कोई केंद्रीय संगठन नहीं रहा और वह एक सीमा तक स्थानीय फ़ौजदारों और उनके कार्यकारी विवेक पर निर्भर होती थी। वैधता पाने के लिए **शरीअत** (इस्लामी विधान) का उल्लेख किया जाता था, पर मामलों की गंभीरता तथा **मुफ़्तियों** और **काज़ियों** की व्याख्या के अनुसार उसके व्यवहार में भारी अंतर देखे जाते थे। विद्रोह के मामलों को छोड़ दें, तो इस व्यवस्था में टकराव के आपसी समाधान पर ध्यान अधिक रहता था और दंड कभी दिया भी जाता था, तो अकसर वह **मुलज़िम** (अभियुक्त) की स्थिति पर निर्भर होता था। कंपनी के अनेक अधिकारी इस व्यवस्था को असाधारण नरमी पर आधारित समझते थे और उसे

अठारहवीं सदी के पतन का परिणाम समझते थे, जब ज़मींदारों और मालगुज़ारों ने कथित रूप से न्यायिक सत्ता पर नियंत्रण कर लिया था। इन लोगों को न्याय-भावना से अधिक अर्थलाभ की भावना से प्रेरित समझा गया और इसके कारण उस न्याय व्यवस्था की "लोलुपता" की शिकायतें की जाने लगीं। इसलिए 1769 तक यह कहा जाने लगा कि ज़मींदारों और मालगुज़ारों के चंगुल से मुक्त कराने के बाद "न्यायिक सत्ता का केंद्रीकरण" सुनिश्चित करने के लिए और इस तरह कंपनी की प्रभुसत्ता का दावा करने के लिए एक तरह की प्रत्यक्ष और खुली यूरोपीय निगरानी की आवश्यकता थी।[86] इसलिए वॉरेन हेस्टिंग्ज़ ने 1772 में जब गवर्नर का पद सँभाला, तो न्याय व्यवस्था पर पूरा नियंत्रण करने का निर्णय किया और उसे ऐसा क्यों करना चाहिए, इस बारे में उसे कोई शंका थी भी नहीं: उसने तर्क दिया कि ऐसे एक कदम से "इस देश की जनता कंपनी की प्रभुसत्ता की अभ्यस्त होगी।"[87] 1772 में रज़ा खाँ को गिरफ़्तार करने और किसी मुकदमे के बिना उसे दो साल कैद रखने का एक प्रमुख उद्देश्य न्याय-प्रशासन से भारतीय कार्मिकों को बाहर निकालने की परियोजना में एक अत्यंत भारी अड़चन को दूर करना था। रज़ा खाँ मुगलों की प्रभुसत्ता पर और इस्लामी कानूनों की सर्वोच्चता पर सदैव ज़ोर देता रहता था। उसकी रिहाई के बाद भी कंपनी के डायरेक्टरों से हेस्टिंग्ज़ ने यही कहा की कि उसे उसके पिछले पद पर बहाल न किया जाए।[88]

1772 की नई व्यवस्था में हर ज़िले में **दीवानी** और **फ़ौजदारी**, दो अदालतें बनाई गईं। इस तरह मुगल नामकरण को बचाकर रखा गया। फ़ौजदारी प्रशासन में मुस्लिम कानूनों को तथा उत्तराधिकार, विवाह आदि निजी विषयों में मुस्लिम या हिंदू कानूनों को लागू किया जाता रहा। कानून के विषयों का यह विभाजन स्पष्ट है कि अंग्रेज़ व्यवस्था के अनुरूप था, जिसमें शादी, तलाक, संपत्ति, धार्मिक उपासना या बहिष्करण जैसे विषय बिशपों की अदालतों के लिए छोड़ दिए गए थे, जहाँ इंजील का कानून (ecclesiastical law) लागू होता था।[89] भारत में दीवानी अदालतों के प्रमुख यूरोपीय ज़िला कलेक्टर थे और उनकी सहायता मौलवी और पंडित करते थे, जो उनको समझाने के लिए देसी कानूनों की व्याख्या किया करते थे। कलकत्ता में एक अपील अदालत बनाई गई और वह भी काउंसिल के प्रेसिडेंट और दो सदस्यों के अंतर्गत थी। फ़ौजदारी अदालतों को एक काज़ी और एक मुफ़्ती के अधीन रखा गया, पर उन पर भी यूरोपीय कलेक्टरों की निगरानी रहती थी। अपील की अदालत अर्थात् सदर निज़ामत अदालत को मुर्शिदाबाद से हटाकर कलकत्ता लाया गया; रज़ा खाँ को पहले ही बर्खास्त किया जा चुका था और अब इस अदालत को काउंसिल के प्रेसिडेंट और सदस्यों के नियंत्रण में दे दिया गया। लेकिन नवाब की प्रभुसत्ता का कानूनी दिखावा अभी भी जारी रहा, क्योंकि उनके सभी आदेश अंतिम स्वीकृति के लिए नवाब के पास ही भेजे जाते थे। वास्तव में 1774 तक हेस्टिंग्ज़ स्वयं फ़ौजदारी न्याय व्यवस्था पर निगरानी रख रहा था, जब उसने आखिरकार कानून-व्यवस्था के सुधार में अपनी असफलता स्वीकार कर ली और हिचक के साथ कोर्ट ऑफ़ डायरेक्टर्स के इस फ़ैसले को स्वीकार किया कि रज़ा खाँ

को फिर से निज़ामत अदालत का प्रमुख नियुक्त किया जाए। अब यह अदालत भी वापस मुर्शिदाबाद पहुँच गई।[90]

दीवानी न्याय व्यवस्था में 1773 और 1781 के बीच और भी परिवर्तन अंशतः मालगुज़ारी की वसूली की माँगों के कारण और अंशतः न्याय प्रशासन से कार्यपालिका को अलग करने के व्हिग सिद्धांतों के प्रभाव के कारण आए। हेस्टिंग्ज़ और कलकत्ता उच्च न्यायालय के मुख्य न्यायाधीश सर एलिज़ा इंपी द्वारा तैयार योजनाओं के अनुसार ज़िला कलेक्टरों को न्यायिक कार्यों से मुक्त कर दिया गया। दीवानी न्याय के क्षेत्र में ज़िला अदालतों की जगह छह प्रांतीय अदालतें बनाई गईं, जिनकी जगह बाद में अठारह **मुफ़स्सिल** अदालतें बनाई गईं; इनको कंपनी के कमीशनयाफ़्ता यूरोपीय अधिकारियों के अंतर्गत रखा गया, जिन्हें इस काम के लिए 'जज' का नाम दिया गया। 1773 के रेगुलेटिंग ऐक्ट द्वारा बनाया गया सर्वोच्च न्यायालय कुछ समय तक अपील की अदालत का काम करता रहा, लेकिन कार्यक्षेत्र के निर्धारण के सवाल पर सर्वोच्च न्यायालय के साथ उसके टकराव के कारण उसका कार्यक्षेत्र सिमटकर कलकत्ता नगर तक और फ़ोर्ट विलियम पर निर्भर फ़ैक्टरियों से संबंधित विषयों तक सीमित हो गया। उसकी जगह अब अपील की अदालत का कार्य करने के लिए सदर दीवानी अदालत का पुनर्गठन किया गया और 1780 में सर एलिजा ने स्वयं उसकी निगरानी सँभाल ली। इस यूरोपीकरण साथ जो उस काल के न्यायिक सुधारों की सबसे प्रमुख और गोचर विशेषता था, एक और सुसंबद्ध प्रवृत्ति सामने आई और उसकी दिशा दीवानी न्याय को सुव्यवस्थित या संस्थागत रूप देने की ओर थी। 1781 की संहिता ने सबसे नीचे के स्तर तक की सभी दीवानी अदालतों के लिए विशिष्ट नियम-कानून बनाए और सभी न्यायिक आदेश उसके बाद लिखित रूप से दिए जाने लगे। इस व्यवस्था में निश्चितता और एकरूपता लाने में बाधक सबसे बड़ी समस्या देसी कानूनों की भिन्न-भिन्न और परस्परविरोधी व्याख्याओं की थी। उदाहरण के लिए, ब्राह्मण पंडित **धर्मशास्त्र** के विभिन्न संप्रदायों की अलग-अलग व्याख्याएँ करते थे और कभी-कभी एक ही कानून पर उनकी राय अलग-अलग मामलों में काफ़ी अलग-अलग होती थीं। अनिश्चय के इस तत्त्व को कम करने के लिए हेस्टिंग्ज़ के आग्रह पर ग्यारह पंडितों की एक समिति ने 1775 में एक हिंदू विधि संहिता तैयार की तथा ऐसे टीकाकारों पर यूरोपीय जजों की निर्भरता कम करने के लिए एन. बी. हॉलहेड ने 1776 में उस संहिता का अंग्रेज़ी में अनुवाद किया।[91] 1778 में मुस्लिम कानूनों की भी एक संहिता तैयार की गई। कानूनों के इस मानकीकरण के साथ कानून की वकालत के लिए अब पेशेवर विशेषज्ञता आवश्यक हो गई, जिसकी आशा विशेष प्रशिक्षण प्राप्त व्यक्तियों अर्थात् वकीलों' से ही की जा सकती थी। इस तरह प्रभाव की दृष्टि से हेस्टिंग्ज़-काल के सुधारों की प्रवृत्ति "न्यायिक सत्ता के केंद्रीकरण और प्रशासन को एक व्यवस्था बनाने की ओर" थी।[92]

1787 में यह व्यवस्था एक हद तक उलट गई, जब कलेक्टर को एक बार फिर दीवानी न्याय के प्रशासन का काम सौंपा गया। दीवानी न्याय के प्रशासन से मालगुज़ारी

की वसूली को अलग करने का नियम अंततः लॉर्ड कॉर्नवॉलिस और उसकी 1793 की संहिता ने सामने रखा; यह मालगुज़ारी के अधिकारियों और उनके कारिंदों द्वारा सत्ता के दुरुपयोग से संपत्ति के अधिकारों की सुरक्षा का एक उपाय था। इस नई व्यवस्था में ज़िला और शहर अदालतों से लेकर चार प्रांतीय अदालतों और अपील की सुनवाई के अधिकार वाली सदर दीवानी अदालत तक अदालतों के एक सोपानक्रम की व्यवस्था थी। सभी अदालतों के प्रमुख यूरोपीय जज होते थे, पर 'देशी (नेटिव) कमिश्नरों' की नियुक्ति का प्रावधान था। फ़ौजदारी न्याय व्यवस्था में भी आमूल चूल परिवर्तन किया गया, क्योंकि ज़िला मजिस्ट्रेटों ने कॉर्नवॉलिस से इस्लामी कानूनों की विसंगतियों की और फ़ौजदारी अदालतों में भ्रष्ट तौर-तरीकों के बारे में शिकायत की थी। लेकिन इससे भी अहम बात यह अनुभूति थी कि प्रशासन की इतनी महत्त्वपूर्ण शाखा को किसी भारतीय के हाथों नहीं छोड़ा जा सकता था।[93] इसलिए फ़ौजदारी अदालतों को, जो तब तक नायब नाज़िम रज़ा खाँ के अधीन थीं, समाप्त करके यूरोपीय जजों के अंतर्गत सर्किट अदालतों से विस्थापित कर दिया गया। स्वयं नायब नाज़िम का पद समाप्त कर दिया गया और सदर निज़ामत अदालत को वापस कलकत्ता लाकर सीधे गवर्नर-जनरल-इन-काउंसिल की निगरानी में दे दिया गया। फ़ौजदारी अदालतों को ब्रिटेन में जन्मे व्यक्तियों पर कोई अधिकार प्राप्त नहीं था और वे कलकत्ता स्थित सर्वोच्च न्यायालय के कार्यक्षेत्र में रहे। इस तरह कॉर्नवॉलिस का सारा न्यायिक सुधार बस एक भाषा बोलता था–भारतीयों का पूरी व्यवस्था से पूरा अलगाव, जिसकी कठोरता और जातीय श्रेष्ठता के दावे की अस्पष्टता और भी कम हो गई।

कॉर्नवॉलिस के नियम-कानून 1795 में बनारस प्रांत में तथा क्रमशः 1803 और 1805 में समर्पित (ceded) और विजित प्रांतों में लागू किए गए। लेकिन बंगाल की व्यवस्था, जो ज़मींदारी के साथ स्थायी बंदोबस्त की मान्यताओं पर आधारित थी, मद्रास में गंभीर रूप से लड़खड़ा गई, जहाँ उसे लॉर्ड वेलेज़ली की इच्छानुसार लागू किया गया था। 1806 तक यह बात स्पष्ट हो चुकी थी कि एक रैयतवारी क्षेत्र में, जहाँ कलेक्टर को बंदोबस्त अधिकारी का काम करना और मालगुज़ारी का निश्चय करना पड़ता था, और जहाँ बंगाल के ज़मींदारों जैसा कोई शक्तिशाली वर्ग नहीं था, मालगुज़ारी की वसूली तथा मजिस्ट्रेटी और न्यायिक शक्तियों के पृथक्करण में गंभीर समस्याएँ आएँगी। इसलिए टॉमस मुनरो के आग्रह पर कोर्ट ऑफ़ डायरेक्टर्स ने मद्रास के लिए 1814 में एक अलग व्यवस्था का प्रस्ताव रखा, जिसमें निचले (ग्राम पंचायत, ज़िला और शहरी अदालतों के) स्तरों पर व्यवस्था के और अधिक भारतीयकरण का तथा कलेक्टर के पद में मजिस्ट्रेट की शक्तियों की, मालगुज़ारी की वसूली की और कुछ न्यायिक शक्तियों को एकजुट करने का प्रावधान था। मद्रास में 1816 में पूरी तरह लागू की गई इस व्यवस्था को आगे चलकर, 1819 में एलफ़िंस्टन ने बंबई में लागू किया।

न्याय-प्रशासन के क्षेत्र में कुछ मुद्दे फिर भी अनसुलझे रहे। भारतीयकरण के सवाल के अलावा कानूनों को संहिताबद्ध करने का भी सवाल था, जिससे पूरे ब्रिटिश भारत

में न्याय प्रशासन और असैनिक (सिविल) सत्ता में एकरूपता आए। ये मुद्दे गवर्नर-जनरल के रूप में लॉर्ड बेंटिंक के काल तक और 1833 के चार्टर ऐक्ट तक उठाए नहीं गए। सबसे पहले इसी कानून ने भारतीयों के लिए न्यायिक पद खोले और कानूनों को संहिताबद्ध करने के लिए एक विधि आयोग के गठन का प्रावधान किया। लॉर्ड मैकॉले की अध्यक्षता में गठित इस विधि आयोग ने कानूनों को संहिताबद्ध करने का काम 1837 तक पूरा कर लिया, लेकिन 1857 के विद्रोह के बाद ही उसे पूरी तरह लागू किया जा सका। 1859 में नागरिक कानून संहिता (कोड ऑफ़ सिविल प्रोसीजियर) को, 1860 में भारतीय दंड संहिता (इंडियन पीनल कोड) को और 1862 में आपराधिक संहिता (क्रिमिनल प्रोसीजियर कोड) को लागू किया गया। जैसा कि राधिका सिंह का तर्क है, इन नई संहिताओं ने "अविभाज्य प्रभुसत्ता की एक धारणा और एकसमान अमूर्त और सार्वभौम विधिक प्रजा पर दावों" के आधार पर "न्यायविधान के सार्वभौम सिद्धांतों" की स्थापना के प्रयास किए।[94] लेकिन यह बात यहाँ कहने की आवश्यकता है कि यह संस्थाबद्ध न्याय व्यवस्था केवल ब्रिटिश भारत पर लागू होनी थी। जो बड़े-बड़े क्षेत्र रजवाड़ों के अंतर्गत रहे और जिनके आकार और जिनकी सक्षमता में भारी अंतर था, उनमें न्याय का प्रशासन ब्रिटिश भारत के कानूनों और राजाओं के निजी आदेशों के एक अस्पष्ट मिश्रण के सहारे चलाया जाता रहा; ये राजे-महाराजे अपील के सर्वोच्च न्यायालय का काम भी करते रहे। लेकिन उन पर भी उनके दरबारों में तैनात ब्रिटिश रेज़िडेंटों और राजनीतिक एजेंटों की निगरानी बराबर बनी रही (और भी विस्तार के लिए रेज़िडेंटों और सर्वोच्चता वाला अनुभाग देखें)।[95]

अब ब्रिटिश भारत में न्याय प्रशासन जो वह मुगलों के काल में था, उससे महत्त्वपूर्ण सीमा तक भिन्न दिखाई देने लगा, और आम भारतीयों को इन परिवर्तनों को समझना कठिन लगता था।[96] पहले उनके लिए अनेक प्रकार की न्यायिक कार्यपद्धतियाँ मौजूद थीं, पर अब वे सब एक समरूप व्यवस्था के अंतर्गत आ गए। 'व्यक्तिगत' विषयों में पहले उनपर हिंदू और मुस्लिम कानून लागू किए जाते रहे, तो अब न्यायिक व्याख्याओं के कारण अक्सर ये कानून भारतीयों को बहुत भिन्न और अबूझ लगते थे। न्याय अब पहुँच से बहुत दूर हो गया–ज़िला अदालतों से दूरी के कारण भौगोलिक स्तर पर ही नहीं, बल्कि मनोवैज्ञानिक स्तर पर भी, क्योंकि भारतीय जनता उन जटिल न्यायिक तौर-तरीकों को समझ नहीं पा रही थी, जिन पर वकीलों के एक नए वर्ग का अधिकार था। इसके फलस्वरूप न्याय महँगा भी हो गया। फिर जब अदालतों में मुकदमे भारी संख्या में जमा होने लगे, तो अधिकांश जनता को न्याय असाधारण, कभी-कभी तो पचास वर्ष की देरी से मिलने लगा। पर कुछ तत्त्व "निरंतरता" के भी थे, खासकर ब्रिटिश राज की पहली सदी में। अधिकांश मामलों में हिंदू विधानों को पंडितों ने इस तरह व्याख्यायित किया कि उससे भारतीय समाज के केवल रूढ़िवादी और सामंती तत्त्वों को लाभ पहुँचा। व्यक्ति को उसके सामाजिक स्थिति की बेड़ियों से मुक्त कराने के विचार को कानून के केवल सार्वजनिक पक्ष ने मान्यता दी।[97] लेकिन समस्याएँ यहाँ भी रहीं, क्योंकि

उपनिवेशी व्यवस्था में सांस्कृतिक विशिष्टता और मूल जनता की सभ्यता की हीनता संबंधी तर्कों के आधार पर न्यायिक विवेक की अच्छी-खासी संभावना रखी गई। कानून के सामने समानता के विचार को यूरोपवालों पर अकसर लागू नहीं किया जाता था। दीवानी न्याय की व्यवस्था में अगर समानता की दिशा में अधिक प्रगति हुई, तो भी फ़ौजदारी अदालतों में शासकों के जातीय विशेषाधिकार विभिन्न रूपों में बने रहे।[98] साथ ही, कार्यकलाप के ऐसे अनेक महत्त्वपूर्ण क्षेत्र थे, जैसे पुलिस और सेना, जो 'कानून के शासन' की इस उपनिवेशी परिभाषा से अछूते रहे।

## पुलिस

ईस्ट इंडिया कंपनी ने 1765 में जब दीवानी संभाली, तब मुगलों की पुलिस व्यवस्था फ़ौजदारों के नियंत्रण थी, जो **सरकारों** (जनपदों) के अधिकारी होते थे; नगरों के अधिकारी **कोतवाल** होते थे, जबकि ज़मींदार गाँवों के चौकीदारों को तनख्वाहें देते और उनपर नियंत्रण रखते थे। मुर्शिदाबाद को मुख्यालय बनाकर नायब नाज़िम मुहम्मद रज़ा खाँ के अंतर्गत यह व्यवस्था कुछ समय तक जारी रही। मगर पुरानी व्यवस्था अब कारगर ढंग से शायद ही काम कर सकती थी, क्योंकि कंपनी की बढ़ती ताकत ने नवाब की सत्ता को बुरी तरह कमज़ोर कर दिया था। 1770 के अकाल के बाद अपराध की दर बढ़ने लगी तथा संपत्ति विरोधी अपराधों की दर में चिंताजनक वृद्धि के साथ 'कानून और व्यवस्था' की सामान्य स्थिति दिन-ब-दिन बिगड़ती गई। कंपनी के अधिकारियों को दूसरे विभागों की तरह पुलिस प्रशासन पर भी यूरोपवालों की निगरानी आवश्यक लगती थी, क्योंकि हर अपराध उनकी सत्ता के लिए सीधे एक चुनौती होता था। थोड़े से फेरबदल के साथ फ़ौजदारी व्यवस्था 1781 तक जारी रही, जब फ़ौजदारों की जगह अंततः अंग्रेज़ मजिस्ट्रेटों को बिठा दिया गया। ज़मींदारों ने अपने पुलिस के काम जारी रखे, मगर उन्हें मजिस्ट्रेटों के अधीन कर दिया।

वॉरेन हेस्टिंग्ज़ का यह सुधार समस्या को हल न कर सका, क्योंकि मजिस्ट्रेटों के प्रतिष्ठान इस काम के लिए एकदम अपर्याप्त साबित हुए, जबकि ज़मींदारों ने व्यवस्था का दुरुपयोग किया और खुलकर उसकी कमज़ोरी का लाभ उठाया। इसी कारण लॉर्ड कॉर्नवॉलिस ने 1793 में ज़मींदारों को पुलिस के कामों से वंचित करने का निर्णय किया। और इसकी जगह उसने ज़िलों को थानों अर्थात् बीस से तीस वर्गमील की इकाइयों में बाँटा, हर थाने को **दारोगा** नामक एक नए अधिकारी के अंतर्गत रखा और दारोगाओं की नियुक्ति एवं निगरानी का काम मजिस्ट्रेटों के हाथों में दिया। इस तरह दारोगा दीवानी वाले प्रांतों में कंपनी सरकार के नियंत्रण का नया साधन बन गया या किसानों की नज़रों में "कंपनी बहादुर की शानो-शौकत" का स्थानीय प्रतिनिधि बन गया।[99] देहात में एक नया और विजातीय तत्त्व होने के नाते दारोगा स्थानीय शक्तिवाले भूस्वामियों को शायद ही अनदेखा कर सकते थे, जिनकी कानून से इतर बलप्रयोग की शक्ति बहुत हद तक कायम रही, और दारोगाओं ने अधिकांश मामलों में इन भूस्वामियों से गठजोड़ स्थापित कर लिए।

इस तरह उन्नीसवीं सदी तक दारोगाओं और ज़मींदारों का गठजोड़ बंगाल के ग्रामीण जीवन में बलप्रयोग और दमन का एक नया अस्त्र बनकर सामने आया। लेकिन दूसरी ओर जब गाँवों में शक्ति के साधनसंपन्न दावेदार अर्थात् ज़मींदार और बगान के मालिक इलाकों के लिए भयानक लड़ाइयाँ लड़ने लगे, और इन दोनों के ही पास लठैतों के गिरोह थे, तब साधनों से वंचित दारोगा निरुपाय दर्शक बन कर रह गए।[100] इसलिए जब 1795 में रेगुलेशन को बनारस में लागू किया गया, तो बनारस के रेज़िडेंट जोनाथन डंकन ने उसमें कुछ और फेरबदल किया जिसमें तहसीलदारों को, जिनको पुलिस के कामों का प्रभारी बना दिया गया था, मजिस्ट्रेटों के और अधिक अधीन बना दिया गया और ज़मींदारों पर भी अपनी जागीरों में अपराध रोकने की और भी अधिक ज़िम्मेदारी डाल दी गई। दारोगा व्यवस्था को 1802 में मद्रास में लागू किया गया तथा तहसीलदार व्यवस्था को क्रमशः 1803 और 1804 में समर्पित और विजित उत्तरी प्रांतों में लागू किया गया। लेकिन हर जगह इस व्यवस्था से विनाशकारी परिणाम सामने आए क्योंकि, जैसा कि टॉमस मुनरो का निदान था, यह "देश के रीति-रिवाज़ों पर आधारित नहीं" था।[101]

जब भी व्यवस्था असफल रही तथा कानून और व्यवस्था की स्थिति बिगड़ी, उपनिवेशी अधिकारी कारणों की खोज में लग जाते थे और बलि का बकरा आसानी से निचले दर्जे के किसी देशी अधिकारी को बनाया जाता था, जो नैतिकता और ईमानदारी के तथाकथित अभाव के कारण बदनाम थे। इसलिए कॉर्नवॉलिस की व्यवस्था कुछ ही वर्षों में समाप्त कर दी गई। तहसीलदारों से पुलिस के काम 1807 में ले लिए गए, 1812 में दरोगा व्यवस्था का औपचारिक उन्मूलन कर दिया गया और ग्रामीण पुलिस की निगरानी कलेक्टर को सौंप दी गई, जो अब एक ही साथ राजस्व, पुलिस और मजिस्ट्रेट के कार्यों के लिए उत्तरदायी था। शक्ति के इस अत्यधिक संकेंद्रण ने कुछ और समस्याएँ खड़ी कीं। राजस्व विभाग के निचले अधिकारी, जिन पर अब मालगुज़ारी की वसूली की तथा ग्रामीण पुलिस की निगरानी की ज़िम्मेदारी भी थी, दमन और बलप्रयोग के नए साधन बन गए। यह बात 1854 में गठित मद्रास यातना आयोग की रिपोर्ट से सामने आई।[102] दूसरी ओर बंगाल में, जहाँ स्थायी बंदोबस्त के कारण कलेक्टरेट कार्यालयों में अधीनस्थ कर्मचारियों का कोई प्रतिष्ठान नहीं था, दारोगाओं को यथावत रखा गया और पुलिस के काम करने का अधिकार दे दिया गया, हालाँकि 1817 के बाद उनको एक और भी अधिक नियंत्रण की व्यवस्था में लाया गया, जिसपर ज़िला मजिस्ट्रेटों की कड़ी निगरानी रहती थी। लेकिन ऐसे पैबंद समान सुधार संतोषजनक कम ही होते थे और उपनिवेशी राजसत्ता को स्पष्ट तौर पर एक ऐसी उपयुक्त और एकरस पुलिस व्यवस्था की आवश्यकता थी, जो अपनी सत्ता मनवा सके, संपत्ति की सुरक्षा कर सके तथा पूरे साम्राज्य में 'कानून के शासन' की उपनिवेशी धारणा का क्रियान्वयन सुनिश्चित कर सके।

इस नए मॉडल का पहला प्रयोग सिंध में किया गया, जब उसे 1843 में सर चार्ल्स नेपियर ने जीता। देसी व्यवस्थाओं को उपनिवेशी राजसत्ता की आवश्यकताओं के अनुरूप ढालने की कोशिश करने के पिछले ढर्रे के विपरीत उसने यहाँ एक अलग पुलिस विभाग

स्थापित किया, जिसके अपने अधिकारी थे। यह व्यवस्था रॉयल आयरिश कौंस्टेबुलरी पर आधारित थी, जिसे उसने उपनिवेशों की दशाओं के लिए उपयुक्त पाया। यहाँ यह बात बताना आवश्यक है कि जहाँ अंग्रेज़ों का राजनीतिक जनमत वैचारिक स्तर पर एक पेशेवर पुलिस बल के विचार के विरुद्ध था, वहीं आयरलैंड में बढ़ते कट्टरता (sectarian) और किसान आंदोलनों को देखते हुए एक नियमित पुलिस बल 1787 में स्थापित किया गया, जो उपनिवेशी हस्तक्षेप का साधन था।[103] सिंध में लागू किए गए इस मॉडल में पूरे क्षेत्र को एक ही इंस्पेक्टर जनरल की निगरानी में दे दिया गया, जबकि ज़िलों में अपने-अपने पुलिस अधीक्षक होते थे, जो इंस्पेक्टर जनरल तथा असैनिक (सिविल) सत्ता का प्रतिनिधित्व करने वाले ज़िला कलेक्टर, दोनों के प्रति जवाबदेह होते थे। जहाँ मामूली पुलिस वाले भारतीय थे, वहीं अधिकारी हमेशा यूरोपीय होते थे। सिंध का मॉडल, जो किसी राजनीतिक आंदोलन से निबटने के लिए एकदम उपयुक्त था, बाद में पंजाब-विजय के बाद 1849 में लागू किया गया, और फिर विभिन्न संशोधनों के साथ बंबई में 1853 में तथा मद्रास में 1859 में लागू किया गया। मद्रास की व्यवस्था में एक सैन्य पुलिस और एक शस्त्रहीन असैन्य बल का प्रावधान था और ये दोनों ही ज़िलों के कलेक्टर-मजिस्ट्रेट की असैन्य सत्ता के अधीन थे। मगर इस बीच 1857 के विद्रोह ने ब्रिटिश राज को हिलाकर रख दिया और उसे सूचनाएँ पाने और साम्राज्य पर नज़र रखने के लिए एक कारगर व्यवस्था की आवश्यकता के प्रति सचेत किया। 1860 में गठित पुलिस आयोग ने भारतीय साम्राज्य के लिए एक पुलिस प्रतिष्ठान का बुनियादी ढाँचा पेश किया और इसे 1861 के पुलिस ऐक्ट में मूर्त रूप दिया गया। उसके बाद केवल मामूली फेरबदल के साथ वही ढाँचा ब्रिटिश राज की अगली सदी में जारी रहा।[104]

नए संगठन में सैन्य पुलिस को समाप्त कर दिया गया और असैन्य पुलिस बल का गठन प्रांतों के आधार पर किया गया, जिसमें इंस्पेक्टर जनरल प्रांत की सरकार के प्रति जवाबदेह होता था और ज़िला सुपरिंटेंडेंट कलेक्टर के प्रति। इस तरह पुलिस का पूरा संगठन असैन्य अधिकारियों के अंतर्गत कर दिया गया और इंस्पेक्टर जनरल का पद एक लंबे समय तक असैन्य अधिकारियों से भरा जाता रहा। ज़िलों के सुपरिंटेंडेंट ग्रामीण पुलिस के अधिकारी होते थे, दारोगा सब-इंस्पेक्टर बन गया और इस तरह ग्रामीण पुलिस को साम्राज्यिक ढाँचे में समन्वित करने की पुरानी समस्या हल हो गई। इस तरह पुलिस संगठन में कमान का एक सुस्पष्ट सोपानक्रम तैयार हुआ, जिससे भारतवासियों को व्यवस्थित ढंग से बाहर रखा जाता रहा। 1902 के पुलिस आयोग ने पुलिस बल में अफ़सरों के पदों पर शिक्षित भारतवासियों की नियुक्ति का प्रावधान किया, लेकिन "पदक्रम में वे वहीं रोक दिए जाते थे, जहाँ से यूरोपीय अधिकारी का जीवनवृत्त आरंभ होता था।"[105] इस तरह निचले दर्ज़े के भारतीय अधिकारियों के प्रति अविश्वास से भरी और असैन्य अधिकारियों के नीचे काम कर रही भारतीय पुलिस व्यवस्था अपनी उपनिवेशी प्रकृति की मुखर साक्षी थी। डेविड आर्नल्ड की राय में यह परंपरागत अर्थ में एक पुलिस राज्य तो नहीं था, पर 1857 के विद्रोह और 1947 में सत्ता के हस्तांतरण

के बीच एक "पुलिस राज" धीरे-धीरे सामने आता गया।[106] बार-बार के किसान विद्रोहों और बढ़ते राजनीतिक प्रतिरोध से पुलिस भारत में दमन का सबसे प्रमुख अस्त्र बन गई और उपनिवेशी राज्य ने उसकी बलप्रयोग की शक्ति पर अपना एकाधिकार बनाए रखा। फिर स्थिति यदि कभी नियंत्रण से बाहर हो भी जाती थी, तो नियंत्रण पाने के लिए सेना तो होती ही थी।

## सेना

कंपनी की सेना के विकास का उसके भारतीय साम्राज्य के विकास के साथ गहरा संबंध था। अठारहवीं सदी में, जब कभी कंपनी परेशानी में होती थी, उसे किराये पर सम्राट की सेना और विशेषकर नौसेना अकसर भेजी जाती थी। पर इससे समस्याएँ भी पैदा होती थीं, मुख्य रूप से सम्राट की सेना के अधिकारियों और कंपनी के असैनिक अधिकारियों के संबंधों में। इसलिए बहुत आरंभ से ही भारत में कंपनी की एक स्थायी सेना खड़ी करने की कोशिशें की जाती रहीं।[107] उत्तर भारत में सोलहवीं सदी से ही किसान सेनाओं की भर्ती करने की परंपरा चली आ रही थी, और जिसे डर्क कोल्फ़ (1990) ने एक "सैनिक श्रम बाज़ार" कहा है। मुगलकाल में इस किसान सेना और असैनिक जनता के बीच का अंतर कभी भी बहुत स्पष्ट नहीं रहा। अवध के नवाब और बनारस के राजा जैसे कुछ उत्तराधिकारी उत्तर भारतीय राज्यों के शासकों ने अठारहवीं सदी में ही जाकर भरती की इस व्यवस्था में परिष्कार के प्रयास किए, तथा नागरिक समुदायों से असंबद्ध, परिष्कृत और प्रशिक्षित सफल किसान सेनाएँ खड़ी कीं।[108] ईस्ट इंडिया कंपनी ने जब अपनी सेना की भरती शुरू की, तो उसने इसी परंपरा का आश्रय लिया जिसे सिपाही सेना (Sepoy Army) कहा जाने लगा। एक भारतीय सेना की भरती की यह परंपरा फ्रांसीसियों ने सर्वप्रथम 1721-29 में शुरू की थी। फिर दक्षिण भारत के आंग्ल-फ्रांसीसी युद्धों की उसी पृष्ठभूमि में 1748 में कप्तान (मेजर?) स्ट्रिंजर लॉरेंस ने पहले अंग्रेज़ सेना के लिए एक भारतीय सेना की भरती शुरू की; घिरी हुई अंग्रेज़ कंपनी की मदद के लिए शाही नौसेना की कुमुक (reintercement) लेकर यही व्यक्ति पहुँचा था। 1757 में बंगाल के नवाब की हार के बाद क्लाइव ने इसे नए सिरे से आरंभ किया। इस सिपाही सेना को यूरोप के सैन्य मानदंडों के अनुसार प्रशिक्षित और अनुशासित किया जाता था, और युद्धभूमि में उसकी कमान यूरोपीय अधिकारी सँभालते थे। कमांडर-इन-चीफ़ समेत ऐसे कुछ अधिकारी सम्राट के सेवक होते थे, जबकि सेना का बहुसंख्यक भाग संरक्षण के वितरण की तर्ज़ पर कंपनी के डायरेक्टरों द्वारा मनोनीत किया जाता था। उन्नीसवीं सदी के आरंभ में कानून बनाकर बीस हज़ार सैनिकों की भारत में तैनाती अनिवार्य बना दी गई, जिसका खर्च कंपनी उठाती थी; देखने में यह नेपोलियन के बाद के काल में ब्रिटेन की रक्षा-व्यय उठाने की एक रणनीति लगती थी।[109] उसके अलावा कंपनी की भारतीय सेना का आकार भी लगातार बढ़ता रहा और जब बंगाल से बाहर भी उसका इलाका फैला, तो वह सैन्य श्रम का बाज़ार भी फैला, जहाँ से वह सैनिकों

की भरती करती थी। सिपाहियों की संख्या 1794 में 82,000 थी, जो 1824 में बढ़कर 1,54,000 और 1856 में 2,14,000 हो गई।[110]

सीमा अलवी का तर्क है: "वास्तव में ईस्ट इंडिया कंपनी की सेना की भरती कंपनी की प्रभुसत्ता के विकास का केंद्रीय तत्त्व थी"[111], जोकि शक्ति के एकाधिकार पर आधारित थी। इसलिए भारत में कंपनी का सबसे अधिक खर्च सेना पर होता रहा। इसके अलावा यह राजस्व की कारगर वसूली के लिए भी अनिवार्य थी। यह एक ऐसी स्थिति थी जिसे डगलस पियर्स ने "सैन्य वित्तवाद" कहा है। सेना केवल भू-भाग ही नहीं जीतती थी; वह वास्तविक या काल्पनिक अंदरूनी खतरों से साम्राज्य की रक्षा भी करती थी, मालगुज़ारी की भारी माँगों के विरुद्ध किसानों के विद्रोहों से निबटती थी, भारतीय कुलीनों से गठजोड़ करती थी तथा भारतीय समाज और अर्थव्यवस्था के बारे में सूचनाएँ एकत्र करती थी। इस तरह इसे भारत में कंपनी के प्रशासन का सबसे महत्त्वपूर्ण साधन माना जाता था। लेकिन महत्त्व की इस भावना को एक बड़ी सीमा तक स्वयं सेना ने पैदा किया। अनेक सैन्य विचारकों ने अंतहीन ढंग से यह तर्क किया कि भारतीय समाज की सैन्यीकृत अवस्था और राजनीतिक स्थिति की अंतर्निहित विस्फोटक प्रकृति को देखते हुए भारत एक स्थायी युद्ध की स्थिति में था। जैसा कि पियर्स का तर्क है, इस "आंग्ल-भारतीय सैन्यवाद" ने आत्मगरिमा की एक भावना पैदा की कि वह साम्राज्य की सुरक्षा और स्थिरता की आखिरी गारंटी है, और इस तरह सेना ने अपनी स्वतंत्रता और अबाध व्यय के दावों को बनाए रखा।[112]

अठारहवीं सदी में कंपनी की सेना की भरती केवल उत्तर भारत के सैन्य-श्रम बाज़ार की परंपराओं पर ही आधारित नहीं थी; उन परंपराओं को ब्रिटेन की साम्राज्यिक प्राथमिकताओं के अनुसार भी ढाला जा रहा था। उदाहरण के लिए, भरती की व्यवस्था ने बेहतरीन संभावित रंगरूटों के रूप में किसानों के लिए अंग्रेज़ों की परंपरागत पसंद का अनुमोदन किया और इस उपनिवेशी रूढ़ मान्यता से भी चिपकी रही कि चावलभोजी समूहों की बजाय गेहूँभोजी भारतीय शारीरिक दृष्टि से इस काम के लिए अधिक उपयुक्त थे, हालाँकि ऐसा जातीय रूढ़िवाद अठारहवीं की बजाय उन्नीसवीं सदी के अंतिम वर्षों में सेना में भरती का कहीं बहुत अधिक महत्त्वपूर्ण आधार बन गया। निर्माण के आरंभिक चरण में हेस्टिंग्ज़ सेना के मामलों में जातिप्रथा के नियमों को बदलना नहीं चाहता था। इसलिए कंपनी की सेना में मुख्यतः अवध के सवर्ण ब्राह्मण और राजपूत भूस्वामी किसान तथा उत्तरी और दक्षिणी बिहार के राजपूत और भूमिहार-ब्राह्मण किसान शामिल थे, और ये दोनों क्षेत्र गेहूँभोजी क्षेत्र थे। ये लोग कंपनी की सेना में इसलिए भरती हुए क्योंकि कंपनी जो वेतन, भत्ते, पेंशन और पुनर्वास की सुविधाएँ देती थी, वे क्षेत्रीय रजवाड़ों से बहुत बेहतर थीं, और सबसे महत्त्वपूर्ण बात यह थी कि वेतन नियमित रूप से मिलता था। सिपाहियों की जाति, खान-पान, यात्रा संबंधी और अन्य धार्मिक तौर-तरीकों का सम्मान करने की सुविचारित नीति ने कंपनी की सेना को एक सवर्ण पहचान दी। उसमें भरती होकर भूमिहार-ब्राह्मण जैसी अनेक उभर रही और सामाजिक महत्त्वाकांक्षी

जातियों ने अपनी सामाजिक गतिशीलता की आकांक्षाओं को पूरा किया। आंग्लीकरण को प्राथमिकता देने के बावजूद कॉर्नवॉलिस ने सेना के इस विशेष गठन के साथ कोई छेड़-छाड़ नहीं की। परिणामस्वरूप कंपनी को एक सवर्ण सेना प्राप्त हुई, जो जब 1820 के दशक से उनके सामाजिक विशेषाधिकारों और मौद्रिक लाभों में कटौती की जाने लगी तो विद्रोह के लिए तैयार नज़र आने लगी। कंपनी के इलाके जब बंगाल के पश्चिम में 1770 के दशक में पहाड़ों की जंगलों से भरी तराई तक और फिर 1802 में समर्पित और विजित ज़िलों तक फैले, तो पहाड़ी कबीलों में से भरती की एक और कोशिश की गई। जहाँ कंपनी मैदानों में भरती के स्थायी केंद्र खोले हुए थी, वहीं पहाड़ों में भरती स्थानीय गण्यमान्य व्यक्तियों के माध्यम से की जाती थी और भुगतान घटवाली सेवा की मुगल व्यवस्था के जरिये किया जाता था। भारतीय रजवाड़ों की, खासकर अठारहवीं सदी के अंतिम वर्षों में मैसूर की तथा उन्नीसवीं सदी के आरंभिक वर्षों में मराठों की, हार के बाद भरती के लिए अतिरिक्त सैनिक श्रमशक्ति का एक और विशाल स्रोत सामने आया, लेकिन कंपनी की सेना भारतीय राजाओं की सेवा से निकाले गए सभी सैनिकों को खपाने में असमर्थ रही। उसके बाद 1815 से नेपाली, गढ़वाली और सिरमौरी पर्वतवासियों में से गोरखा सैनिक भरती करने का एक और प्रयोग किया जाने लगा। नेपाली युद्ध परंपरा और यूरोपीय प्रशिक्षण व अनुशासन के एक कुशल मिश्रण ने गोरखाओं को ब्रिटिश सेना के सबसे भरोसेमंद सैनिक बना दिया।[113]

इस तरह जैसे-जैसे साम्राज्य का आकार बढ़ता गया, कंपनी की सेना में तरह-तरह के सामाजिक समूह शामिल होते गए; अनेक सैनिक परंपराएँ ऐसी थीं जिनको सावधानी के साथ संतुलन बिठाने के एक खेल में शामिल करना पड़ा और स्थानीय कुलीनों के साथ शक्ति का बँटवारा करना पड़ा। इन परिस्थितियों में जहाँ बंगाल की सेना का अधिकतर सवर्ण चरित्र रहा, वहीं बंबई और मद्रास की सेनाओं का चरित्र अधिक विविधतापूर्ण हो गया। जब 1820 के दशक में अधिकांश भारतीय शक्तियाँ कमज़ोर हो गईं, साम्राज्य को स्थिरता प्राप्त हुई और कंपनी की वित्त-व्यवस्था मुश्किलों में उलझ गई, तब संतुलन के इस खेल के अंतर्विरोध स्पष्ट हो गए। अगले दशक में सेना के प्रशासन को चुस्त-दुरुस्त बनाया गया, जिसका मुख्य उद्देश्य सिपाहियों और उनके परिवारों पर और भी कठोर नियंत्रण स्थापित करना था। 1830 के दशक के सुधारों ने, जिनका उद्देश्य असमानताओं में कमी लाना और एक सार्वभौम सैन्य संस्कृति का विकास करना था, सिपाहियों में असंतोष पैदा किया, जैसा कि अलवी ने दिखाया है। यह असंतोष की भावना विशेष रूप से बंगाल की सेना में दिखाई पड़ी, क्योंकि इन सुधारों ने सिपाहियों की सवर्ण स्थिति का अतिक्रमण किया और शक्ति के इन संबंधों को डगमगा दिया, जिनसे उनकी यह स्थिति जुड़ी हुई थी। इसलिए 1840 के दशक में समय-समय पर भारतीय सैनिकों का असंतोष सामने आता रहा, और इन्हीं घटनाओं ने बंगाल की सेना में 1857 के उस विद्रोह की पृष्ठभूमि तैयार की, जिसकी विवेचना अगले अध्याय में की जाएगी।

विद्रोह के बाद भारतीय सेना के गठन और भरती की रणनीतियों को लेकर काफ़ी पुनर्विचार हुआ। भारत के सैनिक मामलों पर विचार के लिए गठित पील आयोग ने सिफ़ारिश की कि "देशी सेना में विभिन्न संप्रदाय और जातियाँ शामिल होनी चाहिए और एक सामान्य नियम के रूप में हर रेजिमेंट में उनमें एकरस मिश्रण होना चाहिए।"[114] इसलिए अगले कुछ वर्षों में विद्रोह करनेवाली रेजिमेंटों को तोड़ दिया गया; रेजिमेंटों में जातियों का और अधिक एकरस मिश्रण किया गया; भरती पंजाब पर केंद्रित रही, जो विद्रोह के दौरान वफ़ादार बना रहा; और पंजाब, हिंदुस्तान, बंबई और मद्रास जैसे क्षेत्रीय तत्त्वों को सावधानी के साथ अलग-अलग रखा गया। भरती की रणनीतियों को 1880 के दशक में सुव्यवस्थित किया गया, जब भारतीय उपजातियों और जातीय रूढ़ियों के बारे में उपनिवेशी ज्ञान का उपयोग करके "लड़ाकू कौमों" का सिद्धांत विकसित किया गया। पश्चिमोत्तर सीमाप्रांत के पठानों, पंजाब के जाटों, उत्तर भारत के राजपूतों और नेपाल के गोरखाओं को, उनकी सैनिक पृष्ठभूमि या जातीय स्थिति के कारण, अर्थात् आर्य-क्षत्रिय मूल का होने के कारण इस काम के लिए आदर्श माना गया। इन समूहों को उग्र और भरोसेमंद माना जाता था, पर साथ ही बुद्धि में हीन माना जाता था, यानी कि वे लड़ तो सकते थे मगर नेतृत्व नहीं कर सकते थे। इस बात ने यूरोपीय कमानदारों में एक सुरक्षा की भावना पैदा की। डेविड ओमिसी की गणना के अनुसार 1914 तक "भारतीय पैदल सेना का लगभग तीन-चौथाई भाग पंजाब, नेपाल या पश्चिमोत्तर सीमाप्रांत से आता था।"[115] इन सामाजिक समूहों के किसान मुख्यतः इसलिए सेना में भरती होते थे कि यह एक लाभदायी पेशा था। दूसरी ओर, सेना प्रशासन ने सोचे-समझे ढंग से इन समूहों की अपनी-अपनी धार्मिक परंपराओं और उनकी सम्मान की भावना को बढ़ावा देकर उनकी वफ़ादारी सुनिश्चित की। इस सम्मान की भावना ने उनको अपने स्वामियों के प्रति समर्पित बनाए रखा, जिनका उन्होंने "नमक" खाया था। योद्धा की आत्मछवि का यह महिमामंडन वर्दी और दूसरी पहचानों के जरिये सामने आता था, तथा असम्मानजनक कार्यों या कायरता के कारण स्वयं और अपने समुदाय के शर्मिंदा होने का विचार सावधानी से विकसित की गई एक सैन्य संस्कृति का महत्त्वपूर्ण अंग बना रहा। इस सेना की निष्ठा राज के स्थायित्व के लिए महत्त्वपूर्ण थी, क्योंकि बाहरी दुश्मनों की बजाय सुरक्षा के लिए पेश अंदरूनी खतरों का मुकाबला करने के लिए उसका उपयोग अधिक किया गया। 1880 के दशक में अफ़गानिस्तान के रास्ते प्रकट हुए एक अल्पकालिक रूसी खतरे को छोड़ दें, तो भारत में ब्रिटिश राज को किसी बाहरी खतरे का सामना नहीं करना पड़ा। फिर भी, एक बड़ी सेना, शांतिकाल में ढाई लाख तक की, बनाकर रखी गई, जो केंद्रीय राजस्व का 40 प्रतिशत भाग खा जाती थी। डेविड ओमिसी लिखते हैं: "ब्रिटिश राज एक छावनियों वाला राज्य था।"[116]

इस छावनीदार राज्य के प्रशासन में कंपनी की सेना के आरंभ से ही असैनिक और सैनिक सत्ताओं का संबंध हमेशा एक जटिल विषय बना रहा। सेना पर असैनिक सत्ता स्थापित करने के लिए 1793 के चार्टर ऐक्ट ने युद्ध और शांति संबंधी सभी बातों पर

अंतिम नियंत्रण बहुत स्पष्ट शब्दों में बोर्ड ऑफ़ कंट्रोल को सौंप दिया। कमांडर-इन-चीफ़ को गवर्नर जनरल के अधीन रखा गया, लेकिन विभिन्न सुरक्षा-उपायों के बावजूद दोनों के कार्यात्मक संबंध तभी सही रूप से काम करते थे, जब दोनों के बीच अच्छे निजी संबंध होते थे। सेना का दबाव अकसर इतना अधिक होता था कि नागरिक सत्ता के लिए उसे झेलना कठिन होता था। सेना ने लॉर्ड एम्हर्स्ट पर दबाव डालकर एक आक्रामक विदेश नीति पर अमल कराया, जबकि कमांडर-इन-चीफ़ के साथ संबंधों में विलियम बेंटिंक को गंभीर समस्याएँ झेलनी पड़ीं।[117] क्राउन के शासन के दिनों में भी यह संबंध अप्रीतिकर बना रहा और 1904-05 में कर्ज़न और किचनर के विवाद में उसने भयानक रूप धारण कर लिया। कमांडर-इन-चीफ़ लॉर्ड किचनर वायसरॉय की काउंसिल में सैन्य सदस्य पद को समाप्त कराना और अपने हाथों में सेना के नियंत्रण और कमान का केंद्रीकरण करना चाहता था। वायसरॉय लॉर्ड कर्ज़न ने इस पर आपत्ति व्यक्त की जब इंग्लैंड की सरकार ने एक समझौते का रास्ता निकाला कि सैन्य सदस्य का पद समाप्त किए बिना उसके अधिकार कम कर दिए जाएँ तब उसने अपना त्यागपत्र दे दिया। उसे यह देखकर हैरानी हुई कि उसका त्यागपत्र तुरंत स्वीकार कर लिया गया, जो सैन्य-प्रतिष्ठान की शक्ति का सूचक था। पर किचनर की भी पूरी नहीं चली। 1905 में सैन्य सदस्य का पद समाप्त कर दिया गया और कमांडर-इन-चीफ़ सीधे वायसरॉय की काउंसिल के समक्ष जवाबदेह हो गया। लेकिन सेना का बुनियादी वित्तीय नियंत्रण उसके हाथ में नहीं था। इसके लिए अलग से एक सैन्य वित्त विभाग बनाया गया, जिसके कमान की असैनिक शृंखला सीधे काउंसिल के वित्त सदस्य तक जाती थी। यह व्यवस्था उपनिवेशी काल के अंत तक जारी रही।[118]

उन्नीसवीं सदी के उत्तरार्द्ध और बीसवीं सदी के पूर्वार्द्ध में सेना पहले की ही तरह बलप्रयोग का सबसे प्रभावी साधन बनी रही। वह हर तरह की नागरिक उथल-पुथल के विरुद्ध जैसे राष्ट्रवादी आंदोलनों, मज़दूर हड़तालों, किसान आंदोलनों या सांप्रदायिक दंगों के विरुद्ध राज के स्थायित्व की गारंटी होती थी। पुलिस हमेशा इन स्थितियों से निबटने में सफल नहीं रहती थी, क्योंकि पुलिस वाले समुदायों के बीच में रहते थे और इसलिए सामाजिक दबावों और वैचारिक प्रभावों से प्रभावित हो सकते थे। दूसरी ओर, सेना पूरे भारत में फैली छावनियों में रखी जाती थी, जानबूझकर उसकी साक्षरता का स्तर बहुत कम रखा जाता था और उसे हर तरह के राजनीतिक प्रभावों से दूर रखा जाता था। देश में निगरानी करने के लिए सेना का बार-बार प्रयोग नहीं किया जाता था, क्योंकि बार-बार प्रयोग से उसकी प्रभाविता कम होती और उसका प्रदर्शन-प्रभाव कमज़ोर पड़ता। लेकिन नागरिक प्रशासकों को पता था कि गंभीर आपात-स्थितियों में वह हमेशा आसपास ही मिलेगी। ऐसी स्थितियों में, और 1920 और 1930 के दशकों में ऐसी स्थितियाँ बहुत अधिक पैदा हुईं, आमतौर पर ब्रिटिश दस्तों को प्राथमिकता दी जाती थी, क्योंकि 1857 के बाद से लेकर उपनिवेशी काल के अंत तक हर दो या तीन भारतीय सैनिकों पर एक ब्रिटिश सैनिक रखा जाता था। लेकिन भारत जैसे एक विशाल

देश में भारतीय सिपाहियों के सहयोग के बिना, जो सम्राट के पक्के वफ़ादार बने रहे, उपनिवेशी व्यवस्था को बनाए नहीं रखा जा सकता था। ये सिपाही राजनीतिक आंदोलनों से कभी प्रभावित नहीं हुए सिवाय दो अवसरों के, 1907 में पंजाब में नहरी आबादी के आंदोलनों के समय और 1920 के सिख गुरुद्वारा आंदोलन के समय। यही कारण है कि सेना में कमान की इस शृंखला के भारतीयकरण का इतना अधिक नौकरशाही विरोध होता रहा। भारतीय अधिकारियों के प्रशिक्षण और नियुक्ति का सिलसिला हिचकते हुए और चयनित ढंग से, 1931 के पहले गोलमेज़ सम्मेलन के बाद आरंभ हुआ। इस मुद्दे पर विस्तृत विचार 1940 के दशक में ही, दूसरे विश्वयुद्ध की सैन्य आवश्यकताओं के दबाव के तहत देर से राष्ट्रवादियों को दी गई छूट के रूप में किया गया। लेकिन भारतीयों की सहानुभूति पाने के बारे में पहले ही बहुत देर हो चुकी थी। बाद के वर्षों में सेना के अधिकारी कोर की संरचना पूरी तरह बदल गई और अनेक भारतीय अधिकारी भारतीय राष्ट्रवाद के ध्येय की ओर आकर्षित हुए।[119] भारतीय सेना की वफ़ादारी में नज़र आने वाली दरार, जैसा कि हम अंतिम अध्याय में दिखाएँगे, उन मुख्य कारणों में एक थी, जिनके कारण राज को 1947 में अपना जीवन समाप्त करना पड़ा।

## भारतीय सिविल सेवा

सिविल नौकरशाही, जो और कुछ नहीं तो वित्त-व्यवस्था की डोरी खींचकर सेना पर लगाम लगाए रखती थी और उसकी सहायता से भारतीय साम्राज्य को चलाती थी, वह केवल ग्रेट ब्रिटेन में बनी नीतियों को लागू करने के लिए थी। लेकिन लंदन और भारत के बीच की दूरी, संचार की कठिनाइयों तथा मौके से प्राप्त सूचनाओं पर नियंत्रण ने इन नौकरशाहों को काफ़ी विशेषाधिकार और पहल का अधिकार दे दिया। फलस्वरूप, जैसा कि क्लाइव ड्यूवी का कहना है, "अपने चरम-काल में वे दुनिया के न सही, साम्राज्य के सबसे शक्तिशाली नौकरशाह थे।"[120] आरंभ में यह "एक संरक्षण-दायी नौकरशाही" थी, क्योंकि 1784 के इंडिया ऐक्ट और 1793 के चार्टर ऐक्ट ने भरती की जो विधि तय की थी, उसके अनुसार ये अधिकारी कंपनी के डायरेक्टरों द्वारा मनोनीत किए जाते थे और वे एक घोषणा पर हस्ताक्षर करते थे कि इस कृपा के बदले उन्होंने कोई पैसा नहीं लिया है। अनेक कारण ऐसे थे जो उन्हें अपने परिवारजन से बाहर के व्यक्तियों को मनोनीत करने पर मज़बूर करते थे। फिर भी धीरे-धीरे भ्रष्टाचार और आयोग्यता का सिलसिला बढ़ता गया तथा भरती होनेवालों की शैक्षिक पृष्ठभूमियों और योग्यताओं में भारी अंतर पाए गए। बरनार्ड कोह्न की गणना के अनुसार 1840 और 1860 के बीच "भारत पर शासन करनेवाले सिविल कर्मचारियों का विशाल बहुमत 50 या 60 विस्तारित परिवारों से आया।"[121] इस सेवा से भारतीयों को सावधानी के साथ दूर रखा गया, क्योंकि 500 पाउंड या इससे अधिक सालाना वेतन वाले किसी भी पद पर उनको नहीं रखा जाता था।

साम्राज्य के प्रसार से शासन की ज़िम्मेदारियाँ बढ़ीं तथा भारतीय भाषाओं और कानूनों का ज्ञान रखने वाली एक कारगर नौकरशाही आवश्यक हो गई। एक सुंदर साम्राज्यिक

सपना लेकर 1798 में भारत आनेवाले लॉर्ड वेलेज़ली ने 1800 में अपने कार्यविवरण (minute) में लिखा कि भारतीय साम्राज्य का "प्रशासन एक अस्थायी और डाँवाडोल इलाके के रूप में नहीं किया जाना चाहिए।"[122] वह यूरोपीय सिविल कर्मचारियों के लिए पर्याप्त प्रशिक्षण चाहता था। कलकत्ता के फ़ोर्ट विलियम कॉलेज में नियुक्ति से पहले सभी प्रेसिडेंसियों के सिविल कर्मचारियों को तीन साल का प्रशिक्षण लेना पड़ता था। लेकिन यह कॉलेज बहुत समय तक नहीं चला, क्योंकि वेलेज़ली पर जल्द ही कोर्ट ऑफ़ डायरेक्टर्स की कृपादृष्टि नहीं रही और उन्हें डर था कि ऐसे किसी प्रशिक्षण कार्यक्रम से सिविल कर्मचारियों की वफ़ादारी लंदन की जगह कलकत्ता के पक्ष में हो सकती है। इसलिए 1802 में फ़ोर्ट विलियम कॉलेज बंद कर दिया गया; अब वह केवल एक भाषा विद्यालय की तरह काम करने लगा। उसकी जगह 1805 में लंदन के पास हटफ़र्ड में ईस्ट इंडिया कॉलेज बनाया गया; 1809 में उसे हैलीबरी ले जाया गया। कोर्ट ऑफ़ डायरेक्टर्स द्वारा मनोनीत प्रत्येक उम्मीदवार को वहाँ दो साल का प्रशिक्षण लेना पड़ता था, और अंतिम परीक्षा में उत्तीर्ण होने पर ही उनको भारत की सिविल सेवा में नियुक्त किया जाता था। यह अनुमान लगा सकना कठिन है कि भारत में सिविल कर्मचारियों के व्यवहार पर इस प्रशिक्षण का कितना प्रभाव पड़ता था, क्योंकि लॉर्ड मैकॉले की सिफ़ारिश के आधार पर यह प्रशिक्षण मूलतः एक सामान्य पाठ्यक्रम पर आधारित होता था, और एक भाषा के घटक को छोड़ दें तो इस पाठ्यक्रम की भारत के लिए लगभग कोई प्रासंगिकता नहीं थी। लेकिन हैलीबरी कॉलेज ने भारतीय सिविल कर्मचारियों के बीच एक तरह का साथीपन या किसी विशिष्ट क्लब की सदस्यता की सहभागिता का भाव पैदा किया।

1830 के दशक तक भारत में नौकरशाही की प्रशासनिक ज़िम्मेदारियाँ काफ़ी बढ़ चुकी थीं, क्योंकि ज़िला कलेक्टर के पद में एक बार फिर मालगुज़ारी की वसूली के काम, मजिस्ट्रेट के अधिकारों और कुछ सीमा तक न्यायिक शक्तियों का समन्वय हो चुका था। नवविजित क्षेत्रों–पंजाब और असम जैसे तथाकथित ''गैर-विनियमित'' प्रांतों–में ज़िला अफ़सरों की शक्तियाँ और ज़िम्मेदारियाँ और भी अधिक थीं। साथ ही, कार्यकलाप के नए-नए क्षेत्रों में राज्य का प्रवेश ही होता चला गया। इसके कारण अवैयक्तिकता का तत्त्व बढ़ा और नौकरशाही के ढाँचे में एक अधिक विस्तृत सोपानक्रम पैदा हुआ, जिसके कारण योग्यतर प्रशासकों की आवश्यकता पड़ने लगी। इसलिए इस समय यह महसूस किया जाने लगा कि संरक्षण की प्रचलित व्यवस्था से इतने कठिन प्रशासनिक दायित्वों के निर्वाह के लिए पर्याप्त संख्या में योग्य अधिकारी नहीं मिल रहे थे। इसके लिए आवश्यकता थी इंगलैंड के उभरते मध्य वर्ग के बेहतरीन व्यक्तियों को खींचने के लिए एक प्रतियोगिता की। 1833 के चार्टर ऐक्ट ने भरती की व्यवस्था में प्रतियोगिता का तत्त्व जोड़ दिया, पर यह डायरेक्टरों द्वारा मनोनीत व्यक्तियों के बीच ही एक सीमित प्रतियोगिता थी और इसलिए स्थिति को सुधार न सकी। अंततः 1853 के चार्टर ऐक्ट ने खुली प्रतियोगिता का सिद्धांत लागू किया; उसके बाद भारत के लिए सिविल अधिकारी एक

परीक्षा के द्वारा भरती किए जाने लगे, जो "महारानी की सारी प्रकृतिजन्य प्रजा" के लिए समान रूप से अवसर प्रदान करती थी। हैलीबरी कॉलेज 1858 में बंद कर दिया गया और उसके बाद सिविल सेवा आयोग इंग्लैंड में होनेवाली एक वार्षिक परीक्षा के द्वारा सिविल अधिकारियों की नियुक्ति करने लगा। इस तरह अब तक अपने आपको ठोस ज़मीन पर खड़ा कर चुके एक साम्राज्य की आवश्यकताओं के कारण भारत में एक केंद्रीकृत नौकरशाही के फ़ौलादी ढाँचे को परिपक्वता प्राप्त हुई।

इसलिए आश्चर्य नहीं है कि इस प्रशासनिक ढाँचे में भारतीयों को लिया भी गया तो निचले पदों पर ही लिया गया, जिनको असंहिताबद्ध सिविल सेवा (Uncovenanted Civil Service) कहा जाता था। 1813 के बाद निचली सेवाओं के भारतीयकरण की एक क्रमिक प्रक्रिया आरंभ हो चुकी थी, खासकर न्यायपालिका में। बाद में प्रशासन को स्थानीय आवश्यकताओं के प्रति संवेदनशील बनाने के लिए लॉर्ड बेंटिंक ने भारतीयों को शामिल किए जाने का पक्ष लिया; इसका दूसरा कारण खर्च का सवाल भी हो सकता है। 1831 के एक रेगुलेशन ने भारतीय न्यायिक अधिकारियों को और भी शक्तियाँ और ज़िम्मेदारियाँ दीं, लेकिन संहिताबद्ध सिविल सेवा (Covenanted Civil Service) के उच्च पद अभी भी भारतीयों के लिए दूर के सपने रहे। 1853 में प्रतियोगी परीक्षा के कारण तकनीकी रूप से तो दरवाज़े भारतीयों के लिए खुले, पर व्यवहार में ये अभी भी उससे बाहर रखे जा रहे थे, क्योंकि भरती की परीक्षा केवल इंग्लैंड में होती थी। उन्नीसवीं सदी के अंतिम वर्षों में भारतीय राष्ट्रवादियों की बार-बार की प्रार्थनाओं के बावजूद यूरोपीय नौकरशाही के विरोध ने एक साथ भारत में भी परीक्षा के आयोजन को रोके रखा। फिर भी, सरकार राष्ट्रवादी माँगों की उपेक्षा नहीं कर सकी और इस कारण समझौते के रास्ते के तौर पर 1870 में एक वैधानिक सिविल सेवा (Statutory Civil Service) का आरंभ किया गया। अर्थात योग्य और गुणी भारतीयों को ऐसे कुछ पदों पर मनोनीत किया जा सकता था, जो अब तक केवल यूरोप के संहिताबद्ध सिविल अधिकारियों के लिए आरक्षित थे। लेकिन चूँकि लॉर्ड लिटन की पसंद स्पष्ट तौर पर कुलीन वर्ग के पक्ष में थी, ऐसे पदों के लिए चुने गए भारतीय आम तौर पर प्रतिष्ठित परिवारों के या देशी राजघरानों के होते थे।

भारतीय मध्य वर्ग के राजनीतिक महत्त्व को लॉर्ड रिपन ने अनुभव किया और तर्क दिया कि अगर उन्हें लगातार प्रशासन से अलग रखा जाए, तो आखिरकार साम्राज्य के लिए खतरे पैदा हो सकते हैं। इसलिए वह भारत में भी साथ ही प्रतियोगी परीक्षा कराए जाने के पक्ष में था, ताकि योग्य और गुणी पढ़े-लिखे भारतीय संहिताबद्ध सिविल सेवा में प्रवेश पा सकें। लेकिन यूरोपीय नौकरशाहों ने इस प्रस्ताव का जमकर विरोध किया, जो भारतीयों के साथ सत्ता में भागीदारी की संभावना से स्पष्ट तौर पर डर का अनुभव कर रहे थे। सच तो यह है कि 1857 के विद्रोह के बाद उन्नीसवीं सदी के अंतिम वर्षों में भारत में यूरोप के संहिताबद्ध सिविल कर्मचारी असुरक्षा की एक गहरी भावना से ग्रस्त थे; यह भावना अपने देश (ब्रिटेन) में कुलीनों की आलोचना से, संसद में उदारवादी

लाकतात्रिक धड़ के हमलों से और शिक्षित भारतीयों के बढ़ते राजनीतिक प्रतिरोध से पैदा हुई थी। इसलिए वे भारतीयों के साथ सत्ता में भागीदारी के किसी भी विचार से घृणा करते थे और उन्होंने 1882 में स्थानीय स्वशासन कानून (लोकल सेल्फ़-गवर्नमेंट ऐक्ट) को दबा देने की कोशिश की। उसके बाद उन्होंने आंग्ल-भारतीय व्यापारिक समुदाय के साथ जातीय गठजोड़ करके छिपे तौर पर और अकसर खुले तौर पर भी 1883-84 के इल्बर्ट बिल का विरोध किया। उन्होंने भारत में चुनाव का सिद्धांत लागू किए जाने के विचार पर ही आपत्ति की और (भारतीयों के) "अयोग्यता" के एक "मिथकीय तर्क" के आधार पर सिविल सेवा के प्रस्तावित भारतीयकरण में बाधाएँ पैदा कीं; इस तर्क का उपयोग उन्होंने अपनी शक्ति को वैधता प्रदान करने के लिए किया।[123]

सिविल सेवा के ढाँचे में सुधार अंततः 1892 में, एक लोक सेवा आयोग (पब्लिक सर्विस कमीशन) द्वारा पाँच साल पहले पेश की गई सि.फारिशों के आधार पर आया। इन नए नियमों ने संहिताबद्ध सिविल सेवा की विशिष्ट स्थिति को बनाए रखा और उसे अब इंडियन सिविल सर्विस (आई.सी.एस.) का नाम दिया। दूसरी ओर, असंहिताबद्ध सिविल सेवा का अपमानजनक नाम बदल दिया गया और उसे प्रॉविंशियल सिविल सर्विस नाम दिया गया। वैधानिक सिविल सेवा समाप्त कर दी गई और उसकी जगह कुछ ऊँचे पदों को, जो पहले आई.सी.एस. के लिए आरक्षित थे, प्रॉविंशियल सिविल सर्विस वालों को प्रोन्नति देकर भरा जाने लगा। भारतीय अभी भी लंदन में होनेवाली खुली परीक्षाओं के द्वारा आई.सी.एस. में भरती हो सकते थे, पर इस सेवा में उनका प्रतिनिधित्व निराशाजनक सीमा तक कम, 1922 में केवल 15 प्रतिशत के आसपास था। लेकिन फिर यही साल था जब सिविल सेवा में उनका अनुपात बदलने लगा।

राष्ट्रवादी माँगों के प्रत्युत्तर में, 1919 के भारत सरकार अधिनियम (Government of India Act) ने अंततः आई.सी.एस. के लिए एक अलग, न कि सहकालिक, प्रतियोगी परीक्षा का प्रावधान किया जो भारत में होनी थी। इस प्रावधान के तहत पहली ऐसी परीक्षा फरवरी 1922 में इलाहाबाद में आयोजित की गई। फलस्वरूप भारतीय सिविल सेवा के इस आकर्षक क्षेत्र में 1941 तक भारतीय यूरोपवासियों को पीछे छोड़ चुके थे। अगर 1858 से 1919 तक का काल "नौकरशाही निरंकुशता" का काल था,[124] तो 1919 के बाद शासन-व्यवस्था के क्रमिक लोकतंत्रीकरण के कारण यह प्रवृत्ति थोड़ी-बहुत कमज़ोर पड़ी। लेकिन 1937 में भारतीय मंत्रियों ने राज्यों में जब पद सँभाले, उसके बाद भी प्रशासन को लगभग पूरी तरह सिविल कर्मचारी ही चलाते रहे, क्योंकि आधारभूत स्तर के बारे में उनको अधिक जानकारी थी और स्थानीय शक्ति-संरचना के साथ उनके अनौपचारिक गठजोड़ भी थे। लेकिन सिविल सेवा के क्रमिक भारतीयकरण ने साम्राज्य के कठोर शासन के साधन के रूप में उसके महत्त्व को कम भी किया और सत्ता के हस्तांतरण का रास्ता तैयार किया। दूसरी ओर, इस भारतीयकरण के कारण ही स्वतंत्रता के बाद इस परंपरा का जारी रहना संभव हुआ,[125] जब इस सेवा का केवल नाम बदला और इसे भारतीय प्रशासनिक सेवा (आई.ए.एस.) कहा जाने लगा।

## रेज़िडेंट और सर्वोच्चता

जब फ़ौलादी ढाँचे वाली भारतीय सिविल सेवा ब्रिटिश भारत पर राज कर रही थी, तब भारतीय उपमहाद्वीप का लगभग 40 प्रतिशत भाग कंपनी और आगे चलकर महारानी के 'अप्रत्यक्ष शासन' के अधीन था। तब तक राज तो देशी राजा-महाराजा करते थे, पर शासन ब्रिटिश रेज़िडेंटों और राजनीतिक एजेंटों का था। जब भारत में ईस्ट इंडिया कंपनी के कार्यकलाप की प्रकृति व्यापारिक से बदलकर राजनीतिक हुई, तब विभिन्न भारतीय रजवाड़ों के दरबारों में नियुक्त व्यापारिक एजेंटों का काम कंपनी के व्यापारिक हितों की देखभाल करना था। फिर ये ही काम रेज़िडेंट करने लगे, जो कंपनी राज और देशी रजवाड़ों के राजनीतिक संबंधों का संचालन करने लगे। जैसा कि माइकेल फ़िशर का तर्क है, रेज़िडेंसी की व्यवस्था अद्‌भुत थी,[126] जो यूरोप की साम्राज्यिक परंपरा में नहीं पाई जाती थी और मुगलों की वकीलों की व्यवस्था से भिन्न थी। इन वकीलों को अधीनस्थ राज्य और कुलीन लोग शाही दरबार में अपने प्रतिनिधित्व के लिए नियुक्त करते थे और उत्तराधिकारी राज्यों ने भी इस व्यवस्था को जारी रखा। रेज़िडेंसी व्यवस्था का अर्थ प्रभुसत्ता की पुनर्परिभाषा था, जो 'सर्वोच्चता' (Paramountcy) की नई शब्दावली में निहित थी। इसके अनुसार भारतीय राज्यों की "घरेलू प्रभुसत्ता" बनी रहने दी गई, लेकिन उनकी सीमाओं से परे सर्वोच्च साम्राज्यिक शक्ति के रूप में कंपनी की प्रभुसत्ता थी। भारतीय रजवाड़ों की दोयम दर्ज़े की प्रभुसत्ता की वास्तविक शर्तें अलग-अलग मामलों में अलग-अलग थीं, जो राजाओं की स्थिति पर तथा उनके साथ की गई संधियों की परिस्थितियों पर निर्भर थीं। लेकिन व्यवहार में "ब्रिटिश तौर-तरीकों ने इन्हीं 'प्रभुओं' में से कुछ को यथार्थतः कठपुतलियों में बदल दिया या उन्हें लगभग उनके महलों तक सीमित कर दिया।"[127]

भारत में जब कंपनी का साम्राज्य कुछ और बढ़ा तो वित्तीय और मानवीय, दोनों प्रकार के संसाधनों की दृष्टि से उसने अनेक भारतीय राज्यों को अपने अप्रत्यक्ष शासन में रखना बेहतर समझा, बजाय इसके कि उनको सीधे-सीधे नियंत्रित और प्रशासित करे। यह चयन अनेक कारणों पर निर्भर होता था। जो राज्य अंग्रेज़ों की सैन्य शक्ति को चुनौती देने की हालत में न थे उन्हें उनके हाल पर छोड़ दिया गया; दूर कोनों में या प्रतिकूल क्षेत्रों में स्थित राज्यों को अछूता छोड़ दिया गया, जबकि उन राज्यों को जीतने का आकर्षण कम ही था जिनके पास खेती की ज़मीनें कम थीं और इसलिए उनमें मालगुज़ारी की वसूली की संभावना कम थी।[128] इस नीति पर विभिन्न वैचारिक दबाव और जवाबी दबाव भी पड़ते रहे; इसमें असंबद्ध हो जाने के रूढ़िवादी दबाव का, सीधे नियंत्रण के आक्रामक तर्कों का और अप्रत्यक्ष नियंत्रण की व्यवहारवादी पैरवी का ध्यान रखना पड़ता था। इसलिए रेज़िडेंसी व्यवस्था के विकास में अनेक उतार और चढ़ाव आए।

1857 के विद्रोह तक भारत में अप्रत्यक्ष शासन के विकास में माइकेल फ़िशर ने तीन सुस्पष्ट चरणों की पहचान की है। पहला चरण (1764-97) बक्सर के युद्ध (1764) के बाद मुर्शिदाबाद, अवध और हैदराबाद के दरबारों में कंपनी के रेज़िडेंटों

की आरंभिक नियुक्ति के साथ प्रारंभ होता है। कंपनी के अधिकारी भारत में उसकी अग्रगामी नीति को लेकर अभी भी आश्वस्त और स्पष्ट नहीं थे, और इसलिए इस दौर में रेज़िडेंसी व्यवस्था का विकास झटकों के साथ हुआ, जबकि रेज़िडेंटों की भूमिका अपेक्षाकृत सीमित और सावधानी से भरी हुई थी। लेकिन दूसरे चरण (1798-1840) में यह आरंभिक झिझक निर्णायक रूप से समाप्त हो गई; इस चरण की विशेषता थी आक्रामक प्रसारवाद, जिसका समर्थन लॉर्ड वेलेज़ली (1798-1805) करता था और जिसने 'सहायक संधि' (Subsidiary Alliance) की नीति अपनाई (विस्तार के लिए अध्याय 1.3 देखें)। इस काल में रेज़िडेंटों की भूमिका भी कूटनीतिक संबंधों से बदलकर अप्रत्यक्ष नियंत्रण की हो गई, और अनेक मामलों में स्वयं रेज़िडेंटों ने क्षेत्रीय प्रसार को बढ़ावा दिया। यह प्रवृत्ति तब अस्थायी तौर पर रुक गई, जब वेलेज़ली को वापस बुला लिया गया और अहस्तक्षेप की नीति पर चलने का स्पष्ट आदेश लेकर लॉर्ड कॉर्नवॉलिस आया। लेकिन उसकी मृत्यु के बाद भारत में ब्रिटिश अधिकारियों ने क्षेत्रीय प्रसार का सिलसिला फिर से आरंभ कर दिया, और अनेक नवविजित क्षेत्रों को रेज़िडेंटों के अप्रत्यक्ष नियंत्रण में दे दिया गया। यह वृद्धि 1841 तक अबाध रूप से जारी रही, जबकि असफल अफ़गान अभियान (1838-42) पहली बार अफ़गानिस्तान में अप्रत्यक्ष ब्रिटिश शासन स्थापित करने में विफल रहा। इसलिए तीसरे चरण (1841-57) में प्रसार की जगह "सुदृढ़ता" के विचार को प्रमुखता दी गई, क्योंकि प्रसार अब भारत में अपनी चरम सीमा पर पहुँच चुका था। इसलिए इस चरण में हमें प्रत्यक्ष अधिग्रहण की दिशा में नीतिगत परिवर्तन दिखाई देता है। यह सिलसिला अपने चरम पर लॉर्ड डलहौज़ी की अग्रगामी नीतियों ('डॉक्ट्रिन ऑफ़ लैप्स या विलय का सिद्धांत') के रूप में पहुँचा तथा अवध, झांसी, नागपुर, सतारा और पंजाब के अनेक रजवाड़े इस नीति के तहत हस्तगत कर लिए गए। इससे असंतोष में वृद्धि हुई, जो 1857 के विद्रोह के रूप में फूटा।[129]

इस तरह 1857 का विद्रोह भारतीय रजवाड़ों के प्रति ब्रिटिश नीतियों के विकास में एक मोड़ का सूचक था। निदान सिर्फ़ यही नहीं था कि अधिग्रहण की नीतियों का विद्रोह में योगदान था, बल्कि यह भी पाया गया कि प्रत्यक्ष शासन वाले क्षेत्रों की अपेक्षा अप्रत्यक्ष शासन वाले क्षेत्र उथल-पुथल से कम प्रभावित हुए। ग्वालियर और हैदराबाद जैसे रजवाड़ों ने विद्रोह की आग को बुझाने में महत्त्वपूर्ण सेवाएँ प्रदान की थीं। इसलिए भारत जब महारानी के शासन में आया तब 1 नवंबर 1858 को महारानी की घोषणा ने "खुद की ही तरह देशी राजाओं के अधिकारों, गरिमा और सम्मान का ध्यान रखने" की प्रतिबद्धता व्यक्त की। लॉर्ड कैनिंग ने उनको (देशी राजाओं को) उनके राजवंशों की समाप्ति के विरुद्ध आश्वासन दिए और इसके लिए 'गोद-लिवाई' की 150 सनदें जारी कीं, जिनमें उनके दत्तक उत्तराधिकारियों को मान्यता दी गई थी।[130] लेकिन इसका अर्थ यह नहीं था कि भारतीय रजवाड़ों को बिना सुधारों के छोड़ दिया जाता; अंग्रेज़ों ने अक्सर रजवाड़ों की जनता के कल्याण के लिए और भी अधिक दायित्व अपने सर पर लिए। इसलिए, जैसा कि इयान कॉपलैंड का तर्क है, ब्रिटिश राज ने "राजाओं को 'स्वाभाविक

सहयोगियों' के रूप में तैयार करने का बीड़ा उठाया।" लॉर्ड मेयो (1869-72) जब वायसरॉय बन कर आया, तब यह सुधारवादी लक्ष्य एक प्रमुख आधिकारिक नीति बन गया। उसने **दरबारी** सत्ता में एक विघटन देखा, जिसके कारण अनेक रजवाड़ों में कानून और व्यवस्था का ह्रास हुआ था। लेकिन इन रजवाड़ों को "सुशासन" के बदले ही राजनीतिक समर्थन दिया जाना था। इस ध्येय में उसका समर्थन राजनीतिक विभाग के नवयुवा तुर्कों ने किया, जो राजाओं पर अपने शासन में सुधार लाने के लिए सूक्ष्म दबाव डालते रहे जो अकसर बहुत सूक्ष्म भी नहीं होते थे। अधिकांश देशी राजा झुक गए और जिन्होंने प्रतिरोध का फैसला किया, उनको कठोरता के साथ "सर्वोच्च सत्ता की सर्वव्यापकता" की याद दिला दी गई। बड़ौदा के मल्हार राव गायकवाड़ को, जो उनमें सबसे महत्त्वपूर्ण था, "घोर कुशासन" के आरोप में 1875 में सत्ताच्युत कर दिया गया।[131]

इस सुधार और आधुनिकीकरण की कुछ राजनीतिक कीमतें भी चुकानी पड़ीं, और यह बात 1870 के दशक के अंतिम दिनों में स्पष्ट हो गई, जब ब्रिटिश भारत की राजनीति में राष्ट्रवाद धीरे-धीरे सामने आने लगा। इसलिए लॉर्ड लिटन ने राजाओं को परंपरागत भारत के सच्चे प्रतिनिधि और भारतीय जनता के 'स्वाभाविक नेता' बताया। पर उनको ब्रिटिश राज की शान-शौकत की याद भी दिलाई गई और साम्राज्यिक व्यवस्था का अंग बना दिया गया, जो अब, जैसा कि हमने (अध्याय 2.1 में) देखा, एक सुस्पष्ट सोपानक्रम के रूप में संस्थाबद्ध हो रही थी। राजाओं के साथ इस जुड़ाव ने राज को एक सीमा तक वैधता भी प्रदान की और यह भी एक कारण था कि इस संबंध को साम्राज्यिक अनुष्ठानों में विधिवत स्थान दिया गया, जैसे जनवरी 1877 के शाही दरबार में और तोपों की सलामी की सूची में। बीसवीं सदी तक सम्राट को 101, वायसरॉय को 31 और अधिक महत्त्वपूर्ण 113 भारतीय राजाओं को 21 से लेकर 9 तोपों तक की सलामी दी जाने लगी। प्रहार की व्यवस्था बनाए रखने के लिए छोटे राजाओं को इस शाही सम्मान से पूरी तरह वंचित कर दिया गया।[132] दूसरी ओर, 1878-86 के बीच, रजवाड़ों को सुव्यवस्थित हस्तक्षेप और अपनी घरेलू प्रभुसत्ता का सिमटाव झेलना पड़ा। उनको अपने क्षेत्रों के अंदर रेल मार्गों और संचार की दूसरी व्यवस्थाओं पर इनके निर्माण का खर्च उठाने के बावजूद नियंत्रण छोड़ना पड़ा, ब्रिटिश भारत के दूसरे भागों को नमक के निर्यात से दूर रहना पड़ा और लीगल टेंडर (विधिमान्य चलार्थ) के रूप में ब्रिटिश भारत की मुद्राओं को स्वीकार करना पड़ा।

लॉर्ड कर्ज़न(1898-1905) के शासन काल में यह हस्तक्षेप अपने चरम तक पहुँच गया। एक ओर उसने राजाओं को साम्राज्य के संगठन का अभिन्न अंग स्वीकार किया और 1903 में शानदार सत्तारोहण कर दरबार में उनको पूरे सम्मान के साथ निमंत्रित किया, लेकिन दूसरी ओर उसने उन पर और भी सख्त नियंत्रण लगा दिए। 1900 में उसने उनकी विदेश यात्रा पर रोक लगा दी; 1902 में उसने बरार के प्रशासन के विषय में निज़ाम हैदराबाद पर और भी अनुकूल संधि करने के लिए दबाव डाला; उसने राजाओं को शाही फ़ौजों के लिए और अधिक रकम देने पर मज़बूर किया; अनेक राजाओं को

सत्ता से हटाया और तिरसठ रजवाड़ों को अस्थायी रूप से ब्रिटिश प्रशासन में ले लिया। इसलिए हैरानी नहीं कि, जैसा कि ग्वालियर के सिंधिया ने स्वीकार किया, वे लॉर्ड कर्ज़न की पितृसत्तावादी "निरंकुशता" से घृणा ही करते थे। इस स्थिति में, जिसे कॉपलैंड ने "सर्वोच्चता की जंज़ीरें" (shackles of Paramountcy) कहा है, थोड़ी ढील तब आई जब लॉर्ड मिंटो वायसरॉय बना और उसने राजाओं को राजनीतिक अतिवाद विरोधी लड़ाई में प्रभावी और इच्छित सहयोगी पाया। लेन-देन के तौर पर उसने उनकी आंतरिक प्रभुसत्ता के सम्मान का वादा किया और उदयपुर में 1 नवंबर 1909 के एक ऐतिहासिक भाषण में अपनी अहस्तक्षेप की नई नीति (laissez-faire) की घोषणा की। लेकिन राजनीतिक विभाग के अधिकारी अकसर वायसरॉय की इस बुद्धिमता को स्वीकार नहीं करते थे। अगर नई नीति का उद्देश्य रजवाड़ों को ब्रिटिश भारत में फैल रही राजनीतिक धाराओं से राज्य को अलग रखना था, तो उसका मतलब "अधीनस्थ अलगाव" (subordinate isolation) भी था। यही स्थिति फिर पहले विश्वयुद्ध के आरंभ तक बनी रही, जिसके कारण रजवाड़ों के प्रति एक नीतिगत परिवर्तन फिर आया।[133]

यहाँ एक सवाल का जवाब देना बाकी रहता है और इसका संबंध सर्वोच्चता की व्यवस्था में राजाओं के अधिकारों और दायित्वों से है, और इससे भी है कि रोबीले रेज़िडेंट किस तरह उनपर निगरानी रखते थे। राजाओं के दायित्व और विशेषाधिकार सभी मामलों में उनके और कंपनी के बीच हुई संधियों द्वारा तय होते थे, तथा कंपनी के दायित्वों को बाद में सम्राट ने अपने सर ले लिया। इन संधियों के प्रावधान उन परिस्थितियों से तय होते थे, जिनमें वे की जाती थीं और ये राज्यों के आकार से भी तय होते थे, लेकिन कुछ सामान्य विशेषताएँ भी थीं, और अनेक मामलों में और अधिक एकरूपता लाने के लिए संधियों में बाद में संशोधन भी किए गए। पहले तो कंपनी और फिर सम्राट द्वारा अधिराज के रूप में मान्यताप्राप्त सभी राजाओं ने किसी और राज्य के साथ कूटनीतिक संबंध बनाने या युद्ध करने के अधिकार का तथा किसी और यूरोपीय या अमेरिकी को सेवक रखने के अधिकार का त्याग किया; बाहरी दुनिया के साथ अपने सभी संपर्क ब्रिटिश एजेंटों के ज़रिये बनाने, शाही फ़ौजों के एक दस्ते का खर्च उठाने और साम्राज्य की रक्षा के लिए सैन्य सहायता की आवश्यकता पड़ने पर सेना भेजने की हामी भरी। उनको अपने क्षेत्रों से जानेवाले रेलमार्गों पर अपनी प्रभुसत्ता छोड़नी पड़ी, तथा डाक-तार और संचार की दूसरी व्यवस्थाओं पर ब्रिटिश राज के साथ नियंत्रण में साझेदारी करनी पड़ी। बदले में बाहरी आक्रमण और आंतरिक विद्रोह से उनको सुरक्षा दी जाती थी, और वे आंतरिक स्वतंत्रता का उपभोग करते थे। कानून-व्यवस्था बनाए रखने के लिए वे छोटा-सा एक पुलिस बल रखते थे तथा अपनी प्रजा के लिए स्वास्थ्य और शिक्षा जैसी सार्वजनिक सुविधाओं पर बहुत कम खर्च करते थे। अगर अपना ऊँचा स्तर दिखाने के लिए कुछ रजवाड़ों ने इन संस्थाओं के आधुनिकीकरण पर कुछ खर्च किया भी और अगर बड़ौदा, मैसूर, त्रावणकोर या कोचीन जैसे कुछ दूसरे बड़े राज्यों ने कुछ संवैधानिक परिवर्तन किए भी, तो ये नियम न होकर अपवाद थे।

फिर भी, बड़े राज्यों के मामलों में रेज़िडेंटों की और छोटे राज्यों के मामले में गवर्नर-जनरल के राजनीतिक एजेंटों की दबंग उपस्थिति व्यवहार में राजाओं की आंतरिक स्वतंत्रता पर गंभीर सीमाएँ लगाती थी। रेज़िडेंट, जैसा कि माइकेल फ़िशर ने उसकी स्थिति बतलाई है, "देशी राजाओं और अंग्रेज़ों के बीच की कड़ी" होता था।[134] वह दोनों के बीच के संवाद को नियंत्रित करता था और समय-समय पर राजाओं पर अंग्रेज़ों की सर्वोच्चता को आरोपित करता था। अकसर वह राज्यों में सुशासन को बढ़ावा देने के प्रयास करता था, विभिन्न आंतरिक विषयों पर माँगने और अकसर बिना माँगे भी राजाओं को सलाह देता था। सभी महत्त्वपूर्ण नियुक्तियों को नियंत्रित करने का प्रयास करता था, खासकर उन मंत्रियों की नियुक्तियों पर जिनके माध्यम से यह अनौपचारिक नियंत्रण लागू किया जाता था, जो बहुत सूक्ष्म भी नहीं होता था। अकसर वह शासकों की अल्पमत वाली स्थिति का लाभ उठाकर काउंसिल ऑफ़ रीजेंसी के माध्यम से राज्य के मामलों पर अपना सीधा नियंत्रण लागू करता था। ये रेज़िडेंट और एजेंट या तो भारत सरकार के राजनीतिक विभाग या ब्रिटिश सरकार के विदेश विभाग के सदस्य होते थे। 1914 में विदेश विभाग को दो भागों में विभाजित कर दिया गया: एक राजनीतिक विभाग—भारतीय रजवाड़ों को देखता था और एक विदेश विभाग—सीमावर्ती क्षेत्रों और फ़ारस की खाड़ी क्षेत्र के राज्यों पर ध्यान देता था।[135]

राजनीतिक विभाग विभिन्न ऐतिहासिक कारणों से ऊँची बौद्धिक योग्यता वाले व्यक्तियों को आकर्षित नहीं कर सका।[136] फिर भी, अकसर उन्हीं के व्यक्तित्वों और दृष्टिकोणों पर हस्तक्षेपों की प्रकृति निर्भर होती थी। वे अकसर निगरानी की भूमिका पर अपनी समझ के अनुसार आधिकारिक नीतियों को लंबा खींच देते थे और कभी-कभी तो उनसे खुलकर विचलन करते थे। यह सही है कि राजा भी अपने लाभ के लिए राजनीतिक अधिकारियों को पटाने और जोड़-तोड़ करने के प्रयास करते रहते थे; कभी-कभी तो उन्होंने अपनी स्वतंत्रता बनाए रखने के लिए ब्रिटिश प्रशासन के अंदर के सांगठनिक विभाजनों का प्रयोग भी किया।[137] कुछ ने हस्तक्षेप करने वाले रेज़िडेंटों और सर्वोच्च सत्ता के दिखावों का विरोध भी किया; ऐसा एक उदाहरण बड़ौदा के मल्हार राव का था, जिसका उल्लेख पहले किया जा चुका है। एक और सुस्पष्ट उदाहरण निज़ाम हैदराबाद के महत्त्वाकांक्षी अंग्रेज़प्रेमी मंत्री सालार जंग का था, जिसने न केवल यह घोषणा की कि हैदराबाद का दर्ज़ा ब्रिटेन के सम्राट के एक अर्धस्वतंत्र सहयोगी का है और बरार पर अपने मालिक के अधिकार का दावा किया, बल्कि एक अलाभदायक रेल परियोजना का विरोध भी किया, जिसे अंग्रेज़ सैन्य कारणों से उस पर लाद रहे थे। लेकिन फरवरी 1883 में उसकी मृत्यु के बाद हैदराबाद पर पूरे जोश के साथ सर्वोच्च सत्ता की फिर से घोषणा की गई। अधिकांश दूसरे, छोटे-छोटे राजा, विरोध की जरा-सी झलक दिखाए बिना ही, सर्वोच्च सत्ता के प्रतिनिधियों के निरंतर दबाव के आगे घुटने ही टेक देते थे। जैसा कि भारती रे ने कहा है, इंडिया ऑफ़िस में लॉर्ड कैनिंग और सर चार्ल्स वुड ने जब भारतीय रजवाड़ों के प्रति राज की नीतियों को एक नई दिशा दी,

उसके कुछ ही दशकों के अंदर उनकी स्थिति "कंपनी के अर्धस्वतंत्र सहयोगियों से बदलकर ... सम्राट के सामंतों वाली हो गई।"[138]

भारतीय रजवाड़ों में शासन के तौर-तरीकों में उपनिवेशी हस्तक्षेप ने वहाँ मौजूद सामाजिक संतुलन में महत्त्वपूर्ण परिवर्तन भी पैदा किए, क्योंकि नई व्यवस्थाओं में पहले के शक्ति-संतुलन का बराबर पुनर्निर्धारण होता रहा। लेकिन विभिन्न क्षेत्रों में इस सामाजिक परिवर्तन की दिशाएँ अलग-अलग रहीं। डेनिस वाइडल (1997) ने दिखाया है कि राजस्थान के छोटे-से रजवाड़े सिरोही के दरबार में राजा और प्रभुत्वशाली वंश के विभिन्न खानदानों से संबंधित कुलीनों के बीच शक्ति के बँटवारे की गतिशील व्यवस्था राजा के पक्ष में उपनिवेशी हस्तक्षेप के कारण कैसे बिगड़ गई; इसी तरह राजा और उन विभिन्न व्यापारिक समूहों के संबंध बिगड़ गए, जिनको राज्य के प्रशासन में व्यवस्थित ढंग से हाशिये पर डाला जाता रहा। अंग्रेज़ों का संरक्षण पाकर राजा ने जब अपनी सत्ता जताने की कोशिश की, तो दूसरे समूहों ने विरोध किया। मालगुज़ारी बढ़ाने के लिए अपनी जागीरों का सर्वेक्षण कराया जाना कुलीनों को पसंद नहीं था और व्यापारी उन विभिन्न न्यायिक सुधारों से चिढ़ गए, जो उनके हितों के विरुद्ध थे। पर उनके प्रतिरोध के विभिन्न साधनों की वैधता अब छिन चुकी थी, बल्कि उनको "आपराधिक" भी करार दिया गया और कुचल दिया गया, कभी-कभी तो सैनिक हस्तक्षेप करके कुचला गया। ऐसे संकट इसलिए हल नहीं किए जा सके कि अतीत में वे सभी पक्षों के लिए संतोषजनक थे और इस प्रक्रिया में स्थानीय जनता के विभिन्न लोगों के आपसी संबंध प्रभावित हुए।[139] लगभग ऐसी ही स्थिति राजस्थान में ही अलवर में देखी गई, जहाँ एक आधुनिक केंद्रीकृत राज्य के ढाँचे खड़े करने की प्रक्रिया में स्थानीय राजा ने राजपूत कुलीनों से अपने परंपरागत संबंध भंग क़र लिए। इन राजपूतों को सत्ता में भागीदार के दर्जे से गिराकर अधीनस्थ प्रजा बना दिया गया।[140] दूसरी ओर, सुदूर दक्षिण में स्थित त्रावणकोर में हमें सामाजिक शक्ति के संतुलन में एक अलग तरह का पुनर्निर्धारण दिखाई देता है। मद्रास सरकार के दबाव में आकर–और मद्रास सरकार भी बराबर ईसाई मिशनरियों द्वारा उकसाई जाती रही–त्रावणकोर 1860 के दशक से ही आधुनिकीकरण के एक लंबे-चौड़े कार्यक्रम से गुजरा, जिसे आम तौर पर जोश के साथ एक प्रतिभाशाली दीवान टी. माधवराव द्वारा लागू किया जाता रहा। इसमें अन्य बातों के अलावा पाश्चात्य शिक्षा का आरंभ किया गया, राज्य की सेवाओं को प्रतिभाओं के लिए मुक्त कर दिया गया, और आखिरी बात यह कि राजदरबार के गुटों के राजनीतिक प्रभाव पर अंकुश लगाने के लिए श्रीमुलम लोक विधायिका बनाई गई। इससे त्रावणकोर की शक्ति-संरचना प्रभावित हुई और बीसवीं सदी के आरंभिक वर्षों में दूरगामी सामाजिक परिणाम सामने आए, जो रॉबिन जेफ़्री के शब्दों में, "प्रदत्त सामाजिक स्थिति से अर्जित सामाजिक स्थिति की दिशा में एक गति" के आरंभ के सूचक थे। दूसरे शब्दों में, मौजूदा जातिबद्ध समाज बुरी तरह झकझोर दिया गया, क्योंकि एझवा जैसे ऊपर की ओर गतिशील दलित समूहों और स्थानीय सीरियन ईसाइयों ने रजवाड़े की राजनीति में नायरों के प्रभुत्व को, प्रशासनिक

पदों पर उनके लगभग पूरे एकाधिकार को और शक्ति के दूसरे संयोजनों को प्रभावी रूप से चुनौती दी।[141] रजवाड़ों में स्थानीय समाजों को लगातार दो परस्परविरोधी मूल्य-प्रणालियों के टकराव का अनुभव करना पड़ा। जो मूल्य-प्रणाली उपनिवेशी सत्ता की शक्ति से बल पा रही थी, वह स्थानीय जड़ों वाली परंपराओं को विस्थापित करने के खतरे पैदा करती रही और हम जितना समझते हैं उससे कहीं अधिक बुनियादी ढंग से सामाजिक ढाँचे को बदलती रही।

## 2.5 साम्राज्य और अर्थव्यवस्था

हम देख चुके हैं कि अठारहवीं सदी के अंतिम और बीसवीं सदी के आरंभिक वर्षों के बीच उपनिवेशी सत्ता किस तरह भारत की खेतिहर अर्थव्यवस्था से अधिशेष निचोड़ने की व्यवस्था को पूर्णता देने की कोशिश करती रही। अब एक और सवाल की विवेचना बाकी रहती है जिसपर इतिहासकारों ने बहुत ही तीखी बहसें की हैं: क्या ब्रिटिश राज में भारत में कोई आर्थिक विकास हुआ भी? इस बहस की शुरुआत करने के लिए हम पहले साम्राज्य के प्रति भारत के आर्थिक दायित्वों पर और उनको पूरा करने के ढंग पर विचार करेंगे। तर्क दिया गया है कि ब्रिटेन और भारत के बीच "शास्त्रीय उपनिवेशी आर्थिक संबंध" 1857 के विद्रोह के कुचले जाने के बाद ही धीरे-धीरे उभरे।[142] माना जाता था कि भारतीय साम्राज्य अपना खर्च आप उठाएगा और साथ ही देश के संसाधन साम्राज्य के उद्देश्यों के लिए उपलब्ध रहेंगे। भारत को ब्रिटेन के तैयार मालों के लिए बाज़ार का और खेतिहर कच्चे मालों के स्रोत का काम करना था। उन्नीसवीं सदी के अंतिम और बीसवीं सदी के आरंभिक वर्षों तक भारत ने साम्राज्य के प्रति अपने अनेक दायित्व सफलतापूर्वक पूरे किए। वह ब्रिटेन के कपास, लोहा और इस्पात, मशीनरी आदि उद्योगों के एक बड़े बाज़ार का काम करता रहा। पहले विश्वयुद्ध के समय भारतवासी लंकाशायर के 85 प्रतिशत सूती कपड़ों का उपयोग कर रहे थे और ब्रिटेन के लोहा और इस्पात उत्पादन का 17 प्रतिशत भाग भारतीय रेलवे में खपता रहा।[143]

पहले विश्वयुद्ध तक कोई आयात शुल्क नहीं लगाया जाता था, जो भारतीय उद्योगों में किसी को भी किसी तरह का संरक्षण देता और यह बात, जैसा कि अमिय कुमार बागची ने लिखा है, "ब्रिटिश डोमिनियनों समेत बाकी दुनिया में जारी प्रवृत्ति के एकदम खिलाफ़" थी।[144] 1919 के बाद भी जब "वित्तीय स्वतंत्रता संविदा" (Fiscal Autonomy Convention) के अंतर्गत नीतियों को बदलने की बात आई, तब भी सूती कपड़ों पर शुल्क बढ़ाने के बारे में भारतीय सीमा शुल्क बोर्डों की उत्तरोत्तर सिफ़ारिशों को लंकाशायर लाबी ने सफलता के साथ विफल कर दिया, जो भारत में ब्रिटिश उद्योगों के अधिकारों के लिए लड़ रहा था और भारत को एक "महत्त्वपूर्ण साम्राज्यिक परिसंपत्ति" मानता था।[145] इसके अलावा भारत रेलों और एजेंसी हाउसों में ब्रिटेन के पूँजी-निवेश का गढ़ भी था; भारत सरकार ज़मानती रेल शेयरों और ऋणपत्रों पर ब्रिटेन को ब्याज की अदायगी सुनिश्चित करती थी और ब्रिटेन में सालाना वसूलियों

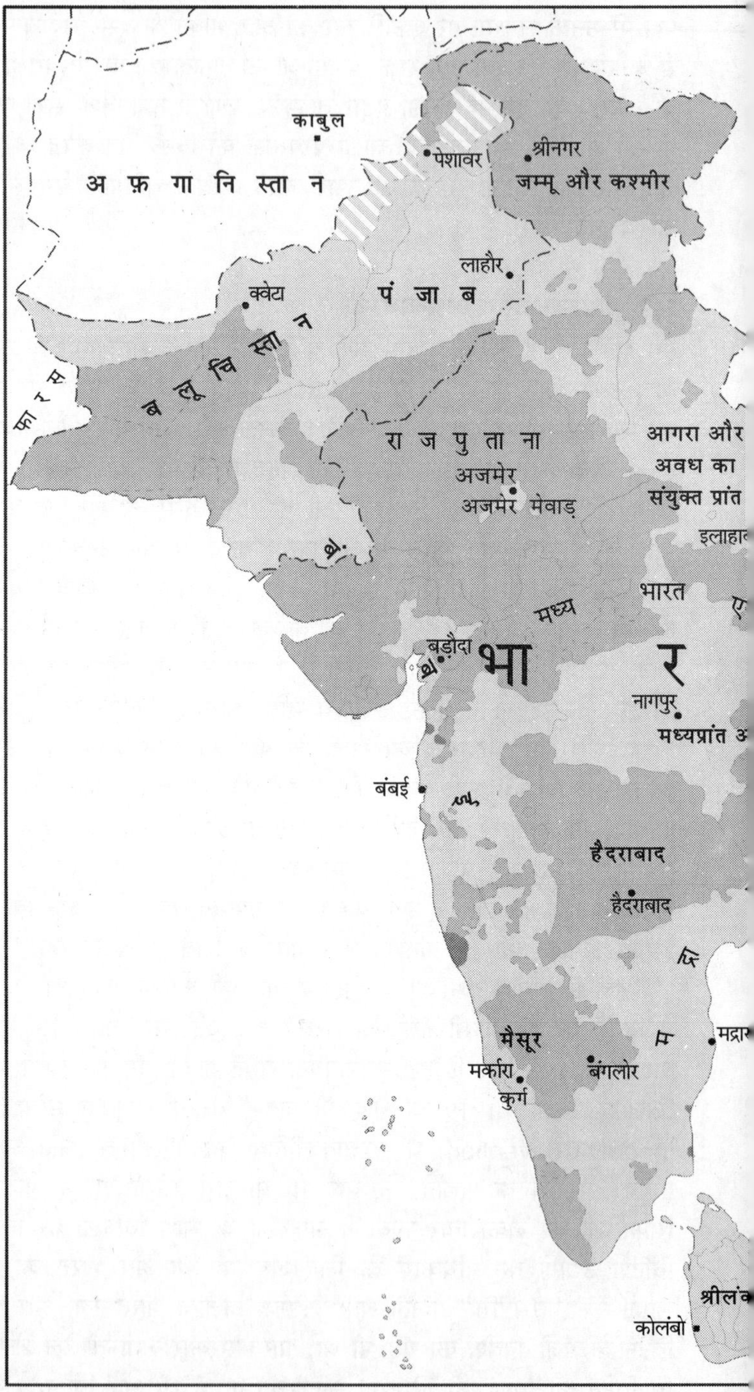


मानचित्र 4: ब्रिटिश भारत और रजवाड़े, 1904 के आस-पास

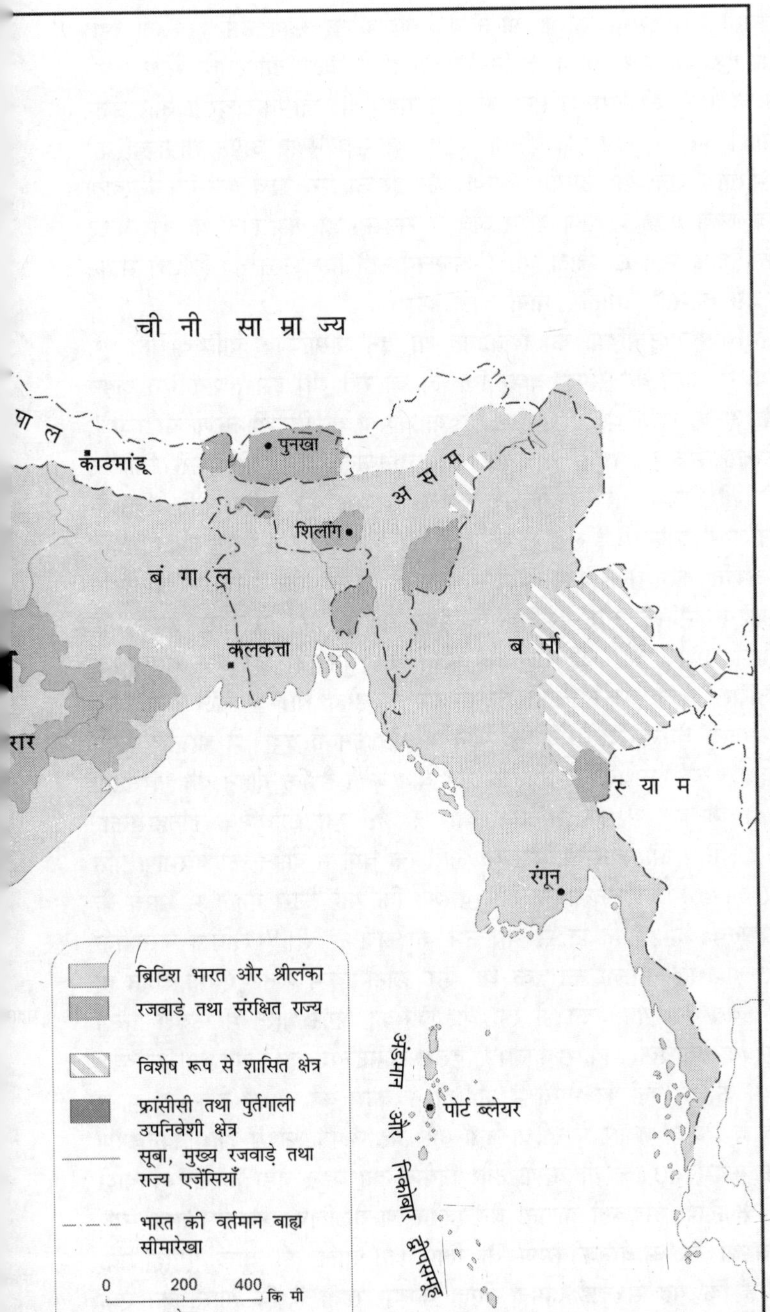

ची नी सा म्रा ज्य
पा ल
काठमांडू
पुनखा
अ स म
शिलांग
बं गा ल
कलकत्ता
रार
ब र्मा
स्या म
रंगून
अंडमान और निकोबार द्वीपसमूह
पोर्ट ब्लेयर
ब्रिटिश भारत और श्रीलंका
रजवाड़े तथा संरक्षित राज्य
विशेष रूप से शासित क्षेत्र
फ्रांसीसी तथा पुर्तगाली उपनिवेशी क्षेत्र
सूबा, मुख्य रजवाड़े तथा राज्य एजेंसियाँ
भारत की वर्तमान बाह्य सीमारेखा
0 200 400 कि मी
स्केल

की अदायगी करती थी। इसके कारण भारत का सार्वजनिक ऋण हमेशा बढ़ता रहा। दूसरी ओर, दूसरे देशों के साथ भारत के निर्यात व्यापार ने ब्रिटेन को उनके साथ अपने भुगतान संतुलन के घाटे की समस्या हल करने में मदद दी, खासकर यूरोप और उत्तर अमेरिका के साथ। अंत में, ब्रिटेन ने दुनिया भर में दूरदराज स्थित अपने साम्राज्यों की रक्षा के लिए भारतीय सेना का उपयोग किया और इसका पूरा खर्च भारतीय करदाता उठाते रहे। सैनिक व्यय भारत के राजस्व पर अकेला सबसे बड़ा बोझ होता था और बजट का लगभग एक-तिहाई भाग खा जाता था।[146] आश्चर्य नहीं कि भारत को ब्रिटिश सम्राट के ताज का सबसे कीमती "मोती" माना जाता था।

जैसी कि आरंभिक राष्ट्रवादियों की शिकायत थी, इन साम्राज्यिक दायित्वों को पूरा करने की प्रक्रिया में भारत की संपदा बाहर खिंचती जा रही थी। इस तथाकथित दोहन (drainage) के अनेक रास्ते थे। ये थे ईस्ट इंडिया कंपनी के विदेशी ऋणों पर ब्याज, सैनिक व्यय, रेलों, सिंचाई, सड़क यातायात और बुनियादी ढाँचे की दूसरी विभिन्न सुविधाओं में विदेशी निवेशों पर ज़मानतशुदा ब्याज, सरकार की खरीद-नीति, जिसके कारण वह अपनी सारी स्टेशनरी इंग्लैंड से खरीदती रही और अंत में "घरेलू अदायगियाँ" (होम चार्जेज) अर्थात् लंदन के इंडिया ऑफ़िस में भारत सचिव और उसके पूरे प्रतिष्ठान का खर्च और साथ ही सैनिक और असैनिक कार्मिकों अर्थात् भारत पर शासन करनेवाले व्यक्तियों के वेतन, पेंशन और प्रशिक्षण के खर्चों का भुगतान। धन का वास्तविक हस्तांतरण "काउंसिल बिलों" की बिक्री के माध्यम से होता था। ये बिल (बीजक) लंदन में भारतीय मालों के खरीदारों को बेचे जाते थे और उनको बदले में भारतीय रुपए दिए जाते थे। साम्राज्य के समर्थकों ने अकसर यह बात कही है कि दोहन की परिघटना (phenomenon) के बारे में अतिशयोक्ति की गई है; एक आधुनिक इतिहासकार उन्नीसवीं सदी के अंतिम और बीसवीं सदी के आरंभिक वर्षों में दोहन का परिमाण प्रति वर्ष 1 करोड़ 70 लाख पाउंड बतलाएगा और कहेगा कि यह "उस काल में भारत के माल-निर्यात के मूल्य के 2 प्रतिशत से भी कम का सूचक" है।[147] लेकिन जैसा कि भारतीय राष्ट्रवादी दादाभाई नौरोजी का तर्क था, एक छोटी रकम होते हुए भी दोहन हो रहा था जो "संभावित अधिशेष" का हो रहा था, जिसका अगर भारत में निवेश किया जाता तो और अधिक आर्थिक विकास होता।[148] दूसरा साम्राज्यिक तर्क यह था कि व्यय का उद्देश्य पश्चिम की ही तर्ज़ पर भारत में आर्थिक विकास को बढ़ावा देना था। भारत को वृहत्तर पूँजीवादी विश्व बाज़ार में खींचा गया और यह अपने आपमें आधुनिकीकरण की दिशा में एक कदम था। विदेशी ऋणों और निवेशों का बहुत बड़ा हिस्सा बुनियादी ढाँचे के विकास के लिए, अंदरूनी बाज़ारों के एकीकरण के लिए, और इस तरह स्वयं भारतीय अर्थव्यवस्था के आधुनिकीकरण के लिए था। हाल की कुछ ऐतिहासिक रचनाएँ बतलाती हैं कि यह सच्चाई अपनी जगह कायम रहती है कि भारत का एक भरी-पूरी पूँजीवादी अर्थव्यवस्था में रूपांतरण नहीं हुआ। खेतिहर अर्थव्यवस्था की ही तरह दूसरे क्षेत्रों में भी ब्रिटिश नीतियाँ संवृद्धि को बढ़ावा देने में असफल रहीं। और इसका

कारण इन नीतियों का साम्राज्यिक चरित्र था, अर्थात् उपनिवेश की अर्थव्यवस्था को शासक (उपनिवेशक) देश की अपनी अर्थव्यवस्था की आवश्यकताओं के अनुसार ढालने की नीति थी। फिर भी, भारत में समष्टिगत आर्थिक (macro-economic) परिवर्तनों के लिए ब्रिटिश नीतियों को कहाँ तक ज़िम्मेदार ठहराया जा सकता है, यह एक विवादास्पद विषय है, क्योंकि एक संशोधनवादी दृष्टिकोण का दावा है कि कुल मिलाकर "उपनिवेशी भारत में आर्थिक संवृद्धि सकारात्मक रही।" फिर भी यह बात मानी जाती है कि इस संवृद्धि में देश और काल, दोनों में व्यापक बदलाव आते रहे। दूसरे शब्दों में, कुछ काल (जैसे 1860-1920) संवृद्धि के थे और कुछ क्षेत्र (जैसे पंजाब, तटीय मद्रास और पश्चिमी उत्तर प्रदेश) समृद्धि के थे, और उपनिवेशी नीतियों के प्रति एक सामान्य दृष्टिकोण इन क्षेत्रीय और कालगत परिवर्तनों की व्याख्या नहीं कर सकता। लेकिन जहाँ भी जड़ता रही, उसका कारण एक बड़ी सीमा तक यह था कि सिंचाई, शिक्षा और स्वास्थ्य आदि में संसाधन पैदा करने के लिए निवेश करके सरकार को जितना काम करना चाहिए था उतना उसने नहीं किया। यह संशोधनवादी विचार मानता है कि क्षेत्रीय विकास या उसके अभाव का निर्धारण इन्हीं अत्यधिक महत्त्व के संसाधनों की उपस्थिति या अनुपस्थिति था।[149]

सवाल है कि भारत में संसाधनों को पैदा करने में उपनिवेशी राज्य का कीर्तिमान क्या रहा? सर्वप्रथम खेतिहर उत्पादन के विकास के लिए उपनिवेशी सत्ता की पहल सीमित रही; केवल उत्तर, पश्चिमोत्तर और दक्षिण-पश्चिम भारत के कुछ भागों में, अर्थात् स्थायी बंदोबस्त के बाहर के क्षेत्रों में, जहाँ मालगुज़ारी की दरें बढ़ाने की संभावना थी, सिंचाई की कुछ नहरें बनाई गईं। यह तर्क दिया जा सकता है कि 1900 और 1939 के बीच सिंचित क्षेत्र लगभग दोगुना हो गया, पर यह केवल निरपेक्ष दृष्टि से हुआ। सापेक्ष दृष्टि से देखें तो 1947 में जब भारत में ब्रिटिश साम्राज्य का लंबा जीवनकाल समाप्त हुआ, कुल कृषि क्षेत्र का लगभग एक-चौथाई भाग ही सार्वजनिक सिंचाई व्यवस्था के अंतर्गत था। हो सकता है सिंचाई की सुविधाओं के प्रसार में प्रगति के इस अभाव का दोषी हम प्रौद्योगिक बाधाओं को, सामाजिक मुद्दों को और शक्ति के लिए स्थानीय प्रतियोगिताओं को ठहराएँ, पर वास्तविक कारण यह था कि इस क्षेत्र में सार्वजनिक निवेश केवल मुनाफ़े के विचार से और अकाल की रोकथाम जैसी घोर आपात स्थितियों से संचालित होता था।[150] इसलिए सार्वजनिक सिंचाई की सुविधाएँ निराशाजनक सीमा तक अपर्याप्त रहीं, सापेक्ष समृद्धि के कुछ इलाके ही पैदा हुए, और उन क्षेत्रों में भी सिंचाई से किसानों में अधिक समृद्ध लोगों को ही लाभ हुआ, क्योंकि नहर के पानी की दर बहुत अधिक होती थी। जैसा कि पंजाब के बारे में इमरान अली ने दिखाया है, नहरी बस्तियाँ एशिया में व्यावसायिक कृषि का आदर्श बन गईं, लेकिन पानी की भारी दरें देने के बाद भी जो नई समृद्धि पैदा हुई वह केवल सीमित सामाजिक समूहों के हिस्से आई, जैसे कुछेक खेतिहर जातियों और कुछेक बड़े और मझोले भूस्वामियों के, जबकि गरीब **बेदखली काश्तकारों** (tenants-at-will) के रूप में मेहनत करते रहे।[151] इस तरह,

हालाँकि सिंचाई के विकास से उत्पादकता में कुछ वृद्धि हुई और कुछ दूसरे प्रौद्योगिक प्रवर्तन (innovations) हुए, पर इन्होंने केवल सुविधा-संपन्न किसानों को लाभ पहुँचाए और इनसे कुछ इलाकों में नकदी फसलों के उत्पादन में सहायता मिली। इस सच्चाई पर शायद ही उँगली उठाई जा सके कि "खेती की उपज उपनिवेशी भारत में कुल मिलाकर अधिकांशतः जड़ बनी रही" तथा 1920 और 1947 के बीच अनाजों के उत्पादन की दर जनसंख्या-वृद्धि की दर से बहुत कम रही।[152] इसलिए ब्रिटिश दौर में भारत में लगभग अकाल जैसी स्थितियाँ कोई दुर्लभ नहीं रहीं और 1943 में बंगाल के एक भीषण अकाल में बीस से तीस लाख लोग चल बसे (अध्याय 8.2 देखें)।

कृषि का व्यवसायीकरण, जो किसान वर्ग के विभेदीकरण, पूँजी के संचय और बाज़ार के लिए उत्पादन को बढ़ावा देता है, पूँजीवादी कृषि की ओर प्रगति का सूचक माना जाता है। लेकिन भारतीय दृष्टांत में इसके लिए पहल अकसर खेतिहर समाज के अंदर से नहीं हुई और न इसके लाभ उसे मिले। पूर्वी भारत में नील की खेती में इसे सीधे-सीधे कंपनी की सरकार ने बढ़ावा दिया, जब 1788 में उसने दस ऐसे अग्रगामी बागान मालिकों को पेशगी रकमें दीं, जो पश्चिम भारतीय तरीकों से दक्षिणी बंगाल में नील की खेती करने के प्रयास कर रहे थे। तब से नील उद्योग ने कभी एक समुचित बागानी अर्थव्यवस्था की तरह काम नहीं किया, क्योंकि 1829 तक ज़मीनें खरीदने का अधिकार न होने के कारण ये बागान मालिक स्थानीय किसानों को अपनी ज़मीनों पर नील उगाने के लिए पेशगी लेने पर सहमत होने और आगे चलकर मज़बूर किया करते थे। इससे टकराव की पर्याप्त संभावना पैदा हुई, क्योंकि माँग तो अनिश्चित रही और उत्पादन की मात्रा पर निगरानी अंग्रेज़ कपड़ा मिल-मालिकों की आवश्यकताओं की अपेक्षा जवाबी व्यापार को ध्यान में रखकर की जाती रही। यह व्यवस्था दिनों-दिन अधिक शोषक और दमनकारी बनती गई, और इस तरह 1859-60 का नील विद्रोह सामने आया।[153] एक पुराना दृष्टिकोण यह है कि दूसरी फ़सलों की ही तरह मालगुज़ारी की भारी माँग, मालगुज़ारी और लगान के नकद भुगतान की आवश्यकता और सबसे बढ़कर ऋण सेवा की आवश्यकता के कारण किसान नगदी फ़सलें उगाने के लिए "मज़बूर" हो जाते थे। इस दृष्टिकोण का खंडन इस तथ्य से होता है कि एक फ़सल की कीमत और फ़सली क्षेत्र के बीच एक सकारात्मक सह-संबंध हमेशा रहा, जो संकेत देता है कि फ़सलों के एक खास ढर्रे को प्राथमिकता देने के बारे में किसानों का निर्णय मुनाफ़े की इच्छा से प्रेरित रहा।[154] मगर साथ ही नकदी फ़सलें केवल धनी किसान उगा सकते थे और वे भी बाज़ार के उतार-चढ़ाव के सामने बेहद असहाय रहते थे। उदाहरण के लिए, पश्चिम भारत में कपास की खेती अमेरिकी गृहयुद्ध के कारण 1860 के दशक की कपास की माँग में उछाल से बढ़ी। उसने दकन की कपास पट्टी में कुछ समय के लिए एक समृद्धि का अंचल पैदा किया, जो युद्ध के बाद बहुत जल्द ही गायब हो गया और फिर 1870 के दशक में एक अकाल आया और खेतिहर दंगे हुए। पूर्वी भारत में पटसन (जूट) की खेती इसलिए विकसित हुई क्योंकि किसान अपने निर्वाह की ज़रूरतें

पूरी नहीं कर पाते थे और "सुनहरी फ़सल" उगाकर कुछ और कमाना चाहते थे। इस तरह किसानों के जूट की खेती अपनाने के निर्णय के पीछे एक आर्थिक प्रेरणा अवश्य थी। लेकिन जैसा कि सुगत बोस ने दिखाया है, 1906 और 1913 के बीच जूट के बाजार में आए उछाल से प्राथमिक उत्पादक शायद ही लाभान्वित हुए, क्योंकि "कच्चे जूट के खरीदारों के रूप में जूट की वस्तुओं के निर्माता और निर्यातक (जिनमें अधिकांश अंग्रेज़ थे) अपना एकक्रेताधिकार (monopsony power) चलाने में सफल रहे" और इस तरह जूट के उत्पादकों के पास कीमत की सौदेबाज़ी की कोई संभावना नहीं रहती थी।[155]

प्रश्न है कि भारत के कृषक समाज पर कृषि के व्यवसायीकरण के प्रभाव का मूल्यांकन कैसे किया जाए? इस प्रश्न पर टीका करते हुए तीर्थंकर राय ने तर्क दिया है कि "संभव है कि अधिकांश या पूरे योजित मूल्य (value-added) पर पूँजीपतियों ने नियंत्रण कर लिया हो। हो सकता है अमीर और भी अमीर हुए हों। पर इसका यह अर्थ नहीं कि गरीब और भी गरीब हुए। कारण कि कुल आय बढ़ी।"[156] परंतु कोई यह तर्क भी दे सकता है कि अगर अमीर और भी अमीर हुए और गरीब गरीब ही रहे (हालाँकि और अधिक गरीब नहीं हुए) या उनकी हालत बस थोड़ी-सी बेहतर हुई, तो यह विकास की कोई बहुत सुखद अवस्था भी नहीं थी। दूसरे शब्दों में, कृषि के व्यवसायीकरण से अधिकांश किसानों का भला नहीं हुआ, हालाँकि यह निष्कर्ष निकालना जल्दबाज़ी होगा कि यह एक पूँजीवाद-पूर्व से एक पूँजीवादी उत्पादन पद्धति की ओर "संक्रमण" का सूचक था, जिसके विशेष तत्त्व थे एक शक्तिशाली ग्रामीण पूँजीपति वर्ग का उदय और किसान वर्ग का सर्वहाराकरण।[157] जूट वाली अर्थव्यवस्था 1930 के दशक में चरमरा कर बैठ गई और फिर 1943 में बंगाल का विनाशकारी अकाल सामने आया। व्यवसायीकरण और अकालों के बीच एक सीधा संबंध स्थापित कर सकना कठिन है, भले ही कुछ क्षेत्रों में नकदी फ़सलों ने बेहतर ज़मीनों से खाद्यान्नों को बाहर कर दिया हो और इसलिए उनकी पैदावार पर प्रभाव पड़ा हो।[158] लेकिन अगर ऐसा हुआ होगा तो भी कुल मिलाकर खाने की फ़सलों और नकदी फ़सलों का साथ-साथ उत्पादन चलता रहा। जब उपनिवेशी शासन का अंत हुआ, तब भी 80 प्रतिशत कृषि क्षेत्र में खाद्यान्न ही पैदा किए जा रहे थे।[159] लेकिन कुल मिलाकर, जैसा कि कहा गया, खाद्यान्नों का कुल उत्पादन जनसंख्या-वृद्धि से पीछे रहा। इसे देखते हुए कुछ इतिहासकारों का यह दावा अधिक से अधिक एक विवादास्पद दावा ही रहता है, खासकर 1943 के बंगाल के अकाल के संदर्भ में, कि व्यापार के प्रसार और बुनियादी ढाँचे के विकास के कारण बाज़ारों के एकीकरण ने वास्तव में खाद्य-सुरक्षा को बढ़ाया और उपनिवेशी भारत में अकालों की संभावना और तीव्रता पर अंकुश लगाया।[160] बंगाल के अकाल से पहले सूबे में चावल की प्रति व्यक्ति उपलब्धता एक लंबे समय से लगातार गिरती आ रही थी (इस अकाल के और अधिक विवरण के लिए अध्याय 8.2 देखें)।[161]

आधुनिक आर्थिक ढाँचे के विकास में रेलों को ब्रिटिश राज का एक और योगदान माना जाता है। एक आधुनिक इतिहासकार लिखता है, "भारत एक-दूसरे से और दुनिया

से रेलों के द्वारा जुड़े स्थानीय केंद्रों वाला एक राष्ट्र बना।"[162] लेकिन रेलें जिस तरह बनाई गईं, उसी से स्पष्ट है कि उसका मुख्य उद्देश्य भारतीय अर्थव्यवस्था की आवश्यकताओं की बजाय साम्राज्य के हितों को पूरा करना था। 1853 में लॉर्ड डलहौज़ी ने मुख्यतः सेना की आवाजाही को सुचारू बनाने के लिए भारत में रेल निर्माण का निर्णय लिया। धीरे-धीरे ब्रिटिश आयातों के रास्ते सुलभ बनाने के लिए, अर्थात् अंदरूनी बाज़ारों से और कच्चे मालों के स्रोतों से बंदरगाह नगरों को जोड़ने के लिए, भारतीय बाज़ार के एकीकरण की एक और आवश्यकता पैदा हुई। इसलिए ब्रिटेन से पूँजी-निवेश 5 प्रतिशत ब्याज की जमानत पर आमंत्रित किए गए, जिससे आवश्यकता हुई तो इसका भुगतान भारतीय राजस्व से किया जाएगा। कंपनियों को मुफ़्त ज़मीनें 99 साल के पट्टे पर दी गईं, कि इस अवधि के बाद रेल लाइनें सरकार की संपत्ति बन जाएँगीं। लेकिन उससे पहले किसी भी समय, पट्टे की समाप्ति के कुछ माह पहले तक भी, कंपनियाँ सरकार को रेल लाइनें लौटाकर लगाई गई सारी पूँजी पर पूरा मुआवजा माँग सकती थीं। दूसरे शब्दों में, वे 98 साल तक गारंटीयुक्त 5 प्रतिशत ब्याज वसूलकर फिर अपनी सारी पूँजी वापस पा सकती थीं। इस तरह रेल परियोजनाएँ, सव्यसाची भट्टाचार्य के शब्दों में, "सार्वजनिक जोखिम के बल पर निजी उद्यम की मिसाल" बन गईं। इसलिए एकदम स्वाभाविक रूप से 1858 और 1869 के बीच भारतीय रेलवे ने 70,110,000 पाउंड की पूँजी खींची।[163] इस रेल-निर्माण का मुख्य उद्देश्य भारत के अंदरूनी क्षेत्रों के आर्थिक विकास को बढ़ावा देने की बजाय विदेशी व्यापार के हितों से भारत के अंदरूनी क्षेत्रों को बाँधना था। निर्माण की योजना बंदी ने इस लक्ष्य में साथ दिया, क्योंकि उसने बंदरगाहों से अंदरूनी बाज़ारों को जोड़ा, लेकिन अंदरूनी बाज़ार के नगरों के बीच कोई संबंध स्थापित नहीं किया। पक्षपाती माल-भाड़े भी इस मंशा का संकेत करते थे: बंदरगाहों से अंदरूनी क्षेत्रों तक जानेवाले थोक तैयार मालों पर और अंदरूनी क्षेत्रों से बंदरगाहों तक जाने वाले कच्चे मालों पर विपरीत दिशा की अपेक्षा कम भाड़े लगते थे।[164] इसके अलावा, रेल-निर्माण की तीव्रगति के गुणक प्रभाव (multiplier effect) ने भी ब्रिटिश अर्थव्यवस्था को लाभ पहुँचाया, क्योंकि मशीनों, रेल लाइनों और एक समय तक कोयले तक का इंग्लैंड से आयात किया जाता था। प्रौद्योगिकी का हस्तांतरण मामूली प्रौद्योगिकी वाले क्षेत्रों तक, जैसे प्लेट बिछाने, पुल बनाने या सुरंग खोदने तक, सीमित रहा, जबकि 'उच्च प्रौद्योगिक' क्षेत्रों में आयातित प्रौद्योगिकी का कभी भारतीयकरण नहीं किया गया, ताकि "एक सच्ची राष्ट्रीय प्रौद्योगिकी" का विकास हो।[165] कुछ मामलों में तो निर्माण-कार्य ने पर्यावरण को भी प्रभावित किया, प्राकृतिक जल निकास व्यवस्था को नष्ट किया, और इसने बंगाल में उन्नीसवीं सदी में मलेरिया की महामारी को जन्म दिया।[166]

रेलों के विषय में राष्ट्रवादी अकसर ज़मानतशुदा ब्याजों की अदायगी के माध्यम से संपत्ति के निरंतर दोहन की शिकायतें करते रहे कि इससे काफ़ी व्यर्थ निर्माण को बढ़ावा मिलता था। रेल-निर्माण में सरकार ने भी सीधे निवेश किए, खासकर सेना की आवाजाही की आवश्यकताएँ पूरी करने के लिए सीमा-क्षेत्रों में और "अकाल लाइनों" के लिए

दुर्लभता वाले क्षेत्रों में। राष्ट्रवादियों की मुख्य आपत्ति ऐसे सार्वजनिक निवेशों के लिए प्राथमिकता के क्षेत्रों के चयन के विरुद्ध थी, क्योंकि उनमें से बहुतों का विश्वास था कि ऐसे निवेश के लिए सिंचाई कहीं बेहतर क्षेत्र होती और अधिक सामाजिक लाभ देती। मुनाफ़ों की इच्छुक उपनिवेशी सरकार के लिए स्पष्ट है कि सिंचाई में निवेश कम आकर्षक था। इस तरह लगता है कि रेलों ने भारतीय अर्थव्यवस्था के विकास को उस तरह बढ़ावा नहीं दिया, जिस तरह यूरोप के उद्योगीकरण को दिया। हालाँकि कृषि को सापेक्ष प्राथमिकता दी जाती रही, पर वह संवृद्धिमुखी क्षेत्र (growth sector) बनी ही नहीं। फिर भी, अंग्रेज़ों के जाने से पहले, 1946–47 में भारत में 65,217 किलोमीटर लंबी रेल लाइनें थीं जिसमें कुल क्षेत्रफल का 78 प्रतिशत भाग शामिल था।[167] रेलों ने फीडर सड़कों के और भारत के विभिन्न भागों को जोड़नेवाले कुछ दूसरी राजनीतिक सड़कों के निर्माण को भी बढ़ावा दिया। इससे भारतीय बाज़ार का एक हद तक एकीकरण अवश्य हुआ तथा जनता और सामान, दोनों के लिए यातायात का एक सस्ता साधन उपलब्ध हुआ, जिसका लाभ आगे चलकर, आज़ादी के बाद, भारतीय व्यापारों को मिला। और अंत में, रेलों ने भारतीय समाज और राष्ट्र पर महत्त्वपूर्ण सामाजिक और सांस्कृतिक प्रभाव डाला,[168] पर याद रहे कि ये ब्रिटिश साम्राज्यवाद के अनभिप्रेत परिणाम थे।

साम्राज्य के विरुद्ध राष्ट्रवादियों की दूसरी शिकायत भारतीय हस्तशिल्प उद्योगों पर उसके प्रतिकूल प्रभाव को लेकर थी, जो अठारहवीं सदी के मध्य में ब्रिटिश राज के आरंभ के समय दुनिया के पूरे तैयार मालों के लगभग एक–चौथाई भाग की आपूर्ति किया करते थे[169] और ये यूरोप के व्यापार में निर्यात के प्रमुख घटक थे। औद्योगिक क्रांति के बाद निर्यात की यह माँग न केवल धीरे–धीरे कम हो गई, बल्कि उपनिवेशी शासन ने ब्रिटेन के तैयार मालों के लिए भारतीय बाज़ारों को खोल दिया। इसका परिणाम "वि–उद्योगीकरण" अर्थात् देसी हस्तशिल्प उद्योगों का विनाश था, जिससे द्वितीयक (secondary) उद्योगों पर निर्भर व्यक्तियों की संख्या घटी। आरंभ में ब्रिटेन से आयातित वस्तुओं और खासकर ऊनी कपड़ों के लिए भारत में बाज़ार सीमित था, पर फिर औद्योगिक क्रांति ने परिदृश्य को ही बदल दिया। 1878 और 1895 के बीच प्राथमिकता प्राप्त सीमा शुल्क नीतियों का उद्देश्य ब्रिटेन की औद्योगिक अर्थव्यवस्था के एक संकट को हल करना था, जिसे भारत में एक बँधुवा बाज़ार बनाकर दूर किया गया और रेलों के कारण इस बाज़ार का एकीकरण करना था। इस तरह भारत से निर्यात की माँग की समाप्ति और साथ ही भारतीय बाज़ार पर इंग्लैंड के सस्ते तैयार मालों के आक्रमण के कारण हस्तशिल्प उद्योगों का विनाश हुआ। भारत की दृष्टि से भूमि पर बढ़ता दबाव और दरिद्रता में वृद्धि इसके स्पष्ट परिणाम थे।

कुछ आधुनिक आर्थिक इतिहासकारों ने इस राष्ट्रवादी प्रस्थापना पर प्रश्नचिह्न लगाए हैं। सबसे पहले तो उनका तर्क यह है कि अगर वि–उद्योगीकरण हुआ भी तो उसकी दर का परिमाणीकरण विश्वसनीय आँकड़ों की कमी के कारण कठिन है, और इसलिए भी कठिन है कि भारतीय दस्तकारों (शिल्पियों) के अनेक पेशे होते थे और उनमें से

अनेक तो अकसर खेती में काम करते थे। इसके अलावा अगर सूती कपड़ों के बुनकरों को मैनचेस्टर के सस्ते सूती कपड़ों के इस हमले का मुख्य पीड़ित माना जाए, तो यह संकेत देनेवाले पर्याप्त साक्ष्य हैं कि भारतीय हथकरघे देश के गरीब उपभोक्ताओं के लिए खुरदुरे सूती कपड़े 1930 के दशक तक तैयार करते रहे, जब उनको भारतीय कारखानों के ही तैयार मालों ने पीछे धकेल दिया।[170] फिर भी, कुछ हाल के अनुसंधान दिखाते हैं कि राष्ट्रवादियों का रुख बहरहाल बहुत गलत नहीं रहा होगा, क्योंकि गैंजेटिक (Gangetic) बिहार से प्राप्त आँकड़ों से स्पष्ट होता है कि उस क्षेत्र के कुल उत्पादन में औद्योगिक उत्पादन का भाग 1809-13 के 18.6 प्रतिशत से घटकर 1901 में 8.5 प्रतिशत रह गया। इससे कहीं अधिक गिरावट बुनकरों और कताई करनेवालों के भाग में आई। कुल औद्योगिक जनसंख्या में उनका भाग इसी काल में 62.3 से बुरी तरह गिरकर 15.1 प्रतिशत रह गया।[171]

इस तरह "वि-उद्योगीकरण" की बहस किसी सुविधाजनक निष्कर्ष तक नहीं पहुँचती, क्योंकि यह भी दिखाया गया है कि 1900 और 1947 के बीच जहाँ रोज़गार कम हुआ, वहीं प्रति मज़दूर वास्तविक आय बढ़ी, और यह बात कुल मिलाकर औद्योगिक स्थिति में किसी गिरावट का संकेत नहीं देती। यह बढ़ती औद्योगिक आय भारत में आधुनिक उद्योगों के हस्तक्षेप का परिणाम निश्चित रूप से नहीं थी, बल्कि जैसा क़ि तीर्थंकर राय का तर्क है, दस्तकारों में बढ़ती प्रति मज़दूर उत्पादकता के कारण थी। यह प्रौद्योगिक विशेषीकरण और औद्योगिक पुनर्गठन के कारण संभव हुआ, जैसे लघु उद्योग में वैतनिक मज़दूरी से पारिवारिक मज़दूरी के विस्थापन के कारण; हथकरघा क्षेत्र में स्थिति अधिकतर ऐसी ही थी।[172] जैसा कि राय ने आगे सुझाया है, दूसरे लघु उद्योगों में भी "श्रम की उत्पादकता में महत्त्वपूर्ण वृद्धि" के साक्ष्य मिले हैं। यह वृद्धि एक ऐसी प्रक्रिया से पैदा हुई जिसे वे "व्यवसायीकरण" (commercia- lisation) कहते हैं। इसमें उन स्थानीय बाज़ारों के लिए उत्पादन, स्थानीय से लंबी दूरी के व्यापार की दिशा में बदलाव, इस परिवर्तन को सहारा देने के लिए बुनियादी ढाँचों और संस्थाओं का विकास और उसके फलस्वरूप उपभोक्ताओं और उत्पादकों के व्यवहार में परिवर्तन शामिल थे। इन कारणों से हस्तशिल्प उद्योगों को सहायता तो मिली, पर आवश्यक ढाँचागत परिवर्तनों और आर्थिक विकास से युक्त सफल उद्योगीकरण संभव नहीं हुआ।[173] उपमहाद्वीप में व्यवसायों का बुनियादी ढाँचा 1881 और 1951 के बीच बहुत हद तक अपरिवर्तित रहा; उसमें कृषि का भाग 70 प्रतिशत, विनिर्माण का भाग 10 प्रतिशत और सेवाओं का भाग 10-15 प्रतिशत रहा। आधुनिक विनिर्माण पहले विश्वयुद्ध के बाद ही तेज़ी से बढ़े, लेकिन दूसरे विश्वयुद्ध से पहले तक द्वितीयक क्षेत्र में समग्र आय में संवृद्धि की दर केवल 3.5 प्रतिशत प्रतिवर्ष रही, जो "इतनी तीव्र न थी कि भारत को एक औद्योगिक क्रांति की राह पर डाल देती।"[174]

समग्र आर्थिक विकास के इस अभाव के कारणों में एक कारण यह था कि, जैसा कि मॉरिस डी. मॉरिस (1968) ने माना है, उन्नीसवीं सदी में उपनिवेशी राज्य केवल

"रात का पहरेदार" नहीं था। आधिकारिक रूप से ब्रिटिश सरकार अहस्तक्षेप की नीति के प्रति प्रतिबद्ध थी, पर वास्तव में यह भेदभाव भरे हस्तक्षेप की नीति थी जो एक आर्थिक इतिहासकार के शब्दों में, "सरकार द्वारा डाले जा रहे गैर-बाज़ारी दबावों" के समान थी।[175] ऐसे दबावों ने सफलता के साथ जमशेदजी जीजीभाई[176] या द्वारकानाथ ठाकुर[177] जैसे भारतीय उद्यमियों को जबरन बाहर कर दिया, जो अभी भी गलती से भागीदारी के विचार में विश्वास रखते थे। 1813 में भारतीय व्यापार को जब ईस्ट इंडिया कंपनी के एकाधिकार से मुक्त कर दिया गया, उसके बाद भारत को निजी ब्रिटिश पूँजी के निवेश के लिए लाभदायक क्षेत्र माना जाने लगा, खासकर रेलों, जूट उद्योग, चाय बागानों और खदानों में। भारत के मुद्रा बाज़ार पर यूरोप के बैंकिंग घरानों का प्रभुत्व था। अगर भारतीय उद्यमी असफल रहे और यूरोपीय उद्यमी फले-फूले, तो इसका एक कारण यूरोपवालों के लिए पूँजी की अधिक सुलभता और उनका नियंत्रण था, जिसे बैंकों और एजेंसी हाउसों के साथ उनके संबंधों ने बढ़ावा दिया, जबकि भारतीयों को अपने रिश्तेदारों, परिवारों और दस्तकारों पर निर्भर रहना पड़ता था।[178] दूसरी ओर, भारत में ब्रिटिश व्यापारिक हित उन व्यापार मंडलों (chambers of commerce) और मैनेजिंग एजेंसी हाउसों के माध्यम से काम करते थे, जो सरकार की नीतियों को प्रभावित करते और घरेलू प्रतियोगिता का उन्मूलन करते थे। ब्रिटिश 'दुस्साहसी सौदागर' द्वारा नियंत्रित एजेंसी हाउस परदेसी पूँजी (expatriate capital) के आर्थिक प्रभुत्व की एक दिलचस्प कहानी पेश करते हैं। ये निजी भागीदारी की कंपनी थीं, जो कानूनी अनुबंधों के जरिये अनेक संयुक्त स्टॉक कंपनियों को नियंत्रित करती थीं, मगर उनके शेयरधारकों के प्रति किसी भी दायित्व से मुक्त थीं। जैसे 1917 में एंड्र्यू यूल जैसी एक बड़ी कंपनी लगभग साठ कंपनियों को नियंत्रित कर रही थी। ये कंपनियाँ जातीय अलगाव और स्वायतत्ता को प्राथमिकता देती थीं, तथा एकीकरण के सभी प्रयासों का विरोध करती थीं। पहले विश्वयुद्ध के पहले ऐसे लगभग साठ एजेंसी हाउस थे जो जूट उद्योग, कोयला खदानों और चाय बागानों पर हावी थे, तथा भारत में लगभग 75 प्रतिशत औद्योगिक पूँजी और कुछ औद्योगिक रोज़गारों में लगभग आधे को नियंत्रित कर रहे थे।[179] इसलिए जो भी उद्योगीकरण हुआ, पूरी तरह न सही, अधिकतर ब्रिटिश पूँजी के कारण हुआ, और मुनाफ़े नियमित रूप से बाहर भेजे जाते रहे। भेदभाव से भरी सरकारी नीतियाँ इस विकासक्रम को बढ़ावा देनेवाले प्रमुख कारण थीं।

ऐसे आर्थिक पक्षपात का एक स्पष्ट उदाहरण असम का चाय बागान था, जो सीधे सरकार के संरक्षण में 1833 में विकसित हुआ; सरकार तब चीन की महँगी चाय का आयात घटाना चाहती थी। बाद में ये बागान निजी पूँजीवादी स्वामित्व में दे दिए गए और इसमें देशी निवेशकों की जानबूझकर उपेक्षा की गई। 1859 के इनलैंड एमिग्रेशन ऐक्ट ने प्रवासी श्रमिकों के बागान छोड़ने पर रोक लगाकर मालिकों के लिए श्रम की नियमित आपूर्ति सुनिश्चित की। चाय उद्योग पर 1950 के दशक तक ब्रिटिश पूँजी का वर्चस्व रहा और यही हाल पूर्वी भारत में कोयला खदानों का था। बंगाल में जूट उद्योग

का विकास एक और रोचक कहानी है, जिसे यहाँ याद करने की आवश्यकता है। सन (सिंग) के एक सस्ते विकल्प के रूप में जूट का विकास उन्नीसवीं सदी के आरंभिक वर्षों में हुआ और बंगाल डंडी (Dundee) के उद्योगों के लिए कच्चे जूट (पटसन) का प्रमुख स्रोत रहा। बंगाल में पहली जूट मिल 1855 में शुरू हुई और फिर कच्चे मालों और सस्ते श्रम के स्रोतों की निकटता ने उसे प्रतियोगिता में स्कॉट उद्योगों पर एक श्रेष्ठता प्रदान की। उन्नीसवीं सदी के आरंभिक वर्षों में ही ऑस्ट्रेलिया के बाज़ारों की सुलभता, प्रथम विश्वयुद्ध और युद्धकालीन माँग ने इस उद्योग को वास्तविक बढ़ावा दिया। जूट उद्योग में प्रदत्त (paid up) पूँजी की मात्रा 1914-15 में 7 करोड़ 93 लाख थी, जो बढ़कर 1918-19 तक 10 करोड़ 64 लाख और 1922-23 तक 179.4 करोड़ हो गई। इस निवेश में बड़ा भाग ब्रिटिश पूँजी का था, जो इंडियन जूट मिल्स एसोसिएशन के रूप में संगठित थी और यही संगठन भारी कीमतें बनाए रखने के लिए उत्पादन को नियंत्रित करता था। इस उद्योग के मुनाफ़े भारी मंदी (Great Depression) तक जारी रहे, जब निर्यात और शुद्ध मुनाफ़े, दोनों में गिरावट शुरू हुई।[180]

फिर भी, विदेशी पूँजी के इस वर्चस्व के बावजूद 1920 के दशक से कलकत्ता के कुछ मारवाड़ी, जो व्यापारियों और सर्राफ़ों के रूप में पैसा बना चुके थे, इस बंद क्षेत्र में प्रवेश कर जूट उद्योग में निवेश करने लगे। पहली बात यह कि स्टॉक खरीदकर और कर्ज़ पर पैसे देकर अनेक मारवाड़ियों ने अपने आपको यूरोपीय प्रबंधन एजेंसियों के बोर्डों का सदस्य चुनवा लिया। उसके बाद घनश्याम दास बिड़ला और स्वरूपचंद हुकुमचंद जैसे व्यक्तियों ने 1922 में अपने कारखाने स्थापित किए। कलकत्ता के आसपास भारतीय जूट मिलों का आरंभ इसी तरह हुआ, क्योंकि इस दशक में एक आर्मेनियाई और छह भारतीय कारखाने आरंभ हुए, जिनमें 10 प्रतिशत से अधिक करघे लगे हुए थे। 1930 के दशक में यह स्थिति और भी मज़बूत हुई, जब कुछ मिलों ने इंडियन जूट मिल्स एसोसिएशन की नियंत्रक व्यवस्था से बाहर काम करने की हिम्मत दिखाई और इस तरह इस उद्योग में विदेशी पूँजी के वर्चस्व को चुनौती दी। मारवाड़ियों की ऐसी पकड़ धीरे-धीरे कोयला खदानों, चीनी के कारखानों और कागज़ उद्योग जैसे दूसरे क्षेत्रों पर भी स्थापित हुई। 1942 और 1945 के बीच वे कुछ यूरोपीय कंपनियों का भी अधिग्रहण करने लगे और इस तरह, ओंकार गोस्वामी के अनुसार, वे 1950 तक "क्षेत्र के लगभग सभी पुराने उद्योगों का अधिग्रहण करने के लिए तैयार" थे, जो तब तक यूरोपीय पूँजी के वर्चस्व में थे।[181] जहाँ टॉमलिंसन ने इस विकासक्रम का कारण उपनिवेश की समाप्ति के बाद विदेशी पूँजी के पलायन को ठहराया है,[182] वहीं गोस्वामी मारवाड़ियों की उद्यम संबंधी कुशलताओं को अधिक श्रेय देते हैं।

भारतीय उद्योगपतियों को वास्तविक सफलता पश्चिम भारत के सूती कपड़ा उद्योग में मिली। पहले विश्वयुद्ध के आरंभ तक भारतीय बाज़ारों पर आयातित कपड़ों का वर्चस्व था। युद्ध के दौरान यह आयात बहुत कम हो गया; 1913-14 और 1917-18 के बीच आधे से भी कम रह गया, जिसका कारण अंशतः युद्ध के कारण यातायात में

पड़ने वाला विघ्न था और अंशतः सूती कपड़ों पर 7.5 प्रतिशत आयात शुल्क था, जो 1917 में लगाया गया। जापानी प्रतियोगिता अभी भी इतनी गंभीर नहीं थी, जबकि दूसरी ओर भारतीय सूती कपड़ों पर आबकारी (excise duty) 3.5 प्रतिशत पर ही स्थिर रही। इसके अलावा, सेना की माँग भी थी और 'स्वदेशी' का आह्वान भी था, जिसमें विदेशी वस्तुओं के बहिष्कार और उनके देसी विकल्पों के उपयोग की माँग की गई थी। भारत में सूती कपड़ा उद्योग प्रथम विश्वयुद्ध से पहले भी मौजूद था और यूरोपीय प्रबंधन एजेंसियों के अलावा गुजराती बनियों, पारसियों, वोहराओं और भाटियों जैसे कुछ परंपरागत व्यापारिक समुदायों ने, जिन्होंने चीन के साथ निर्यात व्यापार से पैसा बनाया था, इस क्षेत्र में अपनी मौजूदगी बनाए रखी थी। लेकिन जब अवसर सीमित हो गए और कच्चे कपास के निर्यात में उनकी अधीनता वाली स्थिति और भी दमघोंटू हो गई, तो उन्होंने अस्तित्व-रक्षा की एक रणनीति के रूप में विनिर्माण में विविधीकरण लाना आरंभ कर दिया। सूती कपड़ा उद्योग का विकास तीन सुस्पष्ट चरणों से गुज़रा। 1870 और 1880 के दशकों के दौरान बंबई में उसका आरंभ हुआ। 1890 के दशक में बंबई से परे उसका प्रसार हुआ, पहले अहमदाबाद की ओर और फिर शोलापुर और कानपुर जैसे दूसरे केंद्रों की ओर, और उसका भारी प्रसार पहले विश्वयुद्ध के बाद और 1920 के दशक के दौरान हुआ। फिर 1930 के दशक के दौरान उसके विकास का तीसरा चरण आरंभ हुआ, जब उसने मंदी के आरंभिक दबावों को झेला और फिर उसका प्रसार होने लगा। आयातित मशीनों, रसायनों और प्रौद्योगिक विशेषज्ञता के लिए यह उद्योग विदेशी सहयोग पर निर्भर रहा। लेकिन प्रौद्योगिकी उसकी संवृद्धि का सबसे नाजुक कारण नहीं थी। जैसा कि राजनारायण चंदावकर ने पहचान की है, सूती कपड़ा उद्योग की यह संवृद्धि तीन बातों पर निर्भर थी, अर्थात् "पुरानी मशीनों के उपयोग के लगातार कामचलाऊपन पर, कच्चे मालों के फेरबदल और सस्ते श्रम के शोषण पर।"[183] हालाँकि 1930 के दशक के दौरान सस्ते जापानी मालों के आयात ने अस्थायी रूप से उसकी संवृद्धि के लिए खतरे पैदा किए, मगर फिर भी दूसरे विश्वयुद्ध के समय तक भारतीय सूती उद्योग ने "अपने विशाल घरेलू बाज़ार पर अपना चुनौतीहीन एकाधिकार" स्थापित कर लिया था और "विदेशी बाज़ारों में लंकाशायर के साथ प्रतिस्पर्द्धा करने लगा था।"[184]

टाटा आयरन एंड स्टील कंपनी (Tisco) के नेतृत्व में लोहा और इस्पात उद्योग का आरंभ सीधे सरकारी संरक्षण में सदी के बदलाव के साथ आरंभ हुआ। लेकिन सरकार और रेलवे के ऑर्डरों का मामला छोड़ दें, तो यहाँ भी महाद्वीपीय इस्पात बरमिंघम के इस्पात उद्योग के एकाधिकार को पहले ही तोड़ चुका था। पहले विश्वयुद्ध के दौरान भंडारण के लिए खरीद की नीति के संशोधन और युद्ध के बाद मिले संरक्षण ने टिस्को को वास्तविक बढ़ावा दिया। लेकिन दूसरे विश्वयुद्ध के बाद जब प्रसार का एक और अवसर आया, तब सरकार ने "एक विचित्र उदासीनता" का परिचय दिया।[185] लेकिन तब तक (1938-39 तक) टिस्को में औसतन 6,82,500 टन इस्पात का उत्पादन हो रहा था, अर्थात् भारत में इस्पात की खपत का 66 प्रतिशत। सूती कपड़ों और इस्पात के

अलावा दोनों विश्वयुद्धों के बीच विकसित होने वाले दूसरे उद्योग थे—जहाजरानी, कोयला, कागज़, चीनी, काँच, माचिस और रसायन उद्योग। यह बात सही है कि पहले विश्वयुद्ध के बाद वित्तीय विवशताओं तथा सत्ता के एक स्थानीय आधार की आवश्यकता के कारण, भारत में अनेक विनिर्माण उद्योगों की संवृद्धि को प्रोत्साहन मिला। लेकिन उनकी संवृद्धि की संभावना घरेलू बाज़ार तक ही सीमित रही, जो भारतीय जनता की असीमित गरीबी के कारण सदैव दबा रहा। स्थिति में सुधार केवल प्रभावी सरकारी हस्तक्षेप से संभव था, जो नहीं किया जा रहा था (उद्योगीकरण और उद्योगपतियों के बारे में और विस्तार के लिए अध्याय 7.3 देखें)।

यदि सरकारी नीतियों और ब्रिटिश पूँजी की जकड़ ने कुछ क्षेत्रों में भारतीय उद्यमों को बाधित किया, तो हाल के अनुसंधान यह भी दिखाते हैं कि पश्चिमी रंग वाले छोटे-से समूह से नीचे और किसानों की निर्वाही अर्थव्यवस्था (subsistence economy) से ऊपर एक मझोला स्तर भी था–बाज़ार–जहाँ भारतीय व्यापारी और बैंकर अपने काम करते रहे। इस स्तर पर वे क्षेत्र थे जिनमें या तो प्रतिफल (returns) बहुत कम थे या फिर जोखिम इतने अधिक थे कि यूरोपीय निवेशक आकर्षित नहीं होते थे; ये निवेशक "अपने आपको सुरक्षित बाज़ारों" तक या साम्राज्य द्वारा संरक्षित अलग-अलग क्षेत्रों तक सीमित रखते थे।[186] यह संवृत्ति, जिसे रजत रे ने "आर्थिक अंतराल (space) का साम्राज्यिक विभाजन" कहा है,[187] गुजरात, राजस्थान या तमिलनाडु के उद्यमी समुदायों को एक कार्यक्षेत्र प्रदान करती थी, हालाँकि वह कम लाभदायक और अधिक जोखिम भरा था। बिहार पर आनंद यांग का हाल का व्यष्टिस्तरीय अध्ययन (micro-study) दिखाता है कि अठारहवीं सदी के मध्य से लेकर बीसवीं सदी के गांधीवादी आंदोलनों के काल तक बाज़ार किस तरह देशी सौदागरों और बैंकरों को कामकाज का एक लाभकारी क्षेत्र प्रदान कर रहा था।[188] इन देशी कंपनियों में से कुछ ने साम्राज्य के नए अवसरों का, जैसे रेल और तार का, पूरा लाभ उठाया और वे व्यापार का परिष्कृत और समन्वित तंत्र चलाते रहे, जो पूरे भारत में फैले हुए थे। ये कंपनियाँ ही फिर फैलकर चीन, बर्मा, मलक्का की बस्तियों, मध्य-पूर्व और पूर्वी अफ्रीका में पहुँचीं। इन्हीं कार्यकलापों ने देशी पूँजी को जन्म दिया जो पहले विश्वयुद्ध के बाद उद्योगों में लगी, जब वित्तीय और राजनीतिक, दोनों प्रकार के अनेक दबावों के कारण साम्राज्यिक आर्थिक नीतियाँ ढीली पड़ने लगी थीं। इस तरह भारत के अल्पविकास (underdevelopment) का कारण उद्यम की कुशलताओं का अभाव नहीं था।

इस तरह हम वापस उसी बिंदु पर पहुँच जाते हैं जहाँ से हम चले थे, अर्थात् साम्राज्य के प्रति भारत के आर्थिक और वित्तीय दायित्वों पर और साम्राज्य से संबंध की समाप्ति तक उनके पूरा करने के तरीकों पर। 1880 और पहले विश्वयुद्ध के बीच उत्तरोत्तर वित्तीय संकटों ने दिखाया कि भारत साम्राज्य का वित्तीय बोझ उठाने में असमर्थ था। इन वित्तीय संकटों के विभिन्न कारण थे, जैसे संसाधनों में साझेदारी के बारे में भारत की बढ़ी हुई माँगें। एक मुख्य राजनीतिक जनमत के विकास ने आंतरिक करों में किसी भी

वृद्धि को एक जोखिम का काम बना दिया। कुछ समष्टिगत आर्थिक कारक भी थे, जैसे विनिमय की घटती-बढ़ती दरें, व्यापार में मंदी आदि या फिर प्रकृति की मनमानियाँ। इनके कारण साम्राज्यिक लक्ष्य कमज़ोर हुआ और शक्ति का अवक्रमण (devolution) अधिक हुआ। धीरे-धीरे ब्रिटिश कपड़ों पर आयात शुल्क लगाए गए, जो भारतीय उद्योगों के लिए लगभग संरक्षण (protection) समान थे। ब्रिटेन की औद्योगिक अर्थव्यवस्था में भी एक परिवर्तन आया और ब्रिटिश अर्थव्यवस्था के संवृद्धि वाले क्षेत्रों के लिए भारतीय बाज़ार का महत्त्व जाता रहा। भारतीय पूँजी बाज़ार में ब्रिटिश निवेश भी कम हुए, और इसी तरह साम्राज्य की रक्षा के लिए भारतीय सेना का उपयोग भी कम किया जाने लगा। भारतीय सेना का उपयोग तो अभी भी किया जा सकता था, पर अब उसका खर्च लंदन को या उस अधीनस्थ उपनिवेश को उठाना पड़ता, जिसे उसकी ज़रूरत थी। इस तरह वृहत्तर साम्राज्यिक ढाँचे में भारत की भूमिका धीरे-धीरे उसकी अपनी घरेलू आवश्यकताओं से निर्धारित होने लगी। भारत में पैदा, वित्तीय और राजनीतिक, दोनों प्रकार के दबावों को खपाने के लिए साम्राज्य के लक्ष्य और उसकी विचारधारा, दोनों को कुंद किया गया। भारत में साम्राज्यिक आर्थिक हितों के इस सिमटाव को कुछ इतिहासकारों ने सत्ता के हस्तांतरण संबंधी निर्णय का एक प्रमुख कारण माना है। इस दावे की विस्तृत समीक्षा हम अंतिम अध्याय में करेंगे।

## टिप्पणियाँ

1. मेटकॉफ़ 1994: 3.
2. ब्यौरों के लिए मार्शल 1999 और सी. ए. बेइली 1999 देखें।
3. इस धारणा की विस्तृत विवेचना के लिए गैलगर और रॉबिंसन 1961 देखें।
4. स्टोक्स 1978: 26.
5. स्टोक्स 1959: 1.
6. इर्श्चिक 1994: 6-13, 191-204 और आगे।
7. मजीद 1992: 22.
8. विश्वनाथन 1989: 28.
9. ट्राउटमान 1997: 17 में उद्धृत।
10. मेटकॉफ़ 1994: 8.
11. सेन 1998: 104 और आगे।
12. मुखर्जी 1968: 141.
13. स्टाइन 1985.
14. स्टाइन 1989: 351-53.
15. रीव्ज़ 1991: 11-12.
16. हचिंस 1967: 5-6.
17. ब्यौरे एंब्री 1962 में।
18. स्टोक्स 1959: 47 में उद्धृत।

19. उद्धरण मजीद 1992: 163, 193 में।
20. मणि 1998.
21. मेटकॉफ़ 1994: 53.
22. उपरोक्त: 208 और आगे।
23. इस तर्क के बारे में और विस्तार के लिए इंडेन 1990 देखें।
24. ब्यौरों के लिए स्टोक्स 1959: 288-310 देखें।
25. बॉलहैचेट 1980: 2-3, 96-97.
26. सिन्हा 1978: 7.
27. बॉलहैचेट 1980: vii, 97 और आगे।
28. नंदी 1998: viii.
29. उपरोक्त।
30. कोह्न 1992: 208.
31. सदरलैंड 1952.
32. हचिंस 1967: 84.
33. सेन 1998.
34. मार्शल 1968: 57 में उद्धृत।
35. मिश्र 1959: 18-23.
36. मार्शल 1968: 132.
37. मिश्र 1959: 27-34.
38. मार्शल 1968: 31 में उद्धृत।
39. स्पियर 1965: 229.
40. हचिंस 1967: 99.
41. मेटकॉफ़ 1965: 323.
42. खाँ 1969: 294, 297-349.
43. और विस्तार के लिए गुहा 1963 देखें।
44. मार्शल 1987: 123, 141-44.
45. चौधुरी 1982: 88.
46. इस्लाम 1979: 2-3.
47. धनगरे 1991: 32 में उद्धृत।
48. चौधुरी 1975: 5-6.
49. इस्लाम 1979: आर. रे 1979.
50. रायचौधुरी 1969; इस्लाम 1988.
51. रॉब 1997: 83 और आगे।
52. बेइली 1989: 85.
53. स्टोक्स 1959.
54. भट्टाचार्य 1992: 119.
55. बीगलहोल 1966: 8 में उद्धृत।
56. लडेन 1985: 104.
57. बीगलहोल 1966: 80 f f.

58. स्टाइन 1989: 99, 106, 125-26, 207.
59. लडेन 1999: 160.
60. स्टाइन 1989: 191.
61. मुखर्जी 1962: 116.
62. बंद्योपाध्याय 1992: 138-39.
63. मुखर्जी और फ्राइकेनबर्ग 1969: 220-25.
64. इर्श्चिक 1994: 194-200 और आगे।
65. लडेन 1985: 83, 90, 105-7.
66. आर्नल्ड 1986: 20.
67. कुमार 1987: 230-37; 1965: 179.
68. लडेन 1985.
69. वॉन शेंडेल 1991: 81-85.
70. बंद्योपाध्याय 1992: 270-71.
71. सत्यनारायण 1990: 113-14, 135-36.
72. चार्ल्सवर्थ 1985: 48-49, 62-69, 83-86, 96-106.
73. फुकाजावा 1982: 198.
74. कैटेनक 1970: 20.
75. कुमार 1968; गुहा 1992.
76. स्टाइन 1992: 28.
77. हसन 1969: 24-27.
78. रीव्ज़ 1991: 5-6.
79. स्टोक्स 1982: 40-41.
80. कोह्न 1987: 336-37.
81. मेटकॉफ़ 1979: 56-58.
82. मेटकॉफ़ 1979: 59 और आगे।
83. रीव्ज़ 1991: 8.
84. मेटकॉ .फ 1979: 135 और आगे।
85. भट्टाचार्य 1989: 47.
86. ब्यौरों के लिए सिंघा 1998: 1-27 देखें।
87. मजुमदार 1960: 308 में उद्धृत।
88. खाँ 1969: 294, 341.
89. डेरेट 1968: 233.
90. खाँ 1969: 344-49.
91. डेरेट 1968: 239-40.
92. मिश्र 1959: 240.
93. चट्टोपाध्याय 2000: 35.
94. सिंघा 1998: viii.
95. रैमज़क 1978: 19.
96. कोह्न 1987: 463-82 देखें।

97. वॉशब्रुक 1981: 650-54.
98. सिंघा 1998: 30, 289-93.
99. चट्टोपाध्याय 2000: 109.
100. ब्यौरों के लिए उपरोक्त: 102-20 देखें।
101. आर्नल्ड, 1986: 18 में उद्धृत।
102. ब्यौरों के लिए उपरोक्त देखें।
103. बेइली 1989: 131.
104. ब्यौरों के लिए आर्नल्ड 1986 देखें।
105. बेइली 1969: 49.
106. आर्नल्ड 1986: 230-31.
107. कोहेन 1971: 5-6.
108. अलवी 1995: 10-34.
109. पियर्स 1995: 47, 52-53.
110. कोहेन 1971: 7-8, 32.
111. अलवी 1995: 4.
112. पियर्स 1995: 1-14, 54-67.
113. कंपनी की सेना के इन और अन्य ब्यौरों के लिए अलवी 1995 देखें।
114. कोहेन 1971: 38 में उद्धृत।
115. ओमिसी 1994: 44.
116. उपरोक्त: 192-93.
117. पियर्स 1995: 66-67.
118. कोहेन 1971: 22-27.
119. 1860 के बाद सेना के इन और अन्य ब्यौरों के लिए ओमिसी 1994 देखें।
120. ड्यूवी 1993: 1.
121. कोह्न 1987: 521.
122. मिश्र 1977: 66 में उद्धृत।
123. ब्यौरे के लिए स्पांगेनबर्ग 1976: 347 और आगे देखें।
124. मिश्र 1977.
125. पॉटर 1986.
126. फ़िशर 1991: 67.
127. उपरोक्त: 444.
128. रैमज़क 1978: 10.
129. फ़िशर 1991: 44-59.
130. कॉपलैंड 1999: 16-17.
131. कॉपलैंड 1982: 123-52.
132. रैमज़क 1978: 12, 22-24.
133. ब्यौरों के लिए कॉपलैंड 1999: 20-21, 30-32 देखें।
134. फ़िशर 1991: 29.
135. ब्यौरों के लिए रैमज़क 1978: 4-9, 17-22 देखें।

136. कॉपलैंड 1982: 78–87 देखें।
137. ब्यौरों के लिए फिशर 1991 देखें।
138. भारती रे 1988: 164 और आगे।
139. ब्यौरों के लिए वाइडल 1997 देखें।
140. मायाराम 1997: 56–58.
141. जेफ्री 1994: 241 और आगे।
142. मिश्र 1999: 20–21; टॉमलिंसन 1979: 1–6.
143. मिश्र 1999: 21.
144. बागची 1972: 48.
145. बी. चटर्जी 1992: 350.
146. टॉमलिंसन 1979: 27–28.
147. उपरोक्त: 17.
148. सरकार 1983: 27.
149. इन दो दृष्टिकोणों की और भी विस्तृत जानकारी के लिए राय 2000: 12–18, 89–100 और आगे देखें; उद्धरण पृ. 14 पर है।
150. विटकॉम 1982: 677–78.
151. अली 1988: 158–205, 235–44.
152. टॉमलिंसन 1993: 32.
153. क्लिंग 1966: 18–19 और आगे।
154. राय 2000: 90–94.
155. बोस 1986: 63, 72.
156. राय 2000: 93.
157. 'संक्रमण' संबंधी बहस पर और विस्तार के लिए चौधुरी 1996 देखें।
158. चार्ल्सवर्थ 1982: 25.
159. राय 2000: 88.
160. इस दृष्टिकोण की और विस्तृत जानकारी के लिए राय 2000: 86–89 देखें।
161. बंगाल के अकाल की और जानकारी के लिए ग्रीनफ़ 1982 देखें।
162. हर्ड 1982: 737.
163. भट्टाचार्य 1971: 105–6.
164. भट्टाचार्य 1989: 131–33.
165. डर्बीशियर 2001: 277–303 देखें।
166. सामंत 2002: 36–37.
167. हर्ड 1982: 739–40.
168. और विस्तार के लिए केर्र 2001 देखें।
169. टॉमलिंसन 1993: 101.
170. विकज़ियानी 1979; टॉमलिंसन 1993: 102–9.
171. बागची 1976a; बागची 1976b.
172. रॉय 1993.
173. रॉय 1999: 22 और आगे।

174. रे 1994: 7–8.
175. भट्टाचार्य 1982: 293.
176. सिद्दीकी 1982.
177. क्लिंग 1976.
178. चंदावरकर 1998: 50.
179. मिश्र 1999: 4–7, 19–26.
180. चक्रवर्ती 1989: 36–37.
181. गोस्वामी 1985: 226 और आगे।
182. टॉमलिंसन 1981.
183. चंदावरकर 1998: 30–73; उद्धरण पृ. 56 पर; चंदावरकर 1994: 239–77 भी देखें।
184. आर. के. रे 1979: 73.
185. उपरोक्त : 84.
186. बागची 1987: 72.
187. रे 1994: 17.
188. यांग 1998.

अध्याय 3

# आरंभिक भारतीय प्रत्युत्तर: सुधार और विद्रोह

## 3.1 सामाजिक और धार्मिक सुधार

आरंभ में ईस्ट इंडिया कंपनी की नीति भारत के सामाजिक मामलों में अहस्तक्षेप की थी। मौजूदा व्यवस्थाओं को जारी रखने की माँग करनेवाली व्यावहारिकता के साथ-साथ परंपरागत भारतीय संस्कृति के प्रति सम्मान का एक भाव भी था, जो अपने आपको वॉरेन हेस्टिंग्ज़ की 'प्राच्यवाद' (Orientalism) की नीति में व्यक्त करता था। जैसा कि हमने पिछले अध्याय में कहा, इसका अर्थ संस्कृत और फ़ारसी भाषाओं के अध्ययन के माध्यम से भारतीय संस्कृति के बारे में कुछ सीखने का प्रयास करना तथा शासन संबंधी विषयों में उस ज्ञान का उपयोग करना था। बंगाल की एशियाटिक सोसायटी, कलकत्ता मदरसा और बनारस के संस्कृत कॉलेज की स्थापना इसी प्रयास का परिणाम थी। प्रजा यानी अधीनस्थ जनता, उसके सामाजिक रीति-रिवाज़ों, तौर-तरीकों और संहिताओं संबंधी ज्ञान को शासन की स्थायी संस्थाओं के विकास की अनिवार्य शर्त समझा जाता था। इस तरह हेस्टिंग्ज़ की विजित जनता पर उसी के ढंग से शासन करने और आंग्लीकरण का विरोध करने की नीति प्राच्यवादी वैचारिक प्राथमिकताओं को और राजनीतिक व्यावहारिकता को भी प्रतिबिंबित करती थी।

हेस्टिंग्ज़ का कार्यकाल समाप्त होने के बाद भारतीय सामाजिक संस्थाओं में सावधानी के साथ हस्तक्षेप करने की कोशिशें धीरे-धीरे शुरू हुईं। जैसा कि हमने देखा, इस परिवर्तन में, ब्रिटेन के अनेक वैचारिक प्रभावों का योगदान था, जैसे—उपयोगितावाद (Utilitarianism), इंजीलवाद (Evangelicalism) और मुक्त व्यापार की सोच। जहाँ उपयोगितावादी उपयुक्त सामाजिक अभियांत्रिकी (social engineering) और कठोर सुधारवाद की बातें करने लगे, वहीं इंजीलवादी भारतवासियों को उनके उन धर्मों से मुक्त कराने के लिए सरकार के हस्तक्षेप की आवश्यकता बताने लगे, जो अंधविश्वासों, मूर्तिपूजा और पुरोहित वर्ग की निरंकुशता से भरे हुए थे। मुक्त व्यापार के समर्थक भी व्यापार का मुक्त प्रवाह सुनिश्चित करने के लिए परंपरा की बेड़ियों से भारतीय अर्थव्यवस्था को मुक्त कराने की आवश्यकता से सरकार के हस्तक्षेप की माँग कर रहे थे। मगर कंपनी की सरकार प्रतिकूल भारतीय प्रतिक्रिया के डर से हस्तक्षेप के बारे में अभी भी शंकाग्रस्त थी। वह तब तक ऐसा नहीं कर सकती थी जब तक भारतीय समाज का एक भाग सुधारों

का समर्थन करने को तैयार न हो। एक ऐसा समूह जो भारत में व्यापक सामाजिक सुधारों का समर्थन करे, अंग्रेज़ी शिक्षा के आरंभ के कारण जल्द ही पैदा होनेवाला था। इसलिए यही भारत में कंपनी की राजसत्ता के लिए हस्तक्षेप और प्रवर्तन (innovation) का पहला और सबसे महत्त्वपूर्ण क्षेत्र बन गया।

भारत में अंग्रेज़ी शिक्षा का आरंभ अठारहवीं सदी में, यूरोपीय और आंग्ल-भारतीय बच्चों की शिक्षा के लिए कलकत्ता, मद्रास और बंबई में चलाए जा रहे दानार्थ स्कूलों (charity schools) के माध्यम से हुआ। कंपनी ने कई तरह से इन स्कूलों की सहायता की, लेकिन मूल जनता की शिक्षा की उसने सीधे-सीधे कोई ज़िम्मेदारी 1813 तक नहीं ली। राजनीतिक असंतोष के भय से 1793 के चार्टर ऐक्ट से पहले तक भारत में अंग्रेज़ी शिक्षा के आरंभ के बारे में चार्ल्स ग्रांट का समर्थन बहरों के कानों में पड़ता रहा। लेकिन उसकी मुख्य चिंता कंपनी के अधिकारियों के कुशासन को लेकर थी। उसका मानना था कि भारत में अंग्रेज़ों का वास्तविक वर्चस्व पश्चिम के उन श्रेष्ठतर नैतिक जीवनमूल्यों के प्रयत्न से ही संभव था, जो उसकी ईसाई विरासत में व्यक्त हो रहे थे। ईसाइयत की शिक्षा मूल जनता के विद्रोह के विरुद्ध सबसे अच्छी गारंटी होती, क्योंकि यह मूल जनता को उसके बहुदेववादी हिंदू धर्म से मुक्त करती और उसको उपनिवेशवाद की आत्मसाती परियोजना का अंग बनाती।[1] लेकिन फिर भी अगले बीस वर्षों तक मिशनरियों का भारत प्रवेश प्रतिबंधित रहा। प्रतिबंधों के बावजूद मिशनरी देश में आने के लिए विभिन्न चालाकियों का सहारा लेते रहे और पश्चिमी शिक्षा के प्रसार के लिए काम करते रहे, जो उनकी राय में धर्म-परिवर्तन में सहायक होती। इस तरह प्रोटेस्टेंट मिशनरियों ने जहाँ अठारहवीं सदी के आरंभिक वर्षों में मद्रास के डेनिश स्टेशन से काम करना आरंभ किया, वहीं उस सदी के अंतिम भाग में कलकत्ता के पास श्रीरामपुर की डेनिश बस्ती तीन बैप्टिस्ट मिशनरियों डॉ. विलियम कैरी, वॉर्ड और जोसुआ मार्शमैन की शरणस्थली बन गई। एक छापाखाना चलाने और स्थानीय भाषाओं में बाइबिल के अनुवाद करने के अलावा वे लड़कों और लड़कियों, दोनों के लिए स्कूल भी चलाते थे। कंपनी की सरकार ऐसे मिशनरी कार्यकलापों को तब तक अनदेखा करती रहती थी, जब तक वे स्थानीय जनता की धार्मिक भावनाओं को चोट नहीं पहुँचाते थे। लेकिन 1813 से पहले उनकी संख्या बहुत ही कम थी।[2]

इसलिए भारत में पश्चिमी शिक्षा का वास्तविक आरंभ बिंदु 1813 के चार्टर ऐक्ट को माना जा सकता है, जिसने मिशनरियों को न केवल भारत-यात्रा की अनुमति दी, बल्कि दो विशिष्ट उद्देश्यों के लिए उनको एक लाख रुपए वार्षिक के आवंटन का प्रावधान भी किया: पहला, "भारत के शिक्षित देशवासियों को प्रोत्साहन के लिए और साहित्य का पुनरुत्थान और उसमें सुधार के लिए; और दूसरा, उनमें "विज्ञानों के ज्ञान को बढ़ावा" देने के लिए।[3] यह उस काल के लिए अभूतपूर्व कदम था, जब इंग्लैंड तक में शिक्षा के लिए सार्वजनिक धन देने का प्रचलन नहीं था। कंपनी को यह वादा करने के लिए विवश करने के पीछे संसद का तात्कालिक उद्देश्य भी भारत में उसके

अधिकारियों का भ्रष्टाचार और पतित आचरण ही था; पर उसके अलावा क्षेत्रीय नियंत्रण में वृद्धि का एक एजेंडा भी कार्यरत था। चार्ल्स ग्रांट का तर्क था कि कंपनी के अधिकारी अधीन देश को अपनी अस्थायी संपत्ति मानते थे और इस कारण उसे निर्ममता से लूट रहे थे।[4] इसलिए मूल जनता के विकास की ओर अधिक प्रतिबद्धता जनता में सुरक्षा की और अधिक भावना पैदा करेगी; कर्त्तव्य की भावना या दूसरे शब्दों में, जनता के प्रति कर्त्तव्य की भावना, सत्ता को और भी अधिक सुदृढ़ बनाने के लिए एक संदर्भ प्रस्तुत करेगी। लेकिन इस निर्णय ने भारतवासियों को दी जानेवाली शिक्षा की प्रकृति का तुरंत कोई निश्चय नहीं किया, क्योंकि इस विशेष धारा 43 की भाषा थोड़ी अस्पष्ट थी और उसकी अनेक व्याख्याएँ हो सकती थीं। भारत के आधिकारिक चिंतन में प्राच्यवादी अभी भी हावी थे और उनको 1806 से 1813 तक गवर्नर जनरल रहे लॉर्ड मिंटो के हाल के एक कार्य-विवरण (minute) से ज़बरदस्त समर्थन मिला था। नई-नई गठित सामान्य जन शिक्षा समिति (जेनरल कमिटी ऑफ़ पब्लिक इंस्ट्रक्शन) में प्राच्यवादियों का दबदबा था, जो इस धारा की व्याख्या इस तरह करते थे कि इसका अर्थ भारत के प्राचीन साहित्य और विज्ञानों को बढ़ावा देना है। उन्होंने जो कार्यक्रम बनाया वह था: कलकत्ता में एक संस्कृत कॉलेज तथा आगरा और दिल्ली में दो और ओरिएंटल कॉलेजों की स्थापना और देसी शिक्षा की संस्थाओं के रूप में टोलों और मदरसों के लिए संरक्षण।

इस बीच भारत में जनता का ध्यान देश के प्राचीन ज्ञान-विज्ञान की इस परंपरा से दूर होता जा रहा था। ईसाई मिशनरियों और डेविड हेयर जैसे यूरोपवासियों ने भारत के सभी भागों में स्कूल खोलने आरंभ कर दिए, जहाँ अंग्रेज़ी शिक्षा का माध्यम बन गई। उसके बाद कलकत्ता स्कूल बुक सोसायटी और फिर (1819 में स्थापित) कलकत्ता स्कूल सोसायटी ने प्राथमिक शिक्षा के लिए देसी भाषाओं के स्कूल खोलने आरंभ कर दिए। हवा का रुख निर्णायक रूप से तब दूसरी दिशा में मुड़ गया जब राजा राममोहन राय ने कलकत्ता में संस्कृत कॉलेज की स्थापना के विरुद्ध विरोध प्रकट करते हुए गवर्नर जनरल को एक ज्ञापन भेजा। राय भारतवासियों की उस पीढ़ी का प्रतिनिधित्व करते थे, जो यह मानती थी कि भारत का आधुनिकीकरण अंग्रेज़ी शिक्षा के कारण और पाश्चात्य विज्ञानों के ज्ञान के प्रसार के कारण ही संभव होगा। पलड़ा अंततः उस समय आंग्लवादियों के पक्ष में झुक गया, जब उपयोगितावादी सुधारक विलियम बेंटिंक 1828 में गवर्नर जनरल बना और 1834 में उसकी काउंसिल में टॉमस बैबिंग्टन मैकॉले को विधि सदस्य बनाया गया। उसे तुरंत ही सामान्य जन शिक्षा समिति का अध्यक्ष बना दिया गया। 2 फरवरी 1835 को उसने भारतीय शिक्षा पर अपना विख्यात कार्य-विवरण* जारी किया, जो भारत में अंग्रेज़ी शिक्षा के आरंभ का खाका बन गया। प्राच्य ज्ञान-विज्ञान के प्रति अपमान-भाव से भरे हुए मैकॉले के कार्य-विवरण का दावा था कि "यूरोप के एक अच्छे से पुस्तकालय की एक अकेली ताक भारत और अरब के पूरे मुल्की ज्ञान के

---

* Minute on Indian Education

समान" थी। इसलिए उसने भारतवासियों के लिए यूरोपीय साहित्य और विज्ञानों की शिक्षा का समर्थन किया, जो अंग्रेज़ी भाषा के माध्यम से दी जाए। उसका तर्क था कि ऐसी शिक्षा "हमारे और हमारे द्वारा शासित करोड़ों व्यक्तियों के बीच में ऐसे व्यक्तियों का एक वर्ग पैदा करेगी, जो खून और रंग में भारतीय मगर रुचियों और विचारों में, नैतिकता और बुद्धि में, अंग्रेज़ होंगे।"[5] बेंटिंक ने 7 मार्च 1835 के एक कार्यकारी आदेश में तुरंत उसके प्रस्तावों का अनुमोदन किया और प्राच्यवादियों के ज़ोरदार प्रतिरोध के बावजूद अपने पक्ष से पीछे नहीं हटा। इस तरह, जैसा कि सव्यसाची भट्टाचार्य ने कहा है, भारत में ऐसी नई शिक्षा व्यवस्था का आरंभ हुआ जिसमें ज्ञान के सृजन का काम तो मालिक देश को सौंपा गया, जबकि उसके पुनरुत्पादन, दोहराव और प्रसार का काम उपनिवेश की जनता को सौंप दिया गया।[6] भारत के लिए आधुनिकीकरण की नई परियोजना का आरंभ इसी तरह हुआ।

जैसा कि गौरी विश्वनाथन का तर्क है, अंग्रेज़ी शिक्षा भारत में 1835 से पहले अनेक रूपों में मौजूद थी। लेकिन पहले जहाँ अंग्रेज़ी का अध्ययन शास्त्रीय ढंग से मुख्यतः एक भाषा के रूप में किया जाता था, वहीं अब नया परिवर्तन यह आया कि साहित्य का अध्ययन आधुनिक ज्ञान के माध्यम के रूप में किया जाने लगा। माना जाता था कि अंग्रेज़ी साहित्य अंग्रेज़ियत की पहचान का एक आदर्श प्रतिनिधान (representation) है, जो अंग्रेज़ों द्वारा शोषण और दमन के तात्कालिक इतिहास से पवित्र और मुक्त था। इसके अलावा, यह भी माना जाता था कि यह सदाचार, नैतिकता और सम्यक् आचरण का उपयुक्त प्रशिक्षण देगा और इस तरह भारतवासियों के एक समूह को उपनिवेशी शासन के ढाँचे में समाहित करेगा, जो आंग्लवाद का प्रमुख राजनीतिक एजेंडा था।[7] इस तरह अंग्रेज़ी शिक्षा की इस नई नीति की प्रमुख विशेषता "अधोमुखी रिसाव" (downward filtration) का सिद्धांत थी। यह शिक्षा जनता के लिए नहीं थी बल्कि, सी. ई. ट्रेवेल्यान के शब्दों में, "धनिकों, विद्वानों, व्यवसायियों" के लिए थी,[8] क्योंकि उनके यहाँ शिक्षा की एक परंपरा थी, ज्ञान पाने की उत्सुकता भी थी और उसके लिए साधन भी थे; सबसे बड़ी बात यह कि उनके पास इसके लिए पर्याप्त अवकाश था। एक बार इन लोगों को प्रशिक्षित कर लिया जाए, तो ये ही लोग अध्यापकों का काम करेंगे और फिर उनके द्वारा प्राथमिक शिक्षा क्षेत्रीय भाषाओं के माध्यम से नीचे की ओर फैलेगी, जिसपर सार्वजनिक व्यय बहुत कम आएगा। इस तरह पूरा देसी समाज पश्चिमी ज्ञान से तथा सदाचार और नैतिकता के श्रेष्ठतर आदर्शों से लाभान्वित होगा।

इसलिए देशी ग्रामीण स्कूलों के माध्यम से देशी भाषाओं की शिक्षा में सुधार की सिफ़ारिश करने वाली, विलियम एडम की रिपोर्टों को अव्यावहारिक और खर्चीली कहकर अनदेखा कर दिया गया। परंपरागत और देशी ज्ञान-विज्ञान की तथा उच्च शिक्षा की कीमत पर अंग्रेज़ी शिक्षा और उच्च शिक्षा को बढ़ावा देने का यही मॉडल बंबई और मद्रास प्रेसिडेंसियों में भी लागू किया गया। लेकिन पश्चिमोत्तर प्रांतों में एक उत्साही सिविलियन टॉमसन ने शिक्षा-प्रसार के लिए देशी प्राथमिक स्कूलों का प्रयोग किया और

इसमें वह इतना सफल रहा कि बाद में लॉर्ड डलहौज़ी ने बंगाल और बिहार में इस मॉडल को लागू करने की सिफ़ारिश की। 1854 में चार्ल्स वुड के ''एजुकेशन डिसपैच'' ने भी अधोमुखी रिसाव की इस नीति से ऐसे ही अलगाव का संकेत दिया और उसने देशी प्रारंभिक स्कूलों के विस्तार की सिफ़ारिश की, जिसे डलहौज़ी के प्रशासन ने अनुमोदित किया था। लेकिन प्रारंभिक जन-शिक्षा की दिशा में आए इस परिवर्तन में भी समाज के राजनीतिक अर्थशास्त्र के प्रति एक चिंता को देख पाना कठिन नहीं है, जो श्रम-विभाजन के विचार पर आधारित था। इस नीति का प्रस्ताव यह था कि जहाँ अत्यधिक शिक्षित भारतवासियों का एक अपेक्षाकृत छोटा समूह प्रशासन के निचले पदों के लिए आवश्यक होगा, वहीं व्यापक जनता को भी ऐसे अच्छे श्रमिक बनने के लिए "उपयोगी और व्यावहारिक ज्ञान" मिलेगा, जो साम्राज्य के व्यापक संसाधनों का विकास कर सकें और साथ ही बाज़ार की खोज़ में लगी ब्रिटिश वस्तुओं की अधिक गुणवत्ता को महत्त्व देनेवाले अच्छे उपभोक्ता भी बनें। इसलिए जहाँ जनता के लिए प्राथमिक और तकनीकी शिक्षा का समर्थन किया गया, वहीं 1857 में कलकत्ता, बंबई और मद्रास में लंदन विश्वविद्यालय की तर्ज़ पर तीन विश्वविद्यालयों की स्थापना करके उच्च शिक्षा को भी और बढ़ावा दिया गया। इसी मॉडल को उपनिवेशों की दशाओं के लिए सबसे उपयुक्त पाया गया। उदार सहायता-अनुदानों की योजना के अंतर्गत, मिशनरियों की पहल और भारतवासियों की निजी पहल पर माध्यमिक स्कूलों का प्रसार हुआ, जिनमें शिक्षा का माध्यम अभी भी अंग्रेज़ी था। लेकिन इन स्कूलों से शुल्क वसूल करने की अपेक्षा की जाती थी, क्योंकि तर्क यह दिया जाता था कि मुफ़्त शिक्षा को कोई महत्त्व नहीं देगा।[9] 1859 में इस योजना की जगह भारत सचिव स्टैनली के शिक्षा-दर के विचार ने ले ली और इसके कारण देशी प्राथमिक शिक्षा को सबसे अधिक हानि उठानी पड़ी।

1882 के भारतीय शिक्षा आयोग ने शिक्षा व्यवस्था में द्वैत्व की समस्या को हल करने का असफल प्रयास किया। उसने थोड़े-से लोगों के लिए उच्च अंग्रेज़ी साहित्यिक शिक्षा और जनता के लिए तकनीकी शिक्षा के बीच नए सिरे से संतुलन बनाने की कोशिश की। उसकी (आयोग की) रिपोर्ट में कहा गया था: "वांछित यह है कि भारत की पूरी जनता शिक्षित हो।" ऐसी सामान्य साक्षरता सुनिश्चित करने के लिए उसने शिक्षा के लिए "विशेष कोष" अलग किए जाने की सिफ़ारिश की, खासकर "पिछड़े समुदायों" के लिए।[10] फिर भी दलित या अछूत समुदायों जैसे बड़े-बड़े समूह सरकारी स्कूलों से बाहर ही रहे, क्योंकि उनकी उपस्थिति सवर्ण छात्रों को इन स्कूलों से विमुख कर देती, जिनको उपनिवेशी शिक्षा व्यवस्था का प्रमुख लक्ष्य-वर्ग माना गया था। इस अलगाव को उपनिवेशी नौकरशाही का सक्रिय समर्थन प्राप्त था, जिसने व्यावहारिकता के नाम पर भारतीय कुलीनवर्ग के रूढ़िवादी हिस्सों के दबाव के आगे घुटने टेक दिए; इनमें से अनेक व्यक्ति तो अब साम्राज्य के आधार-स्तरीय कार्मिक बन चुके थे।[11] इस तरह ब्रिटिश शिक्षा नीति ने भारतीय समाज में विभेदीकरण का अनुमोदन और समर्थन किया। 1885 तक, बी. टी. मैककली की एक गणना के अनुसार, भारत में "लगभग पचपन हज़ार देशवासियों

का अंग्रेज़ी शिक्षा-प्राप्त वर्ग मौजूद था;"[12] लेकिन 1881-82 में 19.5 करोड़ की कुल आबादी में 20 लाख से कुछ ही अधिक लोगों ने प्राथमिक स्कूलों का मुँह देखा था।[13] भारत के सामाजिक और राजनीतिक विकास पर इस विभेदीकरण का सचमुच दूरगामी प्रभाव पड़ा।

भारत में अनेक कारणों से अंग्रेज़ी शिक्षा का आरंभ किया गया और उसके निरंतर प्रसार को बढ़ावा दिया गया। मिशनरी मानते थे कि इससे भारतवासियों के धर्म-परिवर्तन के रास्ते खुलेंगे। उपयोगितावादी इसे ब्रिटेन के साम्राज्यिक लक्ष्य की अंतिम पूर्ति समझते थे; 1815 में लॉर्ड मोरिया ने कहा था कि "मूल जनता को शिक्षा प्रदान करना हमारा नैतिक कर्त्तव्य है।"[14] दूसरी ओर उन्नीसवीं सदी के आरंभिक वर्षों से ही ईस्ट इंडिया कंपनी प्रशासन के ढाँचे के निचले पदों का भारतीयकरण करके भारत पर शासन की लागत कम करने की कोशिश करती आ रही थी। पूरी तरह अंग्रेज़ों की सहायता से प्रशासन चलाना अब वित्तीय दृष्टि से व्यावहारिक नहीं रह गया था, न ही यह राजनीतिक दृष्टि से उपयुक्त था। इसलिए अंग्रेज़ी में-मैकॉले के शब्दों में "शासक वर्ग द्वारा बोली जानेवाली भाषा" में-समुचित शिक्षा निचले स्तर की लोकसेवाओं के लिए उनको प्रशिक्षित करने का साधन थी। फिर भी अंग्रेज़ों की तरह बोलना ही पर्याप्त नहीं था; उनके लिए अंग्रेज़ों की तरह सोचना और व्यवहार करना भी आवश्यक था। इस तरह साम्राज्यवाद के इस शैक्षिक उद्यम का उद्देश्य भारतीय प्रजा में उपनिवेशी शासन के लिए निष्ठा की भावना पैदा करना था कि वे उसकी प्रभु द्वारा निर्धारित प्रकृति में और उसके सभ्यता-प्रसार के ध्येय में विश्वास करें। गौरी विश्वनाथन का तर्क यह है कि उपनिवेशी शिक्षा व्यवस्था ने अपनी पाठ्यचर्या में अंग्रेज़ी साहित्यिक अध्ययनों को जगह "देशी प्रजा में उद्यमशीलता, दक्षता, विश्वसनीयता और आज्ञापालन सुनिश्चित करने के साधन के रूप में" दी।[15] लेकिन एक नैतिक शिक्षा के रूप में भारत में इसका कार्यकलाप इतना उपयुक्त न था जितना इंग्लैंड में था। इसका कारण सर्वप्रथम तो यह था कि भारत में उदार शिक्षा को पर्याप्त प्रतिफल नहीं मिल पाते थे। लेकिन इससे भी गंभीर कारण यह था कि शिक्षित भारतवासियों ने इस ज्ञान को चुनिंदा ढंग से अपनाया और स्वयं उपनिवेशी शासन को चुनौती देने के लिए इसका उपयोग किया (अध्याय 4.3 देखें)। इस कारण उपनिवेशी शासन ने अपने वर्चस्व को बनाए रखने के लिए बलप्रयोग की नीति का कभी नहीं त्याग किया और इसके लिए उसने इस पूरे काल में पुलिस और सेना के लंबे-चौड़े प्रतिष्ठान कायम रखे। लेकिन जैसा कि के. एन. पणिक्कर का भी तर्क है, उसके सामाजिक नियंत्रण को "वैचारिक प्रभावों की पैदा की हुई एक भ्रांति (illusion)" से निश्चित ही बल मिला; ये प्रभाव हमेशा साम्राज्यिक शैक्षिक उद्यमों के केंद्रीय सरोकार रहे।[16] जो भारतवासी अंग्रेज़ी शिक्षा की ओर आकर्षित हुए वे मुख्यत: मध्य और निम्न आय-वर्गों के हिंदू सवर्ण पुरुष थे, जो उस काल के परिवर्तनों के कारण आर्थिक दृष्टि से बहुत तंगहाल थे। इनमें से अधिकांश के लिए शिक्षा की एक कार्यकारी उपयोगिता थी: यह कठिन समय में जीवन-रक्षा का साधन, आर्थिक समृद्धि और शक्ति पाने का

साधन थी और केवल बौद्धिक ज्ञान का मार्ग भर नहीं थी। लेकिन जब वह भौतिक आशा पूरी न हुई तो इन्हीं लोगों का ज्ञान एक कठोर उपनिवेशी राजसत्ता का सामना करने का सबसे अच्छा शस्त्र बन गया। इस कहानी की ओर हम अगले अध्याय में लौटेंगे।

बी. टी. मैककली जैसे अंग्रेज़ी शिक्षा के समर्थकों ने बहुत पहले ही तर्क दिया था कि "अंग्रेज़ी शिक्षा ने भारतीय युवकों को विचारों की ऐसी समष्टि के संपर्क में ला दिया जो खुलकर ऐसी अनेक बुनियादी मान्यताओं को चुनौती देती थी, जिन पर परंपरागत जीवनमूल्यों का ताना-बाना टिका हुआ था।"[17] और भी सटीक ढंग से कहें तो, हम इस "विचारों की समष्टि" की पहचान ज्ञानोदय (Enlightenment) के बाद के उस बुद्धिवाद के रूप में कर सकते हैं, जिसने शिक्षित भारतवासियों के एक चुनिंदा समूह के लिए "आधुनिकता" का निरूपण किया। वे अब अपने ही समाज को ऐसे चश्मे से देखने लगे, जो वैचारिक दृष्टि से बुद्धि, उपयोगिता, प्रगति और न्याय जैसी अवधारणाओं से बना हुआ था। 1893 में रवींद्रनाथ ठाकुर ने भारत में ऐसी "जनता" को जन्म लेते देखा जो अभी भी परिपक्व न थी, पर अपने समाचारपत्रों और स्वयंसेवी संगठनों के माध्यम से अपने समाज के कल्याण को प्रभावित करनेवाले विभिन्न मुद्दों पर सार्वजनिक बहस करने में दिलचस्पी रखती थी। दूसरे शब्दों में, एक ऐसा नागरिक समाज जन्म ले चुका था जो था तो बहुत सीमित, लेकिन अपनी पहचान को एक भारतीय परंपरा के दायरे में स्थापित करते हुए अपने अधिकारों की रक्षा के प्रति बहुत मुखर था।[18] मगर यह महसूस भी किया गया कि इस परंपरा में सुधार की आवश्यकता थी, क्योंकि उस विशिष्ट उपनिवेशी वैचारिक संदर्भ में सभी प्रचलित सामाजिक रीति-रिवाज़ और धार्मिक विचार ऐसे पतनशील सामंती समाज की पहचान लगते थे, जिसको एक पूँजीवादी समाज-व्यवस्था के जीवनमूल्यों के आधार पर पुनर्गठित करने की आवश्यकता थी। दूसरे शब्दों में, 'ज्ञानोदय' को उन सभी बुराइयों और पिछड़ेपन की "रामबाण दवा" बतलाया जा रहा था, जिनके लिए भारतवासियों को दोषी ठहराया जाता था।[19] इस नए कुलीनवर्ग के लिए, जो अपने लिए उपनिवेशवाद द्वारा बौद्धिक स्तर पर निरूपित एक नई विश्व-व्यवस्था में आगे बढ़ने के प्रयास कर रहा था, "अब विज्ञान, आधुनिकता और प्रगति का एक सार्वभौम चिह्न" बन गया और, जैसा कि ज्ञानप्रकाश का सुझाव है, एक प्रामाणिक "सुधार की भाषा" बन गया।[20] हालाँकि उपनिवेशी राजसत्ता भारतीय जनता को वैज्ञानिक शिक्षा नहीं देती थी, फिर भी राममोहन राय जैसे बुद्धिजीवियों ने अपने देशवासियों के लिए ऐसी शिक्षा-व्यवस्था का प्रस्ताव रखा जो पश्चिमी विज्ञानों पर ध्यान केंद्रित करे। कलकत्ता में 1825 में यूरोपीय ज्ञान-विज्ञान के अनुवाद के लिए एक सोसायटी* स्थापित की गई और उसके बाद 1838 में सामान्य ज्ञान की प्राप्ति के लिए एक सोसायटी** बनी। इस आंदोलन ने, जो वैज्ञानिक शिक्षा के विकास को राष्ट्रीय सुधार की कुंजी समझता था, तब एक मील का पत्थर पार किया जब बंगाली बुद्धिजीवी महेंद्रलाल सरकार ने

---

* Society for Translating European Sciences

** Society for the Acquisition of General Knowledge

1876 में इंडियन एसोसिएशन फ़ॉर द कल्टीवेशन ऑफ़ साईंस की नींव रखी। और अगर इस संवाद का आरंभ कलकत्ता के प्रबुद्ध कुलीनों के एक छोटे से समूह ने किया तो शीघ्र ही यह सार्वभौम बन गया, क्योंकि एक नई मुद्रण संस्कृति के विकास के कारण यह दूसरे प्रांतों में भी फैला। उदाहरण के लिए, उत्तर भारत में 1861 में बनारस डिबेटिंग क्लब की, 1864 में सैयद अहमद खाँ द्वारा अलीगढ़ साइंटिफ़िक सोसायटी की और 1868 में बिहार साइंटिफ़िक सोसायटी की स्थापना ने विज्ञान की शक्ति संबंधी इस संवाद को आगे बढ़ाया, जो उसके बाद हिंदी के साहित्यिक आंदोलनों और हिंदू पुनरुत्थानवादी अभियानों के नए-नए क्षेत्रों में व्याप्त होने लगा।[21]

समस्या वस्तुतः एक कुलीनवर्ग की इस वैज्ञानिक बुद्धिवादी मानसिकता को सामाजिक सुधार के एक कारगर एजेंडा का रूप देने की थी, जो वृहत्तर जनता को प्रभावित और सम्मिलित करे। सबसे पहले यह नई मानसिकता हेनरी विवियन देरोज़ियो के छात्रों में सबसे स्पष्ट देखी गई; देरोज़ियो कलकत्ता के हिंदू कॉलेज के एक 'यूरेशियाई' अध्यापक थे, जिन्होंने अपने छात्रों में स्वतंत्र चिंतन की भावना का विकास किया। यंग बंगाल नाम का यह विवादास्पद दल अपने व्यक्तिवादी सामाजिक विद्रोह के कारण अपने ही समय में बदनाम हो गया; यह विद्रोह मद्यपान और निषिद्ध मांस के भक्षण में व्यक्त हो रहा था। लेकिन उनके बारे में इससे भी अहम बात यह थी कि उन्होंने हिंदू धर्म के सामाजिक और धार्मिक रूढ़िवाद को एक बौद्धिक चुनौती दी। उन्होंने ही 1838 में सामान्य ज्ञान की प्राप्ति के लिए उपरोक्त सोसायटी की स्थापना की थी, जिसमें वे पश्चिमी विज्ञान से संबंधित विभिन्न पक्षों पर बहस करते थे तथा अनेक सामाजिक सुधारों का समर्थन करते थे, जैसे जातिगत विधानों (caste taboos) पर, बाल-विवाहों पर, **कुलीनों** के बहुपत्नीवाद पर प्रतिबंध लगाने का तथा विधवाओं के पुनर्विवाह पर लगे प्रतिबंध हटाए जाने का। फिर भी वे वांछित सुधारों के युग में प्रवेश न कर सके; ब्रिटिश और अंग्रेज़ी शिक्षा में उनकी पूरी आस्था ने, उनके पश्चिम से प्राप्त बुद्धिवाद और विज्ञान-प्रेम ने उनको भारतीय जनसमूहों से अलग कर दिया और वे अपने प्रस्तावित सुधारों के समर्थन में कभी कोई आंदोलन खड़ा नहीं कर सके। उनकी घोषित "नास्तिकता", जो आरंभ में बहुत स्पष्ट थी, जल्द ही अपनी धार खोने लगी और उनकी जब आयु बढ़ी और वे समाज में स्थापित हुए तो उनकी क्रांतिकारिता भी मंद पड़ने लगी। इस तरह, जैसा कि सुमित सरकार का निष्कर्ष है, देरोज़ियो के अनुयायियों के यंग बंगाल ने उन्नीसवीं सदी के भारत में "धर्म और दर्शन की सतह पर बहुत कम ही स्पष्ट या स्थायी प्रभाव छोड़ा।"[22]

इस काल के दूसरे भारतीय सुधारकों के लिए चुनौती थी अपनी ही सभ्यता में बुद्धि और विज्ञान का फिर से पता लगाने की तथा भारतीय परंपरा द्वारा निरूपित सांस्कृतिक समष्टि के अंदर आधुनिकीकरण की परियोजना को नए सिरे से स्थित करने की। इस नई बौद्धिक हलचल ने सुधार की ऐसी मानसिकता पैदा की जो भारतीय परंपरा को अस्वीकार नहीं करती थी, बल्कि हिंदू समाज के कुछ 'अबुद्धिसंगत' पक्षों को बदलना चाहती थी जो उनकी भारत के शानदार अतीत संबंधी एक नई 'बुद्धिवादी' छवि के

अनुरूप न थे। इस चीज़ ने विलियम बेंटिंक जैसे उपयोगितावादी सुधारकों के सुधार के एजेंडे को वैधता प्रदान की। पर चूँकि यह सोच अभी भी अंग्रेज़ी शिक्षा-प्राप्त कुलीनवर्ग के छोटे-से दायरे तक सीमित थी, सुधार के कार्यक्रम के सफल होने की आशा शायद ही की जा सकती थी। वास्तव में उन्नीसवीं सदी के आरंभिक वर्षों में ऐसे समाजसुधारों की एक श्रृंखला ही सामने आई, जो मुख्यत: सरकार द्वारा ऊपर से आरोपित सुधार थे। लेकिन जैसीकि आशा थी, ये सुधार अधिकतर कागज़ पर ही रहे, क्योंकि नीचे से एक आधुनिक सामाजिक चेतना के विकास की कभी कोई कोशिश नहीं की गई। उदाहरण के लिए, 1803 में लॉर्ड वेलेज़ली ने बंगाल की खाड़ी के सागर द्वीप में शिशु-बलि की धार्मिक प्रथा पर रोक लगा दी।[23] लेकिन यह अनुष्ठान भले ही रुक गया, पश्चिमी और उत्तरी भारत में नन्हीं बालिकाओं की हत्या की अल्पगोचर सामाजिक प्रथा अबाध गति से जारी रही; इन क्षेत्रों में अनुलोम विवाह के नियम का पालन करने वाले सवर्ण भूस्वामी परिवारों को अपनी बेटियों के लिए अच्छे वर पाना या उनके लिए भारी दहेज दे पाना कठिन लगता था और वे जन्म के समय ही बेटियों की हत्या कर दिया करते थे। अंग्रेज़ अधिकारियों ने उनको इस प्रथा से दूर रहने के लिए कभी समझाने की और 1830 के बाद बलप्रयोग करने की कोशिश की, पर कोई विशेष परिणाम सामने नहीं आया। एक कानूनी प्रतिबंध की बात 1857 के विद्रोह के कारण रुक गई और इसे 1870 तक टाले रखा गया, जब अंतत: वायसरॉय की काउंसिल ने बालिका-हत्या* पर एक कानून पारित किया। लेकिन उसके बाद भी जनगणना अधिकारी बालिकाओं की घोर उपेक्षा की ख़बरें देते रहे। इसका परिणाम उनकी ऊँची मृत्युदर था, जिसे न कानून पकड़ सकता था, न रोक सकता था।[24]

लॉर्ड बेंटिंक को जिस सबसे बड़ी उपलब्धि के लिए याद किया जाता है वह था सतीप्रथा पर प्रतिबंध, अर्थात् अपने स्वर्गीय पति की चिता पर एक विधवा के जिंदा जल जाने पर प्रतिबंध। यह प्रथा भारत में प्राचीन काल से चली आ रही थी पर, जैसी कि एक आधुनिक शोधकर्त्ता ने पुष्टि की है, यह "हमेशा ही हिंदू जीवन के नियम की अपेक्षा एक अपवाद" ही रही।[25] मुगलकाल में केवल मध्य भारत और राजस्थान के राजपूत राजघराने इस प्रथा का पालन करते थे, दक्षिण भारत में विजयनगर राज्य में इसका पालन होता था। ब्रिटिश काल में अठारहवीं सदी के अंतिम और उन्नीसवीं सदी के आरंभिक वर्षों में बड़े पैमाने पर इस प्रथा को उन क्षेत्रों में फिर से आरंभ किया गया, जहाँ ब्रिटिश प्रशासन के अंतर्गत विकास की दर सबसे अधिक थी, अर्थात् राजधानी कलकत्ता और आसपास के ज़िलों में। यहाँ यह प्रथा सवर्ण जातियों में ही नहीं, बल्कि निचली और मंझोली जातियों के उन किसान परिवारों में भी लोकप्रिय हुई, जो सामाजिक गतिशीलता प्राप्त कर चुके थे और फिर श्रेष्ठतर जातियों की नकल करके अपनी नई स्थिति को वैध बनाना चाहते थे।[26] इस समाजशास्त्रीय कारण के अलावा तथा एक आदर्श पत्नी को

* Female Infanticide Act

जीवन-मृत्यु दोनों में अपने पति की सहचरी माननेवाली धार्मिक धारणा के अलावा एक और कारण रिश्तेदारों का लोभ था, जो संभवतः इन परिवारों की नई-नई समृद्धि की उपज था। यह प्रथा उन क्षेत्रों में सबसे अधिक प्रचलित थी जहाँ हिंदू पारिवारिक विधान के दायभाग संप्रदाय का प्रचलन था। इसमें **मिताक्षरा** संप्रदाय की अपेक्षा विधवा को स्वर्गीय पति की संपत्ति पाने का अपेक्षाकृत अधिक अधिकार दिया गया था। वैसे तो इस संस्था पर सबसे पहले ईसाई मिशनरियों ने हमले किए, पर इस आंदोलन को वास्तविक गति राजा राममोहन राय के नेतृत्व में एक ज़ोरदार उन्मूलनवादी अभियान ने दी। अंततः गवर्नर जनरल बेंटिंक ने एक सरकारी आदेश के द्वारा 1829 में सतीप्रथा पर प्रतिबंध लगा दिया, जिसे उन्मूलन-विरोधी धर्मसभा द्वारा 1830 में प्रिवी काउंसिल में दायर एक हिंदू याचिका भी रद्द नहीं करा सकी। लेकिन इस प्रतिबंध के बाद सतीप्रथा की घटनाओं में जहाँ धीरे-धीरे कमी आई, वहीं पश्चिमी शिक्षा-प्राप्त मध्य वर्गों की आधुनिकतावादी समालोचना और उपनिवेशी प्रशासन के सुधार के उत्साह के बावजूद लोक-मानस में सती के विचार और मिथक की जगह बनी रही। काव्यों, लोकगीतों और लोककथाओं के कारण इस विचार को लगातार बल मिलता रहा और आखिरकार सार्वजनिक जीवन में यह बहुत आगे चलकर, 1987 में राजस्थान के देवराला गाँव में रूपकुँवर के बहुचर्चित सती कांड के रूप में फिर एक बार सामने आया।[27]

इससे भी अधिक असफल उन्नीसवीं सदी के मध्य का वह सुधार आंदोलन रहा, जो विधवाओं के पुनर्विवाह को बढ़ावा देना चाहता था। इसके प्रमुख प्रचारक ईश्वरचंद्र विद्यासागर अपने अग्रगामी राममोहन राय की ही तरह एक कानून बनवाने के लिए उपनिवेशी राजसत्ता का मुँह निहारते रहे। पर 1856 का हिंदू विधवा पुनर्विवाह कानून (हिंदू विडोज़ रिमैरिज ऐक्ट), जिसने ऐसे विवाहों को कानून-सम्मत बनाया, इस प्रथा को सामाजिक स्वीकृति नहीं दिला सका। इसके विपरीत, जैसा कि लूसी कैरॉल का तर्क है, यह कानून बुनियादी तौर पर रूढ़िवादी था, क्योंकि पुनर्विवाह के बाद एक विधवा अपने स्वर्गीय पति की संपत्ति में भागीदार नहीं रहती थी; इस तरह इस कानून ने केवल "पवित्र, साध्वी विधवा" को पुरस्कृत करने के ब्राह्मणवादी नियम का अनुमोदन किया।[28] इस आंदोलन का अंत उस चीज़ पर हुआ जिसे विद्यासागर के जीवनी-लेखक अशोक सेन ने एक "अपरिहार्य पराजय" कहा है।[29] वे अनेक विधवाओं का पुनर्विवाह होते नहीं देख सके, क्योंकि इसके लिए सामाजिक सहमति की आवश्यकता थी, जिसे उपनिवेशी राजसत्ता पैदा नहीं कर सकी। इसके कारण बंगाल के शिक्षित वर्गों में न केवल विधवा-पुनर्विवाह की प्रथा दुर्लभ रही, बल्कि अगले कुछ दशकों में प्रतिबंध और भी सार्वभौम हो गया तथा निम्न वर्गों में भी इस पर प्रतिबंध लग गया।[30]

स्थिति पश्चिमी भारत में भी कुछ खास भिन्न नहीं थी, जहाँ बहुत पहले 1841 में एक अज्ञात मराठी ब्राह्मण सुधारक ने बाल-विधवाओं के पुनर्विवाह का समर्थन उनकी यौन-वासना को नियंत्रित करने और उनकी संतानोत्पत्ति की क्षमता को सामाजिक दृष्टि से उपयोगी बनाने के एक कदम के रूप में किया। पश्चिमी शिक्षा-प्राप्त मध्य वर्गों में

विधवा-पुनर्विवाह का आंदोलन 1860 के दशक में फैला तथा सुधारकों और अनेक निंदकों की आपसी बहस भी और अधिक तेज़ और कड़वी हुई। 1866 में विष्णुशास्त्री पंडित ने विधवा-पुनर्विवाह को बढ़ावा देने के लिए एक संगठन बनाया, मगर उनके विरोधियों ने भी एक संगठन बना लिया। 1870 में सुधारवादियों को एक धक्का तब लगा जब पूना की एक सार्वजनिक बहस में काविरमठ के शंकराचार्य ने उनको दोषी पाया, तथा उनमें से अनेक ने पश्चाताप किया। हालाँकि कुछ यशस्वी विधवाएँ भी हुईं, जैसे महाराष्ट्र के सार्वजनिक जीवन पर छाप छोड़नेवाली पंडिता रामाबाई थीं (उनके बारे में और विस्तार के लिए अध्याय 7.5 देखें), पर विधवा-पुनर्विवाह आंदोलन का हास्यास्पद अंत हुआ। इसका कारण था सदी के अंत तक केवल अड़तीस विधवाओं ने पुनर्विवाह किया था और इनमें भी दंपतियों को असीमित सामाजिक दबाव और बहिष्कार का सामना करना पड़ा। अब विधवा-पुनर्विवाह पर प्रतिबंध और भी व्यापक हो गया, क्योंकि यह निचली जातियों में भी प्रतिबंधित हो गया, इसके बावजूद कि जब्री सती समान वैधव्य पर एक अब्राह्मण समाजसुधारक ज्योतिराव फूले ने जमकर हमले किए।[31]

मद्रास प्रेसिडेंसी के तेलुगू-भाषी क्षेत्रों में विधवा-पुनर्विवाह के समर्थन में आंदोलन का आरंभ वीरेशलिंगम पांटुलू ने किया था जिन्होंने इसके लिए 1878 में एक समाजसुधार संगठन* की स्थापना की। इस क्षेत्र में पहला विधवा पुनर्विवाह घोर विरोध के बीच उन्हीं के गृह नगर राजमुंदरी में 1881 में हुआ जिसकी अगुवाई उन्होंने ही की। धीरे-धीरे सुधार के लिए समर्थन बढ़ता गया और 1891 में नगर के गण्यमान्य नागरिकों के संरक्षण में एक विधवा-पुनर्विवाह संगठन (विडो रिमैरिज एसोसिएशन) की स्थापना हुई।[32] लेकिन इस उत्साह के बावजूद सुधारक तब तक केवल तीन ऐसे विवाहों का आयोजन कर सके थे।[33] अलग-अलग क्षेत्रों में स्थितियों में बहुत भिन्नता थी, क्योंकि हरियाणा में, जहाँ विधवाओं के पुनर्विवाह की प्रथा पहले ही बड़े पैमाने पर प्रचलित थी, इस नए कानून ने ऐसे विवाहों को वैधता प्रदान की तथा उन्हें और भी सामाजिक स्वीकृति दिलाई।[34] दूसरे शब्दों में, भारतीय समाज पर उपनिवेशी सुधार कानूनों का बहुत ही असमान प्रभाव पड़ा। बंगाल में विद्यासागर ने अपना सुधार आंदोलन जारी रखा, उसे बहुपत्नी-प्रथा और फिर बाल-विवाह के विरुद्ध मोड़ा और अंत में 1860 में विवाह की आयु संबंधी एक कानून* पारित कराया, जिसमें स्त्रियों के लिए विवाह की परिणति (consummation) की आयु 10 वर्ष तय की गई थी। 1891 में एक अन्य कानून के द्वारा इसे बढ़ाकर 12 वर्ष किया गया (और भी विस्तार के लिए अध्याय 5.2 देखें); लेकिन, जैसा कि जनगणना के आँकड़ों से पता चलता है, ऊँची और निचली, दोनों जातियों में बीसवीं सदी में भी बहुत बाद तक बाल-विवाह की प्रथा व्यापक स्तर पर प्रचलित रही।[35]

ऊपर से और खासकर कानूनों के माध्यम से लागू किए गए सुधार दूसरे क्षेत्रों में भी अप्रभावी रहे, जहाँ उनकी धार विशेष या संगठित धार्मिक या सामाजिक प्रथाओं के

---

* Society for Social Reform

* Age of Consent Act

विरुद्ध रही। उन्नीसवीं सदी के आरंभ तक दकन और मध्य भारत पर अंग्रेज़ों की विजय ने इन अस्थिर क्षेत्रों में पैक्स ब्रिटानिका की स्थापना के पक्ष में एक सुधारवादी आकांक्षा को जन्म दिया। लेकिन यह कार्य इसलिए कठिन हो गया कि भारतीय राजाओं की सेनाओं के भंग किए जाने और रोज़गार के अवसर सामान्यत: सिकुड़ने के कारण चलते-फिरते हथियारबंद गिरोहों के हाथों अपराध की और खासकर डकैती की दर बढ़ी। इसी के साथ उन घुमक्कड़ श्रमणों के संघों के प्रति सरकार का अविश्वास बढ़ा, जो एक स्थानबद्ध करदाता कृषक समुदाय के ब्रिटिश आदर्श के लिए ही चुनौती थे। इसलिए इन सभी, अलग-अलग प्रकार के घुमक्कड़ समूहों को एक ही उपनिवेशी धारणा में रूढ़ कर दिया गया, अर्थात् ठगों की धारणा में, जिनको परंपरागत ढंग से डकैती में और धर्म के नाम पर हत्या में शामिल एक "बिरादरी" (fraternity) के सदस्य माना जाता था। ठगी विरोधी अभियान का आरंभ 1830 के दशक में, ब्रिटेन की सर्वोच्चता के उसी मानववादी ध्येय के दावे के साथ किया गया जिसका प्रचारक लॉर्ड बेंटिंक था। जैसा कि राधिका सिंघा का तर्क है, इस अभियान का उद्देश्य देशी समाज की शिक्षा या पुनर्जन्म के द्वारा ठगी का उन्मूलन करना नहीं था; 1836 के "ठगी" ऐक्ट (XXX) और ठगी विभाग का उद्देश्य केवल उन गिरोहों को पकड़ना और सज़ा दिलाना था, जिनको धर्म के नाम पर अपराध में लिप्त माना जाता था। पर यह काम मुश्किल साबित हुआ। 1839 में इस अभियान के प्रणेता सर विलियम स्लीमन ने दावा किया कि एक संगठित व्यवस्था के रूप में ठगी का उन्मूलन किया जा चुका है। वास्तव में उसे ठगी के आरोप में घुमक्कड़ साधुओं के विभिन्न समूहों को दंड दिलाने की कठिनाई का पता चल गया। इसलिए उसने ऐसे समुदायों की निगरानी के लिए और भी लोचदार रणनीतियों को अपनाना बेहतर माना।[36]

जो कमोबेश संगठित प्रथाएँ सदियों से जनता की दैनिक संस्कृति का हिस्सा थीं, उनके विरुद्ध सुधार के कानून और भी अधिक अप्रभावी रहे। 1843 में दासप्रथा का उन्मूलन इसका एक आदर्श उदाहरण है। ब्रिटेन में दासप्रथा का उन्मूलन 1820 में किया जा चुका था और भारत में उपनिवेशी प्रशासकों को विभिन्न रूपों में इसके अस्तित्व का पता चलता ही रहा। भारत में खेतिहर संबंध जटिल थे और श्रम की निर्भरता के अनेक ढाँचे उसकी विशेषता थे; ज्ञानोदय के बाद के "स्वतंत्रता-अस्वतंत्रता के द्वैत्व के चश्मे"[37] से देखने पर इनमें से अनेक ढाँचे अंग्रेज़ों को दासता के समान लगते थे। इसलिए 1833 के चार्टर ऐक्ट ने भारत सरकार को दासप्रथा के उन्मूलन का निर्देश दिया और कानूनी रूप से उसका उन्मूलन लागू होने तक संसद का दबाव बढ़ता ही रहा। लेकिन जहाँ तक सवाल खेतिहर दासप्रथा का था, चूँकि दासता के वास्तविक रूप अलग-अलग थे, इसलिए कानूनी प्रतिबंध का प्रभाव भी बहुत सीमित रहा। जाति-प्रथा, रीति-रिवाज़ों और कर्ज़दारी ने खेत मज़दूरों को विभिन्न प्रकार से अपने भूस्वामियों से आगे भी एक लंबे समय तक, बाँधकर रखा।

दिलचस्प बात यह है कि स्त्रियों की स्थिति उपनिवेशी राजसत्ता और शिक्षित भारतवासियों के लिए सुधार के कार्यों का प्रमुख केंद्र बन गई। यह एक बड़ी सीमा तक

उपनिवेशी काल के एक सभ्यता संबंधी तुलनात्मक संवाद का परिणाम था। दूसरे शब्दों में, सभ्यताओं के श्रेणीकरण में प्रमुख मानदंडों में एक मानदंड समाज में स्त्रियों की स्थिति थी और यही मुद्दा था जिसे लेकर भारतवासी पश्चिमी प्रेक्षकों, मिशनरियों से लेकर सिविलियन कर्मचारियों तक, के हमलों के अधिकाधिक निशाने बनते रहे। दूसरे ढंग से कहें, तो भारतीय सभ्यता को इसलिए हीन बताया गया कि उसमें स्त्रियों की स्थिति हीन रखी गई थी। यह लैंगिक प्रश्न जेम्स मिल के लिए एक बुनियादी मुद्दा था, जिसने अपनी पुस्तक द *हिस्ट्री ऑफ़ ब्रिटिश इंडिया (The History of British India)* में भारतीय सभ्यता की निंदा की।[38] इसलिए पढ़े-लिखे भारतवासियों ने भी भारतीय समाज में स्त्रियों की स्थिति में सुधार की पैरवी और समर्थन करके इस सभ्यता संबंधी समालोचना का प्रत्युत्तर दिया। जैसा कि हमने देखा, ऐसे सुधारों ने उनके अपने वर्गों की कुछेक स्त्रियों को ही प्रभावित किया और वह भी बहुत सीमित पैमाने पर, क्योंकि ये स्त्रियाँ भी पुरुषों का संरक्षण पाती रहीं और अपने ही इतिहास सजग विषयवस्तु के रूप में इन सुधारवादी परियोजनाओं से कभी नहीं जुड़ीं। इस तरह सुधार के बारे में उन्नीसवीं सदी के आरंभिक वर्षों में इस सार्वजनिक संवाद का न केवल भारतीय समाज पर सीमित प्रभाव पड़ा, बल्कि यह संवाद स्त्रियों के लिए आरक्षित निजी क्षेत्र या घरेलू क्षेत्र पर भी शिक्षित भारतीय पुरुषों के नियंत्रण का सूचक था।[39] यह कहना सरलीकरण होगा कि उन्नीसवीं सदी के महान सुधारक स्त्रियों के कल्याण के प्रति चिंतित नहीं थे। लेकिन ये सुधार केवल स्त्रियों के लिए नहीं थे, इस विषय की ओर हम थोड़ी देर बाद लौटेंगे।

ऐसी सभ्यता संबंधी समालोचनाओं पर शिक्षित भारतीय कुलीनों का एक और प्रत्युत्तर प्रबोधकाल के बाद के बुद्धिवाद की रोशनी में हिंदू धर्म का अंदर से सुधार करना था। पुराने इतिहास-लेखन में इस संवृत्ति (phenomenon) का अकसर "बंगाल का पुनर्जागरण" या "उन्नीसवीं सदी का भारतीय पुनर्जागरण" कहकर इसका गुणगान किया जाता रहा है। हालाँकि "पुनर्जागरण" (renaissance) शब्द का प्रयोग समस्यामूलक है, फिर भी इस सांस्कृतिक आंदोलन में मूल रूप से भारत के अतीत में बुद्धिवाद की खोज की जाती रही है और इस तरह उसकी धार्मिक और दार्शनिक परंपराओं को बुद्धि के आलोचना-जगत में पुनर्स्थापित किया जाता रहा है। बंगाल में इस आंदोलन का आरंभ राजा राममोहन राय ने किया, जिनको अकसर आधुनिक भारत का जनक कहा जाता है। वे उन सवर्ण कुलीनों में से थे, जिनकी शक्ति और स्थिति को स्थायी बंदोबस्त ने और उपनिवेशी शासन द्वारा किए गए दूसरे अवसरों ने और मज़बूत बनाया। राममोहन राय ने अठारहवीं सदी के फ़ारसी-अरबी साहित्य के अध्ययन से इस बुद्धिवाद को ग्रहण किया था। उन्होंने आगे चलकर वेदांती एकेश्वरवाद (Vedantic Monism) का अध्ययन किया और 1815 में कलकत्ता आकर बसने के बाद ईसाई एकसत्तावाद (Christian Unitarianism) से उनका परिचय हुआ। ऐसे बौद्धिक प्रभावों ने उनको ईसाईयत की श्रेष्ठता के मिशनरी दावों को चुनौती देने के लिए प्रेरित किया; उनका उत्तर बुद्धि की रोशनी में हिंदू धर्म का सुधार करना था और इसके लिए उन्होंने उसके उस शुद्ध रूप का सहारा लिया जो

वेदांत ग्रंथों में पाया जाता था। उन्होंने मूर्ति-पूजा की, पुरोहिती और बहुदेववाद की निंदा की और बंगला में उपनिषदों का अनुवाद यह दिखाने के लिए किया कि प्राचीन हिंदू ग्रंथ स्वयं भी एकेश्वरवाद के प्रचारक थे।[40]

राममोहन राय का पहला संगठन कलकत्ता में 1815 में स्थापित आत्मीय सभा थी, जिसने अंततः 1828 में ब्रह्मसमाज का रूप ले लिया। वह शिक्षित मध्यवर्गीय बंगालियों का प्रमुख धार्मिक आंदोलन बनकर उभरा और एकेश्वरवाद के मूल सिद्धांत पर आधारित था। 1833 में राय की मृत्यु के बाद ब्रह्मसमाज आंदोलन का नेतृत्व देवेंद्रनाथ ठाकुर ने सँभाल लिया, जिन्होंने उसे एक बेहतर सांगठनिक ढाँचे और वैचारिक सुसंगति से लैस किया।[41] लेकिन इस आंदोलन को कलकत्ता के पढ़े-लिखे लोगों के सीमित कुलीन वर्गों से बाहर निकाल कर वास्तव में उसे पूर्वी बंगाल के कस्बों तक ले जाने का काम 1860 के दशक में विजयकृष्ण गोस्वामी और केशवचंद्र सेन ने किया। गोस्वामी ने ब्रह्म-सिद्धांत और वैष्णववाद की लोकप्रिय धार्मिक परंपरा की खाई को पाटा, जबकि सेन ने अपना ध्यान मुख्यतः गंगा के पूर्वी मैदानों के पश्चिमी रंग में न रँगे बंगालियों की और भी बड़ी संख्या तक पहुँचने तथा आंदोलन को बंगाल से बाहर, दूसरे भारतीय प्रांतों तक ले जाने पर केंद्रित किया।[42]

यदि मिशनरी कार्यकलाप ब्रह्म आंदोलन को केशव सेन का एक प्रमुख योगदान था, तो दूसरा योगदान समाजसुधारों पर नए सिरे से ध्यान देना था। जाति-प्रथा पर आक्रमण करके, स्त्रियों के अधिकारों पर ध्यान केंद्रित करके, विधवा-पुनर्विवाहों और अंतर्जातीय विवाहों को बढ़ावा देकर और ब्रह्म प्रचारकों की जातिगत स्थिति का प्रश्न उठाकर उन्होंने आंदोलन को एक सीमा तक अतिवादी भी बनाया; प्रचारक का पद तब तक केवल ब्राह्मणों के लिए आरक्षित था। जैसा कि मेरेडिथ बोर्थविक ने दिखाया है, बुनियादी तौर पर यह केशव और देवेंद्रनाथ के अनुयायियों के बीच एक विभाजन था; केशव के अनुयायी अगर सामाजिक प्रगति और सुधार को किसी भी अन्य बात से अधिक महत्त्वपूर्ण मानते थे, तो देवेंद्रनाथ के अनुयायी हिंदू समाज के साथ अपने जुड़ाव को बनाए रखना चाहते थे।[43] केशव सेन के अनुयायियों ने 1866 में अपना ब्रह्मसमाज ऑफ़ इंडिया बना लिया, जबकि देवेंद्रनाथ के अनुयायियों ने आदि (मूल) ब्रह्म-समाज के नाम से अपनी पहचान बनाए रखने की कोशिश की। ये विकासक्रम भारत के उस आधुनिकीकरण की शाश्वत दुविधाओं के संकेत थे जो भारतीय परंपरा में लगातार अपनी जड़ें ढूँढ़ने का प्रयास करता रहता था। जैसा कि जल्द ही स्पष्ट हो गया, यह विभाजन विचारधारा के किसी बुनियादी मतभेद से अधिक पहचान का एक संकट था; जहाँ कुछ ब्रह्मसमाजी अपने आपको हिंदुओं से अलग दिखाना चाहते थे, वहीं दूसरों ने हिंदू धर्म की वृहत परंपरा के अंदर एक स्थिति पाने का प्रयास किया।

यह संकट तब और गहराया और विभाजन तब और बढ़ गया जब 1872 में ब्रह्म विवाह कानून (ब्रह्मो मैरिज ऐक्ट) पारित हुआ; उसने ब्रह्म विवाहों को वैध ठहराया जिनमें अंतर्जातीय और विधवा विवाह भी शामिल थे; शर्त केवल यह थी कि विवाह करनेवाले

अपने आपको गैर-हिंदू घोषित करें। फलस्वरूप यह कानून कभी जनप्रिय नहीं बन सका। आगे चलकर खुद सेन अपने अतिवादी रवैये से पीछे हट गए, "दैवविमुख विवाहों" (Godless marriages)[44] की निंदा की तथा और भी आगे चलकर हिंदू संन्यासी रामकृष्ण परमहंस के और निकट आ गए। इसके कारण धीरे-धीरे 1878 में ब्रह्मसमाज फिर विभाजित हो गया। सेन ने कूचबिहार के महाराजा से जब अपनी नाबालिग बेटी का विवाह तय किया, तो उनके अनुयायियों ने अलग होकर साधारण ब्रह्मसमाज बना लिया। 1881 में सेन ने अपना 'नबो बिधान' (नया विधान) बनाया और एक नए सार्वभौम धर्म की ओर बढ़ने लगे। लेकिन उस समय तक उत्तरोत्तर वैचारिक विभाजन और सांगठनिक अलगाव ब्रह्म आंदोलन को कमज़ोर कर चुके थे, और वह एक छोटे से कुलीन समूह तक सीमित होकर रह गया। फिर उसके बाद वह पश्चिम के मुकाबले हिंदू पहचान के साहसिक ऐलान के रूप में, "सुधारवाद" की बजाय, "पुनरुत्थानवाद" के एक नव्य-हिंदू आक्रामक अभियान के आगे हथियार डाल बैठा (विस्तार अध्याय 5.2 में)।

पश्चिमी भारत में सुधारों की शुरुआत उन्नीसवीं सदी के आरंभिक वर्षों में दो अलग-अलग तरीकों से हुई। एक तरीका तो प्राचीन संस्कृत ग्रंथों की छानबीन व अनुवाद का और उनमें भारतीय सभ्यता की गरिमा की तलाश का प्राच्यवादी ढंग था। इस कार्य में लगे सबसे यशस्वी विद्वान-सुधारक के. टी. तेलंग, वी. एन. मांडलिक और सबसे बढ़कर प्रोफेसर आर. जी. भंडारकर थे।[45] दूसरा तरीका समाजसुधार की और अधिक प्रत्यक्ष विधिवाला था, जो जाति-प्रथा जैसी सामाजिक संस्थाओं पर, विधवा-पुनर्विवाह पर लगे प्रतिबंध पर हमले करता था। यह कार्य मेहताजी दुर्गाराम मंचाराम, करसनदास मूलजी या दादोबा पांडुरंग जैसे अनेक व्यक्तियों ने किए, जो 1844 में स्थापित मानव धर्म सभा या 1849 में स्थापित परमहंस मंडली जैसे संगठनों से जुड़े हुए थे। परमहंस मंडली बंगाल के देरोज़ियोवादियों की मूर्तिभंजक क्रांतिकारी परंपरा का अनुसरण करता था, पर व्यापकतर समुदाय से सीधा टकराव बचाने के लिए एक गुप्त सभा की तरह काम करता था। इसलिए 1860 में उसके सदस्यों का भांडा फूट जाने पर वह जल्द ही समाप्त हो गया और उसकी उपलब्धियाँ बहुत कम रहीं।[46] लेकिन महाराष्ट्र-गुजरात क्षेत्र में पश्चिमी शिक्षा का इस बीच बहुत प्रसार हो चुका था और सुधारों का इच्छुक एक समूह पैदा हो चुका था। ऐसे संदर्भ में जब बंगाल के ब्रह्म मिशनरी केशवचंद्र सेन ने 1864 और 1867 में बंबई की यात्राएँ कीं तो उसका गहरा प्रभाव पड़ा। वास्तव में इसी का प्रत्यक्ष परिणाम था कि 1867 में बंबई में प्रार्थना समाज की स्थापना हुई। हालाँकि इसके संस्थापक अध्यक्ष आत्माराम पांडुरंग थे, पर उसके पीछे वास्तविक प्रेरणा महादेव गोविंद रानाडे की थी, जिनके योग्य सहायक भंडारकर और एन. जी. चंदावरकर थे। के. टी. तेलंग, जो नियमित रूप से समाज की बैठकों में आते थे, कभी उसके सदस्य नहीं बने। इस नए संगठन के सभी अग्रणी व्यक्ति पश्चिमी शिक्षा-प्राप्त महाराष्ट्रीय ब्राह्मण थे। जहाँ तक दर्शन का सवाल है तो ब्रह्म आंदोलन की तरह प्रार्थना समाज भी एकेश्वरवाद का प्रचार करता था तथा मूर्ति-पूजा, पुरोहितों के प्रभुत्व और जाति-भेदों की निंदा करता

था। बाद में उसने समन्वयवाद का विकास किया और खुद को महाराष्ट्र की भक्ति परंपरा से जोड़ा।[47]

प्रार्थना समाज ने बंगाल के ब्रह्म आंदोलन से एक अंतर बनाए रखा। सबसे उल्लेखनीय अंतर बंगाल के ब्रह्मवादियों के अपेक्षाकृत अधिक टकराववादी रवैयों के विपरीत उसका सावधानी भरा दृष्टिकोण था। रानाडे ने कहा कि "(बंबई) प्रेसिडेंसी में आंदोलन का प्रमुख तत्त्व" उसका यह लक्ष्य था कि "अतीत से नाता न तोड़ा जाए और हमारे समाज से सारे संबंध भंग न हों।"[48] वह सुधारों को समाज के ढाँचे को तोड़नेवाली उथल-पुथल के रूप में नहीं, बल्कि क्रमिक ढंग से लाना चाहता था। दूसरे शब्दों में, यह कि किसी स्पष्ट विच्छेद का संकेत दिए बिना आधुनिकीकरण परंपरा के सांस्कृतिक क्षेत्र में खप जाए। इसी क्रमिकवादी दृष्टिकोण ने प्रार्थना समाज को वृहत्तर समाज के लिए अधिक स्वीकार्य बनाया। पूना, सूरत, अहमदाबाद, कराची, किरकी, कोल्हापुर और सतारा में उसकी शाखाएँ स्थापित हुईं। उसके कार्यकलाप दक्षिण भारत में भी फैले, जहाँ आंदोलन का नेतृत्व तेलुगू सुधारक वीरेशलिंगम पांटुलू कर रहे थे। बीसवीं सदी के आरंभ तक मद्रास प्रेसिडेंसी में इसकी अठारह शाखाएँ थीं।[49] लेकिन दूसरी ओर सावधानी के इस दृष्टिकोण ने भी प्रार्थना समाज के लिए उसका पहला संकट खड़ा कर दिया। 1875 में स्वामी दयानंद सरस्वती ने गुजरात और महाराष्ट्र का दौरा किया तथा एक अधिक अतिवादी और स्वघोषी धार्मिक आंदोलन की संभावनाएँ सामने रखीं। एस. पी. केलकर के नेतृत्व में समाज के सदस्यों का एक समूह स्वामी दयानंद की आर्य विचारधारा की ओर खिंचा और अलग हो गया। हालाँकि यह विरोधी गुट फिर प्रार्थना समाज में वापस लौट आया, पर यहाँ से पश्चिमी भारत में एक अलग प्रकार की धार्मिक राजनीति का आरंभ हुआ, जिसकी पहचान सुधारवाद से अधिक सांस्कृतिक श्रेष्ठतावाद था।

सुधार की परंपरा में यह फूट स्वामी दयानंद सरस्वती द्वारा आरंभ किए गए धार्मिक आंदोलन ने डाली, जिन्होंने 1875 में आर्यसमाज की स्थापना की। दयानंद ने सबसे प्रामाणिक भारतीय धार्मिक ग्रंथों के रूप में वेदों की सत्ता का उल्लेख किया और हिंदू धर्म को सभी वेद-पश्चात प्रक्षेपों (accretions) से मुक्त कराने का प्रयास किया। उनके संवाद (discourse) पर पश्चिमी प्राच्यवादी छाप को अनदेखा करना कठिन है; इसने (आर्यसमाज ने) भी हिंदू धर्म को ईसाईयत और इस्लाम की तरह एक "ग्रंथकेंद्रित धर्म" के रूप में पेश करने की कोशिश की।[50] पर इससे भी अहम बात यह है कि पश्चिम का आक्रमक प्रत्युत्तर देते हुए उन्होंने बुद्धि और विज्ञान के पश्चिमी बौद्धिक संवाद को पूरी तरह आत्मसात किया और उनका उपयोग अपने विरोधियों के विरुद्ध किया। उनका दावा था कि "वैज्ञानिक सत्य" केवल वेदों में थे और इसलिए इन ग्रंथों पर आधारित धर्म ईसाइयत और इस्लाम से श्रेष्ठ था।[51] वेदों की सत्ता के आधार पर उन्होंने मूर्ति-पूजा, बहुदेववाद, ब्राह्मण पुरोहितों के आधिपत्य वाले कर्मकांडी धर्म पर हमले किए, बाल-विवाह की भर्त्सना की तथा विधवा-विवाह, अंतर्जातीय विवाहों और स्त्री-शिक्षा का समर्थन किया।[52] दिलचस्प बात यह है कि पश्चिमी सुधारक इन्हीं सुधारों का तो समर्थन कर

रहे थे। उन्होंने छुआछूत की निंदा की और जाति-प्रथा का निषेध किया (विस्तार के लिए अध्याय 7.2 देखें), पर साथ ही चार वर्णों की व्यवस्था का समर्थन किया और इस तरह भारतीय सामाजिक संगठन की बुनियाद को यथावत रखा।[53] उनका आक्रामक सुधारवाद रूढ़िवादी हिंदुओं को, यहाँ तक कि ब्रह्मवादियों को भी आकर्षित न कर सका तथा पूर्वी और पश्चिमी भारत में हाशिये पर ही रहा, पर पंजाब और पश्चिमोत्तर प्रांत में उसका गर्मजोशी से स्वागत हुआ। 1883 में उनकी मृत्यु के समय तक इस पूरे क्षेत्र में आर्यसमाज की शाखाएँ मौजूद थीं तथा इसी समय के बाद यह आंदोलन अधिकाधिक लोकप्रिय, साथ ही अधिकाधिक आक्रामक होता चला गया। उनके शिष्यों में, जो नरमपंथी थे तथा शिक्षा और समुदाय-कार्य पर ध्यान केंद्रित करते थे, वे धीरे-धीरे 1893 के बाद हाशिये पर पहुँच गए, जब वेदों के धर्म का प्रचार करने, मुसलमानों पर हमले करने, तथा ईसाईयत, सिक्ख और इस्लाम जैसे तीन धर्म-परिवर्तन करानेवाले धर्मों को अपनानेवाले हिंदुओं की **शुद्धि** का आंदोलन चलाकर खोई हुई ज़मीन दोबारा पाने के लिए पंडित गुरुदत्त और पंडित लेखराम के नेतृत्व में एक जुझारू गुट ने एक जुझारू अभियान आरंभ किया। उसके बाद 1890 के दशक में तो आर्यसमाज ज़ोरों से गो-रक्षा आंदोलन में लग गया और इस तरह सुधारवाद से निर्णायक सीमा तक हटकर पुनरुत्थानवाद पर पहुँच गया (इस विषय की ओर हम अध्याय 5 में लौटेंगे)।

फिर भी यहाँ आवश्यकता है उन्नीसवीं सदी के इन सामाजिक और धार्मिक सुधार आंदोलनों के कुछ विशेष पहलुओं पर ध्यान केंद्रित करने की, जिनके कारण ऐसा रूपातरंण संभव हुआ। ये आंदोलन सबसे पहले तो एक संकीर्ण सामाजिक क्षेत्र तक सीमित थे, क्योंकि सुधार की भावना एक छोटे-से कुलीन समूह को ही प्रभावित करती थी, जो मुख्यत: उपनिवेशी शासन के आर्थिक और सामाजिक लाभार्थियों का समूह था। बंगाल का सुधार आंदोलन पश्चिमी शिक्षा से लैस कुलीनों की छोटी-सी संख्या तक ही सीमित था, जिनको सामान्य नाम **भद्रलोक** से जाना जाता था। ये वे "नए मानव" थे जिन्होंने अंग्रेज़ अफ़सरों और मुक्त व्यापार करनेवालों के कनिष्ठ सहभागियों के रूप में पैसा बनाया था, स्थायी बंदोबस्त के तहत छोटे भूस्वामियों के रूप में अपनी स्थिति मज़बूत बनाई थी और बाद में अंग्रेज़ी शिक्षा से लाभ उठाकर विभिन्न नए पेशों में और प्रशासन के निचले पदों पर जगह बनाई थी। सामाजिक दृष्टि से वे अधिकतर हिंदू थे और भले ही जाति इस कुलीन समूह की सदस्यता का कोई प्रमुख आधार न थी, फिर भी वे अधिकतर तीन ऊँची जातियों के सदस्य, अर्थात् ब्राह्मण, कायस्थ और वैश्य थे।[54] ब्रह्म आंदोलन को लगभग पूरी तरह इन्हीं समूहों का संरक्षण प्राप्त था और भले ही यह कलकत्ता से छोटे कस्बों और दूसरे प्रांतों तक फैला, फिर भी यह जनता से कटा ही रहा। सुधारकों ने सुधार को कभी जनता तक ले जाने की कोशिश भी नहीं की तथा सुधार की भाषा, जैसे राममोहन राय के गद्य की ठेठ संस्कृतमय बंगला, अशिक्षित किसानों और दस्तकारों की समझ से परे ही रही।[55] इसी तरह पश्चिमी भारत में प्रार्थना समाज के सदस्य पश्चिमी शिक्षा-प्राप्त चितपावन और सारस्वत ब्राह्मण, कुछ गुजराती सौदागर और

पारसी समुदाय के कुछ लोग थे।[56] 1872 में इस समाज के केवल अड़सठ सदस्य और लगभग 150–200 समर्थक थे।[57] मद्रास प्रेसिडेंसी में, जहाँ अंग्रेज़ी शिक्षा की प्रगति बहुत धीमी रही और ब्राह्मणों का जातिगत वर्चस्व अप्रभावित रहा, सुधार के विचार और भी देर से सामने आए। वास्तव में उन्नीसवीं सदी के आरंभिक वर्षों के सुधार आंदोलनों का सामान्यत: सवर्ण चरित्र ही जाति के प्रश्न पर अपनी सापेक्ष चुप्पी की एक बड़ी हद तक व्याख्या करता है। समाजसुधार के एक मुद्दे के रूप में छुआछूत का प्रश्न बीसवीं सदी में, पहले विश्वयुद्ध के बाद भारत के सार्वजनिक जीवन में महात्मा गांधी के उदय के बाद ही उठाया गया (विस्तार के लिए अध्याय 7.2 देखें)।[58] एक व्यापक सामाजिक आधार के अभाव में उन्नीसवीं सदी के आरंभ के सुधारकों ने इसी कारण उपनिवेशी शासन की कृपाकारी प्रकृति में एक सहज विश्वास का परिचय दिया और ऊपर से सुधारों के आरोपण के लिए कानूनों पर भरोसा किया। आधारभूत स्तर पर एक सुधारवादी सामाजिक चेतना पैदा करने की कोई कोशिश या कोई खास कोशिश नहीं की गई; आगे चलकर धार्मिक पुनरुत्थानवाद को एक उपजाऊ ज़मीन इसी स्तर पर मिली।

उतना ही महत्त्वपूर्ण सुधारों का यह उपनिवेशी चरित्र था, क्योंकि भारतीय सुधार के रवैये एक महत्त्वपूर्ण अर्थ में उपनिवेशी सोच को और इस तरह उपनिवेशी नीति-निर्माताओं के द्वैध-भाव को प्रतिबिंबित करते थे। उन दिनों की एक अहम उपनिवेशी मान्यता यह थी कि धर्म भारतीय समाज का आधार है और यह धर्म ग्रंथों में सूत्रबद्ध है। इस उपनिवेशी सोच ने यह मान लिया कि देशी समाज ग्रंथों के आदेशों के आगे पूरी तरह सर झुका लेता है। सामाजिक बुराइयों को स्वार्थी व्यक्तियों के हाथों ग्रंथों की विकृति के परिणाम माना गया; इस उदाहरण में स्वार्थी लोग थे धूर्त ब्राह्मण पुरोहित जिनका इन ग्रंथों के ज्ञान पर एकाधिकार था। इस तरह उपनिवेशी शासन के सभ्यताकारी लक्ष्य को इस बात में निहित माना गया कि उसने देशी लोगों को उनके अपने **शास्त्रों** की सच्चाइयाँ वापस लौटाईं, जिनको कम ही पढ़ा और उससे भी कम समझा जाता था। लता मणि (1998) का तर्क है कि सती संबंधी पूरी बहस का आधार शास्त्रों में था: उपनिवेशी शासन ने उस पर प्रतिबंध लगाने का निर्णय तभी किया, जब उसे विश्वास हो गया कि यह प्रथा शास्त्रसम्मत नहीं थी। चूँकि उपनिवेशी शासक सबसे अधिक महत्त्व ग्रंथों को देते थे, इसलिए भारतीय सुधारकों ने और उनके निंदकों ने भी अपने-अपने पक्ष के समर्थन में प्राचीन धार्मिक ग्रंथों का ही उल्लेख किया। इस प्रथा की निर्ममता या अनौचित्य या सुधार जिनके लिए थे उन्हीं स्त्रियों की दशा जैसे प्रश्न उस विवाद के लिए कम महत्त्वपूर्ण थे, जो परंपरा के निरूपण पर अधिक केंद्रित था। मणि के शब्दों में, "स्त्रियाँ न विषयी (subjects) थीं न विषय (objects) थीं, बल्कि **सती** संबंधी संवाद के आधार थीं ... स्वयं स्त्रियाँ इस विवाद के लिए अप्रासंगिक हैं।"[59] यह बात विधवा-पुनर्विवाह संबंधी बहस[60] के और आगे चलकर बालिका-हत्या पर लगे प्रतिबंध संबंधी बहस के बारे में[61] कही जा सकती है। इस तरह ग्रंथों ने, जिनको हाल में प्राच्यवादियों ने उछाला था, सामाजिक सुधारों को वैधता प्रदान की और स्त्रियों को अपनी स्वयं की मुक्ति में

भी निमित्त कारण नहीं माना गया (स्त्री-विषयक प्रश्नों पर और अधिक विवेचना के लिए अध्याय 7.5 देखें)।

इसके साथ हम पहुँचते हैं उपनिवेशी मानसिकता के अंदरूनी तनावों पर, क्योंकि यह कहना सही नहीं है कि भारतीय सुधारवादी संवाद कुछेक उपनिवेशी प्रस्तुतियों (formulations) को ही प्रतिबिंबित करते थे। सच तो यह है कि राममोहन राय की आरंभिक रचनाएँ भारतीय स्त्रियों की दशा में सुधार के "मानववादी आग्रहों" से भरी हुई हैं।[62] सतीप्रथा के उन्मूलन का समर्थन करने के लिए उन्होंने ग्रंथों की बात की, क्योंकि एक सजग उपनिवेशी सरकार को और परिवर्तन को स्वीकार करने में हिचक रहे एक अक्खड़ हिंदू समाज से अपना सुधार वे इसी तरह मनवा सकते थे। लेकिन इस परंपरावाद के बावजूद, जैसा कि तपन रायचौधुरी का तर्क है, उनके (राय के) निर्णायक तर्क "समकालीन नारीवाद (feminism) के मुहावरों और रवैयों के पूर्वगामी" थे।[63] राय का बुद्धिवाद वास्तव में उपनिवेश-पूर्व विचार था। अपनी आरंभिक फ़ारसी रचनाओं में उन्होंने धर्म के प्रति पूरी तरह बुद्धिवादी रुख अपनाया था, जो स्वयं धर्म के निषेध के लगभग बराबर था। लेकिन कलकत्ता में ईसाईयत और पश्चिमी मुक्त व्यापारवादी सोच के संपर्क में आने के बाद वे कुछ और भी नरम या संभवतः अधिक दुविधाग्रस्त हो गए।[64] यह बात हमें माननी ही होगी कि परंपरा और आधुनिकीकरण का एक तीखा विभाजन बौद्धिक स्तर पर उन्नीसवीं सदी के भारत में सुधारों की प्रक्रिया की समझ में सहायक नहीं होगा।[65] सुधारकों के रुख में नज़र आनेवाला द्वैध-भाव स्पष्टतः एक उपनिवेशी संदर्भ की उपज था। उपनिवेशी संवादों के एक सर्वसमावेशी प्रभाव के दावों के विपरीत कोई यह भी कह सकता है कि कोई भी वर्चस्व कभी इतना निरपेक्ष नहीं होता कि स्वतंत्रता के लिए कुछ जगह ही न बचे। भारत के आधुनिकतावादी हालाँकि समर्थन और मार्गदर्शन के लिए उपनिवेशी राजसत्ता की ओर देखते थे और उनकी सोच ज्ञानोदय काल के बाद के बुद्धिवाद से निर्धारित हुईं, फिर भी न तो वे अपनी परंपरा को छोड़ सकते थे, न अपनी भारतीय पहचान भूल सकते थे। इसलिए भारत में आधुनिकीकरण की परियोजना हमेशा ऐसी आधुनिकता के निर्माण की विवशता अनुभव करती रही, जिसकी जड़ें भारतीय संस्कृति में हों। क्रिस्तोफ़ जेफ़्रीलॉ के शब्दों में उनके रुख को सामने रखें तो उन्होंने "अपने समाज और उसके धार्मिक तौर-तरीकों के सुधार का काम हिंदू परंपरा के मूल को सुरक्षित रखते हुए उनको पश्चिमी आधुनिकता के अनुसार ढालने के लिए हाथ में लिया।"[66] भारतीय बुद्धिजीवियों ने भारतीय राष्ट्रीयता के सांस्कृतिक उत्स की, उपनिवेशवादी पश्चिम से उसके अंतर की कल्पना धीरे-धीरे इसी परियोजना के माध्यम से की। लेकिन इस सांस्कृतिक उद्यम में निहित द्वैध-भाव या तनावों ने ही उसे आगे चलकर कमज़ोर बनाया और उसे उन्नीसवीं सदी के अंतिम वर्षों में परंपरा के और भी आक्रामक घोषणा के आगे असहाय बना दिया। जैसा कि हम देखेंगे, बाद के ये सांस्कृतिक आंदोलन भी एक ही समय में भारतीय परंपरा की उपनिवेशी प्रस्तुतियों पर संदेह करने और उनसे तालमेल बिठाने की एक पेचीदा बौद्धिक परियोजना में शामिल थे।

## 3.2 किसान और आदिवासी विद्रोह

भारतीय समाज के कुलीन जब पश्चिम की नैतिक समालोचनाओं का जवाब देने के लिए अपने समाज को अंदर से बदलने हेतु धार्मिक और सामाजिक सुधारों का श्रीगणेश कर रहे थे तब ग्रामीण समाज उपनिवेशी शासन के आरोपण का जवाब एक बिलकुल अलग ढंग से दे रहा था। पढ़े-लिखे नगरवासियों के विपरीत उपनिवेशी दबावों के फलस्वरूप बरबाद हो रहे परंपरागत कुलीनों और किसानों का प्रत्युत्तर प्रतिरोध और अवज्ञा वाला था, जिसका परिणाम पुरानी व्यवस्था की पुनर्स्थापना के असफल प्रयासों का एक सिलसिला था। ऐसा नहीं कि मुगलकालीन भारत के लिए किसान विद्रोह अनजाने थे; वास्तव में अठारहवीं सदी के पूर्वार्द्ध में तो वे बहुत फैले, जब मालगुज़ारी की बढ़ती माँगों ने मुगल समाधान (compromise) को भंग कर दिया, किसानों के निर्वाह की व्यवस्थाओं को प्रभावित किया तथा मुगलों की प्रांतीय नौकरशाही उसकी वसूली के लिए अधिकाधिक आततायी और कठोर होती गई (अध्याय 1.1 देखें)। जब उपनिवेशी व्यवस्था ने अपने पाँव जमाए, अपनी शक्ति बढ़ाई तथा मालगुज़ारी संबंधी अनेक प्रयोग किए, जिनका एकमात्र उद्देश्य मालगुज़ारी की आय को बढ़ाना था, तब यह प्रवृत्ति और भी व्यापक हो उठी। इसलिए उपनिवेशी शासन के प्रतिरोध का इतिहास उसी के जितना पुराना है।

अठारहवीं सदी के अंतिम और उन्नीसवीं सदी के आरंभिक वर्षों में कंपनी की सरकार के मालगुज़ारी संबंधी सुधारों ने भारत के ग्रामीण समाज को बुनियादी तौर पर प्रभावित और परिवर्तित किया। इस नए ढाँचे की एक झलक पाने के लिए हम डेनियल थॉर्नर और डी. एन. धनगरे द्वारा विकसित सामान्य मॉडल[67] का सहारा ले सकते हैं, जिसमें हम निश्चित ही क्षेत्रीय भिन्नताओं की संभावना रखेंगे। इस मॉडल में पहला समूह बड़ी जागीरों, अकसर अनेक गाँवों पर आधारित जागीरों, पर मालिकाना अधिकारों से संपन्न ज़मींदारों का था। ये एक अनुपस्थित लगानभोगी वर्ग के लोग थे, जिनकी भूमि के प्रबंध या कृषि के सुधार में दिलचस्पी नहीं थी या नहीं के बराबर थी। दूसरे समूह में धनी किसान आते थे, जिनको आगे दो उपसमूहों में बाँटा जा सकता था: धनी भूस्वामी और धनी पट्टेदार (tenant) में। ज़मीन पर पहले उपसमूह को मालिकाना हक प्राप्त थे, पर आम तौर पर अपने ही गाँव में और वे खेती में खुद भाग भले ही न लेते हों, उसमें निजी रुचि ज़रूर लेते थे। दूसरी ओर धनी पट्टेदारों के पास काफ़ी बड़ी जोतें होती थीं, उनके दखली अधिकारों को सुरक्षा प्राप्त होती थी और वे अपने ज़मींदारों को नाममात्र लगान देते थे। तीसरे समूह में मझोले किसान आते थे जिनको इन उपसमूहों में बाँटा जा सकता था: (1) मझोले आकार की जोतों के स्वामी या आत्मनिर्भर किसान जो पारिवारिक श्रम के सहारे काम करते थे, और (2) बड़ी जोतों वाले पट्टेदार जो दूसरी विशेष सुविधाओं से संपन्न पट्टेदारों से अधिक लगान देते थे। चौथे समूह में गरीब किसान आते थे अर्थात् ऐसी छोटी जोतों के स्वामी जो परिवार के निर्वाह के लिए पर्याप्त नहीं होती थीं, छोटी जोतों वाले पट्टेदार जिनको पट्टेदारी की कोई सुरक्षा प्राप्त नहीं थी तथा

बटाईदार या गैर-दखली काश्तकार। धनगरे के अनुसार पाँचवाँ समूह भूमिहीन मज़दूरों का होता था।

ऊपर बताया गया ढाँचा उत्पादन के संबंधों पर आधारित एक मनमाना ढाँचा है और सभी क्षेत्रों में ऐसी सभी श्रेणियाँ नहीं पाई जातीं। और भी सामान्यत: कहें तो यह एक पिरामिड के आकार का खेतिहर समाज था, जिसमें 65 से 70 प्रतिशत खेतिहर आबादी ज़मीन की मालिक नहीं थी। वास्तव में खेतिहर सामाजिक ढाँचे की इन जटिलताओं का 1857 के पहले की अपेक्षा उन्नीसवीं सदी के अंतिम वर्षों में और भी भरपूर विकास हुआ। 1857 के बाद के काल में, डेविड हार्डिमन के वर्गीकरण का सहारा लें तो और भी व्यापक ढंग से भारतीय खेतिहर समाज को तीन श्रेणियों में रखा जा सकता था: ग्रामीण धनिक (magnates) जो ज़मींदारों की हैसियत से धीरे-धीरे अपनी शक्ति बढ़ाते जा रहे थे, धनी किसान या कृषक, और गरीब किसान।[68] अकसर तर्क दिया जा सकता है कि अधिक स्वतंत्र होने के नाते धनी या मझोले किसान हमेशा अत्यधिक अतिवादी तत्त्व होते थे, जो किसान विद्रोहों का आरंभ कर सकें या उन्हें जारी रख सकें। लेकिन अठारहवीं सदी के अंतिम या उन्नीसवीं सदी के आरंभिक वर्षों में भारत में कंपनी की सरकार के भूमिसुधारों ने और मालगुज़ारी की भारी माँगों ने पूरी ग्रामीण आबादी को इतनी बुरी तरह प्रभावित किया कि देश के विभिन्न भागों में किसान वर्ग के सभी हिस्सों ने अनेक हिंसक प्रतिरोधों में भाग लिया। इसी कारण हम "किसानों" की बात करेंगे जो कंपनी राज के विरुद्ध खड़े हुए, और उनकी बातें करेंगे जो उस राज के समर्थक थे या उससे लाभान्वित हुए, बजाय इसके कि उनके अंदर और भी सूक्ष्म भेदों की बात करें।

ब्रिटिश राज की पहली सदी के दौरान सबसे पहले विद्रोहों का एक सिलसिला देखा जा सकता है, जिनको कैथलीन गफ़ ने "पुनःप्रतिष्ठा विद्रोह" (restorative rebellions) कहा है। इसका कारण है कि इनका आरंभ असंतुष्ट स्थानीय शासकों, मुगल अधिकारियों और संपत्ति से वंचित ज़मींदारों ने किया। अधिकांश मामलों में उनको स्थानीय किसानों का समर्थन मिला, जिनका पहला उद्देश्य पुरानी व्यवस्था को या पहले के खेतिहर संबंधों को बहाल करना था। इस क्रम में 1778-81 के दौरान अवध के राजा चैतसिंह और दूसरे ज़मींदारों के विद्रोह का और उसके बाद 1799 में अवध के अपदस्थ नवाब वज़ीर अली के विद्रोह का उल्लेख किया जा सकता है।[69] वहाँ और खासकर अवध के उत्तरी और दक्षिणी भागों में 1830 के दशक तक कठिनाइयाँ जारी रहीं और मालगुज़ारों के लिए समस्याएँ खड़ी होती रहीं। उसके बाद 1842 में बुंदेला राजपूत सरदारों ने विद्रोह किया, जिससे कुछ वर्षों तक इस क्षेत्र में खेती ठप रही और व्यापार मार्ग खतरों से भरे रहे। दक्षिण में उत्तरी अर्काट के तिरुनेल्वेली ज़िले में और आंध्र के समर्पित (ceded) ज़िलों में 1799 और 1805 के बीच मद्रास सरकार को स्थानीय सरदारों का कड़ा विद्रोह झेलना पड़ा जिनको पालेगर कहा जाता था। जहाँ कंपनी की सरकार उन्हें केवल सैन्य-सेवा के बदले बंदोबस्त पानेवाले ज़मींदार मानती थी, वहीं स्थानीय किसान समाज में उनको

ऐसे प्रभुतासंपन्न शासक समझा जाता था, जिन्होंने सत्ता मुगलों से पहले के विजयनगर साम्राज्य से विरासत में पाई थी। इसलिए जब उन्होंने कंपनी के दस्तों का प्रतिरोध किया, तो स्थानीय किसान समाज ने उनका न केवल खुलकर समर्थन किया, बल्कि उनको लोकनायक तक माना।[70] दक्षिण में ही पझसी राजा का विद्रोह हुआ, जिसने 1796-1805 के दौरान मलाबार को हिलाकर रख दिया और फिर त्रावणकोर रजवाड़े के दीवान वेल्लु थंपी ने विद्रोह किया, जिसकी कमान में पेशेवर सिपाहियों और किसान स्वयंसेवकों की एक बड़ी सेना थी। लेकिन इन सभी हथियारबंद विद्रोहों को अंततः ब्रिटिश सेना ने कुचल डाला। कुछ मामलों में विद्रोहियों को उनके अधिकार मालगुज़ारी की कुछ अधिक नरम शर्तों के साथ वापस लौटा दिए गए। लेकिन अधिक सामान्य ढंग से कहें तो उन्हें गफ़ के शब्दों में "निवारक बर्बरता" (exemplary savagery) के साथ कुचल दिया गया।[71]

किसानों ने अकसर पहल करके ब्रिटिश राज का प्रतिरोध किया। बंगाल के उत्तरी ज़िलों में 1783 का रंगपुर विद्रोह ऐसे विरोध का एक आदर्श उदाहरण है। मालगुज़ारी की वसूली के ठेकों वाले आरंभिक दिनों में मालगुज़ारी की भारी माँगें करके और अकसर अवैध करों (cesses) की वसूली करके मालगुज़ार और कंपनी के अधिकारी किसानों का दमन करते थे। देवी सिंह या गंगागोविंद सिंह जैसे मालगुज़ार सबसे बुरे अपराधी थे, जिन्होंने रंगपुर और दीनाजपुर ज़िलों के गाँवों में आतंक का साम्राज्य फैला रखा था। किसानों ने पहले तो उद्धार की गुहार लगाते हुए कंपनी की सरकार को एक प्रार्थनापत्र भेजा। लेकिन जब उनकी न्याय की प्रार्थना अनसुनी कर दी गई तब उन्होंने अपने आपको संगठित किया, अपना एक नेता चुना, एक बड़ी सेना तैयार की, आदिम तीर-कमानों और तलवारों से स्वयं को लैस किया, स्थानीय **कचहरी** पर हमला किया, अनाज के गोदाम लूटे और कैदियों को जबरन छुड़ा लिया। सुगत बोस ने जिन चीज़ों को "उपनिवेश-पूर्व शासन व्यवस्था के प्रतीक" कहा है, उनके नाम पर विद्रोहियों ने अपने आंदोलन को वैध ठहराने के प्रयास किए। उन्होंने अपने नेता को 'नवाब' कहा, अपनी सरकार बनाई और अपने आंदोलन का खर्च उठाने के लिए कर वसूल किए। देवी सिंह की अपील पर वॉरेन हेस्टिंग्ज़ के काल में कंपनी की सरकार ने विद्रोह के दमन के लिए दस्ते भेजे। लेकिन उसके निर्मम दमन के बाद मालगुज़ारी-ठेका की व्यवस्था में कुछ सुधार भी किए गए।[72] इसी तरह दक्षिण में टीपू सुल्तान की निर्णायक हार और मैसूर के पुराने राजघराने की पुनःस्थापना के बाद मालगुज़ारी की माँगें बढ़ा दी गईं, जिसका बोझ अंततः किसानों पर पड़ा। भ्रष्ट अधिकारियों की निर्मम लूट-खसोट ने उनकी निराशाजनक स्थिति को और भी बदतर बनाया और नागर प्रांत में उन्हें 1830-31 में खुले विद्रोह के लिए प्रेरित किया। यहाँ भी विद्रोहियों ने अपने नेता चुने, मैसूर के शासकों की सत्ता को ललकारा और आखिरकार आगे बढ़ रही ब्रिटिश सेना के आगे टिक न सके।

इस काल के अनेक किसान आंदोलनों में धर्म ने एक महत्त्वपूर्ण भूमिका निभाई और निरूपण का ऐसा ढर्रा सामने रखा, जिसके सहारे किसानों ने ब्रिटिश राज को समझा और

प्रतिरोध की धारणा विकसित की। दूसरे शब्दों में, उनके धर्म ने ही उनकी प्रतिरोध की विचारधारा का निरूपण किया। इनमें सबसे पहला विद्रोह संन्यासी-फ़कीर विद्रोह था, जिसने 1763 और 1800 के बीच उत्तरी बंगाल को तथा बिहार के साथ लगे क्षेत्रों को हिलाकर रख दिया। अपनी लड़ाकू परंपरा के लिए विख्यात दसनामी संन्यासी भूस्वामी थे, सूद पर पैसा चलाते थे तथा कच्चे रेशम, खुदरा मालों, खुरदुरे कपड़ों, ताँबे और मसालों का व्यापार करते थे। शाहे मदार के आरंभ किए हुए सूफ़ी सिलसिले से अपना नाता जोड़नेवाले मदारी फ़कीरों को मुगलकाल में माफ़ी की (लगानमुक्त) ज़मीनें मिली हुई थीं और उनके अपने सशस्त्र अनुयायी होते थे। लेकिन हथियारबंद घुमक्कड़ संन्यासियों के ये समूह कंपनी की मालगुज़ारी की भारी माँगों, माफ़ी की ज़मीनों की ज़ब्ती और व्यापार पर एकाधिकार से प्रभावित हुए। फिर 1769-70 के अकाल से पीड़ित होनेवालों, दुखी छोटे ज़मींदारों की एक बड़ी संख्या, घर बिठा दिए गए सैनिकों और गाँवों की गरीबों के कारण उनकी कतारें और भी बढ़ीं। इन दोनों धार्मिक समूहों की उल्लेखनीय दार्शनिक निकटता, उनके आपसी संबंधों, सांगठनिक तंत्र और अनुयायियों से संवाद के तंत्र ने विद्रोहियों की लामबंदी में सहायता पहुँचाई।[73] लेकिन टकराव अगर अपरिहार्य हुआ तो इसलिए कि कंपनी की सरकार हथियारबंद संन्यासियों के ऐसे घुमक्कड़ गिरोहों को सहन करने को तैयार न थी, जो बंगाल में प्रतिरोध किए बिना नियमित रूप से मालगुज़ारी देनेवाले एक बसे-बसाए किसान समाज के पसंदीदा आदर्श को गंभीर चुनौती देते थे।[74] इसलिए 1760 के दशक के आरंभ से ही लेकर 1800 के दशक के मध्य तक संन्यासी-फ़कीर समूह और ईस्ट इंडिया कंपनी के सशस्त्र बलों के बीच बंगाल और बिहार के एक व्यापक क्षेत्र में बार-बार संघर्ष हुए। विद्रोह जब चरम सीमा पर पहुँचा तो भागीदारों की संख्या बढ़कर पचास हज़ार तक जा पहुँची थी, हालाँकि 1800 के बाद यह कम होने लगी। लेकिन पूर्वी बंगाल के मैमनसिंह ज़िले के शेरपुर परगना में एक और आंदोलन उठ खड़ा हुआ; **वहाँ** करीम शाह और फिर उसके वारिस टीपू शाह ने गारो, हजंग और हादी जैसे हिंदू रंग में रँगे कबीलों के बीच एक नए धार्मिक आंदोलन का आरंभ किया। इस क्षेत्र में कंपनी के शासन ने जब जड़ें जमाईं और स्थायी बंदोबस्त के तहत ज़मींदारी व्यवस्था और भी मज़बूत हुई, तो ज़मींदारों द्वारा वसूले जा रहे अवैध अबवाब (करों) और डिप्टी कलेक्टर डनबर द्वारा किए गए नए मालगुज़ारी बंदोबस्त के विरुद्ध किसानों की शिकायतें बढ़ती गईं। ऐसी स्थिति में 1824 के आसपास टीपू के पागलपंथी संप्रदाय ने एक नई व्यवस्था और न्यायसंगत लगानों का वादा पेश किया। यह नई भावना धीरे-धीरे पूरे क्षेत्र में व्याप्त हो गई और इसने एक हथियारबंद विद्रोह का रूप ले लिया, जिसको 1833 में सेना की मदद से कुचलना पड़ा।[75]

उन्हीं दिनों बंगाल के एक और भाग में तीतू मीर के नेतृत्व में तरीक़ा-ए-मुहम्मदिया (मुहम्मद साहब का तौर-तरीका)नाम से एक और धार्मिक आंदोलन विकसित हो रहा था। स्थानीय ज़मींदारों के एक किराये के लठैत रह चुकने के बाद तीतू ने मक्का की यात्रा की और सैयद अहमद बरेलवी से दीक्षा पाई। वापस आकर वे जमुना और इच्छामती

नदियों के दोनों ओर, 24-परगना ज़िला के उत्तरी भाग में 250 वर्गमील क्षेत्र में इस्लाम का प्रचार करने लगे। उनके अनुयायियों में मुख्यत: गरीब मुस्लिम किसान और दस्तकार थे, जो एक समुदाय के रूप में संगठित थे; अलग पहनावा और दाढ़ी उनकी पहचान थी। चूँकि किसानों की अपनी शक्ति की इस घोषणा ने सुस्थापित शक्ति-संबंधों को चुनौती दी, इसलिए स्थानीय ज़मींदारों ने उनपर अनेक प्रकार से अंकुश लगाने के प्रयास किए, जैसे दाढ़ी पर एक कर लगाकर। तीतू मीर और उनके अनुयायियों ने मौजूदा सत्ता को, जिसके प्रतिनिधि स्थानीय ज़मींदार, निलहे साहब और राज्य थे, ललकारा, अपनी खुद की एक व्यवस्था स्थापित की, करों की वसूली शुरू की और इलाके में आतंक फैला दिया। अंतत: सरकार को सेना और तोपखाने को लामबंद करना पड़ा और तीतू मीर का आंदोलन कुचलने के लिए 16 नवंबर 1831 को उनके बाँसों के किलों को ध्वस्त कर दिया गया।[76]

लगभग उन्हीं दिनों हाजी शरीअतुल्लाह के नेतृत्व में पूर्वी बंगाल के किसानों में फ़राइज़ी आंदोलन नाम का एक और धार्मिक आंदोलन विकसित हुआ। ऊपर वर्णित तरीक़ा-ए-मुहम्मदिया आंदोलन की मूल प्रेरणा अठारहवीं सदी के दिल्ली के सूफ़ी संत शाह वलीउल्लाह की शिक्षाओं में निहित थी और उसे प्रोत्साहन रायबरेली के शाह सैयद अहमद से मिलता था, जिनको उपनिवेशी भाषा में आम तौर पर 'वहाबी' कहा जाता था।[77] दूसरी ओर फ़राइज़ी आंदोलन देसी मूल का था। उसने सभी गैर-इस्लामी आचार-विचारों को बाहर निकालकर और कुरान को उसका एकमात्र आध्यात्मिक मार्गदर्शक ठहराकर इस्लाम को शुद्ध करने का प्रयास किया। इस आंदोलन का महत्त्व उसकी सामाजिक जड़ों में निहित था, क्योंकि पूर्वी बंगाल के गरीब ग्रामीण मुसलमान इस धार्मिक संघ में एकजुट हुए, और उन्होंने ज़मींदारों, निलहे साहबों और ब्रिटिश शासकों के विरुद्ध विद्रोह किया। हालाँकि उनके गुस्से का शिकार मुख्यत: हिंदू ज़मींदार हुए, पर मुसलमान ज़मींदार भी अपने को सुरक्षित अनुभव नहीं करते थे।[78] जब 1839 में शरीअतुल्लाह की मृत्यु हुई तो उनके बेटे दूधू मियाँ ने नेतृत्व सँभाल लिया और एक समतावादी विचारधारा के आधार पर किसानों को एकजुट किया। उसकी घोषणा थी कि सारी ज़मीन अल्लाह की है और इस कारण उसपर लगान या कर वसूल करना खुदाई कानून के विरुद्ध है।[79] उसने फ़रीदपुर, बाकरगंज, ढाका, पबना, टिपरा, जैसोर और नोआखली ज़िलों में ग्राम स्तर के संगठनों का एक जाल तैयार किया। वह ब्रिटिश न्यायिक संस्थाओं के विकल्प रूप में स्थानीय अदालतें लगाता था और अपने आंदोलन का खर्च चलाने के लिए कर वसूल करता था। 1840 और 1850 के दशकों में ज़मींदारों और निलहों के साथ लगातार हिंसक टकराव होते रहे। 1862 में दूधू मियाँ की मृत्यु के बाद आंदोलन में अल्पकालिक ठहराव तो आया, पर उसके उत्तराधिकारी नया मियाँ ने 1870 के दशक में एक और ही स्तर पर उसे नए सिरे से संगठित किया (और विस्तार के लिए अध्याय 4.2 देखें)।

1840 और 1850 के दशकों में ऐसा ही एक और आंदोलन जिसमें धर्म की एक महत्त्वपूर्ण भूमिका रही, दक्षिण भारत के मलाबार क्षेत्र का मोपला विद्रोह था। ये मोपला

(या मपिला) उन अरब व्यापारियों के वंशज थे जो इस क्षेत्र में बस गए थे और जिन्होंने यहीं की नायर और तीयर स्त्रियों से विवाह किए थे। बाद में निचली जातियों के हिंदुओं के जैसे चेरुमार नाम की दास जाति के धर्म-परिवर्तन के कारण उनकी संख्या और बढ़ी; 1843 के दासप्रथा उन्मूलन कानून (स्लेवरी ऐबोलिशन ऐक्ट) ने इन चेरुमारों को और भी अधिक सामाजिक समस्याओं में फँसा दिया था।[80] ये मोपला धीरे-धीरे खेती पर निर्भर होते गए और खेतिहर पट्टेदारों, भूमिहीन मज़दूरों, छोटे व्यापारियों और मछुआरों के समुदाय बन गए। अंग्रेज़ों ने जब 1792 में मलाबार को जीता, तो उन्होंने ज़मीन में वैयक्तिक संपत्ति के अधिकार पैदा करके भूमि-संबंधों को नया रूप देने के प्रयास किए। परंपरागत व्यवस्था में ज़मीन की मात्र पैदावार जेनमी (जेनम पट्टेदार), कनामदार या कनाक्करन (कनम पट्टेदार) और खेतिहर के बीच बराबर-बराबर बँट जाती थी। जेनमी को ज़मीन का एकमात्र स्वामी स्वीकार करके और उसे पट्टेदार को बेदखल करने का अधिकार देकर ब्रिटिश व्यवस्था ने इस बंदोबस्त को उलट-पुलट दिया और बाकी दो श्रेणियों को पट्टेदारों और लगानदारों के स्तर तक गिरा दिया। इसके अलावा, अति-आकलन (over-assessment), अवैध करों के भारी बोझ तथा न्यायपालिका और पुलिस के ज़मींदार-समर्थक रवैये का अर्थ यह था कि के. एन. पणिक्कर के अनुसार मलाबार के किसान "ज़मींदार और राज्य की दोहरी वसूलियों के कारण बेहद बदहाली की दशाओं में रहते और काम करते थे।"[81]

इसलिए पूरी उन्नीसवीं सदी में ऐसी घटनाओं की एक शृंखला सामने आई, जो दमन और शोषण के कृत्यों के विरुद्ध ग्रामीण गरीबों के विरोध और प्रतिरोध को व्यक्त करती थी।[82] लेकिन इन खेतिहर संबंधों का सबसे अहम पहलू यह था कि अधिकांश जेनमी सवर्ण हिंदू थे और किसान मोपला मुसलमान थे। इस सामाजिक चौखटे के अंदर वेलियमकोड के उमर काज़ी, मम्बुरम के सैयद अलवी तंगल और उनके बेटे सैयद फ़ज़्ल पूक्कोया तंगल तथा सैयद सनाउल्लाह मकटी तंगल ने ऐसी जनप्रिय विचारधारा को नवजीवन देने में महत्त्वपूर्ण भूमिका निभाई, जिसमें धर्म और आर्थिक शिकायतों ने घुल-मिलकर खुले विद्रोह की मानसिकता को जन्म दिया। मस्जिदें लामबंदी के केंद्र बन गईं और उनके निशाने पर थे हिंदू जेनमी, उनके मंदिर और वे ब्रिटिश अफ़सर जो उनको बचाने के लिए आगे बढ़ते थे। तीन गंभीर घटनाएँ हुईं–मंजेरी में अगस्त 1849 में, कुलातूर में अगस्त 1851 में (ये दोनों स्थान दक्षिणी मलाबार में हैं) और उत्तर में स्थित मत्तनूर में जनवरी 1852 में। विद्रोह को कुचलने के लिए ब्रिटिश सशस्त्र बल लगाए गए। दमन के कृत्यों ने लगभग बीस साल तक शांति बनाए रखी, पर मोपले 1870 में फिर विद्रोह कर बैठे और घटनाओं का क्रम इस बार भी लगभग वैसा ही रहा (अध्याय 4.2 देखें)।

1857 से पहले के कुछ किसान विद्रोहों में शुद्ध रूप से आदिवासी जनता ने भाग लिया, जिसकी राजनीतिक स्वतंत्रता के लिए तथा स्थानीय संसाधनों पर जिसके नियंत्रण के लिए ब्रिटिश राज की स्थापना और उसके गैर-आदिवासी कारिंदों (एजेंटों) के

आगमन के कारण खतरे पैदा हो गए थे। उदाहरण के लिए, भील पहले मराठा भू-भाग में स्थित खानदेश की पहाड़ियों में संकेंद्रित (concentrated) थे। इस क्षेत्र पर 1818 में अंग्रेज़ों का अधिकार होने के साथ यहाँ बाहरी लोग पहुँचे और इन भीलों का सामुदायिक जीवन अस्तव्यस्त हो गया। 1819 में ब्रिटिश सेना ने एक आम भील विद्रोह को कुचला और हालाँकि उनको शांत करने के लिए कुछ सुलह-सफ़ाई के कदम उठाए गए, पर स्थिति 1831 तक अस्थिर ही बनी रही जब तक पुरंधर के रामोशी नेता उमाजी राजे को पकड़कर फाँसी नहीं दे दी गई। ज़िला अहमदनगर के कोली आदिवासी कबीले के लोग शक्ति के लिए भीलों के स्थानीय प्रतियोगी थे; उन्होंने (कोलियों ने) भी 1829 में अंग्रेज़ों को चुनौती दी, लेकिन सेना के एक बड़े दस्ते ने जल्द ही उन्हें कुचल दिया। लेकिन विद्रोह की चिनगारी फिर भी सुलगती रही और 1844-46 में फिर भड़क उठी, जब एक स्थानीय कोली नेता ने दो साल तक ब्रिटिश सरकार की सफलतापूर्वक अवज्ञा की।[83] बिहार और उड़ीसा के छोटानागपुर और सिंहभूमि क्षेत्र में एक और प्रमुख आदिवासी विद्रोह, 1831-32 का कोल विद्रोह, हुआ। इन क्षेत्रों में आदिवासी सदियों से स्वतंत्र सत्ता का उपभोग करते आ रहे थे। लेकिन अंग्रेज़ों की पैठ और अंग्रेज़ी कानून के आरोपण ने अब कबीलों के पुश्तैनी सरदारों की सत्ता के लिए संकट पैदा कर दिए। उधर, बाहरी लोगों को अधिक लगान पर ज़मीनें उठाकर छोटानागपुर के राजा ने भी आदिवासियों को बेदखल करना शुरू कर दिया। गैर-आदिवासियों के इस बसाव ने और आम तौर पर सूड अर्थात् बाहरी कहे जानेवाले सौदागरों और सूदखोरों को निरंतर भूमि के हस्तांतरण ने एक जनविद्रोह को जन्म दिया, क्योंकि आदिवासियों की न्याय की पुकार अधिकारियों का दिल छूने में असफल रही। इस विद्रोह का रूप बाहरी लोगों की संपत्तियों पर हमलों का था न कि उनके जीवन पर। दूसरे शब्दों में, लूट-मार और तबाही किसानों के विरोध के प्रमुख ढंग थे, जबकि हत्या की दर नगण्य थी। लेकिन इस विद्रोह ने "कुछ ही सप्ताहों के अंदर छोटानागपुर से (ब्रिटिश) राज का सफ़ाया कर दिया।"[84] उथल-पुथल को कुचलने और व्यवस्था की पुनर्स्थापना के लिए ब्रिटिश सेना बुलानी पड़ी।

1855-56 का संथाल हूल (विद्रोह) इस काल का सबसे प्रभावशाली आदिवासी आंदोलन था। ये संथाल पूर्वी भारत के विभिन्न ज़िलों, जैसे—कटक, ढालभूमि, मानभूमि, बड़ाभूमि, छोटानागपुर, पालामऊ (पलामू), हज़ारीबाग, मेदिनीपुर, बांकुड़ा और बीरभूमि में बिखरे हुए थे। अपने घरों से भगाए जाने पर इन्होंने राजमहल की पहाड़ियों के आसपास का इलाका साफ़ किया और उसे **दामने-कोह** (पहाड़ का दामन) नाम दिया। आदिवासियों की ज़मीनें जब किराये पर गैर-आदिवासी ज़मींदारों और सूदखोरों को दे दी गईं, तो धीरे-धीरे वे हताशा की स्थिति में पहुँच गए। बाहरी लोगों (संथालों की भाषा में डीकू) की इस पैठ ने उनकी जानी-पहचानी दुनिया को एकदम नष्ट कर दिया और उनको अपने छिन चुके क्षेत्र को वापस पाने के लिए कार्रवाई पर विवश कर दिया। जुलाई 1855 में, जब ज़मींदारों और सरकार के नाम उनकी चेतावनी अनसुनी कर दी गई, तो तीर-कमान से लैस कई हज़ार संथालों ने "अपने उत्पीड़कों अर्थात् ज़मींदारों, महाजनों और सरकार

की अपवित्र तिकड़ी के विरुद्ध" खुला विद्रोह शुरू कर दिया।[85] यह विद्रोह तेज़ी से फैला तथा भागलपुर और राजमहल के बीच एक बड़े क्षेत्र में कंपनी का शासन लगभग पूरी तरह समाप्त हो गया, जिससे सरकारी तंत्र में बौखलाहट मच गई। इस चरण में निचली जातियों के गैर-आदिवासी किसान संथाल विद्रोहियों की सक्रिय सहायता कर रहे थे। विद्रोह के विरुद्ध निर्मम कदम उठाए गए, सेना लामबंद की गई तथा बदले की भावना से संथालों के गाँव एक के बाद एक करके जलाए जाने लगे। एक गणना के अनुसार विद्रोह के पूरी तरह कुचले जाने से पहले तक 30-50 हज़ार विद्रोहियों में से 15-20 हज़ार मारे जा चुके थे।[86] उसके बाद ब्रिटिश सरकार उनके बारे में और भी सावधान हो गई और संथाल आबादी वाले क्षेत्र को संथाल परगना नाम से एक अलग प्रशासनिक इकाई बना दिया गया, जिसमें उनकी अलग आदिवासी संस्कृति और पहचान को मान्यता दी गई थी।

ऊपर वर्णित किसान विद्रोह पूरे उपमहाद्वीप में हुए इसी प्रकार के आंदोलनों की एक लंबी सूची में शामिल कुछ प्रमुख आंदोलन हैं। उनके उद्गम और चरित्र के बारे में कोई भी सामान्यीकरण जोखिम का काम होगा। फिर भी एक बहुत व्यापक अर्थ में हम कह सकते हैं कि उपनिवेशी काल में बदलते आर्थिक संबंधों ने किसानों का दुख बढ़ाया और उनकी तकलीफ़ इन विभिन्न विद्रोहों में व्यक्त हुई। उपनिवेश-पूर्व काल में भारत की खेतिहर अर्थव्यवस्था जीवन निर्वाह की सोच पर आधारित थी। किसान इससे परेशान नहीं होते थे कि उनसे कितना वसूल किया जा रहा है; दुर्लभता के माहौल में यदि उनकी मौलिक आवश्यकताओं के लिए पर्याप्त पैदावार छोड़ दी जाती थी तो भी वे विद्रोह नहीं करते थे। उपनिवेश-पूर्व काल का मुगल समझौता, जिसका वर्णन (अध्याय 1 में) किया जा चुका है, अठारहवीं सदी में भंग हो गया। अब ज्यादा ज़ोरदार ढंग से अधिशेष वसूल किया जाने लगा। इससे किसानों के निर्वाह के बंदोबस्त प्रभावित हुए और फिर बार-बार किसान विद्रोह फूटे; उपनिवेशी मालगुज़ारी व्यवस्था ने इस प्रक्रिया को और मज़बूत ही बनाया। लेकिन जैसा कि हमने पिछले अध्याय में देखा, उपनिवेशी खेतिहर अर्थव्यवस्था में निरंतरता से अधिक परिवर्तन का तत्त्व पाया जाता था। भारतीय अर्थव्यवस्था को विश्व पूँजीवादी व्यवस्था में खींचने की ब्रिटिश मुहिम और पूँजीवादी कृषि के विकास के प्रयासों ने अनेक मामलों में खेतिहर संबंधों पर विनाशकारी प्रभाव डाला। भूमि से संपत्ति के अधिकार और फलस्वरूप एक भूमि बाज़ार के सृजन के कारण प्रथासम्मत उत्पादक संबंधों की जगह अनुबंध ने ले ली। व्यवसायीकरण बढ़ा तो धीरे-धीरे **खिराज** (tribute) की जगह मुनाफ़ा अधिशेष की वसूली का प्रमुख रूप हो गया, लेकिन इस रूपांतरण की प्रक्रिया कभी पूरी नहीं हुई। खिराज और मुनाफ़ा साथ-साथ चलते रहे, और इसका परिणाम खेतिहर संबंधों के सभी सुपरिचित मानकों का टूटना था।

उपनिवेशी शासन का परिणाम वही हुआ जिसे रणजीत गुहा ने "ज़मींदारी का पुनर्जन्म" कहा है।[87] संपत्ति के संबंधों में आए परिवर्तनों के कारण किसान अपने दखली अधिकारों से वंचित हो चुके थे और गैर-दखली काश्तकार बन चुके थे, अर्थात् उनकी

स्थिति में भारी परिवर्तन आया। ब्रिटिश सरकार ने पट्टेदारी के सवाल पर 1859 तक न विचार किया, न उनके अधिकारों की रक्षा के लिए कुछ किया। राज्य की भारी मालगुज़ारी की माँग का बोझ इसलिए किसानों पर आसानी से डाला जा सकता था; मालगुज़ारी के अधिकारियों के भ्रष्ट तौर-तरीकों और कठोर रवैयों ने उनकी बदहाली को और भी बढ़ाया। ज़मींदारों की किसानों के उत्पीड़न की शक्ति ब्रिटिश राज के अंतर्गत काफ़ी बढ़ी। उनके सैन्य बल पर वास्तव में कोई अंकुश नहीं लगा और ज़मींदार-दारोगा गठजोड़ के माध्यम से इसका व्यवहार होता रहा, जबकि नई अदालतों और लंबी न्यायिक प्रक्रियाओं ने उनकी दमन की शक्ति को और बढ़ाया। ज़मींदारों को उत्पीड़न के ऐसे **कारिंदे** समझा जाने लगा जिनको राज्य का संरक्षण प्राप्त था; इसलिए ज़मींदार विरोधी शिकायतें आसानी से अंग्रेज़ों के विरुद्ध भी होने लगीं। ज़मींदार पूँजीवादी उद्यम से अधिक लूट-खसोट में रुचि लेते थे, क्योंकि वे भी लगातार जानलेवा कानूनों के दबाव में और मालगुज़ारी की भारी माँगों के दबाव से परेशान रहते थे। भूमि बाज़ार के विकास से ज़मीनों के हस्तांतरण की दर बढ़ी और जिस बात ने इस प्रक्रिया को और तीव्र किया, वह था ऋणों का नया तंत्र। मालगुज़ारी की भारी माँग के कारण किसानों की ऋण की आवश्यकता बढ़ी और इस बात ने ग्रामीण समाज के ऊपर सूदखोरों और सौदागरों की शक्ति को और बढ़ाया। बढ़ती कर्ज़दारी के कारण ज़मीनों से बेदखलियाँ होने लगीं और ज़मीनें गैर-खेतिहर वर्गों के हाथों में जाने लगीं। रणजीत गुहा के शब्दों में ज़मींदार, सूदखोर और राज्य इस तरह "किसान पर प्रभुत्व का एक संश्लिष्ट तंत्र" बन गए।[88]

आदिवासी किसानों के दुखी होने के कुछ विशेष कारण भी थे। वे बसे-बसाए हिंदू किसानों के समाजों की परिधि पर रहते थे और उनकी संस्कृति में, जो एक समतावादी लोकाचार पर आधारित थी, एक स्वतंत्रता थी। कालक्रम में उनका क्रमिक हिंदूकरण उनको कर्मकांडी सोपानक्रम के दमन का शिकार बनाता रहा, और फिर ब्रिटिश मालगुज़ारी व्यवस्था के विस्तार ने आदिवासी संसार की स्वतंत्रता को पूरी तरह नष्ट कर दिया। आदिवासियों की ज़मीनें जब गैर-आदिवासी उत्पीड़कों अर्थात् ज़मींदारों और सूदखोरों के हाथों में जाने लगीं, तो वे वृहत्तर अर्थतंत्र में सिमट आए। फिर उनको नए जंगल कानून अपने स्वाभाविक अधिकारों पर अतिक्रमण समान लगने लगे। दूसरे शब्दों में, ब्रिटिश राज के आरोपण ने उनकी शक्ति, स्वतंत्रता और संस्कृति के स्वायत्त क्षेत्रों को मिटा डाला। बाहरी दखलअंदाज़ों, सूडों और डीकुओं, के हाथों उनके परिकल्पित स्वर्णिम अतीत के विनाश ने स्पष्ट है कि हिंसक प्रतिरोधों को जन्म दिया।

आरंभिक उपनिवेश काल के किसान और आदिवासी विद्रोहों पर अनेक दृष्टिकोणों से विचार किया गया है। ब्रिटिश प्रशासन उनको कानून और व्यवस्था की समस्याएँ मानता था और विद्रोहियों को सभ्यता का विरोध कर रहे आदिम जंगलियों के रूप में पेश किया जाता था। आगे चलकर राष्ट्रवादियों ने किसानों और आदिवासियों के इतिहासों को उपनिवेशवाद विरोधी संघर्ष के लिए अपनाने के प्रयास किए और उन्हें आधुनिक

राष्ट्रवाद के प्रागैतिहास के रूप में पेश किया। इतिहासकार एरिक स्टोक्स ने उन्हें "प्राथमिक प्रतिरोध" कहा था, अर्थात् "एक परंपरागत समाज का हिंसापूर्ण अवज्ञा का कृत्य जिसका परिणाम आम तौर पर उपनिवेशी शासन का आरोपण रहा।"[89] डी. एन. धनगरे जैसे दूसरे इतिहासकारों ने किसान विद्रोहों को 'प्राक्-राजनीतिक' कहा है, क्योंकि उनमें संगठन, कार्यक्रम और विचारधारा का अभाव था।[90] दूसरी ओर रणजीत गुहा का तर्क है कि "ग्रामीण जनसमूहों के ... जुझारू आंदोलनों में ऐसा कुछ भी नहीं था जो राजनीतिक न हो।"[91]

ऊपर हमने जिन विद्रोहों का वर्णन किया है वे कोई अराजनीतिक कृत्य न थे; वे ऐसे राजनीतिक कृत्य थे जिन्होंने, अनेक अलग-अलग ढंगों से ही सही, किसान वर्ग की राजनीतिक चेतना को दर्शाया। जैसा कि रणजीत गुहा (1994) ने दिखाया है, उन्होंने सबसे पहले तो ग्रामीण समाज में शक्ति के संबंधों की एक स्पष्ट चेतना का और सत्ता के उस ढाँचे को पलट देने के संकल्प का पता दिया। दमन के राजनीतिक स्रोतों के बारे में विद्रोही पूरी तरह सजग थे और यह बात उनके हमलों के निशानों से स्पष्ट हो जाती है–ज़मींदारों के घर, उनके अनाजों के भंडार, सूदखोर, सौदागर और आखिर में अंग्रेज़ों की राजसत्ता, जो उत्पीड़न के इन स्थानीय निमित्तों की रक्षा के लिए आगे आ जाती थी। शत्रुओं की एक स्पष्ट पहचान के साथ दोस्तों की समझ भी उतनी ही स्पष्ट थी। इन किसान विद्रोहों में जो चीज़ हम अकसर पाते हैं वह है प्रभुत्वशाली वर्गों की भाषा, संस्कृति और धर्म के साथ उत्पीड़ित जनता के संबंध का पुनर्निरूपण, हालाँकि उनके प्रतिरोध के अनेकानेक रूप रहे। ये विद्रोह अपराधों से भिन्न, राजनीतिक कृत्य थे, क्योंकि वे खुले और सार्वजनिक थे। संथालों ने पर्याप्त अग्रिम चेतावनी दी; रंगपुर के नेताओं ने विद्रोह के लिए किसानों पर एक शुल्क लगाया। सार्वजनिक सम्मेलन, सभाएँ और योजनाबंदी भी जारी रहीं, जो निश्चित ही एक कार्यक्रम का सूचक थीं। विद्रोहियों के अभियानों के शानदार समारोह भी हुए। समूहबद्ध श्रम का उपयोग करके इस सार्वजनिक चरित्र को और पुष्ट किया गया; जैसे संथालों ने विद्रोहियों के कृत्यों को अपने परंपरागत शिकार-कर्म के रूप में पेश किया, पर अब तो शिकार का भी एक नया राजनीतिक अर्थ था।

जहाँ तक किसान विद्रोहों के नेतृत्व का प्रश्न है, तो यह स्वयं विद्रोहियों की कतारों में से मिला। चूँकि नेतागण उन्हीं किसानों और आदिवासियों के सांस्कृतिक जगत के प्राणी थे जिनका वे नेतृत्व कर रहे थे, इसलिए उनका नेतृत्व अधिक प्रभावी रहा। लामबंदी सामुदायिक आधारों पर की जाती थी; रंगपुर का विद्रोह इसका अपवाद था। उपनिवेश काल के ग्रामीण समाजों में वर्गों, जातियों, नस्ली और धार्मिक समूहों के बीच कमोबेश तनाव पाए जाते थे और इसकी अभिव्यक्ति ग्रामीणों में दमन और निर्धनता की एक भयानक दशा में होती थी। अनेक मामलों में गरीब वर्गों के बीच एकता के सूत्र का काम धर्म ने किया और उनके नेता ऐसे धर्मगुरु थे जिन्होंने उनको पराप्राकृतिक (supernatural) साधनों से एक नए युग में ले जाने का वादा किया।[92] पूँजीवाद-पूर्व

समाजों में जहाँ वर्गीय चेतना कम विकसित थी और वर्गीय विचारधारा उपस्थित नहीं थी, धर्म ने विद्रोह की विचारधारा पेश की। इन धर्मगुरुओं ने सदाचारी जगत के विनाश की बातें कीं और इस तरह किसानों की चिंताओं को धार्मिक मुहावरों में व्यक्त किया। इस तरह धर्म ने उनके आंदोलनों को वैधता प्रदान की। ऐसे क्रांतिकारी मसीहावाद में करिश्माई नेताओं को जादुई शक्तियों से लैस समझा जाता था, और इस तरह उनकी शक्ति स्वयं ईश्वर की देन मानी जाती थी। इस तरह विद्रोह दैवी निर्देशों से प्रेरित था और एक उच्चतर सत्ता के उल्लेख से उसे वैधता मिलती थी। इस बात ने किसान विद्रोह को एक प्रेरणा भी दी और विचारधारा भी। ये किसान विद्रोह आधुनिक राष्ट्रवाद से भी भिन्न थे। विद्रोह का प्रसार स्थान और जातीय सीमा के बारे में विद्रोहियों की अपनी समझ पर निर्भर होता था; यह उस भौगोलिक क्षेत्र के अंदर सबसे अधिक प्रभावी होता था, जिसमें वह समुदाय विशेष रहता और काम करता था। उदाहरण के लिए, संथालों की लड़ाई उनकी 'पितृभूमि' के लिए थी। लेकिन कभी-कभी उपजातीय संबंध क्षेत्रीय सीमाओं के पार तक फैले होते थे; उदाहरण के लिए, कोल विद्रोह में हम विभिन्न क्षेत्रों के कोलों को एक साथ विद्रोह के लिए उठते हुए देखते हैं। समय के बारे में विद्रोहियों की अपनी समझ की भी एक महत्त्वपूर्ण भूमिका रही। अकसर एक दूरस्थ अतीत में एक "स्वर्ण युग" की धारणा में इतिहास का आह्वान किया जाता था।[93] उस परिकल्पित स्वर्णिम अतीत की पुनर्स्थापना की आकांक्षा ने किसानों की कार्रवाईयों के लिए एक विचारधारा प्रदान की; फ़राइज़ी और संथाल विद्रोह इसके प्रमुख उदाहरण थे।

ऊपर उल्लिखित अधिक संगठित आंदोलनों के अलावा हिंसक हथियारबंद विद्रोह, सामाजिक लूट, या 'कानूनी अराजकता (lawlessness)' भारत में ब्रिटिश राज की पहली सदी में आम थी। वास्तव में विद्रोह और सहयोग की सीमारेखा बहुत ही सूक्ष्म थी, क्योंकि जो लोग सहयोगी नज़र आते थे वे अकसर विजातीय शासकों के प्रति असंतोष और घृणा की भावना पाले रहते थे। उदाहरण के लिए, कलकत्ता का भद्रलोक ब्रिटिश साम्राज्य में आस्था रखता था और इसलिए उसने जोश के साथ किसान विद्रोहियों की आलोचना की; फिर भी उसने यह मुद्दा उठाया कि वफ़ादार संथालों ने साम्राज्य के विरुद्ध अकारण ही हथियार नहीं उठाए थे।[94] उधर, किसानों की ही तरह शहरी समाज के निम्न वर्ग भी प्रतिरोध में उतने ही मुखर थे। 1833-38 में पश्चिमी हिंदुस्तान और दिल्ली में अनाज व्यापारियों की जमाखोरी के विरुद्ध और हस्तक्षेप करनेवाले ब्रिटिश अफ़सरों के विरुद्ध अनाज दंगे और प्रतिरोध हुए। वेल्लोर में चावल के लिए दंगे हुए और 1806 और 1858 के बीच दक्षिण भारत में ईसाईयत में दीक्षा के विरुद्ध दंगे हुए। मुक्त व्यापारवादी साम्राज्यवाद के फलस्वरूप हस्तशिल्प उद्योग के पतन के कारण 1789 में कलकत्ता, 1790 और 1800 के दशकों में सूरत, तथा 1809 और 1818 के बीच रुहेलखंड और बनारस में दस्तकार समूहों के शहरी विद्रोह हुए। ये विद्रोह हमेशा सीधे-सीधे उपनिवेशवाद विरोधी आंदोलन नहीं होते थे, पर उपनिवेशी शासन की नीतियों और दशाओं से उन सबका संबध होता था।[95] लेकिन प्रतिरोध का सबसे

शक्तिशाली और भारत में कंपनी के शासन के लिए सबसे खतरनाक कृत्य 1857 का विद्रोह था।

## 3.3 1857 का विद्रोह

वर्ष 1857 में मध्य और उत्तरी भारत के कुछ भागों में हथियारबंद विद्रोह हुए, जिनके फलस्वरूप 1858 के वसंत तक इन क्षेत्रों में ब्रिटिश राज लगभग समाप्त ही रहा; उसके बाद ही आगे बढ़ रही साम्राज्यिक सेनाएँ फिर से व्यवस्था स्थापित कर सकीं। इस विद्रोह में दोनों ओर से असाधारण हिंसा का सहारा लिया गया। चूँकि ब्रिटिश राज ने "सूक्ष्मता के साथ हिंसा का एकाधिकार" स्थापित किया था, इसलिए उसकी प्रजा ने भी उसका जवाब उतनी ही अधिक जवाबी हिंसा के साथ दिया। अगर विद्रोहियों को सार्वजनिक रूप से फाँसी देना, तोप से उड़ाना और मनमाने ढंग से गाँवों को जलाना अंग्रेज़ों के विद्रोह-विरोधी कदमों में शामिल था, तो विद्रोहियों ने भी निर्ममता से स्त्रियों और बच्चों समेत गोरे नागरिकों की हत्या की। इस अर्थ में कानपुर का 27 जून 1857 का हत्याकांड "अतिचार" (transgression) का एक कृत्य था, क्योंकि यह उपनिवेशितों की देसी हिंसा का कृत्य था, जिसने उपनिवेशकों की हिंसा के एकाधिकार को तोड़ा।[96] इस विद्रोह ने ईस्ट इंडिया कंपनी के शासन का अंत कर दिया और 1858 में उसके (विद्रोह के) कुचले जाने के बाद संसद के एक कानून के द्वारा भारतीय साम्राज्य को ब्रिटेन की महारानी ने अपने अधीन ले लिया। इस विद्रोह में, जिसे एक लंबे समय तक बंगाल की सेना के भारतीय सिपाहियों का गदर मात्र समझा जाता रहा, वास्तव में उत्तर भारत के दुखी ग्रामीण समाज की भी हिस्सेदारी थी। इसलिए आवश्यक है कि उसके कारणों की तलाश केवल सेना के असंतोष में नहीं, बल्कि उस बुनियादी सामाजिक और आर्थिक परिवर्तन की एक लंबी प्रक्रिया में की जाए, जिसने कंपनी राज की पहली सदी में किसान समुदायों को तबाह कर दिया।

अठारहवीं सदी के उत्तरार्द्ध के बाद एक स्थायी सेना बनाने के क्रम में कंपनी की सरकार ने देसी समुदायों की परंपराओं और रीति-रिवाज़ों का सम्मान किया तथा जानबूझकर सेना की एक सवर्ण पहचान को बढ़ावा दिया जाता रहा। यह बात विशेष रूप से बंगाल की सेना के बारे में सच थी जिसका प्रधानतः एक सवर्ण चरित्र था; उसमें मुख्यतः ब्राह्मण, राजपूत और भूमिहार शामिल थे तथा वॉरेन हेस्टिंग्ज़ के आदेशों के अनुसार सेना के प्रशासन में जाति के नियमों, खानपान और (विदेश) यात्रा-संबंधी प्रतिबंधों का निष्ठा से पालन किया जाता था। लेकिन 1820 के दशक के बाद स्थिति बदलने लगी, क्योंकि एक अधिक सार्वभौम सैन्य संस्कृति के विकास के लिए सेना में सुधार आरंभ किए गए। चूँकि 1820 और 1830 के दशकों के सुधारों ने सेना के प्रशासन पर और भी कठोर नियंत्रण बनाने के प्रयास किए तथा कुछ जातिगत विशेषाधिकारों और मौद्रिक लाभों में कटौती शुरू की, इसलिए कुछ प्रतिरोध भी हुए जो 1840 के दशक तक जारी रहे (सेना संबंधी ब्यौरों के बारे में अध्याय 2.4 देखें)।

इन्हीं घटनाओं ने 1857 के उस विद्रोह की पृष्ठभूमि तैयार की जिसके आरंभिक संकेत जनवरी के अंत में देखे गए। उस समय कलकत्ता के पास दमदम में सिपाहियों में यह अफ़वाह फैलने लगी कि नई एनफ़ील्ड राइफ़ल के कारतूसों में, जिसको हाल ही में पुरानी 'ब्राउन बेस' तफ़ग (musket, तुपका) की जगह लाया गया था, गाय और सुअर की चर्बी मिली हुई है। चूँकि भरने से पहले इन कारतूसों को दाँतों से काटना पड़ता था, इसलिए अपने धर्म और अपनी जाति के नाश और ईसाई बनाए जाने के षड्यंत्र के बारे में सिपाहियों का पुराना शक पक्का हो गया। कारतूस संबंधी यह अफ़वाह, जो पूरी तरह से गलत भी नहीं थी, देश भर में सेना की विभिन्न छावनियों में जंगल की आग की तरह फैली। हालाँकि इन कारतूसों का उत्पादन शीघ्र ही बंद कर दिया गया और सिपाहियों के डर को दूर करने के लिए कुछ और रियायतें भी दी गईं, पर टूटा हुआ विश्वास फिर कभी बहाल न हो सका। कलकत्ता के पास बैरकपुर में मंगल पांडे नाम के एक सिपाही ने 29 मार्च को एक यूरोपीय अफ़सर पर गोली चला दी और यूरोपीय अफ़सरों ने जब उसकी गिरफ़्तारी का आदेश दिया तो उसके साथियों ने मानने से मना कर दिया। शीघ्र ही उन्हें गिरफ़्तार करके कोर्ट मार्शल किया गया और अप्रैल के आरंभ में फाँसी दे दी गई, पर सिपाहियों के असंतोष को फैलने से रोका नहीं जा सका। आनेवाले दिनों में अवज्ञा, भड़कावे और लूटपाट की घटनाओं की खबरें अंबाला, लखनऊ और मेरठ छावनियों से आईं और आखिर 10 मई को मेरठ के सिपाहियों ने विद्रोह कर दिया। उन्होंने अपने उन गिरफ़्तार साथियों को छुड़ा लिया जिन्होंने नए कारतूस को स्वीकार करने से मना कर दिया था; उन्होंने अपने यूरोपीय अफ़सरों को मार डाला और दिल्ली की ओर बढ़ चले, जहाँ उन्होंने 11 मई को बूढ़े मुगल बादशाह बहादुरशाह ज़फ़र को हिंदुस्तान का बादशाह घोषित किया।[97] दिल्ली के बाद यह विद्रोह जल्द ही पश्चिमोत्तर प्रांत और अवध के दूसरे सेना-केंद्रों तक फैल गया, और जल्द ही उसने एक नागरिक विद्रोह का रूप ले लिया, जब चिढ़ी हुई ग्रामीण जनता उसकी मदद के लिए आगे आई। हताशा से भरे गवर्नर जनरल लॉर्ड कैनिंग ने 19 जून को लिखा, "रुहेलखंड और दोआबे में दिल्ली से कानपुर और इलाहाबाद तक देश न केवल हमारे विरुद्ध बगावत कर बैठा है, बल्कि एक सिरे से विधिविरुद्ध हो चुका है।"[98]

विद्रोह ने मुख्यतः बंगाल की सेना को प्रभावित किया; मद्रास और बंबई की रेजिमेंटें शांत रहीं, जबकि पंजाबी और गोरखा सिपाहियों ने विद्रोह को कुचलने में सक्रिय सहायता दी। फिर भी यह बात याद रहनी चाहिए कि भारतीय सिपाहियों की सबसे अधिक संख्या बंगाल की सेना में थी और अगर हम कुल संख्या को लें तो ईस्ट इंडिया कंपनी के भारतीय सिपाहियों में लगभग आधे ने विद्रोह किया था।[99] इसमें काफ़ी दोष बंगाल की सेना की संरचना का था, क्योंकि उसमें अंग्रेज़ों की सैन्य उपस्थिति सबसे कम थी, जिसे आगे चलकर भयानक भूल माना गया। इसके अलावा, बंगाल की सेना के अधिकतर अवध से भरती किए गए सिपाहियों की सवर्ण पृष्ठभूमि उनको एक समरस चरित्र प्रदान करती थी। वे एक लंबे समय से शिकायतों से भरे हुए थे और हाल

में उसकी धार्मिक आस्थाओं का सेवा की नई दशाओं से टकराव शुरू हो चुका था; इनके वेतन कम कर दिए गए थे, तथा पदोन्नति और पेंशन के मामलों में भी उनके विरुद्ध भेदभाव किया जाता था। हालत तब और भी बदतर हो गई जब 1856 में सेवा की नई दशाएँ लागू की गईं, और उनमें अपने क्षेत्र से बाहर तैनात किए जाने पर मिलनेवाला अतिरिक्त भत्ता समाप्त कर दिया गया। विदेश में सेवा उनके जातिगत नियमों के विरुद्ध मानी जाती थी, लेकिन ब्रिटिश साम्राज्य के प्रसार के कारण ठीक यही बात अपरिहार्य हो गई थी। जब उन्होंने बर्मा, सिंध और अफ़गानिस्तान में सेवा से इनकार किया, तो उसका जवाब बदले की कार्रवाइयों और बर्खास्तगी से दिया गया।

सेवा की दशाओं संबंधी असंतोष के साथ यह स्थायी डर भी जुड़ गया कि अंग्रेज़ उनको ईसाई बनाने पर आमादा थे। मिशनरियों की उपस्थिति, आटे में गाय और सुअर की चर्बी मिलाए जाने संबंधी अफ़वाहें और अंत में एनफ़ील्ड राइफ़लों के कारतूसों संबंधी विवाद–षड्यंत्र के सिद्धांत से ये सभी बातें बखूबी मेल खाती लग रही थीं। 1856 में अवध पर कंपनी के कब्ज़े ने बंगाल की सेना के मनोबल पर खास तौर पर प्रतिकूल प्रभाव डाला, क्योंकि लगभग 75,000 सैनिक तो उसी क्षेत्र से भरती किए गए थे। सर जेम्स आउट्रम ने पहले ही डलहौज़ी को चेता दिया था कि "संभवत: बिना किसी अपवाद के, अवध का हरेक खेतिहर परिवार ... ब्रिटिश सेना में अपना एक सदस्य भेजता है।"[100] अवध के अधिग्रहण ने इन सिपाहियों की वफ़ादारी को झकझोर दिया, क्योंकि यह उनकी नज़रों में अंग्रेज़ों की अविश्वसनीयता का अंतिम प्रमाण था। इसके अलावा, चूँकि ये सिपाही वर्दीधारी किसान थे, इसलिए अवध के चलताऊ बंदोबस्तों के कारण किसानों की बिगड़ती दशा को लेकर भी वे चिंतित थे। विद्रोह से पहले ये सिपाही लगभग चौदह हज़ार प्रार्थनापत्र मालगुज़ारी व्यवस्था के कारण पैदा समस्याओं के बारे में दे चुके थे।[101] दूसरे शब्दों में, सिपाहियों ने हथियार उठाकर अंग्रेज़ों के विरुद्ध खुली बगावत की तो केवल "कारतूस" के कारण नहीं की।

गदर से जुड़े नागरिक विद्रोह की व्याख्या कर सकना कहीं अधिक कठिन है। चूँकि भारतीय समाज पर उपनिवेशी शासन के भिन्न-भिन्न प्रकार के प्रभाव पड़े, इसलिए इस समाज के प्रत्युत्तरों में भी भारी विविधताएँ थीं। पहली बात, यह कि राज से लाभ पानेवाले क्षेत्रों और व्यक्तियों ने विद्रोह नहीं किया। बंगाल और पंजाब शांत रहे, पूरा दक्षिण भारत भी अप्रभावित रहा। दूसरी ओर जिन लोगों ने विद्रोह किया उनमें भी दो तत्त्व थे–एक तो सामंती तत्त्व और बड़े भूस्वामी और दूसरे, किसान। अलग-अलग वर्गों की अलग-अलग समस्याएँ थीं, और इनकी प्रकृति भी अलग-अलग क्षेत्रों में अलग-अलग थी। जहाँ तक सामंती तत्त्वों का सवाल था, उनकी प्रमुख शिकायत लॉर्ड डलहौज़ी के उस "डॉक्ट्रिन ऑफ़ लैप्स (विलय सिद्धांत)" के तहत किए गए अधिग्रहण को लेकर थी, जो मरनेवाले राजाओं के दत्तक पुत्रों को कानूनी उत्तराधिकारी की मान्यता नहीं देता था और उनके रजवाड़े ज़ब्त कर लिए जाते थे। एक-एक करके बहुत कम समय में सतारा (1848), नागपुर, संभलपुर और बगहट (1850), उदयपुर (1852) और झाँसी

(1853) पर इसी तरह कब्ज़े किए गए थे। यह उत्तराधिकार की परंपरागत व्यवस्था में अंग्रेज़ों के हस्तक्षेप के समान था और इसने चिढ़े हुए ऐसे सामंत स्वामियों का एक समूह पैदा किया, जिनके पास विद्रोहियों की कतार में शामिल होने के वैध कारण थे। आखिरकार फ़रवरी 1856 में अवध का अधिग्रहण करके नवाब को कलकत्ता भेज दिया गया। इस अधिग्रहण ने नवाब और उसके परिवार को ही नहीं, बल्कि शाही दरबार से जुड़े पूरे कुलीन वर्ग को प्रभावित किया। अनेक मामलों में अपने-अपने क्षेत्र में विद्रोहियों का नेतृत्व इन्हीं सत्ताच्युत शाहज़ादों ने किया और इस तरह विद्रोह को वैधता प्रदान की। जैसे पेशवा बाजीराव द्वितीय के दत्तक पुत्र नाना साहब ने कानपुर में नेतृत्व संभाला, बेगम हज़रतमहल ने लखनऊ को नियंत्रण में लिया, रुहेलखंड में खान बहादुर खाँ और झाँसी में रानी लक्ष्मीबाई सिपाहियों की नेता बनकर उभरी, हालाँकि पहले रानी अपने दत्तक पुत्र को गद्दी का वैध उत्तराधिकारी स्वीकार किए जाने पर अंग्रेज़ों का वर्चस्व स्वीकार करने को तैयार थी। मध्य भारत के जिन क्षेत्रों में ऐसा कोई अधिग्रहण नहीं हुआ, वहाँ अगर सिपाहियों ने विद्रोह नहीं किया, तो राजा भी अंग्रेज़ों के वफ़ादार बने रहें, जैसे इंदौर, ग्वालियर, सागर और राजस्थान के कुछ भागों में।

बड़े भूस्वामी यानी ताल्लुकदार ग्रामीण समाज के ऐसे दूसरे तत्त्व थे जो विद्रोहियों के साथ आए। अवध के अधिग्रहण के बाद वहाँ 1856 में एक चलताऊ बंदोबस्त (summary settlement) किया गया, जिसके कारण अनेक शक्तिशाली ताल्लुकदार बेदखल कर दिए गए। यह बंदोबस्त स्वामित्व संबंधी दूसरे सभी अधिकारों को अनदेखा करके भूमि के वास्तविक कब्ज़ादारों या गाँवों के सहभागियों (coparcenaries) के साथ किया गया था, वैसे ही जैसे कि कुछ ही समय पहले पश्चिमोत्तर प्रांत में किया गया था। प्रमुख उद्देश्य खेतिहर आबादी में लोकप्रियता पाना तथा किसानों और सरकार के बीच में खड़े अवांछित बिचौलियों से छुटकारा पाना था। इसके कारण अवध में लगभग आधे ताल्लुकदार अपनी जागीरों से वंचित हो गए। उनके हथियार ज़ब्त कर लिए गए और किलेबंदियाँ गिरा दी गईं, जिसके कारण स्थानीय समाज में उनकी स्थिति और शक्ति में काफ़ी गिरावट आई। कानून की दृष्टि में अब वे अपने मामूली से मामूली काश्तकारों से भिन्न नहीं रहे।[102] इस तरह अवध अब भूस्वामी कुलीनों के असंतोष का अड्डा बन गया और यही हालत पश्चिमोत्तर प्रांत में थी; वहाँ भी बहुत से ताल्लुकदार हाल में बेदखल किए गए थे। विद्रोह का आरंभ होने पर ये ताल्लुकदार तुरंत ही उन गाँवों में जाकर रहने लगे जो उनके हाथों से निकल चुके थे और अहम बात यह है कि उनके भूतपूर्व असामियों ने उनका कोई विरोध नहीं किया। जैसा कि टॉमस मेटकॉफ़ का तर्क है, नातेदारी के संबंधों और सामंती निष्ठा में बंधे ग्रामीणों ने अपने स्वामियों के दावों को खुशी-खुशी स्वीकार कर लिया, और अपने साझे शत्रु यानी अंग्रेज़ों के विरुद्ध उन्होंने आपस में हाथ मिला लिया।[103]

किसान विद्रोह में इसलिए शामिल हुए कि राज्य की मालगुज़ारी की असाधारण सीमा तक भारी माँग उनकी भी कमर तोड़ रही थी। उदाहरण के लिए, अवध में कुल मिलाकर मालगुज़ारी की माँग कम हुई, पर कुछ क्षेत्र भारी माँग वाले भी थे और वहाँ ताल्लुकदारों

के नुकसान ने हितों की एक "ताल्लुकदार-किसान संपूरकता (complementarity)" को जन्म दिया।[104] ऐसी ही स्थिति पश्चिमोत्तर प्रांत में थी जहाँ महलवारी बंदोबस्त गाँवों के मालगुज़ारों के साथ किया गया था। गाँवों के ये स्वामी नई मालगुज़ारी व्यवस्था के लाभार्थी समझे जाते थे, पर वे भी मालगुज़ारी की भारी माँग के कारण संतुष्ट नहीं थे। दूसरों की तुलना में अति-आकलन की अधिक करारी चोट लगान वसूल करनेवाले ज़मींदारों की बजाय भूमिधारी खेतिहरों पर पड़ी और भूस्वामित्व के अधिकारों की सार्वजनिक बिक्री में वृद्धि इस असाधारण दबाव की सूचक थी जो विद्रोह का एक प्रमुख कारण बन गया। जहाँ खेती का कोई भरोसा न था वहाँ भारी मालगुज़ारी की माँगों ने निश्चित तौर पर किसानों को कर्ज़दार बनाया, आखिरकार बेदखल किया, तथा नई दीवानी अदालतों का और विधि व्यवस्था का भी इस प्रक्रिया में योगदान रहा।[105] 1853 में केवल पश्चिमोत्तर प्रांत में 1,10,000 एकड़ ज़मीन नीलाम कर दी गई और इसी कारण जब विद्रोह का आरंभ हुआ तो बनिये, महाजन और उनकी संपत्तियाँ विद्रोही किसानों के हमलों के स्वाभाविक निशाने बन गए। एस. बी. चौधुरी ने स्थिति को इस तरह सामने रखा है: "इस तरह ज़मीनों की बिक्री ने न केवल मामूली लोगों को उनकी छोटी जोतों से बेदखल किया, बल्कि गाँवों के कुलीनों को भी तबाह किया, और ब्रिटिश दीवानी कानून के कार्यकलापों के शिकार होने के नाते ये दोनों ही वर्ग 1857-58 के क्रांतिकारी दौर में, जो कुछ वे खो चुके थे उसे फिर से पाने के साझे प्रयास में एकजुट हो गए।"[106]

हो सकता है कहानी इतनी स्पष्ट न हो, और एरिक स्टोक्स (1980) ने परिस्थिति की जटिलताओं की ओर हमारा ध्यान खींचा है। याद रखने की पहली बात यह है कि अंग्रेज़ों की मालगुज़ारी व्यवस्था से सभी ताल्लुकदार घाटे में नहीं रहे। अनेक क्षेत्रों में संपत्ति के अधिकार पारंपरिक भूस्वामी जातियों में ही घूमते रहे तथा अकसर पतनशील जातियों में से ही नए भूस्वामी निकलकर सामने आए; कुछ मामलों में ज़मीनों की सार्वजनिक बिक्री में सरकारी पदों के प्रभाव के कारण कुछ स्थानीय व्यक्ति लाभ में रहे। इन सफल ताल्लुकदारों ने, जिनको स्टोक्स ने "नए धनवान" कहा है, अवध और पश्चिमोत्तर प्रांत, दोनों में मौजूद हालात के साथ बखूबी तालमेल बिठा लिया। उन्होंने विद्रोह नहीं किया, बल्कि अपने-अपने समुदाय पर शांतिकारी प्रभाव भी डाला, न ही सारे किसान एकसमान कष्ट में रहे। पिछड़े क्षेत्रों की अपेक्षा उपजाऊ और सिंचित क्षेत्रों के किसानों ने अति-आकलन का बोझ अधिक आसानी से झेला। पिछड़े क्षेत्रों में वंचित किए जाने की वह भावना निरपेक्ष कम और सापेक्ष अधिक थी, जो चिढ़ का प्रमुख कारण थी। अगर कुछ किसान समूह इस दबाव तले कराह रहे थे तो वे इस बात को भी आसानी से पचा नहीं पा रहे थे कि पड़ोस के नहरी क्षेत्रों में, नकदी फ़सलों की लाभदायी खेती के कारण, उनके जातिभाई समृद्ध बनते जा रहे थे।

इन्हीं पिछड़े क्षेत्रों में किसान देखने में सूदखोरों और महाजनों के दबावों के आगे अधिक असहाय भी थे और उनकी ज़मीनों के छिनने की संभावना भी अधिक थी। फिर भी इस बात में संदेह है कि क्या कर्ज़दारी और बगावत के बीच कोई सकारात्मक

सहसंबंध भी था; वास्तव में स्टोक्स ने तो दोनों के बीच एक विलोम सहसंबंध का तर्क दिया है। भारी मालगुज़ारी वाली असिंचित ज़मीनें बाहरी बनियों और महाजनों के लिए शायद ही आकर्षक रही होंगी। उन्होंने ज़मीन का कब्ज़ा वहीं लिया जहाँ नकदी फसलों की खेती का प्रसार हो रहा था। ऐसे मामलों में वास्तविक कब्ज़ा बहुत कम हुआ क्योंकि उद्देश्य राजनीतिक अधिक था, अर्थात् स्वयं ज़मीन की बजाय उत्पादक किसान को अपने नियंत्रण में लाना। इसलिए भारी मालगुज़ारी वाले पिछड़े और "प्यासे" क्षेत्र, जहाँ महाजनों की घुसपैठ सबसे कम थी, विद्रोह के दौरान सबसे अधिक हिंसा-संभावित बन गए। साथ ही, उन क्षेत्रों में महाजनों के दबाव का प्रतिरोध बेहतर ढंग से हुआ जहाँ जातिगत **भाईचारे** अधिक मज़बूत थे। यहाँ सामाजिक समरसता और सामूहिक शक्ति किसानों में विद्रोह-भावना को बढ़ावा देनेवाले अहम कारण बन गईं। गूजरों या जाटों, राजपूतों या सैयदों के आपसी सामुदायिक संबंध किसान विद्रोह के प्रभाव को निर्धारित करनेवाले प्रमुख कारण बन गए। ग्रामीण समाज के सभी समूहों में व्याप्त एकमात्र साझा तत्त्व संभवतः उस ब्रिटिश राज के प्रति एक संशय का भाव था, जो समझा जाता था कि उनके धर्मों के लिए एक खतरा है। इससे पहले के सामाजिक सुधारों ने अप्रत्यक्ष रूप से यह भावना पैदा की थी और ईसाई मिशनरियों का इसमें प्रत्यक्ष योगदान था। हिंदू और मुसलमान एक समान रूप से प्रभावित हुए और इसलिए विद्रोह के दौरान हिंदू-मुस्लिम एकता बराबर बनाए रखी गई। उत्तर भारत की खेतिहर आबादी में हिंसक प्रतिरोध के इस व्यापक आरंभ की कोई एक कारण वाली व्याख्या नहीं की जा सकती। सी. ए. बेइली के अनुसार, एरिक स्टोक्स ने जो बात साबित की है, यह है कि "1857 का भारतीय विद्रोह कोई एक आंदोलन न था ... अनेकों (आंदोलन) थे।[107]

एक और विवादास्पद प्रश्न है 1857 के विद्रोह की प्रकृति को लेकर, जिसके बारे में बहस लगभग उसके आरंभ-काल में ही शुरू हो चुकी थी। कुछ समकालीन समझते थे कि यह मुगल साम्राज्य की पुनर्स्थापना के लिए एक मुस्लिम षड्यंत्र था, पर इसके समर्थन में कुछ अधिक साक्ष्य नहीं मिलते। घटनाओं की अधिक प्रचलित आधिकारिक व्याख्या यह थी कि यह मुख्यतः सिपाहियों का एक गदर था और नागरिक असंतोष इसका एक गौण तत्त्व था, कि यह गदर इसलिए हुआ कि उच्छृंखल तत्त्वों ने कानून और व्यवस्था के भंग होने का लाभ उठाया। एस. एन. सेन जैसे कुछ परवर्ती भारतीय इतिहासकारों ने भी इस विद्रोह की शतवार्षिकी पर अपने सरकार द्वारा प्रायोजित इतिहास लेखन में इसी उपनिवेशी तर्क को दोहराया है। सेन का तर्क है: "आंदोलन का आरंभ एक सैनिक गदर के रूप में हुआ" और फिर "जब प्रशासन का ह्रास हुआ तो उच्छृंखल तत्त्व हावी हो गए।"[108] रोमेशचंद्र मजुमदार के विचार भी इससे मेल खाते थे: "जिस चीज़ का आरंभ एक गदर के रूप में हुआ उसका अंत कुछ क्षेत्रों में असैनिक जनता के एक विद्रोह के रूप में हुआ" जो कभी तो स्वार्थी स्थानीय नेताओं द्वारा आयोजित किया गया था और जो कभी मात्र "भीड़ की हिंसा" था, जिसका जन्म प्रशासनतंत्र के विघटन के कारण हुआ था।[109] लेकिन विद्रोह के समय से ही राजनीतिक रंगमंच के दूसरे

छोर से इससे भिन्न विचार व्यक्त किए जा रहे थे। 27 जुलाई 1857 को हाउस ऑफ़ कॉमंस में बेंजामिन डिज़राइली ने पूछा: "यह एक सैनिक गदर है या एक राष्ट्रीय विद्रोह है?" *न्यूयार्क डेली ट्रिब्यून* में 1857 की गर्मियों में ऐसे ही संदेह कार्ल मार्क्स ने व्यक्त किए थे: "वह (जॉन बुल) जिस चीज़ को एक सैनिक गदर समझता है, वह वास्तव में एक राष्ट्रीय विद्रोह है।" 1857 के विद्रोह को भारतीय राष्ट्रवादी इतिहास-लेखन का अंग विनायक दामोदर सावरकर ने बनाया जब उन्होंने 1909 के एक प्रकाशन में उसे "भारत का स्वाधीनता-संघर्ष" या "**स्वधर्म** और **स्वराज के लिए**" लड़ा गया संघर्ष कहा।[110] हालाँकि सेन और मजुमदार, दोनों ने उनके दावे का ज़ोरदार खंडन किया, पर उसे गंभीर अकादमिक समर्थन 1959 में एस. बी. चौधुरी से मिला जिन्होंने इस विद्रोह को "एक विदेशी शक्ति को चुनौती देने के लिए अनेक वर्गों की जनता का पहला संयुक्त प्रयास" कहा। उनकी समझ में "यह एक परवर्ती चरण में भारत के स्वतंत्रता आंदोलन की तरह दूर से ही सही, एक वास्तविक कदम है।"[111]

तब से यह बहस चलती ही आई है और धीरे-धीरे यह सहमति पैदा हो रही है कि 1857 का विद्रोह आधुनिक अर्थ में एक राष्ट्रवादी आंदोलन नहीं था। 1965 में टॉमस मेटकॉफ़ ने लिखा: "इस बात पर व्यापक सहमति है कि यह सैनिक गदर से अधिक मगर एक राष्ट्रीय विद्रोह से कम कोई चीज़ था।"[112] यह "राष्ट्रीय" इसलिए नहीं था कि विद्रोह का जनप्रिय चरित्र उत्तर भारत तक ही सीमित था, जबकि ब्रिटिश राज से लाभ पानेवाले क्षेत्र और समूह उसके वफ़ादार बने रहे। मददगारों के भी कुछ महत्त्वपूर्ण समूह थे। बंगाली मध्य वर्ग वफ़ादार बना रहा क्योंकि, जैसा कि ज्यूडिथ ब्राउन ने लिखा है, उसके "नई व्यवस्था से भौतिक हित जुड़े हुए थे और अकसर उसमें नए विचारों के साथ एक गहरी, वैचारिक प्रतिबद्धता थी।"[113] पंजाबी राजे हिंदुस्तानी सिपाहियों से घृणा करते थे और मुगल साम्राज्य की पुनर्स्थापना के विचार से ही काँपते थे। दूसरी ओर, जैसा कि सी. ए. बेइली का तर्क है, विद्रोह करने वालों की प्रेरणाओं में विविधता थी और अंग्रेज़ विरोधी किसी विशेष शिकायत से उनका हमेशा एक संबंध होता भी नहीं था; अकसर वे एक-दूसरे के विरुद्ध लड़ते रहते थे और यह "भारतीय फूट ब्रिटिश हाथों में खेल गई।"[114] कोई पहले से तैयार योजना या षड्यंत्र थी भी नहीं तथा विद्रोह से पहले गेहूँ की चपातियों के गाँव दर गाँव पहुँचने के कारण भ्रामक संदेश मिलते रहे। इस तरह कहा गया है कि पूरा विद्रोह ही नकारात्मक था और विद्रोहियों के पास ब्रिटिश राज की जगह किसी वैकल्पिक व्यवस्था का कोई खाका भी नहीं था। मेटकॉफ़ लिखते हैं कि "अपनी भविष्य-दृष्टि में विद्रोही नेता निराशाजनक सीमा तक परस्परविरोधी थे" और उनमें से कुछ जहाँ मुगल बादशाह बहादुरशाह के प्रति वफ़ादार थे, वहीं दूसरे विभिन्न क्षेत्रीय राजाओं के समर्थक थे। "पराजय में एकजुट ये विद्रोही नेता विजयी होते तो एक-दूसरे के गले काट रहे होते।"[115]

फिर भी हाल के वर्षों में अनेक इतिहासकारों ने इस तथाकथित "सहमति" पर गंभीर संदेह व्यक्त किए हैं। इस बात से इनकार नहीं किया जा सकता कि 1857 के विद्रोहियों

के बीच आधुनिक अर्थ में एक भारतीय राष्ट्र की कोई धारणा नहीं थी। किसानों की कार्रवाइयाँ स्थानीय घटनाएँ थीं जो सुस्पष्ट क्षेत्रीय सीमाओं में बँधी हुई थीं। फिर भी, पहले के किसान विद्रोहों के विपरीत, अब क्षेत्रों के बीच निश्चित ही आपसी संपर्क अधिक था और विद्रोही अपने इलाके से बाहर के प्रभावों से प्रभावित हो रहे थे। उत्तर और मध्य भारत के विभिन्न क्षेत्रों के विद्रोहियों के बीच समन्वय और संवाद भी था, और उड़ती हुई अफ़वाहें विद्रोहियों को एक अनदेखे बंधन में बाँधे रहती थीं। ब्रिटिश राज और उसके कारण उनके जीवन में आई उथल-पुथल के प्रति घृणा उन सबकी एक साझी भावना थी। इसलिए जो भी चीज़ कंपनी की सत्ता की प्रतीक थी, उनके हमलों का निशाना बन गई। वे सब यही समझते थे कि उनकी जाति और धर्म खतरे में हैं। झाँसी के सिपाहियों की तरह विद्रोही हर जगह अपने **"दीन-धरम"** के लिए लड़ रहे थे—एक ऐसी नैतिक व्यवस्था की पुनर्स्थापना के लिए जिसे एक अतिक्रामक विदेशी राज ने भ्रष्ट कर दिया था।[116] गौतम भद्र के शब्दों में, "अपने तात्कालिक वातावरण में विदेशी राज की सत्ता संबंधी समझ और दैनिक अनुभव ने ही विद्रोहियों की कार्रवाई को निर्धारित किया।"[117] एक-दूसरे के लिए अनजान होकर भी और संभवतः अपने अलग-अलग अनुभवों के द्वारा एक-दूसरे से कटे हुए होने पर भी, वे इतिहास के एक ही मोड़ पर एक ही शत्रु के विरुद्ध खड़े थे। रणजीत गुहा लिखते हैं, "उन्होंने हथियार उस क्षेत्र को वापस पाने के लिए उठाए जिसे वे अपने पूर्वजों का संसार मानते थे।"[118]

सवाल है कि इस क्षेत्र का वास्तविक अर्थ क्या था? भौतिक या सामाजिक स्थल के रूप में क्षेत्र का विचार अब संभवतः गाँव से या जाति से या नातेदारी से वृहत्तर था। जैसा कि रजत रे का तर्क है, वे विदेशी शासन से "हिंदुस्तान" को मुक्त कराने के प्रयास कर रहे थे। विद्रोह के दौरान उल्लेखनीय धार्मिक एकता देखने को मिली, क्योंकि सब इस बात पर सहमत थे कि हिंदुस्तान एक समान हिंदुओं और मुसलमानों का था।[119] 1857 के विद्रोही पुरानी सुपरिचित व्यवस्था की ओर लौटना चाहते थे और इससे उनकी मंशा सत्रहवीं सदी की केंद्रीकृत मुगल राजसत्ता से नहीं थी। वे अठारहवीं सदी के भारत की विकेंद्रीकृत राजनीतिक व्यवस्था को वापस लाना चाहते थे, जब प्रांतों के शासकों को पर्याप्त स्वतंत्रता प्राप्त थी, लेकिन जब मुगल बादशाह को सभी राजनीतिक वैधता का स्रोत मानते थे। अवध के विद्रोहियों ने जब बिरजीस कद्र की ताज़पोशी की तो यही शर्त रखी कि वह मुगल बादशाह को अधिराज माने।[120] मुगलों की राजधानी दिल्ली और मुगल बादशाह बहादुरशाह उसी सुपरिचित संसार के प्रतीक थे और इस पर विद्रोहियों के बीच कोई मतभेद नहीं था। अपनी नवीनतम पुस्तक में सी. ए. बेइली को 1857 के विद्रोह में "देशभक्तों के विद्रोहों के एक समूह" के दर्शन हुए हैं। वे लिखते हैं कि विद्रोहियों की माँग "मुगल वैधता के वृहत्तर क्षेत्र के अंदर उस हिंद-मुगल संरक्षकी (patrias) की पुनर्स्थापना की थी, जो क्षेत्रों और जनगणों के बीच आपसी सम्मान और एक स्वस्थ संतुलन से प्रेरित हो।"[121] विद्रोह जब आगे बढ़ा तो तथाकथित मददगारों ने भी ब्रिटिश राज को आलोचना के साथ ही स्वीकार किया। उदाहरण के लिए, कलकत्ता के शिक्षित

वर्ग के लोग भी दुविधा से मुक्त न थे और वे भी *हिन्दू पैट्रियट* के शब्दों में "एक विदेशी शासन की अधीनता से अलग न की जा सकने वाली तकलीफ़ें" महसूस कर रहे थे। इस दुविधा को इस अखबार ने बड़े सुंदर ढंग से रखा था: "हो सकता है कि यह वफ़ादारी दिल की बजाय दिमाग से उपजी हो।"[122] इस तरह विदेशी शासन से मुक्ति की ज़ोरदार तड़प न सही, उसके विरुद्ध विरोध और असंतोष की आवाज़ें 1857-58 में भारतीय जनता के विभिन्न हिस्सों की ओर से उठ रही थीं। हाल के वर्षों में 1857 के गदर की ऐतिहासिक व्याख्या की सुई बहुत हद तक विपरीत दिशा में मुड़ चुकी है।

विद्रोह के चरित्र पर एक और अहम सवाल यह है कि यह कुलीनों का आंदोलन था या नहीं। ज्यूडिथ ब्राउन जैसे कुछ इतिहासकारों का विचार है कि विद्रोह के दौरान निर्णय सामंती तत्त्व करते थे और विद्रोह का निर्धारण एक बड़ी हद तक ब्रिटिश राज से प्रतिबद्ध एक फलते-फूलते वर्ग की उपस्थिति या अनुपस्थिति से हुआ, क्योंकि विद्रोह को एक सामान्य दिशा वही दे सकते थे।[123] एरिक स्टोक्स का निष्कर्ष तो बल्कि यह है कि "1857 के ग्रामीण विद्रोह का चरित्र मूलत: कुलीनवादी था।"[124] लेकिन यह रुख जनता की भूमिका को तुच्छ बनाकर दिखाता है। रहा सवाल सामंत प्रभुओं का, तो अनेक अवसरों पर वे नेतृत्व करने से झिझके और विद्रोहियों द्वारा विवश किए गए। विद्रोही सिपाहियों के आने पर बहादुरशाह ज़फर हक्का-बक्का रह गए और भारी संकोच के बाद ही उनके नेता बने। कानपुर में नानासाहब को, जैसा कि उनके विश्वासपात्र तात्या टोपे की स्वीकृति से बाद में पता चला, विद्रोही सिपाहियों ने पकड़कर गंभीर परिणाम की धमकी दी; विद्रोहियों से हाथ मिलाने के अलावा उनके पास कुछ खास विकल्प था भी नहीं।[125] झाँसी की रानी को तो वास्तव में सिपाहियों की मदद न करने या अंग्रेज़ों से सहयोग करने पर मौत की धमकी दी गई थी।[126] विद्रोह की पहल, बल्कि उसकी प्रभावशालिता भी, वास्तव में सामंती नेतृत्व पर निर्भर नहीं थी।

जहाँ तक ताल्लुकदारों का संबंध है, तो यह सही है कि अनेक क्षेत्रों में किसानों ने उनका नेतृत्व माना, क्योंकि दोनों वर्गों के बीच पूँजीवाद के आगमन से पहले ही एक जीवंत संबंध था, लेकिन विभिन्न क्षेत्रों में ताल्लुकदारों की भूमिकाएँ अलग-अलग थीं। जैसे अवध में, जैसा कि रूद्रांशु मुखर्जी ने दिखाया है, ताल्लुकदारों की भागीदारी कभी भी पूरी नहीं रही; कुछ वफ़ादार बने रहे, कुछ ने गद्दारी की, दूसरों ने बीच का रास्ता अपनाया और कुछ ने तो ब्रिटिश सेना को आते देखकर ही हथियार डाल दिए।[127] अनेक क्षेत्रों में किसानों और दस्तकारों ने ताल्लुकदारों को विद्रोह में भाग लेने पर विवश किया, जबकि कुछ मामलों में जब ताल्लुकदारों ने अंग्रेज़ों से सुलह कर ली तब भी जनता ने विद्रोह जारी रखा। सबसे बड़ी बात यह कि मुख्य पहल सिपाहियों यानी वर्दीधारी किसानों ने की, जो अब अपनी वर्दी उतारकर फिर किसानों में जा मिले थे। मध्य और उत्तर भारत में लगभग हर जगह सेना की बैरकों से आरंभ होकर विद्रोह जल्द ही पास के गाँवों तक फैला; सिपाहियों के जातिगत और उपजातीय संबंध भी उनको किसान समुदायों से जोड़ते थे। लगभग हर जगह विद्रोह से पहले बड़ी संख्या में विद्रोहियों ने

बातचीत, पंचायतें या खुली बैठकें कीं। अंत में रहा सवाल चपातियों का, तो वे तेज़ी से, ज्यामितीय श्रेढ़ी (geometric progression) में, गाँव-दर-गाँव फैलीं, जनता उनका अलग-अलग अर्थ ग्रहण करती रही, और वे आसन्न संकट के सूचक या कारण की बजाय उसका प्रतीक बनी रहीं।[128] 1857-58 के विद्रोह में किसान वर्ग की स्वतंत्र लामबंदी के प्रमाणों को अनदेखा कर सकना कठिन है।

यह विद्रोह निर्मम दमन के सहारे कुचला गया। लॉर्ड कैनिंग ने कलकत्ता में ब्रिटिश दस्तों को जमा किया और दिल्ली को मुक्त कराने के लिए भेजा। अंततः 20 सितंबर 1857 को दिल्ली पर फिर से उसका कब्ज़ा हुआ और बहादुरशाह को गिरफ़्तार करके निर्वासित कर दिया गया; पर अभी भी इसका अर्थ विद्रोह का अंत नहीं था। बनारस, इलाहाबाद और कानपुर बहुत धीरे-धीरे ही कब्ज़े में आए; विद्रोही एक-एक इंच ज़मीन के लिए लड़ते रहे और गाँवों में अंग्रेज़ों ने शुद्ध आतंक का एक राज्य स्थापित कर दिया। अक्तूबर में कलकत्ता में नए ब्रिटिश दस्तों के आने के बाद संतुलन एकदम विद्रोह के खिलाफ़ हो गया। 1858 के वसंत और 1859 के आरंभ के बीच ब्रिटिश दस्तों ने एक-एक करके ग्वालियर, दोआब, लखनऊ और बाकी अवध, रुहेलखंड तथा मध्य भारत के बाकी भागों पर कब्ज़े किए। सिपाहियों और ग्रामीण विद्रोहियों की हार के तत्कालीन वृत्तांत अंग्रेज़ों की बहादुरी, उनके श्रेष्ठतर राष्ट्रीय चरित्र, बेहतर नेतृत्व और कारगर सैन्य रणनीतियों के गुण गाते हैं, जबकि विद्रोहियों में एकता, अनुशासन और व्यवस्था का अभाव था। कुछ आरंभिक भारतीय इतिहासकार भी इस सिद्धांत में विश्वास करते थे। मगर आधुनिक इतिहासकारों के अनुसार अंग्रेज़ इसलिए जीते कि उन्होंने अपना साम्राज्य फिर से पाने के लिए असीमित व्यक्ति और संसाधन झोंक दिए, जबकि सिपाहियों के पास धन की हताशाजनक कमी थी। एक किसान सेना की तर्ज़ पर साधारण ग्रामीण विद्रोही आदिम हथियारों से लैस थे और उनमें से अधिकांश तो प्रशिक्षित सैनिक भी नहीं थे। उनका सामना था अंग्रेज़ों की सेना से जिनके पास अत्यंत परिष्कृत शस्त्र ही नहीं थे, बल्कि जो लगभग पूरे भारत के स्वामी थे, एक केंद्रीकृत नौकरशाही से लैस थे और जिनके पास एक सुरक्षा संचार व्यवस्था थी। इसके अलावा, जैसा कि स्टोक्स का तर्क है, विद्रोही सिपाहियों ने "दिल्ली में जमा होने के एक उल्लेखनीय अभिकेंद्री आवेग (centripetal impulse) का परिचय दिया, जिसके कारण विद्रोह उतना नहीं फैला जितना फैल सकता था। इसलिए जब मार्च 1858 तक दिल्ली और लखनऊ का पतन हुआ, विद्रोह अपने अंतिम चरण में प्रवेश कर चुका था।[129] विद्रोहों की अत्यधिक स्थानबद्ध प्रकृति के कारण अंग्रेज़ उनसे एक-एक करके निबटने में सफल रहे। 1859 तक सब कुछ समाप्त हो चुका था।

1857 का विद्रोह भारत के इतिहास में एक महत्त्वपूर्ण विभाजक रेखा है। सबसे पहली बात यह कि उसने ईस्ट इंडिया कंपनी का शासन समाप्त कर दिया। भारत में शांति के पूरी तरह पुनर्स्थापित होने से पहले ही ब्रिटिश संसद ने 2 अगस्त 1858 को भारत में बेहतर शासन के लिए एक कानून पारित किया, महारानी विक्टोरिया को ब्रिटिश भारत

की महारानी घोषित किया और एक भारत सचिव (सेक्रेटरी ऑफ़ स्टेट फ़ॉर इंडिया) की नियुक्ति का प्रावधान किया जो ब्रिटिश मंत्रिमंडल का सदस्य होता। यह कानून 1 नवंबर से लागू होना था और उस दिन महारानी ने एक घोषणा जारी की, जिसने धार्मिक सहिष्णुता का वादा किया और भारत पर उसके स्थापित रीति-रिवाज़ों के अनुसार शासन का प्रस्ताव किया।[130] भारत में ब्रिटिश राज की स्थिति के लिए इस संवैधानिक परिवर्तन का क्या अर्थ था, इसे बरनार्ड कोह्न ने सूत्ररूप में इस तरह रखा है: "अवधारणा की दृष्टि से देखें तो अंग्रेज़ जिन्होंने 'बाहरी' के रूप में अपने शासन का आरंभ किया, अपनी महारानी को भारत की प्रभुसत्ता से लैस करके 'अंदरूनी' बन बैठे।"[131] इस घोषणा ने महारानी और भारत में उसके प्रतिनिधियों, उनकी भारतीय प्रजा और राजाओं के बीच संबंधों की एक व्यवस्था बनाई और इन सबके बीच एक लंबा-चौड़ा साम्राज्यिक सोपानक्रम स्थापित हुआ। इसके अलावा, दूसरे दूरगामी परिवर्तन भी सामने आए, जो लगभग सालभर के खूनी नस्लवादी युद्ध के परिणाम थे। सिपाहियों पर गंभीर विश्वासघात का आरोप लगाया गया और इस बात ने आम तौर पर सभी भारतीयों को, भारत में और ब्रिटेन में भी, अंग्रेज़ों की नज़र में संदिग्ध बना दिया। सिपाहियों के अत्याचारों की कहानियों के कारण सज़ा और बदले की भावना बढ़ने लगी और जब वायसरॉय लॉर्ड कैनिंग जैसे समझदार तत्त्वों ने इस जुनून को रोकने की कोशिश की, तो उसके देशवासी ही उसे "क्लेमेंसी कैनिंग" कहने लगे और उसे वापस बुलाने के लिए प्रार्थनापत्र भेजने लगे। हालाँकि यह पागलपन धीरे-धीरे समाप्त हो गया, पर बाद के काल में ब्रिटेन और भारत के संबंधों पर इसने स्थायी प्रभाव छोड़ा। इसके बाद जातीय अलगाव और मज़बूत हो गया, क्योंकि भारतीयों को जाति से भिन्न ही नहीं, हीन भी समझा जाने लगा। इससे भी अहम बात यह है कि आत्मविश्वास से भरे विक्टोरियाई उदारवाद को अब स्पष्ट तौर पर धक्का लगा, क्योंकि बहुत से अंग्रेज़ तो यह मानने लगे कि भारतीयों का सुधार असंभव है। यह नई मनोदशा, जिसे टॉमस मेटकॉफ़ ने "उदारवाद का रूढ़िवादी रूप" कहा है, "रूढ़िवादी और कुलीन वर्गों के ठोस समर्थन पर और भारतीय समाज के परंपरागत ढाँचे में पूर्ण अहस्तक्षेप के सिद्धांत पर" आधारित था।[132] इस रूढ़िवादी प्रतिक्रिया ने स्पष्ट है कि साम्राज्य को और भी निरंकुश बनाया और सत्ता में भागीदारी के बारे में पढ़े-लिखे भारतवासियों की आकांक्षाओं को ठुकराया। इसी कारण से इसने साम्राज्य को और भी अस्थिर बनाया, क्योंकि उन्नीसवीं सदी के अंतिम भाग में आधुनिक राष्ट्रवाद का जन्म शिक्षित मध्य वर्गों की इसी कुंठा से हुआ।

## टिप्पणियाँ

1. विश्वनाथन 1989: 71-74.
2. नूरूल्लाह और नायक 1971: 30-39.
3. घोष 1995: 20 में उद्धृत।

4. विश्वनाथन 1989: 25-27.
5. घोष 1995: 31-33 में उद्धृत।
6. भट्टाचार्य 1998: 7.
7. विश्वनाथन 1989: 20, 45, 93.
8. मिश्र 1978: 151 में उद्धृत।
9. विश्वनाथन 1989: 146-48.
10. सिंह 1998: 115 में उद्धृत।
11. ब्यौरों के लिए कांस्टेबल 2000 देखें।
12. मैककली 1966: 177.
13. घोष 1995: 88.
14. सिंह 1998: 108 में उद्धृत।
15. विश्वनाथन 1989: 93.
16. पणिक्कर 1995: 9.
17. मैककली 1966: 217.
18. इस बारे में और विस्तार के लिए रे 2001: 33-39 देखें।
19. पणिक्कर 1995: 8.
20. ज्ञानप्रकाश 1999: 60, 71 और आगे।
21. ब्यौरों के लिए ज्ञानप्रकाश 1999 और पणिक्कर 1995 देखें।
22. सरकार 1985: 26.
23. स्पियर 1965: 203.
24. विश्वनाथ 1998.
25. हॉली 1994: 3.
26. रे 1975: 3-5.
27. नंदी 1994b: 138-142 देखें।
28. कैरॉल 1983: 379.
29. सेन 1977: 6.
30. बंद्योपाध्याय 1995: 8-9.
31. ओ' हैनलन 1991: 67-69; चक्रवर्ती 1998: 81-94.
32. फ़ोर्ब्स 1998: 24-25.
33. हाइमसैथ 1964: 87-88.
34. चौधुरी 1995: 40.
35. बंद्योपाध्याय 1990: 119.
36. सिंघ। 1998: 168-93; पिंच 1996: 7-8 और गॉर्डन 1969 भी देखें।
37. ज्ञानप्रकाश 1992: 16.
38. चक्रवर्ती 1994: 53-54.
39. रैमज़क 1990: 154.
40. सरकार 1981: 5-6.
41. जोंस 1994: 4.
42. कोफ़ 1979: 224-28, 317-27.

43. बोर्थविक 1978: 57.
44. ए. पी. सेन 1993: 46.
45. डॉबिन 1972: 248-49.
46. टकर 1976: 325-27.
47. डॉबिन 1972: 249-52, टकर 1977.
48. हाइमसैथ 1964: 108 में उद्धृत।
49. जोंस 1994: 143.
50. वॉन डेर वीर 1994: 65.
51. ज्ञानप्रकाश 1999: 93-94.
52. ब्यौरों के लिए जोंस 1976 देखें।
53. जेफ्रीलॉ 1996: 15.
54. मुखर्जी 1993: 128-38.
55. भट्टाचार्य 1975.
56. जोंस 1994: 141.
57. डॉबिन 1972: 252.
58. हाइमसैथ 1964: 110-12.
59. मणि 1998: 79.
60. बंद्योपाध्याय 1995.
61. विश्वनाथ 1998.
62. सरकार 2000: 248.
63. रायचौधुरी 1995: 49.
64. सरकार 1975.
65. आर. के. रे 1975.
66. जेफ्रीलॉ 1996: 14.
67. धनगरे 1991: 14-15.
68. हार्डिमन 1993: 4-5.
69. गफ़ 1979: 94-97.
70. बेइली 1987: 172.
71. गफ़ 1979: 97.
72. बोस 1993: 145-46.
73. ब्यौरे दासगुप्त 1992 में।
74. पिंच 1996: 24-25.
75. वॉन शेंडेल 1985; भद्र 1994.
76. भद्र 1994: 232-99.
77. उपरोक्त: 238-41.
78. अहमद 1996: 39-41, 45.
79. कविराज 1982: 90.
80. धनगरे 1991: 56-57.
81. पणिक्कर 1989: 48.

82. डेल 1975: 228-32.
83. सुमित गुहा 1999: 96-102.
84. सुमित गुहा 1994: 162.
85. नटराजन 1979: 140.
86. उपरोक्त: 145.
87. गुहा 1994: 7.
88. उपरोक्त: 8.
89. स्टोक्स 1980: 123.
90. धनगरे 1991: 82.
91. गुहा 1994: 6.
92. फुक्स 1992: 22-24.
93. उपरोक्त: 11.
94. बंद्योपाध्याय 1997b: 19.
95. बेइली 1987: 177-78.
96. मुखर्जी 1998: 23 और आगे।
97. टेलर 1997: 31-49.
98. मेटकॉफ़ 1965: 49 में उद्धृत।
99. चंद्र आदि 1989: 31.
100. चौधुरी 1957: 14 में उद्धृत।
101. खल्दून 1986: 17.
102. मुखर्जी 1984: 40, 57, 159-60.
103. मेटकॉफ़ 1965: 68.
104. मुखर्जी 1984: 62.
105. स्टोक्स 1986: 218-19.
106. चौधुरी 1957: 21.
107. बेइली 1986: 226.
108. सेन 1957: 398-418.
109. मजुमदार 1963: iii.
110. एंब्री 1963: 5, 21, 39, 41.
111. चौधुरी 1957: 297.
112. मेटकॉफ़ 1965: 60.
113. ब्राउन 1994: 90.
114. बेइली 1987: 183.
115. मेटकॉफ़ 1965: 61.
116. ताप्ती राय 1993: 213.
117. भद्र 1985: 275.
118. गुहा 1994: 318.
119. रे 1993: 133-82.
120. मुखर्जी 1984: 136; 1998: 64.

121. बेइली 1998: 88.
122. बंद्योपाध्याय 1997b: 22-23 में उद्धृत।
123. ब्राउन 1994: 92.
124. स्टोक्स 1980: 185.
125. मुखर्जी 1998: 62-63.
126. राय 1993: 210.
127. मुखर्जी 1984: 157.
128. रणजीत गुहा 1994: 239-46.
129. स्टोक्स 1986: 49-50.
130. टेलर 1996: 113, 277.
131. कोह्न 1992: 165.
132. मेटकॉफ़ 1965: viii.

## अध्याय 4 भारतीय राष्ट्रवाद का उदय

### 4.1 भारतीय राष्ट्रवाद का इतिहास-लेखन

भारतीय राष्ट्रवाद के अधिकांश इतिहासकारों का यह तर्क रहा है कि आधुनिक अर्थ में भारतीय राजनीतिक राष्ट्र ब्रिटिश राज की स्थापना से पहले मौजूद नहीं था। ऐसा कोई राष्ट्र आत्मचेतनारहित रूप में भारतीय सभ्यता में सन्निहित रहा है या नहीं, और फिर धीरे-धीरे इतिहास में उसका विकास हुआ है या नहीं, यह एक ऐसा प्रश्न है जिस पर राष्ट्रवादी नेता और इतिहासकार लगातार बहस करते रहे हैं। अभी एकदम हाल में प्रसेनजित दुआरा ने ऐसे विचारों को "ज्ञानोदय (Enlightenment) के इतिहास का प्रयोजनवादी (teleogical) मॉडल" कहकर उसकी समालोचना की है, और कहा है कि यह मॉडल "विवादित और सांयोगिक (contingent) राष्ट्र" को एकता की एक मिथ्या भावना से लैस करता है।[1] फिर भी इस बात पर अभी तक असहमति कम ही है कि उन्नीसवीं सदी में ब्रिटिश साम्राज्यवाद का सामना जिस भारतीय राष्ट्रवाद ने किया और जिसने 1947 में भारतीय राष्ट्र-राज्य के जन्म के रूप में अपनी जीत का जश्न मनाया, वह उपनिवेशी आधुनिकता की उपज था (और अधिक विवेचना के लिए अध्याय 3.1 देखें)। चूँकि उपनिवेशकों का स्वघोषित उद्देश्य उपनिवेशितों को उनके पतन की तत्कालीन अवस्था से ऊपर उठाकर आधुनिकता की दिशा में प्रगति की एक वांछित अवस्था तक लाना था, इसलिए उपनिवेशितों के लिए अपने ऊपर लगे पिछड़ेपन के ठप्पे को चुनौती देना और यह दावा करना आवश्यक हो गया कि एक आधुनिक राज्य के ढाँचे में वे भी एकजुट होने और अपना शासन स्वयं चलाने में समर्थ हैं। इसलिए उपनिवेशी भारत में राष्ट्रवाद के सामने दोहरी चुनौती थी: राष्ट्रीय एकता स्थापित करना और आत्मनिर्णय के अधिकार का दावा करना। हर कोई इस बात पर सहमत है कि भारत एक बहुलवादी समाज है जिसमें क्षेत्र, भाषा, धर्म, जाति, उपजातीयता (ethnicity) आदि अनेक प्रकार की विविधताएँ हैं। यदि सुरेंद्रनाथ बनर्जी के शब्दों का प्रयोग करें, जो आधुनिक भारतीय राष्ट्र के आरंभिक निर्माताओं में से एक थे, तो इसी विविधता से "एक राष्ट्र का निर्माण" हो रहा था। लेकिन इतिहासकारों के बीच सहमति बस यहीं तक है। भारतवासी अपने राष्ट्र की "कल्पना" वास्तव में किस तरह करते थे, यह गहरे विवाद और बहस का विषय है।

इस विवाद के एक सिरे पर पार्थ चटर्जी का तर्क है कि भारत में राष्ट्रवाद, जिसे उसके पश्चिम में शिक्षा-प्राप्त राजनीतिक नेताओं ने एक विशिष्ट स्थान दिया था,

पश्चिम से एक "भिन्न" मगर उससे "व्युत्पन्न संवाद (derivative discourse)" था।[2] आशीष नंदी की सोच भी यही है कि पश्चिमी साम्राज्यवाद के एक प्रत्युत्तर के रूप में भारतीय राष्ट्रवाद "ऐसे सभी प्रत्युत्तरों की तरह उसी चीज़ से निर्धारित हुआ जिसका वह प्रत्युत्तर था।" पश्चिमी शिक्षा-प्राप्त मध्यवर्गीय भारत ने सार्वभौमवाद के उस वैकल्पिक विचार को रद्द कर दिया, जिसकी जड़ें भारतीय सभ्यता में थीं और जिसे "साम्राज्यिक पश्चिम के प्रति-आधुनिकतावादी (counter-modernist) समालोचक" रवींद्रनाथ ठाकुर और महात्मा गांधी जैसे व्यक्तियों ने प्रतिपादित किया। सार्वभौमवाद की यह वैकल्पिक दृष्टि भेदों को स्वीकार कर और उनका रचनात्मक उपयोग करके भारत को राजनीतिक स्तर पर तो नहीं, परंतु सामाजिक सतह पर एक कर सकती थी, लेकिन भारतीय राष्ट्रवादियों ने अपने राष्ट्रवाद के निरूपक तत्त्व के रूप में राष्ट्र-राज्य के पश्चिमी मॉडल को स्वीकार कर लिया।[3] दूसरी ओर, अभी हाल में ही सी. ए. बेइली (1998) ने "राष्ट्रवाद के प्रागैतिहास" की खोज की है। वे समझते हैं कि भारतीय राष्ट्रवाद ने क्षेत्रीयता की एक पहले से मौजूद भावना पर स्वयं को आधारित किया, पारंपरिक देशभक्ति जिसे लोक-नैतिकता और सदाचारी शासन के देसी विचारों ने बुद्धिवादी रूप दिया, उसके आधार पर स्वयं को खड़ा किया। लेकिन उपनिवेशी शासन से और आपस में दो-चार होने के बाद इन क्षेत्रीय एकजुटताओं का किस तरह भारत की एक वृहत्तर सांस्कृतिक धारणा में समन्वय हुआ, यह ज़ोरदार बहस का विषय है। इस प्रक्रिया में अनेक प्रभाव और अनेक अंतर्विरोध थे, चेतना के अनेक स्तर और रूप थे। इस लगभग पूर्ण अराजकता के बीच से किसी एक-आयामी चित्र की रचना करना कठिन है। फिर भी, चूँकि एक राष्ट्र-राज्य जन्म ले चुका था, उसका जीवनचरित तैयार करने के प्रयास किए गए हैं। इसका यह अर्थ निश्चित ही नहीं कि जिस भारतीय राष्ट्र-राज्य के निर्माण के रूप में राष्ट्रवादी मुख्यधारा ने अपना वर्चस्व स्थापित किया, उसके विकास की इस महागाथा के अलावा राष्ट्र को समझने के लिए कुछ वैकल्पिक वृत्तांत थे ही नहीं।

आरंभिक राष्ट्रवादी इतिहासकारों ने और उनके कुछ परवर्ती अनुयायियों ने भी राष्ट्र-निर्माण की इस प्रक्रिया का अध्ययन करते समय मुख्यतः एक राष्ट्रवादी विचारधारा और एक राष्ट्रवादी चेतना की श्रेष्ठता पर ध्यान केंद्रित किया, चेतना के दूसरे सभी रूपों को जिसके अधीन माना गया। राष्ट्र की यह चेतना उपनिवेशी शासन के साझे विरोध पर, देशभक्ति की भावना पर और भारत की प्राचीन परंपराओं में गर्व की भावना पर आधारित विचारधारा पर आधारित थी। दूसरे शब्दों में, इस इतिहासकार संप्रदाय ने भारतीय समाज के अंदरूनी टकरावों को अनदेखा किया जिन्होंने, अन्य बातों के अलावा, दो राष्ट्र-राज्यों में उसके विभाजन को जन्म दिया, तथा वह (संप्रदाय) राष्ट्र के अस्तित्व को साझे हितों वाली एक समरस इकाई मानकर चलता था। इसके विरोध में आंग्ल-अमेरिकी विद्वानों ने एक नई व्याख्या पेश की है और रजत रे ने अपेक्षाकृत ढीले-ढाले ढंग से उन विद्वानों को "नव-परंपरावादी" संप्रदाय कहा है।[4] यह नई व्याख्या वैलेंटाइन शिरोल जैसे

लेखकों के उस पुराने साम्राज्यिक दावे को दुहराती थी कि भारतीय समाज का राजनीतिकरण वर्ग या राष्ट्र जैसी आधुनिक धारणाओं की बजाय भाषायी क्षेत्रों, जातियों या धार्मिक समुदायों जैसी परंपरागत सामाजिक संरचनाओं की तर्ज़ पर हुआ। इस संदर्भ में परिवर्तन के सबसे महत्त्वपूर्ण उत्प्रेरक—उपनिवेशी राजसत्ता के संस्थागत प्रवर्तन (innovations), खास कर पश्चिमी शिक्षा और राजनीतिक प्रतिनिधित्व के आरंभ थे। भारतीय समाज के परंपरागत विभाजनों से घात-प्रतिघात करके इन नए अवसरों ने एक नए प्रस्थिति समूह (status group) को-पश्चिमी शिक्षा-प्राप्त कुलीन समूह को-जन्म दिया, जिसके सदस्य पहले से मौजूद विशेषाधिकार संपन्न देसी समूहों से आते थे, जैसे बंगाल के भद्रलोक, बंबई के चितपावन ब्राह्मण या मद्रास के तमिल ब्राह्मणों से। इस सीमित राजनीतिक राष्ट्र के दायरे से जो पिछड़े क्षेत्र या साधनहीन समूह बाहर रहे, उनकी उपनिवेशी भारत के उस आधुनिक संस्थागत जीवन में कोई पैठ भी नहीं थी, जिसके दायरों के अंदर आरंभिक भारतीय राष्ट्रवादियों के संदेश गूँजते थे। यह सब पहले विश्वयुद्ध के अंत तक चला, जब महात्मा गांधी ने पहली बार संवैधानिक राजनीति के दरवाज़ों को पूरी तरह खोलकर लोक राष्ट्रवाद के नए युग का सूत्रपात किया।

अगर 'नव-परंपरावादी' इतिहासकारों ने भारतीय राजनीति का अध्ययन प्रांत के ढाँचे में किया, तो कुछ दूसरों ने और भी नीचे जाकर, इलाकों के स्तर तक इन विभाजनों की खोज की। इन इतिहासकारों की रचनाओं ने, जिनकी पहचान 'कैंब्रिज संप्रदाय' के रूप में की गई है,[5] किसी एकजुट राष्ट्रवादी आंदोलन की सत्ता में संदेह व्यक्त किए हैं और उसकी बजाय उपनिवेशी भारत में स्थानीय आंदोलनों की एक पूरी शृंखला दर्शायी है। चूँकि साम्राज्यवाद कमज़ोर था और भारतीय सहयोगियों की सहायता के बिना कुछ नहीं कर सकता था, इसलिए उससे टकराते हुए जो राष्ट्रवाद विकसित हुआ वह भी कमज़ोर था; वह दो कागज़ी शेरों की लड़ाई से अधिक कुछ भी नहीं था। चूँकि साम्राज्यिक शासन भारतीय सहयोगियों पर निर्भर था, इसलिए साम्राज्यिक शासकों की कृपा पाने के लिए उनके बीच भी प्रतिस्पर्धा चलती रहती थी। इसके कारण विभिन्न हितबद्ध समूह उत्पन्न हुए जिन्होंने तब अपने प्रभाव क्षेत्रों को विस्तार देना आरंभ कर दिया, जब अंग्रेज़ों ने और अधिक सहयोगी बटोरने के लिए स्थानीय स्वशासन और चुनाव की व्यवस्था का आरंभ किया। राष्ट्रवादी आंदोलन का नेतृत्व इन्हीं स्वार्थी नेताओं ने पूरी तरह अपने संकीर्ण वैयक्तिक या पारिवारिक हितों को पूरा करने के लिए किया। विभिन्न स्तरों पर नेतागण संरक्षक-संरक्षित संबंधों में बँधे हुए थे और निष्ठा के इन्हीं ऊर्ध्वाकार नेटवर्कों के माध्यम से उन्होंने अंग्रेज़ों के साथ शक्ति और संरक्षण के लिए सौदेबाज़ियाँ कीं। दूसरे शब्दों में, यह इतिहासकार समूह एक राष्ट्रवादी विचारधारा की भूमिका से एक सिरे से इनकार करता है और राष्ट्रवादी राजनीति की व्याख्या प्रतियोगिता और सहयोग के आधार पर करने के प्रयास करता है। इसके अनुसार भारत कोई राष्ट्र न होकर असंबद्ध हितबद्ध समूहों का एक जमावड़ा था और वे इसलिए एकजुट थे क्योंकि उनको अंग्रेज़ों के बनाए हुए एक केंद्रीकृत राष्ट्रीय प्रशासन के ढाँचे में काम करना पड़ रहा था।[6] इतिहास के प्रति

इस सनकी दृष्टिकोण ने, जिसने अपने विश्लेषण से मन और भावना को निकालकर एक संकीर्ण नेमियरवादी मॉडल का अनुसरण किया, राष्ट्रवादी आंदोलन का दर्ज़ा गिराकर तपन रायचौधुरी के शब्दों में उसे "पाशविक राजनीति" के स्तर तक पहुँचा दिया है।[7] लेकिन व्याख्या की उस तर्ज़ को वे लोग भी अब स्वीकार नहीं करते, जो कभी इसके उत्साही प्रतिपादक थे। सी. ए. बेइली की पुस्तक *ओरिजिंस ऑफ नेशनेलिटी इन साउथ एशिया* (*Origins of Nationality in South Asia* (1998)) जिसका उल्लेख किया जा चुका है, इतिहास-लेखन में इस महत्त्वपूर्ण परिवर्तन की याद दिलाता है।

राष्ट्रवाद की इस अपेक्षाकृत संकीर्ण राजनीतिक व्याख्या के विपरीत परंपरागत (orthodox) मार्क्सवादी संप्रदाय ने राष्ट्रवादी आंदोलन के वर्गीय चरित्र का विश्लेषण करने और उसकी व्याख्या उपनिवेश काल के आर्थिक विकासक्रमों के आधार पर करने की कोशिश की, मुख्यतः भारत में औद्योगिक पूँजीवाद के उदय और एक बाज़ारमुखी समाज के विकास के आधार पर। उसने पूँजीवादी नेतृत्व की पहचान की, जिसने अपने वर्गीय हितों के अनुसार इस आंदोलन को संचालित किया और जनता के हितों को अनदेखा किया, बल्कि एक सीमा तक उसे धोखा भी दिया। रजनी पाम दत्त और सोवियत इतिहासकार वी. आई. पाव्लोव जैसे आरंभिक मार्क्सवादियों के इस संकीर्ण वर्गीय दृष्टिकोण और आर्थिक निर्धारणवाद (economic determinism) को एस. एन. मुखर्जी, सुमित सरकार और विपिनचंद्र की परवर्ती मार्क्सवादी रचनाओं में संशोधित किया गया। मुखर्जी ने राष्ट्रवाद की जटिलताओं, उसके अनेक स्तरों और अर्थों, वर्ग के साथ-साथ जाति के महत्त्व तथा राजनीति की एक परंपरागत और साथ-साथ एक आधुनिक भाषा के उपयोग की ओर संकेत किया।[8] सुमित सरकार ने भारतीय शिक्षित वर्गों की गैर-पूँजीवादी पृष्ठभूमि को दर्शाया और तर्क दिया कि उनका कर्म उत्पादन की प्रक्रियाओं से असंबद्ध, "पारंपरिक बुद्धिजीवियों" जैसा था, जो विश्व की उदारवाद या राष्ट्रवाद जैसी वैचारिक धाराओं का प्रत्युत्तर दे रहे थे और जिन्होंने अभी तक निष्क्रिय पड़े भारतीय जनसमूहों की "जगह ली।"[9] अपनी परवर्ती पुस्तक *मॉडर्न इंडिया* (1983) में सुमित सरकार ने हमें चेताया है कि "वर्ग और वर्गचेतना विश्लेषण के उपकरण हैं, जिनका पहले से अधिक कौशल और लोच के साथ उपयोग करना होगा"; वे राष्ट्रवाद की वैधता को स्वीकार करते हैं, पर उसके "अंदरूनी तनावों" की उपेक्षा नहीं करते। उनका कहना है कि भारत में भी साम्राज्यवाद विरोधी संघर्ष के दो स्तर थे: एक कुलीनों का और दूसरा जनता का। दोनों में से किसी को भी अनदेखा करने की ज़रूरत नहीं है, बल्कि "इन (दोनों) स्तरों के जटिल घात-प्रतिघात" को देखा जाना चाहिए, जिसके माध्यम से "परिवर्तन के द्वारा निरंतरता का जटिल पैटर्न" पैदा हुआ, वही पैटर्न जो उस काल का प्रमुख विषय था।[10]

विपिनचंद्र और उनके कुछ सहयोगियों ने अपने सामूहिक लेखन-उद्यम *इंडियाज स्ट्रगल फॉर इंडीपेंडेंस* (1989) में मार्क्सवादी व्याख्या को एक सुस्पष्ट राष्ट्रवादी रुझान प्रदान किया है। उनका तर्क है कि भारतीय राष्ट्रवादी आंदोलन विभिन्न वर्गों का एक

जन-आंदोलन था, जो पूरी तरह पूँजीपतियों द्वारा नियंत्रित नहीं था। उन्होंने उपनिवेशी भारत में दो प्रकार के अंतर्विरोध दिखाए हैं। प्रमुख अंतर्विरोध भारतीय जनता के और ब्रिटिश राज के हितों के बीच था, पर उससे अलग हटकर भारतीय समाज के अंदर वर्गों, जातियों और धार्मिक समुदायों के बीच अनेक गौण अंतर्विरोध पर समझौते कर लिए गए और इस तरह एक राष्ट्रवादी विचारधारा का वर्चस्व स्थापित हुआ। लेकिन राष्ट्रीय आंदोलन किसी एक वर्ग, जाति या धार्मिक समुदाय का आंदोलन नहीं था और गांधी या जवाहरलाल नेहरू जैसे नेताओं ने माना कि भारत कोई ढाँचाबद्ध राष्ट्र न होकर एक निर्माणाधीन राष्ट्र था। परस्परविरोधी हितोंवाले अनेक समूह यहाँ थे और इसलिए वर्ग या जातिगत या सांप्रदायिक टकरावों से बचने और इन सभी असंबद्ध समूहों को एकछत्र नेतृत्व के अंतर्गत लाने के लिए हमेशा समझौते करने पड़ते थे। फलस्वरूप भारतीय राष्ट्रीय आंदोलन एक आंदोलन बन गया, हालाँकि सभी गौण टकराव संतोषजनक ढंग से हल नहीं किए जा सके।[11]

इस बहस में एक नया साहसिक हस्तक्षेप 1982 में हुआ, जब रणजीत गुहा द्वारा संपादित *सबआल्ट्रन स्टडीज* का पहला खंड प्रकाशित हुआ; इसका प्रारंभिक वक्तव्य उत्तेजक था: "भारतीय राष्ट्रवाद के इतिहास-लेखन पर लंबे समय से कुलीनवाद का वर्चस्व रहा है।" गुहा ने आगे कहा कि यह "आँखों पर पट्टी बांधकर किया गया इतिहास-लेखन" भारतीय राष्ट्रवाद की व्याख्या नहीं कर सकता, क्योंकि यह इस राष्ट्रवाद के निर्माण और विकास में जनता द्वारा *अपने बल पर* अर्थात् *कुलीनों से स्वतंत्र रूप से* किए गए नए योगदान की उपेक्षा करता है।[12] यह अतिवादी मार्क्सवादी संप्रदाय, जो अपनी सैद्धांतिक विचार-सामग्री इतालवी मार्क्सवादी एंतोनियो ग्रामची की रचनाओं से ग्रहण करता है, यह समझता है कि वह संगठित राष्ट्रीय आंदोलन जो अंततः भारतीय राष्ट्र-राज्य के निर्माण का कारण बना, कुलीनों का खोखला राष्ट्रवाद था, जबकि वास्तविक राष्ट्रवाद जनता का राष्ट्रवाद था, जिसे यह संप्रदाय 'अधोस्तरीय' (subaltern) कहता है। कुलीन राजनीति और अधोस्तरीय जनता की राजनीति के इन दो क्षेत्रों के बीच "ढांचागत द्विभाजन" (dichotomy) है, क्योंकि भारतीय समाज के ये दोनों खंड दो पूरी तरह अलग-अलग और स्वतंत्र मानसिक संसारों में रहते हैं जिनकी विशेषताएँ चेतना के दो अलग-अलग रूप हैं, हालाँकि इन दोनों संसारों के बीच कोई चीन की दीवार नहीं है। हालाँकि यह जनता समय-समय पर पूँजीपति वर्ग द्वारा आरंभ किए गए आंदोलनों में भाग लेती थी, पर पूँजीपति वर्ग पूरे राष्ट्र की बात कहने में असफल रहा। बाद के एक लेख में रणजीत गुहा ने तर्क दिया है कि पूँजीपति वर्ग समझावे-बुझावे के द्वारा बलपूर्वक अपना वर्चस्व स्थापित करने में असफल रहा तथा किसान और मज़दूर वर्ग लगातार उसका सामना करते रहे, जिनकी लामबंदी और कार्रवाई के मुहावरे भिन्न थे और राष्ट्रीय आंदोलन इन मुहावरों को हथियाने में असफल रहा। नए राष्ट्र-राज्य ने इसी पूँजीपति वर्ग और उसकी विचारधारा का प्रभुत्व स्थापित किया, पर यह "वर्चस्व से रहित प्रभुत्व" था।[13]

इतिहास-लेखन की यह विशेष धारा हाल के वर्षों में व्यापक बदलावों से गुज़री है तथा इसका केंद्रबिंदु वर्ग से हटकर समुदाय हो चुका है, भौतिक विश्लेषण के बदले अब संस्कृति, मन और अस्मिता की विशेष महत्ता हो चुकी है। इसके कभी यशस्वी लेखक रह चुके सुमित सरकार ने "अधोस्तरीय अध्ययन (subaltern studies) में अधोस्तरीय वर्ग के गौण होते जाने" की शिकायतें की हैं।[14] इसका कारण यह कि धीरे-धीरे उसका ध्यान-केंद्र बढ़ता गया और अधोस्तरीय प्रतिरोधों के रूपों और उदाहरणों के साथ उसका जो एकमात्र सरोकार था, उसकी जगह उसमें उपनिवेशकालीन शिक्षित वर्ग की राजनीति को भी खींच लिया गया। ध्यान-केंद्र के इस विस्तार को उचित ठहराते हुए दीपेश चक्रवर्ती तर्क देते हैं कि "कुलीन और प्रभुत्वशाली वर्गों का भी एक अधोस्तरीय अतीत हो सकता है।"[15] एडवर्ड सईद (1978) का अनुकरण करते हुए यह तर्क दिया गया है कि उनका (उपनिवेशकालीन शिक्षित वर्ग का) अधोस्तरीय चरित्र उनके मन के उस उपनिवेशीकरण की उपज था, जिसने उनकी मनोनिष्ठा का निर्धारण किया। रहा सवाल इन अधीनस्थ उपनिवेशकालीन कुलीनों के राष्ट्रवाद को समझने का, तो इसमें सबसे महत्त्वपूर्ण योगदान पार्थ चटर्जी का रहा है। पहले उनका कथन था कि भारत में राष्ट्रवाद मूलतः पश्चिम से एक "भिन्न" मगर उसमें "व्युत्पन्न संवाद" था, जिसका विकास तीन सुस्पष्ट चरणों में हुआ: "प्रस्थान का क्षण", जब राष्ट्रवादी चेतना का निर्माण "ज्ञानोदय-पश्चात बुद्धिवादी चिंतन" के वर्चस्वकारी प्रभाव के द्वारा हुआ; "जोड़तोड़ का क्षण", जब इसके समर्थन में जनता को लामबंद किया गया और "आगमन का क्षण", जब यह "व्यवस्था का संवाद" और "शक्ति का बुद्धिसंगत गठन" बन गया।[16] इस सिद्धांत को उनकी बाद की पुस्तक द *नेशन एंड इट्स फ्रेगमेंटस (The Nation and Its Fragments)* (1993) में और आगे विकसित किया गया है, जहाँ उन्होंने इस शिक्षित वर्ग के कार्यकलाप के दो क्षेत्रों, भौतिक और आध्यात्मिक, की बात कही है। आंतरिक आध्यात्मिक क्षेत्र में इन लोगों ने "एक 'आधुनिक' राष्ट्रीय संस्कृति के निर्माण के प्रयास किए जो फिर भी पश्चिमी नहीं थी" और यहाँ उन्होंने उपनिवेशी हस्तक्षेप को स्वीकार करने से इनकार कर दिया; राष्ट्रवाद पहले से ही अगर प्रभुतासंपन्न था तो यहीं था। लेकिन बाह्य भौतिक जगत में, जो उपनिवेशी राज्य की संस्थाओं से परिभाषित था, उनके पास पश्चिमी मॉडलों के प्रभावों से बचने की संभावना कम ही थी। बाहरी जगत में भारतीय कुलीनों ने भेद के उपनिवेशी नियम को चुनौती दी, जबकि आंतरिक जगत में उन्होंने सहमति पैदा करके तथा अधोस्तरीय असहमति के क्षेत्र पर प्रभुत्व स्थापित करके भारतीय समाज को समरस बनाने के प्रयास किए। इसलिए कुलीन और अधोस्तरीय राजनीति के दो क्षेत्रों का अध्ययन अलग-अलग नहीं किया जाना चाहिए; चटर्जी हमें समझाते हैं कि इनका अध्ययन उनकी "परस्पर निर्धारित ऐतिहासिकताओं" में किया जाना चाहिए।[17]

राष्ट्रवाद के इस अधोस्तरीय दृष्टिकोण का, या जिसे आज "उपनिवेश-पश्चात (postcolonial)" सिद्धांत की एक प्रमुख धारा कहा जा रहा है, उसका और आगे

विकास ज्ञानप्रकाश की नवीनतम पुस्तक *एनअदर रीजन (Another Reason)* (1999) में हुआ है। इसमें ज्ञानप्रकाश ने पार्थ चटर्जी को अंशतः संशोधित करते हुए तर्क दिया है कि "राष्ट्र के आंतरिक क्षेत्र और एक राष्ट्र के रूप में उसके बाहरी जीवन के बीच कोई बुनियादी विरोध नहीं था; राष्ट्र-राज्य एक अन्य, अमूर्त स्तर पर राष्ट्र का ही अस्तित्व था।"[18] भारत में राष्ट्र-राज्य का निर्माण मात्र पश्चिमी मॉडल की नकल नहीं था, जैसा कि पार्थ चटर्जी सोचते हैं, बल्कि भारत की आध्यात्मिक-सांस्कृतिक धरोहर के दृष्टिकोण से और साथ ही एक वैज्ञानिक दृष्टिकोण से पश्चिमी आधुनिकता पर एक पुनर्विचार और उसकी समालोचना था। जैसा कि जवाहरलाल नेहरू जैसे नेताओं ने परिकल्पना की थी, यह राज्य सदाचरण के उन भारतीय सिद्धांतों से संचालित होगा जो समष्टिगत कल्याण को महत्त्व देते हैं, और इस अर्थ में यह "पश्चिम से आयातित" नहीं होगा। फिर भी राज्य पर उनकी यह निर्भरता राष्ट्रीय एकता की स्थापना में उनकी असफलता की उपज थी; उन्होंने इस एकता की कल्पना केवल विमर्श के स्तर पर की थी। जैसा कि ज्ञानप्रकाश का तर्क है, इस तरह "राष्ट्र-राज्य एक राष्ट्रीय समुदाय की परिकल्पना करने और उसे सामान्य बनाने की वर्चस्ववादी परियोजना में ही व्याप्त था।"[19] और भारतीय राष्ट्रवाद का अंतर्विरोध इसी बात में निहित था।

ऊपर लिखित और कमोबेश स्पष्ट रूप से निरूपित किए जा सकनेवाले इन विशेष इतिहासकार संप्रदायों के इतिहास-लेखन के अलावा ऐसी अन्य रचनाओं का एक पूरा दायरा उपलब्ध है, जिनमें भारतीय राष्ट्रवाद को विभिन्न वैचारिक कोणों से और विभिन्न ऐतिहासिक परिप्रेक्ष्यों में देखा गया है। दूसरे शब्दों में, भारतीय राष्ट्रवाद तीखे विवादों से ग्रस्त एक क्षेत्र है, जहाँ से किसी द्वंद्ववादी मध्यमार्ग तक पहुँचना या ऐसा कोई यदृच्छवादी दृष्टिकोण विकसित कर सकना कठिन है, जो सबको स्वीकार्य हो। अगर ब्रिटिश राज भारतीय मानस का उपनिवेशीकरण करना चाहता था, तो उपनिवेशी वर्चस्व का प्रतिरोध करने के लिए भारतवासियों ने भी उस उपनिवेशी ज्ञान को चुनिंदा ढंग से ग्रहण किया, उसे आत्मसात किया और उसमें फेरबदल किया। लेकिन अगर मुख्यधारा के राष्ट्रवाद ने एक ऐसे समरस राष्ट्र के अस्तित्व की मान्यता रखी जो एक ही वाणी में बोलता था, तो असहमति के स्वरों के, जैसे स्त्रियों[20] या दलितों[21] के, बहिराव (exclusion) के दावे, उनको खामोश किए जाने और कुचले जाने के दावे भी लगातार किए जाते रहे हैं। दूसरे शब्दों में, इतिहासकारों का एक विकासमान समूह आज यह तर्क दे रहा है कि उपनिवेशवाद विरोधी प्रतिरोध के रूपों और उनके पीछे मौजूद विचारधाराओं को अनेकानेक ढंगों से समझा या निरूपित किया गया। अनिया लुंबा की इस टिप्पणी की सच्चाई को अस्वीकार कर पाना कठिन है कि "यहाँ स्वयं 'राष्ट्र' ही विवाद और बहस का एक मैदान है, विभिन्न वैचारिक और राजनीतिक हितों की परस्पर-विरोधी परिकल्पनाओं का अखाड़ा है।"[22] भारत एक बहुलवादी समाज था और इसलिए निश्चित था कि भारतीय राष्ट्रवाद के अनेक स्वर होते, क्योंकि विभिन्न वर्गों, समूहों, समुदायों और क्षेत्रों ने अपने 'राष्ट्र' की व्याख्या विभिन्न और कभी-कभी परस्परविरोधी ढंगों से की। भारतवासियों

की अनेक पहचानें थीं, जैसे वर्गीय पहचान, जातिगत पहचान, धार्मिक पहचान आदि; विभिन्न ऐतिहासिक मोड़ों पर भिन्न-भिन्न पहचानों को अभिव्यक्ति मिलती थी और वे एक-दूसरे से घात-प्रतिघात करती थीं। जब उपनिवेशी राजसत्ता ने इन टकरावों को तीखा बनाने और बढ़ाने की कोशिशें की, तो भारतीय राष्ट्रवादियों ने एकता के एक वैकल्पिक संवाद का प्रचार करने के प्रयास किए। जवाहरलाल नेहरू ने "भिन्न-भिन्न तत्त्वों के संश्लेषण और एक साझी राष्ट्रीयता में उनके विलय के प्राचीन भारतीय आदर्श" की बातें कीं।[23] लेकिन विलय की इस रूमानी मान्यता का उद्देश्य टकराव और अंतर्विरोध की कड़वी सच्चाइयों से बचना था। एक राष्ट्रीय संस्कृति की परिकल्पना में भेदों को खपाने से संबंधित इस लापरवाही और असफलता ने कुछ समूहों को राष्ट्रवाद की परियोजना से बाहर कर दिया और जो एकता स्थापित हुई, वह कमज़ोर सिद्ध हुई, और एक केंद्रीकृत राष्ट्र-राज्य पर इतनी अधिक निर्भरता का कारण यही था। फिर भी, इस समालोचना के कारण हमें उस चीज़ की ओर नहीं बढ़ जाना चाहिए, जिसके विरुद्ध सुगत बोस और आयशा जलाल ने चेतावनी दी है, अर्थात् "खंडों में विभाजन पर फूले समाने" और "अंधे राज्य-विरोध का शिकार बनने" के विरुद्ध।[24]

एक भावात्मक स्तर पर राष्ट्र के अस्तित्व से इनकार करने की बजाय हम उसे राजनीतिक प्रतिद्वंद्विता का एक अखाड़ा मानेंगे। मुख्यधारा के राष्ट्रवाद की सामान्यता लानेवाली प्रवृत्ति के बावजूद राष्ट्र के इस प्रमुख विचार को बार-बार अंदर से ही ललकारा गया। पर यहाँ एक सवाल रह जाता है: क्या इस टकराव का समाधान असंभव था, या जैसा कि होमी भाभा का दावा है, "सामाजिक शत्रुता या अंतर्विरोध की ऐसी शक्तियों से परे नहीं जाया जा सकता या द्वंद्ववादी हल से इसे नियंत्रित किया नहीं जा सकता"?[25] या हमें यह सवाल कहीं करना ही नहीं चाहिए! कारण कि एक अंतिम समाधान की आशा करना, कि उसके बाद हर कोई सुख से रहेगा, इतिहास के अंत की बात सोचना होगा। इसके विपरीत राष्ट्र-निर्माण हमेशा निरंतर तालमेल, समायोजन (accommodation) का–और टकराव का–सिलसिला होता है। 1857 के बाद के भारत में राष्ट्रवाद के उदय पर हम प्रत्युत्तरों की बहुलता के इसी ऐतिहासिक दृष्टिकोण से विचार करेंगे, बजाय इसके कि एकरैखिक प्रगति की किसी मान्यता लेकर चलें। हम उन विभिन्न स्तरों पर ध्यान केंद्रित करेंगे जिन पर यह चेतना विकसित हो रही थी और इसके विश्लेषण के प्रयास करेंगे कि चेतना के इन विभिन्न रूपों का आपस में घात-प्रतिघात किस तरह चल रहा था, उनमें भारतीय समाज के अंतर्विरोधों को किस तरह देखा जा रहा था और अपने साझे उत्पीड़क 'विजातीय' अर्थात् उपनिवेशी शासन के सापेक्ष उन्होंने अपने तरह-तरह के दावों को किस तरह पेश किया।

## 4.2 कृषक समाज और कृषक असंतोष

1857 के बाद के भारत में हमें सबसे पहले तो उपनिवेशी शासन के विभिन्न उत्पीड़क पक्षों के विरुद्ध प्रतिरोध के कुछ पिछले रूपों की निरंतरता दिखाई देती है। आदिवासी

और किसान आंदोलन इनमें सबसे प्रमुख थे। किसानों की विचारधारा और उनकी राजनीतिक चेतना के विभिन्न पक्षों की विवेचना हम पहले ही (अध्याय 3.2 में) कर चुके हैं, और इनमें से अनेक प्रवृत्तियाँ बाद के काल में भी मौजूद थीं। लेकिन इन बाद के आंदोलनों ने कुछ नई विशेषताएँ भी ग्रहण कीं। पहले तो हमें इस काल में आदिवासी और गैर-आदिवासी, दोनों तरह के किसानों में उपनिवेशी नीतियों, संस्थाओं और कानूनों की अधिक समझ दिखाई देती है। इससे भी अहम बात यह है कि इनमें से कुछ ने अपने क्रोध को व्यक्त करने या मौजूदा अन्यायों का प्रतिकार करने के लिए एक विस्तृत और वैध क्षेत्र के रूप में उन्हीं संस्थाओं को अपनाया, जैसे अदालतों को। दूसरी अहम विशेषता दुखी किसान वर्ग के प्रवक्ताओं के रूप में शिक्षित मध्यवर्गीय बुद्धिजीवियों की बढ़ती भूमिका थी; इनसे उनके प्रतिरोधों को नए आयाम मिले और उनके आंदोलन उपनिवेशी शासन के कुछ अवांछित पक्षों के विरुद्ध जारी एक वृहत्तर हलचल के अंग बने। किसान आंदोलनों में इस बाहरी हस्तक्षेप की प्रकृति एक तीखी बहस का विषय रही है। एक ओर रवींदर कुमार का मानना यह है कि जिन दिनों परंपरागत माध्यम और तरीके अप्रभावी सिद्ध हो चुके थे, उन दिनों "ग्रामीण समाज और प्रशासन के बीच संवाद के एक माध्यम के रूप में" इन मध्यवर्गीय नेताओं ने एक अहम और कारगर भूमिका निभाई।[26] दूसरी ओर, उन्नीसवीं सदी में किसानों के प्रति मध्यवर्ग के रवैये को रणजीत गुहा ने "एक विरासत में मिली, भारतीय तर्ज़ की संरक्षक-वृत्ति और एक अर्जित पश्चिमी तर्ज़ के मानववाद का अजीबोगरीब घालमेल" कहा है। हर चरण में उनके कामों ने उनकी अंतर्जात सहयोगमूलक सोच का पता दिया और "निरंकुशता के अवरोधक के रूप में उदारवाद की व्यर्थता" को उद्‌घाटित किया।[27] लेकिन इस मध्यवर्गीय मध्यस्थता की प्रकृति या प्रभाव चाहे जो हो, यह फिर भी उन्नीसवीं सदी के उत्तरार्द्ध के लगभग सभी किसान आंदोलनों की एक नई विशेषता थी।

बंगाल में 1859-60 का नील विद्रोह उन प्रमुख घटनाओं में एक था, जिनमें किसान आंदोलनों की पुरानी और नई विशेषताएँ एक समान नज़र आती थीं। मध्य और पूर्वी बंगाल में नील की खेती के उत्पीड़क पक्ष लंबे समय से किसान प्रतिरोध के निशाना रहे (अध्याय 2.5 देखें)। बाड़ासात में 1832 में तीतू मीर के अनुयायियों ने स्थानीय निलहों को खूब डराया। लगभग उन्हीं दिनों पूर्वी बंगाल में दूधू मियाँ के नेतृत्व में चले फ़राइज़ी आंदोलन के चुनिंदा निशानों में ये निलहे भी शामिल थे। उन्नीसवीं सदी के उत्तरार्द्ध में निलहों का उत्पीड़न और बढ़ गया, क्योंकि निर्यात की एक मद के रूप में नील का आर्थिक महत्त्व जाता रहा और यूनियन बैंक, जो निलहों के लिए वित्त का प्रमुख स्रोत था, 1847 में बैठ गया। उत्पीड़ित किसान कुछ समय तक निलहों के अत्याचार सहते रहे, पर उनके रवैये तब बदल गए जब मई 1859 में किसानों से हमदर्दी रखनेवाले जॉन पीटर ग्रांट ने बंगाल के लेफ़्टिनेंट गवर्नर का पद सँभाला और उससे प्रोत्साहन पाकर ज़िलों के कुछ, न कि सब अधिकारियों ने किसानों का पक्ष लेना आरंभ कर दिया; उनकी समझ यह थी कि निलहों के बलप्रयोग पर आधारित तरीके, मुक्त व्यापार की भावना के विरुद्ध थे।

नील के किसानों की उथल-पुथल 1859 के पतझड़ के मौसम में शुरू हुई, जब उन्होंने नदिया, मुर्शिदाबाद और पबना ज़िलों में एक व्यापक क्षेत्र में निलहों से पेशगी रकमें लेने से मना कर दिया। जैसोर के किसान भी 1860 के वसंत ऋतु में, बुवाई के समय इस प्रतिरोध में शामिल हो गए; तब तक बंगाल का पूरा डेल्टा क्षेत्र इससे प्रभावित हो चुका था। निलहे साहबों के एजेंटों ने किसानों को नील बोने पर विवश करने की कोशिश की तो उनका कड़ा प्रतिरोध हुआ; उनके भारतीय कारिंदों का कभी-कभी संगठित सामाजिक बहिष्कार भी हुआ। स्थानीय ज़मींदार इन निलहों से चिढ़ते थे क्योंकि इन्होंने गाँवों में शक्ति के प्रमुख केंद्र के रूप में उनका स्थान हड़प लिया था। ये ज़मींदार भी अकसर रैयत से सहानुभूति रखते थे, कभी-कभी उनका नेतृत्व भी इन्होंने किया, पर जल्द ही स्थिति उनके नियंत्रण से बाहर हो गई। कलकत्ता में निलहों के बौखलाए हुए समर्थकों ने मार्च 1860 में एक अस्थायी कानून बनवाया कि किसानों को नील बोने के अनुबंध के पालन पर मज़बूर किया जा सके। अदालतों में ऐसे मुकदमों की भरमार हो गई और कुछ अति-उत्साही मजिस्ट्रेटों ने किसानों को इस घृणित फ़सल की खेती करने पर मज़बूर किया। लेकिन ग्रांट ने इस कानून की सीमा को छह माह से आगे बढ़ाने से इनकार कर दिया और मजिस्ट्रेटों को मना कर दिया कि वे नील की खेती के लिए किसानों को पेशगी लेने पर विवश न करें। किसान भी अपने मामले अदालतों में ले गए जो ऐसे मुकदमों से भर गए। इस चरण में आंदोलन एक लगानबंदी अभियान बन गया और निलहों ने जब अपने अवज्ञाकारी काश्तकारों को बेदखल करने की कोशिश की, तो इन किसानों ने 1859 के लगान कानून दस (Rent Act X) के तहत अपने दखलदार रैयत वाले अधिकार मनवाने के लिए अदालतों की शरण ली।

शिक्षित मध्यवर्गों और कुछ यूरोपीय मिशनरियों का हस्तक्षेप इस पूरे प्रसंग का एक और महत्त्वपूर्ण तत्त्व था। दीनबंधु मित्र ने सितंबर 1860 में अपना बंगला नाटक *नील दर्पण* प्रकाशित कराया, जिसमें यथासंभव साहस के साथ निलहों के अत्याचारों को दिखाया गया था। सुप्रसिद्ध बंगला कवि माइकेल मधुसूदन दत्त ने इस नाटक का अंग्रेज़ी अनुवाद किया, जिसे भारत और लंदन के उदारवादी राजनीतिक हलकों की जानकारी में लाने के लिए चर्च मिशनरी सोसायटी के रेवरेंड जेम्स लौंग ने प्रकाशित किया। इस कारण लौंग पर कलकत्ता सुप्रीम कोर्ट में मानहानि का मुकदमा चला और एक माह की कैद के साथ 1000 रुपए का जुर्माना हुआ। उनकी सज़ा ने कलकत्ता के शिक्षित समुदाय को आगबबूला कर दिया; भारतीय प्रेस और खासकर *हिंदू पैट्रियट* और *सोमप्रकाश* ने नील के किसानों की माँगों को उठाया तथा ब्रिटिश इंडियन एसोसिएशन भी उनकी ओर हो गया।[28] हालाँकि इन लोगों ने साम्राज्यिक नौकरशाहों के उदारवादी राजनीतिक तत्त्वों से गुहार लगाई और इससे ब्रिटिश न्याय व्यवस्था में उनकी अटूट आस्था का पता चलता था[29], पर फिर भी ये मध्यवर्गीय समर्थक किसानों के मुद्दे को संस्थागत राजनीति के वृहत्तर क्षेत्र में लाने में सफल रहे और इससे निलहों पर सही व्यवहार के लिए दबाव बढ़ा। 1863 तक यह आंदोलन समाप्त हो चुका था, क्योंकि तब तक नील की खेती भी, जो अपने पतन की शुरुआत होने

से पहले ही एक सड़ी-गली चीज़ बन चुकी थी, बंगाल में लगभग पूरी तरह समाप्त हो चुकी थी।

पर नील की खेती साम्राज्य के पिछवाड़े वाले भाग में जारी रही, अर्थात् बिहार के "अपेक्षाकृत दूरस्थ और पिछड़े क्षेत्र" में जहाँ उत्पीड़न की यह व्यवस्था सरकार के किसी खास हस्तक्षेप के बिना जारी रही। 1859-60 की नील संबंधी उथल-पुथल के बाद इसमें लगा काफ़ी धन वास्तव में बंगाल से बिहार चला गया और वहाँ तब तक बढ़ता रहा जब तक 1898 में कृत्रिम नील नहीं बना लिया गया। मगर यह उद्योग बीसवीं सदी में भी जारी रहा और पहले विश्वयुद्ध के बाद उसका एक संक्षिप्त पुनरुत्थान तक हुआ। 1874 में और फिर 1907-08 में धनी या संपन्न किसानों के नेतृत्व में दरभंगा और चंपारण के नील के खेतिहरों के प्रतिरोध के उदाहरण भी सामने आए हैं। लेकिन निलहों और उनके लठैतों ने इन आंदोलनों को कुचल दिया और सरकार ने बस कभी-कभी मामूली से हस्तक्षेप किए, जिनके कारण किसानों को कुछ सीमित रियायतें ही मिल सकीं।[30] चंपारण में नील की खेती को पूरी तरह खत्म होने के लिए 1917 में गांधी के हस्तक्षेप की प्रतीक्षा करनी पड़ी (अध्याय 6.2 देखें)।

बंगाल में पूर्वी और मध्यवर्ती ज़िलों में किसानों की विद्रोह की भावना भड़क चुकी थी, और यहाँ खासकर फ़राइज़ी आंदोलन ने पहले से अधिक सदाचार के लिए एक नैतिक आधार तैयार कर दिया था। वहाँ उन्नीसवीं सदी के अंतिम दशकों में विरोध और प्रतिरोध का सिलसिला चलता रहा। अगली सबसे महत्त्वपूर्ण घटना पबना ज़िले के यूसुफशाही परगने में 1873 में एग्रेरियन लीग की स्थापना थी; यहाँ कुछेक नए ज़मींदारों का अत्याचार किसानों के सहने की सीमा से बाहर जा चुका था। इस क्षेत्र में गैर-कानूनी वसूलियों (अबवाब) के साथ-साथ लगान की दर बराबर चढ़ती आ रही थी।[31] लेकिन किसानों की खास शिकायत उनके दखली अधिकारों को समाप्त करने के लिए ज़मींदारों के ज़ोरदार प्रयासों के विरुद्ध थी; ये ज़मींदार लगातार बारह साल तक किसानों को एक ही भूखंड का पट्टा नहीं देते थे, जिसके कारण वे कानून (1859 के लगान कानून दस) के तहत संरक्षण पाने के अधिकारी बन जाते थे। यह आंदोलन, जिसे मुख्यत: संपन्न किसानों ने चलाया पर जिसे कमज़ोर किसानों की मदद भी मिली, बड़ी सीमा तक अहिंसक और कानून के दायरे में रहा, और ब्रिटिश न्याय व्यवस्था में उसकी गहरी आस्था रही। किसानों की आकांक्षा तो महारानी की सच्ची प्रजा बनना था; उन्होंने एग्रेरियन लीग की स्थापना ज़मींदारों को अदालतों में घसीटने के लिए पैसा जमा करने के लिए की; अदालतें तब लगान के मुकदमों से पटी पड़ी थीं।[32]

इससे भी बड़ी बात यह कि पबना का प्रयोग जल्द ही पूर्वी और मध्य बंगाल के दूसरे ज़िलों में दोहराया गया, जहाँ ज़मींदारों ने अभी हाल में ऐसा कुछ शुरू किया था जिसे बिनय चौधुरी ने "नशे में धुत ज़मींदारी" कहा है, अर्थात् जागीरों के प्रबंध में सभी नियमों का उल्लंघन, लगान में मनमानी बढ़ोतरी, गैर-कानूनी अबवाब की वसूली और संपन्न किसानों को दखली अधिकारों से वंचित करने के निरंतर प्रयास। ऐसी एग्रेरियन लीगें

ढाका, मैमनसिंह, त्रिपुरा, बाकरगंज, फ़रीदपुर, बोगरा और राजशाही ज़िलों में बनीं, जहाँ दीवानी अदालतें लगान के मुकदमों से भरी पड़ी थीं। हालाँकि कुछ नेता हिंदू थे और सांप्रदायिक सद्भाव उल्लेखनीय था, पर ऐसे क्षेत्र भी थे, जहाँ फ़राइज़ी आंदोलन के बहुत से अनुयायी थे और दूधू मियाँ के बेटे नया मियाँ स्वयं भी 1880 में मेहदीगंज में किसानों के संगठन में व्यस्त थे। इस आंदोलन के फलस्वरूप बंगाल के कृषि संबंधों का बहुत अधिक ध्रुवीकरण हुआ और बढ़ते तनाव के कारण शीघ्र ही, 1885 में बंगाल टेनेंसी ऐक्ट पारित करना पड़ा। इसमें उन संपन्न किसानों के दखली अधिकारों को अपेक्षाकृत अधिक सुरक्षा प्रदान की गई थी, जो लगातार बारह साल तक एक ही गाँव में ज़मीनें पट्टे पर लेते थे। (यह आवश्यक न था कि वे एक ही ज़मीन पट्टे पर लें।) लेकिन छोटे किसानों के अधिकार पहले की ही तरह अनिरूपित रहे। शिक्षित मध्य वर्गों का द्वैध-भाव पबना के आंदोलन और उसके बाद के काल की एक दिलचस्प विशेषता था। कलकत्ता की देशी प्रेस, जिसने यूरोपीय निलहों के विरुद्ध दोटूक रवैया अपनाया था, जब देशी ज़मींदारों के उत्पीड़न पर हमले होने लगे तो विभाजित हो गई। तभी *हिंदू पैट्रियट* ने और साथ में *अमृत बाजार पत्रिका* ने खुलकर ज़मींदारों का पक्ष लिया, जबकि *बंगाली* और आँग्ल-भारतीय प्रेस ने तब खुलकर उनका मज़ाक उड़ाया, जब किसानों की हिंसा के बारे में उनकी लंबी-चौड़ी रिपोर्टें मात्र ज़मींदार समर्थक प्रचार साबित हो गईं।[33] यह वह दुविधा थी जिससे मध्यवर्गीय भारतीय राष्ट्रवादी आरंभ से ही ग्रस्त रहे और जिससे वे कभी पूरी तरह मुक्त न हो सके।

ज़मींदारों के अत्याचार के विरुद्ध किसानों का प्रतिरोध बंगाल तक ही सीमित नहीं था। मलाबार में जेनमियों के खिलाफ़ मोपला किसानों की बगावत जारी रही (अध्याय 3.2 देखें), जबकि अवध के सीतापुर ज़िले में और मेवाड़ (राजस्थान) में किसानों ने क्रमशः 1860 और 1897 में ज़मींदारों द्वारा लगान में वृद्धि और गैर-कानूनी वसूलियों का प्रतिरोध किया।[34] किसान विद्रोहों में पहले की तरह अभी भी धर्म की एक बड़ी भूमिका थी; उदाहरण के लिए, पंजाब में सिक्खों के शुद्धीकरण के प्रयासों के कारण 1872 में कूका विद्रोह हुआ। इन सभी क्षेत्रों में किसानों के जुझारूपन की परंपरा बीसवीं सदी के पहले दशक में भी जारी रही और आखिरकार 1921 में जन-आंदोलन की वृहत्तर गांधीवादी परंपरा में समाहित हो गई। मध्यवर्गीय नेतृत्व की स्थायी दुविधाओं के कारण यह विलय भी तनावों से खाली नहीं रहा (अध्याय 6 देखें)।

दूसरी ओर, महाराष्ट्र में किसानों को एक और शत्रु से लड़ना पड़ा; यहाँ उनका सीधा टकराव सूदखोरों से हुआ। हालाँकि तत्कालीन उपनिवेशी अधिकारियों और हाल के कुछ इतिहासकारों ने 1875 की इन घटनाओं को दकन के दंगे कहा है, पर किसान इसे एक विद्रोह समझते थे। इस तरह जैसा कि डेविड हार्डिमन का तर्क है, उन्होंने "अपनी उथल-पुथल को महाराष्ट्र में विद्रोह की लंबी परंपरा से एकाकार कर लिया।[35] जैसा कि रवींदर कुमार हमें बतलाते हैं, यह संभव हुआ "महाराष्ट्र के गाँवों में सामाजिक शक्ति के पुनर्वितरण" के कारण।[36] असंतोष की जड़ें मराठा कुनबी किसानों और **साहूकारों**

के बदलते संबंध में मौजूद थीं। अतीत में साहूकार कुनबी किसानों को कर्ज़ देते आए थे, पर गाँव की अर्थव्यवस्था पर गहरे नियंत्रण से अधिक किसी बात में उनकी कभी रुचि नहीं रही। मगर रैयतवारी व्यवस्था के आरंभ ने स्थिति बदल दी, क्योंकि अब हर किसान को अपने लिए ऋण की आवश्यकता पड़ने लगी, जबकि भूमि में संपत्ति के अधिकार के सृजन और ऐसे अधिकारों के लिए अदालतों के संरक्षण ने एक भूमि बाज़ार पैदा किया और इसलिए भूमि की माँग अब बढ़ गई। साहूकार अब किसानों की ज़मीनें गिरवी रखकर भारी ब्याज दरों पर कर्ज़ देने लगे और अदायगी न होने पर अदालतों के निर्णयों के आधार पर ज़मीनों पर कब्ज़े करने लगे। जातिगत पूर्वाग्रह सूदखोरों को हल छूने से रोकते थे; इसलिए अब वही ज़मीनें भूतपूर्व मालिक-किसानों को पट्टे पर दी जाने लगीं, जो अब अपनी ही ज़मीनों पर काश्तकार बन गए। इस काल में महाराष्ट्र में भूमि के हस्तांतरण की संख्याएँ और इसने किस सीमा तक दंगों को जन्म दिया, ये बातें निश्चित ही विवाद के विषय हैं। इयान कैटेनक (1993) यह तो मानते हैं कि भूमि के हस्तांतरण हुए, पर रवींदर कुमार के इस कथन को स्वीकार नहीं करते कि यह किसान असंतोष का प्रमुख कारण था। दूसरी ओर, नील चार्ल्सवर्थ इस तत्त्व को पूरी तरह अस्वीकार कर देते हैं, क्योंकि वे मानते हैं कि दकन में दंगों के समय तक केवल 5 प्रतिशत खेती-योग्य भूमि मारवाड़ी या गुजराती साहूकारों के हाथों में गई थी।[37] लेकिन यह बात तो माननी ही होगी कि भूमि का यही छोटा भाग पूरे क्षेत्र में सबसे उपजाऊ था और इसलिए उसके हाथ से निकलने पर बहुत चिढ़ पैदा होती थी।[38]

जल्द ही खुले टकराव की स्थिति आ गई जब सरकार ने 1867 में मालगुज़ारी की दरें खेती के विस्तार और खेतिहर कीमतों में वृद्धि के आधार पर बढ़ा दीं। इंदापुर तालुका में मालगुज़ारी की माँग में औसत 50 प्रतिशत वृद्धि की गई, लेकिन कुछ गाँवों में यही काफ़ी ऊँची, 200 प्रतिशत तक थी। चार्ल्सवर्थ समझते हैं कि ये नए कर शायद ही दंगों के कारण रहे होंगे, क्योंकि अहमदनगर ज़िले में जो गाँव उथल-पुथल से सबसे अधिक प्रभावित हुए वहाँ करों में कोई संशोधन किया ही नहीं गया था, जबकि संशोधन वाले कुछ तालुके इस पूरे काल में एकदम शांत बने रहे। लेकिन फिर भी इस बात की शायद ही अनदेखी की जा सके कि ये नई दरें जब घोषित की गईं, तो उससे अधिक उपयुक्त समय कोई और नहीं रहा होगा। अमेरिकी गृहयुद्ध के कारण पैदा कृत्रिम माँग के कारण दकन में जो कपास की खेती में तेज़ी आई थी, वह उस युद्ध के बाद अभी-अभी पस्त हुई थी। किसान बदहाल हो चुके थे और उनका घोर कर्ज़दार बनना अपरिहार्य था। ऐसी स्थिति में मालगुज़ारी में बढ़ोतरी बौखलाहट तो पैदा करती ही रहती।

कुनबियों ने नई दरों में संशोधन करने के लिए प्रार्थनाएँ कीं, पर उनका परंपरागत नेतृत्व नई संस्थाओं से और उनके कारण संवाद की एक नई बुद्धिसंगत और कानूनी भाषा की नई माँग से एकदम अनभिज्ञ था। मध्यवर्गीय बुद्धिजीवियों के नए संगठन पूना सार्वजनिक सभा ने अब हस्तक्षेप किया और 1873 में उसने एक "रिपोर्ट" पेश की अर्थात् मालगुज़ारी की दरों में संशोधन की माँग की। उसने नई दरों के विरुद्ध कुनबी

किसानों को उभारने के लिए गाँवों में स्वयंसेवक भी भेजे। जैसा कि रवींदर कुमार कहते हैं, इसके दबाव में आकर बंबई सरकार ने अब एक बड़ी रियायत दी: कि मालगुज़ारी जमा न होने पर पहले किसान की चल संपत्तियाँ ज़ब्त की जाएँगी; उसकी ज़मीन तभी नीलाम की जाएगी जब चल संपत्तियाँ अपर्याप्त होंगी। यह रियायत वास्तव में किसानों और सूदखारों के बीच टकराव का एक स्रोत बन गई, क्योंकि 1874 में सूदखोरों ने मालगुज़ारी की अदायगी के लिए किसानों को कर्ज़ देने में इस आधार पर मना कर दिया, क्योंकि उन्हें लगता था कि ज़मानत पर्याप्त नहीं थी। लेकिन जैसा कि कुमार आगे कहते हैं, 1875 के दंगों का यही अकेला कारण नहीं था; ये दंगे अनेक कारणों के संयोग की उपज थे, जैसे अमेरिकी गृहयुद्ध के कारण हमारी अर्थव्यवस्था में पैदा अफ़रातफ़री, भूमि-कर में एक कुविचारित संशोधन, पूना सार्वजनिक सभा द्वारा आरंभ किया गया आंदोलन और, अंत में, कुनबी किसानों और सूदखोरों के बीच पुरानी दुश्मनी।

ये दंगे 12 मई 1875 को भीमथड़ी तालुका के गाँव सूपे से शुरू हुए और जल्द ही पूना और अहमदनगर ज़िलों के दूसरे गाँवों में पहुँच गए। उत्तर-दक्षिण तक लगभग 65 और पूरब-पश्चिम में 100 किलोमीटर तक का एक बड़ा क्षेत्र इस उथल-पुथल से प्रभावित हुआ। हर जगह गुजराती और मारवाड़ी सूदखोरों पर हमले हुए, केवल इसलिए नहीं कि वे "बाहरी" थे, बल्कि इसलिए भी कि उनको अधिक कंजूस समझा जाता था। वे भी गाँवों में रहते थे और इसलिए उन पर ऐसे हमलों की संभावना उन ब्राह्मण सूदखोरों से अधिक थी, जो आम तौर पर बेहतर सुरक्षा वाले नगरों में रहते थे। इससे भी अहम बात यह है कि सूदखोरों के ऊपर शारीरिक हिंसा बहुत कम हुई; केवल उनके ऋणपत्र छीनकर नष्ट कर दिए जाते थे। इसके अलावा, हिंसा का सहारा तभी लिया जाता था, जब इन कानूनी कागज़ात को देने के विरुद्ध प्रतिरोध किया जाता था। यही विशेषता है जो इन दंगों को गरीबी के मारे किसानों द्वारा आरंभ किए गए "अनाज दंगों" की औसत श्रेणी से अलग करती थी। दंगाइयों ने अपने लक्ष्य की, जो दमन और प्रभुत्व का साधन था, स्पष्ट पहचान की थी, और इस तरह लगता है कि वे हाल में अपने-आपको शक्ति संबंधों के जिस नए संस्थागत ढाँचे में पा रहे थे, उसके बारे में वे अच्छी तरह सजग थे। अब अगर अंग्रेज़ों ने इस विद्रोह को दबाने में तत्परता न दिखाई होती, तो बहुत संभव था कि दंगे की भावना पूरे महाराष्ट्र में फैल जाती। बंबई सरकार ने ऐसे दंगों की पुनरावृत्ति रोकने के लिए तरंत कदम उठाए; 1879 के दकन खेतिहर राहत कानून (डेक्कन एग्रीकल्चरिस्ट्स रिलीफ़ ऐक्ट) के द्वारा किसानों को भविष्य में उनकी ज़मीनों पर ऐसे कब्ज़े से सुरक्षा प्रदान की गई।

इससे भी अहम तथ्य यह है कि उन्नीसवीं सदी के उत्तरार्द्ध और बीसवीं सदी के पूर्वार्द्ध में सूदखोरों के विरुद्ध किसानों के प्रतिरोध की ये घटनाएँ पूरे भारत में आम थीं, क्योंकि उपनिवेशी शासन ने गाँवों की राजनीतिक अर्थव्यवस्था में इन दोनों समूहों के संबंध में महत्त्वपूर्ण बदलाव उत्पन्न कर दिया था। हर जगह हमें किसानों के व्यवहार का यही रूप दिखाई पड़ता है अर्थात् व्यक्तियों के विरुद्ध बहुत कम हिंसा, लेकिन

सूदखोरों के ऋणपत्रों का नष्ट किया जाना। पश्चिमी उत्तर प्रदेश के सहारनपुर ज़िले में 1857 में, नासिक में 1868 में, बंबई और पूना के बीच घाट क्षेत्रों में 1874 में, राजस्थान के अजमेर ज़िले में 1891 में, पंजाब में 1914 में और पूर्वी बंगाल में 1930 में यही हुआ।[39] ऐसे हंगामे बहुत ही स्पष्ट रूप से ब्रिटिश भूमि व्यवस्था के प्रतिकूल प्रभावों के विरुद्ध भारत के ग्रामीण समाज की प्रतिक्रिया थे और संपत्ति के अधिकार संबंधी कानूनों और अदालतों के विरुद्ध भी, जो ऊपर से लादी गई चीज़ों के समान थे, जो किसानों की दुनिया को उलट-पलट रहे थे।

किसानों के निशाने केवल ब्रिटिश राज के प्रतीक या उसके द्वारा पैदा किए नए परिवर्तन ही नहीं थे; अंग्रेज़ों के विरुद्ध खुले किसान आंदोलन भी चले, खासकर रैयतवारी क्षेत्रों में। सूदखोरों पर हमले के अलावा, बंबई सरकार द्वारा 1860 और 1870 के दशकों में मालगुज़ारी में की गई वृद्धि के जवाब में महाराष्ट्र दकन के एक बड़े क्षेत्र में 1873-74 में लगानबंदी के अभियान भी चले। हालाँकि सरकार ने इस अवसर पर कुछ रियायतें भी दीं, पर उसने अपनी कर व्यवस्था में अंतर्निर्मित अनम्यता में ढील देने से इनकार कर दिया। इसलिए जब 1896-97 में दोबारा फ़सल बरबाद हुई और फलस्वरूप एक भयानक अकाल पड़ा मगर मालगुज़ारी में कोई कटौती नहीं हुई, तब एक व्यापक लगानबंदी अभियान चला, खासकर ठाणे और कोलाबा के तटीय ज़िलों में। खानदेश और धारवाड़ ज़िलों में साहूकारों ने भूमि कर देने से इनकार कर दिया, क्योंकि फ़सल नष्ट हो गई थी, और किसानों ने भी सभी करों की अदायगी रोक दी। जैसा कि हार्डिमन कहते हैं, इस आंदोलन की प्रमुख विशेषता यह थी कि यह अपेक्षाकृत अधिक समृद्ध उन क्षेत्रों में काफ़ी मज़बूत था, जो अकाल से सबसे कम प्रभावित हुए थे। यह "ज़मींदारों और धनी किसानों का आंदोलन" था, जिसमें बंबई और पूना के शहरी नेताओं की मध्यस्थता ने भी एक महत्त्वपूर्ण भूमिका निभाई; सरकार ने इसका जवाब कठोर सैन्य चालों से दिया। 1897 के अंत तक सब कुछ समाप्त हो चुका था। लेकिन कृषक असंतोष 1899-1900 में गुजरात में फिर फूटा, जो तब एक खराब फ़सल और अकाल से ग्रस्त था। एक बार फिर अपेक्षाकृत धनी किसानों के नेतृत्व में खेड़ा, सूरत और भड़ौच ज़िलों में लगभग हर जगह भूमि-करों की अदायगी करने से इनकार कर दिया गया, लेकिन यहाँ बाहरी शहरी नेतृत्व कोई महत्त्वपूर्ण भूमिका निभा नहीं सका। यहाँ भी सरकार ने बलप्रयोग द्वारा और कर न देनेवालों की संपत्ति ज़ब्त करने की धमकियाँ देकर आंदोलन को कुचला।[40]

किसानों और उपनिवेशी राजसत्ता के बीच एक अधिक सीधा और कारगर टकराव 1907 में पंजाब में हुआ, जहाँ चिनाब नहरी कॉलोनी में स्थानीय शासन ने एक नए कानून का प्रस्ताव किया, जो उपनिवेशियों (settlers) के जीवन को अधिक प्रभावी ढंग से नियंत्रित करता। उसने नहरी बस्तियों में भूमि के उत्तराधिकार को नियंत्रित करने, नहरी बस्ती के नियम-कानून तोड़नेवाले सभी व्यक्तियों पर जुर्माना करने और जल-कर बढ़ाने के प्रस्ताव किए। इस कठोर कानून के विरुद्ध किसानों को उन्हीं के अधिक शिक्षित सदस्यों ने संगठित किया; विशाल आम सभाएँ हुईं और प्रार्थनापत्र भेजे गए। इस चरण

में लाहौर इंडियन एसोसिएशन के दो नेताओं लाजपत राय और अजित सिंह की भागीदारी ने और सिंहसभा व आर्यसमाज के समर्थन ने ऊर्ध्व और क्षैतिज, दोनों दिशाओं में आंदोलन के दायरे को और विस्तृत किया। किसानों ने बड़े-बड़े प्रदर्शन किए तथा सभी करों की अदायगी बंद कर दी; अमृतसर, लाहौर और रावलपिंडी जैसे बड़े नगरों में दंगे फूट पड़े। पंजाब सरकार ने आरंभ में तनाव की तीव्रता को गलत आँका और उसे पूरी तरह बाहरी तत्त्वों द्वारा प्रेरित माना। इसलिए उसने राय और सिंह को निर्वासित कर दिया तथा सभी आम सभाओं पर प्रतिबंध लगा दिया। लेकिन इससे असंतोष किसी भी तरह कम नहीं हुआ, बल्कि अब उसने सेना को भी प्रभावित किया, क्योंकि पंजाब सेना में भरती के लिए सबसे महत्त्वपूर्ण क्षेत्र था। इसलिए आखिरकार 26 मई को वायसरॉय मिंटो ने नए कानून को वीटो कर दिया और इस कदम का किसानों पर एक चमत्कारी प्रभाव पड़ा, जिन्होंने इसे "ब्रिटिश न्याय का मूर्त रूप" करार दिया।[41] किसानों की चेतना में दूर बैठा राजा (ब्रिटिश सम्राट) अभी भी उनका रक्षक था, जबकि पास में मौजूद भ्रष्टाचारी अधिकारी उनका शत्रु था। ऐसी अस्पष्टता के बावजूद जिन बातों को वे अन्यायपूर्ण कर या उनकी परंपरागत जीवन शैली में अवांछित हस्तक्षेप समझते थे, उनके विरुद्ध वे लड़ते ही रहे। पंजाब इस बारे में कोई अपवाद नहीं था। इस काल में भारत के विभिन्न भागों से लगानबंदी आंदोलन की खबरें आईं–उत्तर में स्थित अवध से 1879 में, पश्चिम में गुजरात की कैंबे रियासत से 1890 में, दक्षिण में तंजावुर ज़िले से 1892-93 में और पूर्वोत्तर में असम से 1893-94 में।[42]

उपनिवेशी किसानों के असंतोष के अलावा, आदिवासी किसानों के बीच सहस्राब्दिक (millenarian) आंदोलनों की पिछली परंपरा 1857 के बाद के काल में भी जारी रही। इस परंपरा का एक प्रमुख उदाहरण 1899-1900 का मुंडा **उल्गुलन** था, जो एक करिश्माई धार्मिक नेता बिरसा मुंडा के मार्गदर्शन में चला। मुंडाओं की ज़मीन का हस्तांतरण और डिकुओं के आगमन के कारण 1890-95 में मुंडा नेताओं के मार्गदर्शन में एक आंदोलन उठ खड़ा हुआ। यह आंदोलन धीरे-धीरे बिरसा के नेतृत्व में आ गया, जिसने छोटानागपुर (बिहार) के एक बड़े क्षेत्र में दो वर्षों तक मुंडा आदिवासी किसानों को, उनको भावी आपदा से बचाने का वादा करके, लामबंद किया। उसकी जादुई शक्तियों, रोगों के उपचार की योग्यता और चमत्कार दिखाने की योग्यता के बारे में अफ़वाहें फैलने लगीं। आदिवासियों की कल्पना में वह ऐसा मसीहा था, जो अंग्रेज़ों की गोलियों को पिघलाकर पानी की तरह बहा सकता था। उसने उनको मुंडा तीर्थों की यात्राएँ कराईं और रास्ते में बड़ी-बड़ी आम सभाएँ कीं। इसमें वह बीते हुए एक स्वर्णकाल या **सतजुग** की और उन पर टूटे **कलजुग** की बातें करता था, जब मुंडा देश अर्थात् **डिसुम** पर राक्षस राजा रावण की पत्नी महारानी मंदोदरी राज कर रही थी; यह संभवतः महारानी विक्टोरिया के राज का एक रूपक थी।[43] जो चीज़ इन सभाओं में खास तौर पर उभरी, वह थी बाहरी तत्त्वों के, डिकुओं के प्रति आदिवासी किसानों की शत्रुता–ज़मींदारों, सूदखोरों और उनके संरक्षक साहबों (यूरोपवालों) के विरुद्ध–जिनमें

अफ़सर और ईसाई मिशनरी दोनों शामिल थे। एक विशाल उपनिवेशवाद विरोधी आदिवासी विद्रोह के लिए इसी तरह ज़मीन तैयार हुई और यह विद्रोह 1899 में क्रिसमस के दौरान शुरू हुआ। इसने गिरजाघरों, मंदिरों, पुलिसवालों और नए शासन के दूसरे प्रतीकों को निशाना बनाया और अंत में सरकारी बलों द्वारा कुचल दिया गया। लेकिन मुंडा उल्गुलन के बारे में जो बात महत्त्वपूर्ण थी, वह उपनिवेशी राजसत्ता की व्यापकतर राजनीतिक वास्तविकताओं के बारे में उनकी दूसरों से अधिक समझ थी। कबीलों की क्षेत्रबंदी के बावजूद, बिरसा की महत्त्वाकांक्षाएँ अब स्थानबद्ध नहीं थीं। उसके आंदोलन का उद्देश्य केवल डिकुओं को भगाना नहीं, बल्कि "अपने शत्रुओं को नष्ट करना और अंग्रेज़ी राज को समाप्त करना" था और उसकी जगह "एक बिरसा राज और एक बिरसाई धर्म की" स्थापना करना था।[44] उन्नीसवीं सदी के अंतिम वर्षों में आदिवासी आंदोलनों में नई बात यही राजनीतिक चेतना और व्यापक स्थिति से अपना संबंध जोड़ने की यही योग्यता थी।

इस काल में आदिवासी किसानों के जीवन की एक और नई विशेषता "अशांत जंगल" (unquiet woods) जिसे रामचंद्र गुहा (1991) ने वर्णित किया था। ये वनवासी इसलिए अशांत हुए कि सरकारी नियम-कानून उनको वन-संसाधनों पर उनके परंपरागत अधिकारों से वंचित करने के खतरे पैदा कर रहे थे। भारत के विशाल वन-क्षेत्र की ओर अंग्रेज़ों का ध्यान 1806 में गया; उसका प्रमुख कारण शाही नौसेना के लिए जहाज़ों के निर्माण के लिए आवश्यक शाहबलूत (Oak)की लकड़ी की माँग थी। उसके बाद उन्नीसवीं सदी के मध्य में तेज़ी से रेल लाइनें बिछाई जाने लगीं और उसके लिए स्लीपरों की भारी माँग पैदा हुई, जिसके फलस्वरूप वनों का संरक्षण उपनिवेशी राजसत्ता के लिए बड़ी चिंता का विषय बन गया। 1864 में एक वन विभाग स्थापित हुआ और फिर 1865 में एक सरकारी वन कानून पारित किया गया। 1878 के भारतीय वन कानून (इंडियन फॉरेस्ट्स ऐक्ट) ने इसे और भी कठोर बनाया; इसने भारतीय वनों को पूरी तरह सरकार की संपत्ति बना दिया। कहने की ज़रूरत नहीं कि इमारती लकड़ी के व्यापारिक उत्पादन के लिए वनों को आरक्षित करने की यह साम्राज्यिक आवश्यकता उनके उपयोग के बारे में आदिवासी किसानों के पिछले अबाध और परंपरागत अधिकारों के विरुद्ध थी और उनकी जीविका के प्रमुख साधनों को उनसे छीनती थी। इस कानून ने भारतीय वनों को तीन श्रेणियों में बाँटा: "आरक्षित", "संरक्षित" और "अवर्गीकृत"। इनमें आरक्षित वनों पर सरकार का पूर्ण अधिकार था और उनमें पेड़ों की कटाई पर पूरा प्रतिबंध था; संरक्षित वनों पर सरकार का पूर्ण अधिकार था और उनमें भी पेड़ों की कटाई पर पूरा प्रतिबंध था; "संरक्षित" वनों से परंपरागत अधिकारों वाले लोग व्यक्तिगत उपयोग के लिए लकड़ी ले सकते थे, पर बेचने के लिए नहीं। आरंभ में उन्हें इसकी कोई लगान नहीं देना पड़ता था, पर धीरे-धीरे सरकार ने उपयोग शुल्क लगाए और फिर बढ़ाए।[45]

1900 तक भारत का लगभग 20 प्रतिशत भू-क्षेत्र सरकार के वन प्रशासन के अंतर्गत आ चुका था। इस बात ने न केवल वहाँ संपत्ति के अधिकारों को नए सिरे से तय किया, बल्कि परंपरागत पर्यावरण संतुलन के लिए भी खतरा पैदा कर दिया। इस परिवर्तन से

आदिवासी किसानों के दो समूह खतरों में घिर गए: आखेटक-संग्राहक और वे जो **झूम** खेती पर निर्भर थे, और वन कानूनों के विरुद्ध उनका प्रतिरोध उन्नीसवीं सदी के उत्तरार्द्ध में भारत के लगभग सभी भागों में आम हो गया। इसके कुछ उदारहरण हैं—व्यापारिक वनरोपण और उससे जुड़े शिकार संबंधी कानूनों ने, जिनमें निर्वाह के लिए शिकार करने पर रोक थी, हैदराबाद के चेंचू आदिवासियों के लिए लगभग पूर्ण विनाश का खतरा पैदा कर दिया और उन्होंने (चेंचू आदिवासियों ने) चोरी-डकैती का रास्ता पकड़ लिया। दूसरी ओर, मध्य भारत के बैगा, हैदराबाद के पर्वतवासी रेड्डी और बस्तर के बिशन मड़िया आदिवासियों ने कानून का उल्लंघन करके अपने आखेट-अनुष्ठान जारी रखे। सरकार ने झूम खेती बंद कराने के प्रयास किए, क्योंकि उसे खेती का आदिम ढंग माना जाता था और वह वनों के व्यवसायीकरण के हितों के विरुद्ध थी; पर इन प्रयासों पर तरह-तरह से प्रतिरोध हुए। बैगे अकसर पड़ोसी क्षेत्रों में चले जाते थे, जिससे सरकार श्रम के एक उपयोगी स्रोत से वंचित हो जाती थी। कभी-कभी वे कर देने से मना कर देते थे या प्रतिबंधित क्षेत्रों में अवज्ञा-भाव से झूम खेती करने लगते थे। दूसरी ओर, गंजाम एजेंसी के सावरा आदिवासी झूम के लिए आरक्षित वनों की कटाई करके और कानूनों के हनन के कारण जेल जाकर अकसर राजसत्ता से सीधे-सीधे टकराते रहे।[46]

वनों पर राज्य के एकाधिकार और उनके व्यापारिक दोहन के कारण आदिवासी क्षेत्रों में बाहरी घुसपैठिये भी आए; इनमें से अनेक ने तो आदिवासी किसानों के शोषण के लिए काफ़ी कुछ बलप्रयोग किया। फिर इस स्थिति के कारण प्रतिरोध और तीव्र हुआ था, जैसा कि आंध्र प्रदेश के गुडेम और रंपा पहाड़ी क्षेत्रों में हुआ, जहाँ कोया और कोंडा डोरा आदिवासी रहते थे। इस क्षेत्र में पहले कुछ विद्रोह (**फ़ितूरियाँ**) 1839 और 1862 के बीच हुए, जो स्थानीय **मुट्टादारों** (estate holders) के शुरू किए हुए थे; इन नए बाहरी तत्त्वों की इस घुसपैठ के कारण उनको अपनी शक्ति कम होती महसूस हुई और अपने अधिकार छिनते लगे। लेकिन उन्नीसवीं सदी के अंतिम वर्षों में कुछ ऐसे परिवर्तन भी हुए जिन्होंने आदिवासी किसान जनसमूहों को 1879 के रंपा विद्रोह की ओर धकेला। जब वनों का व्यापारिक उपयोग आरंभ हुआ और सड़कों के निर्माण के कारण पहाड़ों में व्यावसायिक घुसपैठ होने लगी, तो मैदानों के व्यापारी और साहूकार पहाड़ी क्षेत्रों में पहुँचे तथा धीरे-धीरे कर्ज़दार किसानों और मुट्टादारों की संपत्तियों को ज़ब्त कराकर आदिवासी ज़मीनों पर कब्ज़ा कर लिया। झूम (**पोडू**) पर प्रतिबंध, वन-संसाधनों के उपयोग पर लगी रोक और ताड़ी पर एक नए कर ने किसानों को सहने की अंतिम सीमा तक पहुँचा दिया और वे नेतृत्व के लिए मुट्टादारों की ओर देखने लगे।

फितूरी का आरंभ पहले-पहल रंपा में मार्च 1879 में हुआ और फिर यह गुडेम के पड़ोसी क्षेत्रों में फैली। हमलों के खास निशाने मनसबदार, अंग्रेज़, उनके पुलिस थाने और मैदानों के व्यापारी-ठेकेदार थे। नेतृत्व मुट्टादारों ने किया, लेकिन अनेक मामलों में कुलीनों की यह भागीदारी जनता के दबाव और धमकियों के कारण संभव हुई। ग्रामीणों ने अनेक प्रकार से विद्रोहियों को समर्थन दिया, क्योंकि वे आम तौर पर सरकार के

विरोधी थे। लेकिन, जैसा कि डेविड आर्नल्ड का तर्क है, 1879-80 की फितूरी कभी "एक जनविद्रोह या जाक-वृत्ति (Jacquerie)* का रूप" न ले सकी। कारण कि बड़े पैमाने पर भागीदारी न माँगी गई, न आवश्यक थी; विद्रोहियों का उद्देश्य विद्रोह को अपने निर्धारित क्षेत्र से बाहर ले जाना नहीं, केवल पहाड़ों को बाहरी तत्त्वों से मुक्त करना था।[47] अंग्रेज़ों का सशस्त्र हस्तक्षेप दिसंबर 1880 तक इस क्षेत्र में व्यवस्था बहाल कर चुका था, लेकिन छह साल बाद, 1886 में, गुडेम में विद्रोह फिर से शुरू हुआ, जिसमें धर्म ने एक महत्त्वपूर्ण भूमिका निभाई और उसे एक सहस्राब्दिक (messianic or millenarian) आंदोलन का रूप दे दिया। गुडेम और रंपा के पहाड़ों में फितूरी की परंपरा बनी रही, लेकिन 1920 के दशक तक वह अपने आप को गांधी के जन-आंदोलनों से जोड़कर बाहरी दुनिया तक फैलने के प्रयास करने लगी थी (अध्याय 6.3 देखें)।

रजवाड़ों में भी जब स्थानीय शासकों ने झूम संबंधी प्रतिबंधों को लागू करने के प्रयास किए, तो आदिवासी किसानों ने उनके प्रयासों का विरोध किया। 1910 में बस्तर के मड़ियों और मुड़ियों ने खुलकर पुलिस थानों पर हमले किए, बाहरी तत्त्वों को मारा और तभी वश में किए जा सके जब अंग्रेज़ सेना का एक दस्ता बुलाया गया। आबाद खेतिहर क्षेत्रों की सीमा पर रहनेवाले आदिवासी किसान भी वन कानूनों से इसी प्रकार प्रभावित हुए। यह बात पहाड़ी क्षेत्रों के लिए विशेष रूप से सच थी, जहाँ सीढ़ीदार खेती की जाती थी और आय के वैकल्पिक स्रोत के रूप में पशु पाले जाते थे। इस तरह वंचित किए जाने पर स्पष्ट है कि अनेक रूपों में प्रतिरोध हुए। उदाहरण के लिए, मद्रास प्रेसिडेंसी में वन संबंधी अपराध कई गुना बढ़ गए; त्रावणकोर में किसानों ने वन विभाग के अधिकारियों से सहयोग करने से इनकार कर दिया। तटीय महाराष्ट्र के ठाणे ज़िले में प्रतिरोध ने हिंसक रूप ले लिया,[48] जबकि बंगाल के मेदिनीपुर ज़िले के जंगल महल में संथाल किसानों ने गाँवों की हाटों को और तालाबों में पाली गई मछलियों को लूट लिया।[49]

टेहरी गढ़वाल (उत्तर प्रदेश) के हिमालयी वन क्षेत्रों में, जो एक रजवाड़े का हिस्सा था, और कुमायूँ में, जो ब्रिटिश प्रशासन वाला क्षेत्र था, वन कानूनों के विरुद्ध स्थानीय किसानों का क्रोध अनेक दिलचस्प ढंगों से व्यक्त हुआ। टेहरी गढ़वाल में किसानों ने **ठंडक** की पुरानी परंपरा का पालन किया; इसमें अधिकारियों की निरंकुशता का विरोध किया जाता था और राजा से न्याय की गुहार की जाती थी। स्थानीय राजा ने जब और भी कठोर वन संरक्षण कानूनों को लागू करने के प्रयास किए, तो किसानों ने 1886 में और फिर 1904 में प्रतिरोध किया। राजा से मिली कुछ रियायतें किसानों को संतुष्ट न कर सकीं और दिसंबर 1906 में स्थानीय संरक्षक (conservator) के विरुद्ध उनके प्रतिरोध ने हिंसक रूप ले लिया, तब राजा को सहायता के लिए अंग्रेज़ों से गुहार लगानी पड़ी। कुमायूँ में प्रतिरोध सीधे अंग्रेज़ों के विरुद्ध हुए, क्योंकि किसानों ने **उतार** (बेगार) की व्यवस्था और निरंकुश वन प्रबंधकों का विरोध किया। इस टकराव की प्रकृति

* फ्रांस में 1789 के क्रांतिकारी एक दूसरे को जाक (Jacques) कहकर संबोधित करते थे।

अधिकतर टकराव से खाली रही, जैसे कानून का उल्लंघन, इमारती लकड़ी की चोरी, आगजनी (incendiarism) और अंत में आरक्षित वनों में जानबूझकर आगजनी।[50] मध्य भारत के जंगलों में भी, जहाँ भीलों जैसे वनवासी आदिवासियों को उपनिवेशी खेतिहरों में या एक गुलामों जैसी श्रमशक्ति में बदलना उपनिवेशकों की सुसंगत नीति थी, आदिवासियों ने अनेक चालाकीभरे उपायों से इन प्रयासों का विरोध किया।[51] पश्चिमी भारत के डांग ज़िले के आदिवासियों ने 1840 के दशक के आसपास से, अंग्रेज़ों के दबाव के कारण खानदेश के मैदानों में बसे गाँवों पर धावे बोलना बंद कर दिया था, जिनके माध्यम से वे अपनी प्रभुसत्ता में हिस्सेदारी के तौर पर अपने पारंपरिक **गीरास** (खिराज़) वसूल किया करते थे। इसकी बजाय अंग्रेज़ अब उन्हें सीधे रकमें देने लगे, लेकिन इस प्रक्रिया में वनों पर उनका नियंत्रण समाप्त हो गया। हालाँकि जमकर खुला प्रतिरोध कम ही हुआ और लगता था कि भीलों ने अपने दैनिक जीवन में राज की केंद्रीयता को स्वीकार कर लिया है, पर फिर भी वे इस हानि और अधीनता से पूरी तरह अपना तालमेल नहीं बिठा सके और उनके मन में एक भील राज की यादें बाकी रहीं। ऐसी यादें समय-समय पर प्रतिरोध आंदोलनों में व्यक्त होती रहीं, जैसे 1860, 1907, 1911 और 1914 के आंदोलनों में, जब उन्होंने राज्य के स्थानीय प्रतिनिधियों की अवज्ञा की, उनके दस्तावेजों को नष्ट कर दिया, वन विभाग के दफ़्तरों में लूटपाट की और वनों को आग लगा दी।[52] प्रतिरोध के ऐसे रूप पंजाब के वन क्षेत्रों में भी देखे गए, जहाँ किसानों ने अनधिकृत कटाइयाँ कीं, जानवर चराए, जानबूझकर आगजनी की और नए वन प्रबंध के वनरक्षकों या सीमारेखाओं जैसे प्रतीकों पर हमले किए।[53]

जब कभी खुला प्रतिरोध नहीं भी हुआ वहाँ किसानों के इतिहास में प्रतिरोध के ऐसे साधनों का प्रयोग असामान्य नहीं था, जिनको जेम्स सी. स्कॉट (1985) ने "कमज़ोरों का हथियार" कहा है। इस कारण प्रत्यक्ष हिंसक प्रतिरोध के अभाव का अर्थ हमेशा ही एक अवांछित विश्व व्यवस्था का उपाय स्वीकार कर लेना नहीं होता था। जब प्रतिरोध आंदोलन हुए भी तो उपनिवेशी सरकार ने 'जंगली' कबीलों के प्रति एक संरक्षक का रवैया अपनाया; इनको 'शरीफ़ जंगली' (noble savage) कहा जाता था तथा ईमानदार, सच्चे, बहादुर मगर सीधे-सादे लोग माना जाता था, जिनको मैदानों के धोखेबाज़ लोग सरलता से मूर्ख बना सकते थे। इसलिए जब पहाड़ों में विद्रोह हुए, तो अकसर उन्हें बाहरी तत्त्वों का भड़काया हुआ समझा गया और विद्रोहियों को कभी-कभी ऐसे "नटखट लड़के" माना गया, जो "जब भी समझते हैं कि स्कूल मास्टर का ध्यान बँटा हुआ है, कक्षा में शरारतें किया करते हैं।"[54] लेकिन विद्रोहों को फिर भी निर्ममता से कुचला गया, क्योंकि वे उपनिवेशकों के स्वामित्व को चुनौती देते थे और उनका लाभ राष्ट्रवादी उठा सकते थे। आदिवासी प्रतिरोध की परंपरा, उदाहरण के लिए, संयुक्त प्रांत के पहाड़ों में जारी रही और आगे चलकर 1920 के दशक में गांधीवादी लोक-राजनीति की व्यापकतर धारा में समा गई, जैसा कि मेदिनीपुर (बंगाल) और आंध्र प्रदेश के गुडेम-रंपा क्षेत्र में भी हुआ (अध्याय 6.3 देखें)।

1857 के बाद के भारत में, देश के सभी भागों में किसान और आदिवासी विद्रोह हुए, पर वे असंबद्ध या अलग-थलग और स्थानबद्ध आंदोलन ही बने रहे। इसका कारण एक बड़ी सीमा तक भारत के खेतिहर समाज का जटिल वर्गीय ढाँचा था, जिनमें भारी क्षेत्रीय अंतर पाए जाते थे। जैसा कि पहले भी स्पष्ट किया गया है, आर्थिक श्रेणियाँ धर्म और जाति जैसी सांस्कृतिक श्रेणियों से कभी मेल खाती थीं और कभी उनको काटती थीं। किसान, वर्ग जैसी आर्थिक श्रेणी की अपेक्षा अपने आपको अपने सांस्कृतिक समूहों से अधिक जोड़ते थे। कुछ इतिहासकारों का तर्क है कि किसानों के मानस-जगत का केंद्रीय तत्त्व वर्ग नहीं, 'समुदाय' था। दुनिया में उनकी स्थिति उनके धार्मिक या जातिगत पहचान से होती थी और इसलिए इनके आधार पर किसानों को लामबंद करना अधिक आसान था।[55] ग्रामीण समाज में कभी-कभी वर्गीय और सामुदायिक संगठन परस्पर जुड़ जाते थे, खास तौर पर जब धार्मिक या उपजातीय सीमाएँ वर्गीय विभाजनों से लगभग एकाकार होती थीं। ऐसी स्थितियों में किसानों की लामबंदी अधिक सरल होती थी; लेकिन समस्या तब आती थी जब वर्गीय और सांस्कृतिक सीमारेखाएँ एक-दूसरे को काटती थीं। उत्पीड़क और उत्पीड़ितों के बीच जातिगत या धार्मिक एकता कभी-कभी टकराव की समस्या को समाप्त कर देती थी; दूसरे मामले में एक समूह की जातिगत या धार्मिक पहचान विद्रोह से दूसरे संभावित भागीदारों को दूर करती थी। लेकिन एक सच्चाई यह भी है कि सामुदायिक संगठन अकसर किसानों की लामबंदी के उपयोगी साधन साबित होते थे; ऐसे अवसरों पर ये कमज़ोरी की बजाय शक्ति के स्रोत होते थे।

पूरी उन्नीसवीं सदी में और बीसवीं सदी के आरंभिक वर्षों में किसान विद्रोहों ने उपनिवेशी राज्य के वर्चस्व को गंभीरता से चुनौती दी। गांधी के आगमन के बाद भारतीय राष्ट्रीय कांग्रेस ने अपने ब्रिटिश राज विरोधी संघर्ष में इस शक्ति को समेटने के प्रयास किए। लेकिन रणजीत गुहा का तर्क यह है कि आरंभिक काल के किसान आंदोलनों को "स्वाधीनता के आंदोलन का प्रागैतिहास" नहीं मानना चाहिए; उनका अपना एक अलग इतिहास है।[56] जैसा कि हमने पहले कहा है, विवाद नेतृत्व के प्रश्न को लेकर या राजनीति के दोनों स्तरों अर्थात् कुलीनों के स्तर और निम्नवर्गीय जनता के स्तर के संबंधों को लेकर हैं। उन्नीसवीं सदी के अंतिम वर्षों में पश्चिमी शिक्षा-प्राप्त मध्यवर्ग का एक भाग अपने आपको राष्ट्र के ऐसे नेताओं के रूप में पेश करने के प्रयास कर रहा था, जो किसानों समेत भारतीय जनता के सभी भागों के दुखों और हितों का प्रतिनिधित्व करते हों। गुहा और अन्य ऐसे इतिहासकारों का तर्क यह है कि किसान अपने आपको संगठित करने में समर्थ थे और अपने दुखों को व्यक्त कर सकते थे; बाहरी कुलीन नेताओं के हस्तक्षेप का उद्देश्य इन आंदोलनों को अपने राजनीतिक लाभ के लिए प्रयोग करना मात्र था। ऐसे मध्यवर्गीय नेताओं ने किसानों जैसी अतिवादी वृत्ति का परिचय कभी-कभार ही दिया। एक प्रमुख अपवाद वासुदेव बलवंत फड़के का था, जिन्होंने 1879 में पूना के दक्षिण-पश्चिम के गाँवों में किसानों के एक हथियारबंद विद्रोह का नेतृत्व किया। लेकिन दूसरी सभी जगहों पर, जैसा कि हार्डिमन ने ज़ोर देकर कहा है, उनका "उद्यम

समझौते की भावना और दब्बूपन के साथ चला।"[57] लेकिन इस कथित कमज़ोरी के बावजूद इन मध्यवर्गीय शहरी नेताओं ने एक महत्त्वपूर्ण भूमिका निभाई; उन्होंने स्थानबद्ध और अलग-थलग किसान-आदिवासी आंदोलनों को उपनिवेशी शासन के अवांछित पक्षों के विरुद्ध एक व्यापकतर संघर्ष में गूँथने का प्रयास किया। उन्होंने किसानों और उपनिवेशी राज्य के बीच संवाद के अहम माध्यमों की भूमिका निभाई–एक ऐसी भूमिका जिसे परंपरागत किसान नेतृत्व प्रभावी रूप देने में समर्थ नहीं था, पर उनकी भी अपनी दुविधाएँ थीं; हालाँकि वे दुख झेल रहे किसानों से भावनात्मक धरातल पर एकाकार होना चाहते थे, पर अपनी जानी-पहचानी दुनिया को तितर-बितर होते भी नहीं देखना चाहते थे। इन दुविधाओं और उनके दोहरे चरित्र को हम बेहतर ढंग से तभी समझ सकेंगे, जब हम उनकी सामाजिक पृष्ठभूमि और उनके वैचारिक रुझानों पर विचार करें।

## 4.3 नया मध्यवर्ग और राष्ट्रवाद का उदय

किसानों के ऊपर वर्णित उपनिवेशवाद विरोधी प्रतिरोध के विपरीत, शीर्ष के संगठित स्तर पर भारत में राष्ट्रवाद का उदय उन्नीसवीं सदी के अंतिम वर्षों में हुआ। अकसर तर्क दिया जाता है कि राष्ट्रवाद के उत्थान को उद्योगीकरण, नगरीकरण और मुद्रण-पूँजीवाद से बढ़ावा मिला। जैसा कि बेनेडिक्ट एंडरसन (1983) का कथन है, ऐसा माना जाता है कि एशिया और अफ्रीका के विकासशील जगत में राष्ट्रवाद का विकास पश्चिम में विकसित इस या उस मॉडल की तर्ज़ पर हुआ। अपने स्वयं के इतिहास को निर्धारित करने में एशिया की जनता को बौद्धिक शक्ति से वंचित माननेवाले इस सिद्धांत की हाल में अनेक वैचारिक दृष्टिकोणों से आलोचना हुई है। उदाहरण के लिए, पार्थ चटर्जी का तर्क यह है कि अगर निमित्त कारण का निर्धारण और हमारे भाग्य का निश्चय पश्चिम ने किया, और उपनिवेशी व्यवस्थाओं के विरुद्ध हमारे प्रतिरोध के रूप भी हमारी ओर से उसी ने सोचे, तो फिर हमारे पास सोचने के लिए भला रहा क्या? इसलिए उनका तर्क यह है कि सत्ता के लिए राजनीतिक संघर्ष के आरंभ से बहुत पहले ही भारतीय समाज एक निजी सांस्कृतिक क्षेत्र में अपने राष्ट्रत्व की कल्पना करने लगा था, भले ही राज्य तब उपनिवेशकों के हाथों में था। इसी जगह आकर उसने प्रभुसत्ता के अपने स्वयं के क्षेत्र के बारे में सोचा और ऐसी भारतीय आधुनिकता का निर्माण किया जो आधुनिक तो थी पर पाश्चात्य नहीं थी।[58] यहीं से, अर्थात् उन्नीसवीं सदी के आरंभिक वर्षों में स्वतंत्रता के लिए एक क्षेत्र के इसी सांस्कृतिक निरूपण से, भारतीय राष्ट्रवाद के कार्यकलापों का आरंभ हुआ।

दूसरी ओर, सी. ए. बेइली के अनुसार भारतीय राष्ट्रवाद उपनिवेश-पूर्व काल में ही जड़ पकड़ने लगा था; इसका जन्म उनके शब्दों में "पारंपरिक देशभक्ति" से हुआ, जो "भूमि, भाषा और पंथ से लगाव की एक सामाजिक स्तर पर सक्रिय भावना थी" और उपमहाद्वीप में इस भावना का विकास पश्चिमीकरण (पढ़ें: आधुनिकीकरण) की प्रक्रिया के आरंभ से बहुत पहले हुआ।[59] अठारहवीं सदी से उन्नीसवीं सदी के आरंभिक

वर्षों के भारत में क्षेत्रीय आधार पर ऐसी भावनाओं का विकास होने लगा था, जब जन्मभूमि की परिभाषा **देश**, **वतन** या **नाडु** के रूप में की जाने लगी थी तथा क्षेत्रीय भाषाओं और धार्मिक संबद्धताओं के विकास के साथ धीरे-धीरे पहचानों का निर्माण होने लगा था। लेकिन बंगाल, महाराष्ट्र, अवध या मैसूर में केंद्रित होकर भी संचार के विभिन्न साधनों के कारण उनका अलगाव भंग हुआ। मुगल साम्राज्य की राजनीतिक वैधता पूरे हिंदुस्तान में स्वीकार की जाती थी, जिसे हिंदू-मुसलमान दोनों का देश समझा जाता था, तथा सांस्कृतिक बाधाएँ व्यापार और नियमित तीर्थयात्राओं के कारण हवा हो जाती थीं। बेइली का कथन यह है कि जब ईस्ट इंडिया कंपनी ने अपना वर्चस्व स्थापित किया, तो यह पारंपरिक देशभक्ति सुशासन की सुस्थापित नैतिक परंपराओं से भटक चुके विदेशी राज की विभिन्न प्रकार की देसी समालोचनाओं में और ईसाई मिशनरियों के प्रचार के विरुद्ध क्रुद्ध प्रतिक्रियाओं में व्यक्त हुई। आखिरी बात यह कि वह प्रतिरोध की अनेक कार्रवाइयों में फूटकर सामने आई, जिनमें राजाओं और साधारण जनता दोनों ने भाग लिया और जिनका चरम उत्कर्ष 1857 का विद्रोह था। विद्रोह के बाद भारत में शिक्षा के तीव्र प्रसार, रेल और तार जैसी संचार व्यवस्थाओं के विकास तथा उपनिवेशी संस्थाओं के कारण उत्पन्न सार्वजनिक कर्मक्षेत्र के कारण धीरे-धीरे राजनीति का एक आधुनिक स्वरूप सामने आया। इस दौर में हालाँकि "पुराना देशप्रेम" पूरी तरह समाप्त नहीं हुआ, फिर भी, अगर हम इस मुद्दे पर फिर से पार्थ चटर्जी की बात याद करें तो उसे नए सिरे से ढालकर एक ऐसी नई उपनिवेशी आधुनिकता पैदा की गई, जो पश्चिम की आधुनिकता से भिन्न थी। यहाँ हम बहुत संक्षेप में, उस जटिल और निरंतर जारी रूपांतर की प्रक्रिया को सामने रखेंगे, जिसने सभी क्षेत्रीय, स्थानीय और विखंडित पहचानों को एक आधुनिक 'राष्ट्र' में गूँथने की कोशिश की, हालाँकि यह गुँथाई हमेशा ही गाँठों से रहित नहीं रही।

1857 के बाद का भारतीय राजनीतिक इतिहास, अर्थात् उस समय का इतिहास जब उपनिवेशी व्यवस्था के साथ राजनीतिक टकराव कुछ अधिक आधुनिक संस्थाबद्ध सार्वजनिक कर्मक्षेत्र में आरंभ हुआ, बहुआयामी है। पहली बात तो यह है कि 1857 के बाद उपनिवेशवादी नीतियों में एक रूढ़िवादी प्रतिक्रिया का समावेश हुआ। भूस्वामी कुलीनों का पुनर्वास करने और उन्हें मज़बूत बनाने के प्रयास किए गए, क्योंकि वे जनता के "स्वाभाविक" नेता समझे जाते थे। अकेले वही "जनता की वफ़ादारी पा सकते" थे और इसलिए वे ही एक कमज़ोर उपनिवेशी राजसत्ता के विश्वसनीय सहयोगी हो सकते थे।[60] इस नई साम्राज्यिक समाज व्यवस्था में देशी राजाओं को 1877 के उस शाही दरबार में प्रमुखता का पद दिया गया था, जिसमें महारानी विक्टोरिया ने भारत की साम्राज्ञी का पद धारण किया और जिसे तत्कालीन वायसरॉय लॉर्ड लिटन ने देश के कुछ भागों में अकाल के बावजूद बड़े तड़क-भड़क के साथ आयोजित किया था।[61] उनके अलावा अब बड़े ज़मींदार भी उपनिवेशी प्रशासन के ढाँचे में एक प्रमुख भूमिका निभाने लगे। 1851 में कलकत्ता में स्थापित ब्रिटिश इंडियन एसोसिएशन भारत का वह पहला बड़ा

स्वयंसेवी संगठन था, जो स्थानीय ज़मींदारों के हितों का प्रतिनिधित्व करता था। यह 1861 के उस इंडियन काउंसिल्स ऐक्ट के बाद एक बड़ी भूमिका निभाने लगा, जिसमें विधायिकाओं (लेजिस्लेटिव काउंसिलों) में भारतीयों को सीमित प्रतिनिधित्व दिया गया था। अक्सर लेजिस्लेटिव काउंसिलों में इस संगठन के सदस्य मनोनीत किए जाते थे और उनका प्रभुत्व तब तक जारी रहा, जब तक 1892 के कानून ने सीमित चुनावों की एक प्रणाली का आरंभ नहीं किया। लेकिन भले ही इस संगठन पर "पुराने" तत्त्वों का वर्चस्व जारी रहा, यह अनेक अर्थों में नया भी था और इसने कुछ नई भूमिकाएँ भी निभाईं।

उदाहरण के लिए, अपने पूर्ववर्ती लैंडहोल्डर्स सोसायटी के विपरीत, जिसके सदस्यों में अनेक गैर-सरकारी एंग्लो-इंडियन भी शामिल थे, ब्रिटिश इंडियन एसोसिएशन की सदस्यता शुद्ध रूप से भारतीय थी। इसे ईस्ट इंडिया कंपनी के चार्टर के नवीनीकरण से पहले भारतीय प्रजा की वैध माँगों को व्यक्त करने के उद्देश्य से ब्रिटिश संसद को प्रार्थनापत्र भेजने के लिए बनाया गया था। आरंभ में, उसने बंबई और मद्रास में शाखाएँ खोलकर इस बारे में तीनों प्रेसिडेंसियों के प्रयासों को समन्वित करने की कोशिशें की। लेकिन अंततः रास्ते में क्षेत्रीय बाधाएँ आ खड़ी हुईं, क्योंकि इसी उद्देश्य से 1852 में मद्रास नेटिव एसोसिएशन और बॉम्बे एसोसिएशन की स्थापना हो गई। तीनों प्रेसिडेंसियों के एसोसिएशनों ने लंदन के लिए तीन अलग-अलग प्रार्थनापत्र भेजे, लेकिन दिलचस्प बात यह है कि तीनों ने लगभग मिलती-जुलती माँगें उठाईं। वे चाहते थे अपने देश के प्रशासन में और अधिक भागीदारी और उन्होंने शासन की उलझन भरी "दोहरी प्रणाली", महँगे और निकम्मे प्रशासन, जनता की भावनाओं के प्रति असंवेदनशील कानूनों, भारी करों, नमक और अफ़ीम के एकाधिकार तथा शिक्षा और लोकनिर्माण की उपेक्षा के विरुद्ध शिकायतें कीं। वे स्वयं में ब्रिटिश राज के विरुद्ध नहीं थे, पर समझते थे कि, जैसा कि कलकत्ता वाले ज्ञापन में स्पष्ट कर दिया गया था, उनको "ब्रिटेन के साथ अपने संबंधों से उस सीमा तक लाभ नहीं मिला है जिस सीमा तक उन्हें पाने का अधिकार है।"[62] इस तरह भूस्वामी कुलीन वर्ग के शिक्षित सदस्य, जो इन संगठनों की अगुवाई करते थे, भारतीय राजनीति के एक आधुनिक कर्मक्षेत्र के विकास में योगदान दे रहे थे। लेकिन लंदन में बैठे अधिकारियों ने उनके चार्टर संबंधी आंदोलन को "लगभग अपमानजनक उपेक्षा" के साथ रद्द कर दिया; जैसा कि मेहरोत्रा का कथन है, 1853 के नए भारत सरकार अधिनियम (गवर्नमेंट ऑफ़ इंडिया ऐक्ट) ने उनकी किसी भी माँग को शामिल नहीं किया। कारण कि राज को अपने लिए सबसे गंभीर खतरा शिक्षित भारतवासियों से नहीं, बल्कि अनपढ़ों और गंवारों से लग रहा था, जो कि एक विडंबना की बात थी।[63]

ज़मींदारों और शिक्षित भारतवासियों की ब्रिटिश राज में असंदिग्ध निष्ठा की इस सरकारी मान्यता का आधार यह था कि ये वर्ग ब्रिटिश राज की दैवी प्रकृति में आस्था की घोषणा करते थे और उन्नीसवीं सदी के पूर्वार्द्ध के किसान विद्रोहों के प्रति अपमान का रवैया अपनाते थे, जैसे उन्होंने बाद में 1857 के विद्रोह की निंदा की। लेकिन यह तो कहा जा सकता है कि यह एक गलत धारणा थी। क्योंकि राज के प्रति वफ़ादारी के

पीछे अपनी अधीनता की अवस्था से जुड़े तिरस्कार की चेतना भी बढ़ रही थी। 1857 के विद्रोह के दौरान कलकत्ता के पढ़े-लिखे लोगों ने वफ़ादारी का जो बेशर्म प्रदर्शन किया था, उसके साथ एक दुविधा का भाव भी जुड़ा हुआ था। अपने एक अंतःदर्शी संपादकीय में *हिंदू पैट्रियट* ने यही लिखा था: "यह वफ़ादारी ... दिल से अधिक दिमाग से उपजती है।"[64] कलकत्ता के बुद्धिजीवियों ने उन्नीसवीं सदी के आरंभिक वर्षों से ही, जिनको वे उपनिवेशी राज के कुछ अवांछित पहलू मानते थे, उनकी आलोचना करनी शुरू कर दी थी। शक्तियों के पृथक्करण, प्रेस की स्वतंत्रता, ज्यूरी द्वारा मुकदमों की सुनवाई और सरकारी सेवाओं के भारतीय-करण जैसी माँगों पर एक हलका-सा संवैधानिक आंदोलन तो राजा राममोहन राय ने ही आरंभ कर दिया था;[65] इनमें से अनेक मुद्दों को बाद में यंग बंगाल के सदस्यों ने अपना लिया। 1841 में अल्पजीवी देशहितैषिणी सभा की एक बैठक में शारदाप्रसाद घोष नाम के एक नवयुवक देरोजियन ने चिंता के साथ कहा था कि "राजनीतिक स्वाधीनता के उपभोग से हमारा वंचित होना ही हमारी बदहाली और पतित अवस्था का कारण है।"[66] द्वारकानाथ ठाकुर की पिछली पीढ़ी ने नस्लों की साझी भागीदारी पर आधारित एक साम्राज्य की जो अकाल-परिपक्व (precocious) छवि मन में बनाई थी, उसे तथाकथित "काले कानूनों" से संबंधित विवाद निर्ममता से कुचल दिया, जिनमें प्रस्ताव किया गया था कि ब्रिटेन में जन्मे नागरिकों को साधारण अदालतों की फ़ौजदारी न्याय व्यवस्था के अंतर्गत लाया जाए, जिनसे वे अभी तक मुक्त थे। यह कानून 1850 में पारित हुआ था, मगर गोरों के विद्रोह के भय से स्थगित रखा गया था। लेकिन उस पर केंद्रित विवाद ने उपनिवेशी समाज के दोनों नस्ली तत्त्वों के बीच एक दरार डाल ही दी। उसी साल मद्रास, नागपुर और कलकत्ता के हिंदुओं के एकजुट प्रतिरोध के बावजूद सरकार ने लेक्स लोकी कानून पारित कर ही दिया, जिसमें ईसाई बननेवाले को अपनी पुश्तैनी संपत्ति पाने का अधिकार दिया गया था। बड़े पैमाने पर हिंदुओं का विश्वास था कि यह कानून ईसाईयत में धर्मांतरण का रास्ता खोल देगा।

बढ़ते नस्ली तनाव, धर्मांतरण के डर और बेंथमवादी प्रशासकों के सुधारवादी उत्साह ने पढ़े-लिखे भारतवासियों को विवश कर दिया कि वे ठहरकर अपनी स्वयं की संस्कृति पर एक गहरी नज़र डालें। इससे वह प्रक्रिया पैदा हुई जिसे बरनार्ड कोह्न (1987) ने संस्कृति का "विषयीकरण" (objectification) कहा है, जिसमें शिक्षित भारतवासियों ने अपनी संस्कृति को ऐसी ठोस इकाई के रूप में निरूपित किया, जिसका आसानी से उद्धरण दिया जा सके, तुलना की जा सके, उल्लेख दिया जा सके और विशेष उद्देश्यों से जिसका उपयोग किया जा सके। यह नई सांस्कृतिक परियोजना, जिसने अपने आपको अंशतः उन्नीसवीं सदी के सामाजिक और धार्मिक सुधारों के माध्यम से व्यक्त किया (अध्याय 3.1 देखें), उसका सूत्र शब्द "पुनर्जागरण" (Renaissance) में निहित था। इसका उद्देश्य भारतीय संस्कृति को "शुद्ध" करना और इस तरह उसकी "पुनर्खोज" करना था कि वह बुद्धिवाद, अनुभववाद, एकेश्वरवाद और व्यक्तिवाद के यूरोपीय

आदर्शों से मेल खाए। इसका उद्देश्य यह दिखाना था कि भारतीय सभ्यता किसी भी तरह पश्चिम की सभ्यता से हीन नहीं है, बल्कि एक अर्थ में, अपनी आध्यात्मिक सिद्धियों में, उससे श्रेष्ठ भी है। एक श्रेष्ठतर राष्ट्रीय संस्कृति की इस खोज के साक्ष्य बंगला, मराठी, तमिल, तेलुगू और हिंदी के देशभक्तिपूर्ण क्षेत्रीय साहित्य के विकास में, नए कला-रूपों के विकास में, शास्त्रीय संगीत के शुद्धतर रूपों की तलाश में और स्त्रीत्व के नए आदर्शों की रचना में देखे जा सकते थे। इन सबको आधुनिक के रूप में पेश किया गया, पर इनका आधार भारत के अतीत की आध्यात्मिक श्रेष्ठता को बनाया गया। दूसरे शब्दों में, जैसा कि पहले कहा गया, इस आंदोलन का उद्देश्य "एक ऐसी 'आधुनिक' राष्ट्रीय संस्कृति का निर्माण करना था, जो फिर भी पाश्चात्य न हो।"[67] पश्चिम की भौतिकवादी संस्कृति के विपरीत भारतीय सभ्यता के आध्यात्मिक मूल में गर्व के इस भाव ने भारतवासियों को न केवल अपने निजी जीवन को पुनर्गठित और गरिमामय बनाने में मदद दी, बल्कि इसकी वैचारिक प्रेरणा ने एक नए-नए पैदा हो रहे सार्वजनिक कर्मक्षेत्र में उपनिवेशी राजसत्ता का सामना करने के लिए उनको प्रेरित भी किया। दूसरे शब्दों में, इसने उस आधुनिक भारतीय राष्ट्रवाद को वैचारिक आधार भी प्रदान किया, जो उन्नीसवीं सदी के अंतिम वर्षों में विकसित हुआ।

यह विचारधारा निश्चित ही अंतर्विरोधों से मुक्त नहीं थी, क्योंकि आध्यात्मिक विरासत पर गर्व की यह भावना अकसर नीचे गिरकर अतीत के सभी रीति-रिवाज़ों का अनालोचनात्मक और पोंगापंथी समर्थक बन जाती थी। इससे भी अहम बात यह है कि, जैसा कि वसुधा डालमिया का तर्क है, भारतीय परंपरा के इस उन्नीसवीं सदी वाले आविष्कार ने अब नए उपयोगों वाले प्राचीन संस्कृत ग्रंथों में निहित भारतीय/हिंदू परंपरा का एक आदर्श रूप प्रस्तुत करने के लिए "मुस्लिम शासन के लंबे दौर को उपेक्षित" किया।[68] इसने एक ऐसी पहचान पैदा की जो एक ही समय में समावेशी (inclusive) और असमावेशी (exclusive) दोनों थी; उसने एक विदेशी शासन के विरोध में हिंदुओं को एकजुट किया, मगर इस क्रम में मुसलमानों, गैर-ब्राह्मणों और अछूतों को उनसे दूर कर दिया। हिंदू "पुनरुत्थानवाद" कही जानेवाली, भारतीय राष्ट्रवाद की इस पहेली को, जिसे अकसर "सांप्रदायिकता" की जन्मदाता समझा जाता है, अध्याय 5 में और भी विस्तार से विवेचित किया जाएगा।

हो सकता है कि भारतीय राष्ट्रवाद का विकास जैसा कि बेनेडिक्ट एंडरसन ने सोचा है उस तरह से पश्चिमी प्रभावों का परिणाम न रहा हो, लेकिन पश्चिमी शिक्षा की भूमिका फिर भी महत्त्वपूर्ण थी, क्योंकि उसने उसके फलने-फूलने के लिए एक आलोचनात्मक लोक-संवाद को जन्म दिया। अगर इस शिक्षा का उद्देश्य पढ़े-लिखे भारतीयों के मन का उपनिवेशीकरण करना और उनमें वफ़ादारी की एक भावना भरना था, तो इन भारतीयों ने भी उपनिवेशवाद के प्रति अपनी समालोचना तैयार करने के लिए वर्चस्व के इस ज्ञान का चयनित उपयोग और उसमें फेरबदल किया। लेकिन भारतवासियों के विभिन्न समूहों में इस आलोचनात्मक चेतना के स्तर अलग-अलग थे, क्योंकि स्वयं

शिक्षा का प्रसार अत्यंत असमान था। भारत में उच्च शिक्षा का तेज़ी से प्रसार तब शुरू हुआ जब 1857 में तीनों प्रेसिडेंसियों में विश्वविद्यालय स्थापित किए गए और 1882 में शिक्षा एक मुक्त उद्यम (free enterprise) बन गई। कला और व्यावसायिक शिक्षा के महाविद्यालयों में छात्रों की संख्या 1874 में 4,499 थी, जो चारगुनी बढ़कर 1894 में 18,571 हो गई।[69] शिक्षारत छात्रों की कुल संख्या 1896-97 में 40 लाख से थोड़ी-सी अधिक थी; 1920 तक यह संख्या दोगुनी से अधिक हो गई।[70] लेकिन यह प्रसार अत्यंत असमान था और स्पष्ट है कि भारत के विभिन्न क्षेत्रों में राजनीतिक चेतना के असमान विकास से इसका संबंध था। जैसा कि उपलब्ध आँकड़ों से संकेत मिलता है, तीनों तटीय प्रेसिडेंसियों अर्थात् बंगाल, बंबई और मद्रास में शिक्षा का प्रसार उत्तर भारत के केंद्रीय क्षेत्रों से अधिक व्यापक था; ये क्षेत्र तीन प्रांतों अर्थात् पश्चिमोत्तर प्रांत और अवध, पंजाब और मध्य प्रांत के रूप में गठित थे। प्रेसिडेंसियों में भी कुछ समुदाय दूसरों से अधिक उन्नत थे। बंगाल में उच्च शिक्षा पर भद्रलोक का एकाधिकार था, जो मुख्यतः तीन ऊँची जातियों (ब्राह्मण, कायस्थ और वैद्य) के लोग थे; बंबई में यह अधिकतर चितपावन ब्राह्मणों और पारसियों तक सीमित रही और मद्रास में तमिल ब्राह्मणों और आयंगरों तक। बंगाल में भी बंगाली लोग उड़ियाओं, बिहारियों और असमियों से बहुत आगे थे; बंबई में मराठीभाषी क्षेत्र गुजरातीभाषी क्षेत्रों से आगे थे और मद्रास में तमिलभाषी क्षेत्र तेलुगु और मलयालम के क्षेत्रों से आगे बढ़ गए। हिंदू मुसलमानों से बहुत आगे थे और हिंदुओं में निचली जातियों और अछूतों का एक बड़ा भाग शिक्षा से वंचित रहा। जो लोग उच्च शिक्षा पाने गए, वे मझोले दर्जे के या ह्रासमान कुलीनों में से थे, जिनकी ज़मीन से आय कम होती जा रही थी और जो उन्हें आय के गौण स्रोतों की तलाश के लिए विवश कर रही थी। उनके लिए सुस्पष्ट विकल्प सरकारी नौकरी का था, लेकिन इस क्षेत्र में जहाँ यूरोप और यूरेशिया वालों का प्रभुत्व एकदम स्पष्ट था, भारतवासी निचले पदों तक ही सीमित रखे गए और कम वेतन पाते रहे। अध्यापन, इंजीनियरिंग, चिकित्सा और सबसे बढ़कर वकालत जैसे स्वतंत्र व्यवसाय उनके दूसरे वांछित विकल्प थे, लेकिन यहाँ भी आपूर्ति जल्द ही माँग से आगे निकल गई।

ऊपर बताई गई स्थिति ने निश्चित ही कुंठा को जन्म दिया और, जैसा कि अनिल सील का तर्क है, इसने विभिन्न समूहों और क्षेत्रों के बीच "बढ़ती प्रतिस्पर्धा" की भावना पैदा की।[71] लेकिन राष्ट्रवाद का जन्म केवल भौतिक कुंठा से नहीं हुआ और यह कहना कि प्रतिस्पर्धा एकता में बाधक बनी, एक कहीं बहुत अधिक जटिल स्थिति को आसान बनाकर पेश करना है। शिक्षा के प्रसार की भिन्नता ने स्पष्ट है कि विभिन्न क्षेत्रों में राजनीतिक कार्यकलापों के स्तर पर प्रभाव डाला, अर्थात् शिक्षा के उच्चतर स्तरों वाली प्रेसिडेंसियाँ प्रांतों के मुकाबले राजनीतिक दृष्टि से अधिक मुखर थीं। लेकिन ऐसा हुआ इस कारण से कि यहाँ पश्चिमी शिक्षा ने और भी बहुत-से छात्रों का संपर्क अनेक प्रकार के वैचारिक प्रभावों से कराया। इस बात ने ऐसे आलोचनात्मक संवाद को जन्म दिया, जिसने उपनिवेशी राजसत्ता को कड़ी परीक्षा का निशाना बनाया। अगर अंग्रेज़ी शिक्षा का

आरंभ निष्ठा की भावना पैदा करने के लिए किया गया था (अध्याय 3.1 देखें)।[72] तो ए. आर. देसाई के शब्दों में उसने भारत- वासियों का संपर्क "आधुनिक पश्चिम के बुद्धिवादी और लोकतांत्रिक विचारों" से भी कराया।[73] ये विचार एक ऐसी वैचारिक समष्टि पैकेज के अंग बन गए, जिसे दीपेश चक्रवर्ती ने "राजनीतिक आधुनिकता" कहा है और इसमें "नागरिकता, राज्य, नागरिक समाज, सार्वजनिक कर्मक्षेत्र, मानवाधिकार, कानून के समक्ष समानता, व्यक्ति, सार्वजनिक और निजी का भेद, प्रजा की अवधारणा, लोकतंत्र, जनता की प्रभुसत्ता, सामाजिक न्याय, वैज्ञानिक बौद्धिकता आदि" धारणाएँ शामिल थीं।[74] ऐसा नहीं था कि उपनिवेशी शासन ने अपनी प्रजा को ये सभी धारणाएँ सौंपी हों, लेकिन उनको प्रगति के रास्ते के आदर्श मार्गसूचक चिह्नों के रूप में जरूर पेश किया गया। पढ़े-लिखे भारतवासियों ने अब इन्हीं विचारों का उपयोग एक निर्मम और दंभी उपनिवेशी राजसत्ता की समालोचना करने के लिए किया तथा भारतीय सभ्यता और संस्कृति की श्रेष्ठता के बारे में एक देशभक्तिपूर्ण भावात्मक आस्था के साथ मिलकर इस समालोचना ने उन्हें राष्ट्रवाद के सचेतन सिद्धांत तैयार करने में मदद दी। जून 1857 में *हिंदू पैट्रियट* ने भारतवासी को "मन और ज्ञान के मामले में ... इतना शक्तिशाली" करार दिया कि वह "अपनी नागरिकता के अधिकार का दावा पेश कर सके।"[75] जुलाई 1878 में *इंडियन मिरर* ने और भी ज़ोरदार घोषणा की कि "हम भारत में अपने अधिकारों के लिए लड़ रहे हैं।" उसी साल सितंबर में कलकत्ता की एक आम सभा और भी स्पष्टवादी साबित हुई; उसके प्रस्ताव ने दोटूक शब्दों में "ब्रिटिश नागरिकता के अधिकारों के बारे में इस देश की जनता के दावों" को सामने रखा।[76] उन्नीसवीं सदी के अंतिम वर्षों में भारतीय देशभक्त साम्राज्य से अपने संबंध को चुनौती नहीं देते थे। लेकिन महारानी की वफ़ादार प्रजा धीरे-धीरे सजग नागरिक बनते हुए एक निरंकुश उपनिवेशी राज्य से अपने अधिकारों की माँग ज़रूर कर रही थी। तेज़ी से फैल रही मुद्रण संस्कृति ने ऐसे विचारों को पूरे उपमहाद्वीप में फैलाया; 1875 में भारतीय स्वामित्व वाले लगभग 400 समाचारपत्र थे, जो अंग्रेज़ी और भारतीय भाषाओं दोनों में छपते थे और उनका अनुमानित पाठकवर्ग 1,50,000 का था। जैसा कि एस. आर. मेहरोत्रा ने लिखा है, इन समाचारपत्रों ने "अंदरूनी बाधाओं को दूर किया और अंतर्क्षेत्रीय एकजुटता को बढ़ावा दिया।"[77]

उन्नीसवीं सदी के उत्तरार्द्ध में शिक्षित भारतवासियों के पास उपनिवेशी राज्य द्वारा अपने अधिकारों के हनन के प्रति चिंता करने के अनेक कारण थे। इसका आरंभ ईसाई-धर्मांतरण के आसन्न खतरों के साथ हुआ, जिनको 1850 में पारित लेक्स लोकी ऐक्ट (Lex Loki Act) ने और बढ़ावा दिया; इस ऐक्ट ने धर्म बदलनेवाले के इस अधिकार को सुरक्षा दी कि वह अपनी पुश्तैनी संपत्ति पा सके, लेकिन इससे भी अहम बात यह है कि 1860 और 1870 के दशकों में जब भारत के विभिन्न भाग एक के बाद एक प्राकृतिक विपदाओं और अकालों से जूझ रहे थे, तब सरकार ने 1860 में एक आयकर, भारतवासियों को इस राजस्व-आय के व्यय पर कोई नियंत्रण दिए बिना थोप

दिया। 1861 के इंडियन काउंसिल्स ऐक्ट ने गवर्नर जनरल की काउंसिल में गैर-सरकारी भारतीय सदस्यों की एक बहुत सीमित संख्या के शामिल किए जाने की व्यवस्था की, लेकिन गवर्नर जनरल की पूर्व-अनुमति के बिना वे कोई विधेयक पेश नहीं कर सकते थे, और सबसे बड़ी बात यह कि उसे वीटो का महत्त्वपूर्ण अधिकार प्राप्त था। भारी राष्ट्रव्यापी प्रतिरोधों के बाद इस आयकर को 1865 में वापस ले लिया गया, लेकिन सभी व्यापारों और धंधों पर एक प्रतिशत के एक "प्रमाणपत्र कर" (certificate tax) के आवरण में उसे 1867 में चुपके से फिर थोपा गया। अगले साल इसे पूर्णरूपेण आयकर में फिर बदल दिया गया और इसकी दरें बढ़ते-बढ़ते 1870 में $3\frac{1}{8}$ (3.125) प्रतिशत हो गई। उसी साल एक और उपनिवेशी नीति ने शिक्षित भारतवासियों को आगबबूला कर दिया, खासकर बंगाल में। जब आंग्ल-भारतीय प्रेस ने यह प्रचार शुरू किया कि उच्च शिक्षा केवल असंतोष और बेचैनी को जन्म दे रही है, तब 31 मार्च 1870 को एक प्रस्ताव के द्वारा सरकार ने बंगाल में अंग्रेज़ी शिक्षा के आवंटन में कटौती की बात कही, जिसका कथित उद्देश्य देशी भाषाओं के माध्यम से जन-शिक्षा को बढ़ावा देने के लिए धन का पुनरावंटन करना था। पढ़े-लिखे भारतीयों को यह जानकर निराशा हुई कि कर में वृद्धि और उच्च शिक्षा के लिए आवंटन में कमी एक ऐसे समय में की गई थी, जब सरकार सेना पर, "होम चार्जेज़" पर और साम्राज्य की ज़रूरतों को पूरा करने के लिए दूसरे लोक-निर्माण कार्यों पर अत्यधिक खर्च कर रही थी।

1870 के दशक के नगरपालिका सुधार, जिनमें सीमित चुनाव के सिद्धांत को जगह दी गई थी, पढ़े-लिखे भारतवासियों को दी गई रियायत थे। लेकिन शीघ्र ही, 1876 में इसकी काट भी कर दी गई, जब इंडियन सिविल सर्विस परीक्षा में बैठने के लिए अधिकतम आयु 21 साल से घटाकर 19 साल कर दी गई, जो भारतवासियों के हित में नहीं था। उनकी पुरानी माँग कि ये परीक्षाएँ लंदन और भारत में साथ-साथ हों, अभी भी पूरी नहीं हुई थी। शिक्षित भारतवासियों पर अभी तक का सबसे घृणित हमला लॉर्ड लिटन ने किया था, जो 1876 में वायसरॉय बनकर भारत आया। अपने ही विधि सदस्य की सलाह को ठुकराकर उसने 1878 में वर्नाक्यूलर प्रेस ऐक्ट बनाया; इसका मूल उद्देश्य भारतीय प्रेस का गला घोंटना था, जो उपनिवेशी नीतियों की आलोचना करने लगा था। इस कानून के अंतर्गत देशी भाषाओं के समाचारपत्रों के मुद्रकों और प्रकाशकों से जमानतें माँगी जाती थीं और अगर वे कुछ भी आपत्तिजनक प्रकाशित करते थे, तो ये जमानतें और उनकी मशीनें ज़ब्त कर ली जाती थीं। यह कानून तुरंत ही शिक्षित भारतीयों और उनके विभिन्न संगठनों के एक देशव्यापी आंदोलन का निशाना बन गया और उनको एक अप्रत्याशित संरक्षक ग्लैडस्टोन के रूप में मिला, जिसने ब्रिटिश संसद में हंगामा खड़ा कर दिया। उसी साल, 1878 में ही, लिटन ने एक नया हथियार कानून (आर्म्स ऐक्ट) भी जारी किया, जिसने आग्नेय अस्त्रों के लिए पूरे भारत में एक लाइसेंस की व्यवस्था शुरू की, लेकिन उसके दायरे से यूरोपीय और यूरेशियाई लोगों को मुक्त रखा। इस तरह के वातावरण में ब्रिटेन में 1880 में लिबरल पार्टी की विजय ने भारतवासियों के मन

में भारी प्रसन्नता और आशा जगाई। लिटन ने त्यागपत्र दिया और उदारवादी लॉर्ड रिपन नया वायसरॉय बनकर आया। लेकिन उपनिवेशवादी नौकरशाही की रूढ़िवादी मानसिकता नहीं बदली।

हालाँकि रिपन ने फूँक-फूँककर कदम रखा, लेकिन उसके कुछ आरंभिक कदमों ने इंग्लैंड की उदारवादी परंपरा में भारतवासियों की आस्था फिर जगाई। 1882 में वर्नाक्यूलर प्रेस ऐक्ट रद्द कर दिया गया और अवांछित नस्लवादी रियायतों को खत्म करने के लिए आर्म्स ऐक्ट को संशोधित किया गया। मई 1882 के एक प्रस्ताव के द्वारा उदारवादी वायसरॉय ने भारत में स्थानीय स्वशासन के आरंभ की पेशकश की; जैसा कि सर्वपल्ली गोपाल ने दिखाया है, 1884 के अंत तक "स्थानीय स्वशासन का ताना-बाना लगभग पूरे भारत को समेट चुका था।"[78] यह सब इंडियन सिविल सर्विस और लंदन स्थित इंडिया काउंसिल के निरंतर विरोध के बावजूद हुआ। लेकिन उस समय तूफ़ान टूट पड़ा जब उसकी काउंसिल के विधि सदस्य सी. पी. इल्बर्ट ने 2 फरवरी 1883 को एक विधेयक पेश किया, जिसे कुख्यात इल्बर्ट बिल के नाम से जाना जाता है। उसमें **मुफ़स्सिलों** (छोटे कस्बों) के भारतीय ज़िला मजिस्ट्रेटों और सत्र न्यायाधीशों को दोषी यूरोपवासियों पर मुकदमे की सुनवाई का अधिकार देने का प्रस्ताव किया गया था, जो प्रेसिडेंसी नगरों में पहले से मौजूद था। अब आंग्ल-भारतीय नस्लवाद का घृणित चेहरा इसके बाद के "गोरे विद्रोह (white mutiny)" के रूप में सामने आया, क्योंकि ब्रिटेन में जन्मे नागरिक एक देशी हिंदुस्तानी द्वारा मुकदमे की सुनवाई के विचार से काँप उठे। इस विधेयक का भयानक विरोध केवल गैर-सरकारी आंग्ल-भारतीय लोगों ने ही नहीं, बल्कि ब्रिटिश अफ़सरों के एक बड़े भाग ने भी किया। इनमें बंगाल का लेफ़्टिनेंट गवर्नर रीवर्स टॉम्सन भी शामिल था, जिसने कथित रूप से विधेयक की निंदा की कि "कलम की एक जुंबिश" से "समता स्थापित करने" के लिए इसमें "नस्ली भेदों को अनदेखा किया गया था।"[79] नस्ली समानता के उदारवादी वादे को इतनी आसानी से तो ठुकराया नहीं जा सकता था, क्योंकि वह तो महारानी विक्टोरिया के 1858 की घोषणा में ही निहित था। इसलिए नस्ली विशेषाधिकारों के संरक्षण की पैरवी एक लिंगबद्ध (gendered) भाषा में की गई। कहा गया कि "स्त्रैण बाबू" तो "मर्द अंग्रेज़" पर मुकदमा चलाने के योग्य ही नहीं है और न ही उससे गोरी स्त्रियों के सम्मान का ध्यान रखने की आशा की जा सकती है, क्योंकि वह तो अपने ही घर में स्त्री का सम्मान नहीं करता।[80] इस विवाद ने शिक्षित भारतवासियों के सामने एकदम स्पष्ट कर दिया कि नस्ली समानता एक ऐसी चीज़ है, जिसे वे वर्तमान शासन से पाने की आशा नहीं कर सकते। यह बात जनवरी 1884 में और भी स्पष्ट हो गई, जब रिपन अंततः दबाव के आगे झुक गया और उसने विधेयक को वापस ले किया। उसकी जगह उसने एक अधिक नरम और समझौतावादी फार्मूला पेश किया, जिसमें इस सिद्धांत को किसी तरह सुरक्षित रखने की कोशिश की गई थी; उसमें यूरोपवालों के दोषी होने पर एक मिली-जुली ज्यूरी के द्वारा मुकदमे की सुनवाई का प्रावधान किया गया था।

इल्बर्ट बिल विवाद ने राजनीतिक चेतना से संपन्न शिक्षित भारतवासियों को साम्राज्य की शक्ति-संरचना में कष्टदायक ढंग से अपनी अधीनता की स्थिति का अनुभव कराया। उन्होंने जो जवाबी प्रदर्शन किए और इस अवसर पर प्रेस में जो प्रचार युद्ध चला, वे भारत में आधुनिक राजनीतिक गतिविधियों के विकास के इतिहास का एक मोड़ है। लेकिन इस बीच भारत के संगठित राजनीतिक जीवन में एक और बड़ा परिवर्तन आने लगा था; भूस्वामी कुलीनों के नियंत्रण वाले पुराने संगठनों का स्थान धीरे-धीरे वे नए संगठन लेने लगे थे, जिन पर मध्य वर्ग के पेशेवर लोगों का वर्चस्व था। कलकत्ता में ज़मींदार तत्त्वों द्वारा नियंत्रित ब्रिटिश इंडियन एसोसिएशन को अंतहीन कलह से ग्रस्त एक बंद संगठन समझा जाने लगा था। उसे अधिकाधिक चुनौती नए शिक्षित पेशेवर वर्गों ने दी, जिन्होंने 26 जुलाई 1876 को सुरेंद्रनाथ बनर्जी के नेतृत्व में, "जनता का प्रतिनिधित्व करने" की घोषित आकांक्षा के साथ, इंडियन एसोसिएशन नाम से एक नया संगठन बनाया। बंबई में बॉम्बे एसोसिएशन को 1876 में तब एक नया जीवन मिला, जब नौरोजी फ़रदूनजी और दादाभाई नौरोजी लंदन से लौटे और उन्होंने इस संगठन में एक नया प्राण फूँका। लेकिन महादेव गोविंद रानाडे, पी. एम. मेहता और के. टी. तैलंग जैसे पश्चिमी शिक्षा-प्राप्त नेताओं की नई पीढ़ी से और अल्पजीवी वेस्टर्न इंडियन एसोसिएशन जैसे प्रतियोगी संगठनों की स्थापना से उनको भी चुनौती मिली। लेकिन उसे बड़ी चुनौती मराठा संस्कृति की पुरानी राजधानी और देशभक्ति के पुराने केंद्र पूना से मिली। 2 अप्रैल 1870 को यहीं पूना सार्वजनिक सभा नाम का एक नया संगठन जनता की इच्छाओं का प्रतिनिधित्व करने के लिए शुरू हुआ था और सालभर के अंदर उसके सदस्यों ने 17,000 लोगों से **मुख्तारनामों** (power of attorneys) पर हस्ताक्षर करा लिए थे, जिससे उसे सचमुच एक प्रातिनिधिक चरित्र मिल गया। इसके विपरीत मद्रास में 1862 में मद्रास नेटिव एसोसिएशन की समाप्ति के बाद राजनीतिक गतिविधियाँ धीमी पड़ी रहीं। इस प्रेसिडेंसी के राजनीतिक जीवन में हलचल दो दशक से अधिक समय बाद, 1884 में मद्रास महाजन सभा की स्थापना के बाद ही शुरू हुई। प्रेसिडेंसियों से बाहर भी संगठित राजनीतिक जीवन पंजाब में लाहौर इंडियन एसोसिएशन या संयुक्त प्रांत में इलाहाबाद पीपुल्स एसोसिएशन जैसे नए संगठनों के आस-पास ही घूमता रहा।[81]

फिर भी याद रहे कि नए संगठनों के पनपने का अर्थ अपने आप में राजनीति के पुराने रूपों की समाप्ति नहीं था; राजनीति के आधुनिक और परंपरागत, दोनों मुहावरे बहुत लंबे समय तक साथ-साथ प्रचलन में रहे। पुराने तरीके अनेक रूपों में जीवित रहे। उदाहरण के लिए, बंगाल में जैसा कि एस. एन. मुखर्जी (1971) ने दिखाया है, ये **दलों** के रूप में जीवित रहे जिन पर अनुपस्थित ज़मींदारों या **दलपतियों** का वर्चस्व था। ये लोग कलकत्ता से लेकर गाँवों तक फैले हुए उन अनौपचारिक मगर प्रभावी सामाजिक संबंधसूत्रों को संचालित करते थे, जो सामाजिक नियंत्रण के साधन थे। ये दल विभिन्न सार्वजनिक प्रश्नों के समर्थन या विरोध में खड़े होते थे; रूढ़िवादियों और प्रगतिशीलों या आधुनिक और पारंपरिक के बीच कोई स्पष्ट रेखा खींचना कठिन हो जाता था। जिन

राजा राधाकांत देव और उनकी धर्मसभा ने सतीप्रथा के उन्मूलन का जमकर विरोध किया था, उन्होंने ही स्त्री-शिक्षा के प्रसार का उत्साह के साथ समर्थन किया। दलों की यह व्यवस्था कम या अधिक प्रभावी ढंग से उन्नीसवीं सदी के अंतिम वर्षों तक जारी रही। फिर, जैसा कि जॉन मैकग्वायर ने लिखा है, उसके सामाजिक बंधनों और नियंत्रण की व्यवस्था को पूँजीवादी विकास ने धीरे-धीरे कमज़ोर कर दिया। "विघटन की यह प्रक्रिया फिर भी लंबी और जटिल रही।"[82] और इस द्विभाजन के बारे में बंगाल कोई अपवाद नहीं था; संयुक्त प्रांत में भी सामाजिक गतिविधियाँ पहले के "जातिगत और सांप्रदायिक संगठनों" के माध्यम से होती थीं, जो अनेक प्रकार के लोगों की शिकायतों को उठाने के मंच बन गए। एक नए उपनिवेशी संदर्भ में पुराने संगठनों को एक नया महत्त्व प्राप्त हुआ, क्योंकि उनका "सामना एक अधिक अतिक्रामक और कथित रूप से प्रातिनिधिक सरकार" से था। इसलिए नगरों में, जैसा कि सी. ए. बेइली ने पाया, "पुराने संबंधसूत्र और नए संगठन आपस में और भी घनिष्ठता से जुड़ गए।"[83]

फिर भी उन्नीसवीं सदी के उत्तरार्द्ध में इस राजनीति का नयापन उन नई माँगों में था जो उठाई जा रही थीं। इनका चरित्र कभी-कभी स्थानीय या क्षेत्रीय होता था, लेकिन प्रायः उनका महत्त्व राष्ट्रीय होता था। इन नए संगठनों ने अन्य बातों के अलावा विधायिका में भारतीय प्रतिनिधित्व, सरकार के कार्यकारी और न्यायिक कार्यों के पृथक्करण, सिविल सेवा के भारतीयकरण और इसके लिए भारत और इंग्लैंड में भारतीय सिविल सेवा (ICS) की एक साथ परीक्षा कराने, सूती कपड़ों पर आयात शुल्क लगाए जाने की, 'घरेलू खर्चों' (home charges) पर और महंगे विदेशी युद्धों पर, जैसे 1878-79 के अफ़गान युद्धों पर, खर्च में कमी की, भारत और इंग्लैंड के वित्तीय संबंधों को युक्तिसंगत बनाए जाने की और ब्रिटिश भारत के दूसरे भागों तक स्थायी बंदोबस्त के विस्तार की माँग की। उन्होंने आयकर लगाए जाने का, अत्याचारी वर्नाक्यूलर प्रेस ऐक्ट और नस्लवादी आर्म्स ऐक्ट का विरोध किया। सभी क्षेत्रों के सभी हिंदुस्तानियों से संबंधित सार्वजनिक प्रश्नों को उठाने के अलावा इन संगठनों ने किसानों के मामलों में भी रुचि ली। बंगाल के नील विद्रोह, पूना (दकन) के दंगों और चिनाब नहरी बस्ती (पंजाब) में जल-कर के प्रतिरोधों में उनकी भागीदारी का उल्लेख पहले ही किया जा चुका है। इनमें से पूना सार्वजनिक सभा जैसे कुछ संगठन किसानों के बीच अनेक प्रकार के सामाजिक कार्यों में संलग्न थे, जैसे अकाल राहत जुटाने या मध्यस्थता की अदालतों का आयोजन करने में। ऐसी मध्यस्थता के कारण भारतीय किसान, जो अभी तक अपने स्थानबद्ध अस्तित्व में ही उलझे हुए थे, धीरे-धीरे उपनिवेशी शासन के साथ एक व्यापकतर राष्ट्रीय टकराव में जुड़ने लगे। ये संगठन निश्चित ही खुले तौर पर अंग्रेज़ विरोधी नहीं थे और दिल्ली दरबार के अवसर पर उनमें से अनेकों ने महारानी विक्टोरिया को वफ़ादारी के संदेश भेजे। वे सीमित सुधारों के लिए लड़ते थे, पर फिर भी उन्होंने एक नई सार्वजनिक चेतना का प्रदर्शन किया। उन्होंने समता और प्रातिनिधिक सरकार की, और सबसे बढ़कर अपने

ही देश के प्रशासन में हिस्सेदारी की, माँग की और नई राजनीति पिछले चरण की ज़मींदारों के वर्चस्व वाली राजनीति से यहीं आकर अलग हो जाती थी।

इस नई राजनीति का शिक्षित पेशेवर नेतृत्व भी कुछ दुविधाओं में ग्रस्त था, जो (दुविधाएँ) इस वर्ग की सामाजिक संरचना की पैदावार थीं। जैसा कि पहले कहा गया, ये लोग अधिकतर पुरोहित और पढ़े-लिखे वर्गों के थे, जिनका पहले भूमि पर मालिकाना एकाधिकार था। अंग्रेज़ी शिक्षा और नए व्यवसायों ने एक तरह से इन्हीं प्रभुत्वशाली वर्गों के प्रभुत्व का विस्तार किया; एक नए औद्योगिक पूँजीपति वर्ग का विकास होते हम केवल बंबई में देखते हैं। इसलिए देश के अधिकांश भागों में पेशेवर लोगों ने ज़मीन से अपना संबंध बनाए रखा और इसलिए वे ज़मींदारों के हितों के लिए भी लड़ते रहे। यह बात 1885 में बंगाल काश्तकारी विधेयक (बंगाल टेनेन्सी बिल) पर एकजुट भारतीय विरोध के रूप में सामने आई; इस विधेयक ने किसानों के काश्तकारी अधिकारों को सुरक्षा प्रदान करने और ज़मींदारों के मनमाने ढंग से लगान बढ़ाने के अधिकार पर सीमा लगाने का प्रस्ताव किया और आधिकारिक बहुमत के कारण यह पारित भी हो गया। मुश्किल से छिपनेवाली इन दुविधाओं पर अंग्रेज़ों की प्रतिक्रियाएँ मिली-जुली रहीं। उन्नीसवीं सदी के अंतिम वर्षों में उपनिवेशी सरकार ने नए शिक्षित वर्ग के राजनीतिक महत्त्व को स्वीकार किया। खास तौर पर लॉर्ड रिपन जैसे उदारवादी वायसरॉयों ने अनुभव किया कि इस वर्ग की वैध आकांक्षाओं और महत्त्वाकांक्षाओं के लिए एक सही वातावरण देना और उनको राज के दोस्त बनाना आवश्यक है। लेकिन उसके अधिक रूढ़िवादी उत्तराधिकारी लॉर्ड डफ़रिन ने एक अलग रुख अपनाया और अपमानजनक भाव से उन्हें केवल एक "अतिलघु अल्पमत" का प्रतिनिधित्व करनेवाले "बाबू" राजनीतिज्ञ कहा। 1892 के इंडियन काउंसिल्स ऐक्ट के बाद, जिसने लेजिस्लेटिव काउंसिलों के गठन के लिए सीमित ढंग से चुनाव के सिद्धांत का आरंभ किया, इस नए पेशेवर वर्ग ने राजनीतिक प्रधानता में भूस्वामी कुलीन वर्ग को पीछे छोड़ दिया, पर वे बड़े भूस्वामियों को कभी पूरी तरह अनदेखा भी नहीं कर सके, इसीलिए उपनिवेशी राजसत्ता भरोसे के साथ जनता के हितों का सच्चा समर्थक होने का दावा कर सकी।

आरंभिक राष्ट्रवाद की सीमाओं और अंतर्विरोधों को दूसरे क्षेत्रों में भी देखा जा सकता था, क्योंकि सवर्ण हिंदू नेताओं में से अनेक अपने सामाजिक रूढ़िवाद से पूरी तरह ऊपर न उठ सके। हिंदू स्वर्णकाल की धारणा पर आधारित एक राष्ट्रवादी विचारधारा तैयार करने की उनकी कोशिशों ने जनता के एक बड़े भाग को तुरंत प्रेरित किया; पर इन्हीं कोशिशों ने कुछ दूसरे लोगों को दूर भी धकेला। इन सामाजिक बहसों ने पूना सार्वजनिक सभा को दो नेताओं और उनके अनुयायियों के बीच बाँटकर रख दिया–एक ओर अधिक रूढ़िवादी बाल गंगाधर तिलक थे, तो दूसरी ओर उदारवादी सुधारक गोपाल कृष्ण गोखले थे। 1891 के विवाह-आयु संबंधी कानून (एज ऑफ़ कंसेंट ऐक्ट) ने स्त्रियों के लिए विवाह की परिणति (consummation) की आयु को दस से बढ़ाकर बारह साल करने का प्रस्ताव किया था; इससे संबंधित विवाद इस तर्क पर केंद्रित था कि अंग्रेज़ों को

हिंदुओं के सामाजिक और धार्मिक जीवन में हस्तक्षेप का कोई अधिकार नहीं है (विस्तार के लिए अध्याय 5.2 देखें)। इस तरह भारतीय राष्ट्रवाद का संबंध विदेशी हस्तक्षेप के विरुद्ध हिंदू धर्म की रक्षा से जुड़ गया तथा बंगला और मराठी, दोनों भाषाओं के देशभक्ति संबंधी साहित्य ने भारतीय राष्ट्रवाद को हिंदू बिंबों में प्रस्तुत करना शुरू कर दिया। इन विकासक्रमों ने राष्ट्रवाद की इस धारा से मुसलमानों को निश्चित ही विमुख किया, क्योंकि उनमें भी एक नई चेतना का विकास हो रहा था। वे भी अपने हितों को हिंदुओं के हितों के मुकाबले में निरूपित करने लगे और इस हिंदू-मुस्लिम विभाजन को उपनिवेशी नीतियों ने और बढ़ावा दिया। आर्यसमाज ने जब गोरक्षा आंदोलन का आरंभ किया, तो यह सांप्रदायिक टकराव एक जन चरित्र ग्रहण करने लगा। 1870 के दशक के बाद से बड़े पैमाने के सांप्रदायिक दंगों ने उत्तर भारत को हिलाकर रख दिया और ये निश्चित ही भारतीय इतिहास की एक नई संवृत्ति थे। हिंदुस्तान की अठारहवीं सदी वाली धारणा में हिंदुओं और मुसलमानों की एकसमान भागीदारी थी, पर उन्नीसवीं सदी में उदीयमान सांप्रदायिक अलगाव के सामने वह धारणा अब धीरे-धीरे फीकी पड़ने लगी। बीसवीं सदी में इलाके पर अधिकार के लिए एक हिंसक टकराव का रास्ता इसी तरह तैयार हुआ (और विस्तार के लिए अध्याय 5.2 देखें)।

उत्तर भारत के समाज में इस सांप्रदायिक अलगाव का एक और महत्त्वपूर्ण आयाम था। निचली जातियों और अछूतों का समर्थन पाने के लिए ब्राह्मणों और दूसरे सवर्ण हिंदुओं ने, जिनका नई शिक्षा, नए पेशों और नए संगठनों पर वर्चस्व था, कुछ भी नहीं किया। फिर भी, इस उदासीनता और लापरवाही के बावजूद, इन निचले वर्गों में जागरूकता और सामाजिक चेतना के असंदिग्ध संकेत दिखाई दे रहे थे; यह सब उपनिवेशी शैक्षिक नीतियों, ईसाई मिशनरियों के सेवा-भाव और साथ ही उनकी अपनी पहल का परिणाम था। इसने उन्हें ब्राह्मण-विरोधी भावनाओं के आधार पर वैकल्पिक राजनीतिक विचारधाराओं की रचना के लिए प्रेरित किया, जिनके बल पर महाराष्ट्र और मद्रास में अछूतों और गैर-ब्राह्मण जातियों ने शक्तिशाली आंदोलन संगठित किए, जो मुख्यत: उनके अपने उत्थान के लिए थे। वे लोग उदीयमान राष्ट्रवादी आंदोलन को नई उपनिवेशी संस्थाओं पर ब्राह्मणों के वर्चस्व की स्थापना का षड्यंत्र समझते थे तथा उपनिवेशी सरकार को अपने संरक्षक और मुक्तिदाता के रूप में देखते थे (और विस्तार के लिए अध्याय 7.2 देखें)। इस तरह शीर्ष से भारतीय राष्ट्र की कल्पना की राजनीतिक परियोजना को आरंभ से ही विविधता और विभिन्नता के कठिन मुद्दे का सामना करना पड़ा। स्पष्ट है कि प्रशासन ने उपनिवेशी समाज के ऐसे अंतर्विरोधों का लाभ उठाया और उभरते हुए भारतीय राष्ट्रवादियों की राह में और भी रोड़े अटकाने के लिए प्रोत्साहित किया; ये राष्ट्रवादी अपनी सभी कमज़ोरियों और सीमाओं के बावजूद राज के लिए कुछ अप्रीतिकर प्रश्न उठा रहे थे। यही संदर्भ है जिसमें 1885 में भारतीय राष्ट्रीय कांग्रेस का जन्म हुआ। बाद के वर्षों में भारतीय राष्ट्रवादी राजनीति पर उसी का वर्चस्व रहा और इन अंतर्विरोधों को हल करने के लिए वह सफल-असफल प्रयास करता रहा।

## 4.4 भारतीय राष्ट्रीय कांग्रेस की स्थापना

भारतीय राष्ट्रीय कांग्रेस, जिसे आगे चलकर भारत की स्वतंत्रता के संघर्ष में एक केंद्रीय भूमिका निभानी थी, बंबई में दिसंबर 1885 में डब्ल्यू. सी. बनर्जी की अध्यक्षता में आयोजित एक सम्मेलन में बनाई गई थी। सेवानिवृत्त अंग्रेज़ सिविल अधिकारी एलेन ऑक्टेवियन ह्यूम की इस प्रक्रिया में केंद्रीय भूमिका थी। कारण कि वही थे जिन्होंने पूरे उपमहाद्वीप के दौरे किए, बंबई, मद्रास और कलकत्ता के प्रमुख राजनीतिक नेताओं से बातें कीं और उनको एक राष्ट्रीय सम्मेलन में भाग लेने के लिए तैयार किया, जिसे आरंभ में पूना में आयोजित किया जानेवाला था। पर इस मराठी नगर को हैजा के प्रकोप ने इस सौभाग्य से वंचित कर दिया, जो अब और अधिक विश्वमुखी उपनिवेशी नगर बंबई के हिस्से में आया। परंतु इस पहले सत्र का चाहे जो ऐतिहासिक महत्त्व रहा हो, उसमें ह्यूम की भागीदारी ने कांग्रेस की उत्पत्ति के बारे में अनेक विवादों को जन्म दिया। इस मामूली से तथ्य ने सुरक्षा (सेफ़्टी) वॉल्व का या षड्यंत्र का जो सिद्धांत स्थापित किया, उसे दक्षिणपंथी, वामपंथी और मध्यमार्गी, हर तरह के इतिहासकार एक लंबे समय तक मानते रहे। इसे तो राष्ट्रीय आंदोलन के कुछ धुरंधरों तक ने स्वीकार किया। लेकिन हाल के अनुसंधानों से इसका बुरी तरह खंडन हो चुका है।

इस सिद्धांत का जन्म ह्यूम के विलियम वेडरबर्न कृत जीवनचरित से हुआ जो 1913 में प्रकाशित हुआ। वेडरबर्न एक और भूतपूर्व सिविल अधिकारी थे, जिन्होंने लिखा कि 1878 में ह्यूम ने रिपोर्टों के सात संस्करण देखे और उनसे पता चला कि निचले वर्ण असंतोष से उबल रहे थे और ब्रिटिश सरकार को शक्ति के बल पर पलटने का षड्यंत्र चल रहा था। वे चिंतित हो उठे, लॉर्ड डफ़रिन से मिले और मिलकर उन्होंने शिक्षित भारतवासियों का एक संगठन बनाने का निर्णय किया। यह शासकों और शासितों के बीच संवाद का एक माध्यम बनकर सेफ़्टी वॉल्व का काम करेगा और इस तरह एक जनक्रांति को रोकेगा। इस तरह कांग्रेस ब्रिटिश राज की उपज थी। सेफ़्टी वाल्व के इस सिद्धांत में आरंभिक राष्ट्रवादी इतिहासकारों ने विश्वास किया; साम्राज्यवादी इतिहासकारों ने इसका उपयोग कांग्रेस को बदनाम करने के लिए किया और इसी से मार्क्सवादी इतिहासकारों ने षड्यंत्र के सिद्धांत का विकास किया। उदाहरण के लिए, रजनी पाम दत्त ने लिखा कि कांग्रेस भारत में एक जन-विद्रोह को रोकने के षड्यंत्र से पैदा हुई और इसमें भारत के पूँजीवादी नेता भी शामिल थे। सेफ़्टी वॉल्व या षड्यंत्र के ये सिद्धांत 1950 के दशक में गलत सिद्ध हो गए। पहली बात यह कि भारत या लंदन के किसी भी अभिलेखागार में खुफ़िया रिपोर्टों के ये सात संस्करण नहीं मिले हैं। इतिहासकारों का तर्क है कि 1870 के दशक में ब्रिटिश सूचना व्यवस्था के ढाँचे को देखते हुए खुफ़िया रिपोर्टों के इतने सारे संस्करणों का अस्तित्व बिलकुल असंभव रहा होगा। ह्यूम के वेडरबर्न कृत जीवनचरित के अलावा ऐसी रिपोर्टों की उपस्थिति का कोई उल्लेख कहीं और नहीं पाया गया है, और वे भी इस बात का उल्लेख करते हैं कि ह्यूम को ये रिपोर्टें धर्मगुरुओं ने दी थीं और ये किसी आधिकारिक स्रोत से प्राप्त नहीं की गई थीं। उसके

बाद 1950 के दशक के अंतिम वर्षों में लॉर्ड डफ़रिन के निजी कागज़ात के सामने आने के बाद यह भ्रांति दूर हो गई, क्योंकि इनसे यह कथा झूठी साबित होती है कि डफ़रिन ने कांग्रेस या ह्यूम को प्रायोजित किया था। वह मई 1885 में शिमला में ह्यूम से अवश्य मिला था, पर उनको गंभीरता से स्वीकार नहीं किया था और फिर उसने बंबई के गवर्नर को सुनिश्चित आदेश दिए थे कि उस नगर में जो प्रातिनिधि उनसे मिलने वाले थे, उनके बारे में सचेत रहें। प्रस्तावित बैठक के बारे में वह और बंबई का गवर्नर लॉर्ड री दोनों ही सशंकित थे और उसके विरुद्ध थे, क्योंकि वे समझते थे कि ये लोग भारत में आयरलैंड के होमरूल लीग आंदोलन जैसी कोई चीज़ आरंभ करना चाहते हैं। कांग्रेस की स्थापना के कुछ ही समय बाद डफ़रिन कांग्रेस की खुलकर भर्त्सना उसके संदिग्ध उद्देश्यों के आधार पर कर रहा था। 1888 में उसने उसकी आलोचना एक "अतिलघु अल्पमत" का प्रतिनिधि होने के आधार पर की, और अगर कुछ और नहीं तो केवल यही वक्तव्य सेफ़्टी वॉल्व या षड्यंत्र के सिद्धांत की धज्जी उड़ा देता है। आज इतिहासकार कमोबेश इस बात पर सहमत हैं कि खुफ़िया रिपोर्टों की सात संस्करणों की कहानी मनगढ़ंत है और एक मित्र जीवनीलेखक वेडरबर्न ने इसे ह्यूम को ऐसे देशभक्त अंग्रेज़ के रूप में चित्रित करने के लिए गढ़ा, जो एक आसन्न संकट से ब्रिटिश राज को बचाना चाहता था। इस तरह जैसा कि विपिनचंद्र ने कहा है, "समय आ गया है कि सेफ़्टी वॉल्व के सिद्धांत को ... उन्हीं **महात्माओं** को सौंप दिया जाए, जिनसे संभवतः उसका आरंभ हुआ था"[84]

यह तथ्य लेकिन अपनी जगह बना रहता है कि कांग्रेस की स्थापना में ह्यूम की एक केंद्रीय भूमिका थी, हालाँकि हो सकता है कि सेफ़्टी वॉल्व या षड्यंत्र के सिद्धांतों में उनकी भूमिका की बहुत अधिक अतिशयोक्ति की गई हो। वास्तव में ह्यूम राजनीतिक उदारवादी थे, जिनके मन में भारतीयों में बढ़ते असंतोष के बारे में स्पष्ट विचार थे। इसलिए उन्होंने एक अखिल भारतीय संगठन की कल्पना की, जो भारतीय हितों का प्रतिनिधित्व करे और महारानी की (सरकार के) विपक्ष की भूमिका निभाए। उन्होंने वायसरॉय लॉर्ड रिपन से संपर्क किया और उनके उदारवादी सुधार कार्यक्रम को पूरा समर्थन देने का वादा किया, खासकर उनकी स्थानीय स्वशासन आरंभ करने की योजना को, जिसे वे जानते थे कि उनके रूढ़िवादी सहकर्मी बेकार करने के प्रयास करेंगे और इस तरह स्वयं खतरे में पड़ेंगे। रिपन के जाने के बाद उन्होंने शिक्षित भारतीयों के बीच अपने व्यापक संपर्कों को जोड़ने का काम शुरू किया, ताकि वे (भारतीय) अपनी शिकायतें पेश करने के लिए एक वैध मंच के रूप में एक राष्ट्रीय संगठन में आएँ। लेकिन अगर ह्यूम ने कोई पहल न की होती, तो भी भारत में 1870 और 1880 के दशकों में एक राष्ट्रीय संगठन की स्थापना की बात स्पष्ट नज़र आ रही थी।

जैसा कि हम देख चुके हैं, तीनों प्रेसिडेंसियों में शिक्षित भारतीयों के समूह राजनीति में सक्रिय थे और उन्होंने ऐसे नए संगठन बना लिए थे, जो विभिन्न राष्ट्रीय प्रश्नों पर नागरिक स्वतंत्रताओं और संगठित देशव्यापी आंदोलनों के लिए सक्रिय होने लगे थे।

मिशनरियों के हस्तक्षेपों और 1850 के लेक्स लोकी ऐक्ट के विरुद्ध भारत के विभिन्न भागों में एक साथ प्रतिरोध हुए थे। 1867 में प्रस्तावित आयकर के विरुद्ध और एक संतुलित बजट की माँग के समर्थन में एक राष्ट्रवादी आंदोलन हो चुका था। फिर 1877-80 में सिविल सेवाओं के भारतीयकरण की माँग पर एक विशाल अभियान चल चुका था, और लॉर्ड लिटन के खर्चीले और दुस्साहसिक अफ़गान अभियानों के विरुद्ध भी, जिनका खर्च भारतीय राजस्व से उठाया जा रहा था। 1878 के कुख्यात वर्नाक्यूलर प्रेस ऐक्ट के विरुद्ध भी भारतीय प्रेस और संगठनों ने जमकर एक अभियान चलाया था। उन्होंने 1881-82 में बागान मज़दूरों और अंतर्देशीय प्रवास संबंधी उस कानून (इन्लैंड एमिग्रेशन ऐक्ट) के विरुद्ध प्रतिरोध संगठित किए थे, जो बागान मज़दूरों को भू-दास बनाकर रख देता। अंतिम बात, यह कि 1883 में इल्बर्ट बिल के समर्थन में एक बड़ा राष्ट्रव्यापी आंदोलन आरंभ किया गया था, जब अंग्रेज़ी राज के न्याय में शिक्षित भारतवासियों का विश्वास हिल गया था। 1885 में एक राष्ट्रीय कोष बनाने के लिए देशव्यापी प्रयास किया गया था, जिसका उपयोग भारत और इंगलैंड में राजनीतिक आंदोलन चलाने के लिए किया जाता। उसी साल भारतवासियों ने उस स्वैच्छिक कोर में शामिल होने के अधिकार की लड़ाई लड़ी, जो तब तक केवल यूरोपवालों के लिए आरक्षित था और फिर ब्रिटिश मतदाताओं से उन उम्मीदवारों को मत देने की अपील की, जो भारत के मित्र थे। ऐसे आंदोलनों के संगठन की विशेष पहल प्रेसिडेंसियों के संगठनों ने की, और उनमें सबसे मुखर इंडियन एसोसिएशन था। लेकिन ये संगठन प्रेसिडेंसी नगरों तक ही सीमित नहीं थे। लाहौर, अमृतसर, मेरठ, कानपुर, अलीगढ़, पूना, अहमदाबाद, पटना या कटक जैसे दूसरे प्रांतीय नगरों में भी जो मुद्दे स्पष्ट रूप से राष्ट्रीय लगते थे, उन पर शुरू किए गए आंदोलनों से ये संगठन उसी तरह प्रभावित हुए। पश्चिमी शिक्षा और अंग्रेज़ी भाषा ने इन क्षेत्रीय कुलीनों के बीच एक संबंध स्थापित कर दिया था, जबकि कष्टों का साझापन क्षेत्रीय बाधाओं के आर-पार एक नई राजनीतिक चेतना के जन्म के लिए अनुकूल सिद्ध हुआ।

इन संगठनों द्वारा उठाई गई ये माँगें अधूरी रहीं और उस बात ने क्षेत्रीय नेताओं को एक अखिल भारतीय संगठन की आवश्यकता का और भी विश्वास दिलाया। यूँ तो किसी भी काल में विभिन्न नगरों के नेताओं के बीच औपचारिक संबंधों का अभाव नहीं रहा, फिर भी एक औपचारिक मंच की स्थापना के प्रयास भी कई बार किए जा चुके थे। अखिल भारतीय संबंध बनाने के ऐसे प्रयास सबसे पहले 1851 में किए गए थे, जब कंपनी के चार्टर के नवीनीकरण से पहले ब्रिटिश संसद को एक संयुक्त ज्ञापन भेजने के उद्देश्य से कलकत्ता के ब्रिटिश इंडिया एसोसिएशन ने बाकी दो प्रेसिडेंसियों में भी शाखाएँ स्थापित करने के प्रयास किए थे। फिर 1877 में दिल्ली दरबार के अवसर पर भी जिन भारतीय पत्रकारों को इस शानदार समारोह के लिए आमंत्रित किया गया था, उन्होंने एक देशी प्रेस एसोसिएशन स्थापित करने के लिए इस अवसर का उपयोग किया। उन्होंने इंडियन एसोसिएशन के नेता और *बंगाली* के संपादक एस. एन. बनर्जी को अपना

पहला सचिव चुना तथा प्रेस और देश से संबंधित मुद्दों पर चर्चा के लिए हर साल एक या दो बैठकें करने का संकल्प किया। इंडियन एसोसिएशन ने 1883 में कलकत्ता में एक राष्ट्रीय सम्मेलन का आयोजन किया तथा एक और सम्मेलन दिसंबर 1885 में होनेवाला था। फिर थियोसोफ़िकल सोसायटी के एक सदस्य की निजी पहल पर मद्रास में 1884 में भारत के विभिन्न भागों से आए प्रतिनिधि सोसायटी के वार्षिक सम्मेलन के अवसर पर एक राष्ट्रीय संगठन की आवश्यकता पर चर्चा करने के लिए अलग से मिले। इस तरह एक राष्ट्रीय संगठन का उदय स्पष्ट रूप से आसन्न था, हालाँकि जिनसे आपसी ईर्ष्या ने 1851 में ऐसी कोशिशों को असफल बनाया था, वे अभी भी पूरी तरह दूर नहीं हुई थीं। अभी भी एक ऐसे मध्यस्थ की आवश्यकता थी, जो इन सभी क्षेत्रीय नेताओं को एक ही सांगठनिक छतरी के नीचे ला सके। ह्यूम इस भूमिका के लिए एकदम उपयुक्त थे, क्योंकि उनकी परा-क्षेत्रीय (supra-regional) पहचान ने उन्हें सभी क्षेत्रीय नेताओं के लिए स्वीकार्य बना दिया। वे अपने सुज्ञात उदार राजनीतिक विचारों के कारण भी स्वीकार्य थे।

इस तरह दिसंबर 1885 में जन्म लेनेवाली भारतीय राष्ट्रीय कांग्रेस ने आरंभ से ही ऐसे क्षेत्रीय मतभेदों को दूर करने के प्रयास किए। पहले कांग्रेस सत्र ने घोषणा की कि "राष्ट्रीय एकता की भावनाओं को विकसित और मज़बूत करना" उसके प्रमुख उद्देश्यों में से एक होगा। देश के विभिन्न भागों में कांग्रेस का वार्षिक सत्र आयोजित करने और जिस क्षेत्र में कोई सत्र हो रहा हो, उसका अध्यक्ष उससे भिन्न किसी क्षेत्र से चुनने के निर्णय का उद्देश्य क्षेत्रीय बाधाओं और भ्रांतियों को दूर करना था। 1888 में तय किया गया कि हिंदू या मुस्लिम प्रतिनिधियों के भारी बहुमत के आपत्ति करने पर कोई प्रस्ताव पारित नहीं किया जाएगा; 1889 में पारित एक प्रस्ताव में विधायिकाओं के सुधार की माँग की गई, तो उसमें एक अल्पमत की धारा (clause) को प्रमुख स्थान दिया गया। इन सभी प्रयासों का घोषित उद्देश्य एक ऐसा मंच तैयार करना था, जिस पर भारत के विभिन्न भागों के राजनीतिक चेतना संपन्न लोग एकजुट हो सकें। इसका आयोजन संसद की तर्ज़ पर होता था और सत्रों का संचालन लोकतांत्रिक तरीके से किया जाता था।[85] यह सब सच्चे अर्थ में भारत में आधुनिक राजनीति का प्रतिनिधित्व करता था, और इसलिए स्पष्ट है कि यह भारत के सार्वजनिक जीवन में एक नई प्रवृत्ति के जन्म का सूचक था।

साथ ही साथ कांग्रेस आरंभ से ही कुछ अहम कमज़ोरियों की शिकार रही; इनमें सबसे महत्त्वपूर्ण कमज़ोरी असमान प्रतिनिधित्व और भारतीय समाज के गैर-कुलीन समूहों के पूरे अलगाव की थी। कांग्रेस के प्रथम वार्षिक सत्र में प्रतिनिधियों की संख्या भारत के संगठित राजनीतिक जीवन के बदलते ढर्रों को लगभग सटीक रूप से प्रतिबिंबित करती थी, और पश्चिमी शिक्षा-प्राप्त लोग धीरे-धीरे भूस्वामी कुलीनों पर बढ़त हासिल कर रहे थे। भौगोलिक दृष्टि से, कुल मिलाकर प्रेसिडेंसियों की प्रमुखता थी, पर उनमें बंगाल धीरे-धीरे नेतृत्व की स्थिति खोता जा रहा था और दूसरे सभी क्षेत्रों से आगे बढ़ते

हुए बंबई उसकी जगह ले रही थी। 1885 में भारतीय राष्ट्रीय कांग्रेस के पहले वार्षिक सत्र में 72 गैर-सरकारी भारतीय प्रतिनिधि शामिल हुए और कांग्रेस की आधिकारिक रिपोर्ट का दावा था कि उनमें समाज के सभी क्षेत्रों के लोग शामिल थे और वे "अधिकांश वर्गों" का प्रतिनिधित्व करते थे। उनमें थे वकील, सौदागर और बैंकर, भूस्वामी, चिकित्सक, पत्रकार, शिक्षाशास्त्री, धर्मगुरु और सुधारक। हम अगर उनके क्षेत्रीय वितरण को देखें तो 38 प्रतिनिधि बंबई प्रेसिडेंसी और 21 मद्रास से थे, पर बंगाल से केवल 4 थे, क्योंकि लगभग उन्हीं दिनों इंडियन एसोसिएशन ने कलकत्ता में अपना राष्ट्रीय सम्मेलन आयोजित किया था और बंगाल के नेताओं को बंबई सम्मेलन की बात आखिरी क्षणों में ही बताई गई थी। प्रेसिडेंसियों के अलावा 7 प्रतिनिधि पश्चिमोत्तर प्रांत और अवध के चार प्रमुख नगरों से और एक-एक प्रतिनिधि पंजाब के तीन नगरों से आए थे।[86] दूसरे शब्दों में, ऊँचे दावों के बावजूद, यह पेशेवर लोगों, कुछेक ज़मींदारों और उद्योगपतियों का ही जमघट था, जो ब्रिटिश भारत की मुख्यत: तीन प्रेसिडेंसियों का प्रतिनिधित्व करते थे। सामाजिक संरचना को लें तो आरंभ में कांग्रेस के सदस्य अधिकांशत: सवर्ण हिंदू समुदायों के थे और यही स्थिति उसके अस्तित्व के दो दशकों से अधिक समय तक बनी रही।[87] भागीदारी की यह सीमा कांग्रेस के सदस्यों में कोई बेचैनी पैदा नहीं करती थी, क्योंकि वे आत्मतुष्ट ढंग से पूरे राष्ट्र के प्रतिनिधित्व के दावे करते रहे। लेकिन स्पष्ट है कि इसने उनके कार्यक्रमों में कुछ बाधाएँ अवश्य पैदा कीं, जिनकी और भी विस्तार से हम अगले अध्याय में चर्चा करेंगे।

अपने आरंभिक कार्यकाल में भारतीय राष्ट्रीय कांग्रेस अपने राजनीतिक व्यवहार में कोई अतिवादी संगठन कभी नहीं रही, जो एकदम प्रत्याशित था, और सरकार के खुले विरोध की संस्कृति अभी तक जड़ें नहीं जमा सकी थी। ये (कांग्रेसी) सतर्क सुधारवादी थे, जो सुरेंद्रनाथ बनर्जी के शब्दों में भारत में "गैर-ब्रिटिश राज" के कुछ अप्रिय पक्षों को दूर करने के लिए प्रयासरत थे और प्रार्थनापत्र और ज्ञापन भेजना उनकी कार्यपद्धति था। कांग्रेस के पहले सत्र के अध्यक्ष डब्ल्यू. सी. बनर्जी ने आरंभ में ही स्पष्ट कर दिया था कि यह कोई "षड्यंत्रकारियों और निष्ठाहीनों का अड्डा" नहीं था; ये लोग "पूरी तरह ब्रिटिश सरकार के वफ़ादार और सुसंगत शुभचिंतक" थे।[88] इससे स्पष्ट है कि कांग्रेस के संस्थापकों को अपनी परियोजना में ए. ओ. ह्यूम को क्यों शामिल करना पड़ा। उनके जुड़ने से सरकार का शक दूर हो गया और यह बात अहम थी क्योंकि, जैसा कि आरंभिक कांग्रेस के एक और पुरोधा गोखले ने 1913 में लिखा था, भारतीयों द्वारा एक अखिल भारतीय संगठन बनाने का कोई भी प्रयास तुरंत ही अधिकारियों की अमैत्रीपूर्ण निगाहें अपनी ओर खींचता। उन्होंने लिखा: "अगर एक महान अंग्रेज़ कांग्रेस का संस्थापक न होता, तो अधिकारीगण तुरंत ही आंदोलन को कुचलने के लिए कोई न कोई तरीका निकाल लेते।" इस तरह, यदि विपिनचंद्र की उपमा का उपयोग करें तो, "अगर ह्यूम और दूसरे अंग्रेज़ उदारवादी कांग्रेस का उपयोग सुरक्षा वॉल्व की तरह करने की आशा कर रहे थे, तो कांग्रेस के नेता ह्यूम का उपयोग एक तड़ित् चालक के रूप में करने के

प्रति आशावान थे।"[89] इस तरह भारत में कांग्रेस का आंदोलन सीमित सुधारों की एक सीमित कुलीनवादी राजनीति के रूप में शुरू हुआ। उसने अपनी सीमाओं के बावजूद एक सर्वसमावेशी राष्ट्रीय एकता स्थापित करने के प्रयास किए और एक बहुत ही अहम राजनीतिक माँग उठाई: "सरकार का आधार व्यापक बनाया जाना चाहिए और उसमें जनता को उसका समुचित और वैध हिस्सा मिलना चाहिए।"[90] भारतीय राष्ट्रवादी राजनीति की मुख्य-धारा का प्रवाह यहीं से आरंभ हुआ। उसकी सीमाओं और अंतर्निहित अंतर्विरोधों को देखते हुए उसका विरोध होना स्वाभाविक था, जिसकी चर्चा हम आगे करेंगे।

## टिप्पणियाँ

1. दुआरा 1995: 4.
2. चटर्जी 1986: 42.
3. नंदी 1994: 3-4 और आगे; 1998 भी देखें।
4. रे 1980: 16-26; इस विचार-संप्रदाय के उदाहरणों के रूप में रूडोल्फ़ और रूडोल्फ़ 1967; ब्रूमफ़ील्ड 1968; लो 1968; इर्शिक 1969; रॉथरमंड 1970; डॉबिन 1972; गॉर्डन 1974 देखें।
5. उदाहरण के लिए, गैलगर, जॉनसन और सील 1973; जॉनसन 1973; बेइली 1975; बेकर और वॉशब्रुक 1975; वॉशब्रुक 1976 देखें।
6. सील 1973.
7. रायचौधुरी 1979.
8. मुखर्जी 1996: 104-19.
9. सरकार 1973.
10. सरकार 1983: 11.
11. चंद्र आदि 1989: 22-30.
12. गुहा 1982: 1-3.
13. गुहा 1992.
14. सरकार 1997.
15. चक्रवर्ती 1998: 475.
16. चटर्जी 1986: 43, 50-51.
17. चटर्जी 1993: 6-7, 13 और आगे।
18. ज्ञानप्रकाश 1999: 202.
19. उपरोक्त: 202, 212 और आगे।
20. उदाहरण के लिए, विश्वेश्वरन 1997: 84-85 और आगे देखें।
21. उदाहरण के लिए, एलॉयशियस 1997: 2 और आगे देखें।
22. लुंबा 1998: 207.
23. ओमेन 200: 3 में उदधृत।
24. बोस और जलाल 1998: 10.

25. भाभा 1990: 5.
26. कुमार 1968: 175-76.
27. गुहा 1993: 64-65, 74-76.
28. क्लिंग 1966.
29. गुहा 1993: 73-77.
30. हार्डिमन 1993: 17-18.
31. चौधुरी 1967.
32. सेनगुप्ता 1974.
33. सेनगुप्ता 1979.
34. हार्डिमन 1993: 23-26.
35. हार्डिमन 1996: 219.
36. कुमार 1968: 151 और आगे।
37. चार्ल्सवर्थ 1972: 408.
38. हार्डिमन 1993: 34.
39. हार्डिमन 1993: 37-38.
40. उपरोक्त: 40-44.
41. बैरियर 1993: 251.
42. हार्डिमन 1993: 46.
43. रणजीत गुहा 1994: 292.
44. सिंह 1983: 199, 201.
45. भट्टाचार्य 1992: 127-28.
46. गाडगिल और गुहा 1993.
47. आर्नल्ड 1986b: 133.
48. गाडगिल और गुहा 1993.
49. दासगुप्त 1994.
50. गुहा 1991.
51. गुहा 1999.
52. ब्यौरों के लिए स्कारिया 1999 देखें।
53. भट्टाचार्य 1992.
54. स्कारिया 1999: 272 में उद्धृत।
55. चटर्जी 1984.
56. गुहा 1994: 4.
57. हार्डिमन 1993: 50, 52.
58. चटर्जी 1993: 5-7.
59. बेइली 1998: 79.
60. मेटकॉफ़ 1964: 323-24.
61. कोह्न 1994: 180, 189.
62. मेहरोत्रा 1971: 61 द्वारा उद्धृत।
63. उपरोक्त: 76-78.

64. बंद्योपाध्याय 1997b: 23 द्वारा उद्धृत।
65. सरकार 1981.
66. सरकार 1985: 31 द्वारा उद्धृत।
67. चटर्जी 1993: 6.
68. डालमिया 1997: 15.
69. मिश्र 1978: 302.
70. बसु 1974: 100.
71. सील 1968: 25.
72. इस तर्क के बारे में विश्वनाथन (1989) देखें।
73. देसाई 1959: 144.
74. चक्रवर्ती 2000: 4.
75. बंद्योपाध्याय 1997b: 26 द्वारा उद्धृत।
76. मेहरोत्रा 1971: 290-91 द्वारा उद्धृत।
77. उपरोक्त: 110-11, 281.
78. गोपाल 1953: 110.
79. रे 1984: 26 द्वारा उद्धृत।
80. इस बारे में और जानकारी के लिए सिन्हा 1995: 33-63 देखें।
81. ब्यौरों के लिए मेहरोत्रा 1971 देखें।
82. मैकग्वायर 1983: 35.
83. बेइली 1975: 14-15, 17.
84. इस बारे में और ब्यौरों के लिए चंद्र आदि 1989: 70 और आगे देखें।
85. उपरोक्त: 74-75.
86. मेहरोत्रा 1971: 412.
87. घोष 1960: 24-26.
88. मेहरोत्रा 1971: 413 द्वारा उद्धृत।
89. चंद्र आदि 1989: 81.
90. मेहरोत्रा 1971: 413 द्वारा उद्धृत।

अध्याय 5

# आरंभिक राष्ट्रवाद : असंतोष और विरोध

## 5.1 नरमपंथी नेतृत्व और आर्थिक राष्ट्रवाद

अपने इतिहास के पहले बीस वर्षों में कांग्रेस की राजनीति को मोटे तौर पर नरमपंथी (moderate) राजनीति कहा जाता है। उस समय कांग्रेस शायद ही एक संगठित राजनीतिक पार्टी रही होगी; उसकी प्रकृति एक वार्षिक सम्मेलन वाली अधिक थी, जो "तीन दिनों के तमाशे" के दौरान बहसें करती, प्रस्ताव पारित करती और फिर बिखर जाती। उसके सदस्य अधिकतर अंशकालिक राजनीतिज्ञ थे, जो अपने-अपने निजी जीवन में सफल और पेशेवर लोग थे; पूरी तरह अंग्रेज़ी रंग में रँगे उच्चवर्ग के लोग, जिनके पास पूरे समय राजनीति में रमे रहने के लिए बहुत कम समय और प्रतिबद्धता थी। नरमपंथी राजनीति के कुछ सुस्पष्ट चरण रहे, पर कुल मिलाकर उसके उद्देश्यों और आंदोलन के ढंगों में एकरूपता थी। नरमपंथी मुख्यत: उपयोगितावादी सिद्धांतों से प्रभावित थे; एडमंड बर्क, जॉन स्टुअर्ट मिल और जॉन मोर्ली ने उनके विचारों और कार्यों पर एक छाप छोड़ी थी। उनका विश्वास था कि सरकार नैतिकता या सदाचार के सिद्धांतों से नहीं, कार्यसाधकता (expediency) से संचालित होनी चाहिए। वे संविधान को अलंघ्य मानते थे और इसलिए उन्होंने बार-बार ब्रिटिश संसद से शिकायतें कीं कि भारत सरकार संविधान का हनन कर रही है। उन्होंने समानता की माँग नहीं की, जो एक अपेक्षाकृत अमूर्त विचार लगती थी; उन्होंने स्वाधीनता को वर्गीय विशेषाधिकार के बराबर समझा और क्रमिक टुकड़ों में सुधार की इच्छा की। उनमें से अधिकांश को ब्रिटिश राज ईश्वरीय देन लगता था, जिसका उद्देश्य आधुनिकीकरण लाना था। भारतवासियों को स्वशासन हेतु तैयारी के लिए कुछ समय चाहिए था; इस बीच ब्रिटिश संसद और जनता पर पूरा-पूरा भरोसा किया जा सकता था। उनकी शिकायत केवल भारत में वायसरॉय, उसकी कार्यकारी काउंसिल और आंग्ल-भारतीय नौकरशाही द्वारा स्थापित किए गए एक "अ-ब्रिटिश राज" के विरुद्ध थी; ऐसी अपूर्णता के विरुद्ध, जिसे प्यार से समझा-बुझाकर दूर किया या सुधारा जा सकता था। दूसरे शब्दों में, उनकी राजनीति उद्देश्यों या विधियों के भरोसे से बहुत सीमित थी। दृष्टिकोण में वे धर्मनिरपेक्ष थे, पर इतने दोटूक नहीं कि अपने संकीर्ण हितों से ऊपर उठ सकें। वे ब्रिटिश राज के शासक चरित्र से अवगत थे, पर उसे हटाना नहीं, सुधारना चाहते थे। जैसा कि इस राजनीति के एक पुरोधा दादाभाई नौरोजी ने 1871 में कहा था: "मेरा विश्वास है कि इंग्लैंड अगर चला जाता है और भारत को

उसके हाल पर छोड़ देता है, तो भारत पर इंग्लैंड से कुछ अधिक मुसीबत नहीं आएगी।"[1]

वस्तुतः संवैधानिक क्षेत्र में नरमपंथी राजनीति ने कभी ब्रिटिश साम्राज्य से पूर्ण अलगाव की कल्पना नहीं की; वे केवल साम्राज्यिक ढाँचे के अंदर सीमित स्वशासन चाहते थे। वे सबसे पहले इंडिया काउंसिल का उन्मूलन चाहते थे, जो भारत सचिव को भारत में उदार नीतियों का आरंभ करने से रोक रही थी। वे विधायिकाओं में भारतीयों की भागीदारी में वृद्धि चाहते थे और इसके लिए केंद्रीय और प्रांतीय विधायिकाओं में स्थानीय निकायों, चैंबर्स ऑफ़ कॉमर्स, विश्वविद्यालयों आदि के 50 प्रतिशत निर्वाचित प्रतिनिधियों को शामिल करके उन विधायिकाओं का विस्तार भी चाहते थे। वे पश्चिमोत्तर प्रांत और पंजाब में नई काउंसिलें, वायसरॉय की कार्यकारी काउंसिलों में दो भारतीय सदस्यों की उपस्थिति तथा बंबई और मद्रास में से हरेक की कार्यकारी काउंसिल में ऐसे एक सदस्य की उपस्थिति चाहते थे। उनकी माँग थी कि बजट विधायिका को भेजा जाना चाहिए, उसे बजट पर विचार और मतदान करने का अधिकार होना चाहिए तथा सवाल उठाने का अधिकार भी होना चाहिए। भारत सरकार के विरुद्ध हाउस ऑफ़ कॉमंस की स्थायी समिति में अपील करने का अधिकार भी होना चाहिए। इसलिए पूरा-पूरा स्वशासन या लोकतंत्र उनकी तत्कालीन माँग नहीं थी; उन्होंने भारतीय समाज के केवल शिक्षित वर्गों, जो जनता के विकल्प माने जा सकते थे, के लिए लोकतांत्रिक अधिकारों की माँग की।

नरमपंथी राजनीतिज्ञों को आशा थी कि पूर्ण राजनीतिक स्वाधीनता धीरे-धीरे ही आएगी और भारत को आखिरकार कनाडा और ऑस्ट्रेलिया जैसे दूसरे उपनिवेशों की तरह स्वशासन का अधिकार मिलेगा। भारत में ब्रिटिश राज की दैवी प्रकृति में गहरी आस्था लेकर वे लोग आशा कर रहे थे कि एक दिन उन्हें साम्राज्य के मामलों में अधीन नहीं, भागीदार माना जाएगा और उन्हें पूर्ण ब्रिटिश नागरिकता के अधिकार दिए जाएँगे। लेकिन उन्हें बदले में कुछ मिला तो लॉर्ड क्रॉस ऐक्ट या 1892 का भारतीय काउंसिल संशोधन कानून (इंडियन काउंसिल एमेंडमेंट ऐक्ट) मिला, जिसमें केंद्र और राज्य दोनों की विधायिकाओं (लेजिस्लेटिव काउंसिलों) में बहुत मामूली से प्रसार की ही व्यवस्था थी। वास्तव में इन काउंसिलों का गठन चुनाव नहीं चयन के द्वारा किया जाना था; स्थानीय निकाय अपने-अपने नाम भेजते, जिनमें से केंद्र में वायसरॉय और प्रांतों में गवर्नर लेजिस्लेटिव काउंसिलों के सदस्यों का चयन करते। विधायिकाओं में बजट पर बहस होती, पर मतदान नहीं होता। विपक्ष कोई प्रस्ताव पेश नहीं कर सकता था, न सरकार द्वारा पेश किसी प्रस्ताव पर मतदान की माँग कर सकता था। भारत सरकार को विधायिकाओं की चिंता किए बिना भी कानून बनाने की शक्ति दी गई थी; इनको अधिक से अधिक सिफ़ारिशें ही करने का अधिकार था और इनकी सिफ़ारिश पर अमल ज़रूरी नहीं था। लगता है कि इस कानून ने नरमपंथी नेताओं की बहुत थोड़ी-सी संवैधानिक माँगें ही पूरी की।[2]

रहा सवाल प्रशासन में सुधार का, तो नरमपंथियों की पहली माँग सेवाओं के भारतीयकरण की थी। उनका तर्क था कि एक भारतीयकृत सिविल सेवा भारत की आवश्यकताओं के प्रति अधिक संवेदनशील होगी। वह भारत से पैसे का दोहन रोकेगी,

जो हर साल यूरोपीय अफ़सरों के वेतन और पेंशन के रूप में बाहर जा रहा था। इससे भी अहम बात यह है कि इस सुधार का समर्थन नस्लवाद विरोधी एक कदम के रूप में किया जा रहा था। वास्तव में उनकी माँग यह थी कि लंदन और भारत में सिविल सेवा की परीक्षाएँ एक साथ हों और इन परीक्षाओं में बैठने के लिए आयु की सीमा 19 से बढ़ाकर 23 साल की जाए। लेकिन बोर्ड ऑफ़ कंट्रोल के अध्यक्ष चार्ल्सवुड ने इसका विरोध इस आधार पर किया कि भारत में ऐसी कोई संस्था नहीं जो लड़कों को इस परीक्षा के लिए प्रशिक्षित कर सके। चार्ल्स एचिंसन के अंतर्गत गठित लोक सेवा आयोग (पब्लिक सर्विस कमीशन) ने अधिकतम आयु बढ़ाने की सिफ़ारिश की, पर एक साथ परीक्षा की नहीं। 1892-93 में विलियम ग्लैडस्टोन की पहल पर हाउस ऑफ़ कॉमंस ने एक साथ परीक्षा का प्रस्ताव पारित किया, हालाँकि भारत सचिव अभी भी इसका विरोध कर रहा था। पर साथ ही, भारतवासियों को वंचित करने के लिए परीक्षा में बैठने की अधिकतम आयु और कम कर दी गई। शीघ्र ही ग्लैडस्टोन की जगह लॉर्ड सैलिसबरी ने ले ली और पूरा मामला यहीं समाप्त हो गया (और जानकारियों के लिए अध्याय 2.3 देखें)।

इस बारे में सैन्य व्यय कड़वाहट का एक और कारण था। ब्रिटिश भारत की सेना का उपयोग दुनिया के सभी भागों में, खासकर अफ्रीका और एशिया में, साम्राज्यिक युद्धों के लिए किया जा रहा था। इन्होंने और 1890 के दशक के भारतीय सीमावर्ती युद्धों ने भारतीय राजस्व पर बहुत भारी बोझ डाला। नरमपंथियों की माँग थी कि ब्रिटिश सरकार भी इस खर्च का बराबर-बराबर बोझ उठाए; भारतीयों को सेना में वॉलंटियरों के रूप में लिया जाए और अधिक से अधिक भारतीयों को ऊँचे पदों पर नियुक्त किया जाए। पर ये सभी मांगें रद्द कर दी गईं। कमांडर-इन-चीफ़ रॉबर्ट्स वॉलंटियर सर्विस के विचार से ही चिढ़ता था, क्योंकि उसे डर था कि मराठा और बंगाली वॉलंटियर, जो राष्ट्रवाद से अपने जुड़ाव के कारण असंतुष्ट और अविश्वसनीय थे, निश्चित ही सेना में घुसपैठ करेंगे और उसकी एकता को भंग करेंगे। इसी तरह कमीशनयाफ़्ता श्रेणियों में भारतीयों की नियुक्ति की माँग रद्द कर दी गई, क्योंकि कोई भी यूरोपीय अफ़सर एक भारतीय कमानदार से आदेश पाने के विचार को पसंद नहीं करता। ब्रिटिश सरकार ने सैन्य व्यय का एक बहुत छोटा-सा भाग देने का वादा किया: कुल मिलाकर 10 लाख पाउंड से भी कम। विनिमय की बढ़ी दरों ने इस राशि को और कम कर दिया और इसलिए भारतीय राजस्व पर बोझ वैसे ही बना रहा। ज्यूरी द्वारा सुनवाई का विस्तार, हथियार कानून का अंत, मालगुज़ारी के अति-आकलन की शिकायत और स्थायी बंदोबस्त के विस्तार की माँग, नमक कर के उन्मूलन की माँग और असम के बागानों के करारबद्ध मज़दूरों (indentured labour) के शोषण के विरुद्ध एक अभियान, नरमपंथियों की दूसरी माँगों में शामिल थे। ये सभी माँगें नस्ली समानता की समर्थक तथा नागरिक अधिकारों के प्रति चिंता की सूचक थीं, और संभवतः निचले वर्गों के प्रति चिंता की भी सूचक थीं। हालाँकि इनकी प्रकृति बहुत सीमित ही थी, फिर भी यह कहने की आवश्यकता नहीं कि उपनिवेशी प्रशासन ने इनमें से किसी माँग पर विचार तक नहीं किया।

फिर भी इन सभी झटकों के बावजूद, नरमपंथियों का सबसे महत्त्वपूर्ण राजनीतिक योगदान यह था कि उन्होंने उपनिवेशवाद की एक आर्थिक समालोचना पेश की। यह आर्थिक राष्ट्रवाद,[3] जिसे अकसर इसी नाम से पेश किया जाता है, एक प्रमुख विषय बन गया, जिसे राष्ट्रवादी आंदोलन के बाद के काल में और आगे विकसित किया गया और एक बड़ी हद तक इसने स्वतंत्र भारत की कांग्रेस सरकार की नीतियों को भी प्रभावित किया। इस बारे में तीन नाम स्मरणीय हैं: सफल व्यापारी दादाभाई नौरोज़ी, न्यायमूर्ति महादेव गोविंद रानाडे और सेवानिवृत आई. सी. एस. अधिकारी रोमेशचंद्र दत्त, जिन्होंने दो खंडों (1901-03) में *इकोनोमिक हिस्ट्री ऑफ़ इंडिया* का प्रकाशन कराया था। इस आर्थिक राष्ट्रवाद का विशेष बल भारत की गरीबी पर था और इसे मुक्त व्यापार के शास्त्रीय आर्थिक सिद्धांत के व्यवहार ने पैदा किया था। इन राष्ट्रवादियों का मुख्य तर्क यह था कि लूट, खिराज और वणिकवाद (mercantilism) के माध्यम से अधिशेष की वसूली के पुराने और प्रत्यक्ष तरीकों को नष्ट करके और उनकी जगह मुक्त व्यापार और विदेशी पूँजी के निवेश के रूप में शोषण के अधिक परिष्कृत और अल्पगोचर तरीकों को प्रचलित करके ब्रिटिश उपनिवेशवाद ने उन्नीसवीं सदी में अपने आपको परिवर्तित कर लिया था। इसके कारण भारत खेतिहर कच्चे मालों और खाद्य पदार्थों की आपूर्ति का स्रोत और स्वामी (उपनिवेशक) देश ब्रिटेन के तैयार मालों का उपभोक्ता बन गया था। इस तरह भारत का स्तर गिराकर उसे एक निर्भर खेतिहर देश और ब्रिटिश पूँजी निवेश का गंतव्य बना दिया गया। भारतीय पूँजी से उद्योगीकरण भारत के विकास की कुंजी था, जबकि विदेशी पूँजी के निवेश का अर्थ मुनाफ़ों के रूप में संपत्ति का देश से बाहर जाना था। यह "दोहन सिद्धांत" (drain theory) वास्तव में इस आर्थिक राष्ट्रवाद का बुनियादी विषय था। यह तर्क दिया गया कि घरेलू खर्चों, सैन्य खर्चों और रेलों में हुए निवेश पर जमानतशुदा ब्याज का ब्रिटेन को भुगतान धन का सीधे-सीधे दोहन कर रहा था। 1890 के दशक में रुपए की गिरती विनिमय दर के कारण यह बोझ और भी बढ़ गया तथा बजट घाटों, बढ़े करों और सैन्य खर्चों ने इसे और बोझल बना दिया। नौरोजी की गणना थी कि यह भारी दोहन सालाना 1.2 करोड़ पाउंड के बराबर था, जबकि विलियम डिग्बी की गणना इसे 3 करोड़ के बराबर बताती थी। औसतन यह ब्रिटिश भारत की सरकार के कुल राजस्व का कम से कम आधा था। इससे भारत में सीधे-सीधे निर्धनता आती थी और पूँजी-निर्माण की प्रक्रिया बाधित होती थी। मालगुज़ारी की भारी दरों के कारण किसान भूमिहीन और गरीब होते चले गए, जबकि ब्रिटिश उद्योगपतियों के हित-साधन के लिए सुरक्षात्मक तटकर न लगाए जाने के कारण भारत के उद्योगीकरण में बाधा आई और हस्तशिल्प उद्योग नष्ट हो गए। इसके कारण कृषि पर बोझ पड़ा और गरीबी में और भी वृद्धि हुई; यह चक्र इसी तरह से पूरा हुआ। नौरोजी की गणना के अनुसार भारतवासियों की प्रति व्यक्ति आय 20 रुपए थी, जबकि डिग्वी के अनुसार यह 1899 में 18 रुपए थी। सरकार ने इस गणना को स्वीकार नहीं किया; रिपन के वित्त सचिव ने इसे 27 रुपए बतलाया, जबकि 1901 में लॉर्ड कर्ज़न के हिसाब

से यह 30 रुपए थी। परंतु इस काल के अकालों और महामारियों से एक और ही कहानी सामने आती थी। दादाभाई नौरोजी के ही शब्दों में "भौतिक दृष्टि से" ब्रिटिश राज ने केवल "गरीबी" पैदा की; यह मानो "चीनी का बना चाकू हो। अर्थात् यह कि कोई अत्याचार नहीं हो रहा था; सब कुछ चिकना और मीठा था, पर फिर भी वह चाकू ही था।"[4]

इसलिए इस स्थिति में सुधार के लिए नरमपंथी आर्थिक नीतियों में बदलाव चाहते थे। व्यय और करों में कमी, सैन्य व्यय का पुनर्निर्धारण, भारतीय उद्योगों की सुरक्षा के लिए एक संरक्षणवादी नीति, मालगुज़ारी की दरों में कमी, रैयतवारी और महलवारी क्षेत्रों में स्थायी बंदोबस्त का विस्तार तथा कुटीर उद्योगों और दस्तकारियों (हस्तशिल्प उद्योगों) को बढ़ावा, उनकी सिफ़ारिशों में शामिल थे। पर इनमें से कोई भी माँग पूरी नहीं हुई। 1870 के दशक में समाप्त किया जा चुका आयकर 1886 में दोबारा लगाया गया; नमक कर 2 रुपए से बढ़ाकर 2.5 रुपए कर दिया गया; एक सीमाशुल्क लगाया गया, पर फिर 1894 में एक जवाबी आबकारी (excise duty) लगाकर उसका उपाय निकाला गया, पर उसे 1896 में घटाकर 3.5 प्रतिशत कर दिया गया। फ़ाउलर आयोग ने मनमाने ढंग से रुपए के विनिमय मूल्य को 1 शिलिंग 4 पेंस की भारी दर पर निर्धारित किया। कृषि क्षेत्र में भी कोई बुनियादी परिवर्तन नहीं आया, क्योंकि अल्फ्रेड लायल जैसे उपनिवेशी विशेषज्ञों का विश्वास था कि भारतीय कृषि ठहराव के चरण से पहले ही आगे बढ़कर संवृद्धि के आधुनिक चरण में पहुँच चुकी है और इसलिए मंदी (recession) से अधिक प्रगति के चिह्न दिखाई दे रहे हैं। इस तरह नरमपंथियों के संवैधानिक या प्रशासनिक एजेंडे की तरह उनका आर्थिक एजेंडा भी बड़ी सीमा तक अधूरा रहा।

यह राष्ट्रवादी आर्थिक सिद्धांत हो सकता है आर्थिक इतिहासकारों को विवादास्पद लगे (अध्याय 2.5 देखें)। लेकिन उस ऐतिहासिक मोड़ पर उपनिवेशवाद की इस आर्थिक समालोचना के निरूपण का अपना ही राजनीतिक और नैतिक महत्त्व था। भारत की निर्धनता को उपनिवेशवाद से जोड़कर यह आर्थिक सिद्धांत उपनिवेशी शासन की नैतिक सत्ता को नष्ट करने के लिए प्रयासरत था, और संभवतः निहितार्थ रूप में संरक्षक साम्राज्यवाद या अंग्रेज़ों की परोपकारिता की पूरी धारणा को चुनौती भी दे रहा था। इस तरह नरमपंथी राजनीतिज्ञों ने ब्रिटिश राज के विरुद्ध आक्रोश जगाया, हालाँकि अपनी कमज़ोरियों के कारण वे स्वयं इस गुस्से को तख्तापलट के लिए एक प्रभावी आंदोलन में बदलने में असफल रहे। नरमपंथी राजनीतिज्ञों ने ब्रिटिश राज के विरुद्ध एक आंदोलन खड़ा नहीं किया, न ही कर सकते थे, क्योंकि उनमें से अधिकांश अंग्रेज़ों की लोकतांत्रिक उदारवादी राजनीतिक परंपरा में अभी भी हार्दिक आस्था पाले हुए थे। इसलिए उन्होंने इंग्लैंड के उदार राजनीतिक जनमत को पुकारा; उनका तरीका प्रार्थनापत्र और ज्ञापन भेजने, भाषण देने और लेख छपवाने का था। उन्होंने उपनिवेशी आधुनिक सार्वजनिक जीवन के इन साधनों का उपयोग करके एक विश्वासोत्पादक "तार्किकवाद" तैयार करने के प्रयास किए, ताकि इंग्लैंड के उदारवादी राजनीतिक जनमत को भारत को स्वशासन दिए जाने के पक्ष में मोड़ा जा सके। लेकिन अपने लक्ष्यों को पाने में यह राजनीतिक

रणनीति असफल रही, जिसे कांग्रेस के अधिक गरमपंथी तत्त्वों ने आगे चलकर भिक्षाटन की रणनीति कहा था। उन्नीसवीं सदी के अंतिम वर्षों में नरमपंथी राजनीति की असफलता एकदम स्पष्ट हो चुकी थी और जब सदी के परिवर्तन के बाद कम हमदर्द टोरी (Tory) सत्ता में लौटे, तो उनका (नरमपंथियों का) भविष्य तो अंधकारमय होना ही था। फिर भी, नरमपंथियों ने वह राजनीतिक संदर्भ तैयार कर ही दिया, जिसमें ऐसे आंदोलन का विकास आगे चलकर हुआ।

नरमपंथी राजनीति के कुछ और अंतर्विरोध भी थे, जिन्होंने उसे और भी संकुचित किया तथा भारतीय जनता के व्यापकतर समूहों से दूर किया। इनका संबंध नरमपंथी नेताओं की सामाजिक पृष्ठभूमि से था, जो अधिकतर संपत्तिशाली वर्गों के लोग थे। 1885 में भारतीय राष्ट्रीय कांग्रेस के पहले अधिवेशन में 72 गैर-सरकारी भारतीय प्रतिनिधि आए और दावा किया गया कि उनमें "अधिकांश वर्गों" के लोग शामिल थे जैसे वकील, सौदागर और बैंकर, भूस्वामी, चिकित्सक, पत्रकार, शिक्षाशास्त्री, धर्मगुरु और सुधारक।[5] लेकिन नए पेशेवर वर्गों की प्रमुखता के बावजूद भूस्वामियों के ब्रिटिश इंडियन एसोसिएशन ने कांग्रेस के साथ आरंभ में कुछ वर्ष तक हार्दिक संबंध बनाकर रखे और उसके लिए वह वित्त का प्रमुख स्रोत बना रहा। कांग्रेस के अधिवेशनों में 1892 और 1909 के बीच शामिल प्रतिनिधियों में लगभग 18.99 प्रतिशत ज़मींदार थे; बाकी में वकील (39.32), व्यापारी (15.10), पत्रकार (3.18), डॉक्टर (2.94), अध्यापक (3.16) और दूसरे पेशों के लोग (17.31 प्रतिशत) शामिल थे। वकीलों में भी अनेकों का संबंध ज़मींदार घरानों से था या ज़मीन से उनके हित जुड़े हुए थे।[6] इसलिए कांग्रेस भूस्वामी कुलीनों से हाथ नहीं छुड़ा सकी और फलस्वरूप किसानों के प्रश्नों पर एक तार्किक रुख नहीं अपना सकी। उसने केवल ज़मींदारों के हित में स्थायी बंदोबस्त के विस्तार की माँग की और 1893-94 में भू-कर (cadastral) सर्वेक्षण का विरोध किया, हालाँकि उसका उद्देश्य किसानों को ज़मींदारों और उनके चालबाज़ कर्मियों की हेराफेरियों से सुरक्षा प्रदान करना था। कांग्रेस के अंदर रोमेशचंद्र दत्त के नेतृत्व में छोटे-से काश्तकार-समर्थक (pro-tenant) समूह को जल्द ही धूल चटा दी गई, क्योंकि 1885 के बंगाल काश्तकारी कानून (बंगाल टेनेंसी ऐक्ट) में 1898 में जो ज़मींदार-समर्थक संशोधन किया गया, उसके विरोध ने इस समूह को एक मुश्किल स्थिति में डाल दिया। 1899 में पंजाब में भूमि के हस्तांतरण संबंधी विधेयक* के विरोध ने भी ज़मींदारों के साथ कांग्रेस की सहानुभूति को उजागर किया। उसके सदस्यों में व्यापारिक वर्गों के प्रतिनिधित्व ने कांग्रेस को मज़दूर समर्थक रुख भी अपनाने से रोका। उसने फ़ैक्टरी सुधारों का विरोध किया, जैसे खदान सुधारों का, जिसमें स्त्रियों और बच्चों के काम की दशाओं को सुधारने और एक विशेष आयु से कम के बच्चों के रोज़गार पर बंधन लगाने का प्रस्ताव किया गया था। उसने बंबई में भी ऐसे श्रम सुधारों

---

* Punjab Land Alienation Bill

का विरोध इस आधार पर किया कि ये लंकाशायर के हितों की सुरक्षा के उद्देश्य से प्रेरित थे। लेकिन उसने असम के चाय बागान में श्रम सुधारों का समर्थन किया, क्योंकि यहाँ के पूँजीपति विदेशी थे।[7] वह बड़ी खुशी से इस बात को भूल गई कि बंबई के भारतीय मिल-मालिक भी अपने मज़दूरों का कुछ कम निर्मम तरीके से शोषण नहीं करते थे। आखिरी बात यह कि भारतीय निर्धनता की रामबाण दवा के रूप में देसी पूँजीवाद को पेश करके उसने अपना असली चेहरा दिखा ही दिया। आरंभिक कांग्रेसी राजनीतिज्ञों की इन्हीं ज़मींदार समर्थक और पूँजीपति समर्थक नीतियों ने उपनिवेशी सरकार को इसका अवसर दिया कि वह अपने को गरीबों के सच्चे संरक्षक के रूप में पेश कर सके।

बंबई के राजनीतिज्ञ बदरुद्दीन तैयबजी के उल्लेखनीय अपवाद को छोड़ दें, तो ये आरंभिक नरमपंथी राजनीतिज्ञ मुख्यतः हिंदू थे। 1892 और 1909 के बीच के कांग्रेस के अधिवेशनों में आए प्रतिनिधियों में लगभग 90 प्रतिशत हिंदू थे, केवल 6.5 प्रतिशत मुसलमान थे, और हिंदुओं में भी लगभग 40 प्रतिशत ब्राह्मण और बाकी सवर्ण हिंदू थे।[8] इस सामाजिक संरचना ने स्वाभाविक तौर पर सामाजिक रूढ़िवाद को जन्म दिया और कांग्रेस के सत्रों में 1907 तक सामाजिक प्रश्न नहीं उठाए जा सके। परंतु इससे भी बुनियादी सवाल मुसलमानों को लामबंद करने का था, क्योंकि कांग्रेस की निर्वाचित काउंसिलों की माँग सर सैयद अहमद खाँ जैसे मुसलमान नेताओं को पसंद नहीं थी, जिनको डर था कि इसका अर्थ मुस्लिम अल्पसंख्यकों की कीमत पर बहुसंख्यक हिंदुओं का शासन यानी दुबले-पतले बंगालियों का वर्चस्व होगा।[9] इसके प्रत्युत्तर में कांग्रेस ने 1888 में एक नियम यह बनाया कि अगर हिंदू या मुसलमान प्रतिनिधियों का भारी बहुमत आपत्ति करे, तो कोई भी प्रस्ताव पारित नहीं होगा। 1889 में विधायिकाओं के सुधार की माँग करनेवाले प्रस्ताव में अल्पसंख्यकों के समानुपाती प्रतिनिधित्व की सिफ़ारिश करनेवाली एक धारा जोड़ी गई।[10] लेकिन इन प्रतीकात्मक संकेतों से मुसलमानों की आशंका दूर नहीं हुई, जबकि 1893 के गोहत्या के दंगों के दौरान कांग्रेस की नाजुक चुप्पी ने उनकी शंकाओं को और भी बल पहुँचाया। गोरक्षा आंदोलन में कांग्रेस सीधे शामिल नहीं थी, न ही इस ध्येय से उसे कोई सहानुभूति थी, लेकिन कांग्रेसियों को लगता था कि इसके विरुद्ध बोलने पर वे हिंदुओं का समर्थन खो देंगे। उसकी चुप्पी को वैध कारणों से सहमति समझा गया और, जैसा कि जॉन मैक्लेन ने दिखाया है, 1893 के बाद कांग्रेस के सत्रों में मुसलमानों की भागीदारी में नाटकीय ढंग से गिरावट आने लगी।[11] लेकिन कांग्रेस की ओर से मुसलमानों को वापस अपनी कतार में लाने की कोई खास कोशिश फिर भी नहीं की गई। कांग्रेसी राजनीतिज्ञ आत्मतुष्टि के भाव से ग्रस्त थे, क्योंकि मुसलमानों का कोई प्रतियोगी राजनीतिक संगठन 1906 तक सामने नहीं आया था।

इस तरह नरमपंथी राजनीति उद्देश्यों, कार्यक्रमों, उपलब्धियों और भागीदारी के विश्वास से बहुत सीमित रही। इसीलिए लॉर्ड डफ़रिन ने कलकत्ता में नवंबर 1888 में सेंट एंड्र्यूज़ डे के भोज में बड़े आराम से यह टिप्पणी कर दी कि कांग्रेस तो भारतीय जनता के एक

"बहुत मामूली अल्पमत" का ही प्रतिनिधित्व करती थी। फिर भी, इस सीमित प्रतिनिधित्व के बावजूद, आरंभिक कांग्रेस का ऐतिहासिक महत्त्व इस तथ्य में निहित था कि उपनिवेशवाद की एक आर्थिक समालोचना पेश करके और भारत की निर्धनता को उससे जोड़कर नरमपंथी राजनीतिज्ञों ने वाद-विवाद का ऐसा मंच तैयार कर दिया, जिसमें उपनिवेशवाद पर बाद के राजनीतिक हमले एक रूप ले सकें। यह तो नरमपंथी राजनीति की असफलताएँ ही थीं, जिनके कारण कांग्रेस की राजनीति में जल्द ही एक गरमपंथी प्रतिक्रिया सामने आई और उसके चलते वह बात सामने आई, जिसे सूरत का बदनाम विभाजन (1907) कहा जाता है। कांग्रेस का पुनर्एकीकरण (reunification) और राजनीतिक राष्ट्र का प्रसार गांधी के उदय और पहले विश्वयुद्ध के पश्चात ही संभव हुआ।

## 5.2 हिंदू पुनरुत्थानवाद और राजनीति

उन्नीसवीं सदी के उत्तरार्द्ध का राजनीतिक गरमपंथ नरमपंथियों की असफलताओं की प्रतिक्रिया ही नहीं था, उसे अपनी प्रेरणा और विचारधारा की प्राप्ति उस सांस्कृतिक और बौद्धिक आंदोलन से प्राप्त हुई, जो भारतीय राष्ट्रीय कांग्रेस की नरमपंथी राजनीति के साथ-साथ और समानांतर विकसित हुई। इस आंदोलन को अस्पष्ट ढंग से "हिंदू पुनरुत्थानवाद" कहा जाता है। विभिन्न धाराओं और परस्परविरोधी प्रेतिनिधियों के बावजूद आम तौर पर इसका अर्थ मुख्यतः हिंदू धार्मिक प्रतीकों, मिथकों और इतिहास के विश्वास से भारतीय राष्ट्र को परिभाषित करने का एक प्रयास था। भारत में धर्म कभी राजनीति से पूरी तरह अलग नहीं रहा, न ही वह पूरी तरह निजी जीवन तक सीमित था। लेकिन जहाँ तक धर्म संबंधी सार्वजनिक संवादों का सवाल था, हमें उसकी दो भिन्न-भिन्न प्रवृत्तियों, अर्थात् सुधार और पुनरुत्थान, के बीच अंतर करना होगा। सुधार आंदोलनों ने, जिनमें अनेक नरमपंथी राजनीतिज्ञ संलग्न थे, मूलतः हिंदू सामाजिक संगठन और आचार-विचार में अंदर से बदलाव लाने के प्रयास किए; इसका उद्देश्य उनको पश्चिम के नए बुद्धिवादी विचारों के अनुरूप ढालना था। 1887 में राष्ट्रीय कांग्रेस के एक सहायक संगठन के रूप में राष्ट्रीय सामाजिक सम्मेलन (नेशनल सोशल कॉन्फ्रेंस) की स्थापना इसी मानसिकता की सूचक थी। हालाँकि धर्म को सोचे-समझे ढंग से उसकी कार्यसूची से बाहर रखा गया, पर उसने जिन मुद्दों पर चर्चा की और विभिन्न प्रांतीय संगठनों से जो सिफ़ारिशें कीं, उनके ज़बरदस्त राजनीतिक निहितार्थ थे। ये आंदोलन पाश्चात्य ज्ञानोदय (Western Enlightenment) के बाद के बुद्धिवादी विचारों से भी प्रभावित थे तथा पश्चिमीकरण की शक्तियों की चुनौती और उनकी हिंदू सभ्यता संबंधी समालोचनाओं के प्रत्युत्तर भी थे। सुधारवाद के इसी दूसरे पक्ष ने अंततः पुनरुत्थानवाद को जन्म दिया। कारण कि अनेक भारतीयों को सुधार, जिनको अकसर उपनिवेशी सरकार का समर्थन प्राप्त होता था, पश्चिमी आलोचकों और आयातित बुद्धिवादी विचारों का एक अपर्याप्त प्रत्युत्तर बल्कि उनके आगे समर्पण भी लगते थे। जैसा कि चार्ल्स हाइमसैथ (1964) ने तर्क दिया है, राष्ट्रवाद और सुधारवाद परस्परविरोधी विचार लगते

थे, और इसके कारण हर भारतीय विशेषता में गर्व की भावना पर आधारित सुधारवाद-विरोध का जन्म हुआ। इसे ही अकसर पुनरुत्थानवाद कहा जाता है, क्योंकि उसकी विशेषता ऐसे शानदार हिंदू अतीत की धारणा में आस्था थी, जिसका पतन मुस्लिम शासन के दौरान हुआ और जिसे अंग्रेज़ों की ओर से खतरा था। इस्लामी या पश्चिमी सभ्यता पर हिंदू सभ्यता का यह महिमामंडन अकसर हिंदू संस्थाओं और आचार-विचारों के गुणगान और युक्तीकरण (rationalisation) का प्रयास बन जाता था; यहाँ तक कि कभी-कभी तो तात्कालिक महत्त्व के समाजसुधारों का भी मुखर विरोध किया जाता था। उन्नीसवीं सदी के अंतिम वर्षों में सुधारवादी प्रवृत्ति धीरे-धीरे कमज़ोर पड़ी और ये पुनरुत्थानवादी शक्तियाँ मज़बूत हुईं। लेकिन यह पुनरुत्थानवाद मात्र पोंगापंथ नहीं था; इसका एक ज़ोरदार राजनीतिक स्वर था, जो एक आधुनिक भारतीय राष्ट्र की रचना की ऐतिहासिक आवश्यकता से प्रेरित था।

सुधारवादी संगठनों में बंगाल का ब्रह्मसमाज, जिसका दृष्टिकोण अधिक आधुनिक था, अंदरूनी कलह और फूट के कारण 1870 के दशक के बाद कमज़ोर पड़ गया। उसके बाद 1880 के दशक में रामकृष्ण और विवेकानंद के आंदोलन का उदय हुआ। जहाँ ब्रह्मसमाज बुद्धिजीवियों को आकर्षित करता था, वहीं कलकत्ता के पास दक्षिणेश्वर के ब्राह्मण संत रामकृष्ण परमहंस के आंदोलन ने मन और भावनाओं को स्पर्श किया। पश्चिम की बुद्धिवादी शिक्षा से एकदम अछूते इस संत ने हिंदू धर्म की सरल व्याख्याएँ पेश कीं, जो उन पश्चिमी शिक्षा-प्राप्त बंगालियों में बेहद लोकप्रिय हुईं, जो विदेशी सौदागरों के या सरकार के कार्यालयों में क्लर्क की नीरसता से ऊब चुके थे। इन लोगों के लिए रामकृष्ण की शिक्षाओं ने विजातीय नौकरियों में अनुशासन के बंधन के बावजूद, भक्ति के मानस-जगत में पलायन की संभावना प्रस्तुत की। इस तरह, हालाँकि उनकी शिक्षाओं में उपनिवेशी शासन का सीधा उल्लेख शायद ही रहा हो, उनमें पश्चिमी शिक्षा द्वारा आरोपित मूल्यों को और समयबद्ध **चाकरी** के दैनिक जीवन को खुले तौर पर अस्वीकार किया गया था।[12] उन्नीसवीं सदी में शिक्षित मध्यवर्ग को बुद्धि जगत अकसर उत्पीड़क लगता था, क्योंकि उसका अर्थ "सभ्यताकारी" उपनिवेशी शासन की ऐतिहासिक अपरिहार्यता था। इसलिए दक्षिणेश्वर के इस अशिक्षित संत की शिक्षाओं में इस नौकरीपेशा मध्यवर्ग को ऐसे एक नए धर्म की प्रस्तुति दिखाई पड़ी जिसने, पार्थ चटर्जी के शब्दों का प्रयोग करें, तो लोक "परंपराओं का अधिग्रहण", "परिष्कार" और "क्लासिकीकरण" करके एक राष्ट्रीय धार्मिक संवाद का रूप दे दिया।[13]

रामकृष्ण अपने आप में पुनरुत्थानवादी नहीं थे, क्योंकि उन्होंने धार्मिक यदृच्छावाद (eclecticism) का ऐसा रूप तैयार किया, जो एक मुक्त और तरल समन्वयवाद (syncretism) के उपदेश पर आधारित नहीं था। उनका तर्क था कि ईश्वर को पाने के ढंग तो अनेक हैं, पर विविध विभाजनों की दुनिया में व्यक्ति को अपने ही मार्ग पर डटे रहना चाहिए। इसलिए रामकृष्ण के सार्वभौमवाद को शीघ्र ही हिंदू धर्म के सार के रूप में पेश किया जाने लगा और यही उनके शिष्य विवेकानंद के लिए दूसरे सभी धर्मों

पर हिंदू धर्म की श्रेष्ठता का दावा करने का आधार था।[14] इस संवाद में एक मिशनरी उत्साह विवेकानंद ने ही भरा। उन्होंने कुलीनवादी कहकर दूसरे सुधार आंदोलनों की निंदा की और समाज-सेवा के आदर्श का आह्वान किया। उन्होंने बल देकर कहा कि गरीबों की सेवा प्रभु की सेवा का सबसे अच्छा रास्ता है। इसलिए उन्होंने 1897 में एक परोपकारी संगठन के रूप में रामकृष्ण मिशन की स्थापना की। उनको एक पुनरुत्थानवादी कहना उनकी शिक्षाओं के "सार्वभौम" पक्षों को अनदेखा करना है।[15] फिर भी, पुनरुत्थानवादियों के लिए उनको हथियाना इस तथ्य के कारण संभव हुआ कि वे वेदांत की परंपरा से प्रेरणा ग्रहण करते थे, कुछ रूढ़िवादी हिंदू कर्मकांडों को मानते थे, हिंदू सभ्यता की महिमा में गहरी आस्था का प्रदर्शन करते थे और यह विश्वास करते थे कि इस सभ्यता का पतन हाल के काल में ही हुआ है। उनके हिंदुओं की गरिमा के आह्वान ने और साथ में उनके देशप्रेम ने, जो भारतीय राष्ट्र में वह पौरुष लाने के लिए प्रयासरत था जिससे उसे उपनिवेशी स्वामियों ने वंचित कर रखा था, लोकमानस पर असीमित प्रभाव डाला। इसलिए बंगाल में राष्ट्रवाद में एक पुनरुत्थानवादी झुकाव पैदा करने के लिए उनके संदेश का दुरुपयोग और कुभाष्य किया गया। एक हिंदू अतीत की गरिमा के आह्वान को तो लोकप्रिय बनाया गया, जबकि हिंदू धर्म की बुराइयों के बारे में उनकी सख्त आलोचना को सरलता से भुला दिया गया। उनकी परोपकार-वृत्ति का शायद ही कभी अनुकरण किया गया हो, ब्राह्मणवादी उत्पीड़न और स्त्री के उत्पीड़न पर उनकी आलोचना को शायद ही कभी गंभीरता से लिया गया। लेकिन एक गरिमामय हिंदू भारत के पुनर्जन्म के सपने देख रहे गरमपंथी नेताओं और उग्र क्रांतिकारियों की एक पूरी पीढ़ी के लिए वे एक "संरक्षक पैंगबर" बन गए।

बंगाल में धीरे-धीरे ऐसी एक बौद्धिक प्रवृत्ति विकसित हुई, जिसने सभ्यता के बारे में पश्चिम की समालोचना की चुनौती के एक सम्मानजनक और स्वीकार्य प्रत्युत्तर के रूप में हिंदू परंपराओं के किसी भी समर्थन को वैध ठहराने के प्रयास किए। एक कहीं अधिक पुराणपंथी स्तर पर शशिधर तर्कचूड़ामणि पश्चिम की हरेक आधुनिक वैज्ञानिक खोज के पूर्वोदाहरण प्राचीन भारत में ढूँढ़ने लगे। ऐसा नहीं कि वे आधुनिक विज्ञान को अस्वीकार या बदनाम करना चाहते थे। उन्होंने बल्कि यह दिखाने की कोशिश की कि आधुनिक पश्चिम जिस किसी आविष्कार का दावेदार है, वह भारतीयों को बहुत पहले से ज्ञात थी। वे समझते थे कि बुद्धि की देवी के भक्त एक पश्चिमी शिक्षा-प्राप्त मध्यवर्ग में हिंदू धर्म के प्रति सम्मान जगाने का यही अकेला रास्ता है। इस पूरे अभियान ने अनेक क्षेत्रीय पत्रिकाओं और भारतवर्षीय आर्य धर्म प्रचारिणी सभा जैसे संगठनों के कारण एक "आक्रामक प्रचार" का रूप ले लिया; यह सभा उस आर्य धर्म के पुनरुत्थान के लिए समर्पित थी, जिसका प्रतिपादन वेदों, तंत्रों और पुराणों में हुआ है।[16] दूसरी ओर बंकिमचंद्र चटर्जी की अधिक परिष्कृत बौद्धिक परंपरा थी, जिसने पौराणिक पात्र कृष्ण को एक आधुनिक राजनीतिज्ञ और राष्ट्र निर्माता के रूप में चित्रित किया। अपने 1882 में प्रकाशित उपन्यास *आनंदमठ*

में उन्होंने देवी माता का एक बिंब गढ़ा जो मातृभूमि से एकाकार था। उनका गीत *वंदे मातरम्*, जिसे उन्होंने एक समय इस सुंदर रह चुकी माता के गुणगान के लिए रचा था, भारत में राष्ट्रवादी आंदोलन का गीत बन गया। लेकिन इस बिंब की परिकल्पना उन्होंने जिस प्रकार से की उससे पता चलता है कि हिंदू धर्म के विचार-कोष से लिए जाने के बावजूद यह बहुत अधिक अरूढ़ था।[17] उनकी समझ में राष्ट्र के धर्म का पुनरुत्थान किए बिना भारत का भला होनेवाला नहीं था। लेकिन वे किसी रूढ़िवादी और कर्मकांडी हिंदू धर्म की नहीं, बल्कि एक "पुनर्रचित हिंदू धर्म" की, अधिक बुद्धिवादी धर्म की बातें कर रहे थे जो पोंगापंथी नहीं, जीवनदायी था। इसलिए हम उनके यहाँ "हिंदू धर्म का असैद्धांतिक उपयोग," उसके लोच का और उसकी उस असीमित आंतरिक विविधता का स्वीकार पाते हैं, जिसके कारण उसके संसाधनों का सीमा से अधिक उपयोग करके ऐसा कार्य किया गया, जिसे करने की आशा उससे कभी नहीं की गई थी, अर्थात् एक ऐसे इतिहास की परिकल्पना करने की आशा जो राष्ट्र को विदेशी वर्चस्व के मुकाबले एकजुट कर सके।[18]

महाराष्ट्र में सुधारवादी रानाडे-तैलंग संप्रदाय और उनके प्रार्थना समाज ने "न्यूनतम प्रतिरोध" के समान समाजसुधार की सावधानी भरी नीति अपनाई। लेकिन 1890 के दशक तक उन लोगों पर अतिवादी और रूढ़िवादी तत्त्व, दोनों हमले करने लगे थे। जबरी वैधव्य का कारण बनने वाले बाल-विवाह पर बहरामजी मलाबारी के 1884 के "नोट" ने बाल-विवाह पर प्रतिबंध के सवाल पर एक देशव्यापी बहस शुरू कर दी। 1884-88 के एक अदालती मुकदमे के फलस्वरूप यह सामाजिक संस्था तब तक सार्वजनिक बहस का विषय बन चुकी थी; इस मुकद्दमे में बढ़ई जाति की बाइस वर्षीय हिंदू महिला रुक्माबाई को उसके पति दादाजी ने बंबई हाई कोर्ट में घसीट लिया, क्योंकि उसने अपने पति के सहवास के अधिकारों को मानने से इनकार कर दिया था। उसका विवाह बचपन में हो चुका था और उसका तर्क था कि 11 वर्ष तक अलग-थलग रहने के बाद वयस्कावस्था में उस अपरिणत (unconsummated) विवाह को मानना उसके लिए अनिवार्य नहीं था। चार साल तक चले इस मुकदमे में वह हार गई और उसे कैद की धमकी दी गई, जिससे वह एक समझौता करके ही बच सकी। लेकिन इस मामले में दादाजी बस एक मुहरा था, जिसके माध्यम से हिंदू रूढ़िवाद ने पुरुष प्रधानता संबंधी अधिकारों का दावा करने और उसकी पसंद की जीवन शैली को बचाए रखने के प्रयास किए। दूसरी ओर, महत्त्वपूर्ण सुधारकों ने एक रुक्माबाई बचाव समिति बना ली, जिसके बहरामजी मलाबारी एक महत्त्वपूर्ण सदस्य थे।[19] बुद्धिजीवियों के सुधारवादी जनमत ने अब अंग्रेज़ों पर नैतिक दबाव डाला, जिसके बाद कम आयु में गर्भाधान (विवाह की परिणति) रोकने के लिए 1891 में विवाह-आयु संबंधी कानून* बनाया गया। बाल-विवाह विरोधी पहला कानून 1860 में बनाया गया था और उसने 10 वर्ष से कम आयु में एक

* Age of Consent Bill, 1891

हिंदू लड़की के लिए विवाह की परिणति पर रोक लगा दी थी; नए कानून में केवल उस आयु को 10 वर्ष से बढ़ाकर 12 वर्ष किया गया था। पहले वाला कानून बिना किसी खास विरोध के पारित हो गया था, लेकिन नए कानून पर हिंदू रूढ़िवादियों की ज़बरदस्त प्रतिक्रिया रही, जिनके पास सुधार आंदोलन से कहीं बहुत अधिक व्यापक जनाधार था। अब रूढ़िवादी और पुराणपंथी भावनाएँ इस राष्ट्रवादी तर्क से जुड़ गईं कि विदेशी शासकों को भारतवासियों की सामाजिक और धार्मिक प्रथाओं में हस्तक्षेप करने का कोई अधिकार नहीं है। लेकिन मुद्दा केवल सरकारी हस्तक्षेप का नहीं था, क्योंकि उसी काल में हिंदू रूढ़िवादी जनमत गोवध पर सरकार के (गोवध-विरोधी) कानून को स्वीकार करने से शायद ही झिझका हो। उसी समय की बात है, जब रुक्माबाई के मामले में अपने अधिकारों का दावा करने के लिए हिंदू रूढ़िवाद ने ब्रिटिश विधि व्यवस्था का उपयोग किया। तर्क दिया गया कि यह प्रस्तावित हस्तक्षेप हिंदुओं के पवित्र आंतरिक जगत में, घर और परिवार में, सरकार का अतिक्रमण था, जिनको हिंदू समाज ने हमेशा अभेद्य और अनुल्लंघनीय माना था; ऐसा सर्वोच्च क्षेत्र जिसका उपनिवेशीकरण नहीं किया जा सकता। लेकिन अब हिंदू पुरुष अपने इस अंतिम, "स्वतंत्रता के एकाकी क्षेत्र" को भी खोने की कगार पर था और इसलिए "प्रतिरोध का एक नया काल" अब यहीं से आरंभ होना चाहिए था।[20] इस सुधार पर तीखी और हिंसक प्रतिक्रिया हुई।

महाराष्ट्र में इस आंदोलन का नेतृत्व बाल गंगाधर तिलक और उनकी पूना सार्वजनिक सभा ने पूना के उन पुनरुत्थानवादियों के सहयोग से किया, जो अकसर हिंदुओं, ब्राह्मणों और मराठों की गरिमा की दुहाई देते रहते थे। बहुत पहले, जनवरी 1885 में ही, विवाह प्रथाओं में सरकार के हस्तक्षेप के विरुद्ध तिलक ने सभाओं के आयोजन किए थे और अब उनका कथन था कि इस बुराई के निराकरण का सबसे वैध ढंग कानून नहीं, शिक्षा है। लेकिन 1890 के अंत तक इस बहस में तब गर्मी पैदा हो गई, जब ग्यारह साल की लड़की फूलमणि अपने से उनतीस साल बड़े पति के द्वारा अति-संभोग के कारण चल बसी। एक कानून बनाने के लिए जब सुधारवादियों का दबाव बढ़ा, तो रूढ़िवादी मराठी पत्रिकाओं *केसरी* और *मराठा* ने गर्भाधान की रस्म के बारे में रूढ़िवादियों के विचारों का ज़ोरदार समर्थन किया, जिनके अनुसार हिंदू लड़कियों का विवाह तो उनके रजस्वला होने के पहले हो जाना चाहिए, पर गर्भाधान उनके रजस्वला होने के बाद होना चाहिए। इस प्रथा में किसी भी हस्तक्षेप से हिंदू धर्म खतरे में पड़ेगा; यही विरोध पक्ष के सभी तर्कों का सारतत्त्व था।[21] यह प्रचार फिर दूर, बंगाल तक फैला, जहाँ बंकिमचंद्र और विवेकानंद जैसे व्यक्तियों की सहमति के बावजूद शशिधर तर्कचूड़ामणि और दूसरे रूढ़िवादी तत्त्वों ने *बंगबासी* अखबार के पन्नों में हंगामा खड़ा कर दिया।[22]

पुराणपंथी प्रचार की यह कर्णकटुता दकन कॉलेज पूना के प्रोफ़ेसर आर. जी. भंडारकर जैसे सुधारवादियों की आवाज़ों को दबाती रही। भारतीय संस्कृति को ग्रंथबद्ध करने की प्राच्यवादी संज्ञान परंपरा के अनुरूप उन्होंने **धर्मशास्त्रों** का गहन अनुसंधान करके दिखाया कि रजस्वला की अवस्था के बाद विवाहों की अनुमति थी और ये विवाह हिंदू

धार्मिक विधानों के विरुद्ध नहीं थे। फिर भी यह बात याद रखनी चाहिए कि अपने निजी जीवन में तिलक जैसे व्यक्ति शायद ही कभी रूढ़िवादी रहे हों और उनकी अपनी सबसे बड़ी बेटी तेरह साल की आयु तक कुँवारी रही।[23] लेकिन इस बहस में ऐसे लोगों को विदेशी शासन के विरुद्ध एक ज़बरदस्त, आत्मविश्वास भरी आवाज़ मिली। जैसा कि तनिका सरकार का तर्क है, "हिंदू स्त्री का शरीर ऐसे संघर्ष का केंद्रबिंदु" बन गया, जिसने "पहली बार शक्ति और ज्ञान की एक विजातीय व्यवस्था की जड़ों के विरुद्ध युद्ध की घोषणा की।" लेकिन पश्चिमी सुधारवाद और बुद्धिवाद के इस प्रतिरोध में बालिका वधुओं के दुखों और आँसुओं को पूरी तरह भुला दिया गया।[24] यहाँ एक दिलचस्प बात ध्यान देने योग्य है: समाजसुधार पर उन्नीसवीं सदी के आरंभ की बहसों की तरह विवाह-आयु संबंधी बहस में भी सभी परंपराविरोधी पक्ष एक जगह आकर मिल जाते थे। सुधारक, उनके निंदक और उपनिवेशी शासन, सब इस बात पर सहमत थे कि बाल-विवाह और उसकी परिणति का प्रश्न धर्म के जगत का प्रश्न है जिसे, जैसा कि मृणालिनी सिन्हा ने कहा है, लंबे समय से "देसी पुरुषत्व" के लिए एक स्वायत्त क्षेत्र माना जाता रहा है। वास्तव में इंग्लैंड के पुरुषों की चिंताओं ने भी सुधार-विरोधियों के लिए समर्थन जुटाया, लेकिन भारत की सरकार ने फिर भी अपने समय की खास राजनीतिक मजबूरियों के कारण एक सुधार-समर्थक हस्तक्षेपवादी रुख अपनाने का निर्णय किया।[25] इसलिए विवाह-आयु संबंधी कानून सभी विरोधों के बावजूद 19 मार्च 1891 को पारित हो गया हालाँकि, जैसा कि सुधारकों ने और उनके विरोधियों ने भी जल्द ही अनुभव किया, इसका प्रभाव "शैक्षिक प्रभाव" से शायद ही कुछ अधिक रहा हो। पर इस बहस ने एक दिलचस्प प्रवृत्ति को जन्म दिया। एक ओर जहाँ सुधारवाद राष्ट्रवादी संवाद का अंग बन गया, वहीं दूसरी ओर सुधार-विरोधी, रूढ़िवादी तत्त्वों को भी असीमित प्रचार मिला।[26] इससे भी अहम बात यह है कि अब हिंदू धर्म विदेशी राज के विरुद्ध एक अधिक मुखर और कभी-कभी जुझारू विद्रोह के संगठन के लिए एक उपयोगी शब्दजाल बन गया।

राजनीतिक लामबंदी के लिए रूढ़िवादी हिंदू धार्मिक प्रतीकों के उपयोग ने उत्तर भारत में आर्यसमाज और गोरक्षा आंदोलन के कारण और भी उग्र रूप ले लिया, जिसके कारण 1893 में व्यापक सांप्रदायिक हिंसा फूटी। आर्यसमाज की स्थापना 1875 में स्वामी दयानंद सरस्वती ने की थी। धीरे-धीरे पंजाब और पश्चिमोत्तर प्रांत में उसे उपजाऊ ज़मीन मिली। उसने मूर्तिपूजा, बहुदेववाद, बाल-विवाह, वैधव्य, विदेश यात्रा पर प्रतिबंध, ब्राह्मणों के वर्चस्व और जातिप्रथा जैसी हिंदू प्रथाओं की तीखी आलोचना की। वास्तव में उसने वेदों के आधार पर दूसरे सभी धर्मों पर प्राचीन भारतीय धर्म की श्रेष्ठता की एक आक्रामक वकालत की। इसी तत्त्व के कारण यह आंदोलन आगे चलकर प्रमुखता-प्राप्त अखिल हिंदू पुनरुत्थानवादी परंपरा में समा गया। जैसा कि पीटर वॉन डेर वीर ने कहा है, सुधारवादी आर्यसमाज और उसके आलोचकों के बीच "हिंदू जाति की रक्षा" का एक साझा आधार रहा।[27] यह हुआ 1883 में दयानंद की मृत्यु के बाद, उनके

शिष्यों के काल में। केनेथ जोंस (1976) ने दिखाया है कि ईसाई मिशनरी कार्यकलापों के कारण इनकी आक्रामकता में वृद्धि हुई, जिन्होंने पंजाब के सामाजिक वातावरण में धार्मिक प्रतिस्पर्द्धा का समावेश किया। उन्होंने आर्यधर्म, आर्यभाषा और आर्यावर्त की श्रेष्ठता का प्रचार आरंभ किया और उनका प्रचार मुख्यत: मुसलमानों और ईसाईयों के विरुद्ध था। ईसाई धर्मांतरण के कार्यों की सीधी प्रतिक्रिया में आर्यसमाज ने शुद्धि की धारणा विकसित की, जिसका उद्देश्य ईसाईयत, इस्लाम या सिक्ख धर्म अपनानेवालों को वापस हिंदू बनाना था। आर्यसमाज का नरमपंथी गुट धीरे-धीरे 1893 तक हाशिये पर जा पड़ा और जुझारू गुट हावी हो गया। वे लोग दूसरे रूढ़िवादी समूहों के और निकट आ गए तथा मुसलमानों के विरुद्ध हिंसक टकरावों में शामिल होने लगे। गोरक्षा के प्रश्न पर यह तनाव अपने चरम पर जा पहुँचा।

भारतीय समाज में अर्थव्यवस्था जब पशुपालन से कृषि की अवस्था में पहुँची, तब से गो (गाय) का महत्त्व हमेशा स्वीकार किया गया है। लेकिन प्राचीन काल में गो को पवित्र या अवध्य नहीं माना जाता था; गाय का सम्मान मध्यकाल में बढ़ा, जब गोहत्या की दर में अभूतपूर्व वृद्धि हुई। बकरीद के त्योहार पर गाय की कुरबानी की मुस्लिम प्रथा ने एक पवित्र प्रतीक के रूप में गाय के प्रति हिंदुओं की भावनाओं को और प्रखर बना दिया।[28] लेकिन पहले के कालों में, बल्कि उपनिवेशकाल के आरंभ में भी, यह कभी सांप्रदायिक टकराव का कारण नहीं रहा। पहले के धार्मिक टकराव स्थानीय मुद्दों पर होते थे और जल्द ही दब जाते थे। उन्नीसवीं सदी के अंतिम वर्षों में ही ऐसा हुआ कि समुदाय और बारीकी से अपनी सीमारेखाएँ खींचने लगे और सांप्रदायिक आक्रामकता का अधिक प्रदर्शन करने लगे। हिंदुओं में सांगठनिक एकता का स्पष्ट तौर पर अभाव था और इसलिए हिंदुओं की लामबंदी गाय के प्रतीक के सहारे हुई, जो अनेक प्रकार की, तथा ब्राह्मणवादी और भक्तिमार्गी, दोनों परंपराओं के लिए प्रासंगिक ब्रह्मांड संबंधी धारणाओं को व्यक्त करता था।[29] दूसरे शब्दों में, गाय क्षेत्र, भाषा और पंथ की सीमाओं से परे एक आम तौर पर स्वीकार्य प्रतीक बन गई। गोरक्षा का मुद्दा सबसे पहले, 1871 में सिखों के सुधारवादी कूका पंथ ने अपने आंदोलन में गति लाने और अपना समर्थन बढ़ाने के लिए उठाया। मुसलमानों को गोवध से रोकने के प्रयास में उन्होंने कुछ हिंसक वारदातें भी कीं और इस प्रक्रिया में सरकार का निर्मम दमन मोल लिया।[30] लेकिन 1870 के दशक में पंजाब, पश्चिमोत्तर प्रांत, अवध और रुहेलखंड में गोरक्षावादी भावनाएँ तेज़ी से फैलीं। आर्यसमाज ने इसी भावना को एक संगठित अखिल भारतीय आंदोलन का रूप दे दिया। यह लामबंदी गोरक्षिणी सभाओं की स्थापना करके की गई जो बिहार, बनारस कमिश्नरी, अवध, पूर्वी इलाहाबाद, और आगे चलकर बंगाल, बंबई, मद्रास, सिंध, राजपूताना और मध्य प्रांत जैसे हिंदू-बहुल क्षेत्रों में सबसे मज़बूत हुई।[31]

दयानंद के समय में गोरक्षा आंदोलन खुले तौर पर मुस्लिम विरोधी नहीं था तथा आर्थिक और राष्ट्रवादी तर्क देकर उन्होंने इस आंदोलन का युक्तीकरण करने का प्रयास किया, और इसे एक हद तक सम्मानित बना दिया। लेकिन धीरे-धीरे, जब गोवध पर

कानूनी प्रतिबंध की बहस चली, तो यह सांप्रदायिक शत्रुता का सवाल बन गया। मुसलमानों के लिए कुरबानी के लिए गाय एक बकरी या भेड़ से सस्ती पड़ती थी। उनके लिए गोवध का एक राजनीतिक अर्थ भी था: यह हिंदुओं के वर्चस्व से मुक्ति की प्रतीकात्मक अभिव्यक्ति था। इस मुद्दे पर नगरपालिकाओं, विधायिकाओं, प्रेस और राजनीतिक सभाओं जैसी आधुनिक संस्थाओं के स्तर पर लड़ा गया। 1893 के मध्य तक उत्तेजनाएँ और जवाबी उत्तेजनाएँ चरम पर पहुँच गईं और गोवध पर लगे कानूनी प्रतिबंध की विरोधी व्याख्याओं के कारण मऊ, ज़िला आज़मगढ़ में पहला दंगा हुआ। ये दंगे तेज़ी से एक लंबे-चौड़े क्षेत्र में फैल गए; बिहार और पश्चिमोत्तर प्रांत में 6 माह में 31 दंगे हुए। इनका नेतृत्व ज़मींदारों और धर्मप्रचारकों ने किया और इनमें किसानों ने भाग लिया। जनता की भागीदारी कभी-कभी सामाजिक बलप्रयोग का परिणाम होती थी, पर कभी-कभी स्वत: स्फूर्त भी होती थी। भागीदारी सुनिश्चित करने के लिए बाज़ारतंत्रों का प्रयोग किया गया।[32] इन हिंसक घटनाओं का चरम बिंदु बंबई का दंगा था, जिसमें मज़दूर वर्ग शामिल था। लेकिन स्पष्ट रूप से मुसलमानों के विरुद्ध होते हुए भी असंतोष की भावना, जैसी कि सरकार को शंका थी, निश्चित रूप से अंग्रेज़ विरोधी थी; गाय का सवाल सुस्त हिंदुओं को उभारने के लिए मात्र एक युद्धघोष था।[33]

जॉन मैक्लेन का मानना है कि इन दंगों ने वर्गीय और भौगोलिक सीमाओं को तोड़कर "सामुदायिक सदस्यता की एक विस्तारित भावना" का प्रदर्शन किया।[34] 1893 के तुरंत बाद सांप्रदायिक तनाव दब गया। गोरक्षा आंदोलन का ज़ोर भी जाता रहा, हालाँकि कुछ क्षेत्रों में यह आगे भी कुछ समय तक जारी रहा। इससे स्पष्ट है कि स्वयं में गाय शायद महत्त्वपूर्ण नहीं थी; उसका प्रयोग सामुदायिक लामबंदी के लिए किया जा रहा था। सामुदायिक आधारों पर ऐसी लामबंदी की ज़रूरत बढ़ रही थी, क्योंकि अब संवैधानिक प्रश्नों पर बहसें होने लगी थीं और नई प्रतियोगितामूलक संस्थाएँ जन्म ले रही थीं। प्रतियोगिता के ऐसे वातावरण में नए सार्वजनिक कार्यक्षेत्र में अपनी-अपनी सामूहिक उपस्थिति दर्ज़ कराने के उद्देश्य से दोनों समुदायों के लिए सांप्रदायिक आधार पर लामबंदी की ज़रूरत थी, और गाय इसके लिए आसान सी प्रतीक बन गई। ज्ञानेंद्र पांडे (1983) ने दिखाया है कि गोरक्षा आंदोलन तब तक भी भारतीय समाज के पूरे-पूरे सांप्रदायिक ध्रुवीकरण का सूचक नहीं था। सांप्रदायिक प्रवर्ग (category) की रचना और अभिव्यक्ति पूरी तरह कुलीनों के हित में थी, जबकि दूसरे अनेक समूहों ने इसमें दूसरे अनेक उद्देश्यों से भाग लिया। गोरक्षिणी सभाओं का नेतृत्व करके ज़मींदारों ने अपनी उस सामाजिक शक्ति को फिर से जतलाने की कोशिश की, जो उपनिवेशी शासन के कारण आए विभिन्न परिवर्तनों के कारण उनके हाथों से निकलती जा रही थी। भाग लेने वाले किसान मुख्यत: अहीर जाति के थे, जो सामाजिक स्तर पर गतिशील थे और इसलिए अपने हिंदुत्व को सामने लाकर उन्होंने अपनी नई स्थिति को वैध बनाने की कोशिश की। इसका अर्थ यह नहीं था कि वर्ग की बाधाएँ समाप्त की जा चुकी या स्थायी रूप से मिट चुकी थीं। दूसरे अवसरों पर उन्होंने मुस्लिम किसानों के साथ मिलकर हिंदू

ज़मींदारों के विरुद्ध भी लड़ाई की। लेकिन इनसे अलग दूसरे बहुत सारे क्षेत्र ऐसे भी थे, जो गोरक्षा की भावना से एकदम प्रभावित नहीं थे। लेकिन इस आंदोलन ने राष्ट्रवादी आंदोलन पर एक असंदिग्ध हिंदू छाप छोड़ी। कांग्रेस इसमें सीधे-सीधे शामिल तो नहीं थी, पर वह चुप रही, बल्कि इसे संरक्षण भी देती रही। 1891 में कांग्रेस के नागपुर अधिवेशन के बाद गोरक्षिणी सभा ने कांग्रेस के पंडाल में ही एक बड़ी सभा की, जिसमें कांग्रेस के प्रतिनिधियों और दर्शकों ने भाग लिया। श्रीमन स्वामी जैसे प्रमुख गोरक्षावादी नेताओं ने 1893 में इलाहाबाद कांग्रेस में भाग लिया,[35] जब कि तिलक जैसे दूसरे विख्यात कांग्रेसी नेता स्थानीय गोरक्षिणी सभाओं से गहरे जुड़े हुए थे।[36] इससे मुस्लिम कांग्रेस की राजनीति से कट गए और 1893 के बाद कांग्रेस के सत्रों में मुसलमानों के प्रतिनिधित्व में भारी कमी आई।[37]

अगर गोरक्षा आंदोलन ने उत्तर भारत के दोनों धार्मिक समुदायों के बीच विभाजक रेखाएँ खींची, तो भाषा जैसे दूसरे उपलब्ध सांस्कृतिक प्रतीकों के साथ कुशलता से की गई हेराफेरी ने इन रेखाओं को और भी गहरा बनाया।[38] पश्चिमोत्तर प्रांत और अवध में 1860 के दशक के दौरान किसी समय हिंदी-उर्दू का विवाद आरंभ हुआ, लेकिन भारी उत्साह के साथ इसे दोबारा 1882 में जीवित किया गया और यह उत्तर भारत के दूसरे हिंदीभाषी क्षेत्रों, जैसे पंजाब और मध्यप्रांत, तक फैल गया। 1890 के दशक में यह आंदोलन और तेज़ हुआ, जब तीर्थनगरी बनारस में 1893 में नागरी प्रचारिणी सभा की स्थापना हुई। सच पूछें तो उत्तर भारत की जनता के एक भारी बहुमत द्वारा बोली जानेवाली उर्दू और हिंदी दरअसल दो लिपियों में लिखी जानेवाली एक ही भाषा थी। हिंदी देवनागरी लिपि में लिखी जाती थी और इसलिए उसमें संस्कृत शब्दों की संख्या अधिक थी, जबकि उर्दू फ़ारसी में लिखी जाती थी और इसलिए इसमें फ़ारसी-अरबी शब्द अधिक थे। लेकिन और अधिक बोलचाल वाले स्तर पर लें, तो दोनों भाषाओं को आसानी से लोग समझ सकते थे। लेकिन चूँकि उर्दू को सरकारी मान्यता प्राप्त थी, इसलिए सभी सरकारी कार्यों के लिए नागरी को भी मान्यता दिलाने हेतु एक ज़बरदस्त अभियान चला और यह आंदोलन एक साहित्य-आंदोलन के द्वारा आगे बढ़ा, जिसमें सरकार को ज्ञापन दिए जाते थे और स्थानीय भाषायी प्रेस में संपादकीय लिखे जाते थे। भारतेंदु हरिश्चंद्र जैसी प्रमुख साहित्यिक विभूतियों ने हिंदी भाषा की शास्त्रीय धरोहर संस्कृत को उभारकर उसकी उच्च स्थिति और प्राचीनता पर बल दिया, लेकिन इस प्रक्रिया में उसे उसकी स्थानीय और लोक परंपराओं से वंचित भी कर दिया।[39] लेकिन इससे भी अर्थपूर्ण बात यह है कि इस सांस्कृतिक अभियान के दौरान हिंदी हिंदुओं से और उर्दू मुसलमानों से जुड़ गई, हालाँकि जमे-जमाए कायस्थों जैसे अनेक हिंदू अभी भी राजभाषा के रूप में उर्दू के प्रयोग के पक्ष में थे। इस अभियान के साथ मदनमोहन मालवीय जैसे नेताओं के जुड़ाव ने इसे एक स्पष्ट राजनीतिक रंग दे दिया। अप्रैल 1900 में पश्चिमोत्तर प्रांत और अवध की सरकार के एक प्रस्ताव ने नागरी को उर्दू के बराबर का आधिकारिक दर्ज़ा दे दिया और इस बात ने, जैसा कि क्रिस्टोफ़र किंग का कथन है, उर्दू के समर्थकों को

अपनी भाषा के भावात्मक बचाव के लिए प्रेरित किया।[40] अब उन्होंने अंजुमन तरक्की-ए-उर्दू को स्थापना की, क्योंकि उनमें से कुछ लोगों का मानना था कि यह सरकारी कदम अंततः उनकी भाषा के पूर्ण विनाश का कारण बनेगा। हालाँकि यह विवाद संबंधी जोश तो कुछ समय बाद ठंडा पड़ गया, पर उसके बाद भाषा भारत में राष्ट्रवाद की सांस्कृतिक परियोजना का एक महत्त्वपूर्ण घटक बन गई।

गोरक्षा संबंधी दंगों के दौरान राजनीतिक लामबंदी के लिए हिंदू धार्मिक और ऐतिहासिक प्रतीकों के उपयोग की दूसरी और भी खुली कोशिशें की गईं। महाराष्ट्र में तो किसी के शब्दों में तिलक का अगला कदम "भगवान गणेश को राजनीति में भरती करना" था।[41] पेशवाओं के दिनों से ही हिंदू देवता गणपति या गणेश को इस क्षेत्र में राजकीय संरक्षण प्राप्त था। यह वह देवता थे, जिनकी भक्ति चितपावन ब्राह्मण और निचली जातियों के गैर-ब्राह्मण दोनों करते थे, लेकिन गणपति की पूजा एक घरेलू समारोह हुआ करती थी। लेकिन 1893 में गोरक्षा आंदोलन के कारण बंबई में हुए दंगों के बाद तिलक और पूना के दूसरे चितपावन ब्राह्मणों ने उसे वार्षिक सार्वजनिक त्योहार के रूप में मनाने और उसमें राजनीति का समावेश करने का निर्णय किया कि वह ब्राह्मण-प्रधान कांग्रेस और गैर-ब्राह्मण जनता के बीच की खाई पाटने का साधन बन सके। मुसलमानों के प्रति सरकार के समर्थन का आरोप लगाकर तिलक ने उनके मुहर्रम के त्योहार का बहिष्कार करने और भगवान गणपति की पूजा के सार्वजनिक त्योहार में भाग लेने के लिए पूना के हिंदुओं का आह्वान किया। इस त्योहार के सामूहिक पक्ष को और बल पहुँचाने के लिए 1894 में उन्होंने कुछ नई बातों का समावेश किया, जैसे भगवान की बड़ी-बड़ी मूर्तियों की प्रतिष्ठा और मेला आंदोलन का आरंभ, जिसमें कभी-कभी तो बीस से लेकर कई सौ गायकों पर आधारित गायक मंडलियाँ व्यापक जनता तक राष्ट्रवाद का संदेश पहुँचाने के लिए राजनीतिक गीत गाया करती थीं। फलस्वरूप हिंदुओं ने, जो पहले मुहर्रम के त्योहार में भाग लेते थे, अधिकतर उसका बहिष्कार किया और गणपति पूजा के लिए उमड़ पड़े। फिर 1895 के बाद से तो यह त्योहार पूना से दकन के दूसरे भागों तक फैलने लगा; 1905 तक पूना के अलावा बहत्तर नगर गणपति त्योहार मनाने लगे थे।

हिंदू पौराणिक और ऐतिहासिक प्रतीकों का उपयोग और सुधारवाद का विरोध अब पूना की राजनीति का एक सुस्वीकृत कर्म बन गया। रानाडे की नेशनल सोशल कॉन्फ्रेंस, जो हर साल कांग्रेस के अधिवेशन के समय अपना सत्र आयोजित करती थी, आखिरकार 1895 में तिलक के नेतृत्व वाले विरोधी गुट द्वारा कांग्रेस के पूना अधिवेशन से बाहर खदेड़ दी गई। 1896 में तिलक ने एक और त्योहार, शिवाजी त्योहार का आरंभ किया; इसका उद्देश्य शिवाजी महाराज के राज्यारोहण का उत्सव मनाना था, जिन्होंने "हिंदू रूप में हमारे आत्मसम्मान को बल पहुँचाया और हमारे धर्म को विशेष दिशा में मोड़ा।"[42] हालाँकि उन दिनों बंबई की सरकार ने इन त्योहारों को सीधे-सीधे ब्रिटिश राज के लिए खतरा नहीं माना, पर इन्होंने अनेक क्रांतिकारियों को प्रेरणा दी। उदाहरण के लिए, प्लेग कमीशन के बदनाम सुपरिंटेंडेंट रैंड की हत्या करनेवाले चापेकर बंधु पूना के गणपति

त्योहार और तिलक से संबंधित थे।[43] गणेश सावरकर और विनायक सावरकर नामक दो अन्य क्रांतिकारियों ने भी नासिक में गणपति त्योहार के लिए भड़काऊ गीत लिखे। हालाँकि क्रांतिकारी आंदोलन से गणपति त्योहारों का सीधा संबंध नहीं था, पर उन्होंने ऐसे विचारों के प्रसार और ऐसे समूहों के लिए कार्यकर्त्ताओं के प्रशिक्षण के लिए महत्त्वपूर्ण साधनों का काम किया। 1900 के बाद ये त्योहार खुले तौर पर राजनीतिक हो गए और इसी उग्र स्वर का परिणाम था कि सरकार ने 1910 तक उनको लगभग कुचल दिया। लेकिन यह बहस का मुद्दा है कि ये त्योहार राजनीतिक संदेश के प्रसार में कहाँ तक सफल रहे। गणपति त्योहार के राजनीतिक अंतर्तत्त्व का गैर-ब्राह्मणों पर बहुत मामूली प्रभाव पड़ा, जबकि मुसलमान सीधे-सीधे इसके कारण कटते गए।[44] शिवाजी त्योहार का एक बिलकुल भिन्न राजनीतिक उपयोग ज्योतिराव फूले जैसे गैर-ब्राह्मण नेताओं ने अपनी एक अलग पहचान बनाने के लिए किया (अध्याय 7.2 देखें)।

हिंदू पुनरुत्थानवाद अपनी सीमाओं के बावजूद अब तक एक राजनीतिक शक्ति बन चुका था और सुधारवादी, नरमपंथी कांग्रेसी राजनीतिज्ञों के विरुद्ध गरमपंथी प्रतिक्रिया से उसका अधिक गहरा संबंध था। मद्रास भी कोई अपवाद नहीं था; वहाँ भी मिशनरी गतिविधियों और धर्म-परिवर्तन के विरुद्ध हिंदुओं की प्रतिक्रिया 1820 के दशक में विभूति संगम (सेक्रेड ऐशेज सोसायटी) के रूप में सामने आई, जो अतिवादी शनार ईसाइयों को फिर से हिंदू बनाए जाने के उपदेश देता था। फिर 1840 के दशक में धर्मसभा बनी, जिसके संरक्षक मुख्यतः ब्राह्मण और सवर्ण हिंदू थे। ये दोनों संगठन परिवर्तन के रूढ़िवादी विरोध, कठोरता से वर्णाश्रम धर्म के पालन और जातिगत बहिराव (exclusiveness) का समर्थन करते थे।[45] 1882 में थियोसोफ़िकल सोसायटी की स्थापना के बाद मद्रास में हिंदू पुनरुत्थानवाद को बल मिला, क्योंकि उसने अपने देश के इतिहास और संस्कृति में शिक्षित भारतवासियों की रुचि जगाई। उसे और बल मिला ऐनी बेसेंट के आगमन के बाद, जो राष्ट्रवाद और कांग्रेस की राजनीति के बीच की कड़ी भी थीं।

इस तरह उन्नीसवीं सदी के अंतिम और बीसवीं सदी के आरंभिक वर्षों में राष्ट्रवाद हिंदू धार्मिक पुनरुत्थानवाद के विचारों से जुड़ा। पर उसके इतिहास से कुछ समस्याएँ भी जुड़ी हैं, क्योंकि "सिंडिकेटबद्ध हिंदू धर्म" का यह आधुनिक विचार एक बड़ी हद तक उन्नीसवीं सदी के पश्चिमी भाष्यकारों की उपज था।[46] इतिहास में *Hinduism* शब्द का उपयोग अनेक अर्थ जतलाने के लिए किया गया है, सामान्यतः इसका अर्थ हर "देसी" या "भारतीय" वस्तु था; एक अधिक संकीर्ण अर्थ में यह भारत की प्रमुख संस्कृति या धर्म का, खासकर आर्य, ब्राह्मणवादी या वैदिक मूल वाली संस्कृति और धर्म का सूचक था।[47] उन्नीसवीं सदी के अंतिम वर्षों में जब भारतीयों से जनगणना के प्रपत्रों में अपनी धार्मिक स्थिति दर्ज कराने को कहा गया, तब तक भी लोक-चेतना में हिंदू धर्म सुनिश्चित सीमाओं वाले एक धर्म के रूप में स्वीकार नहीं किया जाता था। 1881 में 'धर्म' वाले खाने में अनेक लोगों ने 'हिंदू' की बजाय अपने पंथ या अपनी जाति का

उल्लेख किया था; परिभाषा की ऐसी समस्याएँ 1901 तक जनगणना के अधिकारियों को परेशान करती रहीं।[48] इस तरह यह हिंदू धर्म उपनिवेशवाद की एक उपज लगता है, जो किसी विशिष्ट सैद्धांतिक परिभाषा से बँधा हुआ नहीं था, न ऐतिहासिक दृष्टि से किसी सामुदायिक पहचान से जुड़ा हुआ था। जैसा कि आशीष नंदी का कथन है, एक समरस हिंदू धर्म का विचार गढ़ा "ज्ञानोदयकाल के बाद वाले यूरोप के सांस्कृतिक दंभ ने, जिसने "'सच्चे' पश्चिम ही नहीं, 'सच्चे' पूर्व को भी निरूपित करने के प्रयास किए।"[49] उपनिवेशवादी नृजातीय (ethnographic) अध्ययनों और जनगणनाओं की रिपोर्टों ने समुदाय के रूप में धर्म की इस धारणा को एक सुनिश्चित और ठोस रूप दिया (अध्याय 5.4 की विवेचना देखें) और पश्चिमी रंग में रँगे भारतवासियों के एक भाग ने उसे अपनी सामूहिक चेतना में आत्मसात करके उसे एक आत्मपरिभाषा के रूप में विकसित किया। अपने शूरवीर राजाओं और उनके धर्म की नकल करते हुए उन्होंने एक क्षीणकाय हिंदू धर्म को उस विजातीय सांस्कृतिक हस्तक्षेप का कारगर तोड़ बनाने के प्रयास किए, जो उपनिवेशित समाज को बराबर स्त्रैण के रूप में चित्रित करता था।[50] 'पुनरुत्थानवाद' शब्द स्वयं भी एक पहेली बना रहा, क्योंकि उसका उद्देश्य एक विस्मृत और सड़े-गले अतीत को नवजीवन देना नहीं था, बल्कि वर्तमान के उद्देश्यों के लिए अतीत को पुनर्गठित करना था। "पुनर्जीवित" या मंडित किए जा रहे अनेक सामाजिक आचार-विचार और प्रतीक पहले से जारी थे या सामूहिक स्मृति में मौजूद थे।[51] यह भी नहीं कि अतीत की सारी सामाजिक प्रथाओं को पुनर्जीवित किया जा रहा था; अतीत के कुछ विशेष पक्षों को ही चयनित ढंग से स्वीकार और वर्तमान काल में राष्ट्र-निर्माण की आवश्यकताओं के अनुसार ढाला गया।[52] इन तथाकथित पुनरुत्थानवादी नेताओं और बुद्धिजीवियों में से कुछ तो एक पौराणिक अतीत और बुद्धिवादी वर्तमान के बीच सचमुच फँसे हुए थे और उनकी "दुखद चेतना" ने एक "काल्पनिक इतिहास" में आश्रय लेकर इस दुविधा से पार पाने की कोशिश की।[53]

इस संवृत्ति को पार्थ चटर्जी ने आरंभिक भारतीय राष्ट्रवाद की केंद्रीय समस्या कहा है। राष्ट्रवाद की परिकल्पना करते हुए भारतीय राष्ट्रवादी स्पष्ट रूप से यूरोप के पूँजीवाद के अनुभव से प्राप्त विचारों से प्रभावित थे, लेकिन भारतीय राष्ट्रवाद का विकास केवल पश्चिमी मॉडल के प्रभावों के कारण ही नहीं हुआ। जैसा कि हम (अध्याय 4 में) देख चुके हैं, भारतीय राष्ट्रवादी एक विरोध के स्वर में बातें करने के लिए विवश थे; उन्होंने अतीत का आह्वान उपनिवेशी शासन के विकल्प के रूप में किया। इसके कारण "राष्ट्रत्व (nationhood) को एक व्यावहारिक सांस्कृतिक आधार" प्राप्त हुआ।[54] लेकिन हमें यह भी कहना होगा कि अवधारणा की यह विशेष पद्धति कुछ अंतर्जात अंतर्विरोधों और उनसे जुड़े खतरों से ग्रस्त थी। पहली बात, जैसा कि कहा जा चुका है, सांस्कृतिक राष्ट्रवाद का यही रूप उस प्राच्यवादी संज्ञान से प्रेरित था, जो हिंदू धर्म को एक ग्रंथ-केंद्रित परंपरा में स्थापित करता था। यहाँ प्रवृत्ति थी "हिंदू धर्म को एक संगठित धर्म का रूप देने की", जो ईसाईयत की तरह एक मान्यताप्राप्त ग्रंथ पर–दयानंद के लिए वेदों और विवेकानंद

के लिए भागवद्गीता पर–आधारित हो; इसके कारण अधिक उदार और खुले हाथों वाली लोक–परंपराएँ हाशिये पर पड़ती गईं।[55] यह पुनर्गठित हिंदू धर्म जब एक राष्ट्र की परिकल्पना का आधारभूत विचार बन गया, तब जैसा कि क्रिस्तोफ़ जेफ्रीलॉ ने विश्वासोत्पादक ढंग से दिखाया है, "हिंदू राष्ट्रवाद अधिकतर सवर्ण सुधारकों के ब्राह्मणवादी विचार को प्रतिबिंबित करने लगा।"[56] इसलिए राष्ट्रवाद का यह विशेष सांस्कृतिक संवाद भारत की गैर–ब्राह्मण और निचली जातियों की जनता को आकर्षित करने में असफल रहा (इस विषय पर और विस्तार के लिए अध्याय 7.2 देखें)। उसने अतीत का बहुत चयनित उपयोग भी किया और "प्राचीन हिंदू गरिमा" के मुकाबले "मध्यकालीन मुस्लिम निरंकुशता और पतन" के प्राच्यवादी रूढ़ विचार को बहुत तेज़ी से, अकसर अनालोचनात्मक ढंग से, स्वीकार कर लिया।[57] स्पष्ट रूप से इसका दुखद परिणाम यह रहा कि मुस्लिम बहुसंख्यक हिंदू शासन के प्रति शंकित होकर विमुख होते गए। उन्नीसवीं सदी के अंतिम वर्षों में ज़ोर पकड़ने वाला यह राष्ट्रवाद इस तरह आरंभ से ही अंतर्विरोधों से ग्रस्त था।

हिंदू धर्म के इस जुझारू रूप से न केवल मुसलमान दूर हटे, बल्कि रिचर्ड फ़ॉक्स ने यह तर्क भी दिया है कि उन्नीसवीं सदी के अंतिम वर्षों में एक संगठित सिंहसभा आंदोलन के जरिये एक सुस्पष्ट सिख पहचान की अभिव्यक्ति भी पंजाब में आर्यसमाज के अभियान का और खास तौर पर गुरु नानक पर उसके हमलों का सीधा परिणाम थी।[58] यह तर्क देना संभवतः सरलीकरण होगा कि सिंहसभाओं का जन्म केवल आर्यसमाज को चुनौती देने के लिए हुआ, पर इस आंदोलन की एक संक्षिप्त विवेचना यहाँ आवश्यक है, क्योंकि यह उन्नीसवीं सदी के अंत के भारत में पहचानों के निर्माण की उसी सांस्कृतिक राजनीति का हिस्सा था। वास्तव में इस आंदोलन के उदय के अनेक कारण थेः उन्नीसवीं सदी में एक छोटे–से सिख कुलीनवर्ग का उदय तथा पंजाब में शिक्षा और रोज़गार से सिखों का सापेक्ष बहिराव, ब्रह्मसमाज और अंजुमने–पंजाब का प्रभाव, ईसाई मिशनरियों की धर्मांतरण की गतिविधियाँ, सिख पहचान के बारे में उपनिवेशवाद की पैदा की हुई रूढ़ छवि, उनके "पतन" पर तथा सिख तीर्थों पर सरकार के नियंत्रण पर इस वर्ग का क्षोभ आदि। पहली सिंहसभा का जन्म अमृतसर में 1873 में तथा दूसरी का जन्म लाहौर में छह साल बाद हुआ। 1880 और 1900 के बीच 115 सिंहसभाओं की स्थापना हुई–अधिकतर पंजाब में, पर कुछ की देश के दूसरे भागों में या विदेशों में भी। हिंदू पुनरुत्थानवाद की तरह इस आंदोलन का भी प्रमुख तत्त्व सिखों के पतन की समझ था और उस **तत खालसा** अर्थात् शुद्ध सिख की छवि को फिर से उभारना था, जो अठारहवीं सदी में, सिख धर्म के चरम काल में पाई जाती थी। इस सांस्कृतिक आंदोलन का उद्देश्य सिख धर्म को लोकतत्त्वों से और अशुद्धताओं से पवित्र करके उसे शुद्ध बनाना था, जैसे बहुदेववाद और मूर्ति–पूजा के प्रभाव से, जिनको सिख गुरुद्वारों में अकसर खुले आम देखा जा सकता था। इस आंदोलन ने पाँच "क" अर्थात् सिख पहचान के बाहरी प्रतीकों के व्यवहार पर, सिखों की आचार–संहिता राहतनामा के अनुसार प्रामाणिक सिख संस्कारों के व्यवहार पर, सभी लोक धार्मिक त्योहारों और तीर्थयात्राओं में भागीदारी से

परहेज़ पर, गुरुद्वारों पर नियंत्रण स्थापित करके और उन्हें मूर्ति-पूजा के सभी चिह्नों से पाक करके पवित्रता की पुनर्स्थापना पर और अंत में गुरुमुखी लिपि और पंजाबी भाषा को सिख पहचान के सबसे प्रामाणिक प्रतीक बनाए जाने पर बल दिया। सिख पहचान के इस सार्वभौमिक रूप से सभी सिख सहमत नहीं थे, लेकिन बीसवीं सदी के आरंभिक वर्षों में भारतीय राष्ट्र की परिकल्पना के लिए इस दावे के ही महत्त्वपूर्ण निहितार्थ थे कि सिख हिंदू-मुसलमान दोनों से अलग, एक सुस्पष्ट और समरस समुदाय थे।[59]

## 5.3 गरमपंथी राजनीति का उदय और स्वदेशी आंदोलन

उन्नीसवीं सदी के अंत तक जब नरमपंथी राजनीति की असफलता एकदम स्पष्ट हो गई, तब कांग्रेस की कतारों से ही एक प्रतिक्रिया पैदा हुई और इस नई प्रवृत्ति को "गरमपंथी" (extremist) प्रवृत्ति कहा जाता है। नरमपंथियों की यह आलोचना की गई कि वे बहुत डरपोक थे और उनकी राजनीति को भिक्षाटन की राजनीति के रूप में पेश किया गया। यह गरमपंथ तीन प्रमुख क्षेत्रों में तीन महत्त्वपूर्ण नेताओं के नेतृत्व में विकसित हुआ: बंगाल में विपिनचंद्र पाल, महाराष्ट्र में बाल गंगाधर तिलक और पंजाब में लाला लाजपत राय। दूसरे क्षेत्रों में गरमपंथ एकदम गायब नहीं तो कम शक्तिशाली अवश्य था।

गरमपंथी राजनीति के उदय की व्याख्या के लिए अनेक कारण दिए गए हैं। कुछ इतिहासकारों के अनुसार एक कारण गुटबंदी थी, क्योंकि सदी के परिवर्तन के आसपास भारत में संगठित सार्वजनिक जीवन के लगभग हर स्तर पर हम गुटों का काफ़ी टकराव देखते हैं। बंगाल में ब्रह्मसमाज के अंदर विभाजन था और दो समाचारपत्र समूहों के बीच तीखी शत्रुता थी: नरमपंथी नेता सुरेंद्रनाथ बनर्जी द्वारा संपादित *बंगाली* और अधिक गरमपंथी मोतीलाल घोष द्वारा संपादित *अमृत बाज़ार पत्रिका* के बीच। *वंदे मातरम्* के संपादक के पद को लेकर एक ओर अरविंद घोष और दूसरी ओर विपिनचंद्र पाल और ब्रह्मबांधव उपाध्याय के बीच भी गुटबंदी थी। महाराष्ट्र में पूना सार्वजनिक सभा के नियंत्रण को लेकर गोखले और तिलक के बीच प्रतियोगिता थी। यह टकराव 1895 में सामने आ गया, जब तिलक ने संगठन पर कब्ज़ा कर लिया और अगले साल गोखले ने एक विरोधी संगठन दकन सभा का आरंभ किया। मद्रास में तीन गुट आपस में लड़ रहे थे—मइलापुर गुट, एगमोर गुट और उपनगरीय कुलीन। दयानंद की मृत्यु के बाद पंजाब में आर्यसमाज अधिक नरमपंथी कॉलेज गुट और गरमपंथी पुनरुत्थानवादी गुट के बीच बँट गया। इसलिए तर्क दिया जा सकता है कि नरमपंथियों और गरमपंथियों के बीच कांग्रेस का विभाजन केवल गुटों का टकराव था,[60] जो उन दिनों भारत में हर जगह संगठित सार्वजनिक जीवन में व्याप्त था। लेकिन गरमपंथ के उदय को केवल गुटबंदी के रूप में व्याख्यायित नहीं किया जा सकता।

नरमपंथी राजनीति को लेकर पैदा हुई कुंठा गरमपंथी प्रतिक्रिया के पीछे निश्चित ही एक बड़ा कारण थी। नरमपंथी नेतृत्व में कांग्रेस का संचालन एक अलोकतांत्रिक

संविधान से हो रहा था। हालाँकि तिलक की बार-बार की कोशिशों के बाद एक नया संविधान तैयार हुआ और 1899 में पारित किया गया, पर उसे कभी सही ढंग से आज़माया नहीं गया। कांग्रेस वित्तीय दृष्टि से भी दिवालिया थी, क्योंकि पूँजीपति कुछ देते नहीं थे तथा कुछेक राजाओं और बड़े भूस्वामियों का संरक्षण कभी पर्याप्त नहीं होता था। नरमपंथियों का पाश्चात्य उदारवाद से प्रेरित सामाजिक सुधार भी लोगों में व्याप्त रूढ़िवाद का विरोधी था। यह बात 1895 में पूना कांग्रेस में सामने आई, जब नरमपंथियों ने कांग्रेस के नियमित अधिवेशनों के साथ-साथ एक राष्ट्रीय सामाजिक सम्मेलन के आयोजन का प्रस्ताव किया। तिलक जैसे अधिक रूढ़िवादी नेताओं का तर्क यह था कि सामाजिक सम्मेलन कांग्रेस को दोफाड़ कर देगा और यह प्रस्ताव आखिरकार छोड़ दिया गया। लेकिन इससे भी अहम बात यह है कि नरमपंथी राजनीति एक अंधी गली में फँस चुकी थी, क्योंकि उनकी अधिकांश माँगें अधूरी रहीं और यह बात गरमपंथ के उदय के पीछे निश्चित ही एक बड़ा कारण था। इससे उपनिवेशी शासन के विरुद्ध गुस्सा बढ़ा और उपनिवेशवाद की आर्थिक समालोचना के द्वारा नरमपंथियों ने स्वयं इस गुस्से को जन्म दिया था।

कर्ज़न के प्रशासन ने राष्ट्रवादियों के इस क्षोभ को और बढ़ाया। अंग्रेज़ों के सही होने में पूर्ण विश्वास रखनेवाले लॉर्ड कर्ज़न (1899-1905) में इतना साहस था कि भारतवासियों के विरुद्ध नस्ली दंभ दिखानेवाली एक कुलीन ब्रिटिश रेजिमेंट की उसने कसकर खिंचाई की थी।[61] लेकिन वह आत्मविश्वास से भरे उस निरंकुश साम्राज्यवाद का अंतिम प्रवक्ता भी था, जिसकी विचारधारा के निर्माता फ़िट्ज़जेम्स स्टीफ़ेन और लिटन स्ट्रैची थे। उसने अनेक लोकविरोधी कानूनी और प्रशासनिक कदम उठाए, जिससे शिक्षित भारतवासियों की भावनाएँ आहत हुईं। 1899 के कलकत्ता म्यूनिसिपल एमेंडमेंट ऐक्ट के द्वारा कलकत्ता नगर निगम के पुनर्गठन ने उसमें निर्वाचित प्रतिनिधियों की संख्या कम कर दी; 1904 के इंडियन यूनिवर्सिटीज़ ऐक्ट ने कलकत्ता विश्वविद्यालय को पूर्ण सरकारी नियंत्रण में पहुँचा दिया, और 1904 के ही इंडियन ऑफ़िशियल सीक्रेट्स ऐक्ट ने प्रेस की स्वतंत्रता को और सीमित कर दिया। उसके बाद कलकत्ता विश्वविद्यालय के उसके दीक्षांत भाषण ने, जिसमें उसने सत्य जैसे परम आदर्श को मूलतः एक पश्चिमी धारणा कहा, शिक्षित भारतवासियों की गर्व की भावना को निश्चित तौर पर आहत किया। इस श्रृंखला में अंतिम कदम 1905 में बंगाल का विभाजन था, जिसका उद्देश्य कथित रूप से कांग्रेस को नियंत्रित करने वाले बंगाली राष्ट्रवादियों को कमज़ोर करना था। लेकिन कांग्रेस को कमज़ोर करना तो दूर, कर्ज़न के कदमों ने उसे नवजीवन देने के लिए संजीवनी का काम किया; अब गरमपंथी राजनीतिज्ञों ने कांग्रेस पर कब्ज़ा करने की कोशिशें कीं, ताकि उसे उपनिवेशी शासन से और भी सीधे और उग्र टकराव के रास्ते पर ले जाया जा सके।

गरमपंथियों का लक्ष्य था **स्वराज**, जिसकी अलग-अलग नेताओं ने अलग-अलग व्याख्याएँ कीं। तिलक इसका अर्थ प्रशासन पर भारतीय नियंत्रण समझते थे, न कि ब्रिटेन

से पूरा-पूरा संबंध-विच्छेद। विपिन पाल समझते थे कि ब्रिटिश सर्वोच्चता के अंतर्गत कोई भी स्वशासन संभव नहीं; इसलिए उनके लिए स्वराज का अर्थ ब्रिटिश नियंत्रण से एकदम मुक्त, पूर्ण स्वतंत्रता था। बंगाल में अरविंद घोष भी स्वराज को पूर्ण राजनीतिक स्वतंत्रता समझते थे। लेकिन अधिकांश दूसरे लोगों के लिए स्वराज का अर्थ ब्रिटिश साम्राज्यिक ढाँचे के दायरों के अंदर ही स्वशासन था। वास्तव में गरमपंथ आंदोलन की विधि में देखा जाता था और वे लोग प्रार्थनापत्रों और ज्ञापनों की पुरानी विधियों से हटकर सविनय अवज्ञा की विधियों का उपयोग करने लगे। इसका अर्थ अन्यायपूर्ण कानूनों के उल्लंघन के द्वारा उपनिवेशी शासन का विरोध, ब्रिटिश माँगों और संस्थाओं का बहिष्कार और उसके देसी विकल्पों का अर्थात् **स्वदेशी** और राष्ट्रीय शिक्षा का, विकास था। इस नई राजनीति को वैचारिक प्रेरणा नए क्षेत्रीय साहित्य से मिली, जिसने भारतीय राष्ट्र की परिभाषा उसकी विशिष्ट सांस्कृतिक धरोहर या सभ्यता के आधार पर करने के लिए चर्चा का एक आधार तैयार किया। यह प्राच्यवाद से भरपूर, निश्चित ही एक पुनरुत्थानवादी संवाद था और उसने एक परिकल्पित स्वर्णयुग का आह्वान किया और एक अतीतमुखी पुनर्रचित इतिहास से प्राप्त प्रतीकों का उपयोग राष्ट्रवादी भावनाओं को उभारने के लिए किया। यह उपनिवेशवाद के उस लिंग-केंद्रित संवाद का जवाब भी था, जिसने पुरुषत्व और राजनीतिक प्रभुत्व के बीच एक प्रयोजनवादी संबंध स्थापित किया था तथा उपनिवेशित समाज को "स्त्रैण" और इसलिए शासन के अयोग्य ठहराया था। इस समाज ने फिर अपने शासन के अधिकार की वैधता स्थापित करने के लिए एक परिकल्पित आर्य युग के क्षत्रियत्व में अपना पुरुषत्व साबित करने की कोशिश की।[62] जिन ऐतिहासिक पात्रों ने कभी शौर्य और साहस का परिचय दिया था, उनको राष्ट्रीय नायकों के रूप में पेश किया गया। तिलक ने अप्रैल 1896 में महाराष्ट्र में शिवाजी उत्सव का आरंभ किया और ये विचार शीघ्र ही बंगाल में भी लोकप्रिय हो गए, जहाँ राष्ट्रनायक-पूजा का एक उन्माद शुरू हो गया। उपनिवेशी नृजातिशास्त्र (ethnography) में 'सैन्य नस्लों' के रूप में प्रस्तुत किए गए मराठों, राजपूतों और सिखों को अब एक आर्य परंपरा में स्थापित करके राष्ट्रनायकों का दर्ज़ा दे दिया गया। रणजीतसिंह, शिवाजी और स्थानीय इतिहास से लिए गए प्रतापादित्य और सीताराम जैसे नायकों को, यहाँ तक कि सिराजुद्दौला को भी, राष्ट्रीय गरिमा के रक्षकों या स्वतंत्रता के शहीदों के रूप में प्रस्तुत किया गया। इस वैचारिक संवाद में विवेकानंद ने एक सुस्पष्ट हस्तक्षेप एक "वैकल्पिक पुरुषत्व" के विचार का समावेश करके किया, जो पुरुषत्व की पश्चिमी धारणाओं और आध्यात्मिक और ब्रह्मचारी संन्यास की ब्राह्मणवादी परंपरा का समन्वय था। भारी उत्साह के साथ एक व्यायाम आंदोलन का आरंभ हुआ, शारीरिक बल के विकास के लिए बंगाल के विभिन्न भागों में अखाड़ों का जन्म हुआ, पर ज़ोर आध्यात्मिक शक्ति और आत्मानुशासन पर ही रहा, जिसमें शरीर पर श्रेष्ठता का दावा किया गया, जबकि पुरुषत्व के पश्चिमी विचार में शरीर को ही प्रमुखता प्राप्त थी।[63] भारत के राजनीतिक नेता आंग्ल-सैक्सन राजनीतिक व्यवस्थाओं के विकल्प के तौर पर पीछे मुड़कर प्राचीन हिंद-आर्य राजनीतिक परंपराओं की ओर

भी देखने लगे। भारतीय परंपरा को ग्रामीण स्वशासन पर भारी बल देनेवाली तथा अधिक लोकतांत्रिक परंपरा घोषित किया गया। तर्क दिया गया कि धर्म की धारणा राजा की मनमानी की शक्ति पर रोक लगाती थी तथा यौधेय और लिच्छवी जनगणों की गणतांत्रिक परंपराओं से संकेत मिलता था कि भारतीय जनता के पास पहले से ही स्वशासन की एक शक्तिशाली परंपरा थी।[64] इसका उद्देश्य सीधे-सीधे उस उपनिवेशी और नरमपंथी तर्क की काट प्रस्तुत करना था कि ब्रिटिश शासन भारतवासियों को स्वशासन के लिए तैयार करने हेतु ईश्वर का एक वरदान था।

इस चरण में भारतीय राष्ट्रवाद का केंद्रीय विषय वास्तव में यही था। नरमपंथी चाहते थे कि भारतीय राष्ट्र का विकास आधुनिकता की तर्ज़ पर हो, लेकिन चूँकि आधुनिकता एक पश्चिमी धारणा थी, इसका अर्थ उपनिवेशी शासन को जारी रखने की पैरवी भी था। दूसरी ओर गरमपंथियों ने उपनिवेशी शासन का विरोध किया और इसलिए उन्हें एक अ-पश्चिमी शब्दावली में बात करनी पड़ रही थी।[65] उन्होंने भारतीय राष्ट्र का निरूपण भारत के सुस्पष्ट सांस्कृतिक मुहावरों में किया, जिससे एक स्वर्णयुग का स्मरण करनेवाला धार्मिक पुनरुत्थान पैदा हुआ; इसमें कभी-कभी तो उस अतीत को आँखें बंद करके स्वीकार और महिमामंडित तक किया गया। लेकिन उनका हिंदू धर्म केवल एक राजनीतिक प्रवर्ग (construct) था, जो सुनिश्चित धार्मिक विशेषताओं से निरूपित नहीं था। जैसे उन्नीसवीं सदी के अंग्रेज़ प्राचीन यूनान को अपनी सांस्कृतिक धरोहर मानते थे, वैसे ही अंग्रेज़ी शिक्षा-प्राप्त भारतवासी भी वैदिक सभ्यता की उपलब्धियों पर गर्व करते थे।[66] यह मूलतः एक "परिकल्पित इतिहास" था,[67] जिसका विशिष्ट ऐतिहासिक उद्देश्य अपने राष्ट्र को परिकल्पित करने की प्रक्रिया में लगे भारतवासियों के चुनिंदा समूह के मन में गर्व की भावना भरना था। तिलक या अरविंद जैसे कुछ नेता यह भी मानते थे कि हिंदू पुराण और इतिहास का यह उपयोग जनता तक पहुँचने और उसे अपनी राजनीति के पक्ष में लामबंद करने का बेहतरीन उपाय था। बुज़ुर्ग नरमपंथी राजनीतिज्ञों ने कांग्रेस की नीतियों और कार्यक्रमों के दायरे में इन नई प्रवृत्तियों को जगह देने से मना कर दिया और इसके कारण 1907 में सूरत अधिवेशन में कांग्रेस विभाजित हो गई।

सूरत में कांग्रेस के विभाजन (1907) की बेतुकी कहानी में जाने से पहले हम बंगाल में स्वदेशी आंदोलन के इतिहास (1905-11) पर विचार करेंगे, जिसे गरमपंथी राजनीति की सर्वोत्तम अभिव्यक्ति कहा जा सकता है। इस आंदोलन का जन्म 1905 में बंगाल विभाजन के विरोध में हुआ, जिसे लॉर्ड कर्ज़न ने इस प्रांत में राजनीतिक विरोध को नष्ट करने के लिए किया था। विजय और अधिग्रहण के कारण नए-नए क्षेत्रों की प्राप्ति के कारण, एक प्रशासनिक इकाई के रूप में बंगाल प्रेसिडेंसी का आकार बढ़ता जा रहा था। फलस्वरूप एक समय तो उसकी सीमाएँ पश्चिमोत्तर में सतलुज तक, पूर्वोत्तर में असम तक और दक्षिण-पूर्व में अरकान तक फैली हुई थीं। यह प्रेसीडेंसी वास्तव में भारी भरकम थी और इसलिए उड़ीसा में 1866 के अकाल के समय से ही बंगाल के विभाजन की आवश्यकता पर बहस होती आ रही थी। 1874 में 30 लाख की आबादी

वाला असम वास्तव में अलग कर दिया गया और सिलहट, ग्वालपाड़ा और कछार जैसे तीन बंगलाभाषी क्षेत्र भी उसमें जोड़ दिए गए। इस चरण में बंगाल को कमज़ोर करने की बजाय असम के हितों की रक्षा करना नीतिगत निर्णय के पीछे अधिक महत्त्वपूर्ण दिखाई पड़ता था।[68] उसके बाद उसका एक व्यावहारिक प्रशासनिक इकाई बनाना अंग्रेज़ों के ध्यान का केंद्र बन गया। 1892 में प्रस्ताव किया गया कि पूरी चटगाँव (चट्टोग्राम) कमिश्नरी असम में डाल दी जाए। 1896 में असम के तत्कालीन चीफ़ कमिश्नर विलियम वॉर्ड ने फिर से ढाका और मैमनसिंह ज़िलों के हस्तांतरण का प्रस्ताव किया, ताकि असम सिविल सेवा के एक अलग काडर के साथ एक लेफ़्टिनेंट गवर्नर वाला प्रांत बन सके, पर उस समय इस योजना को स्वीकार नहीं किया गया। 1897 में केवल लुशाई की पहाड़ियों को हस्तांतरित किया गया और बाकी योजना बस्ते में बंद कर दी गई।

भारत आने के बाद लॉर्ड कर्ज़न जब मार्च 1900 में असम की यात्रा पर गया, तो यह योजना फिर से जीवित की गई, क्योंकि असम-बंगाल रेलवे पर अपनी निर्भरता कम करने के लिए चाय-बागानों के यूरोपीय मालिकों ने कलकत्ता से कम दूरी पर एक पत्तन की माँग की। 1901 में बंगाल के विभाजन की आवश्यकता कहीं अधिक तात्कालिक मालूम हुई, क्योंकि उस साल जनगणना से पता चला कि बंगाल की जनसंख्या 7.85 करोड़ हो चुकी थी। भारत के क्षेत्रीय पुनर्वितरण संबंधी कार्य विवरण* (19 मई/ 1जून 1903) में कर्ज़न ने एक योजना तैयार की, जिसे 3 दिसंबर 1903 को रिज़ली पेपर्स के नाम से प्रकाशित किया गया। उसमें चटगाँव कमिश्नरी तथा ढाका और मैमनसिंह ज़िलों को असम को तथा छोटानागपुर को मध्यप्रांत को हस्तांतरित करने का प्रस्ताव किया गया था; बदले में बंगाल को मध्यप्रांत से संभलपुर और अधीनस्थ रजवाड़े तथा मद्रास प्रेसिडेंसी से ज़िला गंजाम और विशाखापत्तनम एजेंसी के इलाके मिलते। बाद के महीनों में हस्तांतरित किए जानेवाले ज़िलों की सूची को लंबा करके धीरे-धीरे योजना का विस्तार किया गया, हालाँकि यह गुप्त रूप से किया गया। अंतिम योजना भारत सचिव ब्रोडरिक के नाम कर्ज़न के 2 फरवरी 1905 के डिस्पैच में दी गई थी; ब्रोडरिक ने भी इसे किसी उचित संसदीय बहस के बिना ही हिचक के साथ स्वीकार कर लिया। बंगाल-विभाजन की औपचारिक घोषणा 19 जुलाई को की गई और तीन माह बाद, 16 अक्टूबर 1905 को लागू कर दी गई। इसका अर्थ पूर्वी बंगाल और असम नाम से एक नए प्रांत का सृजन था, जिसमें चटगाँव, ढाका और राजशाही कमिश्नरियों के सारे ज़िले तथा टिपरा पहाड़ी, मालदा और असम भी शामिल होते। नए प्रांत की जनसंख्या 3.1 करोड़ होती, जिसमें 1.8 करोड़ मुसलमान और 1.2 करोड़ हिंदू होते। जबकि बाकी बंगाल प्रांत की जनसंख्या 5.4 करोड़ होती, जिसमें 4.2 करोड़ हिंदू और 0.9 करोड़ मुसलमान होते। नए प्रांत में मुसलमान बंगाली हिंदुओं से अधिक होते तथा पुराने प्रांत में वे एक भाषायी अल्पसंख्यक होते, जिनमें हिंदी और उड़िया बोलने वालों की बड़ी संख्या होती।

* Minute on Territorial Redistribution

दोनों प्रांतों की यही जनांकिकीय (demographic) विशेषताएँ थीं जिन्होंने नए सवाल खड़े किए: क्या विभाजन वास्तव में प्रशासनिक दक्षता के लिए था? स्पष्ट है कि कर्ज़न के प्रशासन ने प्रशासनिक आधार योजना का पक्ष लिया कि इससे बंगाल सरकार का अत्यधिक प्रशासनिक बोझ कम होगा; इससे असम की समस्या भी हल होगी, जो सिविल सेवा के एक अलग काडर के साथ लेफ़्टिनेंट गवर्नर वाला प्रांत बन जाएगा; इससे भारी व्यापारिक लाभ होंगे, क्योंकि चाय बागानों और तेल व कोयला उद्योगों के हितों की रक्षा होगी; असम के बागान मालिकों को चटगाँव पत्तन के रास्ते एक सस्ता समुद्री मार्ग प्राप्त होगा; तथा वह असम-बंगाल रेलवे एक ही प्रशासन के अंतर्गत आएगी, जो पूर्वोत्तर भारत के आर्थिक विकास के लिए इस कदर महत्त्वपूर्ण थी। लेकिन, जैसा कि सुमित सरकार ने दिखाया है, ये सभी तर्क भ्रामक लगते हैं[69]; वास्तव में प्रशासनिक चिंता उपनिवेशवादी मन में 1903 तक ही सर्वप्रमुख थी, उसके बाद नहीं। विभाजन अगर शुद्ध प्रशासनिक आधारों पर होता तो सरकार ने अनेक सिविल कर्मचारियों के वैकल्पिक प्रस्तावों को स्वीकार कर लिया होता, जिनमें जनसंख्या के धार्मिक विभाजन की बजाय भाषायी विभाजन के आधार पर विभाजन करने की कहीं अधिक तार्किक योजनाओं के सुझाव दिए गए थे। लेकिन इन सभी प्रस्तावों को कर्ज़न ने राजनीतिक आधार पर अस्वीकार कर दिया कि भाषायी एकता बंगाली राजनीतिज्ञों की स्थिति को और भी मज़बूत बनाएगी। इसलिए हमें विभाजन के वास्तविक कारणों की खोज उपनिवेशी सरकार के राजनीतिक पूर्वाग्रहों में करनी चाहिए।

वास्तव में वायसरॉय बनने से पहले भी कर्ज़न की दीक्षा उपनिवेशी नौकरशाही की इन्हीं बंगाली-विरोधी भावनाओं में हुई थी, और राजनीतिक रूप से मुखर इस समुदाय को कमज़ोर करने की उस इच्छा में हुई थी, जो इस विभाजन के पीछे का प्रमुख उद्देश्य मालूम होती है। अपने 7 फ़रवरी 1904 के नोट में गृहसचिव हरबर्ट रिज़ली ने यह बात स्पष्ट कर दी थी। उसका तर्क था: "एकजुट बंगाल एक ताकत है। विभाजित बंगाल अनेक दिशाओं में आगे बढ़ेगा। यह बात एकदम सच है और इस योजना की अनेक विशेषताओं में से एक है।" कर्ज़न यह भी मानता था कि कांग्रेस को कलकत्ता से उसके "बेहतरीन सूत्रधार और ... जोशीले वक्ता" नचा रहे थे; इसलिए कलकत्ता का महत्त्व कम करने तथा कार्यकलाप और प्रभाव के वैकल्पिक केंद्रों को बढ़ावा देने पर कांग्रेस भी कमज़ोर होगी। उसका पक्का विश्वास था कि "हमारे (बंग-भंग के) प्रस्ताव के राजनीतिक लाभ की सबसे अच्छी गारंटी उस पर कांग्रेस की नापसंदगी है।"[70] विभाजन से एक उद्देश्य और भी पूरा होता। जैसा कि कर्ज़न के बाद नए वायसरॉय बननेवाले लॉर्ड मिंटो (5 फरवरी 1906) के ज्ञापन से और (पूर्वी बंगाल व असम के दूसरे लेफ़्टिनेंट गवर्नर) सर लैंसलॉट हेयर के अक्टूबर 1906 के प्रस्ताव से संकेत मिलता है, इससे बंगाली भद्रलोक का लगभग पूर्ण "वर्गीय शासन" नष्ट होता, अर्थात् भूस्वामी, साहूकार, पेशेवर और बाबू वर्गों का शासन, जो अधिकतर तीन ऊँची जातियों ब्राह्मण, कायस्थ और वैश्य जातियों के थे। शिक्षा और रोज़गार पर उनका एकाधिकार था, इतना कि दूसरे सभी

समुदाय इनसे लगभग पूरी तरह बाहर थे, और यही उनकी राजनीतिक शक्ति का मुख्य स्रोत था।[71] इसलिए भद्रलोक की शक्ति का प्रतिकारक था दूसरे समुदायों के विकास को बढ़ावा देना; इस मामले में मुसलमानों की ओर ही उपनिवेशी शासकों का ध्यान गया।

बंगाल के पूर्वी ज़िलों में मुस्लिम आबादी के भारी संकेंद्रण की ओर सबसे पहले संकेत उन्नीसवीं सदी में डॉ. फ्रांसिस बुखानन ने अपने समाजशास्त्रीय और सांख्यिकीय सर्वेक्षणों के माध्यम से किया था। 1836 में देशी भाषाओं की शिक्षा पर ऐडम की रिपोर्ट ने भी ऐसी ही जनांकिकीय संवृत्ति (phenomenon) का संकेत दिया था। 1872 में पहली जनगणना से पता चला कि बंगाल की 49.2 प्रतिशत, अर्थात् लगभग आधी आबादी मुसलमानों की थी और वे मुख्यतः पूर्वी, मध्य और उत्तरी ज़िलों में बसे हुए थे। दूसरे शब्दों में, भागीरथी नदी के साथ-साथ एक स्पष्ट भौगोलिक विभाजन मौजूद था: पूर्वी बंगाल में मुसलमानों और पश्चिमी बंगाल में हिंदुओं की प्रधानता थी, जबकि मध्य बंगाल में दोनों समुदायों के बीच एक संतुलन था। इतना ही नहीं, यह मुस्लिम आबादी बेहद ग्रामीण चरित्र वाली थी और उनमें लगभग 90 प्रतिशत लोग खेतिहर और मामूली चाकर समूहों के थे। इसलिए बहुत पहले, 1896 में कहा गया था कि एक नया पूर्वी बंगाल प्रांत काफ़ी बड़ी मुस्लिम आबादी को एकजुट करेगा और अविभाजित बंगाल में अल्पसंख्यक हिंदुओं की राजनीतिक रूप से खतरनाक स्थिति को कमज़ोर करेगा। ढाका में फ़रवरी 1904 में दिए गए भाषण में कर्ज़न ने इस नीति को और भी दोटूक ढंग से निरूपित किया था: नए पूर्वी बंगाल प्रांत में मुसलमानों के बीच ऐसी एकता होगी, जो पहले के मुस्लिम शासन के बाद उनमें कभी नहीं रही। विभाजन की योजना के आखिरी मसविदे में भी, जिसे सितंबर 1904 में तैयार किया गया था, इस बात पर ज़ोर दिया गया था कि नए प्रांत का मुख्यालय ढाका कालक्रम में ऐसी प्रांतीय राजधानी बनेगा, जिसमें मुसलमानों के हित प्रधान नहीं भी होंगे तो उनका ज़बरदस्त प्रतिनिधित्व होगा।[72] इसलिए हैरानी नहीं कि पूर्वी बंगाल के मुसलमान धीरे-धीरे विभाजन की योजना के पक्ष में आ गए।

वास्तव में बंगालियों को बाँटने और कमज़ोर करने की बजाय विभाजन ने उनको एक बंग-भंग विरोधी आंदोलन के माध्यम से और भी एकजुट कर दिया। वास्तव में कर्ज़न के प्रशासन ने जिस चीज़ को अनदेखा किया था वह थी उभरती हुई बंगाली पहचान, जो संकीर्ण हितबद्ध समूहों, वर्गों से और क्षेत्रीय बाधाओं से भी ऊपर उठ चुकी थी। पहले से अधिक भौगोलिक गतिशीलता, उन्नीसवीं सदी में एक साहित्यिक भाषा के क्रमिक विकास और क्षेत्रीय समाचारपत्रों जैसे संचार के आधुनिक साधनों ने ऐसी क्षैतिज एकजुटता (horizontal solidarity) के लिए पहले ही एक शक्तिशाली तत्त्व पैदा कर रखा था। सदी के परिवर्तन के समय प्रांत की आर्थिक दशा ने भी तनाव की स्थिति पैदा कर दी थी। 1890 के दशक के अकालों और महामारियों ने दैव-विहित ब्रिटिश शासन में पहले वाली आस्था को चूर कर दिया था। शिक्षित बंगालियों के लिए कम होते अवसरों और बीसवीं सदी के आरंभिक वर्षों में साल-दर-साल खराब फ़सल के कारण बढ़ते दामों ने मध्य वर्गों का जीवन दूभर कर दिया था। ऐसे मोड़ पर विभाजन ने बंगाली समाज

को तोड़ने की बजाय एक "स्वदेशी गठबंधन" को जन्म दिया; इसके लिए उसने कलकत्ता के नेताओं और पूर्वी बंगाल में उनके अनुयायियों की राजनीतिक एकता को और पुष्ट किया, जो रजत रे के शब्दों में "बंगाली समाज के राजनीतिक ढाँचे में एक क्रांति से कम नहीं" थी।[73] विभाजन विरोधी आंदोलन आरंभ तो 1903 में हो चुका था, लेकिन विभाजन की योजना के 1905 में अंततः घोषित और लागू किए जाने के बाद वह और भी मज़बूत, और भी संगठित हो गया। आरंभिक उद्देश्य विभाजन को रद्द कराना था, लेकिन जल्द ही वह एक अधिक व्यापक आधार वाला आंदोलन बन गया, जिसे स्वदेशी आंदोलन कहते हैं और जिसने व्यापक राजनीतिक और सामाजिक प्रश्नों को उठाया। सुमित सरकार (1973) ने बंगाल के स्वदेशी आंदोलन में चार प्रमुख प्रवृत्तियों की पहचान की है: नरमपंथी प्रवृत्ति, रचनात्मक स्वदेशी, राजनीतिक गरमपंथ और क्रांतिकारी आतंकवाद। उनका तर्क है कि इन प्रवृत्तियों को कालों में बाँटना संभव नहीं है, क्योंकि ये सभी प्रवृत्तियाँ इस काल में कमोबेश साथ-साथ उपस्थित थीं।

यहाँ सुमित सरकार की प्रस्तुति का संक्षेप इस प्रकार होगा: नरमपंथी 1903 में विभाजन की योजना की घोषणा के बाद से ही उसकी आलोचना करने लगे थे। यह मानकर कि अंग्रेज़ प्रार्थनापत्रों, ज्ञापनों और जनसभाओं के माध्यम से प्रस्तुत उनके तर्कों को सुनेंगे, उन्होंने आरंभिक चरण में ही उस योजना को संशोधित करने के प्रयास किए। लेकिन जब वे इसमें सफल नहीं हुए और 1905 में विभाज़न की योजना की घोषणा कर दी गई, तो उन लोगों ने एक संकीर्ण आंदोलन को एक व्यापकतर स्वदेशी आंदोलन में बदलने की प्रथम पहल की। वे पहली बार अपनी परंपरागत राजनीतिक विधियों से आगे बढ़े और कलकत्ता में 17 जुलाई 1905 को एक जनसभा में सुरेंद्रनाथ बनर्जी ने अंग्रेज़ी मालों और संस्थाओं के बहिष्कार का आह्वान किया। कलकत्ता टाउनहॉल में 7 अगस्त की एक अन्य जनसभा में बहिष्कार का एक औपचारिक प्रस्ताव पारित किया गया, जो स्वदेशी आंदोलन का आरंभ बिंदु था। यह पहला अवसर था जब नरमपंथियों ने जनता के पढ़े-लिखे वर्गों के अलावा दूसरों को भी लामबंद करने की पहल की, उनमें से कुछ ने राष्ट्रीय शिक्षा के आंदोलन में भाग लिया, और कुछ तो मज़दूरों की हड़तालों तक में शामिल हुए। लेकिन उनका राजनीतिक दर्शन वही रहा और उन्होंने विभाजन को रद्द कराने के लिए केवल ब्रिटिश संसद पर दबाव डालने की कोशिशें कीं; उन्होंने बहिष्कार की परिकल्पना राष्ट्रीय अर्थव्यवस्था के पुनर्जन्म की ओर एक चरण के रूप में या सविनय अवज्ञा आंदोलन चलाने के लिए नहीं की। इसकी प्रतिक्रिया में एक नई प्रवृत्ति का आरंभ हुआ, जिसमें स्वावलंबन, गाँव स्तर पर संगठन तथा विदेशी मालों और संस्थाओं के स्वदेशी विकल्प के विकास के लिए रचनात्मक कार्यक्रमों पर ज़ोर दिया गया था। जैसा कि सरकार ने दिखाया है, 1905 तक इस गरमपंथी प्रवृत्ति में भी दो प्रमुख धाराएँ नज़र आने लगी थीं: अराजनीतिक रचनात्मक स्वदेशी, जिसमें आत्मविकास के प्रयासों पर भारी ज़ोर दिया जाता था और राजनीतिक गरमपंथ, जिसमें सविनय अवज्ञा पर ज़ोर दिया जाता था।

आरंभ में बंगाल के गरमपंथी रचनात्मक कार्यक्रम की ओर अधिक झुके हुए थे, जिसमें दैनिक जीवन की आवश्यक वस्तुओं के निर्माण, राष्ट्रीय शिक्षा, पंचायती अदालतों और ग्राम संगठन के अपरिपक्व प्रयास शामिल थे। प्रदर्शनियों और दुकानों के जरिये स्वदेशी मालों की बिक्री के प्रयास 1890 के दशक से ही किए जाने लगे थे। बंगाल केमिकल का आरंभ 1893 में एक स्वदेशी उद्यम के रूप में हुआ था और फिर 1901 में चीनी मिट्टी की वस्तुओं के उत्पादन के लिए एक और कारखाना खोला गया था। सतीशचंद्र मुखर्जी के भागवत चतुष्पदी (1895), डॉन सोसायटी (1902–07), ब्रह्मबांधव उपाध्याय के सारस्वत आयतन (1902) और रवींद्रनाथ ठाकुर के शांतिनिकेतन आश्रम (1901) के साथ राष्ट्रीय शिक्षा के आंदोलन का आरंभ हो चुका था। राजनीतिक आंदोलन के आरंभ से पहले अराजनीतिक रचनात्मक कार्यक्रमों पर या एक आत्मवर्धक आंदोलन पर बल दिया जा रहा था, जिसमें धार्मिक पुनरुत्थानवाद को महत्त्व दिया जाता था, क्योंकि आशा की जाती थी कि हिंदू धर्म पूरे राष्ट्र के लिए एकता का सूत्र बनेगा। रवींद्रनाथ ठाकुर इस रचनात्मक स्वदेशी के प्रमुख चिंतक बनकर सामने आए, हालाँकि उनकी रचनाओं में पुनरुत्थानवादी विचार केवल 1901 और 1906 के बीच दिखाई देते हैं। अपने 1904 में दिए गए भाषण "*स्वदेशी समाज*" में उन्होंने **आत्मशक्ति** का रचनात्मक कार्यक्रम सामने रखा और जुलाई 1905 के बाद यही पूरे बंगाल का मूलमंत्र बन गया; कपड़ा कारखानों और हथकरघों, माचिस और साबुन के कारखानों तथा चमड़ा के कारखानों जैसे स्वदेशी उद्यम हर जगह खड़े होने लगे। राष्ट्रीय विद्यालयों की स्थापना के बाद और अगस्त 1906 में बंगाल नेशनल कॉलेज एंड स्कूल की स्थापना के बाद राष्ट्रीय शिक्षा का आंदोलन आगे बढ़ा। ज़िला बाकरगंज की स्वदेश बांधव समिति ने अगस्त 1906 तक अपनी 89 मध्यस्थता समितियों के माध्यम से 523 विवादों के निबटारे का दावा किया।

सन् 1906 के आसपास ही इस प्रवृत्ति की आलोचना अरविंद घोष, विपिनचंद्र पाल और ब्रह्मबांधव उपाध्याय जैसे राजनीतिक गरमपंथियों द्वारा की जाने लगी, जिनका तर्क था कि स्वतंत्रता के बिना राष्ट्रीय जीवन का कोई पुनर्जीवन संभव नहीं। इसके बाद से आंदोलन एक नया मोड़ लेने लगा। अब केवल विभाजन की निरस्ति उसका लक्ष्य नहीं रहा, बल्कि उसका लक्ष्य पूर्ण स्वाधीनता या स्वराज का हो गया, और इस अर्थ में इस आंदोलन को किसी भी तरह संकीर्ण बंगाली उपराष्ट्रवाद की अभिव्यक्ति नहीं माना जा सकता। इस चरण में उसके कार्यक्रम में चार बातें शामिल थीं: अंग्रेज़ी वस्तुओं और संस्थाओं का बहिष्कार, उनके स्वदेशी विकल्पों का विकास, अन्यायपूर्ण कानूनों का उल्लंघन और ब्रिटिश दमन के कारण आवश्यक हो तो हिंसक आंदोलन। जैसा कि सुमित सरकार का कथन है, यह गांधी के कार्यक्रम का पूर्वाभ्यास था, इसमें उनका अहिंसा पर दिया जाने वाला ज़ोर शामिल नहीं था। इस राजनीतिक कार्यक्रम के लिए स्पष्ट है कि जनता की लामबंदी की आवश्यकता थी और अरविंद घोष जैसे नेताओं ने जनता तक पहुँचने के लिए धर्म का सहारा लिया। इसलिए धार्मिक पुनरुत्थानवाद इस नई राजनीति

की एक प्रमुख विशेषता था। स्वदेशी के स्वयंसेवकों के लिए *भगवद्गीता* आध्यात्मिक प्रेरणा की स्रोत बन गई और जनता को लामबंद करने के लिए अक्सर हिंदू धार्मिक प्रतीकों का, खासकर **शाक्त** के बिंब का, उपयोग किया जाने लगा। लेकिन जैसा कि बारबरा सदर्द (1980) ने दिखाया है, इसने मुसलमानों को पराया बना दिया और यह निम्नजातियों के किसानों को भी आकर्षित करने में असफल रही, जिनमें से अनेक किसान **वैष्णव** थे।

**समितियों** का गठन जनता की लामबंदी का दूसरा ढंग था। 1909 में पाँच प्रमुख समितियों पर प्रतिबंध लगने से पहले वे लामबंदी के विभिन्न रूपों का उपयोग कर रहीं थीं, जैसे नैतिक और शारीरिक प्रशिक्षण, परमार्थ कार्य, स्वदेशी के संदेश का प्रचार, स्वदेशी दस्तकारियों, शिक्षा, मध्यस्थता की अदालतों आदि का गठन। लेकिन जनता की लामबंदी के ये प्रयास आखिरकार असफल रहे, क्योंकि इन समितियों की सदस्यता कभी शिक्षित भद्रलोक की कतारों से आगे नहीं बढ़ी और सवर्ण हिंदू कुलीनों के इस नेतृत्व ने अकसर अपने बल का प्रयोग करके निचली जातियों के किसानों को विमुख किया। और सहारा भी केवल शारीरिक बल का नहीं लिया गया; स्वदेशी के नेताओं ने प्रशासन से सहयोग करनेवालों को दंड देने या हिचकनेवाले भागीदारों को सहमत करने के लिए जातिगत संगठनों, पेशेवर संगठनों और राष्ट्रवादी संगठनों के माध्यम से बेझिझक सामाजिक बलप्रयोग या सामाजिक बहिष्कार का सहारा लिया।[74] अकसर भागीदारों की झिझक का कारण यह होता था कि उनका प्रतिनिधित्व करने का दावा करनेवाले नेताओं के हित उनके हितों से भिन्न होते थे। स्वदेशी माल अकसर ब्रिटिश मालों से अधिक महँगे होते थे, राष्ट्रीय स्कूलों की संख्या पर्याप्त नहीं थी। इसके अलावा, निचली जातियों के कुछ किसानों में, जैसे उत्तरी बंगाल के राजवंशियों और पूर्वी बंगाल के नामशूद्रों में, उस समय तक सामाजिक गतिशीलता और आत्मसम्मान की आकांक्षाओं का जन्म हो चुका था, जिनको किसी सामाजिक कार्यक्रम से वंचित स्वदेशी आंदोलन महत्त्व देने में, बल्कि स्वीकार करने तक में असफल रहा।[75] स्वदेशी-समर्थकों का जनता की लामबंदी का दूसरा ढंग मज़दूरों की हड़तालों का आयोजन करना था, खासकर विदेशी मालिकों वाली कंपनियों में। लेकिन इस बारे में भी सफ़ेदपोश राष्ट्रवादी श्रमिकों में ही अपनी पैठ बना सके, जबकि हिंदुस्तानी (उत्तर भारतीय) मज़दूरों का और बागान मज़दूरों का भी विशाल समूह ऐसे राष्ट्रवादी प्रयासों से अछूता रहा।[76] जनता की लामबंदी की यह असफलता ही इसका मुख्य कारण थी कि बहिष्कार का आंदोलन भारत में ब्रिटिश आयातों को प्रभावित नहीं कर सका।[77] 1908 तक राजनीतिक गरमपंथ निश्चित ही अवसान पर था और क्रांतिकारी राष्ट्रवाद के उदय के लिए रास्ता बना चुका था। लेकिन 1907 का सूरत विभाजन इस अवसान में निश्चित ही योगदान करने वाला एक तत्त्व रहा।

1906-07 के अखिल भारतीय राजनीतिक गठजोड़ों को कम से कम दिशाभ्रम के शिकार तो कहा ही जा सकता है। बंगाल के नरमपंथी बंबई के नरमपंथी दल के साथ

अपने संबंधों को महत्त्व देते थे, पर स्थानीय राजनीति ने उन पर एक अधिक अतिवादी कार्यक्रम लाद दिया; उन्होंने पूरे दिल से विभाजन की भर्त्सना की तथा बहिष्कार, स्वदेशी और राष्ट्रीय शिक्षा का समर्थन किया। इन अतिवादी प्रवृत्तियों को बंबई के नेता जैसे फ़ीरोज़शाह मेहता, दिनशा वाचा या गोखले सराहने में एकदम असमर्थ रहे। दूसरी ओर, गैर-बंगाली गरमपंथियों में लाला लाजपत राय स्पष्ट रूप से संयम के पक्ष में थे तथा नरमपंथियों और गरमपंथियों के बीच मेल चाहते थे। तिलक भी टकराव के पक्ष में नहीं थे; पंजाब के सिर्फ़ अजितसिंह ही किसी समझौते के कट्टर विरोधी थे। लेकिन 1906-07 में अखिल भारतीय राजनीति का वास्तविक मुद्दा यह था कि बंगाल में स्वदेशी आंदोलन से उत्पन्न अतिवादी वृत्ति को एक अखिल भारतीय सतह पर कांग्रेस की राजनीति में कहाँ तक खपाया जा सकता था। 1905 के अंत तक भी संयुक्त प्रांत के 23, पंजाब के 20, मद्रास प्रेसिडेंसी के 13 ज़िलों से, बंबई प्रेसिडेंसी के 24 और मध्य प्रांत के 15 नगरों से राजनीतिक असंतोष की रिपोर्टें मिल चुकी थीं; रावलपिंडी और लाहौर से व्यापक खेतिहर दंगों की खबरें आ चुकी थीं।[78] पूना में प्लेग (plague) और सरकार के हस्तक्षेपवादी, रोगरोधक कदमों ने ऐसी राजनीतिक भावनाएँ भड़का रखी थीं, जिन्होंने सार्वजनिक जीवन को अतिवादी मोड़ दिया—हालाँकि अभी भी यह सब कुलीनों के स्तर तक ही था—और गोखले व तिलक के बीच मनमुटाव को और बढ़ाया।[79] बंगाल के गरमपंथियों ने महाराष्ट्र के तिलक गुट से संपर्क किया और कांग्रेस के कलकत्ता अधिवेशन (1906) में उसके कार्यक्रम को एक नई दिशा देने की कोशिश की। यहाँ गोखले के विरोध और मेहता के जोड़-तोड़ के बावजूद उन्होंने बंगाल के नरमपंथियों की सहायता से एक शानदार सफलता पाई। चार प्रस्ताव—बहिष्कार, स्वदेशी, राष्ट्रीय शिक्षा और स्वराज के पक्ष में पारित हुए, और बंग-भंग की निंदा की गई। तिलक को नेता बनाकर यहीं गरमपंथी दल ने जन्म लिया और उसका मुख्य लक्ष्य कलकत्ता के चारों प्रस्तावों को यथावत रखना था, जिन्हें कांग्रेस के अगले अधिवेशन में बदलवाने के लिए बंबई के नरमपंथी कृतसंकल्प थे।[80]

कांग्रेस का 1907 का सत्र पूना में होनेवाला था, जो गरमपंथियों का गढ़ था। इसलिए नरमपंथियों ने सत्र का स्थान बदलकर सूरत कर दिया। निर्वासित किए गए लाला लाजपत राय तब तक मांडले से वापस आ चुके थे और अगले कांग्रेस अध्यक्ष के रूप में उनका नाम गरमपंथियों ने प्रस्तावित किया, जबकि नरमपंथ के उम्मीदवार रासबिहारी घोष थे। लेकिन लाजपत राय ने, जो विभाजन नहीं चाहते थे, उम्मीदवार बनने से इनकार कर दिया और इसलिए दोनों विरोधी गुटों के बीच टकराव आखिर घटकर कलकत्ता के चारों प्रस्तावों को बनाए रखने या रद्द करने के सवाल तक सीमित रह गया। फ़ीरोज़शाह मेहता ने इन प्रस्तावों को कांग्रेस की कार्यसूची से बाहर रखने का षड्यंत्र रचा, जबकि इन प्रस्तावों को न रखे जाने पर गरमपंथियों ने रासबिहारी घोष की उम्मीदवारी के विरोध का निर्णय किया। बंगाल में कांग्रेस पहले ही विभाजित थी तथा मेदिनीपुर ज़िला सम्मेलन के अवसर पर सुरेंद्रनाथ बनर्जी और अरविंद घोष ने समानांतर अधिवेशन किए थे। फिर

भी बनर्जी ने कांग्रेस की एकता बनाए रखने के लिए पहल की तथा तिलक और गोखले के बीच समझौता कराने की कोशिश की, हालाँकि उन्हें सफलता नहीं मिली। सूरत में कांग्रेस के खुले सम्मेलन का समापन रासबिहारी घोष के चुनाव के सवाल पर एक हंगामे के साथ हुआ, जब जूते चले, कुर्सियाँ टूटीं और छिपने के लिए लोग इधर-उधर भागने लगे। तिलक इस घटना के बाद भी कांग्रेस की एकता बहाल करने के पक्ष में थे, पर मेहता अड़े हुए थे और उन्होंने गरमपंथी तत्त्वों को बाहर निकालकर पार्टी का पुनर्गठन करना चाहा, जो उन्होंने इसके बाद आयोजित इलाहाबाद कनवेंशन में किया भी। 1908 की कांग्रेस में, जिसे मेहता कांग्रेस कहा गया, केवल नरमपंथी आए, जिन्होंने राज के प्रति अपनी निष्ठा फिर दोहराई। राजनीति का बंगाल मॉडल आखिर अस्वीकार कर दिया गया।[81] इस चरण में कांग्रेस निश्चित ही कमज़ोर हुई और अप्रभावी बन गई। दूसरी ओर गरमपंथी राजनीति भी कोई एक नए राजनीतिक संगठन का रूप न ले सकी, क्योंकि कुछ ही समय बाद तिलक गिरफ़्तार करके मांडले जेल भेज दिए गए और अरविंद घोष का रुझान अध्यात्म की ओर अधिक हो गया। दोनों गुट 1916 के लखनऊ अधिवेशन में फिर एक हुए और कांग्रेस को नई शक्ति तब मिली, जब 1919 में गांधी ने उसका नेतृत्व सँभाला।

जहाँ तक बंगाल का सवाल था, 1908 तक राजनीतिक स्वदेशी आंदोलन निश्चित ही अवसान पर था और उसकी जगह एक और प्रवृत्ति ने, अंग्रेज़ अफ़सरों और उनके भारतीय सहयोगियों के विरुद्ध व्यक्तिगत हमलों की प्रवृत्ति ने ले ली थी। जैसा कि सुमित सरकार (1973) कहते हैं, इसका अर्थ अहिंसा से हिंसा की ओर, जनता की कार्रवाई से कुलीनों की कार्रवाई की ओर संक्रमण था, जिसकी आवश्यकता जनता को लामबंद न कर पाने की असफलता से पैदा हुई थी। राजनीतिक प्रतिरोध के एक ढंग के तौर पर हिंसा की संस्कृति भारत में, 1857 के विद्रोह के दमन के बाद भी, हमेशा मौजूद रही। महाराष्ट्र में 1876-77 में वासुदेव बलवंत फड़के ने अपने साथ रामोशी और दूसरे पिछड़े वर्गों का एक दल जमा कर लिया था और अंग्रेज़ों के विरुद्ध एक हथियारबंद बगावत की और भी भारी-भरकम योजना हेतु पैसा जमा करने के लिए उनसे डाके डलवाने लगे थे। वे 1879 में गिरफ़्तार करके अदन भेज दिए गए, जहाँ वे गुमनामी की मौत मरे।[82] लेकिन शारीरिक व्यायाम के आंदोलन और युवा क्लबों के गठन ने महाराष्ट्र में क्रांतिकारी प्रवृत्ति को जारी रखा; इनमें सबसे विख्यात क्लब पूना में चापेकर भाइयों अर्थात् दामोदर और बालकृष्ण का क्लब था। लेकिन इससे भी आगे बढ़कर उन्होंने 1897 में पूना के प्लेग आयोग के बदनाम प्रमुख डब्ल्यू. सी. रैंड की हत्या कर दी, जो प्लेग के मरीज़ों की पहचान के लिए घर-घर तलाशी के दौरान सिपाहियों के अत्याचारों के लिए कथित रूप से ज़िम्मेदार था। दोनों चापेकर बंधु गिरफ़्तार करके फिर फाँसी चढ़ा दिए गए, पर उनकी परंपरा जारी रही।[83] बंगाल में राष्ट्रवादी आंदोलन का विकास इसी तर्ज़ पर 1860 और 1870 के दशकों से ही होता आ रहा था, जब शारीरिक व्यायाम आंदोलन का उन्माद छाया हुआ था और जिन चीज़ों को स्वामी विवेकानंद ने मज़बूत

पसलियाँ और लोहे की नसें कहा था, उनके विकास के लिए हर जगह **अखाड़े** कायम होने लगे थे। जैसा कि कहा जा चुका है, उपनिवेशवाद ने बंगालियों के स्त्रैण होने की जो छवि कायम कर दी थी, यह सब उससे बाहर निकलने का एक मनोवैज्ञानिक प्रयास था। उनकी मर्दानगी की प्रतीकात्मक पुनर्स्थापना और शूरवीरों की तलाश, शरीर पर नियंत्रण पाने, राष्ट्रीय गर्व की एक भावना विकसित करने तथा बंकिम और विवेकानंद के बताए आदर्शों के आधार पर सामाजिक सेवा की एक भावना जगाने के लिए नैतिक और आध्यात्मिक प्रशिक्षण के एक वृहत्तर कार्यक्रम के अंग थीं।[84]

वास्तव में बंगाल में क्रांतिकारी राष्ट्रवाद की कथा का आरंभ 1902 में हुआ, जब चार समितियों की स्थापना हुई–तीन कलकत्ता और एक मेदिनीपुर में। पहली 1902 में गठित मेदिनीपुर समिति थी और उसके बाद बालीगंज सर्कुलर रोड, कलकत्ता में सरल घोषाल के अखाड़े की, मध्य कलकत्ता के कुछ युवकों द्वारा आत्मोन्नति समिति की और मार्च 1902 में सतीशचंद्र बसु द्वारा अनुशीलन समिति की स्थापना हुई। 1905 तक इस आंदोलन की प्रगति बहुत धीमी रही, पर उस साल स्वदेशी आंदोलन के आरंभ ने गुप्त संगठनों की कार्रवाईयों में तेज़ी ला दी। पुलिन बिहारी दास की पहल पर अक्टूबर 1906 में ढाका अनुशीलन समिति की स्थापना हुई। उसके बाद दिसंबर में क्रांतिकारियों का एक अखिल बंगाल सम्मेलन हुआ और उसी साल *युगांतर* नाम से एक क्रांतिकारी साप्ताहिक का प्रकाशन आरंभ हुआ। कलकत्ता की अनुशीलन समिति के अंदर बारींद्र कुमार घोष (अरविंद घोष के भाई), हेमचंद्र कानूनगो और प्रफुल्ल चाकी के नेतृत्व में एक समूह ने जल्द ही कार्रवाइयाँ शुरू कर दीं। धन जमा करने के लिए पहला स्वदेशी डाका अगस्त 1906 में रंगपुर में पड़ा और मानिकतला (कलकत्ता) में एक बम कारखाना शुरू किया गया। दमनकारी अफ़सरों और जासूसों की हत्या के प्रयास, उन धनवान साहा सौदागरों के घरों में डाके जो पहले विदेशी मालों का व्यापार बंद करने से इनकार कर चुके थे, 1907-08 के बाद क्रांतिकारी गतिविधियों के प्रमुख रूप बन गए। लेकिन 30 अप्रैल 1908 को मुज़फ़्फ़रपुर में खुदीराम बोस और प्रफुल्ल चाकी द्वारा प्रेसिडेंसी मजिस्ट्रेट किंग्सफ़ोर्ड की जान लेने की असफल कोशिश के बाद जब अरविंद घोष और बारींद्र घोष समेत मानिकतला वाले दल के सारे सदस्य गिरफ़्तार हो गए, तो ऐसे क्रांतिकारी कार्यों को गहरा धक्का लगा।[85]

प्रत्यक्ष लाभ की दृष्टि से क्रांतिकारियों की उपलब्धि नगण्य रही; उनके अधिकांश प्रयास या तो असफल हो गए या बना दिए गए। उधर वे स्वयं भी यह नहीं मानते थे कि केवल हत्याओं या डकैतियों से भारत स्वतंत्र हो सकेगा; अरविंद का मूल विचार एक खुली सशस्त्र क्रांति की तैयारी करने का था। पर फिर भी उनकी काफ़ी उपलब्धियाँ रहीं। खुदीराम की फाँसी और मानिकतला बम षड्यंत्र मुकदमे ने, जिनको प्रेस ने प्रचारित किया और लोकगीतों ने अमर बना दिया, पूरी बंगाली जनता की सोच को प्रेरित किया। चित्तरंजन दास, जो अभी भी एक साधारण बैरिस्टर थे, अरविंद के बचाव के लिए खड़े हुए और उनका तर्क था कि अगर स्वतंत्रता के सिद्धांत का प्रचार अपराध है तो मुलज़िम

निश्चित रूप से अपराधी है। हरेक को आश्चर्य हुआ कि अरविंद तो रिहा कर दिए गए, पर बारींद्र और उल्लासकर दत्त को मौत की सज़ा सुनाई गई और दस अन्य लोगों को उम्रकैद की सज़ा मिली। अपील के बाद मौत की सज़ा को उम्रकैद में बदल दिया गया; कुछ दूसरी सज़ाएँ भी कम की गईं। उसके बाद यह आंदोलन भूमिगत और विकेंद्रीकृत हो गया, पर समाप्त नहीं हुआ। अब तक क्रांतिकारी गतिविधियां जनमानस में वैधता पा चुकी थी और अनेक लोग मानते थे कि यह नरमपंथियों की याचना की नीतियों का एक प्रभावी विकल्प था। 1909 में जब मॉर्ले-मिंटो सुधारों की घोषणा हुई, तो अनेक लोगों ने यही समझा कि यह क्रांतिकारी कार्यों से पैदा हुए डर का परिणाम था।[86] जैसा कि एक इतिहासकार का तर्क है, वायसरॉय की कार्यकारी परिषद में विधि सदस्य के रूप में लॉर्ड एस. पी. सिन्हा की नियुक्ति निश्चित ही क्रांतिकारी कार्यों से पैदा दबाव का परिणाम थी। स्वयं बंगाल के विभाजन को ही 1911 में निरस्त कर दिया गया, और भले ही इसे जॉर्ज पंचम की "ताजपोशी के तोहफ़े" के रूप में पेश किया गया हो, यह कदम ऐसे दबावों से एकदम असंबद्ध तो नहीं ही रहा होगा।[87] लेकिन दूसरी प्रशासनिक सोच भी थी। इनमें सबसे महत्त्वपूर्ण था राजधानी का कलकत्ता से दिल्ली में स्थानांतरण; और इस कदम को सही ठहराने की ज़रूरत निश्चित ही थी।[88] इसी के साथ भारत की राष्ट्रीय राजनीति में बंगाल का वर्चस्व समाप्त हो गया। कर्ज़न का बंगाली राजनीतिज्ञों को कमज़ोर करने का प्रयोजन अब दूसरे तरीके और कम प्रतिरोध के साथ पूरा हुआ।

विभाजन की निरस्ति मात्र से क्रांतिकारी आंदोलन नहीं रूका, क्योंकि हिंसा केवल विभाजन की उपज नहीं थी। अब गतिविधियों के केंद्र पंजाब और संयुक्त प्रांत हो गए, जहाँ बंगाली क्रांतिकारियों से उत्तरी अमेरिका से वापस आनेवाले पंजाबी आ मिले, जिन्होंने अमेरिका में क्रांतिकारी गदर पार्टी की स्थापना की थी। उन्होंने धन जमा करने के लिए पूरे उत्तर भारत में डाके डाले और 1912 में वायसरॉय लॉर्ड हार्डिंग्ज़ की हत्या का असफल प्रयास किया। सितंबर 1914 में जहाज़ *कामागाटा मारू* पर सवार गदर पार्टी के पंजाबियों का कलकत्ता के पास बजबज में सेना से टकराव हुआ। पहले विश्वयुद्ध के आरंभ के बाद जर्मनी या जापान की सहायता से भारतीय सेना में हथियारबंद विद्रोहों के आयोजन की और भी लंबी-चौड़ी योजनाएँ बनाई जाने लगीं। लाहौर में कार्यरत रासबिहारी बोस ने पूरे उत्तर भारत में एक सशस्त्र विद्रोह के आयोजन का प्रयास किया, लेकिन वे सैनिकों से कोई समर्थन न पा सके और अंततः भागकर जापान चले गए। बंगाल में जतीन मुखर्जी के नेतृत्व में संगठित क्रांतिकारियों ने जर्मनी से गुपचुप हथियार मँगाने का प्रयास किया, पर यह अपरिपक्व प्रयास आखिर बालासोर (उड़ीसा) में ब्रिटिश पुलिस के साथ एक असमान लड़ाई के साथ समाप्त हुआ। इस काल में नए युद्धकालीन भारत रक्षा कानून (डिफ़ेंस ऑफ़ इंडिया ऐक्ट 1915) के मनमाने प्रयोग के साथ सरकार के असीमित दमन ने हिंसात्मक हमलों में अधिकाधिक कमी की।[89] लेकिन क्रांतिकारी हिंसा का भूत एकदम से नहीं भागा और इसके डर से सिडीशन कमिटी ने 1918 में निर्मम रौलट बिल्स (Rowlatt Bills) तैयार किए, जिनके बाद महात्मा गांधी सक्रिय हो

उठे और उन्होंने भारतीय राजनीति में एक नए चरण का आरंभ किया। हिंसा से अहिंसा और कुलीनों की कार्रवाई से जनता की कार्रवाई की ओर संक्रमण इस चरण का केंद्रीय तत्त्व था।

## 5.4 मुस्लिम राजनीति और मुस्लिम लीग की स्थापना

मुख्यधारा के उस भारतीय राष्ट्रवाद को, जो भारतीय राष्ट्रीय कांग्रेस के तत्वाधान में विकसित हो रहा था और जो, जैसा कि हम देख चुके हैं, फल-फूल रहे हिंदू राष्ट्रवाद से अपना अलगाव बनाए रखने में असफल रहा, उसे सबसे पहली चुनौती मुसलमानों से मिली। लेकिन उन्नीसवीं सदी के अंतिम वर्षों में मुसलमान किसी भी तरह से एक स्पष्ट राजनीतिक विचार से लैस एक समरस समुदाय नहीं थे। रजवाड़ों समेत पूरे भारत में उनकी आबादी 1881 में कुल आबादी की 19.7 प्रतिशत थी, पर उनकी आबादी के वितरण में राजनीतिक अंतर थे। संयुक्त प्रांत में वे अल्पमत में थे, आबादी के 13 प्रतिशत से थोड़े से ही अधिक, पर दूसरी ओर पंजाब में वे बहुमत में थे, पूरी आबादी के 51 प्रतिशत से थोड़े से अधिक थे।[90] 1872 की जनगणना के बाद बंगाल में हर कोई यह जानकर हैरान रह गया कि मुसलमान कुल आबादी में लगभग आधे (49.2 प्रतिशत) थे।[91] जनांकिकीय विशेषताओं में इन असमानताओं के अलावा उपमहाद्वीप में फैले हुए मुस्लिम समुदाय की स्थिति और संरचना में दूसरे महत्त्वपूर्ण भेद भी थे, जैसे सबसे अहम तो पंथ के (शिया-सुन्नी के) भेद थे, फिर उनके बीच भाषायी बाधाएँ (barriers) और आर्थिक विषमताएँ भी थीं। प्रशासनिक प्रबंध के लिए देसी समाज का निरूपण करते हुए उपनिवेशी अधिकारियों ने ऐसी जनांकिकीय असंगतियों और स्थिति (states) की विविधताओं को अनदेखा किया था। इसी तरह दक्षिण एशियाई इस्लाम के दार्शनिक रुझानों के और भी सूक्ष्म क्षेत्रीय भेदों को भी अनदेखा किया गया और एक समरस "धार्मिक-राजनीतिक समुदाय" का बिंब गढ़ा गया। मुशीरुल हसन लिखते हैं कि मुस्लिम आबादी का एक भाग भी "अपने आपको एकजुट, समरस और हिंदुओं से अलग उपनिवेशी छवि में देखने लगा।" उन्होंने ऐसे मिथकों को एक मुस्लिम सामुदायिक पहचान तैयार करने के लिए और फैलाना शुरू कर दिया और इसी पहचान ने बाद में और बढ़कर मुस्लिम राष्ट्र (nationhood) का रूप ले लिया।[92]

यह सच है कि उन्नीसवीं सदी के अंतिम वर्षों में राजनीतिक रंग में रँगी एक मुस्लिम समुदायिक पहचान का विकास पूरी तरह, ऊपर से होने वाली पहल के उत्तर में नहीं हुआ। पर फिर भी हमें उस सामाजिक संरचना के नए संस्थागत ज्ञान को ध्यान में रखना होगा जो उपनिवेशी शासन ने दिया, और उस नए सार्वजनिक कार्यक्षेत्र को ध्यान में रखना होगा, जो उस शासन ने ऐसे सांस्कृतिक निरूपणों के लिए संदर्भ तैयार करते हुए पैदा किया, जिनको आगे चलकर बहुत आसानी से व्यापकतर राजनीतिक कार्यक्रमों से जोड़ा जा सका। भारतीय समाज के उपनिवेशवादी संज्ञान (colonial cognition) का प्रमुख आधार था "विभेदीकरण" का विषय,[93] जिसे विभिन्न आधिकारिक नृजातिशास्त्रीय

अध्ययनों के माध्यम से और अंत में, 1872 के बाद, 10-10 साल पर होने वाली जनगणनाओं के माध्यम से सामने लाया, दिखाया और मापा गया। अपने पहले की ब्रिटेन की जनगणनाओं के विपरीत भारत में उपनिवेशवादी जनगणना ने जनांकिकीय और विकास संबंधी आँकड़ों को व्यवस्थित और वर्गीकृत करने के लिए धर्म को अपना बुनियादी नृजातीय प्रवर्ग (category) बनाया। हर जनगणना की रिपोर्ट ने धार्मिक समुदायों को ठोस और पहचान योग्य शक्ल देने की कोशिश की और इसके लिए ऐसे समूहों की जनसंख्या, पूरी आबादी में उनके प्रतिशत अनुपात, सापेक्ष या निरपेक्ष कमी और भौगोलिक वितरण की विवेचना की तथा हर क्षेत्र में और पूरे देश में उनकी बहुसंख्यक या अल्पसंख्यक वाली स्थिति के संकेत दिए। धर्म के आधार पर साक्षरता और व्यवसाय संबंधी आँकड़ों ने हरेक धार्मिक समूह की सापेक्ष या तुलनात्मक भौतिक और सामाजिक दशाओं का एक देखने में वस्तुनिष्ठ चित्र सामने रखा। जनगणना में इस वर्गीकरण का परिणाम "समुदाय के रूप में धर्म" की एक नई धारणा था। धर्म का अर्थ अब केवल विचारों का एक संकलन नहीं रहा; अब उसे "औपचारिक, आधिकारिक परिभाषा के द्वारा एकजुट ऐसे व्यक्तियों के एक समुच्चय" से एकाकार माना जाने लगा, जिनकी कथित रूप से एक जैसी विशेषताएँ थीं और जो दूसरे समुदायों के सापेक्ष अपनी तुलनात्मक जनांकिकीय स्थिति के और सामाजिक-आर्थिक स्थिति के प्रति भी सजग थे।[94] यही वह सार्वभौमीकृत ज्ञान था जो उपनिवेश-काल से पहले के धार्मिक समूहों के स्थानबद्ध संबंधों से उपनिवेश-काल में उपमहाद्वीप के धार्मिक समुदायों की प्रतिस्पर्धा और टकराव को अलग ठहराता था। कारण कि एक पुनर्परिभाषित धर्म के इस उपनिवेशवादी ज्ञान को हर उस ढाँचे में शामिल किया गया, जिसे राजसत्ता ने पैदा किया और हर उस अवसर में शामिल किया गया, जिसे उसने अपनी उपनिवेशी प्रजा को प्रदान किया—शिक्षा की सुविधाओं, सरकारी रोज़गार और स्थानीय स्वशासन की संस्थाओं में प्रतिनिधित्व से लेकर विस्तारित विधायिकाओं में प्रवेश तक। इस सार्वजनिक कार्यक्षेत्र के धर्मनिरपेक्ष चरित्र का और धर्म को निजी क्षेत्र तक सीमित रखने का सरकार ने चाहे जितना ही ढिंढोरा पीटा हो, उनकी सीमाएँ बहुत अधिक खुली हुई रहीं और उन्नीसवीं सदी के अंतिम वर्षों में धार्मिक समूहों के संबंधों का पुनर्गठन इसी संदर्भ में हुआ। हिंदुओं की लामबंदी आगे बढ़ी तो साथ ही साथ "दूसरा" अर्थात् मुसलमान की और निंदा भी की गई। फिर मुसलमान भी अपने साझे धर्म और गढ़े हुए साझे अतीत के आधार पर अपनी सामुदायिक पहचान की तलाश करने लगे। हम पहले ही देख चुके हैं कि पंजाब के शहरों में आर्यसमाज के आक्रामक आंदोलन ने किस तरह मुसलमानों को जवाबी लामबंदी के लिए प्रेरित किया। देहातों में भी इस्लाम ने **सज्ज़ादानशीनों**, **पीरों** और **उल्मा** के सहारे उन्नीसवीं सदी में ग्रामीण राजनीति में पैठ की।[95] फिर भी, जहाँ तक अखिल भारतीय मुस्लिम राजनीति का प्रश्न था, उन्नीसवीं सदी के अंतिम वर्षों में उसे नेतृत्व और प्रेरणा की प्राप्ति संयुक्त प्रांत (पहले के पश्चिमोत्तर प्रांत और अवध) में और कुछ कम सीमा तक बंगाल में हुई। इसलिए इस भाग में हम इन्हीं क्षेत्रों पर ध्यान केंद्रित करेंगे।

जहाँ तक सवाल बंगाल के मुसलमानों का था, जैसा कि हाल के कुछ अध्ययनों ने दिखाया है,[96] वे एक अत्यधिक बँटे हुए समूह थे और इस्लाम की मूल बातों में साझी आस्था के आधार पर ही उनमें एक धुँधली-सी एकता पाई जाती थी। समुदाय के अंदर काफ़ी गहरे आर्थिक भेद थे, जिनमें शीर्ष पर तो बड़े भूस्वामियों का एक अल्पमत भाग था और नीचे गरीब किसानों का बहुसंख्यक भाग था। यह अंतर समुदाय के अंदर **अशराफ़** और **अजलाफ़** (या **अतराप**) के महत्त्वपूर्ण सांस्कृतिक भेद के समकक्ष भी था। अशराफ़ भी दो भागों में बँटे हुए थे: नगरों के उर्दूभाषी कुलीन और गाँवों के उर्दू और बंगला बोलनेवाले कस्बाती भूस्वामी। दूसरे सिरे पर बंगलाभाषी किसान थे, जो अजलाफ़ कहलाते थे। ये दोनों भाग दो अलग-अलग संस्कृतियों का प्रतिनिधित्व करते थे। अशराफ़ एक विजातीय संस्कृति के प्रतिनिधि थे: वे उर्दू और हिंदुस्तानी बोलते थे, विदेशी नस्लों के वंशज होने की डींग मारते थे और दिल्ली या लखनऊ की दरबारी संस्कृति को बनाए रखने के प्रयास करते रहते थे। वे शारीरिक श्रम से उसी तरह चिढ़ते थे जैसे हिंदू भद्रलोक चिढ़ते थे, और देसी मुसलमानों को अत्यधिक घृणा की दृष्टि से देखते थे। लेकिन छोटे अशराफ़ अर्थात् ग्रामीण भद्र मुसलमान भाषा, तौर-तरीकों और रीति-रिवाज़ों में बंगलाभाषी किसानों के अधिक निकट थे, हालाँकि दोनों के बीच सामाजिक संपर्क बहुत ही कम था। दूसरी ओर अतराप या अजलाफ़ किसानों के आम समूह थे, जो मुख्यत: पूर्वी बंगाल के दलदली, कम ऊँचाई वाले क्षेत्रों में रहते थे। बंगाल की जनता के बीच इस्लाम का प्रसार कैसे हुआ, यह एक ऐसा प्रश्न है जिसके आज दो विश्वसनीय उत्तर दिए जाते हैं, जबकि पहले का उत्तर जो निचली जातियों के हिंदुओं के धर्मांतरण को सामाजिक मुक्ति के सिद्धांत से जोड़ता है, अब अस्वीकार किया जा चुका है। रिचर्ड ईटन का तर्क है कि पूर्वी बंगाल में, ब्राह्मणवादी सभ्यता के केंद्र से दूर, जब सोलहवीं और अठारहवीं सदियों के बीच खेती का क्षेत्रफल बढ़ा, तो "हल (plough) के धर्म" के रूप में इस्लाम का भी प्रसार हुआ और स्थानीय जनता धीरे-धीरे उसके दायरे में आती गई। यह इस्लामीकरण एक झटके में नहीं हुआ, बल्कि यह एक क्रमिक प्रक्रिया था जिसने धीरे-धीरे भूमि के उन काश्तकारों को समेटा, जो अभी तक हिंदू धर्म से अप्रभावित थे या बस थोड़े से प्रभावित थे। इसलिए बंगाल में एक मुस्लिम किसान वर्ग का जन्म बड़े पैमाने के किसी "धर्मांतरण" का परिणाम नहीं था, बल्कि ब्राह्मणवादी सभ्यता की सीमारेखा पर रहनेवालों के इस्लाम में क्रमिक समावेश का परिणाम था।[97] दूसरी ओर, असीम राय (1983) का तर्क है कि बंगलाभाषी मुस्लिम शिक्षित वर्ग और धर्मोपदेशकों (**पीरों**) के एक समूह पर आधारित "सांस्कृतिक मध्यस्थों" के नेतृत्व में बंगाल में इस्लाम ने सोलहवीं और सत्रहवीं सदियों में, स्थानीय धार्मिक और सांस्कृतिक परंपराओं से खुले दिल से बहुत कुछ लेकर, एक समन्वयवादी रूप ग्रहण किया। इस्लाम की यह पुनर्रचित महान परंपरा (great tradition) जनता के लिए अधिक स्वीकार्य थी, क्योंकि उसने अशराफ़ की फ़ारस-अरब वाली इस्लामी उच्च संस्कृति और अजलाफ़ किसानों की बंगाली संस्कृति के बीच मौजूद द्वैत्व की समस्या को हल किया।

और भी हाल के काल पर आएँ तो बंगाल में हिंदुओं के विपरीत मुस्लिम समुदाय में स्पष्ट रूप से एक ऐसे काफ़ी बड़े शिक्षित और पेशेवर मध्यस्थ समूह का अभाव था, जो उपनिवेशवाद द्वारा नवरचित सार्वजनिक कर्मक्षेत्र में अपनी जनता के दोनों भागों के बीच की खाई पाट सके। इसका कारण, निरपेक्ष संख्या और सापेक्ष अनुपात दोनों की दृष्टि से, शिक्षा के क्षेत्र में हिंदुओं के मुकाबले उनका पिछड़ापन था। 1874–75 में बंगाल के स्कूल जानेवाले बच्चों में मुसलमानों का भाग केवल 29 प्रतिशत था, जबकि हिंदुओं का भाग 70.1 प्रतिशत था। उच्च शिक्षा में उनका भाग तो और भी कम था: 1875 में बंगाल के कॉलेज जानेवाले छात्रों में 93.9 प्रतिशत हिंदुओं के मुकाबले मुसलमान केवल 5.4 प्रतिशत थे। साक्षर मुसलमानों में अंग्रेज़ी जानने वाले केवल 1.50 प्रतिशत थे, जबकि वे हिंदुओं में 4.40 प्रतिशत थे। शिक्षा में उनका यह कम प्रतिनिधित्व रोज़गार के क्षेत्र में भी व्यक्त होता था: 1871 में बंगाल में सरकारी अधिकारियों में मुसलमान केवल 5.9 प्रतिशत थे, तो हिंदू 41 प्रतिशत थे।[98] मुसलमानों के इस पिछड़ेपन की अनेक व्याख्याएँ की जा सकती हैं, जैसे एक सत्ताच्युत शासक वर्ग के रूप में अशरफ़ का खोखला दंभ, स्थायी बंदोबस्त के बाद उनका आर्थिक पतन, सरकारी भाषा के रूप में 1837 में फ़ारसी की जगह अंग्रेज़ी की मान्यता, गैर–इस्लामी शिक्षा के प्रति उनकी धार्मिक आधार पर विमुखता आदि। लेकिन अशराफ़ को सामने रखकर, जो समुदाय का एक छोटा–सा भाग मात्र थे, इस संवृत्ति की व्याख्या नहीं कर सकते। बहुसंख्यक भाग गरीब खेतिहरों का था, जो शिक्षा के प्रति आम उदासीनता में भागीदार थे और अगर बच्चों को शिक्षा के लिए भेजते भी थे तो कम खर्चीली, देशी परंपरागत संस्थाओं को वरीयता देते थे, जैसे **मकतब** और **मदरसे** को। पश्चिमी शिक्षा में मुसलमानों के कम प्रतिनिधित्व की व्याख्या एक बड़ी सीमा तक इसी बात से होती है। इससे यह संकेत भी मिलता है कि मुस्लिम किसानों की समस्याएँ भिन्न थीं: बंगाल के पूर्वी भागों में वे एक साधनहीन बहुसंख्यक थे, जबकि भूस्वामित्व पर अधिकतर हिंदुओं का एकाधिकार था। इस तरह मुस्लिम आबादी के दोनों भागों के "पिछड़ेपन" की प्रकृति अलग–अलग थी; यह तो विलियम हंटर की पुस्तक द *इंडियन मुसलमान* (1871) जैसी पुस्तकों के द्वारा प्रचारित उपनिवेशवादी प्रचार था, जिसने शिक्षा और रोज़गार में "पिछड़ेपन" के शिकार एक समरस समुदाय की गलत छवि पेश की। इस तरह अशराफ़ वर्ग के हितों को पूरे समुदाय के हित के रूप में पेश किया गया और आखिरकार इसी रूढ़ छवि के आधार पर मुस्लिम राजनीति ने एक शक्ल पाई।

उत्तर भारत की स्थिति थोड़ी भिन्न थी। चूँकि यह मुगल शासन का केंद्र था, इसलिए मुस्लिम अशराफ़ यहाँ सुविधाभोगी अल्पमत के लोग थे, जो ब्रिटिश दौर में धीरे–धीरे हिंदुओं के लिए जगह खाली करने लगे। यहाँ कुछ बड़े भूस्वामी भी थे, जैसे अवध के ताल्लुकदार जो संयुक्त प्रांत की ज़मीनों के पाँचवें भाग पर हावी थे। लेकिन उनमें से बहुत कम लोग व्यापार–उद्योग में थे, जिस पर अधिकतर हिंदुओं का वर्चस्व था। लेकिन मुगलकाल में ऊँचे प्रशासनिक पदों में मुसलमानों का अच्छा प्रतिनिधित्व था और यह

स्थिति आरंभिक ब्रिटिश काल तक जारी रही। बहुत पहले, 1882 में भी, संयुक्त प्रांत की कम से कम 35 प्रतिशत सरकारी नौकरियाँ मुसलमानों के पास थीं तथा ऊँचे और प्रभाव वाले पदों में भी उनका अच्छा-खासा भाग था। लेकिन जब अंग्रेज़ी राज में फ़ारसी की जगह अंग्रेज़ी राजभाषा बनी, तो शक्ति और प्रभाव वाले पद मुसलमानों से छिनकर हिंदुओं के हाथों में जाने लगे, जिन्होंने नए वातावरण से अपना तालमेल अधिक तेज़ी से स्थापित किया। कार्यपालिका और न्यायपालिका की निचली सेवाओं में मुसलमानों का भाग 1857 में 63.9 प्रतिशत था, जो गिरकर 1886-87 में 45.1 और 1913 में 34.7 प्रतिशत रह गया, जबकि ठीक इसी काल में इन सेवाओं में हिंदुओं का भाग 24.1 प्रतिशत से बढ़कर 50.3 और फिर 60 प्रतिशत हो गया।[99] दूसरे शब्दों में, आधी सदी के अंदर सरकारी सेवाओं में दोनों समुदायों की तुलनात्मक उपस्थिति पूरी तरह उलट गई थी। उत्तर भारत के ये मुसलमान अशराफ़, जो मुगलों की दरबारी संस्कृति के उत्तराधिकारी थे, मुस्लिम जनता से भी कटे हुए थे और अपने बंगाली बंधुओं के विपरीत उल्मा से भी दूर थे, जिनका किसानों पर काफ़ी प्रभाव था। यह परंपरावादी धर्मशास्त्री व्यवस्था ब्रिटिश राज से टकराती रही, जो परंपरागत व्यवस्था और उल्मा के वर्चस्व के लिए खतरे पैदा कर रही थी। दूसरी ओर, अशराफ़ ने अधीनता स्वीकार कर ली थी और ब्रिटिश राज की नई सामाजिक वास्तविकताओं से वे तालमेल बिठाने के प्रयास कर रहे थे। इस तरह उत्तर भारत के मुसलमान अनेक तर्ज़ों पर बँटे हुए थे। फ्रांसिस रॉबिनसन ने संयुक्त प्रांत के मुसलमानों को "एक समुदाय की एकता की बजाय हितों की अनेकता" के रूप में चित्रित किया है।[100] डेविड लेलीवेल्ड का तर्क है कि यह हितों की अनेकता असमान, सोपान-रूपी नातेदारी से मिलते-जुलते संबंधों पर आधारित उस मुगल सामाजिक ढाँचे की धरोहर थी, जो शाही खानदान से अलग से जुड़ा हुआ था, लेकिन जिसने उपजातीय, नस्ली या पारिवारिक एकजुटता का अनुभव शायद ही कभी किया हो।[101] उन्नीसवीं सदी के अंतिम वर्षों में इसी विखंडित समाज का विकास धीरे-धीरे एक साझी पहचान के रूप में या एक ऐसी **कौम** के सदस्य होने की भावना में हुआ, जिसका एक स्पष्ट भविष्य था। मुसलमान सभी इलाकों में हिंदुओं के मुकाबले अपने आपको वंचित पाते थे, हालाँकि समुदाय के अमीर और गरीब भागों को यह अनुभव अलग-अलग ढंगों से होता था। लेकिन जब मुसलमानों की राजनीतिक लामबंदी आरंभ हुई, तो धीरे-धीरे किसानों के हित अशराफ़ के हितों के अधीन होते चले गए, जिनको पूरे समुदाय के हितों के रूप में पेश किया गया।

बंगाल के मुसलमानों में उन्नीसवीं सदी के आरंभिक वर्षों से ही विभिन्न इस्लामी सुधार आंदोलनों के माध्यम से आम जनता के स्तर पर एक सुस्पष्ट मुस्लिम पहचान विकसित होती आ रही थी। इन आंदोलनों ने पहले के समन्वयवाद को अस्वीकार किया तथा मुस्लिम किसानों की संस्कृति, भाषा और रोज़मर्रा के तौर-तरीकों के इस्लामीकरण और अरबीकरण के प्रयास उन चीज़ों को बाहर निकालकर किए, जिनको वे गैर-इस्लामी समझते थे। इससे निचले वर्गों या अजलाफ़ में सामाजिक गतिशीलता की एक भावना

पैदा हुई। अब वे भी अपने आपको परिकल्पित विदेशी या अरब मूल वाले व्यक्ति समझ सकते थे और ऊँचे वर्गों के शरीफ़ मुसलमानों से अपने को एकाकार मान सकते थे। इस भावना का विकास अनेक माध्यमों से हुआ जैसे घुमक्कड़ **मुल्लाओं**, **बहसों** अर्थात् धार्मिक सभाओं और **अंजुमनों** अर्थात् स्थानीय संगठनों के ज़रिये। जनता में इस मुस्लिम चेतना के विकास के पीछे अशराफ़ की कोई पहल नहीं थी, पर इसने राजनीतिक लामबंदी में तथा अलग मुस्लिम हितों के बारे में उनके तर्कों को बल देने में निश्चित ही सहायता पहुँचाई।[102] कुलीन नेताओं ने शीघ्र ही उनकी इस नई भावना को उनके अपेक्षाकृत पिछड़ेपन की दशा से और एक राजनीतिक दबाव समूह के रूप में उनके संगठन की आवश्यकता से जोड़ दिया कि वे उपनिवेशी शासन के पैदा किए हुए संस्थाबद्ध अवसरों में अपना न्यायपूर्ण भाग माँग सकें। बंगाल का पहला मुस्लिम संगठन 1855 में स्थापित मुहम्मडन एसोसिएशन या अंजुमने-इस्लामी था जिसके दो उद्देश्य थे: समुदाय के हितों को बढ़ावा देना और अंग्रेज़ों के प्रति वफ़ादारी का उपदेश देना। लेफ़्टिनेंट गवर्नर को दिए गए एक ज्ञापन में उसने हिंदुओं के साथ प्रतियोगिता में "कोई अलग विशेषाधिकार नहीं बल्कि एक बराबरी के अवसर" की माँग की। इसके लिए उसने शिक्षा के प्रसार के विशेष प्रयासों का समर्थन किया, अंग्रेज़ी राज से वफ़ादारी जताई और 1857 के विद्रोह की निंदा की।[103]

इस तरह संयुक्त प्रांत में सर सैयद अहमद खाँ के अधिक विख्यात आंदोलन के आरंभ से भी पहले बंगाल में मुस्लिम राजनीति की मूल विशेषताएँ आकार ले चुकी थीं। उस आंदोलन ने शीघ्र ही, उन्नीसवीं सदी के मध्य के आसपास, आधुनिकीकरण की मुहिम का रूप ले लिया। 1860 के दशक में इसने और गति पकड़ी तथा दो सुस्पष्ट धाराएँ विकसित हुईं। अब्दुल लतीफ़ खाँ और इनकी मुहम्मडन लिटररी सोसायटी (1863) ने इस्लामी शिक्षा की परंपरागत व्यवस्था के अंदर, अरबी और फ़ारसी के ज्ञान पर पूरा बल जारी रखते हुए, उसके दायरे में पश्चिमी शिक्षा की वकालत की। दूसरी ओर सैयद अमीर अली और उनके सेंट्रल नेशनल मुहम्मडन एसोसिएशन (1877-78) ने पश्चिमी और धर्मनिरपेक्ष तर्ज़ पर मुस्लिम शिक्षा के पूर्ण पुनर्गठन की या मुस्लिम शिक्षा के पूर्ण आंग्लीकरण का समर्थन किया। बंगाल के मुस्लिम अशराफ़ ने हालाँकि आरंभ में अलग विशेष सुविधाओं की नहीं बल्कि "बराबरी के आकार" की माँग की थी, पर धीरे-धीरे उनका रुख बदल गया और उनको उपनिवेशी नौकरशाही ने प्रोत्साहित किया। 1871 में हंटर की पुस्तक ने यह प्रस्थापना सामने रखी थी कि सरकार द्वारा प्रायोजित शिक्षा व्यवस्था और गैर-सैन्य रोज़गार से मुसलमानों का बहिराव ही मुख्यत: अंग्रेज़-विरोधी वहाबी और फ़राइज़ी आंदोलनों की अधिक लोकप्रियता के लिए उत्तरदायी था। हालाँकि यह एक गलत प्रस्थापना थी, पर इसने इसी आधार पर शिक्षा और रोज़गार के मामलों में मुसलमानों के लिए विशेष सरकारी अनुग्रह की नीति का समर्थन किया। 7 अगस्त को भारत सरकार के प्रस्ताव ने मुस्लिम शिक्षा संस्थाओं के लिए सरकारी सहायता बढ़ाकर इस प्रवृत्ति का आरंभ किया। लॉर्ड नॉर्थब्रुक के 13 जून 1875 के प्रस्ताव ने

इस नीति की फिर से पुष्टि की और अंत में इसका अनुमोदन शिक्षा आयोग ने किया, जिसने न्याय के विषय के रूप में मुस्लिम शिक्षा के लिए एक विशेष प्रावधान किया। 1882 और 1888 के अनेक ज्ञापनों में सेंट्रल नैशनल मुहम्मडन एसोसिएशन ने सरकारी सेवाओं में केवल न्याय की नहीं, विशेष अनुग्रह की माँग की। सरकार ने भी इस नीति का अनुमोदन भारतीय राष्ट्रवाद की उठती लहर के जवाब के रूप में मुसलमानों को खड़ा करने की राजनीतिक आवश्यकता के तहत किया; इस राष्ट्रवाद में तब हिंदुओं की भारी भागीदारी थी। सरकारी सेवाओं में मुसलमानों का विशेष प्रतिनिधित्व सुनिश्चित करके उनको संरक्षण देने की यह नीति सबसे पहले जुलाई 1885 के एक प्रस्ताव में पेश की गई थी। इसने 1897 के एक गश्ती पत्र (circular) में ठोस शक्ल पाई, जिसमें प्रावधान था कि कार्यपालिका की निचली सेवाओं में दो-तिहाई खाली पद नामांकन द्वारा भरे जाएँगे, ताकि समुदायों के बीच संतुलन आ सके। इस नीति को अंततः बंग-भंग में संस्थागत रूप दिया गया, जब मुसलमानों के बहुमत वाला एक नया, पूर्वी बंगाल प्रांत बनाया गया, ताकि सत्ता में उनकी अधिक भागीदारी सुनिश्चित हो सके।[104]

वास्तव में इन सभी विशेष रियायतों की माँग मुस्लिम अशराफ़ पूरे बंगाल की आबादी में मुस्लिम समुदाय के बहुमत के आधार पर कर रहे थे। वे संख्याओं के राजनीतिक निहितार्थों के प्रति सजग थे, पर इसके लिए सांस्कृतिक भेदों के आर-पार सामाजिक लामबंदी की भी आवश्यकता थी। इस क्षैतिज एकजुटता को पैदा करने का सबसे अच्छा ढंग साझे धर्म पर ज़ोर देना था और अब मुल्लाओं ने स्थानीय अंजुमनों के माध्यम से गाँवों तक नगरों का यह संदेश पहुँचाया। 1905 के आसपास बंगाल के लगभग सभी बड़े नगरों में स्थानीय (मुफ़स्सिल) अंजुमनें थीं तथा 1909 तक ज़िलों में सेंट्रल नैशनल मोहम्मडन एसोसिएशन की 16 शाखाएँ थीं। शिक्षित मुसलमानों और मुल्लाओं के बीच घनिष्ठ सहयोग कस्बाती अंजुमनों की खास विशेषता था। यह बात ग्रामीण अंजुमनों में विशेष रूप से स्पष्ट थी, जो उन्नीसवीं सदी के आरंभिक वर्षों के इस्लामी सुधार आंदोलनों के दौरान स्वयंसेवक (volunteers) भरती करने और चंदे जमा करने के लिए स्थापित किए गए थे। उन्होंने अपना धार्मिक चरित्र तो बनाए रखा, लेकिन धनी अशराफ़ के नेतृत्व में अधिकाधिक आते गए, जैसे ढाका के नवाब सलीमुल्लाह के प्रभाव में, जिसने विभाजन का समर्थन किया था। इस तरह इन अंजुमनों ने शहरी अशराफ़ और ग्रामीण जनता के बीच एक संबंध स्थापित किया और इस तरह ग्रामीण जनता को व्यापकतर राजनीतिक संघर्ष में खींचा।[105]

सामाजिक दरारों को और बढ़ाकर गरमपंथी राजनीति और हिंदू पुनरुत्थानवाद ने–उदाहरण के लिए, उत्तर में गोवध संबंधी दंगों ने–मुसलमानों की लामबंदी को और तेज़ किया। बंगाल का हिंदू भद्रलोक अकसर मुसलमानों को अपमान-भाव से देखता था। हिंदू जात्रा (ग्रामीण नाटकों की) पार्टियाँ अकसर मुस्लिम ऐतिहासिक पात्रों की निंदा करती थीं, जिसे अंजुमनों और मुल्लाओं की ओर से बहुत हलके ढंग से नहीं लिया जाता था। इन सभी तत्त्वों का सम्मिलित प्रभाव होता था तनावों का बढ़ना, जिसका अंत अकसर

सांप्रदायिक हिंसा में होता था। स्वदेशी काल में 1896 के टीटागढ़ दंगे और 1897 के तल्ला दंगे जैसे शहरी दंगों के बाद ग्रामीण दंगे हुए, जैसे मई 1906 में ईश्वरगंज, मार्च 1907 में कोमिल्ला तथा अप्रैल-मई 1907 में जमालपुर में और मैमनसिंह ज़िले के दीवानगंज-बख्सीगंज क्षेत्र में हुए दंगे। दोनों समुदायों के इस सामाजिक अलगाव को हिंदू धार्मिक प्रतीकों का खुलकर उपयोग करनेवाले और मुसलमान किसानों को बहिष्कार में भाग लेने पर मजबूर करनेवाले स्वदेशी नेताओं ने और भी राजनीतिक रंग दिया। अनचाहे ही उन्होंने इस आंदोलन को एक हिंदू-मुस्लिम प्रश्न बनने दिया। राजनीतिक प्रश्नों पर एक धर्मनिरपेक्ष दृष्टिकोण अपनाने की बजाय वे बराबर यह राग छेड़ते रहे कि हिंदुओं की कीमत पर मुसलमानों को विशेष सुविधाएँ दी जा रही थीं। आरंभ में सारे मुसलमान अलगाववादी या वफ़ादार नहीं थे, लेकिन स्वदेशी आंदोलन ने जल्द ही उनपर साफ़-साफ़ दूसरा या अन्य (otherness) की मुहर लगा दी। इसलिए आश्चर्य नहीं कि जल्द ही विभाजन विरोधी आंदोलन मुसलमानों की चेतना में एक मुसलमान विरोधी आंदोलन हो गया। आंदोलन के समर्थक केवल वे पेशेवर और व्यवसायी लोग रह गए, जो कलकत्ता में केंद्रित थे और जिनके हित विभाजन से सीधे-सीधे प्रभावित होते थे। बंगाली मुस्लिम समाज के बाकी भाग, अशराफ़ और उनके किसान अनुयायी दोनों ही, एक अलग दिशा में बढ़ने लगे।

अगर अंजुमनों ने बंगाली मुसलमानों को उपनिवेशकालीन सार्वजनिक कार्यक्षेत्र के लिए तैयार किया तो उत्तर भारत में, उन्नीसवीं सदी के अंतिम वर्षों में अनेक प्रकार की स्थानीय संस्थाओं ने, जैसे अंजुमनों, मुहल्लों के अखाड़ों, त्योहार समितियों आदि ने उन लोकव्यापी सांस्कृतिक कार्यों में भाग लिया, जिन्होंने धीरे-धीरे समुदायों के बीच सीमारेखाएँ खींचने वाली प्रतीकवादी धार्मिक शब्दावली के आधार पर सांस्कृतिक पहचानों का निर्माण किया। धार्मिक सार्वजनिक कार्यों या अनुष्ठानों को लेकर हुए विवादों ने हिंदुओं और मुसलमानों के बीच सांप्रदायिक दंगों को जन्म दिया, और ऐसे दंगों की कोई कमी न रही-जैसे 1870 के दशक में बरेली, 1880 के दशक में आगरा और अंत में 1890 के दशक के गोवध संबंधी दंगे। सांद्रिया फ्राइटाग का तर्क है कि साझे मूल्यों और प्रतीकवादी मुहावरों से बँधे "संबंधमूलक समुदाय" (relational community) की ऐसी अभिव्यक्तियों को बाद में विस्तार देकर और व्यापक, और अमूर्त "वैचारिक समुदाय" (ideological community) का रूप दे दिया गया, जो पूरे महाद्वीप के स्तर पर संस्थाबद्ध राजनीति में सक्रिय था।[106] और अगर एक ओर ऐसे लोकव्यापी सांस्कृतिक कार्यकलापों ने पहचान के निर्माण के ऐसे व्यवहार प्रतिमानों को जन्म दिया, तो वहीं उपनिवेशी आधुनिकता के ऐसे दूसरे साधन भी थे जिन्होंने एक सामुदायिक विचारधारा या "पहचान बतौर संस्कृति" के निर्माण के लिए एक साहित्यिक मीमांसा का क्षेत्र तैयार किया। उत्तर भारत में उन्नीसवीं सदी के अंतिम वर्षों में, जैसा कि आयशा जलाल कहती हैं, एक जीवंत क्षेत्रीय प्रेस और एक फलती-फूलती लोकप्रिय उर्दू शायरी ने संयुक्त प्रांत और पंजाब के मुसलमानों के लिए उसके निर्माण में योगदान दिया, जिसे वे "एक

धार्मिक उत्सवाली सांस्कृतिक पहचान" कहती हैं। चूँकि यह शायरी **मुशायरों** में भी पढ़ी जाती थी, इसलिए उसमें अशराफ़ (कुलीनों) और जनता की खाई को पाटने की क्षमता थी।[107] परिकल्पित साझे मूल्यों और हितों के आधार पर ऐसी एक पुनर्गठित सांस्कृतिक पहचान को अर्थात् एक "वैचारिक समुदाय" को आगे चलकर पहचान की संस्थाबद्ध राजनीति में प्रयोग किया गया। लेकिन जहाँ तक उत्तर भारत के मुसलमानों का प्रश्न था, रूपांतरण की इस प्रक्रिया के केंद्र में सर सैयद अहमद खाँ और उनका अलीगढ़ आंदोलन थे।

सर सैयद ने मुसलमानों में आधुनिकता का एक आंदोलन आरंभ किया और इस उद्देश्य से उन्होंने 1875 में अलीगढ़ में मुहम्मडन-एंग्लो-ओरिएंटल कॉलेज की स्थापना की। जैसा कि डेविड लेलीवेल्ड ने दिखाया है, उनका राजनीतिक दर्शन इस विचार के इर्द-गिर्द घूमता था कि भारतीय समाज ऐसे प्रतियोगी समूहों का संकलन है, जिनको एक श्रेष्ठतर शक्ति एक साथ ले आई; यह शक्ति पहले अगर मुगल बादशाह की थी, तो अब उसकी जगह महारानी विक्टोरिया ने ले ली है, जो सुस्पष्ट सामाजिक इकाइयों के एक सोपान के शीर्ष पर विराजमान हैं। भूतपूर्व शासक वर्ग के रूप में मुसलमानों को इस नए विश्वमुखी ब्रिटिश साम्राज्य में शक्ति और सत्ता की एक विशेष स्थिति पाने का अधिकार होना चाहिए। लेकिन इसके लिए उन्हें स्वयं को शिक्षित करना और उन कुशलताओं से लैस करना चाहिए, जो उपनिवेशी भारत की इस नई संस्थागत व्यवस्था के अंदर अपनी हस्ती जताने की शक्ति प्रदान करे। उनका (सर सैयद का) मुस्लिम होने का विचार भारतीय होने के विचार का विरोधी नहीं था, पर उन्होंने भारत की परिकल्पना वैयक्तिक नागरिकता पर आधारित राष्ट्र-राज्य के रूप में नहीं की; उनके लिए यह ऐसी **कौमों** का महासंघ है, जिनमें से हरेक की एक साझी वंश-परंपरा है। इन समूहों की अपनी वंश-परंपरा है और विरासत में मिली उपसंस्कृति के आधार पर स्वतंत्रता और सत्ता में भागीदारी मिलनी चाहिए, न कि उपलब्धियों के आधार पर। इसलिए अल्पसंख्यक होने के बावजूद मुसलमानों को एक भूतपूर्व शासक वर्ग का होने के कारण सत्ता में विशेष प्रतिनिधित्व मिलना चाहिए और राजनीतिक व्यवस्था के साथ उनका एक विशेष संबंध होना चाहिए।[108] उनका राजनीतिक दर्शन यहीं आकर भारतीय राष्ट्रीय कांग्रेस के राजनीतिक दर्शन से अलग हो जाता था, जिसने भारत की परिकल्पना प्रत्येक नागरिक के अधिकारों पर आधारित एक राष्ट्र राज्य के रूप में की। विचारों की इसी भिन्नता के कारण मुस्लिम राजनीति कांग्रेस और मुख्यधारा के राष्ट्रवाद से कटने लगी।

जैसा कि डेविड लेलीवेल्ड आगे कहते हैं, सर सैयद का अलीगढ़ कॉलेज एक "पक्की तरह से राजनीतिक उद्यम"[109] था, जिसका उद्देश्य अपने मुस्लिम छात्रों में एक कौम की सदस्यता की भावना पैदा करना और उनके माध्यम से उत्तर भारत की मुस्लिम आबादी में अपनी सामाजिक पहुँच को और बढ़ाना था। उसकी पाठचर्या में मुस्लिम धर्मशास्त्र उन्नीसवीं सदी के यूरोपीय अनुभववाद से समन्वित था, जो मुसलमानों की नई पीढ़ी को ब्रिटिश राज के लाभों और अवसरों के लिए तैयार करे। जहाँ तक ज्ञान का

संबंध था, अलीगढ़ के छात्र दूसरों से कोई बहुत आगे नहीं थे, पर यहाँ उन्होंने एकजुटता की भावना ग्रहण की। सर सैयद के संदेश के प्रसार का दूसरा साधन मुहम्मडन एजुकेशनल कॉन्फ्रेंस (1890 तक "कांग्रेस") था, जो भारत भर के विभिन्न नगरों में 1886 के बाद अर्थात् कांग्रेस की स्थापना के अगले साल से अपने सत्र आयोजित करती रही। यह सीधे-सीधे कांग्रेस के विरोध में था, जिसे सर सैयद नई प्रातिनिधिक संस्थाओं और सिविल सेवाओं में अल्पसंख्यक मुसलमानों पर हावी होने के लिए बहुसंख्यक हिंदू निर्वाचकों को संगठित और एकजुट करने का प्रयास मानते थे। 1893 के गोवध संबंधी दंगों के बाद, गोवध पर कानूनी प्रतिबंध की हिंदू माँग और उसपर कांग्रेस की खामोशी के बाद बहुसंख्यकों से लगनेवाला यह डर और भी बढ़ गया। अलीगढ़ कॉलेज की अंदरूनी समस्याओं ने भी हो सकता है सर सैयद को एक अधिक उग्र कांग्रेस विरोधी रुख अपनाने पर विवश किया हो। मुस्लिम राजनीति की इस विशेष प्रवृत्ति को ब्रिटिश नौकरशाही ने संरक्षण दिया। खास तौर पर महत्त्वपूर्ण थी अलीगढ़ कॉलेज के यूरोपीय प्रिंसिपल थियोडोर बेक की भूमिका, जिसने कांग्रेस का विरोध करने और मुसलमानों के लिए सरकारी संरक्षण के समर्थन के लिए 1888 में इंडियन पेट्रियॉटिक एसोसिएशन की स्थापना की थी। 1893 में, बेक के ही प्रोत्साहन से, मुहम्मडन एंग्लो-ओरिएंटल डिफ़ेंस एसोसिएशन की स्थापना, कांग्रेस की बढ़ती लोकप्रियता की क़ाट करने और उसके विरुद्ध मुस्लिम जनमत को तैयार करने के उद्देश्य से हुई। इस तरह सर सैयद अहमद खाँ और अलीगढ़ कॉलेज के अंतर्गत अलीगढ़ आंदोलन का विकास कांग्रेसी नेतृत्व वाले राष्ट्रवाद के विरोध में और अंग्रेज़ी राज से वफ़ादारी के रूप में हुआ; इस राज को मुगल साम्राज्य का वैध उत्तराधिकारी माना गया।

उत्तर भारत के मुस्लिम समुदाय में सर सैयद के नेतृत्व को कभी पूरी तरह स्वीकार नहीं किया गया। उल्मा उनकी पश्चिमीकरण की मुहिम को निश्चित ही पसंद नहीं करते थे, क्योंकि उन्हें लगता था कि यह मुस्लिम समाज में उनकी प्रधानता के लिए खतरा पैदा कर देगी। उनकी आधुनिकता और बुद्धिवाद के विरोध में उल्माओं ने इस्लामी सार्वभौमिकता और विशिष्टता का नारा लगाया। जमालुद्दीन अल-अफ़गानी जैसे लोग भी थे, जो कट्टर उपनिवेशवाद विरोधी थे और सर सैयद की अंग्रेज़ों के प्रति वफ़ादारी को पसंद नहीं करते थे। उनके (सर सैयद की) पश्चिम के अनुकरण और विशिष्ट वर्गीय हितों की निर्लज्ज पैरवी की हँसी उड़ाई गई। 1880 के दशक के अंत तक उत्तर भारत के अनेक मुसलमान कांग्रेस की ओर झुकने लगे थे, जबकि 1887 में बंबई के बदरुद्दीन तैयबजी उसके पहले मुस्लिम अध्यक्ष बने। 1890 के दशक के अंत तक पंजाब के अनेक उर्दू अखबार यह कहने लगे थे कि अलीगढ़ संप्रदाय "भारतीय मुसलमानों का प्रतिनिधित्व नहीं करता।"[110] 1898 में सर सैयद की मृत्यु के बाद अलीगढ़ की युवा पीढ़ी भी बेचैन होने लगी; उन्हें यह लगने लगा था कि वे इसलिए मात खा रहे हैं क्योंकि वे सही ढंग से संगठित नहीं हैं और इसलिए प्रभावी ढंग से अपनी माँगें नहीं उठा सकते। इसके फलस्वरूप वे अलीगढ़ राजनीति की मौजूदा परंपस से धीरे-धीरे दूर होने लगे।

उदाहरण के लिए, सर सैयद की पीढ़ी के पुराने राजनीतिज्ञों ने पश्चिमी शिक्षा-प्राप्त बुद्धिजीवियों के हक में उल्मा को हाथ भर दूरी पर रखा था। उस काल की राजनीति इस बात तक सीमित थी जिसे लेलीवेल्ड ने "कचहरी से जुड़े खानदान" कहा है, जो केवल आत्मरक्षा के लिए अपनी मुस्लिम पहचान का प्रयोग करते थे।[111] इसके विपरीत मुहम्मद अली और शौकत अली जैसे युवा नेता मौलाना अब्दुल बारी जैसे उल्मा से बहुत अधिक प्रभावित थे और उन्होंने इस प्रभाव के कारण लामबंदी के साधन के रूप में इस्लाम की प्रेरणा का नए सिरे से पता लगाया। इसका परिणाम वह था जिसे हम मुस्लिम राजनीति का क्रमिक इस्लामीकरण कह सकते हैं। ये युवा नेता सर सैयद के अंग्रेज़ों के प्रति वफ़ादारी के रुख से भी दूर होने लगे और इसके लिए संयुक्त प्रांत के मुसलमानों के बारे में लेफ़्टिनेंट गवर्नर मैकडोनल की गैर-सहानुभूतिपूर्ण नीतियाँ भी अंशतः ज़िम्मेदार थीं। कहा गया कि वह मुसलमानों पर हिंदुओं को वरीयता देता है, और यह 18 अप्रैल 1900 के नागरी प्रस्ताव में व्यक्त हुआ, जिसने अदालतों में फ़ारसी के साथ-साथ नागरी लिपि के प्रयोग को मान्यता दी। जैसा कि पहले कहा गया, इसने जो विवाद पैदा किया उसे अकसर हिंदी-उर्दू विवाद कहा जाता है, क्योंकि भाषा अब सम्मान का प्रतीक और लामबंदी का केंद्रबिंदु बन गई। फिर शीघ्र ही इस मुहिम के साथ अखिल भारतीय इस्लाम के एक सांस्कृतिक केंद्र के रूप में एक अखिल भारतीय मुस्लिम विश्वविद्यालय की माँग जुड़ गई। लेकिन पुरानी पीढ़ी के मोहसिनुल मुल्क जैसे नेता शीघ्र ही इस आंदोलन से अलग हो गए, क्योंकि मैकडोनल ने अलीगढ़ कॉलेज के अनुदान बंद करने की धमकी दे दी। इसलिए सरकार के भेदभाव की नीतियों का विरोध करने के लिए नई पीढ़ी अकेली रह गई और शीघ्र ही उन्हें सर सैयद की वफ़ादारी की राजनीति की कमियों का एहसास हो गया; उनमें से कुछ ने तो कांग्रेस में जाने तक की धमकी दे डाली। इसलिए पुराने नेताओं और उपनिवेशी नौकरशाही को कांग्रेस के विरुद्ध मुसलमानों को लामबंद करने और उन्हें एक स्वतंत्र राजनीतिक मंच देने के लिए भी एक राजनीतिक संगठन बनाने की ज़रूरत महसूस होने लगी। इसका कारण था कि बंगाल, पंजाब और बंबई के बहुत-से मुसलमान नेता अलीगढ़ के नेतृत्व को मानने के लिए तैयार नहीं थे।

बंगाली मुसलमान 1899 से ही अपने उत्तर भारतीय सहधर्मियों के निकट आने लगे थे, जब मुहम्मडन एजुकेशनल कॉन्फ्रेंस का वार्षिक सत्र कलकत्ता में हुआ था। लेकिन पूरी तरह हार्दिक ढंग से न सही, 1906 की घटनाएँ उन्हें और भी निकट ले आईं। पूर्वी बंगाल में विभाजन के समर्थन और मुसलमानों से सहानुभूति के लिए विख्यात लेफ़्टिनेंट गवर्नर बैंपफ़ाइल्ड फुलर के इस्तीफ़े और स्वयं विभाजन के निरस्त किए जाने की संभावना ने बंगाल के मुस्लिम नेतृत्व को बौखला दिया। फिर भारत सचिव मॉर्ले के 1906 के बजट भाषण ने संकेत दिया कि भारत में प्रातिनिधिक शासन का आरंभ किया जानेवाला है। इससे सभी मुस्लिम नेता चिंतित हो उठे, क्योंकि उनकी सोच यह थी कि इन नई स्वशासी संस्थाओं में उनपर बहुसंख्यक हिंदू छा जाएँगे, जो अब कांग्रेस में अच्छी तरह संगठित थे। शिमला में 1 अक्टूबर 1906 को गवर्नर जनरल लॉर्ड मिंटो के पास

एक प्रतिनिधिमंडल इसी संदर्भ में गया। एक लंबे समय तक यह विचार प्रचलित रहा है कि यह प्रतिनिधिमंडल एक "आदेश का निष्पादन" था और अलीगढ़ कॉलेज के यूरोपीय प्रिंसिपल डब्ल्यू. ए. जे. आर्कबाल्ड के माध्यम से पूरी तरह अंग्रेज़ों की नौटंकी था। लेकिन हाल के विश्लेषणों से पता चलता है कि इसकी पहल अलीगढ़ के बुज़ुर्गों ने, जैसे अलीगढ़ कॉलेज के सेक्रेटरी मोहसिनुल मुल्क ने, की थी जो नवयुवा मुसलमानों की भावनाओं को सहलाना चाहते थे। आशा की गई थी कि बंगाल के मुसलमान भी इस प्रतिनिधिमंडल में शामिल होंगे। लेकिन अंत में बंगाली मुसलमानों की शिकायतों को बहुत संवेदनशील या विभाजनकारी कहकर अनदेखा कर दिया गया और शिमला प्रतिनिधिमंडल में कोई बंगाली मुसलमान शामिल नहीं हुआ। उसका ज्ञापन, जिसे अलीगढ़ी नेताओं ने तैयार किया था, पूरी तरह उन्हीं के हितों का प्रतिनिधित्व करता था। इसने मुसलमानों को हिंदुओं से भिन्न राजनीतिक हितों वाला एक अलग समुदाय बताया और कहा कि इस कारण प्रातिनिधिक संस्थाओं और सार्वजनिक रोज़गार में अल्पसंख्यक अधिकारों और आनुपातिक प्रतिनिधित्व पर उनका एक वैध दावा बनता था। वायसरॉय ने धैर्य के साथ इस प्रतिनिधिमंडल की बातों को सुना और पूर्वी बंगालवासियों को आश्वासन भी दिया कि उनके अधिकारों को हानि पहुँचने नहीं दी जाएगी।[112]

इस प्रतिनिधिमंडल की सफलता ने मुस्लिम राजनीति का मनोबल बहुत अधिक बढ़ाया; फिर भी यह आशा शायद ही की जा सकती थी कि मात्र मौखिक आश्वासन युवा मुसलमानों को संतुष्ट करेंगे। वे अपने लिए एक अलग राजनीतिक संगठन की ज़रूरत लंबे समय से महसूस करते आ रहे थे। इस नए आंदोलन का एक धार्मिक रुझान भी उनकी कार्यसूची में शामिल था; जैसा कि लेलीवेल्ड (1978) ने दिखाया है, **कौम** (साझे मूल पर आधारित समुदाय) की जगह स्पष्ट तौर पर **उम्मा** (साझे धर्म पर आधारित समुदाय) पर बल दिया जाने लगा। इसलिए शिमला गए 35 प्रतिनिधियों ने स्वतंत्र राजनीतिक कार्रवाई के लिए समुदाय को संगठित करने का निर्णय किया ताकि, प्रतिनिधिमंडल के नेता आगा खाँ के शब्दों का प्रयोग करें तो, वे अपने लिए सरकार से "एक राष्ट्र के अंदर एक राष्ट्र" की मान्यता पा सकें।[113] मुहम्मडन एजुकेशनल कॉन्फ्रेंस का अगला वार्षिक सत्र दिसंबर 1906 में ढाका में होनेवाला था, जो नए पूर्वी बंगाल-असम प्रांत की राजधानी था। इसलिए एक नई मुस्लिम पार्टी के आरंभ के लिए इस अवसर का उपयोग करने का निर्णय किया गया। ढाका में स्थिति पहले ही विस्फोटक हो रही थी। बंग-भंग के विरुद्ध राष्ट्रवादी आंदोलन में अप्रत्याशित गति आ चुकी थी और बंगाली मुसलमानों में व्यापक स्तर पर यह डर था कि सरकार राष्ट्रवादियों के दबाव के आगे झुककर विभाजन को रद्द कर देगी, जिससे मुसलमानों की हानि होगी। पूर्वी बंगाल के मुसलमानों के नेता और ढाका के नवाब सलीमुल्लाह की ओर से मुसलमानों के लिए एक अलग पार्टी के गठन के बारे में पहले ही एक प्रस्ताव रखा जा चुका था, और आगे की बहस के लिए यह एक बेहतरीन प्रस्थान बिंदु हो सकता था। इसलिए नई पार्टी की घोषणा 30 दिसंबर 1906 को ढाका के इसी शिक्षा सम्मेलन में की गई और उसे ऑल

इंडिया मुस्लिम लीग (अखिल भारतीय मुस्लिम लीग) नाम दिया गया। मुसलमानों के राजनीतिक अधिकारों और हितों की रक्षा करना, अंग्रेज़ों के प्रति वफ़ादारी का प्रचार करना और समुदायों के बीच एकता को बढ़ावा देना, उसके घोषित उद्देश्य थे। कांग्रेस के मुस्लिम समर्थकों ने तुरंत इस कदम का तोड़ निकालने की कोशिश की पर वे सफल नहीं हो सके। शिक्षित मुसलमानों का बहुमत एक अलग रास्ते पर चलने का निर्णय पहले ही कर चुका था।

लगभग 1910 तक, व्यवहार में लगभग पूरी तरह, अखिल भारतीय मुस्लिम लीग मुहम्मडन एजुकेशनल कॉन्फ्रेंस का पुछल्ला बनी रही, और फिर ये दोनों संगठन अलग हो गए। एम. एस. जैन (1965) जैसे कुछ विद्वान यह समझते हैं कि लीग अलीगढ़ आंदोलन का तार्किक चरमोत्कर्ष थी। लेकिन जयंती मैत्र का मानना यह है कि मुस्लिम लीग अलीगढ़ आंदोलन की उपज न थी; यह बल्कि बंगाली मुसलमानों में जारी राजनीतिक विकासक्रमों की उपज थी, जो अपने उत्तर भारतीय समकक्षों से हमेशा अधिक राजनीतिक रहे। नई राजनीतिक पार्टी को अस्तित्व में लाने के लिए उत्प्रेरक का काम भी तो बहरहाल बंगाल की 1906 की स्थिति ने ही किया था।[114] लेकिन जैसा कि लेलीवेल्ड कहते हैं, ढाका के नवाब तक का यही मानना था कि यह राजनीतिक पार्टी उस "राजनीतिक जीवन का अगला चरण" थी, जिसमें पहले-पहल जवानी अलीगढ़ में आई, और उससे यह आशा की जा रही थी कि वह नौजवान शिक्षित मुसलमानों के लिए सार्वजनिक संस्थाओं में और अधिक अवसर पैदा करेगी।[115] लीग के अस्तित्व की कम से कम पहले दशक में उस पर संयुक्त प्रांत के मुसलमान हावी रहे और इसके कारण अलीगढ़ को अखिल भारतीय मुस्लिम राजनीति के केंद्र का दर्ज़ा मिला। विकारुल-मुल्क और मोहसिनुल-मुल्क उस तदर्थ समिति के संयुक्त सचिव बने जिसने उसका संविधान तैयार किया, जिसको स्वीकृति अगले सत्र (कराची, दिसंबर 1907) में मिली। इस तरह कुछ पंजाबी नेताओं की मदद से अलीगढ़ के बजुर्गों ने लीग को अपना स्वयं का संगठन बना लिया और उसे स्वयं की वैचारिक प्राथमिकताओं के साँचे में ढाला। उदाहरण के लिए, इस संविधान ने यह सुनिश्चित किया कि यह नया संगठन "संपत्ति और प्रभाव वाले लोगों" के नियंत्रण में रहेगा। इसके कारण लीग की शक्ति-संरचना से ऐसे बहुत-से नाराज़ युवा बाहर कर दिए गए, जिनके दबाव के कारण ढाका में इस पार्टी का जन्म हुआ था।

1907 और 1909 के बीच सभी प्रमुख प्रांतों में प्रांतीय मुस्लिम लीगों का गठन हुआ और उन्हें अपने संविधान तैयार करने की स्वतंत्रता प्राप्त थी। उन पर अखिल भारतीय संगठन का औपचारिक नियंत्रण नहीं था, न ही वे केंद्रीय संगठन के मामलों में दखल दे सकती थीं। इस कारण प्रांतीय लीगों की राजनीतिक रंगत अलग-अलग रही और अकसर उनकी नीतियाँ केंद्रीय संगठन की नीतियों से अलग होती थीं। उसकी लंदन शाखा का आरंभ मई 1908 में हुआ और उसने सैयद अमीर अली के नेतृत्व में अपने 1909 के संवैधानिक सुधारों, अर्थात् मॉर्ले-मिंटो सुधारों, को निर्धारित करने में एक

महत्त्वपूर्ण भूमिका निभाई।[116] इस नए कानून ने केंद्रीय विधायिका और प्रांतीय विधायिकाओं में भी मुसलमानों के लिए आबादी में उनके अनुपात से कहीं बहुत अधिक संख्या में और उनके राजनीतिक महत्त्व के अनुरूप सीटों के आरक्षण का प्रावधान किया। इस तरह मुसलमानों को अलग निर्वाचकमंडल की प्राप्ति से उनके अल्पसंख्यक के दर्ज़े को तथा भारतीय मुसलमानों की अलग राजनीतिक पहचान को भी एक आधिकारिक वैधता मिली, और लीग उस पहचान का सार्वजनिक चेहरा बन गई। अल्पसंख्यक के पद से लेकर राष्ट्रत्व की प्राप्ति तक इस मुस्लिम पहचान के आगे के विकास का रास्ता लंबा और टेढ़ा-मेढ़ा रहा और इस बीच मुस्लिम लीग और भारतीय राष्ट्रीय कांग्रेस का आपसी संबंध कमज़ोर बुनियादों पर खड़ा रहा। 1920 और 1924 के बीच उन्होंने खिलाफ़त के सवाल पर एक संयुक्त आंदोलन चलाया, परंतु उसके बाद उनके रास्ते अधिकाधिक अलग होते गए। बाद के अध्यायों में हम इस कहानी को और विस्तार से प्रस्तुत करेंगे।

## टिप्पणियाँ

1. डी बैरी 1958.II: 115.
2. अधिक ब्यौरों के लिए चंद्र आदि 1989: 115-116 देखें।
3. ब्यौरों के लिए चंद्र 1966 और चंद्र आदि 1989: 91-101 देखें।
4. डी बैरी 1958.II: 116.
5. मेहरोत्रा 1971: 412.
6. घोष 1960: 11.
7. मैक्लेन 1977.
8. घोष 1960: 11.
9. लेलीवेल्ड 1978: 305-8.
10. चंद्र आदि 1989: 75.
11. मैक्लेन 1977: 325.
12. सरकार 1992.
13. पार्थ चटर्जी 1992.
14. सरकार 1992.
15. रायचौधुरी 1999: 121.
16. ए. पी. सेन 1993.
17. रायचौधुरी 1989.
18. कविराज 1995.
19. इस मामले पर अधिक ब्यौरों के लिए चंद्र 1998 देखें।
20. सरकार 2001: 197, 222.
21. हाइमसैथ 1964.
22. ए. पी. सेन 1993; सरकार 2001.
23. वोल्पर्ट 1962.

24. सरकार 2001: 225.
25. सिन्हा 1995.
26. हाइमसैथ 1964: 173.
27. वॉन डेर वीर 1994: 60.
28. मैक्लेन 1977: 276-79.
29. वॉन डेर वीर 1994: 86-94.
30. मैक्लेन 1977: 280-81; कूका सिखों के बारे में अधिक ब्यौरों के लिए ओबेराय 1994: 194-201 देखें।
31. रॉब 1992.
32. यांग 1980.
33. रॉब 1992.
34. मैक्लेन 1977: 322.
35. रॉब 1992: 134.
36. वोल्पर्ट 1962: 43.
37. मैक्लेन 1977: 325.
38. ब्रास 1974.
39. और ब्यौरों के लिए डालमिया 1997 देखें।
40. किंग 1999: 156 और आगे।
41. कैशमैन 1970.
42. वोल्पर्ट 1962: 80 में उद्धृत।
43. उपरोक्त।
44. कैशमैन 1970.
45. फ्राइकेनबर्ग 1997.
46. थापर 1997.
47. फ्राइकेनबर्ग 1997.
48. ज़ावोस 2000: 74-75.
49. नंदी 1998: 74.
50. उपरोक्त 24-25, 28, 103.
51. रायचौधुरी 1989.
52. ए. पी. सेन 1993: 8-12.
53. कविराज 1995.
54. चटर्जी 1986: 75 और आगे।
55. नंदी 1998: 24-25.
56. जेफ्रीलॉ 1996: 13.
57. सरकार 1997: 20.
58. फॉक्स 1985: 168-71.
59. और ब्यौरों के लिए ओबेराय 1994 देखें।
60. रे 1984: 165-70.
61. गोरड़िया 1993: 167-70.

62. नंदी 1998: 24-25.
63. और ब्यौरों के लिए चौधुरी 1998 देखें।
64. त्रिपाठी 1967: 75 और आगे।
65. पार्थ चटर्जी 1986.
66. चटर्जी 1995.
67. कविराज 1995.
68. नियोगी 1987.
69. सरकार 1973: 12-14.
70. कर्ज़न के उद्धरण सरकार 1973: 15-20; त्रिपाठी 1967: 95-98 से लिए गए हैं।
71. क्रोनिन 1977.
72. ब्यौरों के लिए सरकार 1973: 9-20 देखें।
73. रे 1984: 142, 150.
74. गुहा 1992: 76-103.
75. बंद्योपाध्याय 1987: 88.
76. सुमित सरकार 1984.
77. त्रिपाठी 1967: 139-40.
78. गोरड़िया 1993: 249.
79. कैटेनक 1984.
80. रे 1984: 170.
81. उपरोक्त: 173
82. हार्डिमन 1993: 52-53.
83. वोल्पर्ट 1982.
84. चौधुरी 1998 देखें।
85. ब्यौरे सरकार 1973 में।
86. हीह्स 1993.
87. इस तर्क के बारे में चक्रवर्ती 1992 देखें।
88. नियोगी 1987.
89. चक्रवर्ती 1992.
90. सील 1968: 26.
91. अहमद 1996: 1-2.
92. हसन 1996: 193 और आगे।
93. कोह्न 1986: 284 और आगे।
94. जोंस 1981: 84 और आगे।
95. गिलमार्टिन 1988: 39-72.
96. अहमद 1996; राय 1983.
97. ईटन 1993: 306-11.
98. अहमद 1996: 134-35, 153.
99. रॉबिनसन 1974: 23, 46 और आगे।
100. उपरोक्त: 28.

101. लेलीवेल्ड 1978: 20-26, 344.
102. ब्यौरों के लिए अहमद 1996 देखें।
103. मैत्र 1984: 78-82.
104. ब्यौरों के लिए मैत्र 1984 देखें।
105. विस्तार के लिए अहमद 1996 देखें।
106. फ्राइटाग 1989.
107. जलाल 2000: 44-48 और आगे।
108. लेलीवेल्ड 1978: 311-12, 343-45.
109. उपरोक्त: 317.
110. जलाल 2000: 68, 73, 77, 93-94.
111. लेलीवेल्ड 1978: 342.
112. रॉबिनसन 1974: 143-47.
113. मैत्र 1984: 272 में उद्धृत।
114. मैत्र 1984: 279-81.
115. लेलीवेल्ड 1978: 338.
116. रॉबिनसन 1974: 149-52.

अध्याय 6

# गांधीवादी राजनीति का युग

## 6.1 सीमित स्वशासन के प्रलोभन 1909-19

उन्नीसवीं सदी के उत्तरार्द्ध और विशेषकर 1857 के विद्रोह के कुचले जाने के बाद वाले काल को भारत में ब्रिटिश साम्राज्यवाद का चरमोत्कर्ष माना जाता है। उपनिवेशी शासन में शासकों में एक आत्मविश्वास से भरी संरक्षक-भावना निरंकुशता का रूप लेने लगी, जो भारतवासियों के स्वशासन के किसी भी अधिकार को मानने के लिए तैयार नहीं थी। इस साम्राज्यिक विचार का एक दार्शनिक आधार भी था और व्यावहारिक आधार भी। दार्शनिक स्तर पर तो उस विचार को एरिक स्टोक्स के शब्दों में "उदारवादी विचारधारा में भारत-संबंधी विचार-भेद"[1] कहेंगे। यह विचार विभाजन अधीनस्थ साम्राज्य को लोकतंत्र और स्वशासन देने से संबंधित था। जहाँ आयरलैंड में होमरूल के प्रश्न पर इंग्लैंड का शिक्षित मानस पहले के ग्लैडस्टोन छाप उदारवाद के विरुद्ध हो चुका था, वहीं उन्नीसवीं सदी के उत्तरार्द्ध में उपयोगितावाद ने इस सवाल पर कुछेक भिन्न-भिन्न मतों को जन्म दिया था। एक ओर जॉन ब्राइट और मैनचेस्टर संप्रदाय का घोर उदारवादी रुख था, जो भारत में ब्रिटिश राज की जमकर आलोचना करता था, दूसरी ओर मध्यमार्ग अपनानेवाले जॉन स्टुअर्ट मिल जैसे दूसरे उदार उपयोगितावादी थे, जो यह मानते थे कि लोकतंत्र और स्वशासन निरंकुश शक्ति के लिए अनिवार्य अंकुश हैं, लेकिन वे यह भी मानते थे कि यह सिद्धांत केवल सभ्य जनगणों के लिए सही है। इसलिए उनकी आम राय में भारत पर निरंकुश शासन होना ही चाहिए। लेकिन उनको अठारहवीं सदी के पुनर्जागरण काल का यह आशावाद भी विरासत में मिला था कि समुचित शिक्षा के द्वारा मानव की प्रकृति को बदला जा सकता है। इसलिए उन्होंने साम्राज्यिक लक्ष्य को एक शैक्षिक ध्येय के रूप में स्वीकार किया: भारतवासियों को तब स्वशासन का अधिकार दिया जा सकता है, जब उन्हें बुद्धिवाद और प्राकृतिक न्याय के सिद्धांतों के अनुसार स्वशासन के उद्देश्य की समुचित शिक्षा दे दी जाए। भारत में जे. एस. मिल को मैकॉले और लॉर्ड रिपन जैसे शिष्य मिले, जो तब भी यह समझते थे कि भारतवासियों को सही समय आने पर स्वशासन के अधिकार दिए जा सकते हैं, जब वे इसके लिए समुचित सीमा तक शिक्षित किए जा चुके हों।

इसके बावजूद एक तीसरा और अधिक निरंकुश विचार भी मौजूद था। बेंथम और जेम्स मिल दोनों की सोच यह थी कि लोकतंत्र सत्ता के दुरुपयोग पर एक अंकुश और

अंततः बहुमत की इच्छा दर्ज करने वाला साधन है। लेकिन वैयक्तिक स्वतंत्रता इनमें से किसी में भी विश्वास पैदा नहीं कर पाती थी; सुशासन का उद्देश्य स्वतंत्रता नहीं, बल्कि सुख है। फ़िट्ज़जेम्स स्टीफ़ेन ने, जो भारत में वायसरॉय की काउंसिल के विधि सदस्य के रूप में मैकॉले का उत्तराधिकारी था, इस विचार से एक घोर निरंकुश निष्कर्ष निकाला। उसने बेंथमवाद को हॉब्स की निरंकुशता के विचार से समन्वित किया—उसका मानना था कि विधान और सुशासन सुधार के साधन हैं, पर शक्ति का सहारा न हो तो दोनों ही निरर्थक हैं। इसी दर्शन से उसका यह रवैया पैदा हुआ कि भारत में ब्रिटिश राज की भूमिका सभ्यता की, पैक्स ब्रिटानिका की प्रगति के लिए आवश्यक शांति और व्यवस्था की, स्थापना करना है। अंग्रेज़ों का काम भारत में यूरोपीय सभ्यता के बुनियादी सिद्धांतों को लागू करना है। उसने (स्टीफ़ेन ने) इस विचार को अस्वीकार कर दिया कि भारत में प्रातिनिधिक संस्थाओं की स्थापना अंग्रेज़ों का नैतिक दायित्व है। उसके अनुसार ये तभी प्रदान की जा सकती हैं, जब भारतवासियों का एक अच्छा-खासा भाग इसकी ज़ोरदार माँग करे। भारत के सिविल कर्मचारियों पर असीमित प्रभाव रखनेवाला स्टीफ़ेन भारत में उन्नीसवीं सदी के अंतिम वर्षों में निरंकुश ब्रिटिश साम्राज्य का विचारक बन बैठा। सुधार का आरंभ करना और किसी विशेष वर्ग को अनुग्रह देकर समर्थन पाने के विचार को अस्वीकार करना प्रत्यक्ष शासन का, साम्राज्यिक विधान का, शक्ति पर और कर्त्तव्य के एक इंजीलवादी (Evangelical) भाव पर आधारित साम्राज्य की परंपरा बन गया।[2]

फिर भी, क्रमिक ढंग से सही, भारत सरकार को उन्नीसवीं सदी के अंतिम और बीसवीं सदी के आरंभिक वर्षों में प्रतिनिधिक स्वशासन का आरंभ करना ही पड़ा। 1861 के इंडियन काउंसिल्स ऐक्ट ने बंगाल, मद्रास और बंबई में सीमित स्वशासन का आरंभ किया और फिर इसे 1886 में पश्चिमोत्तर प्रांत और 1897 में पंजाब में लागू किया गया। 1892 के कानून ने प्रांतीय विधायिकाओं (लेजिस्लेटिव काउंसिलों) में मनोनीत सदस्यों की संख्या बढ़ाई। फिर 1882 का स्थानीय स्वशासन का कानून, 1883 में इल्बर्ट बिल, 1909 के मॉर्ले-मिंटो सुधार और 1919 में मांटेग्यू-चेम्सफ़ोर्ड सुधार भी सामने आए। तो फिर हम इन सुधारों की व्याख्या कैसे करें? इतिहासकारों का पुराना "कैंब्रिज संप्रदाय" तो "कमज़ोर साम्राज्यवाद" के अपने सिद्धांत का उल्लेख कर यह कहेगा कि ये सुधार तो साम्राज्यवाद की कार्यात्मक आवश्यकता की पूर्ति के लिए थे। बुनियादी तौर पर साम्राज्य के "कमज़ोर" होने के कारण उसे राजनीतिक स्तर पर भारतीय सहयोगियों (collaborators) की आवश्यकता थी। इसलिए सिविल सेवा का धीरे-धीरे भारतीयकरण किया गया और स्थानीय स्वशासन की संस्थाओं में निचले स्तरों पर भारतवासियों को प्रवेश दिया गया। ब्रिटिश साम्राज्य में ज़बरदस्त केंद्रीकृत नियंत्रण था, पर तल में लचीलापन था और सत्ता के हस्तांतरण (devolution) का उद्देश्य मूलतः और अधिक सहयोगी पाना था।[3] दूसरी ओर बी. आर. टॉमलिंसन (1975) ने ब्रिटिश राज के भारतीय साम्राज्य में एक वित्तीय संकट का तर्क दिया है, जिसने उसको साम्राज्यिक दायित्व पूरे

करने नहीं दिए। इसलिए सत्ता के हस्तांतरण का उद्देश्य भारतीयों का समर्थन पाना था, क्योंकि निर्वाचित भारतीय प्रतिनिधि अधिक राजस्व उगाहने में अधिक समर्थ होंगे और उसे खर्च करने में अधिक विवेक से काम लेंगे। यह अपने आप में कोई बहुत नया विचार नहीं था, क्योंकि वित्तीय कारणों से हस्तांतरण पर बहस तो उन्नीसवीं सदी के अंतिम वर्षों में ही शुरू हो चुकी थी। वास्तव में भारतीय स्वशासन के विचार का विरोध युद्ध के दबावों और वित्तीय कमज़ोरियों के कारण हवा हो गया, लेकिन केवल वित्तीय आवश्यकताओं (exigencies) के आधार पर सुधारों की व्याख्या करना कठिन है। इस क्रमिक हस्तांतरण के पीछे एक अधिक महत्त्वपूर्ण कारण भारतीय राष्ट्रवाद का बढ़ता ज़ोर था, जिसे इतिहासकारों के कैंब्रिज संप्रदाय ने कम करके आँकना पसंद किया।

स्वदेशी आंदोलन की तीव्रता और गरमपंथ के प्रसार ने उपनिवेशी प्रशासन को संवैधानिक सुधारों पर नई सोच के लिए विवश कर दिया, जबकि क्रांतिकारी राष्ट्रवाद ने इस प्रक्रिया को और बल पहुँचाया। यह नया चिंतन तो 1906 में ही आरंभ हो चुका था, जब भारत सचिव लॉर्ड मॉर्ले ने, जो एक उदारवादी विद्वान था, वायसरॉय लॉर्ड मिंटो से अलोकप्रिय बंग-भंग को सुधारों द्वारा संतुलित करने का आग्रह किया। हालाँकि जहाँ एक ओर विभाजन को एक अटल सत्य करार दिया गया, वहीं दूसरी ओर, यह भी अनुभव किया जाने लगा कि भारत पर एक अत्यंत कठोर नौकरशाही के बल पर अब आगे शासन नहीं किया जा सकता। भारतीयों को सत्ता में कुछ भागीदारी तो देनी ही होगी, उनको विधायिका में लेना होगा और ज़रूरी हो तो कार्यकारी परिषद में भी शामिल करना होगा। विधायिकाओं में बजट पर बहस के लिए अधिक समय देना होगा और सरकार द्वारा पेश प्रस्तावों पर संशोधन भी स्वीकार करने होंगे; पर साथ ही सरकार के बहुमत को भी बचाकर रखना होगा। इस नई नीति के तीन पहलू थे: एक ओर सीधे-सीधे दमन, दूसरी ओर नरमपंथियों को साथ लाने के लिए रियायतें, और उनके साथ मुसलमानों के लिए अलग निर्वाचकमंडलों के माध्यम से बाँटो और राज करो का तरीका। संवैधानिक सुधारों पर बहस का आरंभ सितंबर 1906 में मॉर्ले के बजट भाषण से हुआ। लंदन और कलकत्ता के बीच कुछ विवाद थे, जो खासकर नरमपंथियों की परिभाषा को लेकर थे। इस शब्द से मॉर्ले का आशय कांग्रेसी नरमपंथियों से था, जबकि मिंटो का आशय कांग्रेस के बाहर के वफ़ादार तत्त्वों से था, जैसे रजवाड़ों के शासकों या मुस्लिम कुलीनों से। गदर के बाद भारतीय समाज के रूढ़िवादी तत्त्वों से गठजोड़ की नीति को अब बढ़ते राष्ट्रवादी दबाव को ध्यान में रखकर और अधिक संस्थागत रूप दिया जाने लगा।

1909 के इंडियन काउंसिल्स ऐक्ट (मॉर्ले-मिंटो रिफ़ॉर्म्स) ने सीमित स्वशासन का प्रावधान किया और इसलिए किसी भी भारतीय राजनीतिक समूह को संतुष्ट न कर सका। ब्रिटिश भारत के संवैधानिक सुधारों में यह सबसे अधिक अल्पजीवी साबित हुआ और दस साल के अंदर ही उसे संशोधित करना पड़ा। उसने बजट पर बहस करने, सवाल पूछने और प्रस्ताव लाने के बारे में काउंसिलों के सदस्यों को कुछ अधिक शक्तियाँ अवश्य दीं; ये सदस्य अब पहली बार निर्वाचित होनेवाले थे। इस कानून ने चुनाव का

सिद्धांत लागू किया, पर विभिन्न बाधाओं के साथ सीटों के आवंटन और चुनाव संबंधी योग्यताओं का निर्णय स्थानीय सरकारों पर छोड़ दिया गया, और इस तरह नौकरशाही के लिए जोड़-तोड़ की काफ़ी संभावना बाकी रह गई। पेशेवर वर्गों, भूस्वामियों, मुसलमानों तथा यूरोप और भारत के औद्योगिक तत्त्वों के अतिरिक्त प्रतिनिधित्व के लिए विशेष प्रावधान किया गया। इंपीरियल लेजिस्लेटिव काउंसिल में सरकार का बहुमत बनाए रखा गया; इसके 60 सदस्यों में निर्वाचित सदस्य केवल 27 होते और उनमें भी 8 सीटें अलग मुस्लिम निर्वाचकमंडल के लिए आरक्षित थीं। प्रांतों की काउंसिलों में गैर-सरकारी बहुमत का प्रावधान था, पर इस गैर-सरकारी बहुमत का महत्त्व इस बात से कम हो जाता है कि इन गैर-सरकारी सदस्यों में अनेक सदस्य सरकार द्वारा मनोनीत किए जाते। बंगाल की प्रांतीय विधायिका में निर्वाचित बहुमत का प्रावधान था, पर इन निर्वाचित सदस्यों में चार तो यूरोप के व्यापारिक हितों का प्रतिनिधित्व करते और उनसे हमेशा सरकार के पक्ष में मतदान करने की आशा की जाती थी। आखिरी बात यह कि निर्वाचनमंडल भारी संपत्ति संबंधी योग्यताओं (property qualifications) पर आधारित था और इसलिए बहुत अधिक सीमित था। कुछ विषमताएँ भी थीं, जैसे मुसलमानों के लिए आय संबंधी योग्यताएँ हिंदुओं की अपेक्षा कम रखी गईं। सबसे बड़ी बात यह कि भारत सरकार को किसी भी उम्मीदवार को राजनीतिक दृष्टि से खतरनाक होने के संदेह के आधार पर चुनाव लड़ने से रोकने का आम अधिकार प्राप्त था।

पहले विश्वयुद्ध के दौरान मौजूदा संविधान के प्रति असंतोष में तथा स्वशासन के लिए और अधिक अधिकारों के शोर में और भी वृद्धि हुई। अब ब्रिटिश राज के राजनीतिक हलकों में भी भारत के लिए स्वशासन के विचार को और अधिक स्वीकृति मिली और इसके कारण ब्रिटिश राज की नीतियों में भी अहम बदलाव आए। लेकिन सुधार का विचार संभवतः भारत में ही पैदा हुआ, जहाँ सरकार आए दिन भारतीय राजनीति के एक अतिवादी रूपांतरण से जूझ रही थी। इस अनुभव ने "साम्राज्य के अंदर ही भारतीय स्वशासन" के लक्ष्य[4] के बारे में नए वायसरॉय लॉर्ड चेम्सफ़ोर्ड के उदारवादी दृष्टि को और बल पहुँचाया। लेकिन नवंबर 1916 में भारत सचिव के नाम भारत सरकार के पत्र में कहा गया था, कि यह स्वशासन धीरे-धीरे ही दिया जाना चाहिए तथा यह काम शिक्षा के प्रसार, धार्मिक भेदों के समाधान और राजनीतिक अनुभव की प्राप्ति की दर के अनुरूप होना चाहिए। दूसरे शब्दों में, सत्ता के हस्तांतरण की कोई निश्चित समय-सूची नहीं थी, पर भारतवासियों को अपने ही शासन की निरंकुशता से बचाने के पर्याप्त उपाय किए गए थे।

भारत में ब्रिटिश राज की संसदीय संस्थाओं की स्थापना का लक्ष्य इसलिए घोषित करना पड़ा कि भारतीय राजनीति में अतिवादी तत्त्व नरमपंथियों को धीरे-धीरे हाशिये पर धकेलते जा रहे थे। दिसंबर 1916 में कांग्रेस और मुस्लिम लीग ने पहली बार लखनऊ में एक साझा संवैधानिक कार्यक्रम तैयार किया। होमरूल आंदोलन के आरंभ और अप्रैल 1917 में उसकी नेता एनी बेसेंट की नज़रबंदी ने भारतीय राजनीति में और भी गरमी

पैदा की, जैसा कि हम आगे देखेंगे। लॉर्ड चेम्सफ़ोर्ड का प्रशासन राष्ट्रवादी माँगों को पहले ही अनेक रियायतें दे चुका था, जैसे सूती कपड़े के आयात पर एक आबकारी शुल्क (excise duty) लगाए बिना तटकर शुल्क, श्रमिकों के बहिर्गमन पर प्रतिबंध लगाना आदि। अब वह भारत में ब्रिटिश राज के लक्ष्यों की घोषणा करने के लिए हताश था, लेकिन जुलाई 1917 में एडविन मांटेग्यू के भारत सचिव बनने तक कुछ भी नहीं हुआ। एक सहानुभूति रखनेवाले इतिहासकार ने उसे "रिपन के बाद का सबसे उदार भारत सचिव" कहा है।[5] मांटेग्यू ने 20 अगस्त 1917 को हाउस ऑफ़ कॉमंस में एक ऐतिहासिक घोषणा की कि आगे से भारत में ब्रिटिश राज की नीति "ब्रिटिश साम्राज्य के एक अभिन्न अंग के रूप में भारत में उत्तरदायी शासन को अधिकाधिक साकार करने के उद्देश्य से स्वशासी संस्थाओं के क्रमिक विकास" की नीति होगी।[6] दूसरे शब्दों में, इस घोषणा ने साम्राज्य के खात्मे या भारत की स्वतंत्रता की घोषणा नहीं की। लेकिन सुधार के ये प्रस्ताव 1909 के कानून के मुकाबले निश्चित ही एक प्रगति के सूचक थे, क्योंकि प्रांतों में कार्यकारी उत्तरदायित्व के साथ निर्वाचित बहुमत उसका मुख्य विषय था। लेकिन उत्तरदायी शासन को क्रमिक रूप से ही साकार किया जाना था। इस तरह यह एक अनिश्चितकालीन समयसूची का संकेत देता था, और जोड़-तोड़ करके आसानी से उदारवादी आशाओं पर पानी फेरा जा सकता था।

मांटेग्यू-चेम्सफ़ोर्ड सुधारों ने भारत में प्रातिनिधिक और उत्तरदायी शासन का सचमुच आरंभ करना चाहा या नहीं, इस बारे में किसी नतीजे पर पहुँचने से पहले हमें उसके प्रावधानों की पड़ताल करनी होगी। 1919 के भारत सरकार अधिनियम ने केंद्र में एक दो सदनों वाली विधायिका का प्रावधान किया–काउंसिल ऑफ़ स्टेट और लेजिस्लेटिव असेंबली (धारा सभा) का। इस धारा सभा में बहुमत निर्वाचित सदस्यों का होता, पर मंत्रियों पर उसका कोई नियंत्रण नहीं होता। रद्द किए गए विधेयकों को जबरन लागू कराने के लिए वायसरॉय के पास "सर्टिफ़िकेट' की कार्यपद्धति के रूप में वीटो की शक्ति होती। निर्वाचकों की संख्या को बढ़ाकर प्रांतों में 55 लाख और इंपीरियल लेजिस्लेचर (केंद्रीय धारा सभा) के लिए 15 लाख कर दिया गया। लेकिन दूसरी ओर, मांटेग्यू-चेम्सफ़ोर्ड रिपोर्ट में अलग-अलग निर्वाचकमंडलों के सिद्धांत की थोड़ी सैद्धांतिक आलोचना के बावजूद सांप्रदायिक प्रतिनिधित्व और आरक्षण को न सिर्फ़ जारी रखा गया, बल्कि काफ़ी बढ़ाया भी गया। मुसलमानों के अलावा सिखों को भी अलग निर्वाचकमंडल दिया गया, जबकि मद्रास में गैर-ब्राह्मणों के लिए सीटें आरक्षित की गईं और सभी स्तरों पर विधायिकाओं में 'उत्पीड़ित वर्गों' (depressed classes) को मनोनीत सीटें दी गईं। लेकिन इस नए कानून का सबसे प्रवर्तनकारी गुण 'द्वैधशासन' (dyarchy) था, जिसका अर्थ यह था कि प्रांतीय सरकारों के कुछ कार्यभार लेजिस्लेटिव असेंबलियों के सामने उत्तरदायी मंत्रियों को दिए गए, जबकि दूसरे विषयों को नौकरशाही के ज़बरदस्त नियंत्रण के लिए 'आरक्षित' कर दिया गया। लेकिन जो विभाग वास्तव में हस्तांतरित किए गए उनका राजनीतिक महत्त्व कम था, जैसे शिक्षा, स्वास्थ्य, कृषि, स्थानीय निकाय आदि।

इनका कोष सीमित था जिससे भारतीय मंत्री निश्चित रूप से बदनाम होते, जबकि कानून और व्यवस्था, वित्त आदि अधिक महत्त्वपूर्ण विभागों को आधिकारिक नियंत्रण में रखा गया। प्रांतों की कार्यकारी परिषदों में यूरोपवासियों और भारतवासियों के बीच प्रतिनिधित्व की समानता रखकर इसे कुछ हद तक संतुलित किया गया। लेकिन वीटो और सर्टिफ़िकेट की शक्तियाँ प्रांतों के गवर्नरों के पास भी थीं। राजस्व संसाधन केंद्र और प्रांतों के बीच बाँट दिए गए, मालगुज़ारी प्रांतों के हिस्से में आई, जबकि आयकर केंद्र के पास रहा।

1919 के सुधारों के महत्त्व का विभिन्न इतिहासकारों ने अलग-अलग मूल्यांकन किया है। एक ओर फ़िलिप वुड्स का तर्क यह था कि सुधारों के पीछे मौजूद विचार भारत में संसदीय लोकतंत्र की स्थापना और इस तरह वि-उपनिवेशीकरण (decolonisation) की प्रक्रिया के आरंभ के लिए नाजुक अहमियत रखते थे।"[7] दूसरी ओर, कार्ल ब्रिज की दृष्टि में ये भारत में "ब्रिटिश राज की मूल विशेषताओं को सुरक्षित रखनेवाले" कदम थे।[8] टॉमलिंसन के लिए ये "राज के समर्थन में ... भारतीय जनमत के एक प्रभावशाली भाग को" लामबंद करने के प्रयास थे।[9] इस सुधार के साथ प्रमुख समस्या, जैसी कि पीटर रॉब ने पहचान की है, यह थी कि "यह ब्रिटिश राज की मौजूदगी जारी रखने के विचारों के कारण सीमित" थी।[10] उस समय तक अनेक भारतवासी साम्राज्य के अंदर स्वशासन के विचार से आगे बढ़ चुके थे। उनका नया लक्ष्य स्वराज था, जिसकी परिभाषा जल्द ही पूर्ण स्वाधीनता के रूप में की गई, इसलिए यह सुधार भारतीय राजनीतिक समूहों को संतुष्ट न कर सका, न अंततः जन आंदोलन को फूटने से रोक सका। कैंब्रिज संप्रदाय ने 1909 और 1919 के सुधारों तथा पहले विश्वयुद्ध के बाद जन-राजनीति के उदय के बीच एक अलग ही ढंग से संबंध स्थापित करने की कोशिश की है। जब निर्वाचकमंडल का विस्तार हुआ, तो भारतीय नेता लोकतांत्रिक ढंग से काम करने और जनता का समर्थन पाने की कोशिश करने पर मज़बूर हो गए।[11] यह व्याख्या निश्चित तौर पर महात्मा गांधी के नेतृत्व में जनता के उभार की व्याख्या नहीं करती। दिसंबर 1920 में गांधीजी ने जो असहयोग कार्यक्रम आरंभ किया, उसका एक प्रमुख तत्त्व नई परिषदों का बहिष्कार था। जैसा कि हम देखेंगे, गांधीवादी दर्शन पश्चिमी नागरिक समाज की एक समालोचना पर आधारित था; जो जन-आंदोलन उन्होंने आरंभ किया उसका तर्कशास्त्र ही पूरी तरह अलग था, क्योंकि उनका ध्येय भारतीय राजनीति को संविधानवाद के इस संकुचित दायरे से मुक्त कराना था।

## 6.2 महात्मा गांधी का आगमन

मोहनदास करमचंद गांधी, जो जल्दी ही महात्मा गांधी कहे जाने लगे, 1915 में दक्षिण अफ़्रीका से वापस आए। उससे पहले भारत के राष्ट्रवादी आंदोलन को ज्यूडिथ ब्राउन ने "सुविचारित सीमाबंदियों की राजनीति"[12] और रवींदर कुमार ने जनता के विपरीत "वर्गों का प्रतिनिधित्व करनेवाला एक आंदोलन"[13] कहा है। मूलतः इन विशेषणों का

अर्थ यह है कि उस समय तक राष्ट्रवादी राजनीति में भागीदारी पश्चिमी शिक्षा-प्राप्त पेशेवर लोगों के एक सीमित समूह की ही थी, जिनकी नई कुशलताओं ने उन्हें इस योग्य बनाया था कि प्रशासनिक पदों, ज़िला बोर्डों या विधायिकाओं की सीटों के रूप में अंग्रेज़ी राज ने जो अवसर पैदा किए थे, उनका लाभ वे उठा सकें। वे मुख्य रूप से कुछ विशेष जातियों और समुदायों, कुछ विशेष भाषायी और आर्थिक समूहों के लोग थे, जो अधिकतर तीन प्रेसिडेंसी नगरों (कलकत्ता, बंबई और मद्रास) में रहते थे। इन वर्गों को डी. ए. लो ने "ब्रिटिश शासकों के टहलुए" कहा है, जो भारत में किसी दूरगामी आर्थिक या सामाजिक परिवर्तन में दिलचस्पी भी रखते थे तो बस थोड़ी-सी रखते थे। उनका सरोकार अपने लिए एक नए कुलीन समाज और संस्कृति की रचना से अधिक था और वे ब्रिटिश कुलीनवर्ग या मध्यवर्गों के विचारों और आदर्शों से प्रेरित थे।[14] बंगाल में भद्रलोक, बंबई में चितपावन ब्राह्मणों या मद्रास के तमिल ब्राह्मणों जैसे इन समूहों को छोड़ दें, तो समाज के दूसरे हिस्से कांग्रेस की राजनीति में भाग लेने से हिचकते रहे, जैसे निचली जातियों के हिंदू या मुसलमान, ज़मींदार, धनी और भूमिहीन दोनों तरह के किसान, और हर तरह के उद्योगपति। ये लोग बिहार, उड़ीसा, मध्य प्रांत और बरार में तथा संयुक्त प्रांत और गुजरात में भी रहते थे जिनको, जहाँ तक कांग्रेस की राजनीति का सवाल है, "पिछड़े प्रांत" कहा जा सकता था। इसलिए उपनिवेशी सरकार इस बात पर चैन की साँसें लेती रही कि "एक अतिलघु अल्पमत" कांग्रेस को एक पिटी हुई दुकान की तरह चला रहा है।

कांग्रेस की इस आरंभिक राजनीति के लक्ष्य भी सीमित थे और उसकी उपलब्धियाँ अपेक्षाकृत मामूली थीं। 1907 के सूरत विभाजन के बाद नरमपंथी उपनिवेशी स्वशासन की माँग करते रहे, जबकि गरमपंथी पूर्ण स्वाधीनता की माँग कर रहे थे। देखने में उनके संगठन व्यक्तित्व पर केंद्रित थे; एक ओर सुरेंद्रनाथ बनर्जी, पी. एम. मेहता या गोपालकृष्ण गोखले जैसी प्रमुख हस्तियाँ थीं, तो दूसरी ओर विपिन पाल, बाल गंगाधर तिलक और लाजपत राय थे। लोकचेतना में इन दोनों नेता-समूहों के बीच सिद्धांत या आस्था संबंधी कोई अंतर नहीं था और वे बस बेकार की बहसों में उलझते रहते थे। अपने-अपने घोषित उद्देश्यों को पाने में असफल रहने के कारण दोनों ही समूह अपनी साख खो चुके थे। नरमपंथियों की संवैधानिक राजनीति ब्रिटिश सरकार को प्रभावित करने में असफल रही और यह बात 1909 के मॉर्ले-मिंटो सुधारों से एकदम स्पष्ट थी। गरमपंथ मुख्यतः बंगाल, महाराष्ट्र और पंजाब तक सीमित रहा, जहाँ क्रांतिकारी गतिविधियों के आरंभ ने सरकार को दमन का बहाना दिया। उम्रकैद और लंबी सज़ा ने उनके नेतृत्व की कतार को तोड़ दिया तथा आंदोलन को भूमिगत होने व जनता से और भी कट जाने पर विवश कर दिया। तिलक जैसे गरमपंथी नेता जब जेल में थे, तो नरमपंथी वर्चस्व वाली कांग्रेस पूरी तरह निष्क्रिय हो गई। दूसरे शब्दों में, 1915-17 तक राजनीति की ये दोनों धाराएँ एक अंधी गली में फँस चुकी थीं और जब इन राजनीतिज्ञों का सामना गांधी से हुआ, तो उन लोगों के पास जोड़तोड़ की बहुत कम संभावना बची थी। इसके विपरीत भारतीय

राजनीति के एक नए खिलाड़ी के रूप में उभरे गांधी के ऊपर इन समूहों की असफलता का कोई कलंक नहीं था। राजनीतिक यथास्थिति से उनके निहित स्वार्थ जुड़े हुए नहीं थे और इस कारण वे पश्चिमी शिक्षा-प्राप्त कुलीनों से जनता की ओर शक्ति के किसी भी हस्तांतरण का स्वागत करने के लिए अधिक तैयार थे। भारतीय समाज की बहुलवादी प्रकृति पर उनकी एक स्पष्ट समझ थी, पर वे एकजुट भारत के आदर्श के प्रति समर्पित थे। नरमपंथियों और गरमपंथियों के अंतहीन झगड़ों से कुंठित युवा भारतवासियों के सामने उन्होंने एक बिल्कुल नया और ताज़ा विकल्प प्रस्तुत किया। नैतिक शून्य और भौतिक हताशा के काल में उन्होंने ऐसे राजनीतिक कार्यक्रम की बात कही जो आध्यात्मिक दृष्टि से उदात्त भी था।

गांधी के दर्शन और राजनीतिक कार्यक्रम का जनता में आकर्षण क्यों व्यापक रहा, इसे समझने के लिए पहले विश्वयुद्ध के दौरान भारत के राजनीतिक और सामाजिक वातावरण को समझना होगा, क्योंकि भारतीय राष्ट्रवाद के एक निर्विवाद नेता के रूप में गांधी के उदय के लिए इस वातावरण ने निश्चित ही एक अनुकूल संदर्भ पैदा किया। युद्ध का सबसे तात्कालिक परिणाम रक्षा-व्यय में अभूतपूर्व वृद्धि था, जो 1919 के बाद भी, कटौती तो दूर, लगातार बढ़ता रहा। इसके परिणामस्वरूप एक विशाल राष्ट्रीय ऋण जिसमें 1914 और 1923 के बीच 30 लाख रुपए से अधिक की बढ़ोतरी हुई। इसका अर्थ था भारी युद्धजनित कर्ज़ और करों में वृद्धि और चूँकि मालगुज़ारी तय की जा चुकी थी और तुरंत नहीं बढ़ाई जा सकती थी, इसलिए व्यापार और उद्योग पर अप्रत्यक्ष करों का बोझ बढ़ा। सीमा शुल्क बढ़ा, एक आयकर लगा, कंपनियों पर और अविभाजित हिंदू परिवारों पर भारी कर लगे, अतिरिक्त लाभकर लगा, आदि। इन नए करों का बोझ आखिरकार आम जनता पर ही पड़ा, क्योंकि इनके कारण भारी मूल्यवृद्धि हुई। सरकारी गणनाओं के अनुसार (1873 को आधार वर्ष मानने पर) अखिल भारतीय स्तर पर मूल्य सूचकांक 1914 में 147 से बढ़कर 1920 में 281 हो गया।[15] यह अभूतपूर्व मूल्यवृद्धि अंशतः अप्रत्यक्ष करों का और अंशतः यातायात संबंधी या अन्य आर्थिक अव्यवस्थाओं का परिणाम थी। 1918-19 और 1920-21 में दो-दो बार फसलों की अभूतपूर्व हानि के कारण खाद्यान्न का उत्पादन कम रहा और इससे संयुक्त प्रांत, पंजाब, बंबई, मध्य प्रांत, बिहार और उड़ीसा के काफ़ी बड़े हिस्से प्रभावित हुए। लेकिन जहाँ घरेलू उपयोग के लिए पहले से ही अनाजों की भारी कमी थी, वहीं बाहर लड़ रही सेना के लिए अनाजों का निर्यात जारी रहा। इससे अनेक क्षेत्रों में लगभग अकाल जैसी दशाएँ पैदा हो गईं और इंफ्लुएंजा की महामारी ने जनता की बदहाली को और बढ़ा दिया। 1921 की जनगणना के अनुसार 1918-19 के अकाल और महामारी के कारण लगभग 1 करोड़ 20 लाख से 1 करोड़ 30 लाख लोग मरे, जिससे देश की स्वाभाविक जनसंख्या वृद्धि रुक गई।[16]

सेना के लिए जबरन भरती 1914 और 1923 के बीच बेरोकटोक जारी रही, जिससे गाँवों में जन-असंतोष लगातार बढ़ता रहा। यह इसलिए और भी बढ़ता रहा कि युद्ध के

आर्थिक प्रभावों की मार ग्रामीण समाज के सभी वर्ग पहले से झेल रहे थे। जहाँ औद्योगिक व आयातित वस्तुओं के और अनाजों के दाम बढ़ रहे थे और गरीब किसानों को प्रभावित कर रहे थे, वहीं भारतीय कृषि से निर्यातित कच्चे मालों के दाम उसी गति से नहीं बढ़े। परिणाम हुआ कि नकदी फसलों के निर्यात गिरे, उनके भंडार में वृद्धि हुई और उनके क्षेत्रफल में गिरावट आई, जिससे 1917-19 के दौरान बाज़ार में एक संकट पैदा हो गया। इससे धनी किसानों पर भी प्रतिकूल प्रभाव पड़ा। इस काल में भूमिहीन होनेवाले और बेदखली खेतिहर बनते जानेवाले किसानों की संख्या में स्पष्ट वृद्धि हुई, और ज़मीनें गैर-खेतिहर वर्गों के हाथों में पहुँचती रहीं। 1914 और 1922 के बीच संयुक्त प्रांत और मद्रास में यह प्रक्रिया तीव्र रही और अधिक स्पष्ट रूप से देखी जाती रही। कुछ क्षेत्रों में किसानों की बढ़ती आर्थिक परेशानी संगठित किसान प्रतिरोधों में व्यक्त हुई, जैसे संयुक्त प्रांत में 1918 में आरंभ हुए किसान सभा आंदोलन में।

उद्योगों का प्रसार पहले विश्वयुद्ध के दौर का दूसरा महत्त्वपूर्ण आर्थिक विकासक्रम था। वित्तीय आवश्यकताओं, आर्थिक मजबूरियों और राष्ट्रवादी दबाव के कारण उद्योगीकरण के प्रति सरकार की नीति बदली और जूट व कपड़ा उद्योगों का उल्लेखनीय विकास हुआ। जहाँ जूट उद्योग का विकास मुख्यतः ब्रिटिश पूँजी से हुआ वहीं बंबई और अहमदाबाद के कपड़ा उद्योगों में मुख्यतः भारतीय पूँजी लगी हुई थी। यहाँ के बड़े उद्योगपति अंग्रेज़ों के वफ़ादार बने रहे, क्योंकि वे निर्यातों पर और कच्चे कपास की कीमतें कम रखवाने या श्रमिक असंतोष से निबटने के मामले में सरकार की सहायता पर निर्भर थे। इसके विपरीत युद्धकालीन करों के विरुद्ध तथा रुपए और स्टर्लिंग की घटती-बढ़ती विनिमय दरों को लेकर छोटे और मझोले व्यापारियों की अनेक शिकायतें थीं। जनगणना के आँकड़ों के अनुसार 1911 और 1921 के बीच संगठित उद्योगों में मज़दूरों की संख्या में 5.75 लाख की वृद्धि हुई तथा इस काल की अभूतपूर्व मूल्यवृद्धि ने इस प्रसारमान मज़दूर वर्ग पर सचमुच गहरी चोट की। युद्ध के दौरान और बाद में व्यापारियों ने भारी मुनाफ़े कमाए, मगर मज़दूरों की वास्तविक मज़दूरियाँ गिरीं। लाहौर या बंबई जैसे नगरों में मज़दूरों के जीवनयापन की औसत लागत में 60 या 70 प्रतिशत की वृद्धि हुई जबकि, मज़दूरी केवल 15 से 25 प्रतिशत तक बढ़ी[17]; ऐसी ही हालत कलकत्ता के जूट मिलों में, जमशेदपुर के इस्पात संयंत्र में और असम के चाय बागानों में थी। इसका स्पष्ट परिणाम चेम्सफ़ोर्ड के शब्दों में "हड़तालों का एक तरह का तपता बुखार था", जिसने भारत के सभी औद्योगिक केंद्रों को प्रभावित किया।[18] इस विषय की विवेचना हम अगले अध्याय में करेंगे।

इस तरह भारतीय जनता के लगभग सभी वर्गों के लिए पहले विश्वयुद्ध ने सामाजिक और आर्थिक अफ़रातफ़री पैदा की और जनाक्रोश के एक आसन्न उभार के लिए आवश्यक सामाजिक लामबंदी की दशा उत्पन्न की। युद्ध ने पश्चिम की तड़क-भड़क से प्रभावित शिक्षित नवयुवकों का मोहभंग भी किया और एकाएक उनको पश्चिमी सभ्यता का घिनौना चेहरा नज़र आने लगा। इस तरह नैतिक और राजनीतिक हताशा के

एक वातावरण ने तब गांधी का स्वागत किया जब वे दक्षिण अफ्रीका में अंग्रेज़ों से सफल टकराव की एक पृष्ठभूमि के साथ भारत आए। जैसा कि ज्यूडिथ ब्राउन का तर्क है, गांधी की नई राजनीतिक विचारधारा ने "कुछ को पूरी तरह लेकिन बहुतों को अंशत:" आकर्षित किया, क्योंकि हरेक को इसमें ऐसी कोई बात नज़र आई जिससे वह स्वयं को जोड़ सके।[19] पहले के राजनीतिज्ञों के विपरीत वे भारत की बहुलता के बारे में पूरी तरह सजग थे और उन्होंने ध्यान रखा कि कोई भी समुदाय या वर्ग विमुख न हो। पहले के राजनीतिज्ञ पश्चिम से लिए गए विचारों पर निर्मित एक राष्ट्रवादी विचारधारा का वर्चस्व चाहते थे, जबकि गांधी का तर्क था कि इस विचारधारा की जड़ें भारत और उसकी प्राचीन संस्कृति में होनी चाहिए। उनकी राय में जनता की वफ़ादारियाँ वर्ग से निर्धारित नहीं होती थीं, बल्कि जनमानस पर धर्म का प्रभाव कहीं अधिक था। इसलिए उन्होंने जनता की लामबंदी के लिए धार्मिक मुहावरों का सफलतापूर्वक उपयोग किया। लेकिन यह पिछले राजनीतिज्ञों वाला पुनरुत्थानवाद नहीं था, क्योंकि वे (गांधी) इतिहास की नहीं, धार्मिक नैतिकता की बात कर रहे थे। उनका लक्ष्य एक नैतिक लक्ष्य और इसलिए एक हवाई लक्ष्य था–अप्राप्य और हमेशा दूर-दूर रहनेवाला। उन्होंने स्वराज को अपना राज़नीतिक लक्ष्य बतलाया, पर कभी उसका भाव स्पष्ट नहीं किया और इसलिए अपने छतरी समान नेतृत्व में उन्होंने विभिन्न समुदायों को एकजुट किया। "सर्व-समावेश" को "गांधी की अनोखी राजनीतिक शैली"[20] समझा जाने लगा, जो भारत में विविधताओं की स्वीकृति पर आधारित थी।

गांधीजी ने अपने राजनीतिक विचार विभिन्न स्रोतों से लिए। उन्होंने हेनरी डेविड थोरो, जॉन रस्किन, राल्फ़ वॉल्डो इमर्सन और लियो तालस्ताय को पढ़कर उनसे प्रेरणा ली। वैष्णव धर्म और जैन धर्म से वे उनसे अधिक नहीं तो उतने ही प्रभावित थे, क्योंकि गुजरात में जीवन के आरंभिक दिनों में ही वे इन विचारों से परिचित हो चुके थे।[21] गांधी का दर्शन पहले के राष्ट्रवादी नेताओं के दर्शन से सार्थक सीमा तक इस अर्थ में भिन्न था कि उन्होंने "आधुनिक" सभ्यता की जमकर आलोचना की–और बाद के टीकाकारों ने इस आलोचना पर मिश्रित प्रतिक्रियाएँ व्यक्त कीं। आशीष नंदी की राय में वे "पश्चिम के एक प्रति-आधुनिक (counter modernist) आलोचक"[22] थे, जैसे कि उनसे पहले रवींद्रनाथ ठाकुर थे और वे समझते थे कि अपनी असामान्य शक्ति और प्रसार के कारण पश्चिम रोगग्रस्त हो चुका है; गांधी ने यह तर्क देकर "शासक संस्कृति की आंतरिक वैधता के लिए खतरा पैदा कर दिया।"[23] पार्थ चटर्जी की राय में उनका दर्शन "नागरिक समाज की एक समालोचना" था या और भी सीधे-सीधे कहें तो "पूँजीवादी समाज के पूरे ढाँचे की एक बुनियादी समालोचना" था।[24] मैनफ्रेड स्टेगर (2000) ने इसे "उदारवाद की समालोचना" कहा है, जबकि भिखु पारिख की राय में वह "आधुनिक सभ्यता की समालोचना" था, जिसने साम्राज्यवाद से टकराव के लिए एक विचारधारा प्रदान करके "उसकी कुछ महान उपलब्धियों और शक्तियों को अनदेखा भी किया।"[25] गांधी की संकलित रचनाएँ आज सौ से अधिक खंडों में प्रकाशित हैं और विभिन्न प्रश्नों पर उनके

विचार लगातार विकासमान रहे। इसलिए उनके दर्शन पर कोई प्रामाणिक वक्तव्य दे सकना कठिन है। यहाँ हमारे पास जो थोड़ा सा स्थान उपलब्ध है, उसमें हम उनके राजनीतिक चिंतन के कुछ महत्त्वपूर्ण पक्षों को ही सामने लाने के प्रयास करेंगे।

*हिंद स्वराज* (1909) में, जिसे अकसर गांधी की विचारधारा का प्रामाणिक वक्तव्य माना जाता है, गांधी ने भारतीय राष्ट्र की एक सभ्यतामुखी धारणा पेश की है। कहते हैं कि इस्लाम-पूर्व काल से ही भारतीय एक कौम या प्रजा थे।[26] प्राचीन भारतीय सभ्यता, जो "असंदिग्ध रूप से सर्वश्रेष्ठ" थी, भारतीय राष्ट्रीयता की स्रोत थी, क्योंकि इसमें विभिन्न पंथों वाले विदेशियों को आत्मसात करने की असीमित क्षमता है और अब उन विदेशियों ने इस देश को अपना देश बनाया। इस सभ्यता को, जिसकी "बुनियाद ठोस" है और जिसने हमेशा "नैतिक प्राणी को उदात्त बनाया", इस "ईश्वरहीन" आधुनिक सभ्यता से "कुछ भी नहीं सीखना" है, जो केवल "अनैतिकता का प्रचार" करती है। औद्योगिक पूँजीवाद को, जो इस आधुनिक सभ्यता का सारतत्त्व है, हितों के सारे टकरावों के लिए ज़िम्मेदार बतलाया गया, क्योंकि उसने नैतिक सरोकारों से आर्थिक कार्यकलापों का नाता तोड़ दिया और इस तरह साम्राज्यिक आक्रामकता को प्रोत्साहन दिया। अपनी गुलामी के लिए भारतवासी स्वयं ही ज़िम्मेदार हैं, क्योंकि उन्होंने पूँजीवाद को और उससे जुड़े कानूनी और राजनीतिक ढाँचों को अपनाया है। "भारत को अंग्रेज़ों ने नहीं छीना है; इसे हमने उनको दिया है।" और गांधी का विश्वास था कि रेल, वकील और डॉक्टर देश को दरिद्र बना रहे हैं। इस राष्ट्रीय विपदा के बारे में उनका समाधान नैतिक और हवाई था। भारतवासियों को चाहिए कि लोभ और उपभोग का मोह त्यागकर प्राचीन काल की, ग्राम-केंद्रित आत्मनिर्भर अर्थव्यवस्था की ओर वापस लौटें। दूसरी ओर, संसदीय लोकतंत्र, जो पश्चिम की उदारवादी राजनीतिक व्यवस्था का बुनियादी सिद्धांत और इस कारण आधुनिक सभ्यता का एक और बुनियादी पहलू है, गांधी की राय में जनता की नहीं, राजनीतिक दलों की आम इच्छा को व्यक्त करता है जो विशेष हितों का प्रतिनिधित्व करते हैं और पार्टी-अनुशासन के नाम पर सांसदों की नैतिक स्वतंत्रता पर अंकुश लगाते हैं। इसलिए उनकी राय में स्वतंत्रता पा लेना और फिर "अंग्रेज़ों से रहित अंग्रेज़ी राज" को स्थायी बनाना काफ़ी नहीं है; पश्चिम के उदारवादी राजनीतिक ढाँचों के एक भारतीय विकल्प का विकास करना भी आवश्यक है। उनका विकल्प जनता की प्रभुसत्ता का विचार था, जिसमें हर व्यक्ति अपने स्व को नियंत्रण या संयम में रखे और यही स्वशासन और मात्र होमरूल के बीच गांधी का सूक्ष्म अंतर था। गांधी का कथन था: "हर व्यक्ति को ऐसे स्वराज का स्वयं अनुभव होना चाहिए।" अगर इस लक्ष्य को पाना कठिन था, तो भी गांधी ने इसे मात्र एक "स्वप्न" मानने से इनकार कर दिया। गांधी ने अपने आलोचक को यह जवाब दिया: "यह समझना कि इतिहास में जो कुछ नहीं हुआ, वह होगा ही नहीं, मानव की गरिमा में अविश्वास की बात करना है।" इसकी प्राप्ति के लिए उनकी तकनीक थी सत्याग्रह, जिसे उन्होंने सत्य या आत्मा की शक्ति के रूप में परिभाषित किया। इसका और व्यावहारिक अर्थ सविनय अवज्ञा था, बल्कि उससे भी

श्रेष्ठतर कोई चीज़। यह प्रतिरोधियों के श्रेष्ठतर नैतिक बल की मान्यता पर आधारित था, जो नैतिक बल का प्रदर्शन करके उत्पीड़कों के दिल को भी बदल दे। उनके संदेश का मूल सिद्धांत था अहिंसा, जो सभी परिस्थितियों में समझौतों से परे थी।[27]

संभवत: यह कहना एकदम सही न हो कि गांधी ने पूरी आधुनिकता को अस्वीकार किया। *हिंद स्वराज* की भूमिका में एंथनी पटेल लिखते हैं कि यह पाठ एक पाठक और एक संपादक के बीच एक संवाद की तर्ज़ पर पेश किया गया था, जिसमें संपादक "एक बहुत आधुनिक व्यक्ति" है और यह भूमिका गांधी ने अपने लिए रखी है।[28] अपने पूरे जीवन में उन्होंने पत्र-पत्रिकाओं का जमकर उपयोग किया, दक्षिण अफ्रीका में बिताए दिनों में उन्होंने *इंडियन ओपिनियन* का संपादन किया, और फिर *यंग इंडिया* और *हरिजन* उनके विचारों के प्रमुख वाहक रहे। अपने अभियानों के दौरान उन्होंने रेल यात्राएँ भी कीं। फिर भी, पश्चिमी सभ्यता के आधुनिक चरण की वैचारिक समालोचना प्रस्तुत करते हुए गांधी ने ब्रिटिश राज की नैतिक वैधता को कारगर चुनौती दी, जो पश्चिम की श्रेष्ठता की कथित मान्यता पर आधारित था। जहाँ तक उनके तरीकों का सवाल था, पार्थ चटर्जी का तर्क है कि यथार्थ राजनीति के मामले में इन तरीकों ने गांधी को जोड़-तोड़ की असीमित क्षमता प्रदान की। नैतिकता और राज के बीच मौजूद दरार को निहित ढंग से स्वीकार किया गया–अहिंसा इस खाई को पाट सकती थी। असफलताओं की व्याख्या या तो आदर्श की उदात्तता के या मानव की निमिति की अपूर्णताओं के आधार पर की जा सकती थी।[29] लेकिन जोड़-तोड़ की इस यथार्थ संभावना के बावजूद राष्ट्रीय आंदोलन की वास्तविकताओं से अहिंसा के सिद्धांतों का तालमेल बिठाने की यह समस्या ऐसी एक स्थायी "दुविधा" सिद्ध हुई, जिससे गांधी को भारतीय राष्ट्रवाद के नेता के रूप में जीवन भर जूझना पड़ा, और समय के साथ आंदोलन में तेज़ी आई, तो यह दुविधा और तीखी होती गई।[30]

फिर भी यह कहना भ्रामक होगा कि गांधी भारतवासियों का परिचय एक बिलकुल नई तरह की राजनीति से करा रहे थे। 1890 के दशक में महाराष्ट्र में तिलक द्वारा संगठित जन-आंदोलन, पंजाब के गरमपंथियों के कार्यकलाप और सबसे बढ़कर 1905-08 के दौरान बंगाल के स्वदेशी आंदोलन ने भारत में आंदोलनों की राजनीति के आगमन का पहले ही संकेत दे दिया था। जहाँ तक जनता की लामबंदी का प्रश्न है, तो तिलक और ऐनी बेसेंट के होमरूल लीगों ने गांधी से पहले सत्याग्रह आंदोलन की सफलता का रास्ता तैयार कर दिया था। वास्तव में तिलक जब 1914 में जेल से रिहा हुए और मद्रास में केंद्रित थियोसोफिकल सोसायटी की विश्व अध्यक्ष एनी बेसेंट कांग्रेस में शामिल हो गईं, तो उन लोगों ने भारतीय राजनीति को लगभग ऐसी ही दिशा में ले जाने की कोशिश की। लेकिन तिलक भले ही बेसेंट के हस्तक्षेप के बाद 1915 में दोबारा कांग्रेस में शामिल कर लिए गए, पर फिर भी ये लोग पार्टी को लगभग एक दशक की जड़ता से मुक्त कराने में असफल रहे। कुंठित होकर तिलक ने अप्रैल 1916 में अपना भारतीय होमरूल लीग शुरू कर दिया और बेसेंट ने सितंबर में अपना होमरूल लीग शुरू कर दिया–दोनों

आपसी सहयोग से और अलग-अलग भी काम करते थे। होमरूल आंदोलन का साधारण-सा लक्ष्य था-भारत के लिए होमरूल प्राप्त करना और ऐसा शिक्षा कार्यक्रम चलाना, जो भारतीयों में मातृभूमि के प्रति गर्व की भावना का विकास करे।[31]

1917-18 में सरकार ने जब होमरूल लीगों पर जबरदस्त हमला किया, तब तक फिर पूरे भारत में उनकी सदस्यता लगभग 60, 000 हो गई थी-सबसे बढ़कर गुजरात, सिंध, संयुक्त प्रांत, बिहार जैसे क्षेत्रों और दक्षिण भारत के कुछ भागों में, जो पहले राष्ट्रवादी आंदोलन में भाग नहीं लेते थे। फिर भी भले ही उनका प्रभाव उनकी अपनी सदस्यता से बाहर एक बहुत बड़े समुदाय पर पड़ा, फिर भी ये लीगें भारत में जन आंदोलनों की राजनीति का आरंभ नहीं कर सकीं। मद्रास, महाराष्ट्र और कर्नाटक में, अछूतों के थोड़े-बहुत समर्थन के बावजूद, इन लीगों पर ब्राह्मणों का वर्चस्व था और गैर-ब्राह्मणों ने इनका विरोध किया। लेकिन सबसे अहम बात यह है कि एनी बेसेंट, जिनको 1917 में कांग्रेस का अध्यक्ष बनाया गया, नरमपंथियों के प्रति समझौते का रवैया अपनाने लगीं, खासकर मांटेग्यू-चेम्सफ़ोर्ड सुधारों के प्रस्तावों की घोषणा के बाद, और सविनय अवज्ञा के कार्यक्रम को उन्होंने स्थगित कर दिया। इससे उन युवा गरमपंथी नेताओं को कुंठा हुई, जो उनके प्रमुख समर्थक थे और होमरूल लीगें जल्द ही ठप होकर रह गईं। फिर भी, गांधी के आरंभिक सत्याग्रहों के अनेक स्थानीय नेता होमरूल लीगों की पृष्ठभूमि वाले थे और उन्होंने इन लोगों के बनाए हुए सांगठनिक तंत्र का उपयोग किया।

एनी बेसेंट अगर असफल रहीं तो गांधी एक साझे राजनीतिक मंच पर नरमपंथियों और गरमपंथियों को साथ लाने में सफल रहे। भारतीय राजनीति के विभाजित और विवादों से भरे संसार में उन्होंने प्रभावी ढंग से अपने केंद्रीयतावादी होने का दावा किया, क्योंकि उन्होंने दोनों में किसी को भी विमुख नहीं किया और चुपके-चुपके नरमपंथियों के लक्ष्य को गरमपंथियों के तरीकों से समन्वित किया। उन्होंने नरमपंथियों के स्वराज के लक्ष्य को अपनाया, लेकिन उसकी परिभाषा को (नेहरू के शब्दों में कहें तो) "सुखद सीमा तक अस्पष्ट" रखा, क्योंकि उन्हें पता था कि कोई भी परिभाषा इस या उस समूह को विमुख कर देगी। इसलिए हर समूह उसकी व्याख्या अपने-अपने ढंग से कर सकता था। उनका सत्याग्रह का तरीका बहुत कुछ गरमपंथियों के सविनय अवज्ञा (passive resistance) जैसा लगता था, लेकिन अहिंसा पर उनके आग्रह ने नरमपंथियों और दूसरे संपत्तिशाली वर्गों के भय को दूर किया, जो आंदोलनों की राजनीति से शंकित थे। उन दिनों मुस्लिम समुदाय में भी अलीगढ़ के बुजुर्गों और मुसलमान नेताओं की नई पीढ़ी के बीच एक दरार पड़ चुकी थी। खिलाफ़त के लक्ष्य का समर्थन करके गांधी ने स्वयं को युवा नेताओं से जोड़ लिया। उन्होंने उसके ब्रिटिश राज-विरोधी पक्षों को उजागर किया, परंतु उसकी अखिल-इस्लामी प्रवृत्तियों को कम करके पेश किया, और इस तरह अंग्रेज़ों के विरुद्ध एक साझी लड़ाई में हिंदुओं और मुसलमानों को पहली बार एकजुट किया।

इससे भी अहम बात यह थी कि, इन कुलीन नेताओं की कतारों से परे, गांधी ने सीधे भारतीय किसान वर्ग से गुहार की और पहले ही युद्धकालीन अव्यवस्थाओं

से त्रस्त जनता के समर्थन के विशाल भंडार को अपने हाथों में ले लिया। इस बारे में वे होमरूल लीगवालों की सीमाओं से बँधे हुए नहीं थे। ज्यूडिथ ब्राउन का तर्क है कि गांधी का उदय "राजनीतिक जीवन के एक अतिवादी पुनर्गठन" का या "जनता" के लिए आधुनिक राजनीति के द्वारों के खुलने का सूचक नहीं था। बल्कि यह प्रेसिडेंसी नगरों के पश्चिमी शिक्षा-प्राप्त नेताओं की जगह पिछड़े क्षेत्रों के पश्चिमी शिक्षा-प्राप्त और स्थानीय भाषाओं में शिक्षा-प्राप्त कुलीनों के उदय का सूचक था। भारत के देहातों और छोटे शहरों-कस्बों में गांधी के लिए जन समर्थन इन्हीं स्थानीय कुलीन नेताओं या कथित "शिकमी ठेकेदारों" (sub-contractors) की वफ़ादारियों के तंत्रों ने जुटाया।[32] ऐसी कोई भी व्याख्या गांधी के प्रति जनता के आकर्षण को बहुत मामूली बनाकर प्रस्तुत करती है। उनकी सादी वेशभूषा, ग्रामीण हिंदी के प्रयोग, **रामराज्य** के लोकप्रिय रूपक के उल्लेख ने उनको आम जनता की समझ में आनेवाली चीज़ बना दिया। धार्मिक प्रतीकों और मुहावरों का कुशल प्रयोग उनके करिश्माई आकर्षण का आधार था। लोकप्रचलित दंतकथाओं में वे ऐसी पराप्राकृतिक शक्ति से लैस थे, जो कष्टों को दूर करके आम जनता को उसके दैनिक कष्टों से मुक्ति दिला सकते थे। गांधी की व्याख्या जनता ने अपने ही ढंग से की, अपने स्वयं के भोगे हुए अनुभवों से अर्थ निकाले और उनको निर्बल के बल का प्रतीक बना दिया।[33] गांधी के जनव्यापी आकर्षण के इस सहस्राब्दिक (millenarian) पक्ष को अनदेखा करना कठिन है; ज़मीनी सतह के इस उभार पर ब्राउन के "शिकमी ठेकेदारों" का नियंत्रण बहुत कम था। गांधीवादी राजनीति का प्रमुख विरोधाभास यहाँ भी दिखाई देता है, क्योंकि वे केवल जनता को उभारना नहीं चाहते थे, बल्कि एक "नियंत्रित जन-आंदोलन" चाहते थे,[34] जो उनके निर्धारित किए हुए मार्ग पर कठोरता से चले। जनता ने गांधीवादी राजनीति की सीमाओं का बार-बार उल्लंघन किया और उनके आदर्शों से अलग हटी, पर साथ ही यह विश्वास भी करती रही कि वह अपने मसीहा के पीछे-पीछे चलकर गांधी राज के एक नए स्वर्गलोक में पहुँचेगी। गांधी के अपने अनुयायियों ने इस मसीहा की जो कल्पना की उसपर, "शिकमी ठेकेदारों" की बात तो जाने दें, स्वयं गांधी का नियंत्रण बहुत कम था। उन्होंने उनके तौर-तरीकों को नियंत्रित करने की कोशिश की और जब कभी असफल रहे, उसकी निंदा उसे "भीड़-राज" (mobocracy) कहकर की।[35] इस अर्थ में वे भारत में राजनीतिक जीवन के अतिवादी पुनर्गठन के प्रतीक तो थे ही।

यह बात आरंभ के तीन आंदोलनों—चंपारन, खेड़ा और अहमदाबाद के स्थानीय सत्याग्रह आंदोलनों में एकदम स्पष्ट हो गई। चंपारन (बिहार) में यूरोपीय निलहे किसानों को **तिनकठिया** व्यवस्था के अंतर्गत नील पैदा करने के लिए विवश करते थे (इस व्यवस्था में किसान अपनी ज़मीन के 3/20 भाग पर नील उगाने के लिए मजबूर थे)। इसके विरुद्ध किसानों का असंतोष, स्थानीय मझोले और धनी किसान नेताओं के नेतृत्व में, 1860 के दशक से ही बढ़ता चला आ रहा था। उनमें से एक थे राजकुमार शुक्ल जो 1916 की लखनऊ कांग्रेस में भी पहुँचे और गांधी जी को बिहार आकर आंदोलन

का नेतृत्व करने पर तैयार किया। यहाँ किसानों को लामबंद करने में राजेंद्र प्रसाद या जे. बी. कृपलानी जैसे कांग्रेस के स्थानीय शिक्षित युवा नेताओं की मामूली भूमिका ही रही। इस किसान जनता ने महात्मा के आह्वान का तुरंत उत्तर दिया, जिन्हें वे ईश्वर का भेजा हुआ मुक्तिदाता समझते थे। उनके नाम पर लेकिन उनकी जानकारी के बिना धनी किसान नेताओं ने मामूली किसानों को हिंसक कार्यों के लिए गोलबंद किया, जिसका गांधी ने अनुमोदन नहीं किया। अफ़वाहों के बीच उनके हस्तक्षेप ने गरीब किसानों के मन से भय को बाहर निकाल फेंका, जो अब अंग्रेज़ी राज और यूरोप के निलहों की सत्ता को चुनौती देने की हिम्मत कर पाते थे। पर गांधी इस आंदोलन को उसके सीमित लक्ष्य से आगे नहीं ले गए और नवंबर 1918 में चंपारन कृषि कानून (चंपारन एग्रीकल्चरल ऐक्ट) के पारित होने के साथ यह लक्ष्य पूरा हो गया। फिर भी इस कानून ने न तो निलहों के दमन को पूरी तरह रोका, न यह किसान प्रतिरोध को ठंडा कर सका। स्थानीय किसान नेता गांधी का नाम लेकर समर्थन जुटाते रहे और उन्होंने इस क्षेत्र को भावी गांधीवादी आंदोलनों का एक ठोस आधार बना दिया।[36] चंपारन इस तरह राष्ट्रवाद की एक दंतकथा बन गया, हालाँकि प्रतिरोध करनेवाले किसानों के साथ स्थानीय कांग्रेस नेताओं की कोई विशेष सहानुभूति नहीं थी, खासकर तब जब वे देसी ज़मींदारों के विरुद्ध खड़े थे। 1919 में स्वामी विश्वानंद ने जब स्थानीय किसानों को दरभंगा राज की भारी माँगों और उसके अमलों की यातना के विरुद्ध संगठित किया तो उनको बिहार कांग्रेस से कोई समर्थन नहीं मिला।[37]

इसी तरह 1917 में गुजरात के खेड़ा ज़िले में खासकर धनी पाटीदार किसानों के लिए अनेक कारणों ने असामान्य कठिनाइयाँ पैदा कर दीं, जैसे वर्षा में देरी होने से फ़सलों का नष्ट होना, खेतिहर मज़दूरियों में एकाएक बढ़ोतरी, मुद्रास्फीति की भारी दर, और ब्यूबोनिक प्लेग का हमला। ज़िले के उत्तरी भाग में स्थित छोटे-से कठलाल कस्बे में मोहनलाल पांड्या और शंकरलाल पारिख नाम के दो स्थानीय नेताओं ने एक लगानबंदी आंदोलन आरंभ कर दिया। उनकी माँग मालगुज़ारी में छूट की थी। गुजरात सभा के माध्यम से उन्होंने जनवरी 1918 में गांधी से संपर्क किया, लेकिन गांधी ने उनके समर्थन में सत्याग्रह शुरू करने का निर्णय 22 मार्च को ही किया। तब भी यह एक "मामूली अभियान" ही था, क्योंकि इससे कुछ ही गाँव प्रभावित हुए; किसान अकसर सरकार के दबाव के आगे झुक जाते थे और अहिंसा की गांधीवादी राजनीति की सीमाओं को तोड़ देते थे। अप्रैल तक बंबई की सरकार ने किसानों की माँगों को अंशतः मान लिया; उसने मालगुज़ारी न दे सकनेवाले किसानों की ज़मींनें ज़ब्त नहीं कीं। जून में गांधी ने आंदोलन को वापस ले लिया। यहाँ भी गुजरात सभा के या उसके वल्लभभाई और विट्ठलभाई पटेल जैसे शिक्षित नेताओं के हस्तक्षेप का प्रत्यक्ष परिणाम बहुत कम ही रहा, क्योंकि एक आंदोलन अब आरंभ हो चुका था और स्थानीय नेताओं ने उसे बाद में जारी रखा। खेड़ा ज़िले के गाँवों में गांधी ने एक ठोस राजनीतिक आधार बना लिया। पर गाँववालों का समर्थन अपनी शर्तों पर लिया। पहले विश्वयुद्ध के दौरान जब

गांधी ने सेना के लिए भरती की अपील की, तब किसानों ने उसे अपमान के साथ ठुकरा दिया।[38]

खेड़ा सत्याग्रह के बीच गांधी फरवरी-मार्च 1918 के दौरान अहमदाबाद के कपड़ा मिलों की हड़ताल में भी संलग्न रहे। यहाँ उनके विरोधी गुजरात के मिल-मालिक थे, जो अन्यथा उनके बड़े करीबी थे। औद्योगिक टकराव का तत्कालीन कारण प्लेग-बोनस की समाप्ति थी, जो प्लेग से हो रही अधिकाधिक मौतों के भय से मज़दूरों को शहर छोड़ने से रोकने के लिए दिया जाता था। इसे ऐसे समय में समाप्त किया गया, जब पहले विश्वयुद्ध के कारण दामों में असामान्य वृद्धि के कारण मज़दूर मुश्किल समय से गुज़र रहे थे; पलक झपकते हड़तालें हो जाती थीं और बुनकरों की एक सभा बन चुकी थी। इस तरह अहमदबाद के मज़दूर जब बेचैन हो रहे थे तब सामाजिक कार्यकर्ता अनुसूया साराभाई और उनके भाई व अहमदाबाद मिल-मालिक सभा (अहमदाबाद मिलओनर्स एसोसिएशन) के अध्यक्ष अंबालाल साराभाई ने गांधी को मध्यस्थता करके संकट को दूर करने के लिए आमंत्रित किया। लेकिन गांधी का हस्तक्षेप और एक मध्यस्थता बोर्ड का गठन बेकार साबित हुए, क्योंकि बातचीत से किसी भी समझौते की शर्त के रूप में मिल-मालिकों ने हड़तालों पर पूरी पाबंदी की माँग की। 22 फ़रवरी को अपनी माँग पर अड़े मिल-मालिकों ने ताले लगाकर जब बुनकरों को बाहर कर दिया, तो गांधी ने मज़दूरों का पक्ष लेने का निर्णय किया। लेकिन उन्होंने मज़दूरों को राजी किया कि वे अपनी मज़दूरी में बढ़ोतरी की माँग को मूल 50 प्रतिशत से घटाकर 35 प्रतिशत कर दें। उन्होंने और उनके साबरमती आश्रम के स्वयंसेवकों ने मज़दूरों को लामबंद किया और नियमित सभाएँ कीं, जिनमें आरंभ में हज़ारों मज़दूर शामिल होते थे। लेकिन गतिरोध जारी रहा और मिल-मालिक टस से मस नहीं हुए, तो मज़दूरों का मनोबल गिरने लगा। गांधी ने अब अपने अंतिम हथियार का, भूख-हड़ताल का सहारा लिया; अक्खड़ मिल-मालिक झुक गए और मामले को एक मध्यस्थता बोर्ड में भेजने पर तैयार हो गए। मज़दूरों को आखिरकार 27.5 प्रतिशत की बढ़ोतरी मिली, पर यह आंदोलन अहमदाबाद के मज़दूरों को लामबंद करने में काफ़ी सफल रहा और इसने फरवरी 1920 में कपड़ा मज़दूर सभा (टेक्सटाइल लेबर एसोसिएशन) के गठन का रास्ता तैयार किया। लेकिन औद्योगिक विवादों को हल करने की एक नई, गांधीवादी तकनीक के रूप में "मध्यस्थता" के विचार से वैचारिक प्रतिबद्धता का प्रमाण न तो अहमदाबाद के मज़दूरों ने दिया, न पूँजीपतियों ने।[39]

इन स्थानीय लक्ष्यों को उठाकर गांधी ने राष्ट्रव्यापी लोकप्रियता प्राप्त की। फिर भी, अगर हम इन आंदोलनों पर गहराई से ध्यान दें, तो पता चलेगा कि हर मामले में गांधी को नेतृत्व के लिए तब आमंत्रित किया गया, जब स्थानीय पहल से जनता की अच्छी-खासी लामबंदी पहले ही हो चुकी थी। जनता ने गांधी के संदेश की अपने ढंग से व्याख्या की और इस मसीहा जैसे नेता की शक्तियों से जुड़ी अफ़वाहों ने शक्तिशाली दुश्मनों का सामना करने में लगनेवाले भय को दूर कर दिया। जनता ने भी हर जगह अपने एजेंडा को आगे बढ़ाया, जिसे उन क्षेत्रों के कुलीन राष्ट्रवादी नेता बहुत नापसंद करते थे। लेकिन

इस प्रक्रिया में ये सभी क्षेत्र गांधी के राजनीतिक समर्थन के आधार बन गए, क्योंकि वहाँ की जनता ने राजनीतिक कार्रवाई के बारे में उनकी बाद की पुकारों का मुखर प्रत्युत्तर दिया। पर यहाँ भी कार्रवाई के ढर्रे ऐसे रहे जो नेता के पसंदीदा ढर्रे से बहुत भिन्न थे।

1919 के रौलट सत्याग्रह में गांधी ने ऐसा अभियान चलाने का प्रयास किया, जो पूरे राष्ट्र को अपने साथ ले ले। परंतु यहाँ भी हमें वही संवृत्ति दिखाई देती है: गांधी के लिए प्रचंड जन-समर्थन, लेकिन ऐसे कारणों और विचारों से प्रेरित जो (खुद) नेता के कारणों और विचारों से भिन्न थे। यह आंदोलन न्यायमूर्ति एस. ए. टी. रौलट की अध्यक्षतावाली एक समिति द्वारा तैयार किए गए दो विधेयकों के विरुद्ध था, जो राजनीतिक हिंसा से निबटने के लिए सरकार को बलप्रयोग के अतिरिक्त अधिकार देते। इनमें से एक विधेयक इंपीरियल लेजिस्लेटिव असेंबली में, एक राय से भारतीय सदस्यों के विरोध के बावजूद, 18 मार्च 1919 को पारित हो चुका था। जब इस विधेयक की विषय:वस्तु (content) प्रकाशित हुई थी, तभी से गांधी ने सत्याग्रह के द्वारा इसके प्रतिरोध का प्रस्ताव किया था। वे इस विधेयक की भावना के विरुद्ध थे, और उसे उन्होंने आम आदमी के प्रति अविश्वास का नाम दिया था। यह मनमानी शक्तियों को छोड़ने के बारे में सरकार की हिचक का सूचक था और इस तरह उसने लोकतांत्रिक संवैधानिक सुधारों को मज़ाक बनाकर रख दिया। लेकिन गांधी का आरंभिक कार्यक्रम बहुत मामूली था: कुछ घनिष्ठ सहयोगियों के साथ उन्होंने इस कानून या ऐसे ही दूसरे अन्यायपूर्ण कानूनों के उल्लंघन के विषय में 24 फरवरी को एक सत्याग्रह शपथपत्र पर हस्ताक्षर किए। 26 फरवरी को उन्होंने सभी भारतवासियों के नाम एक 'खुला पत्र' जारी करके उनसे सत्याग्रह में शामिल होने का आग्रह किया। उन्होंने 6 अप्रैल को एक आम हड़ताल के साथ एक राष्ट्रवादी आंदोलन शुरू करने का निर्णय किया। लेकिन आंदोलन शीघ्र ही, खासकर 9 अप्रैल को गांधी की गिरफ़्तारी के बाद, हिंसा के भँवर में फँस गया। सरकार के पास ऐसे व्यापक जन-आंदोलन से निबटने के बारे में पहले का कोई अनुभव नहीं था। परेशानी से बचने के लिए उन्होंने गांधी को गिरफ़्तार कर लिया, पर इससे एक संकट फूट पड़ा तथा दिल्ली, अहमदाबाद और अमृतसर जैसे क्षेत्रों में जनता का अभूतपूर्व गुस्सा उमड़ पड़ा। गांधी के भरोसेमंद स्वयंसेवक इस व्यापक हिंसा को नियंत्रित नहीं कर सके और स्वयं उसमें शामिल हो गए। सरकार की प्रतिक्रिया में भिन्नताएँ रहीं, क्योंकि संचार के पूरी तरह ठप हो जाने की स्थिति में प्रांतों की सरकारें अपनी पूर्व-निर्धारित धारणाओं के अनुसार व्यवहार करने लगीं। बंबई में प्रतिक्रिया संयमित रही, जबकि पंजाब में सर माइकेल ओ' डायर ने एक आतंक-राज कायम कर दिया। हिंसा की घिनौनी घटना 13 अप्रैल के दिन अमृतसर में जलियाँवाला बाग हत्याकांड थी, जिसमें जनरल डायर ने सत्याग्रहियों का मनोबल तोड़ने की धुन में उनकी एक शांतिपूर्ण सभा पर गोलीबारी करके 379 लोगों की जानें ले लीं।

मध्य अप्रैल तक सत्याग्रह का जोश ठंडा पड़ने लगा था और गांधी उसे वापस लेने के लिए विवश हो गए। इसलिए एक राजनीतिक अभियान के रूप में यह स्पष्ट रूप

से असफल रहा, क्योंकि वह अपने अकेले लक्ष्य को, रौलट ऐक्ट को निरस्त कराने के लक्ष्य को भी, नहीं पा सका। उसमें हिंसा भी शामिल हो गई, हालाँकि उसको अहिंसक होना चाहिए था। गांधी ने माना कि अहिंसा के अनुशासन के लिए अपर्याप्त रूप से प्रशिक्षित जनता को सत्याग्रह का हथियार थमाकर उन्होंने भारी गलती की है। लेकिन यह आंदोलन फिर भी महत्त्वपूर्ण था, क्योंकि यह पहला राष्ट्रव्यापी जन-आंदोलन था और कुछ सीमित वर्गों की राजनीति से जनता की राजनीति में भारतीय राष्ट्रवादी राजनीति के रूपांतरण के आरंभ का सूचक था। लेकिन यह सब मानने के बाद हमें इस गांधीवादी जन-आंदोलन की सीमाओं को भी स्वीकार करना होगा। शब्दशः कहें तो पूरा भारत प्रभावित नहीं हुआ और यह आंदोलन ग्रामीण क्षेत्रों से अधिक शहरों में प्रभावशाली रहा। वहाँ भी आंदोलन को बल महँगाई या आवश्यक वस्तुओं की दुर्लभता जैसे स्थानीय कष्टों से अधिक मिला अपेक्षाकृत रौलट ऐक्ट विरोधी प्रतिरोध के, जिसके विषय में जनता की समझ कम थी। आखिरी बात, आंदोलन की प्रभाविता रौलट ऐक्ट जैसे राष्ट्रीय प्रश्न से स्थानीय कष्टों को जोड़ने के क्रम में स्थानीय नेताओं की क्षमता पर निर्भर थी।

दूसरे शब्दों में, किसी केंद्रीय संगठन और व्यापक जन-चेतना का अभाव, क्षेत्रीय विशिष्टताओं का महत्त्व और स्थानीय मुद्दों और नेतृत्व की प्रमुखता उस आंदोलन में एकदम स्पष्ट थे, जिसे राष्ट्रवादी इतिहास लेखन में अकसर राष्ट्रीय स्तर का पहला जन-आंदोलन कहा जाता है। कांग्रेस पर अभी भी गांधी का नियंत्रण नहीं था; इसलिए आंदोलन के आयोजन के लिए उन्होंने बंबई में एक सत्याग्रह सभा की स्थापना की और उनको होमरूल लीगों की मदद मिली। इसके अलावा फरवरी-मार्च में भारत के अनेक भागों में अपने व्यापक दौरों के दौरान उन्होंने स्थानीय नेताओं से निजी संपर्क बनाए और उनके माध्यम से अपने संदेश को फैलाने के प्रयास किए। लेकिन इन नेताओं की क्षमताओं और लोकप्रियता में और स्थानीय समाज पर उनके नियंत्रण में भिन्नताएँ थीं, जिस तरह गांधीवादी विचारधारा से उनकी प्रतिबद्धता में भिन्नताएँ थीं। जनता की लामबंदी के पहले चरण में मध्यस्थता जहाँ एक प्रमुख तत्त्व थी, वहीं ये नेतागण भावनाओं के एक बार भड़कने के बाद अकसर उनको नियंत्रित करने में असफल रहे थे। जैसा कि जल्द ही स्पष्ट हो गया, भारत जैसे विशाल देश में एक राष्ट्रव्यापी आंदोलन के आयोजन के लिए ऐसा आमने-सामने का नेतृत्व अपर्याप्त था।[40] रौलट ऐक्ट विरोधी आंदोलन की असफलता ने गांधी को कांग्रेस जैसे एक अवैयक्तिक राजनीतिक संगठन की आवश्यकता का अनुभव दिया। उनका अगला कदम कांग्रेस का नेतृत्व अपने हाथ में लेने का था।

## 6.3 खिलाफ़त और असहयोग आंदोलन

रौलट विरोधी सत्याग्रह के वापस लिए जाने के बाद गांधी खिलाफ़त आंदोलन से जुड़ गए, जिसमें उनको अंग्रेज़ों के विरुद्ध साझे संघर्ष में हिंदुओं और मुसलमानों को एकजुट करने का एक सुनहरा अवसर नज़र आया। बीसवीं सदी के आरंभिक वर्षों में एक नया

मुस्लिम नेतृत्व सामने आ चुका था, जो सर सैयद अहमद खाँ की वफ़ादारी की राजनीति और पुरानी अलीगढ़ी पीढ़ी के कुलीनवाद से दूर होकर पूरे समुदाय का समर्थन पाने के प्रयास कर रहा था। ये युवा नेता मुसलमानों के आत्माभिमान और भारतीय राष्ट्रवाद के बीच कोई अंतर्विरोध नहीं समझते थे। उस समय तक कुछ नए प्रश्न भी सामने आ चुके थे, जिन्होंने अंग्रेज़ों के संरक्षण में उनकी आस्था को झकझोर दिया था। 1910 के बाद मुस्लिम विश्वविद्यालय की जो मुहिम नए सिरे से शुरू हुई थी उसे उस समय एक झटका लगा, जब सरकार ने कठोर रुख अपनाते हुए सख्त सरकारी नियंत्रण पर बल दिया और उसे एक संबद्धतादायक (affiliating) संस्था बनाने के विचार को रद्द कर दिया। बंगाल का विभाजन 1911 में रद्द कर दिया गया और मुस्लिम लीग ने 1912 में अपने कलकत्ता सत्र में इस पर दुख व्यक्त किया। 1911-12 में ट्राईपोलिटन और बॉल्कन युद्धों को दुनिया की मुस्लिम शक्तियों में अंतिम शक्ति उस्मानी साम्राज्य को कमज़ोर करने का यूरोपीय षड्यंत्र समझा जा रहा था। एक तुर्की राहत कोष बनाया गया और मार्च 1912 में तुर्की के लिए एक रेड क्रेसेंट मेडिकल मिशन भेजा गया। अंग्रेज़ी और उर्दू, दोनों भाषाओं में *कॉमरेड, हमदर्द, ज़मींदार* और *अल हिलाल* जैसी मुस्लिम पत्र-पत्रिकाएँ आरंभ हुईं और शिक्षित भारतीय मुसलमानों की इन चिंताओं को प्रतिबिंबित करने लगीं।

एक नए शिक्षित मध्यवर्गीय नेतृत्व के साथ-साथ उल्मा भी एक नई राजनीतिक शक्ति के रूप में, या उससे भी अहम बात यह है कि भारत के विभिन्न मुस्लिम समूहों के बीच "एक अहम कड़ी" के रूप में उभर रहे थे।[41] उनके उदय में दो संस्थाओं का हाथ रहा: देवबंद के दारुल-उलूम का और लखनऊ के फ़िरंगी महल का। देवबंदियों ने 1910 में ज़मीयतुल-अंसार यानी भूतपूर्व छात्र सभा का और 1913 में दिल्ली में एक कुरान मदरसे का आरंभ व्यापक मुस्लिम समुदाय तक उस समय पहुँचने के लिए किया जब वह बाल्कन युद्धों के कारण भावनात्मक और राजनीतिक दोनों अर्थों में बुरी तरह प्रभावित था।[42] लखनऊ में फ़िरंगी महल के उल्मा, जो अठारहवीं सदी में इस्लामी ज्ञान-विज्ञान के एक बुद्धिवादी संप्रदाय का प्रतिनिधित्व करते थे, 1870 के दशक से ही इस्लामी जगत में अधिकाधिक रुचि लेते आ रहे थे। उनमें एक थे अब्दुल बारी जो अली भाइयों—मुहम्मद अली और शौकत अली—से मिलकर पवित्र मुस्लिम स्थानों की रक्षा के लिए सभी भारतवासियों को एकजुट करने के उद्देश्य से कुल-हिंद अंजुमने-खुद्दामे-काबा (अखिल भारतीय काबा-सेवक सभा) की स्थापना की। इस तरह उल्मा से जो दूरी बनाए रखने को सर सैयद प्राथमिकता देते थे, उसे इन युवा मुस्लिम नेताओं ने पाट दिया, क्योंकि सर सैयद के कौम (साझी वंशावली वाले समुदाय) के विचार के विपरीत वे सहधर्मियों का एक समुदाय (उम्मत) तैयार करने के बारे में अधिक चिंतित थे।[43]

इस बीच नेतृत्व में मुहम्मद अली, वज़ीर हसन और अबुल कलाम आज़ाद जैसे नवयुवकों के शामिल होने के बाद मुस्लिम लीग का भी कांग्रेस विरोधी और सरकार समर्थक रुख बदल रहा था। मुहम्मद अली ज़िन्ना भी शामिल किए गए तथा वे लीग

और कांग्रेस के बीच एक पुल बन गए। ब्रिटिश राज ने जब नवंबर 1914 में तुर्की के विरुद्ध युद्ध की घोषणा की, तब ये प्रवृत्तियाँ और भी प्रबल हो उठीं। मुसलमानों ने इसे धर्म से इतर एक युद्ध मानने से मना कर दिया, क्योंकि तुर्की से सहानुभूति रखनेवाले अली भाइयों जैसे नेताओं को जल्द ही जेल में डाल दिया गया। 1916 में लखनऊ समझौते ने संवैधानिक सुधारों के बारे में लीग और कांग्रेस की एक संयुक्त योजना सामने रखी, जिसमें भारत के लिए प्रातिनिधिक शासन और डोमिनियन स्टेटस की माँग की गई थी। अलग निर्वाचकमंडलों का सिद्धांत स्वीकार किया गया तथा साम्राज्यिक और प्रांतीय, दोनों विधायिकाओं में आनुपातिक प्रतिनिधित्व पर सहमति हो गई। एनी बेसेंट के शुरू किए हुए होमरूल आंदोलन का 1917 में मुस्लिम लीग ने समर्थन किया। इस भरत मिलाप के बाद शीघ्र ही बिहार, संयुक्त प्रांत और बंगाल में हुए दंगों ने जनता और उसके नेताओं के बीच अभी भी मौजूद खाई को उजागर कर दिया। संवैधानिक राजनीति में नेताओं की बची-खुची आस्था को एक और झटका तब लगा जब 1919 के मांटेग्यू-चेम्सफ़ोर्ड सुधारों ने लखनऊ समझौते की उपेक्षा की और सितंबर 1920 में पारित मुस्लिम विश्वविद्यालय विधेयक ने कठोर सरकारी नियंत्रण वाले एक असंबद्धतादायक विश्वविद्यालय का प्रावधान किया। तुर्की की हार ने "इस्लाम खतरे में" का हौवा खड़ा कर दिया; इस मुद्दे का उपयोग जन-समर्थन जुटाने के लिए किया जाने लगा। इन विकासक्रमों का परिणाम यह हुआ कि मुस्लिम लीग का नेतृत्व नरमपंथी संविधानवादियों के हाथों से निकलकर उनके हाथों में चला गया, जो इस्लामी धार्मिक आत्मगौरव में और व्यापक आधार वाले जन-आंदोलन में विश्वास रखते थे। दिसंबर 1918 में लीग के दिल्ली सत्र ने उल्मा को आमंत्रित किया और उनको सार्वजनिक रूप से महत्त्व दिया;[44] इस तरह उनको पहली बार सीधे-सीधे राजनीति के केंद्र में खींचा गया। इसी तरह उस खिलाफ़त आंदोलन के आरंभ के लिए ज़मीन तैयार हुई, जो भारत के विभाजित मुस्लिम समुदाय में राजनीतिक एकता लाने के लिए चलाया गया पहला जन-आंदोलन था।

जिस उस्मानी सुल्तान (Ottoman Emperor) को अभी भी खलीफ़ा यानी मुस्लिम जगत का आध्यात्मिक प्रमुख माना जाता था, उसके ऊपर एक कठोर शांति समझौता लादे जाने संबंधी अफ़वाहें भी खिलाफ़त आंदोलन के पीछे थीं। बंबई में मार्च 1919 में गठित एक खिलाफ़त समिति द्वारा शुरू किए हुए इस आंदोलन की तीन प्रमुख माँगें थीं: पवित्र मुस्लिम स्थलों पर खलीफ़ा का नियंत्रण होना चाहिए, उसके युद्ध से पहले के इलाकों उसी के पास रहने दिया जाए ताकि वह इस्लामी जगत के प्रमुख के रूप में अपनी स्थिति को बनाए रख सके, और जज़ीर तुल अरब (अरब, सीरिया, इराक और फिलिस्तीन) गैर-मुस्लिम प्रभुसत्ता के अधीन नहीं होना चाहिए। इस तरह यह आंदोलन हर रंग में एक अखिल-इस्लामी आंदोलन था, क्योंकि इसके ध्येय का भारत से कुछ लेना-देना नहीं था। लेकिन जैसा कि गेल मिनॉल्ट ने दिखाया है, खिलाफ़त का उपयोग प्रतीक रूप में अधिक किया जा रहा था। नेताओं को मध्य-पूर्व की राजनीतिक वास्तविकताओं को बदलने की कम ही चिंता थी। उसे एक ऐसा प्रतीक समझा गया जो अनेक आधारों पर

जैसे क्षेत्रीय, भाषायी, वर्गीय और पंथगत आधारों पर बँटे भारतीय मुस्लिम समुदाय को एकजुट कर सकता था। मिनॉल्ट के शब्दों में, "एक अखिल-इस्लामी प्रतीक ने अखिल भारतीय इस्लामिक राजनीतिक लामबंदी का मार्ग प्रशस्त किया।"[45] यह अंग्रेज़ विरोधी था जिसने गांधी को इस ध्येय के समर्थन के लिए प्रेरित किया, ताकि मुसलमानों को भारतीय राजनीति की मुख्यधारा में लाया जा सके।

आरंभ में खिलाफ़त आंदोलन में मोटे तौर पर दो प्रवृत्तियाँ थीं: बंबई के व्यापारियों के नेतृत्व में एक नरमपंथी प्रवृत्ति तथा मुहम्मद अली, शौकत अली, मौलाना आज़ाद जैसे नौजवान मुस्लिम नेताओं के और उल्मा के नेतृत्व में एक गरमपंथी प्रवृत्ति। पहला (नरमपंथी प्रवृत्ति वाला) दल जाने-पहचाने संवैधानिक रास्ते पर ही चलना चाहता था, जैसे वायसरॉय के पास एक शिष्टमंडल भेजना या पेरिस शांति सम्मेलन में मुसलमानों का प्रतिनिधित्व सुनिश्चित कराना। दूसरी ओर, दूसरा (गरमपंथी प्रवृत्ति वाला) दल हिंदुओं के साथ एकता के आधार पर अंग्रेज़ों के विरुद्ध एक जन-आंदोलन चलाना चाहता था। गांधी ने खिलाफ़त के ध्येय को अपनाया और आरंभ में नरमपंथियों और गरमपंथियों के बीच मध्यस्थता का काम किया। नरमपंथियों के पाँवों तले से ज़मीन तब खिसकने लगी, जब डॉ. अंसारी के नेतृत्व वाला प्रतिनिधिमंडल, जिसमें स्वयं मुहम्मद अली शामिल थे, वायसरॉय से और फिर प्रधानमंत्री लॉयड जॉर्ज से मिला और फिर पेरिस गया, मगर खाली हाथ लौटा। तब गरमपंथियों ने आंदोलन को अपने हाथों में ले लिया, क्योंकि मई 1920 में तुर्की के साथ सेव्रीज़ (Sevres) की संधि की शर्तों के प्रकाशन के बाद भावनाओं में उबाल आ गया। उसी महीने हंटर आयोग की बहुमत की रिपोर्ट प्रकाशित हुई और लगा कि उसमें जलियाँवाला बाग हत्याकांड में जनरल डायर की भूमिका की कड़ी निंदा नहीं की गई है। इलाहाबाद में 1-2 जून 1920 को केंद्रीय खिलाफ़त समिति की बैठक ने एक चार चरणों वाला असहयोग आंदोलन चलाने का निर्णय किया; इसमें पदवियों, सिविल सेवाओं, पुलिस और सेना की नौकरी का बहिष्कार और अंत में करों की अदायगी पर रोक का निर्णय किया गया। पूरे आंदोलन का आरंभ 1 अगस्त को एक हड़ताल के साथ होना था। असहयोग पर मुसलमानों की राय अभी भी विभाजित थी और 1920 की पूरी गर्मी में गांधी और शौकत अली ने इस कार्यक्रम के लिए जन-समर्थन जुटाने हेतु व्यापक यात्राएँ कीं। हड़ताल को शानदार सफलता मिली, क्योंकि तिलक का निधन भी इसी बीच हुआ और तब से असहयोग के लिए समर्थन बढ़ता ही गया। गांधी ने अब कांग्रेस पर तीन मुद्दों के लिए अभियान की ऐसी ही एक योजना अपनाने का दबाव डाला; ये तीन मुद्दे थे पंजाब के अत्याचार, खिलाफ़त संबंधी अन्याय और स्वराज। *यंग इंडिया* में एक लेख में उन्होंने घोषणा की कि इस आंदोलन के द्वारा वे एक साल में स्वराज दिलाएँगे। तो भी उन्होंने यह स्पष्ट नहीं किया कि स्वराज से वास्तव में उनका क्या अभिप्राय था।

कांग्रेस के जमे-जमाए नेताओं को एक असहयोग आंदोलन के विषय में अभी भी शंकाएँ थीं। चूँकि उनको जन-आंदोलनों का कोई अनुभव नहीं था, इसलिए यह उन्हें

अँधेरे में छलाँग लगाने जैसा लगता था। आशंका थी कि इससे हिंसा फैलेगी, जिससे नए संविधान सुधारों के लागू होने में देरी होगी, क्योंकि सुधार के बाद की काउंसिलों के चुनाव नवंबर 1920 में होने वाले थे। दूसरी ओर, असहयोग आंदोलन के बारे में गांधी के प्रस्ताव को समर्थन राजनीतिक पिछड़ेपन के शिकार प्रांतों और समूहों से मिला, जो अभी तक कांग्रेस की राजनीति में शामिल नहीं थे। सितंबर और दिसंबर 1920 के बीच कांग्रेस में इन दोनों समूहों के बीच रस्साकशी हुई, पर कोई भी पक्ष विभाजन नहीं चाहता था और दोनों एकमत चाहते थे। 4–9 सितंबर 1920 को कलकत्ता में कांग्रेस का एक विशेष सत्र बुलाया गया, जिसमें असहयोग के कार्यक्रम पर गांधी के प्रस्ताव को बंगाल के विपिनचंद्र पाल के एक निरूपक संशोधन (qualifying amendment) के साथ और चितरंजन दास, जिन्ना या पाल जैसे पुराने नेताओं के कठोर विरोध के बावजूद स्वीकार कर लिया गया। इस कार्यक्रम में सरकारी उपाधियों के त्याग, स्कूलों, अदालतों और काउंसिलों के बहिष्कार, विदेशी कपड़ों के बहिष्कार, राष्ट्रीय स्कूलों की स्थापना, पंचायती अदालतों की स्थापना और खादी को अपनाने की बात कही गई थी। फिर दिसंबर 1920 में नागपुर में कांग्रेस के नियमित अधिवेशन में इस कार्यक्रम को अनुमोदित किया गया। यहाँ भी चितरंजनदास ने विरोध किया, जो और भी गरमपंथी कार्यक्रम सामने रखकर गांधी को उन्हीं के हथियार से मात देना चाहते थे। लेकिन अंततः एक समझौता हो गया और दास गांधी के पक्ष में हो गए। इस प्रस्ताव ने असहयोग आंदोलन के सभी पक्षों को स्वीकार किया, पर तय हुआ कि अखिल भारतीय कांग्रेस कमिटी के निर्देशानुसार उसे चरणों में लागू किया जाएगा। गांधी ने भरोसा दिलाया कि इस आंदोलन से एक साल में स्वराज मिल जाएगा। अगर ऐसा नहीं हुआ या अगर सरकार ने दमन का सहारा लिया, तो एक सविनय अवज्ञा अभियान शुरू किया जाएगा, जिसमें करों की अदायगी रोक दी जाएगी। पार्टी में कांग्रेस के एक अतिवादी पुनर्गठन की बात भी कही गई थी कि ज़िला और गाँव स्तर की इकाइयाँ गठित करके पार्टी को एक सच्चा जन संगठन बनाया जाएगा।

कांग्रेस के वरिष्ठ नेताओं ने गांधी और उनके जन-आंदोलन के प्रस्ताव को क्यों स्वीकार किया, यह अटकल और विवाद का विषय है। ज्यूडिथ ब्राउन का मानना है कि नागपुर का प्रस्ताव गांधी की जीत था, क्योंकि उन्होंने "सिद्धांत से कोई समझौता नहीं किया"[46], जबकि रिचर्ड गॉर्डन[47] और रजत रे[48] की सोच यह है कि गांधी ही दास के आगे झुके और उनके अनेक प्रस्तावों को स्वीकार किया। इन अतिवादी विचारों को परे करके हम संभवतः यह भी कह सकते हैं कि कांग्रेस के अंदर एक बदलते शक्ति संतुलन के संदर्भ में दोनों को एक-दूसरे की आवश्यकता थी। एक राजनीतिक संगठनकर्ता के रूप में गांधी की क्षमता स्थापित हो चुकी थी और राजनीतिक समर्थन के नए-नए क्षेत्रों तक उनकी पहुँच थी, जो पहले के कांग्रेसी नेताओं की पहुँच से बाहर थे। गांधी को मुसलमान खिलाफ़त-समर्थकों से, पिछड़े क्षेत्रों से और पिछड़े वर्गों से समर्थन मिल रहा था। भारत के विभिन्न क्षेत्रों में जनता का उभार देखा जा रहा था, जो कभी-कभी सहस्राब्दिक आशाओं से प्रेरित होता था और अकसर कांग्रेस के दायरे से बाहर होता था।

बंगाल के मेदिनीपुर ज़िले, उत्तरी बिहार के कुछ भागों, संयुक्त प्रांत में अवध के ज़िलों और गुजरात के खेड़ा ज़िले में स्वतंत्र किसान आंदोलन फूट पड़े थे। यह मज़दूर असंतोष और ट्रेड यूनियनों का काल भी था, जब बंबई के कपड़ा उद्योग में जनवरी 1919 में एक बड़ी हड़ताल हुई,[49] अप्रैल 1918 में मद्रास लेबर यूनियन का जन्म हुआ, लगभग 125 नई ट्रेड यूनियनें बनीं और अंत में बंबई में नवंबर 1920 में अखिल भारतीय ट्रेड यूनियन कांग्रेस (एटक) का जन्म हुआ।[50] यही संदर्भ था जब कांग्रेस के नागपुर सत्र में (14, 582 प्रतिनिधियों की) असाधारण उपस्थिति देखने को मिली और इन नए प्रतिनिधियों में से अधिकांश गांधी के समर्थक थे। इस विशाल जन-समर्थन से स्थापित नेता विचलित हो गए और उन्होंने गांधी के रास्ते को स्वीकार कर लिया, हालाँकि काफ़ी हिचक के बाद किया और प्रतिरोध के बिना तो नहीं ही किया। दूसरी ओर, गांधी को भी कांग्रेस के नेताओं की आवश्यकता थी, जिनके बिना वे एक राष्ट्रव्यापी आंदोलन चलाने की आशा नहीं ही कर सकते थे; रौलट सत्याग्रह के हाल के अनुभव ने स्पष्ट रूप से यह बात साबित कर दी थी। उनका उद्देश्य विभिन्न वर्गों और समुदायों का एक महागठबंधन तैयार करना था और इस अर्थ में कांग्रेस का नागपुर सत्र राजनीतिक भारत के एक बहुलतावादी ढाँचे में एक केंद्रवादी नेतृत्व के उदय का सूचक था।

असहयोग आंदोलन का आरंभ जनवरी 1921 में हुआ और शुरू में बल मध्यवर्ग की भागीदारी पर दिया गया, जैसे यह कि छात्र स्कूल-कॉलेज छोड़ दें और वकील अपना वकालत का पेशा छोड़ दें। साथ ही, राष्ट्रीय स्कूलों और पंचायती अदालतों की स्थापना, एक करोड़ रुपए का तिलक स्वराज कोष जमा करने और उतने ही सत्याग्रही भरती करने के प्रयास किए गए। धीरे-धीरे विदेशी कपड़ों के बहिष्कार और सार्वजनिक दहन के साथ आंदोलन और भी उग्र बनता गया। 17 नवंबर को प्रिंस ऑफ़ वेल्स के सरकारी दौरे पर भारत आने के दिन देशव्यापी हड़ताल हुई। उस दिन आंदोलन के काल का पहला हिंसक कृत्य बंबई ने देखा, जब नगर के यूरोपवासियों, एंग्लो-इंडियन और पारसी लोगों को निशाना बनाया गया। गांधी आगबबूला हो गए, सविनय अवज्ञा या करबंदी का अभियान स्थगित कर दिया गया, और तय हुआ कि फ़रवरी 1922 में बारदोली (गुजरात) में प्रयोग के तौर पर मालगुज़ारी की गैर-अदायगी का एक अभियान शुरू किया जाएगा। जगह का चुनाव सावधानी से किया गया, क्योंकि यह रैयतवारी का इलाका था, जहाँ कोई ज़मींदार नहीं था और इसलिए यह खतरा नहीं था कि मालगुज़ारी की गैर-अदायगी का अभियान बढ़कर लगान की गैर-अदायगी का अभियान न बन जाए और वर्गों के नाज़ुक गठबंधन को भंग न कर दे। पर ऐसा कभी हुआ नहीं; ऐसा होने से पहले ही असहयोग आंदोलन वापस ले लिया गया।

असहयोग आंदोलन की सफलता के पैमाने से गांधी को पूरा संतोष तो निश्चित ही नहीं मिलने वाला था। स्कूलों, कॉलेजों और अदालतों के बहिष्कार के आँकड़ों को देखें, तो मध्यवर्ग की भागीदारी कुछ खास नहीं थी, बल्कि किसानों और मज़दूरों की भागीदारी अधिक प्रभावशाली थी। मद्रास को छोड़ दें तो काउंसिल चुनावों का बहिष्कार कमोबेश

सफल रहा और मतदान का औसत 5 से 8 प्रतिशत तक रहा। आर्थिक बहिष्कार अधिक तीखा और सफल रहा, आयातित विदेशी कपड़ों का मूल्य 1920-21 के 102 करोड़ रुपए से गिरकर 1921-22 में 57 करोड़ रुपए रह गया। ब्रिटिश राज के तैयार सूती कपड़ों का आयात भी इस काल में 129.2 करोड़ गज से गिरकर 95.5 करोड़ गज़ रह गया।[51] इस सफलता के लिए अंशत: व्यापारियों की भागीदारी ज़िम्मेदार थी, क्योंकि उद्योगपतियों ने एक विशेष अवधि तक विदेशी कपड़े न रखने का वादा किया। 1918-22 के दौरान जब बड़े उद्योगपति असहयोग के विरोधी और सरकार के समर्थक थे, विनिमय दरों में गिरावट और सरकार की कर-वसूली की नीति से दुखी मारवाड़ी और गुजराती सौदागर "काफ़ी सुसंगत राष्ट्रवादी" बने रहे।[52] पर यह भी हो सकता है कि विदेशी कपड़ों के आयात से उनके इनकार के पीछे रुपए और स्टर्लिंग की विनिमय दरों में एकाएक आई गिरावट रही हो, जिसके कारण आयात बेहद नुकसान का सौदा बन गया।[53] दूसरी ओर हथकरघों का उत्पादन भी बढ़ा, हालाँकि इस बारे में सुनिश्चित आँकड़े उपलब्ध नहीं हैं। असहयोग के साथ गांधी के कुछ दूसरे सामाजिक आंदोलन भी जुड़े हुए थे; कुछ सफलता उनको भी मिली। संयम या शराब विरोधी अभियान के कारण पंजाब, मद्रास, बिहार और उड़ीसा में आबकारी की आमदनी में काफ़ी बड़ी गिरावट आई। मलाबार क्षेत्र को छोड़ दें तो इस पूरे काल में हिंदू-मुस्लिम गठबंधन अटूट बना रहा। लेकिन छुआछूत विरोधी अभियान कांग्रेसियों के लिए एक गौण सरोकार ही रहा, हालाँकि गांधी ने पहली बार इस प्रश्न को राष्ट्रवादी राजनीति की अगली कतार में ला खड़ा किया था। 1920 के ऐतिहासिक प्रस्ताव में उन्होंने "छुआछूत के कलंक से हिंदू धर्म को मुक्त कराने" की एक अपील भी जोड़ी थी।[54] आंदोलन का ज़ोर हमेशा एकता बढ़ानेवाले मुद्दों पर रहा तथा वर्गों और समुदायों की खाई को पाटने या उनके बीच तालमेल पैदा करने के प्रयासों पर रहा।

भौगोलिक प्रसार और व्यापक क्षेत्रीय अंतर असहयोग आंदोलन के सबसे अहम पहलू थे। उसकी पहली विशेषता तो उन क्षेत्रों और वर्गों की भागीदारी थी, जिन्होंने अतीत में कांग्रेस के शुरू किए हुए किसी भी आंदोलन में भाग नहीं लिया था। राजस्थान, सिंध, गुजरात, अवध, असम और महाराष्ट्र में किसानों की महत्त्वपूर्ण भागीदारी रही, हालाँकि कुछ मामलों में किसानों के आंदोलन कांग्रेस के किसी सांगठनिक हस्तक्षेप से स्वतंत्र थे। दक्षिण भारत के चार भाषायी क्षेत्रों में तीन की इस आंदोलन में प्रभावी भागीदारी रही, जबकि कर्नाटक अप्रभावित रहा। मद्रास और महाराष्ट्र में कुछ गैर-ब्राह्मण निचली जातियों की भागीदारी रही, आंध्र के डेल्टा क्षेत्र और बंगाल में वन सत्याग्रहों के रूप में शक्तिशाली आदिवासी आंदोलन उठे; मद्रास, बंगाल और असम में श्रमिकों में असंतोष रहा तथा बंबई और बंगाल में व्यापारियों ने इसमें भाग लिया। लेकिन दूसरी ओर अकसर जनता ने अहिंसा के गांधीवादी पंथ की सीमाओं को तोड़ा। उच्छृंखल भीड़ की स्वयं गांधी ने निंदा की, मगर उसे नियंत्रित करने में असफल रहे। यदि वे एक पूर्ण सविनय अवज्ञा आंदोलन या मालगुज़ारी न देने का अभियान शुरू करने से झिझकते रहे, तो इसका

मुख्य कारण यही था। आखिरी हद उत्तर प्रदेश के गोरखपुर ज़िले में 4 फरवरी 1922 के चौरीचौरा कांड से टूटी, जब गाँववालों ने स्थानीय थाने में 22 पुलिसवालों को ज़िंदा जला दिया। यहाँ स्थानीय स्वयंसेवक पुलिस दमन के तथा कुछ वस्तुओं की बिक्री और भारी कीमतों के विरुद्ध प्रतिरोध के लिए जमा हुए। पुलिस ने आरंभ में हवा में गोली चलाकर उन्हें हतोत्साहित करना चाहा। लेकिन भीड़ ने इसे भय की निशानी करार दिया, क्योंकि "गांधीजी की महिमा से" गोलियाँ तो पानी बनती जा रही थीं। फिर भीड़ बाज़ार की ओर बढ़ी, पुलिसवालों पर उसने ईंटें फेंकीं और पुलिसवालों ने जब सचमुच गोली चलाई, तो उनका पीछा थाने तक किया गया और थाने को फिर आग लगा दी गई। गांधी के स्वयंसेवकों की समझ में थाने का ध्वंस गांधी राज के आने का ही सूचक था।[55] लेकिन गांधी की राय में यह अहिंसा के लिए एक उपयुक्त वातावरण के अभाव की पुष्टि करता था; सितंबर 1921 में प्रिंस ऑफ़ वेल्स के बंबई आगमन पर वहाँ हुए दंगों के बारे में उन्होंने कहा था कि उनकी बदबू से उनके नथुने सड़ने लगे हैं और उन दंगों की याद अभी भी उन्हें थी। इसलिए 11 फरवरी 1922 को असहयोग आंदोलन वापस ले लिया गया और फिर बारदोली का प्रस्ताव पारित हुआ, जिसने कोई राजनीतिक आंदोलन शुरू करने से पहले रचनात्मक कामों की ज़रूरत पर बल दिया। आंदोलन के शिखर पर पहुँचने से पहले ही उसे वापस ले लिए जाने पर गांधी की आलोचना उनके अपने कांग्रेसियों विशेष रूप से युवा तत्त्वों ने की। पर वे अहिंसा में अपनी आस्था पर कायम रहे और झुकने से इनकार करते रहे। 10 मार्च 1922 को उन्हें गिरफ़्तार करके 6 साल की जेल की सज़ा सुनाई गई। कांग्रेसी नेतृत्व वाले असहयोग आंदोलन को आधिकारिक स्तर पर तो वापस ले लिया गया, पर विभिन्न क्षेत्रों में इसके बावजूद भी यह जारी रहा।

खिलाफ़त आंदोलन भी धीरे-धीरे समाप्त हो गया। यह गांधी के लिए एक और समस्या सिद्ध हुआ था, क्योंकि खिलाफ़त नेताओं के रवैये से अधिकाधिक स्पष्ट होता चला गया कि गांधी के अहिंसा के सिद्धांत को आस्था के रूप में स्वीकार करने की बजाय उन्होंने अपनी सुविधा के लिए, गांधी के करिश्माई आकर्षण का लाभ उठाने के लिए स्वीकार किया था। उल्मा को शामिल करके और खुले तौर पर एक धार्मिक प्रतीक का उपयोग करके इस आंदोलन ने मुस्लिम जनता की धार्मिक भावनाओं को भड़काया था। खिलाफ़त आंदोलन में शीघ्र ही हिंसक प्रवृत्तियाँ उभरने लगीं, क्योंकि जनता ने आत्मानुशासन खो दिया और नेतागण उसे नियंत्रित करने में असफल रहे। सबसे भयानक दृश्य मलाबार के मोपला विद्रोह का था; वहाँ खिलाफ़त की भावना से हिम्मत पाकर गरीब मोपला किसान हिंदू ज़मींदारों और राजसत्ता के विरुद्ध खड़े हो गए।[56] खिलाफ़त समिति में गुटबाजी भी थी, क्योंकि अहिंसा की सीमाओं से आगे जाने के इच्छुक गरमपंथी नेताओं और उनसे जुड़े उल्मा के तथा गांधी के साथ रहने के इच्छुक नरमपंथियों के बीच दरार बढ़ने लगी। धार्मिक शब्दावली के बढ़ते उपयोग को लेकर एक ओर गांधी तथा दूसरी ओर अली भाइयों और अब्दुल बारी के बीच मतभेद भी थे। 1921 के अंत

तक, मलाबार में मोपला विद्रोह के आरंभ के साथ तथा 1922-23 में उपमहाद्वीप के विभिन्न भागों में हुए दूसरे सांप्रदायिक दंगों के कारण हिंदू-मुस्लिम एकता में स्पष्ट दरार पड़ी। मुस्लिम जनता को जिस प्रतीक के आधार पर लामबंद किया गया था, वह स्वयं ही उस समय तब महत्त्वहीन हो गया जब तुर्की में एक राष्ट्रवादी क्रांति (1924) ने राजतंत्र या खिलाफ़त का ही उन्मूलन कर दिया। उसके बाद भारत में खिलाफ़त आंदोलन तो मर गया, पर जिन धार्मिक भावनाओं को उसने वाणी दी थी वे जारी रहीं और उतना ही उग्र एक हिंदू गरमपंथ उसके मुकाबले में खड़ा हो गया।

असहयोग-खिलाफ़त आंदोलन ने गांधीवादी कांग्रेस के नेतृत्व में भारत में जन-आंदोलन की प्रकृति पर अनेक सवाल खड़े किए। जैसा कि हमने देखा, भिन्न-भिन्न क्षेत्रों में इस आंदोलन के अलग-अलग रूप रहे। सभी क्षेत्रों में आंदोलन आरंभ में शहरों और कस्बों तक सीमित रहा और वहाँ यह मुख्यतः मध्यवर्ग की भागीदारी पर निर्भर था, जो धीरे-धीरे कम हो गई। लगभग हर जगह काउंसिल चुनावों में भागीदारी कम रही; अपवाद था मद्रास, जहाँ वास्तव में बहुत कम उम्मीदवारों ने नामांकन वापस लिए और जस्टिस पार्टी को विधायिका में बहुमत मिला।[57] मद्रास में आरंभ से ही ब्राह्मणों और गैर-ब्राह्मणों में टकराव देखा जाता रहा, क्योंकि 'ब्राह्मण' कांग्रेस और उसके असहयोग आंदोलन के खिलाफ़त जस्टिस पार्टी ने एक सक्रिय अभियान शुरू कर दिया तथा वह मांटेग्यू-चेम्सफ़ोर्ड सुधारों के पक्ष में खड़ी रही। इस प्रतिरोध के कारण भारत के बाकी प्रांतों की अपेक्षा तमिल क्षेत्रों में विदेशी कपड़ों का बहिष्कार भी बहुत सीमित रहा।[58] न ही राष्ट्रीय स्कूलों, पंचायती अदालतों और खादी के विचार को हर जगह सफलता मिली। उदाहरण के लिए, नागपुर कमिश्नरी में राष्ट्रीय स्कूलों की अपर्याप्तता से विवश होकर छात्र सरकारी शिक्षा संस्थाओं में वापस चले गए। पंचायती अदालतें ठप हो गईं, तो वकील अपने पेशे में फिर लग गए।[59] अधिकांश क्षेत्रों में खादी मिल के कपड़े से 30-40 प्रतिशत अधिक महँगी होती थी, जिसके कारण यह गरीब जनता में अलोकप्रिय हो गई।[60] अनेक मामलों में, जैसे गुजरात के कस्बों में, लामबंदी मंदिरों की राजनीति, नगरपालिकाओं या शिक्षा संस्थाओं पर नियंत्रण जैसे स्थानीय मुद्दों पर निर्भर रही[61] या दक्षिण भारत के कस्बों में बढ़ते नगरीय करों या बढ़ते आयकर जैसी शिकायतों पर निर्भर रही। तमिलनाडु में संयम आंदोलन (temperance movement) की सफलता विभिन्न सामाजिक प्रेरणाओं पर निर्भर रही, जैसें ऊपर की ओर गतिशील जातियों में संस्कृतीकरण की प्रवृत्तियों पर तथा स्थानीय गुटबाजी पर।[62] कुछ दूसरे क्षेत्रों में लामबंदी एक सीमा तक स्थानीय नेताओं, जैसे बंगाल में चितरंजन दास के निजी प्रभाव पर निर्भर रही, पर जिनके निजी बलिदान ने, जैसे चलती हुई वकालत के त्याग ने, नई पीढ़ी को प्रेरित किया।[63]

दूसरी ओर, पंजाब के अकाली आंदोलन को रिचर्ड फॉक्स ने "गांधीवादी सत्याग्रह कार्यक्रम या अहिंसक प्रतिरोध के सबसे बड़े और सबसे लंबे व्यवहार" का सूचक कहा है।[64] लेकिन इस आंदोलन को अगर हम गहराई से देखें, तो पाएँगे कि असहयोग आंदोलन के लिए इसकी प्रत्यक्ष प्रासंगिकता बहुत ही कम थी। उन्नीसवीं सदी के अंतिम वर्षों

के कहीं अधिक व्यापक, सुधारवादी सिंहसभा आंदोलन को (अध्याय 5.2 देखें) अपना स्रोत बतलाने वाले इस विशेष अभियान का आरंभ अक्तूबर 1920 में हुआ, जब एक शिरोमणि गुरुद्वारा प्रबंधक कमिटी का गठन हुआ। उसका उद्देश्य सिख गुरुद्वारों में सुधार लाना तथा सिख गुरुद्वारों का नियंत्रण उन सरकारी इशारों पर चलनेवाली समितियों से छीनना था जिनमें गैर-सिख भी शामिल थे। दिसंबर में, शिरोमणि गुरुद्वारा प्रबंधक कमिटी के सहायक के तौर पर, गुरुद्वारों का नियंत्रण छीनने के लिए प्रयासरत **जत्थों** का समन्वय करने के लिए अकाली दल का गठन हुआ; शब्द अकाली ("अकाल पुरुष के सेवक") की व्युत्पत्ति योद्धा-शहीदों के उस छोटे-से दल से हुई, जो रणजीत सिंह के समय में पंथ की रक्षा के लिए गठित किया गया था।[65] मार्शल लॉ प्रशासन और जलियाँवाला बाग हत्याकांड से पहले ही आगबबूला अकालियों का सरकार से तब सीधा टकराव हुआ, जब उसने 1921 के शुरू में स्वर्ण मंदिर, अमृतसर की चाबियाँ लेकर एक नया प्रबंधक नियुक्त कर दिया। अकालियों ने जब प्रतिरोध किया तो सरकार ने एक बार फिर दमन का राज कायम कर दिया और अकालियों ने सत्याग्रह से उसका जवाब दिया। गांधी और कांग्रेस ने इस अभियान का समर्थन किया, जिसने अंततः सरकार को मंदिर की चाबियाँ और प्रशासन अकालियों को सौंपने पर विवश कर दिया। लेकिन मध्यवर्गीय सिख नेतृत्व ने असहयोग आंदोलन को चुनिंदा ढंग से ही अपनाया था और जब उनका सीमित लक्ष्य पूरा हो गया, तो उन्होंने अपने विशिष्ट धार्मिक संघर्ष को पूरी तरह कांग्रेस के आंदोलन में जुड़ने नहीं दिया।[66]

पूरे भारत में शहरी मध्यवर्ग का उत्साह शीघ्र ही जब ठंडा पड़ गया, तो व्यापारिक घराने भी डगमगाने लगे। जहाँ अधिक बड़े भारतीय पूँजीपति आरंभ से ही असहयोग आंदोलन का विरोध करते आ रहे थे, वहीं छोटे व्यापारी और सौदागर हड़ताल को बढ़ावा देने के लिए अपने संबंधसूत्रों का प्रयोग करते रहे और तिलक स्वराज कोष में उन्होंने खुलकर दान दिए। लेकिन विदेशी वस्तुओं के पूर्ण बहिष्कार का विरोध उन्होंने भी किया।[67] मज़दूर वर्ग को आंदोलन में खींचने के प्रयासों में भी समस्याएँ आईं। उदाहरण के लिए, असम में चाय बागान के मज़दूरों को शामिल करने के प्रयोग के बाद चाँदपुर में एक परेशानी खड़ी हुई, जिसकी गांधी ने तीखी निंदा की। पूँजीपतियों पर निर्भरता ने नेताओं को मज़दूर वर्ग को लामबंद करने से रोका, क्योंकि गांधी लगातार ज़ोर दे रहे थे कि आंदोलन में पूँजी-श्रम संबंध में समन्वय बने रहना चाहिए।[68] नागपुर और बरार में गांधीवादियों का मज़दूर वर्ग पर थोड़ा-सा प्रभाव पड़ा, पर इस पूरे क्षेत्र में असहयोग आंदोलन की समग्र तीव्रता पर इसका कोई सार्थक प्रभाव शायद ही पड़ा हो।[69] मद्रास की तरह, जहाँ भी मज़दूरों के असंतोष ने हिंसक रूप लिया, वहाँ स्थानीय नेताओं ने तुरंत अपने हाथ धो लिए और हड़ताली मज़दूरों को अधिकारियों के सामने झुकने पर मज़बूर कर दिया। इससे मज़दूर इतने हताश हुए कि 1922 में कांग्रेसी कार्यकर्ताओं ने उन्हें फिर से लामबंद करने की कोशिश की तो शायद ही उसका कोई जवाब मिला।[70] शहरी क्षेत्रों में घटती दिलचस्पी के कारण आंदोलन का केंद्र जल्द ही गाँवों की ओर

खिसक गया। कृषक समाजों के ढाँचों के आधार पर आंदोलन की रूपरेखा में भारी विविधताएँ यहीं आईं।

असहयोग आंदोलन वहाँ सबसे प्रभावशाली रहा जहाँ किसान पहले से संगठित हो चुके थे। अवध (संयुक्त प्रांत) के ज़िलों में दमनकर्ता ताल्लुकदारों के विरुद्ध 1918-19 से ही एक उग्र किसान आंदोलन चल रहा था। आधारभूत (grassroots) स्तर पर स्थानीय नेता बाबा रामचंद्र के नेतृत्व वाले इस किसान जुझारूपन को आगे चलकर, फरवरी 1918 में इलाहाबाद में गठित संयुक्त प्रांत किसान सभा ने एक दिशा दी। जून 1919 तक किसान सभा की 450 शाखाएँ थीं और संयुक्त प्रांत में कांग्रेस ने इस आंदोलन को असहयोग आंदोलन से जोड़कर किसानों के जुझारूपन का इस्तेमाल करने का प्रयास किया।[71] उत्तरी बिहार में भी कांग्रेस का आंदोलन उन्हीं क्षेत्रों में सबसे अधिक शक्तिशाली था, जहाँ पहले निलहे विरोधी आंदोलन, स्वामी विश्वानंद का अभियान और किसान सभा के कार्यकलाप चल चुके थे।[72] बंगाल के मेदिनीपुर ज़िले में महिष्य किसान स्थानीय नेता बी. एन. ससमाल द्वारा 1919 में यूनियन बोर्ड के करों के विरुद्ध संगठित किए गए थे। बाद में यह आंदोलन भी असहयोग आंदोलन में मिल गया।[73] उड़ीसा के कुछ क्षेत्रों में, जैसे कणिका में, किसान **'मेलियों'** अर्थात् सामंत विरोधी प्रदर्शनों की परंपरा उन्नीसवीं सदी से ही चलती आ रही थी; आगे चलकर इसे भी असहयोग आंदोलन में शामिल कर लिया गया।[74] गुजरात के खेड़ा ज़िले में पाटीदार किसान 1918 में ही एक सफल मालगुज़ारी रोको अभियान चला चुके थे और हलचल के एक दूसरे दौर के लिए फिर से तैयार हो रहे थे, इसलिए स्पष्ट कारणों से यह ज़िला असहयोग आंदोलन का सबसे शक्तिशाली गढ़ बन गया।[75] दक्षिण भारत में आंध्र डेल्टा के गोदावरी, कृष्णा और गुंटूर ज़िलों में दिसंबर 1921 और फरवरी 1922 के बीच एक "संक्षिप्त और स्फूर्त" मालगुज़ारी रोको अभियान चला। यहाँ गाँव के उन अधिकारियों ने त्यागपत्र दे दिए, जिनके माध्यम से मालगुज़ारी की वसूली होती थी और सरकार के पतन की आशा में किसानों ने मालगुज़ारी देनी बंद कर दी। लेकिन सरकार ने जब शिकायतों के बारे में एक समिति गठित कर दी और सही राह पर न आनेवाले नेताओं को गिरफ़्तार करने की धमकी दी, तो आंदोलन कुछ सप्ताहों में समाप्त हो गया। इन दोनों मामलों में कुछ समय से, कम से कम 1918-19 से ही, आंदोलन धीरे-धीरे ज़ोर पकड़ते आ रहे थे और फिर उनको असहयोग आंदोलन से एकाकार कर दिया गया।[76] दूसरे क्षेत्रों में, जहाँ किसानों की लामबंदी का कोई इतिहास न था, गाँवों की प्रतिक्रिया अपेक्षाकृत मद्धिम रही। इससे पता चलता है कि अभी तक निष्क्रिय पड़े किसानों को कांग्रेस एक संगठित राष्ट्रवादी आंदोलन में लामबंद करे, इसकी बजाय क्षेत्रों के अपने आंतरिक गतिशास्त्र ही असहयोग आंदोलन की सफलता के आधार बने।

असहयोग आंदोलन वहाँ पर कांग्रेसी नेताओं के नियंत्रण में अधिक रहा जहाँ वे एकजुट थे और वहाँ निचली जातियों के खेत मज़दूरों पर प्रभुत्वशाली किसान समुदायों का प्रभुत्व था, जैसे बंगाल की महिष्य खेतिहर जाति का या गुजरात की पाटीदार किसान

जाति का। यहाँ जातिगत संगठनों तथा समुदाय और नातेदारी के दूसरे सूत्रों के माध्यम से स्थानीय नेताओं का नियंत्रण अधिक था। यहाँ भी किसानों ने अपनी ओर से अच्छी-खासी पहल का परिचय दिया: पाटीदार किसान कांग्रेस के औपचारिक अनुमोदन के बिना ही एक मालगुज़ारी रोको आंदोलन शुरू कर चुके थे। फिर आंदोलन को वापस लेने के निर्णय ने उनको इतना हताश किया कि जब उनके नेताओं ने उन्हें 1922 में दोबारा लामबंद करने की कोशिश की, तो उन्होंने उसका जवाब ही नहीं दिया।[77] ऐसी पहल वहाँ अधिक स्पष्ट देखी गई जहाँ समरस किसान समूह नहीं पाए जाते थे। जैसे उड़ीसा के कुछ भागों में अपने स्थानीय किसान नेताओं की इच्छा के विरुद्ध जाकर लगान और जंगल करों की अदायगी रोक दी और कांग्रेस द्वारा आंदोलन की औपचारिक समाप्ति के बाद भी अपनी हलचल जारी रखी।[78] दूसरी जगहों पर, जैसे अवध में, जहाँ अंतर्जातीय लामबंदी अधिक रही, वहाँ किसान भी अधिक अनियंत्रित रहे। उन्होंने गांधी की व्याख्या अपने-अपने ढंगों से की और अपने ताल्लुकदारों के दमन विरोधी संघर्ष से राष्ट्रवादी आंदोलन के समन्वय का प्रयास किया। 1921-22 की सर्दियों में ताल्लुकदारों की संपत्तियों पर हमले बढ़े और उनको रोकना कांग्रेस के लिए कठिन हो गया। गांधी ने संयुक्त प्रांत का दौरा किया और हिंसा के लिए किसानों की आलोचना की, पर कोई विशेष परिणाम नहीं निकला। इसलिए कांग्रेस ने उससे नाता तोड़ने का निर्णय किया; बाबा रामचंद्र गिरफ़्तार कर लिए गए और आंदोलन का सख्ती से दमन किया गया, पर कांग्रेस ने उँगली तक नहीं हिलाई।[79] उदाहरण के लिए, गोरखपुर के किसानों की नज़रों में गांधी रोज़मर्रा के दमन से मुक्ति के प्रतीक थे। चारों ओर फैली खबरों से लगता था कि किसानों के लिए स्वराज का अर्थ एक स्वर्गलोक था, जहाँ कोई लगान, कोई मालगुज़ारी, कर्जों की अदायगी, ज़मींदार और ताल्लुकदार नहीं होंगे। यह ऐसी स्थिति थी जिनकी किसान अपनी कल्पना में हमेशा कामना करते थे। इसलिए गांधी ने उनके दिल को छू लिया और उनको कार्रवाई में झोंक दिया।[80] दूसरी ओर पंजाब में, अकाली अभियान अमृतसर विजय के बाद गाँवों की ओर बढ़ गया और नवंबर 1922 में, अर्थात् असहयोग आंदोलन की औपचारिक वापसी के काफ़ी बाद, उसने गुरु का बाग गुरुद्वारे का नियंत्रण छीना। जनवरी 1923 तक वे लोग लगभग सौ गुरुद्वारों का नियंत्रण छीन चुके थे। उसके बाद सितंबर में, जब सरकार ने रजवाड़ा नाभा के राजा को उसकी अकालियों से कथित हमदर्दी के कारण तख्त से उतार दिया, तो अकालियों ने उसकी बहाली के लिए जैतों में एक उग्र उपनिवेशवाद विरोधी अभियान शुरू कर दिया। अपने ग्रामीण चरण में अकाली आंदोलन ने अनेक स्थानों पर अहिंसक आंदोलन की सीमारेखा का अतिक्रमण किया और किसानों ने अंग्रेज़ी राज की सत्ता को खुलकर चुनौती दी। इस मुद्दे पर गांधी ने अपना समर्थन वापस ले लिया, क्योंकि वे नाभा के सत्ताच्युत राजा की बहाली के आंदोलन का अनुमोदन नहीं करते थे। सरकार ने अब अकालियों पर ज़ोरदार हमला किया, पर इससे सिख सैनिकों की वफ़ादारी के प्रभावित होने के डर से अंततः एक समझौता कर लिया। 1925 के गुरुद्वारा सुधार कानून ने गुरुद्वारों का प्रबंध सिख प्रबंधकों

को सौंप दिया। पर चूँकि आंदोलन वापस ले लिया गया, ग्रामीण सत्याग्रही अपने को ठगा-सा महसूस करने लगे।[81]

गांधी ने भारतीय आदिवासी जनता को भी सहस्राब्दिक (millennial) सपने दिखाए, जो अपनी शर्त पर ही सही, देश की व्यापकतर राजनीति में अधिकाधिक शामिल होते गए। आदिवासी क्षेत्रों में विरोध की वर्तमान परंपराओं के आधार पर स्थानीय नेताओं ने विभिन्न स्थानीय कष्टों के विरुद्ध आंदोलन चलाए। गांधी में आस्था को हम अलग कर दें, तो इस अर्थ में इन आंदोलनों और गांधीवादी आंदोलनों के उद्देश्यों और रूपों में निश्चित ही कुछ खास साझापन नहीं था। जैसे संयुक्त प्रांत की कुमायूँ और गढ़वाल पहाड़ियों में, राजा के विरुद्ध परंपरागत प्रतिरोध अर्थात् **ढंडक** की परंपरा (अध्याय 4.2 देखें) को ज़ारी रखते हुए, अल्मोड़ा के बद्रीदत्त पांडे ने **उतार** (बेगार) और जंगल कानूनों के विरुद्ध एक जुझारू आंदोलन चलाया। पांडे का तर्क था कि अंग्रेज़ों के **बनिया राज** पर अंकुश लगाने के लिए भगवान ने एक और **बनिया** (अर्थात् गांधी) के रूप में एक रक्षक भेजा है। हालाँकि रिचर्ड टकर (1983) का तर्क है कि यह तो पहाड़ों में पहली बार आधुनिक राजनीतिक टकराव का पहुँचना था, लेकिन आंदोलन ने जो विशिष्ट रूप ग्रहण किए, जैसे जंगलों को आग लगाने या भड़कावे के दूसरे काम करने के रूप, वे दिखाते हैं कि कांग्रेस के आंदोलन के औपचारिक ढाँचों से इसका कोई खास संबंध नहीं था।[82] इसी तरह बंगाल के मेदिनीपुर ज़िले में, जहाँ जंगल कानूनों और यूरोपीय स्वामित्व वाली मेदिनीपुर ज़मींदारी कंपनी के विरुद्ध संथालों की शिकायतों की आग 1918 में भड़क उठी थी, शैलजानंद सेन जैसे स्थानीय नेताओं ने यूरोपीय ज़मींदारों और उपनिवेशी राजसत्ता के विरुद्ध उनको 1921 में दोबारा, अपेक्षाकृत सरलता से संगठित किया। लेकिन यह आंदोलन जब उग्र हो उठा, तो कांग्रेस का समर्थन लड़खड़ाने लगा, मगर तब तक आदिवासियों का आंदोलन स्वयं की एक गति पा चुका था।[83] आंध्र की गुडेम पहाड़ियों में गांधी से प्रभावित एक और स्थानीय नेता अल्लूरी सीताराम राजू ने अपने पर्वतवासियों के बीच उनके संयम और खादी के संदेश का प्रचार किया, पर उनका विश्वास था कि भारत की मुक्ति केवल बलप्रयोग से संभव है। फ़ितूरी (अध्याय 4.2) की परंपरा को आधार बनाकर उन्होंने जनवरी 1922 में छापामार युद्ध का आरंभ किया, पर पहले की परंपरा के विपरीत वे अपनी लड़ाई को गुडेम के आदिवासी क्षेत्र से परे ले जाना चाहते थे। उनकी कोशिश असफल रही, क्योंकि मई 1924 में वे फाँसी पर चढ़ा दिए गए।[84] लेकिन ऐसे हिंसक उभारों के प्रति कांग्रेस की शत्रुता के बावजूद उनके असफल प्रयास ने दिखाया कि भारत की आदिवासी जनता अपनी क्षेत्रीय जड़ों से जुड़े रहकर भी ऐसी चेतना विकसित कर रही थी, जो उनको व्यापकतर उपनिवेशवाद विरोधी संघर्ष से जोड़े। कुमायूँ के पर्वतवासियों ने जब गांधी की प्रशंसा में और "स्वतंत्र भारत" के नारे लगाए,[85] तब उन्होंने ऐसी चेतना का परिचय दिया जो उन्नीसवीं सदी के अंतिम वर्षों में लक्षित चेतना (अध्याय 4.2) से स्पष्ट रूप से अधिक व्यापक थी। मगर इस चेतना या उसकी राजनीतिक अभिव्यक्ति से स्वयं कांग्रेस का कुछ खास लेना-देना नहीं था।

शाहिद अमीन लिखते हैं: "अपने गँवार भक्तों के महात्मा वैसे नहीं थे जैसे वे सचमुच थे, बल्कि वैसे थे जैसी उन्होंने कल्पना की थी।"[86] उनकी कल्पना में वास्तविक गांधी और उनका अहिंसक असहयोग कार्यक्रम अकसर खो जाते थे। कल्पनाओं के गांधी असाधारण रहस्यमय शक्तियों से लैस थे: किसान उनको ऐसा संत समझते थे जो रोगों को दूर कर सकता था, अपना अनुकरण करनेवालों को पुरस्कार देता था और अपनी सत्ता की अवज्ञा करनेवाले अविश्वासियों को दंड देता था।[87] बंगाल के आदिवासियों में प्रचलित अफ़वाहों से गांधी की सुरक्षादायक शक्ति में उनकी परम आस्था का पता चलता था: वे समझते थे कि अगर वे गांधी टोपी पहनेंगे या गांधी का नाम लेंगे तो पुलिस की गोलियाँ उनका कुछ नहीं बिगाड़ सकेंगी। इससे उनके भय की दीवार ढह गई और उनकी ऊर्जा अभूतपूर्व जन-कार्रवाइयों के रूप में फूट पड़ी। गांधी का नाम जपते हुए किसानों ने उन कार्रवाइयों में भाग लिया, जो आसानी से गांधीवादी आदर्शों की दहलीज़ के पार चली जाती थीं। बंगाल के आदिवासी किसानों ने बाज़ार और मछलियों के तालाब लूटे और जंगल कानूनों को तोड़ा, कैदियों ने जेल के दरवाज़े तोड़ दिए।[88] उत्तरी बिहार में निचली जातियों के गरीब किसान सबसे जुझारू लोग थे; उनकी सहस्राब्दिक आशाओं ने बाज़ार लूटने की अनेक घटनाओं को जन्म दिया, उपनिवेशी सत्ता को इससे अभूतपूर्व चुनौती मिली और पुलिस की कार्रवाई का साहस से सामना किया गया।[89] इसलिए चौरीचौरा (गोरखपुर) के किसानों ने जब स्थानीय थाने पर हमला करके 22 पुलिसवालों को जिंदा जला दिया, तब गांधी के पास आंदोलन को वापस लेने के अलावा कोई विकल्प नहीं बचा था, क्योंकि यह तब तक स्पष्ट रूप से उनके नियंत्रण से बाहर जा चुका था।

गांधीवादी आंदोलन के विषय में अपनी प्रामाणिक प्रस्तुति (authentic version) से इन भटकावों को स्थानीय कांग्रेसी नेताओं ने कभी मान्यता नहीं दी। सामाजिक सामंजस्य को नुकसान पहुँचाए बिना अंग्रेज़ों को विस्थापित करना इस प्रस्तुति का भाव था। पर घटनाओं पर उनका कोई खास नियंत्रण था ही नहीं। जनता से गांधी की सहानुभूति थी और उन्होंने माना कि "वे अकसर स्थितियों को अपने दिल से उस तरह समझते हैं कि हम अपने दिमाग से उस तरह समझने में असफल रहते हैं।" पर उसकी अनुशासनहीनता उन्हें पसंद न थी और वे "इस स्वाभाविक अनुशासनहीनता से ही अनुशासन पैदा करना चाहते थे।" फिर जब वे असफल रहे तो जनता के इस जोश को उन्होंने "भीड़ राज" कहकर उसकी निंदा की।[90] इसलिए आंदोलन की आधिकारिक वापसी के बाद भी वह बंगाल, बिहार और उड़ीसा के कुछ भागों में जारी रहा। खेड़ा के अनेक गाँवों में मालगुज़ारी रोको आंदोलन जारी रहा, जबकि संयुक्त प्रांत में आदिवासी (पासी) किसानों के नेतृत्व में एका आंदोलन के रूप में किसानों का एक और जुझारू आंदोलन खड़ा हो गया। गांधी ने कांग्रेस संगठन का उपयोग ऐसा आंदोलन शुरू करने के लिए किया था, जो उपनिवेशी शासन के विरुद्ध निःसंदेह पहला राष्ट्रव्यापी जन-आंदोलन था। उसमें किसान, कुछ मज़दूर, आदिवासी और कुछ क्षेत्रों में तो अछूत भी शामिल हुए, पर उन्होंने

कांग्रेस के पंथ को कहाँ तक स्वीकार किया या गांधी की विचारधारा को कितना आत्मसात किया, यह बात संदिग्ध है। गांधी प्रांतीय नेतृत्व पर निर्भर थे, जिसमें संयुक्त प्रांत में युवा जवाहरलाल, बंगाल में चितरंजन दास, गुजरात में वल्लभभाई पटेल, बिहार में राजेंद्र प्रसाद और मद्रास में सी. राजगोपालाचारी शामिल थे। फिर ये प्रांतीय नेतागण भी निर्भर थे स्थानीय नेताओं पर, जैसे अवध में बाबा रामचंद्र, मेदिनीपुर में बी. एन. ससमाल और बारदोली में कुँवरजी मेहता पर। नेतृत्व के इसी ढाँचे के माध्यम से गांधी का संदेश जनता तक फैला, पर फिर उसकी कल्पना में यह रूपांतरित और परिवर्तित हुआ, क्योंकि जनता ने राष्ट्रवादी आंदोलन में विभिन्न अर्थों का समावेश किया। इन अर्थों के विकास ने, जो समुदाय के विशिष्ट ढाँचों, स्थानीय स्थितियों और मौजूदा संगठन की स्थिति पर निर्भर होते थे, जनता के जुझारूपन की सीमा का निर्धारण किया, जिसे नेताओं ने नियंत्रित करने की कोशिश तो की पर असफल रहे। दूसरे शब्दों में, यहाँ जिस बात पर ज़ोर देने की आवश्यकता है, वह यह है कि जो चीज़ गांधीवादी जन-आंदोलन के नाम से जानी गई उसमें वास्तव में चेतना के विभिन्न स्तर शामिल थे, जिनमें स्वतंत्रता के भिन्न-भिन्न अर्थ पाए जाते थे। इस आंदोलन के द्वारा कांग्रेस ने अगर राष्ट्रवाद का एक विशेष कार्यक्रमबद्ध अर्थ सामने रखने की कोशिश की, तो यह बात भी सही है कि उस अर्थ को आंदोलन के अंदर से ही बराबर चुनौती मिलती रही। यह एक ऐसी विशेषता थी जो कांग्रेस के बाद वाले जन-आंदोलनों की भी पहचान थी।

## 6.4 सविनय अवज्ञा आंदोलन

असहयोग आंदोलन की वापसी के कुछ समय बाद तक कांग्रेस जन-आंदोलन का एक और दौर शुरू करने की स्थिति में नहीं रही। 1924 में जेल से रिहा होने के बाद गांधी सक्रिय राजनीति से अलग रहे और अपनी शक्ति रचनात्मक कार्यक्रमों में लगाते रहे, जैसे छुआछूत निवारण अभियान, स्वावलंबन के प्रतीक रूप में चरखे के उपयोग के प्रोत्साहन और साबरमती में एक आश्रम की स्थापना, जहाँ वे आदर्श सत्याग्रहियों के एक दल को प्रशिक्षित कर सकें। उपनिवेशी सरकार उनको राजनीति में चुका हुआ कारतूस मानती थी। इस लापरवाही का एक कारण यह भी था कि कुछ साल पहले उन्होंने जिस राष्ट्रीय सहमति का निर्माण किया था, वह तेज़ी से समाप्त हो चुकी थी और भारत "एकता के संकट" से ग्रस्त था। स्वयं कांग्रेस "परिवर्तन विरोधी" और "परिवर्तन समर्थक" दलों में बँट चुकी थी; इनमें प्रथम तो गांधीवादी मार्ग पर चलना चाहते थे, जबकि दूसरे संवैधानिक राजनीति की ओर जाना चाहते थे। संविधानवादी धीरे-धीरे अधिक शक्तिशाली हो गए तथा चितरंजन दास और मोतीलाल नेहरू के नेतृत्व में उन्होंने कांग्रेस के ही अंदर स्वराज पार्टी बना ली। उनकी आकांक्षा काउंसिलों की राजनीति में भाग लेने और संविधान को अंदर से तोड़ने की थी। लेकिन स्वराजवादी किसी भी दृष्टि से एक स्थिर समूह नहीं थे, न किसी अखिल भारतीय एकता या अपने ध्येय की प्राप्ति के लिए आवश्यक अनुशासन से बँधे थे। दूसरी ओर, जवाहरलाल नेहरू

और सुभाषचंद्र बोस जैसे युवा नेताओं के तहत कांग्रेस समाजवादियों का बढ़ता प्रभाव अंततः पार्टी के भीतर दक्षिण-वाम टकराव का कारण बन गया।

खिलाफ़त आंदोलन के पतन के कारण कांग्रेस और मुस्लिम लीग का अल्पकालिक गठबंधन भी समाप्त हो गया। स्वयं मुस्लिम लीग संयुक्त निर्वाचकमंडलों और अलग निर्वाचकमंडलों के समर्थकों में बँट गई। कोहाट (पश्चिमोत्तर सीमाप्रांत) में सांप्रदायिक दंगे भड़क उठे। बंगाल में चितरंजन दास ने 1923 में जो हिंदू-मुस्लिम समझौता किया था, वह टूट गया, और फिर अप्रैल 1926 में कलकत्ता में एक भयानक दंगा हुआ। उसके बाद, 1926 और 1931 के बीच, पूर्वी बंगाल में दंगों का सिलसिला ही शुरू हो गया, जब गाँवों में "मस्जिदों के सामने बाजा" बजाने का मुद्दा संप्रदायों की परस्पर विरोधी लामबंदी का एक भावनात्मक प्रश्न बन गया।[91] संयुक्त प्रांत में 1923 और 1927 के बीच 88 दंगे हुए, जिनके कारण हिंदू-मुस्लिम संबंध लगभग पूरी तरह भंग हो गए।[92] 1925-26 के चुनावों में मदनमोहन मालवीय के नेतृत्व में हिंदू रूढ़िवादी समूहों ने धार्मिक भावनाओं का जमकर शोषण किया, जिसके कारण धर्मनिरपेक्ष मोतीलाल नेहरू की हार हो गई। एक परिणाम यह भी हुआ कि अखिल भारतीय हिंदू महासभा जैसे हिंदू राष्ट्रवादी संगठनों की शक्ति उत्तरी और मध्य भारत में बढ़ी; कांग्रेस के साथ उसके घनिष्ठ और समस्याग्रस्त संबंध ने कांग्रेस की धर्मनिरपेक्ष छवि को धूमिल किया और राष्ट्रवाद की मुख्यधारा से मुसलमान और भी कट गए।[93] अछूत भी, जिन्हें गांधी हरिजन (हरि के जन) कहते थे, कुंठित हो गए, क्योंकि उनकी हालत में सुधार करने के अभियान को पूरे भारत में बस मामूली समर्थन मिला। उन्हें पहले तो राव बहादुर एम. सी. राजा ने 1926 में एक अलग संगठन में संगठित किया, लेकिन 1930 में डॉ. भीमराव अंबेडकर ने उन्हें ऑल इंडिया डिप्रेस्ड क्लासेज़ कांग्रेस में संगठित किया, जिसका एक सुस्पष्ट कांग्रेस विरोधी एजेंडा था (अधिक जानकारी के लिए अध्याय 7.2 देखें)।

संगठित राजनीतिक जीवन की ऐसी दरारों के बावजूद, दूसरी ओर, कुछ महत्त्वपूर्ण परिवर्तन भी हुए, जिन्होंने अंग्रेज़ी राज के विरुद्ध जन-आंदोलन के एक और दौर का आधार तैयार किया। सबसे पहले तो निर्यातमुखी उपनिवेशी अर्थव्यवस्था का एक बड़ा संकट 1920 के दशक के अंत की भयानक मंदी में परिणत हुआ। निर्यात योग्य नकदी फ़सलों के दाम तेज़ी, आम तौर पर लगभग 50 प्रतिशत तक से गिरे, जिससे धनी किसान प्रभावित हुए। कुछ नकदी फ़सलों के दामों में दूसरों से अधिक भयानक गिरावट आई। पंजाब, गुजरात और महाराष्ट्र में कपास पैदा की जाती थी; उसके दाम 1920 के दशक के मध्य के 0.70 रुपए प्रति पाउंड से गिरकर 1930 में 0.22 रुपए प्रति पाउंड रह गए। 1929 और 1930 के बीच, अर्थात् साल भर के भीतर, गेहूँ का दाम गिरकर 5 से 3 रुपए प्रति मन रह गया। चावल का दाम कुछ आगे चलकर गिरा, 1931 के आरंभ से, जबकि बंगाल में जूट का बाज़ार भी गिर गया। किसानों की आमदनी जब गिर रही थी तब भी मालगुज़ारी की दरें, जो ऊँचे दामों के समय में तय की गई थीं, बनी रहीं, क्योंकि दामों में गिरावट को अभी भी व्यापक रूप से अस्थायी संवृत्ति माना जा रहा था और

सरकार उस गिरावट में सहारा देने के लिए कोई छूट देने को तैयार नहीं थी। मालगुज़ारी की अदायगी का दबाव ज़मींदारों पर बना रहा, तो काश्तकारों (tenants) पर लगान के दबाव में भी कोई ढील नहीं आई। ऐसी विवश में कर्ज़ों की अदायगी एक समस्या बन गई, क्योंकि सूदखोर अपनी पूँजी वापस पाने पर अधिक उत्सुक नज़र आने लगे। अनेक क्षेत्रों में ग्रामीण ऋणों का प्रवाह बंद हो गया और खेती जारी रखने के लिए किसानों को विवश होकर अपनी ज़मीनों के कुछ टुकड़े बेचने पड़े।[94] लेकिन विभिन्न क्षेत्रों में हालत अलग-अलग थी और, जैसा कि सुगत बोस ने दिखाया है, बंगाल जैसे एक ही क्षेत्र के अंदर भी खेतिहर समाज के ढाँचे और उत्पादन के संगठन के आधार पर प्रभावों में व्यापक अंतर रहे।[95]

इस स्थिति से कांग्रेस को देश के विभिन्न भागों में, जैसे बंगाल, तटीय आंध्र और संयुक्त प्रांत में धनी किसानों और छोटे भूस्वामियों को लामबंद करने में मदद मिली। संयुक्त प्रांत में बार-बार मुश्किल की तबाही और खाद्यान्न उत्पादन में गिरावट ने भी गरीब किसानों की मुश्किलों को बढ़ाया। इसके कारण कांग्रेस से बाहर भी किसान आंदोलन उठ खड़े हुए, क्योंकि उग्र हो सकने वाले निचले किसान समूहों को लामबंद करने में स्पष्ट तौर पर कांग्रेस की रुचि नहीं थी। बंगाल में भी गरीब मुसलमान, अछूत नामशूद्र और आदिवासी संथाल किसान 1928-29 में अतिवादी खेतिहर माँगों के आधार पर लामबंद हुए, जिसे तनिका सरकार ने "प्रतिरोध की एक समानांतर धारा" कहा है।[96] अगर स्वराज के व्यापकतर राष्ट्रीय एजेंडे से स्थानीय कांग्रेसी नेता किसानों के इन विशेष कष्टों को जोड़ पाते, तो एक जन-आंदोलन के लिए वातावरण निश्चित ही अनुकूल था। लेकिन उनके लिए विशेष चुनौती मेहनतकश खेत मज़दूरों और काश्तकारों की चिंता से अधिक धनी भूस्वामी किसानों के हितों का तालमेल बिठाने की थी।

दूसरा महत्त्वपूर्ण विकासक्रम पहले विश्वयुद्ध के दौरान और तुरंत बाद के वर्षों में एक पूँजीपति वर्ग का उदय था। वित्तीय आवश्यकताओं ने भारत सरकार को संरक्षणमूलक शुल्क लगाने पर विवश किया, जिससे आयातित वस्तुओं के दाम बढ़ गए और इस तरह अनिच्छित ही भारत के उद्योगीकरण में सहायता मिली। फलस्वरूप 1920 के दशक में एक ऐसा शक्तिशाली और जागरूक भारतीय पूँजीपति वर्ग था, जिसने स्वयं को 1927 में फ़ेडरेशन ऑफ़ इंडियन चैंबर्स ऑफ़ कामर्स एंड इंडस्ट्रीज़ (FICCI) के झंडे तले संगठित किया। यही वह समय भी था जब भारतीय पूँजीपति वर्ग अनेक मुद्दों पर साम्राज्यिक सरकार के साथ टकराया। स्थिति से निबटने का उनका आम तरीका एक दबाव समूह की तरह काम करना था, लेकिन घनश्यामदास बिड़ला और पुरुषोत्तमदास ठाकुरदास जैसे नेता, बल्कि नरमपंथी लालजी नारायण जी भी, इस निष्कर्ष पर पहुँचने लगे थे कि अपनी लड़ाई लड़ने के लिए वे यदि कांग्रेस के साथ खड़े हों, तो उनके लिए बेहतर होगा। भारतीय उद्योगों के अनेक कप्तान पश्चिमी भारत के सूती कपड़ा मिल-मालिक थे, जिनकी सहनशक्ति मंदी और सस्ते जापानी कपड़ों की प्रतियोगिता के कारण जवाब देने लगी थी। 1930 की गर्मियों तक बंबई के मिल-मालिकों के पास

अनबिका माल रिकॉर्ड मात्रा में मौजूद था–1,20,000 गट्ठर कपड़े और 19,000 गट्ठर (bales) धागे।[97] अपनी किस्मत को कांग्रेस के साथ जोड़ देना अब आज़माने योग्य विकल्प नज़र आने लगा। कांग्रेस भी अब उनकी अनेक माँगों का समर्थन करने लगी, उन्हें उसने राष्ट्रीय मुद्दे बना दिया, और इस तरह वह पूँजीपति वर्ग को अपनी ओर खींचने लगी। पर समस्या यह थी कि साथ ही साथ औद्योगिक मज़दूर वर्ग का प्रसार हो रहा था और उसकी राजनीतिक चेतना बढ़ रही थी। वर्ष 1928-29 भारत में श्रमिक असंतोष का चरमकाल था, जब देश के सभी भागों में 203 हड़तालें हुईं। हालाँकि मज़दूरों ने कार्रवाई की स्वायत्तता का परिचय दिया, पर श्रमिकों की कार्रवाई में इस वृद्धि का एक प्रमुख कारण साम्यवादियों (Communist) का प्रभाव था–पूर्वी भारत में मज़दूर किसान पार्टी और बंबई में गिरनी कामगार यूनियन के माध्यम से। लेकिन सरकार ने दमन के उपायों के सहारे उन पर भारी हमला किया, तो 1930 तक यह कम्युनिस्ट प्रभाव घटने लगा था; कोमिनटर्न ने भी उनको कांग्रेस के नेतृत्ववाले राष्ट्रवादी आंदोलन से दूरी रखने का निर्देश दिया था। इससे कांग्रेस को एक व्यापक संयुक्त मोर्चा बनाने का अवसर मिला, हालाँकि उसके लिए मज़दूर वर्ग का समर्थन आम तौर पर कमज़ोर था, सिवाय बंगाल के जहाँ उसकी लड़ाई अंग्रेज़ पूँजीपतियों के विरुद्ध थी। लेकिन कांग्रेस ने फिर भी स्वयं को एक "परावर्गीय इकाई" (supra-class entity) और "हितों से ऊपर" के रूप में पेश करने की कोशिश की[98] और इस तरह उसने, हालाँकि बहुत ही फूहड़ तरीके से, पूँजीपतियों और मज़दूरों को एक ही झंडे तले लाने की कोशिश की (विस्तार के लिए अध्याय 7 देखें)।

भारतीय राजनीति वैमनस्य और अव्यवस्था के ऐसे घालमेल वाले संदर्भ में 1927 के उत्तरार्द्ध में फिर से गरमाई, जब लंदन की टोरी सरकार ने सर जॉन साइमन की अध्यक्षता में शुद्ध रूप से गोरों का एक संविधान आयोग भारत में संवैधानिक व्यवस्था के कामकाज की समीक्षा के लिए बना दिया। आयोग में भारतीयों की अनुपस्थिति का भारत के सभी राजनीतिक समूहों ने प्रतिरोध किया और उसका पूरे देश में सफलतापूर्वक बहिष्कार हुआ–इसमें कांग्रेस और मुस्लिम लीग दोनों ने भाग लिया। साइमन आयोग जब 1928 के आरंभ में देश में पहुँचा, तब "साइमन वापस जाओ" के नारों ने उसका स्वागत किया। इस संदर्भ में मोतीलाल नेहरू एक उपयुक्त उत्तर के रूप में एक संयुक्त हिंदू-मुस्लिम संविधान योजना की वार्ता चलाने लगे और अगस्त 1928 में लखनऊ के सर्वदलीय सम्मेलन में नेहरू रिपोर्ट को अंतिम रूप दिया गया। यह रिपोर्ट विवशता के समझौतों का एक संकलन थी और इसलिए कमज़ोर नींव पर खड़ी थी। उसके भाग्य का अंतिम निर्णय आगामी दिसंबर 1928 की कलकत्ता कांग्रेस में होनेवाला था और मोतीलाल चाहते थे कि गांधी उनकी योजना के पीछे अपनी पूरी ताकत झोंक दें, ताकि उसे कांग्रेस सरलता से स्वीकार कर ले। लेकिन गांधी के लिए स्वराज कोई संवैधानिक प्रश्न नहीं था, जो अंग्रेज़ दे सकते थे; सच्चे स्वराज के लिए वे तो कांग्रेस से बाहर ही जनता को लामबंद करते आ रहे थे। अगर नेहरू रिपोर्ट गांधी के लिए कांग्रेस के नेतृत्व वाली

राष्ट्रवादी राजनीति में फिर से आने का एक प्रवेशद्वार थी, तो दूसरा प्रवेशद्वार 1928 का बारदोली सत्याग्रह था।

गुजरात के सूरत ज़िले के बारदोली तालुका को असहयोग आंदोलन के दौरान कर रोको अभियान का केंद्र बनाया जाना था। ऐसा नहीं हो सका, क्योंकि आंदोलन ही वापस ले लिया गया और किसानों ने बिना प्रतिरोध किए कर देने के बारे में कांग्रेसी नेताओं की आज्ञा का पालन किया। लेकिन स्थानीय नेतागण कुँवरजी और उनके भाई कल्याणजी मेहता ने अपना रचनात्मक कार्यक्रम इस क्षेत्र में जारी रखा, जो गांधीवादी राजनीति का एक महत्त्वपूर्ण गढ़ बनने के लिए हर तरह से उपयुक्त था। वहाँ के पाटीदार किसान उस क्षेत्र में हाल ही में आकर बसे थे। सामाजिक संस्तरण (stratification) कम होने के कारण वे एक समरस समुदाय थे, जिनको मेहता बंधु 1908 से ही पाटीदार युवक मंडल के झंडे तले संगठित करते आ रहे थे। कर्ज़-बेगार के माध्यम से उनसे बँधे कालीपराज आदिवासी पूरी तरह उनके नियंत्रण में थे। यहाँ कांग्रेस की एक तालुका इकाई बारदोली स्वराज संघ के साथ-साथ बनाई गई, जिसके माध्यम से न केवल मेहता बंधुओं ने पाटीदार किसानों को संगठित किया, बल्कि कालीपराज आदिवासियों ने भी उनके रचनात्मक कार्यक्रम का और आदिवासी धार्मिक प्रतीकों के कुशल उपयोग का उत्तर दिया। इसलिए 1927 में जब बंबई सरकार ने मालगुज़ारी में 22 प्रतिशत की वृद्धि की, जिससे "एक छोटा-सा परंतु प्रभुत्वशाली भूस्वामी वर्ग" प्रभावित हुआ, और इस वर्ग में मुख्यतः पाटीदार, अनाविल ब्राह्मण और बनिये शामिल थे। मालगुज़ारी रोको आंदोलन के आरंभ के लिए अच्छी-खासी सामाजिक लामबंदी पहले ही हो चुकी थी। बारदोली सत्याग्रह गुजरात कांग्रेस समिति के अध्यक्ष वल्लभभाई पटेल द्वारा, गांधी के आशीर्वाद के साथ, 4 फ़रवरी 1928 को शुरू किया गया। हालाँकि स्थानीय मध्यस्थों की सहायता से मौके पर आंदोलन का संगठन पटेल ने किया, पर यह वास्तव में गांधी का आंदोलन था, क्योंकि पाटीदार किसानों और कालीपराज आदिवासियों, दोनों की राजनीतिक लामबंदी के लिए उनकी छवि का लगातार उपयोग किया गया।[99] राष्ट्रीय प्रेस ने इस आंदोलन की रिपोर्टें व्यापक रूप से छापीं और उसे नाटकीय सफलता मिली। एक न्यायिक जाँच बिठाई गई, जिसके आधार पर मालगुज़ारी की दरों में वृद्धि कम कर दी गई, ज़ब्त ज़मीनें लौटा दी गईं और अंततः, कम से कम थोड़े समय के लिए, मालगुज़ारी में संशोधन रोक दिया गया। बारदोली सत्याग्रह की सफलता ने गांधी को एक बार फिर केंद्र में ला खड़ा किया। इससे उनकी यह बात सही सिद्ध हुई कि सत्याग्रह संवैधानिक विधियों की अपेक्षा अधिक प्रभावशाली है।

जैसा कि ज्यूडिथ ब्राउन ने कहा है, "बारदोली ने गांधी को मानसिक अवसाद से बाहर निकाला"[100] और दिसंबर 1928 की कलकत्ता कांग्रेस में वे एक राष्ट्रीय नेता के रूप में फिर से उभरे। तब तक नेहरू रिपोर्ट का विरोध और बढ़ चुका था। उसमें एक संवैधानिक योजना थी, जिसमें भारत के लिए डोमीनियन स्टेटस या औपनिवेशिक दर्जा का प्रस्ताव किया गया था। जवाहरलाल नेहरू और सुभाषचंद्र बोस के नेतृत्व में एक उग्र

युवा दल इसका विरोधी था। नेहरू और बोस, दोनों ही पूर्ण स्वाधीनता के पक्ष में थे। रिपोर्ट से मुसलमानों का विरोध भी बढ़ रहा था, क्योंकि जिन्ना और आगा खाँ के समर्थकों ने उसका निषेध किया। इसलिए गांधी ने एक समझौता प्रस्ताव सामने रखा, जिसमें नेहरू रिपोर्ट को स्वीकार किया गया था, पर यह भी कहा गया था कि अगर सरकार 31 दिसंबर 1930 तक उसे स्वीकार नहीं करती, तो कांग्रेस पूर्ण स्वाधीनता पाने के लिए एक असहयोग आंदोलन चलाएगी। जवाहरलाल नेहरू और सुभाषचंद्र बोस अभी भी रुष्ट थे, पर गांधी ने जब और भी रियायत देते हुए समय-सीमा को घटाकर 1929 तक कर दिया, तो प्रस्ताव पारित हो गया। खुले सत्र में भी गांधी का समझौता प्रस्ताव पारित हुआ, जबकि पूर्ण स्वाधीनता की माँग करता हुआ बोस का संशोधन अस्वीकार हो गया। इस तरह कांग्रेस पर एक बार फिर गांधी का प्रभुत्व स्थापित हुआ लेकिन, जैसा कि ब्राउन (1977) का कथन है, वे केवल अपनी शर्तों पर नेतृत्व स्वीकार करना चाहते थे। इसलिए उन्होंने एक और प्रस्ताव पारित कराया, जिसमें एक विस्तृत रचनात्मक कार्यक्रम मौजूद था। इसमें संगठन कार्य का दोबारा आरंभ, छुआछूत का अंत, विदेशी कपड़ों का बहिष्कार, खादी का प्रचार-प्रसार, निग्रह, ग्राम पुनर्निर्माण और स्त्रियों की निर्योग्यताओं की समाप्ति शामिल थे। गांधी को इसी रचनात्मक कार्यक्रम के माध्यम से सच्चा स्वराज पाने की आशा थी। लेकिन एक अहम मुद्दा, जिसका इस रचनात्मक कार्यक्रम में उल्लेख नहीं था, हिंदू-मुस्लिम एकता का था।

कलकत्ता कांग्रेस के बाद भी नेहरू-बोस दल से बाहर के कुछ कांग्रेसी नेता, जैसे उदारवादी नेता, अंग्रेज़ों से सहयोग को प्राथमिकता देते रहे। उस समय का वायसरॉय लॉर्ड इर्विन भी एक ऐसी संवैधानिक योजना लागू कराने के लिए समझौता चाहता था, जिसका अंतिम लक्ष्य डोमीनियन स्टेटस था। उसे सत्ताधारी लेबर सरकार का समर्थन मिला और इस तरह 31 अक्तूबर 1929 का "इर्विन प्रस्ताव" सामने आया, जिसमें मुद्दे को तय करने के लिए एक गोलमेज़ सम्मेलन का प्रस्ताव किया गया था। गांधी इसे सीधे-सो करने से हिचक रहे थे, मगर वार्ता इसलिए भंग हो गई कि कांग्रेसी नेता औपनिर्वेशिक दर्ज़ा (डोमीनियन स्टेटस) का सिद्धांत नहीं, उसके ब्यौरों पर बहस चाहते थे। दिसंबर में जनता का ध्यान लाहौर की ओर खिंच गया, जहाँ जवाहरलाल नेहरू की अध्यक्षता में कांग्रेस का अगला सत्र होनेवाला था। पूर्ण स्वाधीनता का आंदोलन आरंभ करने के बारे में अनेक नेताओं को शंकाएँ थीं, विशेषकर भगत सिंह और अन्य क्रांतिकारी नेताओं के हाथों हिंसा की बढ़ती लहर को देखते हुए। इसलिए गांधी जब लाहौर पहुँचे, तो उनके सामने एक विराट कार्यभार था और उन्हें घोर विरोध का सामना करना पड़ा। लेकिन इन सबके बावजूद उनका प्रिय प्रस्ताव पारित हो गया। उसने "पूर्ण स्वराज" को कांग्रेस का लक्ष्य घोषित किया और प्रस्ताव रखा कि उसकी प्राप्ति के लिए एक सविनय अवज्ञा आंदोलन शुरू करने के लिए तुरंत शुरूआत विधायिकाओं के बहिष्कार से की जाए। अखिल भारतीय कांग्रेस समिति को सही समय पर एक सविनय अवज्ञा आंदोलन शुरू करने का अधिकार दिया गया। पर लगता है कि गांधी अपने सभी आलोचकों को मनाने में सफल नहीं हुए।

विधायिकाओं के बहिष्कार के आह्वान का सीमित प्रत्युत्तर ही मिला। कांग्रेस के डॉ. अंसारी जैसे मुस्लिम नेता इसलिए दुखी थे कि उनकी राय में सांप्रदायिक एकता सविनय अवज्ञा आंदोलन की सफलता के लिए एक आवश्यक शर्त थी। कांग्रेस से बाहर, मुस्लिम कॉन्फ्रेंस और मुस्लिम लीग ने आंदोलन की निंदा उसे हिंदू राज की स्थापना की चाल बतलाकर की। गैर-कांग्रेसी हिंदुओं ने, जैसे हिंदू महासभा और मद्रास की जस्टिस पार्टी ने, सविनय अवज्ञा के विरोध की घोषणा। व्यापारी समूह लाहौर प्रस्ताव की अनिश्चित संभावनाओं के प्रति आशंकित थे, जब कि युवा कांग्रेसी और भी उग्र कार्रवाई के लिए ज़ोर डाल रहे थे। इस स्थिति में 26 जनवरी 1930 के "स्वतंत्रता दिवस" समारोहों को पंजाब, संयुक्त प्रांत, दिल्ली और बंबई के बाहर कुछ खास प्रत्युत्तर नहीं मिला। बिहार में इन समारोहों के कारण पुलिस और कांग्रेस स्वयंसेवकों के बीच हिंसक टकराव हुए। गांधी को इस गतिरोध से बाहर निकलने के लिए एक रणनीति तैयार करनी पड़ी और 'स्वतंत्रता' शब्द को एक अधिक व्यापक अर्थ देना पड़ा, जो काफ़ी फूट पैदा करने वाले संकीर्णतर राजनीतिक भाव से अलग था।

इसलिए 31 जनवरी 1930 को गांधी ने लॉर्ड इर्विन के समक्ष एक 11-सूत्री चेतावनी की घोषणा की। उनकी घोषणा थी कि अगर 11 मार्च तक ये माँगें मानी गईं, तो कोई सविनय अवज्ञा आंदोलन नहीं होगा और कांग्रेस किसी भी सम्मेलन में भाग लेगी। यह एक समझौता सूत्र था जिसमें, सुमित सरकार के वर्गीकरण के अनुसार: छह "आम हित के मुद्दे" शामिल थे जैसे सैन्य खर्च और सिविल सेवाओं के वेतनमानों में कमी, पूर्ण नशाबंदी, उन राजनीतिक कैदियों की रिहाई जिनको हत्या का दंड नहीं मिला है, सी. आई. डी. में सुधार और उस पर जन-नियंत्रण तथा हथियार कानून में परिवर्तन; तीन "विशिष्ट पूँजीवादी माँगें" जैसे रुपया और स्टर्लिंग की विनिमय दर को घटाकर 1 शिलिंग 4 पेंस तक लाना, विदेशी कपड़ों पर संरक्षणमूलक शुल्क और तटीय जहाज़रानी का भारतीय जहाज़रानी कंपनियों के लिए आरक्षण; और दो "बुनियादी तौर पर किसानों के विषय" जैसे मालगुज़ारी में 50 प्रतिशत की कमी और उस पर विधायिका का नियंत्रण तथा नमक कर का और नमक पर सरकार के एकाधिकार का उन्मूलन।[101] यह राजनीतिक जनमत की एक व्यापक श्रेणी को आकर्षित करने और भारतवासियों को फिर से एक राजनीतिक नेतृत्व की छत्रछाया में एकजुट करने के लिए एक मिला-जुला पैकेज था। इस तरह गांधी ने स्वतंत्रता की अमूर्त धारणा को कुछ विशेष शिकायतों से जोड़ा। लेकिन इन सभी शिकायतों में नमक कर वाली शिकायत अनेक कारणों से सबसे महत्त्वपूर्ण लगती थी। वह जनता के सभी वर्गों को प्रभावित करती थी और इसका कोई विभाजक निहितार्थ न था। वह सरकार के खज़ाने या किसी निहित स्वार्थ के लिए कोई खतरा नहीं थी और इसलिए गैर-कांग्रेसी राजनीतिक तत्त्वों को नाराज नहीं करती, न ही सरकारी दमन को न्यौता देती। आखिरी बात यह कि उसे बेहद भावनात्मक बनाया जा सकता था और उसका भारी प्रचार मूल्य था।

इर्विन कोई समझौता करने के पक्ष में नहीं था और इसलिए 12 मार्च को गुजरात के

समुद्रतट के लिए गांधी का ऐतिहासिक दांडी मार्च (यात्रा) शुरू हुआ, जहाँ उन्होंने 6 अप्रैल को सार्वजनिक रूप से नमक कानून तोड़ा। इस दाँडी यात्रा को भारत और विदेश, दोनों में भारी प्रचार मिला; उसके बाद व्यापक रूप से नमक का गैर-कानूनी उत्पादन और विक्रय हुआ तथा साथ में विदेशी कपड़ों और शराब का बहिष्कार किया गया। अगले चरण में रैयतवारी क्षेत्रों में मालगुज़ारी की और ज़मींदारी क्षेत्रों में चौकीदारी करों की अदायगी रोक दी गई और मध्य प्रांत में जंगल कानून तोड़े गए। कांग्रेस कार्यकारी समिति ने इस तरह एक ऐसा कार्यक्रम तैयार किया था कि भारतीय समाज पर उसका विभाजक प्रभाव कम ही पड़े। लेकिन अप्रैल के अंतिम दिनों में स्थिति अचानक एक मोड़ लेने लगी, जब भारत के विभिन्न भागों में हिंसक कार्रवाईयों और कम अनुशासित जन-उभार का दौर शुरू हुआ। इनमें सबसे महत्त्वपूर्ण था चटगाँव (बंगाल) में हथियारखाने पर हमला और फिर पूरे प्रांत में हिंसात्मक कार्रवाइयों का सिलसिला। पेशावर में स्थानीय करिश्माई नेता बादशाह खाँ की गिरफ़्तारी के बाद जनता भड़क उठी। मई के मध्य में स्वयं गांधी गिरफ़्तार कर लिए गए। उसके बाद शोलापुर के कपड़ा कारखानों में एक स्वतःस्फूर्त हड़ताल हुई, जब मज़दूरों ने घूम-घूमकर शहर की सरकारी इमारतों और दूसरे सरकारी ठिकानों में तोड़फोड़ की। इन सबने भारत के लगभग सभी भागों में ऐसे जन-आंदोलन को बढ़ावा दिया, जो एक विदेशी सरकार से असहयोग मात्र न होकर पूर्ण स्वाधीनता पाने के लिए उसके कानूनों का सचमुच का उल्लंघन था। इन तीनों क्षेत्रों में हिंसा फूटने के बाद भी आंदोलन को तुरंत वापस नहीं लिया गया। जैसा कि सुमित सरकार (1983) का तर्क है, इस अर्थ में सविनय अवज्ञा आंदोलन में 1920 के आंदोलन के मुकाबले निश्चित ही अतिवाद (radicalism) बढ़ा। पर साथ ही यह कोई दोटूक सफलता भी नहीं था। इसमें हिंदू-मुस्लिम एकता का स्पष्ट अभाव था, इसमें मज़दूरों की कोई बड़ी भागीदारी नहीं रही और पढ़ा-लिखा वर्ग उस तरह शामिल नहीं हुआ जैसे कि पहले हुआ था।

दूसरी ओर, औद्योगिक घरानों का विशाल समर्थन सविनय अवज्ञा आंदोलन की एक नई विशेषता था। कम से कम आरंभिक काल में उन्होंने दो बहुत ही लाभदायक तरीकों से भाग लियाः उन्होंने आंदोलन के लिए धन दिया और बहिष्कार आंदोलन का समर्थन किया, खासकर विदेशी कपड़ों के बहिष्कार का। आयातित कपड़ों का दाम 1929 के 2.6 करोड़ पाउंड से घटकर 1930 में 1.37 करोड़ पाउंड रह गया।[102] इस गिरावट में आंशिक योगदान मंदी का रहा, परंतु एक विशेष अवधि तक विदेशी कपड़े रखने से व्यापारियों के इनकार का उल्लेख किए बिना इसकी व्याख्या नहीं की जा सकती। बड़ी संख्या में स्त्रियों की भागीदारी सविनय अवज्ञा आंदोलन की दूसरी सबसे अहम विशेषता थी। दांडी मार्च के दौरान लगभग हर पड़ाव पर स्त्रियाँ गांधी की बात सुनने के लिए हज़ारों की संख्या में आगे आईं और आंदोलन जब शुरू हुआ तो उसमें पूरी तरह शामिल रहीं। उन्होंने विदेशी कपड़ों और शराब की दुकानों पर भी धरने दिए और अनेक स्थानों पर एक-दो हज़ार स्त्रियों की भागीदारी वाले जुलूसों ने पूरे देश को आश्चर्य में डाल दिया

और अधिकारियों को भौंचक्का कर दिया।[103] ये स्त्रियाँ मुख्य रूप से ऊँची जातियों के सम्मानित परिवारों की थीं, जैसे बरार में ब्राह्मण और मारवाड़ी घरानों की या बंगाल में भद्रलोक और रूढ़िवादी मारवाड़ी और गुजराती व्यापारिक घरानों की। खुली सड़क पर उनके सामने आने या आंदोलनों की राजनीति में भाग लेने से उनके सम्मान पर कोई आँच नहीं आती थी, क्योंकि गांधी का नाम राष्ट्र के प्रति पवित्र कर्त्तव्यों के रूप में ऐसे कार्यों को वैध बना देता था (विस्तार के लिए अध्याय 7 देखें)।

शहरी क्षेत्रों की तरह ग्रामीण क्षेत्रों में भी, जैसे बंगाल में, गांधीवादी आंदोलन में भागीदारी को किसान स्त्रियाँ एक "धार्मिक कृत्य" समझती थीं, और वे अधिकतर ऊपर की ओर गतिशील किसान जातियों की औरतें थीं।[104] कारण कि आम तौर पर ग्रामीण क्षेत्रों में धनी किसानों की भागीदारी अधिक रही; भारी मालगुज़ारी के विरुद्ध उनकी शिकायतों को सफलता के साथ स्वराज की माँग के साथ जोड़ दिया गया था। चौकीदारी करों और मालगुज़ारी की गैर-अदायगी के अभियान गुजरात, संयुक्त प्रांत, बिहार, उड़ीसा और तटीय आंध्र के अनेक भागों में आंदोलन की प्रमुख विशेषता बन गए। उसी के साथ बहिष्कार आंदोलन भी चला, बड़े पैमाने पर नमक का उत्पादन हुआ और शराब की दुकानों पर धरने दिए गए। कुछ स्थानों पर, जैसे उत्तरी बिहार में, अगर आम जनता अपनी इच्छा से इन कार्रवाइयों में शामिल नहीं हुई, तो गाँव के स्तर पर जोशीले कांग्रेसी कार्यकर्ताओं ने अपने बहिष्कार कार्यक्रम को मनवाने के लिए "सीमित हिंसा" का और सामाजिक बलप्रयोग के दूसरे सूक्ष्म रूपों का सहारा लिया।[105]

सरकार ने भी दमन के द्वारा इसका उत्तर दिया; पहली पंक्ति के सभी नेता और स्वयंसेवक गिरफ़्तार कर लिए गए। सितंबर 1930 के बाद आंदोलन का पतन शुरू हुआ। शहरी क्षेत्रों में व्यापारिक वर्गों का उत्साह वित्तीय हानि के कारण ठंडा पड़ गया, जो दैनिक उद्योग में घाटे के कारण आई। सरकार ने भी फरवरी 1931 में तैयार सूती कपड़ों के आयात पर 5 प्रतिशत अधिभार लगाकर उन्हें एक रियायत दी। मध्यम वर्ग आरंभ से ही उत्साह से रहित था और अब शिक्षित युवा क्रांतिकारी राष्ट्रवाद की ओर अधिक खिंचने लगे। उनके आदर्श बन गए पंजाब के भगत सिंह, जिन्होंने एक अंग्रेज़ अफ़सर की हत्या की थी और केंद्रीय धारासभा (असेंबली) में बम फेंके थे, तथा बंगाल के विनय, बादल और दिनेश जिन्होंने कलकत्ता में राइटर्स बिल्डिंग पर हमला किया था। दूसरी ओर मज़दूर वर्ग का समर्थन गायब रहा और उसके हाल के उग्र झुकाव को देखते हुए गांधी उनको आंदोलन में खींचने के विषय में शंकित थे। एक अपवाद था नागपुर, जहाँ मज़दूर वर्ग की विशाल भागीदारी रही और 1921 के आंदोलन से बहुत अधिक रही।[106] गाँवों में गुजरात के पाटीदारों या संयुक्त प्रांत के जाटों जैसे अधिक धनी किसानों का उत्साह संपत्ति की ज़ब्ती और बिक्री के कारण ठंडा पड़ गया। दूसरी ओर खेतिहर पैदावारों के दामों में भारी गिरावट के कारण कमज़ोर किसानों के आंदोलनों में उग्र प्रवृत्तियाँ पैदा हुईं, जैसे संयुक्त प्रांत के लगान रोको अभियान तथा आंध्र, मध्य प्रांत, महाराष्ट्र, बिहार, उड़ीसा, असम और पंजाब के कुछ भागों में जंगल कानूनों का उल्लंघन

और आदिवासी विद्रोह। इन विकासक्रमों के कारण समाज पर निश्चित ही वैसा गंभीर विभाजक प्रभाव पड़ सकता था, जिससे गांधी निश्चित ही बचना चाहते थे। इसलिए 5 मार्च 1931 के गांधी–इर्विन समझौते के द्वारा आंदोलन को वापस ले लिया गया और भारत के भावी संविधान पर विचार–विमर्श करने के लिए कांग्रेस ने दूसरे गोलमेज़ सम्मेलन में भाग लेने का निश्चय किया। दिलचस्प बात यह है कि उड़ीसा के किसानों ने इस समझौते को "गांधी की विजय" मानकर जश्न मनाया और उनमें करों की अदायगी रोकने तथा नमक बनाने का उत्साह और बढ़ा।[107]

1931 का समझौता भारतीय इतिहास में विवाद का एक प्रमुख विषय रहा है। सबसे पहले तो आर. जे. मूर (1974) ने दिखाया कि पूँजीपति वर्ग का दबाव समझौते के पीछे एक प्रमुख कारण था; इसी बिंदु को और आगे बढ़ाकर सुमित सरकार (1976) ने तर्क दिया कि आंदोलन की आरंभिक सफलता और आगे चलकर उसकी वापसी, दोनों में भारतीय पूँजीपतियों की एक "निर्णायक" भूमिका रही। वैचारिक मतभेदों के आरपार दूसरे इतिहासकारों ने भी इस बिंदु को स्वीकार किया है, जैसे ज्यूडिथ ब्राउन (1977), क्लाउद मार्कोवित्ज़ (1985) और बसुदेव चटर्जी (1992) ने। तर्क यह है कि कांग्रेस और पूँजीपतियों का गठजोड़ आरंभ से ही असहज और कमज़ोर था, और अब अनियंत्रित जन–आंदोलन ने औद्योगिक वर्गों को परेशान कर दिया, जो शांति की स्थिति चाहते थे। इसीलिए गांधी पर संवैधानिक राजनीति की ओर वापस आने का दबाव पड़ा और इसका ही परिणाम गांधी–इर्विन समझौता था। लेकिन इस प्रस्थापना के साथ समस्या यह है कि औद्योगिक समूह 1931 में शायद ही कोई समरस समूह रहे हों और उनकी एक आवाज़ नहीं होती थी। जैसा कि ए. डी. डी. गॉर्डन का कथन है, मंदी, बहिष्कार, हड़तालों और सामाजिक अस्तव्यस्तताओं के कारण उद्योगपतियों का उत्साह ठंडा पड़ गया और वे चाहते थे कि या तो सविनय अवज्ञा समाप्त कर दी जाए या कांग्रेस और सरकार के बीच एक शांति समझौता हो। लेकिन, दूसरी ओर, दुकानदार और व्यापारी अभी भी गांधी के ज़ोरदार समर्थक बने हुए थे और सविनय अवज्ञा का सिलसिला आगे बढ़ा तो उनकी मूलगामी वृत्ति (radicalism) में और वृद्धि हुई।[108] इससे भी अहम बात यह है कि, जैसा कि इस सिद्धांत के दूसरे समर्थकों ने कहा है,[109] हालाँकि औद्योगिक समुदायों ने आंदोलन का समर्थन किया और उसकी आरंभिक सफलता के लिए वे श्रेय के एक अंश का दावा भी कर सकते थे, फिर भी वे कभी इस स्थिति में नहीं रहे कि गांधी पर आंदोलन वापस लेने का दबाव डाल सकें। गांधी की कांग्रेस अपने आपको एक संगठन के रूप में पेश करती आ रही थी, जिसमें सभी वर्ग और समुदाय शामिल थे। इस कारण इसकी संभावना बहुत कम है कि एक विशेष वर्ग के हितों को पूरा करने के लिए गांधी ने इतना अहम निर्णय किया होगा। इस विषय की ओर हम अगले अध्याय में लौटेंगे, अभी तो बस यह याद रखना आवश्यक है कि आंदोलन के वापस लिए जाने का सबसे महत्त्वपूर्ण कारण ऐसे कुछ निचले वर्गों में उग्रवाद और हिंसा का उदय था, जिन्होंने स्थानीय कांग्रेसी नेताओं के नियंत्रण में रहने से मना कर दिया। आंदोलन तब इधर–उधर भटक रहा था

या गाधी के अहिंसा के सिद्धांत के विरुद्ध जा रहा था; राजनीतिक राष्ट्र की कमज़ोर एकता को भंग कर रहा था। समझौते और आंदोलन की वापसी का यही कारण था।

सरकार के साथ वार्ताएँ अंततः असफल रहीं और गांधी लंदन में सितंबर-दिसंबर 1931 में आयोजित दूसरे गोलमेज़ सम्मेलन से खाली हाथ लौटे। कांग्रेस ने सम्मेलन के पहले सत्र का बहिष्कार किया था और दूसरे सत्र में अल्पसंख्यक प्रश्न पर गतिरोध पैदा हो गया था, क्योंकि मुस्लिम ही नहीं बल्कि दलित (अछूत), एंग्लो-इंडियन, भारतीय ईसाई और यूरोपीय जैसे सभी दूसरे अल्पसंख्यक भी अलग निर्वाचकमंडलों की माँग कर रहे थे, जिन्हें गांधी न मानने की कसम खा चुके थे। वे भारत वापस आ गए और अब अकेला विकल्प लड़ाई को नए सिरे से शुरू करना था। कुछ अन्य विवशताएँ थीं, क्योंकि सरकार ने पहले ही दमन का चक्र शुरू कर दिया था और एक निरोधक उपाय के रूप में 4 जनवरी 1932 को कांग्रेस को प्रतिबंधित कर दिया था। आंदोलन को और भी ज़ोरदार ढंग से शुरू किया गया, पर उसपर स्पष्ट रूप से कम उत्साह देखा गया। धनी किसान समूह, जिन्होंने आंदोलन के पहले चरण में अधिक जुझारूपन का परिचय दिया था, उनके वापस लौटने पर ठगे-ठगे महसूस कर रहे थे और जब कांग्रेसी नेताओं ने दूसरी बार उन्हें लामबंद करने की कोशिश की तो वे अनेक स्थानों पर शांत रहे, जैसे तटीय आंध्र, गुजरात या उत्तर प्रदेश में। गांधीवादी सामाजिक कार्यक्रम के कुछ पहलू, जैसे छुआछूत के विरुद्ध उनका जेहाद, उनको पसंद ही नहीं थे, क्योंकि वे अधिकतर ऊँची जातियों के लोग थे, और उन्होंने तो बल्कि उस पर शत्रुतापूर्ण प्रतिक्रिया दिखाई।[110] दूसरी ओर गांधी की हरिजन मुहिम स्वयं हरिजनों को प्रभावित करने में असफल रही। मराठी-भाषी नागपुर और बरार में, जो अंबेडकर की दलित राजनीति के गढ़ थे, अछूतों ने अपनी वफ़ादारी कांग्रेस की ओर मोड़ने से इनकार कर दिया।[111] परंतु इस उदासीनता और विरोध के साथ-साथ कमज़ोर किसानों के कुछ दूसरे हिस्सों में और अधिक उग्रता के संकेत देखे गए, जो नमक सत्याग्रहों, वन सत्याग्रहों, चौकीदारी करों की गैर-अदायगी, लगान रोको और मालगुज़ारी रोको अभियानों में व्यक्त हुई। लेकिन ये अधिकतर कांग्रेसी संगठन के दायरे से बाहर के आंदोलन थे और इस कारण कुछ स्थानों पर कांग्रेसी नेताओं ने उनमें नरमी लाने का और जहाँ यह संभव नहीं हुआ वहाँ ऐसे किसान जुझारूपन से स्वयं को अलग करने का प्रयास किया।[112]

शहरी क्षेत्रों में औद्योगिक समुदाय निश्चित ही दुविधा में पड़े रहे। कांग्रेस और बंबई के मिल-मालिकों के बीच अलगाव खुलकर सामने आया; इन मिल-मालिकों ने होमी मोदी के नेतृत्व में गांधी को आंदोलन के पुनरारंभ के विरुद्ध चेतावनी दी। बड़े भारतीय उद्योगपतियों के दूसरे हिस्से भी दुविधा में थे। उनकी सरकार से रियायतें पाने की आशाएँ धूमिल हो चुकी थीं, लेकिन इस बार सविनय अवज्ञा का पुनरारंभ सामाजिक यथास्थिति के लिए गंभीर खतरे पैदा कर सकता था, क्योंकि सरकार ने जवाबी हमले के लिए अधिक तैयारी की थी। क्लाउद मार्कोवित्ज़ (1985) का तर्क है कि इस दुविधा के तनाव के कारण भारतीय पूँजीपति वर्ग की एकता भंग हो गई। 1933 तक कमज़ोर हो

रही अर्थव्यवस्था और बढ़ती हिंसा ने गांधी के सबसे कट्टर समर्थकों, गुजराती और मारवाड़ी व्यापारियों, तक के उत्साह को ठंडा कर दिया।[113] शिक्षित नगरवासी भी गांधी के रास्ते पर चलने के प्रति कम उत्सुक थे। दुकानों पर दिए जानेवाले धरने अकसर बमों के उपयोग से त्रस्त होते रहे, और गांधी ने इसकी निंदा की पर इसे रोक न सके। मज़दूर उदासीन ही रहे और मुस्लिम अकसर शत्रुता के भाव से ग्रस्त रहे। सरकार के दमन ने हज़ारों कांग्रेसी स्वयंसेवकों को सलाखों के पीछे धकेल दिया। 1934 तक आंदोलन धीरे-धीरे ठंढा पड़ चुका था।

कांग्रेस के लिए सविनय अवज्ञा आंदोलन किसी भी तरह असफल नहीं था। अब तक वह भारी राजनीतिक समर्थन जुटा चुकी थी और एक नैतिक सत्ता प्राप्त कर चुकी थी, जो 1937 में भारी चुनावी विजय में व्यक्त हुए। भारत सरकार अधिनियम 1935 (गवर्नमेंट ऑफ़ इंडिया ऐक्ट, 1935) के तहत हुए इस पहले चुनाव में, जिसमें एक अधिक बड़े निर्वाचकमंडल को मताधिकार दिए गए थे, कांग्रेस ने ग्यारह में से पाँच प्रांतों (मद्रास, बिहार, उड़ीसा, संयुक्त प्रांत और मध्य प्रांत) में पूर्ण बहुमत प्राप्त किया, बंबई में उसे लगभग बहुमत ही मिला और बंगाल में, जो मुस्लिम-बहुल प्रांत था, वह सबसे बड़ी पार्टी बनकर उभरी। अधिकांश भारतवासियों और खासकर हिंदुओं की नज़र में यह "गांधीजी और पीले बक्से के पक्ष में मतदान" था और यह ऐसे कुछ वास्तविक सामाजिक-आर्थिक परिवर्तनों के प्रति उनकी आशाओं का सूचक था, जिनके वादे अभी हाल में समाजवादियों और दूसरे वामपंथी कांग्रेसी नेताओं ने किए थे।[114] बाद में आठ प्रांतों (संयुक्त प्रांत, बिहार, उड़ीसा, मध्य प्रांत, बंबई, मद्रास, पश्चिमोत्तर सीमाप्रांत और असम) में मंत्रिमंडलों का गठन सत्ता के तंत्र से कांग्रेस का पहला संपर्क था। लेकिन यह पदग्रहण कांग्रेस की कमान के ढाँचों के अंदर उन दक्षिणपंथियों की विजय का सूचक भी था, जो गांधी की आंदोलन की विधियों पर संवैधानिक राजनीति को प्राथमिकता देते थे। जैसा कि डी. ए. लो का तर्क है,[115] ब्रिटिश राज से लड़ते हुए कांग्रेस स्वयं ही राज बनती जा रही थी और स्वराज के गांधीवादी आदर्श से धीरे-धीरे दूर खिसक रही थी (विस्तार के लिए अध्याय 8.1 देखें)।

## 6.5 1935 का अधिनियम, "कागज़ी संघ" और रजवाड़े

1919 के कानून ने न तो भारतीय जनमत के किसी भाग को प्रभावित किया था, न लंदन में बैठे रूढ़िवादियों को। राजनीतिक आंदोलनों ने यह बात स्पष्ट कर दी कि केंद्र सरकार पर अंग्रेज़ों के नियंत्रण को खतरे में डाले बिना कांग्रेस को सत्ता में कुछ भागीदारी देनी ही होगी। इसलिए 1920 के दशक के अंत में सुधारों की नए सिरे से बहस शुरू हुई और लॉर्ड साइमन की अध्यक्षता में 1927 में एक संसदीय दल गठित किया गया। लेकिन साइमन आयोग जब भारत आया तो सभी राजनीतिक दलों ने उसका बहिष्कार किया, क्योंकि वह पूरी तरह यूरोपीय था और उसमें कोई भारतीय सदस्य नहीं था। अक्तूबर 1929 में लॉर्ड इर्विन ने यह घोषणा करके एक और रियायत दी कि पूर्ण 'डोमीनियन

स्टेटस' भारत की संवैधानिक प्रगति का स्वाभाविक लक्ष्य होगा, लेकिन इंग्लैंड में रूढ़िवादी मत वालों की नज़र में इसका कुछ भी अर्थ नहीं था। साइमन आयोग की रिपोर्ट जून 1930 में जारी की गई और उसने प्रांतों में द्वैधशासन (dyarchy) की जगह पूरी तरह ज़िम्मेदार सरकारों के गठन का सुझाव दिया, पर गवर्नरों के हाथों में कुछ आपातकालीन शक्तियाँ भी रहें, पर केंद्र सरकार की संरचना में किसी परिवर्तन का सुझाव नहीं दिया गया था। केंद्र पर सरकारी नियंत्रण बनाए रखने के इच्छुक इस प्रस्ताव ने भारत के किसी भी राजनीतिक समूह को संतुष्ट नहीं किया और इसे सविनय अवज्ञा आंदोलन के आरंभ हो जाने के कारण लागू भी नहीं किया जा सका। एक और रियायत के रूप में इर्विन ने भावी शासन प्रणाली पर बहस के लिए एक गोलमेज़ सम्मेलन का प्रस्ताव रखा। लेकिन लंदन में नवंबर 1930 और जनवरी 1931 के बीच आयोजित उसके पहले सत्र का कांग्रेस ने बहिष्कार किया। वहाँ ब्रिटिश भारत और रजवाड़ों के प्रतिनिधियों ने भारत के लिए ब्रिटिश नियंत्रण से मुक्त एक संघीय सरकार की आवश्यकता पर बहस की। लेकिन सम्मेलन की कोई विशेष उपलब्धि नहीं रही, क्योंकि लंदन में कंज़र्वेटिव राष्ट्रीय सरकार संघ के विचार को गंभीरता से लेने को तैयार नहीं थी। फिर गांधी को सितंबर-दिसंबर 1931 के बीच दूसरे गोलमेज़ सम्मेलन में भाग लेने के लिए तीन अस्पष्ट सिद्धांतों के आधार पर सहमत किया गया—संघ, उत्तरदायी शासन और आरक्षण व सुरक्षा उपायों के आधार पर। लेकिन गांधी की भागीदारी व्यर्थ रही, क्योंकि वार्ता अल्पसंख्यक समिति में, अलग निर्वाचकमंडल के सवाल पर, भंग हो गई; यह माँग अब मुसलमान ही नहीं बल्कि दलित (अछूत), एंग्लो-इंडियन, भारतीय ईसाई और यूरोपीय भी उठा रहे थे। सितंबर 1931 में ब्रिटिश राज में एक टोरी मंत्रिमंडल के गठन के बाद ब्रिटिश अधिकारियों का रुख और भी कड़ा हो गया।[116]

भारत के संवैधानिक इतिहास में एक और नाटकीय मोड़ तब आया जब प्रधानमंत्री रैम्ज़े मैकडोनल्ड ने अगस्त 1932 में अपने कम्यूनल (सांप्रदायिक) अवॉर्ड की घोषणा की। उसने समुदायों के बीच प्रतिनिधित्व का वितरण किया और अलग निर्वाचनमंडल के प्रावधान को दलितों पर भी लागू किया। तब यरवदा जेल में बंद गांधी ने इसे हिंदू समाज को बाँटने का एक आपराधिक षड्यंत्र समझा, क्योंकि वे समझते थे कि दलित हिंदू समाज के अभिन्न अंग हैं। उनका तर्क था कि अलग निर्वाचक-मंडल का प्रावधान उनको राजनीतिक स्तर पर अलग कर देगा और हिंदू समाज में उनके एकीकरण का रास्ता हमेशा के लिए बंद कर देगा। इसलिए इस व्यवस्था को बदलने के लिए उन्होंने आमरण अनशन का निर्णय किया। पूरा देश बौखला उठा। हालाँकि दलित वर्गों के एम. सी. राजा जैसे कुछ नेता संयुक्त निर्वाचनमंडल के पक्ष में थे, पर उनमें सबसे प्रभावशाली डॉ. बी. आर. अंबेडकर ने अलग निर्वाचकमंडल के प्रावधान को दलितों के लिए राजनीतिक प्रतिनिधित्व पाने की एकमात्र आशा समझा (और विस्तार के लिए अध्याय 7.2 देखें)। लेकिन गांधी हालाँकि अलग प्रतिनिधिमंडल के विरोधी थे, पर आरक्षित सीटों के विचार के विरुद्ध नहीं थे और अंततः अंबेडकर ने भी उसे स्वीकार कर लिया, क्योंकि दलित

वर्गों के लिए आरक्षित सीटों की प्रस्तावित संख्या बढ़ा दी गई और ऐसे वर्गों के लिए समुचित प्रतिनिधित्व सुनिश्चित करने के लिए चुनाव की एक द्विस्तरीय व्यवस्था की सिफ़ारिश की गई।[117] यही सितंबर 1932 के पूना समझौते (पूना पैक्ट) का आधार बना, जिसे बाद में सरकार ने भी स्वीकार कर लिया। नवंबर-दिसंबर 1932 का तीसरा गोलमेज़ सम्मेलन काफ़ी हद तक औपचारिक और महत्त्वहीन ही रहा, क्योंकि 112 प्रतिनिधियों में केवल 46 ने उसमें भाग लिया। मार्च 1933 में एक श्वेतपत्र ने भारतीय जनमत से केवल सलाह-मशवरे का प्रावधान करके एक संसदीय संयुक्त प्रवर समिति का गठन किया। इसलिए भारत सरकार अधिनियम, जिसने अंततः 1935 में मूर्त रूप लिया, किसी को भी संतुष्ट न कर सका। कांग्रेस ने भी उसकी आलोचना की और मुस्लिम लीग ने भी।

प्रांतों में 1935 के कानून ने द्वैधशासन की जगह सभी विभागों में उत्तरदायी शासन की व्यवस्था की। लेकिन विधायिकाओं के सत्र बुलाने, विधेयकों पर सहमति देने और आदिवासी क्षेत्रों का प्रशासन चलाने के विषय में गवर्नरों को व्यापक विवेकाधीन शक्तियाँ देकर उसे संतुलित कर दिया गया। गवर्नरों को अल्पसंख्यकों के अधिकारों, सिविल कर्मचारियों के विशेषाधिकारों और अंग्रेज़ों के व्यापारिक हितों की सुरक्षा के लिए भी विशेष शक्तियाँ दी गई थीं। अंतिम बात यह कि एक विशेष प्रावधान के तहत वे अनिश्चितकाल के लिए किसी प्रांत का प्रशासन अपने हाथ में ले सकते थे। केंद्र में इस कानून ने एक संघीय ढाँचे की व्यवस्था की, लेकिन वह तभी लागू होती जबकि 50 प्रतिशत से अधिक रजवाड़े एक ऐसे विलयपत्र पर हस्ताक्षर करके औपचारिक रूप से उसे स्वीकार कर लेते, जो ब्रिटिश सम्राट के साथ उनकी पहले की सभी संधियों को रद्द कर देता। इस कानून ने केंद्र में द्वैधशासन की व्यवस्था की, पर कुछ सुरक्षा उपायों के साथ, और विदेशी मामले, प्रतिरक्षा और आंतरिक सुरक्षा जैसे विभाग पूरी तरह वायसरॉय के नियंत्रण में होते। भारत सरकार की वित्तीय स्वतंत्रता की पुरानी माँग के जवाब में वित्तीय नियंत्रण का लंदन से नई दिल्ली को हस्तांतरण इस कानून की एक और विशेषता था। निर्वाचकमंडल को बढ़ाकर 3 करोड़ कर दिया गया, लेकिन संपत्ति संबंधी भारी अर्हताओं ने भारतीय जनता के 10 प्रतिशत भाग को मताधिकार से वंचित कर दिया। ग्रामीण भारत में इसने धनी और मझोले किसानों को मताधिकार दिया, जिनको कांग्रेस की राजनीति का प्रमुख आधार माना जाता था। इसलिए डी. ए. लो की शंका यह है कि यह कानून कांग्रेस के समर्थन में सेंध लगाने और इन महत्त्वपूर्ण वर्गों को अंग्रेज़ी राज से बाँधने का एक माध्यम था। वे लिखते हैं कि "प्रभुत्वशाली किसान समुदायों की वफ़ादारी पाने की प्रतियोगिता" इस चरण में कांग्रेस और राज के बीच टकराव का केंद्र थी।[118] इसके अलावा दो सदनों वाली केंद्रीय विधायिकाओं में 30 से 40 प्रतिशत सीटों पर रजवाड़ों द्वारा मनोनीत सदस्य बैठे होते और इस तरह कांग्रेस की बहुमत पाने की संभावना हमेशा के लिए समाप्त हो जाती। प्रांतीय और केंद्रीय विधायिकों में मुसलमानों को अलग निर्वाचकमंडल दिया गया और अनुसूचित जातियों (यह 'दलित वर्गों' या

अछूतों के लिए एक नया शब्द था) के लिए सीटें आरक्षित की गईं। इसलिए लंदन में विपक्षी लेबर पार्टी ने यह कोई गलत तर्क नहीं दिया कि इस कानून का उद्देश्य वफ़ादार तत्त्वों को सत्ता में भागीदार बनाकर भारत में ब्रिटिश हितों की रक्षा करना था।

1935 के कानून ने 'डोमीनियन स्टेटस' देने की कोई बात नहीं की, जिसका वादा सविनय अवज्ञा आंदोलन के दौरान किया गया था। विंस्टन चर्चिल जैसे कट्टर रूढ़िवादी चाहे जितना भी सोचते रहे हों कि यह कानून ब्रिटिश राज द्वारा साम्राज्य का त्याग था, पर उसके सहयोगियों ने सचेत ढंग से संघीय ढाँचे का चुनाव किया क्योंकि, जैसा कि कार्ल ब्रिज ने तर्क दिया है, वह "मुख्यत: महत्त्वपूर्ण क्षेत्रों में नियंत्रण सौंपने की बजाय ब्रिटिश राज के हितों की सुरक्षा करता।"[119] उसका कुल प्रभाव यह हुआ कि कांग्रेस का ध्यान प्रांतों की ओर मुड़ गया, जबकि केंद्र पर ज़बरदस्त साम्राज्यिक नियंत्रण बना रहा। यदि कोई परिवर्तन हुआ तो यह हुआ, जैसा कि बी. आर. टॉमलिंसन ने दिखाया है, कि "साम्राज्यिक नियंत्रण की व्यवस्था का शीर्षस्थान लंदन से हटकर दिल्ली में आ गया।"[120] अब वायसरॉय को ऐसी अनेक शक्तियाँ मिलने जा रही थीं जो पहले भारत सचिव को मिली हुई थीं और इस तरह इससे भारत व ब्रिटिश राज के आपसी संबंधों को ऐसी नई प्रवृत्ति मिली कि बुनियादी साम्राज्यिक हित सुरक्षित रह सकें। 1935 के भारत सरकार अधिनियम का महत्त्व सबसे अच्छी तरह स्वयं तत्कालीन वायसरॉय लॉर्ड लिनलिथगो के शब्दों में ही व्यक्त किया जा सकता है: "हमने यद्यपि 1935 का संविधान इसीलिए बनाया कि हम उसे साम्राज्य से भारत को बाँधे रखने का ... सबसे अच्छा उपाय मानते थे।"[121]

1935 के कानून का प्रांतीय पक्ष 1937 के चुनावों के साथ लागू हुआ, लेकिन केंद्र में, जैसी कि टोरियों को संभवत: आशा रही होगी, एक गतिरोध बना रहा, क्योंकि कानून का संघीय पक्ष चला ही नहीं और न उसमें सचमुच किसी की रुचि थी। पहली बात यह कि मुसलमान नेता हिंदू वर्चस्व को लेकर डरे हुए थे और महसूस करते थे कि प्रस्तावित संघीय ढाँचा अभी भी बहुत कुछ एकात्मक था। केंद्रीय विधायिका में ब्रिटिश भारत के सारे प्रतिनिधि प्रांतीय विधान सभाओं द्वारा निर्वाचित होते और यह बात मुसलमानों के विरुद्ध जाती, क्योंकि वे चार को छोड़ सभी प्रांतों में अल्पमत में थे। इसलिए हालाँकि उन्होंने संघ का सार्वजनिक रूप से विरोध नहीं किया, पर वे निश्चित ही एक कमज़ोर केंद्र सरकार के साथ विकेंद्रीकरण के पक्ष में थे, जिससे मुस्लिम-बहुल प्रांतों में प्रांतीय सरकारों को अधिक स्वतंत्रता मिलती।[122] कांग्रेस ने भी संघ के प्रस्तावित ढाँचे को पसंद नहीं किया, क्योंकि संघीय विधायिका की एक-तिहाई सीटें रजवाड़ों द्वारा भरी जातीं और इस तरह लोकतांत्रिक भारत का भाग्य निरंकुश पुश्तैनी शासकों की इच्छा से बँधकर रह जाता।[123] लेकिन संघ की योजना अंतत: इसलिए असफल रही कि राजे-महाराजे भी उसमें शामिल होने से हिचक रहे थे। उनकी मुख्य आपत्ति यह थी कि इस कानून ने सर्वोच्चता के मुद्दे को हल नहीं किया था। सर्वोच्च सत्ता के रूप में भारत सरकार को अभी भी उनके रजवाड़ों में हस्तक्षेप करने का और आवश्यक हुआ तो उन्हें सत्ता

से हटाने तक का अधिकार मिला हुआ था। उनका दूसरा भय एक ऐसी लोकतांत्रिक संघवादी केंद्रीय सरकार में शामिल होने को लेकर था, जिसमें ब्रिटिश भारत के निर्वाचित राजनीतिक नेताओं को उनके निरंकुश शासन से शायद ही कोई सहानुभूति होती और वे उनके इलाकों में लोकतांत्रिक आंदोलनों को प्रोत्साहन देते। इसके अलावा, बड़े रजवाड़े अपनी वित्तीय स्वतंत्रता छोड़ना नहीं चाहते थे, जबकि छोटे रजवाड़े विधायिका में अपने अपर्याप्त प्रतिनिधित्व की शिकायतें कर रहे थे।[124] लेकिन राजाओं, महाराजाओं की इन चिंताओं को उनके सही ऐतिहासिक संदर्भ में रखकर देखें, तो वे अधिक अर्थपूर्ण दिखाई देंगी। इसलिए यहाँ विषय से थोड़ा-सा हटकर पहले विश्वयुद्ध के आरंभ के बाद भारतीय रजवाड़ों की कहानी को सामने रखना उपयुक्त ही होगा।

यदि बीसवीं सदी के आरंभिक वर्षों में कर्ज़न की हस्तक्षेपवादी संरक्षक वृत्ति की नीति ने राजाओं और अंग्रेज़ी राज के संबंधों में तनाव पैदा किया, तो मिंटो की अहस्तक्षेप की नीति ने दोनों के बीच फिर से मेलजोल पैदा किया। इस दूसरी नीति का उद्देश्य ब्रिटिश भारत को अपने फैलाव में समेट रहे राजनीतिक परिवर्तनों से रजवाड़ों को अप्रभावित रखना और उनकी जनता को राष्ट्रवाद की उभरती भावनाओं से दूर करना था।[125] पहले विश्वयुद्ध के बाद यही अलगाव और राजनीतिक बाड़ा (political quarantine) धीरे-धीरे टूटने लगे। इस युद्ध ने एक बार फिर साम्राज्य के लिए राजाओं, महाराजाओं की उपयोगिता साबित की, क्योंकि उन्होंने युद्ध कोष में खुलकर दान दिए, मूल्यवान सैनिक सेवाएँ प्रदान कीं और अपने रजवाड़ों में सैनिकों की भरती को प्रोत्साहित किया। इसलिए युद्ध के अंत के बाद वे अपनी सेवाओं की मान्यता के रूप में राजनीतिक विभाग की दबाव डालने की प्रवृत्तियों पर अधिक संवैधानिक प्रतिबंध, ब्रिटिश भारत में उठती राजनीतिक लहरों से सुरक्षा की अधिक गारंटी और साम्राज्य की सलाह-मश्विरा की प्रक्रिया में अधिक भागीदारी चाहते थे।[126] इसलिए युद्धोपरांत संवैधानिक सुधारों के विषय में मांटेग्यू और चेम्सफ़ोर्ड ने अपनी जाँच-पड़ताल शुरू की, तो राजाओं ने दूसरे प्रश्नों के साथ एक चैंबर ऑफ़ प्रिंसेज़, एक सलाहकार समिति और भारत सरकार तक सीधी पहुँच के अधिकार की माँग भी उठाई। 1919 के अधिनियम में रजवाड़ों से संबंधित सभी विषयों पर तथा सर्वोच्च सत्ता के साथ उनके संबंधों पर अंग्रेज़ी राज को परामर्श देने के लिए एक 120 सदस्यों वाले चैंबर ऑफ़ प्रिंसेज़ की व्यवस्था थी। लेकिन उसकी सदस्यता की संरचना विवाद का एक प्रमुख मुद्दा बनी रही और अंततः यह तय पाया गया कि 11 तोपों या उससे अधिक की सलामी पाने वाले सभी राजाओं का सीधा प्रतिनिधित्व होगा, जबकि छोटे राजा अपने बीच में से 12 प्रतिनिधियों का चुनाव करेंगे। इस चैंबर का उद्‌घाटन लाल किले में फरवरी 1921 में हुआ और वह आपसी जलन और झगड़ों के कारण शुरू से ही विभाजित रहा। फिर भी उसने राजाओं के भौतिक और राजनीतिक, दोनों तरह के अलगाव को तोड़ा।[127]

लोकप्रचलित विश्वास के विपरीत रजवाड़े ब्रिटिश भारत से कभी पूरी तरह कटे हुए नहीं रहे, न ही उनकी सीमाएँ कभी अलंघ्य रहीं, क्योंकि उनमें पास के प्रांतों से राष्ट्रवादी

राजनीति और सांप्रदायिक तनाव, दोनों का लगातार प्रवेश होता रहा। जब रजवाड़ों में किसान और आदिवासी आंदोलन फूटे, जैसे 1921-22 के दौरान जागीरदारों के दमन और भूमि करों के प्रतिरोध में मेवाड़ का विजौनिया आंदोलन या मोतीलाल के नेतृत्व में सिरोही में भीलों का आंदोलन, तो उन्होंने गांधी से प्रेरणा प्राप्त की और राष्ट्रवादी आंदोलन से संपर्क स्थापित किए। मोतीलाल को तो बल्कि स्थानीय गांधी भी कहा जाने लगा, जबकि स्वयं गांधी ने इस आंदोलन से अपना संबंध तोड़ लिया था।[128] ब्रिटिश भारत की राजनीति में कभी-कभी राजाओं ने भी सक्रिय रुचि ली। अलवर और भरतपुर के शासक बीसवीं सदी के आरंभिक वर्षों में हिंदू राष्ट्रवाद के प्रचंड समर्थक थे और उन्होंने सचेत ढंग से अपने रजवाड़ों का हिंदूकरण किया। उन्होंने आर्यसमाज की गतिविधियों को संरक्षण दिया, उर्दू की जगह हिंदी को बढ़ावा दिया, गोरक्षा और शुद्धि आंदोलन का समर्थन किया और इस प्रक्रिया में शहरी मुसलमानों को विमुख कर दिया। अलवर का राजा जयसिंह, जो अपनी प्रजा से एक भारी देशभक्त का सम्मान पाता था, अपने सचेत राष्ट्रवादी प्रदर्शन के कारण उपनिवेशवादी राक्षस-गाथा (demonology) में प्रमुख स्थान पाता रहा, जैसे वह यूरोप वालों से दस्ताने पहने बिना हाथ नहीं मिलाता था। भरतपुर में वित्तीय अनियमितताओं के कथित आरोपों के कारण राजा को हटा दिया गया था; आर्यसमाज, कांग्रेस और जाट महासभा के गठजोड़ ने इस क्षेत्र को पूरे राजस्थान में राष्ट्रवाद का एक प्रमुख केंद्र बना दिया था।[129] लेकिन दूसरी ओर अनेक दूसरे राजा भी थे, जो अंग्रेज़ी राज के वफ़ादार बने रहे और जब राष्ट्रवाद की चुनौती तीखी होने लगी, तो उसके सबसे विश्वसनीय सहयोगी सिद्ध हुए। बीसवीं सदी के पहले दशक में जब गरमपंथ और हिंसा का प्रभाव बढ़ा और फिर आगे चलकर जब असहयोग आंदोलन ने इस उपमहाद्वीप को झकझोरा, तो राजाओं ने अपने क्षेत्रों में इस लहर को रोकने के लिए मूल्यवान सेवा प्रदान की। प्रिंस ऑफ़ वेल्स के दौरे का अगर कांग्रेस ने बहिष्कार किया, तो राजाओं के जोश और शानदार स्वागत के कारण ही वह दौरा थोड़ा-बहुत सम्मानित बना। लेकिन 1920 के दशक के दौरान इन सभी रजवाड़ों में **प्रजामंडलों** के रूप में जन-आंदोलन उभरने लगे। ये मंडल अंततः ऑल इंडिया स्टेट्स पीपुल्स कॉन्फ्रेंस नाम के एक राष्ट्रीय संगठन से संबद्ध हो गए, जिसकी स्थापना 1927 में हुई और जिसका मुख्यालय बंबई में था। उसने लोकतांत्रिक अधिकारों और संवैधानिक परिवर्तनों की नरम माँगें ही उठाईं, जिनका उत्तर अनेक राजाओं ने तीखी प्रतिशोध-भावना और भारी दमन से दिया। लेकिन अगर उनमें से अधिकांश रजवाड़े अपनी स्वतंत्रता और प्रभुसत्ता की रक्षा के प्रति संवेदनशील थे, तो कुछ अपवाद भी थे जैसे बड़ौदा, मैसूर, त्रावणकोर और कोचीन जिन्होंने, सीमित दायरों में ही सही, कुछ संवैधानिक परिवर्तन करने शुरू कर दिए थे।[130]

कुछ रजवाड़े ऐसे भी थे जैसे मैसूर या त्रावणकोर जहाँ कांग्रेस की राजनीति काफ़ी पैठ बना चुकी थी।[131] लेकिन इस पूरे काल में कांग्रेस दिखावे के रूप में राजाओं के प्रभुसत्ता संबंधी परंपरागत अधिकारों का सम्मान करते हुए चतुराई के साथ रजवाड़ों

के मामलों में अहस्तक्षेप की एक आधिकारिक नीति अपनाती रही। इसका एकमात्र अपवाद 1928 में किया गया जब कांग्रेस के एक प्रस्ताव ने राजाओं से "प्रातिनिधिक संस्थाओं पर आधारित उत्तरदायी शासन लागू करने का" आग्रह किया तथा "पूर्ण उत्तरदायी शासन" की प्राप्ति के लिए प्रयासरत भारतीय रजवाड़ों की जनता के "वैध और शांतिपूर्ण संघर्ष" के प्रति "सहानुभूति" और "समर्थन" व्यक्त किया।[132] लेकिन ऐसी मौखिक सहानुभूति का रजवाड़ों की जनता के आंदोलनों और कांग्रेस की गुप्त शाखाओं के लिए कोई विशेष अर्थ नहीं था, जिनके साथ अधिकांश राजे-महाराजे कठोर प्रतिरोध करते रहे। इसलिए जब सविनय अवज्ञा आंदोलन का आरंभ हुआ, तो भावनगर, जूनागढ़ या काठियावाड़ जैसे थोड़े-से अपवादों को छोड़कर अंग्रेज़ी राज के समर्थक रजवाड़े अपने-अपने इलाकों में कांग्रेसी गतिविधियों के दमन के लिए पहले जितने ही भरोसेमंद साबित हुए।[133]

इसलिए इन सभी वर्षों के दौरान अंग्रेज़ी राज ने अपने उन अधीनस्थ सहयोगियों का उपयोग, जो प्राचीन और अंग्रेज़ों की समझ में प्रामाणिक भारत का प्रतिनिधित्व करते थे, प्रांतों में राष्ट्रवाद की नई शक्तियों के विरुद्ध प्रभावी हथियारों के रूप में किया। रजवाड़ों में लोकतांत्रिक संवैधानिक परिवर्तन लाने के लिए शायद ही कुछ किया गया हो, ताकि वे ब्रिटिश भारत के राजनीतिक विकासक्रमों के बराबर आ सकें। इसके कारण भविष्य का सामना करने के लिए तैयारी से रहित राजे-महाराजे अपनी शासन संबंधी आंतरिक स्वतंत्रता को राष्ट्रवादी नेताओं से मिलनेवाली चुनौती के कारण अधिकाधिक बौखलाहट के शिकार होने लगे।[134] इसका अर्थ यह नहीं था कि अंग्रेज़ी राज रजवाड़ों के मामलों में हस्तक्षेप से बचता था। वास्तव में राजनीतिक विभाग में ऐसे अनेक अधिकारी थे, जो लगातार सर्वोच्चता की शक्ति सीमाओं को फैलाते रहते थे और राजाओं को अपनी संवैधानिक स्थिति के बारे में एक निष्पक्ष जाँच का शोर मचाने पर विवश करते रहते थे। लेकिन इंडियन स्टेट्स कमिटी ने, जिसका गठन 1928 में सर हारकोर्ट बटलर की अध्यक्षता में किया गया था, अपनी रिपोर्ट (1929) में घेरे में बंद राजाओं को शायद ही कोई राहत पहुँचाई होगी। उसने उनको इस वादे के रूप में एक रियायत दी कि उनकी सहमति के बिना ब्रिटिश भारत में लोकतांत्रिक ढंग से निर्वाचित किसी सरकार को सर्वोच्चता का हस्तांतरण नहीं किया जाएगा। मगर साथ ही साथ उसने असीमित शक्तियों वाली सर्वोच्च सत्ता की सर्वोच्चता पर फिर से बल दिया, किसी विशेष रजवाड़े में सुधारों की व्यापक माँग उठ रही हो तो वहाँ किसी संवैधानिक परिवर्तन का सुझाव देने के बारे में भी। जैसा कि राजनीतिक विभाग के एक अधिकारी ने स्वीकार किया, उसने सर्वोच्चता के सिद्धांत को "अभी तक स्वीकृत किसी भी सीमा से आगे" तक फैला दिया।[135]

इस तरह दीवार से पीठ लग जाने और दो पाटों के बीच में दब जाने के बाद अब राजाओं ने राजनीति में रुचि लेनी शुरू कर दी और कुछ नरमपंथी राजनीतिज्ञों से मेलजोल बढ़ाने लगे। संघ के विचार में, जिसका सुझाव सबसे पहले 1928 में मोतीलाल नेहरू रिपोर्ट ने दिया था, उनको अपनी मौजूदा स्थिति से बाहर निकलने का एक आदर्श रास्ता

नज़र आया। एक स्वतंत्र अखिल भारतीय संघ में शामिल होकर वे "सर्वोच्चता की जकड़" से निकल सकते और साथ ही अपनी आंतरिक स्वतंत्रता को सुरक्षित रख सकते थे। पर इस विषय में सभी राजा निश्चित भी नहीं थे और महाराजा पटियाला इस गुट के नेता थे। अंततः 11 मार्च को एक आपसी समझौता किया गया, जिसे "दिल्ली समझौता" के नाम से जाना जाता है और 1 अप्रैल 1932 को चैंबर ऑफ़ प्रिंसेज़ ने इसका अनुमोदन किया। इस तरह संघ की माँग को भारतीय राजाओं की एक संवैधानिक माँग के रूप में पेश किया गया। लेकिन जैसा कि इयान कॉपलैंड ने दिखाया है, इस माँग के साथ कुछ ऐसे सुरक्षा उपाय भी जुड़े हुए थे जिन्हें निश्चित था कि अंग्रेज़ और राष्ट्रवादी, दोनों अस्वीकार कर देंगे। उदाहरण के लिए, वे संघीय विधायिका के ऊपरी सदन में चैंबर ऑफ़ प्रिंसेज़ के सभी सदस्यों के लिए अपनी-अपनी सीटें, संधियों से प्राप्त अधिकारों की रक्षा चाहते थे, वे चाहते थे कि संघ सरकार के अधीन रखे जानेवाले विषय सदस्य रजवाड़ों की आपसी सहमति से तय हों और सबसे बढ़कर यह कि उनको अलग होने का अधिकार हो।[136] अंग्रेज़ों को संघ का विचार पसंद था, क्योंकि उस दशा में ये राजे प्रांतों के राष्ट्रवादी राजनीतिज्ञों की काट कर सकते थे, पर उनका संघ का विचार राजाओं के विचार से भिन्न था। अगर पहले गोलमेज़ सम्मेलन में भारतीय रजवाड़ों के प्रतिनिधियों ने संघ के विचार पर उत्साह के साथ बहस की थी, तो उसके दूसरे सत्र तक उनमें से बहुत से लोगों का जोश ठंडा पड़ चुका था। जनवरी 1935 के अंतिम दिनों में अपने बंबई सत्र में चैंबर ने एक प्रस्ताव पारित किया, जो संघ के प्रस्ताव की उस समय तक विकसित रूपरेखा की कठोर आलोचना से भरा हुआ था। अंततः भारत सरकार अधिनियम को जब 2 अगस्त 1935 को शाही स्वीकृति मिली, तब उसमें शामिल संघ की योजना राजाओं के बहुमत को शायद ही संतुष्ट कर सकती थी।[137]

इयान कॉपलैंड (1999) का तर्क है कि इस चरण में भी राजे-महाराजे संघ को पूरी तरह अस्वीकार नहीं कर रहे थे, बल्कि एक बेहतर पेशकश का मोल-भाव कर रहे थे। वे चाहते थे कि विलयपत्र में उनकी दो प्रमुख चिंताओं पर समुचित ध्यान दिया जाए, अर्थात् संधियों के द्वारा उनको प्राप्त अधिकारों की मान्यता और उनकी आंतरिक स्वतंत्रता की सुरक्षा पर। हालाँकि नए वायसरॉय लिनलिथगो ने ऐसे कुछ परिवर्तनों की सिफ़ारिश की, पर नौकरशाहों की मोल-भाव की इस प्रक्रिया ने कई वर्षों की देरी लगा दी। इस बीच 1937 के प्रांतीय चुनावों के बाद कांग्रेस के नाटकीय राजनीतिक उत्थान से राजा-महाराजा बौखला उठे। 1938 में कांग्रेस के हरिपुरा सत्र ने रजवाड़ों के मामलों में अहस्तक्षेप की परंपरागत कांग्रेसी नीति को पलीता लगा दिया और अगले कुछ महीनों में, कांग्रेस के सक्रिय संरक्षण के साथ, ऑल इंडिया स्टेट्स पीपुल्स कॉन्फ्रेंस के नेतृत्व में प्रचंडतम जन-आंदोलन ने भारतीय रजवाड़ों को हिलाकर रख दिया (इस आंदोलन की और विस्तृत चर्चा के लिए अध्याय 8.1 देखें)। छोटे और मझोले आकार के रजवाड़े जनता के इस तरह के उभार के लिए शायद ही तैयार थे और उन्होंने झुककर कांग्रेस के प्रति एक अधिक समझौतावादी रुख अपना लिया। लेकिन बड़े रजवाड़ों ने भयानक

हठ के साथ जवाबी कार्रवाई की और उनकी सहायता ब्रिटिश सेना ने की। इस तरह 1939 में अधिकांश राजाओं के मतानुसार कांग्रेस अपना असली रंग दिखा चुकी थी और इसलिए उस पर फिर कभी भरोसा नहीं किया जा सकता था। जनवरी 1939 में लिनलिथगो ने जब अंततः एक संशोधित प्रस्ताव सामने रखा, जिसमें कुछ छोटी-मोटी रियायतें दी गई थीं, तो उनमें से अधिकांश के लिए संघ तब तक एक ऐसी शुद्ध बुराई बन चुका था, जिसे एक सिरे से अस्वीकार कर दिया जाए। जून में चैंबर ऑफ़ प्रिंसेज़ की बंबई सभा ने ऐसा ही किया और फिर जब अगस्त में यूरोप में युद्ध भड़क उठा, तो भारत सचिव जेटलैंड ने संघ के प्रस्ताव को तुरंत "ठंडे बस्ते" में डाल दिया।[138]

## टिप्पणियाँ

1. और ब्यौरों के लिए स्टोक्स 1959: 288 देखें।
2. और ब्यौरों के लिए स्टोक्स 1959: 288-310 देखें। साम्राज्यिक विचारधारा की और अधिक विवेचना के लिए अध्याय 2.1 भी देखें।
3. सील 1973.
4. रॉब 1976: 3.
5. वुड्स 1994: 31.
6. देशिका चार 1983: 457 में उदधृत।
7. वुड्स 1994: 42.
8. ब्रिज 1986: 5.
9. टॉमलिंसन 1976: 10.
10. रॉब 1976: 268.
11. सील 1973.
12. ब्राउन 1972: 28.
13. कुमार 1971: 4.
14. लो 1968: 1.
15. ब्राउन 1972: 125.
16. और ब्यौरों के लिए बालावुशेविच और द्याकोव 1964 देखें।
17. कुमार 1983.
18. सरकार 1983: 174 में उद्धृत।
19. ब्राउन 1972: 46.
20. डाल्टन 1993: 21.
21. बैशम 1971: 17-42.
22. नंदी 1994: 2-4.
23. नंदी 1998: 100-02.
24. चटर्जी 1984b: 162 और आगे।
25. पारिख 1989b: 34.
26. पैरेल 1997: 53.

27. उद्धरण गांधी 1997: 39, 52, 66-67, 71-74, 116 से।
28. पैरेल 1997: 50.
29. चटर्जी 1986.
30. स्टेगर 2000.
31. ओवेन 1968: 174.
32. ब्राउन 1972: 356.
33. अमीन 1989 देखें।
34. सरकार 1983: 225.
35. गुहा 1993: 107; अमीन 1996: 13 देखें।
36. ब्यौरे पुष्पादास 1999 में।
37. हेनिंघम 1982.
38. ब्यौरे हार्डिमन 1981: 85-113 में।
39. ब्यौरे पटेल 1987: 37-51 में।
40. ओवेन 1971.
41. हसन 1985: 24.
42. फ़िरंगी महल की और जानकारी के लिए रॉबिनसन 2001 देखें।
43. लेलीवेल्ड 1978.
44. रॉबिनसन 1974: 262.
45. मिनॉल्ट 1982: 11.
46. ब्राउन 1972: 296-97, 302.
47. गॉर्डन 1973: 150.
48. रे 1984: 262.
49. कुमार 1983: 213-39.
50. सरकार 1983: 174-75.
51. उपरोक्त: 206-07.
52. गॉर्डन 1978: 159.
53. भट्टाचार्य 1976.
54. ज़ेलियट 1988: 185 में उद्धृत।
55. ब्यौरे अमीन 1996: 14-17 में।
56. वुड्स 1987; पणिक्कर 1989; धनगरे 1991 देखें।
57. आर्नल्ड 1977.
58. इर्शिचक 1969: 183, 197-98.
59. बेकर 1979: 78.
60. भट्टाचार्य 1976: 1832.
61. हार्डिमन 1981.
62. बेकर और वॉशब्रुक 1975; आर्नल्ड 1977.
63. ब्रुमफ़ील्ड 1968: 204-5.
64. फ़ॉक्स 1985: 78.
65. उपरोक्त: 80.

66. टुटेजा 1999: 180-81.
67. भट्टाचार्य 1976.
68. रे 1984: 284.
69. बेकर 1979: 75.
70. आर्नल्ड 1977.
71. ब्यौरों के लिए सिद्दीकी 1978; कुमार 1984; पांडे 1982 देखें।
72. हेनिंघम 1983.
73. रे 1984; सान्याल 1988.
74. पति 1993: 62-66.
75. हार्डिमन 1981.
76. बेकर और वॉशब्रुक 1975.
77. हार्डिमन 1998: 157.
78. पति 1993: 65 और आगे।
79. पांडे 1982.
80. अमीन 1989.
81. फ़ॉक्स 1985: 90-93.
82. गुहा 1991.
83. दासगुप्त 1994.
84. आर्नल्ड 1986b.
85. गुहा 1994: 86.
86. अमीन 1996: 196-97.
87. अमीन 1989.
88. सरकार 1984.
89. हेनिंघम 1983.
90. उद्धरण रणजीत गुहा 1992: 107-8, 111 से।
91. दास 1991b.
92. ब्राउन 1977: 10.
93. हसन 1985.
94. रॉथरमंड 1992: 79-96.
95. बोस 1986: 144.
96. सरकार 1987: 37.
97. रॉथरमंड 1992: 140, 160.
98. भट्टाचार्य 1986.
99. शाह 1974.
100. ब्राउन 1977: 32.
101. सरकार 1983: 284-85.
102. उपरोक्त: 293.
103. फ़ोर्ब्स 1988.
104. तनिका सरकार 1984: 98.

105. हेनिंघम 1982: 112–15.
106. बेकर 1979: 86.
107. पति 1993: 75.
108. गॉर्डन 1978.
109. भट्टाचार्य 1984; मुखर्जी 1986; त्रिपाठी 1991.
110. स्टॉडर्ड 1977.
111. बेकर 1979: 88.
112. पांडे 1978.
113. गॉर्डन 1978: 235.
114. सरकार 1983: 349.
115. लो 1977: 14.
116. ब्यौरों के लिए ब्रिज 1986: 43–91 देखें।
117. कुमार 1987.
118. लो 1977: 24.
119. ब्रिज 1986: पग.
120. टॉमलिंसन 1976: 30.
121. ब्रिज 1986: शीर्षक पृष्ठ पर उद्धृत।
122. टॉमलिंसन 1976: 25.
123. मूर 1970: 77–78.
124. टॉमलिंसन 1976: 24–25.
125. कॉपलैंड 1982: 241.
126. कॉपलैंड 1999: 32–35.
127. रैमज़क 1978: 77–93.
128. वाइडल 1997: 113–56.
129. मायाराम 1997: 53–97.
130. रैमज़क 1978.
131. मैसूर के बारे में मेनर 1977 और त्रावणकोर के बारे में जेफ्री 1978इ देखें।
132. रैमज़क 1978: 181 में उद्धृत।
133. उपरोक्त।
134. मेनर 1978: 310–16.
135. कॉपलैंड 1999: 70 में उद्धृत।
136. ब्यौरों के लिए उपरोक्त: 108–10 देखें।
137. ब्यौरों के लिए उपरोक्त देखें।
138. उपरोक्त: 181 और आगे।

अध्याय 7

# भारतीय राष्ट्र के विभिन्न स्वर

## 7.1 मुसलमानों का अलगाव

भारतीय राष्ट्रीय कांग्रेस के तत्वावधान में धीरे-धीरे उन्नीसवीं सदी के अंतिम वर्षों से ही मुख्यधारा का भारतीय राष्ट्रवाद जिस तरह विकसित हो रहा था, उसे भारतीय समाज के अंदर से ही बराबर चुनौतियाँ मिलती रहीं। इसके परिणामस्वरूप हम पाते हैं राष्ट्र-संबंधी वैकल्पिक धारणाओं की एक श्रृंखला, जिनका प्रतिनिधित्व ऐसे अनेक अल्पमत या हाशिए के (marginal) समूह करते थे, जो लगातार कांग्रेस को चुनौती देते या उससे सौदेबाज़ी करते रहे। जैसा कि पहले (अध्याय 5.4 में) कहा गया, भारत के मुसलमानों ने राष्ट्रवाद की इस कांग्रेसी धारणा को सबसे पहले चुनौती दी और लगभग आरंभ से ही उनमें से ही अनेक तो भारतीय राष्ट्रीय कांग्रेस को अपना प्रतिनिधि मानने से मना करते रहे। 1892 और 1909 के बीच कांग्रेस में मुसलमान प्रतिनिधि केवल 6.59 प्रतिशत रहे। सर सैयद अहमद खाँ जैसे मुसलमान नेता इसे स्पष्ट रूप से बहुसंख्यक हिंदुओं का प्रतिनिधि मानते थे। वे राष्ट्रवाद के विरोधी नहीं थे, पर राष्ट्र की एक अलग धारणा के समर्थक थे। उनका मानना था कि राष्ट्र विभिन्न प्रकार के राजनीतिक अधिकारों के पात्र समुदायों का एक संघ है, ये अधिकार उनकी वंशावलियों और राजनीतिक महत्त्व पर निर्भर होते हैं, और भूतपूर्व शासक वर्ग का होने के नाते मुसलमानों का नए विश्वमुखी (cosmopolitan) ब्रिटिश साम्राज्य में विशिष्ट स्थान है। सर सैयद की यह धारणा कांग्रेस की धारणा के एकदम विपरीत थी। प्रतिनिधि शासन के आरंभ की संभावना ने बहुसंख्यक वर्चस्व के प्रभुत्व का एक राजनीतिक खतरा उत्पन्न किया, जिसके अनुसार राष्ट्र नागरिकों न कि समुदायों से बनता है। इससे 1906 में अखिल भारतीय मुस्लिम लीग का जन्म हुआ। यह एक अलग निर्वाचकमंडल के निर्माण के द्वारा एक अल्पसंख्यक समुदाय के रूप में, अपने राजनीतिक अधिकारों की सुरक्षा की माँग के साथ-साथ एक अलग राजनीतिक पहचान की तलाश का, न कि एक अलग वतन (homeland) की तलाश का, आरंभ भी था। उपनिवेशी राजसत्ता ने 1909 के मॉर्ले-मिंटो सुधार के रूप में जब अलग निर्वाचकमंडल का यह विशेषाधिकार उन्हें दिया, तो उन्हें एक "अखिल भारतीय राजनीतिक प्रवर्ग" का दर्ज़ा मिला, लेकिन इसने उनको भारतीय राजनीतिक व्यवस्था में एक "स्थायी अल्पसंख्यक समूह" भी बना दिया।[1] इसके बाद तो प्रतिनिधि शासन की ये ढाँचागत मज़बूरियाँ कांग्रेस और मुस्लिम लीग के संबंधों को प्रभावित करने लगीं।

कांग्रेस के साथ लीग के समझौते का संक्षिप्त काल 1916 के लखनऊ समझौते पर हस्ताक्षर के बाद शुरू हुआ, जिसने अलग निर्वाचकमंडल की मुस्लिम माँग को मान्यता दी। लेकिन ऐसी सभी व्यवस्थाएँ जल्द ही अप्रासंगिक हो गईं, जब गांधी के आगमन और राष्ट्रवादी राजनीति के अभी तक बंद दायरे में जनता के प्रवेश ने भारतीय राजनीति के पूरे ढाँचे को बदल डाला। खिलाफ़त आंदोलन को, जो मुसलमानों की अखिल भारतीय एकता स्थापित करने के लिए एक अखिल इस्लामी प्रतीक का उपयोग करता था, गांधी द्वारा दिए गए समर्थन ने हिंदुओं और मुसलमानों के बीच अभूतपूर्व सामंजस्य पैदा करने में दूर तक सहायता की (अध्याय 6.3 देखें)। लेकिन अंदरूनी फूट के कारण और आखिरकार तुर्की में कमाल पाशा के नेतृत्व में एक गणतांत्रिक क्रांति के द्वारा खिलाफ़त के उन्मूलन के कारण यह आंदोलन 1924 तक समाप्त हो गया। लेकिन यह अहम बात है कि पंजाब और बंगाल में मुस्लिम पहचान को और पुष्ट करने में स्वयं खिलाफ़त आंदोलन का भी योगदान रहा। मैदान में उतारे गए अति–उत्साही उल्मा द्वारा बार–बार धार्मिक प्रतीकों के उपयोग ने भारतीय मुसलमानों के इस्लामी स्वत्व को उजागर किया। वास्तव में मलाबार में 1921 में खिलाफ़त आंदोलन के ही कारण एक गंभीर सांप्रदायिक दंगा फूटा। इसलिए, जैसा कि क्रिस्तोफ़ जेफ्रीलॉ (1996) का कथन है, खिलाफ़त के झंडे तले मुसलमानों की इस लामबंदी ने हिंदुओं में हीनता और असुरक्षा की एक भावना को जन्म दिया, जिन्होंने अब अपने हमलावर प्रतिद्वंद्वी का अनुकरण करते हुए जवाबी लामबंदी शुरू की। आर्यसमाज ने पंजाब और संयुक्त प्रांत में एक जुझारू शुद्धि अभियान आरंभ किया और हिंदू महासभा ने 1924 में हिंदू संगठन का अभियान शुरू किया; एक प्रत्यक्ष आक्रामक हिंदू संगठन राष्ट्रीय स्वयंसेवक संघ की स्थापना इसी साल हुई। सामुदायिक आधारों पर ऐसी लामबंदी का अनिवार्य परिणाम 1920 के दशक के दौरान अनेक दंगों का फूटना था, जिन्होंने भारत के लगभग सभी भागों को प्रभावित किया।[2] दुखी होकर गांधी ने 1927 में कहा कि हिंदू–मुस्लिम संबंधों की समस्या का समाधान अब मनुष्य के बस से बाहर और केवल भगवान के हाथों में था।[3]

खिलाफ़त आंदोलन के पतन के बाद हिंदू–मुस्लिम संबंधों के तेज़ी से हुए इस बिखराव की व्याख्या हम कैसे करें? ज्ञानेंद्र पांडे (1985) का तर्क है कि 1920 के दशक के दौरान कांग्रेस की राष्ट्रवाद की धारणा में एक उल्लेखनीय परिवर्तन आया। अब धर्म को निजी जीवन की चीज़ बताकर धार्मिक राष्ट्रवाद की वैधता समाप्त करने की एक सुस्पष्ट प्रवृत्ति सामने आई। जवाहरलाल नेहरू जैसे कांग्रेसी नेताओं ने अपने सार्वजनिक भाषणों में भारतीय राष्ट्र की एक धर्मनिरपेक्ष धारणा पर ज़ोर दिया, जिसे सामुदायिक हितों से ऊपर माना गया। राष्ट्रवाद और संप्रदायवाद के बीच एक द्वैत विरोध माना जाने लगा और इसलिए जो भी समुदाय की बात करता था, उसे राष्ट्रवाद विरोधी या संप्रदायवादी कहा जाने लगा। इस बात से एक संश्लिष्ट राष्ट्रीयता के अंदर सामुदायिक पहचानों को खपाने की संभावना समाप्त हो गई और इसलिए कांग्रेस और मुस्लिम लीग के बीच तालमेल की सारी संभावनाएँ नष्ट हो गईं। जैसा कि आयशा जलाल का तर्क है, इस मोड़

पर मुसलमानों को "ऐसी राजनीतिक व्यवस्था की आवश्यकता थी, जो सांस्कृतिक भेदों को खपाने में समर्थ हो।" वे आशा कर रहे थे एक "संभवत प्रभुसत्ता" की; वे एकजुट भारत के विरुद्ध नहीं थे, बल्कि कांग्रेस के अविभाज्य प्रभुसत्ता के दावे के विरोधी थे।[4]

कांग्रेस की धर्मनिरपेक्षता संबंधी घोषणाएँ एक ऐसे समय में की गईं, जब हिंदू और मुसलमान, दोनों ही सार्वजनिक जीवन के लगभग हर क्षेत्र में धार्मिक पहचान को व्यक्त कर रहे थे। जहाँ तक हिंदुओं का प्रश्न है, हिंदू पुनरुत्थानवादी प्रतीकों का उपयोग करने वाले परंतु कांग्रेस के दायरे में ही रहनेवाले पिछले राष्ट्रवादी नेताओं के विपरीत हिंदू महासभा के वर्तमान नेताओं ने कांग्रेस के अंदर एक अलग दबाव समूह की तरह काम करने का निर्णय किया; वे लोग धर्मनिरपेक्ष तत्त्वों को हाशिये पर डालने की और मुसलमानों के साथ आपसी समझ की हर संभावना को नष्ट करने की कोशिशें करते रहे। जैसा कि जेफ्रीलॉ (1996) ने दिखाया है, कांग्रेस के अंदर राष्ट्रवाद की दो विरोधी धारणाओं के बीच लगातार एक संघर्ष चल रहा था: इनमें से एक तो समन्वित संस्कृति पर आधारित अर्थात् राष्ट्र को समुदाय से ऊपर मानती थी, जबकि दूसरी हिंदुओं के नस्ली वर्चस्व के और विशेषकर मुसलमानों की अधीनता के विचार पर आधारित थी। इससे भी अहम बात यह है कि पहली धारणा के समर्थक अकसर दूसरी के आगे समर्पण या उससे समझौते करते रहे और इस तरह मुसलमानों को कांग्रेसी राजनीति के असल इरादे पर संदेह करने के पर्याप्त कारण देते रहे।

यह विरोध उस संस्थागत राजनीति के क्षेत्र में और भी स्पष्ट दिखाई दे रहा था, जिसमें असहयोग आंदोलन के स्थगन के बाद गांधी के अनुमोदन से, मोतीलाल नेहरू और चितरंजन दास के नेतृत्व में, कांग्रेस के स्वराजवादी धड़े ने फिर से प्रवेश करने का निर्णय लिया। संयुक्त प्रांत में नगरपालिकाओं के स्तर पर स्वराजवादियों और खिलाफ़त समर्थकों के गठजोड़ ने 1923 में, सांप्रदायिक सौहार्द के नारे पर, अधिकांश सीटें जीत लीं। लेकिन उनके समर्थन के आधार को मदनमोहन मालवीय के नेतृत्व में हिंदू महासभा ने लगातार कमज़ोर किया; महासभा की कार्रवाईयों ने हिंदू-मुस्लिम तनाव को और बढ़ाया, जिसके फलस्वरूप 1924 में इलाहाबाद और लखनऊ में दंगे हुए। 1925 के अगले नगरपालिका चुनाव में स्वराजवादी सारी सीटों पर हिंदू महासभा से हार गए। मुस्लिम-बहुल पंजाब प्रांत में 1923 के उस नगरपालिका संशोधन अधिनियम (म्यूनिसिपल एमेंडमेंट ऐक्ट) के कारण, जिसने मुसलमानों के लिए अतिरिक्त सीटों की व्यवस्था करके नगरपालिका बोर्डों में हिंदुओं को अल्पमत में डाल दिया, सांप्रदायिक तनाव और बढ़ा। मालवीय और हिंदू महासभा के आशीर्वाद से स्थानीय हिंदुओं ने मुसलमानों के विरुद्ध मोर्चाबंदी की और सांप्रदायिक घृणा इतनी बढ़ गई कि गांधी सौहार्द्र पुनर्स्थापित करने के लिए जब दिसंबर 1924 में लाहौर आए, तो स्थानीय हिंदुओं ने उन्हें कोई महत्त्व नहीं दिया। मुसलमानों की ओर मुहम्मद अली जैसे वे नेता हाशिये पर चले गए, जो सांप्रदायिक सौहार्द्र के समर्थक थे और कभी भारत की कल्पना धर्मों के महासंघ के रूप में कर चुके थे; और डॉ. किचलू जैसे नेता, जो कभी हिंदू-मुस्लिम

एकता के ज़बरदस्त समर्थक हुआ करते थे, अब पूरी तरह किसी सांप्रदायिक तालमेल के विरुद्ध थे।[5]

केंद्रीय असेंबली (सेंट्रल लेजिस्लेटिव असेंबली) में बंबई के मुसलमानों द्वारा निर्वाचित मुहम्मद अली जिन्ना मुसलमानों के सबसे प्रमुख प्रवक्ता बनकर उभरे। संवैधानिक विधियों के लिए जिन्ना की व्यक्तिगत वरीयता और आंदोलनों की राजनीति से उनकी घृणा ने उनको गांधीवादी कांग्रेस से दूर कर दिया था। लेकिन अब असहयोग आंदोलन को वापस लेने के बाद, जबकि कांग्रेस स्वराजवादियों के कारण एक बार फिर संविधानवाद की ओर मुड़ी, वे उससे सहयोग करने के लिए तैयार थे। उनकी 'इंडिपेंडेंट पार्टी' ने स्वराजवादियों से गठजोड़ किया और विधायिका में इस गठबंधन को नेशनलिस्ट पार्टी कहा जाने लगा। पर साथ ही उन्होंने 1923 में मुस्लिम लीग के लाहौर सत्र में उसे (लीग को) फिर से खड़ा करने पर ध्यान केंद्रित किया, भारत के लिए एक नई संवैधानिक व्यवस्था के लिए काम करने का निर्णय किया, और इस उद्देश्य से कांग्रेस के साथ लखनऊ समझौते पर दोबारा वार्ता करनी चाही। स्वराजवादी तैयार थे मगर मालवीय, बी. एस. मुंजे और लाजपत राय जैसे महासभा के नेता तैयार नहीं थे और उन्होंने तालमेल की सभी कोशिशों को सफलता के साथ समाप्त कर दिया। दिसंबर 1923 में कांग्रेस के काकीनाडा सत्र में बंगाल समझौता भी, जिसे स्थानीय मुसलमानों के साथ चितरंजन दास ने किया था, इस आधार पर अस्वीकार कर दिया गया कि एक राष्ट्रीय प्रश्न को प्रांतीय आधार पर हल नहीं किया जा सकता।[6]

इस बीच, संस्थागत राजनीति के दायरे से बाहर, देश के विभिन्न भागों में मस्ज़िदों के सामने बाजे बजाने के अधिकार के दावे के आधार पर हिंदुओं की लामबंदी तेज़ होती रही। वास्तव में, जैसा कि (अध्याय 5.4 में) कहा गया, उन्नीसवीं सदी के अंतिम वर्षों से ही अर्थात् उपनिवेशी राजसत्ता ने जब से एक नए सार्वजनिक क्षेत्र को निरूपित करना शुरू किया, तभी से धार्मिक क्षेत्र संबंधी विवाद, उदाहरण के लिए एक धार्मिक जुलूस के रास्ते संबंधी विवाद, तेज़ी से सांप्रदायिक टकरावों का आधार और भारत में सांप्रदायिक पहचानों के निरूपण का ढंग बनता आ रहा था।[7] और अब, जबकि परस्परविरोधी सांप्रदायिक अधिकारों संबंधी सार्वजनिक विवाद तीखा हो चुका था, जैसे 1890 के दशक के दौरान गोवध/ गोरक्षा के मुद्दे पर, तो "धार्मिक क्षेत्र का निरूपण ध्वनियों के दायरे को लेकर तय होने लगा"[8] और पूरे भारत में सांप्रदायिक लामबंदी का एक प्रमुख प्रतीक बन गया। सार्वजनिक रूप से बाजे बजाने की इस परंपरा को गांधी ने हिंदू धर्म का एक अनावश्यक पक्ष कहा था। लेकिन प्रतीकों की लड़ाई में उन लोगों के लिए ऐसी कम महत्त्वपूर्ण बातें समझौते से परे की माँगें बन गईं, जो धार्मिक आधारों पर समुदायों को लामबंद करना चाहते थे। इस मुद्दे का प्रयोग संयुक्त प्रांत, पंजाब और बंगाल में हिंदू एकता को पुष्ट करने के लिए तथा मध्य प्रांत और बंबई में ब्राह्मणवाद विरोध की उठती लहर से ध्यान हटाने के लिए किया गया। "मस्ज़िद के सामने बाजे बजाने" के इस मुद्दे ने न केवल 1923 और 1927 के बीच अनेक हिंसक दंगे भड़काए, बल्कि 1926 के चुनाव में भी इसे

मतदाताओं को धार्मिक आधार पर विभाजित करनेवाला एक भावात्मक प्रश्न बना दिया।

कांग्रेस के अंदर मोतीलाल नेहरू जैसे स्वराजवादी अधिकाधिक हाशिये पर कर दिए गए और वे चुनाव में महासभा समर्थक उम्मीदवारों को खड़ा करने के दबाव के आगे झुक गए। 1926 में बंगाल या पंजाब के कांग्रेसी उम्मीदवारों में एक भी मुसलमान नहीं था; दूसरी जगहों पर सभी कांग्रेसी मुस्लिम उम्मीदवार चुनाव हार गए। निर्वाचित कांग्रेसी सदस्यों में बहुसंख्यक वे थे जो हिंदूवादी सहानुभूति के लिए जाने जाते थे। गुवाहाटी कांग्रेस में मुसलमानों के लिए अलग निर्वाचकमंडल की निंदा करनेवाला प्रस्ताव समय रहते गांधी और नेहरू के हस्तक्षेप के ही कारण पारित नहीं हुआ। लेकिन जनवरी 1928 में दिल्ली के सर्वदलीय सम्मेलन में लखनऊ समझौते पर पुनः बातचीत की प्रक्रिया को अंततः महासभा ने असफल कर ही डाला। अलीगढ़ के मुसलमान अब हिंदुओं के छा जाने के बारे में भयभीत हो उठे। 1929 में शौकत अली ने बड़ी निराशा के साथ कहा कि "कांग्रेस हिंदू महासभा की एक दुमछल्ला बन चुकी" है।[9] इस तरह कांग्रेस की राजनीति से मुसलमानों का अलगाव सविनय अवज्ञा और भारत छोड़ो आंदोलनों में उनकी बड़े पैमाने पर गैर-भागीदारी के रूप में व्यक्त हुआ।

मुसलमानों का यह अलगाव, जिसे भारतीय इतिहास लेखन में अकसर "संप्रदायवाद" कह कर कलंकित किया गया है, इतिहासकारों के बीच विवाद का विषय रहा है। इसकी व्याख्या का एक ढंग तो यह है कि इसे एक स्वार्थी निम्न पूँजीपति वर्ग और दिग्भ्रमित किसानों और मज़दूरों की "मिथ्या चेतना" कहकर खारिज कर दिया जाए, जो गलती से अपने हितों को सांप्रदायिक आईने में देखते थे और उनकी सुरक्षा संवैधानिक विशेषाधिकारों के द्वारा करना चाहते थे। 1929 के बाद के सालों में उनकी कुंठा बढ़ गई, जब मंदी ने अवसर सीमित कर दिए और इससे तनाव, टकराव और हिंसा में और भी वृद्धि हुई।[10] दूसरी ओर, एक बड़ी सीमा तक यह बात भी सही है कि प्रातिनिधिक शासन की विवशताओं ने–उपनिवेशी राजसत्ता द्वारा अलग निर्वाचकमंडल और अल्पसंख्यक की स्थिति की स्वीकृति ने–एक अखिल भारतीय मुस्लिम राजनीतिक पहचान को रूपरेखा देने में योगदान किया। इसलिए उसकी व्याख्या प्रदत्त (ascriptive) मानदंडों के आधार पर प्रतिनिधित्व की इस्लामी धारणा की दृष्टि से की जाती है, अर्थात् मुसलमान केवल मुसलमानों से ही अपना प्रतिनिधित्व कराना चाहते थे, न कि ऐसे लोगों से जो उनके समुदाय के सदस्य नहीं थे।[11] जहाँ तक इस राजनीतिक दृष्टि को समझने का प्रश्न है, संप्रदायवाद को मिथ्या चेतना कहकर खारिज करके हम कहीं भी नहीं पहुँचते; लेकिन वहीं एक वर्चस्ववादी इस्लामी विचारधारा के बारे में बाद वाले तर्क के साथ भी समस्याएँ हैं। यह व्याख्या मूलतः इस कल्पित मान्यता पर आधारित है कि मुस्लिम समुदाय के अंदर एक अच्छी-खासी वैचारिक सहमति है, लेकिन इस व्याख्या पर अनेक इतिहासकारों ने सवाल उठाए हैं।[12]

मुसलमान अभी भी, यहाँ तक कि 1930 के दशक के अंत तक भी, कोई राजनीतिक समुदाय नहीं थे। मुस्लिम राजनीति में आरंभ से ही उसमें स्तर संबंधी (positional) भेद

और वैचारिक विवाद रहे। 1930 के दशक के दौरान मुस्लिम राजनीति प्रांतीय राजनीतिक गतिशास्त्र में जकड़ी रही, क्योंकि बंगाल और पंजाब में उनके हित, जहाँ वे बहुसंख्यक थे, दूसरे प्रांतों के अल्पसंख्यक मुसलमानों के हितों से भिन्न थे। बंगाल में ए. के. फ़ज़्लुल हक के नेतृत्व वाली कृषक प्रजा पार्टी ने वर्गीय माँगों के आधार पर मुसलमान किसानों और निचली जातियों के हिंदू किसानों, दोनों को लामबंद किया और 1936 में मुस्लिम लीग के पुनरुत्थान के बाद मुसलमान वोटों के लिए उससे टक्कर लेती रही।[13] पंजाब में फ़ज़्ले-हुसैन, सिकंदर हयात खाँ और जाट किसान नेता छोटू राम के नेतृत्व वाली यूनियनिस्ट पार्टी ने मुस्लिम, सिख और हिंदू धनी ज़मींदारों और किसान उत्पादकों के एक समन्वित समूह को, जो 1900 के पंजाब भूमि हस्तांतरण अधिनियम (land alienation act) से लाभान्वित हुए थे, संबोधित किया और ग्रामीण राजनीति पर पूरा-पूरा नियंत्रण स्थापित कर लिया।[14] दूसरी ओर, अखिल भारतीय मुस्लिम लीग 1937 तक, आयशा जलाल के शब्दों में, "अल्पसंख्यक मुसलमानों वाले प्रांतों में कुछ मुखर मुसलमानों के वाद-विवाद के मंच से अधिक कुछ भी नहीं थी और बहुसंख्यक मुसलमानों वाले प्रांतों पर उसने कोई प्रभाव नहीं डाला।"[15] 1937 के चुनाव में दोनों क्षेत्रीय पार्टियों को अच्छी सफलता मिली, जबकि पूरे भारत में मुस्लिम लीग का प्रदर्शन निराशाजनक रहा। लेकिन इस चुनाव में कांग्रेस की प्रचंड विजय और उससे पैदा हुए दंभ ने इन सभी विविधताओं से भरे समूहों को जिन्ना के नेतृत्व वाली, नवजीवन और नवशक्ति प्राप्त मुस्लिम लीग के झंडे तले एकजुट कर दिया।

जैसा कि आर. जे. मूर (1888) ने दिखाया है, अंग्रेज़ी राज के सहभागियों के रूप में 1920 और 1930 के दशकों के दौरान राजनीतिक दृष्टि से मुसलमानों ने बहुत कुछ पाया था। अलग निर्वाचकमंडल का सिद्धांत अब भारतीय संविधान में पक्के रूप में शामिल हो चुका था। बहुसंख्यक मुसलमानों वाले पंजाब और बंगाल प्रांतों में उन्होंने कांग्रेस से सत्ता छीन ली थी। दो दूसरे मुस्लिम-बहुल प्रांत, सिंध और पश्चिमोत्तर सीमाप्रांत भी, अब पूरे-पूरे प्रांत का दर्ज़ा पा चुके थे। 1937 के चुनावों में कांग्रेस की विजय से उन सबको भी खतरा पैदा हो गया। संयुक्त प्रांत जैसे मुस्लिम अल्पसंख्यकों वाले प्रांतों में न केवल कांग्रेस ने मुस्लिम लीग के साथ कोई गठबंधन सरकार बनाकर सत्ता में भागीदारी से इनकार कर दिया, बल्कि भरपूर दंभ के साथ जवाहरलाल नेहरू ने यह घोषणा भी की कि भारतीय राजनीति के मंच पर अब केवल दो पार्टियाँ थीं–अंग्रेज़ी राज और कांग्रेस। उसके बाद कांग्रेस अलग निर्वाचकमंडल के विरुद्ध लगातार प्रचार करती रही तथा देशद्रोही और प्रतिक्रियावादी कहकर लगातार मुस्लिम लीग की निंदा करती रही। मुस्लिम लीग की चुनावी हार को देखकर नेहरू ने मुसलमानों को कांग्रेस के दायरे में लाने के लिए अपना मुस्लिम जन-संपर्क अभियान शुरू कर दिया। लेकिन यह प्रयास असफल रहा, क्योंकि हिंदू महासभा ने भीतरघात किया।[16] मुसलमानों के पास हिंदुओं के प्रभुत्व से भय के पर्याप्त कारण थे, खासकर उन प्रांतों में जहाँ वे अल्पसंख्यक थे। कांग्रेस मंत्रिमंडलों द्वारा मुसलमानों के विरुद्ध भेदभाव की

अनेक शिकायतें आईं। ये शिकायतें सच रही हों या काल्पनिक, ये मुसलमानों की इस भावना को अवश्य प्रतिबिंबित करती थीं कि 1935 की नई संवैधानिक व्यवस्था में संरक्षण के वितरण की जो प्रणाली स्थापित की गई थी, उससे वे बाहर रह गए हैं।[17] दूसरे शब्दों में, कांग्रेस की नीतियों का वर्गीय दृष्टिकोण और वैयक्तिक नागरिकता पर उसका बल मुसलमानों की समुदाय-केंद्रित चिंताओं को संतुष्ट नहीं कर सके।

जिन्ना ने मुसलमानों के भय और असंतोष की इसी सामूहिक भावना को राजनीतिक वाणी दी, जो लंदन में स्वघोषित निर्वासन का थोड़ा-सा काल व्यतीत होने के बाद मुस्लिम लीग का नेतृत्व सँभालने के लिए 1934 में भारत लौटे। परंतु 1934 और 1937 के बीच भी जिन्ना केंद्र में कांग्रेस से सहयोग के लिए तैयार थे, ताकि 1935 के कानून में निरूपित संघीय संवैधानिक ढाँचे में संशोधन कराया जा सके।[18] परंतु चुनाव परिणामों ने उनको असुविधा की स्थिति में डाल दिया, क्योंकि कांग्रेस अब आसानी से उनको अनदेखा कर सकती थी। इस चरण में जिन्ना की इच्छा थी कि भारत के भावी संविधान संबंधी किसी भी वार्ता में मुस्लिम लीग को एक बराबर का पक्ष–एक तीसरा पक्ष–बनाया जाए। केंद्रीय असेंबली में जिन्ना की ज़ोरदार वकालत के बाद 1937 में पारित शरीअत व्यवहार अधिनियम (शरीअत ऐप्लिकेशन ऐक्ट) ने राष्ट्रीय स्तर पर, सभी विभाजक और अंदरूनी राजनीतिक वाद-विवाद से दूर जाकर, मुस्लिम एकजुटता का एक प्रतीकात्मक वैचारिक आधार तैयार किया।[19] उन्होंने एक जन-संपर्क अभियान शुरू किया और उल्मा की सेवाएँ लीं, जबकि अलीगढ़ के भावनाओं में बह रहे छात्रों ने अभियान में और तेज़ी पैदा की। नवंबर 1939 में जब कांग्रेसी मंत्रिमंडलों ने भारत को उनसे परामर्श किए बिना दूसरे विश्वयुद्ध में खींचे जाने के विरुद्ध त्यागपत्र दे दिए, तो जिन्ना ने उसे "मुक्ति दिवस" के रूप में मनाने का निर्णय किया। दिसंबर 1939 तक लीग की सदस्यता 30 लाख से ऊपर जा चुकी थी[20] और जिन्ना स्वयं को उसके "एकमात्र प्रवक्ता" के रूप में पेश कर चुके थे।

अलगाव और अविश्वास के इसी राजनीतिक संदर्भ में धीरे-धीरे एक और विचार पनपा और यह विचार मुस्लिम राष्ट्रीयता का था। 1930 में मुस्लिम लीग के अध्यक्ष के रूप में सर मुहम्मद इकबाल ने भारत के अंदर ही, चार प्रांतों (पंजाब, पश्चिमोत्तर सीमाप्रांत, सिंध और बलूचिस्तान) को मिलाकर एक केंद्रीकृत क्षेत्र के गठन का प्रस्ताव रखा था। इस विचार को और विस्तार दिया कैंब्रिज के छात्र रहमत अली ने, जिन्होंने 1933 में इन चारों मुस्लिम प्रांतों और कश्मीर को मिलाकर, अस्पष्ट रूप से 'पाकिस्तान' बनाने की बात की। लेकिन मुस्लिम लीग की सिंध शाखा की कराची बैठक ने, जिसकी अध्यक्षता स्वयं जिन्ना ने की थी, एक प्रस्ताव पारित किया, जिसने "हिंदू और मुसलमान नाम के दो राष्ट्रों के लिए राजनीतिक आत्मनिर्णय" की आवश्यकता का उल्लेख किया।[21] और मुस्लिम लीग से इसे साकार करने के लिए उपयुक्त कदमों के बारे में सोचने का आग्रह किया। यह "दो राष्ट्रों" के सिद्धांत की पहली घोषणा थी, हालाँकि इसमें अभी भी अलगाव की बात नहीं थी; हिंदुओं व मुसलमानों के दोनों संघ एक साझे

केंद्र के कारण एकजुट रहते। उसके बाद तो ऐसी संवैधानिक व्यवस्था की व्यावहारिकता पर सार्वजनिक रूप से बहसें होने लगीं, जो इस अमूर्त धारणा को एक रूपरेखा दे। इस विषय में सिंधी नेता अब्दुल्ला हारून, डॉ. सैयद अब्दुल लतीफ़, पाकिस्तान मजलिस (लाहौर) के अब्दुल बशीर से लेकर प्रमुख अलीगढ़ी विद्वानों प्रोफ़ेसर सैयद ज़फ़रूल-हसन और डॉ. एम. ए. एच. कादिरी तक अनेक प्रकार के मुस्लिम नेताओं ने बौद्धिक योगदान किए। अंततः मार्च 1940 में मुस्लिम लीग के लाहौर प्रस्ताव ने औपचारिक रूप से मुसलमानों को एक राष्ट्र घोषित किया। उसने विभाजन या पाकिस्तान का उल्लेख नहीं किया, बल्कि केवल अनिश्चित "भविष्य" में मुस्लिम-बहुल प्रांतों से "स्वतंत्र राज्यों" के गठन की बात की।[22] दूसरे शब्दों में, यह प्रस्ताव भारतीय मुसलमानों के एक 'अल्पसंख्यक' से एक 'राष्ट्र' में रूपांतरण का सूचक मात्र था, ताकि भारत के लिए किसी भी भावी संवैधानिक व्यवस्था पर उनकी भागीदारी और सहमति के बिना बातचीत न की जा सके। उसके बाद ऐसी किसी भी व्यवस्था में हिंदुओं और मुसलमानों के बीच 'बराबरी' की माँग जिन्ना की राजनीति का केंद्रीय तत्त्व बन गई।

राष्ट्रीयता की इस घोषणा से लेकर 1947 में एक अलग प्रभुसत्तासंपन्न राज्य के वास्तव में साकार होने तक का रास्ता लंबा और कष्टों से भरा रहा। यहाँ इतना ही कह देना पर्याप्त होगा कि एक मुस्लिम राष्ट्र की यह धारणा केवल जिन्ना की या मुखर बुद्धिजीवियों के एक चयनित समूह की कल्पना नहीं थी। उसे उन हज़ारों आम मुसलमानों ने वैधता प्रदान की जो कराची, पटना या लाहौर के जुलूसों में शामिल हुए, हड़तालों में भाग लिया, प्रदर्शन किए, बल्कि 1938 और 1940 के बीच हुए दंगों तक में भाग लिया।[23] उनका अलगाव उग्रवादी हिंदू राष्ट्रवादियों की उत्तेजक कार्रवाइयों से तथा कांग्रेस के एक कट्टर धर्मनिरपेक्ष नेतृत्व द्वारा मुस्लिम राष्ट्र की माँग की खिल्ली उड़ाते रहने के कारण भी पैदा हुआ था। जो मुस्लिम नेता 1921 में अपनी भारतीयता और अपनी मुस्लिम पहचान के बीच कोई टकराव नहीं मानते थे, उन्हीं के लिए उनकी अलग मुस्लिम राष्ट्रीयता की मान्यता 1940 के दशक में समझौतों से परे एक न्यूनतम माँग बन गई। धीरे-धीरे व्यापक मुस्लिम जनता ने भी इन भावनाओं को अपना लिया। वास्तव में, जैसा कि अचिन विनायक का कथन है, जिन दिनों एक उपनिवेशवाद विरोधी अखिल भारतीय राष्ट्रीय पहचान निर्माण की प्रक्रिया में थी, उन दिनों एक अलग मुस्लिम पहचान के इस उदय के लिए "कांग्रेसी नेतृत्व वाला राष्ट्रीय आंदोलन बड़ी सीमा तक ज़िम्मेदारी से बच नहीं सकता।"[24]

## 7.2 गैर-ब्राह्मण और दलित प्रतिरोध

राष्ट्रवाद की कांग्रेसी धारणा के प्रति जिन दूसरे महत्त्वपूर्ण सामाजिक समूहों ने विरोध व्यक्त किया, वे गैर-ब्राह्मण जातियों और अछूतों के समूह थे। 1930 के दशक के आसपास से इन अछूतों ने स्वयं को दलित कहना शुरू किया। यह शब्द उपनिवेशवाद के शब्द "उत्पीड़ित वर्ग", उसकी जगह 1936 में लाए गए शब्द "अनुसूचित जातियों"

और गांधी के शब्द "हरिजन" (हरि के जन) की अपेक्षा हिंदू भारत में उनकी सामाजिक-आर्थिक स्थिति को कहीं बेहतर ढंग से सामने रखता था। जैसा कि शब्द 'दलित' से संकेत मिलता है, उनके प्रतिरोध की कोई भी समझ (या व्याख्या) भारत में सामाजिक संस्तरण और उत्पीड़न की एक विधि के रूप में जातिप्रथा के विकास की विवेचना से आरंभ होनी चाहिए। मानवशास्त्रियों और सामाजिक इतिहासकारों ने इसे भारतीय सामाजिक संगठन की सबसे अनोखी विशेषता माना है, जो वर्ग और जाति की दो समानांतर धारणाओं में व्यक्त होती है। चतुर्वर्ण का विभाजन सबसे प्राचीन सामाजिक संरचना था और लगभग 1000 ईसा पूर्व जितना पुराना है, जब "आर्य" समाज का ब्राह्मणों, क्षत्रियों, वैश्यों तथा इन तीनों उच्चतर समूहों की सेवा करनेवाले शूद्रों में विभाजन हुआ। एक पूरी तरह विकसित संस्था के रूप में छुआछूत की प्रथा तीसरी से छठी सदी ईस्वी के बीच किसी समय सामने आई, जब अछूतों की एक पाँचवीं श्रेणी बन गई। ये लोग पंचम, अतिशूद्र या चांडाल आदि नामों से जाने जाते थे।[25]

यह वर्ण-विभाजन वस्तुतः बाद की सामाजिक वास्तविकताओं के लिए कुछ विशेष प्रासंगिक न था और केवल ऐसा "एक बुनियादी साँचा (template)" ही सामने नहीं रखता था,[26] जिसमें विभिन्न क्षेत्रों की सामाजिक श्रेणियों की अवधारणा बनाई जा सके। वास्तविक सामाजिक संगठन के लिए इससे अधिक महत्त्वपूर्ण थीं वे अनेक जातियाँ, जिनको अस्पष्ट ढंग से अंग्रेज़ी में *कास्ट* (castes) कहते हैं; यह शब्द पुर्तगाली शब्द *castas* से व्युत्पन्न है। व्यावसायिक समूहों के रूप में जातियाँ, जिनकी संख्या आधुनिक भारत में 3,000 से अधिक है,[27] वर्णों के साथ-साथ सामने आ रही थीं और पेशेवर विशेषीकरण (professional specialisation) के आधार पर अकसर वे आगे भी विभाजित होती थीं। कुछ मानवशास्त्रियों ने इन छोटे समूहों को उपजातियाँ कहा है, जबकि इरावती कर्वे (1977) उनको जातियाँ तथा अधिक बड़े समूहों को "जाति गुच्छ" (caste clusters) मानती हैं। नामकरण की इस बहस में आगे पड़े बिना हम जातियों की पहचान ऐसे व्यावसायिक समूहों के रूप में कर सकते हैं, जिनकी सदस्यता जन्म से निर्धारित होती है तथा अंतर्विवाह के कठोर नियमों और खान-पान संबंधी प्रतिबंधों के द्वारा जिनकी विशिष्टता को बनाए रखा जाता है। हरेक जाति को एक कर्मकांडी श्रेणीपद (ritual ranking) दिया गया है, जो उसके सदस्यों को पूरे समाज को समेटने वाले एक विस्तृत सोपानक्रम (hierarchy) में स्थापित करता है।

इस श्रेणीपद का निर्धारण किस बात से होता है, यह भी तीखे विवाद का विषय रहा है। लुई द्यूमों (1970) जैसे संरचनावादी मानवशास्त्री मानते हैं कि श्रेणीक्रम (ranking) की यह व्यवस्था मूलतः धार्मिक थी, क्योंकि भारतीय समाज में पारलौकिक लौकिक को समेट लेता था तथा ब्राह्मण पुरोहित को क्षत्रिय राजा से अधिक शक्तिशाली बनाता था। ऐसे सांस्कृतिक परिवेश में सामाजिक पदस्थिति का निर्धारण शुद्धता और अशुद्धता के पैमाने से होता था; शुद्धता का मूर्त रूप होने के नाते ब्राह्मण इस सोपान के शिखर पर होता था और अशुद्ध माने जाने के कारण अछूतों को सबसे नीचे रखा जाता था, जबकि

मध्य क्रम में शुद्धता/ अशुद्धता की भिन्न-भिन्न श्रेणियों वाले समूह होते थे। लेकिन बाद के सामाजिक इतिहासकारों का यह तर्क रहा है कि कर्मकांडी श्रेणीपद शक्ति-संरचना से कभी असंबद्ध नहीं रहा; ताज (यानी क्षत्रिय राजा की स्थिति) कभी इतना खोखला नहीं रहा, जितना कुछ उपनिवेशवादी प्रजातिशास्त्रियों ने दिखाया है।[28] इस स्थिति में पेशे की प्रकृति और शक्ति के केंद्र से दूरी जैसे तत्त्व कर्मकांडी श्रेणीपद का निर्धारण करते थे। दूसरे शब्दों में, शक्ति, संपदा और श्रेणीपद के बीच गहरा सकारात्मक सह-संबंध रहा है। यह एक ऐसा सामाजिक संगठन था जिसे गेल ओंवेट ने "जाति-सामंती समाज" कहा है; "जाति/ वर्ग संभ्रम" (caste/class confusion) इसकी विशेषता रहा है।[29] लेकिन यह ठीक-ठीक एक प्रच्छन्न वर्ग व्यवस्था भी नहीं थी। यह कोई द्विभाजी (dichotomous) व्यवस्था नहीं थी, बल्कि श्रेणीकरण की एक ऐसी व्यवस्था थी, जिसके "मध्य क्षेत्र में (श्रेणीक्रम को लेकर) बहुत अस्पष्टता" थी[30] और विभिन्न किसान जातियाँ यहाँ श्रेष्ठ स्थिति पाने के लिए एक-दूसरे से प्रतिस्पर्द्धा करती थीं।

इस व्यवस्था के अंदर हर जाति के सदस्यों के लिए एक धर्म (नैतिक आचरण संहिता) निर्धारित किया गया था, जिसका पालन या उल्लंघन (कर्म) अगले जन्म में जाति-व्यवस्था के सोपानक्रम में उनकी स्थिति को निर्धारित करता था। हालाँकि इसका अर्थ धर्मग्रंथों द्वारा अनुशंसित एक कठोर सामाजिक व्यवस्था है, पर जाति- आधारित समाज की वास्तविकता इस आदर्श से अर्थपूर्ण सीमा तक अलग थी। कारण कि धर्म को सदैव, हर जगह स्वीकार नहीं किया जाता था, और समय-समय पर उसके वर्चस्व को अंदर से ही चुनौती मिलती रही; ऐसी सबसे अहम चुनौती मध्यकाल के भक्ति आंदोलन से मिली, जिसने धार्मिक और सामाजिक जीवन की कर्मकांडी बुनियाद को चुनौती दी और उसकी जगह केवल भक्ति पर बल दिया।[31] इसके अलावा सीमित सामाजिक गतिशीलता के अवसरों ने अकसर सामाजिक स्थितियों में परिवर्तन और नए सामंजस्य पैदा किए। इतिहास के विभिन्न चरणों में बंजर ज़मीन की आबादकारी (colonisation), योद्धा समूहों के उदय और नई प्रौद्योगिकी या व्यापार के नए अवसरों के उदय ने जनसमूहों को अपनी आर्थिक और राजनीतिक स्थिति सुधारने में तथा उसे जातिगत सोपानक्रम में उच्चतर कर्मकांडी पदस्थिति में बदलने में मदद दी।[32] वास्तव में इतनी सदियों तक यह व्यवस्था इसीलिए बनी रह सकी कि वह इस तरह का एक "गतिशील संतुलन"[33] बनाए रखने और नीचे से लगनेवाले झटकों को झेलने में सफल रही थी।

उपनिवेशी शासन ने जाति प्रथा को उसके उपनिवेश-पूर्व राजनीतिक संदर्भों से काट दिया, लेकिन अपने ज्ञान, अपनी संस्थाओं और नीतियों के नए ढाँचों में उसका नए सिरे से निरूपण करके और उसे नई शक्ति देकर उसे एक नया जीवन भी दिया।[34] पहली बात यह कि अपने अहस्तक्षेपवादी चरण में उपनिवेशी शासन ने ऐसे अवसर पैदा किए, जो "सिद्धांत में जाति-संबंधी नहीं" थे।[35] ज़मीन एक बाज़ारी माल बन गई; कानून के सामने समानता न्याय-प्रशासन का एक सुस्थापित सिद्धांत बन गई; शिक्षा संस्थाओं और

सार्वजनिक रोज़गार को जाति या पंथ से हटकर प्रतिभा के लिए मुक्त कर दिया गया। फिर भी, अहस्तक्षेप के इस सिद्धांत ने पहले से उपस्थित समाज-व्यवस्था को जारी ही रहने में मदद दी और सुविधासंपन्न समूहों की स्थिति को और सुदृढ़ किया। पहले से शिक्षा की परंपरा और अतिरिक्त संसाधनों वाली ऊँची जातियाँ ही इस हाल में थीं कि अंग्रेज़ी शिक्षा और नए व्यवसायों को अपना सकें तथा नई न्याय-व्यवस्था से लाभ उठा सकें।[36] इसके अलावा, गृह-विधानों के मामले में हिंदू **धर्मशास्त्रों** से संचालित होते थे, जो जाति-व्यवस्था के विशेषाधिकारों के समर्थक थे।[37] इन शास्त्रीय ग्रंथों के अध्ययन में डूबे प्राच्यवादी विद्वानों ने जब जाति प्रथा को हिंदू सामाजिक संगठन का सबसे अनिवार्य तत्त्व पाया, तो इसके बारे में अधिकाधिक सूचनाएँ उन आधिकारिक नृजातीय सर्वेक्षणों के माध्यम से ग्रहण की जाने लगीं, जिन्होंने इस तरह जातिगत सोपानक्रम की अवधारणा को और भी प्रचलित किया। इसके अलावा, अल्फ्रेड लायल और फ्रांसीसी नस्लवादी सिद्धांतकार पॉल तोपिनेयर के बाद सबसे प्रमुख उपनिवेशवादी नृजातिशास्त्री हरबर्ट रिज़्ली ने अब जाति की धारणा को एक नस्ली आयाम प्रदान किया और यह तर्क दिया कि गौर वर्ण वाली ऊँची जातियाँ आक्रामक आर्यों की संतानें थीं, जबकि साँवले रंग वाली निचली जातियाँ इसी देश की अनार्य मूल निवासी थीं।[38]

जाति की इस रूढ़ नस्लवादी छवि और ग्रंथों पर आधारित धारणा को धीरे-धीरे दसवर्षीय जनगणनाओं में जातियों के वर्गीकरण से संख्यात्मक आधार और सबसे बढ़कर सरकारी मान्यता मिली, जिसे सूज़न बेइली ने पूरे उपनिवेश-अधीन समाज को "तालिकाबद्ध करने का अकेला उत्कृष्ट कार्य" कहा है।[39] जब 1901 में रिज़्ली जनगणना के कमिश्नर बने, तो उन्होंने न केवल सभी जातियों की गिनती करने का, बल्कि जातियों के सोपानक्रम में उनकी स्थिति का निर्धारण और उसे दर्ज़ करने का भी प्रस्ताव किया। यह बात भारतीय जनता को जातिगत सोपानक्रम को रूढ़ बनाने का सरकारी प्रयास लगी, जो अगोचर ढंग से ही, कालक्रम में लगातार बदलती आ रही थी। यह पुनर्निरूपित जाति अब वह चीज़ बन गई, जिसे निकोलस डर्क्स ने "नागरिक समाज का भारतीय उपनिवेशी रूप" कहा है।[40] भारतीय सार्वजनिक जीवन की एक नई संवृत्ति के रूप में स्वयंसेवी जाति संगठन पैदा हो गए, वे जनगणना पर केंद्रित (और उससे प्रेरित) जातिगत आंदोलनों में संलग्न होने लगे और वर्गीकरण की आधिकारिक योजना में और ऊँचे कर्मकांडी श्रेणीपद पाने के लिए दावे करके उनके समर्थन में जनगणनाओं के कमिश्नरों को ज्ञापन देने लगे।[41] विडंबना यही है कि इस क्रम में एक अधिक संस्थाबद्ध और देखने में लौकिक सार्वजनिक क्षेत्र में जातियों की सामाजिक पहचानों के निरूपण के लिए जाति प्रथा एक वैध साधन बन गई।

ये जातिगत संगठन, जिनकी सदस्यता प्रदत्त नहीं बल्कि स्वैच्छिक थी, उपनिवेशी भारत में धीरे-धीरे आधुनिकीकरण के साधनों के रूप में विकसित हुए। पारलौकिक के स्थान पर लौकिक लक्ष्य उनके लक्ष्य बनते गए और, जैसा कि लॉयड रूडोल्फ़ और सूज़न रूडोल्फ़ ने कहा है, उन्होंने अपने "सदस्यों को राजनीतिक लोकतंत्र की

विधियों और मूल्यों की शिक्षा देने" के प्रयास किए।[42] इस विकासक्रम में योगदान उपनिवेशी नीतियों के एक और समूह ने दिया, जिन्होंने भारत पर राजनीतिक आधुनिकीकरण का एक विशेष पैटर्न आरोपित किया। आरंभ में मैसूर और कोल्हापुर जैसे केवल कुछ रजवाड़ों ने ही गैर-ब्राह्मण व्यक्तियों के लिए अतीत के नुकसान की क्षतिपूर्ति करने के लिए उन्नीसवीं सदी के अंतिम और बीसवीं सदी के आरंभिक वर्षों में सार्वजनिक रोज़गार के कुछ पदों को जाति के आधार पर आरक्षित करने की व्यवस्था आरंभ की। धीरे-धीरे उपनिवेशी प्रशासन को भी सवर्ण और अन्य हिंदुओं, खासकर अछूतों के बीच के अंतर का पता चला; इन अछूतों को अब दलित वर्ग (Depressed Classes) कहा जाने लगा। प्रशासन ने इन वर्गों को विशेष संरक्षित माना और उनके पक्ष में "सुरक्षात्मक भेदभाव" की एक नीति आरंभ की। इसका अर्थ था उनकी शिक्षा के लिए विशेष स्कूलों का प्रावधान, ऐसे उम्मीदवारों के लिए सार्वजनिक रोज़गार के एक भाग का आरक्षण, और अंत में विधायिकाओं में इन वर्गों के विशेष प्रतिनिधित्व का प्रावधान। यह प्रावधान पहले, 1919 के कानून में मनोनयन के रूप में और फिर 1932 के सांप्रदायिक पुरस्कार के अंतर्गत अलग निर्वाचकमंडल के रूप में किया गया। इन सभी कदमों का परिणाम यह हुआ कि जातिगत आधार पर जातियों के बीच संपत्ति और शक्ति का अपेक्षाकृत अधिक फैलाव हुआ। अब जाति-निर्धारित स्थिति और जातियों से अप्रासंगिक भूमिकाओं के बीच और अधिक विसंगतियाँ पैदा हुईं, और इस सीमित सामाजिक गतिशीलता के अनेक परस्परविरोधी प्रत्युत्तर सामने आए।

सबसे पहले "पश्चिमीकरण" के संकेत देखने को मिले। संचार में सुधार के कारण जाति-सदस्यों के बीच क्षैतिज एकजुटता बढ़ी और उन्होंने क्षेत्रीय जाति-संगठन बनाए। सामाजिक स्थिति के नए आधारों, अर्थात् शिक्षा, रोज़गार और राजनीतिक प्रतिनिधित्व के महत्त्व की अनुभूति बढ़ी और यह चेतना पैदा हुई कि शक्ति के इन स्रोतों पर ब्राह्मणों और ऊँची जातियों ने एकाधिकार बना रखा है। इसके कारण उपनिवेशी राजसत्ता से और अधिक विशेष सुविधाओं और आरक्षण की संगठित माँगें की जाने लगीं। इसका अर्थ था टकराव और विवाद, विशेषकर जहाँ प्रश्न दलित समूहों की शिक्षा का था, क्योंकि दलित शिक्षा के समर्थन की बहुप्रचारित नीति के बावजूद उपनिवेशी नौकरशाही सवर्णों के विरोध के सामने अकसर इसके क्रियान्वयन में अगर-मगर करने लगती थी। इसके कारण अपने शैक्षिक अधिकार सुनिश्चित करने के लिए उपनिवेशी अधिकारियों को कदम उठाने पर विवश करने के लिए दलित समूहों ने प्रतिरोध किए; जैसे दपोली (महाराष्ट्र) में महार छात्रों ने स्थानीय नगरपालिका के स्कूल के बरामदों में धरने दिए। लेकिन इस विशेष दृष्टांत में अंततः उनको कक्षा में बैठने की अनुमति तो दी गई, पर सवर्ण छात्रों से कुछ दूरी पर।[43] इसलिए "पश्चिमीकरण" के ये प्रयास अपनी कल्पना अपने उपनिवेशवादी मालिकों के रंग में करने के ही प्रयास मात्र नहीं थे, बल्कि राज्य की अनिच्छुक नौकरशाही से शिक्षा के वैध अधिकार और अन्य अवसर पाने के प्रयास भी थे। दूसरी ओर ये ऊर्ध्वमुखी गतिशील समूह एक सांस्कृतिक आंदोलन में भी संलग्न

थे, जिसे प्रमुख समाजशास्त्री एम. एन. श्रीनिवास (1966) ने "संस्कृतीकरण" की प्रक्रिया कहा है। चूँकि स्थिति को अभी भी जाति के आधार पर निरूपित और व्यक्त किया जा रहा था, जिसे आधिकारिक वैधता और सामाजिक मान्यता, दोनों प्राप्त थीं, इसलिए इन ऊर्ध्वमुखी गतिशील समूहों ने ऊँची जातियों के सांस्कृतिक और कर्मकांडी तौर-तरीकों को अपनाकर अपनी नई स्थिति को वैध बनाने के प्रयास किए। अगर सती, विधवा विवाह पर प्रतिबंध, बाल-विवाह जैसी प्रथाओं को, जिनका पालन ऊँची जातिगत स्थिति की पहचान समझा जाता था, उनको ऊर्ध्वमुखी गतिशील निचले किसान समूह उन्नीसवीं सदी में भी और व्यापक पैमाने पर अपना रहे थे, तो उसका एक कारण यह भी था। विरोधाभास यह है कि यही व्यवहार जातिप्रथा के अनुमोदन का और पहले से मौजूद कर्मकांडी सोपानक्रम में नए सिरे से स्थितियों के समायोजन का सूचक था। लेकिन सभी जातियों ने हर समय व्यवहार का एक ही रास्ता नहीं अपनाया।

कुछ आंदोलन ऐसे भी थे जिन्होंने जातिप्रथा के अंदर स्थितियों में फेरबदल न चाहकर इस सामाजिक संगठन के आधार को ही चुनौती दी; पश्चिमी और दक्षिणी भारत के गैर-ब्राह्मण आंदोलन और दलित समूहों के कुछ अधिक अतिवादी आंदोलन इनमें सबसे अधिक उल्लेखनीय हैं। महाराष्ट्र में गैर-ब्राह्मण आंदोलन का आरंभ माली जाति के एक यशस्वी नेता जोतिराव फूले के नेतृत्व में हुआ, जिन्होंने 1873 में सत्यशोधक समाज की स्थापना की। फूले का तर्क यह था कि शूद्र और अति-शूद्र जातियों की बदहाली का कारण ब्राह्मणों का प्रभुत्व और शक्ति एवं अवसरों पर उनका एकाधिकार था। इसलिए उन्होंने भारत के आर्यकरण के प्राच्यवादी सिद्धांत (अध्याय 2.1 देखें) को सर के बल खड़ा कर दिया।[44] उनका तर्क था कि ब्राह्मण उन विदेशी आर्यों की संतान हैं, जिन्होंने इस देश के मूल निवासियों को गुलाम बनाया, इस कारण आज आवश्यकता इस बात की है कि इस संतुलन में परिवर्तन लाया जाए और ऐसी सामाजिक क्रांति लाने के लिए उन्होंने गैर-ब्राह्मण किसान जातियों और दलित समूहों को एक साझे आंदोलन में एकजुट करने के प्रयास किए। लेकिन 1880 और 1890 के दशकों के दौरान गैर-ब्राह्मण विचारधारा में कुछ सूक्ष्म परिवर्तन आए और फूले ने कुनबी किसानों की लामबंदी पर अधिक ध्यान दिया। अब ज़मीन पर मेहनत करनेवालों की एकता पर तथा ब्राह्मणों के प्रभुत्व वाली पूना सार्वजनिक सभा के इस दावे की काट करने पर अधिक बल दिया जाने लगा, कि वह किसानों का प्रतिनिधित्व करती है। कुनबी किसानों पर ध्यान देने के कारण उस मराठा पहचान को विशेष़ महत्त्व प्राप्त हुआ जो उनको प्रिय थी और वे अपने क्षत्रियत्व के दावे करने लगे जो, जैसा कि रोज़ालिंड ओ' हैनलन का तर्क है, "कभी-कभी संस्कृतीकरण के आसान से दावे खतरनाक प्रतीत होते थे।"[45] फूले ने यह दावा करके इस समस्या को हल करने की कोशिश की कि ये क्षत्रिय, जो मराठों के पूर्वज थे, शूद्रों के साथ मिल-जुलकर रहते थे और आर्यों के हमले का सामना करने में उनके सहायक थे। लेकिन क्षत्रियत्व पर इस ज़ोर के कारण दलितों की लामबंदी में रुचि भी कम हो गई। दूसरे शब्दों में, जहाँ यह क्षत्रिय पहचान उनको एक हीन जातिगत

स्थिति सौंपने वाले ब्राह्मणवादी संवाद (discourse) का मुकाबला करने के लिए गढ़ी गई, वहीं उसने एक अलगाववादी लोकाचार भी पैदा किया, जिसने उनको दलित समूहों से अलग कर दिया; फूले के अपने समन्वयवादी संदेश से प्रेरित एक पिछली परंपरा में कभी इन्हीं समूहों को युद्धबंधु (brothers-in-arms) माना गया था। विरोधाभास यह है कि पहचान के ऐसे देसी निरूपणों ने उपनिवेशी रूढ़ छवियों को भी प्रभावित किया; अब दलित महारों और माँगों (Mango) को "सैन्य नस्लें" अर्थात् क्षत्रियवंशी माना जाना बंद हो गया (इस सिद्धांत की और विस्तृत चर्चा के लिए अध्याय 2.4 देखें) और इसलिए 1892 के बाद उनको सैन्य सेवा से बाहर रखा जाने लगा।[46]

जैसा कि गेल ओंवेट (1976) ने दिखाया है, महाराष्ट्र में गैर-ब्राह्मण आंदोलन ने सदी के मोड़ पर दो समानांतर प्रवृत्तियों का विकास किया। एक अधिक धनी गैर-ब्राह्मणों के नेतृत्ववाली रूढ़िवादी प्रवृत्ति थी; ये लोग अपनी मुक्ति के लिए ब्रिटिश सरकार में आस्था रखते थे और 1919 के मांटेग्यू-चेम्सफ़ोर्ड सुधारों के बाद उन्होंने गैर-ब्राह्मण एसोसिएशन नाम से एक अलग और निष्ठावान राजनीतिक दल का गठन किया; उनको अंग्रेज़ों के कृपाकारी माई-बाप शासन में फलने-फूलने की आशा थी। लेकिन इस आंदोलन ने एक अतिवादी प्रवृत्ति का विकास भी किया, जिसका प्रतिनिधित्व सत्यशोधक समाज करता था; उसने **"बहुजन समाज"** और **"सेठजी-भटजी"** (बनिया और ब्राह्मण) के बीच सामाजिक विभाजन को वाणी देकर एक "वर्गीय अंतःतत्त्व" का विकास भी किया। हालाँकि महाराष्ट्र का गैर-ब्राह्मण आंदोलन आरंभ में ब्राह्मण प्रभुत्व वाले कांग्रेसी राष्ट्रवाद का विरोधी था, पर 1930 के दशक तक वह धीरे-धीरे खिंचकर गांधीवादी कांग्रेस में समा चुका था। यह महत्त्वपूर्ण परिवर्तन आया राष्ट्रवाद की शक्ति के कारण, गैर-ब्राह्मणों की आकांक्षाओं को स्थान देने के प्रति कांग्रेस की तत्परता के कारण और पूना-निवासी नौजवान गैर-ब्राह्मण नेता केशवराव जेढ़े के नेतृत्व के कारण और एन. वी. गाडगिल के साथ उनके गठबंधन के कारण, जो महाराष्ट्र में युवा ब्राह्मण कांग्रेसी नेतृत्व की एक नई किस्म का प्रतिनिधित्व करते थे। बंबई प्रेसिडेंसी के गैर-ब्राह्मण आंदोलन ने विदर्भ में 1938 में औपचारिक रूप से कांग्रेस में विलय का निर्णय किया और इस तरह कांग्रेस को एक व्यापक जनाधार प्रदान किया।[47]

पश्चिमी भारत में गैर-ब्राह्मण आंदोलन का संबंध अगर कुनबी और मराठा पहचान से था, तो मद्रास प्रेसिडेंसी में उसका संबंध वेल्लालों और द्रविड़ पहचान से था। इसका जन्म उन्नीसवीं सदी के अंतिम वर्षों में हुआ, जब ब्राह्मणों का, जो आबादी में 3 प्रतिशत से भी कम थे, 42 प्रतिशत सरकारी नौकरियों पर एकाधिकार था। अंग्रेज़ी शिक्षा में वे आगे थे, संस्कृत को एक प्राचीन अतीत की भाषा के रूप में महिमामंडित करते थे और आम जनता की भाषा तमिल के प्रति अपमान-भाव का सार्वजनिक प्रदर्शन करते थे।[48] इसके कारण वेल्लाल कुलीनों को अपनी द्रविड़ पहचान को पेश करने की प्रेरणा मिली। रेवरेंड रॉबर्ट कॉल्डवेल और जी. ई. पोप जैसे ईसाई मिशनरी कुछ समय से द्रविड़ संस्कृति की प्राचीनता की बातें करते आ रहे थे। उनका तर्क था कि द्रविड़ भाषा संस्कृत

से पैदा नहीं हुई, जो दक्षिण में उपनिवेशकारी आर्य ब्राह्मणों के साथ पहुँची, जबकि वेल्लाल और अन्य गैर-ब्राह्मणों को शूद्र नहीं कहा जा सकता, क्योंकि यह स्थिति उन पर ब्राह्मण उपनिवेशवादियों ने थोपी है, जो उनपर अपना मूर्तिपूजक धर्म आरोपित करना चाहते थे।[49] गैर-ब्राह्मण कुलीनों ने इनमें से कुछ विचारों को ग्रहण कर लिया; वे अपनी तमिल भाषा, साहित्य और संस्कृति की बात एक "शक्तिदायी संवाद" के रूप में करने लगे और यह दावा करने लगे कि जाति प्रथा तमिल संस्कृति की अपनी चीज़ नहीं है।[50] एक गैर-ब्राह्मण पहचान खड़ी करने के इस आंदोलन ने, जो पश्चिमी भारत वाले आंदोलन की ही तरह भारतीय संस्कृति के आर्य सिद्धांत को पलट कर आरंभ हुई, हमेशा अपने केंद्रीय तत्त्व तमिल भाषा से एक भावनात्मक लगाव को बनाए रखा, जो जनता के विविध प्रकार के समूहों को एक "भक्तिमूलक समुदाय" में ला सके।[51] राजनीतिक मोर्चे पर इस आंदोलन का रास्ता जाना-पहचाना रहा; इसका आरंभ 1916 में एक 'गैर-ब्राह्मण घोषणापत्र' के प्रकाशन और गैर-ब्राह्मणों की एक औपचारिक राजनीतिक पार्टी के रूप में जस्टिस पार्टी के गठन से हुआ। उसने कांग्रेस का विरोध उसे एक ब्राह्मण प्रभुत्व वाला संगठन कहकर किया और गैर-ब्राह्मणों के लिए वैसे ही सांप्रदायिक प्रतिनिधित्व का दावा किया, जैसा मॉर्ले-मिंटो सुधार ने मुसलमानों को दिया था। उपनिवेशी नौकरशाही से समर्थन पानेवाली इस माँग को 1919 के मांटेग्यू-चेम्सफ़ोर्ड सुधार ने स्वीकार किया, जिसने मद्रास की विधायिका में गैर-ब्राह्मणों के लिए अठाइस सीटें आरक्षित कीं। कांग्रेस और उसके असहयोग आंदोलन का विरोध करने वाली जस्टिस पार्टी ने बेझिझक 1920 का चुनाव लड़ा, जिसके बहिष्कार का कांग्रेस ने आह्वान किया था। फलस्वरूप काउंसिल बहिष्कार आंदोलन (अध्याय 6.3 देखें) की मद्रास में सफलता की कोई संभावना नहीं थी। जस्टिस पार्टी ने 98 निर्वाचित सीटों में से 63 सीटें जीतीं और अंततः नए सुधारों के अंतर्गत एक सरकार बनाई।

1920 में मंत्रिमंडल का गठन जस्टिस पार्टी के जीवन का चरम बिंदु और साथ ही उसके अंत का आरंभ था। यह मुख्यतः धनी भूस्वामियों और शहरी मध्यवर्गीय गैर-ब्राह्मणों से, जैसे तमिल ज़िलों के वेल्लालों से, तेलुगू ज़िलों के रेड्डियों या कापुओं और कम्माओं से, मलाबार के नायरों से और पूरे दक्षिण भारत में फैले बेरी चेट्टियों और बलीजा नायडुओं जैसे व्यापारियों से, संरक्षण पानेवाला आंदोलन था।[52] सत्ता पाने के कुछ ही समय के अंदर जस्टिस पार्टी के ये कुलीन सदस्य अपनी नई-नई मिली सत्ता के उपयोग और दुरुपयोग में डूब गए, अपना सुधारवादी एजेंडा छोड़ दिया और अछूतों की हालत में उनकी रुचि कम हो गई, फलस्वरूप ये अछूत खिन्न होकर एम. सी. राजा के नेतृत्व में पार्टी से अलग हो गए। इस तरह जनाधार की जो हानि शुरू हुई, वह अंततः 1926 में स्वराजवादियों के हाथों मिली चुनावी हार में अपने चरम पर पहुँची। उसके बाद तो अनेक गैर-ब्राह्मणों ने पार्टी छोड़ी और कांग्रेस में चले गए, जो फिर से प्रभावशाली हो गई। यह बात 1929-30 के सविनय अवज्ञा आंदोलन की सफलता में बहुत अच्छी तरह प्रतिबिंबित हुई। 1942 के भारत छोड़ो आंदोलन (अध्याय 8.1 देखें) ने रही-सही

कमी भी पूरी कर दी; 1946 के चुनाव में जस्टिस पार्टी ने अपना कोई उम्मीदवार खड़ा नहीं किया।

दक्षिण भारत में जस्टिस पार्टी अगर धीरे-धीरे राजनीतिक महत्त्वहीनता के गर्भ में समा गई, तो लगभग उसी समय गैर-ब्राह्मण आंदोलन के अंदर ही एक अधिक अतिवादी और लोकप्रिय (populist) प्रवृत्ति ई. वी. रामास्वामी नायकर 'पेरियार' के नेतृत्व में "आत्मसम्मान" आंदोलन के रूप में पैदा हुई। नायकर कभी असहयोग कार्यक्रम के उत्साही प्रचारक थे, पर इस विश्वास के कारण उन्होंने 1925 में कांग्रेस छोड़ दी कि वह गैर-ब्राह्मणों को "वास्तविक" नागरिकता प्रदान करने में न समर्थ थी, न इसकी इच्छुक थी।[53] वे 1927 में गांधी की मद्रास-यात्रा के दौरान उनके ब्राह्मण समर्थक और वर्णाश्रम धर्म समर्थक उद्‌गारों से चिढ़ गए और उन्होंने आर्यवाद, ब्राह्मणवाद और हिंदू धर्म की प्रचंड आलोचना की, जिन्होंने उनकी राय में शूद्रों, आदि-द्रविड़ों (अछूतों) और स्त्रियों की अधीनता के अनेक ढाँचे तैयार किए थे। इसलिए स्वशासन से पहले आवश्यकता थी आत्मसम्मान की, और उसकी विचारधारा द्रविड़ प्राचीनता और तमिल भाषा व संस्कृति पर गर्व की भावना पर केंद्रित थी, हालाँकि इनका अनालोचनात्मक महिमामंडन नहीं किया गया। वास्तव में रामास्वामी को तमिल को महत्त्व देने से भी झिझक थी, क्योंकि इससे दक्षिण भारत के दूसरे गैर-तमिलभाषी द्रविड़ों के विमुख होने का डर था। तो भी तमिल भाषा आंदोलन के केंद्र में बनी रही और 'तमिल' और 'द्रविड़' पहचानों के बीच कभी-कभी तनाव पैदा करती रही।[54] लेकिन यह आंदोलन अपने विरोधी की पहचान में अधिक स्पष्ट था तथा संस्कृत भाषा और साहित्य को दक्षिण के आर्य उपनिवेशीकरण के सांस्कृतिक प्रतीक मानकर उसने इन पर कड़े प्रहार किए। रामायण की कथा को पलटकर रावण को आदर्श द्रविड़ और राम को दुष्ट आर्य बना दिया गया। जस्टिस पार्टी की विचारधारा के विपरीत इस विचारधारा की अपील अधिक समावेशी थी। इससे भी अहम बात यह है कि आत्मसम्मान आंदोलन ने ज्योति तास और एम. मसिलमणि जैसे आदि-द्रविड़ बुद्धिजीवियों की पहले की रचनाओं से भी प्रेरणा ली और उनको अधिक प्रचलित किया। ये दोनों बीसवीं सदी के पहले दशक से ही जातिप्रथा, ब्राह्मण वर्चस्व और भारतीय राष्ट्रवाद के विरुद्ध अनेक लेख प्रकाशित कराते आ रहे थे।[55] 1930 के दशक के दौरान, जब कांग्रेस धीरे-धीरे अधिक शक्तिशाली बनती गई, गैर-ब्राह्मण आंदोलन भी अपनी अपील में अधिक अतिवादी और लोकप्रिय बनता गया, ब्राह्मण पुजारियों के बहिष्कार पर ज़ोर देने लगा, *मनुस्मृति* की सार्वजनिक होली की अधिकाधिक घटनाएँ होने लगीं, और हीन जातियों के लोगों को प्रवेश से मना करने वाले मंदिरों में जबरन घुसने के प्रयास किए गए।

यूजीन इर्शिचक (1969) ने दिखाया है कि मद्रास में गैर-ब्राह्मण आंदोलन ने किस तरह धीरे-धीरे एक मुखर तमिल क्षेत्रीय अलगाववाद का रूप ग्रहण किया, विशेषकर तब जब 1937 में सी. राजगोपालाचारी के नेतृत्व में कांग्रेस ने प्रांत के स्कूलों में हिंदी को एक अनिवार्य विषय बनाने का प्रस्ताव रखा। हिंदी को तमिल भाषा और उसे बोलने

वालों को नष्ट करने के प्रयास कर रही एक अशुभ शक्ति के रूप में पेश करते हुए मद्रास नगर में बड़े-बड़े प्रदर्शन हुए और इसी के साथ तमिल भाषा का आंदोलन कुलीन समूहों से निकलकर जनता तक फैला।[56] धीरे-धीरे इस राजनीतिक अभियान ने एक अलग "द्रविड़नाडु" की माँग का रूप ले लिया। अगस्त 1944 में जस्टिस पार्टी ने, जिसके अध्यक्ष अब रामास्वामी थे, अपना नाम बदलकर द्रविड़ कज़गम कर लिया, जिसका प्रमुख उद्देश्य एक अलग गैर-ब्राह्मण (राज्य) या द्रविड़नाडु की माँग को पूरा कराना था। लेकिन, जैसा कि एम. एस. एस. पांडियन ने अभी हाल में दावा किया है, ई. वी. रामास्वामी की राष्ट्र की धारणा "राष्ट्र-क्षेत्र (nation-space) के किसी सुनिश्चित भू-भाग से बँधी हुई नहीं" थी। वे कल्पना करते थे "उत्पीड़ित जनता के लिए एक मुक्तिदायी ढंग से" अर्थात् एक अनथक संघर्ष में, "बराबरी की और स्वतंत्र नागरिकता की," और उनकी राय में "द्रविड़" से अभिप्राय क्षेत्रीय और भाषायी सीमाओं के आरपार रह रही सभी उत्पीड़ित जनता के लिए "एक समावेशी रूपक" से था।[57] दूसरे शब्दों में, सामाजिक समानता के इस आंदोलन ने ऐसे समाज की एक सहस्राब्दिक आशा जगाई, जो जाति के प्रभुत्व से, छुआछूत और लैंगिक भेदभाव से मुक्त हो।[58]

उन्नीसवीं सदी के अंतिम और बीसवीं सदी के आरंभिक वर्षों में भारत में दलितों के प्रतिरोध आंदोलनों ने थोड़े भिन्न रास्ते अपनाए, हालाँकि वे पूरी तरह असमान नहीं थे। जब ईसाई मिशनरी दलितों के बीच काम करने लगे और उपनिवेशी सरकार ने उनमें शिक्षा के प्रसार के लिए विशेष संस्थाएँ खड़ी कीं, तो न केवल इन वर्गों में एक छोटा-सा शिक्षित, कुलीन समूह पैदा हुआ, बल्कि आम तौर पर इन जन समूहों में भी एक नई चेतना नज़र आने लगी। फिर भी यहाँ इस बात पर बल देने की आवश्यकता है कि, जैसा कि हमने पहले कहा, उपनिवेशी नौकरशाही दलित शिक्षा की घोषित सार्वजनिक नीतियों के क्रियान्वयन में अकसर लड़खड़ाती रही और दलित समूहों को अपने शिक्षा के अधिकारों की रक्षा के लिए प्रतिरोधों का सहारा लेना पड़ा और अपनी हस्ती का एहसास दिलाना पड़ा। इसी तरह ईसाई मिशनरी हमेशा दलितों की बेहतरी के उग्र निमित्त नहीं रहे, क्योंकि वे भी अकसर एक असहिष्णु परंपरावादी समाज और एक दोमुँही नौकरशाही के दबावों के आगे झुक जाते थे। अकसर ऐसा माना जाता है कि ईसाईयत स्वीकार करना जातिप्रथा के प्रतिरोध का एक ढंग था, तथा दक्षिण भारत के कुछ भागों में दलितों ने बड़ी संख्या में इस तरीके का सहारा लिया।[59] लेकिन स्वयं में धर्मांतरण मुक्ति का सूचक नहीं था, क्योंकि धर्म बदलनेवाले दलित अकसर स्थानीय समाज के मौजूदा ढाँचों में ही फिर से खपा लिए जाते थे। सचमुच अगर अहम कुछ था तो आत्मसम्मान का वह संदेश था, जो मिशनरियों ने और नई शिक्षा ने इन समूहों में पैदा किया। उनके कुछ मुखर तत्त्वों ने अपनी भक्ति की स्थानीय परंपरा के साथ इस संदेश का सफलता से एकीकरण किया और जातिप्रथा की पतित विशेषताओं के विरुद्ध प्रतिरोध की एक विचारधारा तैयार की।[60] इसके साथ पूरे भारत में विभिन्न दलित समूहों के बीच संगठित जातिगत आंदोलनों का जन्म हुआ, जैसे कुछेक नाम भी लें तो केरल में एझवों या इरवों[61] और

पुलायों के,[62] तमिलनाडु में नाडारों के,[63] महाराष्ट्र में महारों के,[64] पंजाब,[65] संयुक्त प्रांत[66] और छत्तीसगढ़ (मध्य भारत) में[67] चमारों के, दिल्ली में बाल्मीकियों के[68] और बंगाल में नामशूद्रों के[69] आंदोलन।

ऐसे हर आंदोलन की विशिष्टता को अस्वीकार किए बिना यहाँ हम इन दलित प्रतिरोधों की कुछ साझी विशेषताओं की चर्चा कर सकते हैं। इन संगठित समूहों में (सबने तो नहीं), कुछ ने सबसे पहला काम तो यह किया कि उच्च कर्मकांडी स्थिति के कुछ गोचर प्रतीकों को सामूहिक रूप से ग्रहण कर लिया, जैसे जनेऊ धारण करना, सामुदायिक पूजा जैसे अनुष्ठानों में भाग लेना और उन मंदिरों में प्रवेश करना जिनसे उन्हें अतीत में हिंदू पुजारियों ने बाहर रखा था। बीसवीं सदी के आरंभिक वर्षों में मंदिर प्रवेश के अनेक संगठित आंदोलन हुए, जिनमें मलाबार में 1924–25 का वैक्कम सत्याग्रह और 1931–33 का गुरुवायूर सत्याग्रह,[70] बंगाल में 1929 का मुंशीगंज काली मंदिर सत्याग्रह[71] और नासिक (पश्चिमी भारत) में 1930–35 का कालाराम मंदिर सत्याग्रह सबसे महत्त्वपूर्ण थे। ऐसे धार्मिक अधिकारों के अलावा संगठित दलित समूहों ने सवर्ण हिंदुओं से सामाजिक अधिकार भी माँगे और मना किए जाने पर विभिन्न प्रकार की सीधी कार्रवाइयों का सहारा लिया। जैसे जब सवर्णों ने सवर्ण स्त्रियों की तरह वक्षस्थल ढँकने के बारे में नाडार स्त्रियों के प्रयासों का विरोध किया, तो त्रावणकोर में इसके कारण 1859 में दंगा हो गया। एझवों और नायरों के संबंधों में यह एक काँटा बना रहा और 1905 में कोइलों में फिर हंगामे हुए। बंगाल में जब सवर्ण कायस्थों ने 1872 में एक नामशूद्र के दाह संस्कार में भाग लेने से मना कर दिया, तो चार पूर्वी ज़िलों को समेटने वाले एक विशाल क्षेत्र में नामशूद्रों ने छह माह तक कायस्थों की ज़मीनों पर काम नहीं किया। महाराष्ट्र में विख्यात महार नेता डॉ. भीमराव अंबेडकर ने 1927 में 10–15 हज़ार दलितों को लेकर महाड़ में स्थानीय नगरपालिका के नियंत्रण वाले एक सार्वजनिक तालाब से पानी लेने के अधिकार का दावा करते हुए एक विशाल सत्याग्रह किया।

सामाजिक एकजुटता और प्रतिरोध की यह भावना एक बड़ी सीमा तक इस काल में अछूतों के बीच भक्ति आंदोलन के पुनरोदय की उपज थी। एझवों में श्रीनारायण धर्म परिपालन योगम ने और नामशूद्रों में मातुआ पंथ जैसे अनेक प्रतिरोधक धार्मिक पंथों ने शुद्ध भक्ति और सामाजिक समता के संदेश का प्रचार किया और इस तरह हिंदू सामाजिक सोपानक्रम की बुनियादी बातों को ललकारा। कुछ धार्मिक पंथों ने इस बात पर बल दिया कि दलित ही आक्रांता आर्यों द्वारा अधीन बनाए गए इस देश के मूल निवासी हैं। इस कारण अब आवश्यकता इसकी है कि उनकी संस्कृति या जीवन शैली में परिवर्तन की माँग किए बिना वे जैसे हैं वैसे ही उन्हें स्वीकार किया जाए, उनको अतीत की हानियों की क्षतिपूर्ति की जाए और उनके सभी सामाजिक अधिकार उन्हें वापस दिए जाएँ। अपनी हस्ती जताने या खोई हुई सामाजिक प्रतिष्ठा को वापस पाने का यह प्रयास पंजाब के चमारों के आद धरम आंदोलन से या संयुक्त प्रांत में चमारों और दूसरे शहरी दलितों के आदि हिंदू आंदोलन से एकदम स्पष्ट था। दूसरी ओर कुछ धार्मिक आंदोलन

और भी आगे निकल गए। छत्तीसगढ़ में चमारों के सतनाम पंथ ने ब्राह्मणों पर अपनी श्रेष्ठता स्थापित करने के लिए कर्मकांडी प्रतीकों में बदलाव किया,[72] जबकि बंगाल के अछूत हादियों के बलहारी पंथ ने एक विपर्यस्थ (inverted) कर्मकांडी सोपानक्रम तक की कल्पना कर डाली, जिसमें ब्राह्मण सबसे नीचे थे और हादी शीर्ष पर थे।[73]

हालाँकि इनमें से अनेक आंदोलन बहुत दिनों तक नहीं चल पाए, पर उनके निहितार्थ हिंदू समाज के लिए काफ़ी विध्वंसक थे, क्योंकि न केवल उन्होंने एक आम भाईचारे के संदेश के आधार पर दलितों को एकजुट किया, बल्कि सोपानक्रम और छुआछूत की हिंदू धारणाओं के प्रति उनकी अवज्ञा का संकेत भी दिया। दलितों के लिए बलहीन और अधीन बनाने वाली एक विचारधारा के रूप में हिंदू धर्मशास्त्र के अस्वीकार की यह प्रवृत्ति दिसंबर 1927 में एक विस्फोटक बिंदु तक जा पहुँची, जब एक सार्वजनिक समारोह में डॉ. अंबेडकर ने छुआछूत का अनुमोदन करनेवाले सबसे प्रामाणिक धर्मग्रंथ *मनुस्मृति* की एक प्रति जलाई। 1934 में उन्होंने नासिक के मंदिर सत्याग्रहियों को मंदिर-प्रवेश की या हिंदू धार्मिक ढाँचे के अंदर अपने कष्टों के हल की खोज की व्यर्थता के बारे में पत्र लिखा। इसकी बजाय उन्होंने "हिंदू समाज और हिंदू धर्मशास्त्र को आमूल परिवर्तन" का सुझाव दिया और दलितों को राय दी कि वे "अपनी शक्ति और अपने संसाधन राजनीति और शिक्षा पर केंद्रित करें।"[74]

अपनी सामाजिक और धार्मिक निर्योग्यता की समस्याओं का एक धर्मनिरपेक्ष या राजनीतिक समाधान तलाश करने की यह प्रवृत्ति बीसवीं सदी के आरंभिक वर्षों में पिछड़ी जातियों के आंदोलन की एक प्रमुख विशेषता थी। इन दलित संगठनों में से अनेक के लिए सार्वजनिक संस्थाओं का एकीकरण ही नहीं, बल्कि अतीत के अन्यायों की क्षतिपूर्ति के रूप में शिक्षा, रोज़गार और विधायिकाओं में जाति आधारित आरक्षण भी समझौतों से परे एक न्यूनतम माँग बन गया। इसमें उनको उपनिवेशी राजसत्ता से संरक्षण भी मिला, क्योंकि 1920 के दशक से ही "संरक्षणमूलक भेदभाव" उपनिवेशवाद की लोकनीति का नियमित तत्त्व बन गया। सरकार के दृष्टिकोण से अंशतः इसका उद्देश्य सामाजिक असंतुलन को कम करना था, परंतु एक आंशिक उद्देश्य 'बाँटो और राज करो' भी था। यह बात सही है कि वास्तविक ज़मीनी स्तर पर उपनिवेशी नौकरशाही ने अकसर इस नीति को लागू नहीं किया और सामाजिक संतुलन बनाए रखने के नाम पर इसने सार्वजनिक स्कूलों में दलित छात्रों के प्रवेश पर स्थानीय रूढ़िवादी कुलीनों के विरोध का समर्थन भी किया।[75] फिर भी यह पहला अवसर था कि उनकी शिक्षा को बढ़ावा देने की एक लोक नीति सामने आई और हमेशा कुछ नौकरशाह ऐसे भी रहे, जो सहानुभूति के साथ उनकी बात सुनने को तैयार थे। इस कारण दलित सरकार के निकट आए और कांग्रेस से विमुख हुए। अब अनेक दलित तो यह मानने लगे थे कि उनकी समस्या का अंतिम समाधान उनके लिए अलग निर्वाचकमंडल की व्यवस्था में था, जिसका कि कांग्रेस एड़ी-चोटी का ज़ोर लगाकर विरोध कर रही थी।

कांग्रेस की राजनीति से दलितों का यह अलगाव एक बड़ी हद तक जाति और

छुआछूत के प्रश्न पर कांग्रेस के दृष्टिकोण का परिणाम भी था। सामाजिक दृष्टि से संवेदनशील मुद्दों से बचने की धुन में कांग्रेस ने 1917 तक इस सवाल को अनदेखा किया और इसे तभी उठाया जब स्वयं को संगठित कर चुके दलित नेता कांग्रेस से पहल छीनने की तैयारी कर रहे थे।[76] जैसा कि हम पहले विवेचना कर चुके हैं (अध्याय 4.4 और 5.2 देखें), इस निष्क्रियता का दोष बहुत हद तक आरंभिक कांग्रेस पर ब्राह्मणों के वर्चस्व और उसके सामाजिक रूढ़िवाद के सिर पर था। लेकिन इसे छोड़ दें तो भी अछूतों के साथ मानसिक अलगाव भी बढ़ा, क्योंकि पहले के सुधारकों के विपरीत अनेक हिंदू राष्ट्रवादी समूहों ने अब खुलकर जातिप्रथा को महिमामंडित करने और उसे बुद्धिसंगत ठहराने के प्रयास यह कहकर किए कि यह प्राचीन भारत की वह अद्वितीय सामाजिक संस्था है, जिसने भारतवासियों के अत्यंत बेमेल समूहों को सामंजस्य के साथ एकजुट बनाकर रखा था।[77] लेकिन दलितों की दृष्टि में यह एकजुटता पराधीनता सुनिश्चित करने की एक चाल थी। भारत की राष्ट्रीय पहचान को हिंदू परंपरा के आधार पर निरूपित करने के इन प्रयासों ने उनको दूर कर दिया, क्योंकि अब तक वे भारतीय इतिहास के बारे में एक अलग समझ विकसित कर चुके थे। हिंदू राष्ट्रवादियों ने अगर एक स्वर्णिम अतीत की कल्पना की तो स्वर्णिम वर्तमान के विपरीत दलितों के लिए वही अतीत छुआछूत और जातिगत भेदभाव से संपन्न एक अंधकारमय युग था, जबकि अंग्रेज़ कोई भेदभाव नहीं कर रहे थे और उन्होंने जातिगत निर्योग्यताओं को मान्यता देनेवाली मनुस्मृति को परे फेंक दिया था।[78]

छुआछूत को सार्वजनिक चिंता का एक विषय सबसे पहले गांधी ने बनाया था और 1920 के असहयोग के प्रस्ताव में छुआछूत की समाप्ति को स्वराज की प्राप्ति की बुनियादी शर्त घोषित किया गया था। लेकिन असहयोग आंदोलन की वापसी के बाद उनके हरिजन कल्याण के अभियान ने न तो सुधारवादी एजेंडा में सवर्ण हिंदुओं की कोई विशेष रुचि जगाई, न दलितों को संतुष्ट किया। उन्होंने छुआछूत को एक विकृति कहकर उसकी निंदा की, लेकिन वे 1940 के दशक तक पश्चिम की वर्ग-व्यवस्था के मुकाबले **वर्णाश्रमधर्म** को सामाजिक श्रम विभाजन की एक आदर्श प्रतियोगिताविहीन आर्थिक व्यवस्था कहकर उसका गुणगान भी करते रहे।[79] यह सिद्धांत अछूतों के सामाजिक रूप से महत्त्वाकांक्षी समूहों को संतुष्ट न कर सका, क्योंकि यह उनको सामाजिक गतिशीलता पाने के अवसरों से वंचित करता था। छुआछूत की समाप्ति के लिए भी गांधी ने मूलतः एक धार्मिक दृष्टिकोण अपनाया; प्रायश्चित के कृत्य के रूप में सवर्ण हिंदुओं द्वारा मंदिर-प्रवेश कराने के आंदोलन का आरंभ और घरेलू नौकर "भंगी" का महिमामंडन उनके पास इस समस्या के समाधान थे। इस अभियान ने अस्पृश्यता के नैतिक और धार्मिक आधार को काफ़ी सीमा तक कमज़ोर किया, लेकिन जैसा कि भिखु पारिख का तर्क है, यह उसके "आर्थिक और राजनीतिक मूलों" को नष्ट करने में असफल रहा। उसने अछूतों को महिमामंडित तो किया, पर उनको कोई शक्ति प्रदान न कर सका।[80] दलित नेताओं का तर्क था कि उनको आर्थिक और

राजनीतिक शक्ति में समुचित भागीदारी मिले, तो उनके लिए मंदिर के दरवाज़े तो अपने आप खुल जाएँगे। दूसरे शब्दों में, गांधी का दृष्टिकोण अंबेडकर जैसे दलित नेताओं को संतुष्ट न कर सका, जो शिक्षा, रोज़गार और राजनीतिक प्रतिनिधित्व की सुलभता की गारंटी के माध्यम से एक राजनीतिक हल को प्राथमिकता देते थे। आगे चलकर अंबेडकर (1945) ने कांग्रेस और गांधी पर वास्तविक प्रश्न पर लीपापोती करने का आरोप लगाया और दलितों के लिए एक अलग राजनीतिक पहचान की उनकी माँग दलित राजनीतिक समूहों और कांग्रेस के आपसी संबंधों का एक टेढ़ा प्रश्न बन गई।

हालाँकि कोल्हापुर के महाराजा की अध्यक्षता में मई 1920 में नागपुर में आयोजित अखिल भारतीय दलित वर्ग परिषद् (ऑल इंडिया डिप्रेस्ड क्लासेज़ कॉन्फ्रेंस) इस दिशा में एक विनम्र प्रयास था,[81] पर सही अर्थों में संगठित प्रकार का एक अखिल भारतीय दलित आंदोलन उसी नगर में 1926 में अखिल भारतीय दलित वर्ग नेता सम्मेलन के आयोजन के साथ शुरू हुआ। यहाँ ऑल इंडिया डिप्रेस्ड क्लासेज़ एसोसिएशन का गठन किया गया, जिसके पहले निर्वाचित अध्यक्ष मद्रास के एम. सी. राजा थे। डॉ. अंबेडकर, जो इस सम्मेलन में शामिल नहीं हुए, इसके उपाध्यक्षों में एक उपाध्यक्ष चुने गए। अंबेडकर ने बाद में इस संगठन से त्यागपत्र दे दिया और 1930 में उन्होंने नागपुर में आयोजित एक सम्मेलन में अपना अलग संगठन खड़ा किया। रहा सवाल उसके राजनीतिक दर्शन का, तो अपने उद्घाटन भाषण में अंबेडकर ने एक बहुत स्पष्ट कांग्रेस-विरोधी और थोड़ा अंग्रेज़-समर्थक रवैया अपनाया और इस तरह इतिहास के भावी विकासक्रम का रास्ता तैयार किया।[82]

दलितों के लिए, सार्वभौम वयस्क मताधिकार के अभाव में, पर्याप्त प्रतिनिधित्व पाने के अकेले साधन के रूप में डॉ. अंबेडकर ने अलग निर्वाचकमंडल की माँग सबसे पहले 1928 में साइमन आयोग के सामने अपने वक्तव्य में की थी। गोलमेज़ सम्मेलन के पहले दौर में वे इस रुख की ओर और भी आगे बढ़े, क्योंकि उनके अनेक साथी उसके पक्ष में थे।[83] इसके बाद 19 मई 1931 को बंबई में अखिल भारतीय दलित वर्ग नेता सम्मेलन ने औपचारिक प्रस्ताव पारित किया कि दलित वर्गों को "एक अल्पमत के रूप में उनके अलग निर्वाचकमंडल के अधिकार की गारंटी दी जानी चाहिए।"[84] 1931 में गोलमेज़ सम्मेलन के दूसरे दौर में गांधी के साथ अंबेडकर का एक बड़ा टकराव इसी मुद्दे पर हुआ, क्योंकि हिंदू समाज के स्थायी विभाजन के डर से गांधी इस माँग का विरोध कर रहे थे। इस प्रश्न पर दलितों में भी कोई एक राय न थी। एम. सी. राजा का गुट संयुक्त निर्वाचकमंडल का पक्का समर्थक था तथा फरवरी 1932 में ऑल इंडिया डिप्रेस्ड क्लासेज़ कॉन्फ्रेंस की कार्यसमिति ने अंबेडकर की अलग निर्वाचकमंडल की माँग की भर्त्सना करके हिंदुओं के साथ ऐसे संयुक्त निर्वाचकमंडल का एकमत से समर्थन किया, जिसमें आबादी के आधार पर सीटों के आरक्षण का प्रावधान हो। राजा और अखिल भारतीय हिंदू महासभा के अध्यक्ष डॉ. बी. एस. मुंजे के बीच इस आशय का एक समझौता भी हुआ, जिसे "राजा-मुंजे समझौता" कहा गया। दूसरे शब्दों में, निर्वाचकमंडल के प्रश्न पर दलित नेतृत्व "बीच से" बँटा हुआ था।[85]

ये मतभेद तब भी ज़ारी रहे जब सांप्रदायिक निर्णय ने सितंबर 1932 में अछूतों के लिए, जिनको अब अनुसूचित जातियाँ नाम दिया गया, अलग निर्वाचकमंडल का अधिकार मान लिया और उसे समाप्त कराने के लिए गांधी ने अपना ऐतिहासिक आमरण अनशन आरंभ किया। अब अंबेडकर के पास महात्मा का जीवन बचाने के लिए इस नैतिक दबाव के आगे झुकने के अलावा कोई रास्ता नहीं रहा और उन्होंने एक समझौता मान लिया, जिसे पूना पैक्ट कहा जाता है; इसमें संयुक्त प्रतिनिधिमंडल में अनुसूचित जातियों के लिए 151 आरक्षित सीटों की व्यवस्था थी। फ़िलहाल ऐसा लगा कि सारे टकराव हल हो गए हों। मंदिर-प्रवेश आंदोलन और गांधी के हरिजन अभियान में राष्ट्रव्यापी रुचि जागी। नवस्थापित हरिजन सेवक संघ के कार्यों में गांधी और अंबेडकर के बीच सहयोग भी रहा। बाद में इस समझौते के प्रावधान 1935 के भारत सरकार अधिनियम (गवर्नमेंट ऑफ़ इंडिया ऐक्ट) में शामिल किए गए। हालाँकि उन दिनों इस समझौते की काफ़ी लोगों ने आलोचना की, पर रवींदर कुमार का तर्क है कि यह गांधी की विजय थी, जिन्होंने भारत की शासन व्यवस्था में एक दरार पड़ने से बचा लिया और अस्पृश्यता की समस्या का एक राष्ट्रवादी हल पेश किया।[86]

फूट बहुत शीघ्र ही दोबारा सामने आई तथा कांग्रेस और अंबेडकर एक-दूसरे से दूर होने लगे। जहाँ गांधी का हरिजन सेवक संघ सामाजिक मुद्दों में संलग्न था, वहीं उनके ध्येय में दूसरे कांग्रेसी नेताओं की कुछ विशेष रुचि न थी। वे आगामी चुनाव में आरक्षित सीटें जीतने के लिए दलित मतदाताओं की लामबंदी का एक राजनीतिक मंच चाहते थे। इसके लिए उन्होंने बिहार के एक राष्ट्रवादी दलित नेता जगजीवन राम को अध्यक्ष बनाकर मार्च 1935 में ऑल इंडिया डिप्रेस्ड क्लासेज़ लीग खड़ी कर दी। लेकिन फिर भी 1937 के चुनाव में पूरे भारत में 151 आरक्षित सीटों में से कांग्रेस को केवल 73 ही मिल सकीं। बाद में विभिन्न क्षेत्रों में, स्थिति में अलग-अलग तरह से बदलाव आए, जो कि अस्पृश्यता उन्मूलन के गांधीवादी लक्ष्य के प्रति स्थानीय कांग्रेसी नेताओं की प्रतिबद्धता की प्रकृति पर आधारित था। बंगाल जैसे गैर-कांग्रेसी प्रांतों में ये नेतागण चुनावी गणित के प्रति अधिक संवेदनशील थे और उन्होंने दलित नेताओं की दोस्ती को बढ़ावा दिया।[87] लेकिन जिन आठ प्रांतों में कांग्रेस ने मंत्रिमंडल बनाए और लगभग दो साल तक सत्ता में रही, वहाँ उनके काम ऐसे रहे कि न केवल अंबेडकर जैसे आलोचक इन मंत्रिमंडलों के काम से अप्रभावित रहे, बल्कि मद्रास के एम. सी. राजा जैसे वे दलित नेता भी धीरे-धीरे कट गए जो कभी कांग्रेस से सहानुभूति रखते थे।[88]

गरीबों और दलितों को केवल जाति से अधिक व्यापक आधार पर लामबंद करने के लिए अंबेडकर ने 1936 में इंडिपेंडेंट लेबर पार्टी की नींव रखी, जिसका उद्देश्य "मेहनतकश वर्गों के कल्याण को बढ़ावा देना" था।[89] 1937 के चुनाव में उनकी पार्टी को बंबई में शानदार सफलता मिली; उसने 15 आरक्षित सीटों में से 11 सीटें जीत लीं। मध्य प्रांत और बरार में भी अंबेडकरवादियों का प्रदर्शन अच्छा रहा। लेकिन जाति-वर्ग समुच्चय की इस व्यापक आधार वाली राजनीति से अंबेडकर धीरे-धीरे अधिक

अलग-थलग दलित समूहों की ओर मुड़ते चले गए। वे कांग्रेस के भी एक तीखे आलोचक बन बैठे, क्योंकि 1930 के दशक के दौरान नेहरू जैसे नेताओं के "धर्मनिरपेक्ष" दृष्टिकोण ने और "जाति को एक राजनीतिक समस्या" मानने से उनके लगातार इनकार ने दलित नेतृत्व को पक्के तौर पर विमुख कर दिया।[90] इन दोनों समूहों का मतभेद अब राष्ट्रवाद के प्रति दो दृष्टिकोणों के अंतर्विरोध पर आ टिका, जिसमें कांग्रेस की चिंता तो सत्ता के हस्तांतरण और स्वतंत्रता से थी, जबकि दलितों की चिंता भावी राष्ट्र-राज्य में नागरिकता की शर्तों से अधिक थी। अंबेडकर ने कांग्रेस से कहा कि वे स्वराज के संघर्ष में भाग लेने को तैयार हैं, पर उन्होंने एक शर्त सामने रखी: "मुझे बतलाइए कि उस स्वराज में मेरी भागीदारी कितनी होगी।"[91] चूँकि उनको कोई गारंटी नहीं दी गई, उन्होंने कांग्रेस के आंदोलन से दूर रहना ही बेहतर समझा। जुलाई 1942 में उनको वायसरॉय की परिषद का श्रम सदस्य नियुक्त किया गया। नागपुर में 18 से 20 जुलाई 1942 तक आयोजित एक सम्मेलन में उन्होंने अखिल भारतीय अनुसूचित जाति महासंघ (ऑल इंडिया शेड्यूल्ड कास्ट फ़ेडरेशन) का आरंभ किया, जिसके संविधान में दलितों को "हिंदुओं से विशिष्ट और अलग" करार दिया गया था। राजा जैसे नेता इस नए और शुद्ध दलित संगठन में शामिल होकर खुश ही हुए।

दलितों के विरोध का यह वक्तव्य और उनका एक अलग पहचान का यह दावा उस भारत छोड़ो आंदोलन (8-9 अगस्त) से कुछ ही दिनों पहले की बातें हैं, जिससे मुसलमानों ने भी अलग रहने का निर्णय किया था। लेकिन मुसलमानों की अलग-थलग राजनीति के विपरीत दलितों का यह आत्मघोष बहुत दूर तक नहीं गया और शीघ्र ही, 1940 के दशक के अंत में, उनकी राजनीति कांग्रेस में समाहित हो गई। ऐसा अनेक कारणों से हुआ। पहली बात यह कि इस (दलितों की) राजनीति में सभी दलितों का विश्वास नहीं था, खासकर ऐसे दौर में जब गांधीवादी लोक-राष्ट्रवाद एक अभूतपूर्व सार्वजनिक वैधता प्राप्त कर चुका था। अनुसूचित जाति महासंघ के पास ऐसा जन-संगठन खड़ा करने के लिए न तो अवसर था न समय था और न संसाधन थे, जो ऐसे समय में कांग्रेस का मुकाबला कर सकता जब गांधी का सुधारवादी एजेंडा और आगे चलकर कम्युनिस्टों का क्रांतिकारी कार्यक्रम लगातार उसके जनाधार को काटते जा रहे थे। आखिरी बात यह कि सत्ता के हस्तांतरण की प्रक्रिया की विवशताओं ने दलित नेतृत्व के पास जोड़तोड़ की बहुत कम संभावना छोड़ी और उसे कांग्रेस से हाथ मिलाने के लिए मज़बूर कर दिया। 1946 के चुनाव में हिंदू महासभा और कम्युनिस्ट पार्टी के अलावा दूसरी सभी छोटी राजनीतिक पार्टियों की तरह अनुसूचित जाति महासंघ का भी लगभग सफ़ाया हो गया और उसने दलितों के लिए आरक्षित 151 सीटों में से मात्र 2 सीटें जीतीं। इन सीटों का प्रचंड बहुमत कांग्रेस को गया, जिसकी उस समय भारत छोड़ो आंदोलन के कारण और बाद में आज़ाद हिंद फ़ौज के लोगों पर मुकदमे के विरोध में आंदोलन के कारण लोकप्रियता की लहर चल रही थी (अध्याय 8 देखें)। सत्ता के हस्तांतरण के तौर-तरीकों पर बातचीत के लिए 1946 में जो कैबिनेट मिशन भारत आया,

वह चुनाव परिणामों के आधार पर इस परिणाम पर पहुँचा कि सही अर्थों में दलितों का प्रतिनिधित्व कांग्रेस कर रही थी। और सभी आधिकारिक मंचों पर आगे भी करती रहेगी। इस "प्रतिनिधित्व के संकट" पर अंबेडकर की गुस्से भरी प्रतिक्रिया रही और उन्होंने अपना जन-समर्थन साबित करने के लिए एक लोक सत्याग्रह शुरू कर दिया। लेकिन संगठन के अभाव के कारण यह आंदोलन बहुत दिनों तक नहीं चला। इसलिए सरकारी संरक्षण वापस ले लिए जाने और सीधी कार्रवाई के असफल रहने पर उनके पास कोई ऐसा राजनीतिक क्षेत्र नहीं बचा, जिसमें वे दलितों की अलग पहचान सामने रख सकते या उनकी नागरिकता के लिए लड़ सकते।[92]

इस ऐतिहासिक मोड़ पर, स्वतंत्रता की पूर्व बेला में, संविधान सभा की एक सीट पर अंबेडकर का नाम पेश करके और फिर उनको संविधान प्रारूप समिति (कांस्टिट्यूशन ड्राफ़्टिंग कमिटी) की अध्यक्षता के लिए चुनकर कांग्रेस ने दलित प्रतिरोध को समाहित कर लेने का प्रयास किया। उनके नेतृत्व में नए भारतीय संविधान ने अस्पृश्यता को गैर-कानूनी घोषित किया और वे स्वतंत्रता के बाद नेहरू मंत्रिमंडल में नए विधि मंत्री बनाए गए। इस तरह, जैसा कि एल्योनोर ज़ेलियट ने स्थिति का वर्णन किया है, "लगा कि गांधी-कांग्रेस-अस्पृश्य स्थिति की सभी विभिन्न धाराएँ साथ आ गई हों।"[93] लेकिन समन्वय के इस पल में दरार की संभावनाएँ भी निहित थीं। अंबेडकर को कांग्रेस से अपने जुड़ाव की व्यर्थता का शीघ्र ही एहसास हुआ, क्योंकि हिंदू संहिता विधेयक (हिंदू कोड बिल) पर उसके दिग्गजों ने उनका समर्थन करने से इनकार कर दिया। 1951 में उन्होंने मंत्रिमंडल से त्यागपत्र दे दिया और फिर 15 अक्टूबर 1956 को, अपनी मृत्यु से लगभग डेढ़ माह पहले, उन्होंने अपने तीन लाख अस्सी हज़ार अनुयायियों के साथ बौद्ध धर्म ग्रहण कर लिया। इस घटना को अकसर हिंदू धर्म के विरुद्ध, जो सुधारों से परे है, विरोध के एक चरम सार्वजनिक कृत्य के रूप में पेश किया जाता है। पर यहाँ याद रखने की बात यह है कि अंबेडकर ने वास्तव में बौद्ध धर्म को पुनर्निरूपित किया, उसके धार्मिक मताग्रहों की आलोचना की और उसके अतिवादी सामाजिक संदेश को उभारकर सामने ले आए, ताकि भारतीय समाज में धर्म की जिस नैतिक भूमिका की वे कल्पना करते थे उसे वह पूरा कर सकें।[94] यही कारण है कि बौद्ध धर्म के बारे में उनकी विशेष समझ को दलितों ने एक नई विश्वदृष्टि और एक सामाजिक राजनीतिक विचारधारा का आधार समझा, जो समाज पर हावी धार्मिक मुहावरों का तथा उनको बराबर बल पहुँचाने और पुनरुत्पादित करने वाली शक्ति-संरचना का मुकाबला कर सकती थी।

## 7.3 व्यापार और राजनीति

समुदायों की राजनीति से हटकर अब हम वर्गों की राजनीति की ओर आते हैं। उन्नीसवीं सदी के अंतिम वर्षों से ही भारतीय पूँजीपति वर्ग और विशिष्ट ढंग से कहें तो औद्योगिक पूँजीपति वर्ग धीरे-धीरे परिपक्व और राजनीति में प्रभावशाली बनता आ रहा था। पहले विश्वयुद्ध के अंत तक, विभिन्न कारणों से, पंजीकृत औद्योगिक उद्यमों की संख्या

लगातार बढ़ती जा रही थी,[95] तथा विश्वयुद्धों के बीच के काल में उनकी स्थिति और मज़बूत हुई। भारत में एक साधारण से औद्योगिक विकास को, उपनिवेशवादियों की बाधाओं के बावजूद, अनेक कारणों ने बढ़ावा दिया, जैसे उपभोक्ता वस्तुओं में आयात प्रतिस्थापन की बढ़ती प्रवृत्ति, घरेलू बाज़ारों की ओर ध्यान, आंतरिक व्यापार में वृद्धि, व्यापार, सूदखोरी और भूस्वामित्व के माध्यम से अतीत में जमा पूँजी का उद्योगों में निवेश और विदेशी पूँजी का बाहर की ओर प्रवाह, जिसने देशी उद्यमियों के लिए मैदान तैयार किया। 1944 तक एक हज़ार से अधिक मज़दूरों वाली बड़ी औद्योगिक ईकाइयों में लगभग 62 प्रतिशत पर और उनके श्रम-बल के 58 प्रतिशत पर भारतीय पूँजी का नियंत्रण था। छोटे कारखानों में भी, जिनका औद्योगिक क्षेत्र में भाग 95.3 प्रतिशत था, जैसा कि आदित्य मुखर्जी ने बल देकर कहा है, भारतीय पूँजी का "निरपेक्ष" नियंत्रण था।[96] यह विकासक्रम तब सामने आया जब भारतीय पूँजी ने अभी तक विदेशी पूँजी द्वारा अविकसित क्षेत्रों में प्रवेश किया, जैसे शक्कर, कागज़, सीमेंट, लोहा और इस्पात आदि में। भारतीय पूँजी उन क्षेत्रों में भी जा पहुँची, जिनपर अभी तक विदेशी पूँजी का कब्ज़ा था, जैसे वित्त, बीमा, जूट, खदानों और बागान में। लेकिन उसने अपनी शक्ति के परंपरागत क्षेत्रों में भी अपनी स्थिति और मज़बूत की, जैसे सूती कपड़ों के उद्योग में। वास्तव में सबसे शानदार वृद्धि तो सूती कपड़ा उद्योग की ही रही, जो अब घरेलू उपभोक्ताओं की माँगें पूरी करने लगा था और जिसने बाज़ार में मैनचेस्टर के शेयर को 1919 तक घटाकर 40 प्रतिशत से भी नीचे पहुँचा दिया।[97]

जैसा कि कहा गया, भारतीय उद्योगीकरण में यह साधारण-सी वृद्धि उपनिवेशी शासन के कारण नहीं, बल्कि उसके बावजूद आई (अध्याय 2.5 देखें)। भारतीय उद्योगपतियों की पिछली पीढ़ी विदेशी पूँजी पर बहुत अधिक निर्भर थी और वह उसका प्रभुत्व मानने को तैयार थी, और उसके साथ एक भेदभाव करने वाली उपनिवेशी राजसत्ता की वास्तविकताओं को भी। लेकिन एक विस्तारित सामाजिक आधार से आए उद्योगपतियों की नई पीढ़ी अधिक परिपक्व तथा अपने अधिकारों के परित्याग के लिए कम तैयार थी। अपनी स्थिति को मज़बूत बनाने के लिए वे स्वयं को संगठित करने लगे तथा फलतः 1887 में बंगाल नेशनल चैंबर ऑफ़ कॉमर्स और 1907 में बंबई में इंडियन मर्चेंट्स चैंबर का जन्म हुआ। पर सवाल यह है: इस चरण में साम्राज्यवाद के सापेक्ष राष्ट्रवाद के प्रति भारतीय औद्योगिक समुदाय का राजनीतिक रुख वास्तव में क्या था? लगता है इतिहासकार इस सवाल पर बँटे हुए हैं। एक ओर तो विपिनचंद्र मानते हैं कि "साम्राज्यवाद के साथ एक अल्पकालिक निर्भरता और तालमेल का संबंध बनाए रखकर भी उसके साथ भारतीय पूँजीपति वर्ग का एक दीर्घकालिक अंतर्विरोध विकसित हुआ"।[98] कालांतर में पूँजीपति साम्राज्यिक शोषण के अंत और एक राष्ट्र-राज्य के जन्म की कामना करने लगे, पर उनकी ढाँचागत कमज़ोरियों और उपनिवेशी सरकार पर उनकी निर्भरता ने उनसे समझौते के साथ दबाव के समन्वय की विवेकपूर्ण रणनीति मनवाई। वे एक राष्ट्रवादी आंदोलन के पक्ष में थे, पर सुरक्षित और स्वीकार्य सीमाओं के अंदर,

अतिवादी वामपंथियों के मार्गदर्शन में नहीं, बल्कि दक्षिणपंथी नरमपंथियों के भरोसेमंद हाथों में। इस विचार को और आगे विकसित किया है आदित्य मुखर्जी ने, जो साम्राज्यवाद के विनाश और पूँजीवाद की सुरक्षा के लिए एक "बहुआयामी" पूँजीवादी रणनीति की बातें करते हैं।[99] वे लोग संगठित मज़दूरों, अतिवादी वामपंथ और जन-आंदोलन से डरते थे, पर इनसे सुरक्षा पाने के लिए उन्होंने साम्राज्यवाद के समक्ष समर्पण नहीं किया। उन्होंने राष्ट्रवादी आंदोलन को संविधानवाद की राह पर लाने के लिए, दक्षिणपंथियों को संरक्षण देने और इस तरह कांग्रेस को इस तरह ढालने के लिए एक वर्गीय रणनीति का विकास किया, ताकि वह "पूँजीवादी वैचारिक वर्चस्व" में रहे।[100]

पूँजीपतियों को एक सुस्पष्ट साम्राज्यवाद विरोधी विचारधारा से युक्त एक परिपक्व वर्ग माननेवाले इस मार्क्सवादी दृष्टिकोण के विपरीत दूसरे इतिहासकार इस विषय में कम आश्वस्त हैं। उदाहरण के लिए, बसुदेव चटर्जी अधिक दोटूक हैं: वे समझते हैं कि "राजनीतिक दृष्टि से भारत के व्यापारी समूह बहुत बड़ी सीमा तक निष्ठावान थे।"[101] बंबई के व्यापारी समूहों पर विचार करने के बाद ए. डी. डी. गॉर्डन सौदागरों (merchants) और उद्योगपतियों के बीच एक अंतर करते हैं; उनके विचार से सौदागर जहाँ अधिक राष्ट्रवादी थे, वहीं उद्योगपति "सरकार के परंपरागत सहयोगी" थे।[102] ऐसे अंतर क्लाउद मार्कोवित्ज़ (1985) ने भी पाए हैं, लेकिन राष्ट्रवाद और कांग्रेस के प्रति भारतीय व्यापारियों के विभिन्न समूहों के राजनीतिक रवैयों में एक अधिक लंबी अवधि में तालमेल और परिवर्तन भी वे देखते हैं। जहाँ तक उपनिवेशी अधिकारियों का प्रश्न था, जैसा कि रजत रे कहते हैं, भारतीय व्यापारी "एक ही समय में सहयोग और विरोध" दोनों कर रहे थे और इस तरह उनके रवैयों के बारे में कोई "सुस्पष्ट सामान्यीकरण" करना संभव नहीं है।[103] द्विजेंद्र त्रिपाठी का तर्क है कि उद्योगपतियों की राजनीति, मुद्दों के जन्म लेने के समय उनके प्रति एक "व्यवहारवादी दृष्टिकोण" से संचालित होती थी तथा वे कांग्रेस और सरकार से "समान दूरी" बनाए रखकर, इनमें से दोनों को दुश्मन बनाए या विमुख करने के डर से किसी की ओर भी झुकने से बचते रहते थे। वे (द्विजेंद्र त्रिपाठी) समझते हैं कि एक पूँजीवादी "महारणनीति" की बात करना "अतिशयोक्ति" होगा।[104] दूसरे शब्दों में, इन लेखनों से जो बात सामने आती है, वह यह है कि बीसवीं सदी के पूर्वार्द्ध में भारतीय व्यापारी शायद ही एक "निज-हेतु-वर्ग" (class for itself) रहे होंगे। वे एक साथ नहीं चलते थे, उनके हित अलग-अलग थे, उनके विचारों में टकराव और रणनीतियों में अंतर्विरोध थे; इस काल की सामान्य शब्दावली में उनकी राजनीति की बात कर सकना असंभव है। इसलिए हम किसी सुसंगठित पूँजीवादी विचारधारा की या राष्ट्रवाद या साम्राज्यवाद के प्रति किसी राजनीतिक रणनीति की पहचान की कोशिश करने की बजाय इन्हीं पेचीदगियों की पहचान करने की कोशिश करेंगे।

पहले विश्वयुद्ध और उसके तुरंत बाद के काल में भारतीय व्यापारी समूहों के भाग्य अलग-अलग रहे। युद्धकालीन विकासक्रमों के कारण जहाँ उद्योगपति फले-फूले, वहीं विनिमय दरों के उतार-चढ़ाव और भारी करों के कारण सौदागरों को हानि पहुँची।

दिसंबर 1920 में रुपया लुढ़क गया, जिसके कारण भारतीय आयातकों के लिए पिछले अनुबंधों पर लगभग 30 प्रतिशत के घाटे का खतरा पैदा हो गया, पर यही बात भारतीय निर्यातकों और मिल-मालिकों के पक्ष में गई। युद्धकालीन भारी करों ने सभी को प्रभावित किया, पर आयकर कानून में किए गए विशेष परिवर्तनों ने देशी संयुक्त परिवारों के व्यवसायों को चोट पहुँचाई, क्योंकि उनकी लेखा-प्रणाली नए कानून के अंतर्गत आयकर के ब्यौरों को जमा करने की ज़रूरतों से मेल नहीं खाती थी।[105] हालाँकि सरकार की कर और मुद्रा संबंधी नीतियों से मारवाड़ी और गुजराती व्यापारी दुखी थे, पर उद्योगपति और बड़े व्यापारी इस बारे में कम चिंतित थे, क्योंकि सरकार भी उनका समर्थन पाने की जी-तोड़ कोशिशें कर रही थी। 1919 के मांटेग्यू-चेम्सफ़ोर्ड सुधार ने "हितों के प्रतिनिधित्व" की व्यवस्था लागू की और इस प्रकार मज़दूरों के साथ भारतीय उद्योग को भी केंद्रीय और प्रांतीय विधायिकाओं में प्रतिनिधित्व दिया।[106] इसके अलावा, 1919 की वित्तीय स्वतंत्रता संविदा (fiscal autonomy convention) और 1922 के बाद "संरक्षणमूलक भेदभाव" की एक नीति के वादे ने संरक्षणवादी शुल्कों (tariffs) के लागू किए जाने की आशा जगाई।[107] इसलिए गांधी के उदय के बाद जब लोक-राष्ट्रवाद का आरंभ हुआ, तो उसके प्रति भारत के व्यापार जगत की मिली-जुली प्रतिक्रिया रही।

कुछ मारवाड़ी और गुजराती सौदागर और नए उद्यमी, जो बहुत अधिक धार्मिक थे, गांधी की ओर बहुत झुक गए, क्योंकि उनमें (गांधी में) उन्हें जैन और वैष्णव दर्शन का साझा आधार मिला। अहिंसा पर उनका बल किसी भी तरह के राजनीतिक गरमपंथ के मुकाबले आश्वस्त करता था तथा उनका "ट्रस्टीशिप" का सिद्धांत संपत्ति को वैध ठहराता था। इस तरह गांधीवादी विचारधारा भले ही पूँजीवादी हितों पर आधारित न हो, उसकी कुछेक धारणाएँ इन सौदागरों और उद्यमियों के लिए आकर्षक थीं। इस कारण गांधी के रचनात्मक कार्यक्रम में उन्होंने सहर्ष योगदान किया तथा घनश्यामदास बिड़ला और जमनालाल बजाज जैसे कुछ बड़े उद्योगपति उनके घनिष्ठ सहयोगी बन गए।[108] लेकिन संबंधों में उलझन के भी कुछ कारण थे; विशेषकर अहमदाबाद के अंबालाल साराभाई जैसे मिल-मालिक 1918 की मज़दूर हड़ताल के दौरान उनकी नेतृत्व की शैली से पूरी तरह खुश नहीं थे (अध्याय 6.2 देखें)। पर गांधी ने किसी तरह इस बाधा को पार किया और भारतीय व्यापारियों ने अनुभव किया कि कांग्रेस को पूँजीवाद विरोधी बनने से केवल वे ही रोक सकते हैं।[109] फिर भी, 1919 में जब रौलट सत्याग्रह शुरू हुआ तो उद्योगपति शंकित रहे, हालाँकि बंबई के व्यापारियों ने उनका जमकर समर्थन किया। अप्रैल में गांधी जब गिरफ़्तार किए गए, तो बंबई में उद्योगों की संपूर्ण हड़ताल रही। असहयोग आंदोलन शुरू हुआ तो कपास के सौदागरों ने बहिष्कार आंदोलन का फिर समर्थन किया और तिलक स्वराज कोष में जमकर दान दिया।[110] लेकिन दूसरी ओर अनेक उद्योगपति शांत रहे या जन-आंदोलन का सीधे-सीधे विरोध करते रहे। बंबई में पुरुषोत्तमदास ठाकुरदास के आशीर्वाद और आर. डी. टाटा के धन से एक असहयोग विरोधी समिति का गठन किया गया। व्यापारी समुदाय में विभाजन कहीं उतना स्पष्ट न

था, जितना बंबई में था, जहाँ इंडियन मर्चेंट्स चैंबर पर उद्योगपतियों का वर्चस्व दो बार (1920 में और 1921 में) खतरे में पड़ा: पहली बार तो काउंसिलों के बहिष्कार के प्रश्न पर और फिर भारत आनेवाले प्रिंस ऑफ़ वेल्स को मानपत्र पेश करने के प्रश्न पर, जबकि कांग्रेस उसका बहिष्कार करना चाहती थी।[111] स्पष्ट है कि सौदागर कांग्रेस के साथ थे और कांग्रेस को भी उनके समर्थन की आवश्यकता थी, क्योंकि उनके बिना बहिष्कार आंदोलन के सफल होने की संभावना कम ही थी।

लेकिन 1922 के बाद बिगड़ती आर्थिक दशाओं के कारण भारतीय व्यापारी समुदाय के सभी हिस्से, सभी उद्योगपति, राष्ट्रवाद की ओर कुछ और आकर्षित हुए। युद्धकालीन तेज़ी 1921-22 में समाप्त हो गई और 1920 के पूरे दशक के दौरान मंदी ज़ारी रही। माल नहीं बिक रहे थे और उनके बड़े-बड़े भंडार जमा थे, तो उधर मज़दूरियाँ भी बढ़ रही थीं। आयातित धागों पर निर्भरता के कारण और लगभग उन्हीं दिनों भारतीय बाज़ारों को पाटना शुरू करनेवाले सस्ते जापानी मालों की बढ़ती प्रतियोगिता के कारण, जिसके कारण दाम और नीचे गिरने लगे, बंबई के सूती कपड़ा मिल-मालिकों की स्थिति बदतर हो गई। 1920 और 1923 के बीच सूती मिलों के शेयरों के दाम तेज़ी से लुढ़के[112] और अनेक उद्योगपतियों को घबराहट होने लगी। इस चरण में उनकी शिकायत कपास पर 3.5 प्रतिशत आबकारी (excise duty) के विरुद्ध थी और उसके उन्मूलन के लिए उन्होंने अब विधायिका में स्वराजवादियों से हाथ मिला लिए। दिसंबर 1925 में यह आबकारी समाप्त कर दी गई, पर सूती मिल-मालिकों की समस्या इससे दूर नहीं हुई; 1926 में 11 मिलें बंद हुईं और 13 प्रतिशत मज़दूर बेरोज़गार हो गए। जनवरी 1927 में भारतीय शुल्क बोर्ड की एक बहुमत की रिपोर्ट ने धागे छोड़ सभी सूती मालों पर आयात शुल्क को 11 प्रतिशत से बढ़ाकर 15 प्रतिशत करने की अनुशंसा की। पर लंकाशायर लॉबी के उग्र विरोध के कारण भारत सरकार ने इस निर्णय को स्थगित रखा।[113]

1920 के दशक के दौरान भारतीय उद्योगपतियों को न केवल भारत सरकार से करारे जवाब मिल रहे थे, जो लंदन के दबाव के कारण उनकी आर्थिक समस्याओं के प्रति संवेदनहीन थी, बल्कि कलकत्ता और बंबई दोनों जगह विदेशी पूँजी के साथ भी उनके संबंध धीरे-धीरे बिगड़ रहे थे। जैसा कि मारिया मिश्र (1999) ने दिखाया है, 1919 के सुधारों के बाद से ही अपने नस्ली अलगाव और अपनी स्वतंत्रता पर अड़े हुए ब्रिटिश पूँजीपतियों के रवैये अपने भारतीय बंधुओं के प्रति कड़े होने लगे थे, क्योंकि वे भारतीय राजनीतिज्ञों को या उद्योगपतियों को कोई भी छूट देने के पक्ष में नहीं थे। 1921 में यूरोपीय व्यापारी संगठनों ने एसोसिएटेड चैंबर्स ऑफ़ कॉमर्स नाम से एक शीर्ष संगठन का गठन किया। इसके जवाब में भारतीय उद्योगपतियों ने 1927 में, अपने मतभेदों और हितों के टकराव के बावजूद अपना संगठन फिक्की (FICCI*) बनाया, जिसके अध्यक्ष पुरुषोत्तमदास ठाकुरदास थे। 1929 की भयंकर मंदी ने जब भारत का दरवाज़ा खटखटाया, तो दोनों

* Federation of Indian Chamber of Commerce and Industries

पालों की मोर्चाबंदी और स्पष्ट हो गई। इस बार इसकी व्याख्या सरकारी नीतियों की असफलता के रूप में की गई; खेती की उपज के दाम गिरे तथा रूढ़िवादी वित्तीय और मौद्रिक नीतियों के कारण स्थिति और बिगड़ी। अब एक हताश वित्तीय स्थिति में फँसी सरकार को राजस्व के अतिरिक्त स्रोतों की आवश्यकता थी और कपास संबंधी करों की ओर फिर उसकी नजरें उठीं। मार्च 1930 के कपास संरक्षण कानून (कॉटन प्रोटेक्शन ऐक्ट) में ये कर 11 प्रतिशत से बढ़ाकर 15 प्रतिशत कर दिए गए, पर केवल गैर-ब्रिटिश मालों के लिए ही, और इस तरह लंकाशायर को लाभ पहुँचाया गया। साम्राज्यिक प्राथमिकता की व्यवस्था के इस आरंभ ने भारतीय उद्योगपतियों को नाराज़ कर दिया और राष्ट्रवादियों ने उसका व्यापक विरोध किया; उनमें से बिड़ला और ठाकुरदास समेत कई ने तो विधायिका से ही त्यागपत्र दे दिए।

दूसरी उलझन सरकार की मुद्रा नीति को लेकर थी और सरकार ने मनमाने ढंग से रुपए और स्टर्लिंग की विनिमय दर को 1 शिलिंग 6 पेंस पर तय कर दिया था, जिसकी सिफ़ारिश 1926 के हिल्टन-यंग आयोग ने की थी। सरकार ने रुपए के इस भारी विनिमय मूल्य को बनाए रखने की कोशिश भारत से धन-प्रेषण का प्रवाह और भारत की ऋण/ निवेश संबंधी साख बनाए रखने के लिए की थी। यह ऊँची दर भारतीय आयातकों के विरुद्ध और भारत को निर्यात करने वाले अंग्रेज़ों के हित में थी; कहा गया कि इसने खेतिहर उत्पादकों और औद्योगिक मज़दूरों पर भी प्रतिकूल प्रभाव डाले। सितंबर 1931 में ब्रिटेन स्वर्ण मान (gold standard) से अलग हो गया, जबकि रुपया 1 शिलिंग 6 पेंस की दर से ही स्टर्लिंग से बँधा हुआ था। इसके कारण भारत में मुक्त होनेवाले और बाहर जानेवाले सोने से ब्रिटेन को मदद मिली पर भारतीय हितों को कोई लाभ नहीं पहुँचा। व्यापारी समूह 1 शिलिंग 4 पेंस की कम दर की माँग उसे भारत की आर्थिक बहाली के लिए बेहतरीन कहकर कर रहे थे तथा 1926 में गांधी और पटेल के आशीर्वाद से बंबई में एक मुद्रा लीग का गठन हुआ था। दूसरे शब्दों में, मुद्रा संबंधी बहस सरकार के विरुद्ध व्यापारियों और कांग्रेस को एक मंच पर, और भी निकट ला रही थी। अतीत में व्यापारी समूह संविधानवाद के और "दबाव समूह की राजनीति" के पक्ष में थे और यही कारण है कि 1920-21 के असहयोग आंदोलन से उन्होंने दूरी बनाए रखी थी।[114] लेकिन कांग्रेस जब संविधानवाद की ओर पलटी, तो भारतीय उद्योग के प्रतिनिधि भी स्वराजवादियों के और निकट आए और विधायिका में विभिन्न राष्ट्रीय आर्थिक प्रश्नों पर उनसे सहयोग करने लगे। उदाहरण के लिए, सरकार की खरीद नीति में संशोधन, कपास पर आबकारी की समाप्ति, जापानी प्रतियोगिता से निबटने के लिए सूती मालों पर आयात शुल्क में वृद्धि, साम्राज्यिक प्राथमिकता और मुद्रा नीति के विरोध जैसे सवालों पर। व्यापारियों ने गांधी के रचनात्मक कार्यक्रमों और स्वराजवादियों के अभियान कोषों में भी जमकर दान दिए।[115] फिर भी, गांधीवादी कांग्रेस के नेतृत्व में आंदोलनों की राजनीति से अपनी किस्मत जोड़ने के बारे में बहुतों के दिल शंका से भरे रहे।

हालाँकि मंदी ने उनकी हालत खराब कर रखी थी और सुमित सरकार के शब्दों में[116] सविनय अवज्ञा आंदोलन में भागीदारी के पक्ष में एक तरह की "जनमत की लहर" पैदा कर दी थी, फिर भी, जैसा कि मार्कोवित्ज़ (1985) का कथन है, यह बहाव किसी भी तरह सीधा-सादा या जटिलताओं से मुक्त नहीं था। उनमें से अनेक तो आंदोलनों की राजनीति को अभी भी भारी जोखिम का काम–नागरिक असंतोष और बोल्शेविकवाद के लिए एक उपजाऊ ज़मीन–समझते थे; कुछ दूसरे लोग समझते थे कि एक संवेदनहीन सरकार से रियायतें निकलवाने का यह अंतिम अवसर है। वे तब अत्यंत खुश हुए जब नवंबर 1929 में लॉर्ड इर्विन ने एक गोलमेज़ सम्मेलन के प्रस्ताव की घोषणा की, जिससे भारत की समस्याओं का एक संवैधानिक समाधान निकलने की आशा थी। लेकिन उनकी आशाएँ कांग्रेस की हठधर्मिता के कारण चूर-चूर हो गईं, जिसके लाहौर अधिवेशन ने दिसंबर में पूर्ण स्वराज का प्रस्ताव पारित कर दिया। यह प्रस्ताव व्यापारी समूहों को कुछ अधिक ही अतिवादी लगा। प्रस्ताव में एक प्रावधान कर्ज़ों के रद्द किए जाने के बारे में था, जिसका बंबई के शेयर बाज़ार पर और लंदन के भारतीय प्रतिभूति (securities) बाज़ार पर गहरा प्रभाव पड़ा, और इसलिए यह प्रावधान व्यापारिक समूहों को पसंद तो नहीं ही था। फिर भी, अनेक इतिहासकारों के अनुसार वे लोग साम्यवाद के डर से और मज़दूरों में जारी असंतोष के खतरों के कारण कांग्रेस के साथ बने रहे। इस दौर में गिरनी कामगार यूनियन जैसी ट्रेड यूनियनों के नेतृत्व में, जो कम्युनिस्ट प्रभाव में अधिकाधिक आती जा रही थीं, 1928 और 1929 में अनेक हड़तालें हुईं। लाल खौफ़ (red scare) से हताश होकर दोराबजी टाटा ने तो साम्यवाद को रोकने के लिए पूँजीपतियों का एक हिंद-यूरोपीय राजनीतिक संगठन बनाने तक का प्रस्ताव कर डाला। इसे बिड़ला और ठाकुरदास के हस्तक्षेप ने रोका और इस तरह राष्ट्रवादियों से खुला संबंध-विच्छेद टल गया। हालाँकि सरकार ने 1929 में मेरठ षड्यंत्र मुकदमा चलाकर कम्युनिस्टों पर एक ज़ोरदार हमला किया, पर गांधी के धीर-गंभीर प्रभाव वाली एक अखिल भारतीय ट्रेड यूनियन कांग्रेस (जिसकी 1920 में स्थापना हुई) कम्युनिस्ट विरोधी लड़ाई में भारतीय पूँजीपतियों की अकेली आशा थी।

इस तरह 1930 के आरंभ तक विभिन्न कारणों से, भारतीय व्यापार जगत के सभी हिस्से कांग्रेस के साथ आ चुके थे। उधर कांग्रेस भी उनकी स्थिति और हितों के प्रति संवेदनशील थी। इसलिए गांधी ने जब इर्विन के नाम 11-सूत्री चेतावनी की घोषणा की, तो उसमें खास पूँजीपतियों की तीन माँगे थीं–1शिलिंग 4पेंस की रुपया-स्टर्लिंग विनिमय दर का अनुमोदन, सूती उद्योग के लिए संरक्षण और भारतीय कंपनियों के लिए तटीय जहाज़रानी का आरक्षण (अध्याय 6.4 देखें), लेकिन जब सविनय अवज्ञा आंदोलन का आरंभ हुआ, तो व्यापार जगत की प्रतिक्रिया एकबार फिर मिली-जुली रही। व्यापारी और सौदागर अधिक उत्साही रहे: उन्होंने धन दिए और बहिष्कार आंदोलन में भाग लिए। वास्तव में विशेष अवधि तक विदेशी माल रखने से इनकार करके कपड़ों के सौदागरों और खासकर आयातकों ने बहिष्कार आंदोलन की सफलता में सबसे अधिक योगदान

किया। दूसरी ओर, मिल-मालिक घबराए-घबराए रहे और उनका ठोस समर्थन कम ही रहा, जबकि बंबई के टाटा जैसे उद्योगपति, जो सरकारी आदेशों पर निर्भर थे, शंकाग्रस्त रहे। लेकिन पूर्ण तटस्थता आत्मघाती हो सकती थी; इसलिए फ़िक्की ने आंदोलन के सिद्धांतों का समर्थन किया और पुलिस की बर्बरताओं की निंदा की।

बहिष्कार आंदोलन की व्यावहारिकताओं के कारण कांग्रेस और मिल-मालिकों के बीच हितों के टकराव भी हुए। बहिष्कार से गांधी का तात्पर्य विदेशी कपड़ों की जगह खादी के प्रयोग से था; वे भारतीय मिल-मालिकों की कुछ मुनाफ़ाखोरी को स्वीकार करने को तैयार थे, पर चाहते थे कि यह सीमा में रहे। इसलिए कांग्रेस ने 1928 में कुछ नियम तैयार किए और जिन मिलों ने उनके पालन की स्वीकृति दी उनको स्वदेशी मिल कहा गया, जिनका बहिष्कार नहीं किया जाता। पर मिल-मालिकों की नज़रों में ये नियम बहुत कठोर थे और इस कारण 1930 में उनमें ढील देनी पड़ी; कांग्रेस तथा बंबई-अहमदाबाद के मिल-मालिकों के बीच लंबी-लंबी वार्ताएँ हुईं। अंततः मार्च 1931 तक केवल आठ मिलें ही स्वदेशी की शपथ लेने से इनकार करती रहीं; दूसरों ने तो शपथपत्र पर हस्ताक्षर कर दिए, पर शायद ही कभी नियमों का पालन किया।[117] सविनय अवज्ञा के प्रति मिल-मालिकों में जो भी उत्साह-भाव रहा हो, वह सितंबर 1930 तक स्पष्ट तौर पर समाप्त हो चुका था, जब उन्होंने अपने आपको भारी अनबिके भंडारों से लदा हुआ पाया। बढ़ते नागरिक असंतोष ने न केवल रोज़मर्रा के व्यापार में बाधा डाली, बल्कि उसने सत्ता के प्रति सम्मान के खात्मे के बारे में बड़े व्यापारियों के मन में आतंक पैदा कर दिया और एक सामाजिक क्रांति का भय खड़ा कर दिया। वे लोग स्पष्ट तौर पर संविधानवाद की ओर लौटना चाहते थे, तथा बिड़ला और ठाकुरदास जैसे नेता कांग्रेस और सरकार के बीच ईमानदार दलालों की भूमिका निभाना चाहते थे। और गांधी ने "अनेक दूसरे कारणों से" इर्विन के साथ एक समझौते पर हस्ताक्षर किए तो, जैसा कि आदित्य मुखर्जी का दावा है,[118] उद्योगपतियों का दबाव निश्चित ही इन कारणों में से एक था—और वह भी एक महत्त्वपूर्ण कारण था।

फ़रवरी 1931 में, यानी मार्च में गांधी-इर्विन समझौते पर हस्ताक्षर होने से ठीक पहले, भारत सरकार ने तैयार सूती कपड़ों पर शुल्क और 5 प्रतिशत बढ़ाकर सूती मिल-मालिकों को एक अहम रियायत दी, और वह भी इस बार लंकाशायर को प्राथमिकता दिए बिना।[119] लेकिन इसका अर्थ यह नहीं था कि व्यापार जगत के नेता खरीद लिए गए। दूसरे गोलमेज़ सम्मेलन में जहाँ कांग्रेस का प्रतिनिधित्व गांधी ने किया और फ़िक्की के प्रतिनिधिमंडल का नेतृत्व बिड़ला और ठाकुरदास कर रहे थे, आर्थिक विषयों पर सभी वार्ताओं के दौरान फ़िक्की ने पक्के तौर पर गांधी के विचारों का पालन किया।[120] लेकिन लंदन में संवैधानिक वार्ताओं के भंग होने के बाद भी वह (फ़िक्की) निश्चित ही आंदोलनों की ओर वापस लौटना नहीं चाहती थी। कांग्रेस ने जनवरी 1932 में जब दूसरे सविनय अवज्ञा आंदोलन का आरंभ किया, तो उसे उद्योग जगत का समर्थन स्पष्ट रूप से नहीं मिला, हालाँकि इस बारे में कोई सहमति थी भी नहीं। इस बार राजनीतिक दबाव

ने व्यापारी समुदाय को अनेक युद्धरत गुटों में बाँट दिया। बंबई के व्यापारी चार खेमों में बँट गए और टाटा तथा सर होमी मोदी जैसे व्यापारियों ने सविनय अवज्ञा की खुलकर निंदा की। अखिल भारतीय स्तर पर बड़े व्यापारी तीन खेमों में बँट गए: अहमदाबाद के मिल-मालिक इस आंदोलन का समर्थन कर रहे थे, जबकि बंबई के मिल-मालिक कलकत्ता तथा दक्षिण भारत की कुछ लॉबियों के साथ इसका विरोध कर रहे थे; बिड़ला और ठाकुरदास की तरह फ़िक्की के कुछ प्रमुख नेता लगातार ढुलमुल बने रहे।[121]

व्यापार जगत की राजनीति की खंडित प्रकृति तब और भी स्पष्ट हो गई, जब सरकार ने 1932 में ओटावा में एक साम्राज्यिक आर्थिक सम्मेलन के प्रस्ताव की घोषणा की। इसका उद्देश्य "साम्राज्य में विभिन्न उद्योगों के बीच और उनके अंदर उत्पादन में एक नए विशेषीकरण" की व्यवस्था करके साम्राज्यिक आर्थिक सहयोग को बढ़ावा देना था।[122] फ़िक्की के नेताओं ने इस प्रश्न पर सरकार से सहयोग करने के बारे में आरंभ में उत्साह दिखाया, पर अविश्वासी वायसरॉय विलिंगडन ने दोस्ती के हाथों को झटक दिया और उसकी बजाय भारत से उद्योगपतियों का ऐसा प्रतिनिधिमंडल भेजा, जिसमें पक्के वफ़ादार और दूसरे दर्ज़े के औद्योगिक नेता भरे हुए थे। फलस्वरूप अगस्त 1932 के ओटावा समझौते ने भले ही भारतीय उद्योग को कुछ वास्तविक लाभ देने के वादे किए, पर फ़िक्की ने और राष्ट्रवादियों ने शत्रुतापूर्ण प्रतिक्रिया के साथ उसका स्वागत किया। लेकिन इस निंदा के बारे में भी एक राय नहीं थी, क्योंकि बंबई के बड़े व्यापारी ब्रिटिश पूँजी के प्रति कुछ ज़्यादा ही समझौते का रवैया अपनाने लगे और गैर-ब्रिटिश मालों के मुकाबले के लिए ब्रिटिश कंपनियों से सहयोग को प्राथमिकता देते थे। श्रम नीति के प्रश्न पर टाटा और मोदी जैसे नेता तो विदेशी पूँजी से भी सहयोग करना पसंद करते थे और उन्होंने 1933 में इंप्लॉयर्स फ़ेडरेशन ऑफ़ इंडिया का गठन किया। लेकिन यह प्रयोग बहुत आगे नहीं बढ़ा, क्योंकि भारत में रह रहे अंग्रेज़ व्यापारी अपने भारतीय समकक्षों से सहयोग करने के प्रति कम उत्साहित थे।[123]

इस मोड़ पर भारत के बड़े व्यापारियों का राजनीतिक मत साम्राज्य की इच्छा और राष्ट्रवाद के सवाल पर स्पष्ट रूप से बँटा हुआ था और यह बात अक्टूबर 1933 के लीस-मोदी पैक्ट के सवाल पर एक बार फिर स्पष्ट हो गई। मोदी के नेतृत्व में बंबई के सूती मिल-मालिक, जो खुरदुरा सूती कपड़ा तैयार करते थे, लंकाशायर को प्राथमिकता दिए जाने की बात स्वीकार करने के लिए तैयार थे, पर अहमदाबाद के मिल-मालिक नहीं थे, क्योंकि अच्छे सूती कपड़ों के बाज़ार में उनको लंकाशायर के साथ अधिक प्रत्यक्ष प्रतियोगिता करनी पड़ रही थी। फिर भी, उनके विरोध के बावजूद समझौते पर हस्ताक्षर किए गए। राष्ट्रवादियों ने और बंबई के बड़े घरानों को छोड़ सभी व्यापारी संगठनों ने इसकी निंदा की। लेकिन व्यापारी समुदाय में दरार और बढ़ने के साथ यह बात और भी स्पष्ट हो गई कि किसी सरकारी नीति को बदलवाने के बारे में व्यापारी समूहों के पास शक्ति कम ही थी। यह बात तब स्पष्ट हो गई जब रिज़र्व बैंक विधेयक पारित हुआ और व्यापार जगत के प्रतिरोध के बावजूद 1934 में चीनी पर आबकारी लगा

दी गई। इसके कारण, कांग्रेस के टकराव के रवैये और उसकी आंदोलनों की राजनीति के बावजूद, उसके साथ संबंध बनाए रखने की विवशता पैदा हुई।

इसलिए गांधी ने अप्रैल 1934 में जब सविनय अवज्ञा आंदोलन को औपचारिक रूप से स्थगित किया, तो भारतीय व्यापार जगत ने इस निर्णय का स्वागत किया; भारतीय राजनीति में संविधानवाद की वापसी उसके लिए राहत का कारण थी। सरकार ने वफ़ादारी का समुचित पुरस्कार दिया; टिस्को (टाटा आयरन एंड स्टील कंपनी) के हित में असेंबली में इस्पात संरक्षण विधेयक (स्टील प्रोटेक्शन बिल) पारित हो गया और बंबई के कपड़ा उद्योग को हिंद–जापान समझौते से लाभ प्राप्त हुआ, जिसमें भारत में जापानी मालों की बिक्री के बारे में एक कोटे की व्यवस्था थी। लेकिन उन लोगों के लिए बड़ी दुविधा थी, जिन्होंने कांग्रेस का साथ दिया था; वे लोग जवाहरलाल नेहरू, सुभाषचंद्र बोस और जयप्रकाश नारायण के नेतृत्व में समाजवाद के उदय को लेकर बौखलाए हुए थे। इन नेताओं ने अक्टूबर 1934 में कांग्रेस समाजवादी पार्टी की स्थापना कर ली थी। लेकिन, जैसा कि आदित्य मुखर्जी (1986) का ज़ोरदार तर्क है, इस लाल खतरे ने उनको साम्राज्यिक अधिकारियों की बाँहों में नहीं धकेला। समाजवाद पर अंकुश लगाने के बारे में उनकी रणनीति यह थी कि कांग्रेस के दक्षिणपंथियों को संरक्षण दिया जाए, अर्थात् "वल्लभभाई, राजाजी और राजेंद्र बाबू" जैसे व्यक्तियों को जो, बिड़ला के शब्दों में, "साम्यवाद और समाजवाद से लड़ रहे" थे,[124] और यह भी कि गांधी के पीछे पूरी शक्ति लगा दी जाए। कांग्रेस पर फिर से नियंत्रण प्राप्त करने के लिए गांधीवादी भी पूँजीपतियों का समर्थन और वित्तीय सहायता पाने के लिए बेचैन थे। 1934 के चुनाव में बड़े घरानों का पैसा कांग्रेस की जीत का एक अहम कारण था।

इस मोड़ पर पूँजीपतियों का प्रमुख स्वार्थ यह था कि कांग्रेस को संवैधानिक राजनीति के दायरे में रखा जाए और उसके समाजवादी पंख कतर दिए जाएँ। इसके लिए वे कांग्रेस की अंदरूनी राजनीति में दखल देने तक के लिए तैयार थे। 1936 के "बंबई घोषणापत्र" ने, जिस पर बंबई के इक्कीस पूँजीपतियों ने हस्ताक्षर किए थे, नेहरू के समाजवादी आदर्शों के प्रचार की खुली भर्त्सना की; इस प्रचार को निजी संपत्ति के लिए तथा देश की शांति और समृद्धि के लिए घातक करार दिया गया था। हालाँकि उसे व्यापार जगत के किसी और भाग का समर्थन नहीं मिला, पर उसने कांग्रेस के अंदर भूलाभाई देसाई और गोविंद वल्लभ पंत जैसे नरमपंथियों को अवश्य मज़बूत किया, जिन्होंने नेहरू पर दबाव डाला कि वे अपने समाजवादी उद्‌गारों को थोड़ा नरम बनाएँ। 1937 के चुनावों में भाग लेने और उसके बाद पद स्वीकार करने के कांग्रेस के निर्णय ने पूँजीपतियों को उसके और करीब खींचा। बराबर बिगड़ती आर्थिक दशाओं के संदर्भ में अब मोदी जैसे शंकालु भी राष्ट्रवादियों के और पास आए। लेकिन व्यापारिक पूँजी एक बार फिर भले ही 1937 के चुनावों में कांग्रेस की शानदार जीत का एक अहम कारण रही, पार्टी पूँजीपतियों के वर्चस्व से अभी भी बहुत दूर थी।

वास्तव में कांग्रेस ने आठ प्रांतों में मंत्रिमंडल बनाए, तो श्रम (मज़दूर) और पूँजी

(व्यापारी) दोनों ने खुशियाँ मनाईं और आशाएँ जगीं, और पार्टी को इन दो परस्परविरोधी हितों के बीच बराबर संतुलन बनाकर रखना पड़ा। कांग्रेसी शासन वाले प्रांतों में उसके कार्यकाल के पहले दो वर्षों में ट्रेड यूनियन गतिविधियों और श्रमिक असंतोष में अभूतपूर्व वृद्धि हुई, खासकर मद्रास और संयुक्त प्रांत में, और कांग्रेस मंत्रिमंडलों को श्रमिक कल्याण कार्यक्रम लागू करने के लिए अनेक प्रस्ताव पारित करने पड़े, जिनका उसने चुनाव के दौरान वादा किया था। इससे पूँजीपति निश्चित रूप से भड़के, लेकिन प्रांतीय सरकारों की रूढ़िवादी आर्थिक और वित्तीय नीतियों ने उसमें और बढ़ोतरी की। वित्तीय कठिनाइयों से ग्रस्त इन सरकारों के पास संपत्ति कर या विक्रय कर जैसे कर बढ़ाने के अलावा कुछ खास रास्ता भी नहीं था, और व्यापारिक घराने इनको पसंद नहीं करते थे। वे अब एक साथ हो गए और कांग्रेस हाईकमान इससे चिंतित हो उठा। इस कारण 1938 के वसंत तक कांग्रेस की नीतियों में एक उल्लेखनीय परिवर्तन आया, जब उसने पूँजीवादी हितों को तुष्ट करने के प्रयास किए। इस परिवर्तन की सबसे प्रामाणिक अभिव्यक्ति उसकी श्रम नीति में देखी गई, जिसके कारण नवंबर 1938 में बंबई का कुख्यात व्यापारिक विवाद कानून (बॉम्बे ट्रेड्स डिस्प्यूट्स ऐक्ट) पारित हुआ। उसका उद्देश्य हड़ताल और तालाबंदी दोनों पर रोक लगाना था, पर पूँजीपतियों की ओर उसका भारी झुकाव था। यह नई श्रमविरोधी मानसिकता दूसरे प्रांतों में भी देखी गई, जहाँ 1939 के बाद औद्योगिक विवादों में क्रमिक रूप से कमी आने लगी। कांग्रेस की विचारधारा और औद्योगिक संबंधों के बारे में उसकी नीति ने पूँजीपतियों का डर दूर कर दिया और दोनों के बीच तालमेल पैदा किया। लेकिन व्यापार जगत के रवैयों के बारे में एक सामान्य निष्कर्ष निकालना यहाँ भी कठिन है, क्योंकि संयुक्त प्रांत और मद्रास के कुछ उद्योगपति अभी भी कांग्रेस के प्रति शंकाग्रस्त थे, जबकि मुस्लिम उद्योगपति कुल मिलाकर उससे विमुख ही रहे।[125]

इस पूरे काल में और उसके बाद भारतीय पूँजीपतियों ने कांग्रेस के साथ एक रणनीतिक संबंध बनाकर रखा। उनमें से अधिकांश राष्ट्रवाद के विरोधी नहीं थे, पर संविधानवाद को पसंद करते थे तथा विद्रोहों और क्रांतियों से डरते थे। भारत छोड़ो आंदोलन के आरंभ से ठीक चार दिन पहले बंबई के कुछ अग्रणी उद्योगपतियों, जैसे ठाकुरदास, जे. आर. डी. टाटा और बिड़ला ने वायसरॉय को पत्र लिखा कि "युद्ध के बीच में भी सही देश ... को राजनीतिक स्वतंत्रता का दान" ही भारतीय संकट का त्वरित समाधान था।[126] लेकिन इसी माँग के साथ भारत छोड़ो आंदोलन जब सचमुच आरंभ हुआ, तो उसे समर्थन देने में वे काफ़ी झिझकते रहे और उन्होंने वायसरॉय को उसका विरोध करने का आश्वासन दिया। मगर तूफ़ान के गुज़रने के बाद वे फिर कांग्रेस की ओर झुक गए, और फिर जब सत्ता के हस्तांतरण की बातचीत शुरू हुई, तो सहयोग के लिए और भी तत्पर दिखाई देने लगे। भारत छोड़ो आंदोलन की हार के बाद कांग्रेस एक रूढ़िवादी नेतृत्व के अधीन आ गई, जो पूँजीपतियों से सहयोग करना और पूरी तरह संविधानवाद के दायरे में ही रहना चाहता था।

इससे भी अहम बात यह है कि जवाहरलाल नेहरू की समाजवादी सोच ने आर्थिक नियोजन की जिस प्रक्रिया का आरंभ किया था, उद्योग जगत के कुछ नेताओं ने उसमें सक्रिय रूप से भाग लिया। सुभाषचंद्र बोस की अध्यक्षता वाली कांग्रेस ने 1938 में जब अपनी पहली राष्ट्रीय योजना समिति का गठन किया, तो उसमें पुरुषोत्तमदास ठाकुरदास, ए. डी. श्रॉफ़, अंबालाल साराभाई और बालचंद हीराचंद जैसे प्रमुख उद्योगपति भी शामिल थे। रोचक बात यह है कि इनमें से दो ने–ठाकुरदास और हीराचंद ने–1936 के उस 'बंबई घोषणापत्र' पर हस्ताक्षर किए थे, जिसमें नेहरू के समाजवादी आदर्शों की गंभीर भर्त्सना की गई थी। पर बदले हुए हालात में नियोजन के विचार के प्रति भारतीय व्यापार जगत की प्रतिबद्धता तब फिर देखी गई, जब 1944 में उन्होंने स्वतंत्र रूप से वह दस्तावेज़ तैयार किया जिसे 'बंबई योजना' कहते हैं। इसके आठ हस्ताक्षरकर्त्ता "भारत के व्यापार जगत के एक व्यापक भाग" का प्रतिनिधित्व करते थे,[127] और इस योजना ने भावी कांग्रेस सरकारों की पंचवर्षीय योजनाओं और औद्योगिक नीतियों का सही अर्थों में पूर्वानुमान कराया।

इस तरह इस पूरे समीक्षाधीन काल में भारतीय पूँजीपतियों और कांग्रेस का आपसी संबंध रणनीतिक, मुद्दों पर आधारित, बल्कि व्यवहारमुखी भी रहा। राष्ट्रवाद से पूँजीपतियों की प्रतिबद्धता निश्चित ही व्यापारिक हितों से ऊपर न थी और कांग्रेस को समर्थन तो पूरी तरह सशर्त था। पर वे लोग न तो अंग्रेज़ों के वफ़ादार थे, न देशद्रोही, और शंकाओं के बावजूद वे कांग्रेस के कार्यक्रम के अनेक पक्षों से सहमत थे। इस जटिल, निरंतर विकासमान और बहुमुखी संबंध में किसी सुसंगत विचारधारा की पहचान करना कठिन है।

## 7.4 मज़दूर वर्ग के आंदोलन

भारत के क्रमिक उद्योगीकरण के कारण न केवल भारतीय पूँजीपति सार्वजनिक जीवन में उभर कर सामने आए, बल्कि उसने एक औद्योगिक मज़दूर वर्ग भी पैदा किया। उन्नीसवीं सदी के आरंभिक वर्षों से पूर्वोत्तर और दक्षिण भारत में चाय बागान के विकास और एक नवजात लोहा और इस्पात उद्योग के आरंभ ने, उन्नीसवीं सदी के मध्य से रेल–निर्माण के आरंभ ने, इसी काल में पूर्वी भारत में खनन कार्य के आरंभ ने तथा पहले विश्वयुद्ध के समय से दो उद्योगों–कलकत्ता और उसके आसपास जूट उद्योग की तथा बंबई और अहमदाबाद में सूती उद्योग के–विकास ने भारत में संगठित क्षेत्र में एक औद्योगिक मज़दूर वर्ग को जन्म दिया (देखें अध्याय 2)। उन्नीसवीं सदी के अंतिम और बीसवीं सदी के आरंभिक वर्षों में मज़दूर वर्ग के आकार में विशाल वृद्धि हुई। जनगणना के आँकड़ों के अनुसार 1911 में 30.3 करोड़ की जनसंख्या में संगठित उद्योग क्षेत्र के मज़दूरों की संख्या लगभग 21 लाख थी; 1911 और 1921 के बीच इसमें लगभग 5. 75 लाख मज़दूरों की वृद्धि हुई। इनके अलावा तथाकथित 'अनौपचारिक क्षेत्रों' के मज़दूर भी थे, जैसे गोदियों (docks) और बाज़ारों में कार्यरत आकस्मिक मज़दूर या घरेलू नौकर, जिनके बारे में हमारे पास बहुत कम जानकारी है।

शहरों के औद्योगिक मज़दूर वर्ग की यह संख्या-वृद्धि गाँवों से शहरों की ओर निरंतर होनेवाले पलायन के कारण ज़ारी रही। कुछ इतिहासकारों के अनुसार यह पलायन 'कर्षक बल' (push factor) का परिणाम था; गाँवों के गरीब अपने गाँवों से इसलिए बाहर निकले कि अति-तनावग्रस्त खेतिहर अर्थव्यवस्था एक अतिरिक्त श्रमबल का बोझ अब और नहीं उठा सकती थी। मॉरिस डी. मॉरिस का तर्क है कि "भूमिहीन मज़दूरों और सीमांत किसानों" की बढ़ती संख्या "बंबई के सूती मिलों के लिए संभावित श्रमबल का एक बड़ा भाग थी।"[128] उधर पूर्वी भारत में, रणजीत दासगुप्त के शब्दों में, "ग्रामीण अर्थव्यवस्था में ... पर्याप्त रोज़गार पाने में असमर्थ तबाह हो चुके दस्तकार (हस्तशिल्पी), मज़दूर जिन्हें पर्याप्त रोजगार नहीं उपलब्ध है ... खेतिहर अर्थव्यवस्था में हो रहे परिवर्तनों से अस्तव्यस्त हो चुके खेतिहर और अकुशल व्यक्ति जूट मिलों में कार्यरत कामगारों का बहुमत" थे। लेकिन वे (दासगुप्त) यह भी मानते हैं कि उन कामगारों का "एक बड़ा भाग भूस्वामी किसान समूहों से" भी आता था।[129] हाल के वर्षों में इस रूढ़ छवि के बारे में संदेह व्यक्त किए गए हैं; उदाहरण के लिए, अर्जन दे हान (1995) ने जिन्होंने पूर्वी भारत में श्रमिकों के प्रवास के अनेक कारणों की पहचान की है; इन कारणों में केवल "भूमि की कमी के कारण लगनेवाला 'कर्षक बल' ही नहीं" है, बल्कि औद्योगिक रोज़गार के आकर्षण और शहरी जीवन के प्रलोभन भी शामिल हैं। अलग-अलग व्यक्तियों के लिए प्रवास की ये प्रेरणाएँ अलग-अलग थीं; (शहरों में) भूमिवान व्यक्ति भी प्रवास करते थे और भूमिहीन भी। अधिकांश मामलों में यह प्रवास मौसमी होता था, क्योंकि अधिकांश प्रवासी गाँवों से नियमित संबंध बनाए रखते थे, फ़सलों की कटाई के समय या शादी-ब्याह के समय या त्योहारों के दिनों में अपने पुश्तैनी घरों (गाँवों) को वापस जाते थे, और अपने परिवारों को नियमित रूप से पैसे भेजते थे। राजनारायण चंदावरकर का तर्क है कि शहरों में प्रवास और गाँवों से संबंध बनाए रखना उनके लिए "सायास चयन" का सवाल था, क्योंकि इसको कर्ज़ों की अदायगी का, ज़मीनें अपने हाथ में बनाए रखने का तथा ग्रामीण समाज में अपने पद और प्रतिष्ठा में वृद्धि का साधन समझा जाता था।[130] इसके अलावा, बाप-दादों के गाँव वाले "घर" के साथ संबंधों के ज़ारी रहने के कारण जो मनोवैज्ञानिक सहारा मिलता था, वह शहर के जीवन की अनिश्चिताओं का समाधान हुआ करता था।[131]

इस कारण शहरी-औद्योगिक बस्तियों में ये प्रवासी मज़दूर एक मज़दूरवर्गीय चेतना विकसित करने की बजाय सांस्कृतिक द्वैत्व से युक्त एक व्यक्तित्व बनाए रखते थे, एक किसान और एक औद्योगिक मज़दूर के रूप में, तथा धार्मिक समूहों और जातियों में विभाजित रहते थे। मज़दूर बस्तियों की जनांकिकीय संरचना ठीक उन्हीं गाँवों जैसी लगती थी जहाँ से वे आते थे; दूसरे शब्दों में, उनके ग्रामीण संबंध उनके शहरी-औद्योगिक परिवेश में भी बने रहते थे। मज़दूरों के मुहल्लों में धार्मिक समूहों के भौतिक अलगाव के अलावा उनकी सामुदायिक पहचान अपने आप को खानपान पर जाति-सम्मत प्रतिबंधों के पालन में, उनकी वेश-भूषा में और उनके उन नारों में व्यक्त करती थी, जिनमें

अकसर धार्मिक मुहावरों का प्रयोग किया जाता था।[132] कार्यस्थलों पर भी किसी उद्योग के विभिन्न विभाग पूरी तरह विशेष धार्मिक समुदायों या सामाजिक समूहों द्वारा संचालित होते थे।[133] अकसर अच्छी नौकरियाँ ऊँची जातियों के लोग पाते थे, जबकि निचली जातियों और अछूतों के हिस्से में कम वेतन वाली और जोखिमभरी नौकरियाँ आती थीं।[134] इस तरह आरंभ से ही यह मज़दूर वर्ग विभेदीकृत संपन्न और श्रेणीबद्ध रहा और कुछ इतिहासकारों के अनुसार ऐसा भरती की एक ढाँचाबद्ध प्रणाली के कारण हुआ।

यूरोप की स्थिति के विपरीत भारत में एक सर्वहारा बन रहे किसान वर्ग में से खुली भरती की कोई व्यवस्था नहीं थी; भरती अकसर ठेकेदारों के माध्यम से की जाती थी। पूर्वी और पश्चिमी भारत में सरदार और उत्तर में मिस्त्री कहलाने वाले ये लोग मज़दूरों में से ही नियुक्त किए जाते थे। मालिकों के अनुसार श्रम की घटती-बढ़ती माँग की स्थिति में ये ठेकेदार मज़दूरों की नियमित आपूर्ति के साधन होते थे। रोज़गार की अत्यंत अस्थायी प्रकृति के कारण मज़दूरों की दृष्टि में ये ठेकेदार संरक्षण के स्रोत होते थे, क्योंकि वे रोज़गार दिलाते थे, सर पर छत (आवास) पाने में मदद करते थे और बेरोज़गारी के दिनों में कर्ज़ की ज़मानत देते थे। गाँव, समुदाय और जाति के संबंधों के आधार पर इन सरदारों की अपनी प्राथमिकताएँ होती थीं और इस तरह उनके इर्द-गिर्द परस्पर निर्भरता के सामाजिक ताने-बाने बुने जाते थे। शहरों की मज़दूर बस्तियों में ये तानेबाने अनेक रूपों में अभिव्यक्त होते थे और बेहद असहाय स्थिति में होने के कारण इन मज़दूरों को संरक्षण और सुरक्षा के लिए इन्हीं संबंधों पर निर्भर रहना पड़ता था। इसलिए, जैसा कि मॉरिस का तर्क है, ये ठेकेदार न सिर्फ़ मज़दूरों को भरती कराते थे, बल्कि "श्रम-अनुशासन लागू कराने में वे अनियंत्रित शक्ति" से भी लैस होते थे।[135]

सरदारों की भूमिका की इस अतिशयोक्ति पर कुछ आधुनिक विद्वानों ने सवाल उठाए हैं। किसी विशेष विभाग में समुदायविशेष का जमाव मालिक की भरती संबंधी विशेष नीति का भी परिणाम होता था; ये मालिक अकसर उपनिवेशवादी रूढ़ छवियों से प्रभावित होते थे।[136] फिर अगर धार्मिक और उपजातीय (ethnic) श्रेणीकरण का बहुत महत्त्व था, तो भारतीय उद्योगों की नीतियों में लैंगिक असमानताएँ तो और भी गहरी जड़ें जमाए बैठी थीं। जैसा कि शमिता सेन ने दिखाया है, बंगाल की जूट मिलों में कुछ कामों की पहचान स्त्रियों के लिए उनकी पारिवारिक व्यस्तताओं और संतानोत्पत्ति की जिम्मेवारी के कारण, खास तौर पर उन्हीं के लिए "उपयुक्त" काम के रूप में की गई थी। ये काम आमतौर पर अकुशल और इसलिए कम वेतन वाले होते थे।[137] इस तरह दूसरे शब्दों में, रोज़गार पाने के लिए मज़दूर वैचारिक प्राथमिकताओं और निजी संबंधों के एक पूरे ताने-बाने पर निर्भर होते थे, और सरदार इस ताने-बाने का बस एक हिस्सा भर होते थे।[138] मज़दूर अगर सरदारों पर निर्भर होते थे तो दूसरी ओर तब वे उनकी अवज्ञा भी करते थे और उनके विरुद्ध हो जाते थे, जब ये संरक्षक कुछ करा नहीं पाते थे या उनके हितों के विरुद्ध कुछ करते थे। 1919-20 में कलकत्ता के जूट मिलों में सरदारों के विरुद्ध अनेक हड़तालें हुई और आंदोलन हुए, जिनसे "सरदारी ताकत का भ्रम" चूर हो जाता

है।[139] दूसरी ओर, हमेशा मालिकों के हितों की चाह और कार्यस्थल पर अनुशासन बनाए रखना तो दूर, कभी-कभी सरदार स्वयं ही मज़दूर आंदोलनों के संगठनकर्त्ता बन जाते थे, जैसा कि कलकत्ता के जूट मिलों में 1927 और 1937 में हुआ।[140] पश्चिम भारत में सरदार के कामकाज पर बस्ती या कार्यस्थल के अंदर की ही अनेक शक्तियाँ अंकुश लगाती थीं तथा 1920 और 1930 के दशकों के दौरान मज़दूरवर्गीय राजनीति के विकास के कारण उनका सामाजिक प्रभाव निश्चित रूप से कम हुआ। जैसा कि चंदावरकर का कथन है, सरदार सामाजिक अंतर्निभरता के एक अनौपचारिक तंत्र के अंग होते थे; सरदारी की व्यवस्था वास्तव में "ग्रामीण प्रवासियों के कार्यों और स्वतंत्र संगठनों" की देन थी; केवल श्रमिकों को नियंत्रण में रखने के लिए मालिकों की पैदा की हुई व्यवस्था नहीं थी।[141]

फिर भी, जिस बात को शायद ही अस्वीकार किया जा सके, वह यह है कि ये प्रवासी श्रमिक अपने सामुदायिक संबंधों और संगठनों में गुँथे हुए रहे और जैसा कि कहा गया, इस बात ने वर्गीय चेतना के विकास में बाधा पहुँचाई। इसका यह अर्थ निश्चित ही नहीं कि वे अपनी सामाजिक स्थिति के प्रति चेतन नहीं थे। जैसा कि दीपेश चक्रवर्ती ने दिखाया है,[142] वे अपनी गरीबी के बारे में पूरी तरह जागरूक थे, फ़ैक्टरियों के अंदर के शक्ति-संबंधों के प्रति सजग थे, और रोज़गार में अपनी अधीनता के प्रति असंतुष्ट थे। तोड़-फोड़ के उदाहरण भी सामने आए और फ़ैक्टरी में शक्ति की संरचना को उलट-पलट करने की कोशिशें भी की गईं। फिर भी उनकी मालिक विरोधी मानसिकता, मज़दूर या गरीब के रूप में उनकी पहचान की भावना अकसर दूसरी अधिक संकीर्ण और परस्परविरोधी पहचानों से गुँथी हुई रही। इस तरह धार्मिक और जातिगत विभाजनों ने मज़दूरों में क्षैतिज विभाजन बनाए रखा, और औद्योगिक कार्रवाइयों को कमज़ोर करने के लिए मालिकों ने अकसर इनका उपयोग किया। उदाहरण के लिए, 1921 में मद्रास की कपड़ा मिलों की हड़ताल में सवर्ण हिंदू या मुस्लिम यूनियनवालों के खिलाफ़ आदि-द्रविड़ों (अछूतों) का उपयोग हड़ताल तोड़ने वालों के रूप में किया गया।[143] औद्योगिक बस्तियों में हिंदू और मुसलमान मज़दूरों के बीच लगातार सांप्रदायिक दंगे होते रहे; एक मस्ज़िद गिराए जाने के बाद कलकत्ता में 29 जून 1897 का तल्ला दंगा इसका एक आँखें खोल देने वाला मात्र एक उदाहरण है। कहा गया है कि मज़दूरों की इस तरह की कार्रवाइयाँ वर्गीय चेतना से अधिक उनकी "सामुदायिक" चेतना से प्रेरित होती थीं। चक्रवर्ती के अनुसार इसकी व्याख्या उनकी "पूँजीवाद-पूर्व की संस्कृति" के आधार पर की जा सकती है।[144] यह बात ट्रेड यूनियनों के सीमित विकास में सबसे अधिक स्पष्ट हुई, हालाँकि औद्योगिक कार्रवाइयों की कोई कमी नहीं थी। चक्रवर्ती का कथन है कि "इतना अधिक जुझारूपन और फिर भी इतना कम संगठन" मज़दूर वर्ग के इतिहास का एक "विरोधाभास" है।[145] इसका कारण यह था कि एक "पूँजीवादी लोकतांत्रिक संगठन" के रूप में ट्रेड यूनियन की धारणा भारतीय मज़दूरों के सांस्कृतिक जीवन के लिए अजनबी थी।[146] यहाँ तक कि ट्रेड यूनियनों के मध्यवर्गीय नेताओं के साथ उनके संबंध भी एक श्रेणीबद्ध ढाँचे

में–"बाबू-कुली संबंध"–के रूप में गुँथे हुए रहे।[147] इसलिए आश्चर्य नहीं कि ऐसी स्थिति में एक अधिक परिष्कृत वर्गीय चेतना का जन्म नहीं हुआ।

अगर हम ऐसी आशाएँ न रखें कि भारत के औद्योगिक मज़दूरों को भी अपने यूरोपीय भाइयों की तरह एक मज़दूरवर्गीय चेतना का विकास करना चाहिए था, तो हो सकता है कि हम उनके इतिहास को एक अलग ढंग से देखने लगें और उनकी राजनीति के कुछ अधिक दिलचस्प सूक्ष्म भेद (nuances) सामने आएँ। जैसे मद्रास में आदि-द्रविड़ों के अधिक हड़तालतोड़ने वाला बनने का कारण यह था कि सवर्ण हिंदुओं और मुसलमानों के मुकाबले जीवन-निर्वाह के लिए मज़दूरी पर अपनी पूरी निर्भरता के कारण वे आर्थिक रूप से काफ़ी असहाय थे।[148] अनेक उदाहरणों में जो एक बात "सांप्रदायिक दंगा" नज़र आती थी, वह वस्तुतः पूरी तरह सांप्रदायिक नहीं होती थी। तल्ला दंगा समेत अनेक दंगों में हमले के मुख्य निशाने पुलिसवाले थे, और धार्मिक विभाजक रेखा के आरपार भी सहयोग के उदाहरण सामने आए।[149] कलकत्ता की तरह कानपुर में भी, 1900 की प्लेग संबंधी उथल-पुथल या 1913 के मछली बाज़ार के दंगे में खास शिकायत एक हस्तक्षेपकारी राजसत्ता के विरुद्ध रही।[150] 1900 वाली उथल-पुथल तो, 1898 में बंबई या कलकत्ता की ऐसी ही उथल-पुथल की तरह, प्लेग संबंधी ऐसे नियम-कानूनों को लागू करने के कारण भड़की, जिनसे निजता के धार्मिक आचार-विचार प्रभावित होते थे, जबकि मछली बाज़ार का दंगा सड़क-निर्माण की परियोजना के कारण एक मस्ज़िद के गिराए जाने पर भड़का। दूसरी ओर, यह बात भी ध्यान में रहे कि अपने वर्गीय हितों और माँगों को पूरा कराने के लिए समुदायों के बीच वर्गीय एकजुटता को बढ़ावा देने के उद्देश्य से मज़दूर अकसर अपने अनौपचारिक सामुदायिक संबंधों का तथा मस्ज़िद या गुरुद्वारा जैसी धार्मिक संस्थाओं का उपयोग करते थे और कभी-कभी टकराव के काल में गिरते मनोबल को दोबारा बढ़ाने के लिए धार्मिक मुहावरों और नारों का सहारा लेते थे।[151] लेकिन, इस सिलसिले के दूसरे छोर पर, अनालोचनात्मक ढंग से यह मानने का कोई कारण नहीं है कि मज़दूरों की मानसिकता हमेशा उनके धर्म से संचालित होती थी। शहरी कार्यस्थल के समताकारी प्रभावों ने पुरानी वफ़ादारियों को भी कमज़ोर किया और नए संबंधों की नींव रखी। जैसा कि मैसूर में कोलार सोना खदानों के मज़दूरों में जानकी नायर ने देखा, "बुद्धिवाद और नास्तिकता की बढ़ती लहर तक ने भी अनेकों का मत-परिवर्तन कराया।"[152]

कम मज़दूरियों, काम की अनुपयुक्त दशाओं और अकसर जीवन के अधोमानवीय (sub-human) वातावरण के प्रति मज़दूरों की प्रतिक्रिया आम तौर पर वह चीज़ होती थी, जिसे एक लेखक ने "विमुक्त प्रतिरोध (disaggregated resistance)"[153] कहा है, जिसका अर्थ निकासी और अनुपस्थिति है; पूरे औद्योगिक परिदृश्य में इसके ढेरों उदाहरण देखने को मिलते हैं। लेकिन इसे छोड़ दें तो ट्रेड यूनियनों के सीमित विकास के बावजूद भारतीय उद्योगों में सफल हड़तालों का एक सिलसिला रहा है। और इसका कारण वह अनौपचारिक समुदाय रहा है जिसका उल्लेख किया जा चुका है। बंबई

के कपड़ा मज़दूरों ने 1919 और 1940 के बीच आठ बार हड़ताल की, हर बार उनकी हड़ताल एक माह से ऊपर चली और 1928-29 में तो साल भर से ऊपर चली।[154] और सिर्फ़ बंबई ही नहीं, ऐसी हड़तालें अहमदाबाद (1918, 1923, 1935, 1937), शोलापुर (1920, 1928, 1934, 1937), कलकत्ता (1920-21, 1929, 1937), जमशेदपुर (1920, 1922, 1928, 1942), नागपुर (1934), मद्रास (1918, 1921), कोयंबटूर (1938) और रेलवे (1928, 1930) में भी हुईं। जैसा कि हम आगे देखेंगे, ट्रेड यूनियनों का जन्म वास्तव में ऐसे ही टकरावों से हुआ। इसलिए मज़दूरों के समुदाय, वर्ग और सामूहिक कार्रवाई के इसी जटिल ताने-बाने में हमको उपनिवेशी राजसत्ता और राष्ट्रवाद के साथ उनके संबंधों का पता लगाना होगा।

उपनिवेशी राजसत्ता के प्रति मज़दूरों का रुख गाँवों में हाकिमों (अधिकारियों) के साथ उनके पिछले अनुभवों से तय हुआ। वहाँ उनको ज़मींदार और राज्य के गठजोड़ का सामना करना पड़ता था, जबकि उद्योग केंद्रों में उनको अपनी रोज़मर्रा की ज़िंदगी पर इसी गठजोड़ का एक और रूप हावी नज़र आया।[155] मालिकों के संगठनों पर, जैसे कलकत्ता के इंडियन जूट मिल्स एसोसिएशन पर यूरोपवालों का वर्चस्व था; बॉम्बे मिल ओनर्स एसोसिएशन पर हालाँकि भारतीय पूँजीपतियों का नियंत्रण था, पर फिर भी उसे इसी विजातीय साम्राज्यिक संस्कृति का विस्तार समझा जाता था। इसका कारण एक बड़ी सीमा तक इन पूँजीपतियों की यूरोपीय जीवन शैली थी, उनका यूरोपीय मिल-मालिकों से खुला सामाजिक मेलजोल था, और राज्य की मालिक-समर्थक नीतियों ने ऐसी छवियों को और भी प्रखर बनाया।[156] निश्चित ही ऐसे कुछ कानून बनाए गए जिन्होंने कामगारों की आयु और काम के घंटों का निश्चय किया, जैसे बंगाल में 1881 और 1911 के फैक्टरी ऐक्ट्स। लेकिन राज्य की सक्रिय मिलीभगत से मालिक ऐसे कानूनों का बेझिझक उल्लंघन करते रहे और लंबे घंटों तक मज़दूरों का काम करना ज़ारी रहा, उन्हें कम मज़दूरी दी जाती रही और वे गंदगी की दशाओं में रहते रहे।[157] पूर्वी भारत के कोयला क्षेत्रों में कोयला खदानें वास्तव में "ज़मींदारी जागीरों के औद्योगिक समकक्ष" की तरह काम करती रहीं और यहाँ की ज़मींदारी के प्रबंधक हमेशा ही यूरोपवासी होते थे। आम नियम यह था कि खदान मज़दूरों को ऐसे सेवा संबंधी अनुबंधों में बाँध दिया जाए, जिनके अंतर्गत उनको खदानों में मज़दूरी के बदले ज़मीन का छोटा-सा एक टुकड़ा दे दिया जाता था। 1908 में छोटानागपुर टेनेंसी ऐक्ट ने सेवा के ऐसे अनुबंधों पर रोक लगा दी। लेकिन ये तब तक बेरोकटोक जारी रहे जब तक कि मंदी ने 1930 के दशक के दौरान उनको व्यर्थ नहीं बना दिया, और स्थानीय उपनिवेशी अधिकारी कानून के इस सायास उल्लंघन को भी गलत नहीं समझते थे।[158] इसी तरह असम के चाय बागानों में, जहाँ 1926 में घृणित करार व्यवस्था (indentured system) का उन्मूलन किया गया, मज़दूरों के साथ "फिर से करार" करने की "कानूनेतर" (extra legal) प्रथा राज्य के हस्तक्षेप के बिना ज़ारी रही।[159]

1920 के दशक में, थोड़े समय के लिए ही सही, उपनिवेशी राज्य और कुछ

मालिकों ने वार्ताओं के वैध माध्यमों के रूप में ट्रेड यूनियनों की उपयोगिता का अनुभव किया। यह 1919 के कानून के अंतर्गत विधायिकाओं में श्रमिक वर्ग को प्रतिनिधित्व दिए जाने की प्रतिक्रियास्वरूप हुआ; बाद में इस सिद्धांत को नगरपालिकाओं में भी लागू किया गया। इस तरह रवैये का यह परिवर्तन हृदय-परिवर्तन कम था और "सीमित रखने के विचार" पर अमल अधिक था।[160] बंबई के कपड़ा मिलों में 1928 की आम हड़ताल के बाद और पूरे 1930 के दशक के दौरान राज्य ने ट्रेड यूनियनों और मज़दूर वर्ग की कार्रवाइयों के प्रति केवल शुद्ध शत्रुता का प्रदर्शन किया।[161] मज़दूर वर्ग के जुझारूपन और ट्रेड यूनियनों की कार्रवाइयों पर रोक लगाने के लिए 1934, 1938 और 1946 में अनेक श्रम-विरोधी कानून ही नहीं बनाए गए, बल्कि बार-बार पुलिस का उपयोग भी हड़तालें तोड़ने और मज़दूरों पर अनुशासन लादने का एक आसान हथियार बन गया। ऐसा पूरे भारत के हर उस औद्योगिक केंद्र में हुआ, जहाँ राजसत्ता के एकमात्र गोचर प्रतिनिधि के रूप में पुलिस मज़दूरों को दमन के लंबे हाथ समान नज़र आती रही।

भारतीय मज़दूर अगर बँटे हुए रहे, अगर आपस में प्रतियोगिता करते रहे और ट्रेड यूनियन आंदोलनों में शामिल नहीं होते थे, तो यह सब एक बड़ी हद तक इसी मालिक-राज्य मिलीभगत का परिणाम था। उद्योग और फैक्टरी, दोनों के स्तर पर मज़दूरों को एकता के प्रयास करने पर निकाला, धमकाया, दबाया जाता था और कभी-कभी उन पर शारीरिक हमले कराए जाते थे, जबकि हड़ताल होने पर, श्रम की अति-आपूर्ति के कारण मालिक हड़ताली मज़दूरों को आसानी से बरखास्त कर देते थे। इन सभी बातों में राज्य हमेशा मालिकों का साथ देता था। जैसा कि चंदावरकर का तर्क है, इन कारणों ने ट्रेड यूनियनों के विकास को बाधित किया। बॉम्बे टेक्सटाइल लेबर यूनियन या अहमदाबार टेक्सटाइल लेबर एसोसिएशन जैसी बड़ी यूनियनें तक मालिकों और राज्य के दबाव के सामने असहाय होती थीं।[162] बिन्नी वालों जैसे बड़े अंग्रेज़ कपड़ा मिल-मालिकों ने 1921 में अस्थायी रूप से, प्रांतीय नौकरशाहों की अपेक्षाकृत खुली सहायता के बल पर, मद्रास लेबर यूनियन को कुचल ही दिया था।[163] जब भी अवसर मिला, टिस्को के प्रबंधकों ने जमशेदपुर लेबर एसोसिएशन को कुचलने की कोशिश की, हालाँकि उसे कांग्रेसी नेताओं का सक्रिय संरक्षण प्राप्त था और मालिकों के प्रति उसकी वफ़ादारी जगजाहिर थी; इस सिलसिले में स्थानीय उपनिवेशी प्रशासन हमेशा प्रबंधकों का साथ देता रहा।[164] यहाँ तक कि गुंडों या लंपट तत्त्वों को भी, जिनको मालिकों का हमेशा संरक्षण मिलता रहता था और जो हड़तालें तुड़वाने के लिए लगाए जाते थे, हिंसा के संस्थाबद्ध साधनों के रूप में स्थानीय पुलिस अधिकारियों से सुरक्षा मिलती रहती थी।[165] दूसरे शब्दों में, कुछ ऐसी गंभीर बाधाएँ थीं, जो मज़दूरों को एक होने से रोकती, बल्कि हतोत्साह करती रहती थीं।

ऐसी बाधाओं और सीमित ट्रेड यूनियनवाद के बावजूद, जैसा कि कहा गया, उन्नीसवीं सदी के अंतिम वर्षों से ही श्रमिक असंतोष बढ़ता जा रहा था। 1890 के दशक के दौरान कलकत्ता के जूट मिलों में कार्यस्थल संबंधी नए अनुशासन, बकरीद जैसे

त्योहारों पर छुट्टी देने से इनकार और ऐसे प्रतिबंधों को लागू कराने के लिए राज्य के सक्रिय हस्तक्षेप के कारण अनेक हड़तालें हुईं।[166] पहले विश्वयुद्ध के अंतिम वर्षों में वास्तविक मज़दूरियों में युद्धकालीन गिरावट के कारण असंतोष बढ़ा (अध्याय 6.2 देखें), जिसके कारण अनेक हड़तालें हुईं। इनमें सबसे महत्त्वपूर्ण थीं मार्च 1918 में अहमदाबाद की कपड़ा मिल-मज़दूरों की हड़ताल, जिसका नेतृत्व स्वयं गांधी ने किया, और जनवरी 1919 में बंबई की कपड़ा मिल-मज़दूरों की हड़ताल। इन औद्योगिक कार्रवाइयों को अकसर 'स्वतः स्फूर्त' आंदोलन कहा गया है, जिनमें कोई केंद्रीय नेतृत्व नहीं था, हड़तालियों में कोई समन्वय नहीं था, कोई कार्यक्रम या संगठन नहीं था—यानी "मज़दूर वर्ग के विद्रोह" (jacquerie) जैसी कोई चीज़।[167] पश्चिमी भारत के कपड़ा मिलों की तरह कलकत्ता की जूट मिलों में भी इस दौर में अभूतपूर्व श्रमिक असंतोष देखा गया: 1920 में 119 तो 1921 में 151 हड़तालें हुईं।[168] 1922 के बाद स्थिति थोड़ी-सी सुधरी, तो मंदी के आगमन ने स्थिति को दोबारा बिगाड़ दिया। इस संकट से पार पाने के लिए बंबई के मिल-मालिकों ने पुनर्गठन (rationalisation) की नीतियाँ अपनाईं, जिनका अर्थ था छँटनी, मज़दूरी में गिरावट और काम के बोझ में बढ़ोतरी। मिल-मज़दूरों की समस्याएँ इनके कारण इतनी बढ़ीं कि एक अकेले मिल के स्तर पर उनको हल किया ही नहीं जा सकता था और इस तरह 1928-29 में पूरे कपड़ा उद्योग में एक आम हड़ताल हुई।[169] पुनर्गठन की नीतियों के विरोध में 1928 में जमशेदपुर के छब्बीस हज़ार टिस्को मज़दूरों ने भी गंभीर औद्योगिक कार्रवाई की।[170] कलकत्ता की जूट मिलों में इंडियन जूट मिल्स एसोसिएशन ने काम के लंबे घंटे तय किए, तो 1929 में एक आम हड़ताल हुई जिसमें दो लाख बहत्तर हज़ार मज़दूरों ने भाग लिया।[171] मज़दूर वर्ग का जुझारूपन अब तक इतना बढ़ चुका था कि सुस्थापित राजनीतिक समूह अब उसकी उपेक्षा नहीं कर सकते थे।

भारतीय राष्ट्रीय कांग्रेस ने आरंभ से ही मज़दूर वर्ग के प्रति एक अस्पष्ट रुख अपनाया। स्वदेशी के दौर में यूरोपीय स्वामित्व वाले उद्योगों और रेलों में मज़दूरों की हड़तालें कराने के छिटपुट प्रयास हुए। लेकिन मज़दूरों की लामबंदी के लिए राष्ट्रवादी नेताओं ने शायद ही कोई पहल की होगी। मज़दूर वर्ग की "स्वतःस्फूर्त" कार्रवाई ने कभी एक अनुकूल वातावरण पैदा किया, तो उन्होंने उसे केवल अपने आंदोलन से जोड़ने के लिए हस्तक्षेप किया।[172] 1918 तक जब हड़तालें शुरू हुईं और मज़दूर वर्ग अपना दावा जतलाने लगे, तो कांग्रेस के लिए उनकी उपेक्षा करना अधिकाधिक कठिन होता चला गया। इसलिए उसने 1919 में अपने अमृतसर अधिवेशन में एक प्रस्ताव के ज़रिये प्रांतीय कमिटियों से "पूरे भारत में मज़दूर संघों को बढ़ावा देने" का आग्रह किया।[173] लेकिन तब तक बड़े उद्योगपतियों से भी उसका गहरा संबंध विकसित हो चुका था। इसलिए श्रमिक मोर्चे पर कांग्रेस वहीं अधिक मुखर हो सकती थी, जहाँ सवाल यूरोपीय पूँजीपतियों का होता था, जैसे रेलों, जूट मिलों या चाय बागानों में। भारतीय पूँजीपति जहाँ प्रभावित होते थे, वहाँ उन्होंने संयमकारी प्रभाव डाला, जैसे जमशेदपुर के इस्पात संयंत्र में या बंबई और अहमदाबाद के कपड़ा उद्योग में। मज़दूरों से अकसर राष्ट्र के भविष्य के लिए अपनी

आज की ज़रूरतों को कुरबान करने को कहा जाता था, क्योंकि भारतीय उद्योग को प्रभावित करनेवाली किसी हड़ताल को ऐसा बताया जाता था, कि इससे विदेशी आर्थिक प्रभुत्व और मज़बूत हो सकता है। मज़दूरों की अनसुलझी तकलीफ़ें तो स्वराज मिलने के बाद दूर की जाने वाली थीं। 1920 के दशक से ही कांग्रेस की ये दुविधाएँ बहुत स्पष्ट नज़र आने लगी थीं और अकसर मज़दूर मुखर होकर, कभी-कभी हिंसक ढंग से उनको अस्वीकार कर देते थे।

कुछ कांग्रेसी नेताओं ने समय-समय पर हड़तालों में भाग लिया, जैसे 1918 में अहमदाबाद की कपड़ा मिल हड़ताल में गांधी ने और 1928-29 में जमशेदपुर की इस्पात हड़ताल में सुभाषचंद्र बोस ने; कुछ दूसरे नेता ट्रेड यूनियन आंदोलन में भी शामिल हुए, जैसे मद्रास में वी. वी. गिरि और अहमदाबाद में गुलज़ारीलाल नंदा। पर उन्होंने यह सब व्यक्तिगत स्तर पर, अकसर राष्ट्रवादी नेताओं के रूप में अपनी लोकप्रियता बढ़ाने के लिए किया। उनमें से कुछ तो अखिल भारतीय ट्रेड यूनियन कांग्रेस की स्थापना से भी जुड़ रहे, जिसका गठन 1920 में, अंतर्राष्ट्रीय श्रम संगठन के लिए एक भारतीय प्रतिनिधिमंडल गठित करने के उद्देश्य से किया गया था। हालाँकि 1920 के दशक में उससे संबद्ध ट्रेड यूनियनों की संख्या बढ़ी, पर उसका राष्ट्रीय अस्तित्व "अधिकतर काल्पनिक" ही रहा, सिवाय 1929 के जब उसके साम्यवादी अधिग्रहण का खतरा पैदा हुआ।[174] अखिल भारतीय ट्रेड यूनियन कांग्रेस से गांधी की चिढ़ जगज़ाहिर थी और उन्होंने अहमदाबाद यूनियन को, जो हमेशा उनकी वफ़ादार रही, इस संगठन में शामिल न होने को कहा। उनका तर्क था कि "राजनीतिक उद्देश्यों के लिए मज़दूरों की हड़तालों का उपयोग करना भारी भूल" होगी।[175] 1918 से ही वे पूँजी और श्रम के सामंजस्यपूर्ण संबंधों का दर्शन विकसित करते आ रहे थे, जिसे पारिवारिक संबंधों की शब्दावली में व्यक्त किया जाता था। इसलिए 1920 में कांग्रेस के असहयोग के प्रस्ताव ने विदेशी एजेंटों द्वारा मज़दूरों के दमन की बात तो की, पर यह ज़िक्र करने से रह गया कि भारतीय मालिक भी ऐसे ही अत्याचार करते रहते थे।[176] फलस्वरूप भारतीय स्वामित्व वाले उद्योगों के प्रबंधक कांग्रेसी नेताओं के प्रभुत्व वाली ट्रेड यूनियनों को, जैसे अहमदाबाद और जमशेदपुर वाली यूनियनों को, वार्ता के लिए अधिक वांछित वैध माध्यम समझते थे। अहमदाबाद मिल ओनर्स एसोसिएशन के सेठ मंगलदास का विचार था कि "अपने सदस्यों में अनुशासन की भावना भरना" और इस तरह उत्पादकता बढ़ाना ऐसे श्रमिक संगठनों का "पहला कर्त्तव्य" है। दूसरी ओर, ऐसे संगठनों में मज़दूरों की आस्था कम ही रहती थी। अहमदाबाद में 1921-22 के दौरान अनेक हड़तालें हुईं और यूनियनें उनको नियंत्रित करने में असफल रहीं, जबकि 1923 की उस हड़ताल की असफलता के बाद, जिसमें यूनियन ने पहल की थी उसकी सदस्यता तेज़ी से गिरी।[177] जमशेदपुर में 1928 की हड़ताल के बाद यूनियन के नेता सुभाष बोस को गोरखा पुलिस का संरक्षण देना पड़ा, क्योंकि टिस्को के प्रबंधकों के साथ उन्होंने जो समझौता किया था उसके कारण उनके अपने समर्थक उनके विरुद्ध हो गए।[178]

फिर भी, कांग्रेस की सांगठनिक उदासीनता के बावजूद, देश के विभिन्न भागों में मज़दूर वर्ग न राष्ट्रीय आंदोलन में ज़ोर-शोर से भाग लिया। गांधीवादी एजेंडे पर उनकी सीधी भागीदारी चयनित होती थी, लेकिन अहम बात यह है कि अकसर उन्होंने अपने संघर्षों और औद्योगिक कार्रवाइयों में राष्ट्रीय आंदोलन का एकीकरण किया। 1920-21 में बंगाल के औद्योगिक केंद्रों में हड़तालों की लहरें सीधे-सीधे खिलाफ़त-असहयोग आंदोलन के कारण पैदा नई भावना और उत्साह से प्रेरित थीं।[179] असम के चाय बागानों, असम-बंगाल रेलवे की हड़तालों और मई 1921 में चाँदपुर के स्टीमर कर्मचारियों की हड़ताल का भी इस आंदोलन से सीधा संबंध था।[180] अहमदाबाद में असहयोग आंदोलन के बाद वाले दिनों में कपड़ा मिलों में हर माह कम से कम एक हड़ताल हुई, और कुछ हड़तालें तो काफ़ी अतिवादी माँगों के आधार पर की गईं।[181] मद्रास में बिन्नी द्वारा संचालित सूती मिलों के हड़ताली मज़दूरों ने कांग्रेस के असहयोगवादियों को अपना नेतृत्व करने के लिए आमंत्रित किया।[182] 1919 और 1920 में पश्चिमोत्तर रेलवे की हड़तालें भी कांग्रेस के आंदोलन से प्रेरित थीं। सविनय अवज्ञा आंदोलन ने भी ऐसी ही प्रतिक्रियाएँ सामने लाईं। मिल-मज़दूरों ने बहिष्कार आंदोलन में भाग लिया, 1930 में ग्रेट इंडियन पेनिनसुलर (जी.आई.पी) रेलवे में तथा 1932 में गोदियों में हड़तालें हुईं।[183] छोटानागपुर में 1930 में मज़दूर गांधी टोपी पहनने लगे और हज़ारों की संख्या में राष्ट्रवादी सभाओं में शामिल होते रहे, इसके बावजूद कि कांग्रेसी नेताओं ने 1929 में गोलमुड़ी टिनप्लेट हड़ताल का संचालन बड़े खराब ढंग से किया था।[184] हड़तालों को राष्ट्रीय आंदोलन से जोड़कर मज़दूरों ने अपने उन संघर्षों को और वैधता दिलाने की कोशिश की, जिनमें पार्टी के रूप में कांग्रेस की रुचि कम ही थी। स्वयं कांग्रेसी नेता इन हड़तालों के आयोजन के लिए सीधे-सीधे ज़िम्मेदार शायद ही कभी रहे होंगे। उदाहरण के लिए, बंगाल में 1918 और 1921 के बीच हुई हड़तालों में से केवल 19.6 प्रतिशत हड़तालों में ही कोई "बाहरी" तत्त्व वास्तव में शामिल था, बाकी हड़तालें मज़दूरों की अपनी पहल पर हुईं।[185] कभी-कभी मज़दूरों का अपना राष्ट्रवाद क्रांतिकारिता और लड़ाकूपन में कांग्रेसी नेताओं के राष्ट्रवाद से आगे निकल जाता था। 1928 में कांग्रेस के कलकत्ता अधिवेशन में लगभग दो घंटों तक पंडाल पर तीस हज़ार मज़दूरों का कब्ज़ा रहा; वहाँ उन्होंने भारत की पूर्ण स्वाधीनता के और एक श्रम कल्याण योजना के प्रस्ताव पारित किए।[186]

गांधी मज़दूरों के इस स्वतंत्र जुझारूपन की भर्त्सना करते थे और मई 1921 की चाँदपुर त्रासदी (देखें अध्याय 6.3) के बाद उन्होंने बंगाल कांग्रेस के नेतृत्व को उसके दुस्साहस के लिए जमकर फटकारा कि उन्होंने इस जुझारूपन का उपयोग राष्ट्रीय ध्येय के लिए करने की कोशिश की थी। उनका तर्क था: "हम पूँजी या पूँजीपतियों को नष्ट करने के प्रयास नहीं करते, बल्कि पूँजी और श्रम के संबंधों का नियमन करना चाहते हैं।"[187] 1929 में जवाहरलाल नेहरू के वक्तव्य में यही तर्क गूँजा। अखिल भारतीय ट्रेड यूनियन कांग्रेस के अध्यक्ष के रूप में उन्होंने हरेक को याद दिलाया कि कांग्रेस "एक श्रमिक संगठन नहीं" है, बल्कि "हर तरह के लोगों का एक बड़ा संगठन" है।[188]

हालाँकि कांग्रेस के समाजवादी नेता मज़दूरों के प्रति अधिक सहानुभूति दिखाते थे, पर फिर भी सभी वर्गों के हितों का प्रतिनिधित्व करनेवाला एक छतरी संगठन बने रहने की मज़बूरी कांग्रेस को अपने आंदोलन से मज़दूर वर्ग को और गहराई से जोड़ने से रोकती थी। 1937 के प्रांतीय चुनावों में मज़दूरों के वोट माँगने की विवशता ने कांग्रेस को अपने चुनाव घोषणापत्र में श्रमिक कल्याण कार्यक्रमों के कुछ वादे करने के लिए बाध्य किया। इसलिए उसकी विजय ने मज़दूर वर्ग में भारी उत्साह और आशा का संचार किया, क्योंकि अनेक ट्रेड यूनियन नेता कांग्रेसी मंत्रिमंडलों में श्रम मंत्री बन चुके थे। इस दौर में ट्रेड यूनियनों की सदस्यता 50 प्रतिशत बढ़ी और 1937-38 में औद्योगिक असंतोष में नाटकीय वृद्धि हुई, जिससे भारतीय उद्योगपति घबरा उठे। इसके कारण कांग्रेस की राजनीति में एक निर्णायक मज़दूर विरोधी मोड़ ही आया, जिसकी विवेचना हम पिछले पृष्ठों में कर चुके हैं।

यहाँ यह बात कही जा सकती है कि बंगाल जैसे एक गैर-कांग्रेसी प्रांत में कांग्रेसी नेता 1937 में जूट मिलों की आम हड़ताल का समर्थन करके खुश ही हुए, क्योंकि वह फ़ज़्लुल-हक मंत्रिमंडल को बदनाम करने और इंडियन जूट मिल्स एसोसिएशन के "गोरे मालिकों" पर चोट करने का एक आदर्श अवसर थी। नेहरू ने तो यहाँ तक दावा किया कि यह "हमारे स्वतंत्रता आंदोलन का एक अंग" है।[189] मगर साथ ही साथ बंबई, मद्रास और संयुक्त प्रांत जैसे कांग्रेसी सूबों में सरकारें औद्योगिक असंतोष को नियंत्रित करने के लिए बलप्रयोग की वैसी ही कार्यनीतियाँ अपनाती रहीं। अपने समाजवादी रुझान के लिए विख्यात नेहरू ने 1937 में कानपुर की कपड़ा मिल हड़ताल के दौरान मज़दूरों के निकाले जाने की निंदा तो की, मगर साथ ही "अपना काम ठीक से न करनेवाले मज़दूर को बरखास्त करने के बारे में" मिल-मालिक के अधिकार का समर्थन किया।[190] उस समय तक कांग्रेस भारतीय पूँजीपतियों से बहुत गहराई से जुड़ी नज़र आने लगी थी, और बंबई में 1938 में औद्योगिक विवाद कानून* का पारित होना इस बढ़ती दोस्ती का एक असंदिग्ध संकेत था। कांग्रेस को छोड़ सभी पार्टियों ने इसकी निंदा की और विधेयक के पारित होने का स्वागत तुरंत ही बंबई में एक आम हड़ताल ने किया।

श्रमिक मोर्चे पर साम्यवादियों का बढ़ता प्रभाव कांग्रेस की इस दुविधा के सुस्पष्ट परिणामों में एक था। बंगाल में मध्यवर्गीय कम्युनिस्ट नेताओं द्वारा संगठित मज़दूर-किसान पार्टी (वर्कर्स एंड पेजंट्स पार्टी) ने कलकत्ता की औद्योगिक पट्टी में 1928 के आसपास मिल-मज़दूरों को लामबंद करना शुरू किया।[191] 1929 में जूट मिलों की हड़ताल ने बंगाल जूट वर्कर्स यूनियन को और 1937 की हड़ताल ने बंगाल चटकल मज़दूर यूनियन को जन्म दिया और वे दोनों यूनियनें शिक्षित भद्रलोक के साम्यवादी नेताओं द्वारा गठित की गई थीं, जिनमें से कुछ तो मास्को में प्रशिक्षित थे।[192] बंबई में कपड़ा मिलों में 1924 के बोनस विवादों के कारण सूती मिल-मज़दूरों के बीच गिरनी कामगार महामंडल का

---

* Bombay Trads' Disputes Act, 1938

जन्म हुआ; अगले साल की हड़तालों के कारण बॉम्बे टेक्सटाइल लेबर यूनियन पैदा हुई। अंत में 1928 में कपड़ा मिलों की आम हड़ताल से पैदा लड़ाकूपन के कारण गिरनी कामगार यूनियन को प्रमुखता मिली, जिस पर अब साम्यवादियों का खुला वर्चस्व था। लेकिन, जैसा कि चंदावरकर का तर्क है, "साम्यवादियों के प्रति मज़दूर वर्ग का यह समर्थन ... सिर्फ़ पूँजीपति वर्ग और राजसत्ता के प्रति उनके साझा विरोधों के मेल के कारण पैदा नहीं हुआ।"[193] राजसत्ता के प्रति साम्यवादियों का सुसंगत विरोध उनकी लोकप्रियता का एक कारण अवश्य था। लेकिन बाहरी होने और कार्यस्थलों से दूर रखे जाने के नाते उनको मज़दूर बस्तियों में मज़दूरों के बीच मौजूद सामाजिक संबंधों का भी ध्यान रखना पड़ता था और स्वयं को संरक्षण और शक्ति के ऐसे वैकल्पिक स्रोतों के रूप में प्रस्तुत करना होता था, जिन पर मज़दूर भरोसा कर सकें। नई संस्थागत संरचनाओं और कानूनी ढाँचों के विकास ने परंपरागत ठेकेदारों या मुहल्ला स्तर के संगठनों की बजाय ऐसे बाहरी तत्त्वों की सेवाओं को मज़दूरों के लिए अधिक महत्त्वपूर्ण बना दिया। सामुदायिक संबंधों और अनौपचारिक सामाजिक ताने-बाने का प्रयोग साम्यवादी ट्रेड यूनियनों ने भी किया। उदाहरण के लिए, कानपुर में 1930 के दशक में कानपुर मज़दूर सभा के उदीयमान कम्युनिस्ट नेतृत्व ने कांग्रेस और आर्यसमाज द्वारा विमुख कर दिए गए मुसलमान मज़दूरों पर खास तौर पर ध्यान केंद्रित किया।[194] अहमदाबाद में भी साम्यवादी प्रभाव वाले मिल-मज़दूर संघ को गांधीवादी यूनियन से असंतुष्ट हुए मुस्लिम मज़दूरों का समर्थन मिला। इन साम्यवादी ट्रेड यूनियनों ने हड़तालों के आयोजन के लिए अकसर धार्मिक संबंधों का उपयोग किया। इस तरह ये (ट्रेड यूनियनें) ऐसे वर्गमुखी संगठन नज़र आने लगीं, जो बुनियादी तौर पर भारतीय मज़दूरों के श्रेणीबद्ध सांस्कृतिक परिवेश के अंदर कार्यरत थीं।

श्रम के मोर्चे पर साम्यवादियों के इस प्रवेश ने और 1920 के दशक के मध्य की व्यापारिक मंदी के कारण होनेवाली हड़तालों ने उनके लिए 1928-29 में एक संकट पैदा कर दिया। साम्यवादियों के विरुद्ध सरकार का हमला बंबई के दो कानूनों के रूप में सामने आया। लोक सुरक्षा विधेयक (पब्लिक सेफ़्टी बिल) और अप्रैल 1929 में औद्योगिक विवाद कानून (ट्रेड्स डिस्प्यूट्स ऐक्ट), जिसमें हड़तालों पर लगभग पूरा प्रतिबंध लगाया गया था-कांग्रेस के किसी विरोध के बिना पारित हो गए। साम्यवादियों पर एक बड़ा हमला मार्च 1929 में हुआ, जब मज़दूरों के 31 प्रमुख नेता गिरफ़्तार कर लिए गए तथा बदनाम मेरठ षड्यंत्र मुकदमे में उन पर (ब्रिटिश) सम्राट के विरुद्ध षड्यंत्र का मुकदमा चलाया गया। यह मुकदमा चार साल चला और सभी नेताओं को जेल की लंबी-लंबी सज़ाएँ हुईं; इस तरह उनको 1930 के अंत तक के लिए सलाखों के पीछे डाल दिया गया। लेकिन साम्यवादी नेतृत्व में मज़दूरों का उभार समाप्त नहीं हुआ और 1929-30 के दौरान सूती मिलों, जूट मिलों और जी. आई. पी. रेलवे में आम हड़तालों की एक दूसरी लहर चली। तो भी इसमें संदेह नहीं कि साम्यवादी नेतृत्व कमज़ोर हुआ, क्योंकि उनसे मज़दूरों

की संबद्धता न तो स्थायी थी न बेशर्त थी। 1928 में कोमिनटर्न के आदेश के बाद कांग्रेस से संबंध तोड़ने का फैसला साम्यवादियों के लिए बहुत महँगा साबित हुआ, क्योंकि सविनय अवज्ञा आंदोलन ने जल्द ही जनता का ध्यान गांधी और कांग्रेस की ओर मोड़ दिया।

सविनय अवज्ञा आंदोलन वापस ले लिया गया तो 1933-34 के आसपास साम्यवादियों का पुनरुत्थान हुआ और 1935 की गर्मियों में कोमिनटर्न ने संयुक्त मोर्चे को एक रणनीति अपनाने की हिदायत दी। कांग्रेस समाजवादी नेता भी साम्यवादियों से सहयोग करने लगे और इसका परिणाम हुआ मज़दूर वर्ग के उत्साह और जुझारूपन में 1937-38 के आसपास एक वृद्धि, जो पूरे देश में हड़तालों की एक लहर के रूप में व्यक्त हुई। मज़दूर वर्ग के बीच साम्यवादियों की स्थिति की मज़बूती भी संभवतः इस बात का एक कारण थी कि इस चरण में कांग्रेसी सरकारें इस प्रकार सख्त मज़दूर विरोधी हो गईं। कम्युनिस्ट पार्टी पर लगा प्रतिबंध 1942 में हटाया गया, जब उसने अंग्रेज़ों के युद्ध प्रयासों का समर्थन किया, क्योंकि सोवियत संघ भी अब युद्ध में शामिल था। लेकिन "जनयुद्ध" के पक्ष में जन-समर्थन जुटाने के साम्यवादी प्रयास सफल नहीं हुए। अतीत में मज़दूरों के उनसे संबंध का कारण एक बड़ी हद तक राजसत्ता का विरोध था। चूँकि उनकी भूमिका अब उलट चुकी थी, "उनका सूरज (भी) अब ढलने लगा"[195], क्योंकि भारत छोड़ो आंदोलन को भारी जन-समर्थन मिल रहा था। हालाँकि 1940 के दशक में कुछ ट्रेड यूनियनें साम्यवादियों के नियंत्रण में आईं और अखिल भारतीय ट्रेड यूनियन कांग्रेस पर उनका वर्चस्व स्थापित हुआ, फिर भी यह वास्तविक अर्थ में उनकी बढ़ती लोकप्रियता का सूचक नहीं था, क्योंकि बहुत थोड़े-से मज़दूर ही वास्तव में यूनियनों में शामिल थे। 1942 में इस यूनियन की सदस्यता केवल 3, 37, 695 थी।[196] 1952 में इसके एक सम्मेलन में साम्यवादी नेता इंद्रजीत गुप्त ने स्वीकार किया था कि जूट मिलों के लगभग 95 प्रतिशत मज़दूर अभी भी यूनियनों से बाहर थे।[197] लेकिन इसका अर्थ यह नहीं कि ये मज़दूर उपनिवेशी राजसत्ता, पूँजीपति वर्ग और राष्ट्रवाद से अपने संबंध को समझने में असमर्थ थे। शिक्षित मध्यवर्गीय राजनीतिज्ञों द्वारा संचालित राष्ट्रवादी या वामपंथी राजनीति के प्रति न वे संवेदनहीन थे और न उससे दूर रहे, लेकिन उनका समर्थन बेशर्त नहीं, सशर्त था। अपनी बात को हम फिर दोहराएँ तो विभिन्न जन-समूहों के लिए स्वतंत्रता के अर्थ और उनकी चेतना के तरह-तरह के रूप राष्ट्रीय आंदोलन के दायरे के अंदर बराबर एक-दूसरे से घात-प्रतिघात करते रहे।

## 7.5 स्त्रियों की भागीदारी

भारत संबंधी उपनिवेशवादी संवाद (discourse) बहुत पहले से ही लैंगिक रंग में रँगे हुए रहे, क्योंकि उपनिवेशी समाज को स्त्री-समान बतलाया गया और "उपनिवेशक के पुरुषत्व" के मुकाबले भारतीय समाज के "स्त्रैण" चरित्र को उसकी स्वाधीनता की समाप्ति के लिए जिम्मेवार ठहराया गया।[198] इन संवादों में "स्त्री-प्रश्न" प्रमुखता से उठाए

गए, जैसा कि जेम्स मिल जैसे पश्चिमी प्रेक्षकों ने "भारत की एक सभ्यता-केंद्रित समालोचना" प्रस्तुत करने के क्रम में किया है, जिसमें "स्त्रियों की पतित दशा को सभ्यताओं के श्रेष्ठता-क्रम में भारत की हीन स्थिति का सूचक" माना गया है।[199] इसलिए आश्चर्य नहीं कि स्त्रियों की स्थिति उन्नीसवीं सदी के आधुनिकता-समर्थक भारतीय बुद्धिजीवियों के सुधार के एजेंडे का प्रमुख बिंदु बन गया। पश्चिम की निंदामूलक समालोचना के जवाब में उन्होंने एक स्वर्णिम अतीत की कल्पना की, जिसमें स्त्रियों को आदर और सम्मान दिया जाता था; उन्होंने उन प्रथाओं में सुधार का आग्रह किया, जिनको वे विकृतियाँ या भटकाव मानते थे। इस तरह कन्या शिशु की हत्या पर प्रतिबंध लगाया गया, सती का उन्मूलन किया गया और विधवाओं के पुनर्विवाह को कानूनी बनाया गया। इन सभी उदाहरणों में शास्त्रों का नाम लेकर सुधारों को वैध ठहराया गया और सुधार आंदोलनों में स्त्रियों को कभी शामिल नहीं किया गया। यह कहना भ्रामक होगा कि ये पुरुष सुधारक स्त्री-जाति के प्रति सहानुभूति या करुणा से वंचित थे। पर वे उनको अपने आधुनिकीकरण के कार्यक्रम का विषय समझते थे और उन्हें अपने बराबर की, चेतना-संपन्न प्राणी नहीं समझते थे, जो अपनी स्वयं की मुक्ति के साधन बन सकें (विस्तार के लिए अध्याय 3.1 देखें)। इस सुधारवाद पर उस समय हिंदुओं की उग्र प्रतिक्रिया सामने आई, जब 1891 में विवाह-आयु संबंधी विधेयक (एज ऑफ़ कंसेंट बिल) ने लड़कियों के लिए विवाह परिणति (consummation) की आयु को 10 से बढ़ाकर 12 साल करने की कोशिश की। पत्नी पर उसके पति के दांपत्य-अधिकारों पर सीमा लगाने का प्रयास करके इस प्रस्तावित सुधार ने उस क्षेत्र का अतिक्रमण किया, जिसे अभी तक "देशी पुरुषत्व" के लिए अकेला शेष बचा स्वायत्त क्षेत्र माना जा रहा था। इसलिए बालिका वधू हिंदू गरिमा का प्रतीक बन गई; उस पर नियंत्रण रखना देशी पुरुष का ऐसा विशेषाधिकार था, जिससे छेड़-छाड़ की अनुमति एक विजातीय (विदेशी) राजसत्ता को नहीं दी जा सकती थी (और विस्तार के लिए अध्याय 5.2 देखें)। इस तरह उन्नीसवीं सदी का समापन आधुनिकीकरण की इस योजना की जगह स्त्रियों के संसार पर पुरुषों के नियंत्रण के बारे में एक रूढ़िवादी हिंदू घोषणा के साथ हुआ; यह दावा अब राष्ट्रवाद के एजेंडे का एक बुनियादी अंग बनाया गया।

इस स्वदेशवादी (indigenist) तर्क का समर्थन कर सकना कठिन है कि उपनिवेश-पूर्व भारत में स्त्रियों की दशा बेहतर थी। वास्तव में प्राचीन भारत में स्त्रियों की स्थिति कभी भी जड़ या एकरस नहीं रही: रोमिला थापर के शब्दों में, "पर्याप्त अधिकार और स्वतंत्रता की स्थिति से लेकर उतनी ही अधिक अधीनता की स्थिति" तक उसमें व्यापक परिवर्तन आते रहे।[200] कृषक समाजों के विकास और राज्यों के जन्म के साथ उनकी हालत में निर्णायक गिरावट आने लगी। हिंदू समाज में जाति-सोपान नाम का केंद्रीय संगठनकारी सिद्धांत पुरुष प्रधानता की विचारधारा से अभिन्न रूप से जुड़ गया; शूद्रों और स्त्रियों, दोनों को वैदिक अनुष्ठानों से वंचित कर दिया गया। सार्वजनिक जीवन जब पुरुषों का कर्मक्षेत्र बन गया, तो स्त्रियाँ घरों तक सीमित होकर रह गईं। प्राचीन हिंदू विधिनिर्माता

मनु ने स्त्रियों के लिए स्थायी निर्भरता की स्थिति का विधान किया कि वह जीवन के विभिन्न चरणों में अपने पिता, पति और पुत्र से संरक्षण पाती है। और भी निकट के उपनिवेश-पूर्व काल तक आएँ तो अठारहवीं सदी का एक ग्रंथ यह संकेत देता है कि स्त्रियों को अच्छी पत्नियाँ बनने के लिए, अपने पतियों की सेवा अपने सबसे बड़े देवता के रूप में करने के लिए तैयार किया जाता है और उनसे संतान उत्पन्न करने की अपेक्षा की जाती है। अगर वे विधवा हो जाएँ, तो उनको चाहिए कि शेष जीवन अपने मृत पति की यादों के सहारे कठोर अनुशासन और सादगी के साथ व्यतीत करें।[201] लेकिन अगर यह जीवन का एक सच था, तो दूसरी ओर यह बात भी सच थी कि स्त्रियों का अलगाव कोई निरपवाद, सार्वभौम प्रथा न था, क्योंकि अठारहवीं सदी में कुछ क्षेत्रों में धनी और निर्धन दोनों वर्गों की स्त्रियों की अत्यधिक सार्वजनिक सक्रियता के प्रमाण भी मिलते हैं। मुगल साम्राज्य के उत्तराधिकारी राज्यों के शाही दरबार महत्त्वाकांक्षी और शक्तिशाली स्त्रियों के लिए कोई अजनबी स्थान न थे और उनमें से कुछ ने तो पर्याप्त राजनीतिक प्रभाव छोड़ा। एकांतक स्त्रीत्व का आदर्श केवल उन्नीसवीं सदी में ही सार्वभौम बना।[202]

स्त्रियों पर ऐसे ही प्रतिबंध मुस्लिम समाज ने भी लगाए। उन्नीसवीं सदी में भारतीय मुसलमानों में दो सुधार आंदोलन चले: एक तो इस्लामी पुनरुत्थानवाद का आंदोलन था जिसका नेतृत्व उल्मा कर रहे थे और दूसरा था एक आधुनिकीकरण का अभियान जिसका नेतृत्व शिक्षित मध्यमवर्ग कर रहा था। जैसा कि अज़रा असगर अली का तर्क है, इन दोनों आंदोलनों ने "लगभग एक निजी व्यवस्था के रूप में शरीफ़ संस्कृति का निर्माण किया," जिसमें पूरे मुस्लिम समाज की "प्रगति" के सूचक के रूप में स्त्रियों की स्थिति केंद्रीय तत्त्व थी।[203] इसलिए आश्चर्य नहीं कि बंगाल के शरीफ़ मुसलमान अपनी स्त्रियों द्वारा पर्दे के नियमों के अतिक्रमण की बात सोचकर ही काँप उठते थे। (पर्दा एक फ़ारसी शब्द है जिसका अर्थ छिपाव है।)[204] हिंदू और मुस्लिम दोनों धर्मों की स्त्रियों के लिए पर्दे के इस रूपक का अर्थ केवल बुरके या ज़नानखाना की दीवारों के पीछे का भौतिक अलगाव ही नहीं था। एक विद्वान के अनुसार इसका अर्थ "ऐसी जटिल सामाजिक व्यवस्थाओं की बहुलता" है, जो (तब) "लिंगों (स्त्री-पुरुषों) के बीच केवल भौतिक ही नहीं, *सामाजिक* दूरी भी बनाए रखती।"[205] इससे "जुड़ी होती हैं एक सर्व-समावेशी विचारधारा और स्त्री की निर्बलता पर आधारित एक आचार-संहिता, जो (तब) स्त्रियों के जीवन का, वे कहीं भी जाएँ, निर्धारण करती।"[206] दूसरे शब्दों में, वे जब अपने घरों से निकलती भी थीं, जैसा कि उन्नीसवीं सदी के मध्य के बाद उन्होंने अधिकाधिक किया, तो उनके चाल-चलन का इन्हीं नैतिक नियमों के अधीन होना आवश्यक था। उन्नीसवीं सदी तक हिंदू और मुस्लिम स्त्री, दोनों के लिए तथा कुलीन (शरीफ़, बहुवचनः अशराफ़) और साधारण जन (अजलाफ़) दोनों के लिए पर्दे का आदर्श सार्वभौम बन चुका था, हालाँकि विभिन्न समूहों के लिए उसके व्यावहारिक निहितार्थ अलग-अलग थे।

उन्नीसवीं सदी में जब स्त्री-प्रश्न प्रगति और आधुनिकता-विषयक संवादों का अंग

बन गया, तो उपनिवेशित पुरुषों की "नई स्त्री" के लिए तलाश के अंग रूप में स्त्री-शिक्षा का एक आंदोलन शुरू हुआ। जैसा कि गेराल्डाइन फ़ोर्ब्स का वर्गीकरण कहता है, तीन समूह शिक्षा के प्रसार के निमित्त बने: "अंग्रेज़ शासक, भारतीय पुरुष सुधारक और शिक्षित भारतीय स्त्रियाँ।[207] कलकत्ता में पहल राधाकांत देव जैसे व्यक्तियों और स्कूल बुक सोसायटी ने और आगे चलकर केशवचंद्र सेन और ब्रह्मसमाज ने; पश्चिम भारत में महादेव गोविंद रानाडे और प्रार्थना समाज ने; उत्तर भारत में स्वामी दयानंद और आर्यसमाज ने तथा मद्रास में एनी बेसेंट और थियोसोफ़िकल सोसायटी ने की। रहा सवाल शिक्षित भारतीय स्त्रियों का, तो हम पश्चिम भारत में पंडिता रमाबाई, मद्रास में सिस्टर सुब्बालक्ष्मी तथा बंगाल की मुस्लिम स्त्रियों में बेगम रुकैया सखावत हुसैन के प्रयासों का उल्लेख कर सकते हैं। जहाँ तक देश के दूसरे भागों में मुस्लिम स्त्रियों की शिक्षा का प्रश्न है, तो हैदराबाद के बिलग्रामी या बंबई के तैयबजी परिवार ने, लाहौर के मियाँ परिवार ने, अंजुमने- हिमायते-इस्लाम और अंजुमने-इस्लाम जैसे संगठनों ने या हैदराबाद में निज़ाम की सरकार ने महत्त्वपूर्ण पहलें कीं। लॉर्ड डलहौज़ी के प्रशासन (1848-56) के बाद उपनिवेशी सरकार ने स्त्री-शिक्षा में खास दिलचस्पी ली। गवर्नर जनरल की काउंसिल के विधि सदस्य जे. ई. ड्रिंकवॉटर बेथ्यून ने 1849 में वह स्कूल खोला, जो आखिरकार कलकत्ता का सबसे प्रसिद्ध बालिका विद्यालय बन गया। तब से लेकर 1882 तक हंटर आयोग के गठन तक भारतीय शिक्षा की प्रगति बहुत मामूली रही, क्योंकि विद्यालयगामी आयु की 98 प्रतिशत लड़कियाँ अशिक्षित रहीं। इसलिए इस आयोग ने स्त्री-शिक्षा के लिए उदारता से सहायता-अनुदान और विशेष छात्रवृत्तियाँ दिए जाने की सिफ़ारिश की। अगले दो दशकों में विश्वविद्यालयों में और माध्यमिक स्कूलों में भी लड़कियों के नामांकन में सार्थक सुधार आए, हालाँकि देश की कुल स्त्री जनसंख्या के अनुपात में ये संख्या अभी भी बहुत मामूली थीं।[208]

प्रगति की गति चाहे जितनी कम रही हो, तथ्य यह है कि सदी के परिवर्तन तक मध्यवर्गीय भारतीय घरानों की अनेक स्त्रियाँ औपचारिक या अनौपचारिक ढंग से शिक्षित हो चुकी थीं। पर इससे उनके सामाजिक अस्तित्व की दशाओं में कोई बहुत उल्लेखनीय सुधार नहीं आया। इस पहेली का जवाब हम शिक्षा के आंदोलन की प्रेरणाओं पर नज़र दौड़ाकर पा सकते हैं; स्त्रियों की मुक्ति कभी इस शिक्षा का उद्देश्य नहीं रही। उपनिवेशी सरकार इसलिए स्त्री-शिक्षा के पक्ष में थी, क्योंकि वह चाहती थी कि भारतीय असैनिक कर्मचारियों की पत्नियाँ शिक्षित हों, ताकि उनको एक खंडित परिवार का मनोवैज्ञानिक आघात न झेलना पड़े। इसके अलावा, अंग्रेज़ी पढ़ी-लिखी माताओं से वफ़ादार प्रजा पैदा करने की अपेक्षा की जाती थी।[209] दूसरी ओर, भारत के मध्यवर्गीय पुरुष विक्टोरियाई आदर्शवाली सहचरी के सपने देखते थे। बंगाल में शिक्षित भद्रमहिला प्रबुद्ध हिंदू भद्रलोक पुरुष की आदर्श सहचरी समझी जाती थी। स्त्रीत्व की यह नई धारणा आत्मविसर्जन करनेवाली हिंदू पत्नी और विक्टोरियाई सहायिका का एक सुंदर समन्वय थी। इस तरह मुक्तिदायी बनना तो दूर, शिक्षा ने स्त्रियों को सुपत्नी और सुमाता की आदर्शमंडित घरेलू

भूमिकाओं में सीमाबद्ध कर दिया।[210] अगर गंवार और अनपढ़ स्त्रियों को प्रगति और आधुनिकीकरण में बाधक या परिवार, संतान, समुदाय और राष्ट्र के कल्याण के लिए बुरी माना जाता था, तो घरेलू कामकाज की उपेक्षा करनेवाली "गलत शिक्षा-प्राप्त या अति-शिक्षाप्राप्त" स्त्रियों को, या और भी सटीक कहें तो पश्चिमी रंग में रँगी स्त्रियों को, वांछित नैतिक व्यवस्था के लिए खतरा समझा जाता था।[211] और कुछेक अंतर भले ही रहे हों, मुस्लिम भद्रमहिला और उसकी समकक्ष हिंदू भद्रमहिला के बीच कुछ विशेषताएँ साझी थीं।[212] जैसा कि गेल मिनॉल्ट का तर्क है, मुस्लिम स्त्रियों के शिक्षकों का उद्देश्य उनको "बेहतर पत्नियाँ, बेहतर माताएँ और बेहतर मुसलमान" बनाना था।[213]

ऐसी रूढ़ सार्वजनिक छवियों के निर्माण के विरुद्ध भारतीय स्त्रियों के बीच से विरोध की आवाज़ें कभी-कभार ही उठीं, पर वे एक सिरे से गायब नहीं थीं। 1882 में बरार की मराठी स्त्री ताराबाई शिंदे ने *ए कम्पेरिजन बिट्वीन वुमेन एंड मेन (A Comparison Between Women and Men)* शीर्षक से एक पुस्तक प्रकाशित कराई। इसमें उन्होंने इस बात का विरोध किया कि एक नए उपनिवेशी समाज में पुरुषों को सारे अधिकार, अवसर और परिवर्तन के लाभ प्राप्य थे, पर स्त्रियों को सभी बुराइयों के लिए दोषी ठहराया जाता था और वे अभी भी पातिव्रत्य के पुराने आदेशों से बँधी हुई थीं। लेकिन ताराबाई भी कोई विद्रोहिणी नहीं थीं; उन्होंने भारतीय स्त्रियों के लिए कोई दावा किया तो एक सुखी परिवार में और अधिक सम्मान व आदर का, तथा उस प्रबोध का जिसका उपनिवेशी राजसत्ता ने कथित रूप से वादा किया था।[214] पर दूसरी विद्रोहिणी स्त्रियाँ भी थीं, जैसे पंडिता रमाबाई, जिन्होंने शिक्षित मगर आज्ञाकारिणी पत्नी की नई आदर्श भूमिका को और भी प्रत्यक्ष ढंग से चुनौती दी। वे एक ब्राह्मण कन्या थीं जो लंबे समय तक अविवाहित रहीं, वे प्राचीन शास्त्रों में पारंगत थीं, अनुलाम विवाह संबंधी नियमों का उल्लंघन करके उन्होंने एक शूद्र पुरुष से विवाह किया, फिर विधवा हुईं जिसकी एक छोटी-सी बेटी थी, उन्होंने सार्वजनिक जीवन का त्याग करने से इनकार कर दिया, आयुर्विज्ञान पढ़ने के लिए इंग्लैंड गईं, वहाँ वे ईसाई बन गईं, अमेरिका गईं और उन्होंने बंबई में एक विधवा सदन के लिए धन जमा किया, जिसे बाद में पूना स्थानांतरित कर दिया गया। जब उन्होंने अपने स्वतंत्र चुनाव का दावा किया और उन सीमाओं को लाँघा, जो भारत के पुरुष-प्रधान समाज ने स्त्रियों की स्वतंत्रता पर लगा रखी थीं, तो रूढ़िवादियों ने जितनी उनकी निंदा की, सुधारकों ने भी उनकी उतनी ही आलोचना की, क्योंकि दोनों उनको समाज के लिए एक खतरा समझते थे।[215] लेकिन शिंदे और रमाबाई अपवाद ही थीं; अधिकांश शिक्षित स्त्रियाँ अपनी सीमाओं को अच्छी तरह जानती और उनका ध्यान रखती थीं। कारण कि अगर विक्टोरियाई इंग्लैंड की मध्यवर्गीय लैंगिक विचारधारा से जुड़े देशी कुलीन पुरुषवर्ग स्त्रियों के कर्मक्षेत्र को सीमाबद्ध कर रहे थे, तो उपनिवेशी राजसत्ता भी स्त्रियों को घरेलू संसार तक सीमित रखना चाहती थी। इसका कारण था कि वे तभी जाकर अपने आप के लिए भी सुरक्षित होतीं और राजसत्ता के लिए भी। अदालतों ने जिन परंपरागत हिंदू और मुस्लिम विधानों को मान्यता दी थी और राज्य ने

जो नए कानून ज़ारी किए थे, दोनों ही पितृसत्तावादी परिवार के अधिकारों को मान्यता देते थे और स्त्रियों के लिए चयन की स्वतंत्रता को सीमित करते थे। जैसा कि रोज़ालिंड ओ' हैनलन का तर्क है, उपनिवेशी राजसत्ता और राष्ट्रवादी कुलीन पुरुषों के बीच "एक व्यापक आधार वाली सहमति" इसी क्षेत्र में बनी।[216]

भारतीय स्त्रीत्व के इस 'घरेलूपन' के इस महिमा-गान ने किसान परिवारों की स्त्रियों तथा शहरी-औद्योगिक परिवेशों में निम्नवर्गीय स्त्रियों की दशा को भी प्रभावित किया। अकसर ऐसा माना जाता है कि निचले वर्गों की श्रम करने वाली स्त्रियों की स्वतंत्रता पर कम अंकुश लगे होते हैं। लेकिन उन्नीसवीं सदी के आरंभिक वर्षों से यह स्वतंत्रता "संस्कृतीकरण" के प्रभाव के अंतर्गत कम होने लगी, जब निचली जातियों ने स्त्री-पुरुष संबंधों के 'सम्मानजनक' मानदंडों को अपनाना शुरू कर दिया। स्त्रियों की शुद्धता किसी जाति की स्थिति का एक सूचक बन गई; इसलिए स्त्रियों का पर्दा हमेशा एक व्यावहारिक लक्ष्य भले न रहा हो, एक अनुकरणीय आदर्श बन गया। उदाहरण के लिए, निचली और मझोली जातियों की अधिकाधिक संख्या अपनी स्त्रियों पर संन्यासिन समान वैधव्य लादने लगी, क्योंकि यह बात बंगाल[217] और महाराष्ट्र[218] दोनों में ऊँची स्थिति का प्रतीक, बल्कि सामाजिक गतिशीलता का साधन बन गई। उन्नीसवीं और बीसवीं सदी के आरंभिक वर्षों के अनेक किसान आंदोलनों में स्त्रियों की "अनुपस्थिति स्पष्ट नज़र आती रही।"[219] सांस्कृतिक क्षेत्र में सतीत्व और सुधारमय स्त्रीत्व के आदर्श ने स्त्रियों की लोक-संस्कृति के उन देसी रूपों को-उनके गीतों, प्रहसनों और नाटक-अभिनय को-धीरे-धीरे हाशिये पर डाल दिया और फिर निकाल बाहर किया, जो उनको स्वायतत्ता का एक क्षेत्र प्रदान करते थे। देर से ही सही, निचले वर्ग की स्त्रियों को भी "एक परिवर्तित सामाजिक जगत के तर्कशास्त्र को समझना" और ऊपर से लादे गए आदर्श को अपनाना पड़ा।[220]

जहाँ तक स्त्रियों के काम का प्रश्न है तो, हालाँकि वे खेतिहर कार्यकलापों में भाग लेती थीं, फिर भी उन्नीसवीं सदी के अंतिम वर्षों से ही सामाजिक स्तर पर गतिशील अधिकाधिक किसान परिवार अपनी स्त्रियों को घरेलू कामों तक सीमित करने लगे। जब उनको पत्नियों और माताओं के रूप में महिमामंडित किया गया, तो उनकी घरेलू ज़िम्मेदारियों को पवित्र कार्य माना जाने लगा और इस तरह आर्थिक महत्त्व से रहित कर दिया गया। जो स्त्रियाँ विभिन्न दस्तकारियों में लगी हुई थीं, उनमें से भी अनेक स्त्रियाँ बीसवीं सदी के आरंभिक वर्षों से मशीनीकरण के आरंभ के साथ अपने रोज़गार से वंचित होने लगीं। उदाहरण के लिए, बंगाल में धान से भूसी अलग करनेवाली अनेक स्त्रियाँ धान-मिलों के आने पर बेरोज़गार होने लगीं और यह काम मुख्यतः पुरुष-प्रधान बन गया।[221] पुरुष जब कारखानों के रोज़गार की तलाश में शहरों की ओर बढ़े तो अपने परिवार पीछे छोड़ गए। स्त्रियाँ अगर प्रवास करती थीं तो अकसर घोर गरीबी के कारण करती थीं, जब ग्रामीण संसाधन उनको सहारा देने में असफल हो जाते थे। बीसवीं सदी के आरंभिक वर्षों में सूती और जूट मिलों, चाय बागानों और कोयला खदानों में भारी

संख्या में स्त्रियाँ कार्यरत थीं। लेकिन यहाँ भी घरेलूपन की प्रभुत्वशाली विचारधारा ने उनकी दशा को प्रभावित किया। उनकी संतानोत्पत्ति की भूमिका को उजरती मज़दूरी (wage labour) से अधिक महत्त्वपूर्ण समझा जाने लगा। उनकी आय को परिवार की आय का "पूरक" और इसलिए कम महत्त्वपूर्ण समझा जाता था। घरेलूपन के इस तर्क को राज्य और सुधारकों ने उजागर किया तथा बंबई के सूती मिलों[222] और कलकत्ता के जूट मिलों[223] के पूँजीपतियों ने कामगार स्त्रियों को कुशलताओं से और प्रतिबद्धता से रहित रूप में पेश करने के लिए इसका उपयोग किया। अब इन प्रस्तुतियों (constructs) का उपयोग स्त्रियों के कम वेतन का औचित्य पेश करने या युक्तीकरण के समय सबसे पहले उन्हीं की छँटनी करने के लिए किया जा सकता था। पूर्वी भारत के खदानों और बागानों में भी स्त्रियों को पुरुषों से कम मज़दूरी दी जाती थी और हमेशा उन्हें पारिवारिक इकाइयों का भाग समझा जाता था।[224] अधिकारों के इस हनन और इस असमानता का कामगार स्त्रियों ने ज़ोरदार विरोध किया। लेकिन कोई बदलाव नहीं आया, क्योंकि ट्रेड यूनियनें भी उनके आर्थिक अधिकारों व स्वतंत्रता से अधिक महत्त्व उनके मातृत्व को देती थीं।

उन्नीसवीं सदी के उत्तरार्द्ध में जब आधुनिक राष्ट्रवाद का विकास हुआ, तो इसने भी स्त्रियों का प्रश्न घरेलूपन की इन्हीं संकुचित सीमाओं के अंदर उठाया। सुधारवाद की जगह जब राष्ट्र की विभिन्न मूर्ति रूपी प्रस्तुतियों (iconic representations) ने ली, तो हिंदू स्त्री उस नैतिक व्यवस्था की आदर्श मूर्ति बन गई, जो भारत की आत्मा की प्रतीक थी और माना जाने लगा कि वह पश्चिम के प्रदूषक प्रभाव से मुक्त थी। पार्थ चटर्जी का तर्क है कि सार्वजनिक और निजी क्षेत्रों की राष्ट्रवादी प्रस्तुति ने उनको भौतिक/ आध्यात्मिक द्विभाजन के समकक्ष बना दिया। "संसार" अर्थात् सार्वजनिक क्षेत्र, जो खास तौर पर पुरुषों का क्षेत्र था, आधुनिकता ला रही उपनिवेशी राजसत्ता से टकराव और वार्ता का क्षेत्र था, जबकि "घर" प्रभुसत्ता का आंतरिक क्षेत्र था, जो उपनिवेशीकरण से परे था और जहाँ स्त्रियों को भारत की राष्ट्रीय पहचान के आध्यात्मिक तत्त्व की रक्षक और पोषक समझा जाता था।[225] आधुनिकीकरण के इन लिंग-विशिष्ट मॉडलों में भिन्नता की इस राष्ट्रवादी प्रस्तुति ने सुधारवाद की पिछली दुविधाओं को दूर तो कर दिया, पर स्त्री-प्रश्न का "समाधान" नहीं किया जिसकी पार्थ चटर्जी को आशा थी। उसने वास्तव में स्त्रियों के लिए विवाद और वार्ता के नए क्षेत्र पैदा किए, क्योंकि उनमें से अनेकों ने निष्क्रियता की भूमिका को स्वीकार नहीं किया और वे बीसवीं सदी के पूर्वार्द्ध में, राष्ट्रवाद की ऐतिहासिक परियोजना द्वारा निर्धारित सीमाओं का खुलकर उल्लंघन किए बिना ही सही, अपने एक स्वतंत्र कर्मक्षेत्र की रचना के लिए निमित्त बनने के दावे करने लगीं।

बीसवीं सदी के आरंभिक वर्षों के राष्ट्रवादी संवाद में अगर स्त्रियों के मुद्दे नहीं उठे, तो कारण यही था कि मुक्ति के दूसरे सभी रूपों को राष्ट्रीय मुक्ति पर आधारित समझा जाता था। कांग्रेस ने स्त्री-प्रश्न को 1917 तक सीधे-सीधे नहीं उठाया-वैसे ही जैसे उसने छुआछूत के मुद्दे को नहीं छुआ-क्योंकि उसे स्वयं पर विश्वास नहीं था

और वह एक नवजात राष्ट्र की नाजुक दशा के बारे में अति-संवेदनशील थी। लेकिन जब बंगाल में उसे गरमपंथ की शक्ति मिली, तो राष्ट्रवादियों ने वहाँ पहले से महत्त्व पा चुकी "मातृत्व" की धारणा को देसी संस्कृति की विशिष्टता के एक शक्तिदायी और प्रामाणिक प्रतीक के रूप में अपना लिया। यूरोप की पितृभूमि की धारणा के विपरीत राष्ट्रवादियों ने देश की कल्पना "मातृभूमि" के रूप में की; इसका आरंभ 1875 में हुआ, जब विख्यात बंगाली बुद्धिजीवी बंकिमचंद्र चटर्जी ने *वंदे मातरम्* गीत लिखा, जिसे बाद में उनके उपन्यास *आनंदमठ* (1882) में शामिल करके उसे एक संदर्भ दे दिया गया। इस उपन्यास में उन्होंने देवी माँ की तीन छवियाँ प्रस्तुत की हैं: "माँ जो वह थी", "माँ जो वह है" और "माँ जो वह बनेगी।" ये तीन छवियाँ इस देवी के राष्ट्रवादी भक्तों की कल्पना और उनकी समर्पण-भावना को पंख लगाने के लिए पर्याप्त थीं और इन्होंने भारतीय राष्ट्रवादी संवाद में देवी-माँ के रूप को हमेशा के लिए अंकित कर दिया। इस गीत को सबसे पहले रवींद्रनाथ ठाकुर ने 1896 में कांग्रेस के कलकत्ता अधिवेशन में गाया था। कुछ साल बाद, स्वदेशी आंदोलन के दौरान बंगाल के गरमपंथी नेता अरविंद घोष ने इस बिंब की शक्ति का एहसास किया, जो देशप्रेम और राष्ट्रीय जागरण का जन्मदाता बन सकता था। उसके बाद तो विपिनचंद्र पाल[226] से लेकर जवाहरलाल नेहरू[227] तक लगभग हर राष्ट्रवादी नेता ने देश और राष्ट्र के लिए मातृत्व के इस रूपक का प्रयोग किया।

देवी माँ की आरंभिक राष्ट्रवादी प्रस्तुति में एक पालन-पोषण करनेवाली स्नेहमयी बंगाली माँ की सुपरिचित छवि को शक्ति की धारणा के साथ जोड़ दिया गया, जिसे हिंदू ब्रह्मांड-ज्ञान में असुरों का विनाश और मासूमों की रक्षा करनेवाली देवी दुर्गा या काली के रूप में पेश किया जाता था। लेकिन इस हमलावर पहलू को धीरे-धीरे थोड़ा नरम बनाया गया और माता की कल्पना भारतीय अध्यात्मवाद के सांस्कृतिक उत्स के साकार रूप में की जाने लगी। राष्ट्रवादी चित्रकला में अवनींद्रनाथ ठाकुर का चित्र *भारत माता* (लगभग 1904-05 का) इस नई छवि का प्रतीक बन गया। यहाँ देवी-माँ अधिक सौम्य और शांत हैं तथा सुरक्षा और सुख समृद्धि देनेवाली हैं; यह "ऐसी छवि (है) जो मानवीय और दैवी दोनों" है, जो परिचित भी है और पारलौकिक भी।[228] मातृत्व का यह बिंब जुझारू राष्ट्रवाद की एक "सांस्कृतिक प्रस्तुति"[229] मात्र थी या माता और प्रकृति के समीकरण[230] में सच्ची आस्था से पैदा हुई थी, यह बहस का विषय है। लेकिन अहम बात भारतीय समाज में स्त्रियों की स्थिति के इस रूपक का निहितार्थ है। जसोधरा बागची का तर्क है कि मातृत्व की इस विचारधारा ने "इसकी शक्ति और सामर्थ्य के बारे में एक मिथक गढ़कर" स्त्रियों से उनकी "वास्तविक शक्ति" छीन ली, उनको केवल संतानोत्पत्ति वाली भूमिका तक सीमित कर दिया, और इस तरह उनको शिक्षा व व्यवसाय से या दूसरे शब्दों में उनको वास्तविक शक्ति पाने की सभी संभावनाओं से वंचित कर दिया।[231]

स्वदेशी आंदोलन में स्त्रियों की जो भी भागीदारी रही, वह वास्तव में इसी सुस्वीकृत

लैंगिक विचारधारा के दायरे में रही, जो घर को स्त्रियों के कार्यकलाप के वैध क्षेत्र के रूप में पेश करती थी। उन्होंने ब्रिटिश मालों का बहिष्कार किया और स्वदेशी का उपयोग किया, अपनी काँच की चूड़ियाँ तोड़ीं और प्रतिरोध के अनुष्ठान के रूप में रसोईबंदी दिवस मनाए। दिलचस्प बात यह है कि उन दिनों बंगाल में स्त्रियों का समर्थन पाने के लिए जिस सबसे शक्तिशाली बिंब का उपयोग किया गया वह धन-दौलत की देवी लक्ष्मी का बिंब था, जिसने कहा गया कि बंगाल-विभाजन के कारण अपना घर छोड़ दिया और जिसे वापस लाने, सुरक्षा देने और देखभाल करने की ज़रूरत है।[232] निश्चित ही कुछ उल्लेखनीय अपवाद भी थे, जैसे सरला देवी चौधरानी थीं, जिन्होंने बंगाली युवकों के एक अखाड़ा आंदोलन में भाग लिया या कुछ ऐसी स्त्रियाँ थीं, जिन्होंने क्रांतिकारी आंदोलन में भाग लिया। लेकिन इस बाद वाली स्थिति में उनकी भूमिका मुख्यत: सहायक की या "अप्रत्यक्ष" प्रकृति वाली थी, जैसे फ़रार क्रांतिकारियों को आश्रय देना या संदेश व हथियार लाने, ले जाने के काम करना।[233] इस तरह उनकी भागीदारी की प्रकृति ने स्त्रियोचित व्यवहार के सुस्वीकृत मानदंडों को नहीं तोड़ा, न उनके शक्तिमान बनने का संकेत दिया।

पहले विश्वयुद्ध के बाद के काल में भारतीय राजनीति में दो यशस्वी स्त्रियों का उदय हुआ। थियोसोफ़िकल सोसायटी की अध्यक्षा और होमरूल लीग की संस्थापिका एनी बेसेंट को 1917 में कांग्रेस की अध्यक्षा चुना गया। उसी साल इंग्लैंड में पढ़ी कवयित्री सरोजिनी नायडू, जो 1906 से ही कांग्रेस के अधिवेशनों में देशप्रेम भरे भाषण देती आ रही थीं, स्त्रियों के लिए मताधिकार की माँग करने के लिए लंदन में भारत सचिव मांटेग्यू के पास एक प्रतिनिधिमंडल लेकर गईं। अगले साल उन्होंने कांग्रेस के अधिवेशन में, स्त्री-पुरुष दोनों के लिए मताधिकार की समान पात्रता की माँग करते हुए एक प्रस्ताव प्रस्तुत किया। 1925 में उनको भी कांग्रेस की अध्यक्षा चुना गया। लेकिन "प्रेरणादायी चरित्र" होने के बावजूद ये दोनों महिलाएँ न तो स्त्री-मुक्ति की एक विचारधारा विकसित कर सकीं और न ही राष्ट्रवादी राजनीति में उनको कोई स्थान दिला सकीं।[234]

इस तरह राष्ट्रीय आंदोलन में स्त्रियों की भागीदारी की इस कथा में एक बड़ा मोड़ हम गांधी के आगमन के बाद ही देखते हैं। आदर्श भारतीय नारी की धारणा पेश करते हुए गांधी ने स्त्रियों की यौन-वृत्ति को नकारकर मातृत्व की बजाय बहनत्व (sisterhood) को ध्यान का केंद्र बनाया। स्त्रियाँ जो स्वार्थहीन बलिदान दे सकती थीं, उसकी शक्ति का अनुभव उन्होंने दक्षिण अफ्रीका में ही कर लिया था और उसे राष्ट्र की सेवा में लगाने का निर्णय किया था। लेकिन स्त्रियों के लिए उनका आह्वान रूपकों से भरी एक भाषा में था, जो स्त्रीत्व संबंधी परंपरागत जीवनमूल्यों के लिए विध्वंसक तो नहीं ही लगती थी। सीता, दमयंती और द्रौपदी उनकी राय में भारतीय स्त्रियों के लिए आदर्श पात्र थीं। भारतीय पुराण ग्रंथों से लिए जाने के बावजूद इन प्रतीकों की पुनर्रचना करके उनको नए अर्थ दिए गए। इन स्त्रियों को अपने पतियों की दासियाँ न बताकर अत्यंत पुण्यात्माएँ और अपने परिवार, राज्य और समाज के लिए सर्वोच्च बलिदान दे सकने में

समर्थ कहा गया। खास तौर पर महत्त्वपूर्ण था सीता का उदाहरण, क्योंकि तब अंग्रेज़ों को आसानी के साथ असुर राज रावण का पर्याय बतलाया जा सकता था। लेकिन मुस्लिम स्त्रियों को संबोधित करते हुए गांधी सावधानी के साथ *रामायण* के ऐसे उल्लेख से बचते रहते थे और उनसे सिर्फ़ अपने देश और इस्लाम के लिए बलिदान देने का आग्रह करते थे। उन्होंने उस चीज़ को स्वीकार किया, जिसे वे स्त्री-पुरुष के बीच "स्वाभाविक श्रम-विभाजन" कहते थे और समझते थे कि घर-बार देखना स्त्रियों का कर्तव्य है। लेकिन वे अपने लिए निर्दिष्ट क्षेत्रों से भी कताई करके, विदेशी कपड़ों और शराब की दुकानों पर धरने देकर और पुरुषों को शर्म दिलाकर कर्म के लिए तैयार करके राष्ट्र की सेवा कर सकती थीं।[235] उनकी दृष्टि में स्त्री और पुरुष बराबर थे, पर उनकी भूमिकाएँ अलग-अलग थीं और इस सिलसिले में गांधी, जैसा कि सुजाता पटेल का ज़ोरदार तर्क है, स्त्रीत्व की धारणा की भारतीय मध्यवर्गीय परंपरा के अंदर ही रहे। उन्होंने स्त्रियों की शारीरिक दुर्बलता को स्वीकार किया, पर उनकी आत्मा की शक्ति का गुणगान करके उस दुर्बलता को शक्ति में बदल दिया। उन्होंने निजी और सार्वजनिक, दो "अलग-अलग क्षेत्रों" के विचार को पलटने की कोशिश नहीं की, मगर घर में राजनीति की संभावना पैदा करके राजनीतिक भागीदारी का नए सिरे से निरूपण किया। दूसरे शब्दों में, गांधी ने जो कुछ किया वह "ग्रहण किए गए सामाजिक विचारों का नैतिक शब्दावली में निचोड़ पेश करना और पुनर्निरूपण करना" था।[236]

गांधी ने स्त्रियों को दक्षिण अफ्रीका में सर्वप्रथम 1913 में सार्वजनिक प्रदर्शनों में उतारा था और भारतीय स्त्रीत्व की भारी राजनीतिक क्षमता का एहसास किया था।[237] भारत-वापसी के बाद 1919 के रौलट सत्याग्रह में उन्होंने औरतों को राष्ट्रीय अभियान में भाग लेने को फिर आमंत्रित किया; लेकिन इस दिशा में कोई सार्थक पहल हो इससे पहले ही उसे वापस ले लिया गया। 1921 में जब असहयोग आंदोलन शुरू हुआ तो गांधी ने स्त्रियों के लिए शुरू-शुरू में एक सीमित भूमिका बताई, अर्थात् बहिष्कार और स्वदेशी के अभियान में। लेकिन स्त्रियों ने अपने लिए और भी सक्रिय भूमिका का दावा किया। नवंबर 1921 में एक हज़ार स्त्रियों के प्रदर्शन ने बंबई में प्रिंस ऑफ़ वेल्स का स्वागत किया। फिर बंगाल के कांग्रेसी नेता चितरंजन दास की पत्नी बसंती देवी, उनकी बहन उर्मिला देवी और भतीजी सुनीति देवी ने दिसंबर में कलकत्ता की सड़कों पर खुले-आम प्रदर्शन में भाग लेकर और गिरफ़्तारी देकर देश को स्तब्ध कर दिया। गांधी को उनकी शारीरिक सुरक्षा और मर्यादा की चिंता थी, पर उन्होंने इस कदम का अनुमोदन किया, क्योंकि इसका एक असीमित प्रदर्शन-प्रभाव था। देश के दूसरे भागों में भी ऐसे ही प्रदर्शन हुए और उनमें केवल सम्मानित मध्यवर्गीय परिवारों की स्त्रियों ने ही भाग नहीं लिया। देखने में लगता था कि गांधी का आह्वान अब हाशिये पर पड़ी स्त्रियों तक, जैसे वेश्याओं और देवदासियों तक, भी पहुँच रहा था, हालाँकि स्वयं गांधी उनको शामिल करने के प्रति बहुत उत्सुक नहीं थे।[238] इसके दरवाज़े वास्तव में सविनय अवज्ञा आंदोलन के दौरान ही खुले। तब भी गांधी दांडी मार्च के लिए स्वयंसेवकों के

मूल दल में स्त्रियों को शामिल करना नहीं चाहते थे। लेकिन रास्ते में उन्होंने जिन सभाओं को संबोधित किया, उनमें हज़ारों स्त्रियाँ शामिल हुईं और आंदोलन ने जब सचमुच ज़ोर पकड़ा, तो दूसरी हज़ारों स्त्रियों ने भी नमक के गैर-कानूनी उत्पादन में, विदेशी कपड़ों और शराब की दुकानों पर धरनों में और जुलूसों में भाग लिया। जहाँ तक स्त्रियों की भागीदारी का प्रश्न है, आंदोलन सबसे अधिक संगठित बंबई में था, सबसे अधिक उग्र बंगाल में था, और मद्रास में सीमित था। उत्तर भारत में इलाहाबाद, लखनऊ, दिल्ली और लाहौर जैसे शहरों में राष्ट्रवादी प्रदर्शनों में खुले-आम भाग लेकर सम्मानित परिवारों की सैकड़ों स्त्रियों ने अपने रूढ़िवादी पुरुष स्वजनों को स्तब्ध कर दिया। बंगाल में कुछ स्त्रियाँ हिंसक क्रांतिकारी आंदोलन में शामिल हुईं और उस समय, स्वदेशी के काल के विपरीत, उनकी मात्र सहायक भूमिकाएँ नहीं थीं; वे अब मजिस्ट्रेटों और गवर्नरों पर पिस्तौलों से गोलियाँ चला रही थीं।[239]

जो प्रवृत्ति 1930 के दशक में शुरू हुई थी, वह 1940 के दशक में भी ज़ारी रही, जब सार्वजनिक जीवन में स्त्रियों की सक्रिय भूमिका को समाज में स्वीकृति मिली। यह समझना कठिन नहीं है कि स्त्रियों ने गांधी की अपील का प्रत्युत्तर क्यों दिया, जिसने राष्ट्र के प्रति स्त्रियों की सेवा को उनके धार्मिक कर्त्तव्य का अंग बना दिया। उनके अहिंसा संबंधी आग्रह और स्त्री सत्याग्रहियों की एक सम्मानित छवि की रक्षा पर उनके ज़ोर ने स्त्री-सुलभ व्यवहार के प्रति सुस्वीकृत मापदंडों का हनन नहीं किया और इसलिए पुरुष इस भरोसे से भरे हुए रहे कि उनकी स्त्रियाँ गांधी के हाथों में सुरक्षित रहेंगी। प्रतिरोध कम रहा तो आखिरी विश्लेषण में इसका कारण यही था कि स्त्रियों ने भाग तभी लिया, जब उनके संरक्षक पुरुष यह चाहते थे कि वे इसमें भाग लें। अधिकांश मामलों में राष्ट्रीय आंदोलन में उन्हीं परिवारों की स्त्रियों ने भाग लिया, जिनके पुरुष गांधी के आंदोलनों में पहले से सक्रिय थे। इसलिए उनकी सार्वजनिक भूमिका पत्नियों, माताओं, बहनों और बेटियों के रूप में उनकी घरेलू भूमिकाओं का ही विस्तार थी। इसलिए उनका राजनीतीकरण उनके घरेलू या पारिवारिक संबंधों में किसी सार्थक परिवर्तन का कारण नहीं बना। इनमें से अधिकांश स्त्रियाँ हिंदू मध्यवर्ग के सम्मानित परिवारों की थीं। हालाँकि कुछ क्षेत्रों में ग्रामीण स्त्रियों ने भी आंदोलनों में भाग लिया, पर स्त्रियों की भागीदारी फिर भी प्रमुखतः शहरी संवृत्ति ही रही और इस बारे में भी सम्मानित छवि पर दिए जाने वाले बल ने निम्नवर्गीय स्त्रियों या वेश्याओं जैसी हाशिए पर पड़ी स्त्रियों को बाहर ही रखा। जहाँ तक मुस्लिम स्त्रियों का प्रश्न था, 1921 में खिलाफ़त-असहयोग आंदोलन में अनेकों ने भाग लिया था। लेकिन इससे अगर पर्दे की सीमा के कम होने में मदद मिली, तो भी उसके पूरे-पूरे उन्मूलन का प्रश्न ही पैदा नहीं होता था, क्योंकि मुसलमानों के लिए वह उनकी सांस्कृतिक विशिष्टता का प्रतीक था।[240] दूसरी ओर अगर हिंसक क्रांतिकारी कार्रवाइयों में भाग लेकर कुछ स्त्रियों ने स्त्री-सुलभ विनम्रता की समाज द्वारा निर्धारित सीमारेखा का अतिक्रमण किया तो, भर्त्सना करनेवाले समाज ने उनकी जमकर निंदा की। तनिका सरकार का तर्क है कि

"परंपरा में ऐसी मज़बूत जड़ों" से स्पष्ट होता है कि क्यों यह राजनीतीकरण संभव हुआ और क्यों यह भारत में स्त्रियों की सामाजिक मुक्ति को किसी सार्थक सीमा तक बढ़ावा देने में असफल रहा।[241] स्त्री-प्रश्न में कांग्रेस और उसके नेताओं की दिलचस्पी थी ही नहीं और थोड़ी बहुत प्रतीकात्मक उपस्थिति की अनुमति देने के अलावा उन्होंने किसी निर्णय प्रक्रिया में कभी स्त्रियों को शामिल नहीं किया। इसी कारण कुंठित होकर सरला देवी चौधरानी ने अफ़सोस व्यक्त किया था कि कांग्रेस उनको "केवल कानून-तोड़क बनाना चाहती थी न कि कानून-निर्माता।"[242]

फिर भी, इन सबके बावजूद हमें यह भी मानना ही होगा कि सम्मानित परिवारों की सैकड़ों स्त्रियों ने भारत की सड़कों पर कतार बनाकर जुलूस निकाले, जेल गईं, वहाँ अपमान का सामना किया और कलंकित हुए बिना अपने परिवारों में वापस आईं, तो यह भारतीय सामाजिक रवैयों में एक उल्लेखनीय परिवर्तन का सूचक था। रहा सवाल निमित्त बनने का तो, जैसा कि सुजाता पटेल ने सूत्र रूप में सामने रखा है, "विश्लेषण के स्तर पर यह कह सकना कठिन है कि पहले क्या बात सामने आई: स्त्रियों की मुक्ति या उस पर गांधी का ज़ोर।"[243] यह बात भी कही जा सकती है कि खुली चुनौती दिए बिना कुछ स्त्रियों ने उपलब्ध सांस्कृतिक रूपकों में उदाहरण के लिए "विस्तारित परिवार" के रूपक में, फेरबदल करके धीरे-धीरे अपनी स्वतंत्रता की सीमाओं को आगे बढ़ाया। शौकत अली और मुहम्मद अली की बुजुर्ग माता बी अम्मन ने पूरी ज़िंदगी पर्दे में गुज़ारने के बाद खिलाफ़त-असहयोग आंदोलन में भाग लिया। पंजाब की एक आम सभा में उन्होंने अपना बुरका उठाया और श्रोताओं को अपने बच्चे कहकर संबोधित किया। एक माँ को अपने बच्चों के सामने पर्दे की ज़रूरत नहीं होती, इस तरह निहितार्थ रूप में पूरा देश उनके "परिकल्पित विस्तारित परिवार" का अंग बन गया।[244] उनकी इस भाषा ने पर्दे की विचारधारा को निश्चित ही चोट पहुँचाई; उनके कर्म ने उसकी सीमा को प्रभावी ढंग से फैला दिया। दूसरी ओर, यह बात काफ़ी असंभव लगती है कि सविनय अवज्ञा आंदोलन में सचमुच भाग लेनेवाली हज़ारों स्त्रियों ने पहले से अपने संरक्षकों की अनुमति ली होगी। और अगर ली भी होगी तो इस बात के अनेक ऐतिहासिक उदाहरण हैं कि "एक बार लामबंद होने के बाद स्त्रियाँ अपनी इच्छा से आगे बढ़ती रहीं।"[245] उन्होंने बार-बार गांधी के उन आदेशों का उल्लंघन किया, जो उनकी सक्रियता पर बंधन लगाते थे।

प्रश्न है कि क्या स्त्रियों की इस सक्रियता और राजनीतिकरण ने उपनिवेशी भारत में एक नारीवादी (feminist) चेतना को बढ़ावा दिया? जहाँ तक व्यापकतर समाज का सवाल है, स्पष्ट तौर पर जवाब होगा: "नहीं"। लेकिन जिन स्त्रियों ने राष्ट्रीय आंदोलन में सचमुच भाग लिया, उनके लिए और उनकी अधिक प्रबुद्ध मध्यवर्गीय नेत्रियों के लिए जीवन अब संभवतः पहले जैसा रह भी नहीं सकता था। उस काल का स्त्री-साहित्य यह संकेत देता है कि उनकी चेतना में सार्वजनिक-निजी का द्विभाजन अधिकाधिक धुँधला रहा था और वे अपने समाज में उपस्थित लैंगिक असमानता पर चिढ़ती थीं।[246] लेकिन, जैसा कि जानकी नायर का कथन है, "ऐसे विरोध और 'वांछित' नियमों के

ऐसे हनन" के बावजूद ये मध्यवर्ग या उच्च जाति की स्त्रियाँ मोटे तौर पर राष्ट्रवादी पुरुष-प्रधानता की "वर्चस्ववादी आकांक्षाओं ... से सहमत" थीं।[247] मुस्लिम स्त्रियों में भी बीसवीं सदी के आरंभिक वर्षों में एक नए "नारीवादी" उर्दू साहित्य का उदय हुआ, जिसने लैंगिक संबंधों की परंपरागत सीमाओं और विचारधाराओं को चुनौती दी। पर उसने भी "नाटकीय परिवर्तन" की वकालत से इनकार कर दिया और "मुस्लिम समुदाय" की छवि को हर बात से अधिक महत्त्व दिया।[248] उन दिनों अधिकाधिक संख्या में उभर रहे स्त्री संगठनों ने जो स्थान पैदा किया, उसमें ऐसे अंतर्विरोध और भी स्पष्ट तौर पर देखे जा सकते थे। आरंभ से ही राजनीति में स्त्रियों की भागीदारी अनेक विशुद्ध रूप से स्त्री संगठनों के मंच से होती रही, जो गेल पियर्सन की शब्दावली में एक "विस्तारित नारी क्षेत्र" का निर्माण कर रहे थे, और वह क्षेत्र अलग-थलग परिवार और व्यापकतर सामाजिक क्षेत्र के बीच में कहीं स्थित था।[249] इन संगठनों में विभिन्न स्थानीय सामाजिक संगठनों से लेकर लड़कियों की शिक्षा संस्थाओं तक शामिल थे, और राष्ट्रीय स्त्री संघ या देश सेविका संघ जैसे अनेक राजनीतिक संगठन भी शामिल थे, जो कांग्रेस के सहायक संगठनों का काम करते थे। उसके बाद बीसवीं सदी के आरंभिक वर्षों में अनेक ऐसे स्त्री-संगठन अस्तित्व में आए, जो सार्वजनिक क्षेत्र में अधिक सक्रिय थे तथा स्त्रियों के राजनीतिक और कानूनी अधिकारों पर अधिक ध्यान केंद्रित करते थे।

अखिल भारतीय स्तर पर सबसे पहले मद्रास में 1917 में विमेंस इंडियन एसोसिएशन का जन्म हुआ, जिसका आरंभ प्रबुद्ध यूरोपीय और भारतीय महिलाओं ने किया था। इनमें सबसे प्रमुख थीं एक आयरिश नारीवादी मार्गरेट कज़िंस और एनी बेसेंट। 1925 में इंटरनेशनल काउंसिल ऑफ़ विमेन की शाखा के रूप में नेशनल काउंसिल ऑफ़ विमेन इन इंडिया का गठन हुआ और आरंभिक वर्षों में उसकी प्रमुख प्रेरणा-स्रोत लेडी मेहरीबाई टाटा थीं। फिर 1927 में ऑल इंडिया विमेंस कॉन्फ्रेंस का जन्म हुआ, जो इन संगठनों में सबसे महत्त्वपूर्ण था। आरंभ में यह स्त्री-शिक्षा को बढ़ावा देनेवाला एक गैर-राजनीतिक संगठन था, जिसकी प्रमुख प्रेरणा-स्रोत मार्गरेट कज़िंस थीं। लेकिन वह संगठन आखिरकार राष्ट्रवादी राजनीति में भाग लेने लगा तथा मताधिकार से लेकर विवाह संबंधी सुधार और कामगार स्त्रियों के अधिकारों तक स्त्रियों के लिए हर प्रकार के अधिकारों का समर्थन करने लगा।[250] प्रांतीय स्तर पर उन्हीं दिनों स्त्रियों के अनेक मुद्दों पर विभिन्न संगठन काम करने लगे। सरला देवी चौधरानी के भारत स्त्री महामंडल ने, जिसकी पहली बैठक 1910 में इलाहाबाद में हुई थी, स्त्री-शिक्षा को बढ़ावा देने के लिए पूरे भारत में अपनी शाखाएँ खोलीं। बंगाल में 1920 के दशक के दौरान, जैसा कि बार्बरा सदर्ड (1995) ने दिखाया है, बंगीय नारी समाज ने स्त्रियों के मताधिकारों के लिए अभियान आरंभ किया, बंगाल विमेंस एजुकेशन लीग ने स्त्रियों के लिए अनिवार्य प्रारंभिक और माध्यमिक शिक्षा की माँग की और ऑल बंगाल विमेंस यूनियन ने स्त्रियों के गैर-कानूनी व्यापार (trafficking) के विरुद्ध कानून बनवाने के लिए एक अभियान चलाया।

फिर भी, इन मुद्दों पर जन-आंदोलन खड़े करने की बजाय इन स्त्री संगठनों ने सरकार को ज्ञापन दिए और राष्ट्रवादियों से समर्थन की प्रार्थना की। सरकार ने हस्तक्षेप भी किए तो हिचकते हुए और वह अकसर समझौते के सूत्रों को महत्त्व देती रही, क्योंकि उसका विश्वास था कि अधिकांश भारतीय स्त्रियाँ अभी भी अपने अधिकारों के समुचित उपयोग में समर्थ नहीं थीं। उदाहरण के लिए, 1919 के मांटेग्यू-चेम्सफ़ोर्ड सुधार ने स्त्रियों के मताधिकार का सवाल अनिर्णीत छोड़ दिया और इसका निर्णय बाद में प्रांतीय विधायिकाओं द्वारा किया गया। दूसरी ओर, राष्ट्रवादी 1920 के दशक से स्त्री-प्रश्न के प्रति अधिक सहानुभूति दिखाने लगे, क्योंकि उनको राष्ट्र-निर्माण के कार्य में स्त्रियों की भागीदारी की आवश्यकता थी। राष्ट्रवाद को स्त्री-प्रश्नों से अधिक महत्त्व देकर स्त्रियों ने भी इस "सार्वभौमिकरण (universalisation) की प्रक्रिया" को महत्त्व दिया।[251] पुरस्कारस्वरूप 1921 और 1930 के बीच सभी प्रांतीय विधायिकाओं ने स्त्रियों को मताधिकार दिया, हालाँकि उससे संपत्ति और शैक्षिक योग्यता संबंधी शर्तें निश्चित ही जुड़ी हुई थीं। 1935 के भारत सरकार अधिनियम (गवर्नमेंट ऑफ इंडिया ऐक्ट) ने मतदाता स्त्रियों का अनुपात बढ़ाकर 1:5 कर दिया और विधायिकाओं में उनके लिए सीटें भी आरक्षित कीं। कांग्रेस और स्त्री-संगठनों को आरक्षण का विचार पसंद नहीं था और उन्होंने सार्वभौम वयस्क मताधिकार को प्राथमिकता दी। लेकिन इस प्रावधान के पारित हो जाने पर उन्होंने इसे स्वीकार किया और इसके कारण 1937 के चुनाव के बाद अनेक स्त्रियों को एक विधायी कार्य आरंभ करने में मदद मिली।[252] दूसरी ओर, विवाह-आयु संबंधी 1891 के विधेयक (एज ऑफ़ कंसेंट बिल) के विपरीत, 1929 का बाल-विवाह प्रतिबंध कानून (चाइल्ड मैरिज रिस्ट्रेन ऐक्ट) या शारदा कानून राष्ट्रवादियों के भारी समर्थन से पारित हो गया; इसमें स्त्रियों के लिए विवाह की न्यूनतम आयु 14 और पुरुषों के लिए 18 साल रखी गई थी। इसके अलावा, 1930 के दशक के दौरान केंद्रीय और प्रांतीय विधायिकाओं में अनेक ऐसे विधेयक पारित हुए, जो संपत्ति, विरासत और तलाक के बारे में स्त्रियों के अधिकारों को निरूपित करते थे, दहेज़ पर सीमा और वेश्यावृत्ति पर नियंत्रण लगाते थे। लेकिन क्या इन सभी कानूनों के कारण भारत में लैंगिक संबंधों में या स्त्रियों के जीवन में कोई सुधार आया? अगर हम शारदा कानून को परखें तो पाएँगे कि राष्ट्रवादियों और सरकार दोनों को शीघ्र ही इसे लागू करना कठिन लगने लगा; बहुत समय नहीं बीता कि शारदा कानून सभी व्यावहारिक दृष्टियों से मृतप्राय हो चुका था।[253]

अब हम अपने पिछले बिंदु पर वापस आते हैं। बीसवीं सदी के आरंभ के विकासक्रमों ने–एक नई चेतना के जन्म, नए संगठनों के उदय और स्त्रियों के राजनीतिकरण ने–कुछ स्त्रियों के लिए, कुछ उल्लेखनीय परिवर्तन अवश्य पैदा किए: अधिक प्रबुद्ध, मध्यवर्गीय और शहरी स्त्रियों के लिए जिन्होंने अपने लिए कारगर ढंग से सार्वजनिक क्षेत्र में एक स्थान बनाया। उपनिवेश-काल के अंतिम वर्षों में इनमें से अनेक तो चिकित्सा और वकालत जैसे ऊँचे व्यवसायों में थीं, अच्छे वेतन पाती थीं और उनको सामाजिक सम्मान

मिलता था। पर अपनी नई सामाजिक भूमिकाओं और गृहिणी-वृत्ति के और बच्चों की देखभाल की कठोर माँगों के बीच, कुछ विशेष मुखर प्रतिरोध किए बिना, वे भी बराबर डोलती रहती थीं। रहा प्रयन बाकी भारतीय स्त्रियों का, तो परिवर्तन और भी कम नाटकीय रहे। कारण यह था कि स्त्री-संगठनों और कार्यकर्त्रियों के प्रयास उस चीज़ से बाधित होते रहे, जिसे गेराल्डाइन फ़ोर्ब्स ने अपने अत्यंत पारखी वृत्तांत *वुमेन इन मॉडर्न इंडिया (Women in Modern India)* (1998) में "एक सामाजिक नारीवादी विचारधारा का ढाँचा (framework)" कहा है। इस ढाँचे में स्त्रियों की एक खास सार्वजनिक भूमिका को मान्यता तो दी गई थी, पर साथ ही स्त्री-पुरुष के बीच सामाजिक, शारीरिक और मानसिक अंतर को भी स्वीकार किया गया था। मूलभूत भारतीय स्त्रीत्व की राष्ट्रवादी प्रयोजनवादी (teleological) प्रस्तुति को उनकी कार्यसूची में प्रमुखता मिलती रही और यह कार्यसूची स्वयं ही राष्ट्रवाद की कार्यसूची का एक गौण अंग बनी रही।

फिर भी, जैसा कि फ़ोर्ब्स ने आगे कहा है,[254] इस सीमा बाँधनेवाली सामाजिक विचारधारा को और उसे स्वीकार करनेवाले स्त्री संगठनों के प्रभुत्व को 1940 के दशक के दौरान गंभीर चुनौती मिली, जब वर्गीय और धार्मिक सीमारेखाओं के आरपार स्त्रियों ने सार्वजनिक क्षेत्र में अपने लिए और भी सक्रिय भूमिका की माँग की और स्वतंत्रता संग्राम के अंतिम चरण में अपने साथ के पुरुषों की सहयोगियों के रूप में लड़ती रहीं। स्त्रियों की यह सक्रियता 1942 के भारत छोड़ो आंदोलन में सबसे अधिक स्पष्ट रही, जिसके लगभग आरंभ में ही पहली पंक्ति के सभी पुरुष कांग्रेसी नेता जेलों में बंद कर दिए गए (विस्तार के लिए अध्याय 8.1 देखें)। इस तरह की आकस्मिक परिस्थिति में अभूतपूर्व पुलिस दमन के सामने आंदोलन के समन्वय की ज़िम्मेदारी कुछ प्रमुख नेत्रियों ने अपने सर पर ले ली। सुचेता कृपलानी ने अहिंसक प्रतिरोध का समन्वय किया, जबकि भूमिगत क्रांतिकारी गतिविधियों को नेतृत्व अरुणा आसफ़ अली ने दिया और यह काम उन्होंने गांधी की आत्मसमर्पण करने की सलाह को नरमी से ठुकराकर किया।[255] लेकिन इस आंदोलन का सबसे अहम पहलू बड़ी संख्या में ग्रामीण स्त्रियों की भागीदारी था, जिन्होंने अपने देश को मुक्त कराने के लिए स्वयं पहल की। 1942 में कम्युनिस्ट पार्टी पर से प्रतिबंध हटने पर ग्रामीण स्त्रियों की यह संलग्नता और बढ़ी। इससे पहले 1920 और 1930 के दशकों में अनेक मध्यवर्गीय शिक्षित स्त्रियाँ कम्युनिस्ट आंदोलन में आई थीं और उन्होंने मज़दूर वर्ग को लामबंद करने, औद्योगिक कार्रवाइयों का आयोजन करने और राजनीतिक बंदियों की रिहाई के अभियान में भाग लिया था। 1941 तक ऑल इंडिया स्टूडेंट्स फ़ेडरेशन की छात्राओं की शाखा में लगभग 50,000 सदस्याएँ थीं। 1942 में बंगाल की कुछ वामपंथी नेत्रियों ने एक महिला आत्मरक्षा समिति (वीमेंस सेल्फ़-डिफ़ेंस लीग) का गठन किया, उसके द्वारा ग्रामीण स्त्रियों को लामबंद किया और बंगाल में 1943 के अकाल के दौरान राहत के कार्य किए।[256]

साम्यवादी आंदोलन में स्त्रियों की यह भागीदारी उस समय बढ़कर एक नए स्तर तक

पहुँची, जब बंगाल में कम्युनिस्ट नेतृत्व वाली किसान सभा के अंतर्गत 1946 में तेभागा आंदोलन उपज में बटाईदारों के लिए दो-तिहाई हिस्से की माँग करते हुए शुरू हुआ (विस्तार के लिए अध्याय 8.2 देखें)। इसमें दलित और आदिवासी समुदायों की "सर्वहारा और अर्ध-सर्वहारा स्त्रियों" ने व्यापक स्तर पर स्वतंत्र कार्रवाइयाँ कीं। अपनी पहल पर उन्होंने नारीवाहिनी बनाई और जो भी हथियार हाथ लगा उसी के बल पर उपनिवेशी पुलिस का मुकाबला किया। उसके बाद हुए असमान टकराव में अनेक स्त्रियाँ शहीद हुईं।[257] इसी तरह आंध्र में, जहाँ निज़ाम हैदराबाद और सामंती दमन के विरुद्ध 1946 से 1951 तक तेलंगाना संघर्ष चला (विस्तार के लिए अध्याय 8.2 देखें), बेहतर मज़दूरी, सही लगान और अधिक सम्मान के लिए स्त्रियाँ पुरुषों से कंधे मिलाकर लड़ रही थीं। कुछ लिंग-विशिष्ट प्रश्न उठाकर कम्युनिस्ट पार्टी ने स्त्रियों को लामबंद करने के विशेष प्रयास किए, क्योंकि उनके बिना संघर्ष इतने लंबे समय तक ज़ारी नहीं रह सकता था। लेकिन अधिकांश मामलों में वे स्वयं आंदोलन में शामिल हुईं, गुप्त संदेशों के वाहकों के काम किए, छिपने की जगहों के प्रबंध किए और कुछ तो बंदूक लेकर **दलम** (क्रांतिकारी दलों) की सक्रिय सदस्य भी बनीं। लेकिन इस संघर्ष ने भले ही किसान स्त्रियों के लिए जुझारू कार्रवाई का एक नया क्षेत्र पैदा किया, साम्यवादी नेता भी उनको बराबर का दर्ज़ा नहीं देते थे। पार्टी नेतृत्व अपने बंगाली समकक्षों की ही तरह उनके लिए केवल सहायक और गौण भूमिकाओं को प्राथमिकता देता था; वह लैंगिक संबंधों के परंपरागत ढाँचों से बाहर, अर्थात् विवाह और परिवार से बाहर, स्त्रियों के बारे में सोच ही नहीं सका और उन पर इतना भरोसा नहीं कर सका कि वास्तविक युद्ध क्षेत्र के लिए उन्हें बंदूकें थमा दे। इससे भी अहम बात यह है कि विद्रोहियों की पंक्तियों में जब भी यौन नैतिकता और अनुशासन बनाए रखने का सवाल उठा, स्त्रियों को ही समस्या की जड़ समझा गया।[258]

लगभग उन्हीं दिनों देश से बाहर वास्तविक फ़ौजी कार्रवाई में स्त्रियों को शामिल करने का एक प्रयोग सुभाषचंद्र बोस ने किया। बहुत पहले, 1928 में, उन्होंने "कर्नल" लतिका घोष के नेतृत्व में कांग्रेस का एक महिला स्वयंसेवक दल तैयार किया था, जिसने पूरी वर्दी पहनकर कलकत्ता की सड़कों पर मार्च किया था। 1943 में जब उन्होंने दक्षिण-पूर्व एशिया में प्रवासी भारतीयों की एक सेना बनाई, जिसे आज़ाद हिंद फ़ौज कहा गया (विस्तार के लिए अध्याय 8.2 देखें), तो उन्होंने उसकी एक महिला रेजिमेंट भी बनाने का निर्णय किया, जिसका नाम 1857 के विद्रोह की वीरांगना रानी लक्ष्मीबाई के नाम पर रानी झाँसी रेजिमेंट रखा गया। इस नए रेजिमेंट के लिए प्रशिक्षण शिविर अक्टूबर 1943 में खोला गया और इसमें लगभ 1500 स्त्रियाँ शामिल हुईं, जिनका संबंध दक्षिण-पूर्व एशिया में रह रहे, सभी धर्मों और जातियों के, कुलीन और मज़दूरवर्गीय दोनों प्रकार के भारतीय परिवारों से था। उनको पूरा-पूरा सैन्य प्रशिक्षण दिया गया और लड़ने के लिए तैयार किया गया। आरंभिक चरण में उनको जब असैनिक भूमिकाएँ दी गईं, तो उन्होंने अपनी नेता से विरोध व्यक्त किया और आगे चलकर 1945 में इंफाल की

मुहिम में उन्हें वास्तविक युद्ध कार्य में शामिल किया गया। लेकिन इस मुहिम में गंभीर गलतियाँ हुई और पूरा प्रयोग ठप हो गया, क्योंकि आज़ाद हिंद फ़ौज को आगे बढ़ती अंग्रेज़ सेना के सामने पीछे हटना पड़ा। वैचारिक स्तर पर स्त्रियों को हथियारबंद करने का यह प्रयोग संभवतः कोई अतिवादी कदम न था, क्योंकि बोस स्वयं भी भारत की "माताओं और बहनों की आध्यात्मिक शक्ति" में विश्वास रखते और उसे जगाना चाहते थे। लेकिन यह राष्ट्रवादी राजनीति में स्त्रियों की भूमिका का एक सार्थक प्रसार अवश्य था कि उनको पौराणिक सीता की निष्क्रिय आदर्श भूमिका की जगह पुरुष सिपाहियों से कंधे मिलाकर लड़ रही स्त्रियों के लिए ऐतिहासिक रानी झाँसी की सक्रिय और शौर्यमयी भूमिका दी गई।[259]

एक और सतह पर देखें तो 1940 के दशक के दौरान पाकिस्तान आंदोलन के उदय ने उपमहाद्वीप की मुस्लिम स्त्रियों के लिए राजनीतिक कार्रवाई का एक नया क्षेत्र पैदा किया। 1930 के दशक के दौरान वे मताधिकार जैसे अधिकारों की माँग करने के लिए अपनी हिंदू बहनों के साथ एक संयुक्त मोर्चे में भाग ले रही थीं। लेकिन महिलाओं के लिए सांप्रदायिक आधार पर सीटों के आरक्षण को लेकर 1935 में वे बँट गईं। जैसा कि बेगम शाहनवाज़ ने अपनी आत्मकथा में लिखा है, ऑल इंडिया विमेंस कॉन्फ्रेंस की मुस्लिम नेत्रियों ने "संयुक्त निर्वाचकमंडल को इसलिए स्वीकार करने से मना कर दिया, क्योंकि उनके पुरुष इसके लिए तैयार न थे।"[260] इस तरह व्यापकतर राजनीतिक कतारबंदियों ने यानी पुरुषों की राजनीति ने स्त्रियों के आंदोलनों को भी प्रभावित किया। मुस्लिम लीग ने भी अपनी राजनीति को सर्वभौम बनाने की कोशिश की और मुस्लिम स्त्रियों को शामिल करने के लिए 1938 में एक महिला उपसमिति का गठन किया। जब पाकिस्तान के आंदोलन ने ज़ोर पकड़ा, तो अधिकाधिक महिलाएँ उसमें चुनावी उम्मीदवारों, मतदाताओं और सड़कों की राजनीति की सक्रिय प्रदर्शनकारियों के रूप में खिंच आईं, खासकर पंजाब और पश्चिमोत्तर सीमाप्रांत में। उनमें से अनेक तो साधारण स्त्रियाँ थीं, जिनके लिए यह राजनीतिक भागीदारी अपने आप में एक "मुक्तिदायी अनुभव" थी। यह सही है कि मुक्ति का यह पल इतना छोटा रहा कि उनके रोज़मर्रा के जीवन में शायद ही कोई वास्तविक परिवर्तन ला सका। मगर फिर भी यह मुस्लिम समाज में स्त्रियों के लिए एक सार्वजनिक भूमिका की स्वीकृति का सूचक था।[261]

इस तरह 1940 के दशक में, वर्ग, जाति और धर्म की सीमाओं से परे, अधिकाधिक भारतीय स्त्रियों ने साम्राज्य विरोधी और लोकतांत्रिक आंदोलनों में भागीदारी करके अपने लिए सक्रिय भूमिका के दावे किए। लेकिन, जैसा कि कुमारी जयवर्धना कहती हैं, उन्होंने "इन अवसरों का उपयोग ऐसे मुद्दे उठाने के लिए नहीं किया, जो उनके स्त्री रूप को प्रभावित करते थे।"[262] उनके अपने लक्ष्य राष्ट्रीय स्वतंत्रता, समुदाय के सम्मान या वर्ग संघर्ष के लक्ष्यों के अधीन रहे। नारीवाद की धारणा ने स्वयं भी भारी भ्रम पैदा किया: इसे या तो पश्चिम से आयातित और भारतीय राष्ट्रीयता के सांस्कृतिक उत्स के लिए हानिकारक समझा जाता था या फिर स्वतंत्रता संग्राम के अधिक महत्त्वपूर्ण

ध्येय से एक अवांछित भटकाव माना जाता था।[263] जवाहरलाल नेहरू जैसे कुछ अग्रणी राष्ट्रवादियों का विश्वास था कि राजनीतिक स्वतंत्रता बस मिल जाए, फिर तो स्त्री-प्रश्न का समाधान अपने आप निकल आएगा।[264] पितृसत्तात्मक सरोकार साम्यवादी नेतृत्व के लिए भी एक भारी दुविधा के विषय बने रहे। तेभागा आंदोलन में महिलाओं का नेतृत्व तभी सामने आ सका, जब कम्युनिस्ट पार्टी के नेतृत्व ने "परहेज" किया।[265] ट्रेड यूनियनें भी, हालाँकि मज़दूरवर्गीय स्त्रियों को लामबंद करती थीं, पर आम तौर पर उन्होंने भी स्त्रियों के मुद्दों की उपेक्षा की, क्योंकि उनको "पुरुषों के या आम मज़दूरवर्गीय हितों के अधीन" समझा जाता था।[266] जुझारू कार्रवाइयों के दौरान अगर सीमाएँ टूटीं, तो बाद में तेज़ी से, बिना किसी अपवाद के दोबारा कायम हो गईं। क्या हम कल्पना कर सकते हैं कि मल्लू स्वराज्यम् जैसी एक स्त्री, जिसे "तेलंगाना की मशहूर वीरांगना" कहा गया था, आंदोलन की वापसी के कुछ साल बाद क्या कर रही थी? उसके पति के शब्दों में, "पका रही है और खा रही है। और क्या?" तेलंगाना की स्त्रियाँ अगर अपने घरों से बाहर आईं, क्योंकि आंदोलन ने उनमें समानता दिलाने की उम्मीद जगाई थी, तो उसके बाद शीघ्र ही उन्होंने पाया कि परिवार के रूपक पर वह साम्यवादी नेतृत्व बराबर ज़ोर दे रहा था, जो हमेशा स्त्रियों को उसी परंपरागत सीमा के अंदर रखने को प्राथमिकता देता था।[267]

दूसरी ओर पाकिस्तान के आंदोलन ने कुछ मुस्लिम स्त्रियों को सार्वजनिक कार्रवाई में ज़रूर खींचा, पर विभाजन के अनुभव ने एक बार फिर मुस्लिम स्त्रीत्व के परंपरागत अशराफ़ आदर्श को बल पहुँचाया कि इस स्त्रीत्व की रक्षा घरेलू क्षेत्र में ही संभव है। इस सीमारेखा के किसी भी उल्लंघन को अनैतिकता, अधार्मिकता और समुदाय के लिए असम्मान का कारण समझा जाता था।[268] वास्तव में विभाजन से जुड़ी हिंसा उप-महाद्वीप की स्त्रियों, हिंदू और मुसलमान, दोनों के लिए अत्यंत घृणित पल थी, क्योंकि वे समुदाय के सम्मान के बारे में पुरुषों की समझ के निशाने बनने लगीं। स्त्रियों का सतीत्व-मर्दन वह क्षेत्र बन गया जिसे या तो जीतो या नष्ट करो, ताकि दुश्मन को उसे जीतने का सम्मान न मिल सके। रितु मेनन और कमला भसीन के शब्दों में, ये स्त्रियाँ एक "*हिंसा के सातत्य*" की कैदी बन गईं; इसमें उनके सामने विकल्प यह था कि या तो 'दूसरे' समुदाय के पुरुषों के हाथों बलात्कार, अंग-भंग और अपमान की शिकार हों या फिर अपने समुदाय के सम्मान को दुश्मन के हाथों नष्ट होने से बचाने के लिए आत्महत्या कर लें, जिसके लिए उनको उनके अपने बंधु-बांधव भी उकसाते रहते थे। ऐसी सामूहिक आत्महत्याओं की मिसालें चिंताजनक सीमा तक अधिक थीं।[269] जबकि, दूसरी ओर, विभाजन से जुड़े पागलपन के कुछ ही महीनों के अंदर पचहत्तर हज़ार से लेकर एक लाख स्त्रियाँ या तो अपहरण या बलात्कार की शिकार हुईं।[270] जो जीवित बचीं वे इस शर्मिंदगी की अमिट यादों को समेटे जीती रहीं, जिसे उन्होंने अपने परिवार और समुदाय के सम्मान की रक्षा के लिए खामोशी के साथ झेला था।

इस तरह ऐसा लगता है कि उपनिवेशी भारत में स्त्री-प्रश्नों को वह प्राथमिकता शायद

ही मिली जो उसे मिलनी चाहिए थी। हालाँकि कुछ स्त्रियों में समझदारी आई, उन्होंने राजनीतिक संघर्षों में सक्रिय रूप से भाग लिया और अपने आपको अनेक प्रकार से उदीयमान राष्ट्र (राष्ट्रों) के साथ भी जोड़ा, पर मुक्ति की प्रचलित विचारधाराओं में अभी भी नारीवाद का समावेश नहीं हुआ था। समुदाय और राष्ट्र के सम्मान को, उनके हितों को अभी भी स्त्रियों के अधिकारों पर प्रमुखता प्राप्त थी। लेकिन इसका यह अर्थ भी नहीं कि राष्ट्रवादी नेताओं, समुदायों के बुजुर्गों या पार्टी के चौधरियों ने जिस प्रभुत्वशाली पुरुष-प्रधान परंपरा का समर्थन किया था, उसके उलटे जाकर कभी किसी स्त्री ने 'स्वतंत्रता' की कल्पना ही नहीं की।

## टिप्पणियाँ

1. जलाल 1987: 86.
2. पांडे 1992: 234.
3. हसन 1985: 213.
4. जलाल 2000: 422 और आगे देखें।
5. ब्यौरों के लिए पेज 1982 देखें।
6. हसन 1985: 207.
7. फ्राइटाग 1989.
8. दत्त 1999: 246.
9. हसन 1985: 210 द्वारा उद्धृत।
10. चंद्र 1993.
11. शेख 1989.
12. हसन 1996; जलाल 1997.
13. चटर्जी 1984; मुर्शिद 1995.
14. टैलबॉट 1988.
15. जलाल 1994: 19-20.
16. हसन 1988.
17. हसन 1993.
18. जलाल 1994 देखें।
19. गिलमार्टिन 1988: 172-73.
20. मूर 1988: 122.
21. मूर 1988: 113 द्वारा उद्धृत।
22. जलाल 1994: 58.
23. टैलबॉट 1996b.
24. विनायक 1997: 31.
25. झा 1986.
26. रहेजा 1994: 95.
27. सान्याल 1981: 17.

28. डर्क्स 1987.
29. ओवेंट 1994: 42-44 और आगे।
30. बेते 1991: 43.
31. चटर्जी 1989.
32. सिल्वरबर्ग 1968; श्रीनिवास 1968; सान्याल 1981 देखें।
33. लिंच 1969: 12.
34. डर्क्स 1992.
35. श्रीनिवास 1966: 90.
36. गैलेंटर 1984.
37. कोह्न 1987.
38. बंद्योपाध्याय 1990; ट्राउटमान 1997; सूज़न बेइली 1999.
39. सूज़न बेइली 1999: 124.
40. डर्क्स 1989: 51.
41. कैरॉल 1978.
42. रूडॉल्फ़ और रूडॉल्फ़ 1967: 33.
43. कॉन्सटबल 2000.
44. ओवेंट 1971.
45. ओ' हैनलन 1985: 265.
46. कॉन्सटबल 2001.
47. ओवेंट 1976: 245-47.
48. पांड्यन 1994.
49. इर्शिचक 1969: 277-81.
50. पांड्यन 1994.
51. और विस्तार के लिए रामास्वामी 1997: 66-67 देखें।
52. इर्शिचक 1969: 176.
53. पांड्यन 1993.
54. रामास्वामी 1997: 64.
55. और विस्तार के लिए गीता और राजादुरई 1998: 43-108 देखें।
56. रामास्वामी 1997: 62, 65.
57. पांड्यन 1999: 286-307.
58. गीता और राजादुरई 1998: 514, 523 और आगे।
59. मेंडेलसन और विक्ज़ियानी 1998: 78-79.
60. कॉन्सटबल 1997: 337-38; 2000: 416-22.
61. जेफ्री 1974.
62. शारदामणि 1980.
63. हार्डग्रेव 1969.
64. ज़ेलियट 1992.
65. युर्गेंसमेयर 1982.
66. गूप्तु 1993.

67. दूबे 1998.
68. प्रसाद 2000.
69. बंद्योपाध्याय 1997.
70. ब्यौरों के लिए मेनन 1994 देखें।
71. बंद्योपाध्याय 1997: 145-52.
72. दूबे 1998 देखें।
73. चटर्जी 1989.
74. ज़ेलियट 1992: 95 द्वारा उद्धृत।
75. कॉन्सटबल 2000 देखें।
76. ज़ेलियट 1988.
77. सूज़न बेइली 1999: 163-79.
78. बंद्योपाध्याय 1990: 155-56.
79. सूज़न बेइली 1999: 251
80. पारिख 1989: 209, 249.
81. ओंवेट 1994: 147.
82. बंद्योपाध्याय 2000.
83. गोरे 1993: 111.
84. गैलेंटर 1984: 31 द्वारा उद्धृत।
85. मेंडेलसन और विक्ज़ियानी 1998: 105.
86. कुमार 1987: 98-99.
87. बंद्योपाध्याय 1997: 179-209.
88. बंद्योपाध्याय 2000: 899-900.
89. ओंवेट 1994: 193 द्वारा उद्धृत।
90. सूज़न बेइली 1999: 260.
91. ओंवेंट 1994: 216 द्वारा उद्धृत।
92. ब्यौरों के लिए बंद्योपाध्याय 2000 देखें।
93. ज़ेलियट 1992: 172-73.
94. रोड्रीग्ज़ 1993.
95. त्रिपाठी 1991: 87.
96. मुखर्जी 1986: 245-46.
97. बागची 1972; रे 1979.
98. चंद्र 1979: 145.
99. मुखर्जी 1986: 265.
100. उपरोक्त: 275.
101. चटर्जी 1992: 319.
102. गॉर्डन 1978: 156.
103. रे 1979: 292.
104. त्रिपाठी 1991: 118.
105. गॉर्डन 1978: 161-66.

106. भट्टाचार्य 1986.
107. चटर्जी 1992.
108. रे 1979: 295-97.
109. त्रिपाठी 1991: 94.
110. भट्टाचार्य 1976.
111. गॉर्डन 1978: 170-71.
112. उपरोक्त 176.
113. चटर्जी 1992: 274, 281-87.
114. भट्टाचार्य 1986.
115. त्रिपाठी 1991: 98-102.
116. सरकार 1985: 95.
117. मार्कोवित्ज़ 1985: 72-73.
118. मुखर्जी 1986: 281.
119. मार्कोवित्ज़ 1985: 78.
120. त्रिपाठी 1991: 109.
121. मार्कोवित्ज़ 1985: 834.
122. चटर्जी 1992: 369.
123. मिश्र 1999: 172.
124. त्रिपाठी 1991: 112 द्वारा उद्धृत।
125. ब्यौरों के लिए मार्कोवित्ज़ 1985: 180-81 देखें।
126. मुखर्जी 1986: 271-72 द्वारा उद्धृत।
127. ब्यौरों के लिए रे 1979: 332-37 देखें।
128. मॉरिस 1965: 41.
129. दासगुप्त 1994: 35, 45.
130. चंदावरकर 1998: 66.
131. जोशी 1985: 252.
132. उपरोक्त 252-59.
133. उदाहरणों के लिए जोशी 1981: 1827; सिमंस 1976: 459; नायर 1998: 102 देखें।
134. पाटनकर और ओंवेट 1979: 411-12.
135. मॉरिस 1965: 142.
136. जोशी 1981: 1827; नायर 1998: 102.
137. सेन 1999: 89-93 और आगे।
138. दे हान 1995.
139. दत्त 1993: 70-71.
140. गोस्वामी 1987: 572-73.
141. चंदावरकर 1998: 67.
142. चक्रवर्ती 1989: 186-89.
143. मर्फ़ी 1977.
144. चक्रवर्ती 1989: 218.

145. उपरोक्त 123.
146. उपरोक्त 132.
147. उपरोक्त 145.
148. मर्फ़ी 1977: 319.
149. बसु 1988.
150. जोशी 1985: 265.
151. सीमियन 1995: 332.
152. नायर 1998: 118.
153. सीमियन 1995: 326-27.
154. चंदावरकर 1998: 68, 75.
155. घोष 2000: 85-86.
156. रजत रे 1979: 310.
157. घोष 2000: 89-94 देखें।
158. सिमंस 1976: 463-70.
159. दासगुप्त 1994: 149.
160. घोष 1994: 2025.
161. चंदावरकर 1994: 406.
162. चंदावरकर 1998.
163. मर्फ़ी 1977: 291.
164. बहल 1995: 373.
165. सीमियन 1995: 330.
166. बसु 1998.
167. कुमार 1983: 219.
168. दत्त 1993: 58.
169. चंदावरकर 1994: 407.
170. बहल 1995: 319.
171. गोस्वामी 1987: 560.
172. सुमित सरकार 1984: 279.
173. बहल 1988: 3 द्वारा उद्धृत।
174. चंदावरकर 1998: 95.
175. बहल 1988: 6 द्वारा उद्धृत।
176. सेन 1977: 222.
177. पटेल 1987: 58-62.
178. बहल 1995: 315-16.
179. दत्त 1993
180. रे 1984: 2 7-84.
181. पटेल 1987: 2, 56.
182. मर्फ़ी 1977: 307-11.
183. चंदावरकर 1994: 417.

184. सीमियन 1995: 134.
185. गोरले 1988: 35-36.
186. बहल 1988: 22.
187. रे 1984: 284 द्वारा उद्धृत।
188. चंदावरकर 1994: 414 द्वारा उद्धृत।
189. बसु 1994: 86 द्वारा उद्धृत।
190. बहल 1995: 381 द्वारा उद्धृत।
191. सरकार 1987: 69-72.
192. चक्रवर्ती 1989: 126-27.
193. चंदावरकर 1994: 411 और आगे।
194. जोशी 1985: 272, 277.
195. ब्यौरों के लिए चंदावरकर 1994: 320 देखें।
196. देसाई 1959: 195.
197. चक्रवर्ती 1989: 116.
198. सिन्हा 1995: 18.
199. चक्रवर्ती 1994: 54.
200. थापर 1975: 7.
201. लेज़ली 1989: 273-304.
202. ओ' हैनलन 1994: 21-22, 48-49.
203. अज़रा असगर अली 2000: xiii
204. अमीन 1995: 112.
205. जेफ्री 1979: 4.
206. एंगेल्स 1996: 2.
207. फ़ोर्ब्स 1998: 60.
208. ब्यौरों के लिए उपरोक्त: 44-45 देखें।
209. उपरोक्त 60-61 देखें।
210. ब्यौरों के लिए बोर्थविक 1984; मुर्शिद 1983 देखें।
211. समिता सेन 1993: 234.
212. अमीन 1995: 109.
213. मिनॉल्ट 1998: 215.
214. ओ' हैनलन 1994: 7.
215. चक्रवर्ती 1998: 303-42.
216. ओ' हैनलन 1994: 51.
217. बंद्योपाध्याय 1995: 11-12.
218. चक्रवर्ती 1998: 52.
219. सरकार 1984: 94.
220. बनर्जी 1990: 130.
221. मुखर्जी 1983, 1995.
222. कुमार 1983.

223. सेन 1999.
224. एंगेल्स 1996: 207–11.
225. चटर्जी 1993: 116–34.
226. बोस 1997: 52–55 और आगे।
227. ज्ञानप्रकाश 1999: 206.
228. गुहा-ठाकुरता 1992: 255.
229. सरकार 1987इ: 2011.
230. बोस 1997: 54.
231. बागची 1990: डब्ल्यू. एस. 65–66.
232. एंगेल्स 1996: 28–29.
233. रे 1995: 184–89.
234. फ़ोर्ब्स 1988: 63.
235. किश्वर 1985.
236. पटेल 2000: 305 और आगे।
237. ब्राउन 1989: 56–57.
238. पटेल 2000: 312.
239. ब्यौरे फ़ोर्ब्स 1998: 124–26 में।
240. मिनॉल्ट 1981: 8.
241. तनिका सरकार 1984: 101.
242. फ़ोर्ब्स 1998: 143 द्वारा उद्धृत।
243. पटेल 2000: 297.
244. मिनॉल्ट 1981: 12–13.
245. कस्तूरी और मजुमदार 1994: 51.
246. रे 1995: 212.
247. नायर 1994: 89.
248. अज़रा असगर अली 2000: 247.
249. पियर्सन 1981: 177.
250. ब्यौरे बसु और रे 1990 में।
251. पियर्सन 1981: 177.
252. पियर्सन 1983.
253. फ़ोर्ब्स 1998: 89.
254. उपरोक्त : 222.
255. अरुणा आसफ़ अली 1991: 142.
256. जयवर्धना 1986: 105–6.
257. कस्टर्स 1986: डब्ल्यू. एस. 101.
258. ललिता आदि 1989: 16–17, 262–68 और आगे; कन्नाबिरन और ललिता 1990.
259. ब्यौरों के लिए लेब्रा 1971, 1986; हिल्स और सिल्वरमैन 1993 देखें।
260. अरुणा आसफ़ अली 1991: 131 द्वारा उद्धृत।
261. अरुणा आसफ़ अली 2000: 197–205.

262. जयवर्धना 1986: 108.
263. उपरोक्त: 2.
264. फ़ोर्ब्स 1998: 193.
265. कस्टर्स 1986: डब्ल्यू. एस. 97.
266. सेन 1999: 19.
267. ललिता आदि 1989: 263, 272, और आगे।
268. जलाल 2000: 564-66.
269. मेनन और मसीन 1998: 57 और आगे।
270. बुटालिया 2001: 208.

अध्याय **8**

# विभाजन के साथ स्वतंत्रता

## 8.1 भारत छोड़ो आंदोलन

1934 के आसपास सविनय अवज्ञा आंदोलन की समाप्ति के बाद कांग्रेस के अंदर गंभीर मतभेद पैदा हो गए, जैसे इससे पहले असहयोग आंदोलन की वापसी के बाद हुए थे। जहाँ गांधी सक्रिय राजनीति से कुछ समय के लिए अलग हो गए, वहीं समाजवादी और दूसरे वामपंथी तत्त्वों ने मई 1934 में कांग्रेस समाजवादी पार्टी (कांसपा) का गठन किया; इनमें सबसे प्रमुख जयप्रकाश नारायण, अच्युत पटवर्धन, अशोक मेहता, युसुफ़ मेहर अली, नरेंद्र देव और मीनू मसानी थे। समाजवाद से सहानुभूति होने के बावजूद औपचारिक रूप से नेहरू कभी इस दल में शामिल नहीं हुए, जिसकी "विचारधारा" में सुमित सरकार के शब्दों में "अस्पष्ट और घालमेल उग्र राष्ट्रवाद से लेकर मार्क्सवादी वैज्ञानिक समाजवाद की खासी ज़ोरदार पैरवी तक" के तत्त्व शामिल थे।[1] तय हुआ कि कांसपा, जिसने संयुक्त प्रांत जैसे प्रांतों में काफ़ी ज़ोर पकड़ा, कांग्रेस के भीतर रहकर ही काम करेगी, उसके रुझान को एक समाजवादी कार्यक्रम की ओर मोड़ने की और रूढ़िवादी "दक्षिणपंथियों" के प्रभुत्व को कम करने के प्रयास करेगी। लेकिन कांग्रेस का अंदरूनी विभाजन जल्द ही दो मुद्दों पर केंद्रित हो गया: विधायिकाओं में प्रवेश और पदों के स्वीकार पर। यह टकराव काफ़ी तेज़ हो गया, पर 1936 की लखनऊ कांग्रेस में किसी तरह इसे टाल दिया गया। यहाँ राजेंद्र प्रसाद और वल्लभभाई पटेल के नेतृत्व में और गांधी के आशीर्वाद से प्रतिनिधियों के बहुमत ने इस राय को स्वीकार किया कि 1935 के कानून के अंतर्गत होने वाले चुनावों में भागीदारी और फिर प्रांतों में पद स्वीकार करने पर कांग्रेस के गिरते मनोबल को ऐसे समय में सहारा मिलेगा, जब सीधी कार्रवाई का विकल्प सामने नहीं था। अगस्त 1936 में बंबई में अखिल भारतीय कांग्रेस कमिटी (ए. आई. सी. सी.) की बैठक (अगस्त 1936) ने चुनावों में भाग लेने का फैसला किया, मगर पद स्वीकार करने संबंधी निर्णय चुनावों के बाद तक के लिए टाल दिया गया। 1937 के चुनावों के परिणाम, जिनमें दक्षिणपंथी और वामपंथियों ने संयुक्त रूप से प्रचार किया, कांग्रेस के लिए बहुत सुखद रहे (अध्याय 6.4 देखें) और उसके बाद मार्च में ए. आई. सी. सी. ने नेहरू और कांसपा नेताओं की आपत्तियों को रद्द करके पद स्वीकार करने का निर्णय कर लिया। अपने समझौते के उल्लेखनीय पक्ष को अपनाते हुए गांधी ने इस निर्णय का अनुमोदन किया, लेकिन विधायिकाओं से बाहर अहिंसा और रचनात्मक

कार्यक्रम में अपनी आस्था व्यक्त की। नेहरू का विरोध इस तर्क पर आधारित था कि प्रांतीय सरकारें चलाने पर कांग्रेस को "साम्राज्यिक ढाँचे का कार्यक्रम जारी रखने" का ज़िम्मेदार ठहराया जाएगा और इस तरह वह उसी जनता के साथ छल करेगी, जिसके "भारी मनोबल" को कांग्रेस ने कभी स्वयं उभारा था।[2] कुछ ही सालों के अंदर उनकी (नेहरू की) बात सही साबित होने वाली थी!

कांग्रेस ने उन नए मतदाताओं को संबोधित करके 1937 के चुनाव जीते, जिनमें कुछ औद्योगिक मज़दूर और किसान शामिल थे और कुछ दलित भी शामिल थे। लेकिन अगले दो वर्षों में कांग्रेसी मंत्रिमंडलों के कामकाज ने इन सभी समूहों का मोहभंग किया। हम पहले (अध्याय 7.2) में कह चुके हैं कि कुछेक जातिगत निर्योग्यताओं की समाप्ति और मंदिर-प्रवेश के विधेयकों से दलित और उनके नेतागण किस तरह अप्रभावित रहे; ये विधेयक कांग्रेसी मंत्रिमंडलों के सांकेतिक विधायी कार्यक्रम थे और इन्होंने रस्मी कार्रवाइयों से अधिक कुछ भी नहीं किया। हमने यह भी देखा (अध्याय 7.4) कि कांग्रेस की जीत ने किस तरह औद्योगिक मज़दूर वर्ग की आशाओं और आकांक्षाओं को जगाया और इसके कारण बंबई, गुजरात, संयुक्त प्रांत और बंगाल में ऐसे समय में मज़दूरों के जुझारूपन और औद्योगिक असंतोष में वृद्धि हुई, जब कांग्रेस भारतीय पूँजीपतियों के साथ निर्णायक ढंग से और भी घनिष्ठ होती जा रही थी। इसके कारण कांग्रेस के रवैये में एक स्पष्ट मज़दूर विरोधी परिवर्तन आया, जिसका साकार रूप बंबई में 1938 का औद्योगिक विवाद कानून (बॉम्बे ट्रेड्स डिस्प्यूट्स ऐक्ट) था। उतने ही महत्त्वपूर्ण थे किसान मोर्चे के विकासक्रम, जहाँ कांग्रेस ने चुनाव जीतने के लिए किसानों के बढ़ते जुझारूपन का उपयोग किया था, मगर बाद में उसे उन किसान मतदाताओं की आशाओं पर पूरी तरह खरा उतरना कठिन लगने लगा, जो मौजूदा खेतिहर संबंधों में कुछ अतिवादी परिवर्तनों की आशा कर रहे थे।

बिहार में किसान सभा का आंदोलन स्वामी सहजानंद सरस्वती के नेतृत्व में शुरू हुआ, जिन्होंने किसानों को उनके दखली अधिकारों पर ज़मींदारों के हमलों के विरुद्ध लामबंद करने के लिए 1929 में बिहार प्रांतीय किसान सभा का गठन किया था। स्वामी सहजानंद की ही बात मानें तो आरंभ में सभा का उद्देश्य वर्गीय सामंजस्य को बढ़ावा देना था, ताकि ज़मींदारों और असामियों का बढ़ता टकराव व्यापक राष्ट्रवादी मोर्चे को हानि न पहुँचाए। लेकिन जब 1933 में उसका (सभा का) पुनरुत्थान हुआ तो वह समाजवादियों के प्रभाव में अधिकाधिक आती गई, यहाँ तक कि 1935 में उसने ज़मींदारी के उन्मूलन को अपने कार्यक्रम में शामिल कर लिया। इस समय तक सभा की सदस्यता बढ़कर 33,000 हो चुकी थी।[3] यह बात भी याद रखनी होगी कि इस किसान आंदोलन ने किसानों का एक व्यापक मोर्चा बनाने की कोशिश की। हालाँकि उसे नेतृत्व और मुख्य जनाधार धनी दखलदार असामियों से मिला, पर उसमें मंझोले और गरीब किसानों की भी काफ़ी भागीदारी रही।[4] लगभग उन्हीं दिनों कांसपा नेता एन. जी. रंगा के नेतृत्व में मध्य आंध्र के ज़िलों में भी किसान सभा के आंदोलन ने ज़ोर पकड़ा। उन्होंने 1933-34

में अनेक किसान मोर्चों का आयोजन किया और 1933 में एल्लोर के ज़मींदारी रैयत सम्मेलन में उनके नेतृत्व में ज़मींदारी के उन्मूलन की माँग उठाई गई। 1935 में रंगा और ई. एम. एस. नंबूदरीपाद ने मद्रास प्रेसीडेंसी के दूसरे भाषायी क्षेत्रों में भी किसान आंदोलन को फैलाने की कोशिश की, एक दक्षिण भारतीय किसान-खेत मज़दूर संघ का गठन किया और एक अखिल भारतीय किसान संगठन की चर्चा शुरू की।[5] पड़ोस के उड़ीसा प्रांत में भी, जिसे नई संवैधानिक व्यवस्थाओं के अंतर्गत 1936 में गठित किया गया था, औपचारिक रूप से 1935 में ही उत्कल किसान संघ का गठन कांग्रेस समाजवादियों के नेतृत्व में हो चुका था, जो कटक, पुरी और बालासोर जैसे तटवर्ती ज़िलों में कुछ अतिवादी माँगों पर जुझारू किसान आंदोलनों का संगठन कर रहे थे। इसके पहले ही सम्मेलन के एक प्रस्ताव में ज़मींदारी के उन्मूलन को अपने कार्यक्रम में शामिल किया गया था।[6]

किसान मोर्चे पर इन सभी उग्र विकासक्रमों का चरमोत्कर्ष अप्रैल 1936 में कांग्रेस के लखनऊ अधिवेशन के समय अखिल भारतीय किसान सभा का गठन था, और स्वामी सहजानंद सरस्वती उसके पहले अध्यक्ष चुने गए। अगस्त में पारित किसान घोषणापत्र में कुछ उग्र माँगें शामिल थीं, जैसे ज़मींदारी का उन्मूलन, खेतिहर आमदनी पर आरोही आयकर, सभी असामियों के लिए दखलदारी के अधिकार तथा ब्याजदरों और ऋणों में कमी। अनेक कांसपा नेता और 1935 में एक "संयुक्त मोर्चा" की रणनीति अपनाने के बारे में कोमिनटर्न के फैसले के बाद साम्यवादियों ने भी किसान सभा की सदस्यता ली; संयुक्त प्रांत, बिहार और उड़ीसा जैसे जिन प्रांतों में आंदोलन पहले से मौजूद था, वहाँ उसे मज़बूत बनाने में मदद दी; और अन्य प्रांतों में भी आंदोलन को फैलाने में मदद दी, जैसे बंगाल में, जहाँ एक प्रांतीय किसान सभा का गठन मार्च 1937 में हुआ। अपने कांसपाई सदस्यों के ही कारण किसान सभा कांग्रेस की अंग बनी रही और प्रांतीय कांग्रेस समितियों से उसके गहरे संबंध बने रहे। कांग्रेस के समाजवादी सदस्यों ने उसे भी अधिक उग्र बनाया; दिसंबर 1936 में फैज़पुर अधिवेशन में कांग्रेस ने आखिरकार एक खेतिहर कार्यक्रम स्वीकार किया। रजवाड़ों में भी लोकतांत्रिक और सामंत विरोधी आंदोलनों की दिशा में एक स्पष्ट परिवर्तन आया। ऑल इंडिया स्टेट्स पीपुल्स कॉन्फ्रेंस का गठन तो देशी रजवाड़ों में राष्ट्रवादी आंदोलन के समन्वय के लिए 1927 में ही हो चुका था, परंतु अभी तक कांग्रेस उसके प्रति उपेक्षा का रवैया ही अपनाती आ रही थी। 1934 में तो बंबई कांग्रेस ने खास तौर पर रजवाड़ों में अहस्तक्षेप की नीति अपनाने का प्रस्ताव पारित किया था। लेकिन यह स्थिति 1936 से बदलने लगी, जब नेहरू ने इस संगठन के पाँचवें सत्र में भाग लिया और जन-आंदोलन की आवश्यकता पर बल दिया। ए. आई. सी. सी. ने अक्तूबर 1937 में रजवाड़ों के जन-आंदोलन को नैतिक और भौतिक समर्थन देने का निर्णय किया। पर गांधी अभी भी सावधानी बरत रहे थे; वे इस परिवर्तन को पसंद नहीं करते थे और चाहते थे कि हरिपुरा का आगामी कांग्रेस अधिवेशन इस नीति की समीक्षा करे।

स्पष्ट है कि कांग्रेस के अंदर "वामपंथ" का यह उभार वल्लभभाई पटेल, भूलाभाई देसाई, सी. राजगोपालाचारी और राजेंद्र प्रसाद जैसे "दक्षिणपंथियों" को पसंद नहीं था, जो अतिवादी आंदोलन की नीति पर अभी भी संवैधानिक राजनीति को प्राथमिकता देते थे, और न प्रतिबद्ध गांधीवादियों को पसंद था, जो रचनात्मक कार्यक्रम में विश्वास रखते थे। लेकिन चुनाव करीब आ रहे थे इसलिए प्रांतीय किसान सभाओं ने जो सांगठनिक आधार तैयार किए थे, उनकी वे शायद ही उपेक्षा कर सकते थे; कुछ प्रांतों में वामपंथी दबाव के अंतर्गत उन्होंने अपने चुनाव घोषणापत्र में ज़मींदारी के उन्मूलन को शामिल करने की हामी भरी। 1937 के चुनावों में समाजवादी और दक्षिणपंथी नेता मिलकर काम करते रहे और उनको कांग्रेस की शानदार जीतों का लाभ मिला, जो कुछ प्रांतों में तो एकदम अप्रत्याशित थीं। इसलिए जुलाई 1937 के बाद जब कांग्रेसी मंत्रिमंडलों ने आठ प्रांतों में शासन संभाला, तो ग्रामीण जनता ने उसका स्वागत ऐसे मुक्तिदायी अनुभव के रूप में किया, जिसकी विशेषता एक वैकल्पिक सत्ता की स्थापना थी।

लेकिन मंत्रिमंडलों के गठन ने जहाँ बड़ी आशाएँ जगाईं और किसानों को और भी जुझारू बनाया, वहीं सत्ता में दक्षिणपंथी वापस आ गए और उन्होंने कांग्रेस को समाजवादियों के चंगुल से छुड़ाने की कोशिश शुरू कर दी। बिहार में किसान सभा बकाश्त ज़मीन के सवाल पर एक शक्तिशाली किसान आंदोलन खड़ा कर रही थी; वहाँ स्थायी दखलदारियों को हाल के वर्षों में अल्पकालिक दखलदारियों में बदल दिया गया था। वहाँ कांग्रेस के रूढ़िवादी नेतृत्व ने ज़मींदारों के साथ नए सिरे से गठजोड़ और उनसे औपचारिक "समझौते" किए। कांग्रेस के प्रस्तावित दखलदारी कानूनों में जब ज़मींदारों के दबाव के कारण काफ़ी समझौता किया गया तब किसान अप्रभावित रहे और उन्होंने बकाश्त ज़मीनों की बहाली के लिए 1938-39 में किसान सभा के नेतृत्व में एक जुझारू आंदोलन चलाया। बिहार के एक बड़े भाग में फैलने वाला यह आंदोलन गया ज़िले के रेवड़ा और मांझियावाँ इलाकों में, शाहाबाद के छपरा इलाके में, मुंगेर के बड़हिया ताल में और कोसी दियारा क्षेत्र के संथाल बटाईदारों में सबसे मज़बूत रहा। भागीदारी ने वर्ग और जाति की सीमाएँ तोड़ दीं तथा धनी भूमिहार और राजपूत किसानों के साथ दलित और गरीब भूमिहीन मज़दूरों को भी खींचा। अपने बुनियादी वैचारिक रुझान में यह आंदोलन, जैसा कि स्टीफ़ेन हेनिंघम का दावा है, "सुधारवादी" था,[7] क्योंकि इसने ज़मींदारी प्रथा के लिए कोई खतरा पैदा नहीं किया, बल्कि कुछ पहले से मौजूद अधिकारों की बहाली की कोशिश की और किसी अतिवादी कार्रवाई का सहारा नहीं लिया, जैसे लगानबंदी का या कर्ज़ों की अदायगी पर रोक का। लेकिन जनता के स्तर पर इस बात के पर्याप्त प्रमाण हैं कि ग्रामीण बिहार के किसान ज़मींदारों की सत्ता को सफलता के साथ चुनौती दे रहे थे। इसलिए बौखलाए हुए ज़मीदारों ने कांग्रेस सरकार पर दबाव डाला कि वह बलप्रयोग का सहारा ले; ज़मींदारों के लठैतों और पुलिस के दमन साथ-साथ जारी रहे और धीरे-धीरे आंदोलन का समापन हो गया। अब बिहार कांग्रेस अपने को किसान सभा

से दूर रखने के प्रयास करने लगी और अपने सदस्यों को इसके साथ जुड़ने से मना कर दिया।[8]

संयुक्त प्रांत में भी कांग्रेसी मंत्रिमंडल से किसान सभा के कार्यकर्ताओं का मोहभंग हुआ; उस सरकार ने 1938 के उस दखलदारी कानून की धार को काफ़ी कुंद कर दिया, जिससे आरंभ में लगानों में आधे की कमी की आशा की गई थी। प्रांतीय किसान सभा के नरेंद्र देव और मोहनलाल गौतम जैसे नेताओं ने मंत्रिमंडल के विरुद्ध किसानों के प्रदर्शन कराए, लेकिन ऐसे प्रतिरोध नेहरू के प्रभाव के कारण सीमाबद्ध और इक्के-दुक्के ही रहे।[9] उड़ीसा के किसान नेता भी उस समय कुंठित हो गए, जब कांग्रेसी मंत्रिमंडल ने प्रस्तावित दखलदारी कानून में ज़मींदार समर्थक संशोधन कर दिए और इस संशोधित कानून को भी गवर्नर ने तब तक रोके रखा, जब तक किसानों ने 1 सितंबर, 1938 को एक विशाल कृषक दिवस रैली नहीं की। पड़ोस के नीलगिरि, धेनकनाल और तलचर जैसे रजवाड़ों में जहाँ स्थानीय प्रजामंडलों ने किसान आंदोलन खड़े किए थे, ब्रिटिश रेजिडेंट के सक्रिय संरक्षण में राजाओं (दरबार) द्वारा अनियंत्रित दमन का सहारा लिया गया। परंतु उड़ीसा कांग्रेस अहस्तक्षेप की पुरानी नीति पर चलती हुई इसे चुपचाप देखती रही।[10] उस समय तक कांग्रेस पर दक्षिणपंथियों का पूरा नियंत्रण हो चुका था और किसान सभाओं के खिलाफ़ उनका रोष बढ़ रहा था। अक्तूबर 1937 में किसान सभा ने आधिकारिक रूप से लाल झंडे को अपना लिया। 1938 में उसने अपने वार्षिक सम्मेलन में वर्ग-सहयोग के गांधीवादी सिद्धांत की भर्त्सना की और घोषणा की कि खेतिहर क्रांति उसका परम लक्ष्य है। फरवरी 1938 में हरिपुरा अधिवेशन ने एक प्रस्ताव द्वारा कांग्रेसियों के किसान सभाओं के सदस्य बनने पर रोक लगा दी, पर उसका क्रियान्वयन प्रांतीय शाखाओं पर छोड़ दिया गया।[11]

एक और महत्त्वपूर्ण क्षेत्र जहाँ कांग्रेसी नेतृत्व की दुविधाएँ बहुत स्पष्ट होती जा रही थीं, वे थे भारतीय रजवाड़े। 1920 और 1930 के दशकों के दौरान कांग्रेस रजवाड़ों के मामलों में हस्तक्षेप करने से कतराती रही और प्रजा पर राजाओं के परंपरागत अधिकारों को मान्यता देती रही। रजवाड़ों की जनता ने स्वयं को प्रजामंडलों में संगठित किया, संवैधानिक परिवर्तनों और लोकतंत्रीकरण की मामूली माँगें उठाती रही और बाद में ऑल इंडिया स्टेट्स पीपुल्स कॉन्फ्रेंस नामक एक अखिल भारतीय संगठन से स्वयं को जोड़ लिया, जिसका गठन 1927 में हुआ था। हालाँकि ये रजवाड़े ब्रिटिश भारत की राजनीतिक लहरों से कभी पूरी तरह अप्रभावित नहीं रहे, परंतु राजे-महाराजे अपने उपनिवेशी संरक्षकों के प्रति निष्ठावान बने रहे और राष्ट्रीय आंदोलन को दूर ही रखने की कोशिश करते रहे। इसलिए 1930 के दशक के उत्तरार्द्ध में नेहरू और बोस जैसे कांग्रेसी वामपंथी नेता रजवाड़ों को ब्रिटिश भारत के राजनीतिक घटनाक्रमों से जोड़ने के लिए उनमें अधिक हस्तक्षेप की वांछनीयता पर अधिक ज़ोर देने लगे।[12] जैसा कि इयान कॉपलैंड (1999) का अनुमान है, अब दक्षिणपंथी भी संभवतः प्रस्तावित संघीय केंद्र में सत्ता में आने के सपने देखने लगे थे और इसके लिए चाहते थे कि राजे-महाराजे उन लोगों में से अपने

प्रतिनिधि मनोनीत करें जो प्रजामंडलों के करीब थे। विचारों और महत्त्वाकांक्षाओं के ऐसे संगम के कारण 1938 की हरिपुरा कांग्रेस में एक महत्त्वपूर्ण नीतिगत परिवर्तन आया, जब रजवाड़ों के जन-आंदोलनों को समर्थन देने संबंधी एक प्रस्ताव पारित किया गया। हालाँकि उनको कोई सांगठनिक सहायता तो नहीं दी जाती, पर कांग्रेस कार्यकारी समिति की एक विशेष उप-समिति के नेतृत्व में नेतागण व्यक्तिगत रूप से उनमें भाग ले सकते थे। फरवरी 1939 में नेहरू ने इस कॉन्फ्रेंस की अध्यक्षता स्वीकार की और त्रिपुरी कांग्रेस ने संयुक्त कार्रवाई की योजना का अनुमोदन किया। इस विकासमान स्थिति के फलस्वरूप 1938 के अंत और 1939 के आरंभ में अनेक रजवाड़ों में जन-आंदोलनों का अभूतपूर्व उभार हुआ; इनका नेतृत्व स्थानीय प्रमंडलों, कांग्रेस की गुप्त शाखाओं और ब्रिटिश भारत के बाहरी राजनीतिक नेताओं द्वारा किया जा रहा था। मैसूर, जयपुर, राजकोट, त्रावणकोर, कश्मीर और हैदराबाद में महत्त्वपूर्ण आंदोलन चले; राजकोट में स्वयं गांधी ने एक अग्रणी भूमिका निभाई।[13] जहाँ मैसूर और राजकोट जैसे कुछ रजवाड़ों ने कुछ अधिक समझौते का रुख अपनाया और कुछ सांकेतिक रियायतें दीं, वहीं बड़े रजवाड़ों ने दबाव का जमकर विरोध किया और देर से ही सही, उनको अंग्रेज़ अधिकारियों की सहायता मिली। टकराव की ऐसी कतारबंदी के कारण शांतिपूर्ण प्रदर्शन जल्द ही अनेक हिंसक कार्यों में और आगे चलकर दक्षिण दकन में सांप्रदायिक दंगों में परिणत हो गए, जिसके कारण विवश होकर गांधी ने अप्रैल 1939 में यह आंदोलन वापस ले लिया। शरद ऋतु के आगमन तक स्थिति फिर सामान्य हो गई।[14] जैसा कि (अध्याय 6.5 में) कहा गया, इस आकस्मिक उभार का सबसे बड़ा राजनीतिक परिणाम यह हुआ कि 1935 के कानून में प्रस्तावित संघ के विचार के प्रति रजवाड़ों का विरोध और कठोर हो गया।

दूसरे छोर पर संघ का मुद्दा कांग्रेस के पुराने नेताओं और उनके वामपंथी आलोचकों के बीच एक बड़े टकराव का कारण बन गया और मार्च 1938 के हरिपुरा अधिवेशन से लेकर अगले मार्च के त्रिपुरी अधिवेशन तक के काल में यह टकराव अपने चरम पर जा पहुँचा। इसका मुख्य कारण था कांग्रेस अध्यक्ष सुभाषचंद्र बोस का पुनर्निर्वाचन, जिनके उग्र संघ विरोधी रुख ने रूढ़िवादियों को रूष्ट कर रखा था। बोस ने गांधी की इच्छा के विरुद्ध जाकर चुनाव लड़ा और गांधी के अपने उम्मीदवार पट्टाभि सीतारमैया को हराकर अध्यक्ष का चुनाव जीता। जैसा कि बी. आर. टॉमलिंसन का कथन है, यह चुनाव "वैचारिक मुद्दों पर "दक्षिण" बनाम "वाम", "संघ-समर्थन" बनाम "संघ-विरोध", "मंत्रिमंडल-समर्थन" बनाम "मंत्रिमंडल-विरोध" पर-लड़ा गया था।"[15] गांधी ने इसे अपनी हार माना और कार्यकारी समिति के 15 में से 12 सदस्यों ने फ़ौरन इस्तीफ़ा दे दिया। त्रिपुरा कांग्रेस में खुला टकराव हुआ था, जहाँ बोस के इस आरोप की आलोचना करते हुए एक प्रस्ताव पारित हुआ कि गांधीवादी संघ के सवाल पर बिक जाएँगे। गांधी ने उनसे अपनी कार्यकारी समिति बनाने को कहा और हर तरह से सहयोग करने से इनकार कर दिया। बोस ने एक समझौते की कोशिश की, पर असफल रहे। आखिरकार अप्रैल 1939 में ए. आई. सी. सी. की कलकत्ता बैठक में उन्होंने त्यागपत्र दे दिया और

तुरंत उनकी जगह राजेंद्र प्रसाद ने ले ली। बोस ने फिर कांग्रेस के ही अंदर अपनी वामपंथी पार्टी फारवर्ड ब्लॉक बनाई, पर बंगाल प्रांत से बाहर उसे कोई समर्थन नहीं मिला। जब उन्होंने प्रांतीय कांग्रेस समितियों की अग्रिम अनुमति के बिना कांग्रेस वालों के सविनय अवज्ञा में भाग लेने पर रोक लगाने के बारे में ए. आई. सी. सी. के फ़ैसले का विरोध किया, तो गांधी के इशारे पर कार्यकारी समिति ने उनको अनुशासनहीनता का दंड दिया; उनको अगस्त 1939 में कांग्रेस के सभी पदों से, और खासकर बंगाल कांग्रेस कमिटी की अध्यक्षता से, हटा दिया गया और तीन साल तक उनके कोई कार्यकारी पद ग्रहण करने पर रोक लगा दी गई। आगे चलकर गांधी ने जनवरी 1940 में चार्ल्स एफ़. एंड्रयूज़ के नाम एक पत्र में सुभाष को "मेरा बेटा" कहा पर "परिवार का एक बिगड़ैल बच्चा" भी बतलाया, जिसको उसके भले के लिए ही एक सबक सिखाना ज़रूरी था।[16] लेकिन बोस के इस लगभग निष्कासन का अर्थ यह नहीं था कि कांग्रेस बिखर जाती, हालाँकि यह निश्चित रूप से दक्षिणपंथियों द्वारा अपनी हस्ती फिर से जताए जाने का सूचक था। कांग्रेस के अंदर समाजवादी कमज़ोर हुए, पर पूरी तरह निकाले नहीं जा सके। इस चरण में हालाँकि कुछ सदस्यों ने स्वतंत्रता को स्पष्टतया प्राथमिकता दी, पर अखिल भारतीय किसान सभा कांग्रेस की ही अंग बनी रही। लेकिन उसके सदस्यों ने जनता में कभी जिन आकांक्षाओं और जिस जुझारूपन का संचार किया था, उन पर कांग्रेसी मंत्रिमंडलों की रूढ़िवादी नीतियों के कारण ओस पड़ गई। कांग्रेस अपनी लोकप्रियता खोने लगी, जिसका संकेत उसकी सदस्यता में भारी गिरावट से–1938–39 में 45 लाख के मुकाबले 1940–41 में 14 लाख से–मिलता है।[17] जनता में कुंठा की इसी भावना ने और साथ में एक बढ़ती उग्र मनःस्थिति ने भारत में 1942 में जन-आंदोलन के अगले दौर के लिए परिस्थिति तैयार की।

सितंबर 1939 में दूसरे विश्वयुद्ध के आरंभ ने भारतीय राजनीति में नए तत्त्वों को जन्म दिया। इस युद्ध ने अंग्रेज़ों की नीतियों में भी परिवर्तन लाए और कांग्रेस की रणनीतियों में भी। वायसरॉय लॉर्ड लिनलिथगो ने भारतीय जनमत से सलाह-मशविरा किए बिना भारत को जर्मनी के विरुद्ध इंगलैंड की युद्ध-घोषणा से जोड़ दिया। कांग्रेस कार्यकारी समिति ने स्पष्ट कर दिया कि वह युद्ध-प्रयासों का समर्थन तभी करेगी, जब अंग्रेज़ दो बुनियादी मुद्दों पर कुछ रियायतें दें: युद्ध के बाद स्वतंत्रता देने के संकल्प पर और केंद्र में तुरंत एक राष्ट्रीय सरकार के गठन पर। लेकिन लिनलिथगो ने 14 अक्तूबर को जो प्रस्ताव किया, वह इस माँग से बहुत कम था। विरोध में 29 और 30 अक्तूबर 1939 को कांग्रेसी मंत्रिमंडलों ने त्यागपत्र दे दिए। जिन्ना और मुस्लिम लीग ने इसे "मुक्ति दिवस" के रूप में मनाया; दलित नेता अंबेडकर ने उनका समर्थन किया और ब्रिटेन की सरकार ने इस दरार से लाभ उठाने की बात सोची। इस चरण में युद्ध भारत की सीमाओं से अभी भी बहुत दूर था; फिर भी कई कांग्रेसी नेता फासीवाद के विरोध के सवाल पर सजग थे और इसलिए अंग्रेज़ों के युद्ध-प्रयासों का समर्थन करने के लिए तैयार थे, बशर्ते कुछ संवैधानिक रियायतों का वादा किया जाता। लेकिन लंदन की सरकार ऐसे

किसी प्रस्ताव के लिए तैयार न थी, जो संवैधानिक प्रश्नों पर युद्ध के बाद किसी भी वार्ता में उसके हाथ बाँध देती। इसलिए लिनलिथगो की अगस्त 1940 के प्रस्ताव भी कांग्रेस की उम्मीदों से काफ़ी कम थे कि एक अनिश्चित भविष्य में औपनिवेशिक दर्ज़ा दिया जाएगा, युद्ध के बाद संविधान संबंधी एक परामर्शदात्री संस्था बनाई जाएगी, वायसरॉय की एक्ज़िक्यूटिव काउंसिल का विस्तार करके उसमें कुछ भारतीय शामिल किए जाएँगे और एक युद्ध-परामर्श परिषद का गठन किया जाएगा। इस बीच जापानी हस्तक्षेप और दिसंबर 1941 से तेज़ी के साथ जापान की जीतों के कारण युद्ध भारत के और निकट आ गया: दिसंबर 1941 और मार्च 1942 के बीच हांगकांग, बोर्नियो, मनीला, सिंगापुर, जावा, रंगून, सुमात्रा और अंडमान-निकोबार द्वीपसमूह तेज़ी के साथ जापान के नियंत्रण में आ गए। 5 अप्रैल को कोलंबो पर बमबारी हुई और फिर दो भारतीय तटीय नगरों यानी विशाखापट्टनम और काकीनाडा पर बम गिरे। युद्ध-प्रयासों में भारत का समर्थन अब स्पष्ट तौर पर आवश्यक हो गया था और इसलिए भारत के संवैधानिक भविष्य पर कुछ विचार-विमर्श की तात्कालिक आवश्यकता थी। कम से कम अमेरिकी राष्ट्रपति फ्रैंकलिन रूज़वेल्ट और चीन के नेता च्यांग काई शेक यही बात विंस्टन चर्चिल से कह रहे थे, जो मई 1940 में लंदन में एक युद्धकालीन गठबंधन सरकार का प्रधानमंत्री बना। इसलिए मार्च-अप्रैल 1942 में क्रिप्स मिशन भारत आया, लेकिन वह संविधान संबंधी गुत्थी सुलझा सके, इसके पहले ही चर्चिल ने उसे वापस बुला लिया। इसका कारण क्या था, इसकी चर्चा हम इसी अध्याय में आगे करेंगे, लेकिन उसकी (मिशन की) असफलता ने उस चीज़ के विरुद्ध कांग्रेस की कार्रवाई के लिए आधार बनाया, जिसे अनेक भारतीय अब एक साम्राज्यिक युद्ध मानने लगे थे, जिसमें उन्हें उनकी इच्छा के विरुद्ध अनावश्यक घसीटा गया था।

युद्ध पर आरंभ में कांग्रेसी राजनीतिज्ञों की प्रतिक्रियाएँ मिली-जुली रहीं। जहाँ नेहरू जैसे कुछ नेता फासीवाद विरोधी युद्ध के समर्थन की आवश्यकता के बारे में सजग थे, वहीं दूसरे (कांग्रेसी) वामपंथी नेता ब्रिटिश युद्ध-प्रयासों के विरुद्ध कार्रवाई के लिए बेचैन हो रहे थे, पर वे इस स्थिति में न थे कि कांग्रेस पर यह मुद्दा थोप सकें। दूसरी ओर, राजगोपालाचारी जैसे कुछ नेताओं का संसदीय राजनीति की प्रभावशीलता में पक्का विश्वास था और वे मौजूदा संवैधानिक व्यवस्था का बेहतर से बेहतर उपयोग करना चाहते थे। गांधी दुविधा में थे: एक समय वे यह मानते थे कि यह युद्ध उनके अहिंसा के सिद्धांत के विरुद्ध था; फिर उन्होंने वायसरॉय से युद्ध-प्रयासों में पूरा समर्थन देने का वादा किया और इसके कारण कांग्रेस में अपने ही अनुयायियों की आलोचना का निशाना बने। आखिरकार मई 1940 की रामगढ़ कांग्रेस में उन्होंने सविनय अवज्ञा शुरू करने पर सहमति दी, पर कहा कि यह उन स्वयंसेवकों का "वैयक्तिक सत्याग्रह" होगा, जो इसके लिए स्वयं गांधी द्वारा चुने जाएँगे और वे भी सिर्फ़ युद्ध-विरोधी भाषण देंगे। यह आंदोलन किसी भी तरह सफल नहीं रहा और इस बीच जापानी भारत की सीमाओं के और करीब आ गए, जबकि अंग्रेज़ किसी भी संवैधानिक परिवर्तन का वादा न करने पर अड़े रहे।

1942 में गांधी के रवैये में एक उल्लेखनीय परिवर्तन आया और वे असाधारण रूप से उग्र मनःस्थिति में दिखाई देने लगे। जब एक जापानी हमले की संभावना वास्तविक दिखाई देने लगी, तब गांधी ने यह मानने से इनकार कर दिया कि जापानी हमारे मुक्तिदाता होंगे; वे मानते थे कि भारत का भारतवासियों के ही हाथ में होना फासी हमले के विरुद्ध सबसे अच्छी गारंटी होगा। इस बीच भारतवासियों के आर्थिक और सामाजिक जीवन पर युद्ध ने स्पष्ट रूप से प्रभाव डाला। उनमें से अनेक तो सहनशक्ति की सीमा तक पहुँच चुके थे और ब्रिटिश साम्राज्य के साथ आखिरी मुकाबला करने के लिए तैयार थे।

युद्ध का आर्थिक प्रभाव भारतवासियों के विभिन्न समूहों के लिए आरंभ में लाभदायक रहा। मालों के दाम बढ़े तो उद्योगपतियों, सौदागरों और बाज़ार के लिए उत्पादन करने वाले धनी किसानों का लाभ हुआ; उसने मंदी के बुरे प्रभावों को समाप्त कर दिया और किसानों पर लगान का दबाव कम किया। लेकिन 1942 में युद्ध से पैदा प्रमुख समस्या वह थी जिसे मैक्स हारकोर्ट ने "दुर्लभता का संकट" कहा है; यह मुख्यतः चावल की आपूर्ति में कमी से पैदा हुई थी। अप्रैल और अगस्त के बीच उत्तर भारत में खाद्यान्न की कीमतों का सूचकांक 60 अंक बढ़ा। यह अंततः मौसम की खराब दशा के कारण हुआ और अंशतः बर्मी चावल की आपूर्ति बंद होने के कारण और अंग्रेज़ों की कठोर खरीद नीति के कारण हुआ।[18] जहाँ खाद्यान्नों की बढ़ती कीमतों ने गरीबों पर चोट की, वहीं अमीरों पर अत्यधिक लाभकर, युद्धकोष की जबरन वसूली और युद्ध बॉन्डों की जबरन बिक्री की मार पड़ी। इस स्थिति से जनता में बौखलाहट की मानसिकता पैदा हुई और अंग्रेज़ों का राज स्पष्ट तौर पर हताशा और पतन के कगार पर खड़ा नज़र आने लगा। इसकी पुष्टि शरणार्थियों के उन काफ़िलों से हुई, जो मलाया और बर्मा से वापस आ रहे थे और अपने साथ न केवल जापानी अत्याचारों की कहानियाँ लेकर आ रहे थे, बल्कि यह भी बता रहे थे कि दक्षिण-पूर्व एशिया में किस तरह अंग्रेज़ों की सत्ता ढह गई, किस तरह अंग्रेज़ अधिकारियों ने भारतीय शरणार्थियों को उनके हाल पर छोड़ दिया और उनको भूख, बीमारी और कष्ट झेलते हुए प्रतिकूल प्रदेशों में पैदल सफर करने के लिए मज़बूर कर दिया। अब यह व्यापक भय फैला कि जापानी यदि हमला करते हैं, तो अंग्रेज़ भारत में यही काम करेंगे। यह भी कोई दूर की संभावना नहीं लगता था, क्योंकि अंग्रेजों ने तटीय बंगाल में एक कठोर "वंचित करो" की नीति लागू करनी शुरू कर दी; वे नावों और साइकिलों समेत संचार के सारे साधन नष्ट करने लगे और इसके बदले में मुआवज़े बहुत कम दे रहे थे। मई 1942 में भारत में अमेरिकी और ऑस्ट्रेलियाई सैनिक पहुँचने लगे और जल्द ही वे बलात्कार और असैनिक जनता के साथ नस्ली दुर्व्यवहार की कथाओं के नायक बन गए। अफ़वाहें पनपती रहीं और धुरी शक्तियों (Axis Powers) के प्रचारतंत्र से उनको हवा मिलती रही और सुभाष बोस के आज़ाद हिंद रेडियो से भी, जिसका बर्लिन से मार्च 1942 में प्रसारण आरंभ हुआ (विस्तार के लिए अध्याय 8.2 देखें)। भारत की जनता में साल के मध्य तक यह विश्वास आम हो चुका था कि अंग्रेज़ी राज का शीघ्र ही पतन होने वाला है और इसलिए यही समय है कि आखिरी

फ़ैसले तक भारत को लगभग दो सौ साल के उपनिवेशी शासन से मुक्ति दिलाई जाए।

जुझारूपन की इस जन-भावना को समझने में गांधी पीछे नहीं रहे और उन्होंने अनुभव किया कि राज के साथ अंतिम टकराव का समय आ गया है। मई 1942 में उन्होंने लिखाः "भारत को भगवान भरोसे छोड़ दीजिए। अगर यह कुछ ज़्यादा हो, तो उसे अराजकता के भरोसे छोड़ दीजिए। यह व्यवस्थित और अनुशासित अराजकता समाप्त होनी चाहिए और अगर पूरी गैर-कानूनियत फैलती है, तो मैं इसका जोखिम उठाने को तैयार हूँ।"[19] उन्होंने कांग्रेस के अंदर मुख्यतः नेहरू की और राजगोपालाचारी की ओर से सीधी कार्रवाई के हर विरोध को झटक दिया और पार्टी को अंतिम संघर्ष के लिए, अपने "जीवन के सबसे बड़े संघर्ष" के लिए तैयार किया।[20] जुलाई में कांग्रेस कार्यकारी समिति ने वैयक्तिक की जगह लोक सविनय अवज्ञा पर एक मसविदा प्रस्ताव को मंज़ूरी दी। बंबई में 8 अगस्त, 1942 को ए. आई. सी. सी. द्वारा पारित भारत छोड़ो प्रस्ताव ने यह तय किया कि अगर भारतवासियों को तुरंत सत्ता नहीं सौंपी जाती, तो गांधी के मार्गदर्शन में यह लोक सविनय अवज्ञा आंदोलन शुरू किया जाएगा। इस अवसर पर गांधी ने अपना प्रसिद्ध "करो या मरो" भाषण दिया, कहा कि यह अंतिम युद्ध एक ''निर्णायक युद्ध'' होगा, और इसलिए भारतीय या तो आज़ादी छीनें या उसके लिए अपनी जानें गँवाएँ। इससे पहले से ही चिढ़ी बैठी भारतीय जनता की कल्पना को पंख लग गए और वह सुस्थापित सत्ता के पतन की आशा करने लगी। जैसा कि ज्ञानेंद्र पांडे का कथन है, गांधी ने इसे यह कहकर एक "मनोवैज्ञानिक बढ़ावा" दिया कि हर कोई अब स्वयं को "स्वतंत्र पुरुष या स्त्री" समझे और अगर नेतागण गिरफ़्तार कर लिए जाएँ, तो अपनी कार्रवाई का रास्ता खुद तय करे।[21] उनका भय सही साबित हुआ, क्योंकि 9 अगस्त को तड़के ही गांधी समेत सभी अग्रणी कांग्रेसी नेता गिरफ़्तार कर लिए गए, और फिर तो जनता का अभूतपूर्व क्रोध भड़का, जिसे राष्ट्रवादी दंतकथाओं में "अगस्त क्रांति" का नाम दिया जाता है। आंदोलन की इस असाधारण तीव्रता ने हरेक को हैरान कर दिया। वायसरॉय लिनलिथगो ने इसे "1857 के बाद ... ... का सबसे गंभीर विद्रोह" कहा।[22] यह विद्रोह आरंभ होने से ही हिंसक और पूरी तरह अनियंत्रित रहा, क्योंकि कांग्रेस के नेतृत्व की पूरी पहली कतार इसके आरंभ से पहले ही सलाखों के पीछे थी। इसलिए इसे "स्वतःस्फूर्त क्रांति" भी कहा जाता है, क्योंकि "कोई भी पूर्वनिर्धारित योजना ऐसे तात्कालिक और एकरस परिणाम नहीं दे सकती थी।"[23]

हाल के अध्ययनों से भारत छोड़ो आंदोलन का जो इतिहास सामने आता है उससे पता चलता है कि यह एक बिना तैयार जनता का ज़ोरदार जवाब ही नहीं था, हालाँकि हिंसा के अभूतपूर्व पैमाने के बारे में कांग्रेसी नेतृत्व ने कोई तैयारी नहीं की थी जैसा कि सरकार का दावा था। पहली बात यह कि पिछले दो दशकों के जन-आंदोलन ने, जिसे हाल के वर्षों में कांग्रेस से जुड़े विभिन्न संगठनों, जैसे एटक*, कांसपा, किसान सभा और फारवर्ड

* AITUC–All India Trade Union Congress

ब्लॉक के नेतृत्व के अंतर्गत कहीं बहुत अधिक जुझारू ढंग से चलाया गया था, ऐसे टकराव के लिए पहले ही ज़मीन तैयार कर रखी थी। 9 अगस्त से पहले कांग्रेसी नेतृत्व ने एक 12-सूत्री कार्यक्रम तैयार कर रखा था, जिसमें सत्याग्रह की सुपरिचित गांधीवादी विधियाँ ही शामिल नहीं थीं, बल्कि औद्योगिक हड़तालों को बढ़ावा देने, रेल रोकने और तार काटने, करों की अदायगी रोकने और समानांतर सरकारें स्थापित करने की एक योजना भी शामिल थी। कांग्रेसी स्वयंसेवकों में इन कार्यक्रमों की अनेक रूपरेखाएँ प्रचलन में थीं, जिनमें आंध्र प्रदेश कांग्रेस समिति द्वारा तैयार कार्यक्रम भी शामिल था; इसमें ऐसी तोड़-फोड़ की कार्रवाइयों के स्पष्ट निर्देश दिए गए थे। लेकिन जो कुछ वास्तव में हुआ, उसकी तुलना में यह भी एक नरम कार्यक्रम था। लेकिन आंदोलन जब आगे बढ़ा तो ए. आई. सी. सी. ने "किसानों को निर्देश" देना जारी रखा, जिनमें आने वाले महीनों में जो कुछ होने वाला था उसका पूर्वानुमान करके कार्रवाई का तरीका बताया गया था।[24] अहिंसा के प्रश्न पर गांधी उन दिनों उल्लेखनीय सीमा तक अस्पष्ट थे। 5 अगस्त को गांधी ने कहा था, "मैं आपसे अपनी अहिंसा की माँग नहीं कर रहा। आप तय करें कि आपको इस संघर्ष में क्या करना है।" तीन दिन बाद, 8 अगस्त को, ए. आई. सी. सी. के प्रस्ताव पर बोलते हुए उनका आग्रह था: "मुझे आज पूरे भारत पर विश्वास है कि वह एक अहिंसक संघर्ष शुरू करेगा।" लेकिन अहिंसा के इस रास्ते से अगर जनता विचलित हो जाए तो भी "मैं नहीं डिगूँगा। मैं पीछे नहीं हटूँगा"[25] दूसरे शब्दों में, 1942 में "करो या मरो" के आह्वान की या देश की आज़ादी के लिए परम बलिदान करने के आह्वान की अपेक्षा लगता है अहिंसा का मुद्दा कम महत्त्वपूर्ण हो गया था।[26] जनता ने चुनौती स्वीकार की, उसे अपने-अपने ढंग से व्याख्यायित किया और ये व्याख्याएँ कुछ हद तक निचले स्तरों के प्रायः गुमनाम कांग्रेसी नेताओं और छात्रों से प्रभावित थीं, जिन्होंने 9 और 11 अगस्त के बीच राष्ट्रीय और प्रांतीय नेताओं के गिरफ़्तार कर लिए जाने के बाद नेतृत्व संभाल लिया था। इस बात से इनकार संभव नहीं कि इस महत्त्वपूर्ण ऐतिहासिक मोड़ पर कांग्रेस और गांधी को लोकमानस में असंदिग्ध प्रतीकात्मक वैधता प्राप्त थी–जो कुछ हुआ, उनके नाम पर हुआ। लेकिन इन घटनाओं पर संगठन के रूप में कांग्रेस और व्यक्ति के रूप में गांधी का नियंत्रण कम ही था। ज्ञानेंद्र पांडे के शब्दों में, "गांधी ऐसे आंदोलन के निर्विवाद नेता थे, जिनपर उनका कम ही नियंत्रण था।"[27]

सुमित सरकार ने भारत छोड़ो आंदोलन के तीन चरणों की पहचान की है।[28] उसका आरंभ हड़तालों, बहिष्कार और धरनों के साथ एक शहरी विद्रोह के रूप में हुआ; इनको शीघ्र ही कुचल दिया गया। अगस्त के मध्य में यह गाँवों में केंद्रित हो गया, जहाँ एक बड़ा किसान विद्रोह सामने आया; रेल लाइनों और स्टेशनों, तारों और खंभों के रूप में संचार व्यवस्था की तोड़-फोड़ इसकी विशेषता थी; सरकारी इमारतों पर और उपनिवेशी सत्ता के किसी भी दूसरे गोचर प्रतीक पर हमले किए गए, और आखिर में छिटपुट इलाकों में "राष्ट्रीय सरकारों" की स्थापना हुई। इसका जवाब सरकार ने भयानक दमन से दिया और आंदोलन मज़बूर होकर भूमिगत हो गया। तीसरे चरण की विशेषता हिंसात्मक

गतिविधियाँ थीं, जिनके द्वारा मुख्यतः संचार व्यवस्था को भंग करके युद्ध-प्रयासों में रुकावट डालना और विभिन्न साधनों का उपयोग करके प्रचार कार्य चलाना भी शामिल थे; इन साधनों में "भारत में किसी जगह से" अभी तक गुमनाम किसी ऊषा मेहता द्वारा चलाया जा रहा गुप्त रेडियो स्टेशन भी शामिल था। ऐसे कार्यों में केवल शिक्षित युवकों ने भाग नहीं लिया, बल्कि साधारण किसानों के दस्तों ने भी रात के अँधेरे में तोड़-फोड़ की कार्रवाइयाँ कीं, जिनको "कर्नाटक का तरीका" कहा जाने लगा। अहम बात यह है कि इन तथाकथित "क्रांतिकारी समूह" को जनता का असीमित समर्थन और संरक्षण प्राप्त था और इस तरह ब्रिटिश सरकार की शब्दावली में "भूमिगत" की परिभाषा इतनी फैली कि पूरे राष्ट्र को समेटने लगी, क्योंकि अधिकारीगण अब किसी भी भारतीय पर भरोसा नहीं कर सकते थे। समय के साथ भूमिगत गतिविधियाँ तीन धाराओं में व्यवस्थित हो गईं; इनमें से जयप्रकाश नारायण के नेतृत्व वाले एक उग्रदल ने भारत-नेपाल सीमा पर छापामार युद्ध का संचालन किया, अरुणा आसफ़ अली जैसे कांग्रेस समाजवादियों के नेतृत्व वाले एक केंद्रवादी दल ने तोड़-फोड़ के लिए पूरे भारत में स्वयंसेवक भरती किए, और सुचेता कृपलानी व अन्य के नेतृत्व में गांधीवादी दल ने अहिंसक कार्रवाई और रचनात्मक कार्यक्रम पर ज़ोर दिया।[29] भारत छोड़ो आंदोलन में अभूतपूर्व पैमाने पर हिंसा का सहारा लिया गया और सरकार ने उसका इस्तेमाल दमन को उचित ठहराने के लिए किया। युद्धकालीन आपात-शक्तियों का प्रयोग करके पहली बार सेना का उपयोग किया गया; मूलतः जो एक नागरिकों का आंदोलन था उसे कुचलने के लिए अंग्रेज़ी सेना की कम नहीं, पूरी 57 बटालियनें लगाई गईं। युद्ध की आवश्यकताओं का नाम लेकर चर्चिल ने इस त्वरित और निर्मम दमन को उचित ठहराया और आलोचनात्मक विश्व-जनमत को शांत किया। 1942 के अंत तक "अगस्त क्रांति" को पूरी तरह कुचला जा चुका था और 1943 के अंत तक लगभग 92, 000 लोग गिरफ़्तार किए जा चुके थे।

फिर भी, पूरा भारत एक ही ढंग से उद्वेलित नहीं हुआ, क्योंकि अलग-अलग क्षेत्रों में आंदोलन की तीव्रता अलग-अलग रही। अगर हम हाल के अध्ययनों से सामने आने वाले क्षेत्रवार ब्यौरों की तुलना करें, तो लगता है कि यह आंदोलन सबसे मज़बूत बिहार में था, जहाँ किसान सभा ने तैयारी के तौर पर मुख्य सांगठनिक कार्य किया था। यहाँ आग भड़की पटना नगर में जहाँ छात्रों ने पहल करके 11 अगस्त को सचिवालय पर एक विशाल रैली का आयोजन किया और असेंबली की इमारत पर कांग्रेस का झंडा लहराने की कोशिश की। छात्रों की पहल को शीघ्र ही जनता ने अपना लिया, जिसने रेलवे स्टेशनों, नगरपालिका की इमारतों और डाकखानों को आग लगा दी और स्थानीय पुलिस असहाय नज़र आती रही, यहाँ तक कि 12 तारीख को सेना बुलानी पड़ी। जमशेदपुर में आंदोलन 9 अगस्त को स्थानीय कांस्टेबुलरी की हड़ताल के साथ शुरू हुआ; 10 को और फिर 20 को टिस्को* में हड़तालें हुईं, जिसमें लगभग 30,000 मज़दूरों ने भाग

* TISCO – Tata Iron and Steel Company

लिया। डालमिया नगर में भी 12 तारीख को मज़दूरों की हड़ताल हुई और इन दोनों अवसरों पर प्रशासन प्रबंधकों की मिलीभगत के शक में गिरफ़्तार रहा। लेकिन इससे भी महत्त्वपूर्ण था वह किसान-विद्रोह, जो अगले सप्ताह बिहार के लगभग हर ज़िले में हुआ। छात्रों की पहल के बाद हज़ारों किसानों ने स्थानीय खज़ानों की इमारतों और रेलवे स्टेशनों पर हमले करके उनको लूटा, निहत्थे यूरोपीय अफ़सरों को सरे-आम कत्ल किया और इस तरह उपनिवेशी सत्ता की भौतिक उपस्थिति को समाप्त कर दिया। इक्के-दुक्के पुलिस थानों पर कब्ज़े करके उनको नष्ट कर दिया गया तथा निचले स्तरों की ग्रामीण पुलिस और स्थानीय नागरिक अधिकारियों ने बिना प्रतिरोध अपने ठिकाने खाली कर दिए। आंदोलन को ज़मींदारों और व्यापारियों का भी गुप्त समर्थन मिला जो धन दे रहे थे, और भागीदारी ने जातियों की सीमाएँ तोड़ दीं। यहाँ निचली जातियों की भागीदारी का सबसे महत्त्वपूर्ण उदाहरण बाढ़ में गोपों और दुसाधों द्वारा एक समानांतर सरकार का गठन था, जिन्होंने अपना "राज" कायम किया और कर वसूलने लगे। बिहार के किसान आंदोलन का अंग्रेज़ सेना ने निर्मम दमन किया, जिसे यातनाएँ देने और पूरे-पूरे गाँव जला देने की पूरी छूट दी गई थी। उसके बाद आंदोलन भूमिगत हो गया और 1943 के आस-पास से उसका समन्वय एक नया सांगठनिक ढाँचा करने लगा। इनको आज़ाद दस्ते या छापामार दस्ते कहा जाता था, जो मुख्यतः दक्षिणी बिहार में कार्यरत थे, तथा हथियारखानों, खज़ानों और दूसरे सरकारी दफ़्तरों पर हमले करते थे। जयप्रकाश नारायण जैसे कुछ कांसपा नेताओं ने इन दस्तों पर नियंत्रण बनाए रखने की कोशिश की, पर शीघ्र ही इन दस्तों ने निचली जातियों के भूमिहीन किसानों के पेशेवर डकैत गिरोहों से संबंध बना लिए और ऐसे कार्य करने लगे जिनको "सामाजिक अपराध" कहा गया है। इस चरण में कांसपा अपने आपको इन दस्तों से अलग करने लगी और आंदोलन आखिरकार 1944 में कुचल दिया गया।[30]

पूर्वी संयुक्त प्रांत के गाज़ीपुर और आज़मगढ़ ज़िलों में बनारस हिंदू विश्वविद्यालय के छात्र स्वयंसेवकों के आगमन ने, बल्कि उनके आगमन की अफ़वाह ने भी, स्थानीय किसानों को कार्रवाई में उतारा और वे रेल लाइनों और स्टेशनों पर तोड़-फोड़ करने लगे और कोर्ट ऑफ़ वार्ड ऑफ़िस के कागज़ात जलाने लगे। लेकिन इन ज़िलों के अनेक स्थानों पर, जैसे शेरपुर-मुहम्मदपुर क्षेत्र में, जैसा कि ज्ञानेंद्र पांडे का कथन है, "विध्वंस के संदेश" और अहिंसा के गांधीवादी सिद्धांत के बीच एक "असहज सह-अस्तित्व" था, क्योंकि कुछ प्रतिबद्ध गांधीवादी नेताओं ने उसकी अहिंसा की शुद्धता बनाए रखने की कोशिश की।[31] जन-आंदोलन कहीं बहुत अधिक तीव्र था तो बलिया ज़िले में, जहाँ कुछ दिनों तक अंग्रेज़ी राज का अस्तित्व ही नहीं रहा, पर यहाँ भी अंतर्विरोधों ने आंदोलन को कमज़ोर किया। यहाँ कहानी कुछ अधिक भिन्न नहीं थी, क्योंकि बनारस हिंदू विश्वविद्यालय और इलाहाबाद विश्वविद्यालय से आने वाले छात्र-नेताओं ने किसानों को कार्रवाई के लिए प्रेरित किया; इनमें इलाहाबाद के छात्र कब्ज़ा की गई "आज़ाद" रेलगाड़ी में आए। 14 अगस्त को कई हज़ार किसानों ने रेलवे स्टेशन पर और बेल्थरा

रोड स्टेशन पर खड़ी एक सैनिक आपूर्ति की गाड़ी पर हमला करके उनको लूट लिया; चार दिन बाद बाँसडीह कस्बे में थाना और तहसील की इमारतों पर कब्ज़ा कर लिया; स्थानीय स्टेशन मास्टर और तहसीलदार ने कोई प्रतिरोध नहीं किया और स्थानीय कांग्रेसी नेताओं ने एक समानांतर प्रशासन की स्थापना का प्रयास किया। फिर 19 अगस्त को एक भारी भीड़ ने बलिया नगर पर कब्ज़ा कर लिया तथा उसके भारतीय ज़िला मजिस्ट्रेट को खज़ाने के सारे नोट जलाने और सभी राजनीतिक कैदियों को रिहा करने पर मज़बूर कर दिया। उसके बाद रिहा किए गए गांधीवादी नेता चित्तू पांडे आंदोलन को संचालित करने लगे और उन्हें "स्वराज ज़िलाधीश" घोषित किया गया, जबकि उन्हें पता भी नहीं था कि आगे क्या करना है। इसलिए अगले दिन जब सेना पहुँची तो सारे नेता भाग गए और बलिया शहर वीरान नज़र आने लगा। इस तरह यहाँ पर भारत छोड़ो आंदोलन का नेतृत्व के अभाव में एक अपेक्षाकृत "अपकर्षी अंत" (anti-climactic end) हुआ।[32]

बिहार और पूर्वी संयुक्त प्रांत के विपरीत भारत के दूसरे क्षेत्रों में भारत छोड़ो आंदोलन कम स्फूर्त और कम तीव्र रहा, मगर अधिक लंबा खिंचा। बंगाल में यह आंदोलन कलकत्ता में तथा हुगली, बाँकुड़ा, पुरुलिया, बीरभूमि और दीनाजपुर ज़िलों में चला; दीनाजपुर में तो इसमें संथालों तथा राजबंसी और पालिया जैसे दलित समूहों ने भी भाग लिया। लेकिन निस्संदेह यह सबसे मज़बूत मेदिनीपुर ज़िले के तमलुक और कोंटाई (कंठी) संभागों में था जहाँ, जैसा कि हितेशरंजन सान्याल की टिप्पणी है, "राष्ट्रीय आंदोलन 1930 तक ही किसानों की लोक-संस्कृति का अंग बन चुका था"[33] तथा हाल के वर्षों में कृषक सभाओं और फारवर्ड ब्लॉक ने उन्हें और भी संगठित किया था। मेदिनीपुर के तटीय क्षेत्रों में अप्रैल 1942 के बाद से ही सरकार "वंचित करो" की नीति के तहत लगभग 18,000 नावें जला चुकी थी और इसके कारण किसान अपने यातायात के एक महत्त्वपूर्ण साधन से वंचित ही नहीं हुए, बल्कि स्थानीय अर्थव्यवस्था पर भी इसका बहुत बुरा प्रभाव पड़ा। आम मूल्यवृद्धि और कठोर खरीद नीति के कारण समस्या और जटिल हुई। इसलिए अगस्त में जब स्थानीय कांग्रेसी स्वयंसेवकों और छात्रों ने एक खुले विद्रोह के लिए किसानों को लामबंद करना शुरू किया, तो उनको एक उपजाऊ ज़मीन मिली। मेदिनीपुर में भारत छोड़ो आंदोलन का आरंभ 8 सितंबर के आस-पास हुआ और 10 से 20 हज़ार तक की भीड़ ने अनेक पुलिस थानों पर सुनियोजित आक्रमण किए। 30 तारीख तक इन दोनों संभागों में अंग्रेज़ों का प्रशासन लगभग समाप्त हो गया, और इसलिए यंत्रणा देने, बलात्कार करने और आंदोलन को निर्ममता से कुचलने का अधिकार देकर सेना भेजी गई। 16 अक्तूबर को एक विनाशकारी चक्रवात और समुद्री लहरों ने, जिन्होंने लगभग 15,000 जानें लीं, स्थिति को और जटिल बना दिया। बदले के तौर पर स्थानीय ज़िलाधिकारी ने राहत भेजने से मना कर दिया। इसलिए कांग्रेस ने वैकल्पिक राहत शिविरों का आयोजन किया और इस कारण और अधिक लोकप्रिय हो गई। इससे भी अहम बात यह है कि कांग्रेस ने अब समानांतर सरकारों के गठन के लिए

कदम उठाए: कोंटाई में नवंबर में **स्वराज पंचायत** का आरंभ हुआ, जबकि तमलुक में 17 दिसंबर से **ताम्रलिप्त जातीय सरकार** काम करने लगी। इस बादवाली सरकार के पास प्रशिक्षित स्वयंसेवकों की **विद्युतवाहिनी** थी, स्वयंसेविकाओं की **भगिनी सेना** थी और *विप्लवी* नाम का मुखपत्र था। उसने राहत कार्य चलाए, मध्यस्थता की अदालतों में 1,681 मामले हल किए, असैनिक प्रशासन चलाया, शक्तिशाली निष्ठावान ज़मींदारों, व्यापारियों और स्थानीय अधिकारियों से टक्कर ली, और निर्मम दमन के बावजूद वह अगस्त 1944 तक काम करती रही, जब गांधी ने विद्रोह की समाप्ति का आह्वान किया। **कंठी स्वराज पंचायत** भी लगभग उन्हीं दिनों भंग कर दी गई।[34]

पड़ोसी उड़ीसा में भी आंदोलन वहीं सबसे अधिक मज़बूत रहा, जहाँ किसान संघ और प्रजामंडलों ने पिछले आंदोलनों के दौरान किसानों को पहले ही तैयार कर रखा था। हमेशा की तरह उसका आरंभ कटक जैसे नगरों में हुआ, जहाँ हड़तालें हुईं और शिक्षा संस्थाएँ बंद रहीं, और आंदोलन फिर गाँवों में फैला, मुख्यतः कटक, बालासोर (बालेश्वर) और पुरी के तटवर्ती ज़िलों में। यहाँ किसानों को प्रेरणा एक "आसन्न विनाश" की अफ़वाहों से मिलीं और उन्होंने उपनिवेशी सत्ता के सभी गोचर प्रतीकों पर हमले किए, उसे खुली चुनौती देकर थानों से कैदियों को रिहा करा लिया, स्थानीय पुलिसवालों की वर्दियाँ उतरवा दीं, चौकीदारी कर देने बंद कर दिए और कुछ मामलों में ज़मींदारों की कचहरियों पर हमले किए और सूदखोरों से धान की वसूली की। लेकिन ज़िलों का यह ग्रामीण विद्रोह, जिसमें जातियों की सीमाएँ तोड़कर लोगों ने भाग लिया, पुलिस दमन और सामूहिक जुर्माने के दबाव के कारण अक्तूबर-नवंबर तक लगभग समाप्त हो चुका था। नीलगिरि और धेनकनाल रजवाड़ों में, जहाँ दलित और आदिवासी किसानों ने जंगल कानूनों के उल्लंघन किए, और प्रजामंडल नेताओं द्वारा विशाल प्रदर्शनों के लिए लामबंद किए गए, सामूहिक जुर्माने लगाए गए और अंग्रेज़ राजनीतिक एजेंट ने दमन की निगरानी की। लेकिन तलचर रजवाड़े में आंदोलन ने एक अनोखा रूप लिया। यहाँ स्थानीय राजा और उसके अंग्रेज़ संरक्षकों का राज खत्म करने के लिए स्थानीय प्रजामंडल के नेताओं ने हरेक के लिए रोटी, कपड़ा और मकान के वादे के साथ, एक "लोक किसान स्वर्ग" के कार्यक्रम पर *चासी-मुलिया राज* कायम करने का निर्णय किया। 6 सितंबर तक यह नया शासन रजवाड़े के अधिकांश भाग में अपनी सत्ता स्थापित कर चुका था और सत्ता के केंद्र को नष्ट करने के लिए चारों दिशाओं से लोग अब तलचर शहर की ओर उमड़ पड़े। 7 तारीख को शाही वायुसेना के विमानों से प्रदर्शनकारियों पर मशीनगनों से गोलियाँ चलाई गईं और फिर निर्मम दमन का चक्र चला, लेकिन इसके बावजूद इस क्षेत्र में छापामार युद्ध लगभग मई 1943 तक जारी रहा। वैकल्पिक राज के सपने मलकानगिरि और नवरंगपुर में भी देखे गए, जहाँ करिश्माई नेता लक्ष्मण नायको ने आदिवासी और गैर-आदिवासी किसानों को जमा करके शराब और अफ़ीम की दुकानों पर हमले किए और भीड़ भरी सभाओं में गर्व के साथ घोषणा की कि अंग्रेज़ी राज खत्म हुआ, अब उसकी जगह गांधीराज आ गया है जिसमें 'मद्य-कर' और जंगल-कर देने की ज़रूरत

नहीं रही। पड़ोस के बस्तर रजवाड़े से बुलाए गए सैनिकों ने सितंबर के अंत तक इस आंदोलन को भी कुचल दिया।[35]

वैकल्पिक राष्ट्रीय सरकारों की स्थापना का यह प्रयोग महाराष्ट्र में सबसे सफल रहा, जहाँ गैर-ब्राह्मण आंदोलन के पैदा किए हुए सांगठनिक आधारों पर सतारा की **प्रति-सरकार** (समानांतर सरकार) ने जन्म लिया। बीसवीं सदी के आरंभ में बहुजन समाज को इसी आंदोलन ने जाति विरोधी और सामंत विरोधी कार्रवाइयों के लिए तैयार किया था और 1930 के दशक के दौरान उसने राष्ट्रवाद और कांग्रेस के साथ संबंध स्थापित कर लिए थे (अध्याय 7.2 देखें)। 1942 के अंतिम महीनों में जब सेना के दमन के कारण तोड़-फोड़ की हिंसक गतिविधियों का शुरूआती उभार दब गया, तो सतारा ज़िले में बहुजन समाज के युवक और शिक्षित सदस्यों ने एक प्रति-सरकार के गठन का निर्णय किया, जिसे औपचारिक रूप से फरवरी और जून 1943 के बीच बनाया गया, जबकि अहम बात यह है कि दूसरे प्रांतों में भारत छोड़ो आंदोलन लगभग समाप्त हो चुका था। उसका एक लंबा-चौड़ा सांगठनिक ढाँचा था, जिसमें **सेवा दल** (स्वयंसेवक दल) और **तूफ़ान दल** (ग्रामीण दल) थे, और नाना पाटिल उसके प्रमुख प्रेरणा-स्रोत थे। यह सरकार अनेक कार्य करती रही, जिनमें **न्यायदान मंडलों** (लोक अदालतों) का संचालन, रचनात्मक कार्यक्रमों के क्रियान्वयन और हथियारबंद तोड़-फोड़ के कार्यों का संचालन शामिल थे। बिहार के आज़ाद दस्तों के विपरीत उसने सतारा की ऊबड़-खाबड़ वादियों से स्थानीय डाकू गिरोहों का सफ़ाया करने के लिए कठोर लड़ाइयाँ लड़ीं, ताकि उसकी अपनी सत्ता और वैधता स्थापित हो सके; हालाँकि इसमें मध्य श्रेणी के कुनबी किसानों का वर्चस्व था, पर इसने अपने सामंतवाद विरोधी और जाति विरोधी रुझान के कारण उसी तरह गरीब दलित किसानों की भागीदारी और हिमायत पाई। प्रति-सरकार को कांग्रेस समाजवादियों का समर्थन तो मिला, पर कांग्रेस कभी उस पर अपना वर्चस्व स्थापित नहीं कर सकी। इसलिए अगस्त 1944 में, जब गांधी ने समर्पण का आह्वान किया और अपने मेदिनीपुर के साथियों के विपरीत सतारा की प्रति-सरकार के अधिकांश सदस्यों ने महात्मा के आदेश को ठुकराने का निर्णय किया, तो वे उनके "करो या मरो" वाले पिछले आह्वान पर कायम रहे। इसे कुचलने के विभिन्न ब्रिटिश प्रयासों के बावजूद यह समानांतर सरकार 1946 के चुनाव तक काम करती रही।[36]

पश्चिमी भारत के दूसरे भागों को लें तो भारत छोड़ो आंदोलन गुजरात के खेड़ा, सूरत और भड़ौच ज़िलों में और बड़ोदरा रजवाड़े में सबसे मज़बूत था। यहाँ असहयोग आंदोलन के दिनों से ही कांग्रेस का एक मज़बूत गढ़ था और माना जाता है कि गुजरात कांग्रेस समिति के नेता वल्लभभाई पटेल ने बंबई में गिरफ़्तार किए जाने से पहले तोड़-फोड़ की कार्रवाइयों का एक खाका तैयार किया था। आंदोलन का आरंभ मज़दूरों की हड़तालों, बंद और झगड़ों के साथ अहमदाबाद और बड़ोदरा नगरों में हुआ और उसमें विभिन्न सामुदायिक ढाँचों का प्रयोग किया गया जैसे **पोलों** के जातिगत संगठनों तथा महाजनों या व्यापारियों के संगठनों का। अहमदाबाद में एक समानांतर "आज़ाद सरकार"

स्थापित हुई और यहाँ कांग्रेस के शीघ्र सत्ता में आने की आशा करके उद्योगपतियों ने राष्ट्रवादी लक्ष्य से सहानुभूति जताई। उन्होंने औद्योगिक हड़ताल खत्म करने के लिए कुछ भी नहीं किया, जो मज़दूरी में वृद्धि जैसी किसी आर्थिक माँग की बजाय शुद्ध राजनीतिक माँगों पर कोई साढ़े तीन माह तक चलती रही। देहातों का विद्रोह, जो सितंबर से दिसंबर तक चला, दूसरी जगहों की तरह तोड़-फोड़ के कार्यों के आम ढर्रे पर आगे बढ़ा। लेकिन इस क्षेत्र में अतीत के आंदोलनों से एक प्रमुख भिन्नता इस बार किसी मालगुज़ारी रोको अभियान की अनुपस्थिति थी, क्योंकि धनी पाटीदार ऐसे समय में अपनी जायदादों की ज़ब्ती का जोखिम नहीं लेना चाहते थे, जब हाल की मूल्यवृद्धि के कारण उनमें समृद्धि आई थी। एक और अहम विशेषता यह रही कि वैसे तो आदिवासी किसानों ने अनेक स्थानों पर आंदोलन में भाग लिया, पर पाटीदारी के प्रभुत्व वाले कांग्रेसी मंत्रिमंडल से असंतुष्ट होकर दलित बड़ैया और पट्टनवाडिया किसानों ने खेड़ा और मेहसाना ज़िलों में भारत छोड़ो आंदोलन का सक्रिय विरोध किया। लेकिन भड़ौच, सूरत और नवसरी ज़िलों में ग्रामीण एकता ने जाति और वर्ग की सीमाओं को तोड़ दिया और फलस्वरूप इस क्षेत्र से तब तक के लिए अंग्रेज़ी राज का खात्मा हो गया, जब तक कि निर्मम दमन के सहारे उसे दोबारा स्थापित नहीं किया गया। पर इस दमन ने गांधीवादी कांग्रेस को और लोकप्रिय ही बनाया।[37]

जैसा कि विस्तृत क्षेत्रवार अध्ययनों से पता चलता है, भारत छोड़ो आंदोलन कुछ क्षेत्रों में तीव्र और शक्तिशाली था, तो दूसरे क्षेत्रों में कम शक्तिशाली था पर वहाँ लंबा चला। मद्रास प्रेसीडेंसी जैसे कुछ क्षेत्रों में यह बिलकुल मामूली था, न सिर्फ़ इसलिए कि मद्रास की राजनीति के राजगोपालाचारी जैसे अग्रणी नेताओं ने इस आंदोलन का विरोध किया, बल्कि दूसरे अनेक कारणों से भी, जैसे संविधानवाद का प्रभाव, समाजवादियों की अनुपस्थिति, केरल के साम्यवादियों का विरोध, गैर-ब्राह्मणों की उदासीनता और उत्तर के प्रभुत्ववाले एक राजनीतिक अभियान के लिए दक्षिण की एक ज़ोरदार चुनौती के कारण भी।[38] लेकिन इससे भी अहम बात यह है कि ऐसे महत्त्वपूर्ण सामाजिक समूह भी थे, जो सोच-समझकर आंदोलन से दूर रहे। उनमें सबसे महत्त्वपूर्ण थे मुस्लिम, जो लगभग सभी क्षेत्रों में इस आंदोलन से अलग रहे और इसी कारण मुस्लिम लीग, जिसने इस आंदोलन का अनुमोदन नहीं किया, यह दावा कर सकी कि वह भारतीय मुसलमानों के बहुमत का प्रतिनिधित्व करती थी। लेकिन उनका अलगाव भले ही लगभग सार्वभौमिक रहा हो, मुसलमानों ने संभवतः गुजरात के कुछ भागों को छोड़कर कहीं भी आंदोलन का सक्रिय विरोध नहीं किया और इस पूरे काल में सांप्रदायिक टकराव की कोई बड़ी घटना नहीं हुई। दूसरी ओर, दलित नेता डॉ. भीमराव अंबेडकर ने भी, जो आंदोलन के आरंभ से ठीक पहले वायसरॉय की काउंसिल में श्रम सदस्य के रूप में शामिल हो चुके थे, इसका समर्थन नहीं किया। लेकिन इस बारे में भी, भले ही उनके अनेक समर्थक शामिल न हुए हों, विभिन्न क्षेत्रों में हमें भारत छोड़ो आंदोलन में दलितों की भागीदारी के साक्ष्य प्राप्त हैं और (जैसा कि दिखाया जा चुका है) जातिगत एकता इस अभियान

में कभी एक दुर्लभ वस्तु नहीं रही। यह बात भी याद रखनी ज़रूरी है कि हिंदू महासभा ने भी "व्यर्थ, पौरुषहीन और हिंदुत्व के ध्येय के लिए हानिकर" कहकर भारत छोड़ो आंदोलन की निंदा की और विनायक दामोदर सावरकर, बी. एस. मुंजे और श्यामाप्रसाद मुखर्जी जैसे दिग्गज हिंदू नेताओं ने पूरे दिल से अंग्रेज़ों के युद्ध-प्रयासों का समर्थन किया, जिनमें कांग्रेस का अभियान कथित रूप से पलीता लगा रहा था। लेकिन इस आधिकारिक लाइन के बावजूद एन. सी. चटर्जी के नेतृत्व में महासभा का एक मज़बूत गुट उसमें भाग लेने के लिए उत्सुक दिखाई देता था और उसके दबाव में महासभा की कार्यकारी समिति को एक शर्म ढाँपनेवाला मगर स्पष्ट प्रस्ताव पारित करना पड़ा कि भारत की प्रतिरक्षा में तब तक समर्थन नहीं दिया जा सकता, जब तक कि भारत की स्वतंत्रता को तत्काल मान्यता न दी जाए।[39] दूसरा हिंदू संगठन, यानी आर. एस. एस. भी अलग-थलग रहा, जिसका अब तक मुख्य आधार महाराष्ट्र में था। जैसा कि एक मेमो में बंबई की सरकार ने दर्ज़ किया: "संघ ने सावधानी के साथ अपने को कानून के दायरे में रखा है और खास तौर पर उस उथल-पुथल में स्वयं को शामिल होने से रोके रखा है, जिसका आरंभ अगस्त 1942 में हुआ।"[40]

दिसंबर 1941 में सोवियत संघ के युद्ध में शामिल होने के बाद भारत की कम्युनिस्ट पार्टी ऐसा एक और अहम राजनीतिक संगठन बन गई, जिसने अपनी "जनयुद्ध" की रणनीति के कारण भारत छोड़ो आंदोलन का समर्थन नहीं किया। ऐसा कोई संगठन पाने की चिंता में, जो कांग्रेस को उलझन में डाले और युद्ध-प्रयासों का समर्थन करे, अंग्रेज़ सरकार ने कम्युनिस्ट पार्टी पर से तुरंत वह प्रतिबंध उठा लिया, जो पार्टी पर 1934 से ही लगा हुआ था और पार्टी अब फ़ासीवाद को मात देने के लिए युद्ध-प्रयासों के पक्ष में प्रचार करने लगी। लेकिन इस आधिकारिक लाइन के बावजूद इस बात के पर्याप्त साक्ष्य हैं कि अनेक कम्युनिस्ट अपने समय की देश-प्रेम की भावनाओं में बह गए और उन्होंने भारत छोड़ो आंदोलन में सक्रिय भाग लिया।[41] दूसरी ओर, कम्युनिस्टों के नियंत्रण वाली ट्रेड यूनियनों और किसान सभाओं की लोकप्रियता और समर्थन में कमी आने लगी, क्योंकि अपनी स्वयं की स्वतंत्रतावाद के अभियान को हानि पहुँचाकर दूर जारी एक युद्ध को समर्थन देने का तर्क अपने अनुयायियों को समझाना नेताओं के लिए कठिन होने लगा। यह तर्क दिया जा सकता है कि जब दलित किसानों और दूसरे गरीब वर्गों ने भारत छोड़ो आंदोलन में भाग लिया, तो उनकी प्रेरणा शिक्षित युवकों और मंझोली जातियों के किसानों की प्रेरणा से भिन्न थी। लेकिन फिर भी आंदोलन को एक "दोहरा विद्रोह"[42] कहना अति सरलीकरण होगा, क्योंकि दृष्टिकोण संबंधी भिन्नताओं के बावजूद अंग्रेज़ों के विरुद्ध संयुक्त कार्रवाई के प्रश्न पर विभिन्न वर्ग और समुदाय एक थे। 11 अगस्त को पटना नगर को देखकर मतिभ्रम के शिकार साम्यवादी नेता राहुल सांकृत्यायन ने घोर आश्चर्य के साथ कहा था, "नेतृत्व रिक्शाचालकों, इक्कावानों और ऐसे ही दूसरे लोगों के हाथ में जा चुका था, जिनका राजनीतिक ज्ञान बस इतना ही था कि अंग्रेज़ उनके दुश्मन हैं।"[43] साम्राज्यवाद विरोध के इसी साझे और प्रमुख स्वर ने 1942 में हरेक

को बाँधकर रखा और गाँवों में तो उसने उन सामंतविरोधी प्रवृत्तियों तक को पीछे धकेल दिया, जो देश के विभिन्न भागों में समय-समय पर सामने आ रही थीं। एक उत्पीड़क साम्राज्यिक व्यवस्था से त्वरित आज़ादी का वादा करके भारत छोड़ो आंदोलन ने भारतीय जनता के एक खासे बड़े भाग की कल्पना को, उनकी स्वतंत्रता-संबंधी अलग-अलग धारणाओं के बावजूद, पंख लगा दिए थे।

भारत छोड़ो आंदोलन ने कांग्रेस को भी महत्त्वपूर्ण सबक सिखाए। पहली बात यह कि पराजय ने उन वामपंथियों की साख खत्म की, जो कार्रवाई की माँग कर रहे थे। दूसरी ओर, गांधी भी दुविधा में थे। कांग्रेसी स्वयंसेवक हिंसा को उन्हीं के इस कथन का हवाला देकर उचित ठहरा रहे थे कि आत्मरक्षा के लिए यह उचित है। उन्होंने हिंसा को उचित नहीं ठहराया, पर औपचारिक रूप से उसकी निंदा नहीं की; इसकी बजाय उन्होंने हिंसा के भड़कने के लिए सरकार को ज़िम्मेदार ठहराया। वास्तव में जनता और स्वयंसेवकों पर न तो उनका कोई बस चला न दूसरे कांग्रेसी नेताओं का, और न ही इनमें से किसी ने ऐसी प्रतिक्रिया का अनुमान किया था जैसी भारत छोड़ो आंदोलन ने जगाई। 1942 में भारतीय जनता की दृष्टि में गांधी और कांग्रेस वैचारिक प्रतिबंधों के स्रोत नहीं, मुक्ति के प्रतीक थे। गांधी ने 10 फरवरी 1943 को 21 दिनों का जो अनशन शुरू किया, उसने प्रतीकात्मक रूप से आंदोलन में उनको एक बार फिर केंद्रीय स्थान दिलाया, पर एक नियंत्रक शक्ति के रूप में नहीं, और न ही उन्होंने भूमिगत नेताओं के आत्मसमर्पण पर बल दिया। 1944 में अपनी रिहाई के बाद भी जब उन्होंने आत्मसमर्पण का आह्वान किया, तो भी हर किसी ने उनकी बात नहीं सुनी। उन्होंने भी ऐसे लोगों की जमकर प्रशंसा की, जो उनके अहिंसा के मार्ग से स्पष्ट तौर पर दूर चले गए थे। सतारा की प्रति-सरकार के प्रसिद्ध नेता नाना पाटिल से उन्होंने कहा था, "मैं उन लोगों में से एक हूँ, जो यह मानते हैं कि वीरों की हिंसा कायरों की अहिंसा से बेहतर होती है।"[44] मगर कांग्रेस हाईकमान ने, जिसपर अब दक्षिणपंथियों का कब्ज़ा था, जनता के इस उग्र व्यवहार की जमकर भर्त्सना की; वह अनुशासन और सुव्यवस्था की एक दशा की ओर वापस लौटना चाहती थी और इसलिए उसने टकराव की बजाय वार्ता के द्वारा समझौते की प्रार्थना की। इस आंदोलन के बाद कांग्रेस लगातार आंदोलन का रास्ता छोड़कर संविधानवाद की ओर झुकती चली गई। इस तरह, जैसा कि कभी डी. ए. लो ने कहा था, राज से टकराने की प्रक्रिया में कांग्रेस स्वयं ही राज बनती जा रही थी।[45] अंग्रेज़ी राज ने भी महत्त्वपूर्ण सबक सीखे। सबसे पहले तो उसने यह महसूस किया कि युद्धकालीन सह-शक्तियों के बिना ऐसे उग्र जन-आंदोलनों से निबटना मुश्किल होगा। युद्ध जब समाप्त होगा तो इतने भारी विरोध के मुकाबले ताकत के बल पर भारत को अपने वश में रखना हर तरह से महँगा सौदा होगा, और इसलिए सम्मानजनक और सुव्यवस्थित ढंग से अलग होने के लिए समझौता-वार्ता की अधिक तत्परता दिखाई देने लगी। इन वार्ताओं में कांग्रेस को प्रमुखता प्राप्त होने वाली थी, क्योंकि वही अकेला राजनीतिक संगठन था जिसमें ऐसा जन-आंदोलन खड़ा करने की क्षमता थी और

उसे अकेला ऐसा संगठन भी माना जा रहा था, जो भारत को एक स्थिर सरकार दे सकती थी।

## 8.2 उथल-पुथल का दशक

1942 के ऐतिहासिक मोड़ पर विरोध की अनेक धाराओं का एक शानदार मिलन हुआ और इसके कारण कांग्रेस को असीमित राजनीतिक वैधता प्राप्त हुई; इस तथ्य के बावजूद भी इस बात से इनकार करना कठिन होगा कि भारत के साम्राज्यवाद विरोधी राष्ट्रीय संघर्ष में मुक्ति के परस्परविरोधी दृष्टिकोण और एजेंडे मौजूद थे। उपनिवेशी शासन की अंतिम विदाई की कहानी पर आने से पूर्व हम कुछ वैकल्पिक दृष्टिकोणों की ओर आना चाहेंगे। यूरोप में जब युद्ध का आरंभ हुआ और कांग्रेस की प्रतिक्रिया अभी भी ढुलमुल थी, तब विद्रोही नेता सुभाषचंद्र बोस यह तर्क दे रहे थे कि भारतवासी एक दुर्लभ अवसर गँवा रहे हैं और उन्हें चाहिए कि वे साम्राज्य की कमज़ोरी का लाभ उठाएँ। 1939 में उनके विरुद्ध जब अनुशासन की कार्रवाई की गई, तब उनको विश्वास था कि यह कार्रवाई "दक्षिणपंथ की मज़बूती" का परिणाम थी, और अब राज के विरुद्ध एक जन-आंदोलन शुरू करने की यह हिचक भी इन्हीं दक्षिणपंथी नेताओं के कारण थी, जो "उन नई शक्तियों और नए तत्त्वों के संपर्क से बाहर हैं ... जो पिछले कुछ वर्षों में पैदा हो चुके हैं।"[46] इस कारण उन्होंने एक आंदोलन खड़ा करने के लिए अकेले पूरे भारत का दौरा किया, पर उन्हें कुछ अति उत्साही प्रतिक्रिया नहीं मिली। बंगाल वापस आने के बाद उन्होंने मुस्लिम लीग से संपर्क स्थापित किया और एक सविनय अवज्ञा आंदोलन शुरू करने का निर्णय किया। इसका उद्देश्य कलकत्ता के हॉलवेल स्मारक को नष्ट करना था, जो "ब्लैकहोल" त्रासदी की याद दिलाता था; अधिकांश लोग यह मानते थे कि यह त्रासदी कभी घटित ही नहीं हुई और यह बंगाल के अंतिम स्वतंत्र शासक सिराजुद्दौला के नाम को कलंकित करने के लिए हुई थी। यह ऐसा आंदोलन था जिसका मुसलमानों के लिए स्पष्ट आकर्षण था और इसलिए बंगाल में हिंदू-मुस्लिम एकता को यह और मज़बूत बना सकता था। लेकिन इसके आरंभ से पहले ही उनको 3 जुलाई, 1940 के दिन अंग्रेज़ों ने भारत रक्षा कानून (डिफेंस ऑफ़ इंडिया ऐक्ट) के अंतर्गत गिरफ़्तार कर लिया। बाद में हॉलवेल स्मारक को हटा दिया गया, पर बोस दिसंबर में तब तक कैद रहे जब तक उन्होंने भूख हड़ताल शुरू करने की धमकी नहीं दी।[47] तब उनको बिना शर्त रिहा कर दिया गया, पर लगातार निगरानी में रखा जाता रहा। इस बीच यूरोप में युद्ध जारी था और बोस का विश्वास था कि जर्मनी की जीत होगी। हालाँकि उनको जर्मनों का सर्वाधिकारवाद या नस्लवाद पसंद नहीं था, फिर भी वे यह विचार पालने लगे कि धुरी शक्तियों की सहायता से भारतीय स्वाधीनता के लक्ष्य को आगे बढ़ाया जा सकता है और वे इसकी विभिन्न संभावनाओं को टटोलने लगे। अंततः वे 16-17 जनवरी, 1941 की आधी रात को एक सरहदी मुसलमान का भेष लेकर अपने एल्गिन रोड, कलकत्ता के निवास से चुपके-से फरार

हो गए। वे काबुल गए और फिर इतालवी पासपोर्ट लेकर रूस पहुँचे; मार्च के अंत तक वे जर्मनी पहुँच चुके थे।[48]

बर्लिन में सुभाष बोस हिटलर और गोयबेल्स से मिले, पर उन्हें उनसे कुछ खास मदद नहीं मिली। उन्हें अपना *आज़ाद हिंद रेडियो* शुरू करने की अनुमति दी गई और एक भारतीय दस्ता शुरू करने के लिए उत्तरी अफ़्रीका में गिरफ़्तार भारतीय युद्धबंदी उन्हें सौंप दिए गए, पर उससे आगे कुछ भी नहीं। खास बात यह है कि वे भारत की स्वतंत्रता के पक्ष में धुरी शक्तियों से कोई घोषणा नहीं करा सके, और स्तालिनग्राद में जर्मनों की पराजय के बाद यह काम और भी कठिन नज़र आने लगा।[49] लेकिन इस बीच दक्षिण-पूर्व एशिया में उनके लिए कार्रवाई का एक और मोर्चा तैयार हो रहा था, जहाँ जापानी भारतीय स्वतंत्रता के ध्येय में वास्तविक रुचि ले रहे थे। जापान की वृहत्तर पूर्वी एशिया सह-समृद्धि क्षेत्र* की नीति में मूलतः भारत का कोई स्थान नहीं था; इस नीति के अंतर्गत जापानी पश्चिमी साम्राज्यवाद से एशियावासियों को स्वतंत्रता दिलाने के वादे कर रहे थे। लेकिन 1940 तक जापान एक भारत नीति तैयार कर चुका था और अगले साल उसने प्रवासी भारतीयों से संपर्क करने के लिए मेजर फ़ूजीवारा को दक्षिण-पूर्व एशिया में भेजा; ये भारतीय तब प्रीतम सिंह जैसे व्यक्तियों के नेतृत्व में अपने आपको भारतीय स्वतंत्रता समितियों (इंडियन इंडिपेंडेंस लीग) में संगठित कर रहे थे। उसके बाद दिसंबर 1941 में कप्तान मोहनसिंह ने, जो ब्रिटिश भारतीय सेना की पंजाब रेजिमेंट के एक युवा अधिकारी थे और जिन्होंने मलाया के जंगलों में जापानियों के समक्ष समर्पण कर दिया था, फ़ूजीवारा से सहयोग करके युद्धबंदियों की एक भारतीय सेना तैयार करने की हामी भरी, जो भारत को मुक्त कराने के लिए जापानियों के साथ-साथ आगे बढ़ती। जून 1942 में एक असैनिक राजनीतिक संगठन के रूप में एकजुट इंडिया इंडिपेंडेंस लीग का गठन हुआ, जो दक्षिण-पूर्व एशिया के सभी भारतीयों का प्रतिनिधित्व करती थी और उसे सेना पर नियंत्रण प्राप्त था। इस संगठन की अध्यक्षता के लिए वृद्ध बंगाली क्रांतिकारी रासबिहारी बोस को हवाई जहाज़ से लाया गया, जो तब जापान में रह रहे थे। सितंबर तक आज़ाद हिंद फ़ौज का औपचारिक गठन हो गया। लेकिन जापानियों से उसका संबंध अभी भी संतोषजनक नहीं था, क्योंकि "जापानी दोगलापन" अब हद से अधिक स्पष्ट हो चुका था।[50] जापानी प्रधानमंत्री जनरल तोजो ने भारतीय स्वतंत्रता के पक्ष में डायट (जापानी संसद) में घोषणा की। लेकिन उससे आगे जापानी आज़ाद हिंद फ़ौज को एक सहयोगी सेना मानने की बजाय एक अनुचर शक्ति ही मानने को तैयार थे। मोहनसिंह ने जब स्वतंत्रता और सहयोगी की स्थिति दिए जाने पर बल दिया, तो उनसे कमान छीनकर उनको गिरफ़्तार कर लिया गया। रासबिहारी बोस ने कुछ समय तक यह झंडा उठाए रखा, पर वे इस काम के लिए काफ़ी वृद्ध हो चुके थे। 1943 के आरंभ तक आज़ाद हिंद फ़ौज का पहला प्रयोग लगभग पूरी तरह असफल हो चुका था।

* Greater East Asia Co-prosperity Sphere

जैसा कि मोहनसिंह ने आकर जापानियों से कहा था, आज़ाद हिंद .फौज के आंदोलन को एक नए नेता की आवश्यकता थी और भारत से बाहर केवल एक व्यक्ति नेतृत्व दे सकता था और वे थे सुभाषचंद्र बोस। जापानियों ने अब इस प्रस्ताव पर गंभीरता से विचार किया और उनको एशिया में लाने के लिए जर्मनी से बातचीत की। आखिरकार पनडुब्बी में एक लंबी और कठिन यात्रा के बाद बोस 1943 के मई में दक्षिण-पूर्व एशिया पहुँचे तथा सहायता और बराबरी के व्यवहार के जापानी आश्वासन के बाद उन्होंने तुरंत नेतृत्व संभाल लिया। अक्तूबर में उन्होंने अस्थायी आज़ाद हिंद सरकार का गठन किया, जिसे जापान ने तुरंत तथा बाद में जर्मनी और फासीवादी इटली समेत आठ अन्य सरकारों ने मान्यता दे दी। वे ही उसकी *आज़ाद हिंद .फौज* के सर्वोच्च सेनापति बनाए गए, जिसने 1945 तक कोई 40,000 व्यक्ति भरती किए[51] और जिसमें 1857 की मशहूर वीरांगना लक्ष्मीबाई के नाम पर स्त्रियों की एक रेजिमेंट भी थी (अध्याय 7.5 देखें)। इस अस्थायी सरकार ने ब्रिटेन के विरुद्ध युद्ध की घोषणा की। और उसकी मुख्य इच्छा–जापानियों की एक सहयोगी सेना के रूप में–बर्मा से गुज़रते हुए इंफाल (मणिपुर) और फिर असम में प्रवेश करने की थी, जहाँ आशा थी कि भारतीय जनता अपनी मातृभूमि की मुक्ति के लिए खुला विद्रोह करके इस सेना से आ मिलेगी। लेकिन यह दुर्भाग्य से इंफाल अभियान, जिसे आज़ाद हिंद फ़ौज की दो रेजिमेंटों के साथ जापान की दक्षिणी सेना ने 8 मार्च, 1944 को शुरू किया था, एक विनाश के साथ समाप्त हुआ। जैसा कि जॉयस लेब्रा ने बताया हैं, इसके अनेक क़ारण थे: वायुसेना का अभाव, कमान की शृंखला का भंग होना, आपूर्ति के सिलसिले का बंद होना, मित्रराष्ट्रों के हमले का ज़ोर और अंतिम बात यह कि आज़ाद हिंद फ़ौज के साथ जापानियों के सहयोग का अभाव। पीछे की ओर वापसी और भी विनाशकारी थी और सैन्य मुहिम के द्वारा भारत को मुक्त कराने का सपना आखिरकार चूर हो गया। पर बोस फिर भी आशा लगाए रहे, फिर से कतारबंदी की बातें सोचते रहे, और जापानियों के समर्पण के बाद उन्होंने सोवियत संघ से मदद पाने की बात भी सोची। जापानियों ने उनको मंचूरिया तक ले जाने की हामी भरी, जिसके बाद वे रूस में जा सकते थे। लेकिन रास्ते में ही, 18 अगस्त, 1945 को, ताइवान के ताइहोकू हवाई अड्डे पर एक हवाई दुर्घटना में उनकी मृत्यु हो गई। वैसे आज भी अनेक भारतीय नहीं मानते हैं कि उनकी मृत्यु हुई।[52]

अगर बर्मा की पोपा पहाड़ी में आखिरी साहसिक टकराव के बाद आज़ाद हिंद फ़ौज का सैन्य अभियान समाप्त हो गया, तो भारत में उसका राजनीतिक प्रभाव अभी तो सामने आने वाला था। समर्पण के बाद 20,000 आज़ाद हिंद फ़ौजियों से पूछताछ हुई और उनको वापस भारत लाया गया। जिनके बारे में ऐसा लगा कि उनको जापानी या आज़ाद हिंद फ़ौज के प्रचार ने भटकाया है–जिनको "सफ़ेद" और "भूरे" में वर्गीकृत किया गया–उनको या तो रिहा कर दिया गया या सेना में बहाल कर लिया गया। लेकिन उनमें कुछ तो ऐसे थे ही–जिनको सबसे प्रतिबद्ध माना गया और "काले" की श्रेणी में रखा गया–उनका कोर्ट मार्शल किया जाना था। उनपर मुकदमा न चलाना कमज़ोरी का सूचक

होता और "विश्वासघात" बरदाश्त करने पर भारतीय सेना की वफ़ादारी खतरे में पड़ जाती। इसलिए कुल मिलाकर दस मुकदमे चलाए गए। इनमें सबसे पहला और सबसे प्रसिद्ध मुकदमा दिल्ली के लाल किले में चलाया गया, जिसमें तीन अफ़सरों–प्रेमकुमार सहगल, गुरदयाल सिंह ढिल्लों और शाहनवाज़ खाँ–पर विश्वासघात, हत्या और हत्या के उकसावों के आरोप लगाए गए। यह मुकदमा सार्वजनिक रूप से चलाया गया, क्योंकि आशा थी कि इससे आज़ाद हिंद फ़ौज के इन लोगों ने जो भयानक कांड किए थे, वे सामने आते और सरकार आशा कर रही थी कि इस तरह जनमत उनके विरुद्ध हो जाएगा। लेकिन घटनाओं का चक्र जिस तरह आगे बढ़ा, उससे लगा कि आज़ाद हिंद फ़ौज के मुकदमों के बारे में सरकार की आशा बुरी तरह निराधार थी। चूँकि युद्ध के बाद प्रेस सेंसरशिप को हटा दिया गया था, इसलिए आज़ाद हिंद फ़ौज के अभियान के ब्यौरे प्रतिदिन भारतीय जनता के सामने आते रहे और ये अफ़सर किसी भी तरह गद्दार न लगकर उच्च कोटि के देशभक्त नज़र आने लगे। इसलिए मुकदमे बंद करने की माँग दिन-ब-दिन ज़ोर पकड़ती गई। कांग्रेसी नेता, जिनमें से अनेक तो भारत छोड़ो आंदोलन में लंबी कैद काटकर अभी-अभी बाहर आए थे, इस मुद्दे को शायद ही अनदेखा कर सकते थे, जो जनता की भावनाओं को गहराई तक छू रहा था। चुनाव पास थे और आज़ाद हिंद फ़ौज के मुकदमे एक शानदार मुद्दा बन सकते थे। सुभाषचंद्र बोस रहे होंगे विद्रोही नेता, जिन्होंने कांग्रेस नेतृत्व की सत्ता को और उसके सिद्धांतों को ललकारा था। लेकिन मरकर वे एक शहीद देशभक्त हो चुके थे, जिनकी यादें राजनीतिक लामबंदी के लिए एक आदर्श साधन हो सकती थीं। इसलिए सितंबर 1945 में ए. आई. सी. सी. की बैठक ने मुकदमे के अभियुक्तों के–"गुमराह देशभक्तों" के–बचाव का निर्णय किया और एक बचाव कमिटी के गठन की घोषणा की, जिसमें अपने समय के कुछ दिग्गज कानूनविद् शामिल थे, जैसे तेज़बहादुर सप्रू, भूलाभाई देसाई, आसफ़ अली और जवाहरलाल नेहरू भी, जिन्होंने लगभग चौथाई सदी के बाद वकीलों वाला चोगा दोबारा पहना। बाद के दिनों में जब चुनाव अभियान आरंभ हुआ, तो नेहरू और दूसरे कांग्रेसी नेताओं ने भारी भीड़ वाली अनेक जन-सभाओं को संबोधित किया। इनमें दो मुद्दे प्रमुखता से उभरकर सामने आए: एक तो सरकार की ज़्यादतियों और 1942 के शहीदों का था और दूसरा आज़ाद हिंद फ़ौज के मुकदमों का।[53]

इसके बावजूद सरकार अपने रवैये पर अड़ी रही। पहला मुकदमा 5 नवंबर को शुरू हुआ और दो माह तक चला और इस अवधि में, जैसे कि बाद में नेहरू के शब्द थे, भारत में एक "जन-उभार" फूट पड़ा। उन्होंने स्वीकार किया, "जनता के अनेक अलग-अलग हिस्सों द्वारा ऐसी एकजुट भावनाएँ भारतीय इतिहास में पहले कभी व्यक्त नहीं की गई थीं।"[54] इस जन-उभार के अनेक कारण थे। यह मुकदमा लाल किले में चला, जिसे अंग्रेज़ों के साम्राज्यिक प्रभुत्व का सबसे प्रामाणिक प्रतीक समझा जाता था, क्योंकि आखिरी मुगल बादशाह और 1857 के विद्रोह के सर्व-स्वीकृत नेता बहादुरशाह "ज़फ़र" पर 1858 में यहीं मुकदमा चलाया गया था। इसके अलावा, मुकदमा आगे बढ़ा

तो प्रेस में उसकी रिपोर्टें छपने लगीं, जिससे आज़ाद हिंद फ़ौजियों के बलिदानों के बारे में जागरूकता और बढ़ी और कुछ हद तक भावनाएँ भी और भड़कीं। कांग्रेस समाजवादी पार्टी, अकाली दल, यूनियनिस्ट पार्टी, जस्टिस पार्टी, राष्ट्रीय स्वयंसेवक संघ और हिंदू महासभा आदि सभी राजनीतिक पार्टियों ने, यहाँ तक कि मुस्लिम लीग ने भी, मुकदमे बंद किए जाने की माँग की। प्रदर्शनी में स्वतंत्र रूप से कुछ साम्यवादियों ने भी उत्साह से भाग लिया, जबकि उनकी पार्टी की प्रतिक्रिया ढुलमुल थी। फिर अजीब संयोग यह हुआ कि तीनों अभियुक्त तीन अलग-अलग धर्मों के थे: एक हिंदू, एक सिख और एक मुसलमान! इसलिए प्रदर्शनी में उल्लेखनीय सांप्रदायिक सद्भाव के चिह्न देखे गए। 5 से 11 नवंबर तक आज़ाद हिंद फ़ौज सप्ताह मनाया गया और देशभर के नगरों में 12 नवंबर को आज़ाद हिंद फ़ौज दिवस मनाया गया। जीवन के सभी क्षेत्रों के व्यक्तियों ने इस अभियान में भाग लिया, विरोध-सभाओं में शामिल हुए, आज़ाद हिंद फ़ौज राहत कोष में दान दिए, दुकानों और दूसरे व्यापारिक प्रतिष्ठानों को बंद रखा और कुछ जगहों पर तो दीवाली भी नहीं मनाई। आंदोलन की लहर ने दूर-दराज़ स्थित स्थानों को भी छुआ, जैसे कुर्ग, बलूचिस्तान और असम को।[55] 7 नवंबर को हिंसा भड़की जब मदुरै के एक विरोध-प्रदर्शन में शामिल भीड़ पर पुलिस ने गोलियाँ चलाईं। फिर 21 और 24 नवंबर के बीच देश के विभिन्न भागों में हंगामे हुए; इनकी शुरूआत बोस के अपने नगर कलकत्ता से हुई। यहाँ सबसे पहले तो अमेरिकी और अंग्रेज़ सैनिक प्रतिष्ठानों पर हमले हुए, लेकिन फिर इन हंगामों ने एक आम अंग्रेज़-विरोधी रंग पकड़ लिया, जब छात्र पुलिस से टकराए और बाद में उसमें हड़ताली टैक्सी चालक और ट्राम मज़दूर भी शामिल हो गए। उन्होंने अभूतपूर्व सांप्रदायिक सद्भाव का प्रदर्शन किया और प्रदर्शनकारियों ने कांग्रेस, लीग और कम्युनिस्ट पार्टी के झंडे एक साथ लहराए। व्यवस्था तीन दिन बाद ही बहाल हो सकी: 33 के मरने और 200 लोगों के घायल होने के बाद। कलकत्ता के उपद्रव के बाद जल्द ही बंबई, कराची, पटना, इलाहाबाद, बनारस, रावलपिंडी में और दूसरी जगहों पर, या दूसरे शब्दों में पूरे देश में, ऐसे ही प्रदर्शन हुए।[56]

सरकार का दृढ़ निश्चय अब हिल गया। मुकदमे में बचाव पक्ष ने तर्क दिया कि अपने देश की स्वतंत्रता के लिए लड़ने वाले लोगों पर गद्दारी का मुकदमा नहीं चलाया जा सकता। लेकिन उसके बाद भी उनके आरोपों के अनुसार उन्हें दोषी पाया गया, लेकिन कमांडर-इन-चीफ़ ने उनकी सज़ाएँ रद्द करके उनको 3 जनवरी, 1946 को मुक्त कर दिया। ये तीनों अफ़सर लाल किले से बाहर निकले तो दिल्ली और लाहौर की जनसभाओं में उनका स्वागत शूरवीरों की तरह किया गया, और यह सब अंग्रेज़ों पर नैतिक विजय का जश्न था। लेकिन बात यहीं पर खत्म नहीं हुई। 4 फ़रवरी को एक और मुकदमे में कप्तान अब्दुर्रशीद को, जिन्होंने कांग्रेस की बजाय मुस्लिम लीग की एक बचाव कमिटी को प्राथमिकता दी थी,[57] सात साल की कैद बा-मुशक्कत की सज़ा सुनाई गई। इसके कारण कलकत्ता में 11 और 13 फरवरी के बीच एक और तूफ़ान उठा; इस बार आह्वान तो मुस्लिम लीग की छात्र शाखा ने किया था, पर बाद में उसमें साम्यवादी नेतृत्व वाले

स्टूडेंट फ़ेडरेशन के सदस्य और औद्योगिक मज़दूर भी शामिल हो गए। प्रदर्शनों का सिलसिला एक बार फिर चला; कांग्रेस और लीग और कम्युनिस्टों के लाल झंडे एक बार फिर साथ-साथ लहराए और बड़ी-बड़ी सभाएँ हुईं, जिनको लीग, साम्यवादी और कांग्रेसी नेताओं ने संबोधित किया। नगर में एक आम अंग्रेज़ विरोधी भावना व्याप्त थी और जनजीवन को परिवहन की हड़तालों, औद्योगिक कार्रवाइयों और अंग्रेज़ फ़ौजी दस्तों के साथ सड़कों पर जमकर हो रही मुठभेड़ों ने ठप कर रखा था। इस बार भी तीन दिन के निर्मम दमन के बाद व्यवस्था बहाल हुई, जिसमें 84 मारे गए और 300 घायल हुए। एक इतिहासकार के अनुसार, जिसने एक छात्र नेता के रूप में इन प्रदर्शनों में भाग लिया था, स्थिति "क्रांति समान" लग रही थी। यह आग शीघ्र ही पूर्वी बंगाल में भी फैली और विद्रोह की भावना ने देश के दूसरे हिस्सों को भी प्रभावित किया, जब देश के लगभग सभी बड़े नगरों में सहानुभूतिपूर्ण विरोध प्रदर्शन और हड़तालों के आयोजन हुए।[58]

बहरहाल अंग्रेज़ 1945 के मध्य से ही भारत में एक उथल-पुथल की आशा करते आ रहे थे। लेकिन जिस बात ने उनको परेशान किया, वह सेना की वफ़ादारी पर आज़ाद हिंद फ़ौज के मुकदमों का प्रभाव थी, और भारत छोड़ो आंदोलन के बाद तो यह सेना ही उनके शासन का एकमात्र विश्वसनीय सहारा थी। कमांडर-इन-चीफ़ जनरल आउचिनलेक ने आज़ाद हिंद फ़ौज के तीन अफ़सरों की सज़ा रद्द कीं तो इसलिए कि, जैसा कि स्वयं उसने वरिष्ठ अंग्रेज़ अधिकारियों के सामने स्पष्ट किया था, "इन सज़ाओं को लागू करने की कोई भी कोशिश पूरे देश में अराजकता और संभवत: विद्रोह को भी जन्म देती, और सेना में असंतोष को भी, जिसके कारण उसका विघटन हो जाता।"[59] युद्ध के दौरान और बाद में सैन्यकर्मियों में बढ़ती राजनीतिक चेतना अधिकारियों के लिए पहले ही चिंता का विषय बनी हुई थी। उसमें और योगदान किया तो आज़ाद हिंद फ़ौज के मुकदमों ने और उसके सैनिकों के प्रति बढ़ती सहानुभूति ने, जिनको लगभग पूरे देश में "गद्दारों" की बजाय देशभक्त माना जा रहा था। विभिन्न केंद्रों में शाही भारतीय वायुसेना के सदस्यों और दूसरे सैन्यकर्मियों ने आज़ाद हिंद फ़ौज राहत कोष में खुलेआम दान दिए और कुछ अवसरों पर तो पूरी वर्दी पहनकर विरोध सभाओं में शामिल हुए। जनवरी 1946 में वायुसेना के लोग अपने विभिन्न कष्टों को लेकर हड़ताल में उतरे। लेकिन अंग्रेज़ी राज के लिए सचमुच गंभीर खतरा पैदा किया. फरवरी 1946 में शाही भारतीय नौसेना में हुए खुले विद्रोह ने।

इन सबका आरंभ बंबई में 18 फ़रवरी को हुआ, जब एच. एम. आई. एस. तलवार के नौसैनिकों ने खराब भोजन और नस्ली भेदभाव के विरुद्ध भूख हड़ताल शुरू कर दी। यह विद्रोह शीघ्र ही पूरे भारत के नौसैनिक अड्डों तक फैल गया और समुद्र में खड़े कुछ जहाज़ों तक भी; हमदर्दी में इन जगहों पर हड़तालें हुईं। हड़ताल जब अपने चरम अवस्था में पहुँची, उसमें 78 जहाज़, 20 तटीय प्रतिष्ठान और 20,000 नौसैनिक शामिल थे। सचमुच उल्लेखनीय बात थी नौसैनिकों और आम जनता के बीच भाईचारे की भावना, जो उन थोड़े-से दिनों में भारत के विभिन्न नगरों में देखी गई; यह एक ऐसी घटना थी,

जिसमें असीमित क्रांतिकारी क्षमता थी। सहानुभूति में 22 फ़रवरी को बंबई में हड़ताल हुई और वहाँ सार्वजनिक यातायात व्यवस्था चरमरा गई, सड़कों पर अवरोध खड़े किए गए, रेलगाड़ियाँ जलाई गईं, दुकानें और बैंक बंद किए गए और औद्योगिक मज़दूरों ने हड़ताल की। यहाँ भी नौसेना के विद्रोही जब तोड़फोड़ करते हुए शहर में घूम रहे थे, तो उन्होंने तीनों झंडे साथ-साथ लहराए। बंबई में शांति की स्थापना के लिए एक मराठा बटालियन बुलानी पड़ी। 25 फ़रवरी तक नगर फिर से शांत हो चुका था, पर तब तक 228 नागरिक मारे जा चुके थे और 1,046 घायल हो चुके थे। ऐसी ही हड़तालें 23 फ़रवरी को कराची और 25 को मद्रास में हुईं; इन दोनों शहरों में पुलिस की गोलाबारी में नौसैनिक और असैनिक, दोनों मरे। सहानुभूतिपूर्ण मगर कम हिंसक एकदिवसीय हड़तालों की खबरें तिरुचिरापल्ली और मदुरै से भी मिलीं; अहमदाबाद और कानपुर में मज़दूरों की हड़तालें हुईं। विभिन्न केंद्रों में शाही भारतीय वायुसेना और थलसेना के भी कुछ सैनिकों ने हड़तालें कीं।[60] दूसरे शब्दों में, सरकार के पास चिंतित होने के लिए पर्याप्त कारण मौजूद थे।

हालाँकि नौसेना का विद्रोह अल्पकालिक ही रहा, पर उसके नाटकीय मनोवैज्ञानिक प्रभाव पड़े। उससे भारतीय सेना में हालाँकि तुरंत कोई खुला विद्रोह तो नहीं हुआ, पर अब इसकी संभावना से कभी इनकार नहीं किया जा सकता था। बाद में एक सरकारी जाँच आयोग ने यह बात उजागर की कि "अधिकांश नौसैनिक राजनीतिक चेतना से संपन्न" थे और आज़ाद हिंद फ़ौज के प्रचार और आदर्शों से गहराई तक प्रभावित थे।[61] वायुसेना और थलसेना में सहानुभूतिपूर्ण हड़तालों ने भी बहुत स्पष्ट संकेत दिए कि भारतीय सेना अब पहले जैसी "दमन की धारदार तलवार" न थी, जिसका अंग्रेज़, 1942 जैसा जन-आंदोलन फिर से भड़कने पर, पहले की तरह इस्तेमाल कर सकें। इस जानकारी ने अंग्रेज़ों को सत्ता के हस्तांतरण के पक्ष में अपनी नीति बदलने पर कहाँ तक विवश किया, यह बात विवादास्पद है। कारण कि कांग्रेस, जो ऐसे किसी उभार को नेतृत्व दे सकने में समर्थ अकेला संगठन थी, 1945-46 की घटनाओं की उग्र और हिंसक संभावना में कोई रुचि नहीं रखती थी। उनके नेतृत्व की दृष्टि में आज़ाद हिंद फ़ौज के अफ़सर देशभक्त तो थे, पर "गुमराह" थे; जैसा कि कलकत्ता की एक सभा में सरदार पटेल ने घोषणा की कि, वे कांग्रेस में वापस तभी लिए जा सकते थे, जब वे "अपनी तलवारों को वापस म्यान" में रख दें।[62] जब नौसेना में विद्रोह हुआ तो विद्रोहियों से अरुणा आसफ़ अली जैसे समाजवादियों को सहानुभूति थी, पर गांधी ने हिंसा की निंदा की और पटेल ने नौसैनिकों को समर्पण के लिए तैयार कर लिया। पटेल के लिए प्राथमिकताएँ स्पष्ट थीं: "सेना के अनुशासन से छेड़छाड़ नहीं की जा सकती ... हमें स्वतंत्र भारत तक में सेना की आवश्यकता होगी।"[63] दूसरे शब्दों में, कांग्रेस के लिए संघर्ष के दिन अब समाप्त हो चुके थे; अब वह एक शासक दल के रूप में अपनी नई जीवनवृत्ति की ओर देख रही थी। कारण कि युद्ध के बाद हरेक के लिए यह बात स्पष्ट हो चुकी थी कि अंग्रेज़ देर-सवेर ही भारतवासियों को सत्ता सौंपना पसंद करेंगे। 1945 के अंत

में नेहरू जैसे नेता यह अनुमान लगा रहे थे कि "अंग्रेज़ दो से पाँच साल के अंदर भारत छोड़ देंगे।"[64] इसलिए सत्ता के शांतिपूर्ण हस्तांतरण की वार्ता चलाने का समय आ चुका था।

लेकिन 1945-46 में कांग्रेस अगर एक और लड़ाई मोल लेने के लिए तैयार न थी, तो साम्यवादी अवश्य तैयार थे। कलकत्ता और बंबई की शहरी उथल-पुथल में उन्होंने सक्रिय रूप से भाग लिया; यहाँ वे औद्योगिक मज़दूरों के बीच अपना एक ठोस आधार बना चुके थे। इतना ही नहीं, उन्होंने गरीब किसानों और बटाईदारों को साथ लेकर भारत के विभिन्न भागों में अब कुछ जुझारू किसान आंदोलन खड़े किए। मास्को में कम्युनिस्ट इंटरनेशनल की सातवीं कांग्रेस ने जब 1935 में भारत में संयुक्त मोर्चा की रणनीति के पक्ष में अपना मत दिया था, तभी से भारतीय कम्युनिस्ट कांग्रेस के माध्यम से काम करते आ रहे थे। बंगाल में "भूतपूर्व नज़रबंदों" ने, जो कभी हिंसात्मक गतिविधियों के लिए गिरफ़्तार किए गए थे, साम्यवादी प्रचार शुरू किया और बंगाल प्रांतीय किसान सभा पर कब्ज़ा करने की कोशिश की। उस संगठन के माध्यम से उन्होंने उत्तरी, पूर्वी और मध्य बंगाल में किसानों को उग्र खेतिहर मुद्दों पर लामबंद करने की कोशिश की, जो यूनियन बोर्डों द्वारा गाँवों की हाटों पर वसूल किए जाने वाले करों के सवाल पर, ज़मींदारों द्वारा लगाए गए गैर-कानूनी महसूलों (अबवाब) के सवाल पर, ज़मींदारी व्यवस्था के उन्मूलन और अंत में उपज के दो-तिहाई हिस्से की बटाईदारों की माँग पर विरोध कर रहे थे।[65] 1940 तक बंगाल प्रांतीय किसान सभा लगभग पूरी तरह साम्यवादियों के कब्ज़े में आ चुकी थी और इसकी सदस्यता तीन साल पहले के मात्र 11,000 से बढ़कर 34,000 हो चुकी थी। 1942 में कम्युनिस्ट पार्टी पर से प्रतिबंध हटा, तो साम्यवादी गतिविधियों और किसानों की लामबंदी में और भी तेज़ी आई। हालाँकि भारत छोड़ो आंदोलन ने अस्थायी रूप से उनकी हवा निकाल दी थी, पर लगता नहीं कि बंगाल प्रांतीय किसान सभा की लोकप्रियता प्रभावित हुई हो; मई 1943 तक उसमें 1,24,872 सदस्य हो गए।[66]

1943 के मध्य तक और उसके बाद भी साम्यवादियों की लोकप्रियता का एक कारण संभवतः उस साल बंगाल के विनाशकारी अकाल का प्रभाव था। अमर्त्य सेन "बंगाल के अकाल में मौतों की संख्या को लगभग 30 लाख बतलाने की ओर प्रवृत्त" दिखाई देते हैं।[67] पॉल ग्रीनफ़ ने इसे "35 और 38 लाख के बीच" बताया है,[68] जबकि टिम डाइसन और अरूप महारत्न के और भी हाल के अनुमान के अनुसार बंगाल के अकाल से मरने वालों की संख्या 21 लाख थी।[69] अगर हम सबसे अनुदार अनुमान को लें, तो भी यह अकाल इतना विनाशकारी था कि इस उपमहाद्वीप के इतिहास ने ऐसा विनाश पहले कभी नहीं देखा था। बंगाली जनमत इस बात पर सहमत था कि यह अकाल "मानव-निर्मित" है। कुछेक प्राकृतिक कारण अवश्य थे, जैसे मेदिनीपुर का विनाशकारी चक्रवात, पर अकाल केवल उन्हीं की पैदावार नहीं था। जैसा कि ग्रीनफ़ ने दिखाया है, बंगाल में चावल की प्रति व्यक्ति पात्रता (entitlement) एक लंबे अरसे से धीरे-धीरे

गिरती आ रही थी। 1943 में अनेक कारणों के चलते यह एक संकट की सीमा तक पहुँच चुकी थी, जैसे चावल की पहले से ही कमज़ोर विपणन व्यवस्था का चरमरा जाना, जो लंबे समय तक पूरी तरह निगरानी और नियंत्रण से मुक्त रही और इस तरह जमाखोरी और कालाबाज़ारी का बोलबाला हुआ। इसे बढ़ावा दिया सरकार की खरीद नीति ने, जो जीवन-निर्वाह की स्थानीय आवश्यकताओं पर सरकारी और सैन्य ज़रूरतों को प्राथमिकता देती थी, और बढ़ावा दिया "वंचित करो" की नीति जैसे युद्धकालीन दबावों ने, चटगाँव में बर्मा से आ रहे शरणार्थियों की भीड़ ने और बर्मा से आयातित चावल के अलोप ने। राहतकार्य बुरी तरह असफल रहे; जहाँ सरकार गाँवों की कीमत पर कलकत्ता को बचाने की कोशिश कर रही थी, वहीं मारवाड़ी राहत समिति और हिंदू महासभा की राहत समितियों ने केवल मध्यवर्गों तक अपने को सीमित रखा। किसानों के पास, जो अकाल से सबसे बुरी तरह प्रभावित हुए, कहीं कोई आसरा नहीं था। यह सच है कि चावल के आसमान छूते दामों ने, जो साधारण जनता की पहुँच से बाहर हो चुका था, खाद्यान्न की जो असाधारण दुर्लभता पैदा की, उसके कारण बंगाल में कोई अनाज दंगा नहीं हुआ। उसकी बजाय, जैसा कि ग्रीनफ़ का तर्क है, हिंसा "अंदर" और "नीचे" की ओर मुड़ गई तथा संरक्षण और निर्भरता के समान परंपरागत संबंधों को नष्ट करने लगी।[70]

खाद्य की स्थिति पर साम्यवादियों की प्रतिक्रिया उचित थी। बंगाल के विभिन्न भागों में सभाएँ करके उन्होंने सरकार की खाद्य नीति की आलोचना की तथा बंगाल प्रांतीय किसान सभा और महिला समितियों के माध्यम से प्रेसीडेंसी और राजशाही डिवीजन के, अर्थात् उत्तरी और मध्य बंगाल के, गाँवों में व्यापक राहतकार्य चलाए, जहाँ गरीब किसानों और बटाईदारों में वे तुरंत लोकप्रिय हो गए। 1943 में बंगाल प्रांतीय किसान सभा की सदस्यता 83,160 तक जा पहुँची, जो देश की सभी प्रांतीय किसान सभाओं में सबसे अधिक थी।[71] हालाँकि वे इस चरण में जनयुद्ध की रणनीति के अंतर्गत, एक नरम नीति को प्राथमिकता दे रहे थे, पर फिर भी गरीब किसानों की भागीदारी ने प्रायः किसान सभा का टकराव ज़मींदारों, अनाज के थोक विक्रेताओं और दूसरे निहित स्वार्थों से कराया। इसके कारण उपज में परंपरागत आधे की जगह दो-तिहाई भाग के लिए बटाईदारों की पुरानी माँग के आधार पर तेभागा आंदोलन के लिए धीरे-धीरे परिस्थिति तैयार हुई। युद्ध के अंत के बाद, बढ़ते जन-असंतोष के बीच, कम्युनिस्ट पार्टी भी अपना रुख बदलने लगी और उसने एक अधिक जुझारू रूप अपना लिया। 5 अगस्त, 1946 को पारित एक प्रस्ताव में उसने घोषणा की कि "भारत का स्वतंत्रता आंदोलन अंतिम चरण में प्रवेश कर चुका है।" इसलिए आवश्यकता है तो "जनता के लिए समस्त सत्ता" सुनिश्चित करने वाली एक "राष्ट्रीय जनवादी क्रांति" को संपन्न करने के लिए "सभी देशभक्त दलों के एक संयुक्त मोर्चे" की।[72] इसी पृष्ठभूमि में सितंबर 1946 में बंगाल प्रांतीय किसान सभा ने तेभागा आंदोलन शुरू करने का निर्णय किया, जो जल्द ही एक बड़े क्षेत्र में फैल गया। किसान धान काटकर अपने **खमार** (खलिहान) तक ले जाने लगे और फिर ज़मींदारों को बुलाने लगे कि आकर अपना एक-तिहाई हिस्सा ले जाएँ। बटाईदारों के

इस आंदोलन से हालाँकि उत्तरी बंगाल के ज़िले सबसे बुरी तरह प्रभावित हुए पर, जैसा कि एड्रीन कूपर ने दिखाया है, आम धारणा के विपरीत तेभागा आंदोलन ने एक अधिक व्यापक क्षेत्र को भी प्रभावित किया तथा पूर्वी, मध्य और पश्चिमी बंगाल के लगभग हर ज़िले को समेटा। यहाँ किसानों ने अपने **तेभागा** इलाके (मुक्त अंचल) बना लिए, जहाँ उन्होंने वैकल्पिक प्रशासन और मध्यस्थता के न्यायालय स्थापित किए। तब बंगाल में सत्ताधारी मुस्लिम लीग सरकार ने प्रतिक्रियास्वरूप जनवरी 1947 में एक बरगादार विधेयक लाने का प्रस्ताव किया, जिसमें लगता था कि बरगादारों (बटाईदारों) की माँग मान ली जाएगी, पर मुस्लिम लीग के अंदरूनी विरोध और कांग्रेस के विरोध के कारण इसका इरादा जल्द ही छोड़ दिया गया। फ़रवरी के बाद आंदोलन तेज़ी से फैलने लगा और सरकार की उसपर उग्र प्रतिक्रिया रही। किसानों ने पुलिस दमन का बहादुरी से सामना और ज़मींदारों के लठैतों का मुकाबला किया, पर जल्द ही यह लड़ाई इतनी असमान हो गई कि बंगाल प्रांतीय किसान सभा ने पीछे हटने का फ़ैसला किया, हालाँकि कुछ इलाकों में किसानों ने अपने नेताओं के बिना भी लड़ाई जारी रखने का फ़ैसला किया।[73]

इस किसान आंदोलन में पहले के किसान आंदोलन की कुछ विशेषताएँ देखी जा सकती हैं, जैसे सामुदायिक संबंधों की शक्ति (अध्याय 3.2 तथा अध्याय 4.2 में इसकी चर्चा की जा चुकी है)। ये बटाईदार मुख्यत: आदिवासी और दलित समुदायों के थे, जैसे राजबंसी और नामशूद्र समुदायों के, और किसान सभा ने अपना संगठन ऐसे ही सामुदायिक ढाँचों पर खड़ा किया था।[74] लेकिन सुगत बोस ने उपनिवेश के अंत-काल के इस आंदोलन को आर्थिक वर्गीय चेतना से, वैयक्तिक अधिकारों संबंधी सरोकारों से और आर्थिक मुद्दों की प्रभुता से लैस पाया है, जो अकसर पुरानी सामुदायिक वफ़ादारियों को पलीता लगा देते थे; उदाहरण के लिए, राजबंसी और मुसलमान बटाईदार अकसर राजबंसी और मुस्लिम जोतदारों पर भी हमले करने से झिझकते नहीं थे।[75] लेकिन यह कोई क्रांतिकारी आंदोलन भी नहीं था, जो जोतनेवालों के लिए ज़मीन के दावे करता, जो किसानों के विभिन्न वर्गों के एक नाजुक गठबंधन को कायम रखनेवाला एक दूर का लक्ष्य ही बना रहा। यह एक आंशिक आंदोलन था, जो बटाईदारों की माँग को प्रमुखता देता था। इसलिए इसमें बड़ी संख्या में बटाईदारों और गरीब किसानों ने ही भाग लिया; मंझोले किसान इसे समर्थन दे रहे थे और उन्होंने कभी-कभी इसका नेतृत्व भी किया। बंगाल कृषि संबंधों पर इसका दूरगामी प्रभाव पड़ा। लेकिन सबसे बड़ी बात यह थी कि उसने यह दिखा दिया कि सांप्रदायिक दंगों के कारण पहले से ही दूषित एक राजनीतिक वातावरण में भी किसान धर्म की खाई को फाँदकर हाथ मिलाने में समर्थ थे।[76] मगर यह बात भी सही है कि दूसरे अवसरों पर इन्हीं किसानों ने सांप्रदायिक दंगों में भाग लिए। इस तरह वर्ग और समुदाय किसानों की चेतना और पहचान में इतने अधिक गुँथे हुए थे कि विश्लेषण के स्तर पर एक को दूसरे से अलग करना कठिन है। निरंतरता के ऐसे तत्त्व इस बात का संकेत देते हैं कि किसानों के ये प्रत्युत्तर उपनिवेशकालीन

कृषक इतिहास में किसी गंभीर मोड़ के सूचक होने से अधिक सामयिक थे और उनकी त्वरित शिकायतों, वैचारिक मध्यस्थता और ऐतिहासिक वातावरण से अधिक प्रेरित थे। यह एक ऐसा प्रकार है जिसे हम साम्यवादी नेतृत्व वाले दूसरे किसान आंदोलनों में भी देखेंगे।

पश्चिमी भारत में महाराष्ट्र किसान सभा ने ठाणे ज़िले के अंबरगाँव और दहानू तालुकों के वर्ली आदिवासी खेत मज़दूरों के मुद्दे को उठाया। उनकी मुख्य शिकायत जिन दिनों युद्ध के कारण रोज़मर्रा की ज़रूरतों की वस्तुओं के दाम बढ़ रहे थे व उन दिनों भी भूस्वामियों और सूदखोरों के लिए किए जाने वाले बेगार (वेट्ट) के विरुद्ध थी। 1944 में अंबरगाँव के वर्ली आदिवासियों ने घास काटने और पेड़ गिराने जैसे खेतिहर कामों के लिए प्रतिदिन 12 आने (1 रुपया=16 आने) की न्यूनतम मज़दूरी की माँग को लेकर एक असफल हड़ताल की थी। हड़ताल तो असफल रही, पर उसके बाद किसान सभा ने वर्लियों को संगठित करना शुरू कर दिया और मई 1945 में एक सम्मेलन में उसने बेगार के खात्मे और 12 आने की दैनिक मज़दूरी के सवाल पर एक अधिक लंबा आंदोलन चलाने का फ़ैसला किया। यह आंदोलन अंबरगाँव तालुका में तेज़ी से फैला, जहाँ बेगार बंद हो गया और बंधुआ मज़दूर स्वतंत्र करा दिए गए, और उसके बाद यह पास के दहानू तालुका में फैला, जहाँ ऐसे ही परिणाम निकले। अक्तूबर में जब घास-कटाई का मौसम आया तो आंदोलन का दूसरा चरण शुरू हुआ, जब किसान सभा ने पाँच सौ पाउंड घास की कटाई के लिए न्यूनतम दो से आठ रुपए की मज़दूरी की माँग पर एक हड़ताल का आह्वान किया। भूस्वामियों ने धमकियों, अदालती मुकदमों और ज़िला प्रशासन से मदद की अपीलों के रूप में जवाब दिया। 11 अक्तूबर की एक घटना में जब पुलिस ने एक शांतिपूर्ण सभा पर गोली चलाई, तो उस लाल झंडे को ऊँचा रखते हुए पाँच वर्ली जान से हाथ धो बैठे, जो अब उनकी एकता का प्रतीक और उनकी मुक्ति का चिह्न बन चुका था। हड़ताल लगभग सफल रही और सभी तो नहीं, परंतु अधिकांश ज़मींदारों को हड़ताल ने उनकी माँगें मानने के लिए मज़बूर कर दिया। अक्तूबर 1946 में आंदोलन फिर शुरू हुआ, इस बार जंगलाती कामों के लिए प्रतिदिन सवा रुपए की न्यूनतम मज़दूरी की एक अतिरिक्त माँग की गई थी, जिसे देने के लिए इमारती लकड़ी की कंपनियाँ तैयार न थीं। यह लगभग पूरी तरह शांतिपूर्ण हड़ताल एक माह से अधिक जारी रही और आखिरकार 10 नवंबर को किसान सभा से एक समझौता करके टिंबर मर्चेंट्स एसोसिएशन न्यूनतम मज़दूरी देने पर तैयार हो गया।[77] इस तरह आंदोलन का समापन वर्ली आदिवासियों की भारी जीत के साथ हुआ, जिनको विशेष आर्थिक कष्टों के आधार पर किसान सभा ने लामबंद कर रखा था। पर इसका अर्थ यह नहीं था कि उनकी सामुदायिक पहचान की कुछ कम भूमिका रही। वैसे लाल झंडा अब एक जादुई महत्त्व प्राप्त करके उनकी कबीलाई एकजुटता का एक नया चिह्न बन चुका था।

दक्षिण में 1940 के दशक के आरंभ में ही साम्यवादी उत्तरी मलाबार के गाँवों में उन दिनों अपने पैर जमा चुके थे और किसान संगठनों पर अपना निर्विवाद प्रभुत्व स्थापित

कर चुके थे, जब यह इलाका खाद्यान्नों की भारी कमी और लगभग अकाल जैसी दशाओं से त्रस्त था। जनयुद्ध के दौर में उन्होंने एक नरम रवैया अपनाया, खेतिहर संबंधों को नए सिरे से तय करने की कोशिश की और वह चीज़ तैयार करने की कोशिश की, जिसे दिलीप मेनन ने "ज़मींदारों और खेतिहरों का एक हवाई समुदाय" कहा है।[78] लेकिन युद्ध के बाद के तनाव और दुर्लभता के संदर्भ में यह नाज़ुक समझौता 1946 में भंग हो गया, जब ज़मींदारों ने अनाज रूप में लगान की वसूली, लगान न दे सकने वाले किसानों की बेदखली और परती ज़मीनों और जंगलों पर अपने अधिकारों के दावे के लिए एक अधिक हमलावर रुख अपनाया।[78] इस चरण में केरल की कम्युनिस्ट पार्टी ने भी किसानों के पक्ष में एक अधिक जुझारू लाइन अपनाने की अनुमति दे दी। यह आंदोलन बंगाल जितना हिंसक कभी नहीं रहा, लेकिन 1946–47 के पूरे काल में किसान स्वयंसेवकों ने ज़मींदारों और मलाबार स्पेशल पुलिस का मुकाबला दुर्लभता के काल में लगानों की वसूली रुकवाने के, अधिक मुनाफ़े के लिए खुले बाज़ार में चावल की बिक्री रुकवाने के और परती ज़मीनों को खेती के अंतर्गत लाने के उद्देश्य से किया।[79]

साम्यवादियों के नेतृत्व में सबसे हिंसक जनविद्रोह और भी दक्षिण में स्थित रजवाड़ा त्रावणकोर में, औद्योगिक नगर अलेप्पी के पास पुन्नप्रा-वायलर में, अक्तूबर 1946 में फूटा। यहाँ पहले विश्वयुद्ध के बाद नारियल रेशा उद्योग के विकास के कारण एक बड़ा मज़दूर वर्ग अस्तित्व में आया और 1940 के दशक के मध्य तक साम्यवादी नेतृत्व में वह यूनियन में संगठित हो चुका था। रजवाड़े की सरकार ने अंग्रेज़ों की आसन्न वापसी को देखते हुए 1946 में एक अलोकतांत्रिक संविधान थोपकर त्रावणकोर को स्वाधीन जताने की कोशिशें शुरू कर दीं; यह संविधान कथित रूप से "अमेरिकी मॉडल" पर आधारित था। जहाँ स्थानीय कांग्रेस दीवान के प्रति नर्म दिखाई देती थी, वहीं कम्युनिस्ट पार्टी ने इसे एक मुद्दा बनाने का फ़ैसला किया। चूँकि इस स्थिति के साथ ही अनाजों की दुर्लभता भी सामने आई और नारियल रेशा उद्योग में तालाबंदी हो गई, इसलिए मज़दूर हताश थे, और खेत मज़दूरों, मल्लाहों, मछुआरों और दूसरे विभिन्न निम्न व्यावसायिक समूहों ने उनका साथ दिया। 24 अक्तूबर को उन्होंने पुन्नप्रा में एक पुलिस चौकी पर हमला किया जब तीन पुलिसवाले मारे गए, और उसके बाद हिंसा तेज़ी के साथ दूसरे क्षेत्रों में फैल गई। सरकार ने अगले दिन जवाबी कार्रवाई की, और सेना ने हमले करके वायलार के एक शिविर में 150 और मेनेसरी में 120 साम्यवादी स्वयंसेवकों को मार डाला। फिर आंदोलन तेज़ी से समाप्त हो गया, क्योंकि साम्यवादी नेतृत्व भूमिगत हो गया और दमन शुरू हो गया। रॉबिन जेफ्री का तर्क है कि "इस विद्रोह का सामुदायिक या जातिगत मुद्दों से कुछ भी लेना-देना नहीं था" और यह एक "संगठित और अनुशासित मज़दूर वर्ग की पैदावार" था। लेकिन यह सच्चाई अपनी जगह कायम रहती है कि लगभग 80 प्रतिशत प्रशिक्षित भागीदार निम्न स्तर की, मगर सामाजिक स्तर पर संगठित, एझवा जाति के थे और इस बात ने विद्रोहियों में निश्चित ही एकजुटता पैदा की।[80]

साम्यवादी नेतृत्व में सबसे लंबा और सबसे अतिवादी किसान आंदोलन 1946 के मध्य के बाद दक्षिण के एक और रजवाड़े हैदराबाद में शुरू हुआ। यहाँ निज़ाम के निरंकुश शासन के तहत खेतिहर संबंध, डी. एन. धनगरे के शब्दों में, "मध्यकालीन, सामंती इतिहास के एक पन्ने" से मेल रखता है, जिसमें ग्रामीण समाज पर जागीरदारों, **पट्टेदारों** (भूस्वामियों), **देशमुखों** और **देशपांडेयों** (मालगुज़ारी के अमीनों) का पूरा-पूरा वर्चस्व था।[81] इसके अलावा, कृषि के व्यवसायीकरण और नकदी फसलों के प्रचलन के कारण साहूकारों (सूदखोरों) का दौर आया, ज़मीनों का स्वत्वहरण बढ़ा और खेत मज़दूरों की संख्या बढ़ी। खासकर 1940 के दशक के दौरान मंदी के दौर से ही गिरते दामों की गिरावट जारी रहने के कारण छोटे भूस्वामी पट्टेदार और धनी किसान भी प्रभावित हुए, जबकि गरीब किसान बेगार (**वेट्टी**) की दमनकारी प्रथा और युद्ध-पश्चात काल की अनाजों की दुर्लभता से त्रस्त थे। इससे एक हथियारबंद किसान विद्रोह का आधार तैयार हुआ; यह विद्रोह तेलंगाना में, अर्थात् हैदराबाद के आठ तेलुगूभाषी ज़िलों में चला और पास में ब्रिटिश अधिकार-क्षेत्र की मद्रास प्रेसीडेंसी का आंध्र डेल्टा इसके लिए एक सुरक्षित आधार का काम कर रहा था। यहाँ साम्यवादियों ने 1930 के दशक के मध्य से ही, तेलंगाना में आंध्र कॉन्फ्रेंस और डेल्टा क्षेत्र में आंध्र महासभा जैसे मोर्चा संगठनों के माध्यम से किसानों को लामबंद करना शुरू कर दिया था। आंदोलन का आरंभ जुलाई 1946 में नालगोंडा ज़िले में, एक बदनाम ज़मींदार पर हमले के साथ शुरू हुआ और महीने भर के अंदर नालगोंडा, वारंगल और खम्मम ज़िलों के एक व्यापक क्षेत्र में फैल गया। इस आंदोलन की अनेक माँगें थीं, क्योंकि उनका उद्देश्य कम्युनिस्ट नेतृत्व के छोटे कम्मा और रेड्डी पट्टेदार और धनी किसान नेतृत्व तथा गरीब, अछूत माला, माडिगा और आदिवासी किसानों व भूमिहीन मज़दूरों के बीच एकवर्गीय गठबंधन तैयार करना था, जो आंदोलन में धीरे-धीरे खिंचते आ रहे थे। इन माँगों में मज़दूरी में वृद्धि, वेट्टी के उन्मूलन, गैर-कानूनी वसूलियों पर प्रतिबंध, बेदखलियों पर प्रतिबंध, और हाल में आरोपित अनाज लेवी का खात्मा जैसी माँगें शामिल थीं। लेकिन इस आरंभिक चरण में आंदोलन कम संगठित और अधिक "ऐंठनदार" प्रकृति का था।[82]

जुलाई 1947 में निज़ाम ने घोषणा की कि अंग्रेज़ों के जाने के बाद हैदराबाद स्वतंत्र रहेगा और भारतीय संघ में शामिल नहीं होगा। इसका अर्थ सड़े-गले मध्यकालीन शासन का जारी रहना था। इसलिए स्थानीय कांग्रेस ने एक सत्याग्रह के आरंभ का निर्णय किया और मतभेदों के बावजूद साम्यवादी उसमें शामिल होकर रजवाड़े के विभिन्न भागों में राष्ट्रीय ध्वज लहराते रहे। लेकिन यह गठबंधन जल्द ही भंग हो गया, क्योंकि आंदोलन किसी दिशा में बढ़ नहीं रहा था, जबकि अल्पसंख्यक मुस्लिम कुलीनों के संगठन मजलिस इत्तेहादुल-मुसलमीन ने अब रज़ाकारों के अपने हथियारबंद दस्ते बना लिए और उन्होंने निज़ाम के समर्थन से तेलंगाना के गाँवों में आतंक-राज कायम कर दिया। दमन का सामना करने के लिए अब साम्यवादी नेतृत्व में किसान अपने स्वयंसेवक छापामार दस्ते (**दलम्**) बनाने लगे, बड़े ज़मींदारों की परती और फालतू ज़मीनों पर कब्ज़ा करके

उनका पुनर्वितरण करने लगे, और उन्होंने मुक्त समझे जा रहे अंचलों में ग्राम पंचायतें या "सोवियतें" बना लीं। 13 दिसंबर, 1948 को भारतीय सेना जब हैदराबाद में घुसी, तो उसका उद्देश्य निज़ाम के स्वतंत्रता के सपने को चूर करना था, और उसकी सेना, पुलिस तथा रज़ाकार दस्तों ने तुरंत समर्पण कर दिया। पर यह तेलंगाना के विद्रोह का अंत नहीं था, जो अब अपने दूसरे चरण में प्रवेश कर गया था। कारण कि कुछ अंदरूनी विरोध के बावजूद कम्युनिस्ट पार्टी ने संघर्ष को जारी रखने का फैसला किया और उसे भारत में जनता की जनवादी क्रांति का आरंभ कहा जाने लगा। भारतीय सेना ने कम्युनिस्ट छापामारों के विरुद्ध भी अपनी "पुलिस कार्रवाई" शुरू की और यह असमान संघर्ष अक्तूबर 1951 में आंदोलन की औपचारिक वापसी तक चला।[83]

उपनिवेशी भारत के इतिहास में तेलंगाना आंदोलन संभवतः सबसे व्यापक, सबसे तीव्र और सबसे संगठित किसान आंदोलन था। एक अनुमान के अनुसार इस आंदोलन में "लगभग 16,000 वर्गमील क्षेत्रफल में मोटे तौर पर 30 लाख आबादी वाले लगभग 3,000 गाँवों" के किसान शामिल थे। उसने ग्रामीण दलों के लगभग 10,000 सदस्यों को लामबंद किया, लगभग 2,000 छापामार दस्ते बनाए और लगभग दस लाख एकड़ ज़मीन का पुनर्वितरण किया। लगभग 4,000 कम्युनिस्ट कार्यकर्ता या किसान स्वयंसेवक मारे गए, जबकि लगभग 10,000 कैद किए गए तथा और भी कई हज़ार लोगों को परेशान किया गया या यातनाएँ दी गईं।[84] उसका पैमाना ही यह बात स्पष्ट कर देता है कि इन आँकड़ों से जितने का संकेत मिलता है, आंदोलन में उससे अधिक जटिलताएँ थीं। धनगरे ने दिखाया है कि यह आंदोलन बहुत व्यापक वर्गीय और सामुदायिक संगठनों पर आधारित था, जो अकसर कमज़ोर साबित होते थे। ज़मीनों पर कब्ज़े के आरंभ के बाद वर्गीय गठबंधन चरमराने लगा और ज़मीनों की हदबंदी का सवाल धनी किसानों के पक्ष में तय किया गया।[85] ज़मीनों पर कब्ज़े के बारे में भी अमीनों को फालतू ज़मीनों से अधिक उत्साह शामिलाती ज़मीनों, परती ज़मीनों और जंगलों पर कब्ज़े को लेकर था। हालाँकि भागीदारों में एक अच्छा-खासा भाग दलित समुदायों का था, पर जैसा कि गेल ओंवेट का दावा है, उनकी मुख्यतः "एक गौण भूमिका" रही, क्योंकि कम्युनिस्ट नेतृत्व लगभग जानबूझकर जातिगत दमन और छुआछूत के मुद्दों को अनदेखा करता रहा।[86]

साम्यवादियों और किसान सभाओं द्वारा संगठित इन सभी किसान आंदोलनों में किसानों की स्वतंत्र पहल के साक्ष्य मिलते हैं; या तो मध्यवर्गीय नेताओं के आने से पहले कार्रवाइयाँ करने में या इन नेताओं के सावधानी संबंधी निर्देशों का उल्लंघन करने में।[87] इसलिए इन टकरावों से संकेत मिलता है कि युद्ध के बाद भारत में किसानों के लगभग सभी वर्गों में व्यापक जन-असंतोष था, जिसे कुछ विशेष क्षेत्रों में ही सही, कम्युनिस्ट पार्टी ने दिशा देने का निर्णय किया। और अगर किसान बेचैन थे, तो मज़दूर वर्ग भी मुद्रास्फीति और युद्ध के बाद की छँटनी के कारण असंतुष्ट हो चुका था। भारतीय उद्योगों में हड़तालों की लहर 1946 में अपने चरम पर पहुँची, जब एक करोड़ बीस लाख से अधिक कार्य-दिवसों की हानि हुई और यह आँकड़ा पिछले साल के आँकड़े के तीन

गुन से अधिक था। उद्योगों के अलावा मज़दूरों ने डाक-तार विभाग, दक्षिण भारतीय रेलवे और पश्चिमोत्तर रेलवे में भी हड़तालें कीं।[88] लेकिन बेचैनी के इस आम माहौल ने किसी राष्ट्रव्यापी जन-आंदोलन को जन्म नहीं दिया। पर इसका यह अर्थ नहीं कि विद्रोह के ये सभी उदाहरण निरर्थक थे या कि हज़ारों लोगों की कुरबानी बेकार गई। युद्ध के बाद यह बात स्पष्ट हो गई कि अंग्रेज़ भारत से अब जाने ही वाले हैं। लेकिन कोई यह तर्क भी दे सकता है कि वह फ़ैसला एक बड़ी हद तक इस विक्षोभ के वातावरण से प्रेरित था। यह बात अब अधिकाधिक महसूस की जा रही थी कि अंग्रेज़ों के लिए एक जन-विद्रोह से निबटना या ताकत के बल पर साम्राज्य से चिपके रहना अब अधिक कठिन होगा, क्योंकि असंतोष अब सेनाओं में भी पनपने लगा था। इसलिए सत्ता के सुव्यवस्थित हस्तांतरण की बात चलाने की इच्छा अब बढ़ी, ताकि भारत कम से कम राष्ट्रमंडल में बना रहे तथा ब्रिटेन के आर्थिक और राजनीतिक हित सुरक्षित रहें। अब हम इसी विषय की ओर आएँगे।

## 8.3 विभाजन के साथ स्वतंत्रता की दिशा में

जैसा कि हावर्ड ब्रैस्टेड और कार्ल ब्रिज का कथन है, भारत में वि-उपनिवेशीकरण (decolonisation) के इतिहासकार इस सवाल पर बँटे हुए हैं कि क्या भारतवासियों ने स्वतंत्रता लड़कर जीती या अंग्रेज़ों ने "सकारात्मक राजनय के एक कृत्य के रूप में" स्वेच्छा से सत्ता उन्हें सौप दी।[89] इसमें शक नहीं कि देश छोड़ने का अंग्रेज़ों का निर्णय 1940 के दशक के दौरान भारत पर शासन की असंभाव्यता पर आधारित था। यह तर्क दे सकना कठिन है कि सत्ता के हस्तांतरण की एक सुसंगत नीति थी, जो भारत को अगस्त 1947 में स्वशासन के हस्तांतरण के साथ अपने तार्किक परिणति पर पहुँची। हम पहले ही (अध्याय 6 में) देख चुके हैं कि 1919 और 1935 की संवैधानिक व्यवस्थाओं का उद्देश्य भारतवासियों को अपने जीवन के स्वामी बनाने की बजाय केंद्र सरकार पर नियंत्रण मज़बूत करके भारतीय साम्राज्य पर अंग्रेज़ों के वर्चस्व को सुरक्षित करना था। 1950 के दशक के दौरान अंग्रेज़ों के विदेश कार्यालय और उपनिवेश कार्यालय एशिया और अफ्रीका में राष्ट्रवाद के हाल के उभार के मुकाबले अपने आर्थिक और राजनीतिक हितों की सुरक्षा करने के तौर-तरीकों पर विचार कर रहे थे। लेकिन यह दुखद तथ्य भी स्वीकार किया जा रहा था कि राजनीतिक प्रतिरोध की बढ़ती लहर को देखते हुए उस संवैधानिक प्रक्रिया को पलटना असंभव होगा, जो निश्चित तौर पर साम्राज्य के अंत की ओर ले जा रही थी।[90] इसलिए ऐसा संभव नहीं लगता कि अंग्रेज़ों ने वि-उपनिवेशीकरण की एक सुविचारित नीति के तहत 1947 में स्वेच्छा से भारत को छोड़ा या यह कि स्वतंत्रता भारतवासियों को उनका "उपहार" थी।

दूसरा विश्वयुद्ध जब शुरू हुआ तो मध्य-पूर्व और दक्षिण-पूर्व एशिया में ब्रिटिश साम्राज्य की रक्षा के लिए भारत को सबसे महत्त्वपूर्ण राजनीतिक स्थल समझा जाने लगा था। इसलिए उन दिनों लंदन की प्रमुख चिंता भारत के खेतिहर, औद्योगिक और मानव

संसाधनों को युद्ध-प्रयासों के लिए लामबंद करना और इस कारण से भारत के मामलों पर एक मज़बूत पकड़ बनाए रखना था, न कि ऐसी कोई बात मानना जो अंग्रेज़ों की कमज़ोरी का सूचक हो। यूरोप के मोर्चे पर जर्मनों की तीव्र प्रगति ने युद्ध-प्रयासों में भारत के सहयोग को और भी महत्त्वपूर्ण बना दिया। लेकिन दूसरी ओर, मई 1940 में, विंस्टन चर्चिल एक युद्धकालीन गठबंधन सरकार का प्रधानमंत्री बना और वह साम्राज्य का पक्का समर्थक था। इस काल में, जैसा कि आर. जे. मूर का तर्क है, भारत के प्रति अंग्रेज़ों की नीति दो ध्रुवों के बीच फँसी हुई थी: "चर्चिल की नकारात्मकता और क्रिप्स की रचनात्मकता" के बीच।[91] चर्चिल उस रूढ़िवादी सुधारक के परिप्रेक्ष्य का प्रतिनिधि था, जो भविष्य में किसी समय भारत को स्वशासन देने की आवश्यकता को स्वीकार करता था, पर उसे जहाँ तक संभव हो, टालना बेहतर समझता था।[92] दूसरी ओर सर स्टैफ़र्ड क्रिप्स युद्धकालीन गठबंधन मंत्रिमंडल में लेबर पार्टी का प्रतिनिधि था, जो लंबे समय से भारतीय स्वतंत्रता के लिए प्रतिबद्ध थी। 1938 में लंदन में नेहरू के साथ एक मुलाकात में उसने और क्लेमंट एटली ने सार्वभौम वयस्क मताधिकार के आधार पर भारत की एक निर्वाचित संविधान सभा पर अपनी सहमति दी थी, जो अपना संविधान स्वयं तैयार करे।[93] लेकिन 1940 में जब भारतीय जनमत को कुछ ठोस संवैधानिक रियायतें देने का समय आया, तो चर्चिल का ज़ोर चला और उसने घोषणा के अंतिम प्रारूप को इस तरह बदल दिया कि सभी प्रमुख रियायतें जाती रहीं।[94] इसलिए हैरानी नहीं कि वायसरॉय लिनलिथगो की 1940 की "अगस्त पेशकश" कांग्रेस को संतुष्ट न कर सकी।

अपने लेबर पार्टी के सहकर्मियों के अलावा चर्चिल की दूसरी समस्याएँ भी थीं, क्योंकि उसके कुछ सहयोगी साम्राज्य के विचार को पसंद नहीं करते थे। खास तौर पर विरोधी था अमेरिकी जनमत, और उसे आसानी से अनदेखा नहीं किया जा सकता था, क्योंकि कर्ज़-पट्टा कानून (Lend-Lease Act) के समय से ही ब्रिटेन युद्ध के संचालन के लिए अमेरिका पर अंततः बहुत अधिक निर्भर हो चुका था। इसी कारण फ्रैंकलिन रुज़वेल्ट ने अंततः उससे अगस्त 1941 में अटलांटिक घोषणा (चार्टर) पर हस्ताक्षर करा ही लिया, जो दुनिया के सभी जनगणों के लिए आत्मनिर्भरता के अधिकार को स्वीकार करती थी। पर उसकी अनेक व्याख्याएँ संभव थीं और चर्चिल की रूढ़िवादी व्याख्या के अनुसार वह उपनिवेशों की प्रजा पर नहीं, केवल नाज़ी जर्मनी द्वारा अधीन बनाए गए यूरोपीय जनगणों पर ही लागू होती थीं। कुछ माह बाद उसने दंभ के साथ घोषणा की कि वह ब्रिटिश साम्राज्य के विघटन की अध्यक्षता के लिए महामहिम का मुख्यमंत्री नहीं बना था।[95]

दक्षिण-पूर्व एशिया में जापानी सेना की तीव्र प्रगति ने अंग्रेज़ों की प्रतिष्ठा को चूर कर दिया और उनके आत्मविश्वास को चरमराकर रख दिया। भारतीय सहयोग अब और भी तात्कालिक आवश्यकता बन गया तथा रुज़वेल्ट और च्यांग काई शेक जैसे सहयोगी चाहते थे कि भारतीय समस्या प्राथमिकता के आधार पर हल की जाए। इसलिए

मंत्रिमंडल के लेबर सदस्यों का बल इस बात पर था कि उनके 1938 के समझौते के अनुरूप भारत के बारे में कुछ किया जाए। तय हुआ कि क्रिप्स को भारत जाकर राजनीतिक दलों से एक घोषणा पर वार्ता करनी होगी, जो पीछे की अगस्त पेशकश से बहुत कुछ मेल खाती थी। क्रिप्स मिशन ने, जो मार्च-अप्रैल 1942 में भारत में आया था, युद्ध के बाद भारत के लिए आत्म-निर्णय का वादा किया; उसके बाद भारत चाहता तो कॉमनवेल्थ से अलग हो सकता था, पर उसे ब्रिटेन के आर्थिक और राजनीतिक हितों की सुरक्षा के लिए एक संघर्ष करना पड़ता; एक निर्वाचित संविधान सभा होती, जिसमें राजे-महाराजे अपने प्रतिनिधि मनोनीत करते; प्रांत चाहते तो संघ से अलग हो सकते थे और यह बात मुस्लिम लीग की पाकिस्तान की माँग के लिए एक अनकही मान्यता थी। और भी तात्कालिक बात यह होती कि युद्ध-प्रयासों को अवलंब देने के लिए भारत के लोग वायसरॉय की एक्ज़ीक्यूटिव काउंसिल के सदस्य बनते। कांग्रेस ने यह प्रस्ताव इसलिए अस्वीकार कर दिया कि वह वास्तविक शक्ति के बिना ज़िम्मेदारियाँ लेने को तैयार न थी और वह प्रतिरक्षा पर भी कुछ नियंत्रण चाहती थी। क्रिप्स उसे मना नहीं कर सके, क्योंकि उनको न तो वायसरॉय का सहयोग मिला, न प्रधानमंत्री का समर्थन।[96] यह भी कहा गया है कि चर्चिल मिशन की सफलता का इच्छुक नहीं था; वह दुनिया को, और खास तौर पर अपने सहयोगियों को, बस यह दिखाना चाहता था कि भारत की राजनीतिक गुत्थी को सुलझाने के लिए कुछ किया जा रहा था।[97] जैसा कि हमने पहले कहा, इस मिशन की असफलता ने राज और कांग्रेस के बीच खुले टकराव की ज़मीन तैयार की। लेकिन असफल होकर भी यह मिशन अंग्रेज़ों की नीति में एक महत्त्वपूर्ण परिवर्तन का सूचक था। उसने घोषणा की कि साम्राज्य के अंदर हो या बाहर, युद्ध के बाद भारत की स्वाधीनता ब्रिटेन की नीति का अंतिम लक्ष्य होगी और यह कि एकता अब स्वाधीनता की ज़रूरी शर्त नहीं रहेगी।[98] यही वे बुनियादी अवधारणात्मक आधार थे जिनपर युद्ध के बाद ब्रिटेन की वि-उपनिवेशीकरण की नीति का विकास हुआ, हालाँकि 1942 में उनपर कोई राजनीतिक सहमति नहीं थी।

दूसरे विश्वयुद्ध के अंतिम वर्षों में और उसके तुरंत बाद दुनिया की राजनीतिक स्थिति, स्वयं भारत की दशाओं में, इतने भारी परिवर्तन आए कि वे लगभग निश्चित तौर पर भारत को आज़ादी की ओर ले जाने लगे। जॉन डार्विन का तर्क है कि, "युद्ध से पहले चाहे जो प्रवृत्तियाँ मौजूद रही हों, युद्ध के बाद वि-उपनिवेशीकरण का ढर्रा युद्ध के घटनाक्रमों और प्रभाव से गहराई तक प्रभावित हुआ।"[99] भारत में भारत छोड़ो आंदोलन और उसके निर्मम दमन ने राज और कांग्रेस का संबंध तोड़ डाला और अधिकांश भारतीय जनता के मन में राज के प्रति कोई सदिच्छा रही भी होगी, तो उसे नष्ट कर डाला। बंगाल के अकाल और दूसरे क्षेत्रों में युद्ध के साथ अनाजों की दुर्लभता ने राज के नैतिक आधारों को नष्ट किया। बाद में आज़ाद हिंद फ़ौज के मुकदमों से संबंधित आंदोलन ने दिखा दिया कि कांग्रेस की भागीदारी के बिना भारतीय प्रश्न का कोई समाधान संभव नहीं था, और उसे (कांग्रेस को) न तो किनारे किया जा सकता था, न बल का प्रयोग करके

खामोश किया जा सकता था। इस बीच अंतर्राष्ट्रीय राजनीति में भी शक्तियों का संतुलन निर्णायक सीमा तक अमेरिका के पक्ष में झुक गया। युद्ध में ब्रिटेन अपने साम्राज्य को सुरक्षित बचाए रखकर विजयी हुआ। लेकिन शक्ति की पुरानी साम्राज्यिक व्यवस्था को बनाए रखने की उसकी इच्छा में हालाँकि कोई कमी नहीं थी, पर अमेरिका के ऋण पर निर्भर होने के कारण ब्रिटेन के पास एक विश्व-शक्ति की ज़िम्मेदारियाँ निभाने की वित्तीय ताकत थी ही नहीं। दूसरी ओर, भारत के राष्ट्रीय आंदोलन में फ्रैंकलिन रुज़वेल्ट की दिलचस्पी अन्यथा अक्खड़ चर्चिल पर बराबर दबाव डालती रही। फिर तो युद्ध के बाद, नाज़ी जर्मनी विरोधी संघर्ष ने ही दुनियाभर में जो साम्राज्य विरोधी भावनाएँ जगाई थीं और जो संयुक्त राष्ट्रसंघ के चार्टर में और उसके ट्रस्टीशिप के कठोर नियमों में निहित थीं, उन्होंने साम्राज्य को नैतिक औचित्य से वंचित कर दिया।

इस बीच भारत के साथ ब्रिटेन के साम्राज्यिक संबंधों में भी गंभीर परिवर्तन आए। भारत साम्राज्य के हित में तीन कार्य करता था: वह ब्रिटेन के निर्यातों को एक बाज़ार उपलब्ध कराता था, स्टर्लिंग का प्रेषक था और ब्रिटिश साम्राज्य की रक्षा के लिए सैन्यबल का स्रोत था। लेकिन 1930 के दशक से ही भारत की मौद्रिक राजकोषीय नीतियों पर लंदन का नियंत्रण कम ही रहा: संरक्षणमूलक शुल्क पहले से ही लगाए जा चुके थे और युद्धकाल में खरीद की नीतियों ने भारत का स्टर्लिंग ऋण समाप्त कर दिया; उसकी बजाय ब्रिटेन रुपयों में भारत का कर्ज़दार हो गया। साम्राज्य की रक्षा के लिए भारत की प्रासंगिकता भी अब गहरी पड़ताल का विषय बनती जा रही थी। अतीत में भारत को ब्रिटेन के विश्व साम्राज्य के नियंत्रण के लिए एक रणनीतिक महत्त्व की परिसंपत्ति माना जाता था, खासकर मध्य-पूर्व और दक्षिण-पूर्व एशिया के संदर्भ में। पर अब यह बात संदिग्ध हो उठी कि यह कब तक व्यावहारिक बना रहेगा, क्योंकि युद्ध के बाद इंडोनेशिया और हिंदचीन में डच और फ्रांसीसी साम्राज्यों की पुनर्स्थापना के लिए ब्रिटिश भारत की सेना के उपयोग का कड़ा विरोध हुआ। सैनिक व्यय एक और बुनियादी मुद्दा था। 1938 में पाया गया कि भारतीय सेना के आधुनिकीकरण की आवश्यकता है, और भारत सरकार यह खर्च उठाने में असमर्थ रही। इसलिए नवंबर 1939 के एक समझौते में तय हुआ कि इसका अधिकांश व्यय भार ब्रिटेन की सरकार उठाएगी और वही भारत से बाहर विदेशी धरती पर लड़नेवाली भारतीय सेना का खर्च भी उठाएगी। जब युद्ध का आरंभ हुआ तो भारतीय सेना को दक्षिण-पूर्व एशिया के मोर्चे पर लगाना पड़ा और युद्धकाल में नकद रकमों का हस्तांतरण अधिकाधिक कठिन होता गया; फलस्वरूप भारत को ब्रिटेन की देनदारी बढ़ती गई और 1946 तक ब्रिटेन भारत का 1 अरब 30 करोड़ पाउंड से अधिक का कर्ज़दार था, जो ब्रिटेन के सकल राष्ट्रीय उत्पाद का लगभग पाँचवाँ भाग था।[100] पर इसका अर्थ यह भी नहीं कि ब्रिटेन अब भारत को अपनी "साम्राज्यिक परिसंपत्तियों" में से एक मानना बंद कर चुका था, उसे "कमज़ोरी का एक संभावित या वास्तविक स्रोत" मानने लगा था और इसलिए उसने भारत छोड़ने का फ़ैसला किया, जैसा कि टॉमलिंसन का निष्कर्ष है।[101] युद्ध के दौरान भी व्हाइट हॉल

में आशा की जा रही थी कि स्टर्लिंग बकाए की समस्या न पैदा करके लाभ पहुँचाएँगे, क्योंकि वे ब्रिटेन के निर्यातमुखी उद्योगों के लिए दबी हुई माँग का काम करेंगे और उनका उपयोग भारत को पूँजीगत मालों के निर्यात के लिए किया जा सकेगा, जिससे युद्ध के बाद ब्रिटेन में पुनर्निर्माण के मुश्किल दौर में रोज़गार को बढ़ावा मिलेगा।[102] आगे यह भी कहा जा सकता है कि यह वित्तीय स्थिति साम्राज्य का खर्च चलाने की बजाय, अपने ही देश के विकास के लिए और अधिक संसाधनों व अधिक आवंटन की माँग पर बढ़ते राष्ट्रवादी दबाव का परिणाम थी। अगर तत्कालीन स्थिति साम्राज्य के प्रबंधकों को कोई एहसास दिलाती थी तो यह कि अब एक उपनिवेश के रूप में भारत का प्रबंध कम आसान रह गया था, कि आगे से उसे भारी लागत के बल पर, वित्तीय और सैन्य दोनों लागतों के बल पर ही, नियंत्रण में रखा जा सकता था। अब भारत में ब्रिटेन के हितों की सुरक्षा का सबसे अच्छा उपाय यह था कि उसे स्वतंत्र राष्ट्र समझा जाए, उस पर औपचारिक की बजाय अनौपचारिक नियंत्रण रखा जाए। जुलाई 1945 में लेबर पार्टी की भारी विजय ने ऐसे राजनीतिक परिवर्तन के लिए एक अनुकूल वातावरण पैदा किया।

भारतीय स्वाधीनता के इतिहास में लेबर पार्टी की विजय के महत्त्व पर बहुत कुछ कहा गया है। उदाहरण के लिए, बी. एन. पांडे का तर्क है कि लेबर पार्टी और खासकर नए प्रधानमंत्री क्लेमंट एटली, नया भारत सचिव लॉर्ड पेथिक-लॉरेंस और अब बोर्ड ऑफ़ ट्रेड के प्रेसीडेंट स्टैफ़र्ड क्रिप्स लंबे समय से भारत की स्वतंत्रता के लिए प्रतिबद्ध थे। अब हाउस ऑफ़ कॉमंस में निर्णायक बहुमत पाने के बाद उनके लिए अपने वादे को पूरा करने का समय आ गया था।[103] वी. पी. मेनन जैसे समकालीन प्रेक्षकों ने और भी आगे जाकर यह सुझाया कि लेबर पार्टी की विजय सचमुच "सत्ता के शीघ्र हस्तांतरण के लिए ज़िम्मेदार मुख्य तत्त्व" था।[104] और भी हाल में हावर्ड ब्रैस्टेड और कार्ल ब्रिज ने "15 अगस्त, 1947" को "भारत के लिए लेबर का विदाई का उपहार" कहा है।[105] लेकिन युद्ध के बाद आम तौर पर साम्राज्य और खास तौर पर भारत के प्रति लेबर पार्टी के रुख के बारे में दूसरे इतिहासकार अधिक शंकालु हैं। जैसे आर. जे. मूर ने लेबर की "साम्राज्यिक विरासत" की बात कही है, जो उसके भारत के लिए स्वशासन के वादे को पूरा करने में "बाधक" साबित हुई।[106] जॉन डार्विन ने दिखाया है कि भले ही लेबर पार्टी अपने 1935 के चुनाव घोषणापत्र के समय से ही भारत की स्वतंत्रता के लिए प्रतिबद्ध रही हो, पर युद्ध के दौरान एटली और क्रिप्स में एक "विराट वैचारिक परिवर्तन" आ चुका था। फिर युद्ध के बाद नई लेबर सरकार "विदेश, प्रतिरक्षा और साम्राज्य नीति के प्रति अपने दृष्टिकोण में उल्लेखनीय सीमा तक अनुदार बन चुकी थी," क्योंकि एक साम्राज्य का मालिक होने या एक महाशक्ति की गरिमा से लैस होने का विरोधी तो कोई भी नहीं था।[107] इस संबंध में प्रतिरक्षा संबंधी और आर्थिक हितों के लिए भारत इतना अधिक महत्त्वपूर्ण दिखाई देता था कि उसे तुरंत छोड़ा नहीं जा सकता था, और शक्तिशाली हितबद्ध समूह सरकार को भी उसी दिशा में खींच रहे थे। इसलिए जैसा कि हम जल्द ही देखेंगे, लेबर सरकार ने जो प्रस्ताव रखा उसमें ऐसा कुछ भी अतिवादी नहीं

था, जो 1942 में क्रिप्स मिशन के प्रस्ताव से आगे जाता हो। भारत के प्रति अंग्रेज़ों की साम्राज्यिक सोच में अब प्रमुख तत्त्व डोमिनियन स्टेटस और कॉमनवेल्थ ऑफ़ नेशंस (राष्ट्रमंडल) के ढाँचों के अंदर सुव्यवस्थित ढंग से संबंध को एक नई दिशा देने का विचार था–अब राष्ट्रमंडल एक तरह से साम्राज्य का नया नाम हो चुका था–ताकि वह एशिया और अफ़्रीका के दूसरे उपनिवेशों के लिए एक मॉडल का काम कर सके और अंग्रेज़ों की सत्ता न सही, उनके दीर्घकालिक हितों और प्रभाव को सुरक्षित रख सके।[108] शीघ्र सत्ता-हस्तांतरण की दिशा में बाद के घटनाक्रम भारत की उस राजनीतिक स्थिति की प्रतिक्रियामात्र थे, जिसने उपलब्ध विकल्प कम कर दिए थे।

भारत में हिंदू-मुस्लिम विभाजन सत्ता के सुचारू हस्तांतरण में सबसे बड़ी बाधा था; लड़ाई के मोर्चों पर सामंजस्य के कुछेक संकेतों के बावजूद वार्ता के मंचों पर यह विभाजन काफ़ी स्पष्ट हो चुका था। 1940 के लाहौर प्रस्ताव ने भारत के मुसलमानों को एक "अल्पसंख्यक" समूह से उठाकर एक "राष्ट्र" बना दिया था और बाद के विकासक्रमों ने एम. ए. जिन्ना को उनके "एकमात्र प्रवक्ता" के रूप में पेश किया (अध्याय 7.1 देखें)। मुसलमानों की यह राष्ट्रीय स्थिति और उनके आत्मनिर्णय के अधिकार की मान्यता और साथ ही केंद्र में प्रतिनिधित्व में हिंदुओं की "बराबरी" की स्थिति अब जिन्ना और मुस्लिम लीग के लिए समझौतों से परे, न्यूनतम माँगें बन गईं। जिन्ना ने क्रिप्स की पेशकश को ठीक इसी कारण से रद्द किया था कि मुसलमानों के आत्मनिर्णय का अधिकार और राष्ट्र के रूप में समानता की माँग को मान्यता नहीं दी गई थी; केवल प्रांतों को भारतीय संघ से अलग होने का अधिकार देना ही पर्याप्त नहीं था।[109] कांग्रेस ने जब टकराव का रास्ता चुनकर भारत छोड़ो आंदोलन शुरू किया, तो जिन्ना और मुस्लिम लीग को अंग्रेज़ों ने काम के सहयोगी पाया और चर्चिल ने खुले तौर पर "हिंदू-मुस्लिम टकराव को भारत में अंग्रेज़ी राज के आधार के लिए आवश्यक कहा।"[110] 1942 और 1943 के बीच अंग्रेज़ नौकरशाही की सक्रिय जोड़-तोड़ के कारण असम, सिंध, बंगाल और पश्चिमोत्तर सीमाप्रांत में लीग के मंत्रिमंडल गठित हो चुके थे। लेकिन इस चरण में पाकिस्तान की माँग कभी भी सुनिरूपित नहीं थी। संवैधानिक मोर्चे पर जिन्ना एक ढीले-ढाले संघीय ढाँचे के अंदर मुस्लिम-बहुल प्रांतों के लिए स्वतंत्रता चाहते थे, और यह कि केंद्र सरकार में हिंदू-मुस्लिम समता हो और मुस्लिम-बहुल प्रांतों में अल्पसंख्यक हिंदुओं की मौजूदगी दूसरी जगहों के मुस्लिम अल्पसंख्यकों की सुरक्षा के लिए ज़मानत हो।

कांग्रेस ने शीर्षस्तरीय राजनीतिक वार्ताओं के द्वारा मुस्लिम माँगों को पूरा करने की कोशिश की। अप्रैल 1944 में सी. राजगोपालाचारी ने एक हल सुझाया: जिन संलग्न ज़िलों में मुसलमान पूर्ण बहुमत में हैं, उनकी पहचान के लिए युद्ध के बाद एक आयोग बनाया जाए; उन ज़िलों में वयस्क आबादी का जनमत संग्रह तय करे कि क्या वह पाकिस्तान चाहती है; विभाजन की स्थिति में प्रतिरक्षा और संचार जैसी कुछ बुनियादी सेवाओं के संचालन के लिए एक आपसी समझौता हो; सीमावर्ती ज़िले दोनों प्रभुता-संपन्न

राज्यों में से किसी एक में मिलने का फ़ैसला करें; और इस योजना का क्रियान्वयन सत्ता के पूर्ण हस्तांतरण तक स्थगित रहे। जुलाई 1944 में गांधी ने जिन्ना के साथ "राजाजी सूत्र" के आधार पर वार्ता का प्रस्ताव रखा जो वास्तव में पाकिस्तान की माँग को स्वीकार करने के समान था। पर जिन्ना इस प्रस्ताव पर सहमत नहीं हुए और सितंबर 1944 में गांधी-जिन्ना वार्ता भंग हो गई। गांधी की राय में वार्ता परिप्रेक्ष्य संबंधी बुनियादी मतभेदों के कारण भंग हुई; जहाँ वे अलगाव को परिवार के अंदर के अलगाव के रूप में देखते थे और इसलिए भागीदारी के कुछ तत्त्व बनाए रखना चाहते थे, वहीं जिन्ना प्रभुसत्ता के साथ पूरा संबंध-विच्छेद चाहते थे।[111] फिर भी, यह कहना कठिन है कि गांधी की समझ सही थी या यह कि जिन्ना इस चरण में विभाजन न चाहकर अपनी इस प्रमुख माँग के लिए लड़ रहे थे कि दो बराबर राष्ट्रों के रूप में हिंदुओं और मुसलमानों की समानता को मान्यता दी जाए, चाहे उनकी संख्याएँ जो भी रही हों।

यह मुद्दा जून 1945 में फिर उठा, जब चर्चिल ने भारतीय नेताओं के साथ वार्ताएँ शुरू करने के लिए वेबेल को अनुमति दी; वेबेल भूतपूर्व कमांडर-इन-चीफ़ था, जिसने 1943 में नए वायसरॉय के रूप में लिनलिथगो की जगह ली थी। वेबेल का स्पष्ट मानना था कि "युद्ध के बाद भारत एक हरा नासूर होगा, जो ब्रिटिश साम्राज्य की शक्ति को चूसता रहेगा।" भारत पर ताकत से राज करना संभव नहीं रहेगा, क्योंकि निर्मम दमन की नीति अंग्रेज़ जनता को स्वीकार नहीं होगी। इसलिए तुरंत "कोई कल्पनाशील और रचनात्मक कदम" उठाने की ज़रूरत थी, ताकि भारत "ब्रिटिश राष्ट्रमंडल का एक स्वैच्छिक सदस्य बना रहे।"[112] मार्च 1945 में लंदन की यात्रा के दौरान उसने आखिरकार चर्चिल को मना ही लिया कि युद्ध के बाद जिस राजनीतिक संकट की भविष्यवाणी कर रखी थी, उसे रोकने के लिए केंद्र में कांग्रेस और लीग की एक गठबंधन सरकार वांछित है। इसलिए उसने एक पूरी तरह भारतीय एक्जीक्यूटिव काउंसिल के गठन के बारे में, जिसमें अकेले अंग्रेज़ सदस्य वायसरॉय और कमांडर-इन-चीफ़ हों, वार्ता के लिए शिमला में एक सम्मेलन का आयोजन किया। इसमें सवर्ण हिंदुओं और मुसलमानों का बराबर प्रतिनिधित्व होता, अनुसूचित जातियों को अलग से प्रतिनिधित्व मिलता और एक नए संविधान पर बातचीत के दरवाज़े खुल जाते। लेकिन 25 जून से 14 जुलाई, 1945 तक चला शिमला सम्मेलन जिन्ना की समानता की माँग से टकराकर चूर हो गया। उन्होंने एकमात्र मुस्लिम लीग को ही मंत्रिमंडल के सभी मुसलमान सदस्यों को मनोनीत करने का अधिकार दिए जाने की माँग की। कांग्रेस ने इसे मानने से इनकार कर दिया, क्योंकि इसका अर्थ यह स्वीकार करना होता कि कांग्रेस केवल सवर्ण हिंदुओं की पार्टी है। विडंबना यह है कि उन दिनों कांग्रेस के अध्यक्ष मौलाना अबुल-कलाम आज़ाद थे! वेबेल ने सम्मेलन भंग कर दिया, क्योंकि लीग के बिना एक साझी सरकार चलती ही नहीं।

आयशा जलाल का तर्क है कि 1940 तथा 1946 में कैबिनेट मिशन के आगमन के बीच पाकिस्तान की माँग को कभी या तो जिन्ना या मुस्लिम लीग ने अच्छी तरह स्पष्ट नहीं किया।[113] लेकिन इस माँग की अस्पष्टता ने 1940 के दशक के दौरान उसे मुस्लिम

जनता की लामबंदी के उस अभियान का एक उत्तम साधन बना दिया, जिसका प्रमुख लक्ष्य वर्ग और क्षेत्र की सीमाओं को तोड़कर एक मुस्लिम राष्ट्रीय पहचान कायम करना था। इस काल में मुस्लिम राजनीति अपने परंपरागत आधार अर्थात् भूस्वामी कुलीनों के अलावा मुस्लिम जनता के एक भाग का समर्थन भी पाने लगी थी, खासकर पेशेवर लोगों और व्यापारी समूहों का, जिनके लिए एक अलग पाकिस्तान का अर्थ हिंदुओं से प्रतियोगिता की समाप्ति थी। इसके अलावा उसे अग्रणी उल्मा, पीरों और मौलवियों का भी राजनीतिक समर्थन मिला, जिन्होंने इस अभियान को एक धार्मिक वैधता प्रदान की।[114] राष्ट्रीय स्तर पर मुस्लिम राजनीति अब संस्थागत रूप ले रही थी और धीरे-धीरे जिन्ना ने एक प्रामाणिक नेता बनकर लीग की प्रांतीय शाखाओं पर भी अपना नियंत्रण स्थापित कर लिया। जिन प्रांतीय दलों या नेताओं ने उनका समर्थन नहीं किया, जैसे बंगाल में ए. के. फ़ज़्लुल हक और उनकी कृषक प्रजा पार्टी या पंजाब में सर सिकंदर हयात खाँ और उनकी यूनियनिस्ट पार्टी ने, उन्हें व्यवस्थित ढंग से हटाकर हाशिए पर डाल दिया गया। जुलाई 1941 में हक और खाँ दोनों की भर्त्सना की गई, जब उन्होंने, जिन्ना की स्वीकृति के बिना, वायसरॉय की नेशनल डिफ़ेंस काउंसिल में शामिल होने की हामी भरी, जो सदस्यता के विश्वास से लीग के समानता के दावे को स्वीकार नहीं करती थी।[115] युद्ध के अंतिम वर्षों में कृषक प्रजा पार्टी और यूनियनिस्ट पार्टी, दोनों ही मुस्लिम-बहुल बंगाल और पंजाब प्रांतों के राजनीतिक मंच से धीरे-धीरे बाहर हो गईं। वहाँ पाकिस्तान की माँग लामबंदी का ऐसा वैचारिक प्रतीक बन चुकी थी, जिसने एक असमरस मुस्लिम समुदाय के विभिन्न अंदरूनी दबावों से पार पाने में मदद दी।

पहले बंगाल की कहानी के ब्यौरों पर विचार करें। 1937 के चुनाव में यहाँ फ़ज़्लुल हक और उनकी पार्टी ने मुस्लिम लीग को कड़ी चुनौती दी थी, लेकिन उन्होंने चुनावों के बाद जल्द ही उससे समझौता करके एक साझी सरकार बना ली। हक की लोकप्रियता जल्द ही समाप्त होने लगी, क्योंकि वे ज़मींदार और धनी किसान हितों की ओर अधिक झुके हुए थे और उन्होंने कृषक प्रजा पार्टी के असामी और गरीब किसान समर्थकों से किए गए अनेक चुनावी वादों को तोड़ा। वे 1937 में लीग में शामिल हो गए और उन्हें 1940 में लाहौर का प्रस्ताव पेश करने का सम्मान दिया गया। पर उन्होंने जिन्ना की राजनीति का कभी पूरा अनुमोदन नहीं किया और 1941 में जब जिन्ना ने उनको फटकारा, तो हक ने नेशनल डिफ़ेंस काउंसिल और मुस्लिम लीग दोनों से त्यागपत्र दे दिया और जिन्ना के नेतृत्व की निरंकुश शैली के विरुद्ध एक चुभता हुआ पत्र लिखा। हालाँकि बाद में उन्होंने अपने कदम वापस ले लिए। पर बंगाल में लीग के सदस्यों के साथ उनके संबंध हमेशा तनावपूर्ण बने रहे, खासकर तब जब उसी साल आगे चलकर उन्होंने हिंदू महासभा के साथ एक साझी सरकार बना ली, जिसमें श्यामाप्रसाद मुखर्जी सह-नेता थे। अंततः मार्च 1943 में यह प्रगतिशील गठबंधन सरकार बंगाल के गवर्नर की सक्रिय मिलीभगत से गिरा दी गई और फिर ख्वाज़ा नाज़िमुद्दीन के नेतृत्व में एक मुस्लिम लीग मंत्रिमंडल स्थापित किया गया। इससे लीग की छवि निखरी, पूरे

बंगाल में मुस्लिम लीग की शाखाएँ बनीं और फिर जनता की लामबंदी का एक अभियान शुरू किया गया।[116] फिर भी, यह अभियान कार्यक्रमबद्ध से अधिक प्रतीकात्मक और भावात्मक था। "पाकिस्तान" को इसमें "किसानों का स्वर्ग" के रूप में पेश किया गया, जो मुस्लिम किसानों को हिंदू ज़मींदारों और सूदखोरों के हाथों से मुक्ति दिलाएगा। फलस्वरूप 1940 के दशक के मध्य तक एक मुस्लिम एकजुटता के वैचारिक प्रतीक के रूप में पाकिस्तान मुस्लिम किसानों में लगभग सार्वभौम स्वीकृति पा चुका था।[117] बंगाल लीग के नेता अबुल हाशिम ने पूरे पूर्वी बंगाल में गाँवों का व्यापक दौरा करके पाकिस्तान के पक्ष में अभियान चलाया। उनके घोषणापत्र का मसविदा भी, जो आंदोलन के नैतिक, आर्थिक और राजनीतिक उद्देश्यों को सामने रखता था, मुस्लिम मध्यवर्गों और खासकर छात्रों को काफ़ी आकर्षित कर रहा था। मार्च 1945 में नाज़िमुद्दीन मंत्रिमंडल को त्यागपत्र देना पड़ा, मगर तब तक बंगाल में मुस्लिम लीग मुसलमानों की व्यापक आधार वाली पार्टी बन चुकी थी।[118] इसका अर्थ कृषक प्रजा पार्टी की लगभग राजनीतिक मृत्यु था; उसके प्रगतिशील युवा सदस्य पहले ही लीग में शामिल हो चुके थे, जो अब तक, ताज़ हाशमी के शब्दों में, "सभी के लिए सब कुछ" बन चुकी थी।[119] यह लोकप्रियता 1946 में चुनावी जीत के रूप में सामने आई, जब लीग को प्रांत के मुस्लिम मतों में 93 प्रतिशत और असेंबली की 250 सीटों में से 119 सीटें मिलीं। यह उस चुनाव अभियान का अनिवार्य नतीजा था जिसे, जैसा कि आगे चलकर कांग्रेस अध्यक्ष मौलाना आज़ाद की शिकायत थी, एक "जेहाद" में बदल दिया गया था।[120]

पंजाब की राजनीति ग्रामीण-शहरी आधार पर बुरी तरह बँटी हुई थी। जहाँ ग्रामीण राजनीति में यूनियनिस्ट पार्टी का वर्चस्व था, वहीं शहरी मुसलमानों में मुस्लिम लीग एक आधार बना चुकी थी। लेकिन नियंत्रण यूनियनिस्ट पार्टी का था, क्योंकि पंजाब के काफ़ी सीमित निर्वाचनमंडल में जो खेतिहर "आदिवासी" तर्ज़ों पर संगठित था, 60 प्रतिशत भाग भूस्वामियों का था।[121] 1937 के चुनाव के बाद यूनियनिस्ट पार्टी ने पंजाब में एक साझा मंत्रिमंडल बनाया, जिसके प्रमुख सर सिकंदर हयात खाँ थे। लेकिन जिसे 1937 का जिन्ना-सिकंदर समझौता कहा जाता है, उसके द्वारा सिकंदर ने जल्द ही जिन्ना से अच्छे संबंध बना लिए। हालाँकि यह गठबंधन तनावों से भरपूर था, पर इसने यूनियनिस्टों को पंजाब की मुस्लिम आबादी में एक तरह की वैधता प्रदान की, जबकि दक्षिण एशिया की मुस्लिम राजनीति के केंद्र के रूप में मुस्लिम लीग को पेश करने के मिशन के लिए जिन्ना को एक आधार प्राप्त हुआ। 1940 के लाहौर सम्मेलन के आयोजन और प्रस्ताव की रूपरेखा तय करने में सिकंदर का भी योगदान था। पर एक अलगाववादी माँग के रूप में उन्होंने कभी "पाकिस्तान" को पूरी तरह स्वीकार नहीं किया। मार्च 1941 में उन्होंने पंजाब असेंबली में घोषणा की कि, "अगर पाकिस्तान का अर्थ पंजाब में खालिस मुस्लिम राज है, तो मेरा उससे कुछ भी लेना-देना नहीं रहेगा।"[122] पर दिसंबर 1942 में सिकंदर की अकस्मात मृत्यु हो गई और उनकी ज़िम्मेदारी अपेक्षाकृत अनुभवहीन मलिक खीज़्र हयात खाँ टिवाणा के कंधों पर आई। अधिकाधिक राजनीतिक लाभ पाने के लिए

जिन्ना लगातार उनपर दबाव डालते रहे, पहले एक मुस्लिम लीग असेंबली पार्टी बनाने के लिए और फिर साझी सरकार का नाम बदलकर "मुस्लिम लीग गठबंधन मंत्रिमंडल" कराने के लिए। खिज़्र जब बात मानने से इनकार करके अपने रुख पर कायम रहे, तो उनको अप्रैल 1944 में मुस्लिम लीग से निष्कासित कर दिया गया।[123] उसके बाद यूनियनिस्ट पार्टी के कुछ असंतुष्ट तत्त्वों की, पंजाब मुस्लिम स्टूडेंट्स फ़ेडरेशन के उत्साही युवकों की और (**सूफ़ी** दरगाहों के) **सज्ज़ादानशीनों** की मदद से, जिनको अब इस्लाम की राजनीतिक सेना में लगा दिया गया था, ग्रामीण पंजाब में पाकिस्तान के विचार को लोकप्रिय बनाने के लिए जिन्ना ने एक सुनियोजित जन-अभियान छेड़ा। उन्होंने कम्युनिस्ट पार्टी तक से दोस्ती की, जिसने पाकिस्तान की माँग का समर्थन किया था। गाँवों में भारी प्रभाव रखने वाले पीरों ने जब फतवे जारी किए, तो पाकिस्तान का समर्थन करना हर मुसलमान का अपना धार्मिक दायित्व बन गया। 1946 का चुनाव जब करीब आया, तो पश्चिमी पंजाब में शक्तिशाली ग्रामीणों और पहले यूनियनिस्ट पार्टी का समर्थन करने वाले भूस्वामी **जैलदार-लंबरदार** वर्ग से लेकर पश्चिमी पंजाब के आम मुस्लिम किसानों तक पंजाब के मुस्लिम समुदाय में शक्ति का पूरा ढाँचा मुस्लिम लीग की ओर झुक गया। आवश्यक वस्तुओं की युद्धकालीन दुर्लभता और अनाज-खरीद की नीति ने भी इस उभार में योगदान किया।[124]

लीग ने यूनियनिस्टों के जनाधार को अगर पश्चिम में तोड़ा, तो पूर्वी पंजाब में यही काम कांग्रेस ने किया; उधर अकाली भी लामबंद हुए। इसलिए 1946 के चुनाव में यूनियनिस्ट पार्टी को पंजाब असेंबली की 175 सीटों में मात्र 18 मिलीं; कांग्रेस को 51 और अकालियों को 22 सीटें मिलीं, और 75 सीटों के साथ मुस्लिम लीग ने ग्रामीण मुस्लिम क्षेत्रों में लगभग पूरी तरह सफाया कर दिया। पर इसका अर्थ यह नहीं कि यूनियनिस्ट पार्टी तुरंत मर गई, क्योंकि खिज़्र ने अब कांग्रेस और अकाली दल के साथ एक और साझा मंत्रिमंडल बना लिया और मुस्लिम लीग चिढ़कर रह गई।[125] लेकिन सत्ता से दूर रखे जाने के बावजूद मुस्लिम लीग के लिए चुनावी परिणाम पंजाबी मुसलमानों द्वारा राज्य और समुदाय की धार्मिक परिभाषा के रूप में पाकिस्तान की व्यापक स्वीकृति के सूचक थे। दूसरे मुस्लिम-बहुल प्रांत सिंध में भी मुस्लिम लीग की कारगुज़ारी अच्छी रही और पूरे भारत के मुस्लिम चुनाव क्षेत्रों में उसे 74.7 प्रतिशत मत मिले।[126] हालाँकि निर्वाचकमंडल बहुत अधिक सीमित (जनसंख्या का लगभग 10 प्रतिशत) था, पर इसकी व्याख्या पाकिस्तान के पक्ष में एक जनादेश के रूप में की गई। एक बेलगाम हिंदू राज या पाकिस्तान! जिन्ना ने एक चुनाव सभा में घोषणा की थी: "हमारे सामने यही अकेला विकल्प और अकेला मुद्दा है।"[127] अनीता इंदर सिंह का कथन है कि लीग ने इस तरह "चुनाव को पाकिस्तान के लिए एक जनमत-संग्रह के रूप में पेश किया"[128] और इस विजय ने उसे निश्चित ही भारतीय मुसलमानों के एकमात्र संवैधानिक वैधता से लैस प्रतिनिधि बना दिया, दक्षिण एशिया के मुस्लिम राजनीतिक जगत का वह केंद्र जिसका सपना जिन्ना देखते आ रहे थे। 1946 के चुनाव ने कांग्रेस को भी जनादेश दिया।

उसने बंगाल, सिंध और पंजाब छोड़ बाकी प्रांतों में बहुमत हासिल किया और सामान्य चुनाव क्षेत्रों में 80.9 प्रतिशत मत पाए। कांग्रेस के लिए भी मुद्दा एक ही था; उसके चुनाव घोषणापत्र का ऐलान था: "महत्त्व सिर्फ़ एक बात का है: हमारी मातृभूमि को स्वाधीनता और स्वतंत्रता का, जिससे हमारी जनता को दूसरी सभी स्वतंत्रताएँ मिलेंगी।"[129]

इन चुनाव परिणामों ने दूसरी सभी गैर-मुस्लिम पार्टियों को भी हाशिए पर डाल दिया। जैसे कम्युनिस्ट पार्टी को कुल 8 सीटें मिलीं, हिंदू महासभा को कुल 3 मिलीं, और डॉ. अंबेडकर के ऑल इंडिया शिड्यूल्ड कास्ट्स फ़ेडरेशन को इन जातियों के लिए आरक्षित 151 सीटों में से कुल 2 मिलीं। यह निःसंदेह भारत छोड़ो आंदोलन के कारण पैदा हुई देशभक्ति की लहर का परिणाम था, जिसके चलते कांग्रेस को भारतीय राजनीतिक राष्ट्र के प्रतिनिधि के रूप में अभूतपूर्व वैधता मिली थी। फिर उसने अपने चुनाव अभियान को सफलता के साथ आज़ाद हिंद फ़ौज संबंधी आंदोलन से भी जोड़ा; यह ऐसी रणनीति थी जिससे एस. गोपाल को "पलायनवाद की बू" आई।[130] लेकिन यह ऐसा आंदोलन था जिसे भारतीय जनता के सभी भागों की लगभग सार्वभौम प्रशंसा मिली और उसका समर्थन करके कांग्रेस उस स्थिति की अगली कतार में बनी रही, जिसने भारत के भविष्य के लिए असीमित संभावनाएँ पैदा कीं। आज़ाद हिंद फ़ौज संबंधी आंदोलन, बाद में नौसेना विद्रोह और उन्होंने शाही नीति में जो तात्कालिक और गोचर परिवर्तन पैदा किए उसके साथ जुड़ी राजनीतिक उथल-पुथल के बीच हालाँकि कोई सीधा संबंध स्थापित कर सकना कठिन है,[131] फिर भी, जैसा कि पी. एस. गुप्ता का निष्कर्ष है, ऐसा संभव है कि इसी स्थिति के कारण और खासकर आज़ाद हिंद फ़ौज संबंधी अधिक व्यापक जन-आंदोलन के ही कारण "कैबिनेट मिशन भेजना पड़ा हो।"[132]

19 फ़रवरी, 1946 के दिन, अर्थात् बंबई में नौसेना विद्रोह के आरंभ के अगले दिन, जब क्लेमंट एटली ने एक कैबिनेट मिशन की प्रस्तावित यात्रा की घोषणा की तब, जैसा कि आर. जे. मूर ने दिखाया है, सरकार के मन में सबसे बड़ी चिंता साम्राज्य की रक्षा को लेकर थी और इसके लिए एक अखंड भारत को ब्रिटेन के बेहतरीन हितों में माना जा रहा था।[133] मार्च और जून 1946 के बीच तीन सदस्यों वाले जिस मिशन ने भारत का दौरा किया, उसका नेतृत्व भारत सचिव सर पेथिक लॉरेंस कर रहा था और अब बोर्ड ऑफ़ ट्रेड के अध्यक्ष सर स्टैफ़र्ड क्रिप्स और फ़र्स्ट लॉर्ड एडमिरैल्टी ए. वी. एलेक्ज़ेंडर उसके सदस्य थे। उसे (कैबिनेट मिशन को) दो मुद्दों पर बात करने को कहा गया था; स्वतंत्रता देने के लिए एक नए संविधान की तैयारी के नियमों और तौर-तरीकों पर, और भारत के राजनीतिक दलों के बीच व्यापक से व्यापक सहमति के आधार पर एक साझी अंतरिम सरकार के गठन पर। लेकिन कोई सहमति संभव नहीं हुई, क्योंकि भारत के दोनों प्रमुख राजनीतिक दल अब अपने परस्परविरोधी राजनीतिक एजेंडों को लेकर और भी अधिक असहिष्णु हो उठे थे। 7 और 9 अप्रैल, 1946 के बीच दिल्ली में मुस्लिम लीग के विधायकों के सम्मेलन ने पाकिस्तान की परिभाषा "एक प्रभुसत्ता-संपन्न राज्य" के रूप में की, जिसमें पूर्वोत्तर भारत में मुस्लिम-बहुल बंगाल और असम तथा पश्चिमोत्तर

में पंजाब, पश्चिमोत्तर सीमाप्रांत, सिंध और बलूचिस्तान शामिल हों।[134] दूसरी ओर 15 अप्रैल को कांग्रेस अध्यक्ष मौलाना आज़ाद ने घोषणा की कि एक अखंड भारत की पूर्ण स्वाधीनता कांग्रेस की मांग है।[135] छह प्रांतों वाले एक प्रभुता-संपम्न पाकिस्तान के प्रस्ताव को कैबिनेट मिशन ने एक अव्यावहारिक धारणा कहकर खारिज कर दिया और उसकी बजाय उसने 16 मई को, राजनीतिक दलों से व्यापक वार्ताओं के बाद, भारतीय संघ के लिए एक ढीली-ढाली त्रिस्तरीय संघीय सरकार का प्रस्ताव किया; इस संबंध में प्रांत और रजवाड़े दोनों शामिल होते। शीर्ष पर एक संघीय सरकार होती, जिसके पास केवल प्रतिरक्षा, विदेशी मामले और संचार होते तथा उसे इन कार्यों के लिए राजस्व की उगाही का अधिकार होता; सभी अवशिष्ट शक्तियाँ प्रांतीय सरकारों में निहित होतीं, जो समूह बनाने के लिए स्वतंत्र होतीं; हर समूह की अपनी कार्यपालिकाएँ और विधायिकाएँ हो सकती थीं तथा वह तय कर सकता था कि किन प्रांतीय विषयों को अपने हाथों में ले। पूरे भारत हेतु एक संविधान बनाने के लिए हाल में गठित प्रांतीय असेंबलियाँ एक संविधान सभा का चुनाव करतीं; पहले उसकी बैठक संघ के स्तर पर होती और फिर वह तीन भागों में बँट जाती–भाग "अ" में हिंदु-बहुल प्रांत, भाग "ब" में पश्चिमोत्तर के मुस्लिम-बहुल प्रांत आते और भाग "स" में बंगाल और असम आते। वार्ताओं के द्वारा रजवाड़ों को केंद्रीय संविधान सभा में पर्याप्त प्रतिनिधित्व दिया जाता। तीनों (प्रांत, समूह और संघ के) स्तर पर एक संविधान के आखिरकार तय हो जाने के बाद प्रांतों को संघ से तो नहीं पर किसी विशेष समूह से बाहर निकलने का अधिकार होता; वे दस साल के अंतराल के बाद संविधान पर पुनर्विचार भी कर सकते थे। इस बीच एक अंतरिम सरकार दैनिक प्रशासन चलाती। जैसा कि पेथिक लॉरेंस का ऐलान था, अंतिम लक्ष्य भारतवासियों की अपनी स्वतंत्रता की इच्छा के अनुसार "ब्रिटिश राष्ट्रमंडल के अंदर हो या बाहर, उन्हें स्वतंत्रता ... प्रदान करना" था।[136]

कैबिनेट मिशन के प्रस्ताव पर तब संहमति संभव लग रही थी, जब 6 जून को मुस्लिम लीग ने उसे इस मान्यता के आधार पर स्वीकार कर लिया कि "पाकिस्तान का आधार और बुनियाद" इस योजना में "निहित" थे और इसके कारण अंततः "पूर्ण प्रभुता-संपन्न पाकिस्तान की स्थापना" संभव होगी।[137] कैबिनेट मिशन की जिस योजना ने अपनी प्रस्तावना में पाकिस्तान की माँग को दोटूक अस्वीकार कर दिया था, उसे मुस्लिम लीग ने क्यों स्वीकार कर लिया, यह परस्परविरोधी व्याख्याओं का विषय है। आयशा जलाल की राय में मिशन की योजना "जिन्ना जैसा पाकिस्तान चाहते थे उसकी दिशा में एक कदम" था, क्योंकि वास्तव में उन्होंने विभाजन कभी नहीं चाहा; मुस्लिम लीग ने भी पाकिस्तान की माँग को अपने अंतिम लक्ष्य के रूप में दोहराया तो केवल शर्मिंदगी बचाने के लिए।[138] असिम राय के अनुसार इस प्रस्ताव ने यह संकेत दिया कि "लगभग हर व्यक्ति जिस चीज़ को पाकिस्तान के रूप में जानता था उससे कुछ कम" को स्वीकार करने के लिए जिन्ना अभी भी तैयार थे।[139] लेकिन आर. जे. मूर की राय में स्वीकृति की शब्दावली ही संकेत देती थी कि यह "सिद्धांत पर समझौता किए बिना

योजना का इस्तेमाल अपने हित में करने की कोशिश" थी।[140] लेकिन कांग्रेस को कुछ और शंकाएँ भी थीं। उसकी पहली प्राथमिकता भारत की स्वतंत्रता थी, जो मिशन का कहना था कि संविधान की तैयारी के बाद ही मिल पाएगी। उसे यह भी पसंद न था कि असम और पश्चिमोत्तर सीमाप्रांत को, जहाँ हाल के चुनावों में कांग्रेस को बहुमत मिला था, दूसरे मुस्लिम-बहुल प्रांतों के साथ रखा जाए। पंजाब के सिख-बहुल क्षेत्र एक और चिंता का विषय थे। वह संकट की स्थितियों या कानून व्यवस्था के बिगड़ते हालात में केंद्र सरकार के लिए हस्तक्षेप की अतिरिक्त शक्तियाँ भी चाहती थी। इसलिए 25 जून को कांग्रेस कार्यकारी समिति और 6 जुलाई को ए. आई. सी. सी. ने भले ही कैबिनेट मिशन द्वारा प्रस्तावित दीर्घकालिक योजना सशर्त स्वीकार करने की घोषणा कर दी थी, पर कुछ ही दिनों के अंदर नवनिर्वाचित अध्यक्ष नेहरू ने 10 जुलाई को एक पत्रकार सम्मेलन में घोषणा की कि कांग्रेस ने संविधान सभा में भागीदारी के अलावा "और किसी बात पर सहमति नहीं दी थी" और यह कि ऐसा संभव है कि समूहों की योजना खत्म ही हो जाए, क्योंकि पश्चिमोत्तर सीमाप्रांत और असम उस पर कभी सहमत नहीं होंगे।[141] समानता के टेढ़े सवाल पर एक अंतरिम सरकार के गठन की अल्पकालिक योजना भी असफल हो गई, क्योंकि कांग्रेस अपने मनोनीत सदस्यों में एक मुसलमान को भी शामिल करना चाहती थी। जिन्ना की राय में यह कांग्रेस की धोखाधड़ी का पक्का प्रमाण था। 29 जुलाई को लीग की वर्किंग कमिटी ने मिशन की दीर्घकालिक योजना पर अपनी सहमति वापस ले ली और "सीधी कार्रवाई" का आह्वान किया। जीवन भर संवैधानिक राजनीति में विश्वास करने वाले कायदे-आज़म (जिन्ना) के लिए अंततः "संवैधानिक तरीकों को अलविदा कहने"[142] और अपने मुस्लिम राष्ट्र को आंदोलन की राजनीति के लिए तैयार करने का समय आ चुका था।

पाकिस्तान के लिए जन-आंदोलन का आरंभ 16 अगस्त, 1946 को होने वाला था, जिसे "सीधी कार्रवाई दिवस" के रूप में चुना गया था, और वही दिन था जब कलकत्ता की सड़कें नरक बन गईं। मुसलमानों को वह दिवस राष्ट्रव्यापी हड़ताल, विरोध सभाओं और प्रदर्शनों के माध्यम से मनाना था, जिनमें पाकिस्तान का अर्थ और कैबिनेट मिशन की योजना को अस्वीकार करने के कारण स्पष्ट किए जाते। सत्ता में एक लीग मंत्रिमंडल था और इसलिए आशा थी कि बंगाल में यह दिन काफ़ी तड़क-भड़क के साथ मनाया जाएगा। उसे एक सार्वजनिक छुट्टी का दिन घोषित कर दिया गया और कलकत्ता के ऑक्टरलूनी स्मारक पर एक बड़ी जनसभा रखी गई, जिसमें प्रीमियर हसन शहीद सुहरावर्दी ने संकेत दिया कि सेना और पुलिस को "नियंत्रित" रखा गया है। उसके बाद जो कुछ हुआ वह इतिहास में "कलकत्ता के नरसंहार" के रूप में दर्ज़ है। वापस लौटते मुसलमानों की भीड़ ने हिंदुओं और उनकी संपत्तियों पर हमले किए; हिंदुओं ने मुकाबला किया और यह पागलपन बेरोकटोक चार दिनों तक जारी रहा, जब चार हज़ार लोग मारे गए और दस हज़ार घायल हुए। जैसा कि सुरंजन दास (1993) का कथन है, यह अप्रत्याशित नहीं था, क्योंकि ढाका में 1941 के कुख्यात दंगों के बाद से ही प्रांत की

राजनीति में राजनीतिक ध्रुवीकरण हो चुका था। अगर मुस्लिम लीग ने पाकिस्तान के वैचारिक प्रतीक पर जनता को लामबंद किया, तो हिंदू महासभा ने भी हिंदू राष्ट्र का नारा दिया और एक लामबंदी अभियान शुरू कर दिया।[143] एक विस्तृत अध्ययन में जोया चटर्जी ने दिखाया है कि 1930 के दशक के अंत से ही बंगाल के हिंदू संगठन, जैसे हिंदू सभा, भारत सेवाश्रम संघ और हिंदू महासभा "परिकल्पित हिंदू परिवार को एक संपूर्ण इकाई" में बदलने की कोशिश करते आ रहे थे और वे 1940 के दशक के मध्य तक अपने स्वयंसेवक दस्तों को "अर्धसैनिक प्रशिक्षण" देकर अंतिम टकराव की तैयारी शुरू कर चुके थे।[144] यह वह काल था जिसमें, दास के शब्दों में, "कुलीनवर्ग की तथा जनता की सांप्रदायिकता का मेल" हुआ, जिससे हिंदुओं और मुसलमानों के बीच अविश्वास और तनाव का वह आम वातावरण उत्पन्न हुआ, जो अंततः अगस्त 1946 में फट पड़ा। कलकत्ता की विनाशलीला की "श्रृंखला अभिक्रिया" (chain reaction) के रूप में चटगाँव, ढाका, मैमनसिंह, बारीसाल और पबना में दंगे फूट पड़े। लेकिन अक्तूबर में दो दक्षिण-पूर्वी ज़िलों नोआखली और टिपरा में स्थिति अत्यंत खराब हो गई। अगर कलकत्ता में दोनों समुदाय के लोग बराबर-बराबर मरे, तो यहाँ अधिकतर हिंदू निशाने पर थे और बहुत ही सुव्यवस्थित ढंग से संचालित हमले में मुसलमान किसानों ने हिंदुओं की संपत्ति नष्ट की, उनकी स्त्रियों के साथ बलात्कार किया और कई हज़ार लोगों को मार डाला।[145]

जनता के स्तर पर ऐसा सांप्रदायिक ध्रुवीकरण केवल बंगाल ने नहीं देखा। क्रिस्तोफ़ जेफ्रीलॉ (1996) ने दिखाया है कि उत्तर भारत की लगभग पूरी हिंदी पट्टी 1940 के दशक के दौरान ऐसे सांप्रदायिक तनाव को झेल रही थी। यदि मुसलमान अल्पसंख्यकों ने अपने आप को पाकिस्तान के प्रतीक के इर्द-गिर्द लामबंद किया और मुस्लिम नेशनल गार्ड जैसे अनुशासित अर्धसैनिक स्वयंसेवक दस्ते तैयार करते रहे,[146] तो हिंदू भी संगठित होने में और साथ ही साथ "डरानेवाले परायों" को कलंकित करने में पीछे नहीं रहे। इसका अनुमान स्पष्टतः हिंदू राष्ट्रवादी संगठन राष्ट्रीय स्वयंसेवक संघ की बढ़ती लोकप्रियता से लगाया जा सकता है, जिसका प्रमुख ध्यानकेंद्र हिंदू राष्ट्र का सामाजिक और मनोवैज्ञानिक निरूपण था। उसके **स्वयंसेवकों** की संख्या 1938 के 40,000 से बढ़कर 1943 में 76,000 तक और फिर 1948 के आरंभ तक 6 लाख तक जा पहुँची। इससे भी अधिक दिलचस्प इस अनुशासित और अच्छी कसरत करने वाले इन स्वयंसेवक दलों का क्षेत्रीय वितरण था। राष्ट्रीय स्वयंसेवक संघ सबसे मज़बूत बिहार, बंबई क्षेत्र, मध्य प्रांत, वृहत्तर पंजाब (मय दिल्ली और हिमाचल प्रदेश) और संयुक्त प्रांत में था। यहाँ संघ ने छात्रों और युवकों को निशाना बनाया, जो अर्धसैनिक प्रशिक्षण की ओर आकर्षित हुए, गांधीवादी कार्यपद्धतियों के प्रति अविश्वस्त थे और गहरी मुस्लिम विरोधी भावनाओं से भरे हुए थे। इस संगठन को हिंदू महासभा, आर्यसमाज और ऐसे कुछ रजवाड़ों के महाराजाओं का भी उदारता से संरक्षण प्राप्त हुआ, जहाँ हाल में मुस्लिम अल्पसंख्यक मुखर और उग्र हो चले थे।[147] इसलिए हैरानी नहीं कि सांप्रदायिकता

की जो आग कलकत्ता में भड़की, उसने शीघ्र ही पूरे उपमहाद्वीप को अपनी लपेट में ले लिया। बंबई में 1 सितंबर को, बिहार में 25 अक्तूबर को और गढ़ मुक्तेश्वर (संयुक्त प्रांत) में नवंबर में दंगे शुरू हुए–और इन सभी जगहों पर मुख्यतः हिंदू ही आक्रामक हो रहे थे।[148] मुसलमानों के मारे जाने की खबरें बच निकलने वालों के साथ दूर-दूर तक, पश्चिमोत्तर सीमाप्रांत तक भी गईं, जहाँ सत्ता में बैठी कांग्रेस सरकार को स्थानीय मुसलमानों का सविनय अवज्ञा अभियान झेलना पड़ा। पठानों के इज़्ज़त के पैमानों ने उन्हें अपने आहत समुदाय से एकाकार कर दिया और प्रतिशोध का चक्र जारी रहा। स्थानीय पीरों के उकसाने पर पठान आदिवासी डेरा इस्माइल खाँ और टोंक में दिसंबर 1946 से स्थानीय हिंदुओं और सिखों पर हमले करने लगे। उनका मुख्य निशाना जान न होकर माल था; तो भी अप्रैल 1947 तक 100 से अधिक हिंदू और सिख मारे जा चुके थे। मार्च 1947 से सांप्रदायिकता की सबसे भयानक आग पंजाब को तबाह करने लगी। परेशानी तब पैदा हुई जब गवर्नर जेनकिंस की सलाह पर यूनियनिस्ट मंत्रिमंडल ने जनवरी में मुस्लिम नेशनल गार्ड और राष्ट्रीय स्वयंसेवक संघ पर भी प्रतिबंध लगा दिया। इसके बाद लीग ने एक सविनय अवज्ञा आंदोलन शुरू किया और विरोध प्रदर्शनों और जुलूसों में लाखों साधारण मुसलमान पुरुषों ने, और स्त्रियों ने भी, भाग लिया। बढ़ते असंतोष के कारण आखिरकार मंत्रिमंडल ने 2 मार्च को त्यागपत्र दे दिया, जिसके बाद पूरा क्षेत्र अराजकता और अव्यवस्था में डूब गया। हिंदुओं की संपत्ति मुसलमानों के हमले का खास निशाना थीं; जवाबी कार्रवाइयाँ हिंदुओं ने भी कीं और मार्च 1947 में, बस एक सप्ताह में, मुसलमानों को चार हज़ार घरों और दुकानों का नुकसान हुआ। फिर उसके बाद के तीन महीनों में, आधिकारिक वृत्तांतों के अनुसार, पंजाब में लगभग 35,000 लोग मरे और 15 करोड़ रुपयों की संपत्ति नष्ट हुई।[149] लेकिन विभाजन के बाद पंजाब में जो कुछ हुआ उसके मुकाबले तो कुछ भी नहीं था और उस बुद्धिहीन मारकाट में, इयान टैलबॉट के शब्दों में, "सभी समुदायों के हाथ खून से रँगे हुए थे।"[150]

इस बीच वायसरॉय वेबेल मुस्लिम लीग के बिना ही एक अंतरिम सरकार बनाने में सफल हो गया। जवाहरलाल नेहरू को प्रधानमंत्री बनाकर कांग्रेस के वर्चस्व वाली सरकार को 2 सितंबर, 1946 को शपथ दिलाई गई। लेकिन जब अक्तूबर के अंत में उसमें लीग को भी शामिल होने के लिए मना लिया गया, तो पूरा-पूरा गतिरोध पैदा हो गया। नेहरू असहाय बैठे थे जबकि उनका देश गृहयुद्ध से टुकड़े हो रहा था। 9 दिसंबर से संविधान सभा की बैठकें आरंभ हुईं, पर लीग ने उसके बहिष्कार का निर्णय किया, क्योंकि कांग्रेस ने समूहों के संविधानों के निर्माण के लिए उसकी अंश-अंश की बैठकों की माँग को अस्वीकार कर दिया था। केवल एक व्यक्ति था जो इतिहास की धारा को अब भी मोड़ने की कोशिश कर रहा था। गांधी ने जनता की अंतरात्मा जगाने की लगभग अकेले कोशिश की। दंगों से प्रभावित इलाकों में वे निडर और अकेले घूमते रहे, नोआखली से कलकत्ता से बिहार से दिल्ली तक। उनकी उपस्थिति का चमत्कारी प्रभाव तो पड़ा, पर यह निजी प्रयास कोई स्थायी हल निकालने में असफल रहा। सतहत्तर वर्ष

की आयु में गांधी अब भारतीय राजनीति में एकाकी थे; जैसा कि एस. गोपाल ने सारगर्भित ढंग से कहा है, "कांग्रेस में उनकी भूमिका एक ऑक्सब्रिज कॉलेज के अध्यक्ष जैसी थी, जिसका भारी आदर तो किया जाता है, पर प्रबंधमंडल पर जिसका कुछ खास प्रभाव नहीं होता।"[151] मार्च-अप्रैल 1947 तक, उनकी सुस्पष्ट इच्छा के विरुद्ध अनेक कांग्रेसी नेताओं ने पाकिस्तान स्वीकार करने के विचार से कमोबेश अपनी ताल बिठा ली और मान लिया कि विभाजन के साथ स्वतंत्रता सांप्रदायिक हिंसा जारी रहने के मुकाबले एक बेहतर विकल्प है। लेकिन इसी में आशावाद का यह पुट भी था कि यह विभाजन अस्थायी होगा और, जैसा कि नेहरू ने 29 अप्रैल को लिखा, "आखिरकार हमारे पास एकजुट और मज़बूत भारत होगा।"[152] कांग्रेस वर्किंग कमिटी के 8 मार्च के एक प्रस्ताव ने मुस्लिम क्षेत्रों से गैर-मुस्लिम क्षेत्रों को अलग करने के लिए "दो प्रांतों में पंजाब के विभाजन" के पक्ष में निर्णय किया। इसमें प्रस्ताव किया गया था कि प्रांत पूरी तरह स्वैच्छिक आधार पर संघ में शामिल हो सकते और संविधान को स्वीकार कर सकते हैं। उसने मुस्लिम लीग से संविधान सभा की कार्रवाइयों में भाग लेने का आग्रह किया और अंतरिम सरकार को तुरंत एक डोमिनियन सरकार की मान्यता दिए जाने की माँग की।[153]

अहम बात यह है कि अंग्रेज़ों के पास साधन अब कम ही थे। इसलिए भारत में जब सांप्रदायिक हिंसा फूटी, तो उनके पास मौजूद राजनीतिक विकल्प और भी कम हो गए। इससे पहले 1946 में जब कैबिनेट मिशन का विचार-विमर्श जारी था, वायसरॉय वेबेल ने एक "गतिरोध योजना" का प्रस्ताव रखा था; यह कि असहमति की स्थिति में अंग्रेज़ अपने आप को छह पाकिस्तानी प्रांतों तक सीमित कर लेंगे और बाकी भारत को कांग्रेस के हवाले छोड़ देंगे। लेकिन तब यह योजना अस्वीकार कर दी गई, क्योंकि सत्ता के हस्तांतरण के लिए एक सर्वस्वीकृत व्यवस्था किए बिना देश छोड़ना अंग्रेज़ों के लिए असम्मानजनक समझा गया। लेकिन सितंबर में वेबेल ने फिर भविष्यवाणी की कि अंग्रेज़ी राज 1948 के वसंत से आगे नहीं जाएगा और उसने उस समय तक चरणबद्ध वापसी की एक "गतिरोध योजना" का प्रस्ताव फिर रखा। एटली और अर्नेस्ट बेविन को उसका यह "पराजयवादी" रवैया रास नहीं आया और दिसंबर में उन्होंने उसकी जगह लॉर्ड माउंटबेटन को भेजने का प्रस्ताव रखा। पर वे अब वापसी को और आगे तक शायद ही टाल सकते थे और जनवरी 1947 में एटली ने स्वीकार किया: "आबादी के तमाम राजनीतिक सोचवालों के सक्रिय विरोध के सामने कुछ सौ अंग्रेज़ों के लिए प्रशासन चलाना ... एकदम असंभव होगा।"[154] इसलिए 20 फरवरी को उसने घोषणा की कि जून 1948 तक सत्ता ऐसे किसी संगठन को और ऐसे किसी ढंग से सौंप दी जाएगी, जिनको सबसे अधिक बुद्धिसंगत और भारतीय जनता के बेहतरीन हितों में माना जाएगा। वार्ता संबंधी समस्त शक्तियों से लैस होकर लॉर्ड माउंटबेटन 22 मार्च को नई दिल्ली पहुँचा और उसे वापसी की प्रक्रिया में तेज़ी लाने का स्पष्ट निर्देश दिया गया था। पहुँचते ही उसने यह बात अनुभव की कि एक अखंड भारत को सत्ता सौंपना लगभग असंभव होगा।

इसके विपरीत एक विचार यह भी है कि सत्ता के त्याग की दिशा में उसके "बलात् अभियान" ने ही सांप्रदायिक तनाव को और बढ़ाया और विभाजन को अपरिहार्य बना दिया।[155] अप्रैल के मध्य में उसने वह योजना पेश की जिसे "बाल्कन योजना" कहते हैं। उसने पंजाब और बंगाल के विभाजन का तथा सत्ता प्रांतों एवं उप-प्रांतों को सौंपने का प्रस्ताव रखा, जो आत्मनिर्णय के आधार पर सामूहिक संविधान सभाओं में से किसी एक या अनेक में शामिल होने के लिए स्वतंत्र होंगे, जबकि अंतरिम सरकार जून 1948 तक बनी रहेगी। प्रांतों को सत्ता का हस्तांतरण और एक मज़बूत केंद्र की अनुपस्थिति निश्चित रूप से भारत के बाल्कनीकरण का कारण बनती।[156] इसलिए आश्चर्य नहीं कि नेहरू ने इन प्रस्तावों को इस आधार पर रद्द कर दिया कि "निश्चयता, सुरक्षा और स्थायित्व की कोई भावना पैदा करने की बजाय वे हर जगह विध्वंस की प्रवृत्तियों को तथा अराजकता और कमज़ोरी को बढ़ावा देंगे।"[157] जिन्ना ने भी उनको दूर फेंक दिया, क्योंकि वे अभी भी पंजाब और बंगाल का विभाजन स्वीकार करने को तैयार नहीं थे, जिससे उनको केवल एक "खंडित या अंग-भंग का शिकार, कीड़ों लगा पाकिस्तान" ही मिलता।[158]

माउंटबेटन ने जो वैकल्पिक योजना अब पेश की, वह यह थी कि भारत और पाकिस्तान की दो उत्तराधिकारी डोमिनियन सरकारों को सत्ता सौंपी जाए। नेहरू डोमिनियन स्टेटस के विचार के विरुद्ध थे, पर उन्हें मना लिया गया, हालाँकि उनके जीवनी-लेखक के अनुसार उन्होंने इसे "एक अंतरिम व्यवस्था" के ही रूप में स्वीकार किया।[159] रहा विभाजन, तो कहते हैं कि बाद में उन्होंने यह "सत्य" स्वीकार किया था कि "हम थके-मांदे लोग थे और हमारी उम्र भी बढ़ती जा रही थी ... हमने पंजाब में आगलगी देखी और रोज़ हत्याओं की खबरें सुनीं। विभाजन की योजना ने इससे बाहर निकलने का रास्ता दिखाया और हमने उसे ही पकड़ लिया।"[160] माउंटबेटन ने 3 जून को अपनी योजना घोषित की और सत्ता के हस्तांतरण की तारीख को जून 1948 से पीछे लाकर 15 अगस्त, 1947 करने का प्रस्ताव किया। इस योजना में बंगाल और पंजाब के विभाजन का प्रस्ताव था; हिंदू-बहुल प्रांतों को कोई चयन की सुविधा नहीं मिलती, क्योंकि वे मौजूदा संविधान सभा को स्वीकार कर चुके थे, जबकि मुस्लिम-बहुल प्रांत बंगाल, पंजाब, सिंध, पश्चिमोत्तर सीमाप्रांत और बलूचिस्तान को तय करना था कि वे मौजूदा संविधान सभा में जाएँ या पाकिस्तान के लिए अलग से एक नई संविधान सभा बनाएँ; इसे प्रांतीय असेंबलियों को तय करना था; पश्चिमोत्तर सीमाप्रांत में एक जनमत-संग्रह कराया जाता और बलूचिस्तान के मामले में क्वेटा नगरपालिका और कबीलों के प्रतिनिधियों से सलाह-मशविरा किया जाता। नेहरू, जिन्ना और सिखों की ओर से सरदार बलदेव सिंह ने अगले दिन इस योजना का अनुमोदन कर दिया[161] और इस तरह सत्ता के हस्तांतरण की दिशा में तेज़ी से बढ़ना शुरू हो गया।

पर विभाजन अभी भी एक विवादास्पद मुद्दा बना रहा। भावी पाकिस्तान में गैर-मुसलमानों के अधिकारों को न तो जिन्ना ने कभी निरूपित किया, न मुस्लिम लीग ने और यह भूल,

जैसा कि जलाल ने दिखाया है, उनकी योजना का एक "जानलेवा दोष" साबित हुई,[162] जिसके कारण पंजाब और बंगाल के धार्मिक अल्पसंख्यक चिंताग्रस्त हो गए। पंजाब में 1930 के दशक से ही अकाली दल सिखों के लिए एक अलग भूमि की बात करता आ रहा था। 1940 में मुस्लिम लीग के लाहौर प्रस्ताव के बाद ऐसी माँगें फिर दोहराई गईं। पाकिस्तान और भारत के बीच एक तटस्थ राज्य के रूप में जम्मू से जमरूद तक फैले एक "खालिस्तान" का प्रस्ताव पहली बार पेश किया गया। शिरोमणि अकाली दल ऐसे अलगाववादी दावों का विरोधी था, पर क्रिप्स मिशन ने और कांग्रेस के राजगोपालाचारी फार्मूला ने जब पाकिस्तान के प्रस्ताव को गंभीरता से लिया, तो शिरोमणि अकाली दल की सिख समुदाय की क्षेत्रीय अखंडता सुरक्षित रखने की चिंता बढ़ गई। स्थायी रूप से मुस्लिम बहुसंख्यकों के शासन के अधीन रहने की संभावना को रोकने के लिए, एक निवारक कदम के रूप में अकाली अब पंजाब के पूर्वी और मध्य भागों में एक अलग सिख देश की बात करने लगे, जिसमें चिनाब नदी विभाजक रेखा होती। सिख पहचान के इस क्षेत्र-आधारित दृष्टिकोण को अनेक अभिव्यक्तियाँ मिलीं, जैसे 1942 में "आज़ाद पंजाब" और 1944 में एक "सिख राज्य", पर इनमें से कोई भी दावा अपने आप में अलगाववादी नहीं था। उदाहरण के लिए, क्रिप्स मिशन के लिए सिख सर्वदलीय समिति के ज्ञापन में "अखिल भारतीय संघ से खालिस्तान के अलगाव" का विरोध करने का निश्चय बताया गया था। गांधी और जिन्ना की असफल वार्ता के बाद और सिख जिस राजाजी फार्मूला से घृणा करते थे उसके जवाब में अकाली नेता मास्टर तारा सिंह ने दोटूक शब्दों में ऐलान किया कि "सिखों को भारत से बाहर पाकिस्तान में जाने पर विवश नहीं किया जा सकता।" जब पाकिस्तान संबंधी बातचीत में और गंभीरता आई, खासकर 1946 के चुनाव के दौरान, तो अकालियों ने यूनियनिस्टों के साथ एक राजनीतिक गठबंधन करने का फ़ैसला किया और बाद में उनके साथ एक साझी सरकार बनाई। 1946 में कैबिनेट मिशन के सामने, तारा सिंह ने उनकी (सिखों की) ओर से एक बार फिर ज़ोर देकर कहा कि वे पाकिस्तान के खिलाफ़ हैं, लेकिन ऐसी स्थिति आ ही जाती है तो या तो भारत या पाकिस्तान में मिलने के विकल्प के साथ पंजाब एक अलग राज्य बने रहना पसंद करेगा।[163] खिज्र मंत्रिमंडल के त्यागपत्र के बाद और मार्च 1947 से हिंसा भड़क उठने के बाद मुसलमानों और सिखों के संबंध और बिगड़ गए। महाराजा पटियाला से संरक्षण पाकर अकाली दल ने सिखों के जान-माल और पवित्र स्थलों की रक्षा के लिए जत्थे तैयार करने शुरू कर दिए और उससे भी अहम बात यह है कि पंजाब के विभाजन की माँग की; इस माँग को कांग्रेस ने आखिरकार अपने 8 मार्च के प्रस्ताव में स्वीकार कर लिया। लेकिन आबादी के आधार पर जब 3 जून के प्रस्ताव में विभाजन को स्वीकार कर लिया गया, तो सिखों ने पाया कि उनकी संपत्ति और महत्त्वपूर्ण गुरुद्वारे पश्चिमी पंजाब की मुस्लिम-बहुल तहसीलों में छूट जाएँगे। इसलिए कुछेक अंग्रेज़ सलाहकारों से प्रेरणा पाकर एक समूह ने अब एक तीसरी लाइन की पैरवी शुरू कर दी-यह कि पाकिस्तान को स्वीकार कर लिया जाए, फिर उसमें एक स्वतंत्र सिख-क्षेत्र

बने और इस तरह, कम से कम एक शक्तिशाली अल्पसंख्यक समुदाय के रूप में, सिख समुदाय की एकता बनी रहे। लेकिन जिन्ना के शत्रुतापूर्ण रुख और मौजूदा सामुदायिक संबंधों को देखते हुए विभाजन का यह विकल्प अधिकांश सिखों को असंभव लगा।[164]

दूसरी ओर बंगाल में, हसन शहीद सुहरावर्दी और अबुल हाशिम के नेतृत्व में, बंगाल मुस्लिम लीग के एक गुट ने मई 1947 से एक "अखंड और प्रभुसत्ता-संपन्न बंगाल" की पैरवी शुरू कर दी और उसे स्थानीय कांग्रेस दिग्गज शरत बोस का समर्थन मिला। लेकिन सांप्रदायिक उन्माद के इस वातावरण में अधिकांश बंगाली हिंदुओं का विश्वास था कि यह केवल एक वृहत्तर पाकिस्तान बनाने की चाल था, जिसमें आर्थिक रूप से समृद्ध पश्चिमी बंगाल भी शामिल हो, खासकर कलकत्ता नगर भी।[165] यह प्रस्ताव तब लगभग असमय समाप्त हो गया जब अप्रैल 1947 से हिंदू महासभा और स्थानीय कांग्रेस के शुरू किए हुए "सुसंचालित अभियान" ने ज़ोर पकड़ा, जो बंगाल के विभाजन का और भारतीय संघ के अंदर एक अलग पश्चिम बंगाल प्रांत में हिंदू-बहुल क्षेत्रों को शामिल करके एक हिंदू गृहप्रदेश बनाए जाने का समर्थन कर रहा था। इस अभियान का नेतृत्व हिंदू भद्रलोक कर रहा था, जो उस समय तक जोया चटर्जी के शब्दों में एक, "काल्पनिक हिंदू पहचान" बना चुका था और अपने भाग्य का फैसला करने के लिए राजनीतिक पहल अपने हाथ में लेने के प्रयास कर रहा था।[166] पर उसे गैर-कुलीनवर्ग की बड़ी संख्या का भी समर्थन मिला और उन्होंने इसमें भाग लिया, खासकर उत्तरी और पूर्वी बंगाल के कुछ दलित समुदायों का, जो अपने भद्रलोक नेताओं की ही तरह एक भावी पाकिस्तान में बहुसंख्यक मुसलमानों के स्थायी वर्चस्व को अपने लिए एक वास्तविक खतरा समझ रहे थे।[167]

जून के अंत तक भारत का विभाजन सुनिश्चित हो चुका था। 20 जून को बंगाल विधानसभा और 23 जून को पंजाब विधानसभा ने विभाजन के पक्ष में मतदान किया: पश्चिमी पंजाब और पूर्वी बंगाल पाकिस्तान में जाते और उसके बाकी भाग भारत में रहते। इसके कुछ ही समय बाद सिंध, बलूचिस्तान और फिर लोकप्रिय गांधीवादी नेता खान अब्दुल गफ़्फ़ार खाँ की इच्छा के विरुद्ध पश्चिमोत्तर सीमा प्रांत ने पाकिस्तान में मिलने का फ़ैसला किया। माउंटबेटन का अगला कदम दो सीमा आयोगों का गठन था-एक बंगाल और एक पंजाब के लिए और ये दोनों सर साइरिल रैडक्लिफ़ की अध्यक्षता में काम करने वाले थे; इनका काम अंतर्राष्ट्रीय सीमाओं का निश्चय एक सुनिश्चित समय-सीमा में करना था, जो छह सप्ताह से अधिक नहीं होती। फिर रैडक्लिफ़ आयोग ने जो सीमाएँ तय कीं, उन्हें वायसरॉय तक ने माना कि दोनों ओर "लाखों लोगों के लिए कष्ट के कारण" बनेंगी।[168] भारतीय स्वाधीनता कानून को ब्रिटिश सम्राट ने 18 जुलाई को स्वीकृति दे दी और उसे 14/15 अगस्त 1947 को लागू किया गया। सत्ता का हस्तांतरण बारीकी से नियोजित अनुष्ठानों और समारोहों के साथ किया गया जिनमें से कुछ तो, जिम मैसेलास की टिप्पणी के अनुसार, अंग्रेज़ों के साम्राज्य छोड़ने के रवैये को प्रतिबिंबित करते थे और कुछ भारतवासियों के प्रभुसत्ता पाने के रवैये को।[169]

पाकिस्तान 14 अगस्त को स्वतंत्र हुआ, जब नवनिर्धारित राजधानी कराची में सम्राट का संदेश पढ़कर माउंटबेटन ने सत्ता का हस्तांतरण किया और जिन्ना ने डोमिनियन पाकिस्तान के पहले गवर्नर जनरल का पद सँभाला। उसी रात भारतीय संविधान सभा का एक विशेष सत्र बुलाया गया, जब आधी रात का घंटा बजते ही नेहरू ने अपना अब विख्यात हो चुका "भविष्य से साक्षात्कार (Tryst with Destiny)" भाषण दिया। जैसा कि उन्होंने अपनी शानदार अलंकृत शैली में कहा, "बाकी दुनिया जब गहरी नींद में सो रही थी, तब भारत जीवन और स्वतंत्रता के लोक में जग रहा था।" अगले दिन उन्हें स्वतंत्र भारत के पहले प्रधानमंत्री की शपथ दिलाई गई और देश जश्न में डूब गया।

फिर भी, बहुत-से लोग ऐसे थे जो जश्न मनाने की मन:स्थिति में नहीं थे। विभाजन के प्रति अपना विरोध दर्ज़ कराने के लिए गांधी ने किसी जश्न में भाग न लेने का निश्चय किया और वह दिन उपवास और प्रार्थना में बिताया। राष्ट्रवादी मुसलमान भी स्वयं को छला गया महसूस कर रहे थे; मौलाना आज़ाद की पुस्तक *इंडिया विन्स फ्रीडम (India Wins Freedom)* (1957) के 30 पृष्ठों से जो 1988 में प्रकाशित हुए–उन पृष्ठों से जो तीस साल तक एक लिफ़ाफ़े में बंद रहे–स्पष्ट है कि वे भी कोई जश्न मनाने की मन:स्थिति में नहीं थे। हिंदू राष्ट्रवादी भी दुखी थे, जैसे वीर सावरकर जो कभी *अखंड हिंदुस्तान* का आंदोलन चला चुके थे, और इसलिए हिंदू महासभा और राष्ट्रीय स्वयंसेवक संघ ने समारोहों के विरुद्ध एक अभियान शुरू किया। लेकिन अनिश्चय की भावना सबसे अधिक अल्पसंख्यकों के मन पर हावी थी, खासकर पंजाब और बंगाल में, जहाँ उन्होंने अपने आपको अचानक एक पराए देश में, बल्कि दुश्मनों के देश में फँसा हुआ पाया।[170] कुछ ही समय बाद जो कुछ हुआ वह इस महाद्वीप के इतिहास में सांप्रदायिक हिंसा की और मनुष्यों के विस्थापन का दुखद उदाहरण था: लगभग दस लाख लोग मारे गए तथा 75,000 से अधिक स्त्रियों के साथ बलात्कार हुआ। लाशों से भरी रेलगाड़ियाँ सीमा के आर-पार जाती रहीं; एक करोड़ से अधिक लोग बेघर हुए और शरणार्थी शिविरों की गंदगी में कड़वी स्वाधीनता का स्वाद चखने लगे।[171] इस उन्माद के सबसे विख्यात शिकार थे खुद गांधी, जिनकी एक अतिवादी हिंदू राष्ट्रवादी ने 30 जनवरी, 1948 को हत्या कर दी।

इस तरह अनेक भारतवासियों के लिए स्वतंत्रता विभाजन से पैदा हानि की भावना के साथ आई, जबकि पाकिस्तान के अनेक मुसलमानों के लिए और खासकर उनके सरकारी विचारकों के लिए विभाजन का अर्थ ही स्वतंत्रता था। इसलिए आश्चर्य नहीं कि दक्षिण एशिया के इतिहास-लेखन में "विभाजन" सबसे अधिक विवाद का विषय रहा है; इस विषय को लेकर जितना साहित्य लिखा गया है वह विशालकाय है।[172] यहाँ कुछ प्रमुख प्रवृत्तियों को उजागर करने के अलावा हमारे पास इतना स्थान नहीं कि इन इतिहास-ग्रंथों के ब्यौरों में हम जा सकें। इन ऐतिहासिक रचनाओं का आरंभ कुलीनवर्ग पर ध्यान केंद्रित करते हुए हुआ, खासकर दोनों प्रमुख पार्टियों यानी कांग्रेस और मुस्लिम लीग के उन नेताओं पर, जो वास्तव महाकाव्यों जितने विशाल नाटक में प्रमुख पात्र थे।

पहली बात तो यह है कि कुछ पाकिस्तानी इतिहासकारों की दृष्टि में विभाजन एक मुक्तिदायी अनुभव था, यानी एक ऐसी लंबी ऐतिहासिक प्रक्रिया का आरंभ जिसका उन्नीसवीं सदी के आरंभ में सर सैयद अहमद खाँ और दूसरे लोगों ने किया था, जब दक्षिण एशिया के मुसलमानों ने अपनी राष्ट्रीय पहचान की तलाश शुरू की, जो आगे चलकर 1940 के दशक के दौरान इस उपमहाद्वीप की जटिल राजनीति में व्यक्त हुई।[173] एजाज़ हसन की राय में विभाजन 'आदिम विभाजन' या–'ऐसा विभाजन जो 50 साल का युवा और 5,000 साल वृद्ध' था।[174] जैसा कि अकबर अहमद का कथन है, "पाकिस्तान की धारणा मुसलमानों के बीच अप्रतिरोध और व्यापक थी।" 1947 में उन्होंने "जबरन एक अलगाव लागू किया" और इस तरह अपने लिए "स्वयं के एक अलग इतिहास" का दावा किया।[175] इस इतिहास के प्रमुख रचयिता जिन्ना और मुस्लिम लीग के नेता थे। इस रुख के विपरीत ऐसी दूसरी महत्त्वपूर्ण रचनाएँ भी हैं जिन्होंने विभाजन की अपरिहार्यता और वैधता पर प्रश्न खड़े किए हैं। उमा कौड़ा (1977), स्टैनली वोल्पर्ट (1984), अनिता इंदर सिंह (1987), आर. जे. मूर (1988), इयान टैलबॉट (1988), मुशीरुल हसन (1993, 1997) तथा और भी हाल में सुचेता महाजन (2000) की रचनाओं ने इस पूरे दौर में–ज़ोर, अर्थछायाओं और शब्दों के अंतर के बावजूद–लगातार यह तर्क दिया है कि कांग्रेस ने, अर्थात् उसके नेताओं ने, अंत तक एक धर्मनिरपेक्ष अखंड भारत के पक्ष में अपनी राय व्यक्त की। ये तो जिन्ना और उनकी मुस्लिम लीग थे, जिन्होंने 1940 के बाद 'दो राष्ट्रों के सिद्धांत' का समर्थन शुरू किया; उपमहाद्वीप के दुखद लेकिन अपरिहार्य विभाजन की ज़िम्मेदारी अंततः उनपर ही आती है। कांग्रेस से जिन्ना की विमुखता 1937 के बाद शुरू हुई और ब्रिटेन ने जब भारत छोड़ने के फ़ैसले की घोषणा की तबतक भी जिन्ना यदि पाकिस्तान की परिभाषा और रूपरेखा के बारे में थोड़े लचीले थे, तो भी "यह हमेशा उनकी कार्यसूची में बना रहा।"[176] दूसरे शब्दों में, यह व्याख्या दो मूल मान्यताओं पर आधारित है–जिनको असीम राय ने "विभाजन के दो मिथक" कहा है–"लीग विभाजन के पक्ष में और कांग्रेस एकता के पक्ष में" की मान्यताओं पर।[177] विभाजन के सुपरिचित वृत्तांतों के इन दोनों दकियानूसी विचारों को हाल के एक 'संशोधनवादी' इतिहास ने ज़ोरदार ढंग से चुनौती दी है।

पाकिस्तान जब अंततः बन ही गया तो उसमें 6 करोड़ मुसलमान थे, और 3.5 करोड़ मुसलमान गैर-मुस्लिम भारत में ही रह गए। इसलिए आयशा जलाल (1985) ने अपनी 'संशोधनवादी' समालोचना का आरंभ एक सर्व-महत्त्वपूर्ण प्रश्न उठाकर किया: "ऐसा पाकिस्तान भला बना कैसे, जो अधिकांश मुसलमानों के हितों से इतना अधिक बेमेल था?" उनकी राय में लाहौर का प्रस्ताव, जिसमें न 'विभाजन' का उल्लेख था न 'पाकिस्तान' का, जिन्ना का "कार्यनीतिक कदम" था, उनका "सौदेबाज़ी का साधन", जो कांग्रेस और अंग्रेज़ों से अलग मुस्लिम राष्ट्रीयता के दावे को स्वीकार करा सके। इस चरण में भारत के लिए जिस आदर्श संवैधानिक व्यवस्था को वे प्राथमिकता देते थे, वह थी एक कमज़ोर संघीय ढाँचों की व्यवस्था, जिसमें प्रांतों को काफ़ी स्वतंत्रता

प्राप्त हो और केंद्र में हिंदू-मुस्लिम समानता हो। उनको आशा थी कि एक सशक्त एकात्मक केंद्र की पक्षधर कांग्रेस अंततः उनकी माँग को मान लेगी, ताकि उनकी अलगाव की उस अधिक आक्रामक योजना से बच सके, जिसे उन्होंने "वास्तव में कभी चाहा ही नहीं।" लेकिन यह एक गलत मान्यता थी कि कांग्रेस या अंग्रेज़ किसी भी हालत में विभाजन को कभी स्वीकार ही नहीं करेंगे। कांग्रेस ने अंत में विभाजन को स्वीकार किया ही और इसलिए अपनी होशियारी दिखाने के खेल में जिन्ना को मात मिली। जलाल का समर्थन करते हुए एक लेख में इसीलिए असीम राय ने एक थोड़ा-बहुत ज़ोरदार भावात्मक वक्तव्य सामने रखा है– "अंततः भारत माता के शरीर पर खंजर चलाने का रास्ता लीग ने नहीं, बल्कि कांग्रेस ने चुना।"[178] लेकिन, जैसा कि अनेक लोगों ने कहा है, व्याख्या का यह मॉडल जिस व्याख्या को विस्थापित करना चाहता है, उससे भी अधिक महत्त्व "उच्च राजनीति" को देता है; यह जिन्ना के कर्तृत्व पर बहुत अधिक निर्भर है और उसके चिंतनशील मन की अँधेरी गहराइयों को बहुत अधिक महत्त्व देता है। अगर हम यह मान भी लें–और सुमित सरकार तक ने माना है[179]–कि जिन्ना ने पाकिस्तान के विचार को "सौदेबाज़ी के साधन" के रूप में उछाला, तो भी इस बात में संदेह है कि मुस्लिम राष्ट्रीयता के इस भावात्मक प्रतीक के आधार पर 1944 में जनता की लामबंदी का अभियान शुरू हुआ, तब भी उन्हें सौदेबाज़ी की उतनी ही स्वतंत्रता प्राप्त रही होगी। जलाल ने अपने विश्लेषण को अपनी दूसरी पुस्तक में ठीक किया है, जो *स्वत्व और प्रभुसत्ता, 2000 (Self and Sovereignty)* की व्यापकतर मुस्लिम चाहत पर ध्यान केंद्रित करती है। इसमें उन्होंने उन्नीसवीं सदी के अंतिम वर्षों से ही उत्तर भारत के मुसलमानों की "धर्म पर आधारित सांस्कृतिक पहचान" के विकास को और एक राष्ट्रीयता के दावे में उसके फ़ैलाव को दिखाया है। लेकिन वह मानती हैं कि राष्ट्रीयता का यह दावा 1946 की गर्मियों के अंतिम दिनों तक अलग राज्य की माँग नहीं बना। लगता है कि उनकी लोकमानस संबंधी विवेचना अभी भी अखबार पढ़ने वाली और शायरी पर वाह-वाह करने वाली जनता से आगे नहीं बढ़ी; लाहौर की सड़कों के अनपढ़ मुसलमान या बंगाल के गाँवों के किसान इस वृत्तांत से तब तक एक बड़ी सीमा तक बाहर ही नज़र आते हैं, जब तक कि 1946 में दंगों का आरंभ नहीं हो गया। लेकिन जैसा कि हमने पहले ही दिखाया है, काफ़ी पहले से ही पाकिस्तान का आंदोलन व्यापकतर जनता को समेटने लगा था, क्योंकि इसका अर्थ "सभी लोगों के लिए सबकुछ" था[180]; दंगे जब शुरू ही हो गए तो अभियान एक ऐसे बिंदु पर पहुँच गया, जहाँ से वापसी संभव नहीं थी।

यह तर्क देना भी उतना ही भ्रामक होगा कि जिन्ना नेतृत्व नहीं कर रहे थे बल्कि मुस्लिम मतैक्य से संचालित हो रहे थे, क्योंकि जैसा कि मुशीरुल हसन ने दिखाया है, मतैक्य तो कोई था भी नहीं। हसन की राय में 'दो राष्ट्रों का सिद्धांत' स्वयं ही ऐसे ही मुस्लिम मतैक्य के "गलत विश्वास पर ... आधारित था।"[181] राजनीतिक स्तर पर लीग कांग्रेस जितनी ही "गुटबंदी से बँटी हुई और वैचारिक रूप से खंडित" थी और जनता

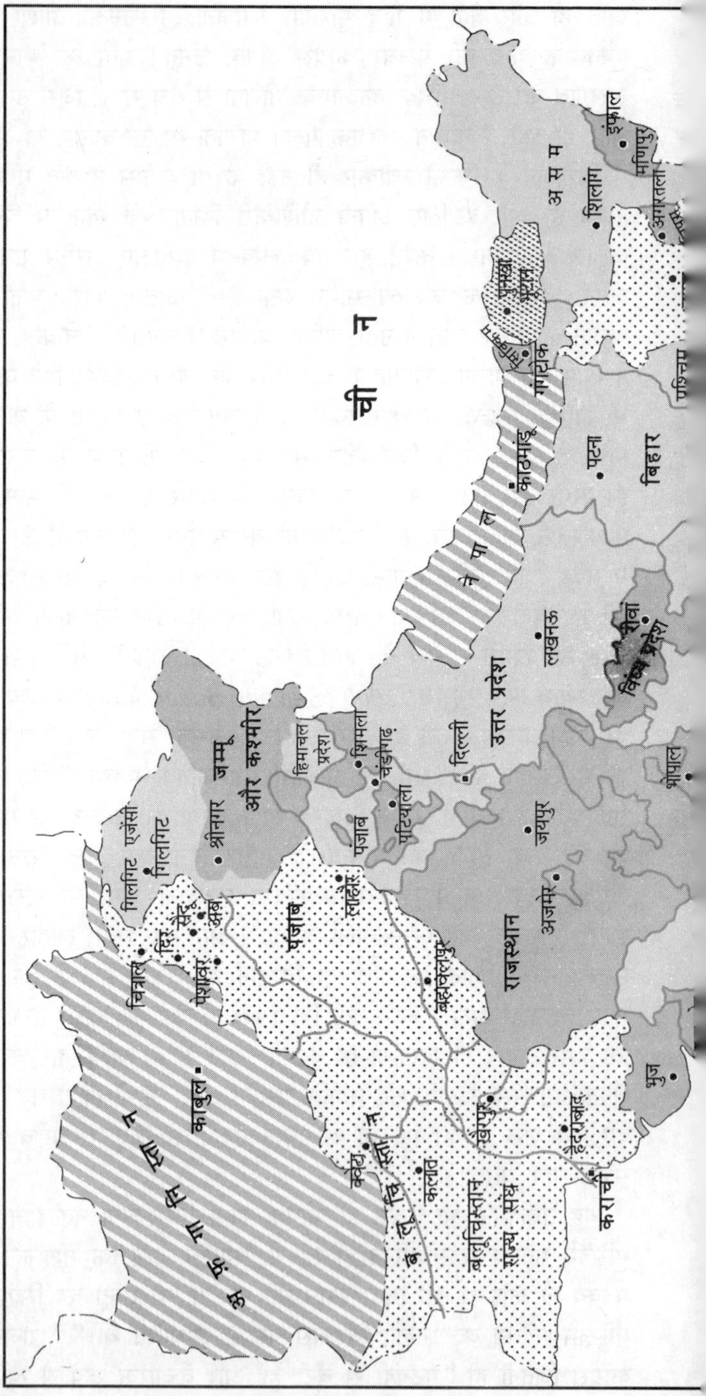

चीन
नेपाल
काठमांडू
गंगटोक
असम
शिलांग
इंफाल
मणिपुर
अगरतला
पटना
बिहार
उत्तर प्रदेश
लखनऊ
रीवा
विंध्य प्रदेश
भोपाल
दिल्ली
हिमाचल प्रदेश
शिमला
चंडीगढ़
पटियाला
पंजाब
जम्मू और कश्मीर
श्रीनगर
गिलगित एजेंसी
गिलगित
चित्राल
पेशावर
पंजाब
लाहौर
बहावलपुर
राजस्थान
अजमेर
जयपुर
भुज
खैरपुर
हैदराबाद
कराची
बलूचिस्तान राज्य संघ
कलात
क्वेटा
काबुल

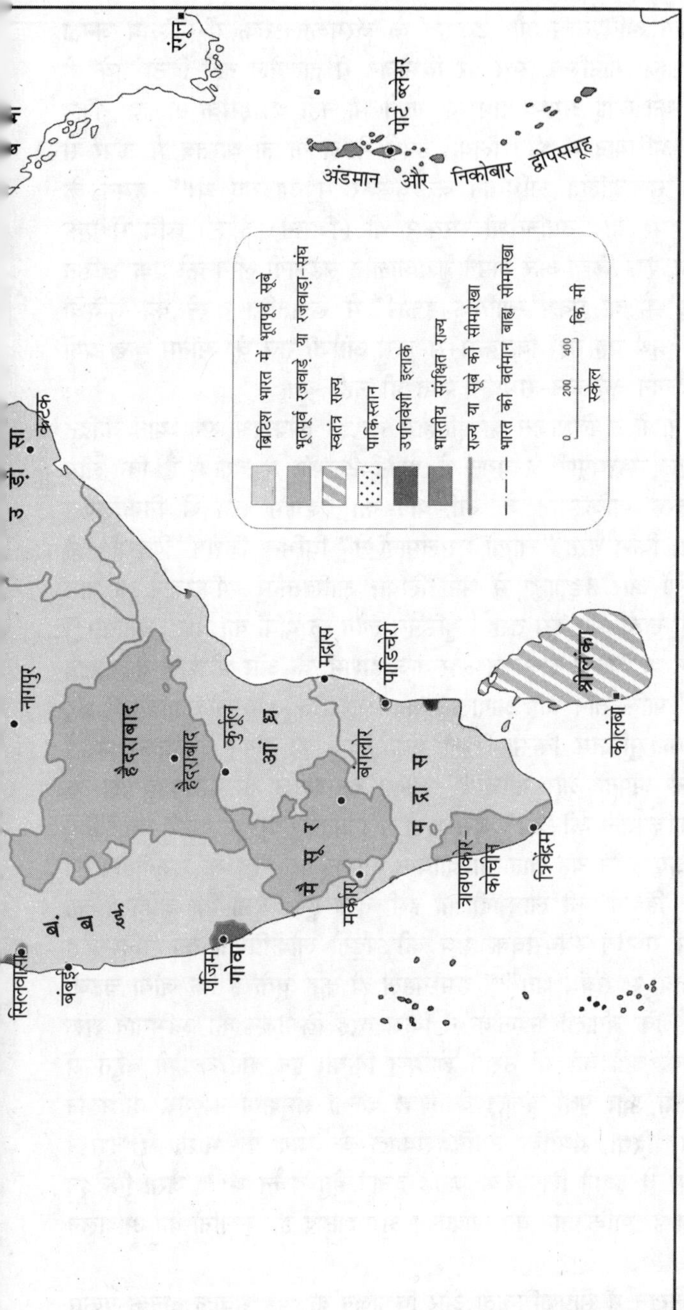


मानचित्र 5: 1947 में भारत

के स्तर पर, सांप्रदायिक अविश्वास और टकराव के चरमकाल तक में मुस्लिम जनता के बड़े हिस्से ऐसे थे, जो मानसिक स्तर पर विभाजन से तालमेल नहीं बिठा सके थे और धार्मिक अलगाव को कोई अगम्य समस्या मानते भी नहीं थे। इसके अलावा, जिन लोगों ने विभाजन के अभियान में भाग लिया, उनमें से अनेक तो वास्तव में ऊपर से आरोपित एक अत्यंत सुसंचालित अभियान के चक्कर में आ गए थे।[182] हसन के विश्लेषण के अनुसार यह तो "उपनिवेशी सरकार थी (जिसने) अपनी छवि में एक (मुस्लिम) समुदाय को *पैदा किया* और अपने युद्धकालीन सहयोगी लीग को एक खंडित जनता को एक 'राष्ट्र' में या एक 'न्यायिक इकाई' में रूपांतरित करने की सुविधा दी।"[183] लेकिन इसका अर्थ यह नहीं कि कम-से-कम अंग्रेज़ी राज के अंतिम कुछ वर्षों में पाकिस्तान के आंदोलन को जन-समर्थन प्राप्त ही नहीं था।

हाल की कुछ रचनाओं ने विभाजन के इतिहास के इन लोकपक्षों पर ध्यान केंद्रित किया है। बाद के एक महत्त्वपूर्ण अध्ययन में इयान टैलबॉट ने बताया है कि लीग ने पंजाब में किस तरह पाकिस्तान के अभियान को "ड्राइंग रूम से निकालकर सड़कों तक" पहुँचाया; किस तरह "लाखों मुसलमानों ने" विभिन्न विशेष 'दिवसों' को मनाया; प्रदर्शनों, जुलूसों और हड़तालों में भाग लिया; आखिरकार पाकिस्तान के नाम पर सांप्रदायिक दंगों को लड़ा और इस तरह "मुस्लिम लीग के दावों को वैध" बनाया।[184] बंगाल में भी शीला सेन के पिछले अध्ययन और ताज हाशमी के और भी हाल के लेखन ने तर्क दिया है कि "पाकिस्तान का आंदोलन जन-आधारित और लोकतांत्रिक" था, क्योंकि पूर्वी बंगाल के मुस्लिम किसानों को एक स्वर्ग का सपना दिखाकर उसने सफलता के साथ उन्हें अपनी ओर खींचा।[185] 1940 के दशक के दौरान बंगाल के मुस्लिम दंगाइयों ने "पाकिस्तान की जय" जैसे खुले राजनीतिक नारों के साथ अपने हिंदू विरोधियों पर हमले किए, और यह बात सांप्रदायिक आधार पर भीड़ के राजनीतीकरण का संकेत देती थी।[186] हिंदुओं की लामबंदी भी इसी तरह हुई; जैसा कि जेफ्रीलॉ का तर्क है, हिंदी पट्टी में राष्ट्रीय स्वयंसेवक संघ की बढ़ती लोकप्रियता का "निस्संदेह विभाजन की परिस्थितियों से संबंध था।"[187] हम पहले ही कह चुके हैं कि जोया चटर्जी (1995) ने दिखाया है कि बंगाली भद्रलोक ने किस तरह विभाजन का अभियान शुरू किया और गैर-भद्रलोक वर्गों को भी उसमें शामिल किया। इन वर्गों के भी बहुत-से लोगों ने, खासकर उत्तरी और पूर्वी बंगाल के कुछ दलित समुदायों ने, उस अभियान का सक्रियता से उत्तर दिया, क्योंकि उपनिवेशकाल के बाद के भारत में उभरने वाली शक्ति-संरचना में वे अपने लिए एक जगह बनाने हेतु बेचैन थे।[188] जैसा कि इन रचनाओं से पता चलता है, पाकिस्तान का आंदोलन अब शायद ही कुलीनों का आंदोलन रहा होगा।

वामपंथी इतिहास-लेखन में सांप्रदायिकता और विभाजन का यह सवाल अनेक प्रकार से सामने आया है। विपिनचंद्र और उनके सहयोगियों की राय में विभाजन 1937 से ही "मुस्लिम सांप्रदायिकता की बढ़ती लहरों" के कारण और "मुख्यत: राष्ट्रीय आंदोलन

में मुस्लिम जनता को खींचने में कांग्रेस की दीर्घकालिक असफलता के कारण" हुआ। कांग्रेसी नेताओं ने अपनी "असफलता" को स्वीकार किया और विभाजन को "वर्तमान परिस्थितियों में एक अनिवार्य आवश्यकता के रूप में" स्वीकार किया।[189] लेकिन सुमित सरकार की राय में यह "सांप्रदायिकता" अभी भी भारत के सार्वजनिक जीवन का सामान्य अंग नहीं बनी थी। वास्तव में वार्ता की मेज़ों से अधिक सांप्रदायिक सद्भाव सैन्य मोर्चों पर था, जैसा कि 1940 के दशक के जन-आंदोलनों, किसान संघर्षों और औद्योगिक कार्रवाइयों में देखा गया।[190] इन जन-भावनाओं को दिशा देने और एक और जन-आंदोलन का जोखिम उठाने की बजाय कांग्रेसी नेतृत्व ने सत्ता के शीघ्र हस्तांतरण का वह लुभावना विकल्प स्वीकार कर लिया जिसकी अनिवार्य कीमत विभाजन था। सुमित सरकार की राय में अगस्त 1946 से जो सांप्रदायिक दंगे शुरू हुए, वे इस लोक-राजनीति के अंग नहीं हैं। दूसरी ओर अधीनस्थ (subaltern) इतिहासकारों का, जैसे ज्ञानेंद्र पांडे का, तर्क है कि विभाजन का परंपरागत अभिजातवादी इतिहास-लेखन "विभाजन के कारणों" को स्थापित करने के स्वयं पर आरोपित उद्देश्य से गंभीर सीमा तक बाधित हो रहा है।[191] पार्थ चटर्जी के लिए यह एक अ-प्रश्न (non-question) है, क्योंकि इन सबका निर्णय तो 'अखिल भारतीय खिलाड़ियों' ने कर लिया था और यह सुझाव "ऐतिहासिक दृष्टि से सटीक नहीं है", कम से कम बंगाल के बारे में तो नहीं ही है, कि विभाजन के अभियान में जनता की भी कोई सार्थक भागीदारी थी।[192] इसलिए पांडे अपनी ऐतिहासिक दृष्टि को 'कारणों' से परे फेर लेते हैं और "जिन लोगों ने विभाजन को जिया उनकी ओर, जो दुःस्वप्न उसने पैदा किया उसकी ओर, और जो स्थानांतरण वह ले आया उसकी ओर" ले जाते हैं।[193] उनकी राय में "विभाजन का सत्य" उससे पैदा हिंसा में निहित था और इसलिए वे इसे सामने लाने का प्रयास करते हैं कि इस हिंसा को किस तरह उन लोगों ने "धारणाबद्ध किया और याद किया जिन्होंने—शिकारों, हमलावरों या दर्शकों के रूप में—विभाजन को जिया।"[194]

विवेचना के इस नए क्षेत्र में पांडे निश्चित ही अकेले नहीं हैं। यहाँ यह कह देना आवश्यक है कि विभाजन के इतिहास-लेखन का एजेंडा हाल के वर्षों में उसकी पहले वाली कारण-केंद्रीयता से सार्थक सीमा तक हटा है और उसके अनुभवों में और भी दिलचस्पी ली जाने लगी है। यह बात प्रकाशनों की हाल की बाढ़ से सिद्ध होती है, जो विभाजन की यादों पर, उस दुखद अनुभव को प्रस्तुत करने वाले रचनात्मक साहित्य पर और "महात्रासदी" की चित्रमय प्रस्तुतियों पर केंद्रित हैं।[195] स्पष्ट है कि इतिहासकारों का सरोकार अब विभाजन के कारणों से कम है और वे दक्षिण एशिया में विभाजन के "पश्चजीवन" या "पश्चकाल" के बारे में अधिक अंतर्मुखी हैं।[196] दूसरे शब्दों में, वे अब यह देख रहे हैं कि उपनिवेश-पश्चात यानी स्वतंत्रता के बाद के इतिहास और राजनीति को विभाजन ने कैसे प्रभावित किया, विभाजन की यादें कैसे सामुदायिक पहचानों को निरूपित कर रही हैं और समुदायों के आपसी संबंधों को प्रभावित कर रही हैं, और इस तरह एक ऐतिहासिक निरंतरता पर बल दे रही हैं। वे अवचेतन ढंग से वर्ष 1947 को

और दो राष्ट्र-राज्यों की स्थापना को "समस्त इतिहास का अंत" माने जाने के विशेषाधिकार से वंचित कर रहे हैं।[197]

भारत में सत्ता के हस्तांतरण की इस गाथा में विभाजन के अलावा एक और जटिल प्रश्न जो प्रमुखता के साथ सामने आया, वह ब्रिटिश सर्वोच्चता की समाप्ति के बाद 565 रजवाड़ों के भविष्य का है। अनौपचारिक संकल्पों और औपचारिक संधियों के द्वारा ब्रिटिश सम्राट ने रजवाड़ों द्वारा कुछ राजनीतिक अधिकारों के समर्पण के बाद उनकी रक्षा का वचन दिया था। लेकिन लेबर पार्टी की सरकार ने बदली हुई राजनीतिक वास्तविकताओं को देखते हुए और ब्रिटिश भारत को सत्ता के हस्तांतरण के बाद रजवाड़ों की रक्षा की व्यावहारिक कठिनाइयों के कारण इस दायित्व से मुक्त होने का निर्णय किया। इसलिए 12 मई, 1946 को कैबिनेट मिशन ने घोषणा की कि सत्ता के हस्तांतरण के साथ ही सर्वोच्चता समाप्त हो जाएगी और रजवाड़ों को उनके द्वारा छोड़े गए अधिकार वापस मिल जाएँगे। वे या तो ब्रिटिश भारत के उत्तराधिकारी राज्य/ राज्यों के साथ या तो संघीय संबंध बनाने के लिए स्वतंत्र होंगे, या फिर उनके साथ अपनी समझ में अपने हितों के लिए बेहतरीन किसी और राजनीतिक व्यवस्था में बँधने के लिए स्वतंत्र होंगे। इस तरह इस घोषणा ने अनजाने में ही राजाओं के मन में यह बात भर दी कि उन्हें स्वतंत्र रहने का विकल्प प्राप्त होगा। इसे सही करने के लिए माउंटबेटन की 'बाल्कन योजना' में भी कुछ नहीं किया गया; इसमें केवल यह कहा गया था कि रजवाड़ों को प्रांतों के इस या उस महासंघ में शामिल होने की स्वतंत्रता होनी चाहिए या फिर वे स्वतंत्र रह सकते हैं। 3 जून की घोषणा में भी रजवाड़ों से संबंधित नीति अपरिवर्तित रही।[198] परंतु फिर माउंटबेटन ने अनुभव किया कि कांग्रेस के नेता, खासकर नेहरू और पटेल, रजवाड़ों की स्वतंत्रता के विचार को पसंद नहीं करते थे, क्योंकि इससे न केवल कानून-व्यवस्था भंग होगी, बल्कि भारत के भावी आर्थिक विकास के लिए भी गंभीर जोखिम पैदा होंगे। इसलिए अब उसने राजा-महाराजाओं को यह समझाने का फ़ैसला किया कि केवल तीन क्षेत्रों, अर्थात् संचार, राजनय और प्रतिरक्षा में, जिनमें उनको पहले कोई अधिकार प्राप्त भी नहीं था, में अपने अधिकार त्यागकर वे भारत में शामिल हो जाएँ। पटेल, जो अब नए राज्य विभाग के प्रमुख थे, इस योजना को मानने पर तैयार हो गए, बशर्ते वायसरॉय उनको "सेबों से भरी एक टोकरी" दे दें।[199]

यह एक कठिन कार्य था, क्योंकि जून के आरंभ तक ही भोपाल, त्रावणकोर, कश्मीर और हैदराबाद जैसे कुछ बड़े रजवाड़ों के शासकों ने स्वतंत्र रहने की इच्छा व्यक्त कर दी थी। एक घिरे हुए वायसरॉय के पास उनकी बाँहें मरोड़ने के अलावा कुछ खास विकल्प था भी नहीं, क्योंकि उसे कांग्रेस को डोमिनियन स्टेटस और विभाजन स्वीकार करने पर विवश करना था। आखिरकार, जैसा कि इयान कॉपलैंड ने सुझाया है, "वायसरॉय और उसके मंत्रियों के द्वारा दबाव जो कि—हल्का, सज्जनों के लिए शोभनीय मगर अंतहीन था—के द्वारा विलय को बढ़ावा दिया गया।"[200] पर फिर भी वे (वायसरॉय) पूरी टोकरी देने में असफल रहे। हालाँकि 15 अगस्त, 1947 तक अधिकांश राजे-महाराजे

छले जाने की गहरी भावना के साथ भारत में विलय की दस्तावेज़ (इंस्ट्रूमेंट ऑफ़ ऐक्सेशन) पर हस्ताक्षर कर चुके थे, फिर भी कुछ अक्खड़ विद्रोही तो थे ही। कश्मीर और हैदराबाद ने स्वतंत्र रहने का निर्णय किया, जूनागढ़ ने पाकिस्तान में विलय के दस्तावेज़ पर हस्ताक्षर किए, जबकि कुछ दूसरे, छोटे-छोटे रजवाड़े नियत तिथि पर हस्ताक्षर किए हुए दस्तावेज़ वापस लौटाने में असफल रहे। इसलिए भारत का एकीकरण सरदार पटेल और उनके सहयोगी वी. वी. मेनन की बलप्रयोग की कार्यनीतियों के कारण ही संभव हुआ। उन्होंने विलयपत्र की असामान्यताओं पर बल देकर कहा कि नवस्वतंत्र लोकतांत्रिक भारत में राजतंत्र के ऐसे समय की धार से पीछे रह गए रजवाड़े सुरक्षित नहीं रह सकते। अगले दो वर्षों में सभी राजा-महाराजाओं पर, उन्हें भारी-भरकम प्रिवी पर्स और कभी-कभी विदेश-स्थित दूतावासों में प्रतिष्ठाजनक पद देकर, दबाव डाला गया कि वे अपने विलयपत्रों पर फिर से वार्ता करें, अपने अधिकारों का त्याग करें और संवैधानिक परिवर्तनों व लोकतंत्री-करण को स्वीकार करें। अंततः इन रजवाड़ों को साथ लगे प्रांतों में मिला दिया गया। रहे विद्रोही, तो जूनागढ़ के नवाब को मज़बूर होकर पाकिस्तान भागना पड़ा। कश्मीर के महाराजा हरिसिंह को पठानों के एक धावे के कारण अक्तूबर 1947 में भारत में मिलना और विलयपत्र पर हस्ताक्षर करना पड़ा, और इस तरह 1948 के पहले भारत-पाक युद्ध का वातावरण तैयार हुआ। उधर निज़ाम की स्वतंत्रता की महत्त्वाकांक्षा को नष्ट करने के लिए आखिरकार भारतीय टैंक सितंबर 1948 में हैदराबाद पहुँच गए।[201]

रजवाड़ों का विलय तीखे विवादों का एक विषय रहा है। उदाहरण के लिए, इयान कॉपलैंड(1993, 1999) ने संधियों के कारण ब्रिटिश सम्राट पर न्यायोचित संधिजनित दायित्वों के एकतरफ़ा हनन की नैतिकता, शुचिता और वैधता पर गंभीर सवाल उठाए हैं; उन्होंने राजाओं के प्रति आरंभ में माउंटबेटन के लापरवाह रवैये और बाद में उनसे दबंग व्यवहार की भी आलोचना की है। ज़िद्दी विद्रोहियों को अपनी टोकरी में लाने के लिए पटेल द्वारा प्रयुक्त तरीके ज्यूडिथ ब्राउन को "संदिग्ध वैधता" से संपन्न लगते हैं।[202] लेकिन कुछ दूसरे इतिहासकारों की, जैसे जेम्स मेनर, की राय में रजवाड़ों का अंत ऐतिहासिक दृष्टि से अपरिहार्य था; कारण कि वे समय से पीछे रह गए निरंकुश शासन पहले ही अतीत के अवशेष हो चुके थे और एक नया जीवन पाने की पात्रता नहीं रखते थे। मेनर लिखते हैं: "दो अलग-अलग भारतों के विरोधाभास का मरना स्पष्ट तौर पर अनिवार्य था।"[203] नए स्वतंत्र भारत में असहाय राजाओं के लिए, जिनकी किस्मत स्पष्ट रूप से उनका साथ छोड़ चुकी थी, कुछ ही लोगों ने आँसू बहाए।

फिर भी भारत में सत्ता की समाप्ति का त्वरित अर्थ ब्रिटेन की शाही महत्त्वाकांक्षाओं का समाप्त होना नहीं था, क्योंकि साम्राज्य का पुराना विचार अब राष्ट्रमंडल की अधिक गतिशील धारणा के रूप में विकसित हुआ, जिसमें पुराने उपनिवेश "घरेलू या विदेशी मामलों के किसी भी पक्ष में किसी भी तरह अधीन" नहीं होंगे, बल्कि "सम्राट के प्रति

साझी निष्ठा के द्वारा मुक्त रूप से जुड़े और एकजुट" होंगे।[204] भारत को डोमिनियन स्टेटस स्वीकार करके राष्ट्रमंडल में बने रहने पर सहमत कराने को माउंटबेटन ने एक निजी ध्येय के रूप में देखा। 1947 में भारत को अपने हाथ उस समय कुछ हद तक बँधे हुए लगे, जब पाकिस्तान ने राष्ट्रमंडल की सदस्यता स्वीकार कर ली, लेकिन 26 जनवरी, 1950 को लागू नए संविधान ने भारत को एक गणराज्य घोषित किया। फिर भी, जैसा कि डी. जॉर्ज बॉयस का तर्क है, अंग्रेज़ों की "व्यावहारिकता" ब्रिटिश राजशाही को मिलने वाली चुनौती का सामना करने में सफल रही, जो "पूरे साम्राज्य और राष्ट्रमंडल की पहचान के लिए एक केंद्रीय महत्त्व" रखती थी।[205] अपनी गणराज्य की स्थिति के बावजूद भारत राष्ट्रमंडल में बने रहने को तैयार हो गया और उसे रहने दिया गया–राष्ट्रमंडल के पूरे विचार का इस तरह पुनर्गठन होने लगा। नए भारत और पाकिस्तान डोमिनियनों को स्टर्लिंग क्षेत्र और डॉलर पूल में एकीकृत कर लिया गया और स्टर्लिंग में उनके बकायों पर ब्रिटेन के नियंत्रण ने उसे सौदेबाज़ी की असीमित क्षमता दे दी।[206] स्वतंत्रता के समय भारत में हुए कुल विदेशी निवेश में ब्रिटिश निवेश का भाग 80 प्रतिशत था और 1948–49 में भारत का 25 प्रतिशत से अधिक विदेशी व्यापार ब्रिटेन के साथ था।[207] दूसरे शब्दों में, भूतपूर्व उपनिवेशों की स्वतंत्रता के बाद भी उनकी अर्थव्यवस्थाओं और विकास–योजनाओं में ब्रिटेन का अच्छा–खासा हित और उनपर उसका काफ़ी कुछ नियंत्रण बना रहा। इसलिए आश्चर्य नहीं कि भारत और ब्रिटेन के संबंधों का सबसे जटिल मुद्दा अर्थात् स्टर्लिंग बकायों का मुद्दा, जो भारत के सापेक्ष ब्रिटेन की लेनदार की स्थिति की उपज थे, उपनिवेश–पश्चात वार्ताओं में लगातार "टाला जाता" रहा और अंततः "बिना किसी सोची–समझी योजना के हल हो गया।"[208] लेकिन भारत की सोची–समझी सरकारी नीतियों, उसके व्यापार की बदलती दशाओं के कारण और एक अंतर्राष्ट्रीय वित्तीय शक्ति के रूप में ब्रिटेन की कम होती जा रही भूमिका के कारण भी इस निर्भरता और नियंत्रण में धीरे–धीरे कमी आती गई। लेकिन अगर हम खास तौर पर नए राष्ट्र–राज्य के प्रबंध और प्रशासन के वास्तविक सरदर्द की ओर नजर उठाएँ, तो कुछ ऐसे दूसरे क्षेत्र भी थे जिनमें, जैसा कि ज्यूडिथ ब्राउन का दावा है, हम निस्संदेह "नाटकीय परिवर्तन की बजाय निरंतरता" के तत्त्व पाते हैं।[209] यह बात इससे स्पष्ट है कि भारत ने संसदीय लोकतंत्र की वेस्टमिंस्टर व्यवस्था को अपनाया और नौकरशाही, पुलिस, सेना और न्यायपालिका के मौजूदा ढाँचों की और उनसे जुड़े सभी आदर्शों, तामझाम और अनुष्ठानों की विरासत को स्वीकार किया। लेकिन 1947 में जो सबसे बुनियादी परिवर्तन आया, वह सत्ता के केंद्र में था, अर्थात् "एक प्रभुता–संपन्न राज्य के रूप में भारत के उदय" में, जिसे इतिहासकार रवींदर कुमार ने, अपनी जश्न वाली मनःस्थिति में, "बीसवीं सदी की नाजुक घटनाओं में एक" घोषित किया है।[210]

## टिप्पणियाँ

1. सरकार 1983: 332.
2. दामोदरन 1992: 36 और आगे।
3. उपरोक्त: 98-102.
4. हेनिंघम 1982: 144.
5. सरकार 1983: 333, 340.
6. पति 1993: 86-88.
7. हेनिंघम 1982: 166-67.
8. दामोदरन 1992: 124, 138 और आगे।
9. टॉमलिंसन 1976: 96-97.
10. पति 1993: 98-108.
11. सरकार 1983: 364.
12. रैमज़क 1978: 181-82.
13. राजकोट आंदोलन के बारे में वुड 1978: 240-74 देखें।
14. ब्यौरों के लिए कॉपलैंड 1999: 163-70 देखें।
15. टॉमलिंसन 1976: 127.
16. गॉर्डन 1990: 403 द्वारा उद्धृत।
17. चक्रवर्ती 1997: 12.
18. हारकोर्ट 1977: 338.
19. पति 1993: 160 द्वारा उद्धृत।
20. पांडे 1988b: 129.
21. उपरोक्त: 131.
22. सरकार 1983: 391 द्वारा उद्धृत।
23. हचिंस 1973: 217, 240.
24. गुप्ता 1997, 2: 2068-77.
25. सान्याल 1988b: 30 द्वारा उद्धृत।
26. ग्रीनफ़ 1983.
27. पांडे 1988: 5.
28. सरकार 1983: 394.
29. हचिंस 1973: 245, 250-51.
30. दामोदरन 1992, 1998.
31. पांडे 1988b: 134.
32. मित्र 1988: 180 और आगे।
33. सान्याल 1988b: 31.
34. सान्याल 1988b; चक्रवर्ती 1997.
35. ब्यौरे पति 1993 में।
36. ब्यौरे ओंवेट 1988 में।
37. हार्डिमन 1988.
38. आर्नल्ड 1988.

39. चक्रवर्ती 1997: 24-26.
40. एंडरसन और दामले 1987: 44 द्वारा उद्धृत।
41. पांडे 1988: 9; चक्रवर्ती 1997: 28.
42. हेनिंघम 1983.
43. पांडे 1988b: 139 द्वारा उद्धृत।
44. ओंवेट 1988: 223 द्वारा उद्धृत।
45. लो 1977: 14.
46. गॉर्डन 1990: 400, 406 द्वारा उदधृत।
47. चक्रवर्ती 1990: 63-65.
48. इस यात्रा के ब्यौरे गॉर्डन 1990: 415-28 में देखें।
49. लेब्रा 1971: 108-10.
50. फ़े 1993: 145.
51. उपरोक्त: 526.
52. लेब्रा 1971: 174-79.
53. महाजन 1987: 68-71.
54. गॉर्डन 1990: 552 द्वारा उद्धृत।
55. महाजन 1987: 72-73; 2000: 80-86.
56. घोष 1969: 215-16; सरकार 1983: 421.
57. फ़े 1993: 497-98.
58. चट्टोपाध्याय 1976; 1987.
59. घोष 1969: 232 द्वारा उद्धृत।
60. महाजन 1987: 76-80; 2000: 92-98.
61. वोष 1969: 235.
62. फ़े 1993: 503 द्वारा उद्धृत।
63. सरकार 1983: 425 द्वारा उद्धृत।
64. महाजन 2000: 73 द्वारा उद्धृत।
65. कूपर 1988: 133-40.
66. मजुमदार 1993: 60.
67. सेन 1980: 202.
68. ग्रीनफ़ 1982: 309.
69. डाइसन और महारत्न 1991: 296.
70. ग्रीनफ़ 1982: 85-138, 264-71.
71. गुप्ता 1997, 2: 2086.
72. सेन 1972: 35 द्वारा उद्धृत।
73. कूपर 1988: 166-96.
74. उपरोक्त: 255-60.
75. बोस 1986: 263-73; 1993: 151, 164, 172-74.
76. सेन 1972: 78-85.
77. ब्यौरे पारुलेकर 1979: 569-92 में।

78. मेनन 1994: 177.
79. उपरोक्त: 157-89.
80. जेफ्री 1981: 102, 121 और आगे।
81. धनगरे 1991: 183.
82. उपरोक्त: 183-95.
83. उपरोक्त: 196-207.
84. सुंदरैया 1979: 532-34.
85. धनगरे 1991: 202.
86. ओंवेट 1994: 310-12.
87. ऐसे साक्ष्यों के लिए कूपर 1988: 144, 191-96; जेफ्री 1981: 102-3; पारुलेकर 1979: 569-71; धनगरे 1991: 194; राव 1979: 518 देखें।
88. महाजन 2000: 108-95.
89. ब्रैस्टेड और ब्रिज 1994: 94-95.
90. बॉयस 1999: 118-19.
91. मूर 1979: 44.
92. लो 1997: 307.
93. मूर 1983: 6.
94. उपरोक्त: 9.
95. हॉलैंड 1985: 53 द्वारा उद्धृत।
96. मूर 1983: 11-12.
97. सरकार 1983: 386-88.
98. मूर 1988: 10.
99. डार्विन 1988: 33.
100. टॉमलिंसन 1976b: 344.
101. टॉमलिंसन 1985: 158.
102. ज़करिया 1998: 190, 195.
103. पांडे 1969: 172.
104. मेनन 1957: 436.
105. ब्रैस्टेड और ब्रिज 1990.
106. मूर 1983: 18-31.
107. डार्विन 1988: 71-72 और आगे।
108. बॉयस 1999: 141.
109. शेख 1993: 95.
110. मूर 1979: 28 द्वारा उद्धृत।
111. सिंह 1987: 109-11.
112. मून 1973: 97-98.
113. जलाल 1985: 59.
114. हसन 1997: 70-77, 91-99.
115. मूर 1988: 123.

116. ब्यौरे सेन 1976 में।
117. हाशमी 1992: 248-56; 1999.
118. दास 1991b: 164-65.
119. हाशमी 1992: 249.
120. कुवाजिमा 1988: 144.
121. टैलबॉट 1996: 61.
122. गिलमार्टिन 1988: 184 द्वारा उद्धृत।
123. टैलबॉट 1996: 111.
124. गिलमार्टिन 1988: 186-221.
125. टैलबॉट 1996: 148-49.
126. कुवाजिमा 1998: 167-68.
127. उपरोक्त: 134 द्वारा उद्धृत।
128. सिंह 1987: 136.
129. कुवाजिमा 1998: 131, 167.
130. गोपाल 1975: 307.
131. महाजन 2000: 97-104.
132. गुप्ता 1987: 9.
133. मूर 1983: 63-64.
134. पीरज़ादा 1970, 2: 573.
135. मैनसर्ग 1977, 7: 285.
136. उपरोक्त: 582-92.
137. उपरोक्त: 837-38.
138. जलाल 1985: 201-2.
139. असीम राय 1993: 120.
140. मूर 1983: 122.
141. उपरोक्त: 158.
142. वोल्पर्ट 2000: 344 द्वारा उद्धृत।
143. दास 1991बी: 161-88.
144. जोया चटर्जी 1995: 191-240.
145. दास 1991b: 189-203.
146. टैलबॉट 1996b: 57-76; हसन 1997: 87-91.
147. जेफ्रीलॉ 1996: 66-79.
148. सरकार 1983: 433-34.
149. मेनन और भसीन 1998: 37.
150. टैलबॉट 1996b: 45-50.
151. गोपाल 1975: 343.
152. उपरोक्त: 343-44 द्वारा उद्धृत।
153. मैनसर्ग 1980, 9: 899-901.
154. पी. एस. गुप्ता 1987: 13 द्वारा उद्धृत।

155. कृष्ण 1983: 22-26; हॉलैंड 1985: 83.
156. मूर 1983: 246-47.
157. फ़िलिप्स 1970: 20 द्वारा उद्धृत।
158. मूर 1983: 260 द्वारा उद्धृत।
159. गोपाल 1975: 356.
160. मोज़ले 1961: 248.
161. तान और कुदसिया 2000: 80.
162. जलाल 2000: 403.
163. ब्यौरों के लिए बंगा 1999: 192-95 और आगे; ग्रेवाल और बंगा 2000 देखें।
164. तान और कुदसिया 2000: 115-19.
165. गॉर्डन 1989: 580-85; चक्रवर्ती 1993.
166. जोया चटर्जी 1995: 220-59.
167. बंद्योपाध्याय 2001.
168. तान और कुदसिया 2000: 96-100.
169. मैसेलॉस 1990: 38.
170. जश्न और जवाबी जश्न के ब्यौरों के बारे में तान और कुदसिया 2000: 29-77 देखें।
171. आँकड़े हसन 2000: 343 से।
172. सूची के लिए नियोगी 1998 देखें।
173. कुमार 1987b: xiv-xvi.
174. अहसन 2000: 287-88.
175. अहमद 1997: 113.
176. मूर 2000: 393.
177. असीम राय 1993: 102.
178. उपरोक्त: 104.
179. सरकार 1983: 380.
180. अहमद 1997: 109
181. हसन 1993: 33 और आगे।
182. हसन 1997: 53-99; 2000: 350 और आगे।
183. हसन 1997: 98.
184. टैलबॉट 1996: 23-53.
185. सेन 1976: 196-97; हाशमी 1999: 27; 1992 भी देखें।
186. दास 1991: 45.
187. जेफ्रीलॉ 1996: 75.
188. बंद्योपाध्याय 2001.
189. चंद्र आदि 1989: 500-4.
190. सरकार 1985 देखें।
191. पांडे 1994: 207.
192. चटर्जी 1997: 37-38.
193. पांडे 1994: 205.

194. पांडे 1997: 2037.
195. उदाहरण के लिए हसन 1995, 1997, 2000b; समादार 1997; मेनन और भसीन 1998; बुटालिया 1998; कौल 2001 देखें।
196. तान और कुदसिया 2000.
197. पांडे 1991: 559.
198. कॉपलैंड 1993: 387-92.
199. हॉडसन 1969: 368.
200. कॉपलैंड 1999: 257.
201. ब्यौरे उपरोक्त: 257-68 में।
202. ब्राउन 1994: 346.
203. मेनर 1978: 323.
204. मैनसर्ग 1948: 22.
205. बॉयस 1999: 142.
206. ज़करिया 1998: 200-2.
207. बनर्जी 1978: 200.
208. टॉमलिंसन 1985: 157.
209. ब्राउन 1994: 349.
210. कुमार 1987a: xiii.

अध्याय 9

# स्वतंत्रता और विभाजन के पश्चात्

## 9.1 परिवर्तन का काल

वर्ष 1947 में उपनिवेशी शासन की समाप्ति निःसंदेह आधुनिक दक्षिण एशिया के इतिहास में एक निर्णायक क्षण था। भारत ने 14-15 अगस्त 1947 की मध्य रात्रि में स्वतंत्रता प्राप्त की; भारत के भविष्यवक्ताओं ने पहले ही इस क्षण के भारत की भावी ऐतिहासिक यात्रा में सबसे अधिक शुभ होने की भविष्यवाणी कर दी थी। भारत की अंतरिम सरकार के प्रधानमंत्री जवाहरलाल नेहरू ने अपने "नियति के साथ भेंट" (Tryst with Destiny) भाषण में गर्व से घोषणा की थी कि: "आज रात के बारह बजे, जब सारी दुनिया सो रही होगी, भारत जीवन और स्वतंत्रता की नई सुबह के साथ उठेगा। एक ऐसा क्षण जो इतिहास में बहुत ही कम आता है, जब हम पुराने को छोड़कर नए की ओर आगे बढ़ते हैं, जब एक युग का अंत होता है और जब वर्षों से शोषित एक देश की आत्मा अपनी आवाज़ उठा सकती है।"[1] पाकिस्तान का जन्म एक दिन पहले ही हुआ था, और इस प्रकार उस प्रदेश को, जो कभी ब्रिटिश भारत साम्राज्य था, विभाजित कर दो स्वतंत्र रियासतों में बांट दिया गया था—दोनों धीरे-धीरे स्वतंत्र राष्ट्रों के रूप में अपनी ऐतिहासिक नियति की ओर बढ़ चले थे। अगस्त 1947 में इस उपमहाद्वीप में घटे घटनाचक्र को दो जुड़ी हुई प्रक्रियाओं—स्वतंत्रता और विभाजन—के रूप में देखना होगा, जिसने दोनों राष्ट्रों के भविष्य को प्रभावित किया।

निश्चित रूप से भारत में इसका तात्पर्य लगभग दो सौ वर्षों के ब्रिटिश शासन से मुक्ति था, जिसके लिए भारतीय राष्ट्रीय कांग्रेस और अन्य विभिन्न राजनीतिक दल लगभग आधी सदी से संघर्ष कर रहे थे। अतः, स्वाभाविक रूप से भारत की राजधानी नई दिल्ली और अन्य प्रदेशों की सड़कों पर आनंद और उल्लास का वातावरण छाया हुआ था। लोगों ने 14 अगस्त की रात 11 बजे से उत्सव मनाने शुरू कर दिए, जब राजेंद्र प्रसाद की अध्यक्षता में संविधान सभा की बैठक हुई, जिसके बाद नए राष्ट्र के प्रतीक चिह्न—ध्वज और राष्ट्रगान प्रस्तुत किए गए। संविधान सभा पहले ही 1930 से चले आ रहे कांग्रेसी ध्वज को एक छोटे-से बदलाव के बाद राष्ट्रीय ध्वज के रूप में स्वीकृति दे चुकी थी जिसमें चरखे के स्थान पर चक्र (जीवन चक्र) का प्रयोग किया गया था। हमारा देश, जैसाकि नेहरू ने कहा था, उसी झंडे के तले खड़ा हो सकता था जिसके साथ इसने विदेशी शासकों से संघर्ष किया था। संविधान सभा ने लोकप्रिय गीत "वंदे

मातृम'' के स्थान पर, जिससे मुसलमानों के नाराज होने की आशंका थी, रबीन्द्र नाथ टैगोर के ''जन गन मन'' को राष्ट्रगान के रूप में अपनाया। इस प्रकार, स्वतंत्रता के उस क्षण में हमारे संस्थापकों ने नए राष्ट्र के चिह्नों को अत्यधिक सावधानी से चुना, वे चाहते थे कि ये धर्मनिरपेक्ष, संयुक्त और लोकतांत्रिक होने के साथ-साथ कांग्रेस की विरासत के साथ भी घनिष्ठ रूप से संबंधित हों।

उस रात और अगले दिन लोग सड़कों पर उल्लास मनाते रहे। नई दिल्ली में 15 अगस्त की सुबह जवाहरलाल नेहरू को स्वतंत्र भारत के प्रथम प्रधानमंत्री के रूप में शपथ दिलाई गई। शाम को दस लाख से भी अधिक लोग किंग्स वे, में परेड देखने आए जहां तिरंगा फहराया गया और सरकारी इमारतों पर रोशनी की गई थी। उस सुबह दस लाख लोगों ने बंबई की सड़कों पर मार्च किया और उनमें से कुछ ने सचिवालय भवन पर कब्जा कर लिया। कलकत्ता में, दो लाख लोगों ने पुलिस का घेरा तोड़ दिया और राज के सबसे अधिक पवित्र और विशिष्ट स्थानों को अपने अधिकार में लेने के लिए, गवर्नर हाउस में जा घुसे, जिसके बाद उन्होंने असेम्बली हाउस पर कब्जा कर लिया। देश भर में असंख्य कार्यक्रम आयोजित किए गए, जहां राष्ट्रीय ध्वज फहराए गए, राष्ट्रगान गाया गया और देशभक्तिपूर्ण भाषण दिए गए।[2] अधिकांश भारतवासियों के लिए यह एक विशेष और असाधारण दिवस था।

किंतु उस दिन हर व्यक्ति आनंद नहीं मना रहा था, क्योंकि स्वतंत्रता की खुशियां विभाजन की त्रासदी भी अपने साथ लेकर आई थी। महात्मा गांधी ने, जो उस समय कलकत्ता में सांप्रदायिक दंगे रोकने का प्रयास कर रहे थे, अपना पूरा दिन प्रार्थना में बिताया और उपवास करके दंगों के लिए प्रायश्चित किया। हिंदू महासभा, जो *अखंड हिंदुस्तान* (संयुक्त भारत) की मांग कर रही थी, किंतु जिसने बाद में हिंदू-बहुल पश्चिमी जिलों को भारत में रखने के लिए बंगाल के विभाजन का समर्थन किया था, ने विभाजन के विरोध में समारोह का बहिष्कार किया। मुस्लिम लीग ने उनका साथ देने का निर्णय किया, किंतु पाकिस्तान में हिंदुओं के समान, भारत में अल्पसंख्यक होने के कारण मुसलमान अपने अनिश्चित भविष्य को लेकर चिंतित थे। साम्यवादियों ने भी विभाजन और सांप्रदायिक दंगों के विरोध में किसी भी समारोह में भाग न लेने का निर्णय किया।

इस प्रकार, स्वतंत्रता अपने साथ मिली-जुली भावनाएं लेकर आई। जैसाकि हमने पहले देखा, भारत में आजादी की विचारधारा का तेजी से विकास उपनिवेशी शासन से संघर्ष के कारण हुआ। जैसे-जैसे आजादी की लड़ाई तेज़ होती गई, सामूहिक स्वतंत्रता की धारणा के सामने व्यक्तिगत आजादी का मुद्दा गौण हो गया और देश में अन्य सभी पहचानों, जैसे वर्ग, जाति या लिंग को प्राथमिकता दी जाने लगी।[3] अभी तक, भारतीय राष्ट्रवाद के इतिहासकारों ने इसकी पूर्णता के अंतिम क्षणों को राष्ट्र-राज्य के निर्माण के रूप में वर्णित किया था। किंतु ब्रिटिश काल के दौरान राष्ट्रवाद का इतिहास केवल राष्ट्र-राज्य के जन्म का पूर्व-इतिहास नहीं था, बल्कि राष्ट्र निर्माण की निरंतर प्रक्रिया

का एक चरण था। यदि हम राष्ट्र को एक संघर्ष स्थल के रूप में देखें (अध्याय 4.1 देखें), तो यह संघर्ष उपनिवेशवाद के पश्चात् भी जारी रहा। महान राष्ट्रवादी गठबंधन (grand nationalist coalition) बनाने वाले लोगों के विभिन्न दलों ने राष्ट्रीय स्वतंत्रता के बारे में अलग-अलग धारणाएं बना रखीं थीं, जिससे तनाव उत्पन्न हुआ। कुछ लोगों ने राजनीतिक प्रभुसत्ता की प्राप्ति को स्वतंत्रता प्राप्ति के संघर्ष का अंतिम लक्ष्य माना, तो दूसरों ने स्वतंत्रता के अर्थ को विस्तारित करके इसमें जनता की आर्थिक और सामाजिक स्वतंत्रता की धारणा को शामिल करना उचित समझा। नेहरू ने 1947 में अपने देशवासियों से कहा था, राजनीतिक स्वतंत्रता का तात्कालिक लक्ष्य तो प्राप्त हो गया था, किंतु सबसे बड़ी चुनौती यह सुनिश्चित करना था कि प्रत्येक नागरिक गरीबी, अज्ञानता, बीमारी और असमानता से मुक्त हो सके। यह चुनौती चिंता का सबसे बड़ा कारण थी, क्योंकि इस बात पर अभी कोई सहमति नहीं हो सकी थी कि इसका मुकाबला कैसे किया जाएगा।

विपिन चंद्र और उनके कुछ सहयोगियों ने अपने *इंडिया आफ्टर इंडीपेंडेस* में यह तर्क दिया है कि भारत ने अपनी यात्रा इस बुनियादी राजनीतिक सहमति के साथ शुरू की: "भारत की बुनियादी रूपरेखा—जिसे राष्ट्रवाद, धर्मनिरपेक्षता, और लोकतंत्र के मूल्यों तथा तीव्र आर्थिक विकास और आमूल सामाजिक परिवर्तनों के लक्ष्यों पर आधारित किया गया था—का व्यापक सामाजिक सहमति से निर्माण आरंभ करना अत्यधिक लाभकारी रहा। इन मूल्यों और लक्ष्यों को, तथा उनकी प्राप्ति के मार्ग को राष्ट्रीय आंदोलन ने सत्तर से अधिक वर्षों के संघर्ष में पूरी तरह निर्धारित कर लिया था।"[4] तथापि, जैसाकि हम पहले कह चुके हैं, उपनिवेशवाद के दौरान भारत के बहुलवादी समाज में बहुस्वरित (Polyphonic) राष्ट्रवाद का उदय हो रहा था जिसमें अलग-अलग राग बजाए जा रहे थे, किंतु उन सबके स्वर समवेत थे, जो विभिन्न ऐतिहासिक परिप्रेक्ष्यों में—कभी-कभी असहज हो जाते थे, लेकिन अपनी विशिष्टता नहीं छोड़ते थे—इन स्वरों ने उपनिवेशी साम्राज्य का मिलकर विरोध किया तथा इसके हानिकारक प्रभावों के विभिन्न पहलुओं को अस्वीकार कर दिया। परंतु उपनिवेशवाद-विरोधी इस मतैक्य के अलावा, इस बात पर कोई सहमति नहीं थी कि देश का भावी प्रक्षेप मार्ग क्या होगा। अतः, राष्ट्र निर्माण की यह प्रक्रिया 1947 में समाप्त नहीं हुई थी, क्योंकि इन अलग-अलग आवाजों और अलग-अलग कल्पनाओं के राष्ट्र-राज्य के ढांचे के साथ बनने वाले आपसी संबंध, उपनिवेशवाद के पश्चात् भी भारत के इतिहास की प्रमुख समस्या बने रहे। नेहरू ने दलित नेता डॉ. बी.आर. अंबेडकर को कानून मंत्री और हिंदू महासभा के डॉ. एस. पी. मुखर्जी को उद्योग एवं आपूर्ति मंत्री के रूप में अपने मंत्रिमंडल में शामिल करके इसे व्यापक बनाकर मेल-मिलाप की नीति की शुरूआत की। किंतु मतभेदों का समाधान नहीं हुआ, और इसीलिए 1947 में प्राप्त हुई स्वतंत्रता उपनिवेशवाद के अतीत के प्रभावों से पूरी तरह मुक्त नहीं हुई।

परंतु, निरंतरता के इस स्वरूप पर अनेक ऐतिहासिक दृष्टिकोण प्रचलित हैं। उदाहरण के लिए, डी.ए. लो के अनुसार, अंग्रेजों द्वारा छोड़े गए 'ब्रिटिश प्रकार के असंख्य

संस्थान' निरतंर जारी रहे।[5] कोई भी आसानी से देख सकता है कि भारत में सिविल सेवा, पुलिस, सेना और न्यायपालिका ने पुराने ढांचे पर काम करना जारी रखा, जो हमारे उपनिवेशी अतीत के साथ बने हमारे सामयिक सेतु का प्रमाण हैं। अत: होल्डन फर्बर ने तर्क किया है कि पाकिस्तान की तुलना में, भारत को विशेष रूप से "पिछली केंद्रीय सरकार की अधिकांश मशीनरी विरासत में प्राप्त हुई और और उसे न तो राष्ट्रीय राजधानी को और न ही राष्ट्रीय सरकार को नए सिरे से स्थापित करने की आवश्यकता पड़ी"।[6] विउपनिवेशीकरण के इस कॉमनवैल्थ दृष्टिकोण में—जो अत्यधिक स्थिर दृष्टिकोण है—उपनिवेशवाद-पश्चात् भारत के इतिहास में किसी अन्य मौलिक ज्ञानमीमांसात्मक (epistemological) विभेद की तुलना में, निरंतरता के अधिक प्रमाण मिलते हैं। जूडिथ ब्राउन का तर्क है कि यह निरंतरता हमारे संस्कारों, रीति-रिवाज़ों, राजोपचारों और शासन संस्थानों में, और इससे भी अधिक राजनीतिक आधुनिकता की ओर ले जाने वाले भारत के तथाकथित बाधारहित रेखीय आंदोलनों में प्रकट हुई।[7] प्रत्यक्ष रूप में, महात्मा गांधी ने इस प्रकार की स्वतंत्रता की कामना नहीं की थी। अपने *हिंद स्वराज* (1909) में उन्होंने चेतावनी दी थी कि भारत में कहीं अंग्रेजों के बिना अंग्रेजी शासन की स्थापना न हो जाए। उन्हें और अन्य अनेक राष्ट्रवादियों को आशा थी कि उपनिवेशवाद समाप्त होने पर, भारत को उपनिवेशी अतीत से पूरी तरह छुटकारा मिल जाएगा। संभवतया, उपनिवेशवाद से मुक्ति के इतिहास में, विश्व में कहीं भी ऐसा संपूर्ण परिवर्तन नहीं हुआ होगा। तथापि, यह पूर्ण रूप से केवल निरंतरता की कहानी ही नहीं है।

दीपेश चक्रबर्ती का तर्क है कि "एक ऐतिहासिक प्रक्रिया के रूप में", उपनिवेशवाद से मुक्ति की प्रक्रिया "अनिवार्य रूप से" बेढंगी, जटिल और सहज रूप से अधूरी (अर्थात्, विखंडित) थी।[8] इस संदर्भ में, स्वतंत्रता, ब्रिटिश संबंधों से संपूर्ण अलगाव का क्षण नहीं थी, किंतु यह हस्तांतरण और अनुकूलन की प्रक्रिया का प्रतीक थी—संकरण (hybridization) की एक ऐसी प्रक्रिया जिसके माध्यम से स्वतंत्रता के तात्पर्य में अत्यधिक विस्तार हो जाता। श्रीरूपा राय ने इसलिए इस प्रक्रिया का "निरंतरता के साथ परिवर्तन" के रूप में वर्णन किया है।[9] यह उपनिवेशवादी अतीत और उपनिवेशवाद पश्चात् के वर्तमान के बीच संवाद की एक प्रक्रिया थी, एक ऐसा संवाद जो अभी भी समाप्त नहीं हुआ है। यह संवाद अनेक स्तरों पर हुआ क्योंकि देश में कोई एकसमान सत्ता नहीं थी, और पार्था चटर्जी के अनुसार यह "आधुनिकता का विषमकाल" था।[10] तथापि, टेड स्टीवनसन ने, हाल ही में तर्क दिया है, "निरंतरता" की तुलना में यह "विखंडन" अधिक था, क्योंकि अधिकांश राजनीतिक विद्वानों की राय के विपरीत, नई राजनीतिक प्रणालियाँ काफी सीमा तक नई थीं।" उपनिवेशवाद से मुक्ति और विभाजन के अनुभवों ने ही नई प्रणालियों को पुराना स्वरूप प्रदान किया।[11] उपनिवेशवाद से मुक्ति की इस जटिल और अस्पष्ट प्रक्रिया को समझने के लिए हम यहाँ अनिश्चितताओं और चिंताओं की कुछ प्रारंभिक प्रवृत्तियों के साथ-साथ उपनिवेशवाद पश्चात् भारत की उपलब्धियों का सारांश प्रस्तुत कर रहे हैं।

## 9.2 विभाजन और शरणार्थी

चूंकि स्वतंत्रता हमें विभाजन के साथ मिली थी, इसलिए प्रत्येक व्यक्ति सर साइरिल रेडक्लिफ के अधीन गठित बाउंड्री कमीशन के निर्णय को लेकर चिंतित था। पंजाब और बंगाल, प्रत्येक के आयोग में दो मुसलमान और दो गैर-मुसलमान न्यायाधीश शामिल थे, जो सर साइरिल के अधीन थे। सर साइरिल को भारत का कोई अनुभव नहीं था और उसे बहुत ही कम समय में अंतर्राष्ट्रीय सीमा बनाने की जिम्मेदारी सौंपी गई थी। निश्चित रूप से, प्रत्येक जिले में बसी जनसंख्या के धर्म को प्रमुख निर्णायक तत्त्व माना गया, ("निकटवर्ती अधिसंख्य क्षेत्र"), किंतु अन्य तत्त्व, जैसे प्राकृतिक सीमा में आने वाली नदियां, प्रशासनिक ईकाइयाँ, आर्थिक व्यावहारिकता, रेलवे और सड़क मार्ग और आधारभूत सुविधाएँ, जैसे पंजाब की नहर प्रणाली पर भी विचार किया गया था। दोनों पक्षों—हिंदू और मुसलमान—ने अपने पक्षों को कानूनी संदर्भ में अपने वकीलों के माध्यम से प्रस्तुत किया था। पंजाब में, तीसरे पक्ष के रूप में, सिखों ने इस मामले को अधिक उलझा दिया क्योंकि उनकी जनसंख्या पूरे क्षेत्र में फैली हुई थी और उनकी मांग थी कि उनके सारे पवित्र धार्मिक स्थल भारत के पूर्वी पंजाब में ही रहें। इस कानूनी तकरार में, अक्सर राजनीतिक तर्क के आधार पर तर्कसंगत निर्णयों को ठुकरा दिया गया, जबकि प्रत्येक व्यक्ति को ज्ञात था कि 1941 की जनगणना के आंकड़े, जिनके आधार पर यह निर्णय लिया गया था, निराशाजनक रूप से गलत थे। अतः, जल्दबाजी में खींची गई सीमा रेखा से समस्याएं उत्पन्न होना अवश्यंभावी था, जिससे अनेक लोग अप्रसन्न हो गए। वायसरॉय को इसकी जानकारी थी, अतः उसने विभाजन की घोषणा को अधिकारों के औपचारिक हस्तांतरण की कार्यवाही और समारोह समाप्त होने तक टाल दिया।

इस निर्णय के अनुसार, पाकिस्तान को दिए गए पश्चिमी पंजाब को 62,000 वर्ग मील का क्षेत्र और 15,800,000 की आबादी मिली (1941 की जनगणना के आंकड़ों के अनुसार), जिनमें से 11,850,000 मुसलमान थे। भारत के पास रहे पूर्वी पंजाब को 37,000 वर्गमील का प्रदेश और 12,600,000 की आबादी मिली, जिसमें से 4,375,000 मुसलमान थे। पूर्व में, पश्चिम बंगाल में, जो भारत के पास रहा, 28,000 वर्ग मील का क्षेत्र और 21,200,000 की आबादी मिली, जिसमें 5,300,000 मुसलमान थे। जबकि पूर्वी बंगाल को, जिससे पूर्वी पाकिस्तान बना, 49,400 वर्ग मील का क्षेत्र और 39,100,000 की आबादी मिली जिसमें से 27,700,000 मुसलमान थे। जुलाई 1947 में हुए जनमत संग्रह के बाद, असम के सिलहट जिले को पूर्वी बंगाल में स्थानांतरित कर दिया गया, जिसका शेष भारत के साथ कोई सीधा रेल संपर्क नहीं था। खुलना जिले को, जिसकी मुस्लिम जनसंख्या 49.3 प्रतिशत थी, किसी स्पष्ट कारण के बिना पाकिस्तान को सौंप दिया गया, और इसी तरह चित्तगांव पहाड़ी प्रदेश के प्रमुख आदिवासी क्षेत्रों को पाकिस्तान को दे दिया गया। दूसरी ओर, मालदा, नादिया और मुर्शिदाबाद के अधिकतर मुस्लिम बहुल प्रदेशों को पश्चिम बंगाल में मिला दिया गया। आर्थिक दृष्टि से, पाकिस्तान अधिकाधिक कृषि-आधारित हो गया, जबकि खनिज संसाधन और उद्योग भारत में रह

गए।[12] किंतु इससे अधिक गंभीर बात यह थी कि सीमा के दोनों ओर आबादी का एक बड़ा हिस्सा ऐसा था जिसे "अल्पसंख्यक" कहा जा सकता था—जिसमें भारत में मुसलमानों की जनसंख्या लगभग 420 लाख (जिसे बाद में घटाकर 350 लाख बताया गया) और पाकिस्तान में गैर-मुसलमानों की जनसंख्या लगभग 200 लाख थी। उनका भविष्य अधर में लटका हुआ था और उनकी चिंताएं बढ़ती जा रहीं थीं क्योंकि नई सीमाओं की घोषणा हो चुकी थी और कई लोगों को अपने घरों में रहते हुए भी यही लगता था कि वे शत्रु प्रदेश की सीमा में रहने वाले विदेशी थे।

कहा जाता है कि उपमहाद्वीप में विभिन्न लोगों के लिए स्वतंत्रता का अर्थ भिन्न-भिन्न था। पाकिस्तान के राजनीतिक अभिजात वर्ग के लिए स्वयं विभाजन ही स्वतंत्रता थी—हिंदू बहुसंख्यकों के राजनीतिक वर्चस्व से स्वतंत्रता। भारत में, जहां एक ओर कुछ लोग स्वतंत्रता मिलने की खुशियां मना रहे थे, वहीं दूसरी ओर—शरणार्थियों और अल्पसंख्यकों को विभाजन का सबसे अधिक मूल्य चुकाना पड़ा था। शीघ्र ही उपमहाद्वीप बड़े पैमाने पर हुई हिंसा में डूब गया, जिसे आधुनिक शब्दावली में आधुनिक इतिहास में जातीय संहार की सबसे बड़ी घटना कहा जा सकता है। हिंसा की सबसे भयानक घटनाएँ पंजाब में हुईं, जहाँ अगस्त और नवंबर 1947 के बीच लगभग 45 लाख हिंदू और सिखों को छोड़कर पूर्वी पंजाब में आना पड़ा, जबकि 55 लाख मुसलमानों को पश्चिमी पाकिस्तान में जाना पड़ा।[13] शरणार्थियों ने अलग-अलग स्थानों पर शरण ली: ज्ञानेंद्र पांडे के अनुसार, केवल दिल्ली में ही 1947-48 के बीच लगभग 500,000 गैर-मुस्लिम शरणार्थियों—प्रमुख रूप से हिंदुओं और सिखों ने शरण ली। और कुछ लोग अपने प्रदेश में ही शरणार्थी बन गए, जब दिल्ली के हजारों मुसलमानों ने विभाजन के बाद भड़की हिंसा से बचने के लिए पुराने किले और हुमायूँ के मकबरे में शरण ली; तत्पश्चात् 3,30,000 मुसलमान शहर छोड़कर पाकिस्तान चले गए।[14] दूसरी ओर, जब बंगाल का विभाजन हुआ तो इसकी 42 प्रतिशत गैर-मुसलमान जनसंख्या पूर्वी पाकिस्तान में रह गई। प्रफुल्ल चक्रबर्ती की गणना के अनुसार, जून 1948 तक 11 लाख लोग पश्चिम बंगाल में आकर बस चुके थे।[15] तब भी बंगाल में हिंसा का स्तर पंजाब की तुलना में काफी कम था।

यह विस्थापित लोग इस दृष्टि से "शरणार्थी" थे कि वे स्वेच्छा से अपना घर नहीं छोड़ रहे थे, और दोनों सरकारों ने जनसंख्या के व्यवस्थित आदान-प्रदान की कोई योजना नहीं बनाई थी। वास्तव में, सरकारों ने पंजाब के अतिरिक्त अन्य क्षेत्रों से लोगों का पलायन रोकने के लिए सक्रिय प्रयास किए।[16] यहां तक कि पंजाब में भी, जैसाकि नीति नायर ने हाल ही में दर्शाया है, अनेक हिंदुओं ने कदापि यह नहीं सोचा था कि उन्हें अपना घरबार छोड़कर जाना पड़ेगा। किंतु "15 अगस्त को पंजाब में एक नए प्रकार की स्वतंत्रता की घोषणा हुई। लाहौर के एक गुरुद्वारे में आग लगा दी गई जिसमें कम-से-कम 13 सिख फंसे हुए थे, किंतु मुसलमान पुलिस और सिपाहियों ने कुछ नहीं किया। अमृतसर शहर में, सिखों की एक भीड़ ने मुसलमान महिलाओं को सड़कों पर निर्वस्त्र घुमाया, जिनमें से कुछ के साथ बलात्कार करके उन्हें जिंदा जला दिया।"[17] अतः पंजाब

के लोगों को अंततः अपने घरों को छोड़ना पड़ा क्योंकि हिंसा और असुरक्षा का स्तर अभूतपूर्व था। निश्चित रूप से यह एक दुतरफा पलायन था: जब पश्चिम पंजाब से हिंदू और सिख शरणार्थी भारत में आने लगे, तो मुसलमानों को भारत से निकालने की जरूरत पड़ी ताकि हिंदू और सिख शरणार्थियों को मुसलमानों के खाली घरों में बसाया जा सके।[18]

दूसरी ओर, जब हजारों शरणार्थियों के विशाल क़ारवां ने सीमा के पार आर-पार अपनी अनिश्चित यात्रा शुरू की तो शत्रु दलों ने एक-दूसरे से बदला लेना शुरू कर दिया। तत्काल एक संयुक्त मिलिट्री इवैक्यूएशन ऑर्गनाइज़ेशन का गठन किया गया, जिसमें यह व्यवस्था की गई कि पाकिस्तानी सेना मुसलमान शरणार्थियों की सुरक्षा करेगी और इसी प्रकार भारतीय सेना हिंदू और सिख शरणार्थियों की सुरक्षा करेगी और दोनों मिलकर पंजाब में जनसंख्या के वास्तविक आदान-प्रदान पर नज़र रखेंगे। किंतु इसके बावजूद, हिंसा जारी रही, रेलगाड़ियों को रोक लिया गया और यात्रियों की निर्दयता से अंधाधुंध हत्या की गई। अक्सर रेलगाड़ियां जब अपने गंतव्य स्थानों पर पहुंचती थीं, तो वे केवल लाशों से भरी होती थीं।[19] इस हिंसा की शिकार विशेष रूप से महिलाएं बनीं क्योंकि उनका शरीर अपने-अपने समुदाय के सम्मान का प्रतीक बन गया। विरोधी समुदाय के पुरुषों ने "दूसरे" समुदाय के सम्मान को रौंदने के लिए, उनका अपहरण किया, उनके साथ बलात्कार किया और उनकी हत्या कर दी। इस परिस्थिति में कभी-कभी पुरुष सदस्यों ने, शत्रु समुदाय द्वारा की जाने वाली हिंसा से बचाने के लिए, अपने परिवार की महिलाओं को अपने ही हाथों मार डाला।"[20] हालांकि इस हिंसा की स्मृतियां और विस्थापितों के अनुभव लंबे समय तक शरणार्थियों के मनों में विद्रोह जगाते रहे, और इन्हीं स्मृतियों ने उनके वैश्विक दृष्टिकोण को नया आकार दिया तथा अपने नए राष्ट्र के प्रति अपनेपन की भावना जगाई, तथापि भारत सरकार को इन शरणार्थियों को दोबारा बसाने और उनकी नागरिकता निर्धारित करने के लिए काफी संघर्ष करना पड़ा।[21]

सरकार के लिए शरणार्थियों को दोबारा बसाने का काम एक बड़ी समस्या सिद्ध हुआ, क्योंकि अलग-अलग क्षेत्रों में, शरणार्थियों के आगमन की पद्धति भिन्न-भिन्न थी। भारत सरकार ने दिल्ली की परिस्थितियों से निपटने के लिए तत्काल मंत्रिमंडल की आपात समिति का गठन किया और शरणार्थियों की देखरेख के लिए राहत एवं पुनर्वास मंत्रालय की स्थापना की गई।[22] पंजाब में, जहाँ पहले ही काफी हिंसक उत्पात हो चुके थे, बड़ी संख्या में विस्थापितों के जत्थे आने शुरू हो गए; पुनर्वास मंत्रालय की एक रिपोर्ट के अनुसार, अक्टूबर 1948 तक पश्चिम पाकिस्तान से 50 लाख लोग भारत आए।[23] इस परिस्थिति में, भविष्य में शरणार्थियों के लौट आने तक "विस्थापितों की संपत्ति" की राष्ट्र द्वारा सुरक्षा किए जाने की धारणा खोखला आडंबर बन गई, क्योंकि शरणार्थियों से मुसलमानों के घर खाली कराने की कोई राजनीतिक मंशा नहीं थी। जैसाकि ज़मींदार ने तर्क दिया है, इसके कारण शरणार्थियों का वापस लौटकर जाना असंभव हो गया।[24] इनमें से कुछ शरणार्थियों को शरणार्थी कैंपों में रखा गया था, जिन्हें 1949 तक चलाया गया। इसके पश्चात्, ग्रामीण शरणार्थियों का भूमि, कृषि ऋण और आवासीय सहायता

देकर पुनर्वास किया गया। शहरी शरणार्थियों के लिए औद्योगिक और व्यावसायिक प्रशिक्षण योजनाएं उपलब्ध कराई गईं और छोटे व्यापार या उद्योग लगाने के लिए अनुदान प्रदान किए गए। अमृतसर जैसे शहरों में विधवाओं के लिए औद्योगिक आवासों की स्थापना की गई। शहरी शरणार्थियों के लिए हाउसिंग कॉलोनियों का निर्माण किया गया; अनेक शरणार्थियों को पाकिस्तान में छूट गई उनकी संपत्ति का मुआवजा भी दी गया। कुल मिलाकर, पूर्वी पंजाब और राष्ट्रीय सरकार ने शरणार्थियों के पुनर्वास के लिए विशाल मात्रा में संसाधन जुटाए, हालांकि वे अनेक मामलों में अभी भी पर्याप्त नहीं थे। इसके अतिरिक्त, उक्त लाभों की हकदारी में भी अंतर रखा गया था, क्योंकि सामाजिक और सांस्कृतिक दृष्टि से उत्कृष्ट शरणार्थियों को, जैसे वर्ग और जाति तथा राजनीतिक मेलजोल रखने वालों को बेहतर मुआवजा मिला जबकि दलित शरणार्थियों को कम मुआवजा देकर टाल दिया गया।[25]

बंगाल में, यह प्रक्रिया काफी लंबी और जटिल रही, क्योंकि 1947–48 के आरंभ में उच्च जाति के, ज़मींदारों या मध्य-वर्गीय हिंदुओं के अपेक्षाकृत छोटे दल, जो अपनी संपत्ति या नौकरी का विनिमय करने में सफल रहे थे, पश्चिम बंगाल में आए। पुनर्वास मंत्रालय के अनुसार, जुलाई 1949 तक पूर्वी पाकिस्तान से केवल 13 लाख लोगों ने प्रवास किया था।[26] इनमें से कुछ स्वयं बस गए और दूसरों ने खाली पड़ी भूमियों पर जबर्दस्ती कब्जा करके 'अवैध कॉलोनियां' बसा लीं।[27] किंतु समस्या उस समय उठ खड़ी हुई जब दिसंबर-जनवरी 1949–50 में खुलना में दोबारा हिंसा भड़कने के बाद, पूर्वी पाकिस्तान से बड़ी संख्या में किसानों ने भारत में प्रवेश किया। इसके प्रतिशोध में पश्चिम बंगाल में मुसलमान विरोधी दंगे भड़क उठे, जिसके कारण लगभग दस लाख मुसलमान पूर्वी पाकिस्तान चले गए। इसके कारण पूरे पूर्वी बंगाल में हिंदू-विरोधी हिंसा फैल गई। 1951 तक, खुलना में हुए दंगों के कारण पश्चिम बंगाल में लगभग 15 लाख हिंदू शरणार्थी बनकर आए।[28] किंतु भारत सरकार ने कभी यह नहीं माना कि जिस हिंसा से बचकर वे भाग रहे थे, वह इतनी गंभीर थी जिसने प्रवासियों को इतनी बड़ी संख्या में भारत आने के लिए मजबूर कर दिया था, इसीलिए यह प्रवासी शरणार्थियों का दर्जा पाने के हकदार नहीं थे। उन्हें अस्थायी रूप से शरणार्थी शिविरों में शरण दे दी गई, किंतु प्रधानमंत्री नेहरू उन्हें वापस भेजने पर गंभीरता से विचार कर रहे थे।[29]

इसी दृष्टिकोण के आधार पर नेहरू ने 8 अप्रैल 1950 को पाकिस्तान के प्रधानमंत्री लियाकत अली खान के साथ एक समझौते पर हस्ताक्षर किए जिसे अल्पसंख्यकों का दिल्ली पैक्ट कहा जाता है। इसका उद्देश्य पाकिस्तान और भारत दोनों में, केंद्रीय एवं प्रांतीय स्तर पर अल्पसंख्यक समुदायों के मंत्रियों की नियुक्ति करके दोनों देशों में सांप्रदायिक शांति कायम करना था। पश्चिम बंगाल, असम और पूर्वी बंगाल में अल्पसंख्यक आयोग बनाए गए। दोनों देशों के बंगाल में इन जातीय दंगों के कारणों का पता लगाने और ऐसी घटनाओं की पुनरावृत्ति रोकने के उपायों की सिफारिशों के लिए जांच आयोगों का गठन किया गया। "अपहृत" महिलाओं का पता लगाने और उनके पुनर्वास के लिए

एक एजेंसी का निर्माण किया गया। शरणार्थियों को अपने मूल घरों को लौटने के लिए प्रोत्साहित करना था, और लौटने पर उनकी संपत्ति उन्हें वापस दिलाने के लिए कदम उठाए जाने थे।[30] इस समझौते का प्रमुख उद्देश्य दोनों बंगाल और असम में अल्पसंख्यकों के बीच शीघ्र आत्मविश्वास पुनःस्थापित करना था।[31] भारत सरकार के लिए यह समझौता, केवल अल्पसंख्यकों को आश्वस्त करने के लिए ही नहीं, किंतु प्रमुख रूप से पूर्वी बंगाल से लोगों के प्रवासन को रोकने, और विशेष रूप से लोगों को वापस अपने घरों को लौटने के लिए प्रोत्साहित करने के लिए भी जरूरी था। इतिहासकारों ने दिल्ली पैक्ट के कुछ पहलुओं, जैसे अपहृत महिलाओं की खोज जैसे निरर्थक विचार की आलोचना की।[32] किंतु इसकी विफलता का प्रमुख कारण शरणार्थियों में दोबारा अपने घरों को लौटने का भरोसा उत्पन्न न कर पाना था। इस समझौते पर हिंदू राष्ट्रवादियों, जैसे एस.पी. मुखर्जी ने गंभीर हमले किए, जिन्होंने हिंदू महासभा के सहयोगी के.सी. निओगी के साथ नेहरू मंत्रिमंडल से त्यागपत्र दे दिया। उनका मत था कि केवल जन समुदाय को स्थानांतरित करके, विस्थापितों को बसाने के लिए पाकिस्तान के कुछ प्रदेशों पर कब्जा करके अथवा विभाजन को पूर्ण रूप से उलटकर ही शरणार्थियों की समस्या का समाधान किया जा सकता था।[33]

दंगों और समझौते पर उठे विवादों और राजनीतिक मतभेदों से पता चलता है कि भारतीय राष्ट्र में अल्पसंख्यकों के प्रश्न, विशेष रूप से उन मुसलमानों को नागरिकता प्रदान करने के मुद्दे पर अभी भी गहरा मतभेद था जो भारत में ही रहना चाहते थे। यद्यपि भारत ने धर्मनिरपेक्षता को चुना था, किंतु नए राष्ट्र में धार्मिक अल्पसंख्यकों की स्थिति के बारे में गंभीर द्वैध वृत्ति (ambivalence) मौजूद थी। अनेक लोगों का मानना था कि विभाजन ने उपमहाद्वीप के सांप्रदायिक राजनीतिक क्षेत्र में स्थायी रूप से सीमांकन कर दिया था, जहाँ मुसलमान पाकिस्तान से संबंधित थे और हिंदू भारत से न केवल हिंदू राष्ट्रवादी दलों ने, अपितु कांग्रेस के प्रभावशाली नेताओं और नौकरशाही के प्रभुता-संपन्न सदस्यों ने भी मुसलमानों की निष्ठा और उन्हें पूर्ण नागरिकता प्रदान करने पर संदेह प्रकट करते हुए प्रश्न उठाए।[34] कांग्रेस द्वारा 1948 में जयपुर में ''इस महान देश को एक लोकतांत्रिक धर्मनिरपेक्ष देश'' बनाने का प्रस्ताव पारित किए जाने के बावजूद, मुशीरूल हसन ने अपने एक प्रस्ताव में प्रमाण सहित दर्शाया है कि शक्तिशाली लोग ही देश को चला रहे थे।[35] सत्ता मीमांसा संबंधी स्तर पर, मुसलमान सामाजिक रूप से अलग-थलग रहे और दिल्ली तथा कलकत्ता जैसे शहरों में प्रत्यक्ष रूप से अलग बस्तियों में बस गए, जहां विभाजन से प्रभावित्त हिंदू शरणार्थी बड़ी संख्या में आए और मुसलमान अपने ही नगरों में शरणार्थी बन गए। उन्हें अक्सर ''देशद्रोही (fifth columinists) और उनके इलाकों को ''लघु पाकिस्तान'' (miniature Pakistan) कहा जाने लगा।[36]

तथापि, ऐसी प्रवृत्तियों के बावजूद, नेहरू ने निरंतर कांग्रेस के धर्मनिरपेक्षता के सिद्धांत (agenda) को जारी रखा। दिसंबर 1950 में सरदार पटेल की मृत्यु से कांग्रेस के भीतर परंपरावादी तत्त्व कमजोर पड़ गए और 1951 में परंपरावादी पुरुषोत्तमदास टंडन

को पराजित करके नेहरू ने कांग्रेस का अध्यक्ष पद संभाला। इससे कांग्रेस पार्टी और सरकार पर नेहरू की अविवादित प्रभुसत्ता स्थापित हो गई क्योंकि उन्होंने पार्टी के अध्यक्ष और प्रधानमंत्री दोनों पदों का संयुक्त भार संभाल लिया था।[37] अक्तूबर 1951 में अपने अध्यक्षीय भाषण में और बाद में चुनाव अभियान में नेहरू ने सांप्रदायिकता और गरीबी को देश के दो प्रमुख शत्रु बताया।[38] 1951-52 के प्रथम राष्ट्रीय चुनावों में कांग्रेस की विजय ने देश को जिस मार्ग पर अग्रसर किया उसे नेहरू की धर्मनिरपेक्षता और समाजवाद का मार्ग कहा जाने लगा (इस विषय पर अधिक जानकारी के लिए भाग 9.4 देखें)। किंतु विभाजन की प्रक्रिया और उपनिवेशवाद से मुक्ति के कारण आरंभिक वर्षों में इस नए राष्ट्र को अन्य समस्याओं से भी जूझना पड़ा।

## 9.3 कश्मीर, हैदराबाद और साम्यवादी

स्वतंत्रता और विभाजन के तत्काल पश्चात् भारत के सामने एक अन्य बड़ी समस्या रजवाड़ों से संबंधित थी, जो मौजूदा राजसी प्रणाली में नए भारत की राजनीति में गतिरोध बने हुए थे। भारत संघ में शामिल होने के लिए 'इन्स्ट्रूमेंट ऑफ एक्सेशन' (instruments of accession) पर हस्ताक्षर करके राजाओं ने केवल तीन विषयों, यथा रक्षा, विदेशी मामले और संचार पर अपने अधिकारों का समर्पण कर दिया था, और इस प्रकार शासन के कुछ अवशिष्ट अधिकार अपने पास रख लिए थे। अतः, 1947 के घटनाचक्र के कुछ समय पश्चात्, वल्लभभाई पटेल और वी.पी. मेनन ने रजवाड़ों की समस्या का "अंतिम समाधान" करने का निश्चय किया। इयान कॉपलैंड के शब्दों में, "इस (उनकी) परियोजना, जिसमें लगभग दो वर्ष लगे, में कालानुक्रम में (हालांकि इसके प्रक्रम परस्पर व्याप्त हो गए) रजवाड़ों का बड़ी प्रशासकीय ईकाइयों में एकीकृत होना तथा/अथवा उनका पहले के प्रदेशों में विलय होना, उनका तीव्र गति से प्रजातंत्रीकरण होना, और पूर्ण रूप से संघीय केंद्र के अधीन रहना शामिल था।"[39] इसका तात्पर्य था कि उन्हें अपने बचे-खुचे अधिकारों का समर्पण करने, प्रजातांत्रिक परिवर्तनों को स्वीकार करने, और अंततः नए भारत के संविधान को अपने संविधान के रूप में अपनाने के लिए मनाना था। अनेक राजाओं को कर-मुक्त "विशेषाधिकार" (Privy Purses) और अन्य लाभों के रूप में पेंशन देकर रजवाड़ों से हटा दिया गया; कुछ को विदेशी मिशनों में अधिकतर औपचारिक पद दे दिए गए। किंतु इसका अर्थ यह नहीं था कि वह सभी, जैसाकि मेनन ने उल्लेख किया है, इस शांतिपूर्ण क्रांति में खुशी-खुशी शामिल हो गए।[40] कुछ ने इसका विरोध किया, और इन मामलों में राष्ट्रसत्ता के अधिकार का दृढ़तापूर्वक प्रयोग किया गया। प्रतिरोध करने वाले राजाओं में से यहाँ हम तीन मामलों, यथा जूनागढ़, कश्मीर और हैदराबाद का वर्णन कर रहे हैं।

इनमें से, जूनागढ़—काठियावाड़ का एक राज्य, जो पूरी तरह भारतीय प्रदेश से घिरा था—के मुसलमान शासक ने, माउंटबेटन के प्रादेशिक समीपता (contiguity) के नियम का उल्लंघन करते हुए, पाकिस्तान के साथ 'इन्स्ट्रूमेंट ऑफ एक्सेशन' पर हस्ताक्षर करने

का फैसला किया। उसकी प्रजा ने उसके विरुद्ध विद्रोह कर दिया। और भारत सरकार ने इस प्रदेश की नाकाबंदी कर दी, जिसके बाद विवश होकर शासक पाकिस्तान भाग गया। इसके पश्चात्, भारतीय सेना ने राज्य पर नियंत्रण कर लिया, और फरवरी 1948 में वहाँ जनमत संग्रह किया गया, जिसमें जूनागढ़ की जनता ने लगभग एकमत होकर भारत संघ में मिलने का निर्णय लिया। एक वर्ष बाद, जूनागढ़ का सौराष्ट्र प्रदेश में विलय कर दिया गया और सौराष्ट्र विधान सभा में जूनागढ़ के सात सदस्यों को मंजूरी दी गई। इससे जूनागढ़ के भारत संघ में विलय की प्रक्रिया पूरी हो गई जिसका पाकिस्तान लगातार विरोध करता रहा।[41]

दूसरी ओर कश्मीर की स्थिति अधिक जटिल थी और प्रत्यक्ष रूप से विभाजन के इतिहास के साथ जुड़ी हुई थी। जैसाकि सुमित गांगुली का तर्क है, इस समस्या का मूल बिंदु "दक्षिण एशिया में राज्यों के निर्माण के प्रतिस्पर्द्धी दृष्टिकोणों में निहित है।"[42] 1947 में, कश्मीर के मुसलमान-बहुल रजवाड़े की सीमा भौगोलिक दृष्टि से पाकिस्तान से जुड़ी हुई थी जिसके पाकिस्तान के साथ बहुत मजबूत व्यापारिक संबंध थे। अतः, पाकिस्तान को कानूनी तौर पर भरोसा था कि वह इस राज्य का स्वाभाविक दावेदार था। जिन्ना और मुस्लिम लीग के लिए, पाकिस्तान कश्मीर के बिना "अधूरा" था, जबकि नेहरू और कांग्रेस के लिए, कश्मीर के एकीकरण से भारत की धर्मनिरपेक्षता की छवि मजबूत होगी।[43] 1846 से, कश्मीर पर, एक "हिंदू राज्य" के रूप में हिंदू डोगरा राजा, महाराजा गुलाब सिंह का राज था, जिसने मुस्लिम बहुसंख्यकों को किसी भी राजनीतिक सत्ता से हमेशा दूर रखा था। उनके उत्तराधिकारी महाराजा हरि सिंह ने भी एक छोटे ब्राह्मण कुलीनों की सहायता से कश्मीर पर शासन किया, जिसका राजनीतिक सत्ता और अधिकांश उपजाऊ कृषि भूमि पर नियंत्रण था। किंतु उसे शेख मुहम्मद अब्दुल्ला के नेतृत्त्व में अखिल जम्मू एवं कश्मीर नेशनल कांफ्रेंस द्वारा शुरू किए गए एक प्रजातांत्रिक राजनीतिक आंदोलन का सामना करना पड़ा, जो मुसलमानों के लिए अधिक अधिकारों की मांग कर रहे थे और एक कश्मीरी क्षेत्रीय राष्ट्रीयता अथवा कश्मीरियत का दावा कर रहे थे।[44]

सत्ता के हस्तांतरण के समय, जबकि कश्मीर पर पाकिस्तान के दावे को मुस्लिम कांफ्रेंस—जो नेशनल कांफ्रेंस से अलग होकर बना एक दल था—का समर्थन प्राप्त था, स्वयं नेशनल कांफ्रेंस ने, जिसे 75 प्रतिशत स्थानीय मुसलमानों का समर्थन प्राप्त था, एक अलग कार्यवाही की योजना तैयार की। मई 1946 में, डोगराओं के एकछत्र शासन की संभावना से आशंकित होकर, नेशनल कांफ्रेंस ने स्थानीय हिंदू पंडितों के साथ एक व्यापक सांप्रदायिक गठबंधन बनाकर "कश्मीर छोड़ो" आंदोलन की शुरूआत की और इंडियन नेशनल कांग्रेस से अधिक निकटता बना ली। अब्दुल्ला को, जिसके 1938 से नेहरू के साथ व्यक्तिगत मित्रतापूर्ण संबंध थे,[45] डोगरा शासन का विरोध करने पर जेल में डाल दिया गया, जबकि उक्त चुनौतियों का सामना कर रहे महाराजा ने आईओए पर हस्ताक्षर करने से मना कर दिया। इसी दौरान, पंजाब में भड़की सांप्रदायिकता की आग

कश्मीर में भी फैल गई और मौजूदा कमजोर प्रशासन इसे नियंत्रित कर पाने में विफल रहा। अतः, कथित रूप से अपने सहधर्मियों पर होने वाले अत्याचार का बदला लेने के लिए उत्तर-पश्चिमी सीमा प्रांत के पठान आदिवासियों ने, पाकिस्तान के गुप्त सहयोग से, अक्टूबर 1947 में पश्चिमी कश्मीर में प्रवेश कर लिया। कुछ समय उनका प्रतिरोध करने के पश्चात्, महाराजा की छोटी सेना और नागरिक प्रशासन पूरी तरह विफल हो गया और उसने भारत से सहायता का निवेदन किया। भारत ने केवल इस शर्त पर मदद देने की सहमति दी कि महाराजा को भारत में शामिल होने के लिए आईओए पर हस्ताक्षर करने होंगे, जिसे महाराजा ने मान लिया। इसके तुरंत बाद, भारतीय सेना श्रीनगर के एयरपोर्ट पर उतरी और परिस्थिति पर काबू कर लिया। किंतु इसके बाद पाकिस्तान के साथ एक लंबे संघर्ष के दौर की शुरूआत हुई, जो कानूनी रूप से कश्मीर को अपना हिस्सा मानता था और कश्मीर में सैन्य हस्तक्षेप करता रहता था। नवंबर 1947 में भारतीय और पाकिस्तानी सेनाओं के बीच एक बड़ा युद्ध हुआ। हालांकि अधिकांश कश्मीर घाटी, लद्दाख एवं जम्मू पर भारतीय सेनाओं का अधिकार हो गया, पाकिस्तानी सेना ने राज्य के लगभग एक-तिहाई भूभाग पर कब्जा कर लिया, जिसे ''आज़ाद कश्मीर'' कहा जाता है। इस प्रकार, दिसंबर 1947 तक कश्मीर वस्तुतः दो भागों में बंट चुका था। लॉर्ड माउंटबेटन के परामर्श पर भारत ने इस मामले के बहुपक्षीय समाधान के लिए इसे संयुक्त राष्ट्र संघ के सामने रखने का निर्णय किया।[46]

जब प्रधानमंत्री नेहरू ने कश्मीर के मामले को संयुक्त राष्ट्र में उठाने का निर्णय किया तो उन्हें विश्वास था कि महाराजा द्वारा भारत के साथ रहने के समझौते पर हस्ताक्षर करने और घाटी के मुस्लिम बहुसंख्यकों की प्रतिनिधि नेशनल कांफ्रेंस द्वारा इसे समर्थन दिए जाने के कारण भारत का कानूनी पक्ष बहुत मजबूत था। उन्होंने पाकिस्तान द्वारा, पहले अप्रत्यक्ष और बाद में प्रत्यक्ष रूप से किए गए गैर-कानूनी आक्रमण की शिकायत की। दूसरी ओर पाकिस्तान ने अधिग्रहण की वैधता का विरोध किया जो उसकी राय में दबाव डालकर प्राप्त किया गया था।[47] किंतु इससे अधिक महत्त्वपूर्ण बात यह थी कि इस वैश्विक मंच पर यह मुद्दा शीत युद्ध की राजनीति में फंस गया और इस क्षेत्र में ब्रिटेन के कूटनीतिक हितों के कारण गौण हो गया।[48] परिणामस्वरूप, संयुक्त राष्ट्र संघ कोई ठोस निर्णय लेने अथवा ऐसा कोई स्पष्ट समाधान प्रस्तुत करने में विफल रहा जो दोनों पक्षों को स्वीकार्य हो। अप्रैल 1948 में, इसने कश्मीर समस्या के समाधान के लिए एक पाँच-देशों को एक आयोग का गठन किया। 1949 तक इसने एक अपूर्ण इकरारनामा प्रस्तुत किया जिसके बाद भारत और पाकिस्तान युद्धविराम के लिए तैयार हो गए। इकरारनामे में पाकिस्तान से ''आक्रमण बंद करने'' और भारत से अपनी सेनाओं को कम करके केवल उतनी ही संख्या में तैनात करने को कहा, जो कानून और व्यवस्था बनाए रखने के लिए पर्याप्त हो; इसके पश्चात् कश्मीर के भाग्य के बारे में फैसला लेने के लिए जनमत संग्रह किया जाना था। किंतु वह जनमत संग्रह कभी नहीं हुआ क्योंकि भारत की मांग थी कि उक्त जनमत संग्रह कराने से पहले सभी आदिवासी और पाकिस्तानी

सेनाओं को कश्मीर से हटाया जाए, जबकि पाकिस्तान ने जनमत संग्रह होने के पश्चात् और इसके परिणामों के आधार पर सेनाएं हटाने की सहमति दी। जैसाकि गांगुली का तर्क है 1960 के दशक तक कश्मीर के मुद्दे पर संयुक्त राष्ट्र और विश्व की रुचि समाप्त हो गई,[49] तथा यह मुद्दा भारत और पाकिस्तान के संबंधों में एक रिसता हुआ ज़ख्म बनकर रह गया जिसके कारण बाद में दो युद्ध और हुए—1965 का भारत-पाक युद्ध और 1999 का कारगिल युद्ध।

हैदराबाद की स्थिति इसके विपरीत थी, क्योंकि यह एक हिंदू-बहुल राज्य था जो एक मुस्लिम शासक—निज़ाम—के अधीन था और जिसे एक दमनकारी मुस्लिम अल्पतंत्र (oligarchy) का समर्थन प्राप्त था। भौगोलिक दृष्टि से यह चारों ओर भूमि से घिरा, आर्थिक रूप से भारत पर निर्भर और भारतीय प्रदेशों से घिरा प्रदेश था। तब भी, 1947 में निज़ाम ने स्वतंत्र रहने की मांग की और आईओए पर हस्ताक्षर करने से मना कर दिया। हैदराबाद की भौगोलिक स्थिति—जो उत्तर और दक्षिण भारत के बीच संपर्क का प्रमुख गलियारा था—और इसकी जनसंख्या का संघटन देखते हुए, भारत में बहुत से लोगों ने निज़ाम के स्वतंत्र रहने के दावे को बेतुका और भारत की सुरक्षा के लिए हानिकारक बताया। अतः, भारत सरकार ने अंग्रेजों के जाने के बाद निज़ाम के स्वतंत्र रहने के फरमान को अस्वीकार कर दिया। इस अवस्था पर हैदराबाद की आंतरिक राजनीति काफी जटिल होती जा रही थी (जैसाकि अध्याय 8 में पहले ही बताया जा चुका है), क्योंकि तेलंगाना आंदोलन ने विचित्र मोड़ ले लिया था। कांग्रेस और कम्युनिस्टों के बीच मैत्री संबंध टूट गया, कृषक विद्रोह तीव्र हो गया, और रज़ाकारों का दमन बढ़ गया। निरंतर बिगड़ती राजनीतिक परिस्थितियों के संदर्भ में भारत सरकार ने वल्लभभाई पटेल के माध्यम से निज़ाम और उसके प्रतिनिधियों से बातचीत की और लगातार पूर्ण रूप से भारत के साथ जुड़ने तथा हैदराबाद में प्रतिनिधि सरकार बनाने की मांग की, जिसका मुसलमान कुलीन वर्ग ने कड़ा विरोध किया। अंततः, 13 सितंबर 1948 को भारतीय सेना ने दक्षिण भारत में कानून व्यवस्था लागू करने के बहाने हस्तक्षेप किया और अधिक प्रतिरोध का सामना किए बिना हैदराबाद पर नियंत्रण कर लिया।

किंतु साम्यवादियों के नेतृत्त्व में तेलंगाना में चला आ रहा किसानों का विद्रोह नवजात भारत राष्ट्र के लिए लगातार सबसे अधिक जटिल समस्या बना हुआ था। दिसंबर 1947 में, सीपीआई ने घोषणा की कि भारत की स्वतंत्रता बनावटी थी, और एक नया नारा दिया "ये आज़ादी झूठी है"। कांग्रेस और इसके नेता जवाहरलाल नेहरू को आंग्ल-अमेरिकी साम्राज्यवाद और देश के सामंतवादी तत्त्वों की कठपुतली समझा जाता था, और उन्हें वास्तविक स्वतंत्रता पाने का केवल एक रास्ता उन्हें हटाना था।[50] सीपीआई ने 28 फरवरी और 6 मार्च 1948 के बीच कलकत्ता में अपनी दूसरी महासभा का आयोजन किया, जहां इसने एक "राजनीतिक प्रसंग" (thesis) अपनाया, जिसमें औपचारिक रूप से घोषणा की गई थी कि 15 अगस्त 1947 को स्थापित की गई राष्ट्रीय सरकार भारत के लोगों की एक बड़ी शत्रु थी और इसलिए इसे बदलना बहुत जरूरी था। इसे पूरा करने

के लिए पार्टी ने ''बी.टी. रनदिवे लाइन'' (इसके महासचिव के नाम पर) के नाम से लोकप्रिय सिद्धांत, अथवा भारत में ''प्रजातंत्रात्मक क्रांति'' के मार्ग को अपनाने का निर्णय किया। इसका लक्ष्य ''अपने राजनीतिक और सामाजिक ढांचे में यह मौलिक परिवर्तन लाना होगा जिनके बिना हमारी जनता स्वतंत्र और समृद्ध नहीं हो सकती। वर्तमान राष्ट्र के स्थान पर ''प्रजातांत्रिक गणतंत्र'' की स्थापना करनी होगी- जो मजदूरों, किसानों और दलित मध्य वर्गों का गणतंत्र होगा।''[51] इसके पश्चात्, न केवल तेलंगाना विद्रोह जारी रहा (जिसका विवरण अध्याय 8 में दिया गया है), किंतु यह भारत के अन्य भागों, विशेष रूप से पश्चिम बंगाल में भी फैल गया, जिसके कारण ग्रामीण क्षेत्रों में तेभागा आंदोलन पुनर्जीवित हो उठा और कलकत्ता तथा निकटवर्ती औद्योगिक क्षेत्रों में शहरी विद्रोह फैल गया।[52]

इस अवस्था पर साम्यवादियों ने विद्रोह करने का निर्णय क्यों लिया, यह एक ऐसा प्रश्न है जिसका इतिहासकार विभिन्न तरीकों से उत्तर देने का प्रयास करते रहे हैं। विपिन चंद्र और उनके सहयोगियों का विचार है कि पार्टी में गहरी गुटबंदी होने और भारत की तत्कालीन राजनीतिक स्थिति का उचित मूल्यांकन करने में विफल होने के कारण साम्यवादियों ने यह मार्ग अपनाने का निर्णय लिया।[53] रामचंद्र गुहा का भी विचार है कि तेलंगाना आंदोलन की आरंभिक सफलता से उत्साहित होकर सीपीआई के नेताओं ने ''कांग्रेस से हुई छिटपुट निराशा'' को समझने में गलती की और इसे क्रांति की संभावना समझते हुए यह सोचा कि यह ''लाल भारत की उचित शुरूआत'' होगी।[54] अधिक व्यापक राजनीतिक परिप्रेक्ष्य में कहा जा सकता है कि जब 1946 में सांप्रदायिक दंगे और विभाजन की राजनीति शुरू हुई थी, तब सीपीआई ने परिस्थिति के समाधान के लिए एक रणनीति का विकास करने का प्रयास किया था। ब्रिटिश साम्राज्य के विरुद्ध मिलकर संघर्ष करने के लिए कांग्रेस और लीग को आपस में मिलाने के उनके राजनीतिक लक्ष्य की समाप्ति को शशि जोशी और भगवान जोश ने ''बेतुकी कार्यवाही'' कहा। अपने धर्मनिरपेक्ष सिद्धांत का प्रयोग करके वे उस समय की सांप्रदायिक परिस्थिति का मुकाबला नहीं कर सके और किसी उचित नीति का विकास करने में विफल रहे।[55] और इसके पश्चात्, जैसाकि टी.जे. नॉसीटर का कथन है, विभाजन के पश्चात् भारत का राजनीतिक परिदृश्य इतनी तेजी से बदला कि इसने सीपीआई के नेताओं पर अधिक दबाव डालना शुरू कर दिया जबकि मॉस्को से भी तत्काल कोई निर्देश आने की कोई उम्मीद नहीं थी। इसी समय, कुछ नेताओं को पूरी तरह से यह विश्वास हो चला था कि भावी राजनीतिक परिस्थितियों में वास्तविक क्रांति की संभावना मौजूद थी, और वे उस अवसर को अपने हाथ से जाने नहीं देना चाहते थे।[56] जैसाकि जाविद आलम का कथन है, भारत के साम्यवादी बुर्जुआ राष्ट्र को वास्तविक शत्रु समझते थे और उनका विश्वास था कि ''राष्ट्र के विरुद्ध वर्ग-आधारित लामबंदी मेहनतकश लोगों के दृष्टिकोण को क्रांतिकारी चेतना में परिवर्तित करने के लिए पर्याप्त थी।'' संक्षेप में, ''हैदराबादी शैली'' को ''कश्मीरी शैली'' से बेहतर समझा गया।[57] वर्ग संघर्ष और देशद्राही पूंजीपतियों

द्वारा राष्ट्र के विरुद्ध चलाई जाने वाली वर्ग संघर्ष और सशस्त्र विद्रोह की नीति को, जनता का ध्यान सांप्रदायिक मतभेदों से हटाने का सर्वश्रेष्ठ तरीका माना गया, जिसने विभाजन के पश्चात् देश को पूरी तरह निगल लिया था।

यह याद रखना भी जरूरी है कि 1940 का उत्तरार्ध और 1950 का पूर्वार्ध वह समय था जब एशिया के चीन, मलाया, इंडोनेशिया, फिलीपींस और बर्मा में साम्यवादियों को अभूतपूर्व सफलताएँ मिल रही थीं। इसने भारत के साम्यवादियों को भी प्रोत्साहित किया क्योंकि उन्हें मॉस्को का समर्थन प्राप्त था, जिसने सितंबर 1947 में पोलैंड में हुए एक सम्मेलन में, अंतर्राष्ट्रीय साम्यवादी दलों में अधिक सक्रियतावाद को प्रोत्साहित करने के लिए "ए. ज़डानोव थीसिस" की घोषणा की थी। यह, मार्शल प्लान को मॉस्को का उत्तर था।[58] इस परिस्थिति से प्रोत्साहित होकर, सीपीआई के पी.सी. जोशी जैसे परिष्कृत नेताओं ने, जो जनवरी 1948 तक पार्टी के महासचिव थे और जिसने नेहरू सरकार के साथ सहयोग की वकालत की थी, सशस्त्र विरोध की तैयारी की, जिसने स्वतंत्रता पश्चात् के प्रारंभिक वर्षों में भारतीय राष्ट्र के लिए, संभवतया सबसे अधिक गंभीर घरेलू समस्या उत्पन्न कर दी।

किंतु यह आंदोलन अधिक नहीं फैला, क्योंकि यह अधिकतर हैदराबाद और पश्चिम बंगाल में ही सीमित रहा, और यहाँ भी जन-समर्थन छिटपुट और सशर्त रहा क्योंकि लोग स्वतंत्रता के बाद इतनी जल्दी कांग्रेस को छोड़ने के लिए तैयार नहीं थे। और सरकार ने भी इसके साथ कठोरता से निपटने का निर्णय लिया और पिछले शासकों से विरासत में मिले आम दमनकारी साधनों का प्रयोग किया। यद्यपि तेलंगाना में भारतीय सेना ने साम्यवादी विद्रोहियों के खिलाफ अपनी "पुलिस कार्यवाही" जारी रखी, पश्चिम बंगाल में सीपीआई के नेताओं को बिना मुकदमा चलाए जेल में डालने के लिए जनवरी 1948 में एक नया सुरक्षा अधिनियम पारित किया गया, जिस पर मार्च में प्रतिबंध लगा दिया गया। इस दबाव के कारण, पार्टी "रूसी मार्ग" अपनाने वाले पोलित ब्यूरो और "चीनी मार्ग" अपनाने वाले आंध्र नेताओं के बीच विभाजित हो गई, तथा 9 मई 1949 की प्रस्तावित रेलवे की हड़ताल विफल होने के बाद इस विवाद में, विशेष रूप से काफी कड़वाहट आ गई। सितंबर 1950 के अंत तक, तीन अग्रणी नेताओं, अजय घोष, एस.ए. डांगे और एस.वी. घाटे ने दोनों रणनीतियों की कठोर आलोचना की, जिनका कहना था कि किसी भी रणनीति में भारत की वस्तुगत परिस्थिति पर ध्यान नहीं दिया गया था। परिणामस्वरूप सीपीआई की नीति में महत्त्वपूर्ण परिवर्तन किए गए जिसे अक्टूबर 1951 में कलकत्ता में हुई थर्ड पार्टी कांग्रेस में समर्थन दिया गया। इसमें एक नए "सुनियोजित मार्ग" (tactical line) की घोषणा की गई, तेलंगाना आंदोलन को वापस ले लिया गया, किसानों, श्रमिकों और मध्य वर्ग के बीच एक व्यापक मोर्चा बनाने पर सहमति दी गई, और 1951-52 के आगामी आम चुनावों में भाग लेने का निर्णय लिया।[59] इस प्रकार भारत के साम्यवादियों ने विद्रोही रणनीति छोड़कर संवैधानिक लोकतंत्र को अपना लिया।

## 9.4 संविधान एवं लोकतंत्र

भारत की संविधान सभा ने, कांग्रेस के वरिष्ठ नेता डॉ. राजेंद्र प्रसाद की अध्यक्षता में 9 दिसंबर 1946 से विचार-विमर्श शुरू कर दिया था और तीन वर्ष से कुछ अधिक समय में भारत के लिए एक नया संविधान तैयार किया, जिसे 24 जनवरी 1950 को पारित कर दिया गया।[60] यह दावा किया गया, जो उचित भी था, कि संविधान "एक लोकप्रिय प्रभुसत्ता के सिद्धांत से उपजी कार्यप्रणाली था जिसे उपनिवेशवाद विरोधी क्रांति के दौरान लंबे समय तक चली सामूहिक लामबंदी के दौरान कल्पित और प्रमाणित किया गया था।[61] किंतु उपनिवेशवाद के अंतिम संस्थागत चरण में, इस उपनिवेशवाद विरोधी आंदोलन में कांग्रेस की प्रभुसत्ता बनी रही और इसीलिए संविधान सभा के अधिकांश सदस्यों में कांग्रेस के ऐसे प्रतिनिधि शामिल थे, जो उसी सामाजिक वर्ग के थे, जिस वर्ग से पार्टी के नेता संबंधित थे, अर्थात् प्राथमिक रूप से वे उच्च-जाति के हिंदू ज़मींदार अथवा पेशेवर (Professionals) थे। एक दलित नेता और एक प्रवीण वकील डॉ. बी.आर. अंबेडकर को संविधान सभा की ड्राफ्टिंग कमेटी का अध्यक्ष नियुक्त करके इसे अधिक व्यापक बनाने का प्रयास किया गया। किंतु कुल मिलाकर, संविधान सभा जिसे सर्वसम्मति से निर्धारित किया गया था, में लगभग पूर्ण रूप से कांग्रेस का एकाधिकार रहा, और इसीलिए इसने उन्हीं आदर्शवादी सिद्धांतों को प्रतिबिंबित किया, जिनका कांग्रेस समर्थन करती थी, जैसे राष्ट्रवाद, प्रजातंत्र और धर्मनिरपेक्षता। संविधान सभा को विशेष रूप से तीन प्रमुख विषयों में अधिक रुचि थी: राष्ट्र की एकता, सामाजिक अभियांत्रिकी (Social engineering) की आवश्यकता, और विश्व में भारत का विशेष स्थान सुनिश्चित करना।[62] दूसरे शब्दों में, नए संविधान में भारत के लिए निर्धारित किया गया मार्ग प्रमुख रूप से राष्ट्रीय आंदोलन की आदर्शवादी विरासत से लिया गया था, जिस पर पिछले तीस वर्ष से अधिक समय से कांग्रेस का आधिपत्य रहा था। 26 जनवरी 1950 को नया संविधान लागू हुआ और भारत को एक "राष्ट्रमंडल लोकतांत्रिक गणतंत्र" घोषित कर दिया गया। किंतु निरंतरता बनाए रखते हुए, भारत की राष्ट्रमंडल की सदस्यता बरकरार रही, क्योंकि लंदन अपने राष्ट्रों के साम्राज्यवादी परिवार में प्रजातांत्रिक भारत की सदस्यता बनाए रखने के लिए अपने नियमों को लचीला बनाने के लिए सहमत हो गया था।

निरंतरता के अन्य तत्त्व भी थे क्योंकि भारत के संविधान को अधिकतर आंग्ल-अमेरिकी मॉडल पर तैयार किया गया था। इस निरंतरता का सबसे महत्त्वपूर्ण तत्त्व पिछले उपनिवेशवादी कानूनों पर इसकी निर्भरता थी जिसमें भारत सरकार अधिनियम 1935 भी शामिल था। उपनिवेशी सरकार क्रमिक सुधार अधिनियमों के माध्यम से धीरे-धीरे सीमित स्व-शासन प्रणाली लागू कर रही थी और भारतीयों के एक वर्ग को, इसके नियमों के साथ जोड़ने के लिए उपनिवेशी सरकार ने—1909 का भारत परिषद् अधिनियम (जो मॉर्ले-मिंटो सुधार के नाम से लोकप्रिय है), और 1919 का भारत सरकार अधिनियम (जो मॉण्टेंग्यू-चेम्सफोर्ड सुधार के नाम से लोकप्रिय है) बनाए थे। इन सुधारों में 1935 का

अधिनियम सबसे अधिक उदार था, जिसने निर्वाचक वर्ग का विस्तार किया (यद्यपि अभी भी यह उच्च संपत्ति और शैक्षिक अहर्ताओं पर आधारित था), प्रादेशिक स्वराज और संघीय ढांचे की व्यवस्था की और नियंत्रण की लगाम ब्रिटिश हाथों में रखने के लिए अत्यंत महत्त्वपूर्ण आपातकालीन अधिकारों को अधिकारियों के हाथों में बनाए रखा। स्वतंत्र भारत के संविधान में इस अधिनियम के लगभग 250 अनुच्छेदों को सीधे उठा कर शामिल कर लिया गया,[63] किंतु इसमें कांग्रेस तथा इसके नेताओं की राय से ऐसे परिवर्तन शामिल किए जो कांग्रेस और भारतीय राजनीति की वास्तविकताओं के अनुकूल थे। उदाहरण के लिए, संघवाद का सिद्धांत जिसके लिए 1935 के अधिनियम में व्यवस्था की गई थी, किंतु जो राजाओं के प्रतिरोध के कारण विफल हो गया था (अध्याय 8 देखें), को रख लिया गया। किंतु राष्ट्र के संस्थापकों ने उसे विशेष रूप से कमजोर बना दिया जो आपातकालीन अधिकारों को एक मजबूत केंद्र सरकार के हाथों में सौंपना चाहते थे क्योंकि उन्हें डर था कि कहीं प्रजातीय और प्रादेशिक मतभेद, इस उदीयमान राष्ट्र की नाजुक एकता को खतरे में न डाल दे।[64] संविधान में युद्ध, बाहरी आक्रमण या सशस्त्र विद्रोह के कारण (अनुच्छेद 352) राष्ट्रीय हितों पर खतरा मंडराने अथवा कथित रूप से संवैधानिक तंत्र के विफल हो जाने पर (अनुच्छेद 356), केंद्र सरकार को देश के शासन की बागडोर अपने हाथ में लेने की अनुमति दी गई थी। दूसरे शब्दों में, भारतीय समाज के बहुलतावादी प्रकार को देखते हुए, वे एक केंद्रीकृत राष्ट्र की सत्ता के माध्यम से एक सशक्त राष्ट्र बनाना चाहते थे, जिसके सामने अन्य सभी संगठित सामाजिक संस्थान कमजोर हों। इस प्रकार, संविधान के माध्यम से देश के प्राकृतिक वास के रूप में, प्रादेशिक राष्ट्र के विचार को मजबूती से स्थापित कर दिया गया जिससे राष्ट्रीय एकता का अधूरा लक्ष्य पूरा हो जाने की आशा थी।[65]

एक ऐसे समाज में जिसमें एकरूपता की कमी थी, उसके संविधान निर्माता लोकप्रिय प्रभुसत्ता को सीधे आम लोगों के हाथों में सौंपना नहीं चाहते थे; इसे ''क्रिया विधि संपन्न'' राष्ट्र के माध्यम से पूरा करना था।[66] संविधान की प्रस्तावना में एक मजबूत राष्ट्र की नींव डाली गई थी जिसमें विशेष रूप से ''न्याय'' का सिद्धांत निरूपित किया गया था—इसे भी उपनिवेशवाद विरोधी संघर्ष से लिया गया था। इसे ''राष्ट्र नीति के निदेशक सिद्धांतों'' के माध्यम से लागू किया गया जिसमें राष्ट्र का निर्माण करने वाले सभी विभिन्न सामाजिक वर्गों के लिए समानता और न्याय की प्रतिज्ञा की गई थी। जैसाकि मिठी मुखर्जी का तर्क है, पश्चिमी संविधानों के विपरीत, जिनमें व्यक्तिगत स्वतंत्रता का सिद्धांत स्थापित किया गया है, भारतीय संविधान ने ''समान न्यायाधिकार'' (Justice as equity) ''संप्रभु वैधानिक सिद्धांत'' के दर्शन की स्थापना की जिसमें नागरिकों के ''मौलिक अधिकारों'' में स्वतंत्रता और व्यक्तिगत अधिकारों की धारणा को वरीयता दी गई है। भविष्य में, यदि ''न्याय'' और ''स्वतंत्रता'' के दो सिद्धांतों के बीच में कोई मतभेद हुआ तो संविधान निर्माताओं को आशा थी कि ''न्याय' की जीत होगी। नागरिकों के अधिकारों और स्वतंत्रता को संपूर्णता नहीं दी गई, और उन्हें अपवाद की परिस्थितियों

में, संसद के निर्णय के आधार पर ज्यादा लोगों की भलाई के लिए समाप्त किया जा सकता है।[67] यद्यपि, इस व्यवस्था को विभिन्न वर्ग के लोगों—जिनमें अनेक वंचित वर्ग शामिल थे—के उत्थान के लिए अनिवार्य समझा गया। इसमें ''एक सक्रिय और विशाल राष्ट्र'' की धारणा भी अंतर्निहित थी, जिसे सामाजिक अभियांत्रिकी के सक्रिय कर्त्तव्य सौंपे गए थे।[68] अतः, मुखर्जी ने इसका सारांश प्रस्तुत करते हुए कहा, ''यह एक ऐसा संसदीय संस्थान था—जो पहले स्थापित ब्रिटिश उपनिवेश के समान—नए समाज का प्रमुख एजेंट था, जहां लोग अपने भविष्य के स्वयं कर्ता न होकर, देश को मिलने वाले लाभ के निष्क्रिय हिताधिकारी थे।[69]

पिछली परंपरा के सिद्धांतों को निरंतर बनाए रखने के परिणामस्वरूप शासन के नियमों में भी अंतर्विरोध उत्पन्न हुए। जब भारत ने स्वतंत्रता प्राप्त की, तो कांग्रेस के भीतर शासन के एक आंतरिक ढांचे का विकास हो चुका था, जिसकी प्रकृति प्रजातांत्रिक थी। अतः, जब संविधान सभा ने देश की भावी शासन प्रणाली पर विचार-विमर्श करना शुरू किया तो तत्काल सर्वभौम वयस्क मताधिकार के आधार पर संसदीय प्रजातंत्र स्थापित करने पर सहमति हुई।[70] सुनील खिलनानी के अनुसार, इसी साझे प्रजातंत्रात्मक अनुभव ने, जिसे भारतीय जनता के सभी वर्गों ने महसूस किया, अंततः भारत की एकता को बनाए रखा।[71] तब भी, लोकप्रिय प्रजातंत्र को मिले समर्थन के बावजूद, संविधान में उपद्रवों को नियंत्रित करने और विद्रोह को कुचलने के लिए अधिकारियों को आपातकाल में अपने विवेक के आधार पर स्वयं निर्णय लेने की व्यवस्था को बनाए रखा गया। और देश में नेहरू के शासनकाल में, विभिन्न अवसरों पर, विशेष रूप से प्रारंभिक वर्षों में जब साम्यवादी विद्रोह ने देश को हिला कर रख दिया, इसका विभिन्न तरीकों से प्रयोग किया गया (जैसे निवारक नज़रबंदी अधिनियम अथवा सुरक्षा अधिनियम, जिसमें मुकदमा चलाए बिना नज़रबंद करने का प्रावधान था)। पॉल ब्रास के मतानुसार, इन उपायों ने जनता के अविश्वास को प्रकट किया।[72] अन्य इतिहासकारों का तर्क है कि उपनिवेशवाद पश्चात् भारत में निर्वाचन पर आधारित प्रजातंत्र को समर्थन मिला और उसका स्वागत भी किया गया, किंतु हमारा देश प्रजातांत्रिक तरीके से विरोध करने, या नागरिक अवज्ञा के अधिकार को सहन करने से हिचकिचा रहा था।[73] दूसरे शब्दों में, जैसाकि ग्रैनविल ऑस्टिन का तर्क है, आने वाले वर्षों में, संविधान के लक्ष्यों और भारतीय राजनीति की वास्तविकता ने सरकार और जनता, दोनों के लिए अनेक विरोध ाभासों का निर्माण किया, जो विभिन्न वर्गों और समुदायों से संबंधित थे।[74]

अन्य क्षेत्रों में भी विरोधाभास था। संविधान सभा में इस बात पर सहमति थी कि भावी राष्ट्र धर्मनिरपेक्ष होगा—किंतु धर्मनिरपेक्षता के कई अर्थ थे। अंततः, संविधान में सभी धर्मों को बराबर सम्मान देने के गांधीवादी आदर्श को स्वीकार किया गया, किंतु इसमें भी सांप्रदायिकता का भय समाया हुआ था। अतः, संविधान में सभी नागरिकों को किसी भी धर्म का पालन करने की स्वतंत्रता का प्रावधान रखा गया, किंतु आनुपातिक प्रतिनिधित्व के आधार पर अल्पसंख्यकों के राजनीतिक अधिकारों की सुरक्षा की कोई

व्यवस्था नहीं की गई। अल्पसंख्यक उपसमिति ने प्रजातंत्र, धर्मनिरपेक्षता और राष्ट्रीयता के नाम पर अलग निर्वाचन क्षेत्रों के सिद्धांत को नकार दिया। विधानसभा और सरकारी सेवाओं में धार्मिक अल्पसंख्यकों के लिए सीटों के आरक्षण के प्रस्ताव को इस आधार पर छोड़ दिया गया कि विभाजन-पश्चात् के भारत में इस प्रस्ताव से सांप्रदायिकता को बढ़ावा मिलेगा तथा राष्ट्रीय एकता पर प्रभाव पड़ेगा। नेहरू का तर्क था कि "आरक्षण के इस कारोबार को छोड़ देने से...पता चलता है कि धर्मनिरपेक्ष प्रजातंत्र के बारे में हम वास्तव में गंभीर हैं"।[75] किंतु इससे अंबेडकर जैसे नेता संतुष्ट नहीं हुए जिनका विचार था कि भारतीय राष्ट्रवाद में एक असंगत सिद्धांत का विकास हो रहा था जहां "अल्पसंख्यकों द्वारा सत्ता में साझेदारी के किसी भी दावे को ... सांप्रदायिकता कहा जाता था, जबकि सभी अधिकारों पर बहुसंख्यकों ... के एकाधिकार को राष्ट्रीयता कहा जाता था।"[76] हालांकि संविधान सभा मुसलमानों की चिंता की आसानी से उपेक्षा कर सकती थी, किंतु दलितों की मांगों पर, स्पष्टतया, राजनीतिक कारणों से अधिक ध्यान देने की आवश्यकता थी। अत:, अल्पसंख्यकों के प्रश्न का आर्थिक और सामाजिक रूप से पिछड़े अल्पसंख्यकों को सुरक्षा प्रदान करके समाधान कर दिया गया, किंतु उन अल्पसंख्यकों को कोई सुरक्षा नहीं दी गई जो धार्मिक और सांस्कृतिक भिन्नता के आधार पर सुरक्षा चाहते थे। अस्पृश्यता को गैर-कानूनी घोषित कर दिया गया; किंतु ऐतिहासिक पिछड़ेपन के कारण, अस्थायी रूप से, केवल दस वर्ष के लिए, अनुसूचित जाति और अनुसूचित जनजाति के आरक्षण का प्रावधान रख लिया गया।[77]

किंतु हिंदुओं की रूढ़िवादिता से अंबेडकर की कुंठा अभी समाप्त नहीं हुई थी, जो कुछ दिनों के बाद हिंदू कोड बिल पर होने वाली बहस में उभर कर सामने आई। प्रस्तावित कानून में हिंदुओं के विवाह, तलाक, दत्तक ग्रहण, उत्तराधिकार, महिलाओं के लिए संपत्ति के अधिकार, इत्यादि मामलों को नियंत्रित करने वाले व्यक्तिगत कानून को सरल एवं कारगर बना दिया गया था। भारत के विधि निर्माता 1941 से इस पर विचार कर रहे थे क्योंकि व्यापक रूप से यह अनुभव किया जाने लगा था कि इस क्षेत्र में एक प्रकार की एकरूपता की आवश्यक थी क्योंकि भारत के विभिन्न भागों में इसे कई विभिन्न तरीकों से व्याख्यायित करके लागू किया जा रहा था। 1944-45 में, कलकत्ता उच्च न्यायालय के एक न्यायाधीश सर बेनेगल नरसिंग राउ के तत्वाधान में एक समिति को एक व्यापक हिंदू कोड बनाने का उत्तरदायित्व सौंपा गया था। स्वतंत्रता एवं विभाजन ने इस प्रक्रिया को मंद कर दिया, किंतु स्वतंत्रता के तत्काल बाद, संविधान सभा ने हिंदू कोड बिल का मसौदा तैयार करने के लिए अंबेडकर की अध्यक्षता में—जो विधि मंत्री भी थे—एक चयन समिति का गठन किया, जिसे अंतत: अगस्त 1948 में सरकार के समक्ष प्रस्तुत किया गया। इस प्रयास की मधु किश्वर ने यह कहकर आलोचना की कि यह उपनिवेशी आधुनिकतावादी मानसिकता को दर्शाता है, जिसमें राष्ट्र की सत्ता के माध्यम से, ऊपर से सामाजिक सुधार लाने की आशा की गई थी क्योंकि इस बिल से, किसी औचित्य के बिना कानूनी प्रणाली के निष्क्रिय और सर्वव्यापी हो जाने की

संभावना थी।[78] तब भी, यह बिल काफी व्यापक था जिसमें व्यक्तिगत कानून के सभी पक्षों को शामिल किया गया था, और हिंदू महिलाओं को संतान गोद लेने तथा संपत्ति में उत्तराधिकार के मामलों में विस्तृत अधिकार दिए गए थे। और यहीं इसने बर्र के छत्ते में हाथ डाल दिया था।

अंबेडकर द्वारा बनाए गए बिल के तीसरे ड्राफ्ट ने, जिसमें हिंदू महिलाओं को माता-पिता की संपत्ति में हिस्सेदारी के समान अधिकार का प्रस्ताव उठाया गया था, संसद में और संसद के बाहर रूढ़िवादी हिंदुओं को नाराज़ कर दिया और उन्होंने कांग्रेस पार्टी को विभाजित करने की धमकी दी। जब 1951 के ग्रीष्मकालीन सत्र में यह बिल बहस के लिए संसद में आया तो 85 सरकारी संशोधनों और 300 से अधिक प्राइवेट संशोधनों को बहस के लिए प्रस्तुत किया गया।[79] यह एक कटु बहस थी जिसमें नेहरू और अंबेडकर जैसे आधुनिकतावादी एक ओर थे, और अन्य बातों की तुलना में संयुक्त हिंदू परिवार को महत्त्व देने वाले लोग दूसरी ओर थे।[80] शीघ्र ही यह स्पष्ट हो गया कि बिल पास नहीं हो पाएगा तथा प्रधानमंत्री नेहरू ने इसे स्थगित करने का फैसला किया हालांकि उन्होंने इस स्थगन को अस्थायी घोषित कर दिया था। अंबेडकर ने इससे चिढ़कर मंत्रिमंडल से इस्तीफा दे दिया और अगले चुनावों में अपने अखिल भारतीय अनुसूचित जाति संघ की ओर से अपने बूते पर चुनाव लड़ने का फैसला किया। 1951-52 के चुनावों के पश्चात्, बिल को चार भागों में विभाजित किया गया और अलग-अलग पारित किया गया: 1955 में हिंदू विवाह अधिनियम पारित किया गया; और शेष अधिनियमों, हिंदू उत्तराधिकार अधिनियम, हिंदू अवयस्कता एवं संरक्षकता अधिनियम तथा हिंदू दत्तक एवं निर्वहन अधिनियम को 1956 में पारित किया गया। इन नए अधिनियमों में महिलाओं के अधिकारों को इतना कम कर दिया गया कि किश्वर ने उन्हें "महिलाओं से धोखाधड़ी" कहा।[81]

तथापि, नया संविधान लागू होने पर, उच्च राजनीतिक वर्ग की प्रमुख चिंता सार्वभौम वयस्क मताधिकार के आधार पर प्रथम आम चुनाव कराने की थी। अप्रैल 1950 में जनप्रतिनिधित्व अधिनियम पारित किया गया और एक स्वायत्त चुनाव आयोग का गठन किया गया; तथा एक बंगाली आईसीएस अधिकारी सुकुमार सेन को इसका प्रमुख चुनाव आयुक्त नियुक्त किया गया। 21 वर्ष से अधिक आयु की आधी जनसंख्या अथवा लगभग 17 करोड़ 60 लाख लोग मतदाता के रूप में पंजीकृत थे—इसमें 1935 के अधिनियम के समय से काफी सुधार हुआ था जिसमें केवल 11 प्रतिशत जनसंख्या को मताधिकार प्राप्त था।[82] इन नए मतदाताओं ने, जो कानूनी रूप से स्वतंत्र, स्वाधीन, स्वैच्छिक व्यक्तित्व के नागरिक थे, और जो अपनी चुनाव की स्वतंत्रता का प्रयोग कर रह थे, भारतीय लोकतंत्र की "जनता" या रीढ़ थे।[83] उन्हें संसद के लोकप्रिय सदन (जिसे लोक सभा या हाउस ऑफ पीपल कहा गया) के लगभग 500 सदस्यों और राज्य (या प्रदेश) विधान सभा के लगभग 4,000 सदस्यों को निर्वाचित करना था—कुल मिलाकर 4,500 सीटों के लिए मतदान होना था। यह चुनाव न केवल अधिकांश भारतीय जनता के लिए एक नया राजनीतिक अनुभव थे, अपितु यह देश के लिए एक विशाल

राजनीतिक चुनौती भी थे जिसने पहले कभी इतने विशाल स्तर पर चुनावों का आयोजन नहीं किया था। जैसाकि रामचंद्र गुहा का कथन है:

> 2,24,000 मतदान केंद्रों का निर्माण किया गया, जिनमें स्टील की 20 लाख मतदान पेटियाँ लगाई गईं, जिन्हें बनाने में 8,200 टन स्टील का प्रयोग हुआ; निर्वाचन क्षेत्र के अनुसार मतदाता सूचियों को टाइप करने और उनका मिलान करने के लिए 16,500 क्लर्कों को नियुक्त किया गया; मतदाता सूचियों को छापने के लिए लगभग 380,000 रीम कागज़ का प्रयोग हुआ; मतदान के संचालन के लिए 56,000 पीठासीन अधिकारियों को चुना गया, इनकी सहायता के लिए 280,000 सहायकों को रखा गया; हिंसा और लोगों को डराने-धमकाने से बचाव के लिए पुलिस के 224,000 सिपाहियों को तैनात किया गया।[84]

मतदान की प्रक्रिया भी काफी जटिल थी। कुछ मतदान क्षेत्रों में दो-सीटों के लिए निर्वाचन होना था, जहाँ एक सीट अनुसूचित जाति अथवा अनुसूचित जनजाति के लिए आरक्षित थी। 85 प्रतिशत मतदाता निरक्षर होने के कारण, प्रत्येक दल को एक विशेष चुनाव चिह्न देकर इस प्रक्रिया को दृश्य बनाना था और मतदान केंद्रों में प्रत्येक दल के लिए एक अलग मतदान पेटी लगानी थी। इसका अर्थ था कि प्रत्येक मतदाता को अपना वोट तीन बार डालना था—अलग मतदान पत्रों पर अपनी पसंद के उम्मीदवार के सही चुनाव चिह्न पर मोहर लगानी थी और मतपत्र को अपने चुने हुए उम्मीदवार के चिह्न वाली सही मतपेटी में डालना था। मतदाताओं के लिए यह एक जटिल काम था जो अपने जीवन में पहली बार मतदान कर रहे थे।

22 नवंबर 1951 को राष्ट्र के नाम एक संदेश में प्रधानमंत्री नेहरू ने, सही रूप में, प्रथम आम चुनाव को एक "अपूर्व अनुभव" कहा था।[85] अंबेडकर भी इस बारे में आश्वस्त नहीं थे : "भारत जैसे देश की पुराने विचारों वाली जनता को, जिसे लोकतंत्र की कोई बुनियादी जानकारी ही नहीं थी, उन्हें फैसला करने और पार्टी का चुनाव करने का अधिकार दे दिया गया और सरकार का कर्ताधर्ता बना दिया गया।"[86] पश्चिमी देशों के अनेक लोगों ने भी सोचा कि भारतीयों को लोकतंत्र रास नहीं आएगा, जिन्हें तानाशाही को सहने की आदत थी। एक बार नेहरू ने इस पर आशंका प्रकट की थी कि क्या अनपढ़ मतदाताओं को मतदान का अधिकार देना समझदारी का निर्णय था या नहीं। किंतु तब भी उन्होंने बार-बार यही कहा कि यह सबसे अच्छा विकल्प था और पूरे जोश के साथ चुनाव अभियान की शुरूआत की।[87] उनकी कांग्रेस पार्टी, जो स्वतंत्रता संग्राम की विरासत की उत्तराधिकारी थी, के लिए चुनाव में विजय प्राप्त करने का सबसे अच्छा अवसर था, इसलिए नहीं कि वह विशाल मात्रा में संसाधन जुटा सकती थी और बड़ी संख्या में पार्टी के कार्यकर्ताओं का प्रयोग कर सकती थी, अपितु इसलिए भी कि उसके राजनीतिक विरोधी निराशाजनक रूप से बंटे हुए और अव्यवस्थित थे।

रजनी कोठारी ने स्वतंत्रता पश्चात् के भारत की दलीय प्रणाली को ''एक पार्टी के प्रभुत्व की प्रणाली'' कहा, जहाँ कांग्रेस ''एक सर्वसम्मत पार्टी'' (party of consensus) थी और विरोधी पक्ष ''दबाव के दल'' थे, क्योंकि उनमें से कोई भी एक सक्षम सरकार देने के योग्य नहीं था।[88] इस राजनीतिक दृश्यावली के दाहिनी ओर हिंदू महासभा थी, जिसे 30 जनवरी 1948 को महात्मा गांधी की नाथूराम गोडसे द्वारा हत्या किए जाने से गहरा राजनीतिक आघात लगा था और जिसके कथित रूप से हिंदू महासभा और आरएसएस के साथ पुराने संबंध थे। गांधी की हत्या के पश्चात् हुए सार्वजनिक उपद्रवों के कारण भारत सरकार ने इन दोनों दलों पर कठोर प्रतिबंध लगा दिए थे। राजकीय नियंत्रण के अतिरिक्त, हिंदू राजनीतिक संगठनों और उनके नेताओं के विरुद्ध जनता में तीव्र आक्रोश था।[89] चुनाव सामने आने तक वे इस आघात से उबर नहीं पाए थे। इसके नेताओं में निराशाजनक रूप से फूट पड़ गई और इसके चुनावी घोषणापत्र में ''भारत में हिंदू राज स्थापित करने'' की प्रतिज्ञा नए भारत के नागरिकों को अपनी ओर आकर्षित करने में विफल रही।[90] इसके सबसे प्रभावी नेता डॉ. एस.पी. मुखर्जी ने त्यागपत्र दे दिया और 21 अक्तूबर 1951 को उन्होंने भारतीय जन संघ के नाम से एक नए राजनीतिक दल का गठन किया। उन्होंने दावा किया कि यह एक गैर-सांप्रदायिक दल था जिसका लक्ष्य कांग्रेस के विरुद्ध एक व्यापक लोकतांत्रिक विपक्ष खड़ा करना था, जो अधिकाधिक तानाशाह और भ्रष्ट होती जा रही थी। किंतु अंत में यह दल कोई प्रभावकारी वैकल्पिक विचारधारा या कार्यक्रम प्रदान करने में विफल रहा और, जनसमर्थन के मजबूत आधार के बिना, आरएसएस पर आश्रित होकर रह गया।[91] इस प्रकार जनसंघ स्वयं को महासभा से अलग नहीं रख सका, और परिणामस्वरूप इस चुनाव में हिंदू महासभा, जनसंघ और राम राज्य परिषद् (एक अन्य छोटा हिंदू राष्ट्रवादी दल) वोटों के लिए एक-दूसरे से और कांग्रेस से मुकाबला करते रहे।

तथापि, कांग्रेस को प्रमुख रूप से स्वयं अपने ही संगठनात्मक ढांचे से विरोध का सामना करना पड़ा। सर्वप्रथम, समाजवादियों ने, जो 1934 से कांग्रेस के भीतर कांग्रेस समाजवादी पार्टी के रूप में काम कर रहे थे, जयप्रकाश नारायण और अशोक मेहता के नेतृत्त्व में पार्टी से अलग होने का फैसला किया। कांग्रेस के दक्षिण पंथ की ओर जाने और इसकी बढ़ती तानाशाही प्रवृत्तियों के विरुद्ध इस अलगाव की घोषणा 28 मार्च 1948 को नासिक में हुई एक बैठक में की गई। तब आचार्य जे.बी. कृपलानी जैसे गांधीवादी नेता और अन्य लोग कांग्रेस में आंतरिक सुधार करना चाहते थे, किंतु 1950 में पार्टी अध्यक्ष के पद के लिए पुरुषोत्तम दास टंडन के हाथों कृपलानी की पराजय के पश्चात्, उनकी कुंठा सार्वजनिक हो गई क्योंकि पार्टी में सुधार और उसे एकजुट करने के सारे प्रयास विफल हो गए। कृपलानी ने 16 मई 1951 को कांग्रेस से त्यागपत्र दे दिया और 14 जून को पटना में हुए एक सम्मेलन में एक नई पार्टी के गठन की घोषणा की, जिसे किसान मजदूर प्रजा पार्टी या संक्षिप्त रूप में प्रजा पार्टी का नाम दिया गया।

कृपलानी की समालोचना, हाल के पार्टी चुनावों में हुई उनकी पराजय के बावजूद उनके व्यक्तिगत लक्ष्यों से प्रेरित नहीं थी, जैसाकि कुछ इतिहासकारों का अनुमान है।[92] यह असहमति की आवाज़ थी जिसमें देश भर के अन्य अनेक गांधीवादी, जैसे त्रिलोकी सिंह और उत्तर प्रदेश में पीपुल्स कांग्रेस, प्रोफेसर एन.जी. रंगा और उनकी आंध्र प्रजा पार्टी, तथा डॉ. पी.सी. घोष और बंगाल में उनकी कृषक मज़दूर प्रजा पार्टी शामिल थीं। उनकी समालोचना नैतिक और सदाचार पर आधारित थी, आदर्शवाद पर नहीं। उन्होंने स्वतंत्रता-पश्चात् कांग्रेस की निराशाजनक प्रवृत्ति के खिलाफ आवाज़ उठाई जो "कृषक-प्रजा-मज़दूर राज" के गांधीवादी लक्ष्य से दूर जा रही थी। वे इसके अनेक नेताओं के बढ़ते सत्तावादी आचरण और सार्वजनिक जीवन में उनके द्वारा किए जाने वाले भ्रष्टाचार से भी चिंतित थे। परंतु आदर्श रूप में वे कांग्रेस के दर्शन और गांधीवादी आदर्शों के प्रति प्रतिबद्ध थे जिसे उन्होंने अपनी नीतियों के माध्यम से क्रियान्वित करने की प्रतिज्ञा ली थी। इस वैचारिक सम्मिश्रण के परिणामस्वरूप, चुनाव आने पर, वे स्वयं को कांग्रेस से अलग नहीं रख सके। इस पार्टी का "शांतिपूर्ण ढंग से एक स्वतंत्र, लोकतांत्रिक, जातिवाद और वर्गरहित समाज" की स्थापना का घोषित लक्ष्य, बहुत कुछ कांग्रेस के जयपुर प्रस्ताव (1948) के समान था। और दुर्भाग्यपूर्ण रूप से वे इस अस्पष्ट आदर्श को सकारात्मक वास्तविकता में रूपांतरित करने के लिए कोई ठोस कार्यक्रम देने में बुरी तरह विफल रहे।[93]

यदि सोशलिस्ट पार्टी और प्रजा पार्टी राजनीतिक पटल के लगभग केंद्र में थीं, तो वाम पक्ष में कांग्रेस का प्रमुख विरोध सीपीआई ने किया, जिसने हाल ही में सशस्त्र विद्रोह के मार्ग को छोड़ने और देश पर अपना नियंत्रण बढ़ाने के लिए चुनाव लड़ने का फैसला किया था। तथापि, उनका संगठन अधिकतर दक्षिणी और पूर्वी भारत में सीमित था, जहां हाल ही में काफी प्रबल विद्रोह हो चुके थे, और यहाँ वे अपनी पूर्ण अनुशासित पार्टी प्रणाली का चुनाव कार्यों के लिए प्रयोग कर सकते थे। किंतु सबसे बड़ी कमी यह थी कि उनके अधिकांश नेता अभी भी जेल में थे और कांग्रेस सरकार की चुनाव से पहले इन राजनीतिक कैदियों को छोड़ने की कोई मंशा नहीं थी, हालांकि इनमें से कुछ को मुकदमा चलाए बिना कैद में रखा जा रहा था।[94] कुछ छोटे वामपंथी दल भी थे, जैसे फॉरवर्ड लॉक, रिवॉल्यूशनरी सोशलिस्ट पार्टी, ऑल इंडिया किसान सभा, पीजेंट्स एंड वर्कर्स पार्टी, बोल्शेविक पार्टी ऑफ इंडिया, इत्यादि। किंतु वे निराशाजनक रूप से बंटी रहीं। सरत बोस, जिन्होंने कांग्रेस से त्यागपत्र दे दिया था और अगस्त 1947 में अपनी सोशलिस्ट रिपब्लिकन पार्टी का गठन किया था, ने इस सभी गैर-साम्यवादी दलों को यूनाइटेड सोशलिस्ट ऑर्गनाइज़ेशन ऑफ इंडिया नाम के एक अखिल भारतीय गठबंधन के रूप में एकसाथ लाने का प्रयास किया; उन्हें आशा थी कि यह पार्टी कांग्रेस का वामपंथी विकल्प हो सकती थी। किंतु वह इन विरोधी दलों के मतभेदों—आदर्शवादी एवं व्यक्तिगत—को सुलझाने में विफल रहे, और इस प्रकार कांग्रेस का एक संयुक्त वामपंथी विरोधी दल बनाने का सपना 20 फरवरी 1950 को टूट गया।[95]

अत:, कांग्रेस के सामने बहुत कम विरोधी थे जिनसे उसे कोई भय होता। अपनी लगभग अजेय स्थिति को मजबूत बनाने के लिए नेहरू ने 1 अक्टूबर 1951 से देश का एक चक्रवाती दौरा शुरू किया और तीव्र चुनावी प्रचार किया। कुल मिलाकर, उन्होंने नौ सप्ताह में 25,000 मील की यात्रा की और देश के सुदूरवर्ती इलाकों में चुनाव सभाओं को संबोधित किया।[96] उन्होंने देश के दो शत्रुओं—"साम्यवाद" और "गरीबी"—का उल्लेख किया और अपने चुनावी अभियान के लिए दो मुद्दे—'इतिहास" और "स्थायित्व" निर्धारित किए। स्वतंत्रता संग्राम का उत्तराधिकारी होने के कारण, कांग्रेस एक अकेला ऐसा दल था जो कानूनी रूप से नए राष्ट्र के संचालन का दावा कर सकता था। और यही एक अकेला ऐसा दल था जो एक स्थायी सरकार दे सकता था।[97] राष्ट्रीय संचार माध्यम खुल्लमखुल्ला कांग्रेस का समर्थन कर रहे थे, क्योंकि जहां भी नेहरू भाषण देते थे, उनके भाषण देशभर के समाचारपत्रों के मुख्य पृष्ठों पर प्रकाशित होते थे, इस प्रकार प्रतिदिन उनके संदेश पढ़े-लिखे प्रादेशिक मतदाताओं के ड्रॉइंग रूम तक पहुंच जाते थे।[98] स्पष्ट रूप से विरोधी दलों को इतिहास के इस विशेष प्रसंग का विरोध करना था और उनका तर्क था कि भारत को स्वतंत्रता केवल कांग्रेस ने नहीं दिलाई थी। किंतु इस प्रकार के विरोध से विरोधियों का चुनावी अभियान बहुत नकारात्मक लगने लगा—ऐसा प्रतीत होता था कि विरोधी पक्ष का लक्ष्य केवल कांग्रेस को सत्ता से हटाना था।

स्वतंत्र भारत का पहला चुनाव अक्टूबर 1951 से फरवरी 1952 के बीच लगभग पांच माह तक चला। केवल नागालैंड में नागा नेशनल काउंसिल ने चुनावों का पूरी तरह बहिष्कार किया और एक भी उम्मीदवार ने नामांकन नहीं भरा और एक भी वोट नहीं पड़ा।[99] किंतु अन्य स्थानों पर, लोगों ने इसमें उत्साहपूर्वक भाग लिया और लगभग 60 प्रतिशत मतदाताओं ने वोट डाले। यह देखकर नेहरू भावविभोर हो उठे: "निरक्षर मतदाताओं के प्रति मेरा सम्मान बढ़ गया है और वयस्क मताधिकार के बारे में मेरे मन में जो शंका थी वह मिट गई है और अपने देश के लोगों में मेरा विश्वास बढ़ गया है।"[100] इस कृतज्ञता का कारण यह भी था कि जनता ने उन्हें प्रत्याशित परिणाम दिए थे। पूरे भारत में, बाईस में से सत्रह राज्यों में कांग्रेस को पूर्ण बहुमत प्राप्त हुआ था; यह एक अकेली सबसे बड़ी पार्टी थी, किंतु उड़ीसा, पटियाला और पूर्वी पंजाब राज्य यूनियन (PEPSU), मद्रास और त्रावनकोर-कोचीन में कांग्रेस बहुमत प्राप्त करने में विफल रही थी।[101] केंद्र में, लोक सभा में कांग्रेस को पूर्ण बहुमत प्राप्त हुआ था, किंतु यह सुस्पष्ट विजय नहीं थी। रामचंद्र गुहा की गणना के अनुसार, संसद में कांग्रेस ने 489 में से 364 सीटों पर, अथवा 74.4 प्रतिशत सीटों पर विजय प्राप्त की थी, किंतु इसे कुल मतदान के केवल 45 प्रतिशत वोट ही प्राप्त हुए थे; राज्यों में इसने 68.6 प्रतिशत सीटों पर विजय पाई थी किंतु इसे कुल मतदान के केवल 42.4 प्रतिशत वोट ही मिले थे। दूसरे शब्दों में, 50 प्रतिशत से अधिक मतदाताओं ने कांग्रेस के विरुद्ध वोट दिए थे, और इसके कई प्रमुख नेता पराजित हो गए थे।[102] किंतु इस चुनाव का सबसे महत्त्वपूर्ण परिणाम यह था कि संसद में सीपीआई कांग्रेस की सबसे बड़ी विरोधी पार्टी बनकर उभरी थी, जहाँ अपने

मित्र दलों के साथ इसने सत्ताइस सीटों पर विजय पाई थी। राज्यों में, सीपीआई ने मद्रास में उनसठ सीटें, हैदराबाद में बयालीस सीटें, तथा त्रावनकोर-कोचीन में बत्तीस सीटें जीती थीं; इन सभी राज्यों में कांग्रेस पूर्ण बहुमत प्राप्त करने में विफल रही थी। पश्चिम बंगाल में, विधान सभा में सीपीआई को अट्ठाइस सीटें प्राप्त हुई, और लोक सभा में इसने नौ में से पाँच सीटों पर विजय प्राप्त की। एक प्रकार से, प्रथम आम चुनाव के परिणामों से यह संकेत मिले कि अगले दो दशकों में विकसित होने वाली भारतीय राजनीति का स्वरूप क्या होगा।

## 9.5 नेहरूवादी राष्ट्र और इसकी राजनीति

यद्यपि प्रथम आम चुनाव के परिणाम सुस्पष्ट नहीं थे, किंतु फर्स्ट-पास्ट-द पोस्ट-प्रणाली में नेहरू और कांग्रेस के लिए यह प्रशंसनीय विजय थी। यह विजय यात्रा अगले तीन चुनावों में भी जारी रही जिसमें कांग्रेस ने लगभग 45 प्रतिशत वोट, किंतु संसद में 75 प्रतिशत सीटों पर जीत प्राप्त की। और 1967 तक, कांग्रेस ने, केवल जम्मू एवं कश्मीर, केरल और नागालैंड को छोड़कर, लगभग प्रत्येक राज्य में शासन किया।[103] नेहरू और कांग्रेस ने इस चुनावी फैसले की व्याख्या निर्विवाद जनादेश के रूप में की जिससे वे अपनी दूरदर्शिता (vision) के साथ देश के भावी मार्ग पर आगे बढ़ सकें। और नेहरू के लिए यह भावी मार्ग, जैसाकि अनेक इतिहासकारों और राजनीतिक व्याख्याकारों का कथन है, आधुनिकता की ओर अग्रसर होना था। राष्ट्र का लक्ष्य, जैसाकि नेहरू ने *फॉरेन अफेयर्स* में 1963 में प्रकाशित एक लेख में परिभाषित किया था, ''राजनीतिक लोकतंत्र और आर्थिक न्याय'' प्राप्त करना था। उन्होंने गर्व से घोषित किया कि प्रथम चुनाव के विशाल आयोजन ने भारत को पहले ही ''विश्व का सबसे बड़ा स्थापित लोकतंत्र'' बना दिया था। अर्थव्यवस्था के संदर्भ में, नेहरू का कथन था कि भारत ने ''समाजवाद शब्द की किसी अव्यवहारिक परिभाषा से जुड़े बिना'' समाजवाद को प्राप्त करने का प्रयास किया है। इसका तात्पर्य था कि व्यापक भूमि सुधारों, औद्योगीकरण, और विभिन्न आधारभूत सुविधाओं, जैसे ऊर्जा संयंत्रों, परिवहन परियोजनाओं, सिंचाई बांधों, इत्यादि के लिए लोकतांत्रिक प्रक्रिया के माध्यम से प्रभावकारी योजनाएं बनाई गईं।[104] पार्था चटर्जी का कथन है कि आधुनिकीकरण की इस नीति का परिणाम ''एक ऐसे विकासशील राष्ट्र का निर्माण था, जो अंत:स्थ अर्थव्यवस्था द्वारा अपने विकास की योजना का निर्माण और मार्गदर्शन कर रहा था तथा प्रत्यक्ष रूप से अपनी जनता के कल्याण को बढ़ावा दे रहा था।''[105]

योजनाओं के निर्माण की धारणा तथापि नई नहीं थी, क्योंकि कांग्रेस ने 1938 में नेहरू की अध्यक्षता में स्वयं राष्ट्रीय योजना आयोग का गठन किया था। इसने 1940 तक कार्य किया, जिसके बाद 1945 में कुछ समय तक कार्य किया और सिफारिश की कि भारत की अर्थव्यवस्था को मजबूत बनाने के लिए सबसे पहले तीव्र गति से औद्योगीकरण करना होगा। इसने यह सुझाव भी दिया कि भारत को अपने आर्थिक विकास के लिए

सुनियोजित तरीके से प्रयास करना होगा जिससे समाजवादी लक्ष्यों को प्राप्त किया जा सके और इस प्रकार इसने स्वतंत्रता के पश्चात् 1950 में योजना आयोग की स्थापना की पृष्ठभूमि तैयार की, जिसके अध्यक्ष प्रधानमंत्री होंगे। इसने 1951-52 से लेकर 1955-56 की अवधि के लिए भारत की प्रथम पंचवर्षीय योजना भी तैयार की। योजना आयोग के सांख्यिकी सलाहकार पी.सी महलनोबिस के अनुसार, जो वास्तव में भारत में नियोजन के प्रमुख निर्माता हैं, योजनाओं का प्रमुख लक्ष्य वैज्ञानिक और तकनीकी जानकारी के प्रयोग से निरंतर आर्थिक विकास करते हुए गरीबी का उन्मूलन करना था। प्रथम पंचवर्षीय योजना की अवधि की समाप्ति पर, 21 दिसंबर 1954 को, लोक सभा ने एक प्रस्ताव पारित किया जिसमें कहा गया था कि "आर्थिक नीति का उद्देश्य समाज का एक समाजवादी ढांचा बनाना था और इसके लिए सामान्य रूप से आर्थिक गतिविधि की रफ्तार में और विशेष रूप से औद्योगिक विकास की गति में अधिकतम संभव सीमा तक वृद्धि करनी होगी।"[106] जनवरी 1955 में आयोजित अपने वार्षिक सत्र में कांग्रेस पार्टी ने समाजवाद में अपनी आस्था को एक बार फिर दोहराया;[107] किंतु अभी भी इस बात पर बहस और प्रयोग जारी थे कि समाजवाद का वास्तविक आकार क्या होगा और इसे कैसे प्राप्त किया जाएगा। हालांकि गांधी के ग्रामीण अर्थव्यवस्था के आदर्श को पूरी तरह अथवा खुलकर नकारा नहीं गया था, किंतु धीरे-धीरे योजनाओं में प्रमुख ध्यान बड़े पूँजीगत उद्योगों की ओर दिया जाने लगा जिनका मूल मंत्र आयात-प्रतिस्थापन था।

भारत में अभी भी देश के शुद्ध राष्ट्रीय उत्पादों के लगभग आधा कृषि पर आधारित था, और इसकी व्यापक निर्धनता का प्रमुख कारण इसका पिछड़ापन था। स्वतंत्रता के समय, 800 मिलियन एकड़ के कुल भौगोलिक क्षेत्रफल में से प्रति वर्ष केवल लगभग 300 मिलियन एकड़ पर कृषि की जाती थी; और केवल 17 प्रतिशत कृषि भूमि की सिंचाई की जाती थी, जबकि शेष कृषि पूरी तरह वर्षा पर निर्भर थी। यद्यपि सिंचित और असिंचित भूमियों के बीच प्रति एकड़ फसल की मात्रा में काफी अंतर रहता था, मानसून में थोड़ी भी कमी होने से खाद्य पदार्थों की भीषण कमी हो जाती थी और कई वर्ष तक सूखे की स्थिति बनी रहती थी जिसे पूरा करने के लिए खाद्य पदार्थों का आयात करना पड़ता था।[108] जनसंख्या का एक बड़ा भाग कृषि पर निर्भर होने के कारण, ग्रामीण निर्धनता का मूल कारण भूमि का असमान स्वामित्व था। अर्थशास्त्री डेनियल थॉर्नर ने 1950 में अपने एक लेख में लिखा था कि "भारत का किसान अब अपनी भूमि का एक स्वतंत्र स्वामी नहीं था? अपितु एक भूमिहीन श्रमिक या ऋणग्रस्त काश्तकार था।"[109] इनमें से लगभग 40 प्रतिशत दिहाड़ी पर काम करने वाले मजदूर थे, और अन्य 30 प्रतिशत ने भूमि के छोटे टुकड़े खरीद लिए या भाड़े पर लिए थे, जबकि अतिरिक्त फसल को दूरवासी ज़मींदारों का छोटा समूह और मध्यस्थ हथिया लेते थे।[110] अतः, पहली आवश्यकता प्रभावकारी ढंग से भूमि सुधार करने की थी, और इस कार्य के लिए कांग्रेस ने 1947 में एक कृषि सुधार समिति नियुक्त की, जिसने एक वर्ष तक द्वितीय विश्व युद्ध के पश्चात् भारत के कृषकों की स्थिति की जांच की, तथा राष्ट्र और खेतीहरों

के बीच मध्यस्थों की भूमिका समाप्त करने के लिए एक नीति की संस्तुति की। ऐसा करने से काश्तकारों की आय में वृद्धि होगी और कृषि की उत्पादकता में वृद्धि के लिए निवेश को प्रोत्साहन मिलेगा। योजना आयोग ने अगस्त 1950 में एक सलाहकार बोर्ड का गठन किया, जिसका कार्य इस कृषि नीति की समीक्षा करना था, ताकि लाभप्रद जोतक्षेत्र का निर्माण किया जा सके, ग्राम पंचायतों (परिषदों) की भूमिका की जांच हो सके, भूमि सुधार और कृषि उत्पादकता के बीच संबंध सुनिश्चित किए जा सकें।[111]

नेहरू ने सोचा कि कृषि उत्पादकता में वृद्धि के लिए आगे बढ़ने का सर्वश्रेष्ठ तरीका 1–2 एकड़ की जोत में किसानों द्वारा सहकारी खेती करना था; उन्हें विस्तृत पैमाने पर पूँजी प्रधान कृषि अथवा सामूहिक खेती का मॉडल पसंद नहीं था।[112] इन प्रयासों को "सामुदायिक विकास" योजनाओं अथवा गांधीवादी मॉडल पर पंचायती राज के माध्यम से समन्वित करना था। नेहरू की परिभाषा के अनुसार, इसका अर्थ था "ग्राम-निर्वाचित परिषदों के पक्ष में विकेंद्रीकरण करना ... जिन्हें विकास की योजनाएँ पूरी करने के लिए अधिकार और संसाधन देने होंगे।"[113] 1959 में आंध्र प्रदेश और राजस्थान ने पहली बार एक तीन-स्तरीय संस्थागत संरचना द्वारा स्थानीय स्व-सरकार की इस विकेंद्रीकृत प्रणाली का प्रारंभ किया। सबसे निचले स्तर पर ग्राम पंचायत थी; इसके ऊपर समिति थी, जिसमें लगभग 60,000 से अधिक जनसंख्या वाले ग्रामों की ग्राम पंचायतों के प्रमुख शामिल थे; तथा सबसे ऊपर ज़िला परिषद् थी जिसमें समिति के अध्यक्ष शामिल थे। ज़िला परिषदों का क्षेत्रफल प्रथम पंचवर्षीय योजना में निर्मित सामुदायिक विकास ब्लॉकों के बराबर था। प्रत्येक ब्लॉक में कृषि, शिक्षा और समाज कल्याण अधिकारियों को नियुक्त किया गया था जिनका कार्य सामूहिक रूप से ब्लॉक के गाँवों के विकास को बढ़ावा देना था। 1960 के दशक के आरंभ में, इस योजना को तेजी से लगभग पचास लाख गाँवों में विस्तारित कर दिया गया। हालाँकि देश के अधिकांश भागों की पंचायतों पर उच्च जाति के धनी ज़मींदारों का प्रभुत्व था, किंतु कुछ क्षेत्रों में ऐसे स्थानीय स्वशासी संस्थानों ने निचली जाति के किसानों को सशक्त बनाया जिन्होंने कुछ मामलों में कुछ समितियों पर अधिकार कर लिया।[114]

किंतु ग्रामीण विकास के लिए वास्तव में भूमि सुधार की, विशेष रूप से कृषि संपत्ति पर अधिकतम सीमा निर्धारित करने की आवश्यकता थी, और उक्त कृषि सुधारों के मार्ग में अनेक बाधाएँ थीं। प्रथम, भारतीय संविधान में कृषि और भूमि सुधारों का उत्तरदायित्व राज्य विधान सभा को दिया गया था। 1951 के आरंभ में, पश्चिम बंगाल के अतिरिक्त, अधिकांश राज्यों ने पट्टे धारण की संरचना में सुधार के लिए कानून तैयार या पारित किए थे। बंबई और मद्रास में, जहाँ रैयतवाड़ी प्रथा लागू थी, काश्तकारों के हितों की रक्षा के लिए कानूनों की आवश्यकता थी। अन्य स्थानों पर, ज़मींदारी के उन्मूलन के लिए बिल पारित किए गए, किंतु बेदखल हुए ज़मींदारों को मुआवजे के भुगतान के लिए लगभग चार बिलियन रुपयों की आवश्यकता थी। केंद्र सरकार ने राज्य सरकारों के सामने स्पष्ट कर दिया था कि वह कोई आर्थिक सहायता प्रदान नहीं कर

सकती, और इसके कारण सुधार लागू करने में विलंब हुआ। इसी दौरान, बिलों को अदालत में चुनौती दी गई, क्योंकि यह कथित रूप से, निजी संपत्ति के स्वामित्व के मौलिक अधिकार का उल्लंघन था जिसकी संविधान में गारंटी दी गई थी।

इससे न्यायपालिका और विधायिका के बीच लंबी लड़ाई छिड़ गई; जबकि न्यायपालिका ने मौलिक अधिकारों से संबंधित संविधान के भाग III का प्रयोग किया, सरकार ने, वांछित राष्ट्रीयकरण कार्यक्रम लागू करने के लिए राज्य नीति के निदेशक सिद्धांतों के भाग IV का प्रयोग किया। इस गतिरोध को समाप्त करने के लिए नेहरू सरकार ने अनुच्छेद 31 में संशोधन के लिए, 1951 में संविधान (प्रथम संशोधन) अधिनियम पारित किया और सभी भूमि सुधार कानूनों को न्यायिक समीक्षा से मुक्त रखने के लिए नौंवी अनुसूची जारी की।[115] नेहरू ने निडरतापूर्वक कहा कि "यह अधिनियम", जिसे 18 जून को राष्ट्रपति ने सहमति प्रदान कर दी, "ज़मींदारी और भूमि सुधारों के प्रश्न को, अदालतों के दायरे से दूर कर देगा, जिसे मैं पूरी तरह सोच-समझकर कह रहा हूँ।"[116] किंतु इससे भी समस्या का समाधान नहीं हुआ, क्योंकि इसके कार्यान्वयन में विलंब हो गया और ज़मींदार वर्ग द्वारा इसमें निरंतर अड़चनें डालने से फिर अवरोध उत्पन्न हुआ, जिनका प्रशासन और राजनीतिक संगठन, दोनों पर गहरा प्रभाव था। अनेक भू-स्वामियों ने भूमि सीमा से बचने के लिए अपनी अतिरिक्त भूमि अपने परिवार के अन्य सदस्यों के नाम हस्तांतरित कर दी। कुछ अतिरिक्त भूमि को 1951 में वयोवृद्ध गांधीवादी नेता विनोबा भावे द्वारा चलाए गए स्वेच्छा से भूमिदान करने अथवा भूदान आंदोलन द्वारा प्राप्त किया गया था। उन्होंने 1954 में ग्रामदान आंदोलन शुरू किया जिसमें लोगों को पूरा गांव दान करने के लिए प्रोत्साहित किया गया। किंतु अधिकांश मामलों में, निर्धन किसानों को भूमि पुनर्वितरण के उक्त आंदोलनों के माध्यम से बंजर और अनुपजाऊ भूमि मिली, जिस पर उन्हें बिना किसी बुनियादी सहायता या संसाधन के खेती करनी थी।[117] भूमि सुधारों में इस कमी के साथ-साथ कृषि में अल्प-निवेश भी एक समस्या थी। कृषि में नियोजित निवेश का अनुपात प्रथम पंचवर्षीय योजना के 27 प्रतिशत से घटाकर तृतीय पंचवर्षीय योजना में 18 प्रतिशत कर दिया गया।[118] पतन की यह स्थिति 1960 के दशक के मध्य तक जारी रही जब आर्थिक स्थिति चरम संकट की अवस्था—"स्वतंत्रता प्राप्ति के पश्चात् की अवधि के दौरान सबसे बदतर"[119]—में आ गई और जब खाद्य पदार्थों की गंभीर कमी होने से देश पूरी तरह अमेरिका से खाद्य आयात पर निर्भर हो गया।

सरकार ने मैक्सिको और फिलीपींस में विकसित उच्च फसल देने वाली किस्मों (High Yield Variety) के बीजों—जिन्हें "चमत्कारी बीज" कहा जाता था—का प्रयोग करके, और चौथी पंचवर्षीय योजना के एक भाग के रूप में नई कृषि रणनीति के माध्यम से परिस्थिति को काबू करने का प्रयास किया। इस प्रयोग से, जिसे "हरित क्रांति" कहा गया, भारत की खाद्य वस्तुओं की कमी का समाधान होने और अतिरिक्त फसल की पैदावार होने की आशा थी। कार्यान्वयन के प्रथम चरण में, 1966 और 1971 के दौरान, इसमें अपार सफलता प्राप्त हुई, क्योंकि खाद्य उत्पादन में आश्चर्यजनक रूप

से वृद्धि होने लगी और आयात घट गया। किंतु 1972 और 1975 के बीच, दूसरे चरण के दौरान, खराब मौसम के कारण खाद्य उत्पादन घटने लगा और 1975–76 में दोबारा बढ़ा। तथापि, कुल मिलाकर, हरित क्रांति की संपूर्ण अवधि के दौरान खाद्य उत्पादन में वृद्धि की दर 'उच्च फसल देनेवाली किस्मों' के प्रयोग से पहले के वर्षों से कम बनी रही। कृषि के आधारभूत ढांचे में अतिरिक्त सार्वजनिक निवेश भी काफी कम रहा। नई तकनीक में कीटनाशकों और खरपतवार नाशकों का अधिक मात्रा में प्रयोग करना शामिल था, जिससे पर्यावरण पर प्रतिकूल प्रभाव पड़ने लगे। सामाजिक रूप से, इसने देहातों में असमानता को बढ़ा दिया, क्योंकि नई तकनीकों का लाभ केवल धनी किसानों को ही मिल रहा था। इसके अतिरिक्त, गेहूँ के उत्पादन के लिए नए बीज अधिक प्रभावकारी थे, अन्य खाद्य फसलों, जैसे धान के लिए नहीं, जो भारत के अधिकांश दूसरे भागों का प्रमुख भोजन था। इसीलिए पंजाब, हरियाणा तथा पश्चिमी उत्तर प्रदेश के गेहूँ उत्पादक इलाके अन्य क्षेत्रों की तुलना में अधिक समृद्ध हो गए क्योंकि उनकी सिंचाई प्रणाली भी बेहतर थी। अतः, हरित क्रांति ने जीवन स्तर की क्षेत्रीय विषमताओं को और बढ़ा दिया तथा धनी किसानों के एक प्रभावशाली हित समूह की रचना की।[120]

इन सभी वर्षों के दौरान योजना आयोग का ध्यान प्रमुख रूप से औद्योगीकरण पर केंद्रित रहा। स्वतंत्रता प्राप्ति के समय भारत में बहुत कम उद्योग थे। केवल सूती वस्त्र उद्योग ही एक ऐसा अपवाद था जो वैश्विक स्तर पर प्रतिस्पर्द्धा कर रहा था। कुल जनसंख्या का एक प्रतिशत से भी कम हिस्सा आधुनिक कारखानों में काम कर रहा था।[121] किंतु खनिज संसाधनों में समृद्ध होने के कारण, भारत में विकास की अतुलनीय क्षमता थी: यहाँ लोह अयस्क के निक्षेप विश्व भर में सबसे अधिक थे, अभ्रक (mica) के खनन में लगभग एकाधिकार था, और विश्व के कोयला उत्पादक देशों में भारत का स्थान सातवाँ था। किंतु प्रथम पंचवर्षीय योजना (1951–56) के लक्ष्य साधारण थे। आर्थिक विकास के लिए नियोजित व्यय में केवल 20 बिलियन रुपयों का बजट होने के कारण इसकी निजी और सार्वजनिक क्षेत्रों से पूर्ति करने की योजना बनाई गई थी।[122] यद्यपि इसमें पूँजीगत माल की तुलना में उपभोक्ता माल के निर्माण पर अधिक ध्यान दिया गया था। सार्वजनिक क्षेत्र के कुछ आधुनिक कारखानों, सिंचाई और विद्युत उत्पादन के लिए कुछ बड़ी नदी परियोजनाओं तथा वैज्ञानिक और प्रौद्योगिकी अनुसंधानों के लिए कुछ संस्थानों की स्थापना की गई। इसकी तुलना में, दूसरी पंचवर्षीय योजना (1956–61) वास्तव में काफी महत्त्वाकांक्षी थी। इसका लक्ष्य दस वर्षों में सभी को रोजगार देना था जिसे पूँजीगत माल बनाने वाले भारी उद्योगों में निवेश करके प्राप्त किया जा सकता था। क्योंकि इस्पात के उत्पादन को विकास का संसूचक समझा जाता था, अतः इस्पात के तीन संयंत्र लगाए गए, जिनमें प्रत्येक में प्रति वर्ष दस लाख टन इस्पात का उत्पादन होता था, और परियोजना की अवधि में भारी मशीनों का निर्माण करने वाले उद्योगों की स्थापना की गई। यह निर्णय किया गया कि औसतन 30–35 प्रतिशत निवेश पूँजीगत वस्तु उद्योग में किया जाना चाहिए ताकि आयात कम किया जा सके, जबकि वर्तमान दर

केवल 10 प्रतिशत थी।[123] इस प्रकार, भारत के आर्थिक विकास में मूल ध्यान, निर्णयात्मक ढंग से, कृषि, लघु शिल्प उद्योगों पर आधारित ग्रामीण अर्थव्यवस्था के गांधीवादी मॉडल से हटाकर बड़े स्तर के औद्योगीकरण पर दिया जाने लगा जिसे घाटे की वित्त व्यवस्था, अप्रत्यक्ष करों के रूप में सार्वजनिक निवेश से और विदेशी सहायता से प्राप्त किया जाना था। तथापि, आर्थिक नियोजन के संवाद में समाजवाद, निरंतर प्रमुख अलंकरण बना रहा।

इस संवाद में स्पष्ट रूप से अनेक विरोधाभास मौजूद थे। उदाहरण के लिए, दूसरी पंचवर्षीय योजना में दोहराया गया था कि इसे 1948 के औद्योगिक नीति घोषणापत्र के अनुसार लागू किया जाएगा जिसमें यह निर्धारित किया गया था कि औद्योगीकरण का कार्य सार्वजनिक क्षेत्र के अंतर्गत किया जाएगा, और इसमें लाइसेंस और नियंत्रण की कठोर व्यवस्था की सिफारिश की गई थी।[124] यद्यपि, 1948 की नीति में यह घोषणा करके निजी क्षेत्र के लिए एक व्यापक स्थान छोड़ दिया गया कि भारत की अर्थव्यवस्था मिश्रित प्रकार की होगी और राज्य का स्वामित्व केवल कुछ विशेष क्षेत्रों तक ही सीमित रहेगा, जैसे रेलवे, युद्ध सामग्री, परमाणु ऊर्जा, कोयला, लोहा एवं इस्पात, वायुयान निर्माण, पोत निर्माण, टेलीफोन एवं टेलीग्राफ सामग्री, एवं खनिज।[125] 1951 में, औद्योगिक (विकास एवं नियंत्रण) अधिनियम पारित किया गया, जिसमें देशी और विदेशी दोनों प्रकार के निजी पूँजीगत उद्योगों के लिए नियामक शासन पद्धति की स्थापना की गई थी।[126] किंतु इन प्रतिबंधों के बावजूद, भारत के निजी क्षेत्र, जिस पर वित्तदाताओं और व्यापारियों के एक छोटे समूह का प्रभुत्व कायम था, और जिस पर अक्सर किसी परिवार के समूह का नियंत्रण होता था, के अस्तित्व को कभी कुचला नहीं गया; इसके विपरीत, वास्तव में यह फलता-फूलता रहा। निजी क्षेत्र पर सरकार की स्थिति को, दूसरी पंचवर्षीय परियोजना में अधिक स्पष्ट किया गया, और योजना के साथ निर्मित औद्योगिक नीति प्रस्ताव में यह दोहराया गया कि केवल ''मूलभूत और सामरिक महत्त्व के'' उद्योगों को ही सार्वजनिक क्षेत्र के लिए आरक्षित किया जाएगा, जबकि अन्य क्षेत्रों में निजी क्षेत्र को मुक्त अधिकार प्राप्त होंगे।[127] निजी उद्यमों को सरकार की संरक्षणात्मक नीतियों से अधिक लाभ हुआ, जिसमें आयात पर प्रतिबंध, विदेशी विनिमय का नियमन, तथा एक लाइसेंस प्रणाली शामिल थी जिसने आर्थिक राष्ट्रवाद के नाम पर होने वाली विदेशी प्रतिस्पर्द्धा को रोका।

अतः, कुछ इतिहासकारों ने तर्क किया कि समाजवाद और नेहरूवादी वित्तीय योजना के बीच के संबंध ठोस न होकर अधिक कमजोर और आडंबरपूर्ण थे।[128] और इससे भारतीय जनता में समृद्धि नहीं आई। चौथी पंचवर्षीय योजना तक, इस योजना प्रक्रिया की कमजोरियां पूरी तरह स्पष्ट हो गई। हालांकि निजी क्षेत्र को उचित ढंग से नियंत्रित नहीं किया जा सका था, किंतु लाइसेंसदाता नौकरशाही के प्रतिबंधकारी व्यवहार ने नए उद्यमों को हतोत्साहित किया। सार्वजनिक क्षेत्र गैर-कार्यकुशलता का शिकार हो रहा था; सार्वजनिक निवेश में कमी हुई थी और सार्वजनिक क्षेत्र के उद्यम विदेशी सहायता पर निर्भर होने लगे थे। 1951 और 1980 के बीच भारतीय अर्थव्यवस्था की कुल वृद्धि दर

केवल 3.5 प्रतिशत थी—जिसे अपमानजनक ढंग से अक्सर "हिंदू वृद्धि दर" कहा जाता था। तथा जनसंख्या वृद्धि के साथ समायोजित करने पर यह केवल 1.3 प्रतिशत प्रतिवर्ष थी, जिसमें प्रादेशिक और क्षेत्रीय स्तर पर काफी असंतुलन था।[129]

यदि भारत को गरीबी और अल्पविकास से बाहर निकालना नेहरू सरकार के लिए एक बड़ी चुनौती थी, तो भारत को अखंड बनाए रखना भी निश्चित रूप से एक अन्य चुनौती थी। कश्मीर और हैदराबाद की समस्याओं का समाधान हो जाने के बाद, इसे भारत में शेष बची यूरोपीय उपनिवेशी कालोनियों से भी निपटना था। फ्रांसीसियों ने समझाने-बुझाने से अपने धारणाधिकारों को सौंप दिया था, किंतु पुर्तगाली अधिक दुराग्रही सिद्ध हुए। जब गोवा में 1955 में भारतीय और गोवावासी स्वयंसेवकों ने सत्याग्रह आरंभ किया तो पुर्तगालियों ने उनका दमन करना शुरू कर दिया जिसमें अनेक सत्याग्रहियों की मृत्यु हो गई। अंत में, 1961 में भारतीय सेना ने हस्तक्षेप किया और इस प्रकार भारत में उपनिवेशी शासन के इस अंतिम साम्राज्य का भी अंत हुआ; नेहरू ने कहा: "इसके पश्चात् भारत पूर्ण रूप से स्वतंत्र हो गया।"[130] यद्यपि अब प्रदेशों का एकीकरण हो गया था, किंतु भारत की अखंडता को बनाए रखना और एक बहुलतावादी समाज को समाकलित प्रशासकीय इकाई में पुन:संगठित करना एक बड़ी चुनौती सिद्ध हुआ, क्योंकि राष्ट्रीय भाषा और भाषायी प्रदेशवाद ने अपना सिर उठाना शुरू कर दिया था।

हालांकि अंग्रेजों ने अपने पूरे साम्राज्यकाल में अंग्रेजी को अपनी सरकारी भाषा बनाए रखा था, किंतु 1947 में स्वतंत्रता के समय भारत में ग्यारह प्रमुख भाषाएं थीं और प्रत्येक भाषा को दस लाख से अधिक लोग बोलते थे। इस बहुलवादी परिस्थिति में, अंग्रेजी के स्थान पर एक "राष्ट्रीय" या "सरकारी" भाषा का प्रश्न उठा, जिससे भारत की सांस्कृतिक पहचान और स्वतंत्रता को दृढ़ किया जा सके। राष्ट्रीय एकीकरण के लिए गांधी ने देश की राष्ट्रीय भाषा के रूप में हिंदुस्तानी के प्रयोग की सिफारिश की। नेहरू भी राष्ट्रीय भाषा के रूप में हिंदुस्तानी—"जिसमें न तो संस्कृत के अधिक शब्द हों और न फारसी के"—की क्षमता को पहचान लिया था।[131] तथापि, स्वतंत्रता के बाद अधिक संस्कृत शब्दावली से भरपूर हिंदी को, जिसे उत्तरी भारत में व्यापक रूप से बोला जाता था, देश की "राष्ट्रीय भाषा" बनाने की मांग की गई। किंतु इस प्रस्ताव से अहिंदी भाषी दक्षिणी और पूर्वी प्रदेश बुरी तरह नाराज़ हो गए और उन्होंने इसका विरोध किया। अंतत:, संविधान सभा ने एक समझौते का मार्ग सुझाया: हिंदी सरकारी भाषा तो होगी, किंतु केवल पंद्रह वर्ष बाद; तब तक अंग्रेजी भारत संघ की भाषा बनी रहेगी, जबकि सभी प्रदेश अपनी प्रदेशिक भाषा का प्रयोग करने के लिए स्वतंत्र होंगे, जिसे संविधान की आठवीं अनुसूची में सूचीबद्ध किया जाएगा। इस परिस्थिति को संसद द्वारा 1963 में अधिकारिक भाषा अधिनियम के माध्यम से अधिक स्पष्ट किया गया जिसमें कहा गया था कि हिंदी 1965 से भारत की अधिकारिक भाषा हो जाएगी, जैसाकि संविधान में निर्धारित किया गया है, किंतु अहिंदी भाषियों के लिए इसे अंग्रेजी के साथ 'अतिरिक्त सहायक भाषा' का दर्जा भी प्रदान किया गया। किंतु इससे भी अहिंदी भाषियों की शंका

और प्रतिरोध समाप्त नहीं हुआ, विशेष रूप से दक्षिण भारत में, जहां 1964 के अंत और 1965 के आरंभ में दंगे भड़क उठे। अंततः, इस समस्या का अधिकारिक भाषा (संशोधन) अधिनियम, 1967 के माध्यम से समाधान किया गया, जिसमें मूल रूप से केंद्र तथा राज्यों के बीच सरकारी पत्र-व्यवहार के लिए दो भाषाओं (अंग्रेजी और हिंदी) के प्रयोग का समाधान रखा गया, तथा प्रादेशिक प्रशासन और लोक सेवा परीक्षाओं में प्रादेशिक भाषा के प्रयोग को मान्यता तथा बहुभाषा के प्रयोग की छूट दी गई।[132]

किंतु इस भाषायी बहुलता के कारण अन्य जटिलताएं भी उत्पन्न हुईं। कांग्रेस ने 1920 में हुए अपने नागपुर सत्र में क्षेत्रीय भाषायी पहचान को मान्यता देने का निर्णय किया था और सांगठनिक उद्देश्य से भारत को इक्कीस भाषायी इकाइयों में विभाजित किया था।[133] किंतु अंग्रेजों ने भाषाओं की समरूपता पर कोई विचार किए बिना प्रशासकीय इकाइयों का गठन कर दिया; परिणामस्वरूप, मद्रास प्रेसीडेंसी जैसी प्रशासकीय इकाई में चार भाषायी वर्ग थे—तमिल, तेलुगू, कन्नड़ और मलयालम—जिससे प्रभुता और वंचन की भिन्न-भिन्न भावनाओं ने जन्म लिया। अतः, जब 1946 में संविधान सभा की बैठक हुई, तो प्रदेशों के भाषायी पुनर्गठन की मांग उठी। किंतु अब कांग्रेस ने, जिसने 1920 में क्षेत्रीय भाषाओं को मान्यता प्रदान की थी, राष्ट्रीयता एकता के हित में भाषायी राज्यों की माँग का विरोध किया। जून 1948 में, एस.के. डार की अध्यक्षता में एक भाषायी प्रदेश आयोग (linguistic provinces commission) का गठन किया गया, और इसने दिसंबर में अपनी रिपोर्ट जारी की। विशेष बात यह थी कि चार भाषायी प्रदेशों आंध्र, केरल, कर्नाटक और महाराष्ट्र के निर्माण के पक्ष में जनता के समर्थन के बावजूद, डार आयोग ने राष्ट्रीय एकता के हित में इस कदम का विरोध किया। दिसंबर 1948 में कांग्रेस ने अपनी उच्च स्तरीय भाषायी प्रदेश समिति की स्थापना की, जिसके सदस्यों में जवाहरलाल नेहरू, वल्लभभाई पटेल और पट्टाभि सीतारमैया शामिल थे। इसकी रिपोर्ट में—जिसे जेवीपी रिपोर्ट कहा गया—भी राष्ट्रीय एकता के लिए भाषायी प्रदेशों के निर्माण का विरोध किया गया। वे ऐसे संयुक्त राज्य बनाना चाहते थे जिनकी कोई अलग संकीर्ण पहचान न हो, किंतु जिसका प्रशासकीय उपयुक्तता और आर्थिक व्यावहारिकता के आधार पर गठन किया गया हो।[134] किंतु वे भाषायी प्रदेशों के लिए बढ़ते हुए दबाव को भी पहचान रहे थे, जिसे केंद्र सरकार को अंततः मानना पड़ा।

भाषायी प्रदेश की पहली मांग आंध्र के तेलुगू भाषी लोगों ने उठाई। 16 अगस्त 1951 को, एक गांधीवादी नेता स्वामी सीताराम ने एक अलग आंध्र राज्य की मांग के समर्थन में मृत्युपर्यंत अनशन की घोषणा की। हालांकि उन्होंने पैंतीस दिनों के बाद अपना अनशन तोड़ दिया, किंतु यह आंदोलन 15 दिसंबर 1952 को दोबारा शुरू हो गया। और इस बार एक अन्य गांधीवादी नेता पोट्टी श्रीरामुलु की अंततः छप्पन दिनों के अनशन के बाद मृत्यु हो गई। इससे राजनीतिक क्रोध उबल पड़ा और अनेक स्थानों पर हिंसात्मक टकराव भड़क उठे। अंततः, भारत सरकार ने 19 दिसंबर को एक नए राज्य आंध्र के निर्माण की घोषणा की जिसका 1 अक्तूबर 1953 को उद्घाटन किया गया। किंतु भाषायी एकता

के बावजूद, आंध्र में कदाचित ही एकसमानता थी, क्योंकि वहाँ तटीय जिलों, जिन्हें सिरकर कहा जाता था, और रायलसीमा नामक दक्षिणी जिलों के बीच आर्थिक, भौगोलिक और सांस्कृतिक अंतर काफी अधिक थे। और जब हैदराबाद भारत में शामिल हुआ, तो तेलंगाना के तेलुगू भाषी लोग अन्य क्षेत्रीय वर्गों के साथ मिलजुल नहीं पाते थे और वे "विशाल आंध्र" की धारणा का विरोध कर रहे थे। दूसरे शब्दों में, हालांकि एक नए राज्य का उद्घाटन हो रहा था, किंतु भीतर पनपे तनाव का समाधान नहीं हुआ था। तथापि केरल और कर्नाटक की परिस्थिति अपेक्षाकृत अधिक स्पष्ट थी, किंतु महाराष्ट्र के मामले में विदर्भ के मराठी-भाषी लोग "संयुक्त महाराष्ट्र" के विचार से सहज महसूस नहीं कर रहे थे।[135]

जनता के दबाव के कारण 1953 में "राज्य पुनर्गठन आयोग" की स्थापना की गई। आत्म-निर्भर अर्थव्यवस्था के "बड़े संयुक्त" राज्यों की सिफारिश करने के बावजूद, अंत में इसने भाषायी राज्यों की मांग को स्वीकार कर लिया। किंतु इसने "बेमन" से ऐसा किया था क्योंकि अनेक भाषायी मांगों पर विचार नहीं हो पाया था। 1956 के राज्य पुनर्गठन अधिनियम के तहत चौदह राज्यों का गठन किया गया, किंतु इनमें से कई राज्यों में अभी भी भाषायी अल्पसंख्यकों की संख्या काफी अधिक थी और क्षेत्रीय आर्थिक असंतुलन था। नेहरू सरकार द्वारा निरंतर केंद्रीकृत प्रशासन को समर्थन दिए जाने से पंजाब, असम और कश्मीर में जातीय, क्षेत्रीय और भाषायी उप-राष्ट्रीयता की, उत्तर-पूर्व में आदिवासी विद्रोह की, तथा दक्षिण के तमिलों में अपनी संस्कृति के प्रति दृढ़ता की आवाज़ों को भड़का दिया। एक बार फिर नए सिरे से राज्यों के निर्माण की मांग भड़क उठी। हालांकि 1970 के दशक तक भाषा के आधार पर नए राज्यों के निर्माण की मांग मार्गदर्शक बनी रही, किंतु बाद में जातीय पहचान और प्रशासकीय एवं आर्थिक व्यावहारिकता को राज्य निर्माण का नया मानदंड माना जाने लगा।[136] 1960 में बंबई को गुजरात और महाराष्ट्र में बांट दिया गया; और 1966 में पंजाब का पंजाब, हिमाचल प्रदेश और हरियाणा में पुनर्गठन किया गया। जातीय पहचान का मुद्दा उत्तर-पूर्वी भारत के लिए विशेष रूप से महत्त्वपूर्ण हो गया था, जहां सबसे पहले नागालैंड के निवासियों ने प्रथम आम चुनाव का बहिष्कार करके विरोध की शुरूआत की थी। इसके बाद 1953 के दौरान प्रधानमंत्री के दौरे के समय उन्होंने पीठ दिखाकर उनकी अवहेलना की और अंत में एक विद्रोह की शुरूआत की और भारत सरकार को 1960 में नागालैंड की एक अलग राज्य की मांग के आगे झुकना पड़ा, जिसका 1963 में उद्घाटन किया गया।[137] धीरे-धीरे उत्तर-पूर्व के अन्य राज्यों ने भी यही रास्ता अपनाया, जिनमें से कई दावों का अभी भी समाधान नहीं हुआ है। 1972 में मेघालय, मणिपुर और त्रिपुरा को राज्य का दर्जा प्रदान किया गया और मिज़ोरम तथा अरुणाचल प्रदेश को संघ राज्य क्षेत्र बना दिया गया (जिन्हें बाद में पूर्ण राज्य बनाया जाना था)।[138] सात संघ राज्य क्षेत्रों (सीधे संघ सरकार द्वारा शासित) के अतिरिक्त, 2014 में तेलंगाना भारत संघ का उनतीसवाँ राज्य बना, तथा संघीय विचारधारा को अपेक्षाकृत अधिक स्वीकृति दी गई (जिसके बारे में आगे बताया जाएगा)।

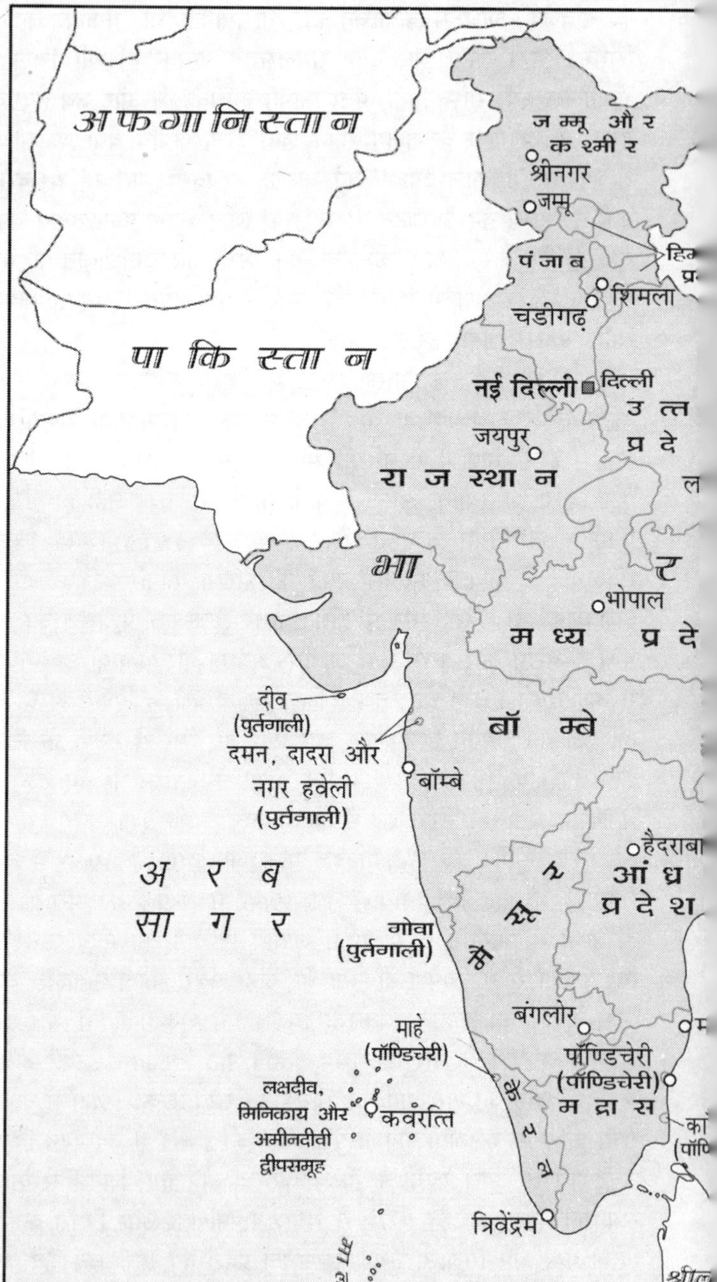


मानचित्र 6: भारत, 1956 में

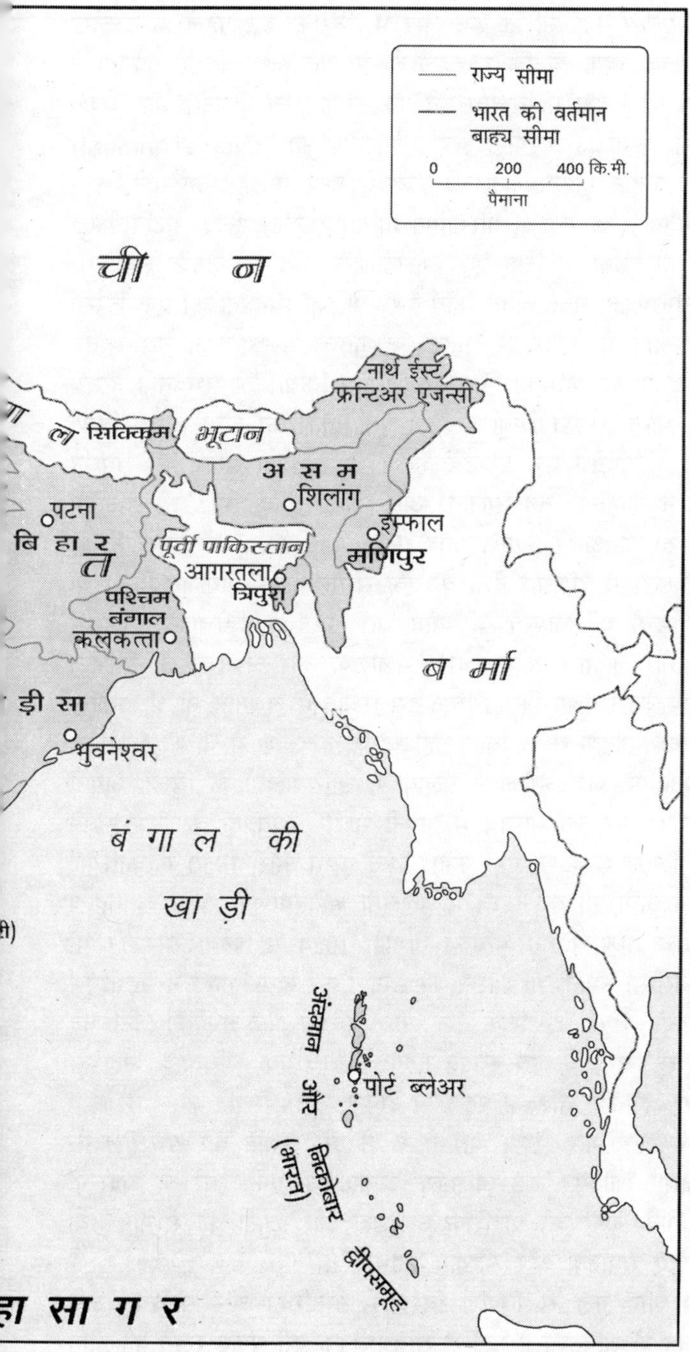
राज्य सीमा
भारत की वर्तमान बाह्य सीमा
0 200 400 कि.मी.
पैमाना
ची न
नार्थ ईस्ट फ्रन्टिअर एजन्सी
सिक्किम
भूटान
अ स म
शिलांग
इम्फाल
मणिपुर
पटना
बि हा र
पूर्वी पाकिस्तान
आगरतला
त्रिपुरा
पश्चिम बंगाल
कलकत्ता
ब र्मा
ड़ी सा
भुवनेश्वर
बं गा ल की
खा ड़ी
अंडमान और निकोबार द्वीपसमूह
(भारत)
पोर्ट ब्लेअर
हा सा ग र

1963 में, *फॉरेन अफेयर्स* में प्रकाशित एक लेख में, जिसका हम पहले ही उल्लेख कर चुके हैं, नेहरू ने तर्क दिया था कि स्वतंत्रता के पश्चात् भारत का दो नीतियों ने मार्गदर्शन किया था। ये थीं "देश में विकास की एक लोकतंत्रीय योजना, और विदेश में एक ऐसी नीति जिसे, कदाचित अपर्याप्त रूप से 'गुटनिरपेक्षता' (Non-alignment) की नीति कहा गया।" उन्होंने गुटनिरपेक्षता को "किसी सैन्य समझौते को माने बिना, सभी राष्ट्रों के प्रति मित्रता" के रूप में परिभाषित किया।[139] उनके लिए, गुटनिरपेक्षता एक नव-स्वतंत्र राष्ट्र की दृढ़ता के लिए एक आलंकारिक शब्द था; उनके शब्दों में: "अनिवार्य रूप से, गुटनिरपेक्षता मुक्त होकर कार्य करना है, जो स्वतंत्रता का एक हिस्सा है।"[140] अत:, विदेश नीति के संदर्भ में, नेहरू के नेतृत्त्व में भारत ने नव-स्वतंत्र एफ्रो-एशियाई देशों के नेता की भूमिका निभाने का प्रयास किया, जो संभवतया तीसरा ब्लॉक बना सकते थे। भारत ने इंडोनेशिया पर डच पूर्वाधिकार का कड़ा विरोध किया और संयुक्त राष्ट्र जैसे अंतर्राष्ट्रीय मंच पर इंडोनशिया के स्वतंत्रता संग्राम का समर्थन किया। 1948 में भारत ने श्रीलंका (तब सिलोन) और म्यांमार (तब बर्मा) की स्वतंत्रता का स्वागत किया। नेहरू भी अखिल-एशियावाद (Pan Asianism) के समर्थक थे। उन्होंने 1949 में नई दिल्ली में एशियाई देशों के एक सम्मेलन का आयोजन किया था जिसमें इंडोनेशिया से डचों की वापसी की मांग थी। भारत ने इंडोचाइना (जिसमें वियतनाम, कंबोडिया और लाओस शामिल थे), मलेशिया और अफ्रीका के विभिन्न भागों के स्वतंत्रता संग्राम का समर्थन किया। किंतु इस स्थिति में असंगति भी थी क्योंकि नेहरू की विचारधारा साम्यवादियों के अनुकूल नहीं थी जो उन्हें देश में भी बहुत परेशान कर रहे थे। अत:, 1950 में, जब अंग्रेजों ने मलाया में साम्यवादियों के विरुद्ध अपनी "पुलिस कार्यवाही" शुरू की, जो वास्तव में अपनी राष्ट्रीय स्वतंत्रता के लिए संघर्ष कर रहे थे, तो भारत ने एक शब्द भी नहीं कहा। किंतु दूसरी ओर, 1950 में कोरियाई युद्ध के दौरान भारत ने अमेरिका के नेतृत्त्व में पश्चिमी शक्तियों और चीन के नेतृत्त्व में साम्यवादियों के बीच मध्यस्थ की भूमिका निभाई। 1954 में जेनेवा सम्मेलन में, जिसने इंडोचाइना में फ्रांसीसी उपनिवेशी शासन को समाप्त कर दिया, भारत ने महत्त्वपूर्ण भूमिका निभाई। इस प्रकार, 1960 के दशक तक, भारत एशिया और अफ्रीका (निश्चित रूप से पाकिस्तान को छोड़कर) के नव-स्वतंत्र राष्ट्रों के बीच एक अविवादित नेता के रूप में उभरा, जिनमें से अनेक ने वैश्विक पटल पर अपनी स्वतंत्र स्थिति जताने के लिए "गुटनिरपेक्षता" को स्वीकार कर लिया था। नेहरू ने इस स्थिति को *पंचशील* के सिद्धांतों से दर्शाया जिसमें शांतिपूर्ण सह-अस्तित्व, अनाक्रमण, एक-दूसरे के अंदरूनी मामलों में अहस्तक्षेप, एक-दूसरे की प्रादेशिक अखंडता और प्रभुता का सम्मान तथा पारस्परिक हितों के लिए समानता और सहयोग शामिल थे।"[141]

किंतु, गुटनिरपेक्षता शीत युद्ध से विदीर्ण विश्व में अमेरिका और सोवियत रूस (USSR) द्वारा संचालित दो शक्तिशाली गुटों से सुविधाजनक दूरी बनाए रखने की नीति नहीं थी। भारत कॉमनवैल्थ का सदस्य बना रहा और अमेरिका से मिलने वाली आर्थिक

सहायता पर निर्भर रहा। दूसरी ओर, भारत ने, विशेष रूप से 1954 के पश्चात्, जब अमेरिका ने पाकिस्तान के साथ कूटनीतिक संधि की, तो रूस के साथ भी मैत्री संबंध बनाए। स्वेज नहर के राष्ट्रीयकरण के पश्चात्, 1956 में जहां एक ओर भारत ने मिस्र में आंग्ल-फ्रांसीसी हस्तक्षेप का घोर विरोध किया, वहीं दूसरी ओर हंगरी में रूस के हस्तक्षेप के प्रति द्वैधवृत्ति दर्शाई।[142] भारत ने आरंभ से ही कम्युनिस्ट चीन के साथ अपने संबंध सौहार्दपूर्ण बनाए रखने का प्रयास किया, जो दिसंबर 1949 में चीनी गणतंत्र को मान्यता देने वाले सबसे पहले राष्ट्रों में शामिल था। जब चीनी सेना ने 1950 में तिब्बत में प्रवेश किया तो भारत ने कोई विरोध नहीं किया—लगभग स्वीकृति दी, और 1954 में ''चीन के तिब्बती क्षेत्र में पारस्परिक व्यवहार और व्यापार का समझौता'' किया। जून 1954 में, चीनी प्रधानमंत्री ज़ाऊ एनलाई नई दिल्ली आए और अक्टूबर में नेहरू बीजिंग गए। भारत और चीन की मित्रता *''हिंदी-चीनी भाई-भाई''* नारे के रूप में प्रसिद्ध हुई।[143]

किंतु यह उत्साह अधिक देर तक नहीं रहा, और संबंधों में उस समय खटास आ गई, जब भारत ने तिब्बत के भगोड़े धार्मिक नेता दलाई लामा को और चीनी कार्यवाही से बचकर भारत में आए तिब्बती शरणार्थियों को शरण दी। चीनियों ने इसे तिब्बत पर उनके अधिकार को कमज़ोर बनाने के लिए भारत द्वारा जानबूझकर किया गया प्रयास माना, और इस पृष्ठभूमि में, 1959 से दोनों देशों के बीच 2,500 मील की सीमा रेखा कूटनीतिक वाद-विवाद का कारण बन गई। भारत अंग्रेजों द्वारा 1914 में खींची गई मैकमोहन रेखा को दोनों देशों के बीच की सीमा रेखा मानना चाहता था, किंतु चीन ने इसका विरोध किया। नेहरू ने इस अवधि के दौरान चीन की नई ''आक्रामक, वामपंथी नीति'' को गलत समझा,[144] अथवा भारतीय सेना की शक्ति को वास्तविकता से अधिक समझा। देश में विरोधी पक्ष और एक देशभक्त प्रेस के दबाव में आकर, उन्होंने आक्रामक रुख अपनाया, जिसके परिणामस्वरूप अक्टूबर-नवंबर 1962 में भारत को चीन के साथ एक विनाशकारी युद्ध का सामना करना पड़ा और जिसकी समाप्ति पर भारत को गहरा अपमान झेलना पड़ा। चीन ने भारत की अशक्त सेना को आसानी से हरा दिया और युद्धविराम की एकतरफा घोषणा करके युद्ध समाप्त कर दिया। भारत को ज़मीनी हानि बहुत कम हुई, किंतु विश्व पटल पर इसकी विश्वसनीयता को गहरी ठेस पहुंची।[145]

1962 की पराजय के बाद, कांग्रेस के भीतर और बाहर नेहरू के नेतृत्त्व की आलोचनाएं बढ़ने लगीं; और स्वास्थ्य ठीक न होने के कारण वह इस धक्के से उबर नहीं सके। 27 मई 1964 को नेहरू की मृत्यु हो जाने के पश्चात् भी भारत की अपनी सुरक्षा की जांच करने और अपनी सेनाओं को अस्त्र-शस्त्रों से लैस करने की मुहिम जारी रही, और इस संदर्भ में उसे अपनी गुटनिरपेक्षता की नीति से कोई सहायता नहीं मिली। उसने पश्चिमी देशों, विशेष रूप से अमेरिका से सैन्य सहायता की मांग की, किंतु उसे कोई विशेष प्रतिक्रिया नहीं मिली, क्योंकि तब तक अमेरिका पाकिस्तान से गठबंधन कर चुका था। और तो और, 1964 में चीन परमाणु शक्ति से संपन्न हो चुका था। इस संदर्भ में, सुरक्षा के लिए भारत की खोज उसे रूस के पास ले आई जिसने उसे मिग-21

लड़ाकू विमान और अन्य हथियार दिए और संयुक्त राष्ट्र सुरक्षा परिषद् में कूटनीतिक समर्थन दिया। 1965 में कश्मीर के मुद्दे पर दूसरे भारत-पाकिस्तान युद्ध के पश्चात्, जिसके बाद गतिरोध उत्पन्न हो गया था, रूस ने मध्यस्थता की पेशकश की और 1966 में हुए ताशकंद समझौते से उपमहाद्वीप में शांति लौटने लगी, क्योंकि दोनों पक्ष युद्धपूर्व की यथास्थिति बनाए रखने पर सहमत हो गए थे। 1971 में पाकिस्तान के साथ तीसरा युद्ध नेहरू की पुत्री इंदिरा गांधी के नेतृत्त्व में, पूर्वी पाकिस्तान में किए गए जातिसंहार के विरुद्ध लड़ा गया था, जिसके कारण एक करोड़ शरणार्थी भारत की सीमा में घुस आए। तदोपरांत भारतीय सेना द्वारा किए गए हस्तक्षेप से पाकिस्तान से पूर्वी पाकिस्तान अलग हो गया और एक नए राष्ट्र के रूप में बांग्लादेश का उदय हुआ। किंतु इस जटिल मोड़ पर भारत ने स्वयं को पाकिस्तान, अमेरिका और चीन की शक्तिशाली संधि के सामने खड़े पाया, और इसने इंदिरा गांधी को 1971 में रूस के साथ एक अर्ध-सैन्य मित्रता संधि करने के लिए प्रेरित किया। अंततः, भारत ने भारतीय विदेश नीति के प्रमुख सिद्धांत गुटनिरपेक्षता को पूरी तरह त्याग दिया।

## 9.6 ''कांग्रेस प्रणाली'' का पतन

जवाहरलाल नेहरू द्वारा नैतिक सुशासन के पारंपरिक सिद्धांतों को केंद्रीकृत नौकरशाही की प्रशासन प्रणाली के साथ मिलाकर प्रयोग करने पर बल देने के बावजूद, राजनीति में मौजूद भ्रष्टाचार खत्म नहीं हुआ, और कांग्रेस का केंद्र में अकेला राजनीतिक विकल्प होने का धीरे-धीरे पतन होने लगा। एक पार्टी का प्रभुत्व और विकास और शासन के लिए अपनाया गया इसका पसंदीदा मॉडल—जिसे प्रख्यात राजनीतिक वैज्ञानिक रजनी कोठारी ने ''कांग्रेस प्रणाली'' कहा—नेहरू की मृत्यु से पहले ही बिखरने लगा था। और इसके परिणामों को कोठारी के शब्दों में इस प्रकार वर्णित किया जा सकता है:

> भ्रष्टचार, केंद्रीय सत्ता का केंद्रीकरण और उद्दंडता, पार्टी का बिखराव, और एक ऐसे शासकवर्ग का उदय जिसमें धनी किसान, सामंत, और सर्वव्यापी सिविल सेवा, एक विस्तृत सार्वजनिक क्षेत्र, तथा शहरी-औद्योगिक-माफिया के सत्ता के लिए आपसी संबंध, इत्यादि अनेक कारणों और राज्य नीति के परिमणामस्वरूप तथा नेहरू के ''भारत के मंदिर'' नामक व्यक्तिगत आयतित दृष्टिकोण के कारण, उनका शासन समाप्त होने से पहले ही इसकी शुरूआत हो गई थी।[146]

हालांकि कहा जा सकता है कि नेहरू के लिए इतिहास अक्सर, अनावश्यक रूप से कठोर रहा है,[147] किंतु इस बात को भी नकारा नहीं जा सकता कि कांग्रेस उनके जीवनकाल में ही अपनी लोकप्रियता खोने लगी थी। जब लोक सभा में 1963 में पहली बार उनकी सरकार के खिलाफ अविश्वास प्रस्ताव रखा गया तो उनकी कठोर शब्दों में आलोचना हुई थी।[148] और एक बार उनके नेतृत्त्व का आकर्षण समाप्त होने पर, कांग्रेस

का तेजी से पतन शुरू हो गया। उनकी मृत्यु के पश्चात्, कांग्रेस हाई कमान ने लाल बहादुर शास्त्री को अपना नया प्रधानमंत्री चुना। किंतु, ताशकंद समझौते पर हस्ताक्षर करने के बाद, जिससे भारत-पाकिस्तान युद्ध समाप्त हुआ था, शीघ्र ही, जनवरी 1966 में उनकी मृत्यु हो गई। इसके बाद, नेहरू की पुत्री इंदिरा गांधी को शासन सौंपा गया; अगले वर्ष आम चुनाव होने वाले थे।

1967 के आम चुनावों से पहले के दो वर्ष सूखे, खाद्य वस्तुओं की गंभीर कमी, औद्योगिक मंदी, रुपए के अवमूल्यन से ग्रसित रहे तथा विभिन्न राज्यों में कांग्रेस सरकार के कार्यों से असंतोष बढ़ने लगा। पिछले दो दशकों की निराशा, 1960 के दशक के मध्य में सांप्रदायिक हिंसा भड़कने तथा विशेष स्वार्थी दलों को प्रोत्साहन दिए जाने के कारण, कांग्रेस को मिलने वाले मुसलमानों के पारंपरिक वोट बैंकों का समर्थन, जिन्होंने पिछले सभी चुनावों में कांग्रेस को समर्थन दिया था, गैर-कांग्रेसी पार्टियों को मिलने लगा।[149] परिणामस्वरूप, इन चुनावों में कांग्रेस को करारी हार का सामना करना पड़ा। हालांकि इसने लोकसभा की 283 सीट जीतकर, बहुमत बनाए रखा, किंतु इसे 60 सीटों की हानि हुई और आधे राज्यों में इसकी सत्ता बिल्कुल समाप्त हो गई। तमिलनाडु, केरल, पंजाब, हरियाणा, उत्तर प्रदेश, मध्य प्रदेश, बिहार, उड़ीसा और पश्चिम बंगाल में गैर-कांग्रेसी सरकारें बनीं। किंतु, इनमें से किसी भी राज्य की सरकार एकदलीय नहीं थी, अपितु कई दलों के गठबंधन से बनी मिलीजुली सरकार थी। दूसरे शब्दों में, अभी भी कांग्रेस के विकल्प के रूप में किसी एक दल के उदय का कोई संकेत नहीं मिल रहा था। रजनी कोठारी का तर्क है कि यद्यपि, ''प्रधान पार्टी मॉडल'' खंडित होना शुरू हो गया था, किंतु इस अवस्था पर इसने ''पार्टी प्रतिस्पर्द्धा की एक अधिक विभेदक संरचना का मार्ग दिखाया।''[150] कांग्रेस को अभी समाप्त कहना कठिन था, क्योंकि इंदिरा गांधी ने राय बरेली निवार्चन क्षेत्र से चुनाव जीत लिया था और केंद्र में नई सरकार बना ली थी। किंतु उसके प्रभुत्व ने कांग्रेस के वास्तविक आंतरिक संकट को और अधिक बढ़ा दिया।

इस परिस्थिति में, कांग्रेस के पुराने संरक्षकों ने—जिन्हें सिंडिकेट कहा जाता था—मोरारजी देसाई, एस. निजिलंगप्पा, और के. कामराज के नेतृत्त्व में पार्टी और सरकार का नियंत्रण छीनने का प्रयास किया, जिसके कारण उनका प्रधानमंत्री गांधी के साथ टकराव होने लगा। पार्टी के अग्रणी नेताओं और सरकार के बीच यह खुला संघर्ष 1969 के राष्ट्रपति चुनाव के समय सामने आया, जब इंदिरा गांधी और पार्टी में उनके अन्य सहयोगियों ने एक स्वतंत्र उम्मीदवार वी.वी. गिरी का समर्थन किया, जो एक पुराने श्रमिक नेता थे और उस समय लोक सभा के स्पीकर और कांग्रेस के अधिकृत उम्मीदवार नीलम संजीवा रेड्डी के विरुद्ध कार्यकारी राष्ट्रपति के रूप में काम कर रहे थे। गिरी की जीत के पश्चात्—रेड्डी के पक्ष में कांग्रेस के अनुदेश के बावजूद—इंदिरा गांधी को कांग्रेस से निष्कासित कर दिया गया। कांग्रेस संसदीय दल से नया नेता चुनने के लिए कहा गया, किंतु इसके अधिकांश सदस्यों ने श्रीमती गांधी को अपना नेता चुना, और इस प्रकार पार्टी का विभाजन हो गया।[151]

नए पृथक दल को कांग्रेस (रिक्विज़िशन) कहा गया—पुरानी पार्टी के विपरीत, जिसे अब कांग्रेस (ऑर्गनाइज़ेशन) कहा जाने लगा था—जिसने कांग्रेस का वास्तविक उत्तराधिकारी होने का दावा किया, और पार्टी की आंतरिक कलह को आदर्शवादी रंग देते हुए, सिंडिकेट के नेताओं को रूढ़िवादी कहा जो कांग्रेस के समाजवादी लक्ष्यों के विपरीत धनी और शक्तिशाली लोगों के लिए काम करते थे। श्रीमती गांधी ने 1969 में अपने एक सुधारवादी कार्यक्रम के माध्यम से अपनी जनवादी छवि को अधिक मजबूत बनाने की शुरूआत की जिसमें चौदह बैंकों का राष्ट्रीयकरण, राजाओं के प्रीवी पर्स की समाप्ति और भूमि सीमा का आरंभ शामिल था। अनेक गैर-कांग्रेस शासित राज्यों में चलने वाली राजनीतिक अस्थिरता, वयोवृद्ध कांग्रेसी नेताओं की रूढ़िवादिता, और श्रीमती गांधी द्वारा लिए गए कुछ निर्भीक निर्णयों ने उन्हें देश का एक शक्तिशाली नेता बना दिया। और इसके कारण कांग्रेस (आर) को 1971 के लोक सभा चुनावों में भारी बहुमत से विजय प्राप्त हुई, जिसमें उसने 350 सीटें जीतीं और स्पष्ट रूप से उसे वही प्रभुता प्राप्त होने लगी जो 1952 और 1967 के बीच अविभाजित कांग्रेस को प्राप्त थी। बांग्लादेश युद्ध (1971) में मिली शानदार जीत ने सत्ता पर उनकी पकड़ को और अधिक मजबूत कर दिया।[152]

किंतु इस जीत से कांग्रेस के प्रति बढ़ता विरोध कम नहीं हुआ जिसमें श्रीमती गांधी के बढ़ते हुए अहंकार के कारण अधिक तेजी आ गई थी, जिसने संपूर्ण सत्ता को अपने हाथों में ले लिया था। नेहरू के विकास सिद्धांतों ने "राष्ट्रीय समाजवाद के नए अलंकार" का मार्ग दिखाया था किंतु कांग्रेस (आर) "अधिक केंद्रीकृत, गतिहीन और एक ही नेता पर केंद्रित होकर रह गई थी।"[153] दूसरी ओर, महंगाई और बेरोजगारी के साथ राजनीतिज्ञों और नौकरशाहों, दोनों में व्याप्त भ्रष्टाचार और सत्ता के दुरुपयोग के कारण 1970 के दशक के मध्य में जन असंतोष बढ़ता जा रहा था। कांग्रेस के प्रति बढ़ते असंतोष और अलोकप्रियता की जून 1975 में हुए गुजरात विधानसभा चुनावों में पुष्टि हो गई, जिसमें जनता मोर्चे ने, जो मोरारजी देसाई और जय प्रकाश नारायण के नेतृत्त्व में असंतुष्ट दलों का एक कमजोर गठबंधन था, सत्ताधारी कांग्रेस को बारह सीटों से हरा दिया।[154] किंतु इस गठबंधन द्वारा सरकार बनाने से पहले, भारतीय राजनीति में कुछ महत्त्वपूर्ण परिवर्तन आने वाले थे।

12 जून 1975 को, इलाहबाद उच्च न्यायालय के एक ऐतिहासिक निर्णय में राय बरेली से श्रीमती गांधी के चुनाव को, चुनाव में भ्रष्ट तरीके अपनाए जाने के कारण अवैध घोषित कर दिया और किसी सरकारी पद पर काम करने के लिए उन पर छह वर्ष की रोक लगा दी। न्यायाधीश जगमोहन लाल सिन्हा ने अनेक दूसरे आरोपों को खारिज कर दिया, किंतु उन्हें दो आरोपों के लिए अपराधी पाया: अपने चुनाव अभियानों के आयोजन में सरकारी कर्मचारी (प्रधानमंत्री के निजी सजिव) का प्रयोग, तथा राज्य सरकार के अधिकारियों का दुरुपयोग। किंतु तत्काल त्यागपत्र देने के स्थान पर, श्रीमती गांधी ने उच्चतम न्यायालय में अपील करने का फैसला किया। 24 जून को उच्चतम न्यायालय ने इलाहबाद उच्च न्यायालय के निर्णय पर "सशर्त रोक" लगा दी: वह

प्रधानमंत्री के रूप में कार्य कर सकती थी, संसद में भाषण दे सकती थीं, किंतु वोट नहीं दे सकतीं थीं। यह परिस्थिति श्रीमती गांधी के लिए अपमानजनक थी, जयप्रकाश नारायण ने उन्हें त्यागपत्र देने के लिए मजबूर करने के लिए 25 जून को नागरिक अवज्ञा आंदोलन करने का आह्वान किया। किसी अन्य खतरे से बचने के लिए उन्होंने तानाशाही शासन अपनाने का निर्णय लिया: 26 जून की सुबह, जयप्रकाश नारायण और मोरारजी देसाई सहित, विरोधी पक्ष के अधिकांश नेताओं को आंतरिक सुरक्षा अधिनियम के तहत बंदी बना लिया गया, जिसे बांग्लादेश युद्ध के समय लागू किया गया था। उसी दिन, भारतीय संविधान के अनुच्छेद 352 का प्रयोग करते हुए, प्रधानमंत्री के परामर्श से राष्ट्रपति फखरुद्दीन अली अहमद ने देश में आपातकाल की घोषणा कर दी।

आपातकाल के दौरान, यद्यपि नागरिकों के सभी मौलिक अधिकारों और कानूनी अधिकारों को समाप्त कर दिया गया था, किंतु जनता में व्याप्त गरीबी के उन्मूलन के लिए एक "बीस सूत्रीय कार्यक्रम" की घोषणा की गई। इसमें बंधुआ मजदूरी समाप्त करना, ग्रामीणों को ऋणमुक्त करना, भूमि सीमा निर्धारित करना, और भूमिहीन किसानों को अधिक मजदूरी देना जैसे लोकप्रिय उपाय शामिल थे। दूसरी ओर, उनके पुत्र संजय गांधी के नेतृत्त्व में, बल प्रयोग द्वारा लोगों की जबर्दस्ती नसबंदी कराने जैसे कुछ कठोर सामाजिक कदम भी उठाए गए। इक्कीस महीने तक चले आपातकाल को भारतीय लोकतंत्र का सबसे दु:खद काल माना जाता है। 4 अगस्त 1975 तक, बिना कोई मुकदमा चलाए 50,000 से अधिक राजनीतिक नेताओं को गिरफ्तार करके जेल में डाल दिया गया;[156] मीडिया की स्वतंत्रता समाप्त कर दी गई; और श्रीमती गांधी को चुनावों में किए गए भ्रष्टाचार के आरोपों के पूर्वव्यापी प्रभाव से मुक्त करने के लिए संविधान में संशोधन किए गए। किंतु कोई भी शासन इतना पूर्ण नहीं होता कि उसके विरोध की कोई गुंजाइश ही न बचे। श्रीमती गांधी अपने शासन को राजनीतिक रूप से वैध बनाना चाहती थी, अत: उसने, संभवतया जनता की मनोदशा को समझे बिना, 1977 में आम चुनावों की घोषणा कर दी। कांग्रेस (ओ), जनसंघ, भारतीय लोक दल और समाजवादी पार्टी तत्काल आपस में मिल गए और उन्होंने जनता दल नाम का एक नया गठबंधन तैयार कर लिया, और दूसरे विरोधी दलों, जैसे सीपीआई (मार्क्सवादी) तथा अकाली दल के साथ सीटों का समझौता कर लिया; वहीं दूसरी ओर, शासक कांग्रेस पार्टी के सदस्य भी पार्टी से इस्तीफा देने लगे। इसी दौरान, देश में खामोश विरोध की लहर तेजी से बढ़ती जा रही थी, और अंतत: इसने चुनावों में श्रीमती गांधी का तख्तापलट कर रख दिया। विरोधी पक्ष को भारी विजय प्राप्त हुई थी। जनता पार्टी और उसके सहयोगी दलों ने 328 सीटों पर विजय प्राप्त की और मोरारजी देसाई के नेतृत्त्व में केंद्र में पहली गैर–कांग्रेसी सरकार का गठन हुआ। भारतीय लोकतंत्र ने सिद्ध कर दिया कि वह पूर्ण विकसित और लचीला हो गया था।

किंतु यह परिवर्तन स्थायी नहीं था, क्योंकि नया शिथिल गठबंधन एक स्थायी और वैकल्पिक सरकार नहीं दे पाया। जनवरी 1978 में, श्रीमती गांधी ने एक बार फिर कांग्रेस

के टुकड़े कर दिए और इस बार कांग्रेस (इंदिरा) का गठन किया, जिसने तदंतर, फरवरी में आंध्र प्रदेश और कर्नाटक में हुए राज्य विधानसभा के चुनावों में विजय प्राप्त की। नवंबर में, कर्नाटक में एक उप-चुनाव के माध्यम से वह फिर संसद में लौट आई। जहां एक ओर, श्रीमती गांधी धीरे-धीरे अपनी वापसी का मार्ग तैयार कर रही थीं, वहीं दूसरी ओर, जनता गठबंधन में उभरा असंतोष सामने आने लगा, जिससे विद्रोह पनपने लगा और मोरारजी देसाई को त्यागपत्र देने के लिए मजबूर होना पड़ा। कांग्रेस (आई) के समर्थन से चरण सिंह प्रधानमंत्री बन गए। किंतु कांग्रेस ने शीघ्र ही अपना समर्थन वापस ले लिया और जनवरी 1980 में एक बार फिर चुनाव हुए और कांग्रेस (आई) भारी बहुमत से सत्ता में लौट आई। अब श्रीमती गांधी ने संपूर्ण सत्ता अपने हाथ में लेने का प्रयास किया। इस केंद्रीकरण का तात्पर्य पार्टी के आंतरिक लोकतंत्र पर अपना संपूर्ण कब्जा जमाना था क्योंकि नीति और नियुक्तियों से संबंधित सभी निर्णय वह स्वयं लेती थी अथवा उनके आसपास रहने वाले लोग लिया करते थे। विरोधी पक्ष में फूट डालकर अथवा विद्रोह को बढ़ावा देकर उसमें फूट डालने की कोशिश की गई और इसके साथ-साथ राज्य सरकारों पर कठोर नियंत्रण किया जाने लगा। चुनाव में हिंदुओं का समर्थन पाने के लिए नीतियों में अनुदार परिवर्तन किए जाने लगे और अर्थव्यवस्था में निजी क्षेत्र को अधिक छूट दी गई। अक्टूबर 1984 में उनकी मृत्यु होने तक, और उसके बाद उसके पुत्र, राजीव गांधी द्वारा सत्ता का दायित्व संभाल लेने पर भी यही राजनीतिक प्रवृत्तियां जारी रहीं।

जेम्स मेनर का कहना है कि "श्रीमती गांधी द्वारा शक्ति का अत्यधिक केंद्रीकरण करने का अनभिप्रेत परिणाम यह हुआ कि 1977 और 1984 के बीच कई क्षेत्रीय राजनीतिक दलों का जन्म हुआ। इस अवधि में राजनीतिक दलों के बीच खुली प्रतिस्पर्द्धा दिखाई दी, किंतु दलीय प्रणाली और अनेक पार्टियों के भीतर अस्थिरता बढ़ गई।[158] निश्चित रूप से यह प्रवृत्ति कुछ समय पहले, लगभग 1967 में ही शुरू हो गई थी, जब द्रविड़ मुनेत्र कड़गम (डीएमके) ने तमिलनाडु में कांग्रेस से सत्ता हथिया ली थी। उस समय उभरकर सामने आने वाले सबसे अधिक महत्त्वपूर्ण क्षेत्रीय दलों में पंजाब का अकाली दल, आंध्र प्रदेश की तेलुगू देशम पार्टी, असम की असम गण परिषद्, और बाद में तमिलनाडु के डीएमके से अलग हुआ दल, ऑल इंडिया अन्ना द्रविड़ मुनेत्र कड़गम (एआईएडीएमके) शामिल थे। एक तरह से, कम्युनिस्ट पार्टी ऑफ इंडिया (मार्क्सवादी) भी पश्चिम बंगाल, त्रिपुरा और केरल में एक शक्तिशाली दल के रूप में उभरकर सामने आई। किंतु इन सभी दलों को आंतरिक असंतोष का सामना करना पड़ा, और केंद्र से अनवरत पड़ने वाले कठोर दबाव से अपनी राज्य सरकारों को बचाने के लिए संघर्ष करना पड़ा।

सत्ता के केंद्रीकरण की इस प्रवृत्ति का एक अन्य परिणाम पंजाब और असम में उग्रवादी उप-राष्ट्रवाद और विद्रोह का उदय था। अकाली दल के एक उग्र वर्ग ने, जिसे प्रारंभ में कांग्रेस की कृपा प्राप्त थी, एक अलग संप्रभु खालिस्तान की मांग की। उन्हें बलपूर्वक काबू करने के इंदिरा गांधी के कठोर उपायों के कारण 1984 में सिखों के पवित्र स्थल अमृतसर के स्वर्ण मंदिर पर हमला हुआ, जिसके बाद अक्टूबर में उनके

अपने सिख अंगरक्षकों ने गोली मारकर उनकी हत्या कर दी; इसके बदले के रूप में दिल्ली में सिख विरोधी दंगे शुरू हो गए जिनमें, कथित रूप से, कई कांग्रेसी नेता भी शामिल थे। राजीव गांधी ने उग्र अकाली नेता एच.एस. लोंगोवाल के साथ एक समझौते पर हस्ताक्षर करके स्थिति को नियंत्रित करने का प्रयास किया। हालांकि इसके तत्काल बाद लोंगोवाल की भी हत्या कर दी गई, किंतु 1985 के विधान सभा चुनावों में अकाली दल को विजय प्राप्त हुई और वह एक शक्तिशाली क्षेत्रीय दल के रूप में उभरा।[159] दूसरी ओर, असम में बांग्लादेश से अवैध रूप से आने वाले प्रवासियों के विरोध में 1979 में एक विद्रोह का आरंभ हुआ, जिसमें बाद में सजातीय उप-राष्ट्रीयता के मुद्दों, जैसे असम संस्कृति और भाषा की सुरक्षा, और क्षेत्र में वर्षों से चले आ रहे पिछड़ेपन के मुद्दे को उठाया जाने लगा। असम के मतभेदों को समाप्त करने के लिए राजीव गांधी ने 1985 में एक बार फिर एक ''समझौते'' पर हस्ताक्षर किए। अखिल असम छात्र संघ के छात्रों ने, जो पहले प्रवासियों के विरुद्ध आंदोलन का नेतृत्त्व कर रहे थे, शीघ्र ही असम गण परिषद् नामक एक राजनीतिक दल का गठन कर लिया और दिसंबर 1985 में हुए विधानसभा चुनावों में विजय प्राप्त की। किंतु ''समझौते'' के बाद भी असम की समस्या समाप्त नहीं हुई, क्योंकि केंद्र द्वारा निरंतर उपेक्षित रहने के कारण यूनाइटेड लिबरेशन फ्रंट ऑफ असम ने एक अधिक उग्रवादी आंदोलन चलाया जो हिंसा के बल पर असम को दिल्ली के शासन से मुक्त करना चाहता था। अंत में, भारत सरकार ने ''समझा-बुझाकर अथवा बलपूर्वक'' (दोनों) उपायों का प्रयोग करके उग्रवाद को समाप्त कर दिया।''[160]

इसका तात्पर्य यह नहीं है कि इसके बाद भारत में चल रहे सभी जातीय उप-राष्ट्रवाद के आंदोलन समाप्त हो गए; किंतु इन आंदोलनों के कारण भारत राष्ट्र की अखंडता अथवा इसके लोकतंत्रात्मक राजनीतिक ढांचे को कोई क्षति नहीं हुई। जैसाकि अतुल कोहली का तर्क है, ''विकासशील दुनिया के ऐसे सुस्थापित बहुसांस्कृतिक ढांचे में ऐसे प्रजातीय मतभेद...आते-जाते रहते हैं''। भारतीय लोकतंत्र ने अपना लचीलापन दर्शाया और भारत राष्ट्र ने आत्मसात् और समायोजित करने—तथा आवश्यकता पड़ने पर, ऐसे आंदोलनों का दमन करने की भी क्षमता दर्शाई क्योंकि उनका प्रक्षेपपथ अक्सर ''उलटे 'U' वक्र'' के समान होता है।[161] साथ ही, ऐसे आंदोलनों में राष्ट्र को उग्र रूप से एकरूप करने की प्रवृत्तियां भी शामिल रहती हैं, जो इसे सांस्कृतिक बहुलवाद को अपनाने के लिए प्रेरित करती हैं, और इस प्रकार देश तथा नागरिक समाज में अधिक सामंजस्य बना रहता है।

जहां तक राष्ट्रीय राजनीति का प्रश्न है, 1984 के संसदीय चुनाव में, राजीव गांधी ने, जिसे श्रीमती गांधी की हत्या के पश्चात् संकटग्रस्त कांग्रेस जल्दबाजी में सत्ता में ले आई थी, भारी बहुमत से विजय प्राप्त की; किंतु विस्तृत रूप से इस विजय का श्रेय उसकी माँ की पाशविक हत्या के कारण उत्पन्न हुई सहानुभूति की लहर को जाता है। तदंतर, राजीव गांधी पार्टी को अधिक अनुदार स्थिति में ले जाने में सफल हुए। दूसरी ओर, उन्होंने हिंदू मतदाताओं को लुभाना शुरू कर दिया और राम जन्मभूमि का विवाद

बढ़ने दिया। माना जाता है कि सोलहवीं सदी में पहले मुगल बादशाह बाबर ने उत्तर प्रदेश के एक छोटे नगर अयोध्या में हिंदुओं के ईश्वर और पौराणिक राजा राम की स्मृति में बने एक मंदिर को तोड़कर बाबरी मस्जिद का निर्माण किया था। 1986 में, एक जिला न्यायाधीश ने वहां लगे ताले को खोलकर हिंदू उपासकों को वहाँ पूजा इत्यादि शुरू करने का आदेश दिया।[162] नवंबर 1989 में कांग्रेस सरकार ने विवादित स्थल पर राम मंदिर का शिलान्यास करने की अनुमति दे दी, जिसके कारण समकालीन भारत के एक सबसे बड़े राजनीतिक विवाद का जन्म हुआ।[163] दूसरी ओर, राजीव गांधी ने मुसलमान रूढ़िवादियों का समर्थन पाने की भी योजना बनाई। जब शाहबानो मामले में उच्चतम न्यायालय ने इस तलाकशुदा मुसलमान महिला को जीविका वृत्ति देने का आदेश दिया, तो राजीव सरकार ने एक कानून पारित करके इसे पराजित करने का प्रयास किया जिसमें मुसलमानों के व्यक्तिगत मामलों में राष्ट्र के नागरिक कानूनों की तुलना में इस्लामी कानूनों को वरीयता दी गई। आर्थिक क्षेत्र में भी, उसने निजी क्षेत्र को महत्त्व देना शुरू कर दिया और प्रतिबंधित लाइसेंस व्यवस्था का उदारीकरण शुरू कर दिया। विदेश नीति में, उसने श्रीलंका में सिंहाला बहुसंख्यकों और लिबरेशन टाइगर्स ऑफ तमिल ऐलम (एलटीटीई) के नेतृत्त्व में तमिल राष्ट्रवादियों के बीच चल रहे गृह युद्ध में हस्तक्षेप करते हुए भारतीय शांति सेना को श्रीलंका भेज दिया। राजीव गांधी द्वारा समस्त सत्ता अपने हाथ में केंद्रित कर लेने और अपने कुछ घनिष्ठ विश्वासपात्रों की सहायता से शासन चलाने के कारण, सरकार भ्रष्टाचार के आरोपों से घिर गई; जिनमें सबसे प्रसिद्ध बोफोर्स तोपों का सौदा था, जिसमें कई करोड़ रुपए की रिश्वत लेने का आरोप लगाया गया था। इसके तुरंत बाद हुए चुनावों में कांग्रेस की हार का सिलसिला शुरू हो गया।[164]

क्षेत्रीय दलों और वामपंथी दलों ने पहले ही राज्यों में सत्ता पर अपना नियंत्रण जमाना शुरू कर दिया था, और उन्होंने 1989 के संसदीय चुनावों में केंद्र में सत्ता के संतुलन को पलट कर रख दिया था। इस चुनाव ने कांग्रेसी सत्ता को वास्तव में समाप्त कर दिया और गठबंधन राजनीति के एक नए युग की शुरूआत हुई, जो अगले 25 वर्ष तक भारत में जारी रही। इन चुनावों के पश्चात् जनता दल के नेतृत्त्व में एक अल्पसंख्यक सरकार सत्ता में आई, जिसका गठन विश्वनाथ प्रताप सिंह ने कांग्रेस से त्यागपत्र देकर किया था। राष्ट्रीय मोर्चे की सरकार को एक ओर वामपंथियों का और दूसरी ओर भारतीय जनता पार्टी (भाजपा) का समर्थन मिल रहा था, और इसीलिए इसकी स्थिति बहुत नाजुक थी। हालांकि, वास्तव में कांग्रेस का एकदलीय प्रभुत्व का काल वास्तविक और अस्थायी रूप से समाप्त हो गया था, किंतु वैकल्पिक सरकार भी स्थायी नहीं थी, क्योंकि दो वर्ष में ही दोबारा चुनाव हुए। इस चुनाव अभियान के दौरान, 21 मई 1991 को तमिल उग्रवादियों ने राजीव गांधी की हत्या कर दी, जिसका उद्देश्य स्पष्ट रूप से श्रीलंका में शांति सेना भेजने का बदला लेना था। चुनावों में, कांग्रेस को पूर्ण बहुमत नहीं मिला, किंतु वामपंथियों के सहयोग से एक अल्पसंख्यक सरकार का गठन हुआ जिसमें पी.वी. नरसिम्हा राव को प्रधानमंत्री चुना गया था।

धीरे-धीरे कांग्रेस का पतन होने के अतिरिक्त, इस काल के राजनीतिक इतिहास का एक अन्य महत्त्वपूर्ण परिणाम यह हुआ कि 1990 के दशक में, भाजपा का एक नवप्रवर्तित हिंदू राष्ट्रवाद के समर्थक के रूप में और एक वैकल्पिक राष्ट्रीय दल के रूप में धीरे-धीरे उत्थान होने लगा। हिंदुत्व का दावा करने वाले आंदोलन में प्रमुख रूप से बाबरी मस्जिद के मुद्दे पर ध्यान दिया जाने लगा, जिसका हम ऊपर उल्लेख कर चुके हैं। 1989 के चुनाव से पहले ही मस्जिद को गिराने और उस स्थल पर एक मंदिर बनाने की मांग उठने लगी थी, जिसका राष्ट्रीय स्वयं सेवक संघ और विश्व हिंदू परिषद् जैसे हिंदू संगठन—जिन्हें मिलाकर ''संघ परिवार'' कहा जाता था, समर्थन कर रहे थे। राष्ट्रीय मोर्चे की सरकार के समय इस मुद्दे ने एक बार फिर जोर पकड़ा। वी.पी. सिंह ने मंडल कमीशन की रिपोर्ट लागू करने का प्रस्ताव प्रस्तुत करके हिंदू मतदाताओं को बांटने का प्रयास किया, जिसमें न केवल अनुसूचित जातियों और अनुसूचित जनजातियों के लिए आरक्षण नीति जारी रखने की प्रतिज्ञा की गई थी, अपितु इसे हिंदू वर्णव्यवस्था के आधार पर विभाजित अन्य पिछड़ी जातियों अथवा शूद्र जातियों में भी लागू करने का प्रस्ताव था। इससे, विशेष रूप से सार्वजनिक क्षेत्र में, गेल ओंवेट के कथित ''नौकरियों में द्विजों का एकाधिकार'' टूट जाने की आशंका थी, जिनमें ऐतिहासिक रूप से दलित और शूद्र जातियों को बहुत कम संख्या में नियुक्त किया जाता था।[166] इस रिपोर्ट ने गंभीर हिंदू-जातीय प्रतिघात को उकसाया, और अनेक बड़े शहरों की सड़कों पर दंगे भड़क उठे, जिनमें भाजपा के हिंदू एकता के सिद्धांत को गंभीर चुनौतियों का सामना करना पड़ा। किंतु इससे हिंदुत्व का ज्वार कम नहीं हुआ। अंततः, 6 दिसंबर 1992 को सैंकड़ों स्वयंसेवकों ने, जिन्हें *कार सेवक* कहा गया था, मस्जिद को ढहा दिया।[167] दूसरी ओर, बाबरी मस्जिद के विध्वंस से देश के विभिन्न भागों में सांप्रदायिक दंगे भड़क उठने के बावजूद, इस घटना ने भाजपा की लोकप्रियता बढ़ाने में योगदान दिया, और अगले लोक सभा चुनावों में उसकी स्थिति अधिक मजबूत हो गई। 1996 के चुनावों में, यह अकेली सबसे बड़ी पार्टी के रूप में उभरकर सामने आई और इसने अटल बिहारी वाजपेयी के नेतृत्त्व में केंद्र में सरकार का गठन किया जो केवल तेरह दिन चली। इसके पश्चात्, कुछ अवधि तक अस्थिरता रहने के बाद, लोक सभा को भंग कर दिया गया और 1998 में दोबारा चुनाव हुए जिनमें भाजपा एक बार फिर एक अकेले बड़े दल के रूप में उभरी, और कुछ क्षेत्रीय दलों के समर्थन से उसने सरकार बनाई। नेशनल डेमोक्रेटिक एलायंस (एनडीए) नाम की यह सरकार तेरह महीने तक चली जिसके बाद एआईएडीएमके ने अपना समर्थन वापस ले लिया। इसके पश्चात् अक्टूबर 1999 में हुए चुनावों में, भाजपा 303 सीट प्राप्त करके अधिक मजबूत स्थिति में आई और उसने सरकार बनाई जिसने 2004 तक का अपना कार्यकाल पूरा किया।

यह तर्क दिया जाता रहा है कि भाजपा केवल इसलिए उभर कर सामने आई क्योंकि इसने राज्य और कांग्रेस दल के विरुद्ध लोगों के मन में दबी गहरी निराशा और शिकायतों को एक सफल आवाज़ दी थी। दूसरों शब्दों में, लोगों ने भिन्न-भिन्न कारणों से भाजपा

का समर्थन किया था जो अक्सर धर्म और सांप्रदायिक शत्रुता से कतई संबंधित नहीं थे। इस संदर्भ में 'राम' के नाम ने उन लोगों को एकसूत्र में बांधा जो मंडल आयोग के भेदभाव फैलाने वाले निर्णय और पिछली कांग्रेस सरकारों के पूरी तरह खिलाफ थे और जिन्होंने धर्मनिरपेक्षता के बारे में कोरे बयान दिए थे। विरोधाभासी रूप में, सबको एकता के सूत्र में बांधने वाला यह प्रतीक स्वयं कांग्रेसी सरकारों का ही उपहार था। राज्य द्वारा नियंत्रित इलेक्ट्रोनिक मीडिया में धारावाहिकों के रूप में भारतीय महाकाव्यों, *रामायण* और *महाभारत* के प्रसारण ने, जो असुरक्षा की भावना से ग्रस्त कांग्रेस पार्टी के राजनीतिक निर्णयों से प्रेरित था, उस सांस्कृतिक मानसिकता को उकसाया जिसका संघ परिवार ने जनता को प्रेरित करने के लिए सरलता से प्रयोग किया। संक्षेप में, 1980 के दशक के पश्चात् हिंदू राष्ट्रवाद की प्रगति के लिए उपनिवेशवाद के पश्चात् सत्ता में आने वाली कांग्रेस सरकारों की विफलता को जिम्मेदार ठहराया जाता रहा है।[168] तथापि, करोड़ों गरीब भारतीयों की संतुष्टि के लिए केवल हिंदुत्व की भावनाएं पर्याप्त नहीं थीं; 2004 के चुनावों में एनडीए को पराजय का सामना करना पड़ा जो निर्धन ग्रामीण मतदाताओं द्वारा दिया गया एक सशक्त संदेश था कि एनडीए सरकार देश की कठोर आर्थिक समस्याओं से निपट पाने में विफल रही थी। 1977 के समान, भारतीय लोकतंत्र ने एक बार फिर एक महत्त्वपूर्ण राजनीतिक परिवर्तन करने का फैसला किया। कांग्रेस, एक बार फिर सत्ता में आ गई, किंतु इस बार वह, यूनाइटेड प्रोग्रेसिव अलाएंस (यूपीए) नाम के एक बड़े गठबंधन के रूप में आई। राज्यों में विभिन्न क्षेत्रीय दलों का शासन चलता रहा।

1990 के दशक की एक प्रमुख गतिविधि, जिसे योगेंद्र यादव ने "दूसरी लोकतांत्रिक लहर" कहा, यह थी कि इस बार की चुनावी राजनीति में "सामाजिक रूप से पिछड़े" वर्गों ने अधिक संख्या में भाग लिया था। दूसरे शब्दों में, इस समय राजनीतिक क्षेत्र में बहुजन समाज का उदय हुआ जिसमें दलित, आदिवासी, अन्य पिडछ़ी जातियों के लोग (ओबीसी), मुस्लिम, और अन्य धार्मिक अल्पसंख्यक वर्ग के लोग तथा महिलाएँ शामिल थीं।[169] इसका तात्पर्य यह नहीं है कि चुनावों के समय इन वर्गों के मतदाताओं ने अधिक संख्या में मतदान किया। इसका तात्पर्य यह था कि जैसे-जैसे एक पार्टी की प्रभुसत्ता समाप्त हो रही थी और राजनीतिक प्रतिस्पर्द्धा में वृद्धि हो रही थी, वैसे-वैसे इन वर्गों में राजनीतिक रूप से संगठित होने की प्रवृत्ति भी बढ़ रही थी ताकि वे अधिक सशक्त हो सकें। अन्य पिछड़ी जातियों के लोग (ओबीसी), जनता दल, और बाद में इसके उत्तराधिकारी समाजवादी पार्टी (सपा) के झंडे तले संगठित हो गए, जबकि दलित वर्ग के लोग बहुजन समाज पार्टी (बसपा) के बैनर तले आ गए, जिसका 1984 में कांशी राम ने गठन किया था। अंबेडकर के आदर्शवाद से प्रेरित बसपा का सीधा एक संदेश था: "हमारा केवल एक-सूत्री कार्यक्रम है—सत्ता में आना।"[170] 1993 में वे वास्तव में उत्तर प्रदेश की सत्ता में शामिल हो गए, पहले वे सपा के गठबंधन वाली सरकार में एक जूनियर सदस्य के रूप में सत्ता में आए; किंतु 1995 में यह गठबंधन टूट जाने के पश्चात्, बसपा ने, भाजपा के साथ मिलकर एक दलित जाटव महिला

मायावती के मुख्य मंत्रित्व में सरकार बनाई, जो भारत में सत्ता के इतने उच्च पद पर आने वाली पहली दलित महिला थी। मायावती ने प्रतिष्ठित दलित व्यक्तियों के नाम और मौखिक दलित परंपराओं का प्रयोग करके राजनीतिक संघटन की कुशल रणनीतियों के माध्यम से, उत्तर प्रदेश की दलित शक्तियों को अनोखे रूप में लामबंद कर लिया। 1996 के आम चुनावों में, बसपा को उत्तर प्रदेश में 20 प्रतिशत वोट मिले, जिसमें से उसे राज्य विधान सभा में उनसठ सीटें और लोक सभा में पांच सीटें प्राप्त हुई।[171] अब इस पार्टी ने राष्ट्रीय स्तर पर अपनी पहचान बना ली थी।

1990 के दशक के प्रतिस्पर्धात्मक राजनीतिक संदर्भ में, दलितों और अन्य पिछड़ी जातियों की जातिगत पहचान के दावे सवर्ण हिंदू पहचान के विरुद्ध देखे जा रहे थे।[172] व्यापक रूप से यह आशा की जा रही थी कि निम्न जातियों के अपनी पहचान के दावों से आधुनिकीकरण का तथा सांप्रदायिकता तथा समकालीन हिंदू समाज में वर्ण प्रणाली के विरुद्ध संघर्ष का आधार तैयार होगा।[173] किंतु 1995 में भाजपा के समर्थन से बसपा की सरकार बनने से तथा 2002 में उस राजनीतिक गठबंधन के दोबारा बनने से यह आशाएं मिथ्या सिद्ध हुई। इस राजनीतिक गठबंधन की अवसरवादी कहकर आलोचना की गई अथवा इसे "चुनावी राजनीति की अनिवार्यता" कहा गया।[174] गेल ओंवेट ने बसपा की राजनीति की "एक वास्तविक दावा...भविष्य की ओर एक कदम" कहकर व्याख्या की, किंतु यह कोई परिवर्तन लाने में असफल रही, और हिंदुत्व की लहर हावी हो गई।[175] इसे दलितों द्वारा लोकतांत्रिक-सांप्रदायिकता के दोहरे सिद्धांत में बंधने से इनकार भी कहा गया, जिसे, जैसाकि कांचा इलेइयाह ने कहा है, "मंडलीकरण" की प्रक्रिया को उलझाने के लिए तैयार किया गया था जिसमें दलितों को सशक्त बनाने का भरोसा दिलाया गया था।[176] हम इसकी चाहे किसी भी तरीके से व्याख्या करने का प्रयास करें, तब भी यह उल्लेखनीय है कि राजनीतिक प्रतिस्पर्द्धा के युग में, किस प्रकार बसपा ने गठबंधन राजनीति की कला सीख ली और राजनीतिक सत्ता में आने और उसे बनाए रखने के लिए, "ब्राह्मणों" सहित, सभी विरोधी सामाजिक दलों के साथ बातचीत करने के दांवपेच सीख लिए, जिस पर अब तक, ओंवेट के कथनानुसार, "द्विजों का एकाधिकार" रहा था। कांग्रेस के पतन के परिणामस्वरूप, निःसंदेह रूप से उत्तर भारत की राजनीति में यह एक नया उभार था, जो दक्षिण भारत के मार्ग का अनुसरण कर रहा था, जहाँ तमिल क्षेत्र में एम.एस.एस. पंडियान के राजनीतिक नेतृत्त्व से यह स्पष्ट हो चुका था कि राजनीति में गैर-ब्राह्मणों का आगमन इससे पहले ही हो चुका था।[177]

किंतु गठबंधन की राजनीति और कांग्रेस प्रणाली की प्रभुता का यह युग, 2014 में हुए सोलहवीं लोक सभा के चुनावों में, कदाचित पूरी तरह समाप्त हो गया जिसमें भाजपा के नेतृत्त्व में एनडीए ने भारी बहुमत से विजय प्राप्त की और कांग्रेस को करारी हार का सामना करना पड़ा। अनेक समालोचकों के अनुसार, यह भारतीय राजनीति के सबसे बड़े परिवर्तन का काल था, क्योंकि 1984 के चुनावों के पश्चात् पहली बार—भाजपा ने नरेन्द्र मोदी के नेतृत्त्व में पूर्ण बहुमत प्राप्त करके, 543 में से 281 सीटें प्राप्त की थीं, और

अब वह अकेले शासन कर सकती थी। इस चुनाव ने गठबंधन राजनीति को समाप्त कर दिया हालांकि इसनें सम्मिलित सहभागी दलों, शिवसेना, तेलुगू देशम पार्टी, अकाली दल, लोक जनशक्ति पार्टी के सदस्यों को मंत्रिमंडल में शामिल करके एनडीए के गुट को बनाए रखा गया। दूसरी ओर, कांग्रेस को अब तक की सबसे कम—केवल 44 सीट—प्राप्त हुई, और उसने विपक्ष के नेता का पद भी खो दिया। किंतु हमें यह भी याद रखना होगा कि इन चुनावों के परिणामों को, अनिवार्य रूप से, एकदलीय प्रभुसत्ता की पुनर्स्थापना नहीं कहा जा सकता क्योंकि भाजपा को अधिकतर उत्तरी और पश्चिमी भारत में अधिक समर्थन प्राप्त हुआ, जबकि दक्षिण, पूर्व और उत्तर-पूर्व भारत के अनेक राज्यों पर या तो भाजपा का अधिक प्रभाव नहीं पड़ा था अथवा उन्होंने क्षेत्रीय दलों के पक्ष में मतदान किया था।

हालांकि इस सबसे नवीन राजनीतिक परिवर्तन को विस्तृत परिप्रेक्ष्य में इस पुस्तक में शामिल करना आवश्यक नहीं है, किंतु इस बात पर हम संक्षेप में चर्चा करेंगे कि पिछले कुछ दशकों में नेहरूवादी नीतियों के विभिन्न पहलुओं पर विभिन्न दिशाओं से किस प्रकार अधिक हमले किए जाते रहे हैं। हम नेहरू की बड़े-बड़े बांध बनाने और भारी उद्योग लगाने की अधिक औद्योगीकरण की नीति से आरंभ करेंगे, जिसकी 1970 के दशक से पर्यावरणविदों और अन्य सामाजिक कार्यकर्ताओं द्वारा गंभीर पड़ताल और आलोचना की जाती रही है। इसने अनेक महत्त्वपूर्ण सामाजिक आंदोलनों, जैसे हिमालय में चिपको (वृक्ष को बाहों से घेरना) आंदोलन को जन्म दिया, जिसका उद्देश्य व्यावसायिक उपयोग के लिए वृक्षों को औद्योगिक दोहन तथा अनियंत्रित कटाई से बचाना था। इस आंदोलन को, एक सामाजिक कार्यकर्त्ता चंडी प्रसाद भट ने अपने दशौली ग्राम स्वराज्य मंडल के माध्यम से अप्रैल 1973 में शुरू किया था, जिसे एक गांधीवादी आंदोलनकारी सुंदरलाल बहुगुणा ने आगे बढ़ाया; उन्होंने औद्योगीकरण के लिए वृक्षों की कटाई के प्रतिकूल प्रभावों की ओर दुनिया का ध्यान आकर्षित करने के लिए 1977 और 1980 में अनेक आंदोलन किए। पर्यावरणविदों द्वारा चलाए गए एक अन्य महत्त्वपूर्ण आंदोलन का उदाहरण नर्मदा बचाओ आंदोलन है, जिसे जल विद्युत के उत्पादन, पेय जल की आपूर्ति और सिंचाई सुविधाएं उपलब्ध कराने के लिए नर्मदा नदी पर एक बड़ा बांध बनाने के विरोध में चलाया गया था। इस परियोजना से हजारों ग्रामवासियों—अधिकतर आदिवासियों और दलितों—को उपयुक्त पुनर्वास कार्यक्रम लागू किए बिना विस्थापित किए जाने की संभावना के कारण 1985 में गांधीवादी अहिंसक तरीके से सामाजिक कार्यकर्ता बाबा आम्टे और मेधा पाटकर ने एक आंदोलन का आरंभ किया।[178] किंतु राज्य द्वारा पर्यावरण समर्थक आंदोलनकारियों का दमन और उत्पीड़न किया गया, तथापि उच्चतम न्यायालय ने केवल विस्थापितों का उचित रूप से पुनर्वास करने की शर्त पर बांध बनाने की मंजूरी दे दी; किंतु महाराष्ट्र, मध्य प्रदेश और गुजरात के ग्रामवासियों के लिए न्याय का संघर्ष अभी भी जारी है। राज्य के शक्तिशाली विरोध के सामने सीमित सफलता के बावजूद, इस आंदोलन का सिद्धांत सबसे अधिक महत्त्वपूर्ण है: जैसाकि

आंदोलन की अधिकृत वेबसाइट ने दावा किया है, यह "विकास के उस प्रमुख मॉडल को चुनौती देता है (जिसका सरदार सरोवर बांध प्रमुख उदाहरण है) जिसमें आधुनिकीकरण के माध्यम से भौतिक संपदा प्रदान करने का असाध्य वचन दिया गया है जिससे संसाधनों के असमान वितरण को बल मिलता है और समाज एवं पर्यावरण का विनाश होता है।"[179]

किंतु यदि लोकतंत्र के आरंभिक वर्षों में समाजवाद नेहरू विकास नीति का कम-से-कम एक नारा था, तो 1990 के दशक में इसे अधिक कमजोर तथा बेकार माना जाने लगा, और अनेक दबावों के कारण अंततः इसे छोड़ दिया गया। अंतर्राष्ट्रीय मुद्रा कोष (आईएमएफ) की राय में, अब तक भारत, "दुनिया का सबसे अधिक व्यवस्थित अर्थव्यवस्था वाला देश था।"[180] यह सच है कि नियोजित विकास की नीति भी, जिस पर भ्रष्ट नौकरशाही की पकड़ बहुत मजबूत थी, भारत की बढ़ती जनसंख्या के कष्टों को कम करने में असफल रही थी जो शीघ्र ही एक अरब का आंकड़ा पार करने वाली थी। 1991 में भुगतान संतुलन (balance of payments) के गंभीर संकट से ग्रस्त, प्रधानमंत्री नरसिम्हा राव और उनके विद्वान वित्त मंत्री, डॉ. मनमोहन सिंह ने ऋण के लिए अंतर्राष्ट्रीय मुद्रा कोष की शर्तों को पूरा करने के लिए आर्थिक उदारीकरण की नीति आरंभ की। यह नीति, जिसे एनडीए और यूपीए सरकारों ने भी उत्साहपूर्वक जारी रखा, "भारत के इतिहास के लिए आमूल परिवर्तनकारी" सिद्ध हुई।[181] इस नीति के अंतर्गत लाइसेंस प्रणाली को सरल बना दिया गया, आयात दरें कम हो गईं, विदेशी प्रत्यक्ष निवेश को सक्रिय रूप से बढ़ावा दिया जाने लगा, सार्वजनिक क्षेत्र के आरक्षित उद्योगों की संख्या कम कर दी गई, कराधान प्रणाली का पुनर्गठन किया गया, और श्रम कानूनों में सुधार के प्रयास किए गए। इस प्रकार, भारत ने आर्थिक राष्ट्रवाद को छोड़कर वैश्वीकरण के युग में प्रवेश किया, जिससे प्रभावित होकर विश्व बैंक ने इसे "निःशब्द आर्थिक क्रांति" कहा।[182]

इस नई नीति ने, जिसे कांग्रेस, एनडीए और बाद में दो यूपीए सरकारों ने अपनाया, भारत को मिश्रित परिणाम दिए। प्रथम, अर्थव्यवस्था में वार्षिक वृद्धि में बढ़ोतरी हुई: कुल मिलाकर यह 1991 और 2009 के बीच की अवधि के दौरान 6-6.5 प्रतिशत की सीमा में बनी रही; 2005 और 2008 के बीच वार्षिक वृद्धि 9 प्रतिशत से अधिक रही, किंतु 2012-13 में गिरकर 5 प्रतिशत हो गई। यह दर पिछली दरों से अधिक थी जिनका हम पहले उल्लेख कर चुके हैं। अर्थव्यवस्था के अंतर्गत, सेवा क्षेत्र की वृद्धि दर विनिर्माण और कृषि क्षेत्र से अधिक रही।[183] संक्षेप में, इस ऊंची वृद्धि दर का प्रमुख कारण औद्योगिक विकास (आईटी) जैसे सेवा क्षेत्र के उद्योगों का विकास था, जिसमें विश्व के आउटसोर्सिंग के व्यवसाय और वित्तीय संस्थानों में तेजी से वृद्धि हो रही थी। इससे बुर्जुआ मध्य वर्ग को लाभ पहुंचा, जिसमें कदाचित वैश्विक उपभोक्ता वस्तुओं की भूख बढ़ती जा रही थी। और इसलिए, अन्य अनेक देशों के विपरीत, इसी घरेलू उपभोग ने—न कि निर्यात ने भारत के आर्थिक विकास को बल दिया। भारत का बाजार बड़ा होने के कारण, इसने अनेक बहुराष्ट्रीय कंपनियों को आकर्षित किया, जो यहां आकर

लाभ कमाना चाहती थीं। किंतु दूसरी ओर, निर्माण क्षेत्र का अपेक्षित विस्तार न होने के कारण, यह विकास जनता के लिए नौकरियां न जुटा सका। गरीब किसान 'इंडिया शाइनिंग'' के इन नए संकेतों से वंचित रह गया, जिनमें से अनेक ने आत्महत्या कर ली। 2005 में शुरू हुई, न्यूनतम मजदूरी पर 100 दिन रोजगार की गारंटी देने वाली राष्ट्रीय ग्रामीण रोजगार गारंटी योजना (NREGS) से भी वांछित दर पर गरीबी दूर नहीं हुई। सरकारी आंकड़ों के अनुसार, 1977-78 के 50 प्रतिशत की तुलना में 2004-05 में केवल 27 प्रतिशत जनसंख्या गरीबी में जी रही थी। किंतु आर्थिक विकास की उच्च दर के संदर्भ में गरीबी कम होने की यह दर अपेक्षित दर से काफी कम थी। 2009 में, सकल घरेलू उत्पादों (जीडीपी) के संदर्भ में विश्व में भारत दसवां बड़ी अर्थव्यवस्था वाला देश था, और क्रय शक्ति समता के संदर्भ में चौथा सबसे बड़ा देश था; किंतु 2010 में प्रति व्यक्ति आय के संदर्भ में विश्व में उसका स्थान 132वां, और मानव विकास संसूचक में 122वां था। इस तथ्य से सभी अर्थशास्त्री सहमत होंगे कि पिछले कुछ दशकों में आय में असमानता धीरे-धीरे बढ़ी है। जैसाकि अर्थशास्त्री आर. नागराज का कहना है, *''भारत के विकास की कहानी में, विकास में वृद्धि होने के साथ ध्रुवीकरण हुआ: वास्तविक मानव कल्याण में अत्यल्प वृद्धि हुई और गरीबी में मामूली कमी हुई।''*[184]

गरीबी का स्तर, विशेष रूप से आदिवासी बहुल क्षेत्रों में खतरनाक रूप में अधिक बना हुआ है। पर्यावरण की चिंता और महत्त्वपूर्ण खनिज संसाधनों पर अधिकार की लड़ाई ने भारत के आर्थिक विकास की कहानी को अधिक जटिल बना दिया। खाद्य सुरक्षा की समस्या, लगता था कि जिसका संभवतया समाधान हो गया था, दोबारा सामने आई, और ''भोजन का अधिकार'' जैसे कानूनों के माध्यम से इसका समाधान करने के लिए कदम उठाए गए हैं। इस असमान विकास ने देश में गंभीर सामाजिक असंतुलन और राजनीतिक तनाव उत्पन्न किया है जैसे भारत के एक बड़े भाग में उग्रवादी माओवाद आंदोलन का विस्तार हुआ है, जिसका कारण यह है कि वर्तमान आर्थिक समृद्धि का लाभ सभी क्षेत्रों और सामाजिक वर्गों को समान रूप से प्राप्त नहीं हुआ।

दूसरी ओर, भारत के बजट का एक बड़ा हिस्सा अभी भी रक्षा बजट के रूप में खर्च किया जाता है; 2013-14 में भारत ने अपने 1.4 मिलियन सैन्य बलों के निर्वाह के लिए 2.24 ट्रिलियन रु..पिछले वर्ष से 10 प्रतिशत अधिक—आवंटित किए।[185] क्षेत्रीय रूप से, कश्मीर के मुद्दे पर पाकिस्तान के साथ भारत के संबंध इक्कीसवीं शताब्दी में विदेश नीति की वास्तविक चुनौती, और सुरक्षा का सबसे बड़ा खतरा बने हुए हैं। 1980 के दशक के अंत में पाकिस्तानी सेना की सहायता और प्रोत्साहन से आक्रामक विद्रोह की शुरूआत होने पर, भारत पाकिस्तान के साथ एक छद्म युद्ध में उलझा रहा, जबकि 1999 में कारगिल पर एक छोटा युद्ध भी लड़ा गया। इस लंबे संघर्ष का एक प्रमुख परिणाम यह हुआ कि इस क्षेत्र का परमाणवीकरण (nuclearisation) हो गया। सबसे पहले इंदिरा गांधी की कांग्रेस सरकार ने मई 1974 में एक भूमिगत परमाणु विस्फोट किया। इसके पश्चात् भाजपा के नेतृत्त्व वाली एनडीए सरकार ने मई 1998 में तीन

परमाणु उपकरणों का विस्फोट करके परमाणु क्षमता का शस्त्रों के रूप में प्रयोग किया; इसके जवाब में पाकिस्तान ने तीन सप्ताह के भीतर अपने परमाणु शस्त्रों का विस्फोट किया।[186] तथापि, विश्व द्वारा भर्त्सना किए जाने और अमेरिका के दबाव से दोनों पड़ोसियों के बीच समझौता वार्ता का आयोजन हुआ; किंतु शांति प्रक्रिया रुक-रुककर आगे बढ़ी। दोनों देशों में धार्मिक राष्ट्रवाद की भावनात्मक शक्ति ने शांति प्रक्रिया को और भी कठिन बना दिया। इसके अतिरिक्त, भारत में भयंकर आतंकवादी आक्रमणों—जैसे 13 दिसंबर 2001 को भारतीय संसद पर हमला अथवा नवंबर 2008 को हुए मुंबई हमले के कारण, जिसकी योजना कथित रूप से पाकिस्तान में बनाई गई थी—दोनों पक्षों द्वारा समय-समय पर उठाए गए कदमों के बावजूद, दोनों देशों के आपसी संबंधों का तनाव कम नहीं हुआ।

किंतु वैश्विक रूप से, शीत युद्ध पश्चात् एकध्रुवीय विश्व में भारत ने स्वयं को भलीभांति अनुकूलित कर लिया। यह सच है कि 1998 में परमाणु परीक्षणों के पश्चात्, पश्चिम के साथ उसके संबंध कठिन दौर से गुज़र रहे थे। अपने आदर्शों के आधार पर, निरंतर परमाणु प्रसार निषेध संधि तथा व्यापक परीक्षण निषेध संधि पर हस्ताक्षर करने से इनकार करने पर भारत पर आर्थिक और तकनीकी प्रतिबंध लगाए गए। किंतु भारत की हाल ही के वर्षों में हुई आर्थिक प्रगति तथा अपने बाजारों में प्रत्यक्ष विदेशी निवेश की अनुमति देने के कारण, धीरे-धीरे विश्व ने उसकी वास्तविक परमाणु शस्त्र संपन्न राष्ट्र होने की स्थिति तथा उसकी विश्व शक्ति बनने की आकांक्षाओं को गंभीरता से लेना शुरू कर दिया। अफगानिस्तान के युद्ध में अमेरिका के हस्तक्षेप तथा आतंकवाद से लड़ाई में भारत अमेरिका की सामरिक नीति के लिए महत्त्वपूर्ण बन गया। अतः, अगस्त 2008 में, भारत ने अमेरिका के साथ एक परमाणु समझौता करने में सफलता प्राप्त की जिसे भारत-अमेरिका नागरिक परमाणु समझौता (Civil nuclear agreement) कहा जाता है।[187] इससे भारत का तीन दशकों से चला आ रहा परमाणु अलगाव समाप्त हो गया और उसे अपने नागरिक परमाणु संस्थानों के लिए अमेरिका से परमाणु ईंधन और प्रौद्योगिकी खरीदने की अनुमति मिल गई।

इसी समय, भारत ने अपनी "लुक ईस्ट" नीति के माध्यम से एशिया की ओर अधिक घनिष्ठता से ध्यान देना शुरू कर दिया, जिसे 1992 में नरसिम्हा राव सरकार ने आरंभ किया था। अतः, कहा जा सकता है कि हालांकि नेहरू का गुटनिरपेक्षता का सिद्धांत नई दुनिया की प्रणाली में पूरी तरह बेकार हो गया था, किंतु अखिल एशियाई संबंधों के उनके स्वप्न ने एक बार फिर मूर्त रूप ले लिया। अतीत में, सहयोग के क्षेत्रीय नेटवर्क—जैसे दक्षिण एशियाई क्षेत्रीय सहयोग संगठन (SAARC) में—जिसका गठन सात दक्षिण एशियाई राष्ट्रों द्वारा किया गया था। भारत ने कदाचित अनिच्छा से भाग लिया था, क्योंकि उसने इस संगठन में अपना अधिक प्रभाव नहीं डाला था। किंतु एशिया-प्रशांत क्षेत्र में चीन के बढ़ते प्रभाव तथा इस क्षेत्र में भारत की सामरिक दिलचस्पी होने के कारण, भारत ने दक्षिण-पूर्वी एशियाई देशों के संगठन आसियान (Association of

South East Asian Nations) से अधिक घनिष्ठ संबंध बनाए। 1992 में भारत इसका क्षेत्रीय सहयोगी बना, 1995 में संवाद सहयोगी बना, और 2002 में इसका शिखर सहयोगी बन गया। 2002 में भारत पेसिफिक आईलैंड फोरम का संवाद सहयोगी बना और 2005 में ईस्ट एशिया समिट का सदस्य बना।[188] एशिया-प्रशांत क्षेत्र में, विशेष रूप से इसके बहुपक्षीय संगठनों में भारत की अधिक भागीदारी, निःसंदेह दक्षिण चीन सागर में भारत की सामरिक रुचि तथा चीन की बढ़ती शक्तियों से भारत में उत्पन्न होने वाले भय से प्रेरित थी। किंतु यह उसकी, न केवल एशियाई क्षेत्र में एक बड़ी शक्ति, अपितु विश्व की महत्त्वपूर्ण शक्ति के रूप में स्थापित होने की महत्त्वकांक्षा, तथा संयुक्त राष्ट्र सुरक्षा परिषद् में स्थायी सदस्यता पाने की अभिलाषा के भी अनुरूप थी। अधिक महत्त्वपूर्ण रूप में, आर्थिक उदारीकरण के बाद, भारत को विश्व के बाजारों में अपनी पकड़ मजबूत बनानी थी; और आसियान इसका एक सुविधाजनक मार्ग था। अतः, 2009 में भारत ने आसियान के साथ एक व्यापार समझौते पर हस्ताक्षर किए।[189] आर्थिक हितों को ध्यान में रखते हुए भारत ने विकासशील देशों के अन्य महत्त्वपूर्ण नेटवर्क, ब्रिक्स के साथ अपने संबंधों को मजबूत बनाया, जो विश्व की तीव्र गति से विकासमान अर्थव्यवस्थाओं, ब्राज़ील, रशिया, भारत, चीन और दक्षिण अफ्रीका का आदिवर्णिक (BRICS) नाम है।

अतः, भारत की महानता की खोज, जो 1947 में शुरू हुई थी, भले ही रुक-रुककर, किंतु इक्कीसवीं सदी में भी जारी है। अतीत में उपनिवेशवाद से विरासत में मिली अनेक कठिनाइयों से गुजरते हुए, भारत की यह यात्रा—कुछ सफलताओं और कुछ विफलताओं के साथ—साहसपूर्ण रही है जिसमें असीम आशावाद और निर्भीक अपेक्षाओं का समायोजन है। इतिहास के अनेक दौरों से गुजरते हुए, भारत आज भी जोश से परिपूर्ण बहुलतावादी लोकतांत्रिक राष्ट्र है जिसमें कई स्वर गुंजायमान होते रहते हैं।

## टिप्पणियां

1. ''ग्रेट स्पीचीज़ ऑफ ट्वेंटियथ सेंचुरी'', जवाहरलाल नेहरू, द गार्जियन डॉट कॉम, मंगलवार 1 मई 2007 00.06 बीएस http://www.theguardian.com/theguardian/2007/may/01/ greatspeeches. 14 मई 2014 को एक्सेस किया गया।
2. टैन एवं कुदसिया 2000.
3. कविराज 2011: 75-81.
4. चंद्रा आदि 1999: 1.
5. लो 1991: 14एफएफ.
6. फरबर 1949: 86.
7. उदाहरण के लिए देखें, ब्राउन 1994: 349.
8. चक्रबर्ती 2007ए: 3.
9. रॉय 2007: 27.

10. चटर्जी 2004: 7, 12, 29, 34, 36.
11. स्वेनसन 2013: 24, 34.
12. स्पेट 1947.
13. ओबेरॉय 2006: 51.
14. पांडे 1997.
15. चक्रबर्ती 1999: 1.
16. ओबेरॉय 2006: 47एफएफ.
17. नायर 2011: 208.
18. ज़मींदार 2007: 19-20एफएफ.
19. ओबेरॉय 2006: 51.
20. मेमॅरीज़ ऑफ वॉयलेंस के लिए, बुटालिया 2000, पांडे 2001, एवं अन्य.
21. शरणार्थियों के अनुभवों के लिए देखें, देखें चटर्जी 2007 ज़मींदार 2007, कौर 2007, नायर 2011, रॉय 2012.
22. ज़मींदार 2007: 21.
23. रिपोर्ट ऑन द वर्किंग ऑफ मिनिस्ट्री ऑफ रिहैबिलिटेशन 1949-50: 5.
24. ज़मींदार 2007: 120-21.
25. टालबट 2011: 118-19; कौर 2007: 131-33.
26. रिपोर्ट ऑन द वर्किंग ऑफ मिनिस्ट्री ऑफ रिहैबिलिटेशन 1949-50:5.
27. ब्यौरों के लिए देखें चक्रबर्ती 1999, चटर्जी 2007, रॉय 2012.
28. चटर्जी 2007: 112, सारणी 3.1; चटर्जी 2005: 228-29 भी देखें।
29. ब्यौरों के लिए देखें, रॉय 2012.
30. ब्यौरों के लिए देखें, बंद्योपाध्याय 2012.
31. द स्टेट्समैन, 17 अगस्त 1950.
32. मेनन एवं भसीन 1993.
33. बंद्योपाध्याय 2012.
34. पांडे 1999.
35. हसन 1999: 136-52.
36. और विस्तार के लिए देखें, पांडे 1997, चटर्जी 2005, ज़मींदार 2007:79-94.
37. देखें गुहा 2007: 132-33.
38. द स्टेट्समैन, 19 अक्तूबर 1951.
39. कोपलैंड 1999: 262.
40. ब्यौरों के लिए देखें, कोपलैंड 1999: 261-68.
41. ब्यौरों के लिए देखें, फरबर 1951: 359, कोपलैंड 1999: 260-62.
42. गांगुली 2013: 331.
43. गांगुली 1997- 8.
44. और विस्तार के लिए देखें, राय 2004.
45. राय 2004: 280-81.
46. ब्यौरों के लिए देखें, गांगुली 1997: 8-13.
47. टालबट 1949.

48. और विस्तार के लिए देखें, दासगुप्ता 2002.
49. गांगुली 2013: 333.
50. चंद्रा आदि 1999: 203–04.
51. बासु 1997, ट:643.
52. और विस्तार के लिए देखें, बंद्योपाध्याय 2012: 105–20.
53. चंद्रा आदि 1999: 203 एवं यत्र-तत्र.
54. गुहा 2007: 96–97.
55. जोशी एवं जोश 1994: 335 एवं यत्र-तत्र.
56. नोसिटर 1988: 16–17, 128–29.
57. आलम 1991: 25–73.
58. मसानी 1954: 89.
59. ब्यौरों के लिए देखें, आलम 1991 एवं बंद्योपाध्याय 2012.
60. फॉर अ कॉम्प्रिहेंसिव हिस्ट्री ऑन मेकिंग ऑफ द कॉन्सटीट्यूशन, देखें ऑस्टिन 1966.
61. सेन 2007: 36.
62. देखें मेहता 2007: 15एफएफ
63. चक्रबर्ती 2008: 3.
64. ब्रास 2000: 62–70.
65. चक्रबर्ती 2008: 8.
66. इस पर चर्चा के लिए, देखें सेन 2007: 39, 111–12एफएफ.
67. मुखर्जी 2010: 185–99.
68. मेहता 2007: 21एफएफ.
69. मुखर्जी 2010: 199.
70. ट्यूडोर 2013: 30–31.
71. खिलनानी 1997: 6एफएफ.
72. चक्रबर्ती 2008: 6 में उद्धृत.
73. देखें : चक्रबर्ती 2007बी.
74. ऑस्टिन 1999:14.
75. झा 2002: 3179 में उद्धृत.
76. अल्पसंख्यकों पर उद्धरणों और अंबेडकर के दृष्टिकोण के लिए, देखें तेजानी 2013.
77. अल्पसंख्यकों के मुद्दे पर विधानसंभा में हुई बहस पर अधिक चर्चा के लिए, देखें बाजपेई 2000.
78. किश्वर 1994: 2147.
79. बी.ई.एच.एफ. 1952.
80. मजुमदार 2007: 231.
81. किश्वर 1994: 2146. मजुमदार 2007 भी देखें.
82. इस कार्य की अधिक विस्तृत ब्यौरों के लिए देखें, गुहा 2007: 134.
83. इस विषय पर अधिक चर्चा के लिए, देखें गिलमार्टिन 2007.
84. गुहा 2007: 134.
85. बंद्योपाध्याय 2012: 154 में उद्धृत.
86. बी.आर. अंबेडकर, ''द शेड्यूल कास्ट्स: क्लेम टू क्लियर कट पॉलिसी एंड प्रोग्राम'', द

स्टेट्समैन, 23 दिसंबर 1951.

87. बंद्योपाध्याय 2012: 156.
88. कोठारी 2002: 40. इटैलिक्स ओरिजिनल.
89. जैफरलॉट 1993: 87.
90. इलेक्शन मैनिफेस्टो 1951, अखिल भारत हिंदू महा सभा: 8.
91. ग्राहम 1990: 54 एवं यत्र-तत्र..
92. चंद्रा, आदि 1999: 201 देखें.
93. ब्यौरों के लिए देखें, बंद्योपाध्याय 2012: 130-36.
94. बंद्योपाध्याय 2009 देखें.
95. ब्यौरों के लिए देखें, बंद्योपाध्याय 2012: 137-43.
96. गुहा 2007: 139.
97. द स्टेट्समैन, 19 अक्तूबर 1951.
98. देखें, करखानिस 1981: 89.
99. चटर्जी 1997: 23
100. द स्टेट्समैन, 18 फरवरी 1952.
101. द स्टेट्समैन, 12 फरवरी 1952.
102. गुहा 2007: 146.
103. चटर्जी 1997: 10-11.
104. नेहरू 1963: 455-56.
105. चटर्जी 1997: 12.
106. महलनोबिस 1955: 7.
107. फ्रैंकल 1978: 117.
108. महलनोबिस 1955: 10.
109. थॉर्नर 1950: 97.
110. थॉर्नर 1950: 98.
111. बैकर 1951.
112. फ्रैंकल 1978: 118-19.
113. नेहरू 1963: 456.
114. ब्यौरों के लिए देखें वीनर 1962.
115. दीर्घ संवैधानिक लड़ाई के लिए, देखें ऑस्टिन 1999: 67-92.
116. ऑस्टिन 1999: 88 में उद्धृत.
117. ज़करिया 2004: 195-96.
118. टॉमलिनसन 1993: 179.
119. दासगुप्ता 1977: 241.
120. ब्यौरों के लिए देखें दासगुप्ता 1977, ब्रास 1990: 280, चटर्जी 1997: 22.
121. थॉर्नर 1950: 98.
122. टॉमिलनसन 1993: 171.
123. महलनोबिस 1955: 16-20.
124. वही: 125.
125. टॉमलिनसन 1993: 169.

126: वही: 171.
127. वही: 177.
128. ज़करिया 2004: 151एफएफ.
129. ब्रास: 1990: 276, 281, नागराज 2013: 192.
130. नेहरू 1963: 454.
131. ज़करिया 2004: 208 में उद्धृत.
132. ब्यौरों के लिए देखें ब्रास 1990: 157-68.
133. विंडमिलर 1954: 297.
134. मजीद 2003: 83.
135. ब्यौरों के लिए देखें विंडमिलर 1954.
136. मजीद 2003: 87-88.
137. ज़करिया 2004: 210.
138. चटर्जी 1997: 23-24.
139. नेहरू 1963: 455-56.
140. नेहरू 1963: 457.
141. ब्यौरों के लिए देखें, ज़करिया 2004: 198-204.
142. नायर 2013: 314.
143. ब्यौरों के लिए देखें, ज़करिया 2004: 204-05.
144. ब्यौरों के लिए देखें, दत्त 1984: 15-16.
145. सेज़ 2013: 322-23.
146. कोठारी 1998: 28-29.
147. गुहा 2005 देखें.
148. गुहा 2007: 343-45.
149. कुरैशी 1968.
150. मनोर 1997: 98 में उद्धृत.
151. ब्यौरों के लिए, देखें हार्डग्रेव 1970.
152. वीनर 1971.
153. चटर्जी 1997: 22-23.
154. पार्क 1975: 1003.
155. ब्यौरों के लिए, देखें पार्क 1975.
156. पार्क 1975: 1008.
157. इस अवधि के श्रेष्ठ राजनीतिक इतिहास के सारांश के लिए, देखें चटर्जी 1997: 27-31.
158. मेनोर 1997: 106.
159. चटर्जी 1997: 32-33.
160. बरुआ 1997: 496एफएफ.
161. कोहली 1997: 342-43.
162. बाबरी मस्जिद-रामजन्म भूमि समस्या की कहानी के लिए, देखें श्रीवास्तव 1991.
163. हसन 200: 150.
164. राजीव गांधी के काल के और विस्तार के लिए, देखें नलपत 2000.

165. ब्यौरों के लिए देखें चटर्जी 1997: 34-36.
166. ओंवेट 1990: 2196.
167. अधिक विस्तार के लिए देखें गोपाल 1991.
168. लुडेन 1996 में निबंध देखें.
169. यादव 2000: 120-21 एवं यत्र-तत्र.
170. हसन 2000: 155 में उद्धृत.
171. हसन 2000: 148, 158-59.
172. सरकार 1996.
173. उपाध्याय 1992, कोठारी 1994.
174. शाह 2001: 35.
175. ओंवेट 2011: 156-57.
176. इलइयाह 1998: 283, 285.
177. पंडियान 2007: 6एफएफ.
178. गुहा 1991, 1998.
179. http://www.narmada.org/introduction.html, 15 जुलाई 2014 को ऐक्सेस किया गया।
180. नायर 1998: 355 में उद्धृत.
181. नायर 1998: 355.
182. नायर 1998: 355 में उद्धृत.
183. नागराज 2013: 192, 194.
184. नागराज 2013: 189, 196-97, इटैलिक्स मौलिक.
185. लक्ष्मण के. बेहेरा, ''आईडीएसए कमेंट: इंडिया'ज़ इंटेरिम डिफेंस बजट 2014-15: एन अप्रेज़ल'',http://www.iosQa.in/iosQacomments/IndiasInteerimDefenceBudget 2014-15_lkbehera_230214., 4 मई 2014 को ऐक्सेस किया गया।
186. भारत की परमाणु नीति के लिए, देखें बाजपेई 2013.
187. ब्यौरों के लिए, देखें http://www.cfr.org/india/us-india-nuclear-deal/p9663, 4 मई 2014 को ऐक्सेस किया गया।
188. ''लुक ईस्ट'' पॉलिसी पर चर्चा के लिए, देखें गरारे एवं मट्टू 2003.
189. एफटीए पर विस्तार के लिए, देखें पाल एवं दासगुप्ता 2009.

# परिशिष्ट
# आधुनिक भारत के इतिहास का काल-विवरण
(Chronology)

1600 अंग्रेज़ों की ईस्ट इंडिया कंपनी के लिए शाही चार्टर जारी
1612 सूरत (पश्चिमी भारत) में अंग्रेज़ों की पहली फ़ैक्टरी की स्थापना
1613 मुगल बादशाह जहाँगीर ने अंग्रेज़ कंपनी को व्यापार के अधिकार दिए।
1616 सर टॉमस रो का मुगल दरबार में आगमन
1618 रो ने और भी फ़रमान (शाही आदेशपत्र) प्राप्त किए, जिनमें अंग्रेज़ कंपनी को व्यापार के बहुत-से अधिकार दिए गए।
1639 मद्रास में फ़ोर्ट सेंट जॉर्ज का निर्माण
1651 हुगली (पूर्वी भारत) में अंग्रेज़ों की फ़ैक्टरी की स्थापना
1698 पूर्वी भारत में स्थित कोलिकाता, सूतानाटी और गोविंदपुर में अंग्रेज़ों को ज़मींदारी के अधिकार मिले।
1717 मुगल बादशाह फ़र्रुखसियर ने अंग्रेज़ कंपनी को शुल्क-मुक्त व्यापार के अधिकार दिए।
1744-48 पहला आंग्ल-फ्रांसीसी युद्ध
1750-54 दूसरा आंग्ल-फ्रांसीसी युद्ध
1756-63 यूरोप में सप्तवर्षीय युद्ध
भारत में तीसरा आंग्ल-फ्रांसीसी युद्ध; फ्रांसीसी चुनौती का अंत
1756 बंगाल के नवाब ने अंग्रेज़ों से कलकत्ता छीना।
1757 पलासी की लड़ाई; अंग्रेज़ों के संरक्षण में बंगाल में एक नया नवाब बना।
अंग्रेज़ ईस्ट इंडिया कंपनी के राजनीतिक प्रभाव का आरंभ
1765 अंग्रेज़ कंपनी को बंगाल, बिहार और उड़ीसा (पूर्वी भारत) की दीवानी (मालगुज़ारी वसूल करने का अधिकार) मिली।
1767-69 पहला आंग्ल-मैसूर युद्ध
1772 गवर्नर के पद पर वॉरेन हेस्टिंग्ज़ की नियुक्ति
1773 रेगुलेटिंग ऐक्ट पारित
1774 वॉरेन हेस्टिंग्ज़ भारत का गवर्नर जनरल बना।
कलकत्ता में सुप्रीम कोर्ट की स्थापना
1775-82 पहला आंग्ल-मराठा युद्ध
1780-84 दूसरा आंग्ल-मैसूर युद्ध
1783 फ़ॉक्स के भारत विधेयक (इंडिया बिल्स)
1784 पिट्स इंडिया ऐक्ट पारित
1785 वॉरेन हेस्टिंग्ज़ का त्यागपत्र

| | |
|---|---|
| 1786 | लॉर्ड कॉर्नवॉलिस नया गवर्नर जनरल बना। |
| 1790-92 | तीसरा आंग्ल-मैसूर युद्ध |
| 1793 | बंगाल में मालगुज़ारी का स्थायी (इस्तमरारी) बंदोबस्त लागू |
| 1798 | लॉर्ड वेलेज़ली गवर्नर जनरल बना। |
| 1799 | चौथा आंग्ल-मैसूर युद्ध |
| 1803-05 | दूसरा आंग्ल-मराठा युद्ध |
| 1814-16 | आंग्ल-गोरखा युद्ध |
| 1817-19 | तीसरा आंग्ल-मराठा युद्ध |
| 1828 | लॉर्ड विलियम बेंटिंक गवर्नर जनरल बना। |
| 1829 | सतीप्रथा पर प्रतिबंध |
| 1833 | कंपनी के चार्टर का नवीनीकरण<br>कंपनी के व्यापार संबंधी अधिकार का उन्मूलन |
| 1835 | भारतीय शिक्षा पर लॉर्ड मैकॉले का कार्यपत्र (मिनट्स ऑन इंडियन एजुकेशन) |
| 1839-42 | पहला आंग्ल-अफ़गान युद्ध |
| 1845-46 | पहला आंग्ल-सिख युद्ध |
| 1848 | लॉर्ड डलहौज़ी गवर्नर जनरल बना। |
| 1848-49 | दूसरा आंग्ल-सिख युद्ध |
| 1853 | बंबई से ठाणे तक रेल का आरंभ |
| 1856 | अवध का अधिग्रहण |
| 1857-58 | सिपाही विद्रोह और गदर |
| 1858 | भारत में महारानी के शासन का प्रारंभ |
| 1859 | नील विद्रोह |
| 1861 | इंडियन काउंसिल्स ऐक्ट पारित |
| 1876-77 | दिल्ली दरबार; महारानी विक्टोरिया को भारत की महारानी घोषित किया गया। |
| 1878 | दूसरा आंग्ल-अफ़गान युद्ध<br>'राजद्रोही' वर्नाक्यूलर (देशी भाषा) प्रेस पर नियंत्रण के लिए वर्नाक्यूलर प्रेस ऐक्ट पारित |
| 1883 | इल्बर्ट बिल पर विवाद |
| 1885 | भारतीय राष्ट्रीय कांग्रेस की स्थापना |
| 1891 | विवाह-आयु संबंधी अधिनियम (ऐक्ट) |
| 1892 | इंडियन काउंसिल्स ऐक्ट पारित |
| 1893 | गोवध पर हिंदू-मुस्लिम दंगे |
| 1897 | लॉर्ड कर्ज़न वायसरॉय बना। |
| 1905 | बंगाल का विभाजन<br>स्वदेशी आंदोलन |

1906 ऑल इंडिया मुस्लिम लीग की स्थापना
1909 मॉर्ले-मिंटो सुधार
1911 बंगाल के विभाजन की समाप्ति
1912 राज की राजधानी कोलकाता से दिल्ली लाई गई।
1914 पहले विश्वयुद्ध का आरंभ
1915 गांधी की भारत वापसी
1916 भारतीय राष्ट्रीय कांग्रेस और मुस्लिम लीग के बीच लखनऊ-समझौता; होम रूल/ लीगों की स्थापना
1919 मांटेग्यू-चेम्सफ़ोर्ड सुधार
गांधी के नेतृत्व में रौलट कानून विरोधी आंदोलन
पंजाब (जलियाँवाला बाग) का कत्ले-आम
1920 गांधी ने भारतीय राष्ट्रीय कांग्रेस का नेतृत्व संभाला।
1921 गांधी के नेतृत्व में खिलाफ़त और असहयोग आंदोलन
1922 चौरीचौरा में हिंसा के बाद असहयोग आंदोलन की वापसी
1923 लेजिस्लेटिव (विधायी) काउंसिलों में स्वराज पार्टी के उम्मीदवारों का प्रवेश
1928 साइमन (भारतीय अधिनियम) कमीशन का दौरा;
सर्वदलीय सम्मेलन
भारत के भावी संविधान पर मोतीलाल नेहरू की रिपोर्ट
1929 लाहौर कांग्रेस और पूर्ण स्वराज्य के लिए संघर्ष का प्रस्ताव
1930 गांधी के नेतृत्व में सविनय अवज्ञा आंदोलन
भारत के भावी संविधान पर विचार के लिए लंदन में पहला गोलमेज़ सम्मेलन
1931 गांधी-इर्विन समझौता (पैक्ट)
सविनय अवज्ञा आंदोलन की वापसी
दूसरे गोलमेज़ सम्मेलन में गांधी की भागीदारी; सम्मेलन की असफलता
1932 कांग्रेस पर प्रतिबंध
सविनय अवज्ञा आंदोलन का दूसरा चरण
सांप्रदायिक अवार्ड और पूना समझौता
तीसरे गोलमेज़ सम्मेलन की असफलता
1934 सविनय अवज्ञा आंदोलन की समाप्ति
1935 गवर्नमेंट ऑफ़ इंडिया ऐक्ट (भारत सरकार अधिनियम) पारित
1937 प्रांतीय स्वायत्तता का आरंभ
1939 दूसरे विश्वयुद्ध का आरंभ
1940 डोमिनियन स्टेटस के बारे में लॉर्ड लिनलिथगो की अगस्त पेशकश
मुस्लिम लीग का अगस्त प्रस्ताव
1942 क्रिप्स मिशन की असफलता
भारत छोड़ो आंदोलन

| | |
|---|---|
| 1944 | गांधी-जिन्ना वार्ता |
| 1945 | इंग्लैंड में लेबर पार्टी की विजय |
| | आज़ाद हिंद फ़ौज के कैदियों का मुकदमा; व्यापक प्रतिरोध |
| 1946 | शाही भारतीय नौसेना में विद्रोह |
| | भारत में कैबिनेट मिशन का आगमन |
| | जवाहरलाल नेहरू के नेतृत्व में अंतरिम सरकार |
| | हिंदू-मुस्लिम दंगे |
| 1947 | जून 1948 तक सत्ता सौंपने के बारे में क्लेमंट एटली की घोषणा |
| | भारत और पाकिस्तान की दो राष्ट्रीय सरकारों को सत्ता सौंपने के बारे में माउंटबेटन की योजना |
| | इंडियन इंडिपेंडेंस ऐक्ट (भारतीय स्वतंत्रता अधिनियम) पारित |
| | पाकिस्तान और भारत को सत्ता का हस्तांतरण |
| | सांप्रदायिक हिंसा और सामूहिक पलायन |
| 1948 | गांधी की हत्या (30 जनवरी) |
| | भारत के लिए नए संविधान की स्वीकृति |
| 1950 | नया संविधान लागू |
| | भारत एक गणराज्य बना। |
| | सांप्रदायिक हिंसा और बंगाल में व्यापक पैमाने पर पलायन |
| | अल्पसंख्यकों संबंधी दिल्ली पैक्ट |
| 1951-56 | प्रथम पंचवर्षीय योजना |
| | संविधान (प्रथम संशोधन) अधिनियम |
| | गांधीवादी नेता विनोबा भावे द्वारा भूदान (स्वैच्छिक भूमिदान) अभियान की शुरुआत |
| 1952 | पहले राष्ट्रीय चुनावों में कांग्रेस की विजय |
| 1953 | नया राज्य आंध्र प्रदेश बना |
| 1955-56 | हिंदू आचार संहिता विधेयक पास |
| 1956 | राज्य पुनर्गठन अधिनियम के तहत चौदह राज्यों का निर्माण |
| 1956-61 | दूसरी पंचवर्षीय योजना |
| 1959 | पंचायती राज (स्थानीय स्व-शासन) की आंध्र प्रदेश और राजस्थान में शुरुआत |
| 1961 | भारतीय सेना ने गोवा से पुर्तगालियों को बाहर किया |
| 1962 | भारत-चीन युद्ध |
| 1963 | अधिकारिक भाषा अधिनियम |
| 1964 | जवाहर लाल नेहरू की मृत्यु (27 मई) |
| 1965 | कश्मीर मुद्दे पर दूसरा भारत-पाक युद्ध |

# संदर्भिका

## (Bibliography)


Ahmed, A. 1997. *Jinnah, Pakistan and Islamic Identity: The Search for Saladin*. London, New York: Routledge.

Ahmed, R. 1996. *The Bengal Muslims, 1871–1906: A Quest for Identity.* Paperback edition. Delhi: Oxford University Press.

Ahsan, A. 2000. The Partition in retrospect: A primordial divide. In *The Partition in Retrospect*, ed. A. Singh, 287–310. New Delhi: Anamika.

Alam, J. 1991. State and the making of communist politics in India, 1947–57. *Economic and Political Weekly* 26 (45): 2573–77, 2579–83.

Alam, M. 1974. The zamindars and the Mughal power in Deccan, 1685– 1712. *The Indian Economic and Social History Review* 11 (1): 74–91.

———. 1986. *The Crisis of Empire in Mughal North India: Awadh and Punjab, 1707–48*. Delhi: Oxford University Press.

———. 1991. Eastern India in the early eighteenth century "crisis": Some evidence from Bihar. *The Indian Economic and Social History Review* 28 (1): 43–71.

Alam, M., and S. Subrahmanyam. 1998. Introduction to *The Mughal State, 1526–1750.* Delhi: Oxford University Press.

Alavi, Seema. 1995. *The Sepoys and the Company: Tradition and Transition in Northern India, 1770–1830.* Delhi: Oxford University Press.

Ali, Aruna Asaf. 1991. *The Resurgence of Indian Women.* London: Sangam Books.

Ali, Azra Asghar. 2000. *The Emergence of Feminism among Indian Muslim Women, 1920–1947*. Karachi: Oxford University Press.

Ali, B. Sheik. 2000. Developing agriculture: Land tenure under Tipu Sultan. In *Confronting Colonialism: Resistance and Modernization under Haidar Ali and Tipu Sultan*, ed. Irfan Habib, 161–64. New Delhi: Tulika.

Ali, Imran. 1988. *The Punjab under Imperialism, 1885–1947*. Princeton, NJ: Princeton University Press.

Aloysius, G. 1997. *Nationalism without a Nation in India.* Delhi: Oxford University Press.

Ambedkar, B.R. 1945. *What Congress and Gandhi Have Done to the Untouchables.* Bombay: Thacker & Co. Ltd.

Amin, S. 1989. Gandhi as Mahatma: Gorakhpur district, eastern UP, 1921–22. In *Subaltern Studies: Writings on South Asian History and Society*, vol. 3, ed. R. Guha, 1–61. Paperback edition. Delhi: Oxford University Press.

———. 1996. *Event, Metaphor, Memory: Chauri Chaura, 1922–1992.* Paperback edition. Delhi: Oxford University Press.

Amin, Sonia Nishat. 1995. The early Muslim bhadramahila: The growth of learning and creativity, 1876 to 1939. In *From the Seams of History: Essays on Indian Women,* ed. Bharati Ray, 107–48. Delhi: Oxford University Press.

Anderson, B. 1983. *Imagined Communities: Reflections on the Origin and Spread of Nationalism.* London: Verso.

Anderson, W. K., and S. D. Damle. 1987. *The Brotherhood in Saffron: The Rashtriya Swayamsevak Sangh and Hindu Revivalism.* New Delhi: Vistaar Publications.

Arnold, David. 1977. *The Congress in Tamilnad: Nationalist Politics in South India, 1919–1937.* New Delhi: Manohar.

———. 1986a. *Police Power and Colonial Rule: Madras, 1859–1947.* Delhi: Oxford University Press.

———. 1986b. Rebellious hillmen: The Gudem-Rampa risings, 1839–1924. In *Subaltern Studies: Writings on South Asian History and Society*, vol. 1, ed. Ranajit Guha, 88–142. Paperback edition. Delhi: Oxford University Press.

———. 1988. Quit India in Madras: Hiatus or climacteric. In *The Indian Nation in 1942*, ed. G. Pandey, 207–22. Calcutta: K.P. Bagchi & Co.

Athar Ali, M. 1966. *Mughal Nobility under Aurangzeb.* Bombay: Asia Publishing House.

———. 1975. The passing of empire: The Mughal case. *Modern Asian Studies* 9 (3): 385–96.

———. 1993. The Mughal polity—A critique of revisionist approaches. *Modern Asian Studies* 27 (4): 699–710.

Austin, Granville. 1966. *The Indian Constitution: Cornerstone of a Nation.* New Delhi: Oxford University Press.

———. 1999. *Working a Democratic Constitution: The Indian Experience.* New Delhi: Oxford University Press.

Bagchi, A. K. 1972. *Private Investment in India, 1900–1939.* Cambridge: Cambridge University Press.

———. 1976a. De-industrialization in India in the nineteenth century: Some theoretical implications. *Journal of Development Studies* 12 (2): 135–64.

———. 1976b. Deindustrialization in Gangetic Bihar, 1809–1901. In *Essays in Honour of S.C. Sarkar*, ed. B. De. New Delhi: People's Publishing House.

———. 1987. *Evolution of the State Bank of India.* Vol. 1, pt 1. Bombay: Oxford University Press.

Bagchi, J. 1990. Representing nationalism: Ideology of motherhood in colonial Bengal. *Economic and Political Weekly*, October 20–27: WS-65–71.

Bahl, Vinay. 1988. Attitudes of the Indian National Congress towards the working class struggle in India, 1918–1947. In *Congress and Classes: Nationalism, Workers and Peasants*, ed. K. Kumar, 1–33. New Delhi, Manohar.

———. 1995. *The Making of the Indian Working Class: The Case of the Tata Iron and Steel Co., 1880–1946.* New Delhi, Thousand Oaks, London: Sage Publications.

Bajpai, R. 2000. Constituent assembly debates and minority rights. *Economic and Political Weekly* 35 (21/22): 1837–45.

Baker, C. J., and D. A. Washbrook. 1975. *South India: Political Institutions and Political Change, 1880–1940.* Delhi: Macmillan.

Baker, D.E.U. 1979. *Changing Political Leadership in an Indian Province: The Central Provinces and Berar, 1919–1939.* Delhi: Oxford University Press.

Balabushevich, V. V., and A. M. Dyakov, eds. 1964. *A Contemporary History of India.* New Delhi: People's Publishing House.

Ballhatchet, K. 1980. *Race, Sex and Class under the Raj.* London: Weidenfeld and Nicholson.

Bandopadhyay, A. 1992. *The Agrarian Economy of Tamilnadu, 1820–1855.* Calcutta: K.P. Bagchi & Co.

Bandyopadhyay, S. 1987–88. Protest and accommodation: Two caste movements in eastern and northern Bengal, c. 1872–1937. *The Indian Historical Review* 14 (1–2): 219–33.

———. 1990. *Caste, Politics and the Raj: Bengal, 1872–1937.* Calcutta: K.P. Bagchi & Co.

———. 1995. Caste, widow-remarriage and the reform of popular culture in colonial Bengal. In *From the Seams of History: Essays on Indian Women,* ed. Bharati Ray, 8–36. Delhi: Oxford University Press.

———. 1997a. *Caste, Protest and Identity in Colonial India: The Namasudras of Bengal*, 1872–1947. Richmond, Surrey: Curzon Press.

———. 1997b. From subjects to citizens: Reactions to colonial rule and the changing political culture of Calcutta in mid-nineteenth century. In *History, Literature and Society: Essays in Honour of S.N. Mukherjee,* ed. Mabel Lee and Michael Wilding, 9–32. New Delhi: Manohar.

———. 2000. Transfer of power and the crisis of dalit politics in India, 1945–47. *Modern Asian Studies* 34 (4): 893–942.

———. 2001. Mobilizing for a Hindu homeland: Dalits, Hindu nationalism and partition in Bengal (1947). In *The Unfinished Agenda: Nation-Building in South Asia*, ed. M. Hasan and N. Nakazato, 151–95. New Delhi: Manohar.

———. 2012. *Decolonization in South Asia: Meanings of Freedom in Post-independence West Bengal, 1947–52*, New Delhi: Orient BlackSwan.

Banerji, A. K. 1978. *India and Britain, 1947–68: The Evolution of Post-Colonial Relations.* Columbia: South Asia Books.

Banerjee, S. 1990. Marginalization of women's popular culture in nineteenth-century Bengal. In *Recasting Women: Essays in Indian Colonial History,* ed. Kumkum Sangari and Sudesh Vaid, 127–79. New Brunswick, NJ: Rutgers University Press.

Banga, I. 1978. *Agrarian System of the Sikhs: Late Eighteenth and Early Nineteenth Centuries.* New Delhi: Manohar.

———. 1999. The Sikhs and the prospect of 'Pakistan'. In *The Khalsa over 300 Years,* ed. J.S. Grewal and I. Banga, 190–99. New Delhi: Tulika.

Barnett, Richard. 1980. *North India between Empires: Awadh, the Mughals, and the British, 1720–1801.* Berkeley, Los Angeles, London: University of California Press.

Barrier, N.G. 1993. The Punjab disturbances of 1907: The response of the British government in India to agrarian unrest. In *Peasant Resistance in India, 1858–1914,* ed. David Hardiman, 227–58. Paperback edition. Delhi: Oxford University Press.

Baruah, S. 1997. Politics of subnationalism: Society versus state in Assam. In *State and Politics in India*, ed. P. Chatterjee, 496–520. New Delhi: Oxford University Press.

Basham, A. L. 1971. Traditional influences on the thoughts of Mahatma Gandhi. In *Essays in Gandhian Politics: The Rowlatt Satyagraha of 1919,* ed. R. Kumar, 17–42. Oxford: Clarendon Press.

Basu, Aparna. 1974. *The Growth of Education and Political Development in India, 1898–1920.* Delhi: Oxford University Press.

Basu, Aparna, and Bharati Ray. 1990. *Women's Struggle: A History of the All-India Women's Conference, 1927–1990.* New Delhi: Manohar.

Basu, J. (ed.). 1997. *Documents of the Communist Movement in India*, vols V–VI. Calcutta: National Book Agency Ltd.

Basu, Nirban. 1994. *The Working Class Movement: A Study of Jute Mills of Bengal, 1937–47.* Calcutta: K.P. Bagchi & Co.

Basu, Subho. 1998. Strikes and 'communal' riots in Calcutta in the 1890s: Industrial workers, bhadralok nationalist leadership and the colonial state. *Modern Asian Studies* 32 (4): 949–83.

Bayley, D. H. 1969. *The Police and Political Development in India.* Princeton, NJ: Princeton University Press.

Bayly, C. A. 1975. *The Local Roots of Indian Politics: Allahabad, 1880–1920.* Oxford: Clarendon Press.

———. 1983. *Rulers, Townsmen and Bazars: North Indian Society in the Age of British Expansion, 1770–1870.* Cambridge: Cambridge University Press.

———. 1986. Editor's concluding note: Eric Stokes and the uprising of 1857. In *The Peasant Armed: The Indian Rebellion of 1857*, by Eric Stokes, 226–43. Oxford: Clarendon Press.

———. 1987. *Indian Society and the Making of the English Empire.* The New Cambridge History of India, vol. 2.1. Cambridge: Cambridge University Press.

———. 1989. *Imperial Meridian: The British Empire and the World, 17801830.* London: Longman

———. 1998. *Origins of Nationality in South Asia: Patriotism and Ethical Government in the Making of Modern India.* Delhi: Oxford University Press.

———. 1999. The second British empire. In *The Oxford History of British Empire*. Vol. 5, *Historiography*, ed. R.W. Winks, 54–72. Oxford, New York: Oxford University Press.

Bayly, Susarn 1999. *Caste, Society and Politics in India from the Eighteenth Century to the Modern Age.* The New Cambridge History of India, 4.3. Cambridge: Cambridge University Press.

Beaglehole, T. H. 1966. *Thomas Munro and the Development of the Administrative Policy in Madras, 1792–1818.* Cambridge: Cambridge University Press.

B.E.H.F. 1952. Social reform in India: The Hindu Code Bill. *The World Today* 8 (3): 123–32.

Bekker, K. 1951. Land reform legislation in India. *The Middle East Journal* 5 (3): 319–36. Beteille, Andre. 1991. *Society and Politics in India: Essays in Comparative Perspective.* London and Atlantic Highlands, NJ: Athlone Press.

Bhabha, Homi. 1990. Introduction: Narrating the nation. In *Nation and Narration*, ed. Homi Bhabha, 1–7. London and New York: Routledge.

Bhadra, Gautam. 1985. Four rebels of Eighteen-Fifty-Seven. In *Subaltern Studies: Writings on South Asian History and Society*, vol. 4, ed. R. Guha, 229–75. Delhi: Oxford University Press.

———. 1994. *Iman O Nishan* [Honour and the Flag], Calcutta: Subarnarekha.

Bhattacharya, Neeladri. 1992. Colonial state and agrarian society. In *The Making of Agrarian Policy in British India, 1770–1900*, ed. B. Stein, 113–49. Delhi: Oxford University Press.

Bhattacharya, P. 1975. Rammohun Roy and Bengali prose. In *Rammohun Roy and the Process of Modernization in India,* ed. V.C. Joshi, 195–223. New Delhi: Vikas.

Bhattacharya, S. 1971. *Financial Foundations of the British Raj.* Simla: Indian Institute of Advanced Study.

———. 1976. Cotton mills and spinning wheels: Swadeshi and the Indian capitalist class, 1920–22. *Economic and Political Weekly*, 20 November, 11 (47): 1828–32.

———. 1982. Regional economy (1757–1857): Eastern India. In *The Cambridge Economic History of India,* vol. 2, ed. Dharma Kumar, 270–332. Cambridge: Cambridge University Press.

———. 1986. The colonial state, capital and labour: Bombay, 1919–1931. In *Situating Indian History for Sarvepalli Gopal,* ed. S. Bhattacharya and R. Thapar, 171–93. Delhi: Oxford University Press.

———. 1989. *Ouponibeshik Bharater Arthaniti 1850–1947* [Economy of Colonial India, 1850–1947]. Calcutta: Ananda Publishers, 1396 BS.

———. 1998. Introduction to *The Contested Terrain: Perspectives on Education in India.* Hyderabad: Orient Longman.

Borthwick, M. 1978. *Keshub Chunder Sen: A Search for Cultural Synthesis.* Columbia: South Asia Books.

———. 1984. *The Changing Role of Women in Bengal, 1849–1905.* Princeton: Princeton University Press.

Bose, Sugata. 1986. *Agrarian Bengal: Economy, Social Structure and Politics, 1919–1947.* Cambridge: Cambridge University Press.

———. 1993. *Peasant Labour and Colonial Capital: Rural Bengal since 1770.* The New Cambridge History of India, vol. 3.2. Cambridge: Cambridge University Press.

———. 1997. Nation as mother: Representations and contestations of 'India' in Bengali literature and culture. In *Nationalism, Democracy and Development: State and Politics in India*, eds. S. Bose and A. Jalal, 50–75. Delhi: Oxford University Press.

Bose, Sugata, and Ayesha Jalal. 1998. *Modern South Asia: History, Culture, Political Economy.* London and New York: Routledge.

Boyce, D.G. 1999. *Decolonisation and the British Empire, 1775–1997.* Basingstoke: Macmillan.

Brass, Paul. 1974. *Language, Religion and Politics in North India.* London: Cambridge University Press.

———. 1990. *The Politics of India since Independence.* Cambridge: Cambridge University Press.

———. 2000. The strong state and the fear of disorder. In *Transforming India: Social and Political Dynamics of Democracy*, eds. F.R. Frankel, Z. Hasan, R. Bhargava and B. Arora, 60–88. New Delhi: OxfordUniversity Press.

Brasted, H.V., and C. Bridge. 1990. '15 August 1947': Labour's parting gift to India. In *India: Creating a Modern Nation*, ed. J. Masselos, 1–35. New Delhi: Sterling Publishers.

———. 1994. The transfer of power in South Asia: An historiographical review. *South Asia,* New Series, 17 (1): 93–114.

Bridge, Carl. 1986. *Holding India to the Empire: The British Conservative Party and the 1935 Constitution.* New Delhi: Sterling.

Brittlebank, K. 1997. *Tipu Sultan's Search for Legitimacy: Islam and Kingship in a Hindu Domain.* Delhi: Oxford University Press.

Broomfield, J. H. 1968. *Elite Conflict in a Plural Society: Twentieth-Century Bengal.* Berkeley and Los Angeles: University of California Press.

Brown, Judith M. 1972. *Gandhi's Rise to Power: Indian Politics, 1915–1922.* Cambridge: Cambridge University Press.

———. 1977. *Gandhi and Civil Disobedience: The Mahatma in Indian Politics, 1928–1934.* Cambridge: Cambridge University Press.

———. 1989. *Gandhi: Prisoner of Hope.* New Haven and London: Yale University Press.

———. 1994. *Modern India. The Origins of an Asian Democracy.* 2nd ed. New York: Oxford University Press.

Butalia, Urvashi. 1998. *The Other Side of Silence: Voices from the Partition of India.* Delhi: Penguin Books India.

———. 2001. An archive with a difference: Partition letters. In *The Partitions of Memory: The Afterlife of the Division of India,* ed. Suvir Kaul, 208–41. New Delhi: Permanent Black.

Cain, P. J., and A. G. Hopkins. 1993. *British Imperialism: Innovation and Expansion, 1688–1914.* London and New York: Longman.

Calkins, P. B. 1970. The formation of a regionally oriented ruling group in Bengal, 1700–1740. *Journal of Asian Studies* 29 (4): 799–806.

Carroll, Lucy. 1978. Colonial perceptions of Indian society and the emergence of caste(s) associations. *Journal of Asian Studies* 37 (2): 233–50.

———. 1983. Law, custom, and statutory social reform: The Hindu Widows' Remarriage Act of 1856. *The Indian Economic and Social History Review* 20 (4): 363–88.

Cashman, R. 1970. The political recruitment of God Ganapati. *The Indian Economic and Social History Review* 7 (3): 347–73.

Catanach, I. J. 1970. *Rural Credit in Western India, 1875–1930.* Berkeley, Los Angeles and London: University of California Press.

———. 1984. Poona politics and the plague. *South Asia* 7 (2): 1–18.

———. 1993. Agrarian disturbances in nineteenth-century India. In *Peasant Resistance in India, 1858–1914,* ed. David Hardiman, 184–203. Paperback edition. Delhi: Oxford University Press.

Chakrabarti, P. K. 1999. *The Marginal Men: The Refugees and the Left Political Syndrome in West Bengal.* Calcutta: Naya Udyog.

Chakrabarty, B. 1990. *Subhas Chandra Bose and Middle Class Radicalism: A Study in Indian Nationalism, 1928–1940.* Delhi: Oxford University Press.

———. 1993. The 1947 united Bengal movement: A thesis without synthesis. *The Indian Economic and Social History Review* 30 (4): 467–88.

———. 1997. *Local Politics and Indian Nationalism: Midnapur, 1919–1944.* New Delhi: Manohar Publishers and Distributors.

———. 2008. *Indian Politics and Society since Independence: Events, Processes and Ideology.* London and New York: Routledge.

Chakrabarty, D. 1989. *Rethinking Working Class History: Bengal, 1890–1940.* Princeton: Princeton University Press.

———. 1994. The difference-defferal of a colonial modernity: Public debates on domesticity in British India. In *Subaltern Studies: Essays in Honour of Ranajit Guha,* vol. 8, ed. David Arnold and David Hardiman, 50–88. Delhi: Oxford University Press.

———. 1998. Minority histories, subaltern pasts. *Economic and Political Weekly,* 28 February, 473–79.

———. 2000. *Provincializing Europe: Postcolonial Thought and Historical Difference.* Princeton and Oxford: Princeton University Press.

———. 2007a. Introduction. In *From the Colonial to the Postcolonial: India and Pakistan in Transition*, eds. D. Chakrabarty, R. Majumdar and A. Sartori. New Delhi: Oxford University Press.

———. 2007b. "In the Name of Politics": Sovereignty, Democracy, and the Multitude in India. In *From the Colonial to the Postcolonial*, eds. D. Chakrabarty, R. Majumdar and A. Sartori, 31–54. New Delhi: Oxford University Press.

Chakrabarty, R. 1985. *Vaishnavism in Bengal, 1486–1900.* Calcutta: Sanskrit Pustak Bhandar.

Chakrabarti, H. 1992. *Political Protest in Bengal: Boycott and Terrorism, 1905–1918.* Calcutta: Papyrus.

Chakravarti, U. 1998. *Rewriting History: The Life and Times of Pandita Ramabai.* New Delhi: Kali for Women.

Chandavarkar, Rajnarayan. 1994. *The Origins of Industrial Capitalism in India: Business Strategies and the Working Classes in Bombay, 1900–1940.* Cambridge: Cambridge University Press.

———. 1998. *Imperial Power and Popular Politics: Class, Resistance and the State in India, c. 1850–1950*. Cambridge: Cambridge University Press.

Chandra, Bipan. 1966. *The Rise and Growth of Economic Nationalism in India.* New Delhi: People's Publishing House.

———. 1979. *Nationalism and Colonialism in Modern India.* New Delhi: Orient Longman.

———. 1993. *Communalism in Modern India.* 2nd revised ed. New Delhi: Vikas Publishing House.

Chandra, Bipan, Mridula Mukherjee and Aditya Mukherjee. 1999. *India after Independence: 1947–2000*. New Delhi: Penguin Books.

Chandra, Bipan, Mridula Mukherjee, Aditya Mukherjee, K.N. Panikar and Sucheta Mahajan. 1989. *India's Struggle for Independence.* New Delhi: Penguin Books India.

Chandra, Satish. 1973. *Parties and Politics at the Mughal Court.* Bombay: People's Publishing House.

———. 1991. *The Eighteenth Century in India: Its Economy and the Role of the Marathas, the Jats, the Sikhs and the Afghans.* Revised edition. Calcutta: K.P. Bagchi & Co.

———. 1993. *Mughal Religious Policies: The Rajputs and the Deccan.* New Delhi: Vikas Publishing House.

Chandra, Sudhir. 1998. *Enslaved Daughters: Colonialism, Law and Women's Rights.* Delhi: Oxford University Press.

Charlesworth, Neil. 1972. The myth of the Deccan riots. *Modern Asian Studies* 6 (4): 401–21.

———. 1982. *British Rule and the Indian Economy, 1800–1914.* London and Basingstoke, Macmillan.

———. 1985. *Peasants and Imperial Rule: Agriculture and Agrarian Society in the Bombay Presidency, 1850–1935.* Cambridge: Cambridge University Press.

Chatterjee, Partha. 1984a. *Bengal, 1920–1947: The Land Question.* Calcutta: K.P. Bagchi & Co.

———. 1984b. Gandhi and the critique of civil society. In *Subaltern Studies: Writings on South Asian History and Society*, vol. 3, ed. Ranajit Guha. Delhi: Oxford University Press.

———. 1986. *Nationalist Thought and the Colonial World: A Derivative Discourse?* London: Zed Books.

———. 1989. Caste and subaltern consciousness. *In Subaltern Studies: Writings on South Asian History and Society*, vol. 6, ed. Ranajit Guha, 169–209. Delhi: Oxford University Press.

———. 1992. A religion of urban domesticity: Sri Ramakrishna and the Calcutta middle class. In *Subaltern Studies: Writings on South Asian History and Society,* vol. 7, ed. P. Chatterjee and G. Pandey, 40–68. Delhi: Oxford University Press.

———. 1993. *The Nation and Its Fragments: Colonial and Postcolonial Histories.* Princeton, N.J.: Princeton University Press.

———. 1995. History and nationalization of Hinduism. In *Representing Hinduism: The Construction of Religious Traditions and National Identity,* ed. V. Dalmia and H. von Stietencorn, 103–28. New Delhi, Thousand Oaks, London: Sage Publications.

———. 1997a. *The Present History of West Bengal: Essays in Political Criticism.* Delhi: Oxford University Press.

———. 1997b. Introduction: A political history of independent India. In *State and Politics in India*, ed. Partha Chatterjee, 1–40. New Delhi: Oxford University Press.

———. 2004. *The Politics of the Governed: Reflections on Popular Politics in Most of the World*. New Delhi: Permanent Black.

Chatterji, B. 1992. *Trade, Tariffs and Empire: Lancashire and British Policy in India, 1919–1939.* Delhi: Oxford University Press.

Chatterji, J. 1995. *Bengal Divided: Hindu Communalism and Partition, 1932–1947.* Cambridge: Cambridge University Press.

———. 2005. Of graveyards and ghettos: Muslims in partitioned West Bengal 1947–67. In *Living Together Separately: Cultural India in History and Politics*, eds. Mushirul Hasan and Asim Roy, 222–49. New Delhi: Oxford University Press.

———. 2007. *The Spoils of Partition: Bengal and India, 1947–1967.* Cambridge: Cambridge University Press.

Chattopadhyay, B. 2000. *Crime and Control in Early Colonial Bengal, 1770–1860.* Calcutta: K.P. Bagchi & Co.

Chattopadhyay, G. 1976. The almost revolutions: A case study of India in February 1946. In *Essays in Honour of S.C. Sarkar,* ed. B. De, 427–50. New Delhi: People's Publishing House.

———. 1987. Bengal students in revolt against the Raj, 1945–46. In *Myth and Reality: The Struggle for Freedom in India, 1945–47,* ed. A.K. Gupta, 152–71. New Delhi: Manohar.

Chaudhuri, B. B. 1967. Agrarian economy and agrarian relations in Bengal (1859–1885). In *The History of Bengal (1757–1905),* ed. N.K. Sinha, 237–336. Calcutta: Calcutta University Press.

———. 1975. The land market in eastern India, 1793–1940. Pt 1. *The Indian Economic and Social History Review* 12 (1): 1–42.

———. 1982. Agrarian relations: Eastern India. In *The Cambridge Economic History of India,* vol. 2, ed. Dharma Kumar, 86–177. Cambridge: Cambridge University Press.

———. 1996. The process of agricultural commercialisation in Eastern India during British rule: A reconsideration of the notions of "Forced Commercialisation" and "Dependent Peasantry". In *Meanings of Agriculture: Essays in South Asian History and Economics,* ed. Peter Robb, 71–91 Delhi: Oxford University Press.

Chaudhuri, S. B. 1957. *Civil Rebellion in the Indian Mutinies.* Calcutta: The World Press.

Chaudhuri, K. N. 1978. *The Trading World of Asia and The English East India Company.* Cambridge: Cambridge University Press.

Chaudhury, Sushil. 1995. *From Prosperity to Decline: Eighteenth-Century Bengal.* Delhi: Manohar.

———. 2000. *The Prelude to Empire: Plassey Revolution of 1757.* New Delhi: Manohar.

Chowdhury, Indira. 1998. *The Frail Hero and Virile History: Gender and the Politics of Culture in Colonial Bengal.* Delhi: Oxford University Press.

Chowdhry, P. 1995. Popular perceptions of widow-remarriage in Haryana: Past and present. In *From the Seams of History: Essays on Indian Women,* ed. Bharati Ray, 37–66. Delhi: Oxford University Press.

Cohen, Stephen P. 1971. *The Indian Army: Its Contribution to the Development of a Nation.* Bombay: Oxford University Press.

Cohn, Bernard S. 1986. The command of language and the language of command. In *Subaltern Studies: Writings on South Asian History and Society*, vol. 4, ed. Ranajit Guha, 276–329. Delhi: Oxford University Press.

———. 1987. *An Anthropologist among the Historians and Other Essays.* Delhi: Oxford University Press.

———. 1992. Representing authority in Victorian India. In *The Invention of Tradition,* ed. E. Hobsbawm and T. Ranger, 165–210. Canto edition, Cambridge: Cambridge University Press.

Constable, P. 1997. Early dalit literature and culture in late nineteenth and early twentieth century western India. *Modern Asian Studies* 31(2): 317–38.

———. 2000. Sitting on the school verandah: The ideology and practice of 'untouchable' educational protest in late nineteenth-century western India. *The Indian Economic and Social History Review* 37 (4): 383–422.

———. 2001. The marginalization of a *dalit* martial race in late nineteenth and early twentieth-century western India. *Journal of Asian Studies* 60 (2): 439–78.

Cooper, A. 1988. *Sharecropping and Sharecroppers' Struggle in Bengal, 1930–1950.* Calcutta: K.P. Bagchi & Co.

Copland, I. 1982. *The British Raj and the Indian Princes.* Bombay: Orient Blackswan.

———. 1993. Lord Mountbatten and the integration of the Indian States: A reappraisal. *The Journal of Imperial and Commonwealth History* 21 (2): 385–408.

———. 1999. *The Princes of India in the Endgame of Empire, 1917–1947.* Cambridge: Cambridge University Press.

Cronin, R. P. 1977. *British Policy in Bengal, 1905–1912: Partition and the New Province of Eastern Bengal and Assam.* Calcutta: Firma K. L. Mukhopadhyay.

Custers, P. 1986. Women's role in Tebhaga movement. *Economic and Political Weekly,* Review of Women Studies, 23 October, 31 (43): WS-97–104.

Dale, S. 1975. The Mappila outbreaks: Ideology and conflict in nineteenth-century Kerala. *Journal of Asian Studies* 35 (1): 85–97.

Dalmia, Vasudha. 1997. *The Nationalization of Hindu Traditions: Bharatendu Harschandra and Nineteenth-Century Banaras.* Delhi: Oxford University Press.

Dalton, D. 1993. *Mahatma Gandhi: Nonviolent Power in Action.* New York: Columbia University Press.

Damodaran, Vinita. 1992. *Broken Promises: Popular Protest, Indian Nationalism and the Congress Party in Bihar, 1935–1946.* Delhi: Oxford University Press.

———. 1998. Azad Dastas and dacoit gangs: The Congress and underground activity in Bihar, 1942–44. In *Turbulent Times: India, 1940–44,* ed. B. Pati, 108–37. Mumbai: Popular Prakashan.

Darwin, J. 1988. *Britain and Decolonisation: The Retreat from Empire in the Post-War World.* Basingstoke: Macmillan.

Das, S. 1991a. Communal violence in twentieth-century colonial Bengal: An analytical framework. In *Communalism in India,* ed. K.N. Panikkar, 36–50. New Delhi: Manohar.

———. 1991b. *Communal Riots in Bengal, 1905–1947.* Delhi: Oxford University Press.

Dasgupta, A. 1967. *Malabar in Asian Trade, 1740–1800.* Cambridge: Cambridge University Press.

———. 1979. *Indian Merchants and the Decline of Surat, c.1700–1750.* Wiesbaden: Steiner.

Das Gupta, A. K. 1992. *The Fakir and Sannyasi Uprising.* Calcutta: K.P. Bagchi & Co.

Dasgupta, B. 1977. India's Green Revolution. *Economic and Political Weekly* 12 (6/8), Annual Number: 241–60.

Dasgupta, C. 2002. *War and Diplomacy in Kashmir.* New Delhi: Sage Publications.

Dasgupta, S. 1994. Adivasi politics in Midnapur, c. 1760–1924. In *Subaltern Studies: Writings on South Asian History and Society,* vol. 4, ed. Ranajit Guha, 101–35. Paperback edition. Delhi: Oxford University Press.

Das Gupta, Ranajit. 1994. *Labour and Working Class in Eastern India. Studies in Colonial History.* Calcutta: K.P. Bagchi & Co.

Datta, Partho. 1993. Strikes in the greater Calcutta region, 1918–1924. *The Indian Economic and Social History Review* 30 (1): 57–84.

Datta, Pradip Kumar. 1999. *Carving Blocs: Communal Ideology in Early Twentieth-Century Bengal.* New Delhi: Oxford University Press.

De Barry, W. T. ed. 1958. *Sources of Indian Tradition,* 2 Vols. New York and London: Columbia University Press.

de Haan, Arjan. 1995. Migration in eastern India: A segmented labour market. *The Indian Economic and Social History Review* 31 (1): 51–93.

Derbyshire, Ian. 2001. The building of India's railways: The application of western technology in the colonial periphery, 1850–1920. In *Railways in Modern India,* ed. I.J. Kerr, 268–303. New Delhi: Oxford University Press.

Derret, J. D. M. 1968. *Religion, Law and the State in India.* London: Faber and Faber.

Desai, A. R. 1959. *Social Background of Indian Nationalism.* 3rd edition. Bombay: Popular Book Depot.

Desika Char, S. V. 1983. *Readings in the Constitutional History of India, 1757–1947.* Delhi: Oxford University Press.

Dewey, C. 1993. *Anglo-Indian Attitudes: The Mind of the Indian Civil Service.* London and Rio Grande: The Hambledon Press.

Dhanagare, D. N. 1991. *Peasant Movements in India, 1920–1950.* Delhi: Oxford University Press.

Dirks, Nicholas B. 1987. *The Hollow Crown: Ethnohistory of an Indian Kingdom.* Cambridge: Cambridge University Press.

———. 1989. The invention of caste: Civil society in colonial India. *Social Analysis,* September 25: 42–52.

———. 1992. Castes of mind. *Representations,* Winter: 56–78.

Dobbin, C. 1972. *Urban Leadership in Western India: Politics and Communities in Bombay City, 1840–1885*. London: Oxford University Press.

Duara, P. 1995. *Rescuing History from the Nation: Questioning Narratives of Modern China.* Chicago and London: Chicago University Press.

Dube, Saurabh. 1998. *Untouchable Pasts: Religion, Identity, and Power among a Central Indian Community, 1780–1950.* New York: State University of New York Press.

Dumont, Louis. 1970. *Homo Hierarchicus.* London: Paladin Dutt, V.P. 1984. *India's Foreign Policy.* New Delhi: Vikas Publishing House.

Dyson, T., and A. Maharatna. 1991. Excess mortality during the Bengal famine: A re-evaluation. *The Indian Economic and Social History Review,* 28 (3): 281–97.

Eaton, R. M. 1978. *Sufis of Bijapur: Social Roles of Sufis in Medieval India.* Princeton: Princeton University Press.

———. 1993. *The Rise of Islam and the Bengal Frontier, 1204–1760.* Berkeley, Los Angeles, London: University of California Press.

Embree, A. T. 1962. *Charles Grant and British Rule in India.* London: George Allen and Unwin Ltd.

———. 1963. *1857 in India: Mutiny or War of Independence?* Boston: D. C. Heath & Company.

Engels, Dagmar. 1996. *Beyond Purdah? Women in Bengal, 1890–1939.* Delhi: Oxford University Press.

Fay, Peter W. 1993. *The Forgotten Army: India's Armed Struggle for Independence, 1942–1945.* Ann Arbor: University of Michigan Press.

Fisher, Michael H. 1991. *Indirect Rule in India: Residents and the Residency System, 1764–1858.* Delhi: Oxford University Press.

———. 1993. Introduction to *The Politics of the British Annexation of India, 1757–1857.* Delhi: Oxford University Press.

Forbes, Geraldine. 1988. The politics of respectability: Indian women and the Indian National Congress. In *The Indian National Congress: The Centenary Hindsights*, ed. D.A. Low, 54–97. Delhi: Oxford University Press.

———. 1998. *Women in Modern India.* The New Cambridge History of India, vol. 4.2. Cambridge: Cambridge University Press.

Frankel, F.R. 1978. *India's Political Economy, 1947–1977.* Princeton, NJ: Princeton University Press. Fox, Richard G. 1985. *Lions of the Punjab: Culture in the Making.* Berkeley, Los Angeles, London: University of California Press.

Freitag, Sandria B. 1989. *Collective Action and Community: Public Arenas and the Emergence of Communalism in North India.* Berkeley, Los Angeles, Oxford: University of California Press.

Frykenberg, R. E. 1997. The emergence of modern "Hinduism" as a concept and as an institution: A reappraisal with special reference to South India. In *Hinduism Reconsidered*, ed. G.D. Sontheimer and H. Kulke, 82–107. New Delhi: Manohar.

Fuchs, S. 1992. *Godmen on the Warpath: A Study of Messianic Movements in India.* New Delhi: Munshilal Manoharlal Publishers Pvt. Ltd.

Fukazawa, H. 1982. Agrarian relations: Western India. In *The Cambridge Economic History of India,* vol. 2, ed. Dharma Kumar, 177–206. Cambridge: Cambridge University Press.

Furber, H. 1949. Constitution-making in India. *Far Eastern Survey* 18 (8): 86–89.

———. 1951. The Unification of India, 1947–1951. *Pacific Affairs* 24 (4): 352–71.

Gadgil, Madhav, and Ramchandra Guha. 1993. State forestry and social conflict in British India. In *Peasant Resistance in India, 1858–1914*, ed. David Hardiman, 259–95. Paperback edition. Delhi: Oxford University Press.

Gallagher, J., G. Johnson and A. Seal. eds. 1973. *Locality, Province and Nation: Essays on Indian Politics, 1870 to 1940.* Cambridge: Cambridge University Press.

Gallagher, J., and R. Robinson. 1953. The imperialism of free trade. *Economic History Review,* 2nd ser., 6 (1): 1–15.

———. 1961. *Africa and the Victorians: The Official Mind of Imperialism.* London: Macmillan.

Galanter, M. 1984. *Competing Equalities: Law and Backward Classes in India.* Berkeley and Los Angeles: University of California Press.

Gandhi, M. K. 1997. *Hind Swaraj and Other Writings.* Edited by A.J. Parel. Cambridge: Cambridge University Press.

Ganguly, S. 1997. *The Crisis in Kashmir: Portents of War Hopes of Peace.* Cambridge: Cambridge University Press.

———. 2013. The Indo-Pakistani Conflict. In *Routledge Handbook on Indian Politics*, eds. Atul Kohli and Prema Singh, 331–38. London and New York: Routledge.

Gardner, Brian. 1971. *The East India Company: A History.* London: Rupert Hart-Davis.

Geertz, Clifford. 1994. Primordial and civic ties. In *Nationalism,* ed. J. Hutchinson and A.D. Smith, 29–34. New York: Oxford University Press.

Geetha, V., and S.V Rajadurai. 1998. *Towards a Non-Brahmin Millennium: From Iyothee Thass to Periyar.* Calcutta: Samya. Ghosh, K. K. 1969. *The Indian National Army: Second Front of the Indian Independence Movement.* Meerut: Meenakshi Prakashan.

Ghosh, P. 1994. Colonial state and colonial working conditions; Aspects of the experience of Bengal jute mill hands, 1881–1930. *Economic and Political Weekly,* 30 July, 29 (31): 2019–27.

———. 2000. *Colonialism, Class and a History of the Calcutta Jute Mill hands, 1880–1930.* Chennai: Orient Longman.

Ghosh, P. C. 1960. *The Development of the Indian National Congress, 1892–1909.* Calcutta: Firma K. L. Mukhopadhyay.

Ghosh, S. C. 1995. *The History of Education in Modern India, 1757–1986.* Hyderabad: Orient Longman.

Gilmartin, D. 1988. *Empire and Islam: Punjab and the Making of Pakistan.* Berkeley, Los Angeles, London: University of California Press.

———. 2007. Election Law and the "People" in Colonial and Postcolonial India. In *From the Colonial to the Postcolonial*, eds. D. Chakrabarty, R. Majumdar and A. Sartori, 55–82. New Delhi: Oxford University Press.

Gooptu, Nandini. 1993. Caste and labour: Untouchable social movements in urban Uttar Pradesh in the early twentieth century. In *Dalit Movements and the Meanings of Labour in India,* ed. Peter Robb, 277–98. Delhi: Oxford University Press.

Gopal, S. 1953. *The Viceroyalty of Lord Ripon, 1880–1884*. London: Oxford University Press.

———. 1975. *Jawaharlal Nehru: A Biography, 1889–1947*. Vol. 1. London: Jonathan Cape.

———. (ed.). 1991. *Anatomy of a Confrontation: The Babri Masjid-Ramjanmabhumi Issue*. New Delhi: Penguin.

Goradia, N. 1993. *Lord Curzon: The Last of the British Moghuls*. Delhi: Oxford University Press.

Gordon, A. D. D. 1978. *Businessmen and Politics: Rising Nationalism and a Modernising Economy in Bombay, 1918–1933*. New Delhi: Manohar.

Gordon, L. A. 1974. *Bengal: The Nationalist Movement, 1876–1940*. New York, London: Columbia University Press.

———. 1990. *Brothers against the Raj: A Biography of Sarat and Subhash Chandra Bose*. New Delhi: Viking Penguin.

Gordon, Richard. 1973. Non-cooperation and council entry, 1919 to 1920. In *Locality, Province and Nation: Essays on Indian Politics, 1870 to 1940*, ed. J. Gallagher, G. Johnson, and A. Seal, 123–53. Cambridge: Cambridge University Press.

Gordon, S. 1969. Scarf and sword: Thugs, marauders, and state-formation in eighteenth-century Malwa. *The Indian Economic and Social History Review* 6 (4): 403–29.

———. 1993. *The Marathas, 1600–1818*. The New Cambridge History of India, vol. 2.4. Cambridge: Cambridge University Press.

Gore, M. S. 1993. *The Social Context of an Ideology: Ambedkar's Political and Social Thought*. New Delhi, Thousand Oaks, London: Sage.

Goswami, O. 1985. Then came the Marwaris: Some aspects of the changes in the pattern of industrial control in eastern India. *The Indian Economic and Social History Review* 22 (3): 225–49.

———. 1987. Multiple images: Jute mill strikes of 1929 and 1937 seen through other's eyes. *Modern Asian Studies* 21 (3): 547–83.

Gough, Kathleen. 1979. Indian peasant uprisings. In *Peasant Struggles in India*, ed. A.R. Desai, 85–128. Bombay: Oxford University Press.

Gourlay, S. N. 1988. Nationalists, outsiders and labour movement in Bengal during the non-cooperation movement, 1919–21. In *Congress and Classes: Nationalism, Workers and Peasants*, ed. K. Kumar, 34–57. New Delhi: Manohar.

Graham, B.D. 1990. *Hindu Nationalism and Indian Politics: The Origins and Development of the Bharatiya Jana Sangh*. Cambridge: Cambridge University Press.

Grare, F., and A. Mattoo eds. 2003. *Beyond the Rhetoric: The Economics of India's Look East Policy*. New Delhi: Manohar.

Greenough, Paul R. 1982. *Prosperity and Misery in Modern Bengal: The Famine of 1943–1944. New York: Oxford University Press.*

———. 1983. Political mobilization and the underground literature of the Quit India Movement, 1942–44. *Modern Asian Studies* 17 (3): 353–86.

Grewal, J. S. 1990. *The Sikhs of the Punjab.* The New Cambridge History of India, vol. 2.3. Cambridge: Cambridge University Press.

Grewal, J. S., and I. Banga. 2000. Pakistan, Khalistan and Partition. In *The Partition in Retrospect*, ed. A. Singh, 159–77. New Delhi: Anamika.

Guha, N. 1985. *Pre-British State System in South India, Mysore, 1761–1799.* Calcutta: Minerva.

Guha, Ramchandra. 1991. *The Unquiet Woods: Ecological Change and Peasant Resistance in the Himalaya.* Delhi: Oxford University Press.

———. 1994. Forestry and social protest in British Kumaun, c. 1893–1921. In *Subaltern Studies: Writings on South Asian History and Society*, vol. 4, ed. Ranajit Guha, 54–100. Paperback edition. Delhi: Oxford University Press.

———. 1998. Mahatma Gandhi and the Environmental Movement in India. In *Environmental Movements in Asia*, eds. A. Kalland and G. Pearson, 65–82. Richmond, Surrey: Curzon.

———. 2005. Verdicts on Nehru: Rise and Fall of a Reputation. *Economic and Political Weekly* 40 (19): 1958–62.

———. 2007. *India after Gandhi: The History of the World's Largest Democracy.* London: Macmillan.

Guha, Ranajit. 1963. *A Rule of Property for Bengal: An Essay on the Idea of Permanent Settlement.* Paris: Mouton & Co.

———. ed. 1982. *Subaltern Studies: Writings on South Asian History and Society,* vol. 1. Delhi: Oxford University Press.

———. 1992. Discipline and mobilize. In *Subaltern Studies: Writings on South Asian History and Society,* vol. 7, ed. P. Chatterjee and G. Pandey, 69–120. Delhi: Oxford University Press.

———. 1993. Neel-Darpan: The image of a peasant revolt in a liberal mirror. In *Peasant Resistance in India, 1858–1914,* ed. David Hardiman, 60–110. Paperback edition. Delhi: Oxford University Press.

———. 1994. *Elementary Aspects of Peasant Insurgency in Colonial India.* second impression. Delhi: Oxford University Press.

Guha, Sumit 1992. Society and economy in the Deccan, 1818–1850. In *The Making of Agrarian Policy in British India, 1770–1900*, ed. B. Stein, 187–214. Delhi: Oxford University Press.

———. 1999. *Environment and Ethnicity in India, 1200–1991.* Cambridge: Cambridge University Press.

Guha-Thakurta, Tapati. 1992. *The Making of a New "Indian" art: Artists, Aesthetics and Nationalism in Bengal, c.1850–1920.* Cambridge: Cambridge University Press.

Gupta, A. K. ed. 1987. *Myth and Reality: The Struggle for Freedom in India, 1945–47.* Delhi: Manohar.

Gupta, B. K. 1962. *Siraj-ud-daullah and the East India Company, 1756– 1757: Background to the Foundation of British Power in India.* Leiden: E.J. Brill.

Gupta, P. S. 1987. Imperial strategy and the transfer of power, 1939–51. In *Myth and Reality: The Struggle for Freedom in India, 1945–47,* ed. A.K. Gupta, 1–53. Delhi: Manohar.

———. 1997. *Towards Freedom: Documents on the Movement for Independence in India, 1943–1944.* 2 Vols. Delhi: Oxford University Press.

Habib, Irfan. 1963. *The Agrarian System of Mughal India.* London: Asia Publishing House.

———. 2000. Introduction: An essay on Haidar Ali and Tipu Sultan. In *Confronting Colonialism: Resistance and Modernization under Haidar Ali and Tipu Sultan*. New Delhi: Tulika.

———. (ed.) 1999. *Confronting Colonialism: Resistance and Modernization under Haidar Ali and Tipu Sultan.* New Delhi: Tulika.

Harcourt, M. 1977. Kisan populism and revolution in rural India: The 1942 disturbances in Bihar and east United Provinces. In *Congress and Raj: Facets of the Indian Struggle, 1917–47,* ed. David A. Low, 315-48. London: Heinemann.

Hardgrave, R.L. 1970. The Congress in India: Crisis and Split. *Asian Survey* 10 (3): 256–62.

Hardiman, David. 1981. *Peasant Nationalists of Gujarat: Kheda District, 1917–1934*. Delhi: Oxford University Press.

———. 1988. The Quit India movement in Gujarat. In *The Indian Nation in 1942,* ed. G. Pandey, 77–122. Calcutta: K.P. Bagchi & Co.

———. 1993. Introduction to *Peasant Resistance in India, 1858–1914.* Delhi: Oxford University Press.

———. 1996. *Feeding the Baniya: Peasants and Usurers in Western India.* Delhi: Oxford University Press.

Hardgrave, Robert L. 1969. *The Nadars of Tamilnad.* Berkeley and Los Angeles: University of California Press.

Hasan, Mushirul. 1985. Religion and politics in India: The Ulama and the Khilafat movement: Communal and revivalist trends in Congress. In *Communal and Pan-Islamic Trends in Colonial India*, ed. Mushirul Hasan, 17–42. New Delhi: Manohar.

———. 1988. The Muslim mass contact campaign: Analysis of a strategy of political mobilization. In *Congress and Indian Nationalism: The Pre-Independence Phase*, ed. R. Sisson, and S. Wolpert, 198–222. Berkeley and Los Angeles: California University Press.

———. 1993a. Introduction to *India's Partition: Process, Strategy and Mobilization.* Delhi: Oxford University Press.

———. ed. 1993b. *India's Partition: Process, Strategy and Mobilization.* Delhi: Oxford University Press.

———. ed. 1995. *India Partitioned: The Other Face of Freedom.* 2 Vols. New Delhi: Roli Books.

———. 1996. The myth of unity: Colonial and national narratives. In *Making India Hindu: Religion, Community and the Politics of Democracy in India*, ed. D. Ludden, 185–208. Delhi: Oxford University Press.

———. 1997. *Legacy of a Divided Nation: India's Muslims since Independence.* Boulder, Colorado: Westview Press.

———. 2000a. Memories of a fragmented nation: Rewriting the histories of India's partition. In *The Partition in Retrospect*, ed. A. Singh, 339–60. New Delhi: Anamika.

———. ed. 2000b. *Inventing Boundaries: Gender, Politics and the Partition of India*. Delhi: Oxford University Press.

Hasan, S. N. 1969. Zamindars under the Mughals. In *Land Control and Social Structure in Indian History*, ed. R.E. Frykenberg, 17–31. Madison: University of Wisconsin Press.

Hasan, Z. 2000. Representation and Redistribution: The New Lower Caste Politics of North India. In *Transforming India: Social and Political Dynamics of Democracy*, eds. F.R. Frankel, Z. Hasan, R. Bhargava and B. Arora, 146–75. New Delhi: Oxford University Press.

Hashmi, T. I. 1992. *Pakistan as a Peasant Utopia: The Communalization of Class Politics in East Bengal, 1920–1947.* Boulder, Colorado: Westview Press.

———. 1999. Peasant nationalism and the politics of Partition: The class-communal symbiosis in East Bengal, 1940–47. In *Region and Partition: Bengal, Punjab and the Partition of the Subcontinent*, ed. I. Talbot and G. Singh, 6–41. Karachi: Oxford University Press.

Hawley, J. S. 1994. Introduction to *Sati, the Blessing and the Curse*, ed. J.S. Hawley, 3–26. New York, Oxford: Oxford University Press.

Heehs, P. 1993. *The Bomb in Bengal: The Rise of Revolutionary Terrorism in India, 1900–1910.* Delhi: Oxford University Press.

Heimsath, C. H. 1964. *Indian Nationalism and Hindu Social Reform.* Princeton: Princeton University Press.

Henningham, Stephen. 1982. *Peasant Movements in Colonial India: North Bihar, 1917–1942.* Canberra: Australian National University.

———. 1983. Quit India in Bihar and the Eastern United Provinces: The Dual Revolt. In *Subaltern Studies: Writings on South Asian History and Society*, vol. 2, ed. Ranajit Guha, 130–79. Delhi: Oxford University Press.

Hills, C., and Daniel C. Silverman. 1993. Nationalism and feminism in late colonial India: The Rani of Jhansi regiment, 1943–1945. *Modern Asian Studies* 27 (4): 741–60.

Hodson, H. V. 1969. *The Great Divide: Britain, India, Pakistan.* London: Hutchinson.

Holland, R. F. 1985. *European Decolonization, 1918–1981: An Introductory Survey*. Basingstoke: Macmillan.

Hunter, W. W. 1899–1900. A *History of British India.* 2 Vols. London: Longmans Green.

Hurd, J. 1982. Railways. In *The Cambridge Economic History of India*, vol. 2, ed. Dharma Kumar, 737–61. Cambridge: Cambridge University Press.

Hutchins, F. G. 1967. *The Illusion of Permanence: British Imperialism in India*. Princeton, NJ: Princeton University Press.

———. 1973. *India's Revolution: Gandhi and the Quit India Movement*. Cambridge: Harvard University Press.

Ilaiah, K. 1998. Towards the Dalitisation of the Nation. In *Wages of Freedom: Fifty Years of the Indian Nation State*, ed. P.Chatterjee, 267–91. Delhi: Oxford University Press.

Inden, Ronald. 1990. *Imagining India*. Oxford: Clarendon Press.

Ingram, Edward. 1981. *Commitment to Empire: Prophecies of the Great Game in Asia, 1797–1800*. Oxford: Clarendon Press.

Irschick, Eugene F. 1969. *Politics and Social Confict in South India: The Non-Brahman Movement and Tamil Separatism, 1916–1929*. Berkeley and Los Angeles: University of California Press.

———. 1994. *Dialogue and History: Constructing South India, 1795–1895*. Berkeley, Los Angeles, London: University of California Press.

Islam, S. 1979. *The Permanent Settlement in Bengal: A Study of Its Operation, 1790–1819*. Dacca: Bangla Academy.

———. 1988. *Bengal Land Tenure: The Origin and Growth of Intermediate Interests in the Nineteenth Century.* Calcutta: K.P. Bagchi & Co.

Jaffrelot, Christophe. 1996. *The Hindu Nationalist Movement and Indian Politics 1925 to the 1990s*. London: Hurst & Company.

Jain, M. S. 1965. *The Aligarh Movement: Its Origin and Development, 1858–1906*. Agra: Sri Ram Mehra.

Jalal, Ayesha. 1985. *The Sole Spokesman: Jinnah, the Muslim League and the Demand for Pakistan*. Paperback edition. Cambridge: Cambridge University Press.

———. 1997. Exploding communalism: The politics of Muslim identity in South Asia. In *Nationalism, Democracy and Development: State and Politics in India*, ed. Sugata Bose and Ayesha Jalal, 76–103. Delhi: Oxford University Press.

———. 2000. *Self and Sovereignty: Individual and Community in South Asian Islam Since 1850*. London and New York: Routledge.

Jayawardena, Kumari. 1986. *Feminism and Nationalism in the Third World*. London and New Jersey: Zed Books Ltd.

Jeffrey, Patricia. 1979. *Frogs in a Well: Indian Women in Purdah*. London: Zed Press.

Jeffrey, R. 1974. The social origins of a caste association, 1875–1905: The founding of the S. N. D. P. Yogam. *South Asia* 4: 39–59.

———, ed. 1978a. *People, Princes and Paramount Power: Society and Politics in the Indian Princely States*. Delhi: Oxford University Press.

———. 1978b. Travancore: Status, class and the growth of radical politics, 1860–1940. In *People, Princes and Paramount Power: Society and Politics in the Indian Princely States*, ed. R. Jeffrey, 136–69. Delhi: Oxford University Press.

———. 1981. India's working class revolt: Punnapra-Vayalar and the communist "Conspiracy" of 1946. *The Indian Economic and Social History Review* 18 (2): 97–122.

———. 1994. *The Decline of Nair Dominance: Society and Politics in Travancore, 1847–1908.* New Delhi: Manohar.

Jha, S. 2002. Secularism in the Constituent Assembly Debates, 1946–1950. *Economic and Political Weekly* 37 (30): 3175–80.

Jha, V. 1986–87. Candala and the origin of untouchability. *The Indian Historical Review* 13 (1–2): 1–36.

Johnson, G. 1973. *Provincial Politics and Indian Nationalism: Bombay and the Indian National Congress, 1880–1915.* Cambridge: Cambridge University Press.

Jones, Kenneth W. 1976. *Arya Dharm: Hindu Consciousness in Nineteenth-Century Punjab.* New Delhi: Manohar.

———. 1981. Religious identity and the Indian census. In *The Census in British India: New Perspectives*, ed. N.G. Barrier, 73–101. New Delhi: Manohar.

———. 1994. *Socio-Religious Reform Movements in British India.* The New Cambridge History of India, vol. 3.1. Cambridge: Cambridge University Press.

Joshi, Chitra. 1981. Kanpur textile labour: Some structural features of formative years. *Economic and Political Weekly*, Special Number, November 16 (44–46): 1823–38.

———. 1985. Bonds of community, ties of religion: Kanpur textile workers in the early twentieth century. *The Indian Economic and Social History Review* 22 (3): 251–80.

Joshi, S., and B. Josh. 1994. *Struggle for Hegemony in India 1920–47: Culture, Community and Power*, vol. III: 1941–47. New Delhi, Thousand Oaks, London: Sage Publications.

Juergensmeyer, Mark. 1982. *Religion as Social Vision: The Movement against Untouchability in Twentieth-Century Punjab.* Berkeley and Los Angeles: University of California Press.

Kannabiran, V., and K. Lalitha, 1990. The magic time: Women in the Telengana People's struggle. In *Recasting Women: Essays in Indian Colonial History*, ed. Kumkum Sangari and Sudesh Vaid, 180–203. New Brunswick, NJ: Rutgers University Press.

Karim, A. 1963. *Murshid Quli Khan and His Times.* Dacca: Asiatic Society of Pakistan.

Karkhanis, S. 1981. *Indian Politics and the Role of the Press.* New Delhi: Vikas Publishing House.

Karve, Irawati. 1977. *Hindu Society—An Interpretation.* 3rd ed. Poona: Deccan College.

Kasturi, L., and V. Mazumdar. 1994. Introduction to *Women and Indian Nationalism.* New Delhi: Vikas.

Kaul, Suvir, ed. 2001. *The Partitions of Memory: The Afterlife of the Division of India.* New Delhi: Permanent Black.

Kaur, R. 2007. *Since 1947: Partition Narratives among Punjabi Migrants of Delhi*. New Delhi: Oxford University Press.

Kaura, U. 1977. *Muslims and Indian Nationalism: The Emergence of Demand for India's Partition, 1928–1940.* New Delhi: South Asia Books.

Kaviraj, N. 1982. *Wahabi and Farazi Rebels of Bengal.* New Delhi: People's Publishing House.

Kaviraj, S. 1995. *The Unhappy Consciousness: Bankimchandra Chattopadhyay and the Formation of Nationalist Discourse in India*. Delhi: Oxford University Press.

———. 2011. *The Enchantment of Democracy and India*. Ranikhet: Permanent Black.

Kawai, Akinobu. 1986–87. *"Landlords" and Imperial Rule: Change in Bengal Agrarian Society, c.1885–1940.* 2 Vols. Tokyo: Institute for the Study of Languages and Cultures of Asia and Africa, Tokyo University of Foreign Studies.

Keay, John. 1991. *The Honourable Company: A History of the English East India Company*. London: HarperCollins.

Kerr, I. J. 2001a. Reworking a popular religious practice: The effects of railways on pilgrimage in nineteenth- and twentieth-century South Asia. In *Railways in Modern India*, ed. I.J. Kerr, 304–27. New Delhi: Oxford University Press.

———, ed. 2001b. *Railways in Modern India*. New Delhi: Oxford University Press.

Khaldun, T. 1986. The great rebellion. In *Rebellion, 1857: A Symposium*, ed. P.C. Joshi, 1–70. Calcutta: K.P. Bagchi & Co.

Khan, A. M. 1969. *The Transition in Bengal, 1756–1775*. Cambridge: Cambridge University Press.

Khilnani, S. 1997. *The Idea of India*. London: Hamish Hamilton.

King, Christopher R. 1999. *One Language Two Scripts: The Hindi Movement in Nineteenth-Century North India*. Paperback edition. Delhi: Oxford University Press.

Kishwar, Madhu. 1985. Gandhi on women. *Economic and Political Weekly*, 5 October, 20 (40): 1691–702.

———. 1994. Codified Hindu law: Myth and reality. *Economic and Political Weekly* 29 (33): 2145–61.

Kling, B.B. 1966. *The Blue Mutiny: The Indigo Disturbances in Bengal, 1859–1862*. Philadelphia: University of Pennsylvania Press.

———. 1976. *Partner in Empire: Dwarkanath Tagore and the Age of Enterprise in Eastern India.* Berkeley, Los Angeles, London: University of California Press.

Kohli, Atul. 1997. Can democracies accommodate ethnic nationalism? Rise and decline of self-determination movements in India. *Journal of Asian Studies* 56 (2): 325–44.

Kolff, D. 1990. *Naukar, Rajput and Sepoy: The Ethnohistory of the Military Labour Market in Hindustan.* Cambridge: Cambridge University Press.

Kopf, D. 1979. *The Brahmo Samaj and the Shaping of the Modem Indian Mind.* Princeton: Princeton University Press.

Kothari, R. 1974. The Congress system revisited: A decennial review. *Asian Survey* 14 (12): 1035–54.

———. 1994. Rise of the Dalits and the renewed debate on caste. *Economic and Political Weekly* 29 (26): 1589–94.

———. 1998. The democratic experiment. In *Wages of Freedom: Fifty Years of Indian Nation-State*, ed. P. Chatterjee, 23–36. Delhi: Oxford University Press.

———. 2002. The Congress "System" in India. In *Parties and Politics in India*, ed., Z. Hasan 39–55. New Delhi: Oxford University Press.

Krishan, Y. 1983. Mountbatten and the Partition of India. *History* 68: 22– 38.

Kumar, Dharma. 1965. *Land and Caste in South India: Agricultural Labour in Madras Presidency in the Nineteenth Century*. Cambridge: Cambridge University Press.

———. 1982. Agrarian relations: South India. In *The Cambridge Economic History of India*, vol. 2, ed. Dharma Kumar, 207–41. Cambridge: Cambridge University Press.

Kumar, K. 1984. *Peasants in Revolt: Tenants, Landlords, Congress and the Raj in Oudh, 1886–1922.* New Delhi: Manohar.

Kumar, Radha. 1983. Family and factory: Women workers in the Bombay cotton textile industry, 1919–1939. *The Indian Economic and Social History Review* 20 (1): 81–110.

Kumar, Ravinder. 1968. *Western India in the Nineteenth Century*. London: Routledge and Kegan Paul.

———. 1971. Introduction to *Essays in Gandhian Politics: The Rowlatt Satyagraha of 1919*. Oxford: Clarendon Press.

———. 1983. *Essays in the Social History of Modern India.* Delhi: Oxford University Press.

———. 1987a. Gandhi, Ambedkar and the Poona Pact, 1932. In *Struggling and Ruling: The Indian National Congress, 1885–1985*, ed. J. Masselos, 87–101. New Delhi: Sterling Publishers.

———. 1987b. Introduction to *Myth and Reality: The Struggle for Freedom in India, 1945–47*, ed. A.K. Gupta. Delhi: Manohar.

Kuwajima, S. 1998. *Muslims, Nationalism and the Partition: 1946 Provincial Elections in India.* New Delhi: Manohar.

Lalita, K., Stree Shakti Sanghatana. 1989. "*We Were Making History...*" *Life Stories of Women in the Telengana People's Struggle.* London: Zed Books.

Lawson, P. 1993. *The East India Company: A History.* London and New York: Longman.

Lebra, Joyce C. 1971. *Jungle Alliance*. Singapore: Donald Moore for Asia Pacific Press.

———. 1986. *The Rani of Jhansi: A Study in Female Heroism in India.* Honolulu: University of Hawaii Press.

Lelyveld, David. 1978. *Aligarh's First Generation: Muslim Solidarity in British India.* Princeton, NJ: Princeton University Press.

Leonard, K. I. 1971. Hyderabad political system and its participants. *Journal of Asian Studies* 30 (3): 569–82.

———. 1979. The "Great Farm" theory of the decline of the Mughal empire. *Comparative Studies in Society and History* 21: 151–67.

Leslie, I. Julia. 1989. *The Perfect Wife: The Orthodox Hindu Woman According to the Stridharmapaddhati of Tryambakayajvan.* Delhi: Oxford University Press.

Loomba, Ania. 1998. *Colonialism/Postcolonialism.* London and New York: Routledge.

Low, David A. 1968. Introduction to *Soundings in Modern South Asian History.* London: Weidenfeld and Nicolson.

———. 1977. Introduction: The climactic years, 1917–47. In *Congress and the Raj,* ed. David A. Low. London: Heinemann.

———. 1991. *Eclipse of Empire*, Cambridge: Cambridge University Press.

———. 1997. *Britain and Indian Nationalism: The Imprint of Ambiguity.* Cambridge: Cambridge University Press.

Ludden, D. 1985. *Peasant History in South India.* Princeton, NJ: Princeton University Press.

———. 1996. *Making India Hindu*. New Delhi: Oxford University Press.

———. 1999. *An Agrarian History of South Asia.* The New Cambridge History of India, vol. 4.4. Cambridge: Cambridge University Press.

Lynch, Owen. 1969. *The Politics of Untouchability: Social Mobility and Social Change in a City of India.* New York: Columbia University Press.

Mahajan, Sucheta. 1987. British policy, nationalist strategy and popular national upsurge, 1945–46. In *Myth and Reality: The Struggle for Freedom in India, 1945–47*, ed. A.K. Gupta, 54–98. New Delhi: Manohar.

———. 2000. *Independence and Partition: The Erosion of Colonial Power in India*. New Delhi: Sage Publications.

Mahalanobis, P.C. 1955. The Approach of Operational Research to Planning in India. *Sankhya: The Indian Journal of Statistics* 16 (1–2): 3–130.

Maitra, J. 1984. *Muslim Politics in Bengal, 1855–1906: Collaboration and Confrontation.* Calcutta: K.P. Bagchi & Co.

Majeed, A. 2003. The Changing Politics of States' Reorganization. *Publius* 33 (4): 83–98.

Majeed, Javed. 1992. *Ungoverned Imaginings: James Mill's The History of British India and Orientalism.* Oxford: Clarendon Press.

Majumdar, A. 1993. *Peasant Protest in Indian Politics: Tebhaga Movement in Bengal.* New Delhi: NIB Publishers.

Major, A. J. 1996. *Return to Empire: Punjab under the Sikhs and British in the Mid-Nineteenth Century.* New Delhi: Sterling Publishers.

Majumdar, N. 1960. *Justice and Police in Bengal, 1765–1793: A Study of the Nizamat in Decline.* Calcutta: Firma K. L. Mukhopadhyay.

Majumdar, R. 2007. Family values in transition: Debates around the Hindu Code Bill. In *From the Colonial to the Postcolonial: India and Pakistan in Transition*, eds. D. Chakrabarty, R. Majumdar and A. Sartori, 223–40. New Delhi: Oxford University Press.

Majumdar, R.C. 1963. *The Sepoy Mutiny and the Revolt of 1857.* 2nd ed. Calcutta: Firma K. L. Mukhopadhyay.

Malik, Z. U. 1977. *The Reign of Muhammad Shah, 1719–1748.* Bombay: Asia Publishing House

Mani, Lata. 1990. Contentious traditions: The debate on sati in colonial India. In *Recasting Women,* ed. Kumkum Sangari and Sudesh Vaid, 88–126. New Brunswick, NJ: Rutgers University Press.

———. 1998. *Contentious Traditions: The Debate on Sati in Colonial India.* Berkeley, Los Angeles and London: University of California Press.

Manor, J. 1977. *Political Change in an Indian State: Mysore, 1917–1955.* New Delhi: Oxford University Press.

———. 1978. The demise of the princely order: A reassessment. In *People, Princes and Paramount Power: Society and Politics in the Indian Princely States*, ed. R. Jeffrey, 306–28. Delhi: Oxford University Press.

———. 1997. Parties and the party system. In *State and Politics in India*, ed. P. Chatterjee, 92–124. New Delhi: Oxford University Press.

Mansergh, N. 1948. *The Commonwealth and the Nation.* London: Royal Institute of International Affairs.

——— (ed.). 1970–83. *The Transfer of Power, 1942–47.* 12 vols. London: Her Majesty's Stationery Service. Markovits, C. 1985. *Indian Business and National Politics, 1931–1939.* Cambridge: Cambridge University Press.

Marshall, P. J. 1968. *Problems of Empire: Britain and India, 1757–1813.* London: George Allen and Unwin Ltd.

———. 1975a. British expansion in India in the eighteenth century: A historical revision. *History* 60 (198): 28–43.

———. 1975b. Economic and political expansion: The case of Oudh. *Modern Asian Studies* 9 (4): 465–482.

———. 1976. *East Indian Fortunes: The British in Bengal in the Eighteenth Century*. Oxford: Clarendon Press.

———. 1987. *Bengal: The British Bridgehead. Eastern India, 1740–1828.* Cambridge: Cambridge University Press.

———. 1998. The British in Asia: Trade to Dominion, 1700–1765. In *The Oxford History of the English Empire.* Vol. 2, *The Eighteenth Century*, ed. P.J. Marshall, 487–507. London and New York: Oxford University Press.

———. 1999. The first British empire. In *The Oxford History of British Empire.* Vol. 5, *Historiography*, ed. R.W. Winks, 43–53. Oxford, New York: Oxford University Press.

Masani, M.R. 1954. *The Communist Party of India: A Short History*. London: Derek Verschoyle. Masselos, Jim. 1990. "The magic touch of being free": The rituals of independence on 15 August. In *India: Creating a Modern Nation,* ed. Jim Masselos, 37–53. New Delhi: Sterling Publishers.

Mayaram, Shail. 1997. *Resisting Regimes: Myth, Memory and the Shaping of a Muslim Identity.* Delhi: Oxford University Press.

McCully, B. T. 1966. *English Education and the Origins of Indian Nationalism.* Gloucester, Mass.: Peter Smith.

McGuire, John. 1983. *The Making of a Colonial Mind: A Quantitative Study of the Bhadralok in Calcutta, 1857–1885.* Canberra: Australian National University Press.

McLane, J. R. 1977. *Indian Nationalism and the Early Congress.* Princeton, NJ: Princeton University Press.

McLeod, W. H. 1968. *Guru Nanak and the Sikh Religion.* Oxford: Clarendon Press.

———. 1976. *The Evolution of the Sikh Community.* Oxford: Clarendon Press.

Mehrotra, S. R. 1971. *The Emergence of the Indian National Congress.* Delhi: Vikas.

Mendelsohn, Oliver, and Marika Vicziany. 1998. *The Untouchables: Subordination, Poverty and the State in Modern India.* Cambridge: Cambridge University Press.

Menon, Dilip. 1994. *Caste, Nationalism and Communism in South India, Malabar, 1900–1948.* Cambridge: Cambridge University Press.

Menon, Ritu, and Kamla Bhasin. 1993. Recovery, Rupture, Resistance: Indian State and Abduction of Women during Partition. *Economic and Political Weekly* 28 (17): WS2–WS11.

———. 1998. *Borders and Boundaries: Women in India's Partition.* New Brunswick: Rutgers University Press.

Menon, V.P. 1957. *The Transfer of Power in India.* Calcutta: Orient Longman.

Metcalf, Thomas R. 1965. *The Aftermath of Revolt: India, 1857–1870.* Princeton, NJ: Princeton University Press.

———. 1979. *Land, Landlords and the British Raj: Northern India in the Nineteenth Century*. Berkeley, Los Angeles, London: University of California Press.

———. 1994. *Ideologies of the Raj.* The New Cambridge History of India, vol. 3.4. Cambridge: Cambridge University Press.

Minault, Gail. 1981. Introduction: The extended family as metaphor and the expansion of women's realm. In *The Extended Family: Women and Political Participation in India and Pakistan*, ed. Gail Minault. Delhi: Chanakya Publications.

———. 1982. *The Khilafat Movement: Religious Symbolism and Political Mobilization in India*. Delhi: Oxford University Press.

———. 1998. *Secluded Scholars: Women's Education and Muslim Social Reform in Colonial India*. Delhi: Oxford University Press.

Misra, B. B. 1959. *The Central Administration of the East India Company, 1773–1834*. Manchester: Manchester University Press.

———. 1977. *The Bureaucracy in India: An Historical Analysis of Development up to 1947*. Delhi: Oxford University Press.

———. 1978. *The Indian Middle Classes: Their Growth in Modern Times*. Delhi: Oxford University Press.

Misra, Maria. 1999. *Business, Race and Politics in British India, c.1850–1960*. Oxford: Clarendon Press.

Mitra, C. 1988. Popular uprising in 1942: The case of Ballia. In *The Indian Nation in 1942*, ed. G. Pandey, 165–84. Calcutta: K.P. Bagchi & Co.

Moon, P., ed. 1973. *Wavell: The Viceroy's Journal*. London: Oxford University Press.

Moore, R. J. 1970. The Making of India's Paper Federation, 1927–35. In *The Partition of India: Policies and Perspectives, 1935–1947*, ed. C.H. Philips and M.D. Wainwright, 54–78. London: George Allen and Unwin Ltd.

———. 1974. *The Crisis of Indian Unity, 1917–1940*. Delhi: Oxford University Press.

———. 1979. *Churchill, Cripps and India, 1939–45*. Oxford: Clarendon Press.

———. 1983. *Escape from Empire: The Attlee Government and the Indian Problem*. Oxford: Clarendon Press.

———. 1988. *Endgames of Empire: Studies of Britain's Indian Problem*. Delhi: Oxford University Press.

———. 2000. Historical writing on India in the 1940s. In *The Partition in Retrospect,* ed. A. Singh, 383–96. New Delhi: Anamika.

Moore Jr., Barrington. 1966. *Social Origins of Dictatorship and Democracy*. Boston: Beacon Press.

Morris, M. D. 1965. *The Emergence of an Industrial Labor Force in India: A Study of the Bombay Cotton Mills, 1854–1947*. Berkeley and Los Angeles: University of California Press.

———. 1968. Towards a reinterpretation of nineteenth-century Indian economic history. *The Indian Economic and Social History Review* 5 (1): 1–15.

Mosley, L. 1961. *Last Days of the British Raj*. London: Weidenfeld and Nicholson.

Mukherjee, A. 1986. The Indian capitalist class: Aspects of its economic, political and ideological development in the colonial period, 1927–47. In *Situating Indian History for Sarvepalli Gopal*, ed. S. Bhattacharya and R. Thapar, 239–87. Delhi: Oxford University Press.

Mukherjee, Mithi. 2010. *India in the Shadows of Empire: A Legal and Political History, 1774–1950*. New Delhi: Oxford University Press.

Mukherjee, Mukul. 1983. Impact of Modernisation on Women's Occupations: A Case Study of the Rice-husking Industry of Bengal. *The Indian Economic and Social History Review* 20 (1): 27–46.

———. 1995. Women's Work in Bengal, 1880–1930: A Historical Analysis. In *From the Seams of History: Essays on Indian Women*, ed. Bharati Ray, 219–52. Delhi: Oxford University Press.

Mukherjee, N. 1962. *The Ryotwari System in Madras, 1792–1827*. Calcutta: Firma K. L. Mukhopadhyay. Mukherjee, N., and R.E. Frykenberg. 1969. The Ryotwari system and social organization in Madras presidency. In *Land Control and Social Structure in Indian History*, ed. R.E. Frykenberg, 217–26. Madison, Milwauki and London: University of Wisconsin Press.

Mukherjee, Rudrangshu. 1982. Trade and empire in Awadh, 1765–1804. *Past and Present* 94: 85–102.

———. 1984. *Awadh in Revolt, 1857–1858: A Study of Popular Resistance*. Delhi: Oxford University Press.

———. 1998. *Spectre of Violence: The 1857 Kanpur Massacres*. New Delhi: Viking.

Mukherjee, S. N. 1968. *Sir William Jones: A Study in Eighteenth-Century British Attitudes to India*. Cambridge: Cambridge University Press.

———. 1993. *Calcutta: Essays in Urban History*. Calcutta: Subarnarekha.

———. 1996. *Citizen Historian: Explorations in Historiography*. New Delhi: Manohar.

Murphy, E. D. 1977. Class and Community in India: The Madras Labour Union 1918–21. *The Indian Economic and Social History Review* 14 (3): 291–321.

Murshid, Ghulam. 1983. *Reluctant Debutante: Response of Bengali Women to Modernisation, 1849–1905*. Rajshahi: Rajshahi University Press.

Murshid, Tazeen M. 1995. *The Sacred and the Secular: Bengal Muslim Discourses, 1871–1977*. Calcutta: Oxford University Press.

Nagaraj, R. 2013. India's economic development. In *Routledge Handbook on Indian Politics*, eds. A. Kohli and P. Singh, 189–203. London and New York: Routledge.

Nair, Janaki. 1994. On the question of agency in Indian feminist historiography. *Gender and History* 6 (1): 82–100.

———. 1998. *Miners and Millhands: Work, Culture and Politics in Princely Mysore*. New Delhi, Thousand Oaks, London: Sage Publications.

Nair, N. 2011. *Changing Homelands: Hindu Politics and the Partition of India*. Ranikhet: Permanent Black.

Nakazato, Nariaki. 1994. *Agrarian System in Eastern Bengal, c.1870–1910*. Calcutta: K.P. Bagchi & Co.

Nalapat, M.D. 2000. The last Nehru: A retrospective: A decade after Rajiv's Fall. *Economic and Political Weekly* 35 (6): 427–31.

Nandy, Ashis. 1994a. *The Illegitimacy of Nationalism: Rabindranath Tagore and the Politics of Self*. Delhi: Oxford University Press.

———. 1994b. Sati as profit versus sati as spectacle: The public debate on Roop Kanwar's death. In *Sati, the blessing and the Curse*, ed. J.S. Hawley, 131–49. New York, Oxford: Oxford University Press.

———. 1998. *The Intimate Enemy*, in *Exiled at Home*, Delhi: Oxford University Press.

Natarajan, L. 1979. The Santhal insurrection, 1855–56. In *Peasant Struggles in India*, ed. A.R. Desai, 136–47. Bombay: Oxford University Press.

Nayar, B.R. 1998. Political structure and India's economic reforms of the 1990s. *Pacific Affairs* 71 (3): 335–58.

———. 2013. India and the World: The Vicissitudes of Mutual Adjustment. In *Routledge Handbook on Indian Politics*, eds. A. Kohli and P. Singh, 311–19. London and New York: Routledge.

Nehru, J. 1963. Changing India. *Foreign Affairs* 41 (3): 453–65.

Neogi, G. 1998. Was Partition the costliest price for Independence? A historiographic critique. In *India's Partition: Preludes and Legacies*, ed. Ramakant and R. Mahan, 54–83. Jaipur and New Delhi: Rawat Publications.

Neogy, A.K. 1987. *Partitions of Bengal*. Calcutta: A. Mukherjee & Co.

Nightingale, P. 1970. *Trade and Empire in Western India, 1784–1806*. Cambridge: Cambridge University Press.

Nossiter, T.J. 1988. *Marxist State Governments in India*. London and New York: Pinter Publishers.

Nurullah, S., and J.P. Naik. 1971. *A Students' History of Education in India (1800–1965)*. 5th ed. Calcutta: Macmillan.

Oberoi, H. 1994. *The Construction of Religious Boundaries: Culture, Identity, and Diversity in the Sikh Tradition*. Chicago: The University of Chicago Press.

Oberoi, P. 2006. *Exile and Belonging: Refugees and State Policy in South Asia*. New Delhi: Oxford.

O'Hanlon, Rosalind. 1985. *Caste, Conflict and Ideology: Mahatma Jotirao Phule and Low Caste Protest in Nineteenth-Century Western India*. Cambridge: Cambridge University Press.

———. 1991. Issues of widowhood: Gender and resistance in colonial western India. In *Contesting Power: Resistance and Everyday Social Relations in South Asia,* ed. D. Haynes and G. Prakash, 62–108. Delhi: Oxford University Press.

———. 1994. *A Comparison between Women and Men: Tarabai Shinde and the Critique of Gender Relations in Colonial India*. Madras: Oxford University Press.

Omissi, David. 1994: *The Sepoy and the Raj: The Indian Army, 1860–1940*. London: Macmillan.

Omvedt, Gail. 1971. Jotirao Phule and the ideology of social revolution in India. *Economic and Political Weekly,* 11 September, 6 (37): 1969–19.

———. 1976. *Cultural Revolt in a Colonial Society: The Non Brahman Movement in Western India: 1873 to 1930*. Bombay: Scientific Socialist Education Trust.

———. 1988. The Satara Prati Sarkar. In *The Indian Nation in 1942*, ed. G. Pandey, 223–62. Calcutta: K.P. Bagchi & Co.

———. 1990. "Twice Born" Riot against democracy. *Economic and Political Weekly* 25 (39): 2195–2197, 2199–2201.

———. 1994. *Dalits and the Democratic Revolution: Dr Ambedkar and the Dalit Movement in Colonial India*. New Delhi, Thousand Oaks, London: Sage.

———. 2001. Ambedkar and After: The Dalit Movement in India. In Dalit Identity and Politics, ed. G. Shah. New Delhi, Thousand Oaks, London: Sage Publications.

Oommen, T. K. 2000. Conceptualising nation and nationality in South Asia. In *Nation and National Identity in South Asia,* eds. S.L. Sharma and T.K. Oommen, 1–18. New Delhi: Orient Longman.

Owen, H. F. 1968. Towards nationwide agitation and organisation: The Home Rule Leagues, 1915–18. In *Soundings in Modern South Asian History*, ed. D.A. Low, 159–95. London: Weidenfeld and Nicolson.

———. 1971. Organizing for the Rowlatt Satyagraha of 1919. In *Essays in Gandhian Politics: The Rowlatt Satyagraha of 1919,* ed. R. Kumar, 64–92 Oxford: Clarendon Press.

Page, David. 1982. *Prelude to Partition: The Indian Muslims and the Imperial System of Control, 1920–1932*. Delhi: Oxford University Press.

Pal, P., and M. Dasgupta. 2009. The ASEAN–India Free Trade Agreement: An assessment. *Economic and Political Weekly* 44 (38): 11–15.

Panda, Chitta. 1996. *The Decline of the Bengal Zamindars: Midnapore, 1870–1920.* Delhi: Oxford University Press.

Pandey, B. N. 1969. *The Break-up of British India.* London: Macmillan.

Pandey, Gyanendra. 1978. *The Ascendancy of the Congress in Uttar Pradesh, 1926–34: The Imperfect Mobilization.* Delhi: Oxford University Press.

———. 1982. Peasant revolt and Indian nationalism: The peasant movement in Awadh, 1919–1922. In *Subaltern Studies: Writings on South Asian History and Society*, vol. 1, ed. Ranajit Guha, 143–97. New Delhi: Oxford University Press.

———. 1983. Rallying round the cow: Sectarian strife in the Bhojpuri region, c. 1888–1917. In *Subaltern Studies: Writings on South Asian History and Society,* vol. 2, ed. Ranajit Guha, 60–129. Delhi: Oxford University Press.

———. 1988a. Introduction: The Indian nation in 1942. In *The Indian Nation in 1942,* ed. G. Pandey. Calcutta: K.P. Bagchi & Co.

———. 1988b. The revolt of August 1942 in eastern UP and Bihar. In *The Indian Nation in 1942,* ed. G. Pandey, 123–64. Calcutta: K.P. Bagchi & Co.

———. 1991. In defence of the fragment: Writing about Hindu-Muslim riots in India today. *Economic and Political Weekly,* Annual Number, 26 March (11–12): 559–72.

———. 1992. *The Construction of Communalism in Colonial North India.* Delhi: Oxford University Press.

———. 1994. The prose of otherness. In *Subaltern Studies: Essays in Honour of Ranajit Guha*, vol. 8, ed. David Arnold and David Hardiman, 188–221. Delhi: Oxford University Press.

———. 1997. Community and violence: Recalling Partition. *Economic and Political Weekly*, 9 August, 32 (32): 2037–45.

Pandian, M. S. S. 1993. "Denationalising" the past: "Nation" in E.V. Ramaswamy's political discourse. *Economic and Political Weeekly*, 16 October, 28 (42): 2282–87.

———. 1994. Notes on the transformation of "Dravidian" ideology: Tamilnadu, c. 1900–1940. *Social Scientist* 22 (5–6): 84–104.

———. 1997. Partition and Independence in Delhi, 1946–47. *Economic and Political Weekly* 32 (36): 2261–72.

———. 1999a. Can a Muslim be an Indian? *Comparative Studies in Society and History* 41 (4): 608–29.

———. 1999b. "Nation" from its margins: Notes on E. V. Ramaswamy's 'Impossible' nation. In *Multiculturism, Liberalism and Democracy*, ed. R. Bhargava, A. K. Bagchi and R. Sudarshan, 286–307. New Delhi: Oxford University Press.

———. 2001. *Remembering Partition: Violence, Nationalism and History in India.* Cambridge: Cambridge University Press.

Pandian, M.S.S. 2007. *Brahmin and Non-Brahmin: Genealogies of the Tamil Political Present*. Delhi: Permanent Black. Panikkar, K. N. 1989. *Against Lord and State: Religion and Peasant Uprisings in Malabar, 1836–1921.* Delhi: Oxford University Press.

———. 1995. *Culture, Ideology, Hegemony: Intellectuals and Social Consciousness in Colonial India*. New Delhi: Tulika.

Parekh, Bhikhu. 1989a. *Colonialism, Tradition and Reform: An Analysis of Gandhi's Political Discourse.* New Delhi, Newbury Park, London: Sage Publications.

———. 1989b. *Gandhi's Political Philosophy: A Critical Examination.* Notre Dame, Indiana: University of Notre Dame Press.

Parel, Anthony J. 1997. Introduction to *Hind Swaraj and Other Writings*, by M.K. Gandhi. Cambridge: Cambridge University Press.

Park, R.L. 1975. Political crisis in India 1975. *Asian Survey* 15 (11): 996–1013.

Parulekar, S. V. 1979. The liberation movement among Varlis: The struggle of 1946. In *Peasant Struggles in India*, ed. A.R. Desai, 569–96. Delhi: Oxford University Press.

Patankar, B., and Gail Omvedt. 1979. The dalit liberation movement in the colonial period. *Economic and Political Weekly*, Annual Number, 14 February (7–8): 409–24.

Patel, S. 1987. *The Making of Industrial Relations: The Ahmedabad Textile Industry, 1918–1939.* Delhi: Oxford University Press.

———. 2000. Construction and reconstruction of woman in Gandhi. In *Ideals, Images and Real Lives: Women in Literature and History*, ed. Alice Thorner and M. Krishnaraj, 288–321. Hyderabad: Orient Longman.

Pati, Biswamoy. 1993. *Resisting Domination: Peasants, Tribals and the National Movement in Orissa, 1920–50.* New Delhi: Manohar.

Peabody, Norbad. 1996. Tod's Rajast'han and the boundaries of imperial rule in nineteenth-century India. *Modern Asian Studies* 30 (1): 185–220.

Pearson, Gail. 1981. Nationalism, universalization, and the extended female space in Bombay city. In *The Extended Family: Women and Political Participation in India and Pakistan*, ed. Gail Minault, 174–91. Delhi: Chanakya Publications.

———. 1983. Reserved seats—women and the vote in Bombay. *The Indian Economic and Social History Review* 20 (1): 47–66.

Pearson, M. N. 1976. Sivaji and the decline of the Mughal empire. *Journal of Asian Studies* 35 (2): 221–35.

Peers, Douglas M. 1995. *Between Mars and Mammon: Colonial Armies and the Garrison State in Early Nineteenth-Century India*. London, New York: I. B. Tauris.

Perlin, F. 1985. State formation reconsidered. *Modern Asian Studies* 19 (3): 415–80.

Philips, C. H. 1970. Introduction to *The Partition of India: Policies and Perspectives, 1935–1947*. London: Allen & Unwin Ltd.

Pinch, William R. 1996. *Peasants and Monks in British India.* Berkeley, Los Angeles, London: University of California Press.

Pirzada, S. S., ed. 1970. *Foundations of Pakistan: All-India Muslim League Documents, 1906–1947.* Vol. 2. Karachi: National Publishing House.

Potter, D. C. 1986. *India's Political Administrators, 1919–1983.* Oxford: Clarendon Press.

Pouchepadass, J. 1974. Local leaders and the intelligentsia in the Champaran satyagraha (1917): A study in peasant mobilization. *Contributions to Indian Sociology,* New Series, 8: 67–87.

———. 1999. *Champaran and Gandhi: Planters, Peasants and Gandhian Politics*. New Delhi: Oxford University Press.

Prakash, Gyan. 1992. Introduction to *The World of the Rural Labourer in Colonial India.* Delhi: Oxford University Press.

———. 1999. *Another Reason: Science and the Imagination of Modern India.* Princeton, N.J.: Princeton University Press.

Prakash, Om. 1976. Bullion for goods: International trade and the economy of early eighteenth-century Bengal. *The Indian Economic and Social History Review* pp.3.

———. 1988. *The Dutch East India Company and the Economy of Bengal, 1630–1720*. Delhi: Oxford University Press.

Prashad, Vijay. 2000. *Untouchable Freedom: A Social History of a Dalit Community.* Delhi: Oxford University Press.

Qaisar, A. J. 1965. Distribution of the revenue resources of the Mughal empire among the nobility. *Proceedings of the Indian History Congress.* Allahabad Session.

Quraishi, Z.M. 1968. Electoral strategy of a minority pressure group: The Muslim Majlis-E-Mushawarat. *Asian Survey* 8 (12): 976–87.

Raheja, G. G. 1994. Caste System. In *Encyclopedia of Social History,* ed. P.N. Stearns, 94–96. New York and London: Garland Publishing, Inc.

Rai, M. 2004. *Hindu Rulers, Muslim Subjects: Islam, Rights, and the History of Kashmir*. London: Hurst & Co.

Ramaswamy, Sumathi. 1997. *Passions of the Tongue: Language Devotion in Tamil India, 1891–1970.* Berkeley, Los Angeles, London: University of California Press.

Ramusack, Barbara N. 1978. *The Princes of India in the Twilight of Empire: Dissolution of a Patron-Client System, 1914–1939.* Columbus: Ohio State University Press.

———. 1990. From symbol to diversity: The historical literature on women in India. *South Asia Research* 10 (2): 139–57.

Rao, C. R. 1979. The postwar situation and beginning of armed struggle. In *Peasant Struggles in India*, ed. A.R. Desai, 517–31. Delhi: Oxford University Press.

Ray, Bharati. 1988. *Hyderabad and British Paramountcy, 1858–1883.* Delhi: Oxford University Press.

———. 1995. The freedom movement and feminist consciousness in Bengal, 1905–1929. In *Front the Seams of History: Essays on Indian Women,* ed. Bharati Ray, 174–218. Delhi: Oxford University Press.

Ray, R. 1979. *Change in Bengal Agrarian Society, 1760–1850.* New Delhi: Manohar.

Ray, Rajat K. 1975. Introduction to *Rammohun Roy and the Process of Modernization in India*, ed. V.C. Joshi, 1–20. New Delhi: Vikas.

———. 1979. *Industrialization in India: Growth and Conflict in the Private Corporate Sector, 1914–47.* Delhi: Oxford University Press.

———. 1980. Three interpretations of Indian nationalism. In *Essays in Modern Indian History*, ed. B.R. Nanda, 1–41. Delhi: Oxford University Press.

———. 1984. *Social Conflict and Political Unrest in Bengal, 1875–1927.* Delhi: Oxford University Press.

———. 1988. The retreat of the Jotedars. *The Indian Economic and Social History Review* 25 (2): 235–47.

———. 1993. Race, religion and realm: The political theory of the "Reigning India Crusade", 1857. In *India's Colonial Encounter: Essays in Memory of Eric Stokes,* ed. N. Gupta and M. Hasan, 133–82. Delhi: Manohar.

———. 1994. Introduction to *Entrepreneurship and Industry in India, 1800–1947*. Delhi: Oxford University Press.

———. 1998. Indian society and the establishment of British supremacy, 1765–1818. In *The Oxford History of the English Empire.* Vol. 2, *The Eighteenth Century,* ed. P.J. Marshall, 508–29. London and New York: Oxford University Press.

———. 2001. *Exploring Emotional History: Gender, Mentality and Literature in the Indian Awakening*. New Delhi: Oxford University Press.

Ray, Rajat K., and Ratnalekha Ray. 1973. The dynamics of continuity in rural Bengal under the British imperium. *The Indian Economic and Social History Review* 10 (2): 103–28.

———. 1975. Zamindars and jotedars: A study of rural politics in Bengal. *Modern Asian Studies* 9 (1): 81–102.

Raychaudhuri, Tapan. 1969. Permanent Settlement in operation: Bakarganj district, East Bengal. In *Land Control and Social Structure in Indian History,* ed. R.E. Frykenberg, 163–74. Madison, Milwauki and London: The University of Wisconsin Press.

———. 1979. Indian nationalism as animal politics. *The Historical Journal* 22 (3): 747–63.

———. 1982. The state and the economy: The Mughal India. In *The Cambridge Economic History of India,* vol. 1, ed. Tapan Raychaudhuri and Irfan Habib, 172–93. Cambridge: Cambridge University Press.

———. 1989. *Europe Reconsidered: Perceptions of the West in Nineteenth-Century Bengal.* Delhi: Oxford University Press.

———. 1995. The pursuit of reason in nineteenth-century Bengal. In *Mind Body and Society: Life and Mentality in Colonial Bengal*, ed. R.K. Ray, 47–64. Calcutta: Oxford University Press.

———. 1999. *Perceptions, Emotions, Sensibilities: Essays on India's Colonial and Post-Colonial Experiences.* Delhi: Oxford University Press.

Reeves, P. D. 1991. *Landlords and Governments in Uttar Pradesh: A Study of Their Relations until Zamindari Abolition.* Bombay: Oxford University Press.

Richards, J. F. 1975. *Mughal Administration in Golconda, 1687–1727.* Oxford: Oxford University Press.

———. 1976. Imperial crisis in the Deccan. *Journal of Asian Studies* 35 (2): 237–56.

———. 1993. *The Mughal Empire.* The New Cambridge History of India, vol. 1.5. Cambridge: Cambridge University Press.

Robb, P. G. 1976. *The Government of India and Reform: Policies toward Politics and the Constitution, 1916–1921.* Oxford: Oxford University Press.

———. 1992. *The Evolution of British Policy towards Indian Politics, 1880–1920.* New Delhi: Manohar.

———. 1997. *Ancient Rights and Future Comforts: Bihar, the Bengal Tenancy Act of 1885 and British Rule in India.* Richmond, Surrey: Curzon Press.

Robinson, F. 1974. *Separatism among Indian Muslims: The Politics of the United Provinces' Muslims, 1860–1923.* Cambridge: Cambridge University Press.

———. 2001. *The 'Ulama of Farangi Mahall and Islamic Culture in South Asia.* London: C. Hurst.

Rodrigues, V. 1993. Making a tradition critical: Ambedkar's reading of Buddhism. In *Dalit Movements and the Meanings of Labour in India*, ed. Peter Robb, 299–338. Delhi: Oxford University Press.

Rothermund, D. 1970. *The Phases of Indian Nationalism and Other Essays.* Bombay: Nachiketa Publications.

———. 1992. *India in the Great Depression, 1929–1939.* New Delhi: Manohar.

Roy, Asim. 1983. *The Islamic Syncretistic Tradition in Bengal.* Princeton: Princeton University Press.

———. 1993. The high politics of India's partition: The revisionist perspective. In *India's Partition: Process, Strategy and Mobilization*, ed. M. Hasan, 102–32. Delhi: Oxford University Press.

Roy, H. 2012. *Partitioned Lives: Migrants, Refugees, Citizens in India and Pakistan, 1947–1965,* New Delhi: Oxford University Press.

Roy, S. 2007. *Beyond Belief: India and the Politics of Postcolonial Nationalism.* Durham, NC: Duke University Press.

Roy, Tapti. 1993. Visions of the rebels: A study of 1857 in Bundelkhand. *Modern Asian Studies* 27 (1): 205–28.

Roy, Tirthankar. 1993. *Artisans and Industrialization: Indian Weaving in the Twentieth Century.* Delhi: Oxford University Press.

———. 1999. *Traditional Industry in the Economy of Colonial India.* Cambridge: Cambridge University Press.

———. 2000. *The Economic History of India, 1857–1947.* New Delhi: Oxford University Press.

Rudolph, Lloyd I., and Susanne H. Rudolph. 1967. *The Modernity of Tradition—Political Development in India*. Chicago and London: The University of Chicago Press.

Sáez, L. 2013. India in Asia: Geostrategic and economic considerations. In *Routledge Handbook on Indian Politics*, eds. Atul Kohli and Prema Singh, 320–30. London and New York: Routledge.

Said, Edward W. 1978. *Orientalism.* London & Henley: Routledge and Kegan Paul.

Samaddar, R., ed. 1997. *Reflections on Partition in the East.* New Delhi: Vikas Publishing House.

Samanta, A. 2002. *Malarial Fever in Colonial Bengal, 1820–1939*. Kolkata: Firma K. L. M. Pvt. Ltd.

Sanyal, H. 1981. *Social Mobility in Bengal*. Calcutta: Papyrus.

———. 1988a. Congress in southwestern Bengal: The anti-union board movement in eastern Medinipur, 1921. In *Congress and Indian Nationalism: The Pre-Independence Phase,* ed. R. Sisson and S. Wolpert, 352–76. Delhi: Oxford University Press.

———. 1988b. The Quit India movement in Medinipur district. In *The Indian Nation in 1942,* ed. G. Pandey, 19–76. Calcutta: K.P. Bagchi & Co.

Sarkar, J. N. 1932–50. *Fall of the Mughal Empire*. 4 Vols. Calcutta: M.C. Sarkar & Sons.

Sarkar, Jagadish N. 1976. *A Study of Eighteenth-Century India.* Vol. 1. *Political History (1707–1761).* Calcutta: Saraswat Library.

Sarkar, S. C. 1981. *Bengal Renaissance and Other Essays.* 2nd ed. New Delhi: People's Publishing House.

Sarkar, Sumit. 1973. *Swadeshi Movement in Bengal, 1903–8*. New Delhi: People's Publishing House.
———. 1975. Rammohun Roy and the break with the past. In *Rammohun Roy and the Process of Modernization in India,* ed. V. C. Joshi, 46–68. New Delhi: Vikas.
———. 1976. The Logic of Gandhian nationalism: Civil Disobedience and the Gandhi-Irwin Pact, 1930–31. *Indian Historical Review.* Reprinted in *A Critique of Colonial India,* 86–115. Calcutta: Papyrus, 1985.
———. 1983. *Modern India, 1885–1947.* New Delhi: Macmillan.
———. 1984. Condition and nature of subaltern militancy: Bengal from swadeshi to non-co-operation, 1905–1922. In *Subaltern Studies: Writings on South Asian History and Society*, vol. 3, ed. R. Guha, 271–320. Delhi: Oxford University Press.
———. 1985. *A Critique of Colonial India.* Calcutta: Papyrus.
———. 1992. "Kaliyuga", "Chakri" and "Bhakti": Ramakrishna and his times. *Economic and Political Weekly*, 18 July, 27 (29): 1543–66.
———. 1997. *Writing Social History.* Delhi: Oxford University Press.
———. 2000. Orientalism revisited: Saidian frameworks in the writing of modern Indian history. In *Mapping Subaltern Studies and the Postcolonial*, ed. V. Chaturvedi, 239–55. London, New York: Verso.
Sarkar, Tanika. 1984. Politics and women in Bengal: The conditions and meaning of participation. *The Indian Economic and Social History Review* 21 (1): 91–101.
———. 1987a. *Bengal, 1928–1934: The Politics of Protest.* Delhi: Oxford University Press.
———. 1987b. Nationalist Iconography: Image of women in nineteenth-century Bengali literature. *Economic and Political Weekly*, 21 November, 22 (47): 2011–15.
———. 1996. Indian nationalism and the politics of Hindutva. In *Making India Hindu*, ed. D. Ludden, 270–93. New Delhi: Oxford University Press.
———. 2001. *Hindu Wife, Hindu Nation: Community, Religion and Cultural Nationalism.* London: Hurst & Co.
Saradamoni, K. 1980. *Emergence of a Slave Caste: Pulayas of Kerala.* Delhi: People's Publishing House.
Satyanarayana, A. 1990. *Andhra Peasants under British Rule: Agrarian Relations and the Rural Economy, 1900–1940.* New Delhi: Manohar.
Scott, James C. 1985. *Weapons of the Weak: Everyday Forms of Peasant Resistance.* New Haven: Yale University Press.
Seal, A. 1968. *The Emergence of Indian Nationalism: Competition and Collaboration in the Later Nineteenth Century.* Cambridge: Cambridge University Press.
———. 1973. Imperialism and nationalism in India. In *Locality, Province and Nation: Essays on Indian Politics, 1870 to 1940*, ed. J. Gallagher, G. Johnson and A. Seal, 1–27. Cambridge: Cambridge University Press.
Sen, Asoke. 1977. *Iswar Chandra Vidyasagar and His Elusive Milestones.* Calcutta: Riddhi.

Sen, A. K. 1980. Famine mortality: A study of the Bengal famine of 1943. In *Peasants in History: Essays in Honour of Daniel Thomer,* ed. E.J. Hobsbawm, W. Kula, A. Mitra, K.N. Raj and I. Sachs, 194–220. Calcutta: Oxford University Press.

Sen, A. P. 1993. *Hindu Revivalism in Bengal, 1872–1905.* Delhi: Oxford University Press.

Sen, S. N. 1957. *Eighteen Fifty-Seven.* New Delhi: The Publication Division, Ministry of Information and Broadcasting, Government of India.

Sen, S. P. 1971. *The French in India, 1763–1816.* 2nd ed. New Delhi: Munshiram Manoharlal.

Sen, Samita. 1993. Motherhood and mothercraft: Gender and nationalism in Bengal. *Gender and History* 5 (2): 231–43.

———. 1999. *Women and Labour in Late Colonial India: The Bengal Jute Industry.* Cambridge: Cambridge University Press.

Sen, Sarbani. 2007. *Popular Sovereignty and Democratic Transformations: The Constitution of India.* New Delhi: Oxford University Press.

Sen, Shila. 1976. *Muslim Politics in Bengal, 1937–47.* New Delhi: Impex India.

Sen, Sudipta. 1998. *Empire of Free Trade: The East India Company and the Making of the Colonial Marketplace.* Philadelphia: University of Pennsylvania Press.

Sen, Sukomal. 1977. *Working Class of India: History of Emergence and Movement, 1830–1970.* Calcutta: K.P. Bagchi & Co.

Sen, Sunil. 1972. *Agrarian Struggle in Bengal, 1946–47.* New Delhi: People's Publishing House.

Sengupta, K. K. 1974. *Pabna Disturbances and the Politics of Rent, 1873–1885.* New Delhi: People's Publishing House.

———. 1979. Peasant struggle in Pabna, 1873: Its legalistic character. In *Peasant Struggles in India*, ed. A.R. Desai, 179–88. Bombay: Oxford University Press.

Shah, G. 1974. Traditional society and political mobilization: The experience of Bardoli satyagraha (1920–1928). *Contributions to Indian Sociology*, new ser., 8: 89–107.

———. (ed.). 2001. *Dalit Identity and Politics.* New Delhi, Thousand Oaks, London: Sage Publications.

Shaikh, F. 1989. *Community and Consensus in Islam: Muslim Representation in Colonial India, 1860–1947.* Cambridge: Cambridge University Press.

———. 1993. Muslims and political representation in colonial India: The Making of Pakistan. In *India's Partition: Process, Strategy and Mobilization*, ed. M. Hasan, 81–101. Delhi: Oxford University Press.

Siddiqi, A. 1973. *Agrarian Change in a Northern Indian State: Uttar Pradesh, 1829–1833.* Oxford: Clarendon Press.

———. 1982. The Business World of Jamsetjee Jeejeebhoy. *The Indian Economic and Social History Review* 19 (3–4): 301–24.

Siddiqi, M. H. 1978. *Agrarian Unrest in North India: United Provinces,1918–1922*. New Delhi: Vikas.

Silverberg, J., ed. 1968. *Social Mobility in the Caste System in India.* The Hague: Mouton.

Simeon, D. 1995. *The Politics of Labour Under Late Colonialism: Workers, Unions and the State in Chota Nagpur, 1928–1939.* New Delhi: Manohar.

Simmons, C. P. 1976. Recruiting and organizing an industrial labour force in colonial India: The case of the coal mining industry, c. 1880–1939. *The Indian Economic and Social History Review* 13 (4): 455–82.

Singh, A., ed. 2000. *The Partition in Retrospect.* New Delhi: Anamika.

Singh, A. I. 1987. *The Origins of the Partition of India, 1936–1947.* Delhi: Oxford University Press.

Singh, K. 1963–66. *A History of the Sikhs.* 2 vols. Princeton: Princeton University *Press.*

Singh, K. S. 1983. *Birsa Munda and His Movement, 1874–1901: A Study of a Millenarian Movement in Chota Nagpur.* Calcutta: Oxford University Press.

Singh, R. P. 1998. British educational policy in nineteenth-century India: A nationalist critique. In *The Contested Terrain: Perspectives on Education in India*, ed. S. Bhattacharya, 99–121. Hyderabad: Orient Longman.

Singha, Radhika.1998. *A Despotism of Law: Crime and Justice in Early Colonial India.* Delhi: Oxford University Press.

Sinha, M. 1995. *Colonial Masculinity: The "Manly Englishman" and the "Effeminate Bengali" in the Late Nineteenth Century.* Manchester & New York: Manchester University Press.

Sinha, N. K. 1962. *Economic History of Bengal.* Vol. 2. Calcutta: Firma K. L. Mukhopadhyay.

Sinha, P. 1978. *Calcutta in Urban History.* Calcutta: Firma K. L. Mukhopadhyay. Skaria, A. 1999. *Hybrid Histories: Forests, Frontiers and Wildness in Western India.* Delhi: Oxford University Press.

Southerd, B.1980. The political strategy of Aurobondo Ghosh: The utilization of Hindu religious symbolism and the problem of political mobilization in Bengal. *Modern Asian Studies* 14 (3): 353–76.

———. 1995. *The Women's Movement and Colonial Politics in Bengal, 1921–1936*. New Delhi: Manohar.

Spangenberg, B. 1976. *British Bureaucracy in India: Status, Policy and the I.C.S. in the Late Nineteenth Century.* Columbia: South Asia Books.

Spate, O.H.K. 1947. The Partition of the Punjab and of Bengal. *The Geographical Journal* 110 (4/6): 201–18. Spear, P. 1965. *The Oxford History of Modern India, 1740–1947.* Oxford: Clarendon Press.

Spear, T. G. P. 1973. *Twilight of the Mughals.* Oxford: Clarendon Press.

Srinivas, M. N. 1966. *Social Change in Modern India.* Berkeley and Los Angeles: University of California Press.

———. 1968. Mobility in the Caste System. In *Structure and Change in Indian Society*, ed. M. Singer and B.S. Cohn, 189–200. Chicago: Aldine Publishing Co.

Srivastava, S. 1991. *The Disputed Mosque: A Historical Inquiry*. New Delhi: Vistaar Publications.

Steger, M. 2000. *Gandhi's Dilemma: Non-violent Principles and Nationalist Power.* New York: St. Martin's Press.

Stein, Burton. 1985. State formation and economy reconsidered. *Modern Asian Studies* 19 (3): 387–413.

———. 1989a. *Vijaynagara.* The New Cambridge History of India, vol. 1.2. Cambridge: Cambridge University Press.

———. 1989b. *Thomas Munro: The Origins of the Colonial State and His Vision of Empire.* Delhi: Oxford University Press.

———. 1992. Introduction to *The Making of Agrarian Policy in British India, 1770–1900.* Delhi: Oxford University Press.

Stoddard, B. 1977. The structure of Congress politics in coastal Andhra, 1925–37. In *Congress and the Raj*, ed. D.A. Low, 109–32. London: Heinemann.

Stokes, E. 1959. *The English Utilitarians and India.* Oxford: Clarendon Press.

———. 1978. *The Peasant and the Raj.* Cambridge: Cambridge University Press.

———. 1980. *The Peasants and the Raj: Studies in Agrarian Society and Peasant Rebellion in Colonial India*. Paperback edition. Cambridge: Cambridge University Press.

———. 1982. Agrarian Relations: Northern and Central India. In *The Cambridge Economic History of India,* vol. 2, ed. Dharma Kumar, 36–86. Cambridge: Cambridge University Press.

———. 1986. *The Peasant Armed: The Indian Rebellion of 1857.* Edited by C.A. Bayly. Oxford: Clarendon Press.

Subramanian, Lakshmi. 1995. *Indigenous Capital and Imperial Expansion. Bombay, Surat and the West Coast.* New Delhi: Oxford University Press.

———. 2001. "East Indian Fortunes": Merchants, companies and conquest, 1700–1800: An exercise in historiography. In *Bengal: Rethinking History. Essays in Historiography*, ed. S. Bandyopadhyay, 39–63. Delhi: Manohar.

Sundarayya, P. 1979. Hyderabad State—Its Socio-Political Background: The Communist Movement in Andhra: Terror Regime, 1948–51; Entry of Indian Army and Immediately After. In *Peasant Struggles in India*, ed. A.R. Desai, 537–68. Delhi: Oxford University Press.

Sutherland, L. 1952. *The East India Company in Eighteenth-Century Politics.* Oxford: Clarendon Press.

Svensson, T. 2013. *Production of Postcolonial India and Pakistan: Meanings of Partition*, London and New York: Routledge.

Talbot, Ian. 1988. *Provincial Politics and the Pakistan Movement.* Karachi: Oxford University Press.

———. 1996a. *Khizr Tiwana, the Punjab Unionist Party and the Partition of India.* Richmond, Surrey: Curzon.

———. 1996b. *Freedom's Cry: Popular Dimension in the Pakistan Movement and Partition Experience in North-West India.* Karachi: Oxford University Press.

———. 2011. Punjabi refugees' rehabilitation and the Indian state: Discourses, denials and dissonances. *Modern Asian Studies* 45 (1): 109–30.

Talbot, I., and G. Singh, eds. 1999. *Region and Partition: Bengal, Punjab and the Partition of the Subcontinent.* Karachi: Oxford University Press.

Talbot, P. 1949. Kashmir and Hyderabad, *World Politics* 1 (3): 321–32.

Tan, T. Y., and G. Kudaisya. 2000. *The Aftermath of Partition in South Asia.* London and New York: Routledge.

Taylor, P. J. O. ed. 1996. *A Companion to the "Indian Mutiny" of 1857.* Delhi: Oxford University Press.

———, 1997. *What Really Happened During the Mutiny: A Day-by-Day Account of the Major Events of 1857–1859 in India.* Delhi: Oxford University Press.

Tejani, S. 2013. The Necessary Conditions for Democracy: B.R. Ambedkar on Nationalism, Minorities and Pakistan. *Economic and Political Weekly* 48 (50): 111–19.

Thapar, R. 1975. Looking back in history. In *Indian Women*, ed. D. Jain, New Delhi: Publication Division, Ministry of Information and Broadcasting, Government of India.

———. 1997. Syndicated Hinduism. In *Hinduism Reconsidered*, ed. G. Sontheimer and H. Kulke, 54–81. New Delhi: Manohar.

Thorner, D. 1950. Problems of economic development in India. *Annals of the American Academy of Political and Social Science* 268: 96–103.

Tomlinson, B. R. 1975. India and the British empire, 1880–1935. *The Indian Economic and Social History Review* 12 (4): 337–65.

———. 1976a. *The Indian National Congress and the Raj, 1929–1942: The Penultimate Phase*. London: Macmillan.

———. 1976b. India and the British empire, 1935–47. *The Indian Economic and Social History Review* 13 (3): 331–49.

———. 1979. *The Political Economy of the Raj, 1914–1947: The Economics of Decolonization in India.* London and Basingstoke: Macmillan.

———. 1981. Colonial firms and the decline of colonialism in eastern India. *Modern Asian Studies* 15 (3): 455–86.

———. 1985. Indo-British relations in the post-colonial era: The sterling balances negotiations, 1947–49. *The Journal of Imperial and Commonwealth History* 13 (3): 142–62.

———. 1993. *The Economy of Modern India, 1860–1970.* The New Cambridge History of India, vol. 3.3. Cambridge: Cambridge University Press.

Trautmann, Thomas R. 1997. *Aryans and British India.* Berkeley, Los Angeles, London: University of California Press.

Tripathi, A. 1967. *The Extremist Challenge.* Calcutta: Orient Longman.

Tripathi, D. 1991. Congress and the industrialists (1885–1947). In *Business and Politics in India: A Historical Perspective*, ed. by D. Tripathi, 86–123. Delhi: Manohar.

Tucker, R. 1976. Hindu traditionalism and nationalist ideologies in nineteenth-century Maharashtra. *Modern Asian Studies* 10 (3): 321–48.

———. 1977. *Ranade and the Roots of Indian Nationalism.* Bombay: Popular Prakashan.

Tudor, M. 2013. The historical inheritance of India's democracy. In *Routledge Handbook on Indian Politics*, eds. Atul Kohli and Prema Singh, 23–36. London and New York: Routledge.

Tuteja, K. L. 1999. Akalis and the non-cooperation movement. In *The Khalsa over 300 Years*, ed. J.S. Grewal and I. Banga, 174–82. New Delhi: Tulika.

Upadhyay, P.C. 1992. The Politics of Indian Secularism. *Modern Asian Studies* 26 (4): 815–53.

Van der Veer, Peter. 1994. *Religious Nationalism: Hindus and Muslims in India.* Berkeley, Los Angeles, London: University of California Press.

Van Schendel, Willem. 1985. Madmen of Mymensingh: Peasant resistance and the colonial process in eastern India, 1824 to 1833. *The Indian Economic and Social History Review* 22 (2): 139–73.

———. 1991. *Three Deltas: Accumulation and Poverty in Rural Burma, Bengal and South India.* New Delhi: Sage Publications.

Vanaik, Achin. 1997. *The Furies of Indian Communalism: Religion, Modernity and Secularization.* London, New York: Verso.

Vicziany, M. 1979. The deindustrialization of India in the nineteenth century: A methodological critique of Amiya Kumar Bagchi. *The Indian Economic and Social History Review* 16 (2) 105–46.

Vidal, D. 1997. *Violence and Truth: A Rajasthani Kingdom Confronts Colonial Authority.* Delhi: Oxford University Press.

Vishwanath, L. S. 1998. Efforts of colonial state to suppress female infanticide. *Economic and Political Weekly*, 9 May 33 (19): 1104–12.

Viswanathan, Gauri. 1989. *Masks of Conquest: Literary Study and British Rule in India.* New York: Columbia University Press.

Visweswaran, Kamala. 1997. Small speeches, subaltern gender: Nationalist ideology and its historiography. In *Subaltern Studies: Writings on South Asian History and Society*, vol. 9, ed. S. Amin and D. Chakrabarty, 83–125. Paperback edition. Delhi: Oxford University Press.

Washbrook, D. A. 1976. *The Emergence of Provincial Politics: The Madras Presidency, 1870–1920.* Cambridge: Cambridge University Press.

———. 1981. Law, State and Agrarian Society in Colonial India. *Modern Asian Studies* 15 (3): 649–721.

Watson, I. B. 1980. *Foundation for Empire: English Private Trade in India, 1659–1760.* Delhi: Vikas.

Weiner, M. 1962. The struggle for equality in India. *Foreign Affairs* 40 (4): 644–52.

———. 1971. The 1971 elections and the Indian party system. *Asian Survey* 11 (12): 1153–66.

Whitcombe, E. 1982. Irrigation. In *The Cambridge Economic History of India*, vol. 2, ed. D. Kumar, 677–737. Cambridge: Cambridge University Press.

Windmiller, M. 1954. Linguistic regionalism in India. *Pacific Affairs* 27 (4): 291–318.

Wink, A. 1986. *Land and Sovereignty in India: Agrarian Society and Politics under the Eighteenth-Century Marat ha Svarajya.* Cambridge: Cambridge University Press.

Wolpert, S. 1962. *Tilak and Gokhale: Revolution and Reform in the Making of Modern India.* Berkeley and Los Angeles: University of California Press.

———. 1984. *Jinnah of Pakistan.* New York: Oxford University Press.

———. 2000. *A New History of India.* 6th ed. New York: Oxford University Press.

Wood, C. 1987. *The Moplah Rebellion and Its Genesis.* New Delhi: People's Publishing House.

Wood, J. R. 1978. Rajkot: Indian nationalsm in the princely context: The Rajkot satyagraha of 1938–39. In *People, Princes and Paramount Power: Society and Politics in the Indian Princely States*, ed. R. Jeffrey, 240–74. Delhi: Oxford University Press.

Woods, P. 1994. The Montagu-Chelmsford Reforms (1919): A re-assessment. *South Asia* 17 (1): 25–42.

Yadav, Y. 2000. Understanding the second democratic upsurge: Trends of Bahujan participation in electoral politics in the 1990s. In *Transforming India: Social and Political Dynamics of Democracy*, eds. F.R. Frankel, Z. Hasan, R. Bhargava and B. Arora, 120–45. New Delhi: OxfordUniversity Press.

Yang, Anand A. 1980. Sacred symbol and sacred space in rural India: Community mobilization in the "Anti-Cow Killing" riot of 1893. *Comparative Studies in Society and History* 20: 576–96.

———. 1989. *The Limited Raj: Agrarian Relations in Colonial India, Saran District, 1793–1920.* Berkeley, Los Angeles, London: University of California Press.

———. 1998. *Bazaar India: Markets, Society, and the Colonial State in Bihar.* Berkeley, Los Angeles, London: University of California Press.

Zachariah, B. 1998. Imperial economic policy for India, 1942–44. In *Turbulent Times India, 1940–44*, ed. Biswamoy Pati, 185–213. Mumbai: Popular Prakashan.

———. 2004. *Nehru*. New York, London: Routledge.

Zamindar, V.F-Y. 2007. *The Long Partition and the Making of Modern South Asia: Refugees, Boundaries, Histories*. New York: Columbia University Press.

Zavos, J. 2000. *The Emergence of Hindu Nationalism in India.* New Delhi: Oxford University Press.

Zelliot, E. 1988. Congress and the untouchables, 1917–1950. In *Congress and Indian Nationalism*, ed. R. Sisson and S. Wolpert, 182–97. Delhi: Oxford University Press.

———. 1992. *From Untouchable to Dalit: Essay on Ambedkar Movement.* New Delhi: Manohar Publishers and Distributors.

Ziegler, Norman P. 1998. Rajput loyalties during the Mughal period. In *Kingship and Authority in South Asia*, ed. J.F. Richards, 241–84. Delhi: Oxford University Press.

# अनुक्रमणिका